BRUNNEN
BIBEL
LEXIKON

Herausgegeben von
Joachim Drechsel, Elisabeth Meyer-Baltensweiler
und Derek Williams

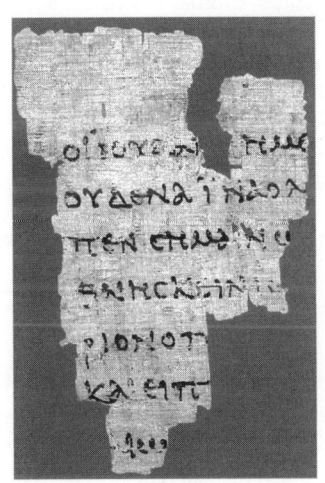

VERLAG GIESSEN

Titel der englischen Originalausgabe:
New Concise Bible Dictionary
Inter-Varsity Press, 38 De Montfort Street,
Leicester, England
© der englischen Ausgabe:
1989 Universities and Colleges Christian Fellowship
Editor: Derek Williams

Aus dem Englischen übertragen von
Roselinde Päßler und Renate Puchtler

Lektorat: Helmut Jablonski
und Hartmut Schweitzer

Die Deutsche Bibliothek – CIP-Einheitsaufnahme

Brunnen-Bibel-Lexikon / hrsg. von Joachim Drechsel ...
[Aus dem Engl. übertr. von Roselinde Pässler
und Renate Puchtler].
– Giessen ; Basel : Brunnen-Verl., 1994
Einheitssacht.: New concise Bible dictionary <dt.>
ISBN 3-7655-5438-3
NE: Drechsel, Joachim [Hrsg.]; Pässler, Roselinde [Übers.]; EST

© der deutschen Ausgabe:
1994 Brunnen Verlag Gießen
Die Abbildungen auf dem Einband zeigen:
Oben links: Leinenkleidung, Ägypten, ca. 1300 v.Chr. (Brunnen-Archiv);
Mitte: Siloah-Teil in Jerusalem (Brunnen-Archiv, Fankhauser);
rechts: Philisterkopf, Relief (Britisches Museum);
großes Bild: Wüste Sinai (David Alexander, Lion-Publishing);
unten rechts: „Schwarzer Obelisk": König Jehu von Israel
zahlt Tribut an die Assyrer (Britisches Museum)
Umschlaggestaltung: Eva Joneleit
Satz: Typostudio Rücker & Schmidt, Langgöns
Herstellung: Clausen & Bosse, Leck
ISBN 3-7655-5438-3

BRUNNEN-BIBEL-LEXIKON

Wer sich ernsthaft mit der Bibel beschäftigt, wird früher oder später nicht auf ein Bibel-Lexikon verzichten können. Das Brunnen-Bibel-Lexikon wendet sich vor allem an solche, die ohne große Fachbibliothek Hintergründe und Zusammenhänge biblischer Texte besser verstehen wollen. Besondere Aufmerksamkeit wird dabei den Lebensumständen in alt- und neutestamentlicher geschenkt. Eine Vielzahl geographischer und archäologischer Artikel kann Zweifel an der historischen Glaubwürdigkeit und Zuverlässigkeit der Bibel zerstreuen, ohne daß unbeantwortete Fragen verschwiegen werden.

Das Brunnen-Bibel-Lexikon informiert umfassend, aber in der gebotenen Kürze. Es setzt zwar keine theologischen Vorkenntnisse voraus, ist aber dennoch ein geeignetes Hilfsmittel für alle, die sich um ein besseres Verständnis biblischer Begriffe und Texte bemühen.

Das Brunnen-Bibel-Lexikon basiert auf dem *New Concise Bible Dictionary* von Inter-Varsity Press in Leicester/England. Der Herausgeber der englischen Ausgabe, Derek Williams, hat das umfangreiche Material des mehrbändigen *New Bible Dictionary* durchgesehen und daraus ein kompaktes Nachschlagewerk geschaffen. Die Ausgabe für den deutschsprachigen Raum wurde von den Herausgebern und der theologischen Abteilung des Brunnen-Verlags überarbeitet und aktualisiert. Unser besonderer Dank gilt Frau Gabriele Gruhle, die den Hauptteil der mühevollen redaktionellen Kleinarbeit übernommen hat.

Herausgeber und Verlag hoffen, daß dieses Lexikon vielen Lesern zu neuen Entdeckungen und zur Freude an der Bibel verhilft.

Hinweise zur Benutzung des Lexikons

Die einzelnen Stichwörter und Artikel des Lexikons sind alphabetisch geordnet. Verweise auf andere Artikel sind durch ein Sternchen (*) unmittelbar vor dem Stichwort gekennzeichnet.

Als deutscher Bibeltext wurde in der Regel der 1984 revidierte Text der Lutherbibel zugrunde gelegt. Wo andere Übersetzungen benutzt wurden, ist dies ausdrücklich vermerkt.

Die einzelnen Stichwörter und Artikel werden durch verschiedene Abbildungen und Karten ergänzt und illustriert.

Allgemeine Abkürzungen

ägypt.	ägyptisch	lat.	lateinisch
akkad.	akkadisch	LÜ	Luthers Bibelübersetzung
arab.	arabisch	LXX	Septuaginta (griech. Übersetzung des AT)
aram.	aramäisch		
assyr.	assyrisch	N	Norden
AT	Altes Testament	NT	Neues Testament
atl.	alttestamentlich	ntl.	neutestamentlich
f	folgende(r) Vers, Seite	O	Osten
ff	folgende Verse, Seiten	Rev EÜ	Revidierte Elberfelder Bibelübersetzung
griech.	griechisch	röm.	römisch
hebr.	hebräisch	S	Süden
Jh.	Jahrhundert	syr.	syrisch
Jt.	Jahrtausend	V	Vers
jüd.	jüdisch	W	Westen

Abkürzungen der biblischen Bücher

Altes Testament

1. Mose	1.Mo	Prediger Salomo	Pred
2. Mose	2.Mo	Hohelied Salomos	Hld
3. Mose	3.Mo	Jesaja	Jes
4. Mose	4.Mo	Jeremia	Jer
5. Mose	5.Mo	Klagelieder Jeremias	Klgl
Josua	Jos	Hesekiel	Hes
Richter	Ri	Daniel	Dan
Rut	Rut	Hosea	Hos
1. Samuel	1.Sam	Joel	Joel
2. Samuel	2. Sam	Amos	Am
1. Könige	1.Kön	Obadja	Obd
2. Könige	2.Kön	Jona	Jona
1. Chronik	1.Chro	Micha	Mi
2. Chronik	2.Chro	Nahum	Nah
Esra	Esr	Habakuk	Hab
Nehemia	Neh	Zefanja	Zef
Ester	Est	Haggai	Hag
Hiob	Hiob	Sacharja	Sach
Psalmen	Ps	Maleachi	Mal
Sprüche Salomos	Spr		

Apokryphen

1. Makkabäer	1.Makk	2. Makkabäer	2.Makk

Neues Testament

Matthäus	Mt	2. Thessalonicher	2.Thess
Markus	Mk	1. Timotheus	1.Tim
Lukas	Lk	2. Timotheus	2.Tim
Johannes	Joh	Titus	Tit
Apostelgeschichte	Apg	Philemon	Phlm
Römer	Röm	1. Petrus	1.Petr
1. Korinther	1.Kor	2. Petrus	2.Petr
2. Korinther	2.Kor	1. Johannes	1.Joh
Galater	Gal	2. Johannes	2.Joh
Epheser	Eph	3. Johannes	3.Joh
Philipper	Phil	Hebräer	Hebr
Kolosser	Kol	Jakobus	Jak
1. Thessalonicher	1.Thess	Offenbarung	Offb

A

AARON. Älterer Bruder des *Mose (2.Mo 6,20; 7,7) und jüngerer Bruder der *Mirjam. A. wurde Moses Sprecher gegenüber den Israeliten und dem ägypt. König (*Pharao; 2.Mo 4,14ff). Zusammen mit Mose bewirkte er vor dem Pharao einige Wunder (2.Mo 7,8ff.19; 8,1f.12f). Trotz einer Gottesbegegnung auf dem Berg *Sinai (2.Mo 19,24; 24,9ff) ließ er sich in Abwesenheit Moses vom Volk zur Anfertigung eines goldenen *Kalbes überreden, das als Götze verehrt wurde (2.Mo 32,1ff). Wie Mirjam beneidete er Mose um dessen Stellung (4.Mo 12,1ff).
Als Angehöriger des Stammes *Levi zum *Hohenpriester in der *Stiftshütte berufen; seine Söhne waren *Priester (2.Mo 28,1ff; 3.Mo 8,1ff). Am *Versöhnungstag durfte er das *Allerheiligste betreten, um ein Blutopfer für die Sünden des Volkes darzubringen. Später wurde Israels Priesterschaft allgemein als „Söhne Aarons" bezeichnet.
A. heiratete Elischeba. Die Söhne Nadab und Abihu starben, weil sie Gott ungehorsam waren (3.Mo 10,1ff). A. durfte *Kanaan nicht betreten und wurde auf dem Berg Hor begraben. Sein Sohn *Eleasar wurde nach ihm Hoherpriester (4.Mo 20,22ff).
Im NT wird sein Priestertum dem „vollkommenen und ewigen" Dienst Jesu gegenübergestellt (Hebr 5,4; 7,11).

AARONS STAB. Nach *Korachs Aufruhr gegen *Mose und *Aaron legte jede Sippe Israels einen Stab in die *Stiftshütte (4.Mo 16,1ff; 17,16ff). Am nächsten Tag trug nur Aarons Zweig Blüten, als Zeichen, daß er Gottes erwählter Priester war. Aarons Stab wurde in der *Bundeslade aufbewahrt (Hebr 9,4).

ABADDON (Verderber). Satans Engel des Abgrunds (Offb 9,11). Im AT gleichbedeutend mit Tod und *Scheol. *Hölle.

ABANA (und Parpar). Hauptflüsse von Damaskus, die von *Naaman erwähnt werden (2.Kön 5,12). Die Griechen nannten ihn „Goldener Fluß". Heute: Nahr Barada.

ABARIM (Jenseitige Gebiete). Gebirge östlich des *Toten Meeres. Letzter Lagerplatz Israels vor dem *Jordan (4.Mo 33,47f). Vom Berg Nebo am nördl. Ende des Gebirgszugs sah Mose *Kanaan (5.Mo 32,49), das er selbst nicht mehr betreten durfte.

ABBA. Aram. Wort für »Vater«; bedeutet sowohl enge Vertrautheit als auch Respekt und wurde von den Juden selten als Anrede Gottes gebraucht (z.B. Jes 63,16); für Jesus ist sie dagegen selbstverständlich (Mk 14,36). *Paulus nutzt A., um die Gotteskindschaft der Christen zu beschreiben (Röm 8,15; Gal 4,6).

ABDON. *1. Name:* Mehrere Personen im AT, z.B. der letzte der »Kleinen Richter« (Ri 12,13ff). *2. Ort:* Levitenstadt im Gebiet des Stammes Asser (Jos 21,30), ca. 6 km landeinwärts von Achsib.

ABED-NEGO (Diener des Gottes Nebo oder Diener des Leuchtenden). Name für *Daniels Freund Asarja (Dan 1,7), der aus dem Feueroten errettet wurde (Dan 3,26).

ABEL. *1. Name:* Zweiter Sohn von *Adam und *Eva und Bruder *Kains. Ein Hirte, dessen Opfer Gott annahm und der deshalb von seinem Bruder ermordet wurde (1.Mo 4,2-8). *2. Ort* (Wiese, Bach oder Wasserlauf): Teil einiger Ortsnamen, meist in Transjordanien.

ABEL-BET-MAACHA. Stadt im N des Gebietes des Stammes Naftali; identisch mit Tell Abil, 20 km nördl. vom Hulesee. Wurde von den Syrern (ca. 879 v.Chr., 1.Kön

Abel-Mehola

15,20) und von den Assyrern (ca. 733 v.Chr., 2.Kön 15,29) erobert.

ABEL-MEHOLA. Stadt im Jordantal; südl. von Bet-Schean. *Elisas Geburtsort (1.Kön 19,16).

ABENDMAHL. Das „Letzte Abendmahl" Jesu mit seinen Jüngern war vielleicht ein nach geltendem Brauch gefeiertes *Passamahl (Mk 14,1f.12ff; Joh 13,21ff). Im Johannesevangelium wird das Mahl allerdings einen Tag früher angesetzt. Joh 13,1; 18,28; 19,14.31.42 geben die Kreuzigung für den Tag vor dem 15. Nisan an; damit stirbt Jesus an dem Tag, an dem die Passalämmer geschlachtet werden. Das Studium verschiedener Kalender für die Berechnung der Festtage könnte etwas Licht in die Angelegenheit bringen. Die Schriftrollen vom Toten Meer (*Qumran) haben gezeigt, daß damals von jüd. Sekten verschiedene Kalender benutzt worden sind. Jesus hat vielleicht nach einem dieser Kalender das Passamahl gefeiert. Es ist davon auszugehen, daß Jesus an das Passafest gedacht hat, als er sich zu diesem letzten Mahl niederließ. Der Auszug und die „Erlösung" Israels von Ägypten bilden einen unaufgebbaren Hintergrund für das ntl. Verständnis von Jesu Tod.

Mit seinen Einsetzungsworten für Brot und Wein nimmt Jesus das unmittelbar bevorstehende Ereignis vorweg: sein am Kreuz gebrochener Leib und sein Blutvergießen. Mit Worten und durch symbolisches Handeln brachte er zum Ausdruck, daß die ursprüngl. Bedeutung des jüd. Brauches übertroffen wird, denn er bringt die Erfüllung (1.Kor 5,7). Er verkündigte eine neue Bedeutung von Brot und Wein: seinen Leib gibt er dahin, um Gottes Heilsratschluß zu erfüllen (vgl. Hebr 10,5ff), sein Blut zur Erlösung von Sünden.

Das Brotbrechen. Der Begriff wird in der Apostelgeschichte (z.B. 2,42.46) an einigen Stellen verwendet, ohne daß die Benutzung eines Kelches erwähnt wird. Er kann eine Bezeichnung für das ganze Mahl sein, es wurde aber auch vermutet, daß arme urchristl. Gemeindegruppen nicht zu jedem Gedächtnismahl Wein zur Verfügung hatten.

Das Abendmahl in den paulinischen Briefen. Das A. verkündet den Tod Jesu (1.Kor 11,26) und ist das Mahl der Gemeinschaft sowohl mit Jesus als auch der Glaubenden untereinander (1.Kor 10,16). In Korinth scheint es im Zusammenhang mit einer Gemeinschaftsmahlzeit (*Liebesmahl/Agape) gefeiert worden zu sein (1.Kor 11,17ff). Wegen des Fehlverhaltens einiger Gemeindemitglieder hat Paulus das A. davon getrennt und die Selbstprüfung der Gläubigen gefordert (V.28).

Die Teilnahme am A. bedeutet Gemeinschaft mit dem Herrn, der seine Nachfolger dazu einlädt, aber auch Anteilnahme am stellvertretenden Sühnetod (*Sühne) Jesu („für euch": 1.Kor 11,24; Mt 26,28). Sie weist aber auch auf die Teilnahme an der ewigen Mahlgemeinschaft mit dem erhöhten Herrn hin (vgl. Mk 14,25).

Im *restlichen* NT finden wir wenig Hinweise auf das A. Hebr 6,4; 13,10 könnten darauf hindeuten, und viele bringen Joh 6,22ff damit in Verbindung. 2.Petr 2,13 und Jud 12 beziehen sich auf das Liebesmahl.

ABERGLAUBE. Siehe *Götzendienst; *Magie u. Zauberei.

ABFALL/APOSTASIE. Im klassischen Griech. Fachwort für politischen Aufruhr oder Abfall. Paulus gebraucht es in 2.Thess 2,3, um den großen Aufruhr gegen Gott zu beschreiben, der ein Zeichen des Weltendes ist. Solcher Abfall vom Glauben und von Gott (1.Tim 4,1; Hebr 3,12) kann durch Irrlehrer (Mt 24,11) begünstigt werden.

ABGRUND (Tiefe). Aufenthaltsort der *Dämonen (Lk 8,31) und der Toten (Röm 10,7); ein Ort der Qual (Offb 9,1f). *Hölle.

ABIËL (Gott ist mein Vater). **1.** *Sauls Großvater (1.Sam 9,1). **2.** Einer der Helden *Davids (1.Chro 11,32).

ABIËSER (Mein Vater ist Hilfe). **1.** Teil des Stammes Manasse (Jos 17,2), zu dem auch *Gideon gehörte (Ri 6,11). **2.** Einer der Helden *Davids (1.Chro 11,28).

ABIGAJIL (wahrscheinl.: Mein Vater ist Freude). **1.** Die Frau Nabals. Sie brachte *David Geschenke, nachdem ihr Mann ihn schroff abgewiesen hatte. Als Nabal starb, heiratete David sie (1.Sam 25,1ff). A. gebar ihm seinen zweiten Sohn Kilab (2.Sam 3,3; auch Daniel genannt – 1.Chro 3,1). **2.** Die Frau des Jeter (2.Sam 17,25; 1.Chro 2,17).

ABIHU (Mein Vater ist er [Gott]). Sohn *Aarons; starb, als er Gott ungehorsam war (3.Mo 10,1f).

ABIJA (Mein Vater ist Jahwe). Name verschiedener Männer und Frauen im AT. Herausragend war der Sohn Rehabeams, der Juda drei Jahre regierte (2.Chro 12,16; 13,1). A. wird zwar wegen seines gottlosen Lebenswandels getadelt (1.Kön 15,3); besiegt aber mit Gottes Hilfe *Jerobeam I. (2.Chro 13).

ABILENE. Region im Antilibanon bei der Stadt Abila am Fluß Abana (heute: Barada), ca. 30 km nordwestl. von Damaskus (Lk 3,1).

ABIMELECH (Der [göttliche] König ist mein Vater). **1.** Name einiger Philisterkönige, die bei Gerar lebten (1.Mo 20,2ff; 26,1ff). **2.** Sohn *Gideons (auch Jerubbaal), der bis auf einen alle seine Brüder ermordete und sich selbst zum König ausrief. Er wurde in Tebez von einer Frau durch einen Mühlstein getötet (Ri 9,50ff).

ABIRAM (Mein Vater ist erhaben). **1.** Mitglied der Rotte *Korach, die sich gegen Mose auflehnte (4.Mo 16). **2.** Sohn des Hiël, der beim Wiederaufbau Jerichos starb (1.Kön 16,34).

ABISCHAG (evtl.: Der Vater ist gewandert). Hübsche junge Schunamitin, die den alten König *David pflegen sollte (1.Kön 1,1ff).

ABISCHAI (evtl.: Vater der Gabe). Hoher Beamter in *Davids Heer und einer seiner „Helden" (2.Sam 2,18; 23,18).

ABJATAR (Vater des Überflusses). Hoherpriester in Nob; entging dem durch Saul veranlaßten Mord an seiner Familie und floh zu *David (1.Sam 22,20-22). Als dessen Berater (1.Chro 27,34) wurde er später nach Jerusalem zurückgesandt, um die königlichen Interessen zu vertreten, während David auf der Flucht vor *Absalom war (2.Sam 15,25ff).

ABNER. Vetter *Sauls und Oberbefehlshaber seiner Armee (1.Sam 14,50); wurde nach Sauls Tod von *Davids Feldherrn *Joab ermordet.

ABRAHAM (Vater der Menge; ursprünglich Abram: Der Vater ist erhaben). Einer der *Patriarchen, geboren in *Ur (Chaldäa); zog mit seinem Vater *Terach, seiner Frau *Sara (Sarai) und *Lot, dem Sohn seines verstorbenen Bruders, nach *Haran. Nach Terachs Tod zog A. im Alter von 75 Jahren nach *Kanaan (1.Mo 11,26-12,6). Er war wohlhabend (13,2) und genoß Ansehen bei den Führern anderer Völker in Kanaan. Als seine Ehe kinderlos blieb, setzte er einen Sklaven, *Eliëser von Damaskus, zum Erben ein (15,2), aber Gott hatte ihm einen Sohn versprochen. Auf Initiative Saras bekam er mit 86 Jahren den Sohn Ismaël von *Hagar, der ägypt. Magd seiner Frau (16,1ff). Mit 100 Jahren wurde ihm von Sara *Isaak geboren (21,1ff). Anders als seine Vorfahren glaubte A. fest an den einzigen Gott (Jos 24,2). Er verehrte ihn als Allmächtigen (1.Mo 17,1), Ewigen (21,33), Herrn des Himmels und der Erde (24,3) und Richter der ganzen Menschheit (18,25). A. hatte eine enge Beziehung zu Gott (z.B. 18,33) und empfing Offenbarungen (15,1). Engel kamen als Besucher zu ihm (18,1). Er war bereit, Gottes Ruf zu folgen, selbst als er in Morija Isaak opfern sollte; erst im letzten Augenblick wurde er davon zurückgehalten. Seine Unaufrichtigkeit wird aber nicht verschwiegen (12,11-13; 20,2-11). Gott schloß mit A. einen *Bund und versprach ihm seine Familie und seinen zahlreichen Nachkommen (13,16) das Land Kanaan (15,17ff). A. selbst besaß zunächst kein Land und mußte für Sara eine Grabstätte kaufen (23,4). Der Bund wurde mehrfach bestätigt: als A. 99 Jahre alt war und die Männer als Zeichen des Bundes beschnitten (*Beschneidung) werden sollten (17,1ff); vor der Zeugung Isaaks (18,1ff) und nachdem er ihn beinahe geopfert hatte (22,17f). A. spielt eine besondere Rolle in der jüd. und später in der islamischen Tradition.

A. war ein Vorfahre des *Messias (Mt 1,1). Paulus beschreibt A. Glauben als den Glauben, der vor Gott gerecht macht (Röm 4,3ff).

ABRAHAMS SCHOSS. Bildhafte Beschreibung der Geborgenheit, die die verstorbenen Gerechten in Gottes neuer Welt erwartet (Lk 16,22).

ABSALOM (Vater ist Frieden, oder: Vater des Friedens). Der dritte Sohn *Davids, von einer ausländischen Mutter namens Maacha. Ein gutaussehender Mann, der seinen Halbbruder Amnon tötete, weil dieser A. Schwester Tamar vergewaltigt hatte (2.Sam 13,19ff). A. floh vor David und intrigierte nach seiner Rückkehr gegen ihn (2.Sam 15,1ff). Er starb auf der Flucht (2.Sam 18,9ff).

ACHAIKUS. Ein Christ in Korinth (1.Kor 16,17). Der Name läßt vermuten, daß er ein Sklave (oder ehemaliger Sklave) aus Achaja war. *Fortunatus.

ACHAJA. Kleines Gebiet Griechenlands an der Südküste des Golfes von Korinth. In hellen. Zeit (330-37 v.Chr.) und in Homers Schriften war es Bezeichnung für Griechenland. Unter röm. Vorherrschaft wurde A. von *Korinth aus von einem Prokonsul regiert. Im NT kommt A. stets im Zusammenhang mit Korinth vor. „Die Erstlinge in Achaja" (1.Kor 16,15) kommen aus Korinth.

ACHAN. Israelit aus dem Stamm Juda. Nach der Eroberung *Jerichos wurde alle zusammengetragene Beute mit einem Bann belegt. Entgegen ausdrücklicher Weisung Gottes bereicherte A. sich heimlich daran. Als Israel anschließend bei Ai eine militärische Niederlage erlebte, wurde der Ungehorsam entdeckt. A., seine Familie und sein Besitz wurden gesteinigt bzw. verbrannt (Jos 7).

ACHISCH. Philisterkönig von Gat während der Regierungszeit *Sauls. *David suchte durch Vortäuschen eines Anfalls von Wahnsinn bei ihm Zuflucht vor Saul (1.Sam 21,10-15); später ernannte A. David zu seinem Leibwächter (1.Sam 28,1f).

ACHOR. Tal, in dem *Achan hingerichtet wurde (Jos 7,24), wahrscheinlich nördl. von Jericho.

ACHSCHAF. Eine bedeutende Stadt in *Kanaan östl. oder südöstl. von Akko, die vom Stamm *Asser bewohnt wurde (Jos 19,25).

ACHSIB. 1. Hafenstadt im Gebiet Assers, die 701 v.Chr. von *Sanherib eingenommen wurde; das heutige ez-Zib liegt 14 km nördl. von Akko. **2.** Eine Stadt in Juda in der Schefela, die ebenfalls von Sanherib erobert wurde.

ACKERBAU. Ausgrabungen in Jericho haben gezeigt, daß Palästina eines der frühesten Landwirtschaftsgebiete war, die bisher entdeckt wurden. Eine gute Bewässerungskultur gab es bereits um 7500 v.Chr. Zur Zeit Abrahams verlor sie in Palästina an Bedeutung, spielte aber in Ägypten und Babylonien weiterhin eine wichtige Rolle. Die Bauern in Palästina waren vom Regen abhängig: die Trockenzeit der sechs Sommermonate endete mit dem „Frühregen". Danach konnte im November und Dezember gesät werden. Starke Winterregen brachten die meiste Feuchtigkeit, aber die „Spätregen" im März/April waren für das Wachstum des Getreides besonders entscheidend. Blieb einer dieser Regen aus, kam das einer Katastrophe gleich. Außerdem wurde der A. durch Heuschreckenplagen, Pflanzenkrankheiten (z.B. Getreidebrand), heiße Winde und kriegerische Nomadenstämme bedroht, die zur Erntezeit ins Land einfielen.

Angebaut wurden vor allem Weizen und Gerste, aber auch Linsen, Erbsen, Bohnen, Oliven für Öl und Trauben für Wein. Gurken und Melonen lieferten bei Trockenheit wertvolle Flüssigkeit. Zusätzlich wurden verschiedene Gemüse- und Ge-

würzsorten angepflanzt. Die Felder wurden mit großen Steinen abgegrenzt.
Zu den Ackergeräten gehörte die Sichel aus in Knochen oder Holz eingesetzten scharfen Feuersteinstücken. Zur Zeit Sauls wurden als Ackergeräte vorwiegend vier Geräte gebraucht: Pflugschar, Hacke, Beil und Sense. Sie mußten zum Schärfen zu den Philistern gebracht werden (1.Sam 13,20). Hölzerne Pflüge wurden bereits zur Zeit *Davids durch Eisenpflüge ersetzt.
*Egge; *Frucht; *Gemüse; *Getreide; *Kräuter; *Pflanzen; *Wein.

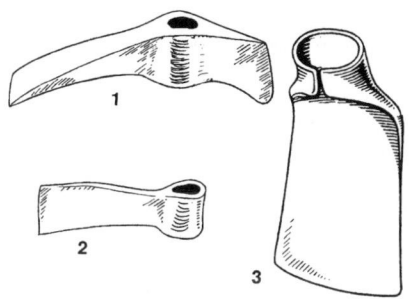

Ackerbau. Hacken:
(1) Beilhacke aus Samaria;
(2) Quertüllenaxt aus Meggido;
(3) Breithacke aus Tell dschemme.

ADA. Frauenname im AT, z.B. **1.** Frau Lamechs (1.Mo 4,19ff). **2.** Frau Esaus (1.Mo 36,2ff).

ADAM. 1. *Person.* Nach dem Schöpfungsbericht der Bibel (1.Mo 1) der erste Mensch. Im AT wird A. nicht nur als Eigenname, sondern auch als Bezeichnung für die ganze Menschheit gebraucht. Nach Gottes Ebenbild geschaffen (1.Mo 1,26f), sollte er den Garten *Eden verwalten (2,8ff) und den Tieren Namen geben. Er ernährte sich vegetarisch. Seine Frau *Eva wurde ebenfalls von Gott geschaffen (2,18ff). Angestiftet von der *Schlange, überredete sie A. zum Ungehorsam gegenüber Gottes Anweisungen, woraufhin beide aus dem Garten vertrieben wurden (3,23f) und ihre unmittelbare Gemeinschaft mit Gott verloren. Mit diesem Ereignis begann ein neues Kapitel der Menschheitsgeschichte. Menschen und Tiere sind seitdem vom Tod bedroht. Das Leben außerhalb Edens war schwer und mühsam, denn selbst der Boden war durch Fluch belastet (3,17-19.23). *Sündenfall.

Drei Kinder A. sind erwähnt: *Kain, der seinen Bruder *Abel tötete, und *Set. A. wurde 930 Jahre alt (5,2-5).

Im NT wird A. mehrfach erwähnt. Er führt Jesu Stammbaum an (Lk 3,38). Jesus bezieht sich auf A. und Eva, wenn er die göttliche Zielsetzung für die Ehe beschreibt (Mt 19,4-6). Auch Paulus beruft sich auf 1.Mo 2,24 als Grundlage für die Beziehungen der Geschlechter (1.Kor 6,16 und Eph 5,31). Die Reihenfolge der Erschaffung von Mann und Frau ist dabei nicht unbedeutend (vgl. 1.Kor 11,3ff; 1.Tim 2,11ff).

Vor allem wird A. Jesus gegenübergestellt (z.B. 1.Kor 15). Dabei kann Paulus die Begriffe „Adam" und „Mensch" als synonyme Begriffe verwenden. In Röm 5,12ff zeigt er auf, daß A. durch die Sünde eine Kettenreaktion ausgelöst hat, deren Folge der Tod ist. Jesus hingegen hat einen Rettungsprozeß vollendet, durch den Menschen Gottes Gerechtigkeit empfangen (V.17).

2. *Ort.* Stadt ca. 30 km nördl. von Jericho. Hier wurde das Wasser des Jordans aufgehalten, als die Israeliten den Fluß überquerten (Jos 3,16). Heute Tell ed-Damiya.

ADAMA. Stadt im Gebiet des Stammes *Naftali.

ADAMI-NEKEB. Eine Grenzstadt des Stammes *Naftali (Jos 19,33); heute Khirbet ed-Damiya.

ADLER/GEIER. In Palästina gibt es noch wenige A., andere sind auf der Durchreise. In der Bibel wird A. zum Sammelbegriff für alle großen Raubvögel und zum Bild für Stärke. Mt 24,28 wird besser mit „Geier" übersetzt; wahrscheinlich ist der Weißköpfige Geier gemeint.

ADMA. Stadt in der Ebene, die heute vom Toten Meer ausgefüllt wird, nahe bei *Zebojim (5.Mo 29,22; Hos 11,8).

ADONI-BESEK (Herr von Besek). Kanaanitischer König, der gefangen nach Jerusalem gebracht wurde, nachdem die Stämme *Juda und *Simeon in Besek (wahrscheinl. dem heutigen Khirbet Ibziq 21 km nordöstl. v. Sichem) 10 000 Kanaaniter besiegt hatten (Ri 1,4ff).

ADONI-ZEDEK (Mein Herr ist gerecht). Amoriterkönig von Jerusalem, der vier andere kanaanäische Könige gegen Israel anführte. Sie wurden durch Gottes Eingreifen besiegt und von *Josua hingerichtet (Jos 10).

ADONIJA (Mein Herr ist Jahwe). Name verschiedener Personen im AT. Bedeutsam ist *Davids vierter Sohn. Als seine drei älteren Brüder gestorben waren, betrachtete er sich als Erbe, aber David hatte bereits *Batseba den Thron für ihren Sohn *Salomo versprochen (1.Kön 1,17). Mit Unterstützung des Feldhauptmanns *Joab und des Priesters *Abjatar versuchte er, vor Davids Tod die Krone zu erhalten, was jedoch mißlang. Obwohl er Salomo Loyalität versprach, erhob er weiterhin Anspruch auf den Thron und wurde deshalb hingerichtet (1.Kön 2,13ff).

ADONIRAM. Siehe unter *Hadoniram.

ADOPTION. Kommt im AT selten vor. Kinderlose Ehepaare suchten eher in der Polygamie einen Ausweg. Berichte aus Mesopotamien und Syrien zeigen, daß die A. im Alten Orient eine Rechtshandlung war, durch die eine Person mit den vollen Rechten und Pflichten eines leiblichen Kindes in die Familie aufgenommen wurde.

Wahrscheinlich mußte Abraham seinen Diener Elieser adoptieren, um ihn als Erben einsetzen zu können (1.Mo 15,3). Mose (2.Mo 2,10) und Ester (Est 2,7.15) wurden mit ziemlicher Sicherheit nach anderem als israelischem Recht adoptiert. Das Volk Israel wurde als Gottes (adoptierter) Sohn betrachtet (Jer 3,19).

Im NT ist nur bei Paulus von A. die Rede. Sie ist eine durch Gottes *Gnade verliehene Beziehung, die aus der Knechtschaft (des *Gesetzes) zur Kindschaft führt (Gal 4,1ff). Das adoptierte Gotteskind hat das Recht des Zugangs zum Vater und Anteil am göttlichen Erbe (Röm 8,15ff).
*Familie/Haushalt.

ADORAJIM. Stadt im SW Judas, die von *Rehabeam befestigt wurde (2.Chro 11,9); heute Dura, 8 km südwestl. von Hebron.

ADRAMMELECH. 1. *Heidnischer Gott:* Eine Gottheit, die von Sefarwajim nach Samarien gebracht wurde, und der auch Kindesopfer dargebracht wurden (2.Kön 17,31). **2.** *Person:* Ein Sohn *Sanheribs, der 681 v.Chr. mit seinem Bruder Sarezer seinen Vater ermordete (2.Kön 19,37).

ADRAMYTTION. Stadt in der Landschaft Mysien in der röm. Provinz Asia; heute Edremit. Heimathafen eines Schiffes, das den röm. Offizier Julius und *Paulus von Cäsarea nach Myra brachte (Apg 27,2).

ADRIA, ADRIA-MEER. Zentraler Teil des Mittelmeeres, in dem *Paulus 14 Tage lang trieb (Apg 27,27); nicht zu verwechseln mit dem Golf zwischen Italien und Dalmatien.

ADULLAM. Kanaaniterstadt in Juda, das heutige Tell esh-Sheikh Madhkur zwischen Jerusalem und Lachisch. In der Nähe der Stadt verbarg sich *David vor *Saul in einer Höhle (1.Sam 22,1).

ADUMMIM, STEIGE VON. Anhöhe auf der ansteigenden Straße von Jericho nach Jerusalem. Nach der Überlieferung Ort des Gleichnisses vom Barmherzigen Samariter (Lk 10,30ff).

AFEK, AFEKA (Festung). **1.** Gebiet nordöstl. von Beirut (Jos 13,4). **2.** Stadt im Gebiet des Stammes Asser (Jos 19,30; Ri 1,31). **3.** Stadt östl. des Sees Genezareth (1.Kön 20,26ff; 2.Kön 13,17). **4.** Stadt im SW von Hebron (Jos 15,53). **5.** Stadt südl. von Cäsarea (Jos 12,18; 1.Sam 4,1; 29,1), später Antipatris genannt.

AFRIKA. In den Schriften antiker Völker beschränkte sich das Wissen über A. weitgehend auf die Gebiete mit Zugang zum Mittelmeer. Herodot (5.Jh.v.Chr.) vermu-

tete allerdings, daß es fast vollständig vom Meer umgeben sei.
Israels Interesse an A. (es wird erst seit der röm. Vorherrschaft so genannt) galt vor allem Ägypten. Trotz leidvoller Vergangenheit waren die Israeliten um Offenheit gegenüber den Ägyptern bemüht (5.Mo 23,8) und glaubten, daß auch sie sich eines Tages zu Gott bekehren werden (Jes 19,16ff). In Äthiopien gab es jüd. Siedlungen. Es wird gelegentlich zusammen mit Ägypten als eines der Länder genannt, die Gottes Gericht anheimfallen werden (Hes 30,4ff). Trotz einer langen Tradition ist es unhaltbar, aus der Verfluchung Hams (1.Mo 9,25) einen Haß Gottes auf farbige Völker abzuleiten; der Fluch war ausdrücklich auf die Kanaanäer bezogen. *Kanaan.

Jesus lebte in seiner Kindheit auf afrikanischem Boden (Mt 2,13ff). *Simon, der das Kreuz Jesu trug, kam aus der afrikanischen Hafenstadt Kyrene, und seine Kinder waren bei den ersten Christen offenbar gut bekannt (Mk 15,21). Afrikanische Juden waren zu Pfingsten in *Jerusalem anwesend (Apg 2,10), Philippus führte einen Äthiopier zu Christus (Apg 8,26ff), und der mächtige Apollos kam aus Alexandria (Apg 18,24). Es ist nichts darüber bekannt, wie sich die Kirche in den südl. Mittelmeerländern ausbreitete. Die ägypt. und nordafrikanischen christl. Gemeinden spielten im 2.Jh. eine bedeutende Rolle; eine späte Überlieferung bringt Markus und Petrus damit in Verbindung.
*Ägypten; *Äthiopien.

AGABUS. Ein Prophet der Urchristenheit, dessen Vorhersage einer Hungersnot sich unter Klaudius erfüllte (Apg 11,27f). Er sah voraus, daß *Paulus in Jerusalem gefangengenommen wird (Apg 21,10f), was diesen aber nicht zu einer Änderung seiner Reisepläne veranlaßte.

AGAG. Titel der Könige von Amalek. Einer wurde von *Saul verschont, aber von *Samuel getötet (1.Sam 15).

AGAGITER. Beiname *Hamans (z.B. Est 3,1). Josephus hielt ihn für einen Amalekiter.

AGRIPPA. Sohn des Herodes Agrippa, geboren 27 n.Chr., empfing den Königstitel von Claudius. Von 48-66 n.Chr. hatte er das Vorrecht, die jüd. Hohenpriester zu ernennen. Er versuchte den jüd. Krieg gegen Rom 66 n.Chr. zu verhindern und hielt, als er scheiterte, den Römern die Treue. Er begegnete Paulus (Apg 25,13-26,32) und starb ca. 100 n.Chr. kinderlos.

ÄGYPTEN. Das alte Königreich im NO Afrikas, das durch die Sinai-Halbinsel mit Westasien verbunden ist. Die heutige Republik bildet in etwa ein Viereck, das sich vom Mittelmeer bis 22° nördl. Breite und vom Roten Meer bis 25° östl. Länge erstreckt. Etwa 96 Prozent des Landes sind Wüste; auf den 4 Prozent des Bodens, die vom Nilwasser erreicht werden, leben 99 Prozent der Bevölkerung. Historisch gesehen zerfiel das alte Ä. in zwei Teile: Oberä. erstreckte sich vom ersten Katarakt bei Assuan in nördl. Richtung bis nach Kairo (Memphis), wo das Niltal an keiner Stelle breiter als 19 km ist. Unterä. umfaßt das Nildelta bis unmittelbar südl. von Kairo. Im W liegt die Sahara, eine flache, felsige Sanddünenwüste, und parallel zum Niltal gibt es eine Reihe von Oasen - große natürliche Senken, in denen Leben und Ackerbau durch artesisches Wasser möglich ist. Östl. des Nils liegt die Arabische Wüste, ein gebirgiges Gebiet mit reichlichen Mineralvorkommen, einschließlich Gold und Edelsteinen.

Die Frühgeschichte bis zur Zeit Josefs.
Die ersten wirklichen Ägypter, die sich im Niltal ansiedelten, werden Taso-Badarier genannt und stammten wahrscheinlich aus Afrika. Es entwickelten sich Dorf-Gemeinschaften mit örtlichen Kultstätten. (Bestattungsbräuche weisen auf ein Leben nach dem Tod hin.)
Der erste *Pharao für ganz Ä. war offenbar Narmer von Oberä., der das gegnerische Deltareich eroberte und die 1. Dynastie begründete. In der Zeit der 3.-6. Dynastie erlebte Ä. einen glanzvollen wirtschaftlichen und kulturellen Aufstieg. König Djosers Stufenpyramide ist das erste monumentale Steinbauwerk der Weltgeschichte (ca. 2650 v.Chr.). Bildhauerei, Malerei, Einrichtungsgegenstände und

Ägypten

Schmuck erreichten eine hohe Qualität. Die Wirtschaftskraft der Könige ging während der 5. Dynastie zurück, und die Priester des Sonnengottes Re übten neben dem Thron ihre Macht aus. Mit der 9.-11. Dynastie folgte eine Zeit der sozialen und politischen Unruhen. Sie brachte eine Reihe pessimistischer Schriften hervor, die zu den besten und bemerkenswertesten der ägyptischen Literatur gehören. Amenemhat I. gründete die 12. Dynastie („Mittleres Reich", ca. 1991 v.Chr.), rief sich selbst zum politischen Retter des Volkes aus und stellte Ordnung und materiellen Wohlstand wieder her. Es war das goldene Zeitalter für Ä. klassische Literatur. *Abraham dürfte in dieser Zeit in Ä. gewesen sein. Von einem ähnlichen Begleitschutz wie in 1.Mo 12,20 ist auch in einem ägypt. Text die Rede. Nach 1786 v.Chr. herrschte die 13. Dynastie ein Jahrhundert lang. Das Staatswesen begann zu versagen. Es gab in Ä. viele semit. Sklaven; in Unterä. ergriffen einige semit. Stammesfürsten die Macht und begründeten die 15.-16. „Hyksos"-Dynastie. *Josef (1.Mo 37-50) fügt sich in diesen Hintergrund mit der Vermischung ägypt. und semit. Elemente sehr gut ein.

Die Zeit des Auszugs aus Ägypten. Zwischen ca. 1552 und 1069 erstieg Ä. den Gipfel seiner politischen Macht. Es war das Zeitalter, in dem es ein Höchstmaß an Einfluß, Ansehen und Luxus genoß, an dessen Ende jedoch der Niedergang des altägypt. Geistes und schließlich der Zerfall der ägypt. Kultur stand. Der tatkräftige Thutmosis III. der 18. Dynastie wollte Palästina und Syrien erobern und machte die kanaan. und amorit. Stadtstaaten zu tributpflichtigen Vasallen. Bis zum Ende der Regierungszeit von Amenophis III. (ca. 1360 v.Chr.) war Ä. die führende Macht im Alten Orient; dieser Pharao bevorzugte den Sonnengott Aton gegenüber dem obersten Staatsgott Amun. Sein Sohn Amenophis IV. schaffte den Amunkult ab und änderte seinen eigenen Namen in Echnaton. Das Volk verehrte Aton durch Verehrung des Pharao; nach seinem Tod wurde der Amunkult wieder hergestellt.

Unter der 19. Dynastie wurde die ägypt. Herrschaft über Syrien durch Sethos I. erneuert. Er gründete wahrscheinlich die Deltahauptstadt, die sein Sohn Ramses II. weiter ausbaute und nach sich selbst benannte. In diese Zeit fällt allem Anschein nach die Unterdrückung Israels und der *Auszug aus Ägypten. Ramses benötigte für den Bau der Städte *Ramses (im Delta) und *Pitom (im Wadi Tumilat) eine große Zahl von Arbeitern (2.Mo 1,8ff). Daß *Mose in ägypt. Hofkreisen aufwuchs, ist nicht ungewöhnlich; man weiß, daß zu Beamten auserschene Asiaten in königlichen harims erzogen wurden. Die 19. Dynastie war die weltoffenste. Hebr.-kanaan. Lehnwörter drangen in die ägypt. Sprache ein; semit. Gottheiten wie Baal und Aschtarot baute man sogar Tempel. Höchstwahrscheinlich hatten die hebr. Sklaven also schon lange vor dem Auszug aus Ägypten vom Land Kanaan gehört.

Die spätere Zeit und Ägyptens Beziehungen zu Israel. Von dieser Zeit an ist die Geschichte des Landes vom Niedergang geprägt, der nur für kurze Zeit durch einige herausragende Könige aufgehalten wurde. Die Erinnerung an Ä. einstige Größe wurde Israel und Juda zum Verhängnis, als sie sich an diesen „zerbrochenen Rohrstab" um Hilfe wandten (Jes 36,6). Die 21. Dynastie (ab 1069 v.Chr.) vertrat eine freundschaftliche Bündnispolitik gegenüber den benachbarten Staaten Palästinas. Das geschah auch aus wirtschaftlichen Erwägungen, was sich gut in die zeitgenössischen Zeugnisse des AT einfügt. Zum Beispiel unternahm ein Pharao (vielleicht Siamun) eine „Polizeiaktion" in SW-Palästina und eroberte Geser, das er Salomo als Mitgift seiner Tochter gab (1.Kön 9,16). Scheschonk I. (in der Bibel Schischak), Gründer der 22. Dynastie, betrachtete zwar Salomos Israel als Rivalen, aber erst nach dessen Tod unterwarf er Israel und Juda, die beiden Teile des inzwischen gespaltenen Reiches. Das ist durch eine in Megiddo gefundene Inschrift und eine Liste von Ortsnamen bezeugt, die Scheschonk in Theben aufschrieb (vgl. 1.Kön 14,25f). König Asa von Juda setzte der ägypt. Aggressionspolitik ein Ende (2.Chro 14,9ff), aber archäologische Entdeckungen legen die Vermutung nahe, daß Omri oder Ahab Verbindungen zu Ä. unterhielten.

Als sich Hoschea, der letzte König Israels, um Hilfe gegen Assyrien an Ä. wandte (725/724 v.Chr.; 2.Kön 17,4), war das Land schwach und gespalten. (Der Ägypter „So" war wahrscheinlich Osorkon IV., der letzte Pharao der 22. Dynastie, ca. 730-715 v.Chr., der so machtlos war, daß er Sargon von Assyrien durch ein Geschenk von zwölf Pferden von Ä. Grenzen fernhielt). Danach regierten in Ä. äthiopische Herrscher. Einer von ihnen, Tirhaka, wurde von den Assyrern besiegt, als er Hiskia zu Hilfe eilte (2.Kön 19,9; ca. 701 v.Chr.). Schließlich plünderte Assurbanipal 664/663 v.Chr. die alte heilige Stadt *Theben und errichtete Stützpunkte im Land. Psammetich I. stellte mit viel Geschick die Einheit Ä. wieder her und begründete die 26. Dynastie, die das Machtgleichgewicht in Westasien bewahrte und sich mit Assyrien gegen das aufstrebende Babylon verbündete (z.B. Pharao Necho, ca. 610-595 v.Chr.; 2.Kön 23,29). Aber nach der vernichtenden Niederlage bei Karkemisch 605 v.Chr. fiel ganz Syrien und Palästina an Babylon (Jer 46,2). Nebukadnezar zog gegen die Ägypter, nachdem sie Zedekias Aufruhr gegen Babylon unterstützt hatten, aber beide Länder verbündeten sich, bis sie von Medo-Persien erobert wurden. *Alexander der Große befreite Ä. 332 v.Chr. Später fiel es an die Römer, und vom 3. Jh. n.Chr. an war es ein überwiegend christl. Land bis zur islamischen Eroberung 641/642 n.Chr.

Literatur und Sprache. Das Altägypt. war mit den libysch-berberischen Sprachen Nordafrikas verwandt und wurde schon in früher vorgeschichtlicher Zeit vom Semit. durchsetzt. Es wurde sowohl in der hieroglyphischen Bilderschrift als auch in einer weniger bildhaften hieratischen Schrift geschrieben. Das Koptische, die letzte Stufe des Ägypt. und Volkssprache im römisch-byzantinischen Ä., wurde von ägypt. Christen (Kopten) literaturfähig gemacht und überlebte als liturgische Sprache der koptischen (ägypt.) Kirche bis in unsere Zeit. Während der 12. Dynastie fallen Erzählungen und Propagandaschriften auf. Zu ihnen gehören die Geschichte eines Schiffbrüchigen und eines Mannes, der jahrelang in Palästina im Exil lebte, sowie Lehrschriften, die zur Ergebenheit dem

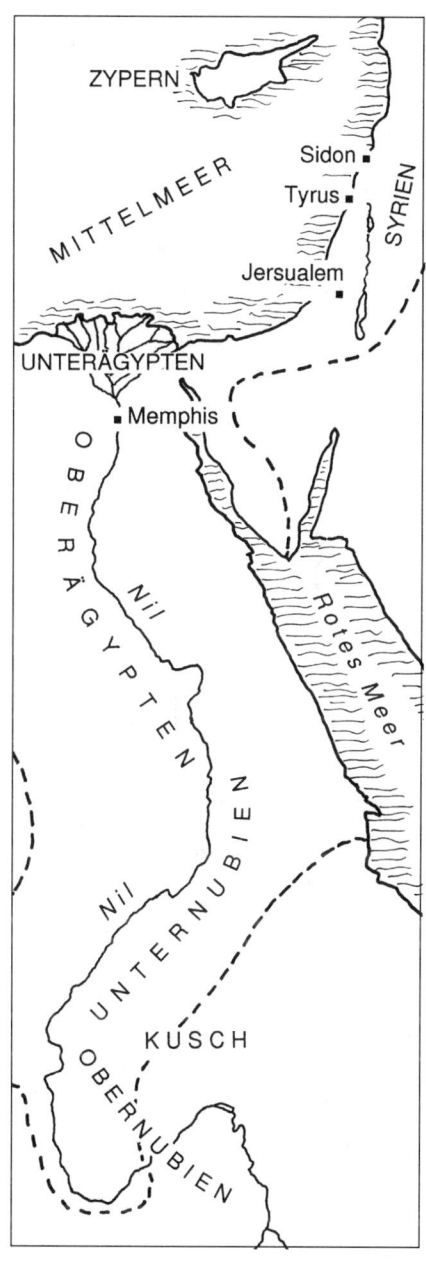

Ägypten. *Gebiete, die um 1500 v.Chr. (unter Thutmosis III.) zu Ägypten gehörten.*

Thron gegenüber ermahnen. Zur Zeit der 18. Dynastie entstanden einige entzückende Märchen (z.B. Der verwunschene Prinz; Das Märchen von den beiden Brüdern), und die Poesie zeichnete sich aus durch lyrische und religiöse Texte und Hymnen an den König. Aus vielen Zeiten sind zahllose geschichtliche und geschäftliche Texte erhalten. Obwohl die Literatur umfassende Vorstellungen von einem Schöpfergott und ein gewisses Sündenbewußtsein offenbart, beweisen diese Ähnlichkeiten zu einigen hebr. Schriften nicht, daß zwischen beiden je eine direkte Verbindung bestand. Einige ägypt. Sprichwörter wurden gelegentlich als Quelle für das atl. Buch der Sprüche angeführt, aber neuere Forschungen haben gezeigt, daß sich diese Annahme nicht hinreichend begründen läßt.

Religion. Überall im Land gab es lokale Gottheiten, z.B.: Ptah in Memphis, Thoth in Hermopolis, Amun, der Staatsgott wurde, in Theben. Außerdem gab es kosmische Götter: allen voran der Sonnengott Re oder Atum, die Himmelsgöttin Nut und die Luft-, Erd- und Wassergötter Shu, Geb und Nu. Einer wirklichen Staatsreligion am nächsten kam der Kult des Osiris. Dieser von seinem bösen Bruder ermordete gute König galt als Herrscher über das Totenreich und Gott des Pflanzenwuchses, der mit dem jährlichen Anstieg des Nils und der nachfolgenden Wiedergeburt des Lebens in Verbindung gebracht wurde.

Die Tempel lagen abgeschlossen hinter hohen Mauern, und nur die amtierende Priesterschaft vollzog darin den Kult. Lediglich an Festtagen, wenn in einer glanzvollen Prozession die Götterbilder herumgetragen wurden, nahm die Öffentlichkeit aktiv an deren Verehrung teil. Bei den Kulthandlungen wurden die großen Götter wie irdische Könige behandelt: Sie (d.h. ihre Bilder) wurden jeden Morgen mit einem Lied geweckt, gewaschen und angezogen; dann servierte man ihnen das Frühstück (ein Opfer). Am Vormittag gingen sie ihrer Tätigkeit nach, nahmen mittags und abends Mahlzeiten (Opfer) ein, bevor sie sich zur Nachtruhe begaben. Der Unterschied zum Gott des AT könnte kaum größer sein.

Die Pyramidentexte aus der 6. Dynastie enthalten eine große Anzahl von Zaubersprüchen, die offenbar Bestandteil komplizierter Bestattungsrituale waren. Die Hymnen und Gebete an die Götter waren mit zahlreichen mythologischen Anspielungen versehen. Der ägypt. Glaube an ein Leben nach dem Tod fand seinen Ausdruck in den konkreten materiellen Vorstellungen von einem prächtigeren jenseitigen Ä., in dem Osiris regiert. Weil eine Existenz nach dem Tode nur möglich ist, wenn der Körper erhalten bleibt, wird der Leichnam einbalsamiert. Die Ägypter verbanden mit dem Tod keine Schreckensvorstellungen; dieses fröhliche, praktisch und materialistisch eingestellte Volk wollte einfach die guten Dinge dieser Welt mit ins Jenseits nehmen und bediente sich dabei magischer Hilfsmittel. Das Grab war die Wohnung des Verstorbenen. Die Pyramiden waren einfach Königsgräber, deren Form dem heiligen Stein des Sonnengottes Re in Heliopolis nachempfunden war.

*Chronologie des AT; *Plagen Ägyptens; *Magie und Zauberei.

ÄGYPTER, DER. Ein Aufrührer, mit dem Paulus verwechselt wurde (Apg 21,38). Josephus zufolge behauptete er ca. 54 n.Chr., ein Prophet zu sein, auf dessen Befehl hin die Mauern Jerusalems einstürzen würden.

AHAB (Bruder des Vater = Onkel). Siebenter König Israels; Sohn und Nachfolger des *Omri. A. regierte 22 Jahre lang, ca. 874-852 v.Chr. (1.Kön 16,28ff) und befestigte verschiedene israelit. Städte. In Samaria ließ er einen mit Elfenbein verzierten Palast erbauen (1.Kön 22,39). A. führte häufig Krieg gegen Syrien und besiegte König *Ben-Hadad, tötete ihn jedoch nicht (1.Kön 20,26ff), sondern verbündete sich mit ihm 853 v.Chr. gegen den Assyrer Salmanassar III. Das hatte weitere assyr. Angriffe auf Israel zur Folge. A. starb im Kampf bei Ramot in Gilead (1.Kön 22,28ff).

Mit seinem Einverständnis ließ seine Frau *Isebel in Samaria einen Baalstempel errichten. Sie förderte falsche Propheten, ließ dagegen die wahren Propheten Gottes umbringen und zerstörte die Altäre des Herrn. *Elia trat gegen diesen Götzendienst und die Ungerechtigkeit auf (vgl. 1.Kön 18,16ff).

AHAS (Er hat ergriffen, eine Kurzform von Joahas). König von Juda 735-715 v.Chr., Sohn *Jotams. Als Israel und Syrien in sein Land einfielen, suchte er gegen den Rat Jesajas bei den Assyrern Hilfe (Jes 7,1ff). Damit begann ein Jahrhundert der Abhängigkeit von Assyrien. Er förderte heidnische Bräuche und schloß den Tempel (2.Kön 16,1ff; 2.Chro 28,22-25).

AHASJA (Jahwe hat ergriffen). **1.** Sohn und Nachfolger *Ahabs, des Königs von Israel, dessen gottlose Politik er unverändert fortsetzte (1.Kön 22,51-2.Kön 1,18); starb früh nach einem Sturz. **2.** Auch Joahas genannt: der jüngste Sohn Jorams, des Königs von Juda. Er regierte weniger als ein Jahr, wurde ermordet (2.Kön 8,25ff; 9,16-29; 2.Chro 22,1-9).

AHASVEROS. 1. Xerxes I., König von Persien 485-465 v.Chr. (Esr 4,6 und Est 1,9 u.a.). **2.** Vater des Meders Darius (Dan 9,1).

AHAWA. Stadt und Kanal in Babylonien. *Esra's Sammelplatz für die nach Jerusalem zurückkehrenden Juden (Esr 8,15-31).

AHIJA, AHIA. Name verschiedener Männer im AT. Der bedeutendste war ein Prophet aus Silo, der gegen *Salomos Götzendienst protestierte. Er zerteilte demonstrativ sein Gewand, um auf die kommende Teilung des Reiches hinzuweisen (1.Kön 11,29ff). Seine Prophetie erfüllte sich wenig später, als zehn Stämme Israels Salomos Sohn *Rehabeam ablehnten und *Jerobeam zum König ausriefen.

AHIKAM (Mein Bruder hat sich erhoben). Hofbeamter des Königs *Josia. Befragt in dessen Auftrag die Prophetin Hulda nach Gottes Urteil (2.Kön 22,11ff). A. rettete Jeremia das Leben (Jer 26,24).

AHIMAAZ (Mein Bruder ist Zorn). Sohn des Priesters Zadok. Ein Bote der heimlichen Verbündeten *Davids in Jerusalem während *Absaloms Aufstand (2.Sam 15,27; 18,19-32), überbringt als erster David die Siegesbotschaft nach dem Entscheidungskampf.

AHIMELECH (Mein Bruder ist König). Name verschiedener Männer im AT. U.a.: Priester in Nob, der *David die *Schaubrote und das Schwert *Goliats gab (1.Sam 21-22).

AHITOFEL. Geachteter Ratgeber *Davids, der sich später mit *Absalom gegen ihn verschwor. Davids Gebet bewirkte, daß sich sein Rat an Absalom als falsch erwies. A. erhängte sich daraufhin (2.Sam 15-17).

AHNENKULT. Die meisten Völker des Altertums glaubten an die Existenz guter und böser Geister. Hierzu gehörten auch die Geister Verstorbener, die durch Begräbniszeremonien und Grabbeigaben von Lebensmitteln und Hausrat versöhnlich gestimmt und versorgt werden sollten. Im Alten Orient waren kultische Handlungen im Zusammenhang mit Toten weit verbreitet. Die Ägypter trafen umfangreiche Vorkehrungen für das Wohlergehen ihrer Verstorbenen in einem angenehmen zukünftigen Leben. Die Mesopotamier hatten eine düsterere Vorstellung vom Leben nach dem Tod. Sie wollten vor allem verhindern, daß die unzufriedenen Geister zurückkehren und sie belästigen. Auch aus Syrien ist der Totenkult gut bezeugt; in Ras Schamra fand man Grabstätten, die mit Öffnungen versehen waren, durch die Opfergaben eingebracht werden konnten.

Im Glauben Israels spielte der Totenkult keine Rolle, aber manchmal wurden die Bräuche der Nachbarvölker übernommen. 5.Mo 26,14 legt nahe, daß Opfergaben für Verstorbene verboten werden mußten; aus 2.Chro 16,14 und Jer 34,5 geht hervor, daß für zwei Könige zum Begräbnis Räucherwerk verbrannt wurde, und Hes 43,7-9 zeigt, daß tote Könige verehrt wurden. Auch das Herbeirufen von Verstorbenen war bekannt (1.Sam 28,7), wurde aber verurteilt (Jes 8,19). *Begräbnis und Trauer; *Wahrsagerei.

AI (der Haufe, die Ruine). Stadt östl. von Bethel und nördl. von Michmas. Der Angriff der Israeliten unter *Josua wurde zuerst abgewehrt, aber nach der Bestrafung von *Achans Sünde wurde die Stadt zerstört (Jos 7-8).

Das heutige Et-Tell 3 km südöstl. von Bethel wird gewöhnlich mit Ai identifiziert. Dort brachten Ausgrabungen die Überreste einer einst blühenden Stadt zutage, die ca. 2400 v.Chr. zerstört wurde. Man fand keine Hinweise auf eine spätere Bewohnung der Stadt; nur um 1200-1050 v.Chr. gab es wieder eine kleine Siedlung. Vielleicht dienten Ais mächtige Ruinen der umliegenden Bevölkerung zeitweise als Fluchtburg, oder Josuas Ai war an einer anderen Stelle (nördl. von Et-Tell).

Alexander der Große. Münze des Lysimachus; 297 v.Chr. Man nimmt an, daß sie Alexander den Großen darstellt.

AJALON. 1. Auf einem Hügel gelegene Stadt, die den südlichen Zugang zum Tal von Ajalon kontrollierte. Sie wurde von *Rehabeam befestigt, um den nordwestl. Zugang nach Jerusalem zu bewachen. Ihre ältesten Spuren (2000 v.Chr.) fand man in Tell el-Qop'a bei Yalo. **2.** Eine Stadt im Siedlungsgebiet des Stammes Sebulon (Ri 12,12).

AKKAD. Eine große Stadt, die von Nimrod gegründet wurde (1.Mo 10,10). Die hier von dem assyr. Herrscher Sargon I. begründete Dynastie (ca. 2350 v.Chr.) galt als Symbol eines „Goldenen Zeitalters". Bis in die spätpers. Zeit hieß ganz Nordbabylonien „Akkad"; als „akkadisch" werden semit., assyr. und babylon. Sprachen bezeichnet.

AKRABBIM (Skorpione). Gebirgspaß am Südende des Toten Meeres gegen Westen (4.Mo 34,4 „Skorpionensteig"); heute Naqb ez-Zafa.

ALALAH. siehe *Archäologie AT, (IV. Einzelne Ausgrabungsstätten).

ALEXANDER DER GROSSE (356-323 v.Chr.) Der jugendliche König von Mazedonien, dessen Expedition zur Befreiung der Griechen in Kleinasien 336 v.Chr. überraschend das Perserreich vernichtete. Danach trat die griech. Kultur überall ihren Siegeszug an. Evtl. beziehen sich Dan 8,21 und 11,3 auf ihn.

ALEXANDER. Griech. Name, der im NT mehrmals vorkommt, z.B.: **1.** Ein Mann, der während des Aufruhrs in Ephesus für die Sache der Juden eintreten wollte (Apg 19,33ff). **2.** Ein Schmied und erbitterter Gegner des *Paulus, offenbar auch aus Ephesus (2.Tim 4,14f). **3.** Ein Irrlehrer, der von Paulus hart gestraft wurde (1.Tim 1,20). *Hymenäus. Unsicher ist, ob 1 und 2 oder 2 und 3 identisch sind.

ALEXANDRIA. Hafenstadt an der NW-Küste des Nildeltas, 332 v.Chr. von *Alexander dem Großen an der Stelle der kleinen Siedlung Rhakotis gegründet. Sie war in rechtwinkligen Straßenzügen angelegt; ihre Überreste liegen unter der jetzigen Stadt. Unter *Ptolemäus II. (ca. 285-246 v.Chr.) wurde sie zu einem Meisterwerk der Baukunst; ein 1300 m langer Damm teilte den Hafen und verband das Festland mit der Insel Pharos. Bis in die byzantinische Zeit hinein (324-636 n.Chr.) blieb A. Hauptstadt und Banken- und Handelszentrum Ägyptens; es war führend in der Herstellung von Stoffen, Glas und Papyrus. Als größte Stadt hellen. (griech.) Kultur galt sie als Hochburg der Wissenschaften und verfügte über eine umfangreiche Bibliothek.

Neben Griechen und einheimischen Ägyptern lebte hier eine beträchtliche Anzahl Juden, vor allem im Ostteil der

Stadt. Die Synagoge war so groß, daß das „Amen" im Gottesdienst mit Flaggen angezeigt werden mußte. Die griech. Übersetzung des AT (Septuaginta) und das apokryphe Buch der Weisheit Salomos entstanden in Alexandria; hier lebte auch der jüd. Philosoph Philo.
Der christl. Prediger *Apollos war ein alexandrinischer Jude (Apg 18,24). Der *Hebräerbrief wird oft mit der Stadt in Verbindung gebracht, weil er das AT zitiert und Ausdrücke enthält, die in Alexandria geläufig waren; Luther vermutete, daß er von Apollos geschrieben wurde. Über die Anfänge der Gemeinde in A. ist nichts bekannt, abgesehen von einer unzuverlässigen Überlieferung, nach der Markus hier gewirkt haben soll. Der missionarische Eifer, die philosophische Verteidigung des Glaubens (*Apologetik), die sinnbildliche Auslegung der Schrift (Allegorese), das Bemühen um die Kommentierung der Bibel und die Neigung zur Vermischung bibl. Wahrheiten mit anderem Gedankengut (Synkretismus) verweisen eher auf ein Erbe aus dem alexandrinischen Judentum. Im 2.Jh.n.Chr. war A. ein Zentrum der christl. Theologie. Seine Katechetenschule war weithin bekannt.

ALKOHOL. *Wein.

ALLERHEILIGSTE. Siehe *Stiftshütte; *Tempel.

ALLMÄCHTIG/ALLMÄCHTIGER. Der hebr. Gottesname Schaddai wird im Griech. wie im Deutschen mit der Bezeichnung „der Allmächtige" wiedergegeben (1.Mo 17,1; Ps 91,1). Der Name kommt im AT 48 mal vor (31 mal im Buch Hiob). Im NT kommt das entsprechende griech. Wort vor allem in der Offb vor (z.B. 1,8). Von den Juden wurde der Name auch mit „der Allgenugsame" übersetzt.

ALMOSEN. *Fürsorge.

ALOË. Es handelt sich um einen Baum aus der Familie der Thymelaceen, der in Hinterindien heimisch ist. Er hat ein hartes und sprödes Holz, das ein wohlriechendes, bitteres Harz enthält. A. wurde bereits im Altertum nach Palästina und Ägypten transportiert, wo es sehr geschätzt war. A. wurde als Räucherwerk (Ps 45,9; Spr 7,17) und für die Einbalsamierung von Leichen (Joh 19,39) verwendet. Auch in Hld 4,14 wird A. neben anderen wohlriechenden Stoffen erwähnt.

ALPHA UND OMEGA (A UND O). Erster und letzter Buchstabe des griech. Alphabets; Selbstbezeichnung Gottes in Offb 1,8; 21,6 und Jesu in Offb 22,13. Sie umschreibt das ewige Wirken Gottes und Christi in Schöpfung und Erlösung. Vgl. „der Erste und der Letzte" in Jes 44,6.

ALPHÄUS. 1. Vater des Apostels *Jakobus. Um Verwechslungen zu vermeiden, wurde dem Vornamen häufig der Name des Vaters beigefügt, hier z.B. im Unterschied zu Jakobus, Sohn des Zebedäus (Mt 10,2f). **2.** Vater des *Levi (des Matthäus; Mk 2,14).

ALTAR. Ursprünglich Opferstätte. Die Erzväter bauten ihre A. selbst und brachten ihre Opfer – ohne Priester – meist als Erinnerung an eine persönliche Begegnung mit Gott dar (z.B. *Abraham in Sichem und Bethel, 1.Mo 12,6-8).
In Palästina waren A. bereits vor dem Einzug der Israeliten vorhanden. In Ai gab es in der Frühen Bronzezeit (3150-2200 v.Chr.) einen verputzten Steinaltar, auf dem Tier- und Speiseopfer dargebracht wurden. In Megiddo fand man A. aus Lehmziegeln und übertünchten Steinen aus der Mittleren Bronzezeit (2200-1550 v.Chr.).
*Mose erhielt von Gott Anweisungen zum Bau von A. (2.Mo 20,24-26). Nach ihm wurden z.B. von *Josua (Jos 8,30f) und *Gideon (Ri 6,24) A.e gebaut. *Salomo errichtete im *Tempel einen Brandopferaltar (1.Kön 8,22). Archäologen fanden in Arad einen 2,5 m großen Brandopferaltar und in Beerscheba einen Räucheraltar aus dieser Zeit.
In *Hesekiels Vision vom wiederaufgebauten Tempel (Hes 40-44) ist kein Räucheraltar erwähnt, aber der dreistufige Brandopferaltar wird ausführlich beschrieben (43,13ff). Im Jahr 169 v.Chr. entfernte Antiochus Epiphanes den „goldenen Altar" aus dem Tempel (1.Makk 1,23) und errichtete zwei Jahre danach

auf dem Brandopferaltar ein „Greuelbild der Verwüstung" (wahrscheinlich eine Zeusstatue, 1.Makk 1,57). Später bauten die *Makkabäer einen neuen A. und setzten den Räucheraltar wieder instand (1.Makk 4,44ff). Beide A. waren offenbar noch in Gebrauch, als *Herodes den Tempel gegen Ende des 1. Jh. v.Chr. vergrößerte. Zu jener Zeit bestand der Brandopferaltar aus einem Haufen unbehauener Steine, den man über eine Rampe erreichte.

Im NT wurden verschiedene A. erwähnt, z.B. sieht Johannes in einer Vision einen A. im himmlischen „Tempel" (Offb 8,5). *Höhe.

ALTER/ALTE. Im gesamten Nahen Osten des Altertums wurden alte Menschen aufgrund ihrer Erfahrung und ihrer Weisheit in Ehren gehalten (Hiob 12,12). Das traf in besonderer Weise auf die Hebräer zu, weil unter ihnen Alter (oder langes Leben) ein Zeichen von Gottes Segen für das Halten seiner Gebote war (5.Mo 30,19). Den älteren Männern standen die Führungspositionen zu. Die Tatsache, daß das Alter nicht mehr respektiert wurde, war ein Zeichen für die Dekadenz einer Gesellschaft (Jes 3,5). Die Leiden des Alters werden in Pred 12,2ff bildhaft beschrieben und auch an anderen Stellen erwähnt; dazu gehören u.a. das Absinken der Körpertemperatur (1.Kön 1,11ff) und abnehmende Sehkraft (1.Mo 27,1).

ÄLTESTE. *Im Judentum.* Obwohl bereits in atl. Zeit mit diesem Titel ein bestimmtes Amt bezeichnet wurde, ist ein „Ältester" in der Grundbedeutung des Wortes „ein älterer Mann". An vielen Stellen der Bibel wird darauf hingewiesen, daß ältere Menschen Respekt verdienen (z.B. 3.Mo 19,32; 1.Tim 5,1); das Alter bringt Weisheit mit sich (Spr 4,1). Deshalb waren die Führer Israels zunächst Männer in fortgeschrittenem Alter, wahrscheinlich Familienoberhäupter. Siebzig von ihnen wurden ausgewählt, um Mose bei seinen Führungsaufgaben zu unterstützen (4.Mo 11,16ff). Gemeinsam mit den Priestern wurde ihnen das geschriebene Gesetz anvertraut, das sie dem Volk nahebringen sollten (5.Mo 31,9ff). Nach der Landnahme Israels waren die Ä. in den Städten als Richter tätig (z.B. Jos 20,4). Die Laienrichter von 2.Mo 18 und 5.Mo 1 wurden wegen ihrer Weisheit, Frömmigkeit und Unbescholtenheit ausgewählt, nicht in erster Linie aufgrund ihres Alters. Der Ältestenrat des Volkes hatte auch während der Königszeit eine wichtige Stellung inne, z.b. salbte er David zum König über Israel (2.Sam 5,3).

Zur Zeit des NT tritt die Verbindung zwischen Ä. und *Priestern stark hervor (z.B. Mt 21,23). Daraus hatte sich der *Sanhedrin - der Hohe Rat entwickelt, der unter dem Vorsitz des *Hohenpriesters zugleich oberster jüd. Gerichtshof war. Zu seinen 71 Mitgliedern gehörten auch Ä. und Hohepriester (Mt 27,1). In Palästina wurde die Aufgabe der Gesetzeslehrer offenbar fast ausschließlich von den Ä. wahrgenommen. In Lk 7,3 werden sie Ä. genannt, aber öfter Schriftgelehrte und Gesetzeslehrer, Rechtsgelehrte oder Rabbi. In den Synagogen gab es einen oder mehrere „Vorsteher", die für Ordnungsaufgaben und den Ablauf der Gottesdienste zuständig waren.

Im Urchristentum. Die Apostel bezeichneten sich manchmal selbst als „Älteste" (z.B. 1.Petr 5,1; 2.Joh 1) und setzten in den Gemeinden Ä. als Lehrer und Hirten ein (Apg 11,30; 1.Tim 5,17). Die Ä. nahmen verschiedene Aufgaben in den Gemeinden wahr. Selbst als sich im 2. Jh. n.Chr. das Bischofsamt von dem der Ä. löste, wurden Unterweisungs- und Leitungsaufgaben sowie die Verwaltung der Sakramente immer noch von ihnen gemeinsam wahrgenommen.

*Alter; *Bischof; *Dienst; *Amt; *Gemeindeleitung.

ALTES TESTAMENT. Siehe *Bibel.

AMALEK, AMALEKITER. Sohn des Elifas und Enkel *Esaus (1.Mo 36,12). Seine Nachkommen griffen Israel in Refidim in der Wüste Sinai an (2.Mo 17,8ff). In jener Schlacht stützten *Aaron und Hur dem betenden *Mose die Hände, bis Israel siegte. Wegen dieses Angriffs sollten die Amalekiter später vernichtet werden (5.Mo 25,19). Vorerst stellten sie weiterhin eine Bedrohung des Volkes Israel dar: *Bileam nannte sie „das erste unter den

Völkern" (4.Mo 24,20). *Gideon vertrieb sie (Ri 7,12ff); *Saul besiegte sie, versäumte jedoch, ihren König Agag zu töten (1.Sam 15). In den kriegerischen Auseinandersetzungen mit *David (1.Sam 30,1ff) wurde schließlich ihre Macht gebrochen. *Nomaden.

AMARNA. Siehe *Archäologie AT (IV. Einzelne Ausgrabungsstätten).

AMASA. 1. Anführer von *Absaloms Rebellenheer (2.Sam 17,25). Nach der Niederlage wurde A. von *David begnadigt und an *Joabs Stelle zum Befehlshaber ernannt, der ihn daraufhin ermordete (2.Sam 18-20). **2.** Ein Ephraimiter, der dem Propheten *Oded gehorchte (2.Chro 28,9-15).

AMAZJA (Jahwe ist mächtig). Verschiedene Personen im AT, z.B. der Sohn und Nachfolger von Joasch, dem König von *Juda. Aus Übermut wegen seines Erfolgs gegen die Edomiter forderte er Israel zum Kampf heraus und wurde vernichtend geschlagen. Später wurde A. ermordet (2.Kön 14,1ff).

AMEISE. Wahrscheinlich eine Ernteameise, die im Frühjahr und Sommer Körner sammelt und sie in unterirdische Vorratskammern bringt (Spr 6,6; 30,25) - ein Symbol des Fleißes.

AMEN (hebr. gewiß). Von einem hebr. Wortstamm „fest, beständig, zuverlässig sein". Im AT wird es gebraucht, um einen Eid oder Fluch und dessen Folgen anzuerkennen (z.B. Jer 11,5; 5.Mo 27,15ff) oder das Lob Gottes zu bekräftigen (z.B. Ps 41,14). In ntl. Zeit wurde das A. am Schluß von Gebeten gesprochen (1.Kor 14,16). Die von Jesus häufig verwendete Wendung: „Amen, ich sage euch" verlieh seinen Aussagen besonderes Gewicht (z.B. Mt 5,18 u.a.). Er selbst wird in Offb 3,14 bezeichnet als „der Amen heißt". *Gebet.

AMME. Eine Frau, die das Kind einer anderen Mutter mit ihrer eigenen Milch nährte (z.B. 2.Mo 2,7). Ein Kind wurde normalerweise zwei Jahre lang gestillt, und die Amme blieb manchmal als vertraute Dienerin in der Familie (1.Mo 35,8). Der Begriff wird auch (z.B. in Rut 4,16) in der Bedeutung als Wärterin (LÜ), Kindermädchen oder Erzieherin gebraucht.

AMMON, AMMONITER. Die Nachkommen von Ben-Ammi (1.Mo 19,38), *Lots jüngerem Sohn. Sie wohnten östl. des Flusses Jabbok; ihre Hauptstadt war *Rabba. Archäologische Funde weisen auf eine dichte Besiedlung des Gebiets in der Zeit von 840-580 v.Chr. hin. Im 7.Jh.v.Chr. erlebte es eine Blütezeit unter assyr. Herrschaft: Töpferwaren, Särge, Siegel und Statuen, die man in ammonitischen Gräbern aus jener Zeit fand, zeugen von einer hochentwickelten handwerklichen Kultur.
Die A. galten als Verwandte der Israeliten und sollten von ihnen aufgrund eines Befehls Gottes wohlwollend behandelt werden (5.Mo 2,19). Trotzdem durften sie nicht am rel. Leben der Israeliten teilnehmen, weil sie gemeinsam mit den Moabitern *Bileam angeheuert hatten (5.Mo 23,3-6). Während Sauls Regierungszeit griffen sie Israel an (1.Sam 11,1ff); Salomo nahm Ammoniterinnen in seinen Harem auf (1.Kön 11,1), aber die Feindseligkeiten gingen während der Regierungszeit der Könige Joschafat (2.Chro 20,1ff), Joasch (2.Chro 24,26), Jojakim (2.Kön 24,2) und auch nach der Zerstörung Jerusalems weiter (Jer 40,11ff). Die *Propheten sprachen Gerichtsandrohungen über sie aus (z.B. Jer 49,1ff; Am 1,13ff). Nach der Babylonischen Gefangenschaft waren Mischehen zwischen Israeliten und A. verboten (Esr 9,1ff; Neh 13,1.23ff). Die A. überlebten mindestens bis ins 2.Jh.v.Chr., da Judas Makkabäus gegen sie kämpfte (1.Makk 5,6).
*Nomaden.

AMNON (Zuverlässig, treu). **1.** Ältester Sohn Davids von der Jesreelitin Ahinoam. A. vergewaltigte seine Halbschwester Tamar und wurde später dafür von ihrem Bruder *Absalom erschlagen (2.Sam 3,2;13). Damit beginnt das Gericht Gottes an David für seinen Mord an *Uria (2.Sam 12,10). **2.** Ein Judäer, der Sohn Schimons (1.Chro 4,20).

AMON. (Der Verborgene). **1.** *Heidnischer Götze:* Eine ägypt. Gottheit, die oft mit dem Wind in Verbindung gebracht wurde und zuerst als Stadtgott von *Theben bekannt war. Durch Vereinigung mit dem Sonnengott Re wurde A. zum Hauptgott; von 1552 v.Chr. an war er Staatsgott des ägypt. Reiches. Der Prophet Jeremia kündigte für A. und Theben den Untergang an (46,25). *Ägypten. **2.** *Person:* Sohn *Manasses, der Juda zwei Jahre lang regierte (2.Kön 21,19ff), bevor er ermordet wurde. Er führte den Götzendienst seines Vaters fort.

Ammon, Ammoniter. Vermutlich eine Königsstatue aus Rabba, Hauptstadt der Ammoniter; 9./8. Jh.v.Chr.

AMORITER. Ein kanaan. Volk, das zu den Gegnern Israels gehörte. Nach sumer. und akkad. Inschriften aus der Zeit um 2500-2000 v.Chr. waren sie damals ein Wüstenvolk fern aller Zivilisation, das weder Getreide noch Häuser, Städte oder eine Regierung kannte. Um 2000 v.Chr. zogen sie nach Babylonien und waren teilweise für den Zusammenbruch der mächtigen 3. Dynastie von *Ur verantwortlich. In Babylon wurde ein „amoritisches" Herrschergeschlecht begründet, dessen mächtigster König Hammurabi war. Ein anderer Teil des Volkes hatte sich im Libanon niedergelassen (Jos 13,4); ihre Hauptstadt war Sumur südl. von Arwad (heute Tell Kazel). Um 2100-1800 v.Chr. riefen die verstärkten Wanderungen der A. in Palästina allgemeine Unruhe hervor.

Abraham schloß ein Bündnis mit den A. von Hebron (1.Mo 14). Als Israel in Palästina einfiel, regierten östl. des Jordan A.-Könige, deren Unterwerfung als ein wichtiger Meilenstein angesehen wurde (Am 2,9). Die Stämme Gad, Ruben und die Hälfte des Stammes Manasse siedelten sich hier an. Westl. des Jordan überwältigte *Josua einige Hochburgen der A. (Jos 10,5ff). Nach der Landnahme wurden die A. Sklaven und gingen allmählich in der übrigen Bevölkerung auf.

*Archäologie; *Mari.

AMOS, BUCH. *Verfasser und Zeit.* Amos stammt aus Tekoa (1,1), einer kleinen Stadt in Juda zwischen Bethlehem und Hebron. Er war Herdenbesitzer und Maulbeerfeigenzüchter (7,14), der ohne vorherige Ausbildung (Prophetenschule) direkt zum prophetischen Dienst berufen wurde (7,15). A. wurde von Gott ins Nordreich Israel gesandt, das bis zu dieser Zeit unter Jerobeam II. (781-753 v.Chr.) eine wirtschaftliche Blütezeit erlebte. A. predigte auch beim Heiligtum Israels in Bethel, von wo er später verjagt wurde und wahrscheinlich nach Juda zurückkehrte (7,10-17). Amos ist ein Zeitgenosse *Hoseas.

Inhalt. Äußerlich steht Israel auf der Höhe seiner politischen und wirtschaftlichen Macht (2.Kön 14,23-25). Das Volk wiegt sich in Sicherheit und ist selbstzufrieden, übersieht aber die sozialen Mißstände und den religiösen Formalismus. A. predigt Gericht über acht Nationen und ruft zur Umkehr. Er predigt Gottes Gerechtigkeit, die sich auch von seinem eigenen Volk nicht bestechen läßt (3,2). A. kündet aber nicht nur Gericht an, sondern auch die Wiederherstellung „der zerfallenen Hütte Davids" (9,11).

Bedeutung. Gottes Gerechtigkeit kann Schuld und Unrecht nicht ungestraft lassen. Das gilt allen Völkern, denn Gott ist ihr Herr, dem sie Rechenschaft über ihr

Tun schuldig sind. In weit größerem Ausmaß gilt dies aber von Juda und Israel, denn Erwählung bringt wohl Vorrechte, aber Ungehorsam und Übertretungen der Weisungen Gottes werden um so härter bestraft. Juda und Israel haben Gottes Rufen weder in Zeiten des Wohlstandes noch in solchen der Not und Bedrängnis hören wollen. Ihre Schuld kann auch nicht durch Religiosität übertüncht oder abgegolten werden. So geht Israel unaufhaltsam dem Gericht entgegen (vgl. Zeit des Amos ca. 760 v.Chr., Untergang des Nordreiches 722 v.Chr.). Doch A. schaut in die Zukunft (9,11-14). Es wird die Zeit kommen, wo die Liebe Gottes zum Ziel kommt. Nach den Gerichten wird das Volk seine Wiederherstellung erleben; es wird Gott suchen und leben (5,4).

Gliederung.

1,1-2	Einleitung.
1,3-2,16	Gerichtsreden gegen acht Nationen.
3,1-6,14	Drei Anklagen und Ruf zur Umkehr an Israel.
7,1-9,6	Fünf Visionen und ein biografischer Einschub.
9,7-15	Läuterung und Wiederherstellung des Volkes.

AMPHIPOLIS. Hafenstadt am Strymon und an der Römerstraße Via Egnatia, 5 km landeinwärts von Eion am Nordende des Ägäischen Meeres; in der Römerzeit war A. Hauptstadt der Provinz Macedonia prima; bedeutendes Handelszentrum. Paulus kam auf dem Weg nach Thessalonich hier vorbei (Apg 17,1).

AMPLIATUS. Latein. Sklavenname; ein Freund des Paulus (Röm 16,8). In Ephesus fand man ein Grab aus dem 1.Jh. mit der Inschrift „Ampliati", das mit ihm oder seiner Familie in Verbindung gebracht werden könnte. Es war für einen Sklaven ungewöhnlich prächtig ausgestattet, was auf ein Ehrenamt in der Gemeinde schließen läßt.

AMRAFEL. Ein König von Schinar, der *Sodom und seine Nachbarn angriff und später von *Abraham besiegt wurde (1.Mo 14,1ff).

AMRAM (erhabenes Volk). Ehemann von Jochebed und Vater von *Mose, *Aaron und *Mirjam (4.Mo 26,59).

AMT. Die LÜ übersetzt an manchen Stellen *diakonia* = Dienst mit Amt. *Dienen.

AMULETT. Das Tragen eines kleinen symbolischen Gegenstandes als Glücksbringer oder als Schutz vor Bösem war im gesamten Alten Orient weit verbreitet. Es handelte sich meist um Schmuckstücke, Edelsteine, Siegel, Perlen, Spangen oder Embleme, die manchmal mit Gebeten oder Zaubersprüchen beschriftet waren. Die Hebräer verurteilten als einzige diesen Brauch (z.B. Jes 3,20ff).

Die in Israel benutzten Stirnbänder oder *Gebetsriemen und *Quasten an den Kleidern (Mt 23,5) sind davon zu unterscheiden. Sie sollten an Gottes Gesetz erinnern und dienten als Abschreckung gegen Aberglauben und Götzendienst.

ANAK, ANAKITER (ANAKIM). Die Nachkommen Anaks gehörten zur vorisraelit. Bevölkerung Palästinas. Sie wohnten im Bergland, vor allem in Hebron. Ihre Größe und Stärke waren weithin bekannt (5.Mo 9,2); die Kundschafter, die Mose nach Kanaan geschickt hatte, kamen sich ihnen gegenüber wie Heuschrecken vor (4.Mo 13,33). Später wurden sie von Kaleb vertrieben. Außerbibl. Quellen gibt es bisher nicht. Manche Forscher identifizieren sie mit Leuten, die in ägypt. Texten aus dem 18.Jh.v.Chr. erwähnt werden, oder halten sie für frühe „Philister".

*Riese.

ANAMMELECH. Gott eines Volkes, das von den Assyrern in Samarien angesiedelt wurde (2.Kön 17,31). Ihm wurden Kinder geopfert. Vielleicht gibt es Verbindungen zu dem aus dem Ugaritischen und Phönizischen bekannten Gott An.

ANATHEMA. Begriff in der griech. Übersetzung des AT (Septuaginta), mit dem ein Fluch oder etwas Gebanntes bezeichnet wird, das vernichtet werden soll. Auch außerhalb des Judentums war es als Fluchformel bekannt.

Wer als vom Heiligen Geist erfüllter Christ galt, konnte deshalb nie aussprechen: „Jesus anathema" (Jesus sei verflucht) (1.Kor 12,3). Aus Liebe zu seinem Volk wünschte sich Paulus „anathema" (d.h. von Christus getrennt) zu sein, wenn dadurch die unbekehrten Juden zu Christus finden würden (Röm 9,3). Über Verkündiger eines anderen Evangeliums sprach er das A. (Gal 1,8f), d.h. sie wurden dadurch von öffentlicher Anerkennung ausgeschlossen. In 1.Kor 16,22 spricht er den Bann über alle aus, die Jesus hassen. Beispiel einer Selbstverfluchung ist Apg 23,14. Verschwörer, die Paulus nach dem Leben trachten, stellen sich für den Fall, daß ihr Plan scheitert, unter ein Anathema. *Bann, *Fluch.

ANATOT. Levitenstadt im Stamm Benjamin (Jos 21,18); das heutige Ras el-Charrubeh, ca. 5 km nördl. von Jerusalem.

ANDREAS (mannhaft). Einer der zwölf *Apostel, aus Betsaida in Galiläa (Joh 1,44); Bruder von Simon Petrus. A. war zuvor ein Jünger *Johannes des Täufers und durch diesen auf Jesus aufmerksam geworden. Wenig später brachte A. seinen Bruder zu Jesus (Joh 1,35ff). Die Evangelien berichten kaum über ihn. A. soll in Achaja gekreuzigt worden sein.

ANDRONIKUS. Christ jüdischer Herkunft, der zusammen mit Junias die Gefangenschaft des *Paulus teilte (Röm 16,7). A. und Junias waren offensichtlich in der Urchristenheit sehr bekannt.

ANGESICHT. Der hebr. Begriff konnte sich sowohl auf die Vorderseite oder das Aussehen einer Sache als auch auf das Gesicht eines Menschen oder Tieres beziehen. Das menschliche Antlitz war gleichbedeutend mit seiner Anwesenheit. Das Gesicht zu Boden senken bedeutete Demut, auf das Gesicht fallen drückte Furcht aus und ins Gesicht spucken Verachtung. Ein (gefallenes oder gebeugtes) A. aufzurichten war eine Geste des Wohlwollens (1.Sam 25,35); „sein Angesicht setzen" bedeutet entschlossen sein. „A. Gottes" ist im Hebr. Ausdruck seiner Gegenwart (Ps 4,7).

ANGST. Siehe *Furcht.

ÄNON (Quelle). Ort westl. des Jordan, an dem *Johannes taufte (Joh 3,23), vielleicht das heutige Ainun nordöstl. von Nablus.

ANTICHRIST. Ein Gegner Christi oder ein „falscher" Christus. Der Begriff kommt zwar nur in den Johannesbriefen vor, aber unter anderen Bezeichnungen wird oft auf ihn verwiesen. Johannes bestreitet nicht, daß am Ende der Zeit solch eine gottlose Gestalt auftreten wird, aber er weist darauf hin, daß der Geist des A. bereits jetzt in der Welt ist (1.Joh 2,18). Er ist daran zu erkennen, daß er „den Vater und den Sohn leugnet" (1.Joh 2,22; 2.Joh 7), d.h. die Grundwahrheiten des christl. Glaubens angreift. Paulus bezeichnet ihn als „Mensch der Bosheit" (2.Thess 2,3ff), der sich selbst als Gott ausgibt, vom Satan seine Macht erhält, jedoch am Ende von Jesus besiegt wird. Eine ähnliche Bedeutung kommt dem Tier aus Offb 11,7 und 13,1 zu. Alle bisherigen Versuche, eine historische Person mit dem A. zu identifizieren, haben sich nachträglich als falsch erwiesen.

ANTIOCHIA. 1. Stadt in Kleinasien (Pisidien). Ihre Ruinen liegen in der heutigen Türkei in der Nähe von Yalvac. Eine von 16 Städten dieses Namens, die von Seleukus I. Nikator (312-280 v.Chr.) gegründet wurden. Hier wurde Paulus zunächst von jüd. Siedlern herzlich aufgenommen (Apg 13,14ff), wenig später aber auf Veranlassung verärgerter Juden aus der Stadt gejagt (V. 50ff). In der Stadt wurde vor allem der Gott Men verehrt.

2. Stadt am Orontes (Syrien) – das heutige Antakija im SO der Türkei. Um 300 v.Chr. von Seleukus I. Nikator (312-280 v.Chr.) gegründet. Sie war die berühmteste der 16 gleichnamigen Städte mit einem guten Hafen: Seleukeia Pieria. Die Seleukiden verliehen zugewanderten Juden volle Bürgerrechte. Im Jahre 64 v.Chr. fiel sie an Pompeius, der sie zur freien Stadt erklärte. Sie war Hauptstadt der röm. Provinz Syria und drittgrößte Stadt des Reiches mit prächtigen Tempeln und anderen Bauwerken. Die Bewohner waren für ihre politische Aktivität bekannt und erhoben sich mehrmals gegen Rom. In der Nähe waren die Daphne-Haine und ein Heiligtum des Apollo, wo rituelle Orgien gefeiert wurden.

Die Stadt ist eng mit den Anfängen des Christentums verbunden. Einer der sieben *Diakone, Nikolaus, stammte aus A. (Apg 6,5), und nach der Steinigung des Stephanus kamen einige Jünger hierher (11,19). Nachdem sich zahlreiche Menschen bekehrt hatten, sandte die Jerusalemer Gemeinde Barnabas, dieser wiederum holte Paulus (11,22ff). Hier wurde die Bezeichnung „Christen" zum ersten Mal gebraucht (11,26). Als eine Hungersnot ausbrach, sandte die Gemeinde Gaben nach Jerusalem (11,27-30). A. ist der Ausgangspunkt der Heidenmission (13,1-3). Als Spannungen zwischen Judenchristen und Heidenchristen über die Verbindlichkeit jüd. Sitten auftraten, sandte die Gemeinde *Paulus und *Barnabas zur Klärung nach Jerusalem (K.15). In Gal 2,11f wird berichtet, daß Petrus während der Auseinandersetzungen die Stadt besucht hat.

ANTIOCHUS. Name von 13 Königen der Seleukiden-Dynastie, die 40 Jahre nach dem Tod *Alexanders des Großen (323 v.Chr.) ihre Herrschaft über Kleinasien und Syrien errichtete. Sie wollten ihre Macht durch die Gründung oder Wiederbesiedlung einer Reihe von Städten sichern, in denen die griech. Kultur vorherrschen sollte.

1. Für Bibelleser ist Antiochus IV. am bedeutendsten (175-164 v. Chr.); von den Machtkämpfen und Intrigen an seinem Hofe wird in 2.Makk 4,23-38 berichtet. Wegen des schlechten Benehmens von Jason und Menelaus, die um das Hohepriesteramt wetteiferten, kam A. 169 v.Chr. nach Jerusalem. Er betrat das Allerheiligste und entfernte einen Teil der Gold- und Silbergeräte. A. verbot den Opferdienst und errichtete 167 v.Chr. über dem alten Altar einen griech. Altar. Nach einem von Matatias angeführten Aufstand wurde der Tempel 164 v.Chr. wieder eingeweiht. Antiochus IV. nannte sich selbst „Epiphanes" (offenbarter Gott). *Greuelbild der Verwüstung; *Makkabäer.

2. Antiochus VII. (139-130 v.Chr.) war den Juden freundlicher gesonnen. Er erlaubte ihnen, eigene Münzen zu prägen (1.Makk 15,1ff), und gewährte 134 v.Chr. Religionsfreiheit.

3. Nach der Regierungszeit von Antiochus XIII. (69-65 v.Chr.) ging die Dynastie unter. Syrien wurde Teil des Römischen Reiches.

ANTIPAS. Ein Märtyrer der Urchristenheit aus Pergamon (Offb 2,13). Nach der Überlieferung wurde er während der Regierungszeit Domitians in einem Kupferkessel verbrannt.

ANTIPATRIS. Stadt, 42 km südl. von Cäsarea, die von *Herodes dem Großen gegründet und nach seinem Vater benannt wurde. *Paulus wurde auf seinem Weg zum Verhör in Cäsarea zunächst nach A. gebracht (Apg 23,31).

APHIA. *Philemonbrief.

APOKALYPTIK. Als A. wird eine besondere Literaturgattung und deren charakteristische Vorstellungen bezeichnet; der aus dem Griechischen abgeleitete Begriff bedeutet „enthüllen". Apokalyptisches Schrifttum gibt Träume und Visionen wieder, in deren Mittelpunkt oft der himmlische Thronsaal steht. Es weist auf eine zukünftige Erlösung hin, die alle menschlichen Erfahrungen übersteigen wird. Häufig bedient es sich einer symbolischen Bildersprache und bezieht sich auf atl. Weissagungen. Trotz der großen Vielfalt apokalyptischer Schriften wird allgemein betont, daß Gott den Lauf der Geschichte lenkt, daß heidnische Reiche nur bestehen können, solange er es zuläßt, und daß das „Ende" zu einer Zeit kommen wird, die Gott bestimmt hat. Dieses letzte große Ereignis gipfelt in einer neuen Schöpfung, in der es nichts Böses und kein Leid mehr gibt; selbst der Tod wird dann besiegt sein. Das Königreich Gottes wird alle irdischen Reiche für immer ersetzen. Die Völker werden an dieser Erlösung teilhaben, aber die Unterdrücker Israels und die Ungetreuen in Israel werden gerichtet.

Die A. gedieh besonders in Krisenzeiten, vor allem in der Zeit zwischen den Testamenten, als es keine Prophetie mehr gab, und nach der Zerstörung Jerusalems im Jahr 70 n.Chr. Die A. nahm dabei die prophetischen Verheißungen erneut auf und übertrug sie auf die Gegenwart. Oft verbargen sich die Verfasser hinter den Namen atl. Heiliger nicht in betrügerischer Absicht, sondern um ihren Anspruch zu unterstreichen, Ausleger göttlicher Botschaften zu sein. Sie versuchten, vergangene Weissagungen auszulegen und aufzuzeigen, was davon bereits erfüllt war und was noch geschehen mußte.

Zu den wichtigsten apokalyptischen Büchern außerhalb des biblischen Kanons gehören das „äthiopische Henochbuch" (eine Sammlung von Schriften aus der Zeit vom 5.Jh.v.Chr. bis zum 1.Jh.n.Chr.) und das „Testament (oder die Himmelfahrt) des Mose" (2. oder 1.Jh.v.Chr.). Aus der Zeit um 70-140 n.Chr. stammen „2. Baruch" und die „Apokalypse des Abraham" sowie „4.Esra". Andere Werke, wie das „Buch der Jubiläen" und die „Testamente der zwölf Patriarchen" enthalten apokalyptische Abschnitte.

Im AT haben das Buch Daniel, aber auch Jes 24-27; 56-66; Joel und Sach 9-14 z.T. gleiche Inhalte wie die späteren apokalyptischen Schriften: Gottes zukünftiges Eingreifen, Weltgericht, neue Heilszeit und verwandelte Schöpfung. Literarische Merkmale der A. sind bereits in Hesekiels Visionen und in Sach 1-6 vorhanden.

Einige Abschnitte im NT sind jüd. Apokalypsen ähnlich (z.B. Mt 24; Mk 13; Lk 21; 1.Thess 4,16f; 2.Thess 2; Offb). Allerdings wird im NT das rein zukunftsgerichtete Interesse der A. durch die Auffassung korrigiert, daß das neue Zeitalter bereits das gegenwärtige durchdrungen hat, wenn auch die Vollendung noch aussteht. Die apokalyptischen Aussagen des NT sind auf Christus gerichtet und wurden nicht unter Decknamen verfaßt.

*Apokryphen; *Eschatologie; *Henoch.

APOKRYPHEN DES AT. Der Begriff „apokryph" kommt aus dem Griech. und bedeutet „verborgen". Eine Sammlung von Büchern, die in den protestantischen Kirchen nicht als Teil der Heiligen Schrift anerkannt werden, aber „nützlich und gut zu lesen sind" (Luther). Auf dem Konzil von Trient (1. Sitzungsperiode 1545-48) wurden sie (ohne 3. und 4.Esra; 3.Makk und Gebet Manasses) von der römisch-katholischen Kirche in die Heilige Schrift als gleichwertig mit den anderen Büchern des AT aufgenommen, während die Kirchen der Reformation sie nur zur persönlichen Erbauung zuließen. Alte Abschriften sind vor allem in griech. Sprache erhalten, obwohl man annimmt, daß die meisten ursprünglich in Hebr. oder Aram. abgefaßt waren. Der jüd. (hebr.) Kanon enthält keine der apokryphen Schriften. Zu den A. zählen folgende Schriften:

3.Esra enthält Berichte, die sich auch in den bibl. Büchern Chronik, Esra und Nehemia finden. Zusatz ist der „Wettstreit der drei Pagen des Darius"(3.Esr 3,1-5,6), der pers. Geschichten entlehnt ist: Ein Leibwächter gewinnt einen Wettstreit und erhält dadurch die Gelegenheit, den pers. König an seine Pflicht zu erinnern, den Tempel in Jerusalem wieder aufzubauen. Ursprünglich in Hebr. oder Aram. abgefaßt, wurde diese Geschichte wahrscheinlich ins Griech. übersetzt, noch bevor die bibl. Bücher Esra und Nehemia entstanden.

4.Esra (auch 2 Esdras oder Esra-Apokalypse) ist die Erweiterung einer jüd. *Apokalypse durch christl. Autoren, vorhanden in einer altlat. Übersetzung. Sie enthält sieben Visionen: 3,1-5,20; 5,21-6,34; 6,35-9,25; 9,26-10,59; 11,1-12,51; 13; 14, die von den Leiden Israels und der zukünftigen Heilszeit handeln; ursprünglich in Hebr. oder Aram. verfaßt.

Tobias (auch Tobit) stellt eine kurze Erzählung aus der Zeit der Gefangenschaft des Nordreiches Israel dar. Sie handelt von Tobit, einem frommen Juden, und seinem Sohn Tobias. Tobit wurde nach Assyrien verschleppt, erblindete dort und wurde später durch Fischgalle geheilt, die ihm Tobias auf die Augen legte. Tobias war lange Zeit vermißt und bereits für tot gehalten worden; ursprünglich wahrscheinlich in Aram. verfaßt.

Judit ist die Geschichte von einer beherzten jüd. Witwe. Sie erschlich sich das Vertrauen von Holofernes, dem höchsten General Nebukadnezars, um ihn enthaupten zu können. Nachdem ihr das gelungen war, zogen sich seine die Stadt belagernden Soldaten zurück; eine Legende aus dem 2.Jh.v.Chr., die ursprünglich in Hebr. verfaßt wurde.

Stücke zu Ester ergänzen das gleichnamige bibl. Buch und schmücken es aus. Ob sie ursprünglich hebr. oder griech. abgefaßt wurden, ist in der Fachwelt umstritten. Die Übersetzung muß vor 114 v.Chr. erfolgt sein.

Die *Weisheit Salomos* ist wohl als das Meisterstück der jüd. *Weisheitsliteratur zu betrachten, die unter dem Einfluß griech. Denkens ihre besondere Form und Ausdruckskraft gewann. Sie ermahnt zum Streben nach Weisheit, die als weibliches Himmelswesen dargestellt wird, und ermuntert die Juden, den Glauben ihrer Väter nicht zu verlassen. Verfasser war ein Jude aus Alexandria; er schrieb in griech. Sprache.

Das Buch *Jesus Sirach* (Ben Sira, Ecclesiasticus) stammt von einem um ca. 180 v.Chr. in Jerusalem lebenden Juden. Es enthält Ratschläge für ein erfolgreiches Leben: Gottesfurcht, Gesetzestreue und praktische „Weisheit" sollen Hand in Hand gehen. Es stellt den idealen Schriftgelehrten vor: Gott und dem Gesetz ergeben, vernünftig in der Lebensführung. Es wurde zum Lieblingsbuch vieler Christen und war ursprünglich in Hebr. abgefaßt.

Baruch wurde angeblich vom Freund und Sekretär des Propheten Jeremia geschrieben. Fachleute halten es eher für das Werk mehrerer Autoren, das wahrscheinlich in Hebr. abgefaßt wurde. Es richtet sich an die Verbannten in Babylon, preist die Weisheit und wehklagt über Jerusalem.

Der *Brief Jeremias* wendet sich in Form eines Briefes, der an Jer 29 erinnert, an die Gefangenen in Babylon. Er warnt eindringlich vor dem Götzendienst und wurde in gutem Griech. geschrieben. Wahrscheinlich liegt ihm ein aram. Original zugrunde.

Zusätze zum Buch Daniel sind erstens das *Gebet Asarjas* und der *Gesang der drei Männer im Feuerofen;* dann die Geschichte von *Susanna und Daniel,* in der eine gottesfürchtige Jüdin unschuldig des Ehebruchs angeklagt und von Daniel freigesprochen wird. Die Stücke *Vom Bel* und *Vom Drachen zu Babel* verhöhnen den Götzendienst; Daniel vernichtet einen Drachen und wird in der Löwengrube am Leben erhalten. Diese Zusätze gehen wohl auf die Zeit um 100 v.Chr. zurück und stammen aus hebr. Quellen.

Das *Gebet Manasses* will das in 2.Chro 33,11ff erwähnte Gebet sein. Es läßt sich jedoch erst ab dem 3.Jh.n.Chr. nachweisen.

1. und 2. Makkabäer sind Geschichtsbücher. 1.Makk berichtet über die Zeit von 175-135 v.Chr.; 2.Makk nur über die Zeit von 175-161 v.Chr. Das erste Buch gilt allgemein als das verläßlichere. Das zweite enthält lange Auszüge aus dem Werk des ansonsten unbekannten Jason von Kyrene. *Makkabäer.

APOKRYPHEN DES NT. Der Begriff beschränkt sich auf Schriften, die zu den im NT enthaltenen Gruppierungen parallel laufen. Viele von ihnen sind nur fragmentarisch erhalten geblieben oder aus Zitaten antiker Autoren zu erheben.

Apokryphe Evangelien bieten meistens Legenden, fantastische Wundergeschichten oder erfundene Worte Jesu. Die Texte setzen oft da ein, wo die vier kanonischen Evangelien schweigen, z. B. Berichte über die Kindheit Jesu (Proevangelium des Jakobus, Thomas-Evangelium) oder Beschreibung der Auferstehung (Petrus-Evangelium aus dem 2.Jh. n.Chr.) u.a.

Apokryphe Apostelgeschichten erzählen Leben und Wirken der Apostel in romanhafter Form, z. B. Petrus-Geschichten und Paulus-Akten (2./3.Jh.), Thomas-Akten (3.Jh.) und andere Erzählungen.

Apokryphe Apokalypsen. Die Petrus-Apokalypse schildert die Herrlichkeit des Himmels und den Ort der Strafen; ähnlich die Paulus-Apokalypse.

Apokryphe Briefe waren sehr selten. Im 3. und 4.Jh. wurden zwei Paulus-Briefe, der Laodizenerbrief und der sog. 3.Korintherbrief, verfertigt: zum größten Teil zusammengestellte Texte aus echten Paulus-Briefen. Erfunden wurde ein Briefwechsel zwischen dem König Abgar von Edessa und Jesus, und einer zwischen Paulus und dem röm. Philosophen Seneca.

Außer den erwähnten apokryphen Schriften existierten andere, die deutlich erkennbar von der Gnosis geprägt waren.

Reaktion der Kirche. Das Vorhandensein apokrypher Schriften machte eine Unterscheidung zwischen echten und unechten Schriften nötig. Die Mehrzahl der apokryphen Schriften bildete nie eine ernsthafte Gefahr für die Kirche Jesu Christi. Dennoch stellte die Kirche im *Kanon eine Liste echter Bücher auf, die alle für die Lehre des NT wichtigen Schriften enthielt.

*Frühchristliche Literatur; *Pseudepigraphen; *Pseudonymität; *Überlieferung biblischer Texte; *Kanon (NT).

APOLLOS. Ein redegewandter alexandrinischer Jude, der das AT und die Geschichte Jesu gut kannte. Vom Wirken des *Heiligen Geistes und der christl. Taufe erfuhr er jedoch erst in Ephesus durch *Priszilla und *Aquila (Apg 18,24-28). Er predigte später in Korinth, wo sich eine Gruppe aus der Gemeinde ausschließlich auf ihn berief (1.Kor 3,4-6). Trotzdem scheint er mit *Paulus in Verbindung geblieben zu sein (vgl. Tit 3,13).

APOSTEL (Abgesandter). Der Begriff ist von einem geläufigen griech. Wort für „senden" abgeleitet und kommt außerhalb des NT selten vor, im NT erscheint er jedoch über 80 mal; Jesus wird „Apostel" (von Gott Gesandter) genannt (Hebr 3,1), aber auch Verkündiger aus atl. Zeit (Lk 11,49) und von den ntl. Gemeinden ausgesandte Beauftragte (2.Kor 8,23; Phil 2,25).

In erster Linie bezeichnet der Ausdruck jene zwölf Männer, die Jesus zu sich rief und dann aussandte zu predigen und zu heilen (Mk 3,13-19; Mt 10,1-4). Jesus bereitete sie in einer Lebens- und Dienstgemeinschaft auf ihre Aufgabe vor. Sie waren Augenzeugen der Reden und Taten Jesu und dann auch die Augenzeugen seiner Auferstehung (Apg 1,22). Nach seiner Auferstehung beauftragte Jesus sie, in der ganzen Welt – in der Kraft des Heiligen Geistes – seine Zeugen zu sein (Apg 1,8). Der *Heilige Geist wird sie an alles erinnern, was Jesus sagte, und Jesus Christus verherrlichen (Joh 15,26f; 14,26; 16,13-15).

In den christl. Gemeinden galten die A. als Säulen (Gal 2,9) oder Grund (Eph 2,20) der Kirche, ihrer Lehre und ihrer Gemeinschaft. Sie werden die Stämme Israels richten (Mt 19,28), und die Grundsteine des himmlischen Jerusalems werden ihre Namen tragen (Offb 21,14). Ihr Dienst war teilweise von eindrucksvollen Zeichen begleitet (Apg 3,1ff).

Das NT berichtet wenig darüber, wie sie die Gemeinden leiteten. Sie suchten Gemeinden auf (Apg 8,14; 11,20-22). Ihr Wort hatte neben den Ältesten besonderes Gewicht bei der Versammlung in Jerusalem (Apg 15,6).

*Matthias erfüllte die Voraussetzungen für das Apostelamt der Zwölf und konnte deshalb *Judas ersetzen (Apg 1,21-26). Außer den Zwölf nimmt auch Paulus den Titel für sich in Anspruch, weil ihm bei seiner Berufung auf der Straße nach Damaskus der Auferstandene begegnet war (Apg 9,1ff; 1.Kor 9,1).

Noch weitere Personen werden im NT A. genannt: Jakobus, der Bruder des Herrn (Gal 1,19), Barnabas (Apg 14,14), Andronikus und Junias (Röm 16,7). In 1.Thess 2,7 wird Silas indirekt als A. bezeichnet. In 1.Kor 15,5.7 wird zwischen den Zwölfen und „allen Aposteln" unterschieden; die besondere Bedeutung der Zwölf ist unbestritten. Es gibt im NT keinen Hinweis auf eine Übertragbarkeit des Apostelamtes auf Repräsentanten späterer Generationen der Christenheit.

*Bischof; *Gemeindeleitung.

APOSTELGESCHICHTE. Nach Apg 1,1 liegt die Fortsetzung des Lukasevangeliums vor. Im ersten Bericht hat Lukas von Jesu Taten geschrieben, im zweiten Bericht zeigt er, wie Jesus, der erhöhte Herr, durch sein Wort, den Heiligen Geist und durch seine Werkzeuge weiter wirkt. Der griech. Titel des Buches heißt „Aposteltaten" und verdeutlicht, daß der Verf. eine Auswahl getroffen hat und nicht alle Taten einzelner oder aller Apostel berichten will.

Verfasser und Empfänger siehe unter *Lukasevangelium.

Inhalt. Lukas beschreibt in großen Zügen die geographische Ausbreitung des Evangeliums: beginnend in Jerusalem, dem religiösen Zentrum der Juden, und endend in Rom, der Hauptstadt des Röm. Reiches.

Vorgängig aber berichtet Lukas vom Kommen des Heiligen Geistes am ersten Tag des jüdischen Wochenfestes. Damit hatte sich die Verheißung Jesu erfüllt, daß die Jünger zur Ausführung ihres Auftrages mit Kraft aus der Höhe angetan werden sollten. Am ersten Pfingsttag kamen zur Schar der Jünger – nach 1,15 waren es zunächst etwa 120 Personen – dreitausend weitere Personen dazu; es entstand die erste örtliche Gemeinde. Durch die Verkündigung unter den Juden in Jerusalem wuchs die Gemeinde stetig (2,41; 5,14; 6,7); neue Gemeinden entstanden in Judäa und Galiläa (9,31-43). Harte Verfolgung blieb nicht aus. Philippus brachte das Evangelium nach Samarien.

Das Evangelium sollte auch Nichtjuden erreichen. Zu diesem Dienst wurde Petrus durch eine Vision vorbereitet; ohne Furcht verkündigte dieser in Cäsarea dem röm. Hauptmann Kornelius und seinem ganzen Haus die Botschaft von Jesus (Kap. 10). Die Schranke zwischen Juden und Nichtjuden war aufgehoben, denn Gott schenkte auch glaubenden Nichtjuden den Heiligen Geist (11,15-18). Die erste Gemeinde aus Juden und Nichtjuden entstand in Antiochia in Syrien durch das Zeugnis der zerstreuten Gemeindeglieder aus Jerusalem (11,19-30).

Apg 13-21 berichtet von den drei Missionsreisen des Paulus. Wenn irgend möglich, besuchte er in einer Stadt immer zuerst die Synagoge und suchte so Kontakt zu Juden und gottesfürchtigen Griechen. Wurde er abgewiesen, wandte er sich der nichtjüdischen Bevölkerung zu. Paulus wirkte mit Vorliebe in großen Handels- und Hafenstädten (z. B. Thessalonich, Korinth), in religiösen Zentren (z. B. Athen, Ephesus) oder in Städten an wichtigen Verkehrsknotenpunkten (z. B. Antiochia in Pisidien, Philippi). Fast jeder Aufenthalt in einer Stadt endete mit einer scheinbaren Niederlage (Vertreibung, Verhöre, Gefängnis). Doch immer blieb eine Schar von glaubenden Männern und Frauen zurück, Gemeinden, die bereit waren, das Evangelium weiterzutragen und auch um des Evangeliums willen zu leiden.

Selbst als Gefangener war Paulus Zeuge Jesu Christi vor dem Hohen Rat, vor den Statthaltern Felix und Festus, vor König Agrippa und vielen anderen.

Bedeutung. Die Apg umfaßt die Zeit von etwa 30 - 62 n.Chr. Sie ist die Fortsetzung der Evangelien und zeichnet den Hintergrund zu den neutestamentl. Briefen. Die apostolische Verkündigung von Jesus, seinem Tod und seiner Auferstehung, bewirkt überall Scheidung unter den Zuhörern: Die einen setzen ihr Vertrauen auf Jesus Christus, die anderen lehnen ab und werden zu Feinden des Evangeliums. Doch weder Widerstand, Bedrohung und Gefangennahme der Zeugen, selbst nicht ihr Tod (Stephanus, Jakobus), kann den Siegeslauf des Evangeliums hindern.

Gliederung.

1,1-26	Einleitung, Himmelfahrt, Zuwahl des Matthias.
2,1-41	Der 1. Pfingsttag, das Kommen des Heiligen Geistes, die Pfingstpredigt des Petrus.
2,42-8,4	Das Evangelium unter den Juden in Jerusalem.
8,5-12,25	Das Evangelium in Samarien, Judäa und Syrien – Erste Gemeinde aus Juden und Nichtjuden.
13,1-21,26	Das Evangelium in Kleinasien und Griechenland – die drei Missionsreisen des Paulus.
21,27-23,35	Gefangennahme des Paulus in Jerusalem.
24,1-28,31	Gefangenschaft des Paulus in Cäsarea und Rom.

APOSTELVERSAMMLUNG, APOSTELKONZIL IN JERUSALEM. Die Zusammenkunft von Abgesandten der Gemeinde in Antiochia (*Paulus und *Barnabas) mit den Aposteln und Ältesten der Jerusalemer Gemeinde (ca. 48 n.Chr.), um Fragen des Verhältnisses zwischen Juden- und Heidenchristen zu klären (Apg 15,2ff). Viele Ausleger sind der Meinung, daß es sich um dasselbe Treffen wie in Gal 2,1ff handelt.

Da abzusehen war, daß bald mehr Heiden- als Judenchristen zu den Gemeinden gehören würden, war die Einhaltung der mosaischen Vorschriften in Frage gestellt. Judenchristen schlugen vor, das Problem einfach dadurch zu lösen, daß man bekehrte Heiden nach jüd. Sitte als *Proselyten in die Gemeinde aufnahm, d.h. sie zur *Beschneidung und zur Einhaltung der jüd. Gesetze verpflichtete. Zwar haben die Apostel den Heidenchristen derartige Bedingungen nie auferlegt, aber einige übereifrige Judenchristen aus Jerusalem bestanden darauf und verunsicherten damit die Gemeinde in Antiochia. Petrus begegnete dieser Forderung, indem er die Versammelten daran erinnerte, daß Kornelius allein aufgrund seines Glaubens den Heiligen Geist erhielt (Apg 10); danach schilderten Paulus und Barnabas, wie Gott viele andere Heiden auf ähnliche Weise segnete. Es wurde beschlossen, den Heidenchristen keine zusätzlichen Bedingungen aufzuerlegen. In einem Brief aus Jerusalem wurden die Heidenchristen in den Gemeinden aber gebeten, auf einige jüd. Bedenken z.B. bezüglich bestimmter Speisen Rücksicht zu nehmen. In der Praxis gestaltete sich jedoch der alltägliche Umgang miteinander gelegentlich problematisch (Gal 2,11ff).

APOSTOLISCHE VÄTER. Siehe *Frühchristl. Literatur.

AQUILA UND PRISZILLA (PRISKA). Ein jüd. Zeltmacher und dessen Frau, die ca. 49 n.Chr. von Kaiser Klaudius mit allen anderen Juden aus Rom vertrieben wurden. Vielleicht waren sie bereits Christen, als sie *Paulus in Korinth traf (Apg 18,1-3). Sie setzten ihr Leben für ihn aufs Spiel (Röm 16,3f), begleiteten ihn nach Ephesus. Dort konnten sie dem später einflußreichen *Apollos zu einem tieferen Glaubensverständnis helfen (Apg 18,24-26). Nach dem Tod des Kaisers Klaudius kehrten sie nach Rom zurück (Röm 16,3). Priska (Priszilla) wird häufig vor ihrem Ehemann erwähnt, was in der Antike selten vorkommt.

AR. Hauptstadt von Moab östl. des Toten Meeres; die genaue Lage ist unbekannt. Den Israeliten unter *Mose war es verboten, sich dort niederzulassen (5.Mo 2,9.18).

ARABA. Name des Grabens, der sich als Tal vom See Genezareth bis zum Golf von Aqaba (Rotes Meer) erstreckt; heute bezeichnet A. das Gebiet südl. des Toten Meeres bis zum Golf von Aqaba. Das Tote Meer wird im hebr. Text manchmal auch Meer von Araba genannt (z.B. 5.Mo 3,17). A. wird oft mit „Steppe" oder „Wüste" übersetzt. *Jordan.

ARABIEN. 1. *Geographie.* Die arab. Halbinsel besteht aus einer altkristallinen Gesteinsmasse mit einem Gebirgszug im W, der sich stellenweise über 3000 m erhebt, und jüngeren Gesteinsschichten, die nach O hin abfallen. Im Bergland, vor allem im SW (im heutigen Jemen), wo die Niederschläge 500 mm überschreiten, ist durch Bewässerungskultur ein seßhaftes Leben möglich; hier blühten einst die alten Königreiche. Auch entlang der Bergkette im N und an der Meeresküste im O, wo die durchschnittlichen Niederschläge 100-250 mm betragen, sind feste Siedlungen zu finden, während sonst das Leben von Oasen und Brunnen abhängig ist. Im Landesinneren gibt es außer Sand- und Gesteinswüsten fast nur Steppen, in denen arme Nomadenvölker leben.

2. *Geschichte.* Im 2. Jt. v.Chr. siedelten semit. sprechende Stämme aus dem N im Gebiet des heutigen Jemen und W-Aden. Daraus wurden später das Königreich Saba und das Reich der Minäer. Wegen ihrer Lage an den Handelswegen, auf denen Gewürze, vor allem Weihrauch, in die nördl. Länder gebracht wurden, kamen sie zu Reichtum. Saba hatte im 8.Jh. ein wohlgeordnetes Staatswesen unter einem Herrscher, der auch priesterliche Aufgaben wahrnahm. Die Minäer errangen ca. 400 v.Chr. die Vorherrschaft und wurden später von den Himjaritern abgelöst. Das Ostjordanland im N war von 2200-1900 v.Chr. besiedelt; danach blieb es bis ins 13.Jh. v.Chr. verlassen. Der Name „Araber" erscheint erstmals 853 v.Chr. in den Aufzeichnungen des Assyrers Salmanasser III. Die Nabatäer (aramäisch sprechende Araber) traten im 4. Jh. v.Chr. in Erscheinung; Mittelpunkt ihres Königreiches war

die rote Felsenstadt Petra. Sie beherrschten im 1. Jh. v.Chr. das Gebiet von Damaskus im N bis Gaza im S und weit nach O in die Wüste hinein.

3. *Arabien in der Bibel.* Fast ausschließlich finden die in dieser Region lebenden Stämme Erwähnung. Unter ihnen sind Nachkommen *Abrahams (1.Mo 25) und *Esaus (1.Mo 36). Die Ismaeliter und Midianiter waren zur Zeit *Jakobs Karawanenhändler (1.Mo 37,25ff). Engere Beziehungen ergaben sich erst unter Salomo, der von seinem Hafen in Ezjon-Geber am Roten Meer aus einen ausgedehnten Handel betrieb. Die „Könige der Araber" (2.Chro 9,14) vertraten Bewohner der Steppengebiete östl. und südl. von Palästina. Die meisten Kontakte hatte das Südreich Juda mit Stämmen Nordarabiens, besonders zur Zeit Hiskias (Jes 21,13). Araber nahmen sogar als Söldner an der Verteidigung Jerusalems gegen *Sanherib teil. Gegen Ende des Königreichs Juda waren sie als Händler bekannt (Jer 25,23f).

Im NT wird Arabien nur an zwei Stellen erwähnt. Paulus kam nach seiner Bekehrung hierher (Gal 1,17), möglicherweise, um mit Gott allein zu sein. Man nimmt an, daß er sich im Nabatäerreich aufhielt, vielleicht sogar in Petra. In Gal 4,25 spricht er vom Berg Sinai „in Arabien" und meint damit die Sinai-Halbinsel oder das Land östl. des Golfs von Aqaba.

*Nabatäer; *Nomaden; *Saba.

ARAD. Kanaaniterstadt in der Wüste Juda, deren König die Israeliten nach ihrem Auszug aus Ägypten angriff. A. wurde dabei zerstört (4.Mo 21,1-3). Wahrscheinlich ist sie identisch mit dem heutigen Tell Arad 30 km nordöstl. von Beerscheba, wo bei Ausgrabungen eine große befestigte Stadt aus der Zeit um 2500 v.Chr. freigelegt wurde. Später wurde sie verlassen und vor der Königszeit, ca. 1200 v.Chr., wieder besiedelt. Eine hebr. Inschrift erwähnt ein „Haus Jahwes".

ARAM, ARAMÄER. 1. *Herkunft.* Westsemit. sprechende Halbnomaden drangen von den Randgebieten der arab. Wüste nach Syrien und Mesopotamien bis zu den pers. Bergen im O vor. Es ist eine Siedlung Aram aus der Zeit ca. 2400-2000 v.Chr. nördl. von Elam und ostnordöstl. von Assur bekannt. Das Gebiet wird in 1.Mo 10,22f; 1.Chro 1,17 mit Aram, dem Sohn von *Sem, in Verbindung gebracht (Am 9,7 führt diese Überlieferung fort). Aramu ist in der 3. Dynastie von *Ur (ca. 2000 v.Chr.) und in Mari (18. Jh. v.Chr.) als Personenname bekannt. A. war möglicherweise ein Stammesname, der von den Horitern auf alle Semiten angewandt wurde, die sich um 2000 v.Chr. in Mesopotamien und Syrien ansiedelten.

2. *Frühzeit.* Die Familie Abrahams ließ sich nach dem Auszug aus Ur im oberen Mesopotamien – in *Haran – nieder (1.Mo 11,28-32). Dieses Gebiet nannte man „Aram-Naharaim" (Aram der zwei Flüsse). Es lag in einer großen Biegung des Euphrat und wurde im W von Karkemisch und im O vom Habor-Fluß begrenzt. Ein Teil der Familie Abrahams blieb hier und nannte sich (nach dem Ort) „Aramäer". Die Frauen *Isaaks und *Jakobs kamen aus diesem Zweig der Familie (1.Mo 24,28ff) und rechtfertigten somit das spätere Bekenntnis der Israeliten: „Mein Vater (Jakob) war ein Aramäer" (5.Mo 26,5). *Bileam kam aus Aram-Naharaim, um Israel zu verfluchen (4.Mo 22,5). Die Götter Syriens werden in Ri 10,6 „Götter Arams" genannt, was auf einen wachsenden Einfluß der Aramäer im 12. und 11. Jh. v.Chr. schließen läßt.

3. *Israel und die Aramäerstaaten.* Die Könige Israels lebten in ständigem Konflikt mit den Aramäern. *David z.B. besiegte Hadad-Eser, den König des nördl. von Damaskus gelegenen Zoba (2.Sam 8,3ff), der sein Herrschaftsgebiet bereits bis zum Euphrat ausgedehnt hatte. Spätere assyr. Texte berichten von einem „König von Aram", der die Kontrolle über Städte auf beiden Seiten des Euphrat gewann. Unter *Salomo eroberte ein Freischärler namens Reson Damaskus und regierte es ca. 955-925 v. Chr. (1.Kön 11,23ff); nach seinem Tod riß Hesjon den Thron an sich. Er gründete eine Dynastie, die 100 Jahre lang bestand (1.Kön 15,18). Damaskus erlangte zu dieser Zeit eine Vormachtstellung in Syrien.

Später geriet Ben-Hadad (wahrscheinlich Ben-Hadad II.) mit *Ahab aneinander

Aramäisch

(1.Kön 20), und Hasaël mit *Joram (ca. 842 v.Chr.; 2.Kön 8,28f). *Joasch gewann später die an Hasaël verlorenen Gebiete zurück (2.Kön 13,24f). Zu jener Zeit war Ben-Hadad III. König der Aramäer (ca. 796-770 v.Chr.), der ein mächtiges Bündnis gegen Zakir von Hamat anführte. Dieses wurde von Zakir zerschlagen, und damit hatte in Syrien die Vorherrschaft der aram. Könige von Damaskus ein Ende. Tiglat-Pileser III. von Assyrien eroberte Damaskus schließlich 732 v.Chr. (2.Kön 16,9) und verschleppte die Aramäer ironischerweise nach Kir – in ihre alte Heimat (Am 1,4f).

4. Kultur. Die aram. Sprache erlangte in Handel und Diplomatie, aber auch in der Literatur große Bedeutung. Die Hauptgötter der Aramäer waren Baal-Shamajim, der Sturmgott Hadad, sowie kanaan. (Ischtar) und mesopotamische Gottheiten (Marduk und Nebo).
*Damaskus; *Nomaden.

ARAMÄISCH. *Sprachen des Alten Testaments.

ARARAT. Der Name kommt im AT viermal vor: das Gebirge, in dem Noahs Arche aufsetzte (1.Mo 8,4); das Land, in das *Sanheribs Mörder flohen (2.Kön 19,37; Jes 37,38); ein Königreich, das von Jeremia prophetisch zur Vernichtung Babels aufgerufen wurde (Jer 51,27). In assyr. Inschriften wird es Urartu genannt; ein Königreich, das zur Zeit der Assyrerherrschaft in der Nähe des Van-Sees in Armenien bestand. Als *Assyrien schwächer wurde, gewann Urartu übergehend an Macht. Im 9. Jh. v.Chr. griffen die Assyrer ihre nördlichen Nachbarn immer heftiger an und unterwarfen sie gegen Ende des 8. Jh. (*Gomer). Mitte des 7. Jh. erstarkte Urartu nochmals für kurze Zeit, bis es Anfang des 6.Jh., etwa zur Zeit von *Jeremia, aufhörte, als Staat zu existieren.

ARAUNA (freier Mann, Edelmann). Ein Jebusiter, dessen Tenne *David kaufte, nachdem er dort den Engel des Herrn gesehen hatte (2.Sam 24,16ff). An dieser Stelle wurde später der *Tempel errichtet (1.Chro 21,18ff; 22,1; 2.Chro 3,1).

ARBEIT. A. gehörte von Anfang an zu dem Plan Gottes für die Menschheit (1.Mo 2,15) und wird im AT als Teil von Gottes weiser Vorsorge gesehen (Ps 104,19ff; Jes 28,23ff). Durch die Sünde wurde aber A. mehr zur Last als Freude (1.Mo 2,16ff). Wenn sie zum Selbstziel wird, führt sie zu Götzendienst (vgl. Pred 2,4ff). Manche benutzen A. dazu, um andere auszubeuten oder zu unterdrücken (2.Mo 1,11ff; Jak 5,4). Durch die Erlösungstat Christi wurde die Bedeutung der A. wieder umgewandelt in ein Mittel zum Segen. Müßiggang – auch mit religiöser Motivation – wird im NT verurteilt (1.Thess 4,11; 2.Thess 3,10). Die Tatsache, daß Jesus als Zimmermann arbeitete (Mk 6,3), heiligte die gewöhnliche A. Paulus sorgte selbst für seinen Lebensunterhalt, um der Gemeinde nicht finanziell zur Last zu fallen (Apg 18,3). Er sprach sich aber auch dafür aus, daß die Verkündiger des Evangeliums angemessenen *Lohn erhielten (1.Tim 5,17; vgl. Lk 10,7). Alltägliche Aufgaben werden für Christen zu einem Dienst für Gott und damit zu seiner Ehre (Kol 3,23f) und als Dienst für den Nächsten getan (Mt 25,40).

Selbst die A. eines Sklaven für seinen nichtchristl. Herrn kann als Auftrag Gottes verstanden werden (Eph 6,5; 1.Petr 2,18).

ARCHÄOLOGIE (ALTES TESTAMENT).
I. Entwicklung.

Die bibl. A. beschäftigt sich mit den materiellen Überresten in Palästina (heute Israel und Jordanien) und seinen Nachbarländern, die mit Zeit und Inhalt der bibl. Aussagen in Zusammenhang stehen. Ruinen von Gebäuden, Töpferwaren, Kunstgegenstände und Inschriften helfen uns, Leben und Bräuche der Hebräer und ihrer Nachbarvölker zu verstehen. Die A. trägt dazu bei, bibl. Aussagen zu veranschaulichen, zu bestätigen, aber auch falsche Theorien zu widerlegen. Aufgrund großer Flächen und Zeiträume und der Tatsache, daß Gegenstände aus Leder oder Holz und Textilien selten erhalten geblieben sind, sind der archäologischen Forschung Grenzen gesetzt. Viele Grabungen haben jedoch Schriftstücke zutage gefördert. Für Vergleiche mit dem AT sind

Dokumente aus Ägypten, Assyrien und Babylonien besonders wertvoll. Sie lassen eine Vielfalt literarischer Stilrichtungen erkennen. Schriftfragmente sind auf Papyrus, auf Tontafeln und Tonscherben (Ostraka), aber auch auf Münzen und Siegeln erhalten.

Obwohl das Interesse an den überlieferten bibl. Schauplätzen bereits nach der Reformation erwachte, wurde die erste planmäßige Oberflächenerforschung in Palästina erst 1838 von den Amerikanern Edward Robinson und Eli Smith vorgenommen. Die erste Ausgrabung fand 1863 in der Nähe von Jerusalem durch den Franzosen De Saulcy statt. In den Jahren 1865-1914 führte der „Palestine Exploration Fund" eine Reihe von Untersuchungen durch. 1890 entdeckte Sir Flinders Petrie bei der Ausgrabung von Tell el-Hesi, daß sich anhand der Keramikfunde verschiedene Besiedlungsschichten unterscheiden lassen. Diese Datierungsmethode setzte sich ab 1920 durch und wird heute weltweit angewandt. Inzwischen gibt es genauere Datierungsverfahren, weshalb frühere Aussagen z.T. berichtigt werden mußten. Kenyon wies z.B. nach, daß die Mauern von *Jericho, die Garstang mit *Josua in Verbindung gebracht hatte, in Wirklichkeit aus einer viel früheren Zeit stammen.

II. Von der Frühzeit bis zur Landnahme Israels.

Früheste Zeugnisse menschlicher Existenz in der Altsteinzeit (vor 10 000 v.Chr.) wurden u.a. in den Karmel-Höhlen gefunden. Von ca. 9000 v.Chr. an gibt es offene Hüttensiedlungen in Jericho und in Beidha bei Petra. Ebenfalls in Jericho fand man mächtige Befestigungsanlagen und auffallende Statuetten und mit Gips ausgeformte Schädel aus der Zeit um 7500 v.Chr. Eindringlinge (wahrscheinlich aus dem N), die einen neuen Keramiktyp mitbrachten und ihre Toten in aus Felsen herausgehauenen Massengräbern bestatteten, sind in der Frühbronzezeit (ca. 3000 v.Chr.) nachgewiesen. In Nordpalästina gab es ca. 2900 v.Chr. bereits blühende Städte. In Texten aus Ebla (vgl. Teil IV) werden ca. 2300 v.Chr. Orte wie Lachisch, Hazor, Megiddo und Gaza genannt, die später auch in bibl. Berichten vorkommen.

Die Ankunft der Amoriter ca. 2200 v.Chr. ist durch besondere Bestattungssitten, Waffen und Töpferwaren bezeugt. Bald entstanden kanaan. Stadtstaaten wie Hazor und Karkemisch mit einer Zitadelle und einer von hohen Wällen umgebenen Unterstadt. Es gibt Hinweise, daß ca. 1950-1550 v.Chr. Halbnomaden in das mit Buschwerk bewachsene Land zwischen den befestigten Städten einfielen; unter ihnen waren vielleicht auch die bibl. Erzväter. Größere Städte wurden ca. 1450 v.Chr. wahrscheinlich durch die Ägypter gewaltsam zerstört. Mehr als zwei Jahrhunderte später wurden sie erneut verwüstet und ausgebrannt. Das war zur Zeit *Josuas. Die meisten Fachleute datieren Josua auf die Zeit um 1220 v.Chr., aber der archäologische Befund zeigt, daß zu jener Zeit *Jericho nicht bewohnt war: die Stadt wurde wahrscheinlich um 1300 v.Chr. verlassen.

III. Israels Landnahme in Palästina.

Verzierte Keramik und Eisenwaffen bezeugen, daß ab 1200 v.Chr. im SW Kanaans *Philister wohnten. Die ersten israelit. Siedlungen waren im Vergleich zu den älteren Festungsbauten in Kanaan primitiv und dürftig. *Sauls Zitadelle in Gibea (1.Sam 11,4) besaß die für jene Zeit typischen Kasemattenmauern (Doppelmauern, die mit Schutt aufgefüllt werden konnten). Aus der Zeit *Davids sind nur wenige Bauwerke erhalten. Zur Zeit *Salomos wurden zunehmend Werkzeuge und Waffen aus Eisen eingesetzt, und das Bauwesen war bereits höher entwickelt. Er ließ für seine Statthalter in Megiddo und Hazor Paläste errichten, in Lachisch und Bet-Schemesch ebenfalls. Dort waren sie mit großen Vorratshäusern ausgestattet. Sein Tempel in Jerusalem orientierte sich an einem syro-phönizischen Baustil, der bereits in Hazor Anwendung gefunden hatte. Er war wohl mit Elfenbeinverzierungen ausgestattet, vergleichbar denen, die aus derselben Zeit in Samaria und Nimrod (Irak) gefunden wurden. Bei Ausgrabungen an verschiedenen Orten wurden Altäre, Weihrauchständer, Zangen und andere Geräte entdeckt, die ähnlich auch in Salomos Tempel vorhanden waren.

Die Zeit des geteilten Reiches wird durch eine Reihe von Funden erhellt. In *Samaria lag auf einer Anhöhe das königliche Wohnviertel. Der Palast war mit Elfenbeinarbeiten ausgeschmückt, von denen viele aus *Ahabs „Elfenbeinhaus" stammen könnten (1.Kön 22,39; Am 6,4); im Palasthof gab es einen „Teich" (1.Kön 22,38). 63 Inschriften mit Aufzeichnungen über Wein- und Öllieferungen an die königlichen Vorratslager zeugen von einer organisierten Verwaltung, wahrscheinlich unter *Jerobeam II. Hazor wurde offenbar von Ahab mit Mauern verstärkt, die bis ca. 150 v.Chr. bestehen blieben. Eine in Hazor gefundene Tonscherbe aus der Zeit um 734 v.Chr. mit der Inschrift „Eigentum von Pekach" erinnert daran, daß zur Zeit des Einfalls der *Assyrer Pekach Israel regierte (2.Kön 15,29).

722 v.Chr. schaffte Sargon II. Gefangene und ihren Besitz aus Samaria fort (2.Kön 17,23f). Archäologisch läßt sich dies durch die armselige und nur teilweise Besiedlung des Ortes und durch ausländische Töpferwaren nachweisen. Die Eroberung von Lachisch durch *Sanherib, wie sie auf dem Relief in dessen Palast in *Ninive dargestellt ist, wurde durch die Funde von Rüstungen, Waffen und Helmen gefallener Angreifer in der Nähe des Stadttors bestätigt. Karkemisch wurde nachweislich 605 v.Chr. bei der Eroberung durch *Nebukadnezar II. zerstört. Viele Städte in Juda tragen Spuren babylonischer Angriffe zur Zeit von *Zedekias Aufstand (589-587 v.Chr). Heute weiß man, daß das Land während der Babylonischen Gefangenschaft dünn besiedelt war, und daß es erst im 3. Jh. v.Chr. wieder seine ursprüngliche Bevölkerungszahl erreichte. Aus dieser Zeit gibt es zahlreiche Münzen, die an verschiedenen Orten geprägt wurden, teilweise mit hebr. oder aram. Aufschrift. In Geser wurden silberne Behälter aus Persien ausgegraben, und in Lachisch fand man verzierte babylon. Räucherkästen aus Kalkstein.

IV. Einzelne Ausgrabungsstätten.

Keiner der folgenden Orte ist in der Bibel genannt, aber die gewonnenen Erkenntnisse können zum Verständnis bibl. Berichte beitragen.

1. *Alalah.* Hauptstadt eines Stadtstaates am Orontes in N-Syrien. Hier fand man 468 Texte aus der Zeit von 1900 bis 1470 v.Chr., die unsere Kenntnisse über die Zeit der Erzväter im 1. Buch Mose erhellen können. Besonders interessant sind die Eheverträge, in denen der zukünftige Schwiegervater um die Braut gebeten wird und die Verlobungsgeschenke erhält. Einige Verträge legen fest, daß der Mann, wenn die Ehe nach sieben Jahren ohne Sohn geblieben ist, eine Nebenfrau nehmen darf (vgl. 1.Mo 29,15ff). Wenn ihm die erste Frau danach jedoch einen Sohn gebiert, erhält ihr Kind das Erstgeburtsrecht (vgl. 1.Mo 21,10). In früher und später Zeit führt ein Bündnisvertrag göttliche Zeugen und Flüche auf. Als ein Mann namens Idrimi König wurde, schloß er mit seinen Nachbarvölkern ein Abkommen über die Behandlung entlaufener Sklaven. Das Verbot, entlaufene Knechte auszuliefern (5.Mo 23,15f), wird so verständlich. Ferner wird berichtet, daß man Dörfer tauschte, um Staatsgrenzen den natürlichen Gegebenheiten anzupassen und sie leichter verteidigen zu können (vgl. 1.Kön 9,10ff).

2. *Amarna.* Tell el-Amarna ist der moderne Name für Akhetaten (Achet-Aton), das von ca. 1375-1360 v.Chr. Hauptstadt von Ägypten war. Es liegt etwa 320 km südl. von Kairo am östl. Ufer des Nils. Zu den beeindruckenden Überresten gehören Tempel, Verwaltungsgebäude, Gräber mit Wandmalereien und Häuser auf einst vornehmen Grundstücken. Von größerer Bedeutung für Bibelleser sind jedoch die 380 hier gefundenen Dokumente. Meist sind es Briefe von asiat. Herrschern an die Pharaonen Amenophis III. und IV. ca. 1385-1365 v.Chr., die Hälfte kommt aus Palästina und Syrien. Sie zeigen, daß der Einfluß der Ägypter in Palästina vor der Landnahme Israels unter Josua zurückging, und berichten von Machtkämpfen und Streitereien zwischen

Personen und Städten. Ein ägypt. Beamter namens Yanhamu (ein semit. Name) erinnert an Josef, weil er die Getreidevorräte für die syr. Untertanen des Pharao während einer Zeit der Knappheit verwaltete. Es gibt auch zahlreiche Hinweise auf die bewaffneten Horden der Habiru, die das Bergland Palästinas bewohnten. Die Amarna-Briefe zeigen, daß sie im Gegensatz zu den Israeliten nicht in der Nähe größerer Städten tätig wurden. Sie traten in kleinen Gruppen auf, belagerten keine Städte, benutzten Wagen und wurden von Orten unterstützt, die Josua zerstörte, z.B. Lachisch und Geser (Jos 10). Die Briefe sind in Keilschrift in akkad. Sprache geschrieben, der damaligen Verkehrssprache. *Akkad.

3. *Ebla*. Die Hauptstadt eines Stadtstaates 70 km südl. von Aleppo in Syrien. Eine Sammlung von 18 000 Dokumenten aus der Zeit um 2300 v.Chr. umfaßt Schöpfungsberichte, eine Sintflutgeschichte, Mythen, Ächtungstexte, Lieder und Sprüche, Geschichts- und Rechtstexte, Schriftstücke aus dem Wirtschaftsleben, königliche Erlasse, Briefe, Gesetze sowie Listen von Tieren, Berufen und Gegenständen. Ebla war damals mit 250 000 Einwohnern ein blühendes Wirtschaftszentrum und handelte mit Zypern, Palästina und anderen wichtigen Gebieten Getreide, Holz, Textilien und Wein. Diese Dokumente in sum. Sprache werden nach ihrer vollständigen Veröffentlichung einen wichtigen Beitrag für das Verständnis der Erzväterzeit leisten.

4. *Mari*. Das heutige Tell Hariri am Euphrat, 12 km nordnordwestl. von Abu Kemal im SO Syriens, war um 1800 v.Chr. Hauptstadt eines größeren Stadtstaates der Amoriter. Man fand hier mehr als 22000 beschriftete Tontafeln, ein Viertel davon staatliche Mitteilungen, die wichtige Hintergrundinformationen über die Zeit der Erzväter enthalten. Stammesoberhäupter werden „Vater" genannt, das örtliche Rechts- und Steuerwesen wurde von Unterstatthaltern verwaltet. Die Beziehungen zwischen benachbarten Völkern waren durch schriftliche Verträge oder Bündnisse geregelt, die oft mit der rituellen Schlachtung eines Esels besiegelt wurden (vgl. die Söhne des Hamor [=Esel] in Jos 24,32 mit 1.Mo 34,1-3). In Mari wurden jedem Gott oder Tempel Propheten und „Sprecher" zugewiesen, deren Worte weitgehend von magischen Praktiken, Träumen, Eingeweideschau von Opfertieren und Beobachtung der Gestirne abhingen. Das stand in krassem Gegensatz zu Klarheit, Umfang, Inhalt und Zweck der Prophezeiungen in Israel. Unter ihren Göttern waren Ischtar, Dagon und Baal. Manche Personennamen kommen in ähnlicher Form im AT vor, lassen sich jedoch nicht gleichsetzen. Die Texte bieten einen umfassenden Einblick in das tägliche Leben am Königshof mit seinen 300 Räumen und einer Fläche von etwa 6 ha.

5. *Nuzi*. Ein Ort bei Kirkuk im Irak, der im 15. und 14. Jh. v.Chr. unter dem Einfluß der Hurriter stand. Im Palast und in Privathäusern fand man über 4000 Tontafeln, die in einem hurritischen Dialekt der akkad. Sprache beschriftet waren. Da die Texte aus fünf Generationen stammen, zeichnen sie über einen verhältnismäßig kurzen Zeitraum ein umfassendes Bild eines Gemeinwesens im alten Mesopotamien. Außerdem ergeben sich mehrere Berührungspunkte mit den bibl. Berichten über die Erzväter. Viele Dokumente befassen sich mit Erbschaftsangelegenheiten. Der älteste Sohn erhielt einen doppelten Anteil am Familienbesitz (wie in 5.Mo 21,17), während die Erzväter selbst offenbar anders verfuhren (1.Mo 25,5f). Bei Vergehen gegen die Familie konnte man enterbt werden; Verweise auf „Ungehorsam" und „Respektlosigkeit" zeigen den Hintergrund für die Zurückstufung des *Ruben in 1.Mo 49,3f. In den Texten spielt die Adoption eine nicht unwesentliche Rolle. Wenn ein Mann keinen Erben hatte, konnte er einen Außenstehenden adoptieren, der als Gegenleistung für die Erbschaft seine „Eltern" im Alter mit Nahrung und Kleidung versorgen und für ein ordentliches Begräbnis sorgen mußte. Es kann sein, daß *Abraham seinen Knecht Eliëser auf diese Weise adoptierte, bevor *Isaak geboren wurde (1.Mo 15,2ff). In fünf Nuzi-Texten werden drei weitere Lösungen für kinderlose Ehen vorgeschlagen: der Mann konnte eine andere Frau heiraten oder eine Nebenfrau nehmen; die Frau konnte dem Mann ihre Sklavin anbieten (vgl. 1.Mo 16,1ff; 30,1ff). Töchter waren erbberechtigt, wenn keine Söhne da waren (vgl. 4.Mo 27,8). In gewissen Abständen wurden Schulden erlassen (5.Mo 15). Landerwerb wurde manchmal dadurch bestätigt, daß der Verkäufer seinen Fuß hob und den des Käufers auf den Grund stellte, und Schuhe galten bei manchen Handelsgeschäften als rechtliche Symbole (Rut 4,7f; vgl. Am 8,6). Die Beschwerde der Töchter *Labans, ihr Vater habe ihre Mitgift zurückbehalten, hat in fünf Nuzi-Texten eine wörtlich gleichlautende Entsprechung.

6. *Susa.* Der babylon. König Hammurabi dehnte seinen Einfluß auf ganz Mesopotamien aus, das er unter einem einzigen Herrscher vereinigen wollte. In einer Steinsäule („Stele"), die man in S. fand, ist eine Sammlung seiner Rechtsvorschriften eingraviert. Manche weisen vom Wortlaut her Ähnlichkeiten zu atl. Gesetzen auf, z.B. über falsche Zeugen (2.Mo 23,1ff) und Entführung (2.Mo 21,16). Einzelne Vergehen, etwa im sexuellen Bereich, werden ähnlich behandelt (z.B. steht auf Ehebruch die Todesstrafe wie in 5.Mo 22,22), während in anderen Fällen die hebr. Strafen insgesamt mehr auf die Erhaltung von Gemeinschaft und Familie als auf die Bewahrung von Klassenstruktur und Besitz ausgerichtet zu sein scheinen. Diese babylon. Gesetze sind ein Beispiel für die allgemeinen Rechtsvorstellungen, die in jener Zeit im Alten Orient vorherrschten.

7. *Ugarit, Ras Schamra.* Im N Syriens, 1 km von der Mittelmeerküste und 15 km nördl. von Latakia gelegen, war U. ca. 2000-1000 v.Chr. ein wichtiges Handelszentrum und Hauptstadt eines Stadtstaates. Im Palast und in Wohnhäusern fand man eine Vielfalt von Texten, überwiegend Abschriften in babylon., aber auch in ägypt., zypriotischen und hetitischen Schriftsystemen. Um in ihrer eigenen Sprache schreiben zu können, entwickelten die Schreiber eine alphabetische Schrift mit Keilschriftzeichen. Sie hatte 29 Zeichen für Konsonanten; die Reihenfolge glich bis auf einige Zusätze der des hebr. Alphabets. Man fand am Ort mehr als 1300 Inschriften in dieser Buchstabenschrift aus der Zeit ab 1400 v.Chr. Die Sprache selbst ist eng mit der hebr. verwandt; viele Wörter, die im Zusammenhang mit Opfern stehen, sind denen in 3.Mose sehr ähnlich, die Gesinnung und die praktische Ausführung der Opfer unterscheiden sich jedoch wesentlich. Auch in poetischen Teilen gibt es Ähnlichkeiten. Die Literatur enthält einen Sintflutbericht, eine Geschichte über den babylon. Helden Gilgamesch und eine einmalige Version des „Babylonischen Hiob". Einige religiöse Erzählungen sind mehrere hundert Zeilen lang und berichten von Machtkämpfen der Götter. Die Texte gewähren Einblick in die Praxis heidnischer Religionen, in denen Krieg, Tempelprostitution und Menschenverachtung eine wesentliche Rolle spielen. Mehr als 250 Götter werden namentlich genannt, es gibt aber 15-28 Hauptgötter, von denen Baal, Dagon und Aschera auch im AT vorkommen.

ARCHÄOLOGIE (NEUES TESTAMENT).
I. Jerusalem.

Die gewaltigen Mauern, die Herodes der Große (37-4 v.Chr.) um den Tempelberg errichtet hatte, wurden gefunden; sie ragen sogar aus dem heutigen Bodenniveau auf. Ausgrabungen in der Nähe brachten einen Straßen- und Terrassenkomplex zum Vorschein, und in der Oberstadt fand man Wandmalereien und Mosaiken aus vornehmen Häusern. Der „Davidsturm", eine der Verteidigungsanlagen des Herodes, ist durch Ausgrabungen bekannt. Golgatha und das Grab in der traditionellen Grabeskirche erheben starken Anspruch darauf, die Orte der Kreuzigung und Grablegung Jesu außerhalb der Stadtmauern zu sein. Eine Grabinschrift „Alexander, Sohn des Simon von Kyrene" weist vielleicht auf das Grab des Mannes hin, dessen Vater Jesu Kreuz trug (Mk 15,21). Eine Inschrift an der Mauer, die den Vorhof von dem inneren Heiligtum abgrenzte, untersagt Nichtjuden bei Todesstrafe den Zutritt zum inneren Tempelbezirk. Die Vorfälle von Apg 21,26-29 bezogen sich wohl auf dieses Verbot.

II. Weitere Orte aus den Evangelien.
Der Palast des Herodes in Jericho hatte einen versunkenen Garten und ein Wasserbecken zwischen den beiden Flügeln; selbst die Blumentöpfe sind noch unversehrt. Ungewöhnlich ist hier die italienische Bauweise mit getrockneten Ziegeln und einer römischen Betontechnik, die Herodes nirgendwo sonst anwandte. In mehreren herodianischen Bauten Palästinas fand man Fußbodenheizung, Bäder und einen Warmluftraum vor. In Cäsarea ist der große, inzwischen im Meer versunkene herodianische Hafen aus der Luft noch gut zu erkennen. Auf einem beschrifteten Stein aus den Überresten der Stadt selbst wird Pontius Pilatus „Präfekt von Judäa" genannt. In Kapernaum wurde eine alte Synagoge aus dem 2. oder 3. Jh. n.Chr. freigelegt; Synagogen aus dem 1. Jh. n.Chr. fand man in den Festungen von Masada und Herodium.

III. Orte des Urchristentums.
Aus einem im griech. Delphi gefundenen Erlaß von Claudius geht hervor, daß Gallius 51 n.Chr. Prokonsul von Achaja (Korinth) war (Apg 18,12). In Korinth lautet eine Türinschrift: „Synagoge der Hebräer"; in diesem Haus könnte Paulus gepredigt haben (Apg 18,4). In einem Text kommt der Name Erastus vor; möglicherweise ist es der Stadtkämmerer von Röm 16,23. Eine Inschrift mit den Worten „Lucius, der Metzger" weist vielleicht auf den Ort des Fleischmarktes von 1.Kor 10,25 hin. In Ephesus fand man Teile des Tempels der Artemis (Diana) und das Freilichttheater mit 25 000 Sitzplätzen. Ein aufgefundener Text zeigt, daß Bürgerversammlungen wie die in Apg 19,28-41 geschilderte tatsächlich hier stattgefunden haben. Mit einer Reihe von Inschriften wird die historische Glaubwürdigkeit des Lukas bestätigt. Lange Zeit bezweifelte man die Richtigkeit der Titel „Politarchen" für die „Oberen der Stadt" in Thessalonich (Apg 17,6,8) und „angesehenster Mann" für den Statthalter von Malta (Apg 28,7). Inzwischen ist erwiesen, daß diese Titel zu jener Zeit gebräuchlich waren.

ARCHE. Wahrscheinlich von einem ägypt. Wort abgeleitet, das „Sarg" oder „Kasten" bedeutet, war sie als schwimmender Behälter für *Noahs Familie und die Tiere gedacht (1.Mo 6-7). Die Maße betragen umgerechnet etwa 150 x 25 x 15 m. Sie bestand aus Gopherholz (Lutherübersetzung: Tannenholz), das mit Schilfrohr zusammengebunden und mit Pech verklebt wurde. Die A. kam auf dem Berg *Ararat zum Stehen. *Sintflut.

ARCHELAUS. Der älteste Sohn von *Herodes dem Großen und Malthake. Er regierte Judäa 4 v.Chr.-6 n.Chr. (Mt 2,22). Seine repressive Herrschaft war so unerträglich, daß eine Abordnung von Aristokraten aus Judäa und Samaria wegen der Gefahr eines Aufstands seine Absetzung erbat. Nach erfolgter Absetzung wurde Judäa röm. Provinz, verwaltet von Präfekten, die vom Kaiser ernannt wurden.

ARCHIPPUS. Ein „Mitstreiter" des Paulus (Phlm 2), vielleicht der Sohn von *Philemon und Aphia (Vgl. auch Kol 4,17).

ARCHITEKTUR. In Palästina gefundene Gebäudereste sind vergleichsweise bescheiden, denn es gab im Lauf seiner Geschichte nur wenige Zeitabschnitte, in denen es wohlhabend genug war, größere Bauvorhaben zu vollenden. Die eindrucksvollsten Bauten aus bibl. Zeit finden wir in Ägypten, Mesopotamien und Griechenland.

1. *Baumaterial.* In der Römerzeit wurde zwar Marmor bis zu 1500 km weit transportiert, aber das war ungewöhnlich. Normalerweise beschränkte man sich wegen des schwierigen Transports eher auf in der Nähe erreichbares Baumaterial: im Bergland Palästinas Kalkstein, an der Küste Sandstein und in Syrien Basalt. Im Gegensatz zu Bruchsteinen kamen Quadersteine, deren Herstellung teuer und arbeitsintensiv war, in Palästina erst nach 1400 v.Chr. in Gebrauch. Mit Marmor wurde im klassischen Altertum in Griechenland und Kleinasien gebaut.

Bauholz war in Palästina reichlich vorhanden; für den *Tempelbau importierte *Salomo Zedern- und Zypressenholz aus

Architektur

dem Libanon (1.Kön 5,20ff). Bei Ausgrabungen in Gibea wurde eine Festung aus der Zeit um 1000 v.Chr. freigelegt, deren Aufbau offenbar überwiegend aus Holz bestand. Selbst in Steinbauten spielte Holz eine wichtige Rolle: als Dachgebälk, zur Mauerverstärkung, als Tür- und Fensterrahmen. Oft wurde Schilfrohr über Holzbalken gelegt, um eine feste Unterlage für eine verputzte Dachabdeckung zu schaffen, die leicht entfernt werden konnte (Mk 2,4).

Lehmziegel waren von 4000 v.Chr. an in Mesopotamien und später auch in Palästina gebräuchlich. Sie wurden auch mit Lehm zusammengehalten und verputzt. Damit das Gebäude wasserdicht blieb, mußte der Verputz alljährlich erneuert werden.

2. *Baumethoden*. Das Gelände wurde mit einer Meßrute vermessen (z.B. Hes 40,3), und die Ausrichtung wurde mit einem Bleilot nachgeprüft. Gegebenenfalls ebnete man den Baugrund ein; manchmal wurde hierzu eine Stützmauer aus Steinen errichtet und die dahinterliegende Fläche mit Schotter aufgefüllt. Diese Mauer war dann zugleich das Fundament des Gebäudes. Die Grundsteinlegung war oft mit einem religiösen Ritual verbunden. Auf die Grundmauern wurde große Sorgfalt verwendet; in Salomos Tempel bestanden sie aus kostbaren behauenen Steinblöcken (1.Kön 5,31). Oft sind sie das einzige, was bis heute von antiken Gebäuden erhalten geblieben ist. Ziegelhäuser hatten im allgemeinen Steinfundamente; die Wände waren mit Holzbalken verstärkt, um bei Austrocknung der Lehmziegel eine Verformung zu verhindern. Bei manchen Gebäuden lag über der Grundmauer eine Schicht Holzbalken, darüber wurde mit Ziegeln weitergebaut – ein Verfahren, das offenbar bei Salomos Tempel Anwendung fand (1.Kön 6,36). Große Stadtmauern bestanden aus einem Steinsockel und einem schräg ansteigenden, bepflasterten Wall; innerhalb des Walls waren Ziegelmauern, die manchmal Räume einschlossen. Dächer, Obergeschosse und Balkone wurden von Mauern und in großen Gebäuden auch von rechteckigen Säulen abgestützt: in Megiddo fand man Säulenreihen, mit denen die Lagerhäuser gestützt wurden. Zylindrische Säulen aus der Perserzeit (587-330 v.Chr.) wurden auch in Lachisch gefunden. Die Säulen bestanden aus Holz, Stein oder Lehmziegeln. An manchen Grabungsstätten, z.B. in den pers. Palästen von Persepolis und Susa, fand man kunstvoll verzierte Kapitele (Säulenoberteile).

3. *Gebäudearten*. Siedlungen waren häufig mit starken Mauern und Festungen geschützt. Tempel und Schreine sind oft von großen Häusern oder Palästen nur durch die in ihrem Inneren gefundenen Gegenstände zu unterscheiden. In Bet-Schean wurden zwei Tempel freigelegt, die im ägypt. Stil erbaut, aber kanaan. Gottheiten geweiht waren. Ein israelit. Tempel in Arad hatte als Heiligtum einen großen Raum und im Hof einen Altar. Ein Philistertempel in Tell Qasile (ca. 1000 v.Chr.) hatte hölzerne Säulen als Dachstützen (vgl. Ri 16,29). Ein Palast in Megiddo aus der Zeit um 1500-1200 v.Chr. war mehrstöckig um einen Innenhof gruppiert. In Palästina besaßen aber auch normale Häuser Innenhöfe, die an drei Seiten von Räumen umgeben waren.

4. *Biblische Vergleiche*. Begriffe aus dem Bauwesen werden in der Bibel manchmal verwendet, um geistliche Wahrheiten zu verdeutlichen. Gott ist der Erbauer Israels (Ps 69,36), und die ntl. Gemeinde ist sein „Haus" (1.Petr 2,4ff). Christus ist ihr Grund oder Eckstein (1.Kor 3,11; Eph 2,20), auf den die Gläubigen ihr Leben bauen sollen (Lk 6,48; vgl. 1.Tim 6,19), und die Gemeinde ist wie ein Pfeiler, der Gottes Wahrheit hochhält (1.Tim 3,15).

AREOPAG. „Areshügel", nach dem griech. Kriegsgott Ares (der röm. Gott Mars) benannt: Ein kleiner Hügel in Athen nordwestl. der Akropolis. Der „Rat des Areopag" trug auch diese Bezeichnung, weil auf dem A. sein ursprünglicher Versammlungsort war. In ntl. Zeit tagte er, außer bei der Untersuchung von Mordfällen, in der „Königlichen Säulenhalle" auf dem Marktplatz von Athen. Wahrscheinlich wurde Paulus hier vor den A. gebracht

(Apg 17,19ff). Der Rat war besonders für religiöse Angelegenheiten zuständig; eine altehrwürdige Einrichtung, die trotz beträchtlicher Machteinbußen noch immer hohes Ansehen genoß. Paulus schloß seine Rede vor dem Rat mit dem Hinweis auf die Auferstehung Jesu; daraufhin entließ ihn der Rat als ernsthafter Beachtung nicht würdig.

ARETAS. Aretas IV. Philopatris, der letzte und berühmteste Nabatäerkönig dieses Namens (ca. 9 v.-40 n.Chr.) wird in 2.Kor 11,32 genannt. Seine Tochter heiratete Herodes Antipas, der sich von ihr scheiden ließ, um Herodias zu heiraten (Mk 6,17). A. bekriegte Herodes und schlug ihn 36 n.Chr. Er scheint eine Zeitlang die alte syr. Hauptstadt Damaskus verwaltet zu haben (2.Kor 11,32).

ARGOB. Ein Gebiet im Ostjordanland, das von Og, dem König von Baschan, regiert wurde, bevor es die Israeliten unter *Mose eroberten (5.Mo 3,3-5). Es besaß 60 befestigte und zahlreiche unbefestigte Städte. Die genaue Lage ist ungewiß.

ARIËL (Herd Gottes). **1.** *Ort:* Eine verschlüsselte Bezeichnung für Jerusalem (Jes 29,1-2.7). **2.** *Person:* Bote Esras, der nach Kasifja gesandt wurde (Esr 8,16).

ARIMATHÄA. Heimatort des Josef, in dessen Grab der Leichnam Jesu gelegt wurde (Mt 27,57ff). Eusebius und Hieronymus halten es für identisch mit Rama, dem Geburtsort Samuels (1.Sam 1,19). Eventuell ist es das heutige Rentis, 15 km nordöstl. von Lydda.

ARISTARCH. Ein Judenchrist (Kol 4,10) und Reisegefährte des *Paulus aus Thessalonich. Er wurde in Ephesus von der aufgebrachten Volksmenge ergriffen (Apg 19,29), später mit Paulus unterwegs nach Jerusalem (Apg 20,4) und dann Begleiter des Paulus auf der Fahrt nach Rom (Apg 27,2) und „Mitgefangener" des Paulus (Kol 4,10).

ARJOCH. 1. Ein König, der von Abraham besiegt wurde (1.Mo 14,1.9); der Name kommt in den Mari-Briefen (ca. 1770 v.Chr.) als Arriwuk und in den Nuzi-Texten (15. Jh. v.Chr.) als Ariukki vor. **2.** Ein Leibwächter, der Daniel zu Nebukadnezar II. brachte (Dan 2,14f).

ARKITER. Ein Nachkomme *Hams (1.Mo 10,17; 1.Chro 1,15) und Vorfahre der Einwohner einer phönizischen Stadt 20 km nordöstl. von Tripolis, heute Tell Arqa.

ARM. Ein ausgestreckter oder enthüllter A. versinnbildlicht Gottes Machttaten in Gericht und Erlösung (z.B. 2.Mo 6,6). Seine ewigen Arme bieten Zuflucht (5.Mo 33,27). Im Gegensatz dazu werden menschliche Arme als schwach betrachtet (2.Chro 32,8), die von Gott gestärkt (Ps 18,35), aber wenn sie Unrecht begehen, auch gebrochen werden (Ps 37,17).
*Leib.

ARMUT. Obwohl das AT betont, daß Gott diejenigen segnet, die seine Gebote halten (5.Mo 28,1ff), und daß der Gerechte mit materiellen Gütern gesegnet wird (Ps 112,1ff), gab es zu jeder Zeit der Geschichte Israels arme Menschen. A. konnte durch Naturkatastrophen, das Eindringen von Feinden in das Land oder wirtschaftliche Abhängigkeit von Nachbarn entstehen. Den Wohlhabenden war geboten, die Armen zu unterstützen, insbesondere die Waisen, Witwen und Bauern, die selbst kein Land besaßen (5.Mo 15,1ff; Am 2,6f). Die Psalmisten setzten sich mit dem Problem auseinander, warum Reichtum so oft in unwürdige Hände gerät, und kamen zu der Schlußfolgerung, daß wahrer Glaube materiell nicht einträglich sein muß, aber zu dem wahren Reichtum der Gotteserkenntnis führt (Ps 73).

Jesus wurde in eine arme, aber nicht mittellose Familie hineingeboren (Lk 2,24). Einige seiner Jünger waren wohlhabend (Mk 1,20), und er hatte einige reiche Freunde (Joh 12,3), lebte aber mit seinen zwölf Jüngern von einer gemeinsamen Kasse (Joh 12,6) und verzichtete auf viele Annehmlichkeiten (Lk 9,58). Jesus lehrte, daß *Reichtum gefährlich sei (nicht schlecht an sich), denn für die Armen ist es leichter, in völliger Abhängigkeit von Gott zu leben (Lk 6,20.24). Er fordert dazu auf, Gastfreundschaft zu üben

Arnon

(Lk 14,12ff) und den Armen zu helfen (Lk 18,22). Paulus sammelte Geld für die verarmte Gemeinde in Jerusalem (Gal 2,10). Großzügigkeit, auch wenn damit die Gefahr verbunden ist, selbst arm zu werden, bringt geistlichen Segen (2.Kor 8-9). In der Gemeinde Reiche zu bevorzugen, hat Jakobus streng verurteilt (Jak 2,1ff). *Nächster.

ARNON. Ein bedeutender Fluß, der gegenüber von En-Gedi von O her ins Tote Meer mündet. Hier gibt es viele Festungen und Furten (Jes 16,2). Die Hebräer besetzten ihre ersten Gebiete, nachdem sie den A. überquert hatten (5.Mo 2,24).

AROER. 1. Stadt am Nordufer des Arnon, 22 km östl. vom Toten Meer. Dem Moabiterstein zufolge wurde sie etwa zu der Zeit, als *Jehu König von Israel war (ca. 842-815 v.Chr.), von Mescha, dem König von Moab, ausgebaut und blieb bis zur Zeit *Jeremias moabitisch. Als sie noch zum Stamm *Ruben gehörte, begann hier Davids Volkszählung (2.Sam 24,5). **2.** Stadt in Juda 19 km südöstl. von Beerscheba, das heutige Chirbet Ar'areh. David sandte nach dem Sieg über die Amalekiter einen Teil der Beute nach A. (1.Sam 30,26-28).

ARPACHSCHAD. Ein Sohn *Sems, der zwei Jahre nach der *Sintflut geboren wurde. Er wurde 438 Jahre alt (1.Mo 11,10ff).

ARPAD. Stadt und aram. Provinz in Nordsyrien, heute Tell Rifat, 30 km nordwestl. von Aleppo. Sie widersetzte sich den Assyrern, die sie 740 v.Chr. ihrem Reich angliederten. Ein Aufstand 720 v.Chr. wurde von Sargon II. niedergeschlagen. Die Zerstörung dieser Stadt war ein Zeichen für die überwältigende Macht Assyriens (Jes 10,9).

ARTAXERXES (Artahsasta). Artaxerxes I. war von 464-424 v.Chr. König von Babylonien. Unter seiner Herrschaft kamen *Esra und *Nehemia nach Jerusalem zurück (Esr 7,1; Neh 2,1). Gelegentlich wird behauptet, daß ihn der Chronist in Esra mit Artaxerxes II. (404-359 v.Chr.) verwechselt habe, aber es gibt keinen stichhaltigen Grund, den bibl. Bericht anzuzweifeln.

ARTEMIS. Der griech. Name der Göttin Diana. Sie wurde als Göttin des Mondes und der Jagd, Tochter von Zeus und Leto sowie als Zwillingsschwester des Apollo verehrt. Ihr Tempel in *Ephesus ruhte auf 100 massiven Säulen und war eines der sieben Weltwunder. In ihm wurde die Verehrung der „jungfräulichen Göttin" offenbar mit einem Fruchtbarkeitskult vermischt. Nach einer Überlieferung fiel ihr Bild angeblich vom Himmel. Goldschmiede, die kleine Artemisschreine oder Nachbildungen des Tempels aus Silber herstellten, verursachten einen Aufruhr, als *Paulus in Ephesus tätig war (Apg 19,23 ff). *Demetrius.

ARWAD. Die nördlichste der vier großen phönizischen Städte; heute Ruad, eine 3 km von der syr. Küste entfernte Insel, 80 km nördl. von Byblos (Hes 27,8).

ARZT. Siehe *Gesundheit, Krankheit und Heilung.

ASAËL (Gott hat gemacht). Verschiedene Personen im AT; die bedeutendste ist einer der 30 Helden *Davids und Bruder von *Joab, der als schneller Läufer bekannt war. Sein Tod löste eine Blutfehde aus (2.Sam 2,18ff; 3,27ff).

ASA. Der dritte König des unabhängigen Staates Juda; er regierte 41 Jahre lang (ca. 911-870 v.Chr.). A. schaffte den heidnischen Götzendienst ab und entfernte deswegen sogar seine (Groß-)Mutter Maacha aus ihrem Staatsamt (1.Kön 15,13). Seine Hingabe an Gott war der Grund für eine längere Friedenszeit (2.Chro 15,15ff), aber in späteren Jahren wurde er wegen seines Abfalls von Gott mit Kriegen und Krankheit geschlagen (2.Chro 16,7ff).

ASAF. Ein Nachkomme *Levis und Verfasser von Psalmen (z.B. Ps 73-83). A. wurde zum Vorsänger ernannt, als die Bundeslade nach Jerusalem kam (1.Chro 15,17ff). Die „Söhne Asafs" blieben bis zum Bau des zweiten Tempels eine führende Musikerfamilie.

ASARHADDON (Aschur hat einen Bruder gegeben). König von *Assyrien und Babylonien 681-669 v.Chr. Er war Thronfolger seines Vaters *Sanherib, der 681 v.Chr. ermordet wurde (2.Kön 19,37). Seine ersten Taten waren die Verfolgung der Mörder und die Niederschlagung des seit sechs Wochen andauernden Aufstandes in Ninive. Er setzte die Politik seines Vaters im W fort und nahm von den Vasallenkönigen Syriens, Israels und Judas hohe Steuern ein. 676 v.Chr. plünderte er Sidon nach dreijähriger Belagerung und rief die untergeordneten Königreiche auf, Material für seine Bauarbeiten zu liefern. Das erklärt vielleicht, warum Manasse vorübergehend in Babylon gefangengehalten wurde (2.Chro 33,11). Im Mai 672 v.Chr. erklärte er *Assurbanipal zum Kronprinzen von Assyrien und forderte alle untergebenen Nationen auf, ihre Treue zum Staatsgott Aschur zu erklären. Er starb 669 v.Chr. in Haran, auf dem Weg nach Ägypten, wo er einen Aufstand niederschlagen wollte.

ASARJA (Jahwe hat geholfen). Ein gängiger Name, den im AT 25 Männer tragen. In zwei Fällen wird er für Personen gebraucht, die unter einem anderen Namen besser bekannt sind: es ist der offizielle „Thronname" für König Usija (z.B. 2.Kön 14,21) und der hebr. Name für Daniels Gefährten Abed-Nego (Dan 1,6f).

ASASEL. Vermutlich der Eigenname eines Wüstendämons (vgl. Jes 13,21; 34,14; Mt 12,43; Lk 11,24). Am *Großen Versöhnungstag wurde über zwei Ziegenböcke das Los geworfen. Der eine wurde zur Opferung bestimmt, der andere in die Wüste geschickt (3.Mo 16,8).

ASCHDOD. Eine bedeutende Philisterstadt, 6 km südöstl. des heutigen Ortes gelegen. Sie besaß einen Hafen und einen Dagon-Tempel (1.Sam 5,1ff). Nach einem Aufstand gegen Assyrien wurde die Stadt 711 v.Chr. geplündert (Jes 20,1), teilweise aber wieder neu besiedelt. Später hieß sie Azotus und wurde wegen ihres Götzendienstes von den Makkabäern angegriffen (1.Makk 5,68; 10,84). Sie bestand weiter (Apg 8,40), bis sie sich Kaiser Titus ergab.

ASCHE. 1. Z.T. in Verbindung mit einem Sack war A. ein Symbol für Trauer (z.B. Jer 6,26; Mt 11,21), wertlose Gegenstände oder Gedanken (z.B. Jes 44,20). **2.** Die Asche von der Kuh diente der Reinigung (Hebr 9,13; 4.Mo 19,2.9).

ASCHERA. Kanaan. Muttergottheit, die in den Texten von Ras Schamra als Göttin des Meeres erwähnt ist, im AT jedoch mit *Baal in Verbindung gebracht wird (z.B. Ri 3,7). A. bezeichnete auch Bildnisse der Göttin, die wahrscheinlich aus Holz waren (5.Mo 16,21) und von Israel zerstört werden sollten (5.Mo 12,3).

Asarhaddon. Siegesstele des assyrischen Königs Asarhaddon. Der König hält zwei besiegte Fürsten an Stricken, die durch die Lippen der Gefangenen gezogen sind.

Aschera. Fruchtbarkeitsgöttin aus Bronze, wahrscheinlich die kanaan. Muttergottheit Aschera. Höhe 22 cm, ca. 1900 v.Chr.

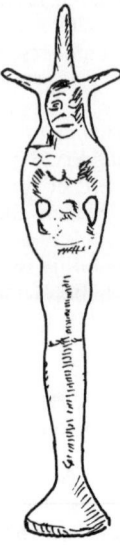

ASCHIMA. Gott oder Götzenbild der Bewohner von Hamat (2.Kön 17,30), außerhalb des AT unbekannt.

ASCHKELON. Stadt an der Südküste Palästinas zwischen Jaffa und Gaza, die von der Jungsteinzeit bis zum 13. Jh. n.Chr. bewohnt war. Sie wurde von Juda nicht besetzt (Ri 1,18). Sie war eine der fünf Philisterstädte (Jos 13,3). Assyrische, babylonische und persische Könige herrschten über sie (Jer 47,5f), 104 v.Chr. wurde sie zur freien Stadt. Hier wurde Herodes der Große geboren, der die Stadt mit prächtigen Bauten ausschmückte.

ASCHKENAS. Ein Nachkomme *Noahs und Vorfahre der Einwohner eines Gebiets zwischen dem Schwarzen und dem Kaspischen Meer (1.Mo 10,3). Herodot setzte sie mit den *Skythen gleich.
    *Nomaden.

ASCHTAROT. Eine Stadt 30 km östl. vom See Genezareth, wahrscheinlich ein Zentrum der Astarte-Verehrung. Sie war die Hauptstadt von Baschan (5.Mo 1,4), die von *Josua erobert (Jos 12,4), aber nicht sofort in Besitz genommen wurde (Jos 13,2.12); später war sie Levitenstadt (1.Chro 6,71). Sie kommt in den Texten von Ebla vor und wurde auch Aschterot-Karnajim genannt (1.Mo 14,5).

ASEKA. Judäische Stadt in dem den judäischen Bergen vorgelagerten Hügelland, evtl. das heutige Tell Zakarije. Es war eine der wenigen Städte, die dem Angriff der Babylonier lange standhielten (Jer 34,7).

ASENAT. Die Tochter eines ägypt. Priesters, die Pharao dem *Josef zur Frau gab (1.Mo 41,45); Mutter von *Manasse und *Ephraim.

ASIA, ASIEN. Mit diesem Namen bezeichneten die Griechen gewöhnlich das Gebiet um Ephesus in Kleinasien, das 133 v. Chr. an die Römer überging. Das Gebiet wurde durch mehrere „Gerichte" verwaltet (vgl. Apg 19,38). Es erstreckte sich landeinwärts bis zum anatolischen Hochland und umfaßte die gesamte Westküste Kleinasiens. In den drei Hauptstädten Pergamon, Smyrna und Ephesus bestanden in urchristl. Zeit Gemeinden.

ASSER (glücklich, gesegnet). Achter Sohn *Jakobs und nach ihm benannter israelit. Stamm (4.Mo 26,44ff). Seine Mutter war *Leas Magd Silpa (1.Mo 30,12f). Der Gebrauch des Namens in jener Zeit ist durch einen ägypt. Papyrus aus jener Zeit belegt. Der Stamm A. bewohnte die Akko-Ebene, die dahinterliegenden Westhänge des galiläischen Berglandes und die Küste vom Karmel bis nach Tyrus und Sidon (Jos 19,24ff). Die Prophetin *Hanna kam aus dem Stamm A. Sie freute sich, Jesus als Säugling zu sehen.

ASSOS. Stadt im NW Kleinasiens, heute Behramköy, auf einem 230 m hohen Felskegel gelegen. Sie verfügte über einen künstlichen Hafen, von dem aus Paulus ein Schiff bestieg (Apg 20,13f).

ASSURBANIPAL (Assur hat einen Sohn gemacht). Er wurde 669 v.Chr. König von Assyrien und eroberte 663 v.Chr. die ägypt. Stadt Theben (= No-Amon; vgl. Nah 3,8). Wahrscheinlich befreite er Manasse aus Ninive (2.Chro 33,13) und ist der „große und berühmte Asenappar" (Esr 4,10), der Samaria wieder besiedelte. Er besaß in Ninive eine Bibliothek mit akkad. Literatur und starb ca. 627 v.Chr.

ASSYRIEN. Ein altorientalisches Land in der obermesopotamischen Ebene, das im W von der syr. Wüste, im S von Babylonien und im N und O von den armenischen und pers. Bergen begrenzt wurde. Das fruchtbarste und am dichtesten besiedelte Gebiet lag östl. des Tigris. Das Land kommt im AT häufig vor; es wird als Weltmacht angesehen, der es Gott gestattete, in Israel und Juda einzufallen, die aber später wegen ihrer Gottlosigkeit vernichtet wurde.

Frühzeit. A. war bereits in vorgeschichtlicher Zeit bewohnt. Davon zeugen Töpferwaren aus der Zeit um 5000-3000 v.Chr., die man in Ninive, Assur und Kalach fand (vgl. 1.Mo 10,11f). Die Sumerer waren in Assur um 2900 v.Chr. anwesend; ihnen hat die assyr. Kultur und Sprache viel zu verdanken. Das Land wuchs und gedieh bis ins 19. Jh. v.Chr. und wurde dann geschwächt, bis es im 14. Jh. v.Ch. seine frühere Größe wiedererlangte. Es war oft in Konflikte mit *Babylon verwickelt. Auseinandersetzungen mit aram. Stämmen ca. 1100-940 v.Chr. ermöglichten es David und Salomo, nach Syrien vorzudringen.

Das neuassyrische Weltreich (900-612 v.Chr.). Assurnasirpal II. (883-859 v.Chr.) unterwarf mehrere Stämme und erreichte den Libanon und Philistäa, wo ihm Küstenstädte „Tribut" (Steuern) zahlten. Unter seiner Regierung begann A., ständig Druck nach W hin auszuüben, was zum Konflikt mit Israel führen sollte. Über 50 000 Kriegsgefangene mußten ihm in Kalach eine Zitadelle und mehrere Tempel bauen; in dieser Stadt gab es außerdem einen Zoo und einen Park. Salmanassar III. (858-824 v.Chr.) dehnte die Grenzen weiter aus und geriet mit Hadad-Eser (wahrscheinlich Ben-Hadad) von Damaskus in Konflikt, den – assyr.

Assyrien. Das Assyrische Reich auf dem Höhepunkt seiner Machtentfaltung um 650 v.Chr.

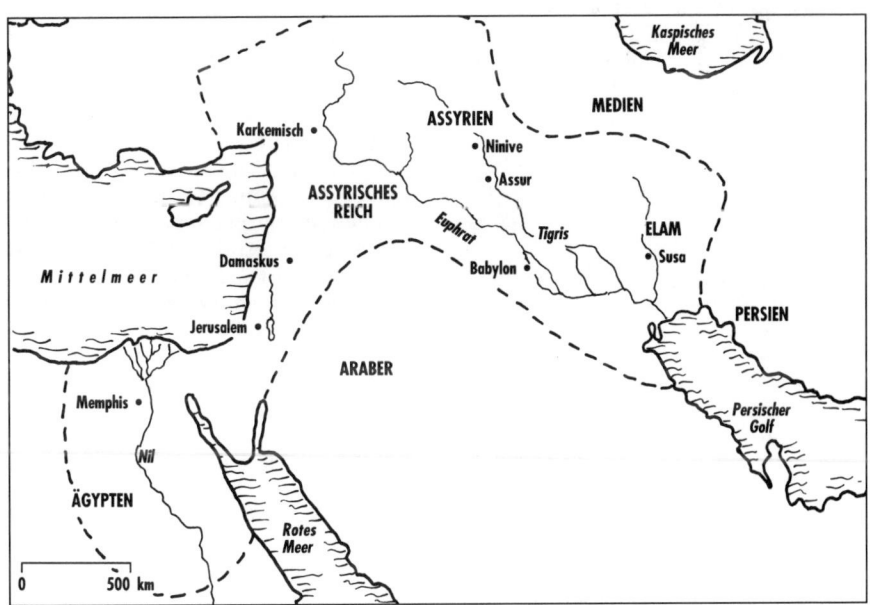

Assyrien

Annalen zufolge – König *Ahab von Israel in der Schlacht von 853 v.Chr. mit 2 000 Streitwagen und 10 000 Soldaten unterstützte. Der „schwarze Obelisk" in Kalach (Nimrod) zeigt, wie Salmanassar 841 v.Chr. Geschenke von Israels König Jehu entgegennimmt. A.s Vorgehen gegen Syrien (Aram) verschaffte Israel eine Ruhepause vor den Angriffen aus diesem Lager, und *Joasch konnte die Grenzstädte im N zurückerobern, die vorher Syrien zugefallen waren (2.Kön 13,25).

Nach einem Jahrhundert der durch innere Zwietracht verursachten Schwäche eroberte Tiglat-Pileser III. (744-727 v.Chr.) Damaskus. Er marschierte in Israel ein und führte viele Gefangene in die Verbannung (2.Kön 15,29f). Unter König *Menahem zahlten die reichen Israeliten 50 Silberschekel an Tiglat-Pileser, offenbar als Lösegeld, um der Wegführung nach Assyrien zu entgehen (2.Kön 15,20). Aus zeitgenössischen assyr. Dokumenten geht hervor, daß dies der Preis für einen Sklaven war. Juda litt ebenfalls unter diesem Feldzug. *Ahas brachte das Vorbild eines Altars aus Damaskus nach Jerusalem (2.Kön 16,10ff). Als *Hoschea, der König von Israel, seinen jährlichen Tribut an A. nicht leistete, belagerte Salmanassar V. (726-722 v.Chr.) Samaria (2.Kön 17,3ff). Dessen Nachfolger Sargon II. (721-705 v.Chr.) führte über 27 000 Bewohner aus Samaria in die Verbannung. Israel hörte auf, als unabhängiger Staat zu existieren.

Während Sanheribs Herrschaft (704-681 v.Chr.) zogen die Assyrer südwärts nach Ägypten, und *Hiskia von Juda wurde tributpflichtig (2.Kön 18,14ff); dies ist auch in assyr. Annalen verzeichnet. Als Hiskia die Babylonier um Unterstützung bat, wurde das von *Jesaja scharf kritisiert (2.Kön 20,12ff). Sanhrib belagerte Jerusalem, zog sich aber plötzlich zurück und wurde später von seinen Söhnen ermordet (2.Kön 18,17-19,37). Beim Wiederaufbau Ninives setzte er auch gefangene Juden ein und ließ von ihnen Aquädukte und Gärten anlegen. Asarhaddon (680-669 v.Chr.) wollte Aufstände in den untergebenen Staaten vermeiden, indem er Bündnisverträge abschloß, in denen ihre Herrscher dem Staatsgott Assur ewige Treue schwören mußten; unter ihnen war Manasse von Juda (2.Kön 21,1-9).

Danach folgte der rasche Niedergang A.s. Assurbanipal (668-627 v.Chr.) wurde von den Medern bedroht. Die Stadtstaaten im W lockerten allmählich ihre Verbindungen mit A.; in Juda fand diese Freiheit Ausdruck in Josias Reformen. 625 v.Chr. vertrieben die Chaldäer die Assyrer aus Babylonien und eroberten gemeinsam mit den Medern 614 v.Chr. Assur und 612 v.Chr. Ninive, wie es die bibl. Propheten *Nahum und *Zefanja vorausgesagt hatten. A. wurde vollständig von den Babyloniern in Besitz genommen. In späterer Zeit bezeichnet A. nur noch das ehemalige Kerngebiet (vgl. Hes 23,5ff).

Religion und Kultur. Der König der Assyrer wurde als irdischer Stellvertreter des Staatsgottes Assur verehrt. Die assyr. Feldzüge wurden zumindest teilweise als „heilige Kriege" betrachtet. Assurs Haupttempel stand in der Hauptstadt Assur. Andere Gottheiten waren für die Belange anderer Städte zuständig; z.B. wurde in Ninive Ischtar als Liebes- und Kriegsgöttin verehrt. Die Gatten und Gattinnen der Götter und weniger bedeutende Gottheiten hatten in den größeren Tempeln Altäre.

Bei Ausgrabungen, vor allem in Mari und Nuzi, wurden viele antike Schriftstücke gefunden (*Archäologie, Altes Testament), in denen militärische Eroberungen, Bautätigkeit, Orakel und rechtliche Angelegenheiten beschrieben werden. In Assurbanipals Palast in Ninive und im dortigen Nabu-Tempel entdeckte man eine Sammlung von einigen 10 000 Texten. Unter ihnen ist eine babylon. Sintflutgeschichte und ein Teil der zwölf als „Gilgamesch-Epos" bekannten Tafeln, auf denen die Suche des Helden nach dem ewigen Leben geschildert wird. Manche Legenden erinnern an bibl. Berichte: Von Sargon wird z.B. erzählt, daß er als Neugeborener in einem Körbchen aus Schilfrohr von einem Gärtner gefunden, gerettet und am Königshof erzogen wurde. Die Weisheitsliteratur enthält ein Gedicht über einen leidenden Gerechten (den „Babylonischen Hiob"), und Ratschläge an einen Fürsten in einem Stil, der den

Weisheitsbüchern des AT vergleichbar, inhaltlich aber sehr verschieden ist. Sorgfältig aufgezeichnete Beobachtungen, die die Grundlage der akkad. Natur-, Medizin- und Rechtswissenschaften bildeten, sind eng mit Texten über die Deutung von Vorzeichen durch Untersuchung von Menschen, Tieren, Gegenständen und Pflanzen verknüpft.

Ausgrabungen brachten viele Zeugnisse assyr. Kunst zum Vorschein. Unter ihnen sind Wandmalereien, bemalte Kacheln, Relieffriese, Standbilder, Verzierungen, Siegelzylinder, Elfenbeinschnitzereien sowie Bronze- und Metallarbeiten. Die Reliefs im Palast von Ninive zeigen die Belagerung von Lachisch und den Einsatz judäischer Gefangener bei Bauarbeiten (2.Kön 18,13f).

Verwaltung: Der König übte direkte Regierungsgewalt über das Land aus. Die örtliche Gerichtsbarkeit oblag jedoch Provinz- und Bezirksstatthaltern, die Steuern eintrieben und weiterleiteten. Die assyr. Streitmacht war ein hervorragend ausgebildetes und gut ausgestattetes Berufsheer, das über Streitwagen, Belagerungstruppen, Speerwerfer, Schleuder- und Bogenschützen verfügte. Die eroberten Völker wurden zu Untertanen des Gottes Assur erklärt. Wenn sie sich widersetzten, wurden sie durch Belagerung, Plünderung und Zerstörung ihrer Städte, Tötung ihrer Führer und Verbannung und Versklavung ihrer besten Arbeitskräfte bestraft. Die anderen wurden durch assyrerfreundliche Beauftragte im Zaum gehalten. Hieraus erklärt sich die Haltung der hebr. Propheten und die Furcht vor diesem von N her überkochenden „siedenden Kessel" (Jer 1,13).

ASTARTE (auch: **ASCHTORET**). Eine Muttergöttin, die mit Fruchtbarkeit, Liebe und Krieg in Verbindung gebracht wird. Der Name war bei vielen semit. sprechenden Völkern des Altertums gebräuchlich; er wird mit der griech. Bezeichnung Astarte wiedergegeben. Die Israeliten übernahmen den Astartekult nach ihrer Ankunft in Kanaan (Ri 2,13), und selbst König *Salomo ließ sich darauf ein (1.Kön 11,5; 2.Kön 23,13). An verschiedenen Orten Palästinas fand man Plaketten aus Ton mit dem Bild einer nackten Frau, die wohl diese Göttin darstellen soll.

ATALJA. Verschiedene Personen im AT. Die bedeutendste war die Tochter *Ahabs, deren Vermählung mit *Joram, dem König von Juda, ein Bündnis zwischen Nord- und Südreich besiegelte. Um ihre Macht beizubehalten, ermordete sie die Königsfamilie und riß ca. 842 v.Chr. den Thron an sich (2.Kön 11,1ff). Ihr Enkel *Joasch wurde versteckt gehalten und später an ihrer Statt als König eingesetzt.

ATAROT (Kronen). 1. Stadt im Ostjordanland, heute Chirbet Attarus. 2. Stadt im Gebiet des Stammes Ephraim, vielleicht identisch mit Atrot-Addar (Jos 16,2.7).

ATHEN. Berühmt für seine Kultur. A. wurde nach der Eroberung Griechenlands durch die Römer vertraglich an Rom gebunden, behielt jedoch eine unabhängige Regierung. Apollonius, ein Zeitgenosse des Paulus, tadelte die Athener wegen der unmoralischen Auswüchse beim Fest des Dionysius und wegen ihrer Vorliebe für Gladiatorenkämpfe, bei denen Menschen ihr Leben lassen mußten. Paulus knüpfte bei seinem Besuch an das religiöse Interesse der Athener an (Apg 17,15ff).

ÄTHIOPIEN. Von den Nachkommen *Kuschs bewohnt (1.Mo 10,6), gehörte das bibl. Ä. zum nubischen Reich und erstreckte sich von Assuan (Syene) nach S bis zur Gabelung des Nils beim heutigen Khartum. Es wurde etwa ab 1500 v.Chr. 500 Jahre lang von Ägypten beherrscht und von einem Vizekönig regiert. Nach 720 v.Chr. eroberte Ä. Ägypten (vgl. Nah 3,8ff); später kam es unter assyr. und schließlich unter pers. Herrschaft. In Apg 8,27 bezieht sich „Äthiopien" auf das Reich der Königin *Kandake, die in Meroë regierte, das seit der Perserzeit Hauptstadt war.

ÄTHIOPIERIN. Mose heiratete, möglicherweise nach dem Tod seiner ersten Frau Zippora, eine „Kuschiterin". Wahrscheinlich hatte sie mit den Israeliten Ägypten verlassen. Wenn jedoch das Wort

nicht von „Kusch", sondern von „Kuschan" (d.h. Midian; Hab 3,7) abgeleitet ist, könnte sie zum Gefolge von Jitro und Zippora gehört haben.
*Äthiopien; *Kusch.

ATTALIA. Heute Antalya, in der Nähe der Mündung des Kataraktes (heute Aksu); der größte Hafen Pamphyliens, von dem aus Paulus und Barnabas nach Antiochien weiterreisten (Apg 14,25).

AUFERSTEHUNG. Obwohl es im Altertum Auferstehungs-Mythen im Zusammenhang mit dem Zyklus der Jahreszeiten gab, sind sie nicht mit der erstaunlichen Behauptung der christl. Apostel vergleichbar, daß eine Person – Jesus von Nazareth – wahrhaftig gestorben ist und den Tod überwunden hat, indem Gott ihn auferweckte, um ewig zu leben und zu herrschen.

Altes Testament: Im AT gibt es einige wenige Fälle, wo einzelne Personen wieder zum Leben erweckt werden (z.B. 1.Kön 17,17ff; 2.Kön 4,18ff; 13,21). Die deutlichste Aussage zum Thema der A. finden wir in Dan 12,2: die Gerechten werden zum ewigen Leben und die Gottlosen zum Gericht auferstehen. In einigen Psalmen kommt ein Sehnen nach A. zum Ausdruck (z.B. Ps 49,15f; vgl. a. Hiob 19,25ff).

In der Zeit zwischen dem AT und dem NT trat dieses Thema mehr in den Vordergrund, obwohl es im Judentum keine einheitliche Auffassung dazu gab und die *Sadduzäer bis in die Zeit des NT hinein eine A. nicht für möglich hielten.

Neues Testament: Drei Menschen wurden von Jesus vom Tod auferweckt (Mt 9,18-25; Lk 7,11-15; Joh 11,43f), so daß sie ihr vorheriges Leben fortsetzen konnten. Jesus erwies sich darin als Herr über den Tod und kündigte an, daß er selbst nach drei Tagen wieder auferstehen werde (z.B. Mk 8,31). Die Evangelien berichten, daß das Grab, in das Jesus gelegt worden war, am dritten Tag nach seiner Kreuzigung leer war. In 1.Kor 15 und am Ende aller vier Evangelien wird beschrieben, wie Jesus als der Auferstandene einige Wochen nach seiner Kreuzigung den Jüngern in verschiedenen Situationen erschienen ist.

Zwar wurde behauptet, die Jünger hätten den Leichnam Jesu gestohlen (Mt 28,13ff). Doch werden sie als geschlagene und entmutigte Menschen beschrieben, die sich aus Furcht um ihr Leben verbargen.

Das NT berichtet von zehn verschiedenen Auferstehungserscheinungen Jesu. Manchmal erschien er einzelnen Personen, dann wiederum Gruppen (einmal 500 Menschen gleichzeitig; 1.Kor 15,6), so daß Halluzinationen oder Tagträume ausgeschlossen werden können. Bei der letzten Begegnung mit dem Auferstandenen erhielten die *Apostel den Auftrag zur Weltmission (Mt 28,19-20).

Für die Christen ist die A. Jesu von äußerster Wichtigkeit (1.Kor 15,14), da an ihr der gesamte christliche Glaube hängt. Wenn Christus nicht auferstanden ist, gibt es kein Heil, keine Rettung, keine *Vergebung der Sünde und deshalb auch kein ewiges Leben (vgl. 1.Kor 15,32). Weil aber Jesus auferstanden ist, wird schon jetzt das Leben der Christen von der Kraft der A. ihres Herrn geprägt, sie können ein neues Leben führen (Kol 3,1).

Weiter beschreibt das NT (Joh 6,39ff; 11,25; 1.Kor 15,21f), daß Jesu Auferstehung ein Vorbild dessen ist, was an allen Glaubenden geschehen soll. Diese Auferweckung der Toten wird von Gottes Gericht begleitet sein (Joh 5,29). Alle Menschen werden auferstehen, aber nur diejenigen, die auf Christi Sühnetod vertraut haben, werden das ewige Leben empfangen. Paulus beschreibt die künftige A.-wirklichkeit als einen körperlichen Zustand (geistlicher Leib), der sich wesentlich von den bisherigen Erfahrungen des Menschen unterscheidet (1.Kor 15,42ff).
*Eschatologie; *Jesus Christus.

AUFSCHRIFT, ÜBERSCHRIFT. 1. Die Silbermünze, man Jesus zeigte (Mt 22,20 und Parallelstellen), trug die Aufschrift: „Tiberius Caesar Augustus, Sohn des göttlichen Augustus". *Geld. **2.** Einem Verbrecher wurde gewöhnlich auf dem Weg zur Hinrichtungsstätte ein Schild mit seinem Namen und der Tat, für die er verurteilt wurde, um den Hals gehängt. Danach wurde es an sein Kreuz genagelt (Mt 27,37; Joh 19,19f).

AUFSEHER. *Bischof.

AUGE. Im hebr. Denken werden die Organe des Körpers als z.T. unabhängig beschrieben. So kann das A. nicht nur sehen, sondern z.B. stolz sein (Jes 5,15), Mitleid haben (5.Mo 7,16) oder neidisch sein (Mt 20,15). Das „Auge Gottes" versinnbildlicht seine wachsame Fürsorge (Ps 33,18). Der Brauch, besiegten Feinden die A. zu blenden, war im Orient weit verbreitet (2.Kön 25,7). Besonders bekannt ist die Redewendung „Auge um Auge" (2.Mo 21,24) aus dem Gesetz des Mose. Hierbei geht es darum, Übeltäter gerecht zu bestrafen und Rachegefühle einzuschränken.

AUGUSTUS (der Erhabene). Ein Ehrentitel, den Caesar Octavianus 27 v.Chr. annahm, um auf seine moralische Autorität hinzuweisen. Seine lange Regierungsperiode (43 v.Chr.-14 n.Chr.) leitete eine neue Friedenszeit für das Römische Reich ein. Als Titel wurde A. von seinen Nachfolgern übernommen (übersetzt: Kaiser – vgl. Apg 25,21.25).

AUSSATZ. Siehe *Gesundheit, Krankheit und Heilung.

AUSZUG AUS ÄGYPTEN. Dieses Ereignis markiert die Geburt Israels als Nation. Die Hebräer, seit ca. 430 Jahren in Ägyptens östl. Nildelta ansässig (2.Mo 12,40f), wurden während der 18. und 19. ägypt. Dynastie zu Sklaven gemacht. Gott beauftragte *Mose, mit *Aaron als Sprecher, sie

Auszug der Israeliten aus Ägypten mit alternativen Routen.

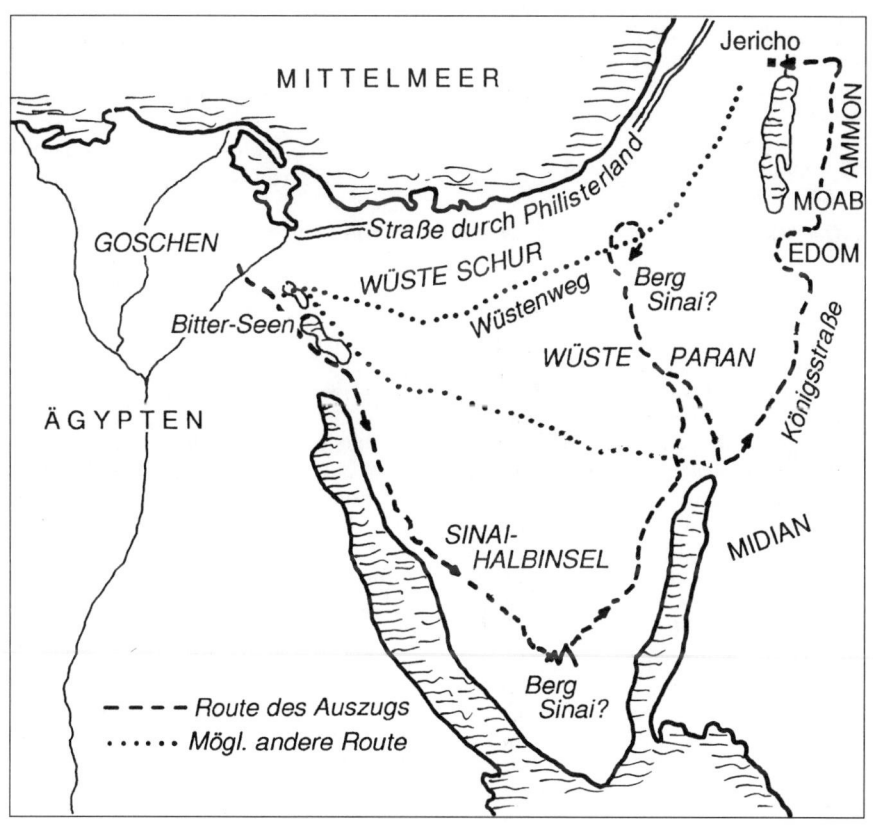

in das verheißene Land *Kanaan zu führen (2.Mo 3-4). Der Auszug geschieht trotz Widerstand des Pharao (2.Mo 14). Einige Angehörige anderer Völker schlossen sich den Israeliten an (2.Mo 12,38).

Daß eine große Schar unterjochter Menschen einen bedeutenden Staat verließ, ist nicht einzigartig; bereits im späten 15. Jh. v.Chr. zogen Menschen aus 14 Gebieten des Hetiterreiches nach Isuwa und wurden wieder zurückgeholt.

Der Durchzug durch das Rote Meer. An welcher Stelle die Israeliten das Rote Meer überquerten, ist unsicher. Es gibt zwei grundlegende Theorien. Während die „südliche" Theorie davon ausgeht, daß die Überquerung in der Nähe des heutigen Suezkanals stattfand, ist nach der „nördlichen" Theorie mit „Schilfmeer" die Sirbonis-See an der Mittelmeerküste gemeint. Die nördliche Route widerspräche allerdings dem Befehl, „nicht den Weg durch das Land der Philister" zu nehmen (2.Mo 13,17f). W.F. Albright hat eine dritte Möglichkeit vorgeschlagen: Von Ramses aus seien die Israeliten zuerst in südl. Richtung nach Pitom und Sukkot geflohen, dann zurück nach Baal-Zefon im N (2.Mo 14,2), wo sie das Schilfmeer überquerten, bevor sie nach SO in die Wüste zogen.

Die Wüstenwanderung. Bevor die Israeliten das Land Kanaan erreichten, verbrachten sie lange Jahre in drei Gebieten: auf der Sinaihalbinsel, im Einbruchsgebiet der Araba südl. des Toten Meeres und in der Wüste Sin südl. von Beerscheba. Von der Mittelmeerküste aus steigt das Land allmählich zu einem Kalksteinplateau südl. des Weges von Ägypten nach Kadesch an, und südl. davon liegt ein dreieckförmiges Gebiet aus Granit und anderem harten kristallinen Gestein mit Gebirgszügen, zu denen auch der traditionsreiche Berg *Sinai gehört. Einige Gipfel erheben sich bis zu 2000 m. Die meisten Wadis haben eine karge Vegetation, und der Grundwasserspiegel liegt nur knapp unter der steinigen Oberfläche. Früher mag es hier mehr Pflanzen und mehr Regen gegeben haben, nicht aufgrund klimatischer Veränderungen, sondern weil die Tamarisken- und Akazienhaine zur Gewinnung von Brennholz und Holzkohle abgeholzt wurden.

Die genaue Route der Wüstenwanderung ist noch immer ungewiß. Die Namen der Lagerplätze Israels sind in den späteren arab. Ortsbezeichnungen in fast keinem Fall erhalten, und die Überlieferungen zur Lage des Berges Sinai wurden nur bis in die ersten Jahrhunderte n.Chr. zurückverfolgt. Von der Wüste Schur aus zogen die Israeliten entlang der Westküste der Halbinsel Sinai nach S (4.Mo 33,10 erwähnt einen Lagerplatz an der Küste). Später lagerten sie in Dofka (4.Mo 33,12), was „Schmelze" bedeuten könnte. Es würde sich dann entweder auf das ägypt. Kupfer- und Türkisabbauzentrum in Serabit el-Khadim beziehen (zu dieser Jahreszeit hielten sich dort keine Ägypter auf) oder vielleicht auf eine andere Stelle im Abbaugebiet südl. des Zentralsinai. Vom Berg Sinai aus zogen sie langsam in nördl. Richtung nach Kadesch-Barnea, das wahrscheinlich in der Nähe von Ain Qudeirat lag.

Das Geschehen, bei dem Korach, Datan und Abiram von der Erde verschlungen wurden (4.Mo 16), ereignete sich nach Meinung von G. Hort im Araba-Graben. Dort gibt es Schlammfelder, die von einer harten, 30 cm dicken Kruste bedeckt sind. Man kann sie normalerweise gefahrlos überqueren, außer wenn ein allzu heftiger Regenguß das Ganze in zähen Sumpf verwandelt. Die Kruste brach also auf und verschlang die Aufrührer, und die Träger der Räucherpfannen wurden vom Blitz („Feuer des Herrn") erschlagen. Andere Ereignisse spiegeln ebenfalls natürliche Phänomene der betreffenden Gebiete wider. Daß mehrmals Wasser aus einem von Mose mit dem Stab angeschlagenen Felsen kommt (2.Mo 17,1ff; 4.Mo 20,2ff), könnte auf die wasserspeichernden Eigenschaften des Sinai-Kalksteins zurückzuführen sein. Im 20. Jh. löste ein Offizier unbeabsichtigt einen Wasserfluß aus, als er mit dem Spaten auf einen solchen Felsen klopfte. Die gestrandeten Wachteln (2.Mo 16,13; 4.Mo 11,31) sprechen für die südl. Route, weil die Wachteln zu dieser Jahreszeit (Frühling) nach Europa zurückkehren und nur im Herbst im N des Gebietes landen.

Die angegebene Zahl der israelit. Männer von über 600 000 (4.Mo 2,32) läßt – einschließlich Frauen und Kinder – auf eine Gesamtzahl weit über 2 Millionen schließen. Die Sinaihalbinsel konnte so viele Menschen nicht ernähren, weshalb Gott das Volk mit Manna versorgte (2.Mo 16). Das Volk war in Stammes- und Familiengruppen aufgeteilt und besetzte mehrere benachbarte Wadis. Ihr Wasser erhielten sie durch Ausheben von Mulden.

Theologische Bedeutung. Überall in der Bibel wird der Auszug aus Ägypten als vortreffliches Beispiel für Gottes erlösende Gnade gesehen, an die man sich mit Dankbarkeit erinnern und auf die man mit Gehorsam antworten soll. Die Wüstenwanderung veranschaulicht auch die Gefahren der Auflehnung gegen Gott (z.B. Ps 95,8ff; Apg 13,17f; Hebr 3,7ff).
*Ägypten; *Chronologie des Alten Testaments (Datierung).

AUTORITÄT. Die Bibel weist deutlich darauf hin, daß alle Macht und Autorität von Gott ausgeht. Sie ist Teil seiner unwandelbaren, allumfassenden und ewigen Herrschaft über seine Schöpfung (z.B. Ps 29,10) und berechtigt ihn, zu handeln, wie es ihm gefällt (Röm 9,21f). Er erwartet, daß alle sich ihm unterordnen. Wer diesen Anspruch mißachtet oder bestreitet, zieht unweigerlich das Gericht Gottes auf sich. Gottes A. wird in der Zeit des Alten *Bundes vor allem durch von ihm eingesetzte Priester, Könige, Propheten und in den Schriften erkennbar (z.B. 2.Kön 22-23: Gesetzbuch).

Als Sohn Gottes verfügte *Jesus über eine besondere A., die sich auf verschiedene Weise ausdrückte: in seiner Vollmacht, Gericht zu halten (Joh 5,22f.27), durch die Endgültigkeit seiner Lehre (Mt 7,28f) sowie durch seine Macht, Sünden zu vergeben (Mk 2,5ff) und Dämonen auszutreiben (Mk 1,27). Seine A. wird z.T. auch von Nichtjuden anerkannt (Mt 8,8ff). Nach seiner *Auferstehung bestätigte er, daß ihm die Herrschaft über alle Welt übergeben ist (Mt 28,18). Deshalb verkündigt ihn *Petrus als Herrn und Christus (Apg 2,36).

Die *Apostel erhielten von Jesus Christus die A., seine Gemeinde zu gründen und zu erbauen (2.Kor 13,10). In seinem Namen übten sie Gemeindezucht (Apg 5,1ff; 1.Kor 5,4f). Ihre Verkündigung wurde als göttliche Wahrheit aufgenommen (1.Thess 2,13; 1.Kor 2,9ff), und sie erwarteten, daß ihre Weisungen als Gebot Gottes akzeptiert wurden (1.Kor 14,37). Christen aller Generationen gründen ihren Glauben und ihr Leben auf die von den Aposteln gelegten Fundamente (Eph 2,20). Gemeindeleiter können Gehorsam beanspruchen (Hebr 13,17), sofern sie diese Grundlagen nicht mißachten.

Von Christen wird erwartet, daß sie sich der A. des Staates unterordnen, soweit dies mit Gottes Geboten vereinbar ist (Röm 13,1-6; Apg 4,19). Den Eltern ist A. in der Familie verliehen (Eph 5,22ff; 6,1ff). Diese ntl. Ordnungen widersprechen nicht Jesu Aufforderung an seine Nachfolger, einander zu dienen (Mt 20,25ff) und nicht übereinander zu herrschen.

AWA (auch Iwwa, Iwa). Eine Stadt, die von den Assyrern erobert wurde (2.Kön 18,34), wahrscheinlich dieselbe wie in 2.Kön 17,24; die Ortslage ist unbekannt.

AWEN. Wahrscheinlich ist das Beqa-Tal im aram. Königreich von Damaskus gemeint (Am 1,5). An anderer Stelle kommt es als Kurzbezeichnung für Bet-Awen vor (Hos 10,8).

B

BAAL (Herr). Im AT Bezeichnung für den heidnischen Sturmgott Hadad. Lokale Götter dieses Namens wurden wahrscheinlich von ihm unterschieden. Der B., dem *Elia auf dem *Karmel entgegentrat, war vermutlich Melkart, der Stadtgott von Tyrus (1.Kön 18). In Texten, die man in Ras Schamra fand (*Archäologie, Altes Testament), wird B. als der Sohn Dagons bezeichnet; seine Gattinnen waren Astarte und Aschera. Wahrscheinlich hat sich B. als Gottesname auch in Israel durchgesetzt, was zu vielfältigen Verwirrungen führte (vgl. Hos 2,18).

BAAL-BERIT (Herr des Bundes). Ein kanaan. Gott, der in Sichem verehrt wurde (Ri 9,46).

BAAL-GAD. Ort an der nördl. Grenze der israelit. Landnahme am westl. Fuß des *Hermon (Jos 11,17).

BAAL-HAZOR. Ein 1016 m hoher Berg 9 km nordnordöstl. von *Bethel, wo Absalom seinen Bruder Amnon ermordete (2.Sam 13,23ff).

BAAL-MEON. Eine von mehreren Städten, die von den Angehörigen des Stammes *Ruben im Gebiet des Amoriterkönigs Sihon aufgebaut wurden (4.Mo 32,38). Auch Bet-Baal-Meon, Bet-Meon und Beon genannt.

BAAL-SEBUB, BEELZEBUB, BEELZEBUL (Herr der Fliegen). Im AT der Gott von Ekron (2.Kön 1,1ff). Im NT Bezeichnung für den Fürsten der Dämonen; wird mit Satan gleichgesetzt (z.B. Mt. 12,24ff).

BAAL-ZEFON (Herr des Nordens). Ort im Ostdelta Ägyptens, in dessen Nähe die Israeliten lagerten; der Name leitet sich von einem kanaan. Gott ab, der in verschiedenen Gegenden Unterägyptens verehrt wurde.

hebräisch
***BABEL** (Pforte Gottes). Eine Stadt im alten Babylonien. Sie wurde von Nimrod (1.Mo 10,10) – nach babylon. Überlieferung vom Gott Marduk – gegründet und ist Sinnbild der Sprachenverwirrung, mit der Gott die Menschen für ihre Anmaßung beim Aufbau der Stadt strafte (1.Mo 11,1ff). Ihr Turm war wahrscheinlich ein mehrstöckiges Tempelgebäude (Zikkurat), wie sie seit ca. 2800 v.Chr. in Babylonien bekannt sind. In einem babylon. Text des Königs von Agade (Akkad) ca. 2250 v.Chr. ist vom Wiederaufbau eines Tempelturms in Babylon die Rede. Die einzige weitere frühe Erwähnung einer Zikkurat in Babylon findet

Baal. Ein Relief des „Sturmgottes" aus Ras Schamra in Syrien.

sich bei Asarhaddon, der einen solchen Turm 681-665 v.Chr. wiederherstellte. Er nannte ihn „Haus, das das Fundament von Himmel und Erde ist", dessen „Spitze bis in den Himmel reicht". Das unterste Stockwerk maß 90 x 90 m und war 33 m hoch. Darauf folgten fünf Plattformen, die nach oben an Umfang abnahmen, von je 6-18 m Höhe, ganz oben befand sich ein Tempel. Das Bauwerk wurde 472 v.Chr. von Xerxes zerstört.

Theologisch wird Babel mit der unterbrochenen Beziehung zwischen Menschen und Gott und zwischen den Völkern in Verbindung gebracht (z.B. Offb 18,15).

✗BABYLON. Griech. Bezeichnung für Babel. Die Stadt am Euphrat, 80 km südl. von Bagdad im heutigen Irak gelegen, war politische und religiöse Hauptstadt des Babylonischen Reiches. Sargon I. von Agade (Akkad, ca. 2400 v.Chr.) baute hier Tempel, möglicherweise auf den Ruinen eines früheren Babylon (Babel). Um 2000 v.Chr. wurde die Stadt durch die Bewohner von *Ur angegriffen und regiert. Sie blühte unter der 1. amorit. Dynastie von Babylon, bis sie ca. 1595 v.Chr. den Hetitern unterlag. Von diesem Zeitpunkt an strebte sie nach Unabhängigkeit. Jesajas Bericht über ihre Zerstörung (Jes 13) ist ähnlich abgefaßt wie der Bericht des assyr. Angreifers Sargon II. Einige ihrer angesehensten Bürger wurden nach Samaria gebracht, wo sie die babylon. Religion bekannt machten (2.Kön 17,24ff). 689 v.Chr. wurde die Stadt vom Assyrerkönig Sanherib erneut geplündert.

Als der Niedergang einsetzte, gründete König Nabopolassar 626 v.Chr. eine neue Dynastie. Sein Sohn Nebukadnezar II. (2.Kön 24,1) trieb den Wiederaufbau weiter voran. Er rühmte sich seiner großen Stadt (Dan 4,27), in die jüd. Gefangene gebracht wurden (2.Kön 25,6ff). Ausgrabungen zeigen, daß die Stadt zu jener Zeit durch Doppelmauern geschützt war, die so breit waren, daß sogar Streitwagen darauf fahren konnten. Das mächtige Ischtar-Tor stand am Anfang der gepflasterten Prozessionsstraße, die zum Marduktempel führte; die sich anschließenden Mauern waren mit glasierten Ziegelsteinen geschmückt, auf denen Löwen, Drachen und Stiere (Göttersymbole) dargestellt waren. Unter den Überresten des Palastes befinden sich Gewölbe, die vermutlich als Stüt-

Babylon. Ausbreitung des Babylonischen Reiches um 550 v.Chr.

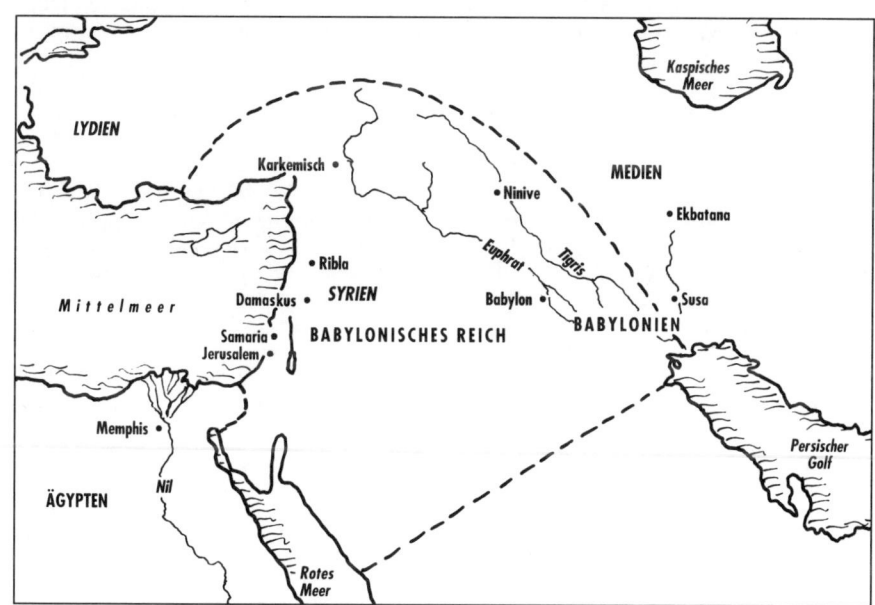

zen für die „hängenden Gärten" dienten, die Nebukadnezar für seine Gattin Amytis als Erinnerung an ihre Heimat anlegen ließ.

Wie von Jesaja und Jeremia prophezeit (z.B. Jes 47,1ff; Jer 50-51), wurde B. 539 v.Chr. von den Persern angegriffen und sein König Belsazar getötet (Dan 5,30). Die jüd. Gefangenen durften nach Jerusalem zurückkehren. Xerxes zerstörte die Stadt 478 v.Chr., um einen Aufstand niederzuschlagen; sie wurde nur teilweise wiederhergestellt. Aus Texten geht hervor, daß ein Tempel des Bel bis mindestens 75 n.Chr. stehen blieb.

In einigen Stellen des NT kann B. symbolisch für die Weltmacht Rom gebraucht sein (z.B. Offb 14,8).

BABYLONIEN. Gebiet in Vorderasien (heute Südirak), dessen Name von seiner Hauptstadt Babylon abgeleitet war. Es wurde auch Schinar genannt (z.B. 1.Mo 10,10) und später „der Chaldäer Land" (Jer 24,5); in früherer Zeit hieß der nördl. Teil Akkad und der südl. Teil Sumer. Alle wichtigen Städte (z.B. Babylon, Nippur und Ur) lagen am Euphrat oder in dessen Nähe.

1. *Frühgeschichte.* Nach einer sumer. Liste wurde das Land vor der Sintflut von acht oder zehn Königen in verschiedenen Städten regiert, u.a. in Schuruppak, der Heimatstadt des Helden der sumer. Sintflutgeschichte. Unter den frühen Siedlern waren höchstwahrscheinlich Semiten und Sumerer. Die großen Städte entstanden in der Zeit um 2800-2400 v.Chr. Oft versuchten mehrere Stadtkönige gleichzeitig, das ganze Land zu beherrschen, was zu häufigen Auseinandersetzungen führte. Eine semit. Familie unter Sargon gründete in Agade eine neue Stadt, und die daraus hervorgegangene Akkad-Dynastie baute vielleicht ca. 2400-2200 v.Chr. Babylon wieder auf. Sargon entwickelte eine neue Kriegstechnik mit Pfeil und Bogen und erlangte die Kontrolle über Sumer. Danach fielen die Gutäer in den N ein (2230-2120 v.Chr.), und in Sumer folgte ein „Goldenes Zeitalter", eine Blütezeit für Wirtschaft und Kunst. 2113-2006 v.Chr. wurde Ur zum Machtzentrum. Seine Herrscher ließen sich göttliche Ehren erweisen und unterhielten ausgedehnte Handelsbeziehungen bis nach Indien. Eine schwere Hungersnot und der Einfall von *Nomaden setzten dem Wohlstand ein Ende. Es ist möglich, daß zu jener Zeit der Zug Terachs und *Abrahams stattfand (1.Mo 11,31). Später regierte eine Reihe tatkräftiger Herrscher der 1. amorit. Dynastie von Babylon (1894-1595 v.Chr.). Sie konnten ihre Macht jedoch nicht auf Assyrien ausdehnen. Um 1595 v.Chr. fiel Babylon plötzlich an die Kassiten aus den östl. Bergen, und das Land blieb für einige Zeit geschwächt.

2. *Die spätere Zeit.* Im 8. Jh. v.Chr. begann ein langer Kampf um die Unabhängigkeit von Assyrien, nachdem der Assyrerkönig Tiglat-Pileser III. 745 v.Chr. den babylon. Thron für sich beansprucht hatte. Als Sargon II. von Assyrien 705 v.Chr. starb, wollte Merodach-Baladan von Babylon ein Bündnis mit *Hiskia von Juda eingehen, um Assyrien Widerstand zu leisten. Dieser Vorschlag wurde vom Propheten *Jesaja verworfen (2.Kön 20,12ff; Jes 39). Sanherib von Assyrien schlug den Aufstand nieder; sein Sohn Asarhaddon bestieg den babylon. Thron und bemühte sich, die Stadt wiederaufzubauen. Im Mai 672 v.Chr. ließ er alle seine Vasallen Treue gegenüber Assyrien schwören, aber bis nach seinem Tod hielten die Aufstände an. Dadurch war die Aufmerksamkeit Assyriens von Palästina im W abgelenkt, und es wurde Josia möglich, die Unabhängigkeit für Juda zu erlangen.

Nabopolassar bestieg 626 v.Chr. den babylon. Thron und schlug im folgenden Jahr die Assyrer bei Sallat. Im Jahr 614 v.Chr. schlossen sich die Meder den Babyloniern an zum Angriff auf Assur, und 612 v.Chr. eroberten die Verbündeten Ninive. Danach unternahmen die Babylonier einen Feldzug nach Syrien, und 605 v.Chr. plünderte Kronprinz Nebukadnezar Karkemisch und überrannte ganz Syrien bis nach Ägypten; ins Bergland von Juda drang er jedoch nicht ein (2.Kön 24,7). Er nahm aber einige Juden, darunter auch Daniel, als Geiseln mit nach Babylon. 604 v.Chr. mußte ihm ganz Syro-Palästina Abgaben zahlen; Aschkelon weigerte sich und wurde zerstört (vgl. Jer 47,5ff). Im Laufe langwieriger Kämpfe zwischen Babylon und Ägypten wechselte *Jojakim von Juda die Seiten und unterwarf sich entgegen *Jeremias Rat den Ägyptern (2.Kön 24,1; Jer 27,9-11). Im Jahr 598 v.Chr. belagerte Nebukadnezar Jerusalem und nahm Jojachin am 16. März 597 gefangen (2.Kön 24,10ff). Jerusalem wurde 587 v.Chr. zerstört, und noch weitere Gefangene wurden nach Babylon gebracht. Jojachin wird in babylon. Lebensmittellisten aus der Zeit um 595-570 v.Chr. erwähnt.

Ein späterer König, Nabonid, unternahm Feldzüge nach Syrien und Nordarabien, während sein Sohn Belsazar Mitregent in Babylon war. Bei seiner Rückkehr 544 v.Chr. fand er das Land jedoch geschwächt und gespalten vor. Kyrus von Persien zog am 16. Oktober 539 v.Chr. in Babylon ein. Vorher hatten seine Truppen den Euphrat umgeleitet, um die Verteidigungsanlagen entlang dem Flußbett überwinden zu können. Seine Herrschaft in Babylon (539-530 v.Chr.) ermöglichte den Juden die Heimkehr (Esr 1,1ff). Unter Darius (522-486 v.Chr.) vollendeten sie den Wiederaufbau des Tempels in Jerusalem (Esr 6,15). Nach den Perserkönigen herrschte *Alexander der Große über Babylon (331-323 v.Chr.); später ging das Land in die Hände der Seleukiden (312-64 v.Chr.), Parther und Sassaniden über, bis es 641 n.Chr. von den Arabern erobert wurde.

3. *Religion und Kultur.* Hauptgötter waren der Himmelsgott Anu, dessen Tempel in Erech stand, der Weisheitsgott Ea, der den Menschen besonders gewogen war, und der Luftgott Enlil. Ischtar, die als Tochter des Mondgottes Sin galt, war Liebesgöttin und Kriegsheldin. Adad war der Sturmgott, Nergal herrschte über die Unterwelt und war Gott der Seuchen. Marduk (Merodach) wurde nach dem Emporkommen der Amoriter zum höchsten Gott Babylons. Ein Weltschöpfungsepos erzählt, wie Marduk die Ordnung im Universum wiederherstellte. Nabu (Nebo) war der Gott der Wissenschaft und der Schreibkunst, ihm waren Tempel in Ninive, Kalach und anderen Städten geweiht. Alle

Babylon. *Stier (Göttersymbol) aus glasierten Ziegelsteinen am Ischtar-Tor, das den Anfang der Prozessionsstraße in Babylon schmückte.*

Bereiche des geistlichen und materiellen Lebens unterstanden göttlichen Gesetzen, von denen mehr als 100 bekannt sind. Die Götter galten als unsterblich, aber nicht allmächtig. Die Mythen befaßten sich in erster Linie mit der Suche des Menschen nach Unsterblichkeit und mit seiner Beziehung zur Welt der Götter und Geister. Es gab verschiedene Klassen von Tempeldienern: Oberpriester, Priester, Liturgen, Vorsänger, Musiker und auch Tempeldirnen. Man praktizierte Geisterbeschwörung, und die Heilkunde war ebenso eng mit Religion verknüpft wie später bei den Chaldäern die Sterndeutung. Im täglichen Kultdienst wurden Speise- und Trankopfer dargeboten. Außerdem gab es besondere Festtage zu Ehren der Götter. Herausragend war das Neujahrsfest im Frühling, das in Babylon zwei Wochen dauerte. Es wurde u.a. mit Prozessionen und einer „heiligen Hochzeit" zwischen dem König und einer Priesterin als Vertreterin der Gottheit begangen. Zu den Familienfesten gehörten Geburts- und Hochzeitstage und die Einsetzung von Mädchen als Priesterinnen.

Die babylon. Literatur wies um 2800-2500 v.Chr. bereits einen hohen Entwicklungsstand auf und war bis um 100 n.Chr. für den gesamten Alten Orient richtungsweisend. Sie umfaßte etwa 50 Heldenepen und Mythen; Weisheitsliteratur, zu der auch der „Babylonische Hiob" gehört;

Gleichnisse, Volkssagen, Kurzgeschichten und Liebeslieder. Man fand auch Werke aus den Bereichen Medizin, Chemie, Geologie, Alchimie, Botanik, Zoologie, Mathematik und Recht. Vom 4. Jh. v.Chr. an waren auch Horoskope und Tierkreiszeichen bekannt.
*Akkad; *Archäologie, Altes Testament: Susa, Mari; *Chaldäa; *Sumer.

BACH. Kann sowohl einen dauernd wasserführenden Fluß als auch den Wasserlauf selbst oder ein ausgetrocknetes Flußbett bezeichnen.

BACH/STROM ÄGYPTENS. An einer Stelle ist mit dem „Strom Ägyptens" der Nil gemeint (1.Mo 15,18); anderswo bedeutet der Ausdruck entweder der „Sturzbach Ägyptens" oder der „Schihor". Der Schihor war eindeutig ein Teil des Nils (siehe Jes 23,3) und bezog sich auf die untersten Ausläufer des östlichsten Nilarms, die westl. von Pelusium ins Mittelmeer mündeten (vgl. Jos 13,3). Fraglich ist, ob mit Schihor dasselbe gemeint ist wie mit „Bach Ägyptens". Als „Bach Ägyptens" kommt am ehesten das Wadi el-'Arisch in Frage, das vom Sinai aus nach N zum Mittelmeer verläuft, 145 km östl. des Suezkanals und 80 km westl. von Gaza. Es wäre eine brauchbare Grenze (Jos 15,4), und der Schihor (Jos 13,3) wäre dann die äußerste Westgrenze israelit. Aktivitäten. Einige Gelehrte vertreten allerdings die Ansicht, daß „Bach" einfach ein anderer Name für den Schihor/Nil sei, was jedoch die unterschiedlichen hebr. Ausdrücke nicht berücksichtigt. Aus assyr. Aufzeichnungen geht außerdem hervor, daß Sargon II. von Assyrien 716 v.Chr. die „Stadt am Bach Ägyptens" erreichte. Manche sehen darin Pelusium an der Mündung des Schihor, aber die Beschreibung paßt besser auf die Siedlung 'Arisch am Wadi el-'Arisch.

BAD, BADEN. In der Hitze und im Staub des Orients war regelmäßiges Waschen sowohl aus hygienischen Gründen als auch zur Erfrischung unerläßlich (vgl. 2.Mo 2,5). Herodot zufolge badeten ägypt. Priester viermal am Tag. Es gibt keine Hinweise auf öffentliche Bäder in Palästina vor der Zeit des NT. Die körperliche Sauberkeit war eng mit religiösen Bräuchen verbunden, deshalb werden rituelle Waschungen oft erwähnt. *Taufe.

BAHURIM. Heute Ras et-Tmim östl. des Berges Skopus bei Jerusalem. Hier wurde David von Schimi verflucht (2.Sam 16,5).

BALAK. Moabiterkönig, der *Bileam zur Verfluchung Israels rufen ließ (4.Mo 22-24).

BALSAM. *Kräuter und Gewürze.

BAMOT, BAMOT-BAAL (Höhen). Eine Station auf Israels Zug nach Palästina (4.Mo 21,19f) in der Nähe des Arnon, später zum Gebiet des Stammes *Ruben gehörig.

BANN. Im AT bedeutet „bannen": etwas Gott zur Verfügung stellen, indem es dem normalen Gebrauch entzogen oder zerstört wird. Gegenstände wurden dem Heiligtum „geweiht" (4.Mo 18,14). Aber Götzendiener und deren Ortschaften sollten vernichtet werden (z.B. Jos 6,17ff). Nach der Königszeit wurde die Ausführung offenbar vernachlässigt.

Zur Zeit Jesu war Ausschluß aus der *Synagoge möglich (vgl. Joh 9,22), und auch Paulus muß mit solchem Verfahren gerechnet haben (vgl. Apg 28,17ff). Wegen eines besonders schweren Falls von Unzucht wurde ein Gemeindeglied in Korinth ausgeschlossen (1.Kor 5,1-5).
*Anathema; *Fluch.

BANNER, FELDZEICHEN, STANDARTE. Eine Flagge, die als Orientierungspunkt diente, z.B. für die Stämme Israels in der Wüste (4.Mo 2,2f).

BÄR. Der letzte Braunb. Palästinas wurde nach dem 1. Weltkrieg getötet. Er kommt sprichwörtlich in 2.Sam 17,8 und Am 5,19 vor und war wegen seiner Stärke und Unberechenbarkeit gefürchteter als der Löwe. Im Winter, wenn wilde Früchte rar waren, griffen B. auch Herdentiere an.

BARABBAS. Ein Freiheitskämpfer, der wegen Mordes in Haft war und von *Pilatus anstelle von Jesus freigelassen wurde (Mk 15,7; Joh 18,40). Der Brauch, einen Gefangenen zum *Passafest freizulassen, wird mit einem jüd. Text in Verbindung gebracht, nach dem ein Lamm geopfert werden durfte „für einen, dem man versprochen hat, ihn aus dem Gefängnis herauszulassen".

BARAK (Blitz). Ein Jude aus dem Stamm Naftali. Die Richterin *Debora rief ihn, um Israel zum Sieg über die *Kanaanäer unter Sisera zu führen (Ri 4-5). In Hebr 11,32 wird er in der Liste jener Vorfahren verzeichnet, deren Glaube beispielhaft war.

BARBAREN. Als B. bezeichneten die Griechen ursprünglich alle Nichtgriechen, deren Sprache ihnen unverständlich vorkam. Daraus entwickelte sich der verächtliche Gebrauch mit der Bedeutung „roh, ungebildet". *Paulus legte Wert darauf, daß Griechen und B. zur Gemeinde Christi gehören können (Kol 3,11; Röm 1,14).

BARJESUS (Sohn Josuas). Ein jüd. Zauberer und falscher Prophet aus Salamis (Zypern), auch Elymas genannt. Er versuchte, den Statthalter Sergius vom Einfluß des Apostels *Paulus fernzuhalten (Apg 13,6ff), und wurde dafür mit Blindheit gestraft.

BARMHERZIGKEIT, BARMHERZIG. Verschiedene hebr. und griech. Begriffe werden im Deutschen mit B. wiedergegeben. Das im AT viel verwendete Wort *chäsäd* wird mit Gnade oder B. übersetzt. Gott erweist seinem Volk B. und Gnade (Jes 63,7). B. ist eine Eigenschaft Gottes (2.Mo 34,6). Er ist der Vater der B. (2.Kor 1,3). Christen, die Gottes B. erfahren haben, stellen ihr Leben Gott ganz zur Verfügung (Röm 12,1). Sie können und sollen barmherzig sein, wie Gott barmherzig ist (Lk 6,36).

BARNABAS. Beiname des Josef, eines Mannes aus dem Stamm Levi. B. wird von Lukas mit „Sohn des Trostes" übersetzt (Apg 4,36). Er entstammte einer jüd. Familie aus Zypern und war ein Vetter von Johannes Markus (Kol 4,10). Er verkaufte

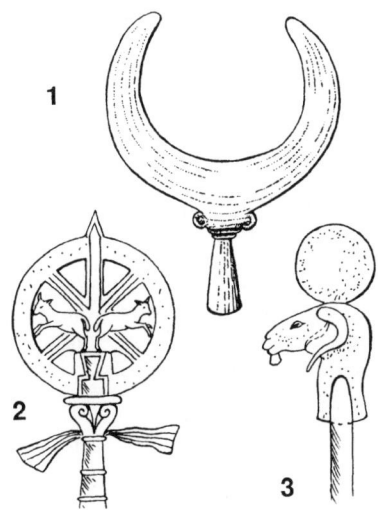

Banner, Feldzeichen, Standarte.
Darstellung verschiedener Feldzeichen: (1) Eine bronzene Mondsichel (Ende des 8. Jh. v. Chr.); (2) assyrisches Feldzeichen; (3) ägyptisches Feldzeichen.

seinen Besitz und stellte das Geld der Jerusalemer Gemeinde zur Verfügung (Apg 4,36ff). B. wurde als *Apostel angesehen (Apg 14,4.14; 1.Kor 9,5f). Aufgrund seiner Liebe und der Wertschätzung durch andere hatte er großen Einfluß. Er überzeugte die Apostel in Jerusalem von der Echtheit der Bekehrung des *Paulus (Apg 9,27) und vertrat sie in *Antiochia, wo die große Anzahl bekehrter Heiden zu Meinungsverschiedenheiten führte. B. erkannte die neue Gemeindesituation als von Gott geschenkt (Apg 11,19ff), verhielt sich aber nicht immer entsprechend (Gal 2,13). Zusammen mit Paulus wird er von der Gemeinde in Antiochia zum Missionsdienst berufen und unter Handauflegung ausgesandt (Apg 13,2ff). Auch für die Ergebnisse der Apostelversammlung in Jerusalem ist sein Beitrag wesentlich (Apg 15,1ff). Als er später unbedingt *Markus, der die beiden aus uns unbekannten Gründen während der ersten Missionsreise verließ, auf die zweite Missionsreise mitnehmen wollte, war Paulus dagegen (Apg 15,36ff). Daraufhin trennten sich B. und Paulus. B. war noch am Leben, als Paulus den 1. Korintherbrief schrieb (1.Kor 3,6).

BARSILLAI (Mann aus Eisen). **1.** Ein Gefolgsmann *Davids (2.Sam 17,27). **2.** Vater des Adriël und Schwiegervater der Tochter Sauls (2.Sam 21,8).

BART. Die Israeliten und ihre Nachbarn trugen meist runde Vollbärte, die als Zeichen der Männlichkeit galten. Rasieren oder Verhüllen des B.es galt als Zeichen der Trauer (Jes 15,2). *Haare.

BARTHOLOMÄUS. Einer der zwölf Apostel (Mt 10,3), wird im NT sonst nur noch einmal erwähnt (Apg 1,13). Da er aber mehrfach neben Philippus genannt wird, wurde vermutet, er sei mit Nathanael identisch (Joh 1,45ff; vgl. 21,2).

BARTIMÄUS. Ein blinder Bettler aus Jericho, der von Jesus geheilt wurde (Mk 10,46ff). Die Begebenheit ist aus zwei Gründen bemerkenswert: wegen der Beharrlichkeit, mit der er seine Bitte um Heilung vortrug, und weil er Jesus mit dem *Messiastitel „Sohn Davids" ansprach.

BARUCH (gesegnet). Gehilfe *Jeremias, der dessen Prophezeiungen niederschrieb und sie dem Volk vorlas (Jer 36,4ff). Beide wurden nach Ägypten verschleppt (Jer 43,1ff), wo sie einer Überlieferung zufolge starben. Der jüd. Geschichtsschreiber Josephus hingegen behauptet, daß sie später nach Babylon gebracht wurden. B. werden verschiedene *apokryphe Schriften zugeschrieben; nach jüd. Überlieferung soll er *Esras Lehrer gewesen sein.

BASCHA. Der Begründer der zweiten kurzlebigen Dynastie des Nordreiches Israel (ca. 900-880 v.Chr.) Er brachte die gesamte Familie Jerobeams um und leistete dem *Götzendienst Vorschub (1.Kön 16,1ff).

BASCHAN. Ein Gebiet östl. des Jordan und nördl. von Gilead, das für seine Fruchtbarkeit berühmt war (Jes 2,13; Hes 39,18). Als die Israeliten Palästina eroberten, wurde es von *Og regiert. Nach dessen Niederlage (5.Mo 3,1ff) wurde das Land Siedlungsgebiet des Stammes Manasse. Nach der Eroberung durch *Tiglat-Pileser III. (2.Kön 15,29) gehörte es nacheinander zum assyr., babylon. und pers. Reich.

BASEMAT (wahrscheinlich: duftend). **1.** Tochter des *Ismael und eine der Frauen des *Esau (1.Mo 36,3). **2.** Tochter Salomos (1.Kön 4,15) und Frau des Ahimaaz, eines hohen Beamten ihres Vaters.

BATSEBA. Eine Frau, mit der *David Ehebruch beging, während ihr Mann *Uria als Soldat im israelit. Heer die Hauptstadt der Ammoniter, Rabba, belagerte. David ließ Uria ermorden und nahm Batseba in den königlichen Harem auf. Dieses Verhalten wurde vom Propheten *Nathan streng getadelt (2.Sam 11-12). B. erster Sohn starb, wie von Nathan angekündigt. Ihr Sohn *Salomo wurde Thronnachfolger Davids.

BÄUME. Bäume und Gehölze werden oft in der Bibel erwähnt. Palästina war nie dicht bewaldet, obwohl es Wald gab, auch in Gebieten, in denen heute keine Bäume mehr wachsen. Holz war ein wichtiges Ausgangsmaterial für Gebäude, Schiffe, landwirtschaftliche Geräte sowie für Einrichtungs- und Haushaltsgegenstände. Es ist nicht in jedem Fall möglich, die in der Bibel aufgeführten Bäume genau zu identifizieren. Außerdem gehen bei manchen Baumbezeichnungen, die in der Bibel vorkommen, die Meinungen der Übersetzer auseinander. Nachstehend werden die wichtigsten Arten alphabetisch aufgelistet.

Akazie kommt in trockenen Wadis im Sinai und im Jordantal vor. Diese dornigen Bäume gehörten zu den wenigen im Sinai, die Holz entsprechender Größe für die Stiftshütte liefern konnten (2.Mo 25,5.10.23).

Apfelbäume wachsen heute in manchen Teilen Palästinas (z.B. Hld 2,3).

Ebenholz aus Afrika wurde in Ägypten in großem Umfang für die Herstellung von Möbeln verwendet (vgl. Hes 27,15).

Die *Eiche* in Jes 44,14 bezeichnet vermutlich eine einheimische Eichenart. Die

Steineiche wächst nicht in Palästina, aber es gibt drei andere Eichenarten. Der Baum ist ein beliebter Schattenspender, sein hartes Holz wird jedoch selten erwähnt (vgl. Hes 27,6, dort wird Baschan erwähnt, wo heute sehr viele Taboreichen wachsen). Von Insekten, die auf einer bestimmten Eichenart (Quercus coccifera) vorkommen, wurde scharlach- und karmesinroter Farbstoff gewonnen.

Der *Granatapfelbaum* ist ein kleiner Baum oder Busch mit weit ausladenden Ästen, leuchtend roten Blüten und apfelförmigen Früchten. Der Saft dieser Früchte ergibt ein erfrischendes Getränk, und Granatapfelornamente waren ein beliebter Schmuck (2.Mo 28,33; 1.Kön 7,20).

Das *Mandelbäumchen* bringt in Palästina bereits im Januar seine weißen, mit Rosa durchzogenen Blüten hervor. Seine Schönheit wurde in Ornamenten nachgeahmt (2.Mo 25,33f), und seine Nüsse lieferten Nahrung und Öl.

Der *Maulbeerbaum* aus Lk 17,6, auch schwarze Maulbeere genannt, trägt blutrote eßbare Früchte.

Palme bezieht sich auf die Dattelpalme, die einen langen, unverzweigten Stamm hat, auf dessen Krone ein Blätterbusch sitzt. Im Jordantal wachsen sie in Hainen, aber in bibl. Zeit schienen sie einzeln zu stehen (vgl. Ri 4,5). Die Palme war ein Symbol für Anmut und Aufrichtigkeit (Ps 92,13), und auch der Frauenname Tamar (z.B. 2.Sam 13,1) wurde davon abgeleitet.

Die *Platane* wächst in felsigen Flußbetten (Hes 31,8).

Sandelholz (2.Chro 9,10f) war vermutlich ein in Zilizien wachsendes Nadelgehölz, vielleicht Wacholder oder Zypresse. Um rotes Sandelholz handelt es sich vielleicht in 1.Kön 10,11f, was aber nicht sicher ist.

Die *Sykomore* ist der kräftige, weit ausladende Maulbeerfeigenbaum. Das wertvolle Holz wurde in Ägypten zu Mumien-Särgen und anderen Gegenständen verarbeitet. Die Früchte sind eßbar, und die Bäume werden angebaut (Am 7,14). Auf einen solchen Baum kletterte Zachäus (Lk 19,4).

Die *Tamariske* ist ein Baum mit weichem Holz, der in öden Wadis wächst (z.B. 1.Sam 22,6).

Die *Terebinthe,* ein terpentinhaltiger Baum (Jes 6,13), kommt in ihrer kleineren Form sehr häufig im Hügelland vor; die größere atlantische Terebinthe wächst in heißer und trockener Umgebung und ähnelt der Eiche.

Weiden sind in großer Zahl an Flüssen zu finden, die nicht austrocknen; sie bilden oft ein Dickicht (Jes 44,4). Bei den Weiden von Babylon (Ps 137,2) nimmt man an, daß es sich um Pappeln gehandelt hat.

Weiß-Pappeln wurden von Jakob verwendet (1.Mo 30,37); sie wachsen in der Nähe von Wasserläufen.

Zedern wuchsen in großen Beständen auf dem Libanon, wo sie heute als geschützter Baum nur noch vereinzelt vorkommen. Das Holz der Zeder war als Bauholz hochgeschätzt und wurde z.B. beim Bau des Tempels (1.Kön 5,20ff) eingesetzt. Ihre überragende Größe wurde zu einem Symbol für Erhabenheit (Ps 92,13).

Die *Zypresse* (Jes 41,19) zeichnet sich durch ihr dichtes Nadelwerk aus und liefert ausgezeichnetes Bauholz. Der Name könnte auch andere Koniferen einschließen.

BECHER/KELCH. Ein schalenförmiges Trinkgefäß, weiter und flacher als unsere Kaffeetassen, gewöhnlich aus Ton, gelegentlich auch aus Metall (2.Sam 12,3). Auch ein Behälter zum Auffangen des Passaopferbluts (2.Mo 12,22; LÜ: Becken) oder eine große Weinschale (LÜ: Taumelbecher; Sach 12,2). In ntl. Zeit hatten die Reichen Kelche aus Glas und Metall, während allgemein Tongefäße üblich waren. Im übertragenen Sinn steht der Becher oder Kelch für Segnungen oder Leid (Ps 16,5 z.B. in Rev EB; 116,13; Mt 26,39).

BEDOLACH (HARZ, BEDELLIUM, BEDELLION). Ein duftendes, durchsichtiges gelbliches Gummiharz, das von einem Baum ausgeschieden wird und als Parfüm geschätzt war (1.Mo 2,12; 4.Mo 11,7). Gehärtet sah es wie ein nach ihm benannter Edelstein aus.

BEELZEBUB, BEELZEBUL. *Baal-Sebub.

BEER LAHAI ROI (LÜ: Brunnen des Lebendigen, der mich sieht). Ein Ort, an dem Gott *Hagar erschien (1.Mo 16,7ff). Isaak begegnete hier *Rebekka und lebte auch nach dem Tode *Abrahams hier (1.Mo 24,62; 25,11).

BEER (Brunnen oder Zisterne). **1.** Ort, an dem die Israeliten während ihrer Wüstenwanderung Wasser erhielten (4.Mo 21,16). **2.** Ort, in den Jotam flüchtete (Ri 9,21). In beiden Fällen ist die Ortslage unbekannt.

BEERSCHEBA (Brunnen der sieben [Lämmer]). Name eines wichtigen Brunnens, der dazugehörigen Stadt und des angrenzenden Gebietes. Das heutige B. liegt ca. 75 km südwestl. von Jerusalem, etwa auf halber Strecke zwischen dem Mittelmeer und der Südspitze des Toten Meeres. In diesem Gebiet gibt es mehrere Brunnen, von denen der größte einen Durchmesser von 3,75 m aufweist. Bei seinem Bau mußten 5 m hartes Felsgestein durchbrochen werden. *Abraham hielt sich hier längere Zeit auf (1.Mo 22,19); vermutlich gab es in der Umgebung keine Stadtbevölkerung, weil nicht ganzjährig Weideland zur Verfügung stand, was Niederlassungen begünstigt hätte. *Isaak lebte ebenfalls hier (1.Mo 28,10), und *Jakob brachte an dieser Stelle Opfer dar (1.Mo 46,1). B. war die südlichste Siedlung Israels in der Richterzeit (Ri 20,1).

BEGIERDE. Im AT ist B. ein gesteigertes Wünschen, das den ganzen Menschen in seinen Bann zieht. B. kann daher leicht zur Habsucht werden, aus der Neid und Eifersucht entstehen. Wo sündhafter B. nicht Einhalt geboten wurde (vgl. 2.Mo 20,17), war das ganze Gemeinwesen gefährdet (Jer 6,13ff). Im NT wird sündige Begierde beschrieben als Geldgier (1.Tim 6,9), unerlaubtes geschlechtliches Verlangen (Mt 5,28) und allgemein als „Willen des Fleisches und der Sinne" (Eph 2,3), der zum verzehrenden Feuer werden kann (Kol 3,5f). Die B. gebiert die Sünde (Jak 1,15; vgl. Eph 4,22).

BEGRÄBNIS UND TRAUER. *Altes Testament:* In der Erzväterzeit wurden mehrere Generationen in jeweils denselben Höhlen (Felsengrab) bestattet: Sara, Abraham, Isaak, Rebekka, Lea und Jakob wurden alle in derselben Höhle in Machpela begraben. Die Trauerzeremonie dauerte in der Regel sieben Tage. Dazu gehörte, daß man weinte, seine Kleidung zerriß und ein Sackgewand anlegte (1.Mo 37,34f). Die Einbalsamierung Jakobs und Josefs und die Verwendung von Särgen waren dagegen ägypt. Bräuche (1.Mo 50,2f; 26). Das mosaische Gesetz schrieb selbst für hingerichtete Verbrecher alsbaldige Bestattung vor (5.Mo 21,22f). Es erlaubte das Weinen und Zerreißen von

Beerscheba. *Luftaufnahme des Tell Beerscheba, die eine israelitische Siedlung aus der Eisenzeit (ca. 950-750 v.Chr.) zeigt.*

Kleidern, verbot jedoch die heidnischen Bräuche, sich ins Fleisch zu schneiden oder den Bart zu stutzen. Typische Trauersitten sind in 2.Sam 1,11f beschrieben; gelegentlich wird auch von eigentlich verbotenen Praktiken berichtet (z.B. ist in Jes 22,12 vom Abscheren der Haare die Rede).

Auch nach der Landnahme in Palästina begruben die Israeliten ihre Toten nach Möglichkeit in Familiengräbern. Die Grabstätten lagen meist außerhalb der Stadt; in der Nähe von Jerusalem gab es ein Stück Land für „die Gräber des einfachen Volks" (2.Kön 23,6). Die Könige Israels wurden auf einem besonderen Grundstück beim „Garten des Königs" in der Nähe des Siloahteichs bestattet (vgl. Neh 3,15f). Dem jüd. Geschichtsschreiber Josephus zufolge wurde die Anlage im 2. Jh. v.Chr. von Johannes Hyrkanus und später von Herodes geplündert. An Davids Grab erinnerte man sich noch in ntl. Zeit (Apg 2,29). Es lag aller Wahrscheinlichkeit nach auf dem südl. Felsvorsprung zwischen dem Tyropoion- und dem Kidrontal, oberhalb der Gärten und des Teichs von Siloah; die hier in den Fels getriebenen langen, waagerechten Schächte dürften die Grabstätten der davidischen Könige gewesen sein.

Die Gräber von Verbrechern oder Feinden wurden manchmal mit einem Steinhaufen gekennzeichnet (Jos 7,26); die Hebräer verbrannten normalerweise keine Leichen. Töpferwaren und andere Gegenstände als Grabbeigabe waren für die Israeliten reine Formsache, im Gegensatz zu den umfangreichen Vorkehrungen, die die Kanaanäer für ihre Toten trafen.

Neues Testament. Tabitas Leichnam wurde gewaschen und in einem Obergemach aufgebahrt (Apg 9,37). Bei Lazarus und Jesus wurden die Arme und Beine mit parfümierten Leintüchern gebunden; um den Kopf schlang man einen Leinenschal (Joh 11,44; 20,6f). Der Leichnam war vermutlich bekleidet; das „Leinentuch" (Mk 15,46) mag eine Art Totenhemd gewesen sein.

Das 14. Jh. in Frankreich vorgestellte Grabtuch von Turin erregte auch in unserer Zeit wiederholt Aufsehen, weil es sich angeblich um das Grabtuch Jesu handeln soll.

Begräbnis. *Das sog. „Gartengrab", wahrscheinlich aus byzantinischer Zeit, gibt einen guten Eindruck davon, wie das Grab Jesu ausgesehen haben könnte.*

Es ist ein 3 x 1 m großes Leinenlaken, auf dem sich ein menschlicher Körper abzeichnet. Das NT und andere frühe Quellen sagen nichts über den Gebrauch dieser Tücherart im 1. Jh., und die Forschungsergebnisse verweisen auf einen mittelalterlichen Ursprung.

Die Trauersitten umfaßten Weinen und Wehklagen (Mk 5,38), in das eine große Menschenmenge und bestellte Musiker einstimmten (Mt 9,23); manche schlugen sich aus Kummer an die Brust (Lk 23,48). Viele rabbinische Texte forderten, daß die Bestattung noch am Todestag vorgenommen wurde (vgl. Joh 19,31). Als Jesus in Nain auf einen Trauerzug traf, wurde der Leichnam auf einer Bahre getragen (Lk 7,12ff). König Herodes wurde im Jahr 4 v.Chr. auf einem goldenen, mit Edelsteinen besetzten Ruhebett aufgebahrt, und sein Sohn Archelaus veranstaltete ein üppiges Festmahl.

Alte in Fels gehauene Grabanlagen aus der Zeit um 40 v.Chr.-135 n.Chr. umgaben die Stadtmauer von Jerusalem an drei Seiten; die mächtigste gehörte Königin Helena von Adiabene. Die Gräber der Ärmeren hatten eine oder mehrere Kammern und einen niedrigen, viereckigen Eingang; die Toten wurden auf Bänke gelegt. Der Stein zum Verschließen des Grabes war entweder ein roher Felsblock, oder er paßte genau in den Eingang. Wie wir aus den Evangelien wissen, wurde Jesus in solch ein Grab gelegt. In gut erhaltenen Grabanlagen fand man Ossuarien – kleine Kästen aus Kalkstein, in denen die Gebeine gesammelt und nochmals bestattet wurden. Die Grabeskirche in Jerusalem oder ihre nähere Umgebung kommt als Begräbnisort Jesu in Frage; es gibt dort tatsächlich Gräber aus dem 1. Jh. n.Chr. Das „Gartengrab", eine ansprechende Gartenanlage mit einem einfachen Felsengrab, wurde erst im 19. Jh. als mögliche Grabstätte Jesu ins Gespräch gebracht. Es stammt nicht aus ntl. Zeit, sondern wahrscheinlich aus dem 2. Jh., kann dem Besucher aber einen Eindruck von der Beschaffenheit früherer Gräber vermitteln.

BEHEMOT. Wird in mehreren Bibelübersetzungen als hebr. Mehrzahl eines allgemeinen Wortes mit der Bedeutung „Tier" gebraucht. Ist in Hiob 40,15 das Nilpferd gemeint? Es war bis zum 12. Jh. n.Chr. im unteren Nil und bis nach der Zeit *Josefs am Orontes in Syrien bekannt. Es lebt im Wasser, kam aber auf der Suche nach Nahrung auch an Land (Hiob 40,20). Vielleicht wird auch ein anderes uns nicht mehr bekanntes Riesentier damit bezeichnet.

BEKEHRUNG. Die Umkehr oder Rückkehr zu Gott ist die erneute, aus tiefstem Herzen vollzogene Hinwendung zu Gott nach einer Zeit des Abfalls (z.B. 5.Mo 30,2.10). Die Umkehr des ganzen Volkes wurde oft durch einen „Bund" mit Gott besiegelt. Damit verpflichtete sich das Volk zu erneuter Hingabe und zum ganzen Gehorsam gegenüber seinen Geboten (Jos 24,25; 2.Chro 34,31). B. ist mehr als äußerliche Reue und Besserung des Lebenswandels; sie beinhaltet die aufrichtige Suche nach Gott und eine wirkliche Veränderung des Herzens (z.B. 5.Mo 4,29f). An einigen Stellen ist von der B. einzelner Personen die Rede (z.B. 2.Kön 23,25; vgl. Ps 51,13).

Jesus begann sein öffentliches Wirken mit dem Aufruf zur Umkehr (Mk 1,15). Im NT wird der Begriff fast immer für jene entscheidende Hinwendung zu Gott gebraucht, durch die ein Mensch Zugang zum Reich Gottes und Vergebung seiner Sünden erhält (Mt 18,3; Apg 3,19). B. beinhaltet *Buße (eine Änderung von Herz und Sinn zu Gott hin; Offb 2,5) und Glauben (Vertrauen auf Gottes Wort und auf Jesus Christus). Das NT berichtet von mehreren B. Einige sind mit außergewöhnlichen Erfahrungen verbunden (z.B. Apg 9,5ff), andere verlaufen von Dritten unbemerkt (z.B. Apg 16,14). Die ntl. Verfasser deuten das nicht psychologisch. Für sie ist B. keine gefühlsmäßige Erfahrung, sondern die Hingabe an Christus, an die Gemeinschaft mit ihm als Herrn und Retter, der von der Strafe und Knechtschaft der Sünde und des Todes befreit. Sie wird durch das Wirken Gottes an Menschen ermöglicht, vom Menschen aber freiwillig vollzogen (z.B. Phil 2,12f; vgl. Jer 31,18f).

*Wiedergeburt.

BEKENNTNIS. Das Wort hat sowohl im AT als auch im NT zwei Bedeutungen. Es steht einerseits für die öffentliche Erklärung einer persönlichen Beziehung zu Gott, andererseits für das Eingeständnis von Schuld und Sünde als äußeres Zeichen der Buße und des Glaubens.

Altes Testament. Es kommt häufig als Lobpreis der Machttaten Gottes vor und ist oft mit einem Sündenbekenntnis verbunden (z.B. Ps 32; 116). Es wird den Gläubigen zur erneuten Hingabe an Gott führen. Neben dem persönl. Bekenntnis ist auch das Bekenntnis der ganzen Gemeinde bekannt, wie z.B. am Versöhnungstag (3.Mo 16,21).

Neues Testament. Sich zu Jesus bekennen heißt, ihn als *Messias (Mt 16,16), Sohn Gottes (Joh 1,34) und Herrn (Phil 2,11) anzuerkennen. Damit verbunden ist das Sündenbekenntnis und der Wunsch nach Vergebung (1.Joh 1,5ff). Das Bekenntnis zu Jesus als dem Christus soll öffentlich erfolgen (Lk 12,8; Röm 10,9). Ein Verschweigen hat Konsequenzen (Mt 10,32ff). Mit dem Sündenbekenntnis wendet sich der Glaubende an Gott, er kann es aber auch öffentlich vor der Gemeinde (vor einer Person oder mehreren) ablegen (Apg 19,18; Jak 5,16f). Wahre Buße kann bedeuten, einem Mitchristen gegenüber seine Schuld einzugestehen (Mt 5,23f). Es wird nicht gefordert, Sünde vor einem Geistlichen zu beichten. Wer seine Schuld bekennt, darf mit Gottes Vergebung rechnen (1.Joh 1,9f).

Das NT enthält kein Glaubensbekenntnis für den gottesdienstlichen Gebrauch, das alle wesentlichen Inhalte des christl. Glaubens zusammenfaßt. Die Begriffe „weitergeben" und „empfangen" in 1.Kor 15,3 sind Fachausdrücke für die Übermittlung einer verbindlichen Lehre und weisen darauf hin, daß seit den Tagen der urchristl. Gemeinde auf ein eindeutiges B. Wert gelegt wurde.

BEL UND DER DRACHE. Siehe *Apokryphen.

BEL. Bezeichnung der höchsten babylon. Gottheit Marduk. Er war ursprünglich neben Anu und Enki einer der drei sumer. Hauptgötter. Nach den *apokryphen Anhängen zum Buch Daniel erhielten Daniel und seine Freunde den Befehl, B. anzubeten (St zu Dan 3ff).

BELIAL. Gelegentliche Bezeichnung für Satan (LÜ: Beliar; z.B. 2.Kor 6,15). Die Abstammung des Wortes ist ungewiß; vielleicht bedeutet es „wertlos" oder „der Verschlinger".

BELOHNUNG. Die Art und Weise, wie Gott den Menschen vergilt, indem er sie segnet oder bestraft, wird als ein Ausdruck seiner *Gerechtigkeit betrachtet (5.Mo 7,10; Ps 58,12). Es wurde erwartet, daß Gehorsam zeitlichen Lohn einbringt (5.Mo 28). Die falschen Schlußfolgerungen, daß Gerechtigkeit automatisch belohnt werde und Leiden ein sicheres Zeichen für Sünde sei, werden jedoch abgelehnt (Hiob; Ps 37; 73).

Wenn Jesus seinen Jünger um des Evangeliums willen (Mk 10,29f) B. verspricht, warnt er auch davor, Lohn und Anerkennung von den Menschen zu suchen (Mt 6,1). Der treue Nachfolger Jesu wird nicht ohne zusätzliche B. ausgehen (1.Kor 3,14; Hebr 10,35; Mt 25,21).

BELSAZAR (Bel hat sein Königtum geschützt). Babylon. Herrscher, der getötet wurde, als die Perser 539 v.Chr. die Stadt einnahmen (Dan 5). B. war der Sohn Nabonids und vielleicht Enkel Nebukadnezars II. Als Nabonid in Arabien kämpfte, war B. zehn Jahre lang Mitregent. Daniel (7,1; 8,1) datiert die Ereignisse möglicherweise nach der Mitregentschaft, während zeitgenössische Texte sich weiterhin auf Nabonids Regierungszeit bezogen.

BELTSCHAZAR (Die Herrin [Gemahlin des Gottes Bel] schütze den König). Name Daniels am babylon. Hof (Dan 1,7). Wahrscheinlich versuchte man, durch babylon. Erziehung und Namensänderung die Erinnerung an die hebr. Vergangenheit Daniels zu zerstören.

BEN-AMMI (Sohn meiner Verwandtschaft). Sohn Lots aus der blutschänderischen Verbindung mit seiner jüngeren Tochter. Von ihm stammten die Ammoniter ab (1.Mo 19,38).

BEN-HADAD. Name von drei Herrschern des Aramäerreichs von Damaskus: **1.** Ben-Hadad I. regierte ca. 900-860 v.Chr. König Asa von Juda erbat seine Hilfe gegen König Bascha von Israel (1.Kön 15,18ff). **2.** Ben-Hadad II. regierte wahrscheinlich ca. 860-843 v.Chr. und war ein Gegner König Ahabs von Israel (1.Kön 20). **3.** Ben-Hadad III. regierte ca. 796-770 v.Chr. und setzte die Unterdrückung Israels fort; er wurde jedoch von *Joasch geschlagen (2.Kön 13,14ff.25).
*Aram, *Damaskus.

BENAJA (Jahwe hat aufgebaut). Name verschiedener Personen im AT, z.B. der Befehlshaber von *Davids ausländischer Leibwache (2.Sam 8,18). Unter den 30 Helden Davids waren zwei namens B. (2.Sam 23,20-30).

BENE-BERAK. Stadt im Gebiet des Stammes Dan (Jos 19,45), heute el-Kheiriyeh 6 km östl. von Jaffa.

BENE-JAAKAN. Lagerplatz der Israeliten westl. des Wadi Araba (4.Mo 33,31f).

BENEDICTUS. Bezeichnung für den Lobgesang des Zacharias (Lk 1,68-79). Es handelt sich dabei um das Anfangswort der latein. Übersetzung (B.: gepriesen). Er greift frühere Weissagungen, vor allem aus den Psalmen und dem Buch Jesaja, auf und deutet sie in der Vollmacht des *Heiligen Geistes auf den kommenden Erlöser, der Israel befreien wird. *Johannes wird der Wegbereiter dieses Herrn sein.

BENJAMIN (Sohn der rechten Hand, d.h. „Glückskind"). **1.** *Person:* Jüngster Sohn *Jakobs. Seine Mutter Rahel, die bei der Geburt starb, nannte ihn auch „Sohn meines Kummers" (1.Mo 35,18). Nach dem Verschwinden *Josefs wurde er Jakobs Lieblingssohn. **2.** *Stamm:* Die Nachkommen Benjamins. Der Name kommt auch in Texten aus dem 18. Jh. v.Chr. vor, die man in Mari (Syrien) fand, aber es ist nicht sicher, ob es sich um denselben Stamm handelt. Die Benjaminiter bewohnten einen Landstrich zwischen dem Gebirge Ephraim und dem judäischen Bergland. Der Stamm war berühmt für seinen Mut und sein kriegerisches Geschick, vor allem für seine linkshändigen Schleuderschützen (Ri 20,15f). B. hielt *Saul weitgehend die Treue, aber als Jerusalem Hauptstadt wurde, rückte B. näher an *Juda heran. Seit dem Wiederaufbau Jerusalems unter Nehemia wird zwischen den beiden Stämmen nur noch in den Geschlechtsregistern unterschieden.

BERACHA (Segen). **1.** *Person:* Ein Krieger, der sich David anschloß (1.Chro 12,1ff). **2.** *Ort:* Ein Tal zwischen Jerusalem und Hebron westl. von Tekoa (2.Chro 20,26).

BERENIKE. Die älteste Tochter von *Herodes Agrippa I., geboren 28 n.Chr. Sie heiratete ihren Onkel Herodes von Chalkis. Als er starb, lebte sie mit ihrem Bruder Herodes Agrippa II. zusammen (Apg 25,13), bevor sie die Mätresse des späteren Kaisers Titus wurde.

BERG, GEBIRGE. Das Rückgrat *Palästinas wird von den abgerundeten Hügeln gebildet, die aus den harten faltigen Bögen des Kenemonischen Kalksteins gebildet sind, im Gegensatz zu dem stark gegliederten weicheren Senonischem Kalkstein, der das judäische Hochland flankiert. Im AT wird das hebr. Wort für Berg (welches sowohl eine Gebirgskette als auch ein einzelner Gipfel bedeuten kann) nahezu austauschbar mit Hügel gebraucht. Das trifft auch auf das NT zu (in Lk 9,37 bedeutet das Wort Berg eigentlich Hügel). Nicht immer ist es möglich, die Berge zu identifizieren, wie z.B. in Lk 4,5; Mt 5,1. Berge haben eine beachtliche Bedeutung in der Bibel, auch abgesehen von den Ereignissen, die sich darauf abspielten. Sie symbolisieren die ewige Kontinuität (5.Mo 33,13), die Macht des Schöpfers (Ps 65,7) und seine Majestät (Ps 68,16). Aber ebenso versinnbildlichen sie die Schwierigkeiten des Lebens (Jer 13,16; Mt 21,21), die nur durch Gebet und Glauben überwunden werden können (Mt 17,20). *Höhe.

BERGBAU UND METALLE. *Gold* ist das erste Metall, das in der Bibel erwähnt wird (1.Mo 2,11); nachher kommt es neben Silber vor. Oft wurden beide Metalle gemischt. Gold gab es besonders reichlich im Schwemmland von Ägyptens östl. Wüste, aber es kam auch in Arabien, Persien und Westkleinasien vor. Bereits sehr früh wurde es für Ornamente verwendet. Wichtige Ausstattungsgegenstände in der Stiftshütte (2.Mo 25) und im Tempel (1.Kön 6) waren aus Gold.

Silber gab es zu bibl. Zeiten reichlich, und es wurde gewöhnlich aus Bleisulfid gewonnen (vgl. Jer 6,29f, wo der Läuterungsprozeß symbolisch gebraucht wird). Es kam auch in Kleinasien, Südgriechenland, Persien, Armenien und in der Ostwüste Ägyptens vor. Gold- und Silberschmiede benutzten Blasrohre zur Belüftung kleiner Öfen und gossen ihre Erzeugnisse in Steatit- oder Tonformen.

Kupfer wurde in Palästina seit etwa 3200 v.Chr. geschmolzen und gegossen. Es wurde zunächst mehr oder weniger rein verwendet, aber seit ca. 2000 v.Chr. wurde es mit Zinn legiert als *Bronze* verwendet. Einige Exemplare aus *Messing* (Kupfer und Zink) sind bekannt, wurden aber wahrscheinlich eher zufällig gefertigt, bis die Römer um 20 v.Chr. begannen, es für Münzen zu verwenden. Kupfererze waren im Altertum im gesamten Nahen Osten weit verbreitet (einschließlich Zypern, das seinen Namen nach dem Metall erhielt). Kupfer wurde für Werkzeuge, Waffen und viele Haushaltsgegenstände benutzt, ebenso für Schalen, Musikinstrumente und Spiegel.

Zinn und Blei wurden im Altertum oft verwechselt; in der Bibel erscheinen sie nur in Aufzählungen.

Eisen wurde für Werkzeuge und Waffen dem Kupfer vorgezogen, erforderte aber kompliziertere Verarbeitungsverfahren. Die *Hetiter waren die ersten, die es konsequent benutzten, allerdings im kleinen Rahmen. Die Philister brachten diese Kunst mit nach Palästina und behielten lange Zeit das Monopol (1.Sam 13,19ff). Eisen gab es reichlich im Wadi Araba südl. des Toten Meeres, wo es gemeinsam mit Kupfer abgebaut werden konnte (vgl. 5.Mo 8,9), und auch an anderen Stellen in Palästina.

Bergbau bedeutete zunächst Ausgrabung von Erz aus Oberflächenschichten. In Ägypten wurden große Kupferwerke mit Schächten von über 35 m Tiefe gefunden. Die Stollen wurden in den Berg getrieben, von Säulen abgestützt und durch Schächte belüftet. Dazu wurden Stein- und später Bronzewerkzeuge verwendet. Der Fels wurde durch Keile gespalten und das Erz durch Zerschmettern, Auswaschen und Aufsammeln von Hand gewonnen.

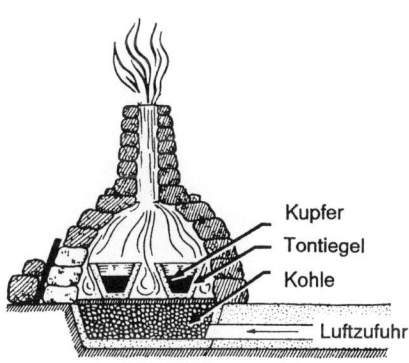

Bergbau und Metalle. *Kupferschmelzofen aus dem 11. Jh. v.Chr.*

Zum *Kupferschmelzen* wurden mit Holzkohle und Blasebalg betriebene Öfen (Jes 54,16) mit fein gemahlenem Erz und Zuschlagstoffen (Eisenoxide, Kalkstein oder Seemuscheln), die mit Holzkohle gemischt waren, beschickt. Die Kupferkügelchen sanken zu Boden. Die darüberliegende Schlacke wurde abgezogen, während die Flüssigkeit und das Kupfer im Inneren zu einem Barren erstarrten, der dann erneut geschmolzen und in Stein- oder Tonformen gegossen wurde.

Schmiede bearbeiteten Eisen durch Schlagen auf einem Amboß (Jes 41,7). Sie wandten Löt-, Niet-, und Angießtechniken an, um komplizierte Gegenstände wie auch Waffen, Werkzeuge, Bilder und Nadeln herzustellen.

BERGPREDIGT. Die allgemein übliche Bezeichnung für die in Mt 5-7 zusammengefaßten Worte Jesu. Dabei handelt es sich um eine Beschreibung der Personen, die zum *Reich Gottes gehören, und der ethischen Forderungen, die an sie gestellt werden.

Inhalt. Seligpreisungen (5,3-16); Jesu Stellung zum Gesetz (5,17-48); praktische Anweisungen für das Verhalten einschließlich Almosengeben, Gebet, Fasten und Leben in der Liebe (6,1-7,12); Herausforderung zu einem Leben in der Hingabe (7,13-29).

Matthäus und Lukas (in ihrer kürzeren Fassung in Lk 6,20-49 auch oft „Feldpredigt" genannt) verlegen sie in das erste Jahr des öffentlichen Wirkens Jesu. Sie wurde gehalten, bevor die religiösen Führer ihren Widerstand organisieren konnten, aber nachdem Jesus schon bekannt geworden war. Es scheint natürlich, davon auszugehen, daß die „Predigt" in Galiläa auf einem den Bergen vorgelagerten Hügel gehalten wurde. Sie richtete sich in erster Linie an die Jünger Jesu (Mt 5,1f), aber selbstverständlich waren auch andere anwesend (Mt 7,28f).

Sprache und Interpretation. In dieser „Predigt" gibt es eindeutig poetische Elemente. So ist z.B. Mt 7,6 ein deutliches Beispiel für „synonyme Parallelität", und das Vaterunser besteht aus 2 Strophen zu jeweils 3 Zeilen mit 4 Takten.

So sind einige Stellen aus der B. nicht so streng wörtlich zu nehmen, als wären sie Prosa. Die Aufforderung, das Auge herauszureißen, um der Begierde zu entgehen, veranschaulicht eine Verhaltensweise und stellt keinen Befehl dar (Mt 5,29). Auch wenn Jesus dazu aufruft, vollkommen zu sein (Mt 5,48), ist das kein neues Gesetz. Vielmehr handelt es sich um die Ethik eines neuen Zeitalters für diejenigen, die eine neue Kraft (*Heiliger Geist) empfangen haben. Es werden aber dennoch hohe Verhaltensanforderungen gestellt. In der B. werden keine bis ins einzelne ausgearbeitete Anweisungen gegeben, sondern allgemeine Grundsätze und deren Auswirkungen auf das Leben der Christen dargelegt.

Die B. enthält kein Programm zur Verbesserung der Welt, vielmehr verdeutlicht sie Gottes Forderungen an Jünger Jesu. Durch die B. muß der Jünger erkennen, daß er in eigner Kraft diese Erwartungen nicht erfüllen kann. Sie weist damit auf Jesus hin, der *Erlösung und Veränderung bringt.

*Vaterunser.

BERÖA. Heute Verria, eine Stadt in Südmazedonien, zur Zeit des NT eine wohlhabende jüd. Kolonie. Paulus kam von Thessalonich aus hierher (Apg 17,5-11).

BERUFUNG, RUF. *Altes Testament.* Gott rief *Abraham, *Mose, auch *Samuel und die *Propheten, um ihm zu dienen und seine Boten zu sein (z.B. 1.Sam 3,4; Jes 6). Israel ist als Volk berufen, Gottes Auftrag zu erfüllen (Jes 43,1).

Neues Testament. Jesus rief seine Jünger, auch einen *Paulus, um das Evangelium zu verkündigen (Mt 10,1ff; Gal 1,15). Die Glaubenden sind in Christus berufen zum Heil und zur Gemeinschaft mit dem Sohn Gottes (Röm 1,6; 1.Thess 2,12; 1.Kor 1,9). Die Berufung geschieht durch Gott in Jesus Christus und führt zur Erlangung der Herrlichkeit Jesu Christi (Phil 3,14; 2.Thess 2,14).

*Erwählung.

BESCHNEIDUNG. Teilweise bzw. vollständige Entfernung der Vorhaut des Penis; sie wurde in der Antike bei mehreren Völkern praktiziert (vor allem Ägypten), wobei der Zeitpunkt unterschiedlich war (kurz nach der Geburt, in der Pubertät, vor der Eheschließung). Sie tritt in der Bibel erstmals bei *Abraham auf (1.Mo 17), der sie 99jährig an sich selbst vollzog, und war das äußere Zeichen des Bundes zwischen ihm und Gott. Sie wurde zur Pflicht aller männlichen Nachkommen Abrahams und war bei den Söhnen am 8.Tag nach der Geburt zu vollziehen – so ist es noch heute jüd. Brauch. Wahrscheinlich wurde sie aber während der Zeit in Ägypten (vgl. 2.Mo 4,24ff) und während der Wüstenwanderung vernachlässigt, weshalb der Brauch unter *Josua erneuert wurde (Jos 5,2ff). Danach scheint er weitgehend durchgehalten worden zu sein, ohne daß man sich immer seiner Bedeutung bewußt war (vgl. Jer 9,24ff). „Unbeschnittener" wurde von den Israeliten als Schimpfwort benutzt (z.B. Ri 14,3).

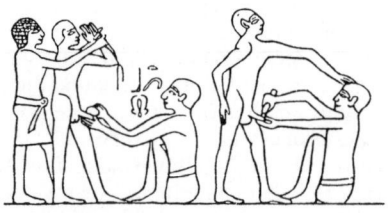

Beschneidung. *Ägyptische Darstellung einer Beschneidung.*

Schon *Mose wies darauf hin, daß eine äußerlich vollzogene B. nicht die Gemeinschaft mit Gott herstellt (vgl. 3.Mo 26,41), und die atl. Propheten halten ihrem Volk immer wieder ihre „unbeschnittenen Herzen" vor (Jes 52,1; Jer 4,4) und kündigen einen neuen Bund an, in dem das Herz durch Gottes Geist verändert wird (Jer 31,31-34; Hes 36,26-27; vgl. Röm 2,25ff).

*Johannes der Täufer, Jesus und die Apostel wurden in üblicher Weise beschnitten (Lk 2,59; 2,21; Phil 3,5). Paulus ließ Timotheus beschneiden, weil er eine jüd. Mutter hatte, nicht aber Titus, dessen Mutter Griechin war (Apg 16,3; Gal 2,3). Mit der Taufe der ersten Heidenchristen (Apg 10; 11) kam es zu Auseinandersetzungen über die Notwendigkeit der B. für Heiden. Das Apostelkonzil hat sich eindeutig dagegen ausgesprochen (Apg 15). Trotzdem haben gewisse Judenchristen die B. Heidenchristen auferlegen wollen (vgl. Gal 5).

BESESSENHEIT. Eine durch teuflische Einflüsse (z.B. *Dämonen) verursachte Fremdbestimmung des Denkens, Wollens und Handelns eines Menschen. Die offenkundige B. durch Geister ist ein weltweites Phänomen. Sie kann absichtlich herbeigeführt werden, etwa bei Medizinmännern (vgl. 1.Kön 18; die Baalspropheten erstrebten wahrscheinlich B.); sie kann Menschen auch plötzlich befallen, wie etwa die Zuschauer bei Wodu-Ritualen. Die besessene Person verhält sich in einer für sie unnatürlichen Weise, spricht möglicherweise mit einer völlig fremden Stimme oder zeigt telepathische oder hellseherische Fähigkeiten. Mit einem Fall von unerwünschter B. im AT haben wir es vermutlich bei Saul zu tun: als ihn Gottes Geist verließ, bedrängte ihn „ein böser Geist" (1.Sam 16,14). Die Evangelien berichten viele Fälle von B. Jesus unterschied klar zwischen der „Austreibung" böser Geister und der „Heilung" normaler körperlicher oder seelischer Krankheiten (Mt 10,1.8). Die B. (genauer: dämonische B.) äußerte sich nicht immer ununterbrochen, aber wo sie zutage trat, hatte sie heftige Auswirkungen (z.B. Mk 9,18).
In der Urgemeinde trieb man in Jesu Namen Dämonen aus (Apg 16,18). Die Bibel spricht nie von der B. durch irgendeinen guten Geist eines Verstorbenen oder Engels. Im Gegensatz zu bösen Geistern führt der Heilige Geist in die Freiheit der Christusnachfolge, aber nie in die B. (vgl. 1.Kor 12,1ff; Mt 12,44f).
*Böse Geister; *Satan.

BESTATTUNG. *Begräbnis und Trauer.

BET-ANAT (Tempel der [Göttin] Anat). Eine Stadt, die dem Stamm *Naftali zugewiesen wurde (Jos 19,38), evtl. Safed el-Battih nordwestl. von Galiläa.

BET-ANOT (vielleicht: Tempel der Anat). Eine Stadt, die dem Stamm Juda zufiel (Jos 15,59), heute Beit Anun nordnordöstl. von Hebron.

BET-AWEN (Haus des Frevels). Ein Ort westl. von Michmas gelegen (1.Sam 13,5). Nicht identisch mit B., das nach Jos 7,2 östl. von Bethel lag. Bei Hosea (4,15) vielleicht als Karikatur für *Bethel gebraucht.

BET-DAGON. Mehrere Orte, u.a. in den Siedlungsgebieten der Stämme Juda (Jos 15,41) und Asser (Jos 19,27).

BET-HARAM. Befestigte Siedlung der Gaditer östl. des Jordan (4.Mo 32,36); heute Tell-Iktanu 12 km nordöstl. der Flußmündung.

BET-HORON (Haus des Hauron, eines kanaan. Gottes der Unterwelt). Zwei Städte im Gebiet des Stammes Ephraim (das „obere" und das „untere" Bet-Horon) etwa 16 km nordwestl. von Jerusalem, die eine wichtige Verbindungsstraße zwischen der Küstenebene und dem Bergland kontrollierten. Sie wurden unter *Salomo ausgebaut (2.Chro 8,5) und später von den aus der Gefangenschaft zurückgekehrten Juden (Jdt 4,4f) wie auch von dem Syrer Bakchides (1.Makk 9,50) befestigt.

BET-JESCHIMOT (Haus der Öden). Ort unweit der NO-Küste des Toten Meeres, der von Mose dem Stamm Ruben zugeteilt wurde.

BET-MARKABOT (Haus der Wagen). Ein Ort, der dem Stamm Simeon zugeteilt wurde (Jos 19,5), wahrscheinlich ein Stützpunkt an der Grenze zwischen Juda und dem Land der Philister.

BET-NIMRA (Haus des reinen Wassers oder Haus des Leoparden). Möglicherweise 20 km östl. von Jericho (4.Mo 32,36).

BET-PEOR (Tempel des Peor). Ort im Bergland östl. des Jordan, in dessen Nähe die Israeliten ihre letzten Anweisungen erhielten, bevor sie ins Gelobte Land einzogen. In seiner Nähe wurde *Mose begraben (5.Mo 4,45f; 34,6).

BET-SCHEAN. Wichtiger Knotenpunkt zwischen der Jesreel-Ebene und dem Jordantal; das heutige Tell el-ösn in der Nähe des Dorfes Besan. Im 15. Jh. v.Chr.

gehörte es zum Herrschaftsbereich des Ägypters Thutmosis III. Aus dieser Zeit fand man u.a. eine ausgedehnte Tempelanlage, die Mekal, „dem Herrn (Baal) von Bet-Schean" geweiht war; es gibt auch spätere ägypt. Überreste. Philistäische Särge aus dem 12. Jh. lassen darauf schließen, daß hier Philister in einer Garnison als Söldner für *Ramses II. stationiert waren, dessen Standbild man ebenfalls gefunden hat. Zwei Tempel, die Rescheph und Antit geweiht waren, sind vielleicht die „Häuser" von Dagon und Astarte, in denen *Sauls Schädel und seine Rüstung zur Schau gestellt wurden (1.Sam 31,10; 1.Chro 10,10). Die Stadt muß schließlich unter *David Israel zugefallen sein. Bis zur hellenistischen Zeit (330-37 v.Chr.) gibt es kaum Besiedlungsreste, erst wieder aus röm. und byzant. Zeit.

BET-SCHEMESCH (Haus der Sonne). Eine bedeutende Stadt in Juda an der Nordgrenze zum Gebiet des Stammes Dan, in einem Tal 24 km westl. von Jerusalem. Sie beherrschte eine der Straßen vom Bergland zur Küstenebene; wahrscheinlich das heutige Tell er-Rumele. Es wurde vor 2000 v.Chr. zum ersten Mal besiedelt und war eine stark befestigte Kanaaniterstadt, in der später Philister wohnten. Die Israeliten müssen sie erobert haben, da sie den *Leviten zugeteilt wurde (Jos 21,16). Zur Zeit Samuels wurde die *Bundeslade hierher zurückgebracht (1.Sam 6). B. wurde im 10. Jh. v.Chr. zerstört, wahrscheinlich durch den ägypt. König Schischak (1.Kön 14,25ff). Ein Jahrhundert später war sie Schauplatz des Sieges Israels über Juda (2.Kön 14,11ff). Im 6. Jh. v.Chr. wurde sie von Nebukadnezar endgültig zerstört.

BET-ZUR. Eine Stadt im Gebiet des Stammes Juda (Jos 15,58), heute Chirbet et-Tubeqa, 6 km nördl. von Hebron. Im 17. Jh. v.Chr. bauten hier die Hyksos massive Schutzwälle. In der Spätbronzezeit (1550-1200 v.Chr.) war die Stadt weitgehend verlassen und leistete *Josua keinen Widerstand. In der Königszeit war sie ständig bewohnt, wurde aber während der Babylonischen Gefangenschaft erneut verlassen und in der Perserzeit wieder besiedelt (587-330 v.Chr.). Die größte Bedeutung erlangte sie allerdings in hellenistischer Zeit (330-37 v.Chr.). Damals war sie Garnisonsstadt, von der aus die Straße von Jerusalem nach Hebron an der judäisch-idumäischen Grenze überwacht wurde. In den Makkabäerkriegen spielte sie eine herausragende Rolle.

BETANIEN. 1. Ein Dorf 3 km östl. von Jerusalem an der Straße nach Jericho. Hier wohnten die mit Jesus befreundeten Geschwister *Maria, *Marta und *Lazarus. **2.** Ein Ort östl. des Jordan, an dem Johannes taufte (Joh 1,28). Origenes gibt ihn mit „Bethabara" an, weil im 3. Jh. n.Chr. nur dieser Ortsname bekannt war.

BETESDA, BETHZATA. Ein Teich in Jerusalem nahe dem Schaftor; es ist unklar, ob der Name „Haus der Barmherzigkeit" oder „Ort des Ausgießens" bedeutet. Ein Doppelteich mit Säulen nördl. des Tempelbezirks wurde 1856 in der Nähe der St.-Anna-Kirche entdeckt. Es handelt sich wahrscheinlich um den in Joh 5,2 erwähnten Teich.

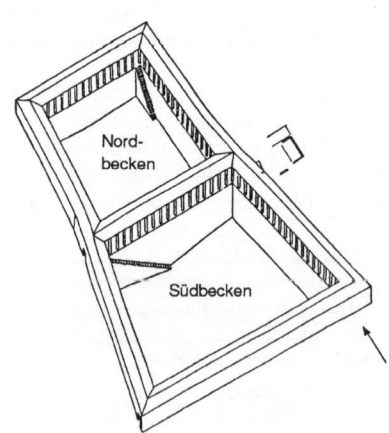

Betesda. Der Teich in Jerusalem nahe dem Schaftor mit seinen Hallen (Rekonstruktion).

BETFAGE (Ort der jungen Feigen). Ein Dorf in der Nähe von Betanien (Mt 21,1); die genaue Lage ist unbekannt.

BETHEL (Haus Gottes). Ein Ort mit dem ursprünglichen Namen *Lus, heute Tell Beitin 19 km nördl. von Jerusalem, wahrscheinlich eine Gründung aus der Mittleren Bronzezeit (2200-1550 v.Chr.). Eine blühende Stadt, in deren Nähe *Abraham dem Herrn einen Altar baute (1.Mo 12,8). *Jakob hatte hier eine Gotteserscheinung (1.Mo 28,11ff) und nennt daraufhin den Ort B. Die Stadt wurde vom Haus *Josefs erobert (Ri 1,22ff). Sie beherbergte die Bundeslade (Ri 20,18ff). Unter *Saul und *David gedieh die Stadt prächtig, aber im 6. Jh. v.Chr. wurde sie durch ein Feuer zerstört. Heimkehrer aus der Babylonischen Gefangenschaft ließen sich hier nieder (Neh 11,31), und der Syrer Bakchides befestigte die Stadt ca. 160 v.Chr (1.Makk 9,50). 69 n.Chr. wurde sie von Kaiser Vespasian erobert. Als röm. Stadt erlebte sie eine neue Blüte, bis sie später an die Araber fiel.

BETHLEHEM (Haus des Brotes, d.h. der Nahrung). Eine Stadt (9 km südl. von Jerusalem), die ursprünglich *Efrata hieß (1.Mo 35,19). B. ist Heimatort *Davids, der hier auch zum König gesalbt wurde (1.Sam 16). Seitdem wird sie oft „Stadt Davids" genannt. Hier wurde Jesus geboren. Dieser Geburtsort des *Messias wurde vom Propheten Micha vorausgesagt (Mi 5,1). Ein zweites B. lag 11 km nordwestl. von Nazareth.

BETSAIDA (Haus des Fischens). Stadt am nördl. Ufer des Sees Genezareth, östl. des Jordan. Sie wurde vom Vierfürsten Philippus erbaut, der sie Julias nannte. Mk 6,45 bezieht sich möglicherweise auf eine Vorstadt von Julias am Westufer des Jordan.

BEZALEL (im Schatten [Schutz] Gottes). Ein künstlerisch begabter Handwerker (2.Mo 31,1ff; 35,30ff). B. wurde auf ausdrückliche Anweisung Gottes von *Mose mit dem Bau der *Stiftshütte beauftragt.

BIBEL (griech. ta biblia: die Bücher). Die Bibel enthält die Bücher, die von den christl. Kirchen als verbindlich für Glauben und Leben anerkannt sind. Zum ersten Mal wird die griech. Bezeichnung in 2.Clem 14,2 (ca. 150 n.Chr.) gebraucht. Im NT bezeichnet der Ausdruck „die Schrift" oder „die Schriften" das ganze AT oder Teile davon (z.B. Mt 21,42; 2.Tim 3,15f). In den Kirchen der Reformation gilt die Bibel als alleiniger Maßstab für alle Fragen des Glaubens und der Lehre, während in der röm.-kath., griech. und anderen alten Kirchen neben ihr auch kirchlichen Überlieferungen z.T. gleichwertige Bedeutung beigemessen wird.

1. Umfang. Zwischen den verschiedenen christl. Kirchen besteht darüber keine völlige Übereinstimmung. Einige Zweige der syr. Kirche klammern den 2. Petrusbrief, den 2. und 3. Johannesbrief, den Judasbrief und die Offenbarung aus. Die röm. und griech. Kirchen rechnen im AT einige Bücher hinzu, die von den Anglikanern und Lutheranern als nützlich, aber nicht verbindlich anerkannt werden und deshalb zu den *Apokryphen zählen, während sie von anderen reformatorischen Kirchen alle ausgeschlossen werden.

Die beiden „Testamente" haben ihren Namen von einem Wort, das eigentlich „Bund" bedeutet. Die Bücher des AT ste-

Bethlehem. *Der reichverzierte Stern in der Geburtsgrotte soll die Stelle bezeichnen, an der Jesus geboren wurde.*

Bibel

hen mit dem Alten Bund in Zusammenhang, den Gott mit Israel schloß (2.Mo 24,7f) und sehen einem Neuen Bund entgegen (Jer 31,31ff), den das NT als durch Christus begonnen sieht (1.Kor 11,25; Hebr 8,13).

2. *Das Alte Testament.* Die 39 Bücher werden bei den Juden in drei Bereiche unterteilt: das Gesetz (die fünf Bücher Mose), die Propheten (die „Vorderen Propheten" Josua, Richter, Samuel, Könige; die „Hinteren Propheten" Jesaja, Jeremia, Hesekiel und die im „Buch der Zwölf" zusammengefaßten „kleinen Propheten") und die „Schriften" (alles übrige). Der Ursprung dieser Einteilung läßt sich nicht aufzeigen. Die göttliche *Offenbarung wird den Menschen in doppelter Weise nahegebracht: durch Gottes Eingreifen in die Geschichte seines Volkes und durch prophetisches Reden. So hätten z.B. die Ereignisse beim Auszug aus Ägypten nicht ihre bleibende Bedeutung erlangt, wenn sie *Mose dem Volk nicht als Befreiungstat Gottes zuvor angekündigt hätte. Andererseits wären ohne dieses Ereignis Moses Worte wahrscheinlich fruchtlos geblieben. Das erklärt, warum im AT Geschichte und Prophetie oft ineinander übergehen. Es berichtet auch, wie die Menschen auf Gottes Offenbarung reagierten, um so nachfolgende Generationen zu warnen bzw. zu ermutigen (1.Kor 10,11). Jesus und die Apostel bezogen viele Stellen des AT auf den Christus (Joh 5,39). Das Auftreten Jesu und seine Botschaft sind ohne das AT kaum zu verstehen (Röm 3,21).

3. *Das Neue Testament.* Hier spricht Gott das letzte Wort durch seinen Sohn. Er ist die Zusammenfassung, Bestätigung und Ergänzung früherer Offenbarungen (Hebr 1,1f). Die 27 Bücher werden in vier Bereiche aufgegliedert: die *Evangelien, die *Apostelgeschichte, 21 von Aposteln und „apostolischen Männern" verfaßte *Briefe und die *Offenbarung. Das ist im wesentlichen auch die Reihenfolge der aufgezeichneten Ereignisse. Was die Entstehung der ntl. Bücher betrifft, so wurden einige der Paulusbriefe als erste geschrieben, und zwar zwischen 48 und 60 n.Chr. Die Evangelien und andere Schriften wurden zwischen 60 und 100 verfaßt, wobei uns in den meisten Fällen keine genauen Daten bekannt sind. Anfang des 2. Jh. wurden alle 4 Evangelien zusammengeführt, und gegen Ende des 1. Jh. begann man, die Paulusbriefe gemeinsam in Umlauf zu bringen, wobei sie nicht chronologisch, sondern nach ihrer Länge angeordnet waren. Mitte des 2. Jh. konnte Justin der Märtyrer berichten, daß „die Erinnerungen der Apostel neben den Schriften der Propheten" in den christl. Versammlungen gelesen wurden, daß nun neutestamentliche Schriften gleichwertig neben alttestamentliche gesetzt wurden.

*Apokryphen; *Inspiration; *Kanon; *Artikel zu den einzelnen bibl. Büchern.

BIBELAUSLEGUNG. Die Bibel ist kein „Lesebuch" mit Dokumenten vergangener Jahrhunderte, sondern erhebt den Anspruch, Gottes Wort zu sein, das wir Menschen verstehen und nach dem wir unser Leben ausrichten sollen.

Im allgemeinen sind die Texte klar verständlich, wenn wir sie aber in ihrer vollen Bedeutung erfassen wollen, ist es unerläßlich, sie im Zusammenhang zu betrachten. In den verschiedenen Büchern, oft sogar innerhalb eines Buches, begegnet uns eine Vielfalt literarischer Formen. Deshalb fragen wir, ob es sich bei dem jeweiligen Abschnitt um einen historischen Bericht, um Poesie, Weissagung, ein Gleichnis, Lehre usw. handelt. Außerdem versuchen wir, die Absicht der jeweiligen Textstelle zu erkennen. Gilt ein Gebot oder eine Verheißung einer bestimmten Person, einer Gruppe innerhalb des Volkes Israel, dem ganzen Volk, den Christen oder allen Menschen? Wenn sich eine Aussage z.B. auf eine Gruppe bezieht, gibt es dann Hinweise, daß sie auch auf andere Personen übertragen werden soll? Oft wird durch den geschichtlichen Hintergrund, die Geographie des Gebiets oder die persönlichen Verhältnisse der Betroffenen das Verständnis erleichtert.

Zur Bibelauslegung gehört jedoch mehr, als Texte im richtigen literarischen, geschichtlichen, geographischen und menschlichen Zusammenhang zu betrachten. Alle Bücher der Bibel bilden zusammen eine Einheit, und jeder Teil muß im Zusammenhang des Ganzen verstanden werden. Das NT betrachtet die Schriften des AT als eine Einheit, weil ihnen gemeinsam ist, daß sie zum Werk Christi hinführen. Für Christen ist Jesu Auslegung des AT Vorbild und Maßstab. Zum besseren Verstehen können sie die Hilfe des *Heiligen Geistes in Anspruch nehmen.

BIENE. Schon in ältester Zeit ließ man Bienen in einfachen Körben oder Tongefäßen nisten, obwohl auch viel wilder Honig aus hohlen Bäumen oder Felsen gesammelt wurde. *Honig.

BILD/BILDNIS, ABBILD/EBENBILD. Gewöhnlich bezeichnete B. die sichtbare Darstellung einer Gottheit. Götterbilder waren im gesamten Alten Orient weit verbreitet; viele waren menschenähnlich, andere (vor allem in Ägypten) hatten Tiergestalt. Das Bildnis wurde als Wohnung der Gottheit betrachtet und nicht als ihre sichtbare Verkörperung; daher waren Gebete, die vor ihm gesprochen wurden, nicht unbedingt an das Bild selbst gerichtet.

Im AT wurde die Herstellung und der Gebrauch von Bildern verboten (2.Mo 20,4f) und als *Götzendienst verurteilt (Jer 10,3ff). Dennoch war der Bilderkult in der Zeit vor der Babylon. Gefangenschaft in Israel weit verbreitet (z.B. 1.Kön 11,5ff).

Der Mensch wurde „nach dem Bilde Gottes" geschaffen (1.Mo 1,26f; 5,2; 9,6) und von Gott zum Herrscher über die Erde gesetzt (1.Mo 1,28). Trotz des Sündenfalls wurde diese Ebenbildlichkeit nicht völlig zerstört (1.Mo 9,6).

NT. Der Mensch als solcher nimmt innerhalb der Schöpfung noch immer eine einzigartige Stellung ein (1.Kor 11,7; Jak 3,9), wird aber vom „neuen Menschen" unterschieden, den der Gläubige „anzieht" und der „nach Gott geschaffen" ist (Eph 4,24). Der Christ befindet sich im Zustand der Erneuerung (Kol 3,10) und wartet darauf, endgültig in das Ebenbild Christi verwandelt zu werden (vgl. Phil 3,20f).

Christus wird in 2.Kor 4,4; Kol 1,15 als Gottes Ebenbild bezeichnet. Als der ewige Sohn oder das Wort Gottes bringt er die Herrlichkeit des unsichtbaren Gottes in sichtbarer und vollkommener Weise zum Ausdruck (vgl. Joh 1,1ff; Phil 2,6ff; Hebr 1,1ff).

BILEAM. Der Name bedeutet wahrscheinlich „verschlingen". B. wurde vom Moabiterkönig Balak herbeigerufen, um Israel zu verfluchen (4.Mo 22,5). Der Glaube an die Zauberkraft von Flüchen war weit verbreitet. Gott verbietet B. zunächst, mit dem Boten Balaks zu ziehen, läßt ihn dann doch gewähren, stellt aber seiner Eselin einen Engel in den Weg, um ihn zu warnen. Statt die erbetenen Flüche auszusprechen, sagte B. Israels zukünftige Größe unter David voraus (4.Mo 23,7-10). Später riet er den Midianitern, Israel zum Baalskult zu verführen, und wurde deshalb getötet (4.Mo 31,8.16). Ein im Jordantal entdeckter Text aus der Zeit um 700 v.Chr. berichtet von seiner Verbindung mit anderen Göttern und zeigt, daß er sehr berühmt war.

Im NT ist er ein Sinnbild der Habsucht (2.Petr 2,15) und Sittenlosigkeit (Offb 2,14).

BILHA. Eine Sklavin des *Laban und spätere Leibmagd seiner Tochter *Rahel. Entsprechend damaligem Recht gebar B. Jakob anstelle ihrer kinderlosen Herrin die Söhne Dan und Naftali (1.Mo 29,29-30,8).

BINDEN UND LÖSEN. Siehe *Gemeindezucht.

BISCHOF, AUFSEHER. Das griech. Wort (episkopos) wurde umgangssprachlich sowohl für Beamte als auch für den Kaiser und für Philosophen angewandt.

Im NT werden Christus (1.Petr 2,25), aber auch seine zwölf Jünger als B. bezeichnet (vgl. Apg 1,20: im griech. Text steht *episkopos*, was Luther mit „Amt" übersetzte). B. sind auch die Leiter einer örtlichen Gemeinde (Phil 1,1), wobei es sich in urchristl. Zeit meist um mehrere Personen zu handeln scheint. Wahrscheinlich waren die Begriffe B. und „Presbyter", das allgemein mit *Ältester übersetzt wird, austauschbar (Apg 20,17.28). Paulus nennt in seinen Briefen Voraussetzungen, die ein B. erfüllen muß (1.Tim 3,1ff und Tit 1,7ff). Es gibt im NT keinen Hinweis darauf, daß eine Gemeinde von einem einzelnen B. geleitet wurde. Allerdings gibt es von Anfang an Personen mit besonderer Autorität, z.B. Jakobus in Jerusalem (Apg 15,13).

Hieronymus bemerkt zu Tit 1,5, in der frühen Kirche sei die Vorrangstellung eines einzelnen B. „eher durch Gewohnheit als durch eine tatsächliche Einsetzung des Herrn" zustandegekommen.

*Gemeindeleitung; *Gottesdienst; *Älteste; *Dienst.

BITHYNIEN. Gebiet auf der asiat. Seite des Bosporus, das zusammen mit Pontus eine von den Römern verwaltete Provinz bildete. Es gab dort bereits um 111 n.Chr. nach Plinius eine festgefügte Gemeinde (vgl. auch 1.Petr 1,1).

BLASPHEMIE, LÄSTERUNG. *Altes Testament.* Eine Schmähung der Ehre Gottes, die mit dem Tod bestraft wurde (3.Mo 24,10ff). Sie wurde vor allem von Nichtjuden begangen (2.Kön 19,22), aber auch Israels Götzendienst wurde als B. betrachtet (Jes 65,7).

Neues Testament. Schon wer die Bevollmächtigten Gottes beleidigt, verachtet in Wirklichkeit Gott, in dessen Namen sie sprechen (Lk 10,16). Gelegentlich (z.B. Mk 3,28) wird der Ausdruck auch für üble Nachrede gegen Menschen gebraucht und sollte hier besser mit „Verleumdung" oder „Beschimpfung" wiedergegeben werden. Auch das ist ein schweres Vergehen, weil die Menschen Gottes Ebenbild sind (Jak 3,9). In Mk 3,29 spricht Jesus von der „Lästerung gegen den Heiligen Geist", die niemals vergeben werden kann. Solche Lästerung geschieht, wenn das Wirken Gottes und seines Geistes klar erkannt wird, aber als dämonischen Ursprungs dargestellt wird (vgl. auch Mt 12,22-32).

BLEICHEN (WALKEN). Die Befreiung der Stoffe von ihrem natürlichen Öl, bevor sie gefärbt oder zu Kleidung verarbeitet wurden. Der Stoff wurde auf einem unter Wasser liegenden Stein getreten (vgl. 2.Kön 18,17). Aus Ägypten importiertes Natron wurde, mit weißem Ton vermischt, manchmal als Seife verwendet; aus der Asche der Sodapflanze wurde Alkali gewonnen. *Färben.

BLITZ. Der B. und der ihn begleitende *Donner waren in Palästina besonders bei den Gewittern im November/Dezember bekannt.

Der B. ist das Feuer Gottes (Hiob 1,16) und Werkzeug seines Gerichtes (5.Mo 32,41); er begleitete auch Gotteserscheinungen (2.Mo 19,16; Offb 4,5). Das Angesicht des Engels am offenen Grab Jesu leuchtete wie ein B. (Mt 28,3). Die Wiederkunft Jesu (Mt 24,27) wird wegen ihrer weltweiten Bedeutung und ihres plötzlichen Eintreffens mit dem B. verglichen.

BLUT. B. bedeutet im alten Israel Leben (vgl 3.Mo,17,11). Blutgenuß war deshalb streng verboten. B. durfte ausschließlich zu Opferzwecken benutzt werden (3.Mo 17,3ff). Anderenfalls mußte man es beim Schlachten ausfließen lassen. Eine besonders herausragende Rolle spielte das B. der Opfertiere u.a. am Großen Versöhnungstag (3.Mo 16). Durch den Hohenpriester wurde es in das Allerheiligste gebracht zur Sühne. Beim Auszug Israels aus Ägypten war das an die Türpfosten gestrichene B. des Passaopfers Zeichen göttlichen Schutzes im Gericht (vgl. 2.Mo 12). Jesus Christus gab sein Leben als Opfer für die Sünden. Das über uns ausgesprochene Todesurteil Gottes wurde an Jesus vollstreckt und eröffnet uns als Sündern die Möglichkeit ewigen Lebens (Röm 5,9).

Als das Apostelkonzil in Jerusalem über das Verhalten der Heidenchristen zum jüd. Gesetz beriet, wurde verlangt, auf Blutgenuß zu verzichten (Apg 15,20f). Dieses wahrscheinlich aus Rücksicht auf die Judenchristen ausgesprochene Verbot scheint in der späteren Praxis bedeutungslos geworden zu sein.

BLUTRACHE. Der nächste Verwandte eines Ermordeten war dafür verantwortlich, dessen Tod zu rächen. Nur ihm war es erlaubt, den Mörder zu töten (4.Mo 35,19ff). Wer unbeabsichtigt Totschlag begangen hatte, konnte nach dem mosaischen Gesetz in eine der *Freistädte fliehen (4.Mo 35,6; 5.Mo 19,1ff).

BOANERGES. Beiname von Jakobus und Johannes (Mk 3,17), der wahrscheinlich „Donnersöhne" bedeutet; vielleicht ist er auf ihr Temperament zurückzuführen (Lk 9,54f).

BOAS. Ein reicher Landbesitzer aus Bethlehem, der Rut, die Witwe eines entfernten Verwandten, heiratete. Er wurde zum Urgroßvater *Davids. *Rut (Buch).

BOR-SIRA. Ort, von dem *Joab *Abner nach Hebron bestellt, um ihn dort umzubringen; wahrscheinlich Ain Sarah, 2 km nordwestl. von Hebron (2.Sam 3,26).

BÖSE GEISTER. Sie werden im NT nur an 6 Stellen erwähnt, aber von „unreinen Geistern" ist 23 mal die Rede. Meist treten sie als Verursacher körperlicher Gebrechen auf (Mk 1,23), wobei der Leidende durchaus nicht als besonders böse oder verdorben betrachtet wird. Diese Geister gehören zum Herrschaftsbereich Satans. Jesus und seine Jünger widerstanden ihnen und besiegten sie (Mk 5,8; Mt 10,1).
*Besessenheit; *Dämonen; *Satan.

BÖSES/BOSHEIT. Das hebr. Wort (AT) entstammt einer Wurzel mit der Bedeutung „verderben", „entzweien" und somit wertlos zu machen. Es verbindet die böse Tat mit deren Folgen. Für die Propheten war B. körperlich erfahrbar (in Schmerz, Leiden oder Unglück). Gott duldet sie in der Welt, obwohl er über allem steht, und gebraucht sie, um Menschen oder Völker zu strafen (z.B. Jes 45,7). Gott läßt zu, daß Christen leiden, weil daraus geistlicher Segen erwächst (Jak 1,2ff). Das ist keine Strafe, sondern Züchtigung, und kann uns nicht von Gottes Liebe trennen (Röm 8,38ff).

Im geistlichen Bereich kommt das B. aus den sündigen Begierden des Menschen (Jak 1,13ff). Hinter der gesamten Weltgeschichte steht der Kampf mit bösen Mächten (Eph 6,10ff). Gottes Erlösungswerk ist vollkommen auf die Überwindung des B. angelegt. Jesus nahm Leid und Schmerz auf sich (Mt 8,16f); am Kreuz offenbarte er die Liebe Gottes und triumphierte über die bösen Mächte (Kol 2,15). In der neuen Schöpfung wird das B., sowohl im leiblichen als auch im geistlichen Bereich, endgültig vernichtet (Offb 21,1ff).
*Leid; *Satan; *Sünde.

BOSHEIT. Boshaftigkeit ist charakteristisch für Menschen, die unter Gottes Zorn stehen (Röm 1,29). Für den Glaubenden gehört B. zum alten Leben, sie muß abgelegt werden (Tit 3,3; Kol 3,8).

BOTSCHAFTER. Person, die in andere Länder gesandt wird, um Glückwünsche zu übermitteln (1.Kön 5,15), Bitten vorzutragen (4.Mo 20,14) oder Beschwerde einzulegen (Ri 11,12). „Botschafter sein an Christi Statt" bedeutet im NT, die Botschaft von der Versöhnung in die Welt hinauszutragen (2.Kor 5,20; Eph 6,20).
*Apostel.

BOZEZ UND SENNE. Zwei Felsklippen („glitschiger" und „spitzer Felsen"), zwischen denen Jonatan hindurchging, um zur Wache der Philister zu gelangen (1.Sam 14,4ff).

BOZRA. Stadt in Edom, deren Untergang Amos voraussagte (1,12). Sie beherrschte von Elat her die Königsstraße und wird gewöhnlich mit dem heutigen El-Busera, 60 km nördl. von Petra und 40 km südsüdöstl. vom Toten Meer gleichgesetzt.

BRAUT, BRÄUTIGAM. Das Glück Jungvermählter wird schon im AT (Jes 62,5) mit der Freude verglichen, die Gott an seinem Volk, seiner „Braut" hat. Dies ist eine Hinführung zu der ntl. Bezeichnung der Gemeinde als „Braut Christi" (z.B. Eph 5,25ff; Offb 19,7), deren göttlicher Bräutigam seiner Braut liebevoll zugeneigt ist und mit ihr ein festes Bündnis eingeht. Sowohl Johannes der Täufer (Joh 3,29) als auch Jesus selbst haben dieses Bild gebraucht (Mk 2,19f). *Ehe.

BRENNSTOFF. Steinkohle war unbekannt. Wohlhabende und Schmiede hatten Holzkohle (Joh 18,18), die Armen verwendeten Reisig (1.Kön 17,10) oder getrockneten Tiermist (vgl. Hes 4,12ff).

BRIEF. Private oder offizielle B. gehören zum Erbe aller schriftkundigen Völker; zu den Beispielen im AT gehören 2.Sam 11,14 und 1.Kön 21,8. Bereits in den frühesten uns bekannten griech. B. zeichnet sich eine neue Tendenz ab. Einige von Isokrates Briefen (368 - 338 v. Chr.) sind wohlüberlegte Reden; der Siebente Brief Platos (um 354 v. Chr.) ist eine Widerlegung verbreiteter Mißverständnisse seiner Ideen und seines Verhaltens. Beide Schriftstücke wenden sich auch an Leser außerhalb des Adressatenkreises und stellen somit eine Art Veröffentlichung dar. Theorie und Praxis dieser Art des Briefeschreibens wurden von den Lehrern der Rhetorik behandelt.

*Einführung zu den einzelnen Briefen des NT.

BROT, UNGESÄUERTES. Siehe *Passa; *Brot.

BROT. Hauptnahrungsmittel des Alten Orients. In Babylonien diente Getreide als Geldersatz. Gerstenbrot war am häufigsten, aber auch Weizenbrot war weit verbreitet. Hes 4,9 zeigt, daß selbst Linsen- und Bohnenmehl zum Brotbacken verwendet wurde.

Das Korn wurde meist von Frauen mit Mörser und Stößel zerkleinert oder zwischen zwei Steinen gemahlen, das Mehl mit Wasser vermischt, gesalzen und zu Teig geknetet. Eine kleine Menge *Sauerteig (alter, gegorener Teig) wurde zugefügt, damit das Ganze aufging. Die flachen, runden Laibe wurden über dem Feuer auf heißen Steinen oder einem Backblech oder im Ofen gebacken. Gelegentlich wurden auch dünne Fladen als ungesäuertes Brot gebacken. Brot wurde schon früh bei heiligen Mahlen verwendet (1.Mo 14,18). Jesus bezeichnete sich selbst als „das Brot des Lebens" (Joh 6,33.35).

*Schaubrot; *Nahrungsmittel.

BRÜDER JESU. Vier Männer werden in den Evangelien als Brüder Jesu bezeichnet: Jakobus, Joses, Simon und Judas (Mk 6,3). Darüber gibt es drei Ansichten. Die erste und naheliegendste: Es handelt sich um Kinder von Maria und Josef, denn Jesus wird als „erster Sohn" der Maria bezeichnet, und beide lebten nach Jesu Geburt in einer normalen ehelichen Gemeinschaft (Lk 2,7; Mt 1,25). Diese Auffassung wird allgemein in den protestantischen Kirchen vertreten. Die zweite: Es handelt sich um Kinder Josefs aus einer früheren Ehe - eine Lehre, die in der Orthodoxen Kirche beheimatet ist, aber im NT keinen Beleg hat. Die dritte: Sie

Brot. Ägyptische Bäckerei; Wandmalerei aus dem Grabe Ramses III.

waren Vettern Jesu. Dies ist der offizielle Standpunkt der röm.-kath. Kirche, die an der immerwährenden Jungfräulichkeit Marias festhält. Sie stützt sich auf willkürliche Annahmen über die Verwandtschaftsbeziehungen einiger in den Evangelien erwähnter Personen.

BRUDERLIEBE. Siehe *Liebe.

BRUNNEN. Ein künstlicher Schacht, der – entweder als Sickerschacht oder als Sammelbecken – angelegt wird, um das Grundwasser oder eine unterirdische Quelle zu erreichen. Das Wort kann auch *Zisterne bedeuten (vermutlich in 1.Chro 11,17f), die sogar als Kerker benutzt werden konnte (Jer 38,6). *Wasser war kostbar im Nahen Osten, und B. konnten zum Gegenstand heftiger Streits werden (1.Mo 21,25).

BRUST. Das B.stück eines Tieres wurde oft als „Schwingopfer" dargebracht (z.B. 2.Mo 29,26). In Joh 13,23 heißt es, daß Johannes an Jesu B. lag, als Ausdruck besonderer Nähe. Sich an die B. schlagen ist dagegen ein Zeichen des Schmerzes (Lk 18,13).

BRUSTTASCHE DES HOHENPRIESTERS. Eine viereckige Tasche zur Aufbewahrung der *Urim und Tummim, mit goldenen Ringen an den Ecken und zwölf aufgesetzten Edelsteinen, in denen die Namen der zwölf Stämme Israels eingraviert waren (2.Mo 28,15ff). Sie versinnbildlichte, wie das Volk durch die Person des Hohenpriesters liebevoll in Gottes Gegenwart getragen wird.

BUCH DES LEBENS, BUCH DER LEBENDEN. Neben einem Verzeichnis aller Gerechten (z.B. Ps 69,29) handelt es sich vor allem in Dan 12,1 und im NT um die Namensliste der Gläubigen (Phil 4,3; Offb 3,5 etc.). Wer nicht eingetragen ist, wird dem ewigen *Gericht Gottes verfallen und in den feurigen Pfuhl geworfen (Offb 20,12ff).

BUND, BÜNDNIS. In der gesamten Geschichte des Alten Orients spielen Vertragsabschlüsse eine wesentliche Rolle.

Im Hetiterreich gab es z.B. zwei Arten: Der Vertrag zwischen Gleichgestellten (Paritätsvertrag), in dem die beiden Partner „Brüder" genannt werden, enthielt Abmachungen über den Verlauf von Grenzen und die Rückgabe entlaufener Sklaven. Der Vasallenvertrag hingegen wurde zwischen einem Großkönig (Eroberer) und einem unterlegenen König geschlossen. Er enthielt u.a. folgende Vereinbarungen: der abhängige Staat sollte keine Beziehungen zu Ländern außerhalb des Herrschaftsbereichs des Eroberers unterhalten; er durfte anderen Vasallenstaaten nicht feindlich entgegentreten; er mußte dem Eroberer bei Bedarf Hilfe leisten. Der Vasallenkönig sollte einmal jährlich die Steuern persönlich beim Eroberer abliefern. Der Vertrag schloß mit einer Liste von Zeugen, zu denen auch Götter und Naturerscheinungen gehörten.

Beide Vertragsarten kommen im AT vor. Das beste atl. Beispiel für einen Paritätsvertrag ist das Bündnis zwischen *David und dem Phönizier Hiram, das von Salomo erweitert und erneuert wurde (vgl. 1.Kön 5,15). Die spätere Heirat zwischen *Isebel und *Ahab ist als teilweise Erfüllung der Vertragsbestimmungen zu sehen. Ein Beispiel für einen Vasallenvertrag ist das Bündnis zwischen Israel und den Gibeonitern (Jos 9-10), mit dem sich diese zu Israels „Knechten" erklärten, während ihnen die Israeliten militärische Unterstützung zusagten, wie es für den überlegenen Partner üblich war. Über die Riten, mit denen Verträge besiegelt wurden, ist wenig bekannt; in den Mari-Texten und im AT sind Tieropfer erwähnt (z.B. 2.Mo 24).

Bundesschlüsse mit Gott im AT. Die Vorstellung eines Bundes zwischen einer Gottheit und einem König oder seinem Volk ist für den Alten Orient gut bezeugt. Es überrascht daher nicht, daß Gott als Ausdruck der Beziehung zu seinem Volk diese vertraute Form wählte. Es werden vier wichtige Bundesschlüsse erwähnt.

1. Frühe Bündnisse zwischen Gott und *Noah (1.Mo 6,18; 9,8ff) enthalten Verheißungen Gottes und Verpflichtungen Noahs; sie sind eine Vorstufe zu späteren Bündnissen.

Bund, Bündnis

2. Der Bund mit *Abraham. Hier liegt der Schwerpunkt auf der Verheißung: Abraham wird viele Nachkommen haben, und diese sollen Kanaan, das „Gelobte Land", ererben (1.Mo 17).

3. Der Sinaibund mit *Mose als Mittler wurde nach dem Auszug aus Ägypten geschlossen. Er bestand aus folgenden Vorgängen: Lesung des Gesetzes, Antwort des Volkes, Opfer und Bundesmahl (2.Mo 24). Die Bestimmungen in 2.Mo 21-23 unterscheiden sich beträchtlich von denen gewöhnlicher politischer Verträge. Als dieser Bund gebrochen wurde (2.Mo 32), wies Mose darauf hin, daß der Bund mit Abraham weiterhin in Kraft war – der Sinaibund bestand neben dem Abrahambund, er ersetzte also nicht den früheren Bund.

4. Der Bund mit David (2.Sam 7; Jer 33,21)) war eine Erweiterung des Abrahambundes. Wie aus Ps 2 und 110 hervorgeht, hatte der Davidsbund einen tiefgreifenden Einfluß auf spätere Erwartungen im AT und NT.

Die atl. Bündnisse wurden mehrmals erneuert; nicht nur wenn sie gebrochen wurden (wie in 2.Mo 32-34), sondern auch, um die Hingabe an Gott erneut zu bekräftigen (wie in Jos 23-24). Der Bundesgedanke zieht sich wie ein roter Faden durch die meisten Schriften der Propheten, wenngleich der eigentliche Begriff nicht häufig erwähnt wird. Prophetische Drohungen weisen z.B. Ähnlichkeiten zu zeitgenössischen Flüchen in den Vasallenverträgen auf. Die Merkmale eines Rechtsstreits lassen sich in Jes 1,2f und Jer 2,4f nachweisen, wo Israel des Götzendienstes (d.h. des Bundesbruchs) angeklagt wird. In Mi 6,1ff werden Himmel und Erde als Zeugen angerufen – eine auffallende Parallele zu den älteren hetitischen Vasallenverträgen.

Bund im NT. Jeremia beschreibt den Sinaibund als so vollständig gebrochen, daß er unbedingt durch einen neuen ersetzt werden muß (Jer 31,31). Das Wort „Bund" kommt in den Einsetzungsworten des Abendmahls vor (Mk 14,22ff; 1.Kor 11,23ff). Die Tatsache, daß Jesus als „Passalamm" für sein Volk geopfert und von ihm „gegessen" werden muß, und der Bund „in seinem Blut", entsprechen den Opfern beim Bundesschluß am Sinai. Paulus schreibt, daß mit dem Neuen Bund, der die Verheißung der Sündenvergebung und des ewigen Lebens durch den Glauben an Christus beinhaltet, der Fluch des gebrochenen Alten Bundes aufgehoben ist (Gal 3,13; Hebr 8,7ff; 9,15). Der Davidsbund – er bildet mit der Erwartung des Messias ein wichtiges Bindeglied zwischen AT und NT – wird ebenfalls erfüllt, da Jesus der neue König aus dem Geschlecht Davids auf dem ewigen Thron ist. Der Neue Bund des NT weist hin auf die Erwartung der Wiederkunft des *Messias.

BUNDESBUCH. Nach 2.Mo 24,7 las *Mose beim Bundesschluß zwischen Gott und dem Volk am Fuß des Berges Sinai „das Buch des Bundes" vor. Es ist die älteste erhaltene Gesetzessammlung Israels. Sie beginnt mit zwei religiösen Verordnungen: dem Verbot der Herstellung von Götzenbildern und der Anweisung, einen stufenlosen Opferaltar aus Erde oder unbehauenen Steinen zu bauen (2.Mo 20,22ff). Es folgt eine Reihe von Urteilen zu beschriebenen Rechtsfällen. Sie betreffen die Behandlung von Sklaven (2.Mo 21,2ff), Mord und Totschlag (21,12ff), den Eltern zugefügtes Unrecht (21,15.17), Entführung (21,16), tätliche Beleidigung und Körperverletzung (21,18ff), Vorfälle mit Tieren (21,28ff), Diebstahl (21,37ff), Beschädigung der Saat (22,4f), Verwahrung von Geld oder Leihgaben (22,6ff), Verführung (22,15f). Dieser Abschnitt weist zwar Ähnlichkeiten mit anderen Gesetzestexten auf, spiegelt aber eine einfachere Lebensweise wider. Er setzt eine seßhafte, Ackerbau betreibende Bevölkerung voraus; von einer mehrfach abgestuften Einteilung nach sozialen Schichten, wie sie z.B. in den Gesetzen des Babyloniers Hammurabi zu finden ist, kann keine Rede sein. Im letzten Teil des Bundesbuches (2.Mo 22,17-23,33) verkündet Mose Weisungen Gottes, zu denen es anderswo keine Entsprechung gibt, abgesehen von einer gewissen Ähnlichkeit zu altorientalischen Vasallenverträgen. Die Zehn Gebote sind das Herzstück des Bundes zwischen Gott und seinem Volk. Die religiösen Vorschriften erinnern daran, daß die Israeliten keine klare Unterscheidung zwischen bürgerlichem und religiösem Recht kannten.

BUNDESLADE. Ein rechteckiger Kasten aus Akazienholz, etwa 122 x 76 x 76 cm, der mit Gold überzogen war und an Stangen getragen wurde. Der Deckel oder Gnadenthron war eine Goldplatte, auf dem sich zwei *Cherubim mit ausgebreiteten Flügeln befanden (2.Mo 25,10ff). Sie enthielt die zwei Steintafeln mit den Zehn Geboten (5.Mo 10,1ff), einen Krug mit *Manna und *Aarons Stab (Hebr 9,4ff). Sie war der Ort der Begegnung im Allerheiligsten, an dem Gott seinen Willen offenbarte (z.B. 2.Mo 25,22). Sie wurde zeitweise von den *Philistern beschlagnahmt (1.Sam 4) und von *Salomo in den Tempel gebracht (1.Kön 8,1ff). Bei der Zerstörung Jerusalems 587 v.Chr. ging sie offenbar verloren. Mit Gold überzogene tragbare Kästen oder Schreine waren im Alten Orient bereits vor der Zeit Moses bekannt.

Bundeslade. Die Bundeslade auf Rädern, in Stein gemeißelt. 3. oder 4. Jh. n.Chr. Gefunden in der Synagoge von Kapernaum.

BÜRGE. Bürgschaften waren im Orient üblich (vgl. 1.Mo 43,9). Im AT wird aber davor gewarnt, für die Schulden eines anderen zu bürgen (z.B. Spr 17,18).

Jesus ist für die Christen B. des Neuen Bundes (Hebr 7,22), den er selbst eingesetzt hat (1.Kor 11,25).

BUSI. Vater des *Hesekiel, der wahrscheinlich einer bedeutenden Priesterfamilie entstammte (Hes 1,3).

BUSSE, BUSSE TUN. Im AT wird gewöhnlich das Wort „umkehren" verwendet (Hos 6,1ff); mit ihm wird zur Rückkehr zu Gott aufgefordert. Aus der Zeit *Josias (2.Kön 22-23) wird ein klassisches Beispiel nationaler Umkehr Israels und neuer Beachtung des *Gesetzes berichtet. Im NT wird neben „umkehren" ein anderes Wort gebraucht, das auf Sinnesänderung abzielt. In Vorbereitung auf den *Messias ruft im NT *Johannes der Täufer zur B. (Mt 3,2). Bei Jesus selbst wird dieser Ruf zum Ausgangspunkt seiner Predigt (Mk 1,15). B., Sinnesänderung ist erforderlich, weil der Mensch durch *Sünde vor Gott verunreinigt ist und in diesem Zustand keinen Zutritt zu Gott hat. Die notwendige Radikalität der B. verdeutlicht Jesus am Gleichnis vom Verlorenen Sohn (Lk 15,11ff). Statt selbstgerecht vor Gott zu treten (Lk 18,11ff), wird der Umkehrende vertrauensvoll wie ein Kind zu seinem himmlischen Vater kommen (Mt 18,3f).

Der Ruf zur Umkehr ist ebenfalls Teil der Predigt der Apostel (z.B. Apg 2,38; 8,22). Seit Pfingsten können Menschen durch das Wirken des *Heiligen Geistes ihre Sündhaftigkeit vor Gott deutlich erkennen und die in Jesus geschaffene *Vergebung annehmen. B. ist deshalb nur im Glauben möglich. Umkehr zu Gott bedeutet gleichzeitig Abkehr von der Sünde. Aber auch nach ihrer grundsätzlichen Hinwendung zu Gott sind Christen aufgefordert, in einer bußwilligen Haltung zu leben (2.Kor 7,9ff; 1.Joh 1,5- 2,2).

*Abfall.

C

CAESAR. Röm. Staatsmann und Feldherr (100-44 v.Chr.). Familienname eines Zweiges des römischen Adelsgeschlechtes der Julier. Die Familie herrschte von Augustus (31 v.Chr.) bis zu Neros Tod (68 n.Chr.). Die neuartige Verbindung der Rechts- und Sozialgewalt führte zu solch umwälzenden Veränderungen in der Herrschaftsstruktur des Römischen Reiches, daß auch nach 68 n.Chr. die Bezeichnung „Caesar" als Titel der röm. Herrscher weitergeführt wurde. Im NT erwähnte Caesaren: *Augustus; *Klaudius; *Nero; *Tiberius.
*Rom.

Caesar. Die Münze zeigt den röm. Kaiser Klaudius, der von 41 bis 54 n.Chr. regierte.

CÄSAREA PHILIPPI. Stadt am Fuße des Hermongebirges nahe der Hauptquelle des Jordan, möglicherweise das atl. Baal-Gad. C. wurde unter den Griechen, die hier den Gott Pan verehrten, Paneas genannt. *Herodes der Große baute in der Stadt einen Tempel für Kaiser („Caesar") *Augustus, und der Vierfürst Philippus benannte sie zu Ehren des Kaisers „Caesarea"; der Beiname „Philippi = des Philippus" sollte sie von der gleichnamigen Hafenstadt unterscheiden. In der Nähe von C. legte Petrus sein Christusbekenntnis ab (Mt 16,13ff).

CÄSAREA. Von *Herodes dem Großen erbaute und nach Kaiser („Caesar") *Augustus benannte Stadt an der Mittelmeerküste, 37 km südl. des Karmel. Sie war offizieller Wohnsitz der herodianischen Könige und der röm. Statthalter. An der Handelsstraße von Tyrus nach Ägypten gelegen und mit einem künstlichen Hafen ausgestattet, war die Stadt ein bedeutendes Handelszentrum. Sie besaß prunkvolle Paläste und öffentliche Gebäude, ein großes Amphitheater und eine weiträumige, dem röm. Kaiser und Rom geweihte Tempelanlage. In der Bevölkerung gab es eine starke jüd. Minderheit. Der Evangelist *Philippus wohnte in C. (Apg 8,40; 21,8); Petrus taufte hier die Nichtjuden im Haus des röm. Hauptmanns Kornelius (Apg 10,1ff). Paulus, der die Stadt mehrmals besuchte, wurde in C. vor Gericht gebracht (Apg 23,23ff).

CASTOR UND POLLUX. *Zwillingsbrüder.

CHALDÄA/CHALDÄER. Ein Land und dessen Bewohner in Südbabylonien. Später, vor allem während der letzten Dynastie (626-539 v.Chr.), bezeichnete es ganz *Babylonien. Die Chaldäer waren ein halbseßhaftes Wüstenvolk (zwischen Nordarabien und dem Pers. Golf), das „Ur in Chaldäa" einnahm (1.Mo 11,28; vgl. Apg 7,4) und von den Aramäern zu unterscheiden ist. Ein Chaldäer bemächtigte sich 721-710 v.Chr. und 703-702 v.Chr. des babylon. Throns; Jesaja warnte Juda davor, ihn zu unterstützen (Jes 23,13). Nabopolassar begründete 626 v.Chr. die berühmte chaldäische Dynastie, zu der *Nebukadnezar und *Belsazar gehörten (Dan 5,30). Die Bezeichnung „Chaldäer" wurde gelegentlich für Angehörige der Oberschicht gebraucht (Priester, Sterndeuter und Gebildete) (Dan 2,2.10).

CHERUBIM. (Mehrzahl von Cherub). Himmlische Wesen (*Engel), die den Baum des Lebens im Garten Eden bewachten (1.Mo 3,24). Auf die *Bundeslade wurden goldene C. gesetzt, die symbolisch den Inhalt bewachten und mit ihren ausgebreiteten Flügeln den sichtbaren Sokkel für Gottes unsichtbaren Thron darstellten (2.Mo 25,18ff). Cherubimfiguren gehörten zum Schmuck des Tempels (1.Kön 6,23ff); ihr Aussehen wird nicht näher beschrieben. In einer Vision Hesekiels hatten sie zwei (Hes 41,18f), in einer anderen vier Gesichter und vier Flügel (Hes 10,21). Auch Gottes Thronwagen wird von C. getragen (Hes 10). Ausgrabungen in Samaria und Byblos (Gebal) haben Figuren mit Menschengesicht, vierbeinigem Tierkörper und zwei Flügeln zutage gebracht, die C. darstellen könnten.

Cherubim. Cherub mit Flügeln und Krone auf einem Siegel aus Jerusalem.

CHIOS. Ägäische Insel vor der Westküste Kleinasiens (Apg 20,15); bis Vespasian Kaiser wurde (69-79 n.Chr.), war sie ein freier Stadtstaat.

CHLOË (Grüne Pflanze). Griech. Frauenname. „Die Leute der Chloe" (1.Kor 1,11) waren vermutlich Christen, Sklaven einer Christin aus Ephesus, die die Gemeinde in Korinth besuchten.

CHORAZIN. Stadt, 4 km nördl. von Kapernaum, heute das Ruinenfeld Keraze. Jesus tadelte C., weil es nicht zur Buße bereit war (Mt 11,21).

CHRIST, CHRISTEN. Die drei Vorkommen dieser Bezeichnung im NT (Apg 11,26; 26,28; 1.Petr 4,16) deuten an, daß sie allgemein anerkannt war, daß aber die Christen selber andere Bezeichnungen vorzogen. Der Name Christ, mit der Bedeutung „zu Christus gehörend", wurde zum ersten Mal in den 40er Jahren des 1. Jh. n.Chr. in Antiochien gebraucht. Dort waren neben Juden sehr viele Nichtjuden (Heiden) zum Glauben an Jesus Christus gekommen. Die Gemeinde konnte nicht mehr als jüdische Sekte angesehen werden. So könnten nicht zur Gemeinde gehörige Heiden diesen Namen geprägt haben. In den weiteren Vorkommen wird der Name in beiden Fällen von Nichtchristen gebraucht. War es anfänglich ein Spottname, so haben doch später die Glaubenden den Namen übernommen. Er lenkt die Aufmerksamkeit auf Christus als die Mitte ihres Lebens. Außerdem war es kein Nachteil, daß man Christos leicht mit dem bekannten Namen Chrestos („gut, freundlich") verwechseln konnte.

CHRONIKBÜCHER. *Verfasser.* Die Bücher der Chronik laufen über weite Strecken parallel zu den Samuel- und Königsbüchern, haben jedoch ihren eigenen Charakter und setzen die Schwerpunkte etwas anders. Auch die Chronikbücher bilden im hebr. Kanon ein einziges Werk und wurden erst von den griech. Übersetzern unterteilt. Als Verfasser wird Esra vermutet, weil das Buch Esra dem Stil der Chronik sehr ähnlich ist und praktisch

Chronikbücher

nahtlos daran anschließt (vgl. 2.Chro 36,22-33 und Esr 1,1-3).

Inhalt. Die Chronik ist eine Zusammenfassung der jüd. Geschichte von Adam bis zur Babylon. Gefangenschaft. Im Mittelpunkt steht das Königtum Davids und Salomos. Im übrigen legt der Chronist großes Gewicht auf den Tempel, Gottesdienst, Lobpreis und alles, was damit zusammenhängt. Im zweiten Buch der Chronik fällt auf, daß nach der Teilung des Reiches nur die Geschichte des Südreiches Juda aufgezeichnet ist – denn nur Juda hatte Anteil am Tempel Gottes in Jerusalem.

Die langen Geschlechtsregister in 1.Chro 1-9 waren für die israelit. Sippen und Familien ein Beweis ihrer Zugehörigkeit zum Volk Gottes. Mit jedem Namen war auch eine besondere Geschichte verbunden, die jeder Israelit kannte. Deshalb waren diese Namenslisten für sie nicht „trocken" wie für uns, sondern eine Stütze für lebendige Erinnerungen.

Bedeutung. Die Chronik bringt die Notwendigkeit zum Ausdruck, daß Gott und seine Verehrung das Zentrum im Leben jedes einzelnen und des ganzen Volkes Gottes sein muß (vgl. Mt 6,9b; 19,46; 1.Kor 3,16-17; 6,19-20). Im Reich Gottes soll alles Planen und Arbeiten von Gott geführt werden und auf die ihm angemessene Verherrlichung hinzielen. Lobpreis, Hingabe und das Sicheinordnen in den Dienst mit seinen Gaben und Aufgaben spielen in der Chronik eine große Rolle.

Gliederung.
1.Chronik
1-9 Geschlechtsregister.
10-29 Davids Herrschaft, Planung des Tempels und Tempeldienstes.
2. Chronik
1-9 Salomos Königtum, Bau und Einweihung des Tempels.
10-36 Könige von Juda von Rehabeam bis Zedekia.

CHRONOLOGIE DES ALTEN TESTAMENTS. Die Bedeutung von Ereignissen und Personen wird besser verständlich, wenn man sie möglichst genau einordnen kann. Da im AT jedoch nicht alle benötigten Daten enthalten sind, versucht die Forschung, bibl. Zeitangaben mit solchen aus archäologischen Quellen in Beziehung zu setzen. Gute Datierungen sind ab 1400 v.Chr. möglich, weil die Assyrer ausführliche Listen der jährlich ernannten Beamten führten. Von der Sonnenfinsternis im Juni 763 v.Chr. ausgehend lassen sich z.B. anhand dieser Listen Ereignisse und Personen von 892 bis 648 v.Chr. genau einordnen. Ägypt. Quellen zwischen 2100 und 1200 v.Chr. können mit mesopotamischen und astronomischen Daten verglichen werden und liefern eine Fehlergenauigkeit von weniger als 10 Jahren.

Vor 2000 v.Chr. sind zuverlässige Daten seltener – die Irrtumsspanne beträgt bis zu 200 Jahre. Für die Zeit vor 3000 v.Chr. besteht die einzig sichere Datierungsmöglichkeit in der Untersuchung archäologischer Funde mit der „Carbon-14-Methode", die mit einer Irrtumsspanne von 250 Jahren für die bibl. Chronologie jedoch wenig brauchbare Ergebnisse liefert.

Erschwert wird die Datierung auch durch leichte Abweichungen in den Königslisten und durch unterschiedliche Zeitrechnung einzelner Gesellschaftsgruppen des Altertums. Für Israel beträgt die Irrtumsspanne in Salomos Zeit aber nur ca. 10 Jahre und nähert sich beim Fall Jerusalems 587 v.Chr. gegen null.

1. *Daten vor der Eroberung Kanaans.* Versuche, mit Hilfe bibl. Angaben die Zeit von Adam bis Abraham zu datieren, werden durch die Unsicherheit über deren korrekte Auslegung erschwert. Wenn man z.B. Abrahams Geburt zu ihrem frühestmöglichen Zeitpunkt 2000 v.Chr. ansetzt und den bibl. Geschlechtsregistern folgt, dann hätte die Sintflut 2300 v.Chr. stattgefunden, was nach archäologischer Erkenntnis jedoch viel zu spät ist. Für die Zeit der Patriarchen (von Abraham bis Josef) hängt die Datierung weitgehend von archäologischen Entdeckungen ab, die zu Aussagen oder Beschreibungen im bibl. Bericht passen. Die Könige von 1.Mo 14 konnten bisher nicht mit bestimmten

Personen identifiziert werden, aber ihre Namen sind in der Zeit um 1900-1500 v.Chr. ebenso geläufig wie die beschriebenen Machtbündnisse. Die gesellschaftlichen Sitten im Zusammenhang mit Adoption und Erbschaft in 1.Mo 15.16.21 haben in der Zeit vom 18. bis zum 15. Jh. v.Chr. enge Entsprechungen in Dokumenten aus Ur und anderen Orten. Auf dieser Basis kann Abraham um 2000-1850 v.Chr. und Josef um 1750-1650 v.Chr. angesetzt werden. Es ist auch möglich, Aussagen aus der Erzväterzeit zu späteren Ereignissen in Beziehung zu setzen. So wurde z.B. Abraham vorausgesagt, daß seine Nachkommen vier Jahrhunderte lang in einem fremden Land wohnen sollten (1.Mo 15,13ff); später wird der Zeitraum von Jakobs Ankunft in Ägypten bis zu Israels Auszug mit 430 Jahren angegeben (2.Mo 12,40f). Wenn Jakob um 1700 v.Chr. nach Ägypten zog, ist das nächste bibl. Ereignis die Errichtung der ägypt. Städte Pitom und Ramses durch die Hebräer (2.Mo 1,11). Letztere wurde weitgehend unter Ramses II. gebaut (ca. 1290-1224 v.Chr.), so daß der Auszug aus Ägypten nach 1290 v.Chr. und wahrscheinlich vor 1260 v.Chr. stattgefunden hat.

2. *Von der Landnahme bis zur Königszeit.* Es ist wichtig, die bibl. Zeitangaben mit großer Sorgfalt auszulegen, weil im Altertum Zeiträume völlig anders dargestellt wurden als bei uns. Nach 1.Kön 6,1 vergingen zwischen dem Auszug aus Ägypten und Salomos viertem Regierungsjahr 480 Jahre. Zieht man davon die 40 Jahre der Wüstenwanderung, die 40 Jahre der Regierungszeit Davids und die ersten 3 Jahre Salomos ab, so ergibt sich für die Zeit von Josua bis Saul ein Zeitraum von insgesamt 397 Jahren. Wenn jedoch die Eroberung wirklich ca. 1240 v.Chr. stattfand und David ca. 1010 v.Chr. an die Macht kam, bleiben dazwischen nur 230 Jahre. Zählt man alle bibl. Angaben zusammen, so ergeben sich sogar 470 Jahre zuzüglich mehrerer unbekannter Zeiträume (z.B. Sauls Regierungsdauer). Dieses Problem wird vermindert, wenn man erkennt, daß einige der berichteten Ereignisse eher gleichzeitig als nacheinander abliefen, wie das bei einigen Richtern der Fall ist. Auf diese Weise läßt sich der Unterschied zwischen der archäologischen Datierung von 230 Jahren und der bibl. Zahl von mehr als 470 Jahren überbrükken. Wie aus ägypt. Quellen bekannt ist, stellten antike Schreiber keine zeitlich aufeinander abgestimmten Königslisten auf; eine Liste (der Turiner Papyrus), die insgesamt 450 Jahre ergibt, muß in Wirklichkeit in die 234 Jahre zwischen ca. 1786 und 1552 v.Chr. passen.

3. *Das geteilte Reich bis zur Babylonischen Gefangenschaft.* Die Angaben assyr. Texte passen genau in den engen Rahmen der Regierungszeiten der Könige von Israel und Juda von der Teilung des Reiches (d.h. der Thronbesteigung Jerobeams und Rehabeams) 931/930 v.Chr. bis zum Fall Samarias 722 v.Chr. Von Hiskias Regierungszeit in Juda bis zur Eroberung Jerusalems durch die Babylonier am 15./16. März 597 v.Chr. können die Daten anhand babylon. Zeittafeln errechnet werden. Eine gewisse Unsicherheit herrscht jedoch darüber, ob der endgültige Fall Jerusalems 587 oder 586 v.Chr. stattfand. Die Rückkehr aus dem Exil unter Kyrus erfolgte im ersten Jahr seiner Herrschaft über Babylon (Esr 1,1), d.h. 538/537 v.Chr. (nach seiner Eroberung der Stadt und der Machtübernahme 539 v.Chr.). Die Zeitangaben aufeinanderfolgender Ereignisse (Wiederaufbau des Tempels, Auftreten von Haggai und Sacharja, Tätigkeit von Esra und Nehemia) werden im AT alle zur Regierungszeit pers. Könige in Bezug gesetzt, die sich genau datieren lassen.

*Esra; *Nehemia.

CHRONOLOGIE DES NEUEN TESTAMENTS. Die ersten Christen zeigten wenig Interesse an Chronologie, und die ntl. Schriften enthalten nur spärliche Daten.

1. *Chronologie des Lebens Jesu.* Jesus wurde vor dem Tod Herodes des Großen geboren (Lk 1,5), also vor 4 v.Chr. Nach den Angaben zum Kindermord und der Flucht nach Ägypten kann das Geburtsjahr Jesu auf 8/7 v.Chr. angesetzt werden. Zur Zeitangabe vgl. *Quirinius; *Sterne; *Jesus Christus.

Bis zum Beginn des Wirkens Jesu vergingen ungefähr 30 Jahre (Lk 3,23). Seine Wirkungszeit begann 27-28 n.Chr. oder 28-29 n.Chr. (Lk 3,1). Joh 2,20 bezieht sich auf die 46 Jahre des Tempelbaus. Nach Josephus entschloß sich Herodes 20-19 v.Chr. zur Errichtung des neuen Tempels, aber vor Beginn der Arbeiten benötigte er einige Zeit zur Materialsammlung; das Ereignis (Joh 2) könnte also später als 26-27 n.Chr. stattgefunden haben.

Jesus wurde zwischen 26 und 36 n.Chr. gekreuzigt, als Pontius Pilatus Statthalter von Judäa war; über das genaue Jahr gibt es jedoch verschiedene Ansichten. Aus Lk 13,1 und 23,12 läßt sich schließen, daß Pilatus bereits einige Zeit im Amt war, so daß die Kreuzigung kaum schon 26-27 stattgefunden hat. Viele der alten Kirchenschriftsteller (z.B. Tertullian, 200 n.Chr.) geben als Kreuzigungsdatum den 25. März 29 n.Chr. an. Ein Freitag war es auf jeden Fall, aber der Passa-Vollmond lag in jenem Jahr mit ziemlicher Sicherheit im April. Nach astronomischer Erkenntnis (die für den jüd. Kalender maßgeblich war) fiel der bei den Synoptikern (Matthäus, Markus und Lukas) als Kreuzigungsdatum angegebene 15. Nisan nur im Jahr 27 n.Chr. auf einen Freitag, aber das ist zu früh. Der 14. Nisan (den das Johannesevangelium nennt) war 30 und 33 n.Chr. an einem Freitag, und einer dieser beiden Termine ist am wahrscheinlichsten.

Wichtiger als die genauen Jahreszahlen des Beginns und Endes ist die Dauer des Wirkens Jesu. Manche legen „das Gnadenjahr des Herrn" (Lk 4,19) wörtlich aus und schließen daraus, daß Jesus nur ein Jahr lang tätig war. Wahrscheinlicher erscheint jedoch die „2-Jahres-Theorie", deren Anhänger behaupten, daß zwischen Jesu Taufe und seiner Kreuzigung nur die drei Passafeste stattfanden, die bei Johannes ausdrücklich genannt sind (2,13; 6,4; 11,55). Möglicherweise lag jedoch ein 4. Passafest zwischen den ersten beiden von Johannes erwähnten. Jesu Bemerkung über die Jahreszeit in Joh 4,35 ist wörtlich zu verstehen; daher muß seine Rückkehr nach Galiläa (4,43) im Winter erfolgt sein. Da in 5,1 ein langer Zeitabstand vorausgesetzt wird, war das in diesem Vers nicht näher benannte Fest wahrscheinlich das Passa des folgenden Frühjahrs, so daß Jesus drei Jahre lang wirkte.

2. Die apostolische Zeit. Die Bekehrung des Paulus erfolgte drei Jahre vor seiner Flucht aus Damaskus (Gal 1,18), als die Stadt von einem „Statthalter des Königs Aretas" regiert wurde (2.Kor 11,32). Aretas übernahm Damaskus zwischen 37 und 40, also muß die Bekehrung des Paulus zwischen 34 und 37 n.Chr. liegen, wahrscheinlich 34-35. Sein Besuch in Jerusalem (Apg 11,30) fand nach Agrippas Tod statt, d.h. nach 44 n.Chr. (Apg 12,1-24 ist ein Rückblick). Die von Agabus vorausgesagte Hungersnot (Apg 11,28) war zwischen 46 und 48, wahrscheinlich 46 n.Chr. Kurz darauf unternahm Paulus seine *erste Missionsreise* und kehrte im Herbst 47 nach Antiochia zurück. Anfang 48 nahm er an der *Apostelversammlung* in Jerusalem teil (Apg 15) und begann später im selben Jahr seine *zweite Missionsreise*. Die Erwähnung von Gallio als Statthalter von Achaja (Apg 18,12) zeigt, daß Paulus wahrscheinlich Anfang 50 in Korinth ankam und nicht vor dem Winter 51/52 nach Syrien zurückkehrte; die Vertreibung der Juden aus Rom (Apg 18,2) wird von dem röm. Geschichtsschreiber Orosius mit 49-50 n.Chr. angegeben. Die *dritte Missionsreise* des Paulus kann also nicht vor 52 begonnen haben, wegen seiner Krankheit vermutlich nicht vor 53; da er sich dabei auch drei Jahre in Ephesus aufhielt, endete sie auf keinen Fall vor 55-56.

Wahrscheinlich verließ Paulus im Jahr 57 Ephesus, traf 58 auf dem Weg nach Europa mit Titus zusammen und kehrte 59 nach Jerusalem zurück. Nach zweijähriger Gefangenschaft in Cäsarea wandte er sich 61 an den Kaiser (Festus war wahrscheinlich 57-61 Statthalter; Apg 24,27). Im Herbst (Apg 27,9) fuhr er mit dem Schiff nach Rom, wo er 62 ankam. Bis zur Verfolgung unter Nero (64) blieb er mindestens zwei Jahre unter Hausarrest; über sein weiteres Leben weiß man nichts Genaues. Kirchenvater Irenäus berichtet, daß der Apostel Johannes noch die Zeit des Kaisers Trajan erlebte. Mit seinem Tod (ca. 100) ging die apostolische Zeit zu Ende.

D

DABERAT. Levitenstadt von *Issaschar, möglicherweise am W-Fuß des Berges Tabor (1.Chro 6,57).

DAGON. Im AT der Hauptgott der Philister, zu *Simsons Zeit in Gaza (Ri 16,21ff), zur Zeit *Sauls und *Davids in Aschdod und Bet-Schean (1.Sam 5,2ff). Wenn das gebräuchliche hebr. Wort für Getreide *(dagan)* mit ihm zusammenhängt, wäre er ein Getreidegott gewesen. Er wurde von 2500 v.Chr. an in ganz Mesopotamien verehrt. Sein Tempel in Mari (18.Jh.v.Chr.) war mit Bronzelöwen geschmückt; der Tempel in Ugarit (14. Jh. v.Chr.) hatte einen Vorhof, ein Vorzimmer und wahrscheinlich einen Turm.

DALMANUTA. In Mk 8,10 ein Gebiet am See Genezareth, in das die Jünger nach der Speisung der 4000 kamen; die genaue Lage ist bis heute unbekannt.

DALMATIEN. Röm. Provinz östl. der Adria, die in 2.Tim 4,10 erwähnt wird und mit *Illyrien identisch ist.

DAMASKUS. Hauptstadt von Syrien östl. des Antilibanongebirges und westl. der syrisch-arabischen Wüste. Die Gegend ist berühmt für ihre Obstkulturen und Gärten, die von den Flüssen Abana (heute Barada), Parpar (vgl. 2.Kön 5,12) und Euphrat bewässert werden. D. ist ein natürlicher Verkehrsknotenpunkt und war im 10.-8. Jh. v.Chr. Hauptstadt eines Aramäerstaates. Das Zentrum der heutigen Stadt am Barada bedeckt teilweise das Gebiet der alten ummauerten Stadt. Einige Straßen, einschließlich der Geraden Straße (Apg 9,11), haben noch denselben Verlauf wie zur Römerzeit; die große Moschee aus dem 8. Jh. n.Chr. steht angeblich an dem Ort des Tempels *Rimmons (2.Kön 5,18). D. war bereits zur Zeit *Abrahams sehr bekannt (1.Mo 14,15) und scheint schon in vorgeschichtlicher Zeit besiedelt gewesen zu sein.

Zur Zeit *Davids wurde sie Hauptstadt des neugebildeten Stadtstaates Aram (Syrien; 1.Kön 11,24), dessen König *Ben-Hadad zur Schlacht bei Qarqar 20 000 Soldaten sandte, um zusammen mit Israel und anderen Verbündeten die Herrschaft der Assyrer zu brechen (der Kampf ging wahrscheinlich unentschieden aus). Sowohl *Elia als auch *Elisa hatten mit Syrien zu tun (z.B. 1.Kön 19,15; 2.Kön 5,1ff; 8,7). Spätere Angriffe der Assyrer schwächten D. so sehr, daß Israel seine zuvor verlorenen Grenzstädte zurückgewinnen konnte (2.Kön 13,25). *Aram verbündete sich mit Israel, um Juda zu unterdrücken, und wurde von den Assyrern unterworfen, an die sich Ahas von Juda um Hilfe gewandt hatte (2.Kön 16,5ff). D. war 64 v.Chr.-33 n.Chr. röm. Provinz. Auf dem Weg nach D. bekehrte sich *Saulus von

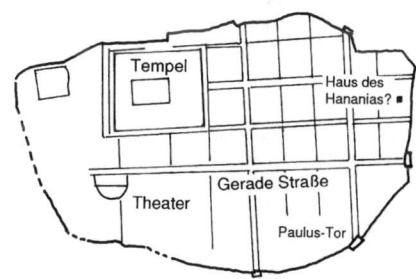

Damaskus. Skizze des antiken Damaskus. Die „Gerade Straße" existiert auch heute noch als schmale, z. T. überdeckte Bazarstraße.

Tarsus (Paulus; Apg 9,1ff); bei seiner Flucht (ca. 37 n.Chr.) war die Stadt in den Händen von Aretas IV., dem König von Arabia Peträa (2.Kor 11,32).

DÄMONEN (LÜ: böse Geister). Im AT werden sie selten erwähnt, in den Evangelien dagegen häufig. In der antiken Literatur sind D. (gute) Götter oder Wesen mit göttlicher Macht, aber in den Evangelien stehen sie Gott immer feindlich gegenüber. Ihr Anführer ist Beelzebul (*Satan; Mk 3,22). Dämonische *Besessenheit ist eine vom Betroffenen nicht beeinflußbare teuflische Fremdbestimmung seiner Persönlichkeit, die sich z.B. in Stummheit (Lk 11,14), Anfällen (Mk 9,17f) und eigenartigem Benehmen (Lk 8,27.29) äußern kann. Das NT unterscheidet deutlich zwischen Besessenheit und üblichen körperlichen oder seelischen Krankheiten (z.B. Mt 4,24). Jesus ließ seine Nachfolger am Sieg über die D. teilhaben, indem er ihnen die Macht gab, diese auszutreiben (Lk 9,1). Außerhalb der Evangelien werden D. selten erwähnt; Paulus betrachtet in 1.Kor 10,20f die Götzen als D.
*Baal-Sebub; *Böse Geister.

DAN-JAAN. Wahrscheinlich eine Stadt im N *Dans, vielleicht das Ijon von 1.Kön 15,20; Joab kam hierher, um Davids Volkszählung durchzuführen (2.Sam 24,6ff; Rev EB und ältere LÜ).

DAN. *Person:* Einer der zwölf Söhne *Jakobs, der ihm von *Rahels Magd Bilha geboren wurde (1.Mo 30,1ff).

Ort: Stadt nahe einer der Jordanquellen, heute Tell el-Qadi oder Tell Dan, früher Lajisch. Es war die nördlichste Stadt der Israeliten.

Stamm: Einer der zwölf Stämme Israels, Nachkommen von Jakobs Sohn Dan. Ihr ursprüngliches Siedlungsgebiet war im SW Kanaans, aber als sie von den Amoritern ins Bergland gedrängt wurden, zogen viele Daniter nach N und fanden in der Nähe der Jordanquelle eine neue Heimat (Jos 19,47). Die im S verbliebenen Daniter gingen offenbar im Stamm *Juda auf – so war Simson Daniter (Ri 13,1ff) –, während die im N 732 v.Chr. vom Assyrerkönig Tiglat-Pileser III. verschleppt wurden (2.Kön 15,29).

DANIEL. Siehe *Daniel, Buch.

DANIEL, BUCH. *Verfasser und Zeit.* Daniel (Gott ist mein Richter) entstammte einem vornehmen jüd. Geschlecht. Er wurde mit vielen anderen Juden der Oberschicht von *Nebukadnezar nach Babylon deportiert und an den königlichen Hof gebracht. Dort wurde er wegen seiner Glaubenstreue, seines korrekten Lebenswandels und seiner Klugheit geachtet, aber auch verfolgt. Er erhielt den Namen Beltschazar. Als Seher und Ausleger von Träumen wurde er bekannt und geschätzt. Ihm wurden auch Regierungsfunktionen übertragen.

Daniel bereitete mit seinem Glaubensmut und seinem Standhalten im Leiden für Gott den Weg der Befreiung des ganzen Volkes vor. Obwohl der Name des Verfassers nirgends erwähnt ist, wird im allgemeinen Daniel selbst angenommen. Der zweite Hauptteil ist mehrheitlich in der Ich-Form geschrieben. Daniel sagte den zukünftigen Sieg des *Messias voraus (Dan 7-12). Möglicherweise war er derselbe Daniel, der in Hes 14,14.20; 28,3 im Zusammenhang mit Noah und Hiob genannt wird.

Inhalt und Bedeutung. Die Hauptteile des Danielbuches haben den Charakter eines Offenbarungsbuches von den „letzten Dingen".

In der symbolträchtigen Sprache der Apokalyptik (von griech. apokalyptein = enthüllen) wird der durchgehende Konflikt zwischen dem Reich Gottes und den Reichen dieser Welt enthüllt. Alle Weltmächte haben die Natur von Raubtieren (Kap. 7). D.h. sie sind als Diktaturen auf die Ausdehnung ihrer Gewalt, ihres Einflusses und auf Beherrschung der gesamten Welt bedacht, dennoch ist ihre Macht und ihre Zeit begrenzt und vergänglich (Kap. 2). Das messianische Reich aber ist von anderer Qualität. Es ist das ewige, universelle und endgültige Reich Gottes, das im Kommen ist. Doch auch in der gegenwärtigen Geschichte wirkt Gott und dirigiert das Geschehen, nämlich das Kommen und Gehen der Herren dieser Welt (Kap. 11).

In Kap. 12 wird zum ersten Mal von der

Auferstehung zum Leben oder zum Tod gesprochen (12,2-3).
Gliederung.
1-6 Geschichte Daniels.
　　Das Schicksal Daniels und seiner Freunde (1).
　　Nebukadnezars Traum vom Riesenstandbild (2).
　　Die drei Männer im Feuerofen (3).
　　Nebukadnezars Traum, sein Wahnsinn und seine Genesung (4).
　　Daniel und Belsazar, Mene tekel upharsin (5).
　　Daniel in der Löwengrube (6).
7-12 Visionen Daniels.
　　Vision von den Raubtieren und vom Menschensohn (7).
　　Große Tiervision (8).
　　Die 70 von Jeremia angesagten Jahrwochen (9).
　　Schlußvisionen über den Geschichtsverlauf (10-12).
　　Auferstehung zum Leben oder zum Gericht (12,2-3).

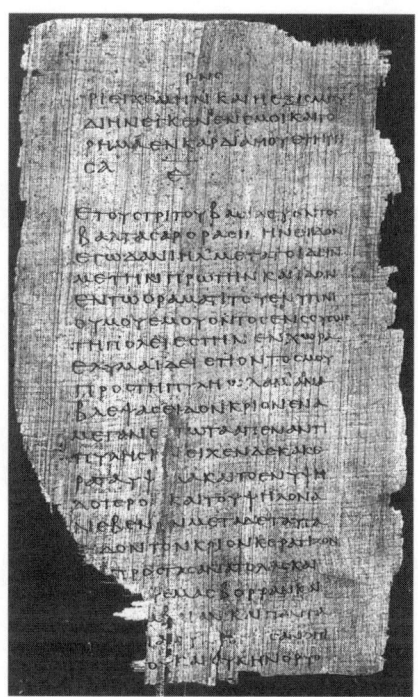

Daniel, Buch. *Griech. Papyrus-Fragment des Danielbuches um 250 n.Chr.*

DARIUS. 1. *Darius der Meder* wurde nach dem Tod *Belsazars im Alter von 62 Jahren König von *Babylon (Chaldäa; Dan 6,1f). Er wird außerhalb des Buches Daniel nicht erwähnt, und zeitgenössische Texte kennen keinen babylon. König zwischen Nabonid (Belsazar) und *Kyrus. Er wird manchmal mit Kyrus gleichgesetzt, der wegen seiner Verwandtschaft mit den Medern „König der Meder" genannt wurde und mit etwa 60 Jahren den Thron bestieg, allerdings nirgendwo als Sohn des Ahasveros bezeichnet (Dan 9,1).

2. *Darius I.*, Nachfolger des Kambyses, war 521-486 v.Chr. König von Persien und Babylon. Er ermöglichte den Juden den Wiederaufbau des Tempels in Jerusalem (Esr 4,5; Hag 1,1; Sach 1,1).

3. *Darius II.* (Nothos) regierte Persien und Babylon 423-408 v.Chr. und wird in Neh 12,22 (Urtext und ältere LÜ) „Darius der Perser" genannt.

DATAN. Ein Rubeniter, der sich am Aufstand des Leviten *Korach gegen Mose beteiligte (4.Mo 16,1ff).

DAUMEN. Indem Opferblut auf den D., die große Zehe und das Ohr des *Priesters gestrichen wurde, weihte man symbolisch sein Handeln, Gehen und Hören (2.Mo 29,20). Wenn man einem besiegten Feind die D. abschnitt, so galt das als Zeichen seiner Machtlosigkeit (Ri 1,6f).

DAVID. In der Heiligen Schrift trägt diesen Namen nur eine Person – der jüngste Sohn *Isais und zweite König Israels. Das unterstreicht die einzigartige Rolle, die er als Stammvater, Vorläufer und Wegbereiter Jesu Christi hat (vgl. die Verheißungen aus 2.Sam 7). Er wird im NT 58 mal erwähnt, einschließlich des oft wiederholten Titels „Sohn Davids" für Jesus. 1.Sam 16 bis 1.Kön 2 berichten seine Geschichte; vieles davon findet man auch in 1.Chro 2-29.

Er war ein Hirte, Urenkel von Rut und Boas, der jüngste von acht Brüdern, auf den die anderen eifersüchtig waren. *Samuel salbte ihn ohne große Zeremonie zum Nachfolger des Königs *Saul, der ihn an seinen Hof holen ließ, um sich an seiner Musik zu erfreuen (1.Sam 16). Nachdem D. den Philisterhelden *Goliat getötet und Sauls Tochter als Belohnung erhalten hatte, stellte sich bei Saul Eifersucht ein (1.Sam 17; 18,8f). D. entkam den Mordanschlägen Sauls, dessen Kinder *Jonatan und *Michal sich auf D. Seite stellten, und war von da an ständig auf der Flucht (1.Sam 18; 19). Wer ihm half, wurde von Saul grausam bestraft (1.Sam 22,6ff). D. scharte eine bewaffnete Truppe um sich, die Israels Feinde abwehrte und entlegene israelit. Dörfer schützte, deren Bewohner die Flüchtlinge mit Nahrung und Unterkunft versorgten. Er schloß einen Vertrag mit den Philistern, die ihm jedoch glücklicherweise nicht zutrauten, in der Schlacht, die Sauls Leben beendete, gegen Israel zu kämpfen. D. trauerte um seinen Vorgänger Saul aufrichtig (2.Sam 1,19ff).

Im Alter von 30 Jahren wurde er in Hebron zum König von Juda gesalbt, von wo aus er sieben Jahre lang regierte; nach zweijährigem Bürgerkrieg wurde er zum König über alle zwölf Stämme gesalbt und verlegte seine Hauptstadt später nach Jerusalem. Er führte Israel zu einer systematischen Unterwerfung der umliegenden Völker, dehnte seinen Einfluß von der ägypt. Grenze bis zum oberen Euphrat aus und leitete eine Zeit des materiellen Wohlstands ein. Er brachte die Bundeslade nach Jerusalem in ein eigens dafür errichtetes Zelt und legte damit den Grundstock für die spätere religiöse Bedeutung der Stadt. Auf dem Höhepunkt des Wohlstands und des religiösen Eifers beging D. Ehebruch mit *Batseba, und daraus folgte die Ermordung ihres Mannes Uria (2.Sam 11-12). Später bereute er die Tat zutiefst. Das Blutvergießen, das D. nach seiner Sünde vom Propheten Nathan vorausgesagt wurde, setzte sich bis zu seinem Tod und darüber hinaus in seiner Familie fort; z.B. starb D. Sohn *Absalom nach einem bitteren und blutigen Aufstand gegen seinen Vater.

D. war als Sänger und Liederdichter berühmt (vgl. 2.Sam 23,1); 73 der bibl. Psalmen werden ihm zugeschrieben, von denen einige seine Verfasserschaft deutlich erkennen lassen.

DEBIR. *Person:* Kanaaniterkönig von Eglon, der gegen Josua kämpfte (Jos 10,3).
Ort: Levitenstadt im südl. Hügelgebiet Judäas (Jos 15,49: Kirjat-Sanna). Mögliche Ortslagen sind Tell Beit Mirsim, 20 km westsüdwestl. von Hebron, und Chirbet Rabud, 8 km östl. von Tell Beit Mirsim. Andere Orte namens D. werden in Jos 15,7 (im N Judas) und Jos 13,26 (im N Gads) erwähnt.

DEBORA. Prophetin und Richterin in Israel, Frau Lappidots (ca. 1125 v.Chr.), die in Streitfällen aufgesucht wurde (Ri 4,4f). Als *Sisera Israel bedrängte, forderte sie den israelit. Heerführer *Barak auf, den Kampf zu eröffnen, und zieht auf dessen Bitte mit ihm in die Schlacht (Ri 4,6ff). Das Lied der D. (Ri 5,2-31a) ist aus dem 12. Jh. v.Chr. in sprachlich fast unveränderter Form erhalten und stellt somit einen der ältesten Abschnitte des AT dar. Es liefert wichtige Informationen über die Stammesbeziehungen im damaligen Israel.

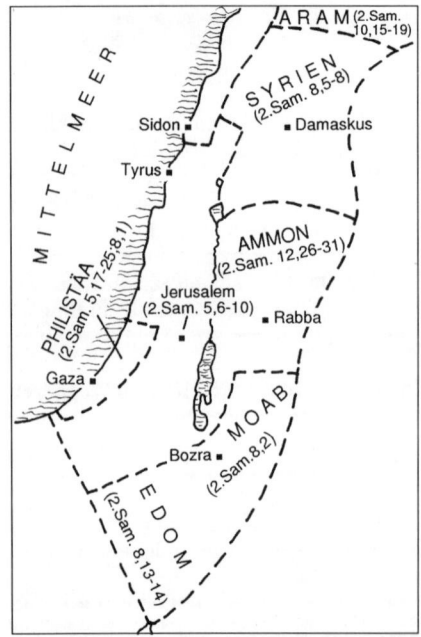

David. *Davids siegreiche Feldzüge.*

DEDAN. Stadt und Volk in NW-Arabien. Die Dedaniter waren für ihre Karawanen berühmt (z.B. Jes 21,13) und spielten wahrscheinlich in Salomos Handelsbeziehungen eine Rolle (1.Kön 10). Im 7. Jh. v.Chr. war die Stadt vielleicht eine Handelsniederlassung von *Saba. Später fiel das Königreich offenbar in die Hände der Perser. Heute heißt der Ort al-Ula und liegt 110 km südwestl. von Tema.

DEKAPOLIS (griech.: zehn Städte). Ein großes Gebiet südl. des Sees Genezareth und zur Hauptsache im Ostjordanland. Um 1 n.Chr. schlossen hier zehn Städte einen Bund gegen die semit. Stämme: Skythopolis, Pella, Dion, Gerasa, Philadelphia, Gadara, Raphana, Kanatha, Hippos und Damaskus. Jesus besuchte das Gebiet mindestens zweimal (Mk 5,1; 7,31).

DEMAS. Ein Mitarbeiter des *Paulus (Phlm 24; Kol 4,14). Persönliche Interessen veranlaßten ihn jedoch, Paulus zu verlassen und nach Thessalonich zu gehen (2.Tim 4,10). Der Name könnte eine Kurzform von *Demetrius sein.

DEMETRIUS. 1. Christ, dessen Zeugnis in 3.Joh 12 gelobt wird; manche setzen ihn mit *Demas gleich. **2.** Silberschmied, der einen Aufstand gegen Paulus anzettelte (Apg 19,24). **3.** Name dreier Könige der Seleukiden-Dynastie; Demetrius I. verfolgte die *Makkabäer und wurde von Alexander Balas getötet (1.Makk 10,50).

DEMUT. D. ist eine Wesensäußerung Gottes, der sich trotz seiner unvergleichlichen Größe zu den Geschöpfen herabläßt (Ps 113,5ff). Sie wird beispielhaft an der Selbsterniedrigung Jesu (Phil 2,5-8) deutlich und damit zum Vorbild für seine Nachfolger (Mt 23,12). *Paulus kann deshalb schwierige Lebensumstände in einer Haltung innerer D. annehmen (Phil 4,10ff). Vorgetäuschte Bescheidenheit ist demgegenüber von Stolz geprägt (Kol 2,18.23; vgl. 3,12).

DERBE (Wacholder). Stadt in Lykaonien, östlichster Ort, der von Paulus und Barnabas besucht wurde, als sie die Gemeinden in S-Galatien gründeten (Apg 14,6ff). Sie war 100 km von Lystra entfernt und könnte an der Ostgrenze der röm. Provinz Galatia gelegen haben; heute Kerti Hüyük.

DEUTERONOMIUM. *Mose, 5.Buch.

DI-SAHAB. Ort in *Moab, der in 5.Mo 1,1 genannt wird; die wahrscheinlichste Ortslage ist ed-Dheibeh, 30 km östl. von Heschbon.

DIAKON. Die Inhaber eines Gemeindeamts werden als „Diakone" bezeichnet (z.B. Phil 1,1). Paulus nennt in 1.Tim 3,8ff die Voraussetzungen für die Inhaber dieses Amtes, die vor allem Geldangelegenheiten regelten, Verwaltungsaufgaben wahrnahmen und Hilfsaktionen für Bedürftige organisierten. Obwohl die Wahl der sieben Armenpfleger (Apg 6) gelegentlich als Einsetzung der Diakonie verstanden wird, kommt die Bezeichnung „Diakon" (griech. *diakonos*) nicht vor. Die Bedeutung des Ereignisses liegt in der Tatsache, daß es das erste Beispiel für die Übertragung von Verantwortung im Bereich der Verwaltung und der Fürsorge ist. Der spätere kirchliche Gebrauch des Wortes verengte den ntl. Begriff auf verschiedene, eng umgrenzte Aufgabenbereiche.

Phoebe wird in Röm 16,1 *diakonos* der Gemeinde in Kenchreä genannt; frühe griech. Schriftsteller vertraten die Ansicht, daß in 1.Tim 3,11f nicht die Ehefrauen von Diakonen, sondern weibliche Diakone gemeint sein könnten. Eindeutig belegt sind weibliche Diakone erst im 3. Jh., aber viele ihrer Aufgaben (z.B. der Besuch von Frauen in heidnischen Haushalten) wurden sicher auch schon in apostolischer Zeit wahrgenommen.
*Dienst.

DIANA. Siehe *Artemis; *Ephesus.

DIASPORA. *Zerstreuung.

DIBON. Stadt in Moab östl. des Toten Meeres, 6 km nördl. des Arnon-Flusses; heute Diban. Sie gehörte ursprünglich den Moabitern, wurde aber in vorisraelit. Zeit durch die Amoriter erobert (4.Mo 21,26).

Die Israeliten eroberten D. (4.Mo 21,30) und teilten sie den Stämmen Ruben und Gad zu. Später verloren sie die Stadt wieder. Omri konnte D. kurz zurückgewinnen, aber König Mescha von Moab eroberte es erneut. Jesaja (15,2) und Jeremia (48,18.22) kannten D. als Moabiterstadt.

DICHTUNG, POESIE. *Altes Testament:* Die Dichtkunst nimmt in der hebr. Literatur einen breiten Raum ein, insbesondere in Form von Liedern oder Hymnen. Die Juden liebten die *Musik und waren berühmt dafür. Bei seinen Abgaben an den Assyrerkönig Sanherib im Jahr 701 v.Chr. hatte der König Hiskia offenbar auch Musiker mitgesandt, und die Babylonier forderten die im Exil lebenden Juden wiederholt dazu auf, für sie zu singen (Ps 137,3). Die hebr. Sprache ist rhythmisch, auch in Passagen, die strenggenommen keine Dichtung sind. Viele Weissagungen waren in poetischer Form formuliert, dann auch die Sprüche, Prediger, das Hohelied und Hiob. Die größte Gedichtsammlung ist natürlich das Buch der Psalmen. Da sie aber innerhalb eines sehr langen Zeitraumes geschrieben worden sind und man keine genauen Kenntnisse über die frühe Vokalisierung der Sprache besitzt, ist es schwierig, eine exakte Theorie der hebr. Dichtkunst zu erarbeiten.

Sicher gab es kein Versmaß, und der Rhythmus war variabel. Ein verbreitetes dichterisches Merkmal war der Gebrauch von „Parallelismen", in denen die zweite Zeile eines Verspaares den Gedanken, der in der ersten Zeile ausgedrückt wurde, wieder aufgreift. Hier ein Beispiel für einen „Parallelismus membrorum": „Errette mich, mein Gott, von meinen Feinden und schütze mich vor meinen Widersachern" (Ps 59,2). Es gibt noch weitere Arten von Parallelismen, z.B. „gegensätzliche": „Der Herr kennt den Weg der Gerechten, aber der Gottlosen Weg vergeht" (Ps 1,6).

Die hebr. Dichtkunst greift auf viele literarische Muster zurück, einschließlich Alliteration (Stabreim) und Assonanz. Genial ist die verwendete Bildersprache: Sie stiehlt die Musik der Morgensterne, beherrscht das Tosen des Meeres, fährt auf den Wolken und reitet auf den Schwingen des Windes. Das Brot ihrer Ernte verdirbt niemals und ihr Wein ist stets neu. Die Saiten, die sie berührt, gehören zur Harfe Gottes. Ihr Rhythmus ist der des seufzenden Geistes, den nur empfinden kann, wer die Musik des Himmels in seiner Seele trägt. Ihr großes Thema ist die persönliche Begegnung mit dem lebendigen Gott.

Neues Testament: Im Lukasevangelium (Kap. 1-2) gibt es vier typisch hebr. Hymnen: Lobgesang des Zacharias; Lobgesang der Engel; Lobgesang der Maria; Lied des Simeon.

In den ntl. Briefen, wie z.B. Eph 5,14; 1.Tim 3,16, gibt es frühe christl. Lobgesänge, die vermutlich sowohl griech. als auch hebr. Überlieferungen enthalten. Das NT ist voll von Zitaten atl. Dichtung – Teile des Hebräer- und des Römerbriefes bestehen nahezu vollständig daraus. Paulus zitierte auch griech. Dichter.

In Apg 17,28 scheint es sich um ein Fragment von Aratus von Zilizien zu handeln (315-240 v.Chr.) und in Tit 1,12 um ein Zitat von Epimenides von Kreta. 1.Kor 15,33 ist ein Jambus des Menander (342-291 v.Chr.).

Das NT enthält einen beachtlichen Anteil an lyrischer Sprache, wobei es sich um Zitate oder gehobene Prosa handeln kann. Manchmal ist es schwierig, im Hebräerbrief und solchen Abschnitten wie Offb 5,12-14 Lyrik und Prosa auseinanderzuhalten. Starke Parallelismen finden sich z.B. in Joh 3,20f und Phil 3,3-10 und ebenso Beispiele für Alliteration, z.B. in Mt 16,18 (Petrus, petros; Fels, petra).

DIENEN/DIENST. Verschiedene atl. und ntl. Begriffe mit ähnlicher Grundbedeutung beschreiben das Dienen mit unterschiedlichen Schwerpunkten. Im AT werden zwei hebr. Wortstämme gebraucht: dienen, für jemanden arbeiten (so auch Gott dienen) und: dienen, freiwillig und ehrenvoll einem Höhergestellten. Im NT werden zwei griech. Begriffe am meisten gebraucht: dienen, Dienste tun für jemanden (*diakonia*) und: dienen, den schuldigen Dienst tun (*Diener/Knecht*).

Im NT wird Jesus zum Vorbild des D. (Lk 22,27; Mk 10,45). Die Art, in der er sich unterschiedlichen Menschen zuwendet oder seinen Jüngern die Füße wäscht (Joh 13,2ff), kehrt die bisherigen Wertvorstellungen vom Herrn und seinem Diener um. Indem ein Mensch Christ wird, wird er Glied am Leib Jesu Christi (Röm 12,4ff; 1.Kor 12,4ff), er erhält *Gaben, die er im Dienst für Gott und für den Nächsten einsetzen soll.

Die verschiedenen Dienste werden von Gott der Gemeinde gegeben (1.Kor 12,28) und Menschen von Jesus Christus in verschiedene Aufgaben gestellt (Eph 4,11ff). Bereits in urchristl. Zeit bildeten sich Dienstbereiche heraus, ohne daß man von Ämtern und Machtbefugnissen sprechen kann: Der von den Aposteln in Jerusalem eingesetzte „Tischdienst" (Apg 6,1) hat auch evangelistische Aufgaben übernommen (*Stephanus). Zum Dienst aneinander sind die Glaubenden berufen (1.Petr 4,10).

*Diakon, *Diener/Knecht.

DIENER/KNECHT. In AT bezeichnet „Knecht" das Verhältnis des Dieners zu seinem Herrn: Ehrfurcht, Gehorsam und Liebe. „Knecht" („Magd") ist der ehrenvolle Beiname eines Menschen, der vor Gott lebt und ihm dient (z.B. Abraham, Josua, Hiob, David und die Propheten). Die Lieder vom „Knecht des Herrn" in Jesaja weisen hin auf den, der Gottes Wohlgefallen hat und sich als Opfer für die Sünden gibt.

In NT wird „Knecht" („Sklave") gebraucht, um das Verhältnis zu Jesus Christus zu beschreiben. Paulus nennt sich mehrfach „Sklave Jesu Christi". Es ist ein Ehrentitel für alle Christen, die Jesus nachfolgen und ihm zur Verfügung stehen (Apg 4,29; Röm 6,16; 1.Petr 2,16).

Der „Diener" (*diakonos*) steht im Dienst (*diakonia*) am Mitmenschen. Für die Art und Weise des Dienens ist Jesus das große Vorbild (Mt 20,28; Joh 13,1ff). „Ich bin unter euch wie ein Diener" (Lk 22,26f).

*Diakon.

DINA. (Gericht oder gerichtet). Tochter von *Jakob und *Lea; wurde von Sichem, einem hiwitischen Prinzen, vergewaltigt. Daraufhin töteten Jakobs Söhne die Sichemiter hinterlistig (1.Mo 34), Jakob mißbilligte ihr Vorgehen (1.Mo 49,5ff).

DIONYSIUS DER AREOPAGITE. Ein Mitglied des obersten Gerichtshofs von Athen, das sich zu Christus bekehrte (Apg 17,34). Einer Überlieferung aus dem 2.Jh. n.Chr. zufolge war er Bischof von Athen.
*Areopag.

DIOTREPHES. Einflußreiche Persönlichkeit in einer ntl. Gemeinde, die die Autorität des Apostels *Johannes nicht anerkannte, ihn und seine Mitarbeiter öffentlich angriff und diejenigen aus der Gemeinde auszuschließen suchte, die sich seiner Auffassung nicht anschlossen (3.Joh 9f).

DODANIM. Name eines Volkes, das von Jawan, dem Sohn Jafets abstammt; wahrscheinlich die Bewohner von Rhodos.

DONNER. D. ist im Winter in Palästina sehr häufig; von Wüstengewittern und ihren dramatischen Folgen wird in 1.Sam 7,10 und 2.Kön 3,4ff berichtet.

D. wird in Verbindung gebracht mit der Stimme Gottes bei der Schöpfung (Ps 104,7) und bei der Bekanntgabe des Gesetzes (2.Mo 19,16). Die Stimme vom Himmel, die Jesus antwortete (Joh 12,28f), hielt das dabeistehende Volk für einen D. In Offb 14,2 wird von einer Stimme wie die eines großen D. gesprochen.

DOR. Stadt an der Mittelmeerküste, südl. vom Karmel. D. wurde dem Stamm *Manasse zugeteilt. In griech.-röm. Zeit hieß sie Dora.

DORF. Gewöhnlich eine kleine Siedlung, die nicht von einer Mauer umgeben ist; im Gegensatz zu einer „Stadt" mit Mauern, die aber nicht viel größer gewesen sein muß. Nicht immer wird die Unterscheidung zwischen D. und Stadt aufrechterhalten. Für Bethlehem z.B. wurden beide Bezeichnungen gebraucht (Lk 2,4; Joh 7,42). Dörfer befanden sich oft als „Töchter" in der Nähe befestigter Städte, in denen die Bewohner in Kriegszeiten Schutz suchten. Ein D. konnte durch seinen eigenen Ältestenrat regiert werden (Rut 4,2).

DÖRFER JAIRS (hebr.: *hawwot-yair;* Siedlungen bzw. Zeltdörfer Jaïrs). Sie lagen wahrscheinlich im mit kleinen Ortschaften übersäten Hügelland zwischen den Bergen Gilead und dem Fluß Jarmuk und wurden von *Jaïr erobert (5.Mo 3,14).

DORKAS (Gazelle). Anderer Name für *Tabita.

DORNEN UND DISTELN. *Pflanzen.

DORNENKRONE. Um seinen Anspruch, König der Juden zu sein, zu verspotten, wurde Jesus von röm. Soldaten eine D. geflochten und ihm vor der Kreuzigung auf den Kopf gesetzt (Mt 27,29). Eine ganze Reihe von *Pflanzen in Palästina hat scharfe Dornen. Dornen wurden manchmal auch als Symbol für Sünde gebraucht (Mt 13,7).

DOTAN. Die fruchtbare Ebene von D. trennt die Hügel von Samaria vom Karmelgebirge. Sie stellt für Reisende von Bet-Schean und Gilead einen bequemen Weg nach Ägypten dar. In der Nähe der Stadt (heute tell Dotan) gibt es rechteckige Zisternen, ähnlich denen, in die Josef geworfen wurde (1.Mo 37,17ff). D. wurde wahrscheinlich von den Israeliten beherrscht, aber nicht tatsächlich erobert.

DRACHE. In Offb 12-13; 16; 20 wird der Begriff bildlich für den *Satan gebraucht. Andere Stellen beziehen sich auf Tiere, möglicherweise den Schakal (wie in Ps 44,20) oder (anderes hebr. Wort) auf ein Seeungeheuer (z.B. Hiob 7,12).

DRUSILLA. Jüngste Tochter von *Herodes Agrippa I; wurde überredet, ihren Ehemann Azizus zu verlassen und den Statthalter Felix zu heiraten; begegnete Paulus (Apg 24,24).

DUMA. *Person:* Sohn *Ismaels und Gründer einer arabischen Sippe.
Orte: **1.** Hauptstadt eines Bezirks in N-Arabien (heute Dumat-al-Jandal), in dem die gleichnamige Sippe lebte. **2.** Verwaltungsbezirk in Juda, 18 km südwestl. von Hebron.

DURA. Ort in Babylonien, an dem *Nebukadnezar ein Standbild aufstellen ließ, das alle anbeten sollten (Dan 3,1). Möglicherweise Tell Der, 27 km südwestl. von Bagdad.

E

EBAL (OBAL). 1. Semitische Sippe, die in Südarabien wohnte (1.Mo 10,28). **2.** Ein Nachkomme Esaus (1.Mo 36,23). **3.** Der nördlichere und höhere von zwei Bergen, zwischen denen Sichem (heute Nablus) liegt. Er erhebt sich nördl. vom Sichemtal 938 m über den Meeresspiegel. Das Gebiet zwischen dem E. und seinem Nachbarberg *Garizim stellt ein natürliches Amphitheater mit hervorragender Akustik dar. Entsprechend den Weisungen des Mose in 5.Mo 11,29; 27,2ff.13 stellte Josua auf dem E. mit Kalk übertünchte Steine auf, auf die das Gesetz geschrieben wurde (dieser Brauch ist auch für andere Orte Palästinas belegt). Anschließend errichtete er einen Altar, auf dem man Opfer darbrachte (Jos 8,30ff). Auf dem Garizim versammelten sich sechs Stämme, um den Segen auszurufen, während sechs andere auf dem E. standen, um den Ungehorsam zu verfluchen.

EBED-MELECH. Ein äthiopischer Diener *Zedekias, der *Jeremia aus einem Kerker befreite (Jer 38,7ff); erhält dafür die Zusage, daß er bei der Zerstörung Jerusalems verschont wird (Jer 39,15ff).

EBEN-ESER (Stein der Hilfe). **1.** Schauplatz der Niederlage Israels durch die *Philister, bei der die *Bundeslade weggenommen wurde (1.Sam 4,1ff). **2.** Name des Gedenksteins, den *Samuel später als Erinnerung an einen Sieg über die Philister aufstellte (1.Sam 7,12).

EBER. (Einer, der auswandert). Verschiedene Personen des AT, z.B. der Urenkel Sems, Vater von Peleg und Joktan. Der Name bedeutet das gleiche wie „Hebräer" und ist in 4.Mo 24,24 eine poetische Bezeichnung für Israel.

EBLA. Siehe *Archäologie AT (IV.)

ECKSTEIN. Möglicherweise einer der großen Steine im Fundament eines Gebäudes, die zwei oder mehr Steinreihen zusammenhalten, oder wahrscheinlicher der Abschlußstein, der einen Bogen oder Kuppelbau vollendet. Die Aussage in Ps 118,22 (ein verworfener Stein wird zum Eckstein) legten die Rabbiner messianisch aus. Jesus bezog sie auf sich selbst (z.B. Mt 21,42); auch Petrus erklärte damit, warum Jesus von den Juden abgelehnt und von Gott erhöht wurde (Apg 4,11; 1.Petr 2,7). Paulus griff diesen Gedanken auf, um die Einheit der Kirche zu beschreiben, die durch Christus zusammengehalten wird (Eph 2,20; vgl. Jes 28,16).

EDELSTEINE. Schon in alter Zeit wurde von den Menschen Schmuck getragen und geschätzt. Vor der Einführung der Münzen war er eine Form übertragbaren Reichtums (2.Chro 21,3). Da viele Steinarten in mehreren Farben vorkommen und eine Fachsprache noch nicht entwickelt war, ist eine genaue Bestimmung der in der Bibel erwähnten Edel- und Halbedelsteine nicht immer leicht.

Es sind uns zwei wichtige Listen überliefert. Eine zählt die zwölf Steine auf der Brusttasche des Hohenpriesters auf; in jeden war der Name eines der zwölf Stämme Israels eingraviert (2.Mo 28,17ff). Eine kürzere Fassung dieser Liste liegt in Hes 28,13 vor. In Offb 21,19f (vgl. Jes 54,11f) werden ebenfalls zwölf Steine genannt, die jedoch denen in der atl. Liste nicht genau zu entsprechen scheinen.

Die folgende Liste ist aus verschiedenen Bibelübersetzungen zusammengestellt.

Achat entspricht möglicherweise dem heutigen Achat, einer durchscheinenden Quarzart mit verschiedenfarbigen Bändern. In Offb 21,19 (LÜ: Chalzedon) ist es ein grüner Stein. Der Name wird heute für verschiedene durchscheinende Quarzarten verwendet.

Alabaster war eine gebänderte Abart des Kalziumkarbonats (der heutige Alabaster ist ein weicherer Stein, eine Gipsart). Das Wort bezeichnete auch langhalsige Parfümfläschchen aus beliebigem Material (Mk 14,3).

Amethyst war der bekannte transparente, violettfarbene Quarzkristall.

Beryll war im AT wahrscheinlich der spanische Goldtopas, aber in Offb 21,20 ist normaler grüner Beryll gemeint.

Chrysolith (Offb 21,20) ist das antike Wort für gelben Topas oder Quarz.

Chrysopras (Offb 21,20) ist ungewiß; heute bezeichnet das Wort einen apfelgrünen Chalzedon.

Diamant war vermutlich ein weißer undurchsichtiger Stein; moderne Diamanten wurden offenbar erst im 1. Jh. n.Chr. bekannt.

Hyazinth war ein blauer Stein; in klassischem Griechisch bezeichnete das Wort die Sternhyazinthe oder Glockenblume.

Jaspis war ein durchscheinender grüner Stein; in Offb 21 wahrscheinlich ein grüner Quarz.

Koralle: In Hes 27,16 eine schwarze oder rote Meereskoralle, aber in Klgl 4,7 ein roter Stein.

Kristall konnte jede harte, durchsichtige, farblose Substanz sein. Zu Lapislazuli siehe Saphir.

Onyx war entweder ein grüner Stein oder ein echter Onyx (durchscheinender Achat mit schwarzen und weißen Bändern).

Perle bezeichnet im NT zweifellos wirkliche Perlen, die als Schmuck bekannt waren (1.Tim 2,9); bei den Toren des neuen Jerusalem könnte Perlmutt gemeint sein (Offb 21,21). Im AT ist die Bedeutung unklar.

Saphir war der antike Name für den Lapislazuli, einen tiefblauen Stein mit goldenen Tupfen aus Eisenpyrit.

Sarder war ein roter Stein, möglicherweise der heutige Sarder, eine Abart des Karneol (Offb 21,20, ZÜ).

Smaragd war wohl ein grüner Stein wie der heutige Smaragd. Topas war wohl ein gelber Bergkristall oder Chrysolith.

*Bergbau und Metalle; *Schmuck.

EDEN. Handelspartner von Tyrus (Hes 27,23), wahrscheinlich der aram. Staat Bit-Adini, der zwischen den Flüssen Bali und Euphrat lag. Die Hauptstadt Til Barsip wurde vom Assyrerkönig Salmanassar III. eingenommen, und 855 v.Chr. wurde das Gebiet assyr. Provinz.

EDEN, GARTEN. Lebensraum, den Gott für *Adam und *Eva schuf. Der Garten nahm wahrscheinlich nicht das ganze Gebiet von Eden ein (1.Mo 2,8). Durch den Garten floß ein Strom, der sich in vier Hauptarme teilte (1.Mo 2,10ff): Tigris und Euphrat sind noch heute bekannt, Pischon und Gihon können nicht bestimmt werden. Ein Stück Ackerland wurde Adam zur Bebauung gegeben (1.Mo 2,15f). Es gab auch Tiere (1.Mo 2,19f), die sich zähmen ließen. Zwei der Obstbäume hatten eine besondere Bedeutung: einer verlieh ewiges Leben, der andere die Erkenntnis des Guten und Bösen (1.Mo 2,9). Weil Adam und Eva das Gebot, von diesem Baum nicht zu essen, übertraten (*Sündenfall), mußten sie den Garten verlassen (1.Mo 3,23).

Über die Lage des Gartens gibt es zahlreiche Theorien. Der Text nennt drei Gebiete im Zusammenhang mit den Flüssen. Assyrien (1.Mo 2,14) könnte sich auf den Staat beziehen, der kurz nach 2000 v.Chr. entstand, oder – wahrscheinlicher – auf die Stadt Assur, die bereits kurz nach 3000 v.Chr. ihre Blütezeit erlebte. Kusch (1.Mo 2,13) bedeutet normalerweise Äthiopien, aber die Kassiten kamen aus einem Gebiet östl. des Tigris, und dieses ist wohl eher hier gemeint. Hawila (1.Mo 2,11) bezieht sich offenbar auf einen Teil der arab. Halbinsel. Demnach lag Eden wahrscheinlich irgendwo im südl. Mesopotamien, wobei Pischon und Gihon entweder Kanäle oder Nebenflüsse waren, die Tigris und Euphrat miteinander verbanden und gemeinsam in den Pers. Golf flossen. Wenn es jedoch Flußarme einer gemeinsamen Quelle waren (der Text kann beides bedeuten), müßte der Garten in Armenien gelegen haben. Die Bibel schweigt vielleicht absichtlich über die genaue Lage des Gartens Eden, da er für die Menschheit nicht mehr erreichbar ist (1.Mo 3,24).

Es gibt Ähnlichkeiten zu einer sumer. Geschichte von einem irdischen Paradies namens Dilmun, was einige Gelehrte zu der Annahme veranlaßt hat, daß der bibl. Schöpfungsbericht darauf beruhe. Es ist jedoch ebensogut möglich, daß sich beide Berichte auf einen wirklichen Ort beziehen und die sumer. Geschichte im Verlauf der Überlieferung mythologische Zusätze erhalten hat.
*Schöpfung.

Eden, Garten. Wandmalerei in einem ägyptischen Grab aus dem 13. Jh. v.Chr.

EDER (Herde). **1.** Ort zwischen Bethlehem und Hebron, an dem Jakob lagerte (1.Mo 35,21). **2.** Stadt im S Judas (Jos 15,21), südl. von Gaza.

EDOM, EDOMITER. Das Wort Edom steht für den zweiten Namen *Esaus (1.Mo 25,30), seine Nachkommen (1.Mo 36,1ff) und das Land, in dem sie lebten. Es war eine zerklüftete Berglandschaft mit bis zu 1067 m hohen Gipfeln. Sie erstreckte sich vom Wadi Sered (LÜ: Weidenbach) am Südrand des Toten Meeres bis zum Golf von Aqaba zu beiden Seiten der Araba, der großen Senke, die das Tote Meer mit dem Roten Meer verbindet. Obwohl es kein fruchtbares Land ist, verfügt es über einige gute Anbaugebiete. In bibl. Zeit führte die Königsstraße durch das Gebiet, das bereits vor Esaus Zeit bewohnt war. Seine Nachkommen wanderten wahrscheinlich dort ein und wurden im Lauf der Zeit zur vorherrschenden Volksgruppe, in der die ursprünglich ansässigen Horiter untergingen (1.Mo 14,6).
Während des Auszugs verweigerte der König von E. den Israeliten die Durchreise auf der Königsstraße (4.Mo 20,14ff), aber Gott verbot ihnen, die E. zu verabscheuen (5.Mo 23,8f). Josua tastete das Land nicht an, aber Saul kämpfte gegen E., und David eroberte es (1.Sam 14,47; 2.Sam 8,13f). Dadurch konnte Salomo in Ezjon-Geber einen Hafen anlegen und die umliegenden Kupferminen abbauen (vgl. 1.Kön 9,26f). Nach der Reichsteilung erkannte E. anfangs die Vorherrschaft Judas an, erhob sich jedoch später gegen *Joram und blieb 40 Jahre lang unbehelligt (2.Kön 8,20ff). Amazja gewann es für kurze Zeit zurück (2.Kön 14,7), aber es rebellierte erneut und wurde nach ca. 735 v.Chr. ein Vasallenstaat Assyriens.

EDREÏ. Wichtigste Stadt im Amoriterreich des Königs Og, in ihrer Nähe besiegte Israel die Amoriter (4.Mo 21,33f). Wahrscheinlich das heutige Der'a, 24 km ostnordöstl. von Irbid.

EFOD. Siehe *Kleidung: Priesterkleidung.

EFRATA. Der alte Name für *Bethlehem in Juda. In der Nähe dieser Stadt wurde *Rahel begraben (1.Mo 35,19); sie war die Heimat der Familie Noomis (Rut 4,11) und Davids (1.Sam 17,12) und Geburtsort des Messias (Mi 5,1).

EFRON. *Person:* Hetiter, Sohn Zohars, von ihm kaufte *Abraham die Höhle bei Machpela als Grab für *Sara (1.Mo 23,8).
Orte: **1.** Hügelland an der Grenze zu Juda (Jos 15,9). **2.** Ort nordöstl. von Bethel, der mit Ofra gleichzusetzen ist (2.Chro 13,19). **3.** Eine Festung, die Judas Makkabäus einnahm (1.Makk 5,46ff), südöstl. von Galiläa, jenseits des Jordan.

EGGE. Ein gezahntes Gerät zum Einebnen des Bodens, das nach dem Pflügen von einem Ochsen über den Acker gezogen wird. Bisher wurde keine Darstellung gefunden, die zeigt, wie eine E. in bibl. Zeit aussah. *Ackerbau.

EGLON. *Person:* König von Moab, der von *Ehud ermordet wurde (Ri 3,12-29),

worauf Israel seine Freiheit zurückerlangte.
Ort: Stadt in der Nähe von *Lachisch, möglicherweise Tell el-Hasi oder Tell Etun.

EHE, EHESCHEIDUNG. Indem Gott dem ersten Menschen die Frau geschaffen hat (1.Mo 1,28; 2,18ff), stiftete er die E. als ihm gefällige Form des Zusammenlebens von Mann und Frau. Dabei kann von der Zielvorstellung der Einehe ausgegangen werden. Die Vielehe wird im AT zunächst nicht verboten. Weil Kinder wichtig waren, um den Familiennamen weiterzutragen, konnte die kinderlose Ehefrau ihrem Ehemann auch erlauben, Kinder mit ihrer Sklavin zu zeugen. Das war in Mesopotamien durchaus legal und wurde von einigen *Erzvätern praktiziert (*Konkubinat); aber bereits diese Beispiele (1.Mo 16; 29) verdeutlichen, daß die Einehe der von Gott bevorzugte Weg ist. Die prophetischen Vergleiche der Ehe mit dem Verhalten des Bundesvolkes zu Gott verstärken diese Tendenz noch (vgl. Jer 2,2; 3,8f; Mal 2,13ff). So darf z.B. der *Hohepriester nur eine Frau haben. Zur Zeit Jesu war die Vielehe im Judentum fast vollständig zurückgedrängt.

Aussagen Jesu über die von Gott gewollte Unauflöslichkeit der E. (z.B. Mt 19,3ff) haben die Entwicklung der christl. Ethik wesentlich geprägt. Nicht nur der Ehebruch, sondern schon die Begierde nach einer anderen Frau werden von Jesus als Übertretung der Gebote erklärt. An einzelne Repräsentanten der Gemeinden wurden besonders hohe Maßstäbe angelegt (vgl. 1.Tim 3,2.17).

Heiratsbräuche. Im Nahen Osten war die Verlobung nahezu genauso verbindlich wie die Ehe selbst. Das babylon. Gesetz des Hammurabi (18. Jh. v.Chr.) besagte, daß der Vater den Brautpreis behielt, wenn ein künftiger Ehemann die Verlobung auflöste. Wenn ein Vater seine Meinung änderte, mußte er den doppelten Wert des Brautpreises zurückzahlen. Gewöhnlich wählten die Eltern des Mannes die Frau aus (1.Mo 21,21; 38,6). Der Mann konnte jedoch auch selbst wählen (Ri 14,2f). Der Ehemann oder seine Familie übergaben der Familie der Frau Geschenke (1.Mo 34,12), was als Siegel eines Bundes zwischen den beiden Familien zu verstehen ist. Die *Braut erhielt von ihrem Vater eine Mitgift, vielleicht in Form von Dienern (1.Mo 24,59ff) oder Land (Ri 1,15), und ein Hochzeitsgeschenk von ihrem Mann, z.B. Schmuck oder Kleider (1.Mo 24,53). Die Partner wurden meist aus der weiteren Verwandtschaft gewählt, aber es gab Einschränkungen bezüglich der Ehe mit sehr nahen Verwandten (3.Mo 18).

Die Hochzeit: In der Bibel sind eine Reihe verschiedener Zeremonien erwähnt. Das Paar trug bestickte Kleider (Ps 45,14f; vgl. Offb 19,7f), Schmuck oder Blumenkränze (Jes 61,10). Freunde mögen beide Partner begleitet haben, und der *Bräutigam und seine Freunde zogen feierlich zum Haus der Braut, wo vermutlich das Hochzeitsmahl stattgefunden hat (ähnlich wie im Gleichnis Jesu aus Mt 25,1ff), oder die Braut wurde zum Hochzeitsmahl zurück in das Haus des Bräutigams geführt. Viele Gäste waren geladen, und das Fest wurde sehr feierlich begangen (Joh 2; Mt 22); oftmals eine ganze Woche lang (1.Mo 29,27). Der Bräutigam konnte die Braut mit einem Mantel bedecken als Zeichen dafür, daß er sie unter seine Obhut nahm (Rut 3,9; Hes 16,8), und die Ehe konnte durch einen schriftlichen Vertrag bestätigt werden (Tob 7,13).

Leviratsehe (Schwagerehe): Wenn ein verheirateter Mann starb, ohne Kinder zu hinterlassen, mußte sein Bruder oder nächster Verwandter die Frau heiraten. Die Kinder, die geboren wurden, zählten als Kinder der ersten Ehe, wodurch der Familienname erhalten blieb. Das Buch Rut veranschaulicht diese Sitte. Diese Regel galt nur im Fall von Kinderlosigkeit; 3.Mo 18,16 und 20,21 verbieten die Ehe mit der Frau des Bruders unter allen anderen Umständen.

Ehescheidung: Mose ordnete die existierende Praxis in 5.Mo 24,1ff (vgl. Mt 19,8). Die Scheidungsgründe sind allgemein gehalten, und es ist keine genaue Auslegung möglich. Kurz vor der Zeit Jesu bezog sich die jüd. Schammai-Schule in ihrer Auslegung nur auf Untreue, während die Hillel-Schule Scheidungsgründe auf alles ausdehnte, was dem Ehemann mißfiel. Die Scheidung war verboten, wenn der Ehemann seine Frau fälschlicherweise vorehelicher Untreue beschuldigte (5.Mo 22,13ff) oder wenn ein Mann zur Heirat gezwungen war, weil er das Mädchen verführt hatte (5.Mo 22,28ff). Esra befahl, daß sich die Männer von heidnischen Ehefrauen scheiden ließen (Esr 9-10; Neh 13,23ff).

Im NT brandmarkt Jesus Scheidung und Wiederverheiratung als Ehebruch. Jesus sagt nicht, daß der Mensch *nicht* trennen kann, was Gott zusammengefügt hat, sondern, daß er es *nicht* soll. Scheidung aufgrund von „Unzucht" gilt als erlaubt, was allgemein als Ehebruch interpretiert wird (Mt 19,3ff; vgl. Mk 10,2ff; Lk 16,18). Auch Paulus verwirft nicht grundsätzlich die Ehescheidung und beruft sich dazu auf eine Weisung des Herrn (1.Kor 7,10ff). Selbst die in der missionarischen Situation der Urgemeinden häufiger anzutreffende Ehe mit einem ungläubigen Partner kann nur auf dessen Initiative hin geschieden werden (1.Kor 7,15). In diesem Fall steht es dem christl. Partner frei, wieder zu heiraten (1.Kor 6,9ff); andere Exegeten sehen in diesem Wort allerdings nur die Freiheit, in die Scheidung einzuwilligen: frei, sich scheiden zu lassen.

*Familie.

EHELOSIGKEIT. Daß sich ein Israelit von der Ehe enthalten sollte, ist ein dem AT fremder Gedanke. Jeremia mußte um seines Dienstes willen auf die Ehe verzichten (Jer 16,2). *Johannes der Täufer, Jesus und *Paulus waren nicht verheiratet. Das führt zu einer bis dahin unbekannten Wertschätzung der E., die aber nicht gefordert, sondern wie die Ehe als Gabe Gottes verstanden wird (1.Kor 7,7f; vgl. auch Mt 19,12).

EHUD. *Richter in Israel und Anführer des israelit. Aufstands gegen Moab. E. tötete König *Eglon in dessen Privatgemächern mit der linken Hand (Ri 3,12ff), sammelte danach Israel zum Kampf und nutzte die Verwirrung zum Sieg über die Moabiter.

EID. Der E. war fester Bestandteil von Verträgen und Abkommen (1.Mo 26,28; Hes 17,13ff). Das Gesetz des *Mose betonte die Ernsthaftigkeit eines E. (2.Mo 20,7; 3.Mo 5,21ff; 19,12). Jesus lehrte, daß ein E. verbindlich ist und daß dieselbe Verbindlichkeit auch im alltäglichen Reden eines Christen zu finden sein muß. Gott hat sich selbst durch einen E. darauf festgelegt, seine Versprechen Abraham gegenüber zu halten (Hebr 6,13ff), was er in Christus erfüllt hat (z. B. Lk 1,68ff).

Ein E. wurde manchmal zusammen mit einem *Fluch gebraucht, um ein Gebot zu bekräftigen (z.B. 1.Sam 14,24). Ein solcher Fluch konnte widerrufen werden (vgl. 1.Sam 14,45); aber seine Wirkung war von Gottes souveränem Handeln abhängig (1.Kön 8,31f).

*Anathema.

EIDECHSE. In Palästina sind etwa 40 Arten bekannt, am verbreitetsten sind die Regenbogeneidechse und der Felsengecko. Sechs Arten werden in 3.Mo 11,29f unter den unreinen Tieren aufgeführt, aber es ist schwierig, sie genau zu identifizieren. Das „Landkrokodil" ist wahrscheinlich die Riesenwüsteneidechse, und bei der „Sandeidechse" handelt es sich vermutlich um die afrikanische E. Das Chamäleon ist selten, und so bezieht sich das schwierige, so übersetzte Wort möglicherweise auf etwas anderes.

EIFER/EIFERSUCHT. Im heutigen Sprachgebrauch bedeutet E. ein intensives Bemühen, eine Sache voranzutreiben oder jemandem einen Dienst zu tun. Das in der Bibel gebrauchte Wort kann neben der positiven (2.Sam 21,2; 2.Kor 7,7) auch eine negative Bedeutung haben (z.B. im Sinne von „Neid" in Ps 37,1 oder „Eifersucht" in Apg 5,17). Der Eifer Gottes bedeutet sein eifriges Bemühen um sein Volk und dessen Wohlergehen (z.B. Jes 9,6). Paulus bezeichnet sich selbst vor seiner Bekehrung als einen Eiferer für das Gesetz (Gal 1,14). Christen sollen fleißig sein zu guten Werken (Tit 2,14; 1.Petr 3,13).

EISEN. *Bergbau und Metalle.

EITEL, EITELKEIT. Im Predigerbuch wird mit E. die Nichtigkeit vieler Dinge im menschlichen Leben beschrieben. Wörtlich: Wind, Nichts, Täuschung. In 2.Kön 17,15; Jer 2,5; 10,15 werden Götzen als „Nichts" und „Täuschung" bezeichnet.
Das entsprechende griech. Wort beschreibt Götzen und das „alte Leben" (d.h. das Leben ohne Gott) als eitel und nichtig.

EKBATANA (ACHMETA). Ehemalige Hauptstadt des Mederreiches und nach Gründung des Perserreiches durch *Kyrus Sommerresidenz der Perserkönige, heute Hamadan. Der Erlaß des Kyrus über den Tempelbau wurde hier aufbewahrt (Esr 6,2f).

EKRON. Eine der fünf großen Philisterstädte, heute el-Muqanna. In ihrer Blütezeit hatte die ummauerte Stadt eine Ausdehnung von mehr als 16 Hektar. Die Israeliten nahmen sie erst nach Josuas Tod in Besitz (Ri 1,18), aber die Philister gewannen sie zurück und brachten die Bundeslade hierher (1.Sam 5,10). Abgesehen von einer kurzen israelit. Eroberung (1.Sam 17,52) blieb sie den Philistern bis 701 v.Chr. erhalten, als der Herrscher Padi, ein Vasall Assyriens, von Rebellen verjagt wurde und Sanherib die Stadt einnahm. Der Stadtgott war Baal-Sebub (2.Kön 1,2f).

EKSTASE. Siehe *Prophetie.

ELA (Terebinthe). Personen: Verschiedene Personen im AT, z.B. der israelit. König (Sohn Baschas), der bei einem Trinkgelage von Simri ermordet wurde (1.Kön 16,6ff). Ort: Ein Tal, durch das die Philister ins Innere Palästinas vorzudringen versuchten und in dem David Goliat tötete (1.Sam 21,10; LÜ: Eichgrund); heute Wadi es-Sant, 18 km südwestl. von Jerusalem.

ELALE. Stadt östl. des Jordan, die immer im Zusammenhang mit *Heschbon genannt wird; das heutige el-Al, 4 km nordöstl. von Heschbon. Sie wurde von den Stämmen Gad und Ruben erobert (4.Mo 32,3) und fiel später an die *Moabiter.

ELAM, ELAMITER. Der alte Name für die Ebene von Chusistan, die vom Kercha bewässert wird. Die dortige Zivilisation ist so alt wie die Kulturen des unteren Mesopotamien und eng mit ihnen verbunden. Die Elamiter können keiner anderen bekannten Völkergruppe sicher zugeordnet werden. Steinskulpturen stellen akkad. Figuren dar (*Akkad) und tragen akkad. Inschriften; archäologisch lassen sich semit. Einflüsse nachweisen (vgl. 1.Mo 10,22). Da E. die Handelswege nach SO und zum iranischen Hochland beherrschte, war es Ziel ständiger Angriffe. Zur Zeit *Kedor-Laomers hatte E. die Vorherrschaft (1.Mo 14,1), danach wurde es von den Babyloniern unterworfen und konnte ca. 1300-1120 v.Chr. nochmals *Babylon erobern. Später geriet es unter assyr. Herrschaft (Esr 4,9). Die Hauptstadt *Susa war eine der Hauptstädte des medisch-pers. Reiches (vgl. Dan 8,2). *Meder; *Persien.

ELAT, EZJON-GEBER. Siedlung(en) am nördl. Ende des Golfs von Aqaba. Als Lagerplatz bei Israels Wüstenwanderung (4.Mo 33,35f) bestand es wahrscheinlich nur aus ein paar Brunnen und Palmenhainen in der Nähe des heutigen Aqaba. Salomo (ca. 960 v.Chr.) betrieb Abbau und Verhüttung von Kupfer und Eisen nördl. von Ezjon-Geber, dem alten Elat, das auch Heimathafen für seine Handelsflotte war. Wenn man Ezjon-Geber mit Tell el-Chulefi gleichsetzt, brannte es später nieder und wurde von König *Joschafat von Juda wieder aufgebaut. Die Edomiter besetzten es ca. 848 v.Chr. erneut, bis es Usija von Juda ca. 780 v.Chr. zurückeroberte und als Elat wieder aufbaute. Unter pers. Herrschaft bestand weiterhin ein reger Handel mit Arabien.

ELDAD (Gott hat geliebt). Einer der israelit. Ältesten. Als diese von Mose in der Stiftshütte zusammengerufen wurden, erschien er dort nicht, erhielt aber dennoch die Gabe der *Prophetie (4.Mo 11,26ff).

ELEASAR (Gott hat geholfen). Der dritte Sohn *Aarons und dessen Nachfolger als Hoherpriester. Nachdem seine älteren

Brüder *Nadab und *Abihu mit dem Tod bestraft wurden (3.Mo 10,1f), nahm er schon vor dem Tod seines Vaters eine hohe Stellung ein. E. wird häufig neben Mose und Josua als Führer erwähnt (z.B. 4.Mo 26,1; Jos 14,1). Vor und nach der babylon. Gefangenschaft bildeten „die Söhne Eleasars" eine der beiden Hauptabteilungen der Priesterschaft (1.Chro 24,4ff).

ELEMENTE/MÄCHTE. Das griech. Wort wird in verschiedenen Zusammenhängen gebraucht und dementsprechend wiedergegeben: 1. Anfangsgründe (LÜ), Grundlehren, Grundbegriffe, ABC (so Hebr 5,12). 2. Elemente, die mit der Erde zusammen vor Hitze zerschmelzen (2.Petr 3,10.12). 3. Mächte der Welt (LÜ; Gal 4,3.9; Kol 2,8.20). Dies können personifizierte Kräfte, Engel, Dämonen, Götter sein – alles, worauf der Mensch sein Vertrauen setzt.

ELFENBEIN. Ein Luxusgut, das von großem Reichtum zeugt (z.B. 1.Kön 10,18ff; Offb 18,12). Manchmal war es Bestandteil von Einrichtungsgegenständen (1.Kön 22,39; vgl. Am 3,15). Am häufigsten fand es jedoch Verwendung bei der Herstellung von kleinen Gegenständen (z.B. Dosen) und Mustern, die aus mehreren Materialien zusammengesetzt wurden. Das meiste E. in Palästina kam von syr. (asiatischen) Elefanten, die es am oberen Euphrat gab, bis sie in der Zeit zwischen dem AT und dem NT ausgerottet wurden. Andere Bezugsquellen waren Indien und der Sudan.

ELHANAN. Nach 2.Sam 21,19 tötete er den Gatiter *Goliat; in 1.Chro 20,5 heißt es jedoch im selben Zusammenhang, daß er Lachmi, den Bruder Goliats erschlug. Vielleicht handelt es sich in 2.Sam 21 um einen Abschreibfehler. Ein anderer E. wird unter den Mächtigen *Davids genannt (2.Sam 23,24).

ELI. Ein Nachkomme *Aarons und Priester von *Silo, dem Heiligtum aller Stämme, das die Stiftshütte und die Bundeslade beherbergte. Weil er dem schändlichen Verhalten seiner Söhne Hofni und

Elfenbein. Elfenbeinschnitzerei aus der Späten Bronzezeit (1550-1200 v.Chr.). Fruchtbarkeitsgöttin mit Ährenbündeln.

Pinhas nicht Einhalt zu gebieten vermochte, wurde Gottes Gericht über sein Haus durch einen Propheten und später dem jungen *Samuel angekündigt (1.Sam 1-4). E. war 40 Jahre Richter in Israel (1.Sam 4,18), und er stirbt, als er die Nachricht von Israels Niederlage bei Eben-Ezer, dem Verlust der Bundeslade an die Philister und dem Tod seiner Söhne erhält.

ELI, ELI, LAMA ASABTANI (Mein Gott, mein Gott, warum hast du mich verlassen?). Eines der sieben Worte Jesu am Kreuz (Mk 15,34; vgl. Mt 27,46), ein Zitat aus Ps 22,2, das Jesus in der Erfahrung tiefster Gottesverlassenheit ausspricht.

ELIA (Gott ist Jahwe). Ein Prophet Israels im 9. Jh. v.Chr. aus Tischbe in *Gilead, einem Ort 13 km nördl. des Jabbok. Von seinem Dienst im Nordreich wird in 1.Kön 17-19; 21; 2.Kön 1-2 in klassischem Hebr. berichtet, das nicht später als im 8. Jh. v.Chr. geschrieben worden sein kann. In den herausragenden Begebenheiten seines Lebens geht es, außer in der Entrückungserzählung (2.Kön 2), stets um den Konflikt zwischen der Gottes- und *Baalsverehrung (Baal-Melkart, der Stadtgott von Tyrus, der von König *Ahabs

Frau *Isebel in Israel eingeführt wurde; 1.Kön 16,30ff).
In der ersten Begebenheit kündigt E. eine Dürre an, während der er am Bach Krit und in Zarpat (Sarepta) auf wunderbare Weise ernährt wird (1.Kön 17). Die zweite erzählt, wie die Dürre drei Jahre später endet, nachdem E. bei einer dramatischen Zusammenkunft auf dem *Karmel die Baalspropheten besiegt hat (1.Kön 18). Die dritte schildert seine Flucht vor Isebels Zorn und eine neue Gottesoffenbarung auf dem Horeb (Sinai; 1.Kön 19). In der vierten wird verurteilt, daß Ahab gegen Gottes Ordnung Nabots Weinberg beschlagnahmt hatte (1.Kön 21). Die fünfte Begebenheit enthält ein neues Feuergericht, das diesmal die Soldaten des Königs Ahasja trifft (2.Kön 1).

E. ist ein wichtiges Bindeglied zwischen den früheren Propheten wie *Samuel und den späteren Schriftpropheten wie *Amos. Es gibt einige Parallelen zwischen *Mose und E., was die Feuerwunder und ihren Tod betrifft. Sein Amt soll wiedererweckt werden, bevor der „Tag des Herrn" kommt (Mal 3,23f); Jesus bezog das auf *Johannes den Täufer (Mt 17,12f). E. erschien mit Mose bei der Verklärung Jesu (Mk 9,4).

ELIAB (Gott ist Vater). Ein gebräuchlicher Name im AT, u.a. ein älterer Bruder Davids (1.Sam 16,5ff).

ELIËSER (Gott ist Hilfe). Ein gebräuchlicher Name im AT, z.B. von *Abrahams oberstem Knecht, der vor der Geburt Ismaëls und Isaaks dessen Erbe war (1.Mo 15,2f). Andere: der zweite Sohn *Moses (2.Mo 18,4) und ein Prophet, der Joschafat den Schiffbruch seiner Flotte voraussagte (2.Chro 20,35ff).

ELIHU (Mein Gott ist er). Name verschiedener Personen im AT, z.B. von Hiobs jungem Freund, einem Busiter aus dem Geschlecht Ram, der gegen Ende des Buches auftritt. Seine Reden betonen die Souveränität Gottes (Hiob 32,2.4-6; 34,1; 35,1; 36,1).

ELIM (Terebinthen oder Eichen). Zweiter Lagerplatz der Israeliten beim *Auszug aus Ägypten nach der Durchquerung des Roten Meeres (2.Mo 15,27; 16,1). Es war eine Oase mit 12 Quellen und 70 Palmen, möglicherweise im Wadi Gharandal, eine bekannte Wasserstelle, 60 km südsüdöstl. von Suez an der Westküste der Sinaihalbinsel.

ELISA (Gott ist Heil). Ein Prophet Israels im 9. Jh. v.Chr., wahrscheinlich aus Abel-Mehola im Jordantal, der aus einer wohlhabenden Familie stammte. Er war noch recht jung, als er von *Elia zum Nachfolger bestimmt wurde. Von seinem Wirken wird in 1.Kön 19; 2.Kön 2-9; 13 berichtet. Es umfaßt die Regierungszeit von *Ahab, *Ahasja, *Joram, *Jehu, *Joahas und *Joasch, einen Zeitraum von über 50 Jahren. E. erwies sich als ein Seher nach der Art Samuels, bei dem Bauern und Könige gleichermaßen Hilfe suchten. Er besaß die Gaben der Erkenntnis und der Voraussicht sowie die Fähigkeit, Wunder zu tun, und leitete eine Prophetenschule. Obwohl er ein Haus in Samaria hatte, zog er ständig im Land umher.

Bis zu Elias Entrückung (2.Kön 2,1-18) war er dessen Diener und übernahm danach dessen Amt. Er reinigte ungesundes Wasser (2.Kön 2,19-22) und rief Gottes Gericht auf jene herab, die ihn als Propheten verspotteten (2.Kön 2,23-25). Die Geschichte von *Naaman (2.Kön 5) läßt sich nicht genau datieren; jedenfalls ereignete sie sich während einer der Kampfpausen zwischen Israel und Syrien. E. kümmerte sich auch um Staatsangelegenheiten, z.B. bei der Thronbesteigung *Hasaëls in Syrien (2.Kön 8,7-15). Die Salbung Jehus (2.Kön 9) beschleunigte einen vom Propheten angeregten Aufstand gegen die Vorgängerdynastie der Omriden.

ELISABETH (Gott ist mein Eid). Frau des Priesters *Zacharias. Die Ehe blieb bis zur Verheißung eines Sohnes viele Jahre kinderlos; Mutter von *Johannes dem Täufer und eine Verwandte der Mutter Jesu (Lk 1,5ff.36).

ELISCHA. Ältester Sohn *Jawans (1.Mo 10,4), dessen Nachkommen ein Gebiet am Meer bewohnten, von dem aus Purpur nach Tyrus verkauft wurde (Hes 27,7).

Wahrscheinlich ist es mit dem aus ägypt. und syr. Texten bekannten Alaschia gleichzusetzen. *Zypern.

ELIZAFAN (Gott hat verborgen). Levit, Oberster der Kehatiter (4.Mo 3,30), der an der Beseitigung der Leichen Nadabs und Abihus (den Söhnen Aarons) beteiligt war, nachdem diese den Altar entweiht hatten (3.Mo 10,1ff).

ELJAKIM (Gott richtet auf). Name verschiedener Personen des AT, z.B. der Sohn Hilkijas, der königlicher Hofmeister unter *Hiskia wurde (Jes 22,20ff). Der Name erscheint auch auf drei Siegelabdrücken aus dem 6. Jh. v.Chr.

ELJASCHIB. Name verschiedener Personen im AT, z.B. der Hohepriester, der am Bau der Mauer beteiligt war, als *Nehemia nach Jerusalem zurückkehrte (445 v.Chr.). Später gab er *Tobija, einem Feind Nehemias, mit dem er durch Heirat verwandt war, einen Wohnraum im Tempelbereich (Neh 13,4f). Da Tobija als Ammoniter aus der Gemeinde auszuschließen war, wurde die Entscheidung durch Nehemia widerrufen.

ELKANA (Gott hat geschaffen). Im AT gibt es viele Träger dieses Namens. Der bekannteste ist der Sohn Jerohams und Vater des Propheten *Samuel (1.Chro 6,12.18f; 2.Sam 1,1). Seine Frauen waren *Hanna und Peninna. E. wird Ephraimiter genannt (1.Sam 1,1), weil er als Levit seinen Wohnsitz im Gebiet des Stammes Ephraim hat.
*Hanna, *Samuel.

ELLASAR. Stadt oder Königreich, das von Arjoch (1.Mo 14,1.9) regiert wurde. Die Identifizierung ist ungewiß; vorgeschlagen wurden u.a. Assyrien und Ilansura (zwischen Haran und Karkemisch).

ELON (Terebinthe, Eiche). Eine Stadt im S des Gebietes des Stammes *Dan (Jos 19,43), möglicherweise Chirbet W. Allin, 2 km östl. von Bet-Schemesch. Auch der Name mehrerer Personen im AT.

ELTEKE. Stadt in Palästina, die dem Stamm *Dan zugewiesen wurde (Jos 19,44); später Levitenstadt (Jos 21,23). Entweder Chirbet el-Muqanna, 40 km westl. von Jerusalem, oder Tell-eschschalaf, 16 km nordnordöstl. von Aschdod.

EMITER. Frühe Bewohner *Moabs, von denen es heißt, daß sie groß und zahlreich waren und den *Anakitern ähnelten (5.Mo 2,10). Außerbibl. Quellen existieren nicht.

EMMAUS. Ein Dorf, angeblich 11 km von Jerusalem entfernt, in das Kleopas und ein anderer Jünger am Auferstehungstag unterwegs waren; Jesus erschien ihnen auf dem Weg (Lk 24,13). Der Ort läßt sich nicht eindeutig identifizieren. In zwei Fällen stimmt die Entfernung nicht: 'Amwas (32 km westnordwestl. von Jerusalem) und Ammaous (heute Chirbet mizze), 6 km westl. von Jerusalem. Die Kreuzfahrer fanden ein Fort namens Castellum Emmaus in El-Kubebe in der richtigen Entfernung, aber der Name läßt sich nicht bis zum 1. Jh. zurückverfolgen.

EN-DOR. Heute Indur, 6 km südl. des Berges Tabor. Hier lebte die Totenbeschwörerin, bei der *Saul Rat suchte (1.Sam 28,7).

EN-EGLAJIM (Quelle der zwei Kälber). Ort am Toten Meer, der nur in Hes 47,10 erwähnt wird; die genaue Lage ist unbekannt.

EN-GANNIM (Gartenquelle). **1.** Stadt in Juda (Jos 15,34), evtl. das heutige Beit Jamal, 3 km südl. von Bet-Schemesch. **2.** Levitenstadt im Gebiet des Stammes *Issaschar (Jos 19,21), südwestl. von Tiberias.

EN-GEDI (Quelle des Zickleins). Eine wichtige Oase westl. des Toten Meeres, in der sich *David versteckte (1.Sam 24,1). Sie war für ihre wohlriechenden Pflanzen bekannt (Hld 1,14).

EN-HADDA (Schnellfließende Quelle). Ort, der dem Stamm *Issaschar zufiel (Jos 19,21); er wurde noch nicht identifiziert.

EN-RIMMON (Quelle des Granatapfels). Dorf in Juda, das nach dem Exil neu besiedelt wurde (Neh 11,29). Heute Umm er-Ramamim, 15 km nördl. von Beerscheba.

EN-ROGEL (Brunnen des Walkers oder Bleichers). Wasserquelle am Rande Jerusalems, 200 m südl. des Zusammentreffens von Hinnom- und Kidrontal, heute als Hiobsbrunnen bekannt.

EN-SCHEMESCH (Sonnenquelle). Eine Stelle, 4 km östl. von Jerusalem und genau südl. der Straße nach Jericho (Jos 15,7; 18,17); heute Ain Haud.

ENGEL. Bote Gottes, beheimatet in der unsichtbaren Welt. E. stehen im Dienst Gottes und führen seinen Willen aus. Einige E. sündigten aus freier Entscheidung und gerieten so unter die Herrschaft Satans (Mt 25,41). AT und NT gebrauchen das gleiche hebr. bzw. griech. Wort für menschliche Boten.

Altes Testament. E. überbrachten im Auftrag Gottes Befehle (Ri 6,11ff), stärkten Notleidende (1.Kön 19,5-7), griffen in Kämpfe ein (2.Kön 19,35) und übten Gericht (2.Sam 24,16). Auch bringen sie dem Menschen persönlichen Schutz (Ps 91,11).

In den Schriften aus der Zeit nach der Babylonischen Gefangenschaft Israels tritt die „Persönlichkeit" der E. stärker in den Vordergrund (z.B. der „Mann" in Hes 40,3). Im Buch Daniel erhalten E. erstmals Namen: *Gabriel spricht mit Daniel (Dan 8,16ff) und *Michael ist als E.fürst über Israel gesetzt (Dan 10,13). Um Gottes Thron sind zahllose E. versammelt (Dan 7,10).

Die Schriften jüdischer Rabbiner beschäftigen sich ausführlich mit Engellehren.

Neues Testament. E. sind um den Thron Gottes versammelt (Offb 5,11) und bereiten als seine Boten die Ankunft Jesu vor (Lk 1,26.29). Jesus erfuhr bei verschiedenen Gelegenheiten ihren Beistand (Mt 4,11; Lk 22,43) und spricht auch von „Schutzengeln" (Mt 18,10). Besonderes Interesse zeigen E. an der Umkehr der Menschen zu Gott (Lk 15,10). Sie werden mit der Gesetzgebung auf dem *Sinai (Gal 3,19) und mit den Endereignissen in Verbindung gebracht (Mk 13,27).

E. werden nicht ausführlich beschrieben; erwähnt wird nur ihre überirdische Schönheit (Mt 28,2f), die auch *Stephanus widerspiegelte (Apg 6,15). In Hebr 1,4ff wird darauf hingewiesen, daß Jesus größer ist als die E., wahrscheinlich um irrigen Engellehren entgegenzutreten. Die gefallenen Engel wird Gott richten (Jud 9; 2.Petr. 2,10f).

*Cherubim; *Serafim.

ENGEL DER GEMEINDEN. Empfänger der sieben Sendschreiben von Offenbarung 2-3. Wahrscheinlich handelt es sich um die Bischöfe (= Gemeindevorsteher) der genannten Gemeinden.

ENGEL DES HERRN. Himmlischer Bote, von Gott als sein besonderer Beauftragter gesandt, um Weisungen zu geben (1.Mo 31,11ff; 2.Kö 1,3), Hilfe zu leisten (Apg 12,7) oder Gericht zu üben (Apg 12,23). An einigen Stellen im AT wird der E. des Herrn mit Gott gleichgesetzt (z.B. 1.Mo 16,7-13; 2.Mo 3, 2-4).

ENOSCH. Sohn des *Set, wurde 905 Jahre alt; zu seiner Zeit begann man, den Namen Gottes anzurufen (1.Mo 4,25f).

EPAPHRAS. Ein Freund und Mitarbeiter des *Paulus, der die Gemeinden in *Kolossä, *Hierapolis und *Laodizea gründete. Sein Besuch bei Paulus in Rom veranlaßte diesen, den Kolosserbrief zu schreiben.

EPAPHRODITUS (liebreizend, bezaubernd). Mazedonischer Christ aus Philippi, der als Abgesandter der Gemeinde (Phil 2,25) Paulus eine Gabe (Geld?) nach Rom brachte. E. erkrankte schwer, nachdem er im Dienst für Gott „sein Leben aufs Spiel gesetzt" hatte (Phil 2,30).

EPHESERBRIEF. *Hintergrund.* Paulus schrieb den E. zur gleichen Zeit und am gleichen Ort wie den Kol (vgl. Eph 6,21-22 mit Kol 4,7-8). In einigen alten Manuskripten fehlen in 1,1 die Worte „in Ephesus". Der ganze Brief ist eher unpersönlich abgefaßt; es fehlen persönliche Mitteilungen und die sonst üblichen Grüße an einzelne Gemeindeglieder, obwohl Paulus drei Jahre in E. war. Deshalb vermutet man, daß der E. als Rundbrief für verschiedene kleinasiatische Gemeinden bestimmt war. Entweder zirkulierte eine Kopie oder jede Gemeinde erhielt eine solche.

Ziel. Aus dem Brief selbst ist kein bestimmter Anlaß für dieses Schreiben ersichtlich. Paulus lag das Wohl und die Entwicklung dieser Großstadtgemeinde sehr am Herzen. In seinem Brief stellt er die Herrlichkeit und die Weisheit des Ratschlusses Gottes dar, daß durch den Glauben an Jesus Christus Juden und Nichtjuden zur Gemeinde, zum „Leib Jesu Christi", gehören.

Inhalt und Bedeutung. Paulus betont: Christen sind aus Gnade und nicht aus eigenen Werken errettet. In dieser „Würde ihrer Berufung" (4,1) sollen sie nicht nur als einzelne leben, sondern im Bewußtsein, daß sie Glieder des „Leibes Christi" sind.

Gliederung. Der E. gliedert sich in zwei Hauptteile, einen Lehrteil (1-3) und einen praktischen Teil (4-6).

1,1-2 *Anrede, Gruß.*
1,3-3,21 *Lehrhafter Teil.*
    Stellung und Vorrechte der Gläubigen (1,3-14).
    Fürbitte für geistliche Einsichten (1,15-23).
    Errettung durch den Glauben (2,1-10).
    Einheit der Gläubigen (2,11-22).
    Geheimnis der Gemeinde (3,1-13).
    Fürbitte für die Gemeinde (3,14-21).
4,1-6,20 *Praktischer Teil.*
    Einheit und Wachstum der Gemeinde (4,1-16).
    Ermunterung zu einem Leben in der Liebe (4,17-5,2).
    Leben im Licht und unter der Herrschaft des Heiligen Geistes (5,3-21).
    Leben in Ehe, Familie und Beruf (5,22-6,9).
    Geistlicher Kampf (6,10-20).
6,21-24 *Briefschluß.*

EPHESUS. Die bedeutendste Stadt in der röm. Provinz Asia. Sie lag an der Mündung des Flusses Kaystros, an der Westküste des asiat. Teils der heutigen Türkei. Eine 11 m breite, von Säulen gesäumte Prachtstraße führte zum Hafen, der ein großes Ausfuhrzentrum am Ende des asiat. Überland-Handelsweges und ein natürlicher Anlaufpunkt für Schiffe aus Rom war. Die Stadt ist heute unbewohnt und etwa 10 km vom Meer entfernt. Sie besaß ein Theater mit 25 000 Plätzen, Bäder, eine Bibliothek, eine Agora (Marktplatz) und gepflasterte Straßen und hatte im 1. Jh. v.Chr. etwa 300 000 Einwohner. Der Artemistempel war eines der sieben Weltwunder, bevor er 263 n.Chr. von den Goten zerstört wurde (Artemis entspricht der röm. Göttin Diana). Er enthielt ein Standbild der vielbrüstigen Göttin, das angeblich vom Himmel gefallen war (vgl. Apg 19,35). Bemerkenswert ist, daß Paulus unter den „Asiarchen" Freunde hatte (Apg 19,31), deren Hauptaufgabe in der Pflege des Kaiserkults bestand. Es gab auch eine große jüd. Kolonie in E.

Ephesus. *Münze aus Ephesus, ca. 235 n.Chr. Dargestellt ist die Göttin Diana (Artemis) in ihrem Tempel.*

Das Christentum kam 52 n.Chr. nach E., als *Paulus nach einem kurzen Besuch *Aquila und Priszilla zurückließ (Apg 18,18ff). Auf seiner dritten Missionsreise blieb er über zwei Jahre in E. (Apg 19,10), wo er zuerst in der Synagoge, später in einem Vortragssaal predigte. Er machte die Stadt zum Ausgangspunkt der Mission in der Provinz Asia und schrieb von hier aus an die Gemeinde in Korinth (1.Kor 16,8). Seine Verkündigung führte zu dem bekannten Aufruhr der Artemis-Verehrer (Apg 19). Bei seiner Abreise ließ er Timotheus zurück. Aus den Briefen an ihn geht hervor, daß sich die Gemeinde weiterentwickelte und festigte.

Später wohnte in der Stadt Johannes, der den sieben führenden Gemeinden Kleinasiens vorstand, die in der Offenbarung (2-3) angesprochen werden. Zu jener Zeit standen die Christen bereits fest im Glauben, aber es mangelte ihnen an Liebe. Das Bild vom Baum des Lebens wird vielleicht bewußt der heiligen Dattelpalme der Artemis gegenübergestellt.

EPHRAIM. *Person und Stamm:* Zweiter Sohn *Josefs. Großvater *Jakob segnete ihn mit der rechten Hand, um anzudeuten, daß seine Nachkommen gegenüber denen seines Bruders *Manasses Vorrang haben sollten. Von Anfang an spielte der Stamm eine bedeutende Rolle und genoß hohes Ansehen. *Gideons Antwort auf die Beschwerde der Ephraimiter, daß sie nicht zum Kampf gegen die Midianiter gerufen worden waren, läßt etwas von ihrer überragenden Stellung erahnen (Ri 8,1f). Sie erkannten David nur zögernd als König an, und noch zur Zeit Salomos herrschte in diesem nördl. Stamm Unzufriedenheit (1.Kön 11,26ff). Trotz des späteren Aufstands behielt E. eine Sonderstellung (Jer 31,9) und wird oft als Vertreter für alle Nordstämme genannt (z.B. Jes 11,13; Hos 5,5).

Gebiet: Die Grenzen E. werden in Jos 16,17 genannt. Die meisten der erwähnten Orte lassen sich derzeit nicht eindeutig identifizieren. Dieses Gebiet im W Zentralpalästinas war recht bergig, niederschlagsreicher als Juda und besaß gute Böden; diese Fruchtbarkeit wird in der Bibel erwähnt.

EPIKUREER. Paulus begegnete in Athen einigen Philosophen dieser Schule (Apg 17,18). Ihr Gründer Epikur wurde 341 v.Chr. auf der Insel Samos geboren und war ein Schüler von Demokrit, der die Welt als Ergebnis einer zufälligen Anordnung von Atomteilchen betrachtete. Epikur gründete 306 v.Chr. seine eigene Schule und starb 270 v.Chr. Die E. suchten das Glück durch heitere Zurückgezogenheit und glaubten, daß sich die Götter in keiner Weise um die Menschen kümmern. Sie fanden Zufriedenheit in der Begrenzung ihrer Begierden und in der Freundschaft. Im abwertenden Sinn bedeutet „Epikureer" soviel wie Genußmensch, was auf eine spätere Verfälschung des Begriffes zurückzuführen ist.

ERASTUS. 1. Helfer des Paulus, der mit Timotheus nach Mazedonien reiste (Apg 19,22; 2.Tim 4,20). **2.** Stadtkämmerer von Korinth, der Grüße nach Rom bestellte (Röm 16,23). Er wird auf einer in Korinth gefundenen latein. Inschrift erwähnt.

Es ist unwahrscheinlich, daß es sich bei 1. und 2. um dieselbe Person handelt.

ERBARMEN. Siehe *Barmherzigkeit; *Güte.

ERBE, ERBRECHT. *Altes Testament.* Nach atl. Recht gehörte das Land der Familie, nicht dem einzelnen. Der älteste Sohn erhielt einen doppelt so großen Erbteil wie die anderen Söhne. Wenn ein Mann ohne Söhne starb, ging das Erbe auf die Töchter über; wenn er kinderlos war, erhielten es seine Brüder oder die nächsten Verwandten (4.Mo 27,8ff). Vor der Gesetzgebung konnten die Erzväter das Erstgeburtsrecht zugunsten der jüngeren Söhne außer acht lassen (z.B. 1.Mo 48,8ff). Wenn ein Mann kinderlos starb, mußte sein Bruder die Witwe heiraten (5.Mo 25,5ff), und der erste Sohn aus dieser Verbindung galt als Erstgeborener des Verstorbenen. Das Recht, die Witwe zu heiraten, konnte auf einen anderen Verwandten übergehen (Rut 3,9ff). Ein Testament zur Regelung von Erbfragen war in Israel bis zur Zeit des *Herodes unbekannt.

Neues Testament. Gott hat Jesus, den Sohn Gottes, zum E. über alles eingesetzt (Mk 12,7; Hebr 1,2). Die Christen haben an seinem Erbe teil, weil sie in Gottes

Familie aufgenommen sind (Röm 8,17); ihr Erbe ist das Reich Gottes (Mt 25,34), das Heil (Hebr 1,14) und das ewige Leben (Offb 21,7). Das Erbe wird im Himmel aufbewahrt (1.Petr 1,4); vollständig erfüllt werden die Verheißungen erst, wenn Jesus wiederkommt. Der *Heilige Geist ist der Garant für diese Erbschaft (Eph 1,14).
*Erstgeburt; *Familie.

ERDBEBEN. Aufgrund der geologischen Beschaffenheit Palästinas sind E. recht häufig. Auch in der Bibel werden sie erwähnt (z.B. 1.Sam 14,15; 1.Kön 19,11; Am 1,1), und sie wurden durch Ausgrabungen bestätigt. Sie können ein Sinnbild für Gottes Gericht sein (Jes 29,6). Paulus und Silas wurden durch ein E. aus dem Gefängnis befreit (Apg 16,26). E. werden auch dem zweiten Kommen Jesu vorausgehen (Mt 24,7).

ERDE. Manchmal steht der Begriff für die ganze *Welt (z.B. 1.Mo 1,1); manchmal für ein begrenztes Gebiet, ein „Land". Was im einzelnen gemeint ist, läßt sich nicht immer mit Sicherheit sagen; das entsprechende altägypt. Wort war ähnlich zweideutig. In 1.Mo 1,10 bezeichnet es das Festland im Gegensatz zum Meer. Das Bestreuen des Kopfes mit E. war ein Zeichen der *Trauer (z.B. 2.Sam 1,2).

ERDHARZ (Bitumen). Natürlich vorkommendes Gemisch organischer Stoffe in fester Form (Nebenprodukt des Erdöls), das in Mesopotamien und Palästina reichlich vorhanden war. Mit diesem „Pech" wurden Noahs Arche und Moses Körbchen abgedichtet (1.Mo 6,14; 2.Mo 2,3).

ERECH. Alte Stadt in Mesopotamien; heute Warka, Ruinenhügel, 64 km nordwestl. von Ur und 6 km östl. des Euphratlaufs. In 1.Mo 10,10 wird die Stadt, die bei den Akkadern Uruk und bei den Sumerern Unu hieß, als eine der Besitzungen Nimrods genannt. Sie war eine der bedeutendsten Städte der Sumererzeit.

ERKENNTNIS. In der hebr. Vorstellungswelt bilden „erkennen", „handeln" und „erleben" eine Einheit. Im Gegensatz dazu

Erde. Die älteste bisher gefundene „Weltkarte". Eine von Wasser umgebene Scheibe, deren Mittelpunkt Babylon ist (7./6. Jh. v.Chr.).

ist das griech. Erkenntnisideal viel abstrakter. Demzufolge spricht das AT davon, Leid „zu kennen" (vgl. Jes 53,3) oder den Ehepartner (durch den Vollzug der sexuellen Gemeinschaft; 1.Mo 4,1). Gott zu erkennen und zu kennen (z.B. Jer 16,21) bedeutet auch, ihn als den souveränen Herrn anzuerkennen, der von den Menschen Gehorsam fordert. Gott selbst kennt seine Schöpfung (Ps 139) und seine Diener (Jer 1,5) genau. Diese hebr. Denkweise spiegelt sich auch im NT wider. Gott zu kennen, bedeutet eine ewige Beziehung einzugehen (Joh 17,3; Phil 3,10); geistliche Einsicht, „zur Erkenntnis der Wahrheit zu kommen" (1.Tim 2,4). *Paulus und *Johannes widersprechen den esoterischen „Erkenntnis"-Systemen der Religionen ihrer Zeit (z.B. 1.Tim 6,20; Kol 2,8) und betonen, daß wahre Gotteserkenntnis aus der Nachfolge Jesu Christi kommt.

ERLASSJAHR (JOBELJAHR). Siehe *Sabbatjahr.

ERLÖSER, ERLÖSUNG. E. bedeutet die Befreiung aus einer Knechtschaft, indem ein Preis oder ein Lösegeld bezahlt werden. Im Altertum konnten Sklaven oder Kriegsgefangene auf diese Weise freigekauft werden. Nach atl. Gesetz konnte der Besitzer eines Tieres, das einen Menschen getötet hatte, hingerichtet werden, er hatte aber auch die Möglichkeit, sein Leben durch ein Lösegeld freizukaufen. Die E. Israels aus der Unterdrückung in Ägypten (2.Mo) ist eine der für die Geschichte bedeutsamsten Erfahrungen des Volkes. Sie wird später zum Vorbild der erwarteten Befreiung und Rückkehr nach Zion (Jes 51,10f).

Diese Gotteserfahrungen bilden den Hintergrund des ntl. Verständnisses der E. Jesus sagte von sich selbst, er sei gekommen, sein Leben „zur Erlösung (als Lösegeld) für viele zu geben" (Mk 10,45). Sünder sind Sklaven der Sünde (Joh 8,34), daraus ergibt sich unweigerlich der Tod (Röm 6,23). Am *Kreuz Christi ist der Preis bezahlt worden, um die Sklaven freizukaufen oder die bereits zum Tode verurteilten Gefangenen freizulassen. Der Preis ist das Blut Christi, das vergossen wurde (Eph 1,7; vgl. 1.Kor 6,19f). Die Antwort der Christen besteht in einem vom Dienst für Christus bestimmten Leben, das sich nicht wieder der Knechtschaft der Sünde unterwirft (Gal 5,1). Sie gehören dem, der sie erkauft hat (Offb 5,9; 1.Kor 6,20).
*Heil/Errettung.

ERNTE. Siehe *Getreide; *Pfingsten; *Weinstock.

ERSTGEBURT. Die besondere Stellung des ältesten Sohnes wurde im Alten Orient weithin anerkannt; sie galt jedoch selten für Söhne von Nebenfrauen oder Sklavinnen (Ri 11,1f). Zu den Vorrechten gehörten in atl. Zeit ein gegenüber den anderen Söhnen größeres (manchmal doppeltes) Erbteil, ein besonderer väterlicher Segen, die Leitung der Familie und ein Ehrenplatz bei den Mahlzeiten. Verlieren konnte man diese Vorrechte normalerweise nur wegen schwerer Vergehen (1.Mo 49,4) oder durch Verkauf (1.Mo 25,29ff). Nach dem Gesetz gehörte die E. von Mensch und Tier Gott (2.Mo 13,2); Söhne wurden durch Zahlung von fünf Schekeln und Opferung eines männlichen Tieres „ausgelöst" (4.Mo 18,15ff).

Jesus wurde Gott im Tempel dargebracht (Lk 2,22ff), weil er der Erstgeborene Marias war (Lk 2,7). Durch seine *Auferstehung ist er auch der Erstgeborene der neuen Schöpfung (Röm 8,29). Die Glieder der Gemeinde Jesu werden ebenfalls als die „Erstgeborenen" bezeichnet, weil sie im Himmel Anteil an den Vorrechten des Sohnes haben (Hebr 12,23).
*Familie.

ERWÄHLUNG. Vorgang, bei dem Gott einen einzelnen oder eine Gruppe von Menschen zu einem bestimmten Zweck aus einer größeren Menge auswählt. Dem atl. Begriff liegt die Vorstellung von einer bewußten Wahl nach sorgfältigem Abwägen aller anderen Möglichkeiten zugrunde. Das im NT gebrauchte entsprechende griech. Wort bedeutet „für sich selbst auswählen".

Altes Testament. Der Glaube der Israeliten gründete sich auf die Gewißheit, daß Gott Israel aus allen Völkern auserwählt hat. Gott hatte *Abraham erwählt, indem er ihn ins verheißene Land Kanaan brachte, und er erwählte Abrahams Nachkommen, indem er sie aus der Sklaverei in Ägypten befreite und an den *Bund dachte, den er mit Abraham geschlossen hatte. Ursprung dieser E. war Gottes freiwillige Liebe zu einem Volk, das gar nicht so anziehend, sondern klein und widerspenstig war (5.Mo 7,7f). Ziel der E. Israels war die Segnung und Rettung des Volkes durch den, der aus Israel kommen sollte, und darum letztlich die Verherrlichung Gottes (Jes 43,20f). Israel war dazu ausersehen, Gott vor der Welt zu rühmen und vor den Völkern zu bezeugen. Aus seinem Volk erwählte Gott einzelne Personen für besondere Aufgaben, z.B.: *Mose (Ps 106,23); die Propheten (Jer 1,5) und den Gottesknecht (Jes 42,1).

Mit der E. war für die Israeliten die Verpflichtung verbunden, Gottes Gebote zu halten und sich vom Götzendienst der benachbarten Völker fernzuhalten (3.Mo 18,2ff). In Zeiten der Mutlosigkeit gab sie ihnen Hoffnung und Gottvertrauen (z.B. Jes 41,8ff). Aber fälschlicherweise nahmen sie an, sich auch unabhängig von ihrem Lebenswandel auf Gott verlassen zu können (Jer 5,12). So wurden die verheißenen Wohltaten durch Unglauben und Ungehorsam verwirkt. Jesaja prophezeite, daß nur ein kleiner Rest das goldene

Zeitalter erleben werde, das nach Gottes Gericht über die Sünden des Volkes anbricht (z.B. Jes 37,31f). Jeremia und Hesekiel freuten sich auf einen Tag, an dem Gott denen, die er verschont hat und die zu ihm umkehren, ein neues Herz gibt (Jer 31,31ff; Hes 36,25ff). Diese Weissagungen deuten bereits einen mehr auf Einzelpersonen bezogenen Erwählungsgedanken an; der Geist Gottes erneuert die Gottesbeziehung.

Neues Testament. Die Verfasser des NT verkündigen die Erweiterung der Verheißungen Gottes auf die Heidenwelt und eine Übertragung der Vorrechte auf jene, die durch den Glauben an Christus „Söhne Abrahams" sind (Röm 4,9ff). Neben Israel steht die Gemeinde Jesu, nun auch Gottes „auserwähltes Volk", das als sein Eigentum in der Welt lebt. Jesus selbst wird von Gott sein „auserwählter Sohn" genannt (Lk 9,35), was auf seine einzigartige Rolle hinweist. Die Gemeinde Jesu besteht aus denen, die aus Israel und den Heidenvölkern herausgerufen, „auserwählt" sind, denn sie hat das Vorrecht des Zugangs zu Gott sowie die Pflicht, ihn zu loben und an seiner Wahrheit festzuhalten (1.Petr 2,9). Gott erwählte für diese großartige Aufgabe arme und unbedeutende Menschen (1.Kor 1,27ff). Für Jesu Wahl der Apostel (Lk 6,13) und die Wahl der sieben Armenpfleger (Apg 6,5) wird der gleiche Begriff gebraucht.

Bei *Paulus kommt der Erwählungsgedanke voll zur Entfaltung. Er zeigt auf, daß Gott aus Gnade erwählt (Röm 11,5); es ist ein Akt der unverdienten Liebe zu gefallenen Menschen, der allein nach Gottes Ratschluß und Wohlgefallen erfolgt (Eph 1,5.9). Gott erwählt einige Sünder, um ihnen den Reichtum seiner Gnade zu offenbaren (Röm 9,21ff). Das ist nicht ungerecht, weil er niemandem Gnade schuldet. Vielmehr ist es eine E. vor anderen und zur Einladung für diese, auch das *Heil anzunehmen. Gottes E. in Christus geschah vor Grundlegung der Welt (Eph 1,4), und nichts kann seinen Entschluß zur Rettung seiner Auserwählten erschüttern. Die E. geschieht in und durch Christus (Eph 1,4); die Erwählten werden dem Bild des Sohnes Gottes gleich sein und teilhaben an seiner Herrlichkeit (Phil 3,21); sie sind durch Christus von der Schuld und Befleckung der Sünde erlöst (Eph 5,25ff) und mit ihm vereint. Paulus sieht in der E. eine dreifache Bedeutung für den Gläubigen: Sie zeigt, daß das Heil allein von Gott kommt (1.Kor 1,30f); sie garantiert dem Gläubigen das ewige Leben (Röm 8,33ff) und motiviert ihn zu einem heiligen Lebenswandel (Kol 3,12ff).

*Berufung, Ruf.

ERWÜRGTES. Tiere, die getötet wurden, ohne daß man ihr Blut abfließen ließ. Der Genuß von Blut oder Tieren, bei denen es nicht abgeflossen war, war den Juden verboten (5.Mo 12,23; Apg 15,20ff).

ERZIEHUNG UND BILDUNG. Einige bibl. Bücher, z.B. die Sprüche und Prediger, geben Aufschluß über die Erziehungsgrundsätze, während über das Bildungswesen nur wenig bekannt ist. Im hebr. und griech. Text kommt der Begriff „Schule" überhaupt nicht vor. In Apg 19,9 wird ein Vortragssaal mit „Schule" übersetzt, aber es läßt sich nicht sagen, ob es sich um eine Grundschule oder eine Einrichtung zur Weiterbildung handelte.

Esra erklärte nach der babylon. Gefangenschaft die Heilige Schrift zur Unterrichtsgrundlage; unter seinen Nachfolgern wurde die Synagoge sowohl Ort der Unterweisung als auch des Gottesdienstes. Im Jahr 75 v.Chr. führte Simon ben-Schetach die Grundschulpflicht ein, aber schon vorher müssen Schulen gut besucht gewesen sein.

In ältester Zeit erhielten die Kinder ihre Unterweisung ausschließlich durch die Eltern (s. 5.Mo 4,9); der häusliche Unterricht blieb während der ganzen bibl. Zeit bedeutsam. Die Ausbildung war nicht sehr vielseitig. Die Knaben erhielten von der Mutter sittliche Unterweisung; der Vater lehrte sie ein Handwerk und vermittelte ihnen Kenntnisse über die Religion. Auf der Grundlage von Spr 1,7 war ihre Bildung vor allem religiöser und ethischer Natur. Die Ausbildung der Mädchen war ausschließlich Aufgabe der Mutter. Sie umfaßte hausfrauliche Tätigkeiten, sittliche

Unterweisung und Lesen. Der Unterricht bestand hauptsächlich im Auswendiglernen (vgl. 5.Mo 11,19). Bis in verhältnismäßig späte Zeit saßen die Schüler zu Füßen ihres Lehrers auf dem Fußboden (Apg 22,3). Das jüd. Bildungsziel bestand darin, die Menschen zur Gottesfurcht zu erziehen und die Religion in die Tat umzusetzen. In früherer Zeit gaben wohl auch die Propheten gelegentlich Unterricht (z.B. 1.Sam 10,11ff).

Mit dem Aufkommen der Synagogen wurden die Knaben dort oder in benachbarten Gebäuden und später im Haus des Lehrers unterrichtet. Bedeutende Rabbis (Lehrer) hatten ihre eigenen Schulen. In ntl. Zeit gab es drei Stufen von Lehrern – in absteigender Reihenfolge: „Weise", „Schriftgelehrte" und „Beamte". Nikodemus (Joh 3,10) gehörte wahrscheinlich dem höchsten Rang an. Im Idealfall war der Unterricht kostenlos, aber häufig gewährte man den Lehrern aus Höflichkeit einen Betrag, der eher die verbrachte Zeit als die gebotene Dienstleistung abdeckte. Viele Rabbis lernten ein Handwerk. Das Wort „Zuchtmeister", das Paulus in Gal 3,24f gleichnishaft verwendet, bezieht sich normalerweise auf einen griech. oder röm. Sklaven, der einen Knaben beaufsichtigte und ihn auf dem Schulweg begleitete.

Christl. Schulen gab es anfangs nicht; hier spielten abermals die Eltern eine wesentliche Rolle (Eph 6,1.4), und auch die Gemeindeversammlung.

*Schriftgelehrte; *Weisheit; *Schrift.

ESAU. Der ältere von *Isaaks Zwillingssöhnen und Liebling seines Vaters. Die Überlegenheit *Jakobs über E., die bereits vor der Geburt angekündigt war, wurde vom alten Isaak unwillentlich bestätigt (1.Mo 25,21ff; 27,22ff). Daraus erwuchs eine tiefe Feindschaft zwischen den Nachkommen Jakobs (*Israel) und E. (*Edom). In den ntl. Texten ist E. der Mann, den Gott nicht erwählt hat (Röm 9,13), aber auch Typ jener Menschen, die zugunsten eines zeitlichen Gewinns die ewige Hoffnung aufgeben (Hebr 12,16f).

ESCHATOLOGIE. Die Lehre von den „letzten Dingen". In der Bibel wird die Geschichte als Prozeß verstanden, der sich unter Gottes Herrschaft seit der Schöpfung auf ein Ziel zubewegt. Die E. ist sowohl für die Vollendung der gesamten Weltgeschichte als auch für das Schicksal des einzelnen Menschen bedeutsam.

Aus der Sicht des AT. Die Propheten blickten erwartungsvoll einem endgültigen Ziel entgegen, auf das nach Gottes Plan die Weltgeschichte zusteuert. „Der *Tag des Herrn", ein Gerichtsakt Gottes, bezieht sich nicht immer auf das Ende der Zeit, sondern oft auch auf ein Eingreifen Gottes im geschichtlichen Umfeld der Propheten. Die Vorstellung von einem letzten Gerichtstag und einer andauernden Heilszeit wird immer deutlicher. Dann werden die Völker dem Gott Israels dienen, und es werden weltweit Friede und Gerechtigkeit herrschen (Jes 2,2.4). Gottes Volk wird sicher wohnen (Jes 65,21f), und das Gesetz wird in ihre Herzen geschrieben sein (Jer 31,31ff). Ein wesentlicher Bestandteil dieser Ankündigungen ist der *Messias, der in Gerechtigkeit herrschen wird.

Aus der Sicht des NT. Das besondere Merkmal der ntl. E. besteht darin, daß durch Jesus Christus Gottes entscheidendes Handeln bereits stattgefunden hat, wenngleich die endgültige Vollendung noch aussteht. Die E. des NT enthält also einen gegenwärtigen und einen zukünftigen Aspekt. In gewisser Weise sind die „letzten Tage" der atl. Propheten bereits gekommen (1.Kor 10,11; 1.Petr 1,20), aber sie sind noch nicht vollendet (2.Tim 2,18). Jesus korrigierte die rein zukunftsgerichteten Erwartungen der jüd. E., indem er erklärte, daß in ihm das Reich Gottes nahe herbeigekommen sei und daß man sich darauf einstellen solle (Mt 4,17; Lk 17,20f). Gleichzeitig sei das Reich Gottes aber eine noch in der Zukunft liegende Wirklichkeit (Mk 14,25). Das wurde durch seine *Auferstehung bestätigt – ein Ereignis, das für ihn als Erstling vorwegnimmt, was später vielen widerfahren wird (1.Kor 15,20). Alle ntl. Texte stimmen darin überein, daß ihre E. in Christus die Mitte hat und durch ihn verwirklicht wird.

Zeichen der Wiederkunft Christi. Das NT betrachtet das zweite Kommen Christi als nahe bevorstehend (1.Thess 4,14ff). Diese Erwartung wird jedoch durch die Erklärung eingeschränkt, daß vorher bestimmte Dinge geschehen müssen. Jede Vorausberechnung der Daten wird ausgeschlossen (Mt 25,13; Apg 1,7). Gerade weil den genauen Zeitpunkt niemand wissen kann, leben die Christen in täglicher Erwartung. Höchste Bedeutung mißt das NT der theologischen Beziehung bei, die zwischen der zukünftigen Erfüllung und der bereits vergangenen Geschichte Jesu sowie der gegenwärtigen Erfahrung der Christen besteht.

Das erklärt auch, warum Jesus in seiner Ankündigung des Gerichts über Jerusalem die Perspektiven verkürzt (Mt 24; Mk 13; Lk 21; Jesu Rede über die Endzeit). Die Jünger fragen Jesus, wann sich seine Vorhersage über die Zerstörung des Tempels erfüllen wird, und wann „all dies" (bezüglich der Endzeit) geschehen wird. Jesus antwortet, daß falsche Christusse und viel Leid nicht das Ende, sondern erst der Anfang der letzten Dinge sind. Das „Greuelbild der Verwüstung" wird im Tempel aufgestellt; Verfolgungen und weltweite Katastrophen brechen herein. All das wird geschehen, solange „dieses Geschlecht" noch am Leben ist. Eine erste Erfüllung dieser Weissagung ist in den Vorgängen zu sehen, die im Gericht über die damalige Generation der Juden zur Zerstörung Jerusalems 70 n.Chr. führte. Die weltweiten Katastrophen stehen offenbar auch in unmittelbarem Zusammenhang mit der Wiederkunft Christi; diese Annahme wird wohl auch von Paulus in 1.Thess 4,14ff unterstützt. Mit der Endzeitrede wollte Jesus offenbar die Zuhörer nicht nur über die Zeichen der Endzeit aufklären, sondern sie auch ermahnen, schon in der Gegenwart für seine spätere Wiederkunft bereit zu sein.

Nach ntl. Aussagen erreicht das Böse in der Endzeit einen Höhepunkt in der Person jenes falschen Messias, der vom Satan seine Macht zu Wundertaten erhält und in gotteslästerlicher Weise göttliche Verehrung fordert (2.Thess 2,3f; Offb 13,5ff). Mit dem zweiten Kommen Christi findet die Vernichtung des *Antichristen und alles Bösen statt (2.Thess 2,8), die Vereinigung aller Gläubigen – der Lebenden und der Toten (1.Thess 4,14ff) – und das Weltgericht (Mt 25,31).

Tod und Auferstehung. Mit der Wiederkunft Jesu auf die Erde, werden die Toten in Christus auferweckt und die noch lebenden Gläubigen verwandelt (1.Kor 15,23.52). Die Tatsache, daß Jesus auferstanden ist, bietet die Garantie für die zukünftige Auferstehung der Christen (Röm 8,11). Durch den Glauben und im Heiligen Geist hat der Gläubige bereits zu Lebzeiten Anteil am Leben des auferstandenen Christus (Joh 5,24; Eph 2,5f). Allerdings ist die Verwandlung der Gläubigen in das Ebenbild Christi durch den Heiligen Geist noch unvollständig, weil der Leib sterblich ist. Die endgültige Daseinsform nach der Auferstehung wird nicht aus Fleisch und Blut bestehen, sondern aus einem „geistlichen Leib" (1.Kor 15,20.44). Die Gottlosen werden auferstehen zum Gericht (Offb 20,12f).

Gericht und Hölle. Wenn bei der Wiederkunft Christi Gottes Wille endgültig siegt, muß eine Trennung zwischen den Glaubenden und den Ungehorsamen stattfinden, denn nur die Gehorsamen können in Gottes Reich eingehen. Gott richtet durch seinen Mittler Christus (Joh 5,22ff). Der Maßstab für das Gericht ist Gottes unparteiische Gerechtigkeit, und es gibt Hoffnung für jeden, der seine Rechtfertigung bei Gott sucht (Röm 2,7). Auch die Gläubigen werden gerichtet (2.Kor 5,10), aber sie brauchen nicht um ihre Rettung zu fürchten (1.Joh 4,17), weil sie bereits durch Christus freigesprochen oder gerecht gemacht sind (1.Tim 1,16; 1.Kor 3,10ff). Das endgültige Schicksal des Gottlosen ist die Hölle, die als ein Ort des unauslöschlichen oder ewigen Feuers dargestellt wird (z.B. Mk 9,43).

Das Tausendjährige Reich. Die Bedeutung von Offb 20,1-10 ist bei den Christen seit langer Zeit umstritten. Der Abschnitt beschreibt einen Zeitraum von 1000 Jahren (das Millennium) vor dem letzten Gericht; in dieser Zeit ist Satan gebunden und die Heiligen regieren mit Christus.

An keiner anderen Stelle in der Bibel ist eindeutig vom Tausendjährigen Reich die Rede. Was die Auslegung betrifft, so gibt es drei Hauptrichtungen: Der „Amilleniarismus" betrachtet das Tausendjährige Reich lediglich als ein Symbol für das Zeitalter der Kirche. Der „Postmilleniarismus" hält es für eine zukünftige Blütezeit des Evangeliums innerhalb der Geschichte, also noch vor der Wiederkunft Christi. Der „Prämilleniarismus" sieht darin einen Zeitraum zwischen der Wiederkunft Christi und dem letzten Gericht. Was auch immer zutreffen mag – die grundlegende Bedeutung ist dieselbe: Sie drückt die Hoffnung auf den endgültigen Triumph Christi über das Böse und die Rechtfertigung seiner Nachfolger aus, die unter dem Bösen gelitten haben. Die größte Hoffnung des Christen ist jedoch nicht das Tausendjährige Reich, sondern die neue Schöpfung von Offb 21f.

Die neue Schöpfung. Das letzte Ziel von Gottes Plan ist eine neue Welt, in der das Böse, das Leiden und der Tod nicht mehr zu finden sind. Gottes Herrschaft wird am Ende vollständig siegen; alle Dinge werden in Christus vereinigt (Eph 1,10), und die gesamte Schöpfung wird vom Fluch der Sünde befreit sein (Röm 8,19ff). Die Christen werden Christus gleich sein und an seiner Herrlichkeit teilhaben. Zwei biblische Bilder, die das beschreiben, sind das große Festmahl (Mt 8,11; 25,10) und das neue Jerusalem (Offb 21). Unterdessen ist für jeden Christen der Heilige Geist das Unterpfand dessen, was noch kommt (Eph 1,14). Doch der Kampf zwischen der alten menschlichen Natur und der neuen christusähnlichen Natur geht weiter (Gal 5,13ff). Der Gläubige lebt jener Zeit entgegen, in der Gott seine Herrschaft endgültig aufrichtet. Die Christen warten geduldig und wachsam auf diesen Tag, und sie unterstreichen die Bitte „dein Reich komme" durch ihren Gehorsam gegenüber dem Missionsbefehl (Mt 28,19f), ohne daß sie das zukünftige Gottesreich mit den sozialen und politischen Strukturen ihrer Zeit verwechseln.

*Apokalyptik; *Tag des Herrn; *Auferstehung; *Hoffnung.

ESCHKOL. Person: Amoriter, Verbündeter Abrahams bei der Rettung *Lots (1.Mo 14,13ff). Ort: Tal, aus dem die Kundschafter Moses eine große Weintraube mitbrachten (4.Mo 13,23f). Der Überlieferung nach liegt es einige km nördl. von Hebron.

ESCHTAOL, ESCHTAOLITER. Stadt und ihre Bewohner im Hügelland westl. von Jerusalem. E. gehörte zum Stammesgebiet von *Juda und zeitweise zum Gebiet des Stammes *Dan. In der Gegend von E. und Zora wurde Simson zum ersten Mal vom Geist Gottes erfaßt und später auch begraben (Ri 13,25; 16,31).

ESRA. E. wurde mit anderen Juden 458 v.Chr. vom Perserkönig *Artaxerxes I. aus dem Exil nach Jerusalem gesandt (Esr 7). Seine Stellung entsprach wahrscheinlich der eines Staatssekretärs für jüd. Angelegenheiten. Er hatte Vollmacht, für die Einhaltung des jüd. Gesetzes zu sorgen und Ämter zu vergeben. Danach wird E. erst wieder bei der öffentlichen Verlesung des Gesetzes 444 v.Chr. erwähnt (Neh 8); wahrscheinlich war er vorher für einige Zeit nach Babylon zurückgekehrt.

ESRA, BUCH. *Person.* Esra, Priester und Schriftgelehrter (Esr 7,11-12), wird vom pers. König *Artaxerxes I. beauftragt, Spenden des Königs und der Exilgemeinde nach Jerusalem zu bringen. Er bekommt darüber hinaus den Auftrag, den Tempelkult und das gesamte religiöse Leben der nachexilischen, jüd. Gemeinde in Juda und Jerusalem zu reformieren. So kehrte Esra mit einer Gruppe von Israeliten, unter ihnen Priester und Leviten, 458 v.Chr. nach Jerusalem zurück.

Inhalt. Die Ereignisse lassen sich chronologisch in zwei Perioden einordnen.

Erste Rückkehr aus dem Exil (Esr 1-6): Nachdem er Babel besiegt hat, gibt *Kyrus, der Gründer des pers. Reiches, den verbannten Juden den Auftrag, nach Jerusalem zurückzukehren und den Tempel wieder aufzubauen (538 v.Chr.). Unter der Führung von Serubbabel und Jeschua, dem Hohenpriester, kehrten 50 000 Juden zurück. Trotz Opposition der einheimischen

Bevölkerung und wirtschaftlicher Schwierigkeiten wird, zuletzt dank der Verkündigung der Propheten Haggai und Sacharja, der Neubau des Tempels im Jahre 515 vollendet.

Zweite Rückkehr (Esr 7-10): Unter der Leitung Esras erfolgt 458 eine zweite Rückwanderung von 2000 Familien. In Jerusalem setzt sich Esra für eine Reform des Volkslebens ein (7,6). Zwei Abschnitte (4,8-6,18; 7,12-26) sind in aramäischer Sprache, der damaligen Diplomatensprache, geschrieben.

Gliederung.
1-6 Erste Rückkehr nach Jerusalem im Jahre 538 v. Chr. unter Führung von Serubbabel und Jeschua, dem Hohenpriester.
Erlaß des Kyrus; Verzeichnis der rückkehrwilligen Israeliten (1-2).
Beginn des Tempelbaus (3).
Hinderung des Aufbaus (4).
Vollendung des Tempelbaus unter Darius (5-6).
7-10 Zweite Rückkehr unter Esra im Jahre 458.
Esra wird zur Inspektion und zur Überbringung von Weihegaben nach Juda und Jerusalem gesandt (7-8).
Esras Gebet; Entlassung der fremden Frauen (9-10).

ESRA (3. und 4. Buch). *Apokryphen.

ESSENER. Jüd. Religionsgemeinschaft, die im 1. Jh. v.Chr. und im 1. Jh. n.Chr. ihre Blütezeit erlebte. Nach Philo betrug ihre Anhängerzahl etwa 4000. Sie lebten vor allem in Dörfern und verwendeten viel Zeit für die gemeinsame Beschäftigung mit ethischen und religiösen Fragen. Außerdem waren sie sehr auf rituelle Reinheit bedacht. Plinius zufolge (ca. 73-79 n.Chr.) lebten sie am Westufer des Toten Meeres und verzichteten sowohl auf Frauen als auch auf Geld. Den zuverlässigsten Bericht verdanken wir Josephus. Er schrieb, daß die E. in ganz Judäa verstreut waren und untereinander Gastfreundschaft übten. Vieles an seinen Berichten läßt indes darauf schließen, daß E. in einer klosterähnlichen Gemeinschaft lebten. Wer als vollberechtigtes Mitglied in die Bruderschaft der E. aufgenommen werden und am gemeinschaftlichen Mahl teilnehmen wollte, mußte vorher eine dreijährige Probezeit durchlaufen. Der Ausdruck „Essener" wurde oft auch auf andere jüd. Sekten angewandt. Eine solche Gruppe war die Gemeinschaft von *Qumran (ihre Einweihungsriten waren wie die von Josephus beschriebenen).

*Handschriften vom Toten Meer.

Essener. *Lederschriftrolle mit Beginn der Sektenregel, die das Zusammenleben der Essener bestimmte, ca. 100 v.Chr.*

ESSIG. Eine saure Flüssigkeit, die bei der Gärung von Wein oder anderen alkoholischen Getränken entsteht. Sie wurde von Landarbeitern getrunken (der Essigtrank in Rut 2,14); wurde Jesus als Erfrischung angeboten (Mk 15,36) – im Unterschied zu dem Getränk mit schmerzstillenden Mitteln in V.23, was er abgelehnt hat.

ESTER. Verwaiste Tochter eines weggeführten Juden, hebr. Name Hadassa. Sie lebte bei ihrem Onkel *Mordechai (Est 2,5ff). E. wurde die zweite Frau des Ahasveros (Xerxes, 486-465 v.Chr.), nachdem ihn seine erste Frau Amestris (im bibl. Buch wahrscheinlich Wasti) verärgert hatte. E. setzte ihr Leben aufs Spiel, um die Juden zu retten (Est 4,11-17).

ESTER, BUCH. *Verfasser und Zeit.* Das Buch Ester ist eine spannende Erzählung.

Verfasser und Entstehungszeit sind nicht sicher zu bestimmen. Bedenkt man allerdings die überaus genaue und farbige Schilderung des Geschehens sowie den Ort der Handlung, dann ist Persien als Entstehungsort denkbar. Geschrieben wurde dieses Buch sicherlich unmittelbar nach den geschilderten Ereignissen. Vielleicht ist es auf diesen pers. Entstehungsort zurückzuführen, daß dieses Buch Gott nicht erwähnt. Doch bestimmt er souverän die Geschichte.

Man geht allgemein davon aus, daß der Ahasveros des Buches Ester mit König Xerxes (486-465 v.Chr.) identisch ist. Dann wären die Ereignisse einige Jahre vor dem Auftreten Esras und Nehemias einzuordnen. Ort des Geschehens ist Susa, eine der drei Hauptstädte des pers. Reiches.

Bedeutung. Das Buch ist geprägt von dem Wissen, daß das jüd. Volk nicht untergehen kann, und dem Empfinden für eine überlegene Führung Gottes, die über allem steht. Die Juden in der Zerstreuung werden vor der Vernichtung bewahrt. Das Buch ist bei den Juden sehr beliebt und die Grundlage des Purimfestes (9,17ff).

Gliederung.
1,1-22 Königin Wasti weigert sich, König Ahasveros' Befehlen zu folgen, und wird abgesetzt.
2,1-20 Die Jüdin Ester wird von Ahasveros zur neuen Königin erwählt.
2,21-23 Mordechai deckt eine Verschwörung gegen den König auf.
3,1-15 Mordechai weigert sich, vor Haman, dem Günstling des Königs, niederzuknien. Aus Rache will Haman alle Juden töten lassen.
4,1-17 Mordechai überredet Ester, beim König für die Juden zu bitten.
5,1-8 Der König empfängt Ester.
5,9-14 Haman plant den Mord Mordechais.
6,1-14 Der König zwingt Haman, Mordechai öffentlich zu ehren, weil er Mordechai dafür belohnen möchte, daß er die Verschwörung gegen den König aufgedeckt hat.
7,1-10 Esters Bitte um Schonung der Juden wird gewährt; Haman wird hingerichtet.
8,1-17 Mordechai wird auch weiter vom König ausgezeichnet; ein Erlaß wird veröffentlicht, der es den Juden erlaubt, sich selbst zu verteidigen.
9,1-19 Die Juden töten ihre Feinde.
9,20-32 Zur Erinnerung an ihre Befreiung feiern die Juden das Purimfest.
10,1-3 Mordechai gelangt zu Macht und Ansehen.

ETAM. 1. Ort im judäischen Bergland 10 km südsüdwestl. von Jerusalem. **2.** Höhle irgendwo im W Judas, in der sich Simson vor den Philistern versteckte. **3.** Lagerplatz der Israeliten beim *Auszug aus Ägypten an der Landenge von Suez.

ETAN (ausdauernd, fest). Ein Weiser zur Zeit Salomos (1.Kön 5,11; Ps 89).

ETHIK, BIBLISCHE. Bibl. E. (oder „Moral") richtet sich nicht nach der Meinung der Mehrheit oder den üblichen Verhaltensweisen, sondern vor allem nach den Geboten Gottes. Gott allein ist gut (Mk 10,18); sein Wille ist vollkommen (Röm 12,2) und wurde in seinem Gesetz offenbart (Röm 2,18). Die Grundforderung dieses Gesetzes besteht darin, diesem heiligen Gott nachzueifern (3.Mo 11,44f) und durch ein Leben in der Liebe Jesu (Eph 5,1f) die Vollkommenheit des himmlischen Vaters widerzuspiegeln (Mt 5,48). Deshalb ist bibl. E. auf Gott ausgerichtet und verliert ihre Bedeutung, sobald sie von ihrem Hintergrund entfernt wird. Selbst in den Paulusbriefen wird deutlich, daß sich christl. Verhalten auf die christl. Lehre gründet.

Im Alten Testament. Der *Bund, den Gott durch Mose mit Israel schloß (2.Mo 24), hatte eine unmittelbare ethische Bedeutung. Gottes Gnade ist das Hauptmotiv für den Gehorsam gegenüber seinen Geboten; die Menschen werden aufgefordert, seinen Willen aus Dankbarkeit gegenüber seinen vorhergehenden Liebestaten und nicht aus Furcht vor Bestrafung zu tun. So mußten z.b. Sklaven wohlwollend behandelt werden, weil Gott die Israeliten wohlwollend behandelte, als sie in Ägypten selbst Sklaven waren (5.Mo 15,12ff). Der Bund förderte in Israel ein starkes Gemeinschaftsgefühl; die Einheit von „Fleisch und Bein" gilt für eine Zweierbeziehung (1.Mo 2,23) ebenso wie für das Verhältnis zu Verwandten (Ri 9,1f) und für ein Volk, das seinem Oberhaupt Treue gelobt (2.Sam 5,1). Das AT legt großen Wert auf die Sozialethik, denn aus dem Gemeinschaftsgefühl erwuchs die Nächstenliebe. Die Armen hatten dieselben Rechte wie die Reichen, weil alle unter demselben Bund vereinigt waren; die Schwachen genossen besonderen Schutz (z.B. 2.Mo 22,22f).

Das *Gesetz wurde dem Volk im Zusammenhang mit dem Bundesschluß gegeben und legt deshalb besonderes Gewicht auf die Aufrechterhaltung der rechten Beziehungen. Die *Zehn Gebote legen die grundlegenden Maßstäbe für Glauben, Gottesdienst und Leben fest. Weil sie tief in den Schöpfungsordnungen verwurzelt sind, verlieren sie mit dem Kommen Christi nicht ihre Gültigkeit (Mt 5,17ff; Röm 13,9). Dazu gehören die Verantwortung für die Erde (1.Mo 1,28), der Sabbat (1.Mo 2,2f), die Arbeit (1.Mo 2,15) und die Ehe (1.Mo 2,24). Nach dem Sündenfall wurden neue Bestimmungen notwendig (z.B. über die Ehescheidung, 5.Mo 24,1ff). Sie hoben keineswegs die ursprünglichen Ordnungen auf, sondern waren Zugeständnisse an die von der Sünde zerrütteten Beziehungen. Gottes Duldsamkeit darf nicht mit Zustimmung verwechselt werden. Ebenso müssen wir unterscheiden zwischen bibl. E. und dem fragwürdigen Verhalten mancher bibl. Gestalten.

Im 8. Jh. v.Chr. hatten sich die gesellschaftl. Verhältnisse nachhaltig geändert. Manche besaßen inzwischen zwei Häuser; das große Geschäft blühte; es gab ein ausgeprägtes Kreditwesen und Bündnisse mit ausländischen Mächten. Die Propheten setzten sich für Gerechtigkeit ein, indem sie Gebote auf ihre Zeit anwenden. Sie tadeln jene, die Bedürftige ausbeuten, Bestechungsgelder annehmen, falsche Gewichte benutzen und ihre Fehltritte hinter der Maske religiöser Gesetzlichkeit verbergen (Jes 1,10ff; Hos 6,6; Am 5,12ff; Mi 6,8ff). Sie heben die Verantwortung des einzelnen hervor und sehen die Überwindung der Kluft zwischen dem heiligen Gott und dem sündigen Menschen allein in Gottes Barmherzigkeit und in einem „neuen Gesetz", das in die Herzen der Menschen geschrieben wird (Jer 13,23; 31,31ff; Hes 37,1ff).

Im Neuen Testament. Jesus hatte eine hohe Achtung vor dem atl. Gesetz. Er wollte es nicht abschaffen, sondern erfüllen (Mt 5,17ff). Es ging ihm allerdings nicht darum, eine umfassende Sammlung von Vorschriften für ein sittlich einwandfreies Leben vorzulegen; vielmehr wollte er die allgemeinen Wesenszüge des göttl. Willens aufzeigen. So lehrt er z.B., daß ein Mensch, der von Haß gesteuert oder von sündiger Begierde getrieben wird, sich selbst dann schuldig macht, wenn er den Buchstaben nach das Gesetz nicht übertreten hat (Mt 5,21f.27f). Aus Jesu Worten geht hervor, daß alle, die sich Gottes Herrschaft unterstellen, seine Kraft erfahren, die sie befähigt, ihre ethischen Überzeugungen in die Tat umzusetzten.

Die ntl. Briefe gehen auf bestimmte Fragen ausführlich ein – z.B. sexuelle Sünden (1.Kor 6,9; 2.Kor 12,21). Die „Haustafeln" befassen sich mit den rechten Beziehungen in Ehe, Familie und Beruf (z.B. Eph 5,22ff). Paulus erklärt, daß das sittl. Leben durch das Verbundensein mit Christus (2.Kor 5,17) und die Einwohnung des Heiligen Geistes (Phil 2,13) auf eine neue Ebene gehoben wird. Dabei gebraucht Paulus das Wort „Gesetz" sowohl als Abkürzung für die (überholte) „Rechtfertigung durch Einhalten des Gesetzes" (z.B. Röm 10,4), als auch (was er positiv sieht) für den „Ausdruck des Willens Gottes" (z.B. Röm 7,12).

*Zehn Gebote/Dekalog.

ETHNARCH. Ein Beamter (LÜ: Statthalter), der unter König Aretas IV. von Arabien (9 v.Chr.-39 n.Chr.) mit einer Garnison für Damaskus verantwortlich war. Er wurde von den Juden aufgefordert, Paulus nach seiner Bekehrung zu verhaften.

EULE. E. werden einige Male im AT unter verschiedenen Bezeichnungen erwähnt, mit denen vielleicht verschiedene Arten bezeichnet werden.

EUNIKE. Mutter des *Timotheus. Sie war Jüdin (Apg 16,1) und Christin (2.Tim 1,5) und lebte entweder in Derbe oder in Lystra.

EUNUCH. Die Grundbedeutung ist „Hofbeamter" (LÜ: Kämmerer), aber im Hebr. steht das Wort auch für „Kastrat" (Entmannter; LÜ: Verschnittener). Es ist oft schwer zu unterscheiden, welche der beiden Bedeutungen gemeint ist. An orientalischen Herrscherhöfen galten E. als besonders vertrauenswürdig.

Kastrierte Personen waren aus der Gemeinde Israels ausgeschlossen (5.Mo 23,1). Diese Wertvorstellung wurde nicht in die ntl. Gemeinde übernommen. Der Schatzkanzler der äthiopischen Königin Kandake war E. (Apg 8,26ff), vermutlich ein „Gottesfürchtiger", denn es gab in Oberägypten eine jüdische Siedlung.

Einem Bericht aus der Frühzeit der Kirche zufolge hatte Origines Jesu Worte in Mt 19,12 mißverstanden und sich selbst verstümmelt; Jesus sprach von „Verschnittenen" als von Männern, die um des Himmelreichs willen auf berechtigte Wünsche verzichten.

EUPHRAT. Der größte Fluß in Westasien, oft nur „der Fluß" genannt (z.B. 5.Mo 11,24). Er entspringt in der Osttürkei und mündet nach 2 000 km in den Persischen Golf. Der Wasserstand ist im September 3 m niedriger als im Mai. Sein Verlauf hat sich seit dem Altertum nach W verschoben, so daß einige wichtige Städte, die früher an seinem Ufer lagen, jetzt weiter östl. zu finden sind.

EUTYCHUS (Der Glückliche). Gebräuchlicher griech. Name. E. hieß der junge Mann, der in Troas während einer langen nächtlichen Predigt des Paulus aus einem Fenster im dritten Stock fiel (Apg 20,7ff). Der Arzt Lukas hielt seinen Tod für sicher, aber Paulus erweckte E. wieder zum Leben (vgl. 2.Kön 4,34f).

EVA. Frau des ersten Menschen *Adam – von Gott aus einer Rippe ihres Mannes geschaffen (1.Mo 2,22) – und Mutter von Kain, Abel und Set. Sie wurde von der *Schlange verführt, um Adam zum Essen der verbotenen Frucht zu verleiten. Gott verurteilte sie daraufhin, ihre Kinder unter Schmerzen zu gebären. Adam nannte sie E., weil sie die Mutter aller Menschen war (1.Mo 3,20). *Sündenfall

EVANGELIUM (Gute Nachricht). In der antiken Literatur die Belohnung für die Überbringung einer guten Nachricht und auch die Nachricht selbst; ursprünglich die Siegesbotschaft. Im NT kommt das Wort über 75 mal vor. Es ist die gute Nachricht, daß Gott in Christus seine Verheißungen an Israel erfüllt hat und daß der Weg des Heils nun allen Menschen offensteht (Mk 1,14; Lk 4,16ff). Das E. vom Kommen Christi nahm Gott bei der Segnung Abrahams vorweg (Gal 3,8), und es wurde von den Propheten verheißen (Röm 1,2). Es ist eine Kraft Gottes, die seine Gerechtigkeit offenbart und alle Glaubenden zum Heil führt (Röm 1,16). Für Paulus ist es ein heiliges Gut, das ihm anvertraut wurde (1.Tim 1,11) und das er verkündigen muß (1.Kor 9,16). Es ist das Wort der Wahrheit (Eph 1,13), das den Ungläubigen verborgen bleibt (2.Kor 4,3f).

EVANGELIEN. Die ersten vier Bücher des NT werden seit Mitte des 2. Jh. n.Chr. als „Evangelien" bezeichnet. Jedes Buch trägt die Bezeichnung „Das Evangelium nach...", so ist jeder Bericht „Gute Nachricht über Jesus Christus" nach dem entsprechenden Verfasser.

Ein Großteil des in den E. enthaltenen Materials existierte bereits als mündliche Überlieferung, bevor es in der uns heute vorliegenden Form schriftlich niedergelegt wurde. Neben seinem öffentlichen Wirken unterrichtete Jesus seine Jünger so systematisch, daß das Gelernte leicht im Gedächtnis haften blieb. Seine Auseinandersetzungen mit religiösen Führern waren für jeden, der sie gehört hatte, unvergeßlich. Es gibt im NT mehrere Hinweise auf die „Überlieferung", die die Apostel von Jesus empfangen hatten und an die Neubekehrten weitergaben (vgl. Apg 1,1f). Die Zusammenfassung der missionarischen Botschaft des Christentums, die Paulus in 1.Kor 15,3ff gibt, unterscheidet sich nicht von der Botschaft der nichtpaulinischen Briefe und den Predigten der Apg: Jesus wird als Herr und *Christus verkündigt; die Menschen werden aufgefordert, *Buße zu tun und durch ihn die *Vergebung zu empfangen. Es gibt Hinweise auf eine systematische Unterweisung der Bekehrten. Als deren Zahl immer größer wurde, mußten Lehrer ausgebildet werden, und man benötigte Zusammenfassungen der Lehren Jesu in mündlicher und in schriftlicher Form. Auch in den Gottesdiensten wurde an die Worte und Taten Jesu erinnert.

Der Beginn der schriftlichen Niederlegung des Evangeliums traf mit dem Ende der ersten Christengeneration zusammen. Als die ersten Augenzeugen von Jesu Leben und Tod starben (Lk 1,2), wurde ein bleibender Bericht ihres Zeugnisses um so notwendiger. Alle vier E. sind wahrscheinlich zwischen 50 und 100 n.Chr. niedergeschrieben worden. Schriftliches Material gab es vermutlich schon vorher (vgl. Lk 1,1).

Matthäus, Markus und Lukas werden die „synoptischen Evangelien" genannt, weil sie sich zum „synoptischen" Studium eignen, das heißt, sie lassen sich nebeneinander in Spalten anordnen, so daß ihre Ähnlichkeiten und Unterschiede untersucht werden können. Das Wesentliche aus den 606 der insgesamt 661 Verse des Markusevangeliums (unter Auslassung von Mk 16,9-20) findet sich in verkürzter Form bei Matthäus wieder; 380 der 661 Verse erscheinen auch bei Lukas. Nur 31 Verse des Markusevangeliums haben bei Matthäus oder Lukas keine Entsprechung, während beide bis zu 250 Verse gemeinsames Material aufweisen, das bei Markus nicht vorhanden ist. Bei Matthäus gibt es ungefähr 300, bei Lukas 520 Verse Sondergut, das in keinem der anderen E. enthalten ist. Es gibt keine einfache und zugleich zufriedenstellende Erklärung für diese Verteilung des gemeinsamen und besonderen Materials oder für die Reihenfolge der Niederschrift der E. Es wird angenommen, daß Matthäus oder Markus zuerst und Johannes zuletzt geschrieben haben. Vor allem ist es wichtig, jedes synoptische Evangelium als unabhängiges Ganzes zu betrachten mit einem eigenen Beitrag zur Person und zum Wirken Jesu.

Das vierte Evangelium setzt offenbar die synoptischen E. voraus und ergänzt diese. Bei seiner endgültigen Zusammenstellung gegen Ende des 1. Jh. n.Chr. hatte Johannes jedoch eine viel weitere Leserschaft im Auge, deren Hintergrund in der griech. Kultur wurzelte.

Bereits kurz nach der Veröffentlichung des Johannesevangeliums brachte man alle vier E. gesammelt in Umlauf, aber wann sie zuerst zusammengestellt wurden, ist nicht bekannt.

Das nicht zum NT gehörende „Evangelium der Wahrheit" (*Gnosis) setzt die vier E. voraus und sinnt über sie nach; es wurde ca. 140-150 abgefaßt. Tatian stellte um 170 n.Chr. eine Evangelienharmonie zusammen, das Diatessaron. Ein Jahrzehnt später erklärte Irenäus das vierfache Evangelium als in der Christenheit anerkannte Tatsache, und sein Zeitgenosse Clemens von Alexandria unterschied die vier E. sorgfältig von apokryphen Schriften. Ursprünglich trugen sie allerdings keine Verfassernamen. Der erste Hinweis auf Matthäus und Markus stammt von Papias, dem Bischof von Hierapolis, im frühen 2. Jh. n.Chr. Irenäus bezog sich gegen Ende desselben Jahrhunderts auf Lukas und Johannes.

EVANGELIST. Das griech. Wort leitet sich von einem Verb mit der Bedeutung „die gute Nachricht verkündigen" ab und kommt im NT nur dreimal vor. Timotheus wird ermahnt, das Werk eines Evangelisten (LÜ: Predigers des Evangeliums) zu tun (2.Tim 4,5); Philippus wird „der Evangelist" genannt (Apg 21,8). Eph 4,11 bestätigt die Tätigkeit von E. in den christl. Gemeinden, ohne daß ihr Aufgabenbereich klar zu erkennen ist.

In späteren Jahrhunderten werden auch die Verfasser der Evangelien als E. bezeichnet.

EWIGKEIT. Siehe *Zeit.

EWIL-MERODACH. König von *Babylon; Nachfolger seines Vaters *Nebukadnezar II. (562 v.Chr.); wurde zwei Jahre später bei einer Verschwörung getötet, die sein Schwager Neriglissar anführte. E.M. ent ließ *Jojachin von Juda aus dem Gefängnis (Jes 52,31).

EXODUS. *Mose, 2. Buch.

EZJON-GEBER. *Elat.

F

FABEL. *Mythos.

FACKEL. Ein langer Stab, um dessen Spitze ein mit Öl getränkter Lappen gewikkelt war (Joh 18,3); vielleicht waren auch in Mt 25,1-8 F. gemeint.

FAMILIE, HAUSHALT. *Altes Testament.* Es gibt im AT keinen Begriff, der genau dem heutigen Wort „Familie" mit Vater, Mutter und Kindern entspricht. Am nächsten kommt ihm der Begriff „Haus", der für eine Gruppe von Menschen steht (sich aber auch auf das ganze Volk beziehen kann, wie in Jes 5,7). Der Ausdruck, der oft mit „Familie" übersetzt wird, bezeichnete eher die „Sippe" (Großfamilie) als den kleineren Familienverband. In Jos 7,16ff wird Achan als zum Haushalt seines Großvaters Sabdi gehörig betrachtet, obwohl er selbst schon Kinder hatte. Die Ehe unter Verwandten (außer bei enger Blutsverwandtschaft; 3.Mo 18,6ff) wurde bevorzugt. In der Regel wurden Partnerwahl und nachfolgende Hochzeitsvorbereitungen von den Eltern getroffen. Als Ausgleich für den Verlust der Tochter wurde an den Brautvater eine Entschädigung gezahlt (oder eine Dienstleistung erbracht; 1.Mo 29,15ff). Die Frau verließ ihr Elternhaus und zog in das des Mannes. In der Erzväterzeit konnte das bedeuten, daß das Paar mit dem Vater und den Brüdern des Mannes unter einem Dach lebte. Ausgrabungen von vielen kleinen Privathäusern lassen jedoch darauf schließen, daß Söhne bereits in der Königszeit bei der Heirat ihren eigenen Hausstand gründeten. Obwohl bei der Schöpfung die Einehe vorausgesetzt wurde, kommt bereits in der Erzväterzeit die Vielehe vor (1.Mo 16,1f; 5.Mo 21,15).

Die Frau war zuerst Eigentum ihres Vaters; nach der Heirat gehörte sie ihrem Mann. Er konnte sich von ihr scheiden lassen, sie sich von ihm wahrscheinlich nicht. Der größte Wunsch eines Paares waren Kinder, vor allem Söhne (Ps 127,3ff). Der älteste Sohn erhielt nach dem Tod seines Vaters ein doppeltes Erbteil und wurde Familienoberhaupt. Die Bezeichnungen „Bruder" und „Schwester" wurden auch auf Halbgeschwister angewandt; Onkel und Tanten waren für die Kinder oft wichtig. In atl. Zeit waren die gegenseitigen Verpflichtungen und der Zusammenhalt der F. durchweg eng; von besonderer Bedeutung war die „Leviratsehe": kinderlose Witwen mußten von einem engen Verwandten geheiratet werden (z.B. Rut 2,20; 4).

Neues Testament. Auch hier kann „Familie" einen Stamm oder ein Volk bezeichnen; häufiger ist jedoch der Begriff „Haushalt" – eine gesellschaftliche Einheit, die auch in der griech.-röm. Welt bekannt war. Sie bestand aus dem Ehemann (dem „Herrn" oder „Meister"), seiner Frau, Kindern, Sklaven sowie verschiedenen „Abhängigen" (Diener, Angestellte etc.) und sogar Freunden, die sich dem Haushalt zum gegenseitigen Nutzen anschlossen. Diese Hausgenossenschaft war ein wichtiger Faktor für das Wachstum und den Bestand der ersten christl. Gemeinden.

Schon bei den Juden war sie der Rahmen für religiöse Bräuche wie die großen Feste, das wöchentliche heilige Mahl, Gebete und Unterweisung. Das „Brotbrechen" fand in der Jerusalemer Urgemeinde in den Häusern statt (Apg 2,46). Die Gemeinden bildeten sich oft aus „Haushalten" heraus (z.B. Kornelius, Apg 10; Lydia, Apg 16). Paulus unterrichtete die Gemeinde in Ephesus in Häusern (Apg 20,20) und wies regelmäßig auf die gegenseitigen Pflichten der einzelnen Haushaltsmitglieder hin (z.B. Kol 3,18-4,1). Aus den Reihen bewährter Haushaltsvorstände wurden die Gemeindeleiter gewählt (1.Tim 3,2ff). Hinter jeder F. steht die allumfassende Vaterschaft Gottes (Eph 3,14f); die Gläubigen werden daher als Gottes „Hausgenossen" bezeichnet (Eph 2,19).
*Adoption, *Erziehung.

FÄRBEN. Das Färberhandwerk war bei den Israeliten bereits zur Zeit des Auszugs aus Ägypten bekannt; mit dem Saft der Koschenille-Schildläuse färbten sie Leinwand und Tierhäute scharlachrot (2.Mo 26,1). Der schwarz-purpurne oder rotviolette Farbstoff, der aus Weichtieren gewonnen wurde, die man an der östl. Mittelmeerküste fand, mußte aus Phönizien bezogen werden und wurde für teuere Kleider verwendet; Jesus wurde zum Spott in ein solches Gewand gehüllt (Joh 19,2), und *Lydia handelte damit (Apg 16,14). Gelbe Farbstoffe gewann man aus Granatapfelschalen, Safran und Gelbwurz; Blau aus Indigopflanzen. *Farben.

FARBEN. F.bezeichnungen im eigentlichen Sinne hat die hebr. Sprache nicht. Sie kommen von Dingen, welche die F. in ausgesprochener Weise tragen. Schwarz ist „rußfarben" (F. des Morgengrauens); weiß = milchfarben; rot = blut- und erdfarben; grün oder gelb = pflanzenfarben. Auch *Edelsteine dienen zur F.bezeichnung: Der Saphir (2.Mo 24,10) für Himmelsblau. Andere F. werden aus der Tierwelt gewonnen: Scharlachrot vom Coccus- oder Kermeswurm. Purpurrot und Purpurblau oder -violett aus dem Drüsenausfluß der Purpurschnecke. In Jes 1,18 steht Weiß als F. der Unschuld der blutroten Schuld gegenüber. Für die 4 Rosse (Sach 6; Offb 6) werden die F. Rot, Schwarz, Fahl und Weiß angegeben.
*Kleidung; *Färben; *Josef.

FASTEN. Zeitweiser völliger Verzicht auf Speisen. In atl. Zeit fastete man am *Versöhnungstag und nach der *Babylon. Gefangenschaft bei vier weiteren jährlichen Anlässen. Gelegentliches F. von einzelnen oder Gruppen drückte Kummer (1.Sam 31,13) und Buße (1.Kön 21,27) aus, oder man wollte damit die Hilfe Gottes erbitten (2.Sam 12,16ff). Ohne die rechte Lebensführung war F. allerdings nutzlos (Jes 58,4ff).

Von Jesus wird nur einmal berichtet, daß er gefastet hat (Mt 4,1ff). Er setzte voraus, daß seine Zuhörer fasteten und warnte sie davor, es öffentlich zur Schau zu stellen (Mt 6,16ff), erklärte es jedoch für seine Jünger für unangebracht, solange er bei ihnen war (Mt 9,14ff). Die Gemeindeleiter in Antiochien fasteten vor der Auswahl von Missionaren (Apg 13,2f); auch Älteste wurden unter Gebet und Fasten eingesetzt (Apg 14,23).

FEIGE, FEIGENBAUM. Der Feigenbaum ist in Kleinasien und im östl. Mittelmeerraum beheimatet. Er kann bis zu 11 m hoch werden, aber auf steinigem Boden wächst er häufig als mehrstämmiger Strauch. Oft wird er zusammen mit Weinstöcken gepflanzt. Der F. und der Weinstock sind Zeichen des Wohlstands (1.Kön 5,5). Da der F. sehr langsam wächst und jahrelange geduldige Pflege erfordert, war sein Mißraten oder seine Zerstörung ein

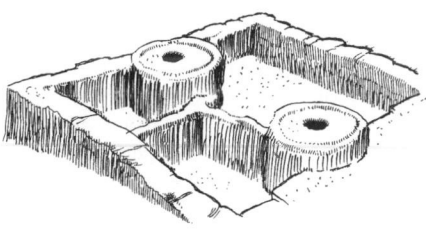

Färben. Färbkessel von Tell Bet Mirsim.

schweres Unglück (Jer 5,17). Große Feigenblätter werden im Orient noch immer zusammengenäht und zum Einpacken frischer Früchte benutzt (vgl. 1.Mo 3,7). Getrocknete, gepreßte Feigen („Kuchen") waren ein hervorragendes Nahrungsmittel, ein geschätztes Geschenk und konnten leicht transportiert werden (1.Sam 25,18). Die schlechten Feigen von Jer 24,2; 29,17 könnten ungenießbare männliche Feigen gewesen sein, in denen Gallwespen wohnten, die weibliche Blüten eßbarer Feigen bestäuben. Die Begebenheit, bei der Jesus den Feigenbaum verfluchte (Mt 21,18ff), könnte man durch die jahreszeitlich bedingte Belaubung vor dem Reifwerden der Früchte erklären. Maulbeerfeigen wurden ebenfalls gegessen. Vorher ritzte man sie an, damit sie prall wurden (Am 7,14).

FELDZEICHEN. *Banner.

FELIX. Er wurde auf Betreiben seines Bruders Pallas, eines Günstlings von Kaiser Klaudius, zum Statthalter von Judäa ernannt. Wahrscheinlich kam er ca. 52 n.Chr. in Palästina an. Während seiner Regierungszeit nahmen die Unruhen zu und wurden gnadenlos niedergeschlagen. Ca. 55 n.Chr. ging er gegen die Anhänger eines Mannes vor, der vorgab, der Messias zu sein (vgl. Apg 21,38 und *Ägypter). F. war für seine Habsucht und seine Mißachtung des Rechts bekannt. Das zeigte sich auch darin, daß er Paulus zwei Jahre lang gefangenhielt, weil er auf Bestechungsgeld hoffte (Apg 24,26). Er wurde von Nero 59 n.Chr. zurückgerufen. Siehe auch *Drusilla (seine Frau); *Festus (sein Nachfolger).

FELS. Im AT ein Symbol für Sicherheit (Ps 40,3), oft auch für Gott gebraucht (2.Sam 22,32). Die Ausdrücke „Fels des Ärgernisses" aus Jes 8,14 und „Eckstein" aus Jes 28,16 und Ps 118,22 werden im NT auf Jesus angewandt. Paulus verglich Jesus mit dem Felsen, der Israel während ihrer Wüstenwanderung Wasser gespendet hatte (1.Kor 10,1ff).
*Petrus.

FESTE. Tage oder Zeiten religiöser Feierlichkeiten. Einige hatten mit den Jahreszeiten zu tun, aber anders als bei heidnischen Festen stand Gott als großzügiger Geber im Vordergrund, der seinem Volk aus freien Stücken Gnade erwies. Religiöse Verpflichtungen waren nicht unvereinbar mit der Freude an irdischen Dingen, denn diese wurden als Gabe Gottes gesehen. Bei vielen F. spielte sowohl das Sündenbekenntnis als auch die Hingabe an das Gesetz eine Rolle. Die Propheten prangerten an (z.B. Jes 1,13ff), daß viele Israeliten eine falsche Einstellung zu den F. hatten. Sie meinten, daß das bloße Einhalten der F. ein gottgefälliges Leben ersetzen könne.

Die wichtigsten F. im AT sind: das Fest der ungesäuerten Brote oder *Passafest, eine Woche der Erinnerung an den *Auszug aus Ägypten; das *Wochen- oder Erntefest, später als *Pfingsten bekannt; das *Laubhüttenfest oder Fest der Lese; der *Sabbat; der *Versöhnungstag, an dem die Sünde gesühnt wurde; das *Purimfest, mit dem die Befreiung der Juden von den Anschlägen *Hamans gefeiert wird. Im NT wird das Lichterfest oder Fest der *Tempelweihe erwähnt (Joh 10,22), mit dem an den Wiederaufbau des Tempels durch Judas Makkabäus 164 v.Chr. erinnert wird. (Vgl. Übersicht S. 117.)

FESTGEWAND. Siehe *Kleidung.

FESTUNGSBAU UND BELAGERUNGSTECHNIK. Die Worte „Stadt" und „Festung" sind in bibl. Zeit fast gleichbedeutend. Viele Städte wurden an Stellen erbaut, die aufgrund ihrer natürlichen Gegebenheiten leicht zu verteidigen waren; Samaria lag z.B. auf einem steilen Hügel. Andere Städte, die an Straßen oder in der Nähe von Wasserstellen errichtet wurden, benötigten künstliche Verteidigungsanlagen. Die durchschnittliche Stadt war 2-4 ha groß (Ausnahme: die kanaan. Stadt Hazor bedeckte eine Fläche von ca. 81 ha) und von etwa 3 m breiten und 6-9 m hohen Mauern umgeben. „Kasematten"-Mauern bestanden aus zwei ca. 1,5 m dikken Mauern, die im Abstand von 2 m nebeneinander verliefen; die Zwischenräume wurden als Vorratskammern genutzt

Feste. Israels Festkalender.

Bezeichnung	Anlaß bzw. Begründung	Art und Weise der Feier
Neumond	Erstes Sichtbarwerden des Neumondes	Hornblasen und feierliche Festversammlung
Sabbat	Gott ruht von seinem Schöpfungswerk (2 Mo 20,8-11); Erlösung aus der Sklaverei Ägyptens (5 Mo 5,12-15); Bundeszeichen	Völlige Arbeitsruhe; heilige Versammlung (Jes 1,13); Freude (Jes 58,13f)
Passa; Fest der ungesäuerten Brote	Gedenken an den Auszug aus Ägypten	Heilige Versammlung; Schlachten eines Lammes; am ersten und letzten Tag Entfernen allen Sauerteigs aus den Häusern. Erste der drei jährlichen Wallfahrtsfeste
Wochenfest; Erntefest, Fest der Erstlingsfrüchte, Pfingsten	Ende der Getreideernte; Übergabe des Gesetzes am Sinai	Heilige Versammlung; auch keine Arbeit für Sklaven; Darbringung der Erstlingsfrüchte; Schuld- und Friedensopfer; zweites der drei jährlichen Wallfahrtsfeste
Neunter Ab	Zerstörung des Tempels durch Babylonier; Brand des 2. Tempels 70 n. Chr.	Opfer (4 Mo 29,16); Hornblasen; keine schwere Arbeit
Der 7. Neumond	(Neujahr)	Opfer (4 Mo 29,1); Hornblasen; keine schwere Arbeit
Der große Versöhnungstag (Yom Kippur)	Versöhnung der persönlichen und der Sünden des Volkes	Umfangreiches Ritual (s. 3 Mo 16); Opfer; Fasten; heilige Versammlung
Laubhüttenfest; Erntefest	Abschluß der Wein- und Olivenernte; Gedenken an die Wüstenzeit	Man wohnt in selbstgebauten Laubhütten; heilige Versammlungen am ersten und letzten Tag; das dritte der drei jährlichen Wallfahrtsfeste
Lichterfest	Reinigung und Weihe des von Judas Makkabäus zurückeroberten Tempels 164 v. Chr.	Achttägiges Fest; Austausch von Geschenken
Purimfest	Der Plan zur Vernichtung der Juden durch Haman ist gescheitert	Große Festfreude; Ausgelassenheit und Jubel
7. Jahr oder Sabbatjahr	Ruhe für das Land (die Exilszeit soll als Ersatz für nichtgehaltene Sabbatjahre dienen)	Festfreude; Befreiung der Schuldsklaven; Schuldenerlaß; die Armen dürfen umsonst essen
Jubeljahr (50 Jahr)	Das Land soll ruhen	Alle Sklaven werden frei; Rückgabe von verkauftem oder verpfändetem Land, so daß ursprüngliche Besitzverhältnisse wiederhergestellt werden. Vorbild für messianische Erlösungszeit – s. Jes 61,1f; Lk 4,18f; Jubiläenbuch

oder mit Geröll ausgefüllt. Die Stadtmauern sollten Feinde fernhalten und den Verteidigern eine geschützte Plattform bieten, von der aus sie Pfeile abschießen oder Steine schleudern konnten.

Wehrmauern gab es bereits in ältester Zeit. In Jericho hat man verschiedene Mauern und einen Rundturm von 13 m Durchmesser aus der Zeit um 7000-6000 v.Chr. – also 4000 Jahre vor Abraham – ausgegraben. Wesentlich später (ca. 1700 v.Chr.) baute man auch massive Erdwälle, denen häufig ein Graben vorgelagert war. In der frühen Königszeit errichteten die Israeliten in mehreren Städten Kasemattenmauern, z.B. in Sauls Hauptstadt Gibea und während der Regierungszeit Davids und Salomos in Beerscheba. Zwischen den Testamenten und in ntl. Zeit war eine Stadt gewöhnlich von ein oder zwei massiven Steinmauern umgeben. Die wahrscheinlich von Herodes erbaute starke röm. Mauer in Samaria schloß eine Fläche von 69 Hektar ein. In Jerusalem hat man ebenfalls mehrere Mauern aus dieser Zeit freigelegt.

Der schwächste Punkt in der Befestigungsanlage einer Stadt war das Tor. Zum Schutz des toten Winkels am Fuß der Mauer errichtete man Türme. Streitwagen benötigten eine direkte Zufahrt, und so boten von ca. 1700 v.Chr. Toranlagen mit ein oder zwei hintereinanderliegenden Toren größere Sicherheit. In Dan bildeten überlappende Mauern die Möglichkeit einer Toranlage, in der massive Doppeltore angebracht waren; das letzte Stück der Zufahrt war parallel zur Mauer. Holztore waren oft mit Metall beschlagen, damit sie nicht so leicht in Brand gesteckt werden konnten. In Jerusalem gab es bis ca. 1000 v.Chr. kleine, leicht zu verteidigende Tore, die den Soldaten ein rasches Verlassen oder Betreten der Stadt erlaubten, denn es wurde damals vorzugsweise in offener Feldschlacht gekämpft. In manchen Städten sorgten Festungsanlagen innerhalb der Mauern für zusätzliche Sicherheit. Die Wasserversorgung erfolgte während einer Belagerung entweder aus Zisternen oder durch Tunnel und Schächte, die zu unterirdischen Quellen führten und für die Feinde unzugänglich waren (z.B. *Siloah).

Häufig wurde versucht, eine befestigte Stadt zur kampflosen Übergabe zu bewegen; der Assyrerkönig Sanherib versuchte vergeblich, Jerusalem auf diese Weise zu gewinnen (2.Kön 18). Eine wirkungsvolle Methode war ein Überraschungsangriff. Joab drang wahrscheinlich durch einen Wassertunnel nach Jerusalem ein (2.Sam 5,8), aber im Normalfall mußte der Angreifer die Verteidigungsanlagen überwinden. Sie wurden entweder mit Leitern erklettert, mit Geräten wie dem Rammbock durchbrochen oder untergraben. An schwierigen Stellen schütteten die Soldaten einen Teil des Grabens zu und bauten eine Angriffsrampe, die bis an die eigentliche Stadtmauer reichte. Assyr. Reliefs aus Ninive, die den Angriff Sanheribs auf Lachisch darstellen, zeigen, daß die Rampen einen Holzbelag hatten. Von großen Schilden geschützte Sturmtruppen erhielten Rückendeckung von Schleuder- und Bogenschützen. Die Rammböcke hatten eine axtförmige Eisenspitze, die zum Ausbrechen der Mauersteine seitwärts bewegt wurde. Um ein Entkommen der Belagerten zu verhindern, wurde rund um die Stadt ein Erdwall aufgeschüttet (Jer 6,6). Die Verteidiger schleuderten den Angreifern Pfeile, Steine, brennende Fackeln und kochendes Wasser entgegen. Eine Belagerung konnte mehrere Jahre dauern; nach der Eroberung wurde die Stadt gewöhnlich geplündert und in Brand gesteckt; später baute man sie meist wieder auf. Die Überlebenden wurden verschleppt, versklavt oder mit hohen Zwangsabgaben belegt.

FESTUS. Porcius Festus war als Nachfolger des *Felix Prokurator von Judäa. In Apg 24,27-26,32 erscheint F. nicht in einem günstigen Licht. Obwohl er sich des Paulus mit lobenswerter Schnelligkeit annahm (25,6) und von dessen Unschuld überzeugt war (26,31), ließ er Paulus nicht frei, um die Gunst der Juden nicht zu verlieren (25,9). Paulus mußte sich auf den Kaiser berufen, weil eine erneute Verhandlung in Jerusalem seinen sicheren Tod bedeutet hätte. F. starb im Amt schon nach zwei Jahren.

FEUER. Bereits die Steinzeitmenschen waren in der Lage, F. künstlich zu erzeugen. Die Flamme wurde mit einem hölzernen Feuerbohrer oder durch Schlagen von Feuerstein gegen Eisenkies erzeugt. Ein brennendes F. hüteten sie jedoch mit großer Sorgfalt, um es nicht neu entfachen zu müssen. Als Abraham zur Opferung Isaaks ging, nahm er wahrscheinlich ein brennendes F. mit sich (1.Mo 22,6). Noch Jahrhunderte später war es üblich, ein brennendes F. im Haus zu haben (Jes 30,14).

Neben dem normalen Gebrauch zum Kochen, Wärmen und Verbrennen hatte das F. auch religiöse Bedeutung. Auf den Altären der Stiftshütte und des Tempels brannte ständig ein F. (3.Mo 6,6); manche ließen ihre Kinder zu Ehren des heidnischen Gottes Moloch „durchs Feuer gehen" (was nicht immer Tod bedeutete; 2.Kön 16,3). Manchmal wurden Gotteserscheinungen von F. begleitet (2.Mo 3,2). F. ist auch Bild der Heiligkeit Gottes (5.Mo 4,24) und seines Zorns über die Sünde (Jes 66,15f) sowie Zeichen göttlicher Gerichte (1.Kor 3,13; 2.Petr 3,10).

FEUERPFANNE. Ein schalenförmiges Gefäß aus Gold bzw. Bronze, das in der Stiftshütte und im Tempel benutzt wurde. Es diente der Aufnahme abgebrannter Lampendochte und der Beseitigung von Kohleresten des Altars; manchmal ist es gleichbedeutend mit dem *Räuchergefäß.

FISCH, FISCHFANG. Nach dem mosaischen Gesetz galten F. mit Schuppen und Flossen als „rein" (eßbar), die anderen (z.B. Schalentiere) waren „unrein". Der See *Genezareth beherbergt heute mindestens 24 Fischarten, die manchmal in großen Schwärmen auftreten; eine davon hat ein großes Maul (vgl. Mt 17,27).

Mindestens sieben Jünger Jesu waren Fischer (Petrus, Andreas, Philippus, Jakobus, Johannes, Thomas und Nathanael). Auf dem See Genezareth wurde oft nachts vom Boot aus mit einem Schleppnetz gefischt; tagsüber konnten die Fischer im seichten Wasser ein großes Wurfnetz auslegen. Die Fische wurden entweder ins Boot geleert oder im Netz ans Ufer gezogen. In Jerusalem gab es ein Fischtor, durch das die Händler hereinkamen. Nach

Fisch, Fischfang. Ein Assyrer beim Fischfang. Relief aus Ninive um 704-681 v.Chr.

der babylon. Gefangenschaft lebten in der Stadt Fischverkäufer aus Tyrus (Neh 13,16). Die F. wurden geröstet gegessen; haltbar machte man sie durch Pökeln oder Trocknen.

Bereits im 1. Jh. n. Chr. wurde der F. zum Symbol des Bekenntnisses zu Christus. Die Buchstaben des griech. Wortes (ichtys) gelten als Abkürzung für die Glaubensaussage: Jesus Christus - Gottes Sohn - Retter.

FLACHS. Die älteste Textilfaser; sie wird zur Herstellung von Leinen verwendet. Die blaublühende Pflanze wird bis zu 1 m hoch; aus dem Samen wird Leinöl gewonnen. F. wurde von den Ägyptern bereits vor der Zeit des Auszugs der Israeliten (2.Mo 9,31) und von den Kanaanäern vor der Ankunft der Israeliten angebaut.

FLEISCH. Häufig gebrauchte Bezeichnung für den Körper eines Menschen oder Tieres. Es kann den Leib (Spr 14,30) und im weiteren Sinn den ganzen Menschen bezeichnen (in Ps 16,9 steht z.B. im hebr. Text „Fleisch"). Hierzu gehört auch die Vorstellung, daß Mann und Frau „ein Fleisch" sind (1.Mo 2,24). Manchmal klingt

an, daß F. schwach ist (d.h. körperlich hinfällig; z.B. Ps 56,5 Rev EB).
Der griech. Begriff im NT bezeichnet ebenfalls den Körper (2.Kor 7,5), die gesamte leibliche Existenz (1.Petr 3,18). Auch gilt das F. als schwach (Mk 14,38).
Spätestens seit *Paulus wird F. auch in einem besonderen theologischen Sinn gebraucht: es bezeichnet die Sündhaftigkeit des Menschen mit allen Leidenschaften und Begierden (Eph 2,2f). Das Leben danach auszurichten, bedeutet Tod und Trennung von Gott (Röm 8,5ff), weil es gegen den Geist aufbegehrt (Röm 5,17ff).

FLEISCHMARKT. Siehe *Götzenopferfleisch.

FLIEGE. Der Begriff kann sich auf alle möglichen Arten beziehen und wird in der Bibel nur selten erwähnt (z.B.: Pred 10,1; Jes 7,18; Fliegenplage in Ägypten: 2.Mo 8,17ff; Ps 78,45; 105,31).

FLÖTE. Siehe *Musik und Musikinstrumente.

FLUCH. In der Bibel wird das Wort auf zwei Arten gebraucht. Die Hauptbedeutung ist das Aussprechen eines F., um jemandem etwas Böses zu wünschen (Hiob 31,30), oder zur Bekräftigung eines Versprechens (Neh 10,30; LÜ: Eid). Wenn Gott einen F. ausspricht, ist es die Verurteilung einer Sünde (5.Mo 29,18f) oder das Gericht über die Sünde. An der Grenze zu Kanaan legte *Mose dem Volk Segen und F., Leben und Tod vor (5.Mo 30,19). Im NT wird das Gesetz zum F. für jene, die es übertreten, aber Christus hat Glaubende vom F. des Gesetzes erlöst (Gal 3,10.13).
Die andere Bedeutung des Wortes bezieht sich auf Dinge, die absichtlich für die Menschen unbenutzbar gemacht oder für kultische Zwecke ausgesondert wurden (oft mit „gebannt" wiedergegeben, wie in 3.Mo 27,21). Es kann sich auch auf die völlige Zerstörung von „Gebanntem" beziehen, das durch die Sünde verunreinigt wurde (z.B. Jos 6,18ff).
*Anathema; *Bann.

FLUT. Siehe *Sintflut.

FORTUNATUS. Christ aus Korinth. F. wurde mit Stephanus und Achaikus zu Paulus nach Ephesus gesandt, um die Verbindung mit ihm aufrecht zu erhalten (1.Kor 16,17f). Der Name ist weitverbreitet; F. war vermutlich ein Sklave und ist ansonsten unbekannt.

FORUM APPII. Eine Marktstadt und Zwischenstation in Latium an der Via Appia, 45 km von Rom, in der es dem Dichter Horaz zufolge von „Bootsleuten und erpresserischen Gastwirten" wimmelte (Apg 28,15).

FRAU. Die F. wurde, wie auch der Mann, nach dem Bild Gottes geschaffen (1.Mo 1,27). Nach hebr. Gesetz sollte die Mutter geehrt (2.Mo 20,12) und ihr gehorcht werden (5.Mo 21,18ff). Sie sollte am Sabbat nicht arbeiten (2.Mo 20,10) und konnte auch Land für sich ererben, wenn es keinen männlichen Erben gab. In der Bibel gibt es viele Beispiele dafür, wie F. eine bedeutende Rolle in ihrem Volk gespielt haben, z.B. *Mirjam und *Debora. Es wird aber auch von dem großen Einfluß berichtet, den F. wie z.B. *Isebel bei der Einführung von Götzendienst hatten. Erst später haben die F., wahrscheinlich aufgrund der rabbinischen Lehre, eine untergeordnete Rolle gespielt.
Das NT schildert eine Reihe von Begegnungen Jesu mit F. Seine Mutter wurde von Gott gesegnet (Lk 1,28.42), und Jesus befahl sie am Kreuz der Fürsorge des *Johannes an (Joh 19,26). Jesus vergab, lehrte, heilte F. ebenso wie Männer, und sie dienten ihm und sorgten für ihn. Nach der Auferstehung begegnet er zuerst F. (Mt 28,1); sie empfingen den heiligen Geist (Apg 2,1ff.18), und das Haus einer F. wurde mehrfach zum Treffpunkt urchristl. Gemeinden (Apg 12,12; 16,15). Als Paulus in Europa das Evangelium verkündigte, bekehrte sich zuerst eine F. (Apg 16,14). In den ersten Gemeinden übernahmen F. wichtige Aufgaben (z.B. Apg 21,9; Röm 16,1f). Paulus betont die Gleichheit der Geschlechter vor Gott (Gal 3,28). Diese für die antike Umwelt des Urchristentums weithin ungewohnte Sichtweise führte offensichtlich zu provokativen („emanzipatorischen") Vorfällen, die ein

eindeutiges Zeugnis der Gemeinden gefährdeten bzw. Verwechslungen mit sexuell orientierten Kulten ermöglichten. Deshalb sieht sich der Apostel zu praktischen (nicht generellen!) Einschränkungen genötigt (1.Kor 14,34ff; 1.Tim 2,12).

FREIGELASSENER. Ein *Sklave, der später in die Freiheit entlassen wurde. Paulus gebraucht das Wort sinnbildlich in 1.Kor 7,22 für die Freiheit von der Knechtschaft der *Sünde und in Gal 4,22ff für Abrahams Frau Sara (LÜ: Freie) und ihre Nachkommen.

FREIHEIT. *Die Freiheit Israels.* Beim Auszug aus Ägypten befreite Gott Israel aus der Sklaverei und schloß einen Bund mit diesem Volk, das ihm von nun an dienen sollte (2.Mo 19,3ff). Dies war Gottes Gnadengeschenk; Ungehorsam führte zum Verlust der F.; durch nationales Unglück und Versklavung strafte Gott sein Volk (5.Mo 28,25.47ff). F. bedeutet das Ende der Abhängigkeit von Mächten, die sich gegen Gott auflehnen. Er befreit Menschen, damit sie künftig ihm dienen und damit seinen Plan für ihr Leben verwirklichen (2.Mo 19,4). *Jesaja prophezeite Israel eine Zeit der neuen F. Die Befreiung aus der Babylon. Gefangenschaft würde eine neue und bis dahin beispiellose Erfahrung der Gemeinschaft mit Gott ankünden (Jes 35,3ff; 43,14-44,5).

Israeliten, die durch Armut innerhalb ihres Volkes zu Sklaven wurden, durften nicht wie ausländische Sklaven behandelt werden; jedes siebte Jahr sollten sie zur Erinnerung an den Auszug aus Ägypten freigelassen werden (5.Mo 15,12ff).

Die Freiheit des Christen. Erst im NT kommt der Freiheitsbegriff voll zur Entfaltung. Christus begann sein Werk auf Erden, indem er die F. verkündigte (Lk 4,16ff). Aber die Sehnsucht der *Zeloten nach der Befreiung des Volkes von der Römerherrschaft erfüllte er nicht. Statt dessen erklärte er, daß er gekommen ist, um die Menschen aus der Knechtschaft der *Sünde und des Teufels zu befreien (Joh 8,34ff). Dämonenaustreibungen und Heilungen waren Teil dieses Befreiungswerkes (Mk 3,22ff; Lk 13,16).

*Paulus betont, daß Christus Menschen schon jetzt befreit von der zerstörerischen Macht der Sünde, die den geistlichen Tod zur Folge hat (Röm 6,18ff); vom *Gesetz, das keinem zum Heil verhilft (Gal 4,21ff), und von den dämonischen Mächten der Finsternis (Kol 1,13). Wer durch Christus frei wurde, empfängt Gottes Geist und wird als Gottes Kind angenommen (Gal 4,5ff; Röm 8,15f). Er antwortet auf die geschenkte F., indem er freiwillig und selbstlos Gott (Röm 6,17ff) und den Menschen (1.Kor 9,1ff) dient. Im Galaterbrief weist Paulus deutlich darauf hin, daß der Christ atl. Vorschriften und Rituale wie die *Beschneidung nicht als heilsnotwendig betrachten soll. In Rücksichtnahme auf seine Mitchristen wird er allerdings seine F. selbst beschränken (1.Kor 8). Vollkommene Befreiung von der innewohnenden Sünde und vom leibl. Tod wird der Glaubende erst in der Vollendung erfahren (Röm 8,18ff; Phil 3,21).

FREISTÄDTE. Um eine Blutfehde zu vermeiden, konnten Israeliten, die unbeabsichtigt Totschlag begangen hatten, hier Zuflucht finden. Es handelt sich vor allem um Städte der *Leviten (4.Mo 35,9ff; 5.Mo 4,41ff), z.B. Kedesch, Sichem, Hebron, Bezer, Ramot und Golan (Jos 20,1ff). Bereits in der ältesten Gesetzessammlung Israels (2.Mo 21,12ff) ist diese Regelung enthalten. Sie ging wahrscheinlich auf den Brauch zurück, nach dem der Altar (das Heiligtum) als Zufluchtsstätte galt (z.B. 1.Kön 1,50f). Da der Altar jedoch oft weit entfernt war und sich der Totschläger nicht ständig dort aufhalten konnte, wurden zusätzlich diese Städte eingerichtet.

Die *Gemeinde konnte nun unter Beachtung strenger Vorschriften die endgültige Gerichtsentscheidung fällen (4.Mo 35,12-24). Der unbeabsichtigte Totschläger mußte bis zum Tod des Hohenpriesters in der Freistadt bleiben (V. 25.28). Damit war es auch möglich, daß der Schuldige nach einer gewissen Zeit wieder in seinen Stamm zurückkehren konnte (*Erbrecht). Über die Ausübung dieses Asylrechts ist außer 1.Kön 1,50f und 2,28f nichts bekannt.
*Blutrache.

FREMDER/FREMDLING. Diese Worte stehen in der LÜ für unterschiedliche hebr. Begriffe.

Fremde oder Außenstehende gehören nicht zur Gemeinschaft derer, bei denen sie sich aufhalten; sie sind Außenseiter und kommen oft Feinden gleich (Jes 1,7). Das Wort *Ausländer* kann sich auf den Angehörigen einer anderen Rasse beziehen, aber es kann wegen des Götzendienstes anderer Völker auch religiöse Bedeutung haben. *Salomos Liebe zu ausländischen Frauen verursachte seinen Abfall von Gott (1.Kön 11,1ff). Nach der babylon. Gefangenschaft achtete man streng auf die Einhaltung des Eheverbots mit Ausländern (Esr 9-10).

Der *Schutzbürger* hat seinen ständigen Wohnsitz in einem fremden Volk. Die Israeliten waren selbst Schutzbürger in Ägypten (5.Mo 10,19), und diese Tatsache sollte ihren Umgang mit Fremdlingen im eigenen Land entscheidend prägen. Schutzbürger sollten geliebt werden (5.Mo 10,19) und an der Sabbatruhe teilhaben (2.Mo 23,12); sie durften von den Feldern Ähren auflesen und Schutz genießen (5.Mo 24,17ff). Die religiösen Vorschriften der Israeliten galten auch für sie, aber es war ihnen erlaubt, unreines Fleisch zu essen (5.Mo 14,21). Wer am Passafest teilnehmen wollte, mußte sich vorher beschneiden lassen (2.Mo 12,48).

Im NT werden alle, die kein Bürgerrecht in Israel haben, zu Miterben der Verheißungen Gottes (Eph 2,12.19), aber Glaubende sind Fremdlinge auf Erden (1.Petr 2,11).

FREUDE. Im AT wie im NT ist F. mehr als ein Gefühl. Sie gründet sich auf Gottes Zusagen der Geborgenheit (Ps 16,11; Röm 15,13). Im AT zeigt sie sich besonders lautstark bei religiösen Festen und Thronbesteigungen (z.B. 5.Mo 12,6f; 1.Kön 1,39f). In den Psalmen gehört F. sowohl zum gemeinsamen Gottesdienst (Ps 42,5) als auch zur persönlichen Anbetung (Ps 43,4). Jesaja bringt die F. mit der kommenden Fülle des göttlichen Heils in Verbindung (Jes 49,13).

Im NT wird die F. mit wichtigen Ereignissen im Leben Jesu (Lk 2,10; 19,37) und mit der Ausgießung des Geistes (Apg 13,52) in Zusammenhang gebracht; sie ist Folge einer tiefen Gemeinschaft zwischen Christus und seiner Gemeinde (Joh 16,22ff). Als Frucht des Geistes ist sie eng mit der Liebe verbunden (Gal 5,22) und ein Kennzeichen der Jesusnachfolge (Phil 3,1); selbst Leid wird sie nicht ersticken (Kol 1,24).

FREUND DES BRÄUTIGAMS. Das hebr. Wort für „Freund" kann die Bedeutung von „Brautführer" haben. Nach mesopotamischem Recht war es dem Brautführer verboten, eine verlassene Braut zu heiraten. Das erklärt die Entrüstung in Ri 14,20; 15,1f.

In Joh 3,29 bezeichnet sich *Johannes der Täufer als Freund des Bräutigams. *Ehe.

FREUND DES KÖNIGS. Ein Ausdruck, der für verschiedene Personen gebraucht wird, z.B. für *Davids Freund Huschai (2.Sam 15,37) und *Salomos Freund Sabud (1.Kön 4,5). Auf ein bestimmtes Amt scheint dieser Titel nicht hinzuweisen. Die wichtige Rolle des „Freundes" geht jedoch daraus hervor, daß jemand zur gleichen Zeit nur einen Freund hatte.

FREUNDE GOTTES. *Versöhnung.

FRIEDE. Der hebr. Begriff schalom bedeutet „Vollständigkeit", „Gesundheit", „Wohlergehen". F. kann materiellen Wohlstand (Ps 122,6ff) oder körperliche Sicherheit (Ps 4,9) bedeuten, aber ebenso geistliches Wohlergehen in Verbindung mit Gerechtigkeit und Wahrheit (Ps 85,11; Jes 57,19ff). Schalom ist Geschenk Gottes, deshalb wird das messianische Zeitalter als eine Zeit des F. erwartet (Jes 11,1ff).

Das NT stellt die Erfüllung dieser Hoffnung dar. Jesus brachte F. (vgl. Lk 1,79) und gab ihn an seine Jünger weiter (Lk 7,50). Der ntl. Begriff steht im Zusammenhang mit *Gerechtigkeit und dem Wirken des *Heiligen Geistes (Röm 14,17). Durch seinen stellvertretenden Tod stiftete Jesus F. mit Gott, der den Christen zuteil wird (Röm 5,1); ihm folgt ein innerer F. (Phil 4,7), der Auswirkungen in allen Bereichen menschlichen Lebens hat (Mt 5,9;

Röm 12,18; 14,19; 1.Kor 7,15; 2.Tim 2,22; 1.Petr 3,11; Hebr 12,14).

FROMM, FRÖMMIGKEIT. Das griech. Wort meint „gottesfürchtig, ehrfürchtig vor Gott". Am häufigsten kommt der Begriff in den *Pastoralbriefen vor und schließt ein, daß die rechte Beziehung zu Gott zu rechtem Handeln führt (vgl. 2.Tim 3,5). Die Frömmigkeit des Kornelius (Apg 10,2) zeigte sich in seiner Sorge für die Seinen, seiner Freigebigkeit und seinen Gebeten sowie in seiner Bereitschaft, die göttlichen Weisungen zu befolgen.

FRUCHT. Nach dem mosaischen Gesetz waren die Früchte von Obstbäumen in den ersten drei Jahren nach der Pflanzung „unrein"; im vierten Jahr gehörten sie Gott, und erst vom fünften Jahr an durften sie gegessen werden. Auf diese Weise wurde sichergestellt, daß sich der Baum gesund entwickeln konnte.
Im übertragenen Sinn bezeichnet F. das, was der Glaubende hervorbringt, wie z.B. die F. des Geistes (Gal 5,22), die F. der Lippen (Hebr 13,15), die F. des Evangeliums (Kol 1,6), die F. der Buße (Mt 3,8), im Gegensatz zu den „unfruchtbaren Werken der Finsternis" (Eph 5,9ff).

FRÜHCHRISTLICHE LITERATUR („Apostolische Väter"). Der Begriff beschreibt die altchristl. Literatur aus der Zeit von etwa 80-150 n.Chr. Diese Schriften sind von beachtlichem Wert für das Studium ntl. Texte. Sie zeigen auf, wie Lehren ausgelegt worden sind, und werfen Licht auf mündliche Überlieferungen. Diese Literatur stammt aus einer Zeit intensiver Verfolgungen sowie schlimmer antichristl. und sektiererischer Propaganda (wie in 2.Tim und anderen Stellen vorausgesagt wurde). Die Gemeinden waren über das Röm. Reich verteilt, und die Gemeinde in Jerusalem übte keinerlei Vorrangstellung mehr aus. Die Schriften der „Apostolischen Väter" sind weitgehend praktisch orientiert, prägen aber die Botschaft des NT z.T. um.
Zu ihnen gehören der *1. und 2. Clemensbrief,* die von dem Leiter einer Gemeinde in Rom (ca. 95/96 n.Chr.) nach Korinth gesandt wurden, wo regulär ernannte Gemeindeälteste abgesetzt worden waren. Die Briefe rufen dazu auf, wieder Ruhe herzustellen durch Unterordnung unter die Amtsträger.

Die *Briefe des Ignatius,* dem Bischof von Antiochien, wurden geschrieben, als er zur Zeit des Kaisers Trajan (98-117 n.Chr.) auf dem Weg nach Rom war, um dort den Märtyrertod zu erleiden. Unterwegs hatte er Gelegenheit zum Kontakt mit Gemeinden in Kleinasien und schrieb Briefe an sie. Er ermahnt zum Gehorsam gegenüber dem örtl. Bischof und warnt vor Irrlehren.

Polykarps *Brief an die Philipper* ist ein Dokument eines Mannes, der die Apostel und in besonderer Weise Johannes noch kannte. Er war Bischof in Smyrna und erlitt 86jährig 156 n.Chr. den Märtyrertod auf dem Scheiterhaufen.

Die *Didache* (Zwölfapostellehre) scheint syr. Ursprungs zu sein und befaßt sich u.a. mit Gemeindeordnung, Fasten, Gebet, den Propheten und dem Abendmahl.

Leider ist Papias' fünfbändiger *„Aufsatz über die Aussprüche des Herrn"* aus der Zeit um 130 n.Chr. nur in Form von Fragmenten bei anderen Autoren erhalten geblieben. Papias hatte Kontakt zu Apostelschülern.

Eine anonyme Epistel, die nachträglich *Barnabas* zugeschrieben wurde, mag in einigen Gemeinden eine Zeitlang gelesen worden sein, ebenso der Hirt des Hermas, eine in apokalyptischer Form gestaltete Bußschrift, die dazu bestimmt war, eine laue Gemeinde aufzurütteln.

*Apokryphen (NT); *Kanon (NT).

FUCHS, SCHAKAL. Beide Tierarten kommen überall im Vorderen Orient vor. Sie gehören zur Familie der Hunde und sind eng miteinander verwandt. Der Fuchs ist jedoch ein Einzelgänger, während der Schakal in Rudeln auftritt. Die „Füchse", die Simson in Ri 15,4 fing, waren wahrscheinlich Schakale.

FÜLLE. Der Begriff kann im NT zweierlei bedeuten: zum einen „das, was füllt" (vgl. die 12 Körbe voller Brocken; Mk 6,43; zum anderen „das, was zur Vollständigkeit gebracht wird" (wie bei der „Fülle der

Furcht

Heiden", Röm 11,25; und „dem vollen Segen Christi", Röm 15,29).
In Kol 2,9 bezeichnet es „die ganze Fülle der Gottheit", die in Christus wohnt; die Bedeutung ist vergleichbar mit Kol 1,19, wo es heißt, daß in Christus die Summe aller göttl. Eigenschaften wohnt, die den Menschen offenbart wird.

FURCHT. Der Begriff wird unterschiedlich gebraucht. Es gibt eine heilige Gottesfurcht, bei der sich der Glaubende in seiner Ohnmacht gegenüber dem heiligen und lebendigen Gott erkennt. Sie führt zum Gehorsam gegen Gott und vermeidet das Böse (Jer 32,40). Diese Gottesfurcht ist das Geheimnis eines Gott wohlgefälligen Lebens (Spr 8,13). Obwohl die Verfasser des NT hervorheben, daß Gott ein liebender und vergebender Gott ist, bleibt die Ehrfurcht vor der Größe und Unfaßbarkeit Gottes, die den Glaubenden zur *Heiligung treibt (2.Kor 7,1).
Sklavische F. (Ängstlichkeit) erfüllt jene, die Gott ablehnen (Apg 24,25), aber selbst sie kann zur Bekehrung/Buße führen (Apg 16,29ff). Menschenfurcht kann sowohl Respekt ausdrücken (z.B. Röm 13,7) als auch pure Angst bedeuten (Spr 29,25), die durch wahre Liebe zu Gott überwunden werden kann (1.Joh 4,18).

FÜRSORGE/ALMOSEN. Das AT fordert auf, Armen gegenüber eine offene Hand zu haben (5.Mo 15,11; Jes 58,7) und sich der Schwachen anzunehmen (Ps 41,1). Zur Zeit der Apostel sorgte die Gemeinde in Jerusalem für die Unterstützung Bedürftiger in ihrer Mitte (Apg 2,45; 4,34f; 6,1. Vgl. Mt 6,2ff).
*Sammlung (für die Jerusalemer Gemeinde); *Barmherzigkeit.

FÜRSPRECHER/BEISTAND. Das griech. Wort parakletos bedeutet „der jemandem Beistehende", besonders bei einer Gerichtsverhandlung. Daher wird das Wort auch mit Fürsprecher (Advokat) übersetzt. Jesus spricht vom Heiligen *Geist als dem Fürsprecher (LÜ: Tröster) in Joh 14,16.26; 15,26; 16,7. Nach 1.Joh 2,1 ist auch Jesus Christus unser Fürsprecher, der bei Gott für uns eintritt.
*Geist, Heiliger.

FÜRST. Eine Reihe bibl. Begriffe werden mit diesem Wort wiedergegeben, sie haben aber gewöhnlich eine weitere Bedeutung als nur „Mitglied einer königlichen Familie". In Hes 37,24f z.B. bezieht sich der Begriff auf den Messias, in Dan 10,13.21 auf die Schutzengel der Länder. Im NT wird der *Teufel als Fürst dieser Welt bezeichnet (Joh 12,31; 16,11).

FUSS. Sowohl im AT als auch im NT sind Wege, die ein Mensch mit seinen F. beschreitet, charakteristisch für sein Handeln (Spr 6,18; Lk 1,79). Getreten zu werden ist Zeichen der Niederlage (1.Kor 15,25); „zu jemandes Füßen fallen" bedeutet Huldigung (1.Sam 25,41); „zu Füßen sitzen" heißt Lernen (Apg 22,3). Das Füßewaschen war eine Notwendigkeit und ein Zeichen der Gastfreundschaft (Joh 13,5ff); das Ausziehen der Sandalen drückte Respekt aus (2.Mo 3,5); „den Staub von den Füßen schütteln" war eine Geste der Verachtung (Mk 6,11).

FUSSVOLK, LÄUFER. Ein militärischer Ausdruck, der oft Soldaten im allgemeinen bezeichnet, aber auch zur Unterscheidung der Fußtruppen von den Wagenkämpfern gebraucht wird (2.Kön 13,7). Sie wurden gelegentlich als Wächter und Boten eingesetzt (2.Chro 30,6).

FUSSCHEMEL. Kommt nur einmal in wörtlicher Bedeutung vor (2.Chro 9,18). Im übertragenen Sinn beschreibt es die Beziehung Gottes zur Erde (Mt 5,35), zum Tempel (Ps 99,5) und seinen Feinden (Ps 110,1); es soll damit zum Ausdruck gebracht werden, daß ihm alles unterworfen ist.

G

GAAL. Anführer einer umherziehenden Bande, der nach Sichem kam, die Unzufriedenheit der Bevölkerung mit *Abimelech ausnutzte und sie gegen ihn aufwiegelte. Er wurde vertrieben und Sichem zerstört (Ri 9,22ff).

GABBATA. Ein aram. Begriff mit der Bedeutung „Anhöhe". G. bezeichnet auch einen Platz in Jerusalem, der als „Steinpflaster" bekannt war (Joh 19,13). Er wurde wahrscheinlich von Herodes vor seinem Palast in der Oberstadt angelegt, Pilatus hatte dort seinen Amtssitz. Dieses Pflaster hat man noch nicht gefunden. Das Pflaster im Kloster der Zionsschwestern gehörte zur Burg Antonia und war mit ziemlicher Sicherheit nicht der Platz, auf dem Jesus verhört wurde.

GABE, GESCHENK. In der Bibel werden verschiedene Begriffe in diesem Sinn gebraucht. Opfer waren Gaben für Gott (z.B. 2.Mo 28,38); Gesundheit, Reichtum, Nahrung und Glück galten als Gaben Gottes (Pred 3,13; 5,18). Die Menschen brachten einander zu besonderen Anlässen Geschenke (Ps 45,13), und manchmal bedeutet das Wort auch „Bestechung" (2.Mo 23,8). Im NT beschreiben mehrere Begriffe vor allem die Gaben Gottes an die Menschheit: die Rettung (Röm 5,15.17), den *Heiligen Geist (Apg 2,38), das ewige Leben (Röm 6,23) oder die Geistesgaben, die jedem Glaubenden zum Dienst verliehen werden (1.Petr 4,10).

GABRIEL (Mann Gottes oder Kraft Gottes). Einer der beiden Engel, die in der Bibel namentlich genannt werden; der andere ist *Michael. Er deutete *Daniels Vision (Dan 8,16; 9,21) und kündigte die Geburt Johannes des Täufers (Lk 1,11ff) und Jesu (Lk 1,26ff) an. In der jüd. Literatur aus der Zeit zwischen den Testamenten ist er einer der sieben Erzengel, die vor Gottes Thron stehen und für die Menschen eintreten.

GAD (Glück). *Personen:* **1.** Der siebente Sohn *Jakobs, der erste von *Leas Magd Silpa. Gad hatte schon sieben Söhne, als Jakob nach Ägypten zog. Seinen Nachkommen sagte Jakob Bedrohung durch feindliche Heere voraus, aber auch, daß sie sich zu wehren wüßten (1.Mo 49,19). **2.** Ein Prophet, Zeitgenosse *Sauls und *Davids, der nach der Volkszählung zu David kam (2.Sam 24,1ff); er half David und *Nathan, den musikalischen Dienst im Tempel zu organisieren (2.Chro 29,25).

Stamm: Die Nachkommen des Sohnes Jakobs. Zur Zeit *Moses bestand der Stamm aus sieben Geschlechtern bzw. Sippen. Wie *Ruben und der halbe Stamm *Manasse wollten sie ihren Anteil am verheißenen Land im Ostjordanland haben und baten Mose, in Gilead bleiben zu dürfen. Mose willigte unter der Bedingung ein, daß sie den anderen Stämmen bei der Eroberung des Westjordanlands helfen sollten (4.Mo 32). Als David auf der Flucht war, hatte er Gaditer in seinen Reihen; später stellten sie in seiner Verwaltung Beamte. Sie wurden vom Assyrerkönig *Tiglat-Pileser III. verschleppt (2.Kön 15,29).

GADARA, GADARENER (Bewohner von G.). Die einzige Erwähnung findet sich in Mt 8,28. G. gehörte zum Städtebund der *Dekapolis und lag 10 km südöstl. des Sees Genezareth. Von seiner einstigen Pracht zeugen heute die Ruinen von Umm Qeis. *Gerasa.

GAJUS. Ein latein. Name, der im NT mehrmals vorkommt. **1.** Begleiter des Paulus auf dem Weg nach Jerusalem, möglicherweise ein Abgesandter aus Derbe (Apg 20,4f). **2.** Ein Korinther, den Paulus taufte und bei dem er wohnte (1.Kor 1,14; Röm 16,23); der Überlieferung nach erste Bischof von Thessalonich. **3.** Der Empfänger des 3.Johannesbriefes, möglicherweise einer der Obengenannten.

GAL-ED (Steinhaufe des Zeugnisses). Name des Steinhaufens, den *Jakob und *Laban als Erinnerung an ihren Bund aufschichteten (1.Mo 31,47f).

GALATERBRIEF. In Gal 4,13 weist Paulus auf seinen 1. Aufenthalt in *Galatien hin, oder auf den ersten von zweien. Lebten die Empfänger im Süden der Provinz, dann sind die auf der 1. Reise entstandenen Gemeinden von Antiochien bis Derbe angeredet, und der Brief kann von 48 n.Chr. an geschrieben worden sein. Lebten sie in Nord-Galatien, dann entstanden die Gemeinden auf der 2. Reise. Auf der 3. Reise besuchte sie Paulus ein zweites Mal und sandte den Brief im Anschluß daran; ab ca. 54 n.Chr.

Ziel. Die geistl. Bedrohung der Gemeinden ist klar erkennbar. Falsche Lehrer, sog. Judaisten, verunsicherten die jungen Christen. Sie behaupteten gegenüber den nichtjüdischen Gläubigen, daß die Beschneidung heilsnotwendig sei und sie das Gesetz halten müßten. Dadurch stellten sie die Autorität des Apostels und seiner Verkündigung in Frage. Mit leidenschaftlicher Erregung besteht Paulus darauf, daß die Galater (4,1) so einem anderen Evangelium folgen, den Weg des Vertrauens auf Jesus Christus verlassen und sich auf eigenes Tun, auf das Halten des Gesetzes stützen.

Bis heute ist der Galaterbrief von höchster Brisanz. Vom Leistungsdenken geprägt, leben auch Christen oft in der Meinung, Gott mit frommen Werken beeindrucken und ihn gnädig stimmen zu müssen. Diese Lebenshaltung äußert sich nicht nur in Werkgerechtigkeit, sie kann auch auftreten in vielfältigen Formen von religiös-frommen Pflichten.

Was Paulus im Galaterbrief bekämpft, sind nicht die Sakramente, die guten Werke oder die geistlichen Übungen als solche, sondern er wendet sich *gegen die falsche Motivation.* Sein Kampf richtet sich gegen die Fehlhaltung, die die Beschneidung, gute Werke und geistliche Übungen als Rechtfertigungs- oder Heiligungsmittel sieht und mißbraucht.

Dem stellt er „das Leben im Geist" entgegen, d.h. ein Leben im Bewußtsein: Jesus macht gerecht; seine Erlösungstat muß nicht noch vervollständigt werden. Als Kind des Vaters (3,26) geht es jetzt darum, in fortwährender Abhängigkeit (2,20) und Liebe zu Jesus Christus *seine Ehre* zu suchen und dem Nächsten Liebe zu erweisen (6,2). Dazu kann jedoch nur der Heilige Geist befähigen (5,16.18.25).

Gliederung.

1,1-10	*Einleitung, Gruß und Tadel.*
1,11-2,21	*Zeugnishafter Teil:*
	Die Quelle des Evangeliums.
	Göttlicher Ursprung seines Apostelamtes (1,11-24).
	Anerkennung durch die Apostel in Jerusalem (2,1-10).
	Auseinandersetzung mit Petrus (2,11-21).
3,1-4,31	*Lehrhafter Teil:*
	Die Überlegenheit des Evangeliums über das Gesetz.
	Gesetzeswerke oder Glaube an Jesus Christus (3,1-14).
	Gesetz oder Verheißung, Leistung oder Gnade (3,15-29).
	Söhne und Erben Gottes durch Jesus Christus (4,1-20).
	Darstellung von Knechtschaft und Freiheit anhand der Allegorie Hagar/Sara mit ihren Söhnen (4,21-31).
5,1-6,10	*Praktischer Teil: Die Anwendung des Evangeliums.*
	Rechte Freiheit in Jesus Christus (5,1-12).
	Werke des Fleisches oder Frucht des Geistes (5,13-6,10).
6,11-18	*Schlußwort.*

GALATIEN. Das alte Reich der Galater lag im N der großen Hochebene im Inneren Kleinasiens. Die Galater waren Nachkommen von Kelten (lat. Galli), die von Gallien (heute Frankreich) quer durch Europa nach Kleinasien gekommen waren. Um 200 v.Chr. hatten die Galater ihr eigenes Königreich mit der Hauptstadt Ancyra (heute: Ankara). Ab 64 v.Chr. war Galatien röm. Vasallenreich. Ab 25 v.Chr. – nach dem Tod ihres letzten Königs – entstand die röm Provinz „Galatia". Das eigentliche Galaterland wurde erweitert durch Teile von Phrygien, Lykaonien und Pisidien.

Paulus, durch dessen Dienst Gemeinden in „Galatien" entstanden waren, schrieb einen Brief an diese Gemeinden (Gal 1,2). Dabei stellt sich die Frage, wohin der Brief ging, ob an die Gemeinden im Galaterland oder an solche im Süden der röm. Provinz Galatia. Im ersten Fall besuchte Paulus Galatien auf seiner 2. und 3. Missionsreise (Apg 16,6 und 18,23), im letzteren Fall könnten die Gemeinden bereits auf seiner 1. Reise gegründet worden sein. *Galaterbrief.

GALGEN. Der hebr. Begriff „Baum, Holz" und daher Galgen (so 1.Mo 40,19; Est 2,23; 5,14; 7,10) kommt an verschiedenen Stellen im AT vor. Einen Verurteilten an einer Holzstange zu pfählen oder zu hängen, war eine grausame Hinrichtungsart. Vgl. 5.Mo 21,22-23 mit Gal 3,13 und 1.Petr 2,24. *Kreuz.

GALILÄA (Ring, Kreis). Name einer Landschaft in N-Palästina, der im AT vorkommt (z.B. Jos 20,7; Jes 8,23). Die Juden in G. waren auf drei Seiten von Nichtjuden umgeben. In der Makkabäerzeit, 2. Jh. v.Chr., wurden die Juden von nichtjüd. Völkern für 50 Jahre in den S zurückgedrängt; später besiedelten sie G. erneut. Die sich daraus ergebende Mischbevölkerung G. trug dazu bei, daß die „Galiläer" von den Juden verachtet wurden (Joh 7,52).

Zur Zeit Jesu war die Provinz ein fast rechteckiges Gebiet, das sich 70 km weit in nord-südl. und 40 km (ohne die Küstengebiete) in ost-westl. Richtung erstreckte. Oberg. war bewaldet und dünn besiedelt; Unterg. hatte fruchtbare Landstriche und war dicht besiedelt mit einer wohlhabenden Bevölkerung, die Olivenöl, Getreide und Fisch aus dem See Genezareth exportierte. G. wurde von mehreren wichtigen Handelsstraßen durchzogen. Die Galiläer hatten den Römern noch verbissener Widerstand geleistet als die Juden im S. Jesus verbrachte seine Kindheit in G., hier spielte sich auch ein großer Teil seines öffentlichen Wirkens ab.

*Genezareth, See.

GALILÄISCHES MEER. *Genezareth, See.

GALLE. Vielleicht eine Pflanze mit bitteren Früchten, in der Auslegung oft mit Wermut in Verbindung gebracht (Ps 69,22). Das Getränk, das Jesus gereicht wurde, war mit Betäubungsmitteln vermischter Wein (Mt 27,34). Sinnbildlich steht G. auch für bittere Erfahrungen (Apg 8,23).

GALLIO. Sohn des Rhetorikers Seneca und Bruder des Philosophen Seneca. Er war 52-53 n.Chr. Statthalter von Achaja (vgl. Apg 18,12ff) und wurde 65 n.Chr. von Nero zum Selbstmord gezwungen.

GAMALIEL (Belohnung Gottes). **1.** Fürst des Stammes *Manasse, der Mose bei der Volkszählung half (4.Mo 2,20). **2.** Mitglied des Hohen Rates; gehörte zum gemäßigten Flügel der *Pharisäer (zur Schule Hillels) und war Lehrer des *Paulus (Apg 22,3). G. griff beim Verhör der Apostel auf überzeugende Weise ein (Apg 5,33ff).

GARIZIM. Der südlichere von zwei Bergen, die sich neben der heutigen Stadt Nablus und dem alten Sichem erheben. Auf dem G., gegenüber dem *Ebal, ließ Josua bei der Versammlung Israels den Segen ausrufen (Jos 8,30ff). Der G. wurde der heilige Berg der *Samariter (Joh 4,20); im 4. Jh. v.Chr. bauten sie hier einen Tempel, der ca. 128 v.Chr. von Johannes Hyrkan zerstört wurde.

GARN. Ziegen- und Kamelhaar, Baumwolle, Leinen und Seide sind die G., die in der Bibel erwähnt sind (z.B. Est 1,6; Offb 18,12).

*Leinen; *Seide; *Wolle.

GARTEN. In Ägypten hatten die Hebräer ertragreiche Gemüsegärten kennengelernt, die von Bewässerungskanälen durchzogen waren (5.Mo 11,10). In Palästina legten sie Obst- und Gemüsegärten an (1.Kön 21,2; Am 9,14); sie waren manchmal von Mauern umgeben und mußten ständig bewässert werden (Hld 4,12ff). Der „Königsgarten" in Jerusalem war ein bekannter Orientierungspunkt (Jer 39,4); auch ägypt. und mesopotamische Könige unterhielten schöne Gärten. Dem erlösten Gottesvolk wurde verheißen, daß ihr Leben so geordnet und fruchtbar wie ein Garten sein werde (Jes 58,11).

*Eden, Garten; *Gethsemane.

GASTFREUNDSCHAFT. *Altes Testament.* Die Pflicht, für Reisende und Bedürftige zu sorgen, galt als Selbstverständlichkeit; ein anschauliches Beispiel hierfür ist Abrahams Großzügigkeit gegenüber den drei Fremden (1.Mo 18,1ff). G. war nicht nur ein Brauch, in ihr zeigte sich auch die Treue zu Gott (Jes 58,7). Besondere Verantwortung hatte man gegenüber den Mitgliedern der eigenen Familie (z.B. 1.Mo 19,13f). G. war auch Ausländern (Schutzbürgern) zu gewähren (5.Mo 10,19); wer sie einem Fremdling verweigerte, beging eine strafbare Handlung (5.Mo 23,4f; 1.Sam 25,2ff). Fremde warteten an einem öffentlichen Ort auf ein Angebot der G. (z.B. 2.Mo 2,15ff; Ri 19,15). Zumindest waren Brot und Wasser anzubieten (5.Mo 23,5); dem Gast wurden auch die staubigen, müden Füße gewaschen (Ri 19,21) und manchmal die besten Speisen zubereitet (z.B. 1.Mo 18,5ff). *Elisa erhielt sogar ein eigenes möbliertes Zimmer (2.Kön 4,10).

Neues Testament. Die atl. Tradition der G. wird fortgesetzt. Das Haus des Pharisäers *Simon scheint ein sehr offenes gewesen zu sein (Lk 7,36ff). Jesus war, wie später seine Apostel, in hohem Maße auf G. angewiesen (z.B. Lk 10,38ff; Apg 16,15). Die Gewährung oder Verweigerung der G. gegenüber einem Jünger Jesu wird als Zeichen für die Annahme oder Ablehnung des Evangeliums gesehen (Mt 25,34ff; Lk 10,4f). Die ntl. Briefe rufen ausdrücklich zur G. gegenüber Glaubensgenossen auf (z.B. Röm 12,13f), was auch darauf zurückzuführen ist, daß durch Verfolgungen manche Christen zu heimatlosen Flüchtlingen geworden waren (vgl. Apg 8,1). Für Wanderprediger mußte gesorgt werden (3.Joh 5ff), wobei Empfehlungsschreiben halfen, unechte von echten zu unterscheiden (Röm 16,1f). Gemeindeleiter waren besonders zur G. verpflichtet (1.Tim 3,2), die ohne Groll und in brüderlicher Liebe gewährt werden sollte (1.Petr 4,9; Hebr 13,1f).

Gasthäuser in biblischer Zeit. Aus dem AT ist wenig über die Herbergen an den Handelswegen bekannt (z.B. 1.Mo 42,27; Jer 9,1). Die Herberge in Bethlehem (Lk 2,7) war vermutlich ein sehr einfaches Gasthaus oder ein Gastzimmer in einem Privathaus, wie es z.B. Jesus für das letzte Abendmahl zur Verfügung gestellt wurde (Mk 14,14). Die Herberge im Gleichnis vom Barmherzigen Samariter bot Reisenden gegen eine angemessene Bezahlung Unterkunft und Verpflegung (Lk 10,34f). Da in ntl. Zeit viele Gasthäuser schlecht ausgestattet waren und einen zweifelhaften Ruf besaßen, sollten sich die Christen gegenseitig in ihren Häusern aufnehmen.

GAT (Weinkelter). Eine der fünf bedeutenden Philisterstädte und Heimat *Goliats (1.Sam 17,4). Als die *Bundeslade hierhergebracht wurde, befiel ihre Bewohner – sie wurden auch Gititer genannt – die Beulenpest (1.Sam 5,6ff). *David hielt sich eine Zeitlang dort auf, als er vor Saul auf der Flucht war (1.Sam 27); später fügte er es seinem Reich ein (1.Chro 18,1). Es könnte eine philistäische Enklave in Juda gewesen sein (Am 6,2). Im 8.Jh. v.Chr. wurde es von den Assyrern erobert. Die Lage des Ortes konnte noch nicht eindeutig bestimmt werden.

GAT-HEFER (Gegrabene Weinkelter). Stadt an der Grenze zwischen *Sebulon und *Naftali, 5 km nordöstl. von Nazareth. Hier wurde Jona geboren (2.Kön 14,25) und der Überlieferung nach auch begraben.

GAZA. Eine der fünf bedeutenden Philisterstädte, die als Südgrenze der kanaan. Küste galt (1.Mo 10,19). Sie wurde von Josua erobert (Jos 10,41), ging aber offenbar später verloren, denn die Philister nahmen hier *Simson gefangen. Die Schilderung, wie Simson vor ihnen „seine Späße trieb", erinnert an einige Merkmale der kretischen Kultur; wahrscheinlich waren die Philister früher auf Kreta ansässig. Als sie die *Bundeslade an sich brachten, wurde G. von der Beulenpest geschlagen (1.Sam 6,17). Es lag an einer wichtigen Handelsstraße von Ägypten nach W-Asien und wird häufig unter den assyr. Eroberungen genannt. Zur Zeit Jeremias wurde es von den Ägyptern (Jer 47,1) und 332 v.Chr. von Alexander dem Großen eingenommen. 57 v.Chr. bauten es die Römer etwas näher am Meer wieder auf. Die alte Ortslage (Tell Charube) ist im Inneren der heutigen Stadt zu finden.

GAZELLE. Zwei Vertreter dieser in der Trockenzone lebenden Antilopenart gibt es auch heute noch im judäischen Bergland und in den Ebenen: die Dorkas und die Arabische Gazelle. *Wild.

GEBA (ein Hügel). Eine Stadt, 10 km nordöstl. von Jerusalem und 5 km von Gibea, die Josua den Leviten zuteilte. Heute Dscheba.

GEBAL (Hügel, Klippe). Kanaan. und phönizische Hafenstadt, deren Ruinen beim heutigen Dschebel, 40 km nördl. von Beirut, liegen. Um 2500 v.Chr. war sie ein Ausfuhrzentrum für Zedernholz und erhielt im Gegenzug Luxuswaren aus Ägypten. Die Griechen nannten die Stadt Byblos. Schreiber aus Byblos entwickelten eine Schrift; möglicherweise entstand in G. das Alphabet. Die Stadt wurde nie von Israel regiert; *Salomo warb Gebaliter als Bauhandwerker an (1.Kön 5,32).

GEBER. Israelit. Fürst. Er war Amtmann im Ostjordanland, bevor es von *Salomo aufgeteilt wurde (1.Kön 4,19; vgl. V.13f).

GEBET MANASSES. *Apokryphen.

GEBET. Gemeinschaft des Glaubenden mit Gott findet im AT und NT ihren Ausdruck im G.
Altes Testament: In der Zeit der Patriarchen wurde Gebet oft mit „den Namen des Herrn anrufen" beschrieben (1.Mo 12,8). Das G. war direkt und von Vertrautheit gekennzeichnet (1.Mo 15,2ff).
Häufig wurde G. auch mit Opfer verbunden (1.Mo 26,25). Von der Zeit *Moses bis zur Königszeit war Fürbitte bzw. Fürsprache eines der Hauptanliegen des G. (Mose: 2.Mo 32,11ff; Samuel: 1.Sam 7,5ff; Salomo: 1.Kön 8,22ff; Hiskia: 2.Kön 19,14ff).*Jeremia wurde dagegen verboten, für das aufbegehrende Volk zu beten (Jer 7,16). G. muß also ein wesentlicher Bestandteil des Dienstes der Propheten gewesen sein. Im G. empfingen sie Gottes Wort (Dan 9,20ff; vgl. Jes 6,5ff), manchmal nach langer Wartezeit (Hab 2,1ff). Zumindest für Jeremia war das G. sowohl Last (20,7ff) als auch Freude an der Gemeinschaft mit Gott (15,15ff).
Unter den Psalmen finden wir G. um Vergebung (51), Schutz (59), Heilung (22; 61) und Verteidigung (109).
Das Zentrum der Religionsausübung in Israel verschwand mit der Zerstörung des Tempels. Das G. wurde so zu einer wichtigen religiösen Pflicht und blieb es auch, als der Tempel wiederaufgebaut worden war (Esr 8,22f; Neh 4,4.9). Für die Gebetshaltung scheint es keine festen Regeln gegeben zu haben (erhobene Hände: Ps 28,2; stehend: 1.Sam 1,26; kniend: 1.Kön 8,54; gebeugt: 1.Kön 18,42). Es gab aber feste Gebetszeiten (Dan 6,11).

Gebet. Verschiedene Gebetshaltungen auf einem Relief Echnatons (um 1360 v.Chr.): (1) Ägypter; (2) Syrer.

Mechanisch wiederholte G. gewannen erst kurz vor der Zeit des NT an Einfluß, man wollte sich damit Gottes Wohlwollen verdienen.
Neues Testament: Jesus ermutigte zum ausdauernden G. (Lk 11,5ff) im Vertrauen auf den himmlischen Vater (Mt 7,7ff). Das G. soll demütig und bußfertig sein (Lk 18,10ff), nicht kunstvoll (Mt 6,5f), vergebungsbereit (Mt 18,21ff) und erwartungsvoll (Mk 11,24). Als Beispiel lehrte Jesus seine Jünger das *Vaterunser. Das im Glauben gesprochene G. wird viel erreichen (Mk 9,23).
Christen dürfen „in Jesu Namen" (Joh 14,13) beten, denn durch ihn haben sie Zugang zum Vater. In seinem Namen zu beten, bedeutet, zu beten, wie er gebetet hat, und in Übereinstimmung mit seinem Willen. Jesus selbst betete im Verborgenen (Lk 5,15f), und ganz besonders in Zeiten geistlicher Konflikte (Joh 12,20ff); er dankte seinem Vater (Lk 10,21), suchte Führung (Lk 6,12ff), übte Fürbitte (Joh 17,6ff) und hatte Gemeinschaft mit Gott (Lk 9,28ff).

Die auf die Ausrüstung mit dem Heiligen Geist wartenden Jünger trafen sich regelmäßig zum G. (Apg 1,14), und eine der herausragenden Aufgaben der urchristl. *Apostel war das G. (Apg 6,4). Das Gemeindeleben war vom G. geprägt (Apg 2,42; 4,31).

*Paulus erklärte in seinen Briefen, daß der Heilige Geist dem Beter beisteht (Röm 8,14.26; 1.Kor 14,14ff; vgl. Eph 6,13ff). G. ist von entscheidender Bedeutung (Röm 12,12) und Teil der geistlichen Waffenrüstung des Christen im Kampf gegen das Böse (Eph 6,13ff). In seinen Briefen sind an vielen Stellen G. enthalten (z.B. Röm 1,8ff).

GEBETSRIEMEN. G. werden von jüd. Männern zum Morgengebet angelegt, und mit Hilfe von Lederriemen wird jeweils ein kleines Kästchen über der Stirn und am linken Arm befestigt. In den Kästchen liegen vier Texte aus dem AT (2.Mo 13,1-10.11-16; 5.Mo 6,4-9; 11,13-21), die von Hand auf Pergament geschrieben sind. G. werden im AT nicht erwähnt und sind bei den Samaritanern gänzlich unbekannt. Sie waren vermutlich eine von den Chasidim (Chasidäer) eingeführte späte Neuerung. Noch die Septuaginta versteht die Stellen, auf denen sie basieren, bildlich (2.Mo 13,9.16; 5.Mo 6,8; 11,18).

Selbst in ntl. Zeit wurden sie nur von einer Minderheit getragen, von den *Pharisäern jedoch regelmäßig (vgl. Mt 23,5).

GEBURTSTAG. Geburtstagsfeiern werden in ägypt. Texten aus dem 13. Jh. v.Chr. erwähnt. In der Bibel werden nur zwei erwähnt: die des Pharao z.Z. des *Josef (1.Mo 40,20) und die des Königs Herodes Antipas (Mt 14,6).

GEDALJA (Jahwe ist groß). Verschiedene Personen im AT. Die bedeutendste ist ein Sohn Ahikams und Enkel Schafans; 587 v.Chr. von *Nebukadnezar II. als oberster Minister und Statthalter von Juda eingesetzt (2.Kön 25,22). Er kümmerte sich um die nach dem babylon. Krieg in Jerusalem Zurückgebliebenen (Jer 40,6ff) und wurde schließlich ermordet (Jer 41,1ff). Ein in Lachisch entdeckter Siegelabdruck mit der Inschrift „Eigentum Gedaljas, der über dem Haus steht" bezieht sich mit ziemlicher Sicherheit auf ihn.

GEDER. Stadt im S Kanaans (Jos 12,13), wahrscheinlich *Goschen.

GEDERA. 1. Ortschaft in der Schefela, dem judäischen Hügelland, wahrscheinlich an der Nordseite des Eichgrunds (Jos 15,36). **2.** Ein Töpfereizentrum (1.Chro 4,23), möglicherweise Tell ed-Dschudedeh nördl. des Marescha-Tals. **3.** Ort im Gebiet des Stammes *Benjamin (1.Chro 12,5), möglicherweise Dschudera nordöstl. von Gibeon oder Chirbet Dschudera, 10 km weiter westlich.

GEDEROT. Stadt im Gebiet des Stammes *Juda in der Gegend von Lachisch.

GEDOR. 1. Stadt im Gebirge Juda (Jos 15,58); Chirbet Dschedur, 2 km westl. von Bet Ummar. **2.** Ort im Negev (1.Chro 4,39).

GEDULD. Eine von Gott geschenkte Zurückhaltung von Ärger und Zorn angesichts von Widerstand und Unterdrückung, die sich nicht in Passivität erschöpft. G. ist auch ein Wesensmerkmal für Gottes Umgang mit Sündern (Jes 48,9), die an seiner vielfachen Wiederannahme des ungehorsamen Israels deutlich wird (Hos 11,8), an seinem wiederholten Werben um Jerusalem (Mk 12,1ff) und dem Aufschub von Jesu Wiederkunft (2.Petr 3,9). Gottes G. gibt Gelegenheit, Buße zu tun (Röm 2,4). Christen sollen so handeln (Mt 18,26ff; Gal 5,22; Eph 4,2), wie es ihnen von Jesus vorgelebt wurde (Hebr 12,1ff). Ihre G. soll sich nicht nur Menschen gegenüber zeigen, sondern sich auch in schwierigen Situationen bewähren (Jak 5,7ff; Lk 21,19; Offb 3,10).

GEFÄNGNIS. In der Bibel werden verschiedene Beispiele für Gefängnishaft erwähnt. *Josef wurde wahrscheinlich in einer Festung gefangengehalten (1.Mo 39,20ff).

Ägypt. G. dienten als Gelände für Zwangsarbeit sowie zur Untersuchungs- und regulären Haft. Simson war von den

Philistern im „Haus der Gefangenen" eingesperrt worden (Ri 16,21.25). Jeremia wurde in den Räumen der Palastwache (Jer 32,2.8) und später in einer Zisterne eingesperrt (Jer 37,16; 38,6). Der Prophet Hanani wurde in den Stock getan (2.Chro 16,10). König Jojachin von Juda wurde nach der Aussage zeitgenössischer Dokumente im Gebäudekomplex des babylon. Palastes unter Hausarrest gestellt. Hesekiel beschreibt, wie Jojachin in einem Käfig transportiert wurde.

Im NT wurde Johannes der Täufer eingekerkert. Nach dem jüd. Geschichtsschreiber Josephus wurde er auf der Festung Machärus östl. des Toten Meeres gefangengehalten. Dort wurden zwei Verliese entdeckt, wobei eines noch Spuren von Fesseln aufwies. Die Apostel wurden, so wörtlich, „an einem Ort der öffentlichen Beobachtung" in Gewahrsam genommen (Apg 5,18). Petrus war vermutlich in der Festung Antonia in Jerusalem eingekerkert (Apg 12,3ff), später auch Paulus (Apg 21,34; 23,30). In Philippi scheint Paulus in einer unterirdischen Zelle in einem Stock gefangengehalten worden zu sein (Apg 16,24). In Rom stand er unter Hausarrest, bewacht von einem Soldaten, mit dem er zusammengekettet war (Apg 28,16.30).

GEHASI. Diener des Propheten *Elisa, der dreimal namentlich erwähnt wird. In 2.Kön 4 versucht er vergeblich, den Sohn der Schunemiterin wieder zum Leben zu erwecken. In 2.Kön 5 nimmt er unter Vorspiegelung falscher Tatsachen Geschenke von *Naaman an und wird dafür mit Aussatz bestraft. In 2.Kön 8 erzählt er König Joram die Geschichte der Schunemiterin.

GEHEIMNIS. Im AT kommt der Begriff nur im Buch Daniel (z.B. 2,29) vor, nicht ohne Beziehung zum ntl. Gebrauch, denn die von Daniel erkannten G. gehören zu Gottes ewigem Plan.

Im NT bezeichnet es eine heilige Wahrheit, die den Menschen von Gott durch seinen Geist klargemacht werden muß. Das Wissen um das Reich Gottes ist z.B. „ein Geheimnis".

Paulus verwendet diesen Begriff häufig und in mehrfacher Bedeutung. Das G. Gottes ist *ewig* (außerhalb der Zeit). Es ist die gute Nachricht von Gottes Offenbarung (Eph 6,19) mit ihrem Mittelpunkt Jesus Christus (Kol 2,2). Es wurde von Gott vor der Zeit der Welt beschlossen und wartet jetzt auf seine Enthüllung (1.Kor 2,7f). *Die Verkündigung des G. hat in der Person Jesu ihren geschichtlichen Ausgangspunkt* (Eph 1,9; 3,3), und Paulus war dazu beauftragt, es zu verkündigen (Eph 3,8). In Christus ist das neue Leben sowohl für Juden als auch für Heiden greifbar. Das Geheimnis wird *geistlich wahrgenommen*. Es wurde den Aposteln und Propheten durch den Heiligen Geist offenbart (Eph 3,5) und durch sie an andere weitergegeben. Und schließlich ist es *eschatologisch in seiner Auswirkung:* Das G., das in der Geschichte offenbart worden ist, wartet auf seine Erfüllung in der Ewigkeit (vgl. 1.Kor 15,51ff).

GEHORSAM. Der bibl. Begriff bringt zum Ausdruck, daß man sich der Autorität einer Person beugt und somit ihren Anordnungen Folge leistet. Der G. der Menschen gegenüber Gott setzt deshalb sowohl Gottes Autorität als auch die Offenbarung seiner Forderungen voraus. Im AT ist häufig davon die Rede, Gottes Stimme oder seinen Befehlen zu gehorchen. Einzelne Handlungen religiöser Hingabe können einen konsequenten tiefen G. Gott gegenüber nicht ersetzen (vgl. 1.Sam 15,22). Im Alten *Bund wurde betont, daß Gottes Segen nicht empfangen werden kann, solange der Mensch ungehorsam ist (2.Mo 19,5). Der verheißene Neue Bund schloß Gottes Gabe des G. ein, so daß sein Volk sich seiner Gunst erfreuen kann (Jer 31,33). Im NT ist Glaube G., Unglaube dagegen gleichbedeutend mit Ungehorsam (Röm 6,17; 10,16). Christl. G. beinhaltet u.a., Gottes Heiligkeit (1.Petr 1,14ff) und der Liebe und Demut Christi (Joh 13,14f.34f) nachzufolgen sowie sich den von Gott mit Autorität ausgestatteten Personen unterzuordnen (Röm 13,1ff; Eph 6,1ff).

GEIER. *Adler.

GEISSEL, GEISSELUNG. Die G., eine vielschwänzige mit Knochen oder Blei beschlagene Peitsche (Mt 27,26), diente zum Schlagen vor Kreuzigungen. Die in Lk 23,16 erwähnte G. könnte aber als eine Ersatzstrafe gedacht gewesen sein.

GEIST, HEILIGER. *Altes Testament:* Das hebr. Wort, das mit „Geist" übersetzt wird, hat im AT verschiedene Bedeutungen. Es kann Wind bedeuten (2.Mo 10,13; 1.Kön 19,11), Atem oder „Geist" im Sinne des Lebens und der Lebensfähigkeit lebendiger Geschöpfe (1.Mo 6,17; Ps 31,5) oder als Sitz der Empfindungen. Die verschiedenen Bedeutungen können miteinander verschmelzen, z.B. Ps 78,39 (Wind und Atem), Hes 3,12.14 (Wind und göttliche Kraft), Hes 37,9f (Wind, Atem und göttliche Kraft).

Der Geist Gottes wird im Zusammenhang mit dem Schöpfungswerk Gottes erwähnt (1.Mo 1,2), mit der Gegenwart Gottes unter seinem Volk (Jes 63,10) und mit der Ausrüstung einzelner Menschen für einen bestimmten Auftrag (z.B. bei Josua, den Richtern, David u.a.). Der Heilige Geist redete durch die Propheten zu den Vätern (Apg 28,25). Er wird Menschen verändern und eine neue Zeit heraufführen (Hes 36,26f; Jes 44,3).

Neues Testament. Das griech. Wort „pneuma" hat ebenso die Bedeutung „Wind, Atem, Geist des Menschen", es wird aber vor allem (über 250 mal im NT) für „Gottes Geist, den Heiligen Geist" gebraucht.

Der Geist Gottes in den synoptischen Evangelien. *Johannes der Täufer, der weithin als Prophet anerkannt wurde (Mt 11,9), verkündigte, daß die Ausgießung des Heiligen Geistes als Feuer des Gerichts und der Reinigung bevorsteht (Mt 3,11f). Jesus brachte durch sein Wirken zum Ausdruck, daß die neue Zeit bereits angebrochen war (Lk 17,20). Gottes Geist wirkte durch ihn in einzigartiger Weise: er befreite durch Satan Gebundene (Mt 12,24ff) und verkündigte den Armen das Evangelium (Mt 11,5; vgl. Jes 61,1f). Dieses besondere Wirken des H.G. begann bereits mit der Empfängnis Jesu (Lk 1,35) und setzte sich bei seiner Taufe fort (Mt 3,16f). Jesus versprach seinen Jüngern den Beistand des H.G. in ihrem Leiden (Mk 13,11) und den Segen des H.G. für alle, die darum bitten (Lk 11,13). Nach seiner *Himmelfahrt sollten die Jünger auf den H.G. warten (Lk 24,49; Apg 1,8).

Der Heilige Geist im Leben des Christen. In der Apostelgeschichte ist die Gabe des H.G. das Zeichen für den Beginn der neuen Zeit (2,38), der Anfang des neuen Lebens (Apg 11,17). Für Paulus stellt der Empfang des H.G. den Beginn des Lebens als Christ dar (Gal 3,2f). Ein Mensch kann nur durch das Wirken des H.G. Christ werden und bleiben (Röm 8,9ff). Dabei bewirkt der H.G. gleichermaßen die *Wiedergeburt (Joh 3,3ff) und gibt (Gottes) Leben (Joh 6,63; 7,37ff).

Für die ersten Christen war der H.G. eine göttliche Person, deren Auswirkungen offenbar wurden. Zu diesen Wirkungen des Geistes gehört Freude (1.Thess 1,6), Erleuchtung (2.Kor 3,14ff), Kraft (2.Tim 1,7), Befreiung (Röm 8,2), Ausrüstung zum Zeugendienst (Apg 1,8) und zum Dienst in der Gemeinde durch den Empfang verschiedener Gaben (1.Kor 1,4ff).

Der Empfang des H.G. ist der Beginn eines lebenslangen Prozesses der Umwandlung in das Bild Christi (Eph 1,13f; 2.Kor 3,18). Er wird in der Missionssituation der ntl. Gemeinden oft im Zusammenhang mit der Taufe (der Glaubenden) gesehen, wobei die zeitliche Reihenfolge unterschiedlich sein kann (Apg 2,38; 8,12.17; 10,45ff; 19,1ff). Das Leben ändert sich nach der *Bekehrung qualitativ. Aus dem Wirken des H.G. wächst Frucht (Gal 5,22f); der Christ ist in eine geistliche Auseinandersetzung mit seinem „alten Menschen" gestellt, die er nur in der Kraft des H.G. bestehen kann (Röm 7-8). Diese Vorgänge werden nicht abgeschlossen sein, bevor Christus wiederkommt. Insofern ist der H.G. eine Anzahlung (Röm 8,23; Eph 1,14) im Herzen des Christen (Röm 5,5) auf die Vollendung der *Erlösung.

Die gemeinsame Teilhabe am H.G. gestaltet eine Gruppe von unterschiedlichen Einzelpersonen zum Leib Christi (1.Kor 12,13). Durch den H.G. ist Jesus den Gläubigen gegenwärtig (vgl. Joh 14,16ff). Der H.G. offenbart aber nicht eine neue, über

Jesus hinausgehende Wahrheit. Vielmehr wird er den Christen im Verständnis der Lehren Jesu helfen (Joh 14,26); er wird Jesus Christus verherrlichen (Joh 16,14). Auch führt der H.G. in die Anbetung Jesu als Herrn (1.Kor 12,3).
*Gnadengaben.

GEISTER IM GEFÄNGNIS. *Totenreich, Jesu Abstieg ins.

GELD. *Altes Testament:* Münzen wurden gegen Ende des 8. Jh. v.Chr. eingeführt. Davor gehörte zu Handelsgeschäften eine modifizierte Form des Tauschhandels, wo Nahrungsmittel und andere Gebrauchsgüter wie Wolle und Holz als Tauscheinheiten dienten. Wohlstand wurde oft am Besitz von Vieh und edlen Metallen gemessen (z.B. 1.Mo 13,2). Silber war im Altertum das verbreitetste Edelmetall im Nahen Osten und diente oft als Zahlungsmittel. Berechnet wurde es nach Gewicht (1.Kön 10,29). Es wurde im Austausch gegen Land (Jer 32,9) oder als Mitgift (2.Mo 22,16) gebraucht. Auch Gold wurde nach Gewicht verwendet, besonders für Abgaben an Besatzungsmächte (z.B. 2.Kön 18,14) und auch bei internationalen Grenzvereinbarungen (1.Kön 9,10ff). Der Gewichtsstandard entsprach dem jeweils örtlich festgelegten Maß (1.Mo 23,16). Edelmetalle kamen als Schmuck, Gegenstände des täglichen Bedarfs oder in charakteristisch geformten Barren vor. Abraham schenkte Rebekka goldene Armreifen (1.Mo 24,22), Achan fand Goldbarren in Jericho (Jos 7,21). Silber wurde in kleinen Stücken verwendet (1.Sam 2,36). Die kleinen Metallstücke wurden in Taschen oder Beuteln aus Leder oder Stoff getragen (Spr 7,20).

Die ersten uns bekannten Münzen – mit einem Siegel zur Bestätigung ihrer Bezeichnung geprägte Metallstücke – wurden im 6. Jh. v.Chr. in Lydien aus Elektrum (einer natürlichen Gold-Silber-Legierung) geprägt. Es gibt jedoch Hinweise auf eine Münzprägung um 701 v.Chr. in Assyrien. In Persien wurden Goldmünzen von Darius I. (521-486 v.Chr.) eingeführt, der sie nach sich selbst als Dareiken bezeichnete. Sie zeigten ihn mit Pfeil und Bogen, wogen 130 g und waren den Juden im Exil (Esr 2,69) und dem Verfasser von 1.Chro 29,7 bekannt, der den alten Mengeneinheiten „moderne" Entsprechungen zuordnete. Man nimmt an, daß Hag 1,6 (520 v.Chr.) der früheste bibl. Bezug auf Geldmünzen ist. Seit etwa 400 v.Chr. gaben jüd. Statthalter kleine Silbermünzen heraus, auf denen der Name „Juda" erschien. Eine trägt den Namen Hiskia, vielleicht der Hohepriester zur Zeit Alexanders des Großen. Simon Makkabäus hatte das Recht, Münzen zu prägen, hat es aber offenbar nicht genutzt (1.Makk 15,6). Die ersten uns bekannten Münzen, die von einem jüd. Herrscher geprägt wurden, tragen den Namen Alexander Jannäus (103-76 v.Chr.).

Geld. Bronzemünzen, die von Herodes dem Großen und seinen Söhnen geprägt wurden, trugen griechische Inschriften.

Neues Testament: In Palästina waren verschiedene Währungen im Umlauf: die offiziellen röm. Münzen, in Antiochien und Tyrus hauptsächlich auf der Grundlage des alten griech. Standards geprägten „Provinz"-Münzen und das örtliche jüd. Geld, das wahrscheinlich in Cäsarea geprägt wurde. Da im Tempel von Jerusalem aus religiösen Gründen nur bestimmte Münzen angenommen wurden, ergab sich die Notwendigkeit von *Geldwechslern (Mt 21,12). Jüd. Münzen waren meist aus Bronze geprägt. Aufgrund des zweiten Gebots (vgl. 2.Mo 20,4) finden sich auf den frühesten Abbildungen aus dem Bereich des Gartenbaus, obwohl die unter *Herodes geprägten Münzen entweder ihn oder den Kaiser darstellen. Die einzige im NT erwähnte jüd. Münze ist das Lepton, das „Scherflein der Witwe" in Mk 12,42, was der Hälfte des röm. *Quadrans* entspricht. Während des ersten Aufstands (66-70 n.Chr.) prägten die Juden zum ersten Mal ihre eigenen Silberschekel.

Zu den griech. Münzen gehörte die Silber-*Drachme*, wovon 100 zu einer Mine (das „Pfund" in Lk 19,11ff) und 6000 zu einem Talent gehörten. Letzteres war nur eine Berechnungseinheit und keine Münze. Um 300 v.Chr. kostete ein Schaf eine Drachme. Diese Münze wird nur in Lk 15,8f erwähnt. Das 2-Drachmen-Stück (*Didrachmon*) wurde für die jüd. Tempelsteuer in Höhe eines halben Schekels (Mt 17,24) benutzt, die sich aus 2.Mo 30,11ff heraus zu einer regelmäßigen Kopfsteuer entwickelt hatte. Dafür wurden nur in Tyrus geprägte Münzen verwendet, die Münzen aus Antiochien enthielten nicht genug Silber. Der *Stater* (4 Drachmen) entspricht dem „Schekel", der von Petrus in Mt 17,27 gefunden wurde. Das war eine gebräuchlichere Münze als das Didrachmon, so war es vielleicht im Volk üblich, die Steuer paarweise zu bezahlen. Wahrscheinlich waren das auch die Münzen, die Judas erhalten hat (Mt 26,15).

Die wichtigste röm. Münze war der Silber-*Denar*. 25 Denar entsprachen dem Gold-Aureus, der 49 v.Chr. 126,3 g wog und zur Zeit Neros (60 n.Chr.) auf 115 g abgewertet war (möglicherweise das „Gold" von Mt 10,9). *Quadrans* (ein Viertel des Kupfer-*Assarions*) war der „Pfennig" oder die kleinste Münze von Mt 5,26. Das *Assarion* (der „Pfennig" aus Mt 10,29) war ein Sechzehntel des *Silberdenars*. Letzterer bekam seinen Namen ursprünglich nach den 10 Kupferassarion, denen er entsprach, wurde jedoch 217 v.Chr. auf 16 festgelegt. Eine Vorstellung von seiner Kaufkraft erhält man, wenn man weiß, daß er einem Tageslohn (Mt 20,1ff) und einer Herbergsrechnung (Lk 10,35) entsprach. Auf dem Denar, den man benutzte, um Jesus eine Falle zu stellen (Mt 22,19), war der Kopf des Kaisers Tiberius abgebildet.

*Mammon; *Maße und Gewichte.

GELDWECHSLER. In Israel gab es keine Einrichtung zur Aufbewahrung privater Gelder oder zur Vergabe von Krediten; Wertsachen wurden entweder vergraben (Jos 7,21) oder bei einem Nachbarn hinterlegt (2.Mo 22,6). Später dienten Tempel als sicherer Aufbewahrungsort (2.Makk 3,6.10ff). In Babylonien gab es ca. 2000 v.Chr. ein Bankwesen. Mt 25,27 enthält einen Hinweis auf Geldverleiher (LÜ: „Wechsler").

Eine spezielle Gruppe von G. war in den Vorhöfen des Tempels (wahrscheinlich im Vorhof der Heiden) tätig, weil Tempelabgaben in Standardmünzen aus Tyrus zu entrichen waren (Mt 21,22ff).
*Geld.

GELILOT. Es bedeutet vielleicht „Kreis" aus Steinen) und kommt nur in Jos 18,17 vor. Wahrscheinlich ist *Gilgal gemeint (vgl. Jos 15,7).

GELÜBDE/GELOBEN. Ein G. wurde Gott gegenüber abgelegt. Man gelobte, etwas zu tun (1.Mo 28,20ff) oder auf etwas zu verzichten (Ps 132,2ff) als Dank für seine erwiesene Gnade (4.Mo 21,1ff) oder als Ausdruck der Hingabe an ihn (Ps 22,25). Wenn ein G. einmal abgelegt war, galt es als verbindlich (5.Mo 23,2ff). Was Gott bereits gehörte, konnte ihm nicht noch einmal geweiht werden (3.Mo 27,26). Paulus hatte ein zeitweiliges G. als *Nasiräer abgelegt (Apg 18,18).
*Eid.

GEMEINDE, KIRCHE. Der hebr. Begriff (*kahal* = Versammlung, z.B. 4.Mo 19,20) bezeichnete vor allem die Versammlung des erwählten Volkes vor Gott (z.B. bei religiösen Festen). Er wird schon in der LXX mit *ekklesia* (griech.: die Herausgerufene) übersetzt. Ekklesia findet im NT häufig Verwendung, meist mit christologischer Bedeutung: in Christus ruft Gott Menschen und versammelt sie als seine G. (z.B. Röm 8,30; 2.Thess 2,14).

In seiner Verkündigung hat Jesus sowohl seine universale G. (Mt 16,18) als auch örtliche G. (Mt 18,17) im Blick. Dieser verschiedene Gebrauch von G. setzt sich im NT fort, wobei in der Mehrzahl lokale Gruppen gemeint sind. Die erste christl. G. entstand mit der *Himmelfahrt Jesu am Pfingstfest in Jerusalem (Apg 1; 2). Sie bestand aus den Jüngern Jesu (*Apostel) und zum Glauben an Jesus Christus bekehrten Juden und galt zunächst als Sekte innerhalb des Judentums (Apg 24,5). In Jerusalem besuchten sie die Tempelgottesdienste. U.a. durch Verfolgung bedingt, kam es zur Ausbreitung nach Samarien und darüber hinaus (vgl. Apg 1,8). Die erste G., die zum größten Teil heidenchristl. Glieder hatte, entstand in Antiochia (Syrien; vgl. Apg 11,19ff). Sie wurde Ausgangspunkt zielgerichteter Missionsarbeit durch *Paulus und *Barnabas, was zur Gründung einer Vielzahl von G. führte. Zwischen ihnen gab es Austausch und Kontakte, ohne daß im NT schon die Verwaltungsstruktur (Kirche) erkennbar ist. In apostolischer Zeit behielt allerdings die Jerusalemer G. ihre herausragende Bedeutung (vgl. Apg. 15); deren Leiter war der Herrenbruder Jakobus (Gal 2,9; Apg 16,6ff). Da sich die G. aus den von Christus Herausgerufenen (vgl. Joh 15,16) zusammensetzt, ist sie mehr als ein menschlicher Zusammenschluß. Sie will ihrem Herrn zur Verfügung stehen und seine Anweisungen befolgen. Die ermahnenden Teile der apostolischen Briefe (besonders des *Paulus) geben dazu vielfältige Hinweise. Gleichzeitig vertieften sie das theologische Verständnis der G., z.B. durch das Bild vom *Leib und seinem Haupt (vgl. Röm 12,4; 1.Kor 12,12). Zentrum des G.lebens war Wortverkündigung und Mahlfeier (Apg 2,42); diakonische (Apg 6,1ff) und missionarische (Apg 13,1ff) Aufgaben wurden deshalb nicht vernachlässigt.

Paulus gründete in den südl. und westl. Provinzen Kleinasiens, in Mazedonien, Griechenland und Kreta viele G. Wo es möglich war, predigte er in der jüd. Synagoge, aber schon bald bildeten sich eigenständige, manchmal aus Hausversammlungen hervorgehende G. Ihnen gehörten sowohl bekehrte Juden als auch bekehrte Heiden an; die Leitung übernahmen von den Aposteln eingesetzte Älteste.

Schon früh versammelte man sich vor allem am „ersten Tag der Woche", dem Sonntag (1.Kor 16,2; Apg 20,7; Didache 14,1), der erstmals in Offb 1,10 und Didache 14,1 „Herrntag" genannt wird. Die Hervorhebung dieses Tages ergab sich aus dem Ursprung alles christlichen Gottesdienstes: an ihm war Jesus auferstanden, um die Seinen um sich zu versammeln (Lk 24,1.36; Joh 20,19.26).

Über die Entstehung anderer G. gibt es nur Vermutungen. Als Paulus ca. 56 n.Chr. seinen Brief an die Römer schrieb, gab es dort Christen. Zu Pfingsten waren auch Juden aus Rom nach Jerusalem gekommen (Apg 2,10); vielleicht hatten *Andronikus und Junias das Evangelium dorthin gebracht (vgl. Röm 16,7). Aus dem 1. Petr geht hervor, daß es auch vereinzelt G. an der Südküste des Schwarzen Meeres und im Landesinnern gab.

*Leib Christi.

GEMEINDELEITUNG. Das NT enthält hierzu keine ausführlichen Vorschriften, doch lassen sich fünf Richtlinien erkennen: **1.** Alle Autorität kommt von Christus und wird in seinem Namen durch die Kraft des *Heiligen Geistes ausgeübt. **2.** Seine *Demut ist Vorbild für den Gemeindedienst. **3.** Leitung wird gemeinsam mit mehreren und nicht von einer einzigen Person wahrgenommen (vgl. Apg 15,2). **4.** Lehr- und Leitungsaufgaben sind eng miteinander verbunden. **5.** Helfer in der Verwaltung können von den Verkündigern zur Entlastung aufgefordert werden.

Die *Apostel wurden in den Gemeinden als Autorität geachtet. Wahrscheinlich nach dem Vorbild der jüd. Ältesten waren in der Gemeinde in Jerusalem Älteste *(presbyteroi)* eingesetzt worden (Apg 11,30; 15,2). Auf seiner ersten Missionsreise setzte Paulus in der Gemeinde Älteste ein (Apg 14,23). Die Leitung in einer örtl. Gemeinde wurde allgemein von einer Gruppe von Ältesten wahrgenommen, manchmal zusätzlich von Propheten und Lehrern (Eph 4,11). Älteste wurden auch „Aufseher" (LÜ „Bischöfe") genannt (vgl. Apg 20,17.28; Phil 1,1). Diakone waren Helfer in den verschiedenen Aufgaben. Apostel und Evangelisten wachten über alle Gemeinden. Die Organisation der ntl. Gemeinden scheint jedoch nicht einheitlich gewesen zu sein.

GEMEINDEZUCHT (EXKOMMUNIKATION). Ausschluß eines Gemeindegliedes aufgrund einer schweren Verfehlung. Er muß erfolgen, wenn erzieherische Maßnahmen nichts bewirken. Blieb die Zurechtweisung unter vier Augen erfolglos, wird sie zunächst vor Zeugen (Gemeindevertretern) wiederholt; wenn auch das nichts fruchtet, erfolgt ein Ausschluß aus der Gemeinde durch ihre Bevollmächtigten (Mt 18,15ff). Ziel der G. ist, zur wahren Reue zu führen und zu verhindern, daß sich das Böse in der Gemeinde ausbreitet. *Schlüssel des Himmelreichs.

GEMEINSCHAFT. Im NT kommen Begriffe wie „Teilhaberschaft", „Gemeinschaft", „Teilhabe", „teilen" von einer Wurzel mit der Bedeutung „etwas mit jemandem teilen". Die Betonung liegt dabei mehr auf der gemeinsamen Teilhabe an einer Sache als auf einer bloßen kameradschaftlichen Verbindung. Das Hauptwort *koinonia* wird gelegentlich auch im Deutschen gebraucht, um die enge Verbindung der Christen untereinander zu bezeichnen. Im NT kann der Begriff zweierlei bedeuten:

Anteilhaben. Menschen können Teilhaber sein am Dienst für Christus (2.Kor 8,23; LÜ: Mitarbeiter), an weltlichen Geschäften (Lk 5,10; LÜ: Gefährten), am Leid (2.Kor 1,7) und am Gottesdienst (1.Kor 10,18). Das Wort kann auch die christl. Existenz mit der Teilhabe am Leib und Blut Christi bezeichnen (1.Kor 10,16), in ihrer Beziehung zu Jesus (1.Kor 1,9) und dem Heiligen Geist (2.Kor 13,13). Es kann teilen mit den Bedürftigen bedeuten (2.Kor 8,4) und Teilhabe an den Leiden Christi (Phil 3,10).

Anteilgeben. Das Wort *koinonia* steht auch in 2.Kor 9,13, wo es um die Geldsammlung geht. In Röm 15,26 wird es ähnlich gebraucht und bezieht sich auf eine Freigebigkeit, die sich in Taten zeigt. Der vielleicht umfassendste Gebrauch des Begriffes „Gemeinschaft" liegt Apg 2,42 zugrunde. Er bedeutet das geistliche Band, das die Brüder in der Jerusalemer Urgemeinde innerlich zusammenhielt und ihren äußeren Ausdruck u.a. in der Zusammenlegung der materiellen Güter fand. *Abendmahl.

GEMÜSE. G. wurde in Gärten angebaut (z.B. 1.Kön 21,2), und auch wild wachsende Pflanzen wurden gesammelt und als G. verzehrt. Verschiedene Gemüsesorten werden in der Bibel namentlich aufgeführt. *Gurke* war vermutlich die im alten Ägypten bekannte Schlangengurke (vgl. 2.Kön 4,39). *Knoblauch* war in Ägypten ebenso bekannt wie *Lauch* bzw. *Porree* (4.Mo 11,5). *Linsen* aus der Familie der Erbsengewächse wurden auf lange Reisen mitgenommen und dienten als Nahrung für Notzeiten (Hes 4,9). Für ein Linsengericht verkaufte Esau sein Erstgeburtsrecht (1.Mo 25,29ff). *Bohnen* wurden auch als Ersatz für Getreidemahlzeiten gegessen (2.Sam 17,28). *Wassermelonen* und auch *Zwiebeln* kannte man in Ägypten bereits zur Zeit des AT (4.Mo 11,5).
*Nahrungsmittel; *Kräuter und Gewürze.

GENEALOGIE. Siehe *Geschlechtsregister.

GENESIS. Siehe *Mose, 1.Buch.

GENEZARETH, SEE. See in *Galiläa, der auch See *Kinneret (4.Mo 34,11), Galiläisches Meer (Mt 4,18) und See Tiberias (Joh 21,1) genannt wird. Er ist 21 km lang und bis zu 11 km breit, liegt 210 m unter dem Meeresspiegel und wird vom Jordan durchflossen. Im Röm. Reich war er für seinen Fischreichtum berühmt, und der Exporthandel blühte. Da er von Bergen umgeben ist, sind atmosphärische Fallwinde und plötzliche Stürme nicht selten (vgl. Mt 7,23ff).

GENÜGSAMKEIT. G. kommt aus der festen Gewißheit, daß Gott für alles Nötige sorgt. Sie ist mehr als ein passives Sich-Abfinden mit der gegenwärtigen Situation und befreit von unnötigen Wünschen und Ängsten (1.Tim 6,6.8 und Phil 4,11). Christliche G. beachtet die Warnung vor der Habsucht (2.Mo 20,17) und die Mahnung Jesu vor der Unzufriedenheit, die nach Besitz trachtet und Gott vernachlässigt (Lk 12,13ff).

GERAR (Kreis). Alte Stadt südl. von Gaza, die möglicherweise einst von frühen Vertretern der Seevölker (Philister; 1.Mo 26,1) bewohnt wurde. Wahrscheinlich das heutige Tell Abu Hureira, 18 km südöstl. von Gaza, das nach archäol. Erkenntnis in der Erzväterzeit eine Blüte erlebte.

GERASA. Bedeutende Stadt der Antike, 30 km östl. des Jordan, in der Mitte zwischen Totem Meer und See Genezareth. In der Bibel wird sie nur indirekt erwähnt (Mk 5,1). Das heutige Dscherasch ist eine der besterhaltenen röm. Provinzstädte im Nahen Osten und liegt in einem gut bewässerten Tal mit fruchtbaren Getreidefeldern. Im 1. Jh. n.Chr. wurde die ehemals griech. Stadt im typisch röm. Stil weitgehend neu aufgebaut und erhielt eine gerade, säulenumsäumte Straße, die zum Forum führte. Die Stadt besaß zwei Theater, einen Zeus- und einen Artemistempel. Sie gehörte zur *Dekapolis.

GERBER. Leder, das bearbeitete Fell von Schafen und Ziegen, wurde für verschiedene Kleidungsstücke verwendet (4.Mo 31,20). Zusammengenähte Felle stellten billige Behälter für Wasser und Wein dar (Mt 9,17); auf ähnliche Weise wurden auch Schilde und Helme für Soldaten hergestellt. Sandalen aus Robben- oder Meerschweinleder galten als Zeichen des Wohlstands. Solches Leder wurde auch für die äußere Schicht der Stiftshütte verwendet (2.Mo 25,5). Die Felle wurden außerhalb der Städte gegerbt. Das Fett des Tieres wurde von der Haut abgeschabt, und die Haare wurden entfernt, indem man sie abkratzte, mit Hilfe von Kalk abrieb oder die Felle in Urin einweichte. Sie wurden dann gedampft, mit Öl eingerieben oder mit geeigneter Rinde, Holz oder Blättern gegerbt.

GERECHTIGKEIT, GERECHT. Gott ist gerecht (5.Mo 32,4; Jes 45,21) in seiner Eigenschaft als Richter (Ps 7,12; Jer 11,20). Wenn er darum sein Gerichtsurteil über schuldig oder unschuldig fällt, ist er in beiden Fällen gerecht.

Ob das Tun eines Menschen gerecht, d. h. recht ist, hängt von den Maßstäben ab, nach denen sein Tun beurteilt wird. So kann ein Mensch einem anderen gegenüber recht handeln, wenn er sich an die vereinbarten Abmachungen hält, z. B. 1.Mo 30,33 (LÜ: Redlichkeit). Bei den meisten Bibelstellen ist vom göttlichen Maßstab auszugehen, um feststellen zu können, was gerecht ist. Gott wird nur den gerecht erklären, der in allen Teilen und immer seinen Willen getan, d. h. seine Gebote erfüllt hat. Schon im AT ist zu erkennen, daß der Mensch aus sich selber den Maßstäben Gottes nicht entsprechen kann (Pred 7,20; Ps 14,1-4; 51,7). Er schafft es nicht, durch Gehorsam Gott gegenüber Gerechtigkeit auszuweisen (Röm 10,3). Nur Jesus Christus hat als der Gerechte, d. h. als der Sündlose gelebt, er hat in allem Gottes Willen erfüllt (Jes 53,11; Apg. 3,14).

GERICHT. Das AT zeigt Gott als Richter, der energisch gegen das *Böse vorgeht (z.B. Ps 94,2). Dabei entspricht das G. seinem Wesen voller Erbarmen, Gerechtigkeit und Wahrheit (z.B. Ps 36,6f). So bringt es Rettung für die Gerechten, aber *Verderben für die Gottlosen (5.Mo 10,15ff; 32,41). Diese Sicht setzt sich im NT fort (z.B. Röm 1,18). Der Schwerpunkt liegt im NT jedoch auf dem zukünftigen G., das die Wiederkunft Jesu begleiten wird (Mt 25,31ff; Röm 2,15f) und das sich

Gericht. Ägyptische Darstellung des Totengerichts. Anubis wiegt das Herz des Verstorbenen. Unter der Waage wartet der „Verschlinger".

bereits gegen Ende der atl. Zeit in der Erwartung des kommenden „Tages des Herrn" widerspiegelt (Am 5,18ff; vgl. 1.Kor 1,8). Jesus selbst wird richten (Joh 5,22); niemand wird ausgenommen sein (1.Petr 4,5). Auch das Leben der Christen wird beurteilt werden (Lk 19,12ff; 1.Petr 4,17; 1.Kor 3,12ff). Im letzten göttlichen G. (Offb 20,11ff) wird offenbar, wer in ewiger Gemeinschaft mit Gott leben darf und wer ewiger Verdammnis preisgegeben wird.

Die Grundlage, nach der Gott einen Menschen richtet, ist die Reaktion dieses Menschen auf den geoffenbarten Willen Gottes. Dabei werden verschiedene Grade der Erkenntnis dieses Willens und der Fähigkeit berücksichtigt, ihn zu erfüllen (Mt 11,21ff; Röm 2,12ff). Es wird völlig gerecht und überzeugend zugehen (Röm 3,19). Angesichts der Ungerechtigkeiten in der gegenwärtigen Welt hat Gott „einen Tag festgesetzt, an dem er den Erdkreis richten will mit Gerechtigkeit" (Apg 17,31).

Der scheinbare Widerspruch zwischen der bibl. Aussage, daß Menschen vor Gott durch den *Glauben gerechtfertigt und nach ihren Werken gerichtet werden, läßt sich folgendermaßen verstehen: *Rechtfertigung heißt, vor dem Richterstuhl Gottes ohne eigene Leistung und nur wegen des vertrauensvollen Glaubens an das *Werk* Jesu Christi (Röm 5,1; 8,1) für gerecht erklärt zu werden. Rechtfertigung führt zur *Heiligung (2.Kor 3,18). Deshalb kann es keinen echten Glauben geben, der nicht Werke des Gehorsams hervorbringt (Jak 2,17ff). Die Beurteilung eines Christenlebens kann sehr peinlich werden, der Glaubende wird aber das in Christus geschenkte Heil nicht verlieren (1.Kor 3,12ff). Demgegenüber warnt das NT vor dem Irrtum, man könne ohne den Glauben an Christus von Gott aufgrund guter Werke gerechtgesprochen werden (Joh 3,18). Jesus Christus ist der einzige Weg zum Heil (Joh 14,6; Eph 2,12f).

*Eschatologie.

GERSCHOM, GERSCHON. 1. Ältester Sohn *Moses, dessen Nachkommen zu den *Leviten zählten (1.Chro 23,14f). **2.** Sohn *Levis. Seine Nachkommen (Gerschoniter) transportierten in der Wüste die *Stiftshütte (4.Mo 3,17ff; vgl 1.Chro 15,7). Unter David hatten die (gerschonitischen) Sippen Asafs und Ladans besondere Aufgaben beim Lobgesang und als Schatzmeister (1.Chro 23,1ff).

GESCHEM. Araber und stärkster Gegner *Nehemias (Neh 2,19; 6,1f). Eine Inschrift aus Dedan bezeugt seine Bekanntheit in Nordarabien. Aus einem aram. Text aus Ägypten geht hervor, daß er oberster Herrscher (König) von Kedar in Nordarabien war. Der pers. König unterhielt gute Beziehungen mit Arabern, daher blieben G. Beschwerden sicher nicht ungehört.

GESCHLECHT. Es gibt mehrere hebr. und griech. Begriffe, die in deutschen Bibeln mit „Geschlecht" übersetzt wurden. Einer kann eine bestimmte Gruppe von Menschen bezeichnen (z.B. die Gerechten, Ps 14,5). Die griech. Begriffe im NT entsprechen weitgehend den hebr.; gemeint sein können Geschichte (Mt 1,1), die Glieder eines *Geschlechtsregisters (Mt 1,17) sowie Menschen, die zu einer bestimmten Zeit leben (im Sinne von „Generation"; Mt 11,16). Verschiedentlich wurde vorgeschlagen, einen Zeitraum von 40 Jahren als runde Zahl für eine Generation anzusehen.

GESCHLECHTSREGISTER. *Altes Testament.* Eine Namensliste mit den Vorfahren oder Nachkommen einer Person oder einfach ein Verzeichnis der Personen, die von einer bestimmten Situation betroffen sind. Die G. des AT finden sich hauptsächlich in den fünf Büchern Mose, Esra, Nehemia und Chronik. Sie treten in zwei Formen auf. „Aufsteigende" G. folgen gewöhnlich dem Schema „X, der Sohn Y's" (z.B. 1.Chro 6,18ff); „absteigende" G. richten sich nach der Formel „X zeugte Y" (z.B. Rut 4,18ff). Häufig werden einige Generationen ausgelassen (in der Liste der Nachkommen Aarons in Esr 7,1-5 fehlen sechs Namen, die in 1.Chro 6,3-14 angegeben sind). Das hebr. Wort für „Sohn" kann auch „Enkel" und „Nachkomme" bedeuten; der Ausdruck „zeugte" kann auch für „wurde Vorfahre von" stehen. Wo das Alter angegeben ist (z.B. 1.Mo

5,6), muß das nicht gegen die Auslegung sprechen, daß die G. gelegentlich Generationen zusammenfassen. Ein charakteristisches Merkmal der alten geschichtlichen Überlieferung waren die königlichen Stammbäume. Assyr. Schreiber stellten Königslisten auf, die fast lückenlos einen Zeitraum von 1000 Jahren umfassen und bis in älteste Zeiten zurückreichen. Für jeden ist die Länge der Regierungszeit und sein Verhältnis zu anderen Königen angegeben. Aus Berichten von Gerichtsverhandlungen über Landeigentumsrechte geht hervor, daß viele andere Menschen ebenfalls über ihre Herkunft Auskunft geben konnten. In bibl. wie in außerbibl. G. wurden manchmal persönliche Anmerkungen hinzugefügt (z.B. 1.Chro 5,9f). Einige außerbibl. Texte zeigen einen weiteren Gebrauch des Wortes „Sohn" im Sinn von „zur gleichen Gruppe gehörend". Salmanassars „Schwarzer Obelisk" bezeichnet Jehu als „Sohn Omris", obwohl beide nicht miteinander verwandt waren, sondern lediglich denselben Staat regierten. Der Ägypterkönig Tirhaka (ca. 670 v.Chr.) ehrt seinen „Vater" Sesostris III., der ca. 1870 v.Chr. lebte und kein echter Vorfahr war.

Die wichtigsten G. des AT sind: Von *Adam bis *Noah (1.Mo 5; 1.Chro 1); die Nachkommen *Kains (1.Mo 4,17ff); Noahs Nachkommen (1.Mo 10; 1.Chro 1); von *Sem bis *Abraham (1.Mo 11,10ff; 1.Chro 1); die Nachkommen Abrahams durch Ketura (1.Mo 25; 1.Chro 1), *Lots (1.Mo 19,37f), Nahors (1.Mo 22,20ff), Ismaels (1.Mo 25,12ff) und Esaus (1.Mo 36); die Nachkommen *Jakobs (die zwölf Stämme, 1.Mo 46; 4.Mo 26; und verschiedene Stellen in 1.Chro). Es gibt auch Verzeichnisse der Leviten, der Beamten und Soldaten Davids und der Familien, die zur Zeit Esras und Nehemias nach Jerusalem zurückkehrten.

Neues Testament. Zwei G. geben die Vorfahren Jesu an (*Geschlechtsregister Jesu Christi). Paulus erwähnt zusammen mit G. Fabeln (Mythen) und törichte Fragen (1.Tim 1,4; Tit 3,9). Er denkt dabei an mythische Geschichten, wie sie im apokryphen Jubiläenbuch zu finden sind, oder an die „Stammbäume der Äonen" aus der gnostischen Literatur, nicht aber an die G. des AT.

*Chronologie; *Geschlecht; *Völkertafel.

GESCHLECHTSREGISTER JESU CHRISTI. Der Stammbaum Jesu ist uns in Mt 1,1-17 und in Lk 3,23-38 überliefert. Lukas führt ihn bis auf Adam zurück, Matthäus beginnt bei Abraham. Lukas übernahm sein frühes Material aus 1.Mo 5; 11 – vielleicht auf dem Umweg über 1.Chro 1. Von Abraham bis David sind die beiden Listen praktisch identisch und an 1.Chro 2 angelehnt, aber von David bis Josef gehen sie auseinander. Einige Ausleger sind der Ansicht, daß Matthäus, der einige Generationen ausläßt, die Linie über Davids Sohn Salomo führt und so den Stammbaum Josefs, des Adoptivvaters, wiedergibt (vgl. Mt 1,11 mit Jer 22,24-30), während sie Lukas über Nathan leitet, einen anderen Sohn Davids und Batsebas. Beide Evangelien bestätigen, daß Josef nicht sein leiblicher Vater war. Lukas hätte den Stammbaum Jesu über seine leibliche Mutter Maria verfolgt, allerdings ohne sie zu erwähnen (vgl. Lk 3,23), was durchaus üblich war. Es existieren noch weitere Theorien, die ebenfalls nicht zu letzter Klarheit führen. Beide G. bestätigen, daß Jesus zu Recht sich „Sohn Davids" nennen konnte.

GESCHUR, GESCHURITER. Syr. Stadt nordöstl. von Baschan, in die *Absalom nach der Ermordung seines Bruders floh (2.Sam 13,37; 14,23; seine Mutter war die Tochter des dortigen Königs: 2.Sam 3,3).

Andere „Geschuriter" sind in Jos 13,2; 1.Sam 27,8 bezeugt; sie lebten nahe der ägypt. Grenze.

GESER. Eine der bedeutendsten Städte Palästinas in vorröm. Zeit. Mindestens seit 1800 v.Chr. lag sie an der Straße von Jerusalem nach Jafo (Joppe) – 12 km vom Hauptverkehrsweg zwischen Ägypten und Mesopotamien entfernt. Israel erhielt die Stadt von einem ägypt. Pharao bei der Heirat von dessen Tochter mit Salomo als Geschenk (1.Kön 9,15ff). Bei Ausgrabungen fand man typische Tore und Befesti-

Gesetz

gungsanlagen aus der Zeit Salomos, einen *Kalender und ein Höhenheiligtum.

GESETZ. Aus im Nahen Osten gefundenen Zeugnissen des Altertums läßt sich schließen, daß Gesetzestraditionen, wie wir sie im AT vorfinden, seit ca. 2000 v.Chr. auch in anderen Völkern existierten. Das Gesetzbuch von Eshnunna, in akkad. Sprache geschrieben und um 1800 v.Chr. datiert, weist an vielen Stellen große Ähnlichkeit mit den Rechtsordnungen aus 2.Mo 21-23 auf. Das Gesetzbuch des Hammurabi, eines Königs von Babylon um 1700 v. Chr., ist der umfassendste Kodex, der bekannt ist. Bei den hebr. Gesetzesvorschriften können drei Formen unterschieden werden: *apodiktische,* von einer absoluten Autorität ohne Begründung gemachte (Du sollst ... du sollst nicht), und *partizipiale* Gesetze (der das Tuende soll ...) sowie *kasuistische* Rechtsbestimmungen (wenn jemand das tut, dann ...). Apodiktische Gesetze können von jedem erlassen werden, der die entsprechenden Befugnisse besitzt, wie Gott, ein König oder ein Vater. Sie sind manchmal mit religiösen Geboten vermischt (vgl. z.B. 2.Mo 22,27). Die partizipiale Gesetzgebung hatte ihren Ursprung wahrscheinlich in den Stämmen und regelte das Verhalten innerhalb derselben. Das Urteil wurde vom Stammesoberhaupt verkündet. Die kasuistischen Gesetze waren vermutlich Rechtsbeispiele, an die sich die Richter bei der Behandlung zivilrechtlicher Angelegenheiten zu halten hatten.

Altes Testament: Zusammenhängende Gesetzestexte (Gesetzessammlungen) sind: **1.** Das Bundesgesetz (2.Mo 21-23) als älteste Gesetzessammlung. *Mose erhielt es von Gott, es ist Bestandteil des Bundes Gottes mit Israel, deckt aber nicht alle Bereiche möglicher Gerichtsbarkeit ab. **2.** Das Heiligkeitsgesetz (3.Mo 17-26) wird nach 3.Mo 21,8 benannt und regelt die Beziehungen von Heiligtum, Priester und Bundesgemeinschaft zu Gott. **3.** Das Deuteronomistische Gesetz (5.Mo 12-25) als eine geordnete Zusammenfassung der an Sinai empfangenen Gesetze.

Eine Unterscheidung zwischen Straf- und Zivilrecht, wie sie heute üblich ist, scheint es bei den Hebräern nicht gegeben zu haben.

Es gibt folgende Gesetzeskategorien:

Mord und Totschlag: Es wurde unterschieden zwischen Mord und fahrlässiger Tötung (2.Mo 21,12ff). Körperverletzung wurde ernstgenommen. Wer verletzt wurde, mußte vom Angreifer entschädigt werden (2.Mo 21,18ff). Um die hierarchisch strukturierte Familienordnung nicht zu gefährden, wurde der Sohn, der seine Eltern schlug, zum Tode verurteilt (2.Mo 21,15). Diebstahl schloß auch Menschenraub ein, worauf die Todesstrafe stand (2.Mo 21,16). Die Strafe für den Diebstahl von Tieren (die ein entscheidendes Besitztum in einer halbnomadischen Gesellschaft darstellten) bestand in der vier- oder fünffachen Rückerstattung (2.Mo 22,1ff), obwohl gelegentlich auch nur eine doppelte Wiedergutmachung gefordert wird.

Moralische und religiöse Verstöße umfaßten die Verführung einer Jungfrau, Brutalität, Verfluchen der Eltern, Abgötterei und Mißhandlung von Fremden. Witwen und Waisen waren besonders gegen Ausbeutung geschützt (2.Mo 22,21ff).

Das *Familiengesetz* verbot die Ehe zwischen sehr nahen Verwandten (3.Mo 18), ausgenommen davon waren kinderlose Witwen (5.Mo 25,5ff). Außerdem regelte es Scheidungsverfahren (5.Mo 24,1ff).

Die *Sklavengesetze* schrieben die automatische Freilassung hebr. Sklaven nach sechsjährigem Dienst fest (2.Mo 21,2ff) und sorgten für den Schutz von weiblichen Sklaven (2.Mo 21,7ff).

Die *Vergeltungsgesetze* schränkten die Blutrache und vorsätzliche Gewalttätigkeit als Rache für Verbrechen ein (2.Mo 21,23ff).

Schließlich gab es *internationale Gesetze.* Es wurden Tafeln mit Verträgen zwischen verschiedenen Völkern gefunden. Die rechtliche Grundlage der Israeliten für solche Verträge finden wir in 5.Mo 20,10ff.

Viele Einzelanweisungen verdeutlichen, daß die atl. Gesetze menschliche Gemeinschaft schützen sollen. Da Gott - nicht Mose - der Gesetzgeber ist, sind Gesetzesübertretungen *Sünde, die nicht durch menschliche Leistung bereinigt werden kann. Weil Gott Vergebung gewährt, ist das Gesetz keineswegs nur Last, sondern Grund zur Freude und zum Dank für Gottes gute Wegweisung (z.B. Ps 119).

Neues Testament: Jesus lebte als gesetzestreuer Jude (Mk 1,21; 11,1ff). In der Bergpredigt bestätigte er die Gültigkeit des G. (Mt 5,17ff) und verschärfte es noch. Allerdings kritisierte er die geheuchelte und spitzfindige Schein-Erfüllung des G. durch viele Pharisäer (vgl. Mt 23). Während Jesus das G. nicht aufhebt, verliert es aber durch ihn seine Heilsbedeutung. Nicht mehr durch Erfüllung des Gesetzes, sondern durch Umkehr (Mk 1,15) wird der Zugang zu Gott frei. Indem Jesus damals verachtete Menschen in seiner Nähe duldete und ihnen Vergebung zusprach (z.B. Lk 7,47), wird erkennbar, daß das Zeitalter der Gnade das Zeitalter atl. Gesetzesgerechtigkeit abgelöst hat. Die Urgemeinde verzichtet deshalb darauf, Heidenchristen auf das mosaische G. zu verpflichten (vgl. Apg 15). Allein der Glaube an Christus zählt (z.B. Röm 10,4).

In den ntl. Briefen – besonders bei Paulus – wird diese tiefgreifende Veränderung begründet. Das G. überführt den Menschen von seiner Sünde (z.B. Röm 3,20). Weil aber Jesus die Sünde aller Menschen stellvertretend am Kreuz gesühnt hat (2.Kor 5,19), kann ntl. Verkündigung nicht mehr die eigenen Leistungen in den Mittelpunkt stellen. Nur über Christus findet der Mensch zu Gott (Joh 14,6).

Wenn es einen Weg zu Gott über das G. gäbe, wäre Jesus umsonst gestorben (Gal 2,21). Deshalb bekämpft Paulus alle Versuche, in den urchristl. Gemeinden die Erfüllung von Teilen des mosaischen G. wieder einzuführen (Gal 3,1ff), wenn dadurch bei Gott etwas erreicht werden soll im Sinne eines Handelns „ich dir ..., du mir". Dabei proklamiert er keinen willkürlichen Lebensstil. Im Gegenteil bedeutet konsequente Nachfolge Jesu Christi eine Umgestaltung des gesamten Lebens des Gläubigen. Diese *Heilugung geschieht nicht durch menschliche Leistung, sondern als Wirken des *Heiligen Geistes (Röm 8,1-17).

GESICHT. Siehe *Angesicht; *Vision.

GESTIK. Der Orientale drückt sich häufig durch Gesten aus. Die Bibel erwähnt nur wenige natürliche Körperreaktionen (vgl. Mt 12,49; Apg 12,17), aber viele bedeutungsvolle Gewohnheitsgesten. Zu ihnen gehören: Verbeugungen, Küsse, der Handschlag zur Besiegelung eines Geschäfts (Spr 6,1), das Zerreißen der Kleider und Bestreuen des Kopfes mit Asche. In Lk 7,44ff werden die üblichen Gesten der Gastfreundschaft aufgezählt.

*Fuß; *Hand; *Haupt/Kopf.

GESUNDHEIT, KRANKHEIT UND HEILUNG.
I. Medizinische Ausdrücke in der Bibel.

Aussatz ist ein Ausdruck, mit dem nicht nur jene bakterielle Infektion gemeint ist, die heute als Lepra bezeichnet wird. Der hebr. Begriff wird nicht nur für menschliche Hautkrankheiten, sondern auch für Verfärbungen von Stoffen und sogar Wänden gebraucht (3.Mo 13), auf denen blasse Flecken zu sehen sind. Einige dieser Merkmale treffen auf die echte Lepra nicht zu. Sie deuten zum Beispiel auf eine Infektion, die nach einer Verbrennung auftritt (V.20), Ringelflechte (V.29) oder eine eitrige Hautentzündung (V.36). Auch im NT werden häufig Aussätzige erwähnt (z.B.

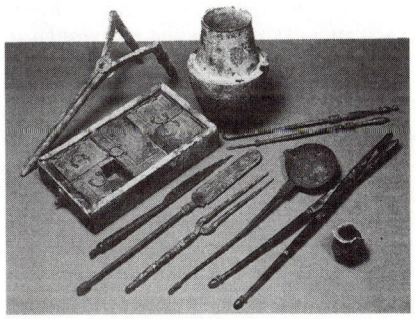

Gesundheit, Krankheit und Heilung.
Medizinische Instrumente aus dem 1. Jh. v.Chr. Ein Gefäß für den Aderlaß, ein Kästchen für Medikamente, Haken, Skalpell, ein Löffel und verschiedene Sonden. Der Wundhaken (links oben) diente zum Entfernen von Pfeilspitzen.

Lk 17,11ff). Echten Aussatz gab es zwar in Indien um 600 v.Chr. und in Europa um 400 v.Chr., aber es ist bisher nicht erwiesen, daß man ihn bereits zur Zeit des Auszugs aus Ägypten kannte.

Auszehrung (3.Mo 26,16; 5.Mo 28,22) könnte Tuberkulose, Krebs oder eine andere zehrende Krankheit sein; TBC gab es in Ägypten zu der Zeit der israelitischen Siedlungsperiode mit Sicherheit.

Von *Beulen* wurden die Philister befallen (1.Sam 5). Da sie sowohl von den Beulen als auch von Nagetieren (LÜ: „Mäuse") Abbilder machten, handelte es sich wahrscheinlich um die Beulenpest, denn Ratten und Wüstenmäuse sind Überträger von Erregern dieser Krankheit. Die Beschreibung, wie sich die Seuche entlang der Handelswege ausbreitete, deutet ebenfalls auf Beulenpest.

Blindheit war im Alten Orient recht häufig. Sie konnte verschiedene Ursachen haben, z.B. schwere Bindehautentzündung. In 5.Mo 28,28f wird der tastende Gang der Blinden erwähnt. Die zweistufige Heilung des Blinden in Mk 8,22ff erinnert an die Schwierigkeiten beim Erkennen des Gesehenen, die manchmal nach einer Augenoperation auftreten.

Der *Blutfluß* in Lk 8,43 war vermutlich eine andauernde Monatsblutung; 3.Mo 15,2ff zählt verschiedene Arten von Ausflüssen auf, durch die ein Mensch kultisch unrein wurde. Während der *Monatsblutung* galten Frauen als kultisch unrein. Die Frau in Lk 8,43 litt wahrscheinlich an Menorrhagie, einer übermäßig lange (in ihrem Fall 12 Jahre) andauernden Blutung, die zu Blutarmut führen kann.

Brandmale (3.Mo 13,24ff) können von einer Verbrennung herrühren oder eine Hautkrankheit sein.

Epilepsie kommt im NT zweimal vor (Mt 4,24; 17,15); in Kap. 17 scheint es sich sowohl um die typische Fallsucht mit schweren Anfällen zu handeln als auch um dämonische Besessenheit.

Fieber ist eine Sammelbezeichnung für verschiedene Krankheiten, die mit erhöhter Temperatur verbunden sind. Die Beschreibung in Lk 4,38 läßt erkennen, daß Lukas unterschiedliche Temperaturen zu deuten wußte.

Geisteskrankheiten kommen in verschiedener Form vor, aber ausführlicher geschildert werden nur die Anfälle bei Saul und Nebukadnezar. Saul war ein begabter, aber nicht sehr lebenstüchtiger Mann, der an Depressionen litt. Später kamen Wahnvorstellungen und Reizbarkeit hinzu, wie sie für ältere Patienten typisch sind. Nebukadnezar war lebhaft und jähzornig – eine Persönlichkeit, die zur Entwicklung einer manisch-depressiven Psychose neigte, von der er später völlig genas (Dan 4,28ff).

Geschwüre bezeichnen im AT verschiedene Arten örtlicher Entzündungen. Hiobs Geschwüre könnten tuberkulöse Lepra gewesen sein (Hiob 2,7); Hiskias Geschwür war wahrscheinlich ein Karbunkel (2.Kön 20,7); die „ägyptischen Geschwüre" waren offenbar eine typisch ägypt. Hautkrankheit mit bösartigem Ausschlag (5.Mo 28,27.35; *Plagen Ägyptens).

Der *Grind* in 5.Mo 28,27 war eine Art Ekzem; in 3.Mo 13,30ff ist ein juckender Hautausschlag gemeint.

Krätze steht für verschiedene Hautkrankheiten, wie sie im Nahen Osten häufig auftreten; in 5.Mo 28,27 ist es keine echte Krätze, sondern eine chronische Krankheit, die den Kopf mit einer dicken Kruste überzieht und sich manchmal über den ganzen Körper ausbreitet.

Das Wort *Lähmung* ist sehr allgemein, bezeichnet aber eine nicht lebensgefährliche Krankheit (in Mt 8,6 vielleicht Atemlähmungen in Verbindung mit spinaler Kinderlähmung).

Pest, Seuche ist ein Ausdruck, der für alle möglichen Arten von Unglück und Krankheit gebraucht wird; die „Pest" in 2.Sam 24,15 war eine ansteckende Seuche, die 70 000 Menschenleben forderte, vielleicht dieselbe wie in 2.Kön 19,35, an der 185 000 Soldaten starben.

Ruhr war eine Infektionskrankheit, die Paulus in Apg 28,8 heilte; der griech. Fachausdruck (*dysenteria*) wurde auch von Plato, Aristoteles und anderen gebraucht. Es ist möglich, daß Jorams Eingeweidekrankheit (2.Chro 21,15ff) eine chronische Amöbenruhr war, die bei sehr schwerem oder langwierigem Verlauf durch einen Mast- oder Dickdarmvorfall verschlimmert werden kann, der zum Darmverschluß führt.

Stummheit kann auf keine bestimmte Ursache zurückgeführt werden; manchmal hing sie mit dämonischer *Besessenheit zusammen (z.B. Mt 9,32ff).

Taubheit: Die Israeliten sollten die Tauben und Blinden freundlich behandeln (3.Mo 19,14). Ein Tauber, den Jesus heilte, hatte auch einen Sprachfehler, der wahrscheinlich von seiner Taubheit herrührte; er konnte Töne von sich geben, aber da er sie nicht hören konnte, war er nicht in der Lage, normale Worte zu bilden (Mk 7,32ff).

Die *verdorrte Hand* von Lk 6,6ff bezeichnet eine Hand, bei der die Muskeln gelähmt und zurückgebildet sind, vielleicht eine späte Komplikation der Kinderlähmung.

Die *Wassersucht* (wörtl.: voller Wasser) von Lk 14,2 war Zeichen einer Herz-, Nieren- oder Leberstörung.

II. Krankheit und ihre Behandlung aus biblischer Sicht.
Bedeutung der Krankheit. Leiden und Krankheit sind in der Bibel eng mit der Frage nach dem Ursprung und dem Wesen des *Bösen verbunden. Wie der *Tod ist Krankheit eine Folge des *Sündenfalls; beides wird aus der neuen Welt Gottes verbannt (vgl. Offb 21,4). Völkern, die Gott gehorchten, wurde die Freiheit von Krankheit versprochen; Ungehorsam wurde mit Krankheit bestraft (2.Mo 15,25; 5.Mo 28,22f.58ff). Gott kann sie auch benutzen, um einzelne Menschen zu bestrafen (z.B. 4.Mo 12,10) oder zu züchtigen (Hebr 12,6ff; vgl. Jakob in 1.Mo 32,24ff). Das Buch *Hiob zeigt, daß die Beziehung des Menschen zu Gott wichtiger ist als seine Einstellung zum eigenen *Leid, und daß Krankheit nicht als direkte Folge der Sünde eines Menschen angesehen werden darf.

Hygiene und Gesundheitspflege. Die Israeliten hatten zur Zeit *Moses bemerkenswerte Reinheitsvorschriften, ohne die sie ihren Aufenthalt in der Wüste vielleicht nicht überlebt hätten. Es gab Anweisungen zur Wasserversorgung, Abwasserbeseitigung, Prüfung und Wahl der Nahrung und Kontrolle ansteckender Krankheiten. Die Verbrennung von Exkrementen (2.Mo 29,14) und das Verbot, Tiere zu essen, die eines natürlichen Todes gestorben waren, war besonders wichtig zur Verhinderung der Ausbreitung von Krankheiten. Die Quarantänezeit von 40 Tagen wurde im 14. Jh. von den Italienern übernommen, weil die Juden gegen manche Krankheiten ziemlich immun waren.

Die Behandlung von Krankheiten. Die Therapien entsprachen dem damaligen Kenntnisstand. Hiskia wurde geraten, einen „Feigenkuchen" auf sein Geschwür zu legen (Jes 38,21). Manche Behandlungsmethoden waren mit Aberglauben verbunden, wie z.B. der Gebrauch von Liebesäpfeln (Alraune) zur Förderung der Fruchtbarkeit (1.Mo 30,14ff). Auch Wein wurde zu Heilzwecken genutzt (1.Tim 5,23). *Asa wurde verurteilt, weil er sich in seiner Krankheit nicht an den Herrn, sondern nur an die Ärzte (vielleicht Zauberdoktoren) gewandt hatte (2.Chro 16,12). Anders als bei den heidnischen Religionen betätigten sich im Judentum die Priester normalerweise nicht als Ärzte (nur für die Feststellung von Aussatz waren sie zuständig).

III. Heilung.
Heilung ist die Wiederherstellung der körperlichen oder geistigen Gesundheit. Dazu gehört die Genesung nach ärztlicher Behandlung ebenso wie das Abklingen einer Krankheit von selbst. Alle Heilung kommt von Gott (Ps 103,3), auf welche Weise sie auch immer geschieht. Es wurde von den Gläubigen erwartet, daß sie die damals bekannten Heilmittel nutzten (1.Tim 5,23).

Besonderes Kennzeichen der Heilungswunder ist die sofortige, vollständige und dauerhafte Genesung, die gewöhnlich ohne den Gebrauch äußerer Mittel eintritt. Sie war oft von Zeichen und Gleichnishandlungen begleitet, um die damit verbundene Botschaft zu bekräftigen (z.B. Apg 2,22) und zu veranschaulichen (z.B. Lk 5,18ff).

Heilungswunder sind im AT selten und ereigneten sich fast ausnahmslos zur Zeit des Auszugs aus Ägypten (z.B. 4.Mo 12,1ff) und des Auftretens von *Elia und *Elisa (z.B. 2.Kön 4,1ff).

Nach den Berichten der Evangelien kamen viele Menschen zu Jesus, um geheilt zu werden (Mt 4,23f). Die Evangelien enthalten über 20 Heilungsgeschichten von einzelnen Menschen oder Gruppen. Einige wurden sogar aus der Ferne geheilt. Lukas schildert mehrere Heilungen, die in den anderen Evangelien nicht erwähnt werden (z.B. 7,11ff; 13,11ff; 14,1ff). Für Johannes sind die Wunder „Zeichen" mit einer geistlichen Bedeutung. Christus beauftragte die 70 und die 12 (Mt 10,1; Lk 10,9), Kranke zu heilen.

Heilungen in apostolischer Zeit. In der Apostelgeschichte ist von mehreren Heilungen die Rede (z.B. 14,8ff), aber es wird den Gläubigen an keiner Stelle versprochen, daß sie frei von Krankheit sein werden (vgl. 2.Tim 4,20). Der „Pfahl im Fleisch" des Paulus ist eine gesundheitliche Behinderung, die bisher nie zufriedenstellend erklärt wurde; sie hatte aber eine positive geistliche Auswirkung auf ihn (2.Kor 12,7ff). Die Aufforderung zum Gebet für die Kranken (Jak 5,13ff) empfiehlt auch den Gebrauch von Öl. Das konnte eine medizinische Ursache haben oder eine bildhafte Handlung sein. Auch sie enthält kein Versprechen, daß jeder Kranke, über dem gebetet wird, seine Gesundheit wiedererlangen wird.

GETHSEMANE (Ölkelter). Garten am *Ölberg östl. von Jerusalem und wenig oberhalb des Kidrontals. Jesus zog sich gerne an diesen Ort zurück und wurde hier auch gefangengenommen (Mk 14,32ff). Der traditionelle Ort östl. der Kidronbrücke auf dem Weg nach Jericho wird von einigen Forschern angezweifelt. Sie vermuten den Garten nordöstl. der Marienkirche, wo es im 1. Jh. größere Gärten für Pilger gab.

GETREIDE. Weizen und Gerste waren im Alten Orient wichtige Nahrungspflanzen. Auch in Palästina gehörte die Gerste zu den Grundnahrungsmitteln, vor allem für arme Familien (Rut 2,17); sie hat eine kürzere Reifezeit als Weizen und kann auf kargerem Boden gedeihen. Gerste wurde als Tierfutter verwendet (1.Kön 5,8) und, wie philistäische Gefäße zeigen, auch zum Bierbrauen. Weizen (Anbau in Galiläa und dem fruchtbaren Ostjordanland) galt als bestes Brotgetreide und war ein Sinnbild für Gottes Güte und Fürsorge (Ps 81,17).

Die Gerste wurde im April und Mai geerntet; der Weizen einen Monat später. Das G. wurde mit der einen Hand ergriffen, mit einer Sichel in der anderen Hand abgeschnitten und zu Garben gebunden. Den Schnittern folgten die Ährenleser, die das übriggelassene G. an den Ackerrändern einsammelten; danach durften auf den Stoppelfeldern Tiere grasen. Die Körner wurden vom Stroh getrennt, indem man die Garben auf einer Tenne auslegte und Tiere darübertrieb oder einen mit Steinen und Eisensplittern besetzten Holzschlitten darüberzog. Danach wurde das Korn geworfelt, indem man es in die Luft warf; dabei wurden die leichtere Spreu oder die Hülsen vom Wind verweht – ein alltägliches Bild, das in Mt 3,12 symbolisch für Gottes Gericht steht. Das Stroh wurde dem Tierfutter beigemischt, in der Ziegel- und Keramikherstellung verwendet oder verheizt.

*Ackerbau; *Brot; *Nachlese.

Getreide. Trichtermühle aus Basalt, zum Mahlen größerer Mengen Getreides (aus hellenist.-röm. Zeit).

GEWAND. Siehe *Kleidung.

GEWISSEN. Der Begriff kommt im AT, aber auch in den Evangelien und der Apostelgeschichte (außer Apg 23,1; 24,16; Paulus!) nicht vor. Regungen der persönlichen Betroffenheit werden im Hebr. mit „Herz" beschrieben (z.B: 1.Sam 24,6; Apg 2,37). Vermutlich bekommt G. erst in der Auseinandersetzung mit vom griech. Denken bestimmten Heidenchristen theologische Bedeutung – vor allem in den Briefen des Paulus: jeder Mensch hat ein Gewissen, das ihm ein natürliches Empfinden für das Wesen und den Willen Gottes verleiht. Es kann jedoch in seiner Funktion beeinträchtigt (geschwächt) sein und deshalb zu falschem Verhalten führen (1.Kor 8,7-12); es ist auch möglich, es zum Schweigen zu bringen (1.Tim 4,2). Deshalb bedarf es der Korrektur durch das Normen setzende Wirken des *Heiligen Geistes (Röm 8,14; 1.Petr 3,15f). Letztgültiger Maßstab für das Handeln des Christen ist deshalb Gottes Wort.

GEWISSHEIT. Die G. des Heils gründet sich auf Gottes Zusicherung und Verheißung. Glaubende dürfen „zu allem Reichtum an Gewißheit und Verständnis" zusammengefügt werden (Kol 2,2) und sich daran erinnern, daß das Evangelium gepredigt wurde „in großer Gewißheit" (1.Thess 1,5), im Sinne einer geistgewirkten Überzeugung, sowohl im Verkündiger als auch in den Bekehrten. Ein vom Heiligen Geist gewirkter Glaube bewirkt ein Zweifaches: Durch ihn bezeugt Gott, daß das Evangelium Wahrheit ist (z.B. 1.Thess 2,13) und daß Glaubende Gottes Kinder sind (z.B. Röm 8,15f). Die vom Geist Gottes gewirkte G. (Eph 1,14; 1.Joh 3,24) ist nicht zu verwechseln mit Sicherheit, die aufgrund äußerer moralischer oder gar „geistlicher" Maßstäbe von Menschen behauptet wird. *Heiliger Geist.

GIBBETON (Hügel). Stadt im Gebiet des Stammes *Dan (Jos 19,44), wahrscheinlich das heutige Tell el-Malat westl. von Geser. Sie war Schauplatz von Kämpfen zwischen Israel und den Philistern (1.Kön 15,27) und wurde 712 v.Chr. vom Assyrerkönig Sargon erobert.

GIBEA. Im AT bezeichnet das Wort oft einfach „Hügel", aber es wurde auch als Ortsname gebraucht, z.B. für eine Stadt im judäischen Bergland, möglicherweise das heutige el-Dscheba bei Bethlehem. Eine wichtigere Stadt dieses Namens lag nördl. von Jerusalem im Gebiet des Stammes *Benjamin. Sie wurde während der Richterzeit zerstört (Ri 19-20) und war als Geburtsort und Residenz Sauls bekannt (1.Sam 10,26; 13-15). Es handelt sich fast sicher um Tell el-Ful, 5 km nördl. von Jerusalem, das im 12. Jh. v.Chr. erstmals besiedelt wurde. Zur Zeit Sauls, ca. 1025-950 v.Chr., war es eine kleine Festung, von der man bei Ausgrabungen einen Turm gefunden hat. Nach Sauls Tod wurde die Stadt wahrscheinlich verlassen; der archäol. Befund zeigt, daß sie später mehrmals aufgebaut und wieder zerstört wurde.

GIBEON. Während der israelit. Landnahme in Kanaan schlossen die Ältesten dieser Stadt durch eine List mit Josua ein Bündnis. Als der Betrug entdeckt wurde, wurden sie verflucht und zu Zwangsarbeit verurteilt (Jos 9,3ff). Die Stadt wurde dem Stamm *Benjamin zugeteilt und für die *Leviten ausgesondert. In G. stand z.Zt. Davids und Salomos die Stiftshütte (ohne die Bundeslade; 2. Chro 1,3f). Salomo opferte dort, bevor der Tempel gebaut war (1.Kön 3,4f; 1.Chro 16,39). Später nannte Schischak von Ägypten G. unter den Städten, die er erobert hatte (vgl. 1.Kön 14,25). Die Gibeoniter halfen *Nehemia beim Bau der Mauern Jerusalems (Neh 3,7). Heute el-Dschib, 9 km nordwestl. von Jerusalem. Ausgrabungen haben einen Schacht mit Stufen freigelegt, die zu einem unterirdischen Wasserbecken führen; dies ist möglicherweise der „Teich" von 2.Sam 2,13 und das „Wasser" von Jer 41,12.

GIDEON (Hauer, Schläger). Sohn Joaschs aus der Sippe Abiëser vom Stamm *Manasse; ein Engel berief ihn zum Richter, der Israel zum Sieg über die Midianiter führen soll (ein Beduinenvolk, das zu jener Zeit Zentralpalästina beherrschte; Ri 6-8). Er zerstörte den Baalsaltar und das Aschera-Bild seines Vaters. Von da an wurde er auch Jerubbaal genannt (vielleicht: Baal streitet mit ihm). Die Niederlage der Midianiter erfolgte, nachdem G. auf Gottes Befehl hin sein Heer von 32000 auf 300 Mann verringert hatte. Sein plötzlicher Angriff in der Nacht entmutigte die Feinde und schlug sie in die Flucht. G. wurde gebeten, eine Erbmonarchie einzurichten, lehnte das aber ab (Ri 8,22f). Allerdings stellte er in Ofra einen *Efod (wahrscheinlich ein Gottesbild) auf, mit dem das Volk Abgötterei trieb (Ri 8,27). In Hebr 11,32 wird G. zu den Glaubenshelden gezählt.

GIFT. In Palästina gab es giftige Pflanzen wie z.B. Schierling (Giftkraut; Hos 10,4) und wilde Kürbisse (2.Kön 4,39), aber auch giftige Reptilien, mit deren Biß die Worte der Gottlosen verglichen werden (Ps 140,4; vgl. Jak 3,8).

GIHON (Strom). **1.** Einer der vier Flüsse im Garten *Eden. Wegen des Hinweises auf Kusch (1.Mo 2,13; Äthiopien?) wird er manchmal mit dem Nil gleichgesetzt. Wahrscheinlicher liegt aber das hier genannte Kusch östl. von Mesopotamien, aus dem später die Kassiten kamen. **2.** Quelle östl. der Stadtmauer Jerusalems, an der *Salomo zum König gesalbt wurde (1.Kön 1,33.38.45) und von der aus *Hiskia einen Tunnel durch den Felsen schlagen ließ, um das Wasser in den Teich *Siloah zu leiten.

GILBOA (vielleicht: sprudelnde Quelle). Bergkette im Gebiet des Stammes *Issaschar (arabisch Dschebel Fuqu'a); Ort des letzten Zusammenstoßes zwischen Saul und den Philistern, bei dem er getötet wurde (1.Sam 31).

GILEAD. *Personen:* Mehrere Personen im AT, u.a. der Enkel *Manasses und Vorfahr der Gileaditer, die den Hauptteil des Stammes Manasse stellten.

Gebiet: Der Name des ganzen oder eines Teils des Ostjordanlandes, das von Ruben, Gad und dem halben Stamm Manasse bewohnt wurde. Das eigentliche G. war das bewaldete Hügelland nördl. der Linie von Heschbon zur Nordspitze des Toten Meeres und wird vom Jabbok in eine nördl. und eine südl. Hälfte geteilt. Die „Salbe Gileads" war sprichwörtlich (Jer 8,22), die üppigen Wälder galten als Symbol des Wohlstands (Jer 50,19). *Jakob und *David flohen nach G. (1.Mo 31,21ff; 2.Sam 17,22ff).

GILGAL (Kreis [aus Steinen] oder Abwälzung). Name verschiedener atl. Orte. Der wichtigste war das Heerlager, von dem aus die Israeliten nach der Überquerung des Jordans Kanaan einnahmen (Jos 4,19f). In G. wurde die in der Wüste geborene Generation beschnitten (*Beschneidung); man feierte das erste Passa in Kanaan, und die Versorgung mit *Manna hörte auf. Später trennten sich hier Saul und Samuel (1.Sam 15). Während des 8. Jh. v.Chr. wurde G. zum Zentrum unlauterer, heuchlerischer Gottesdienste (Am 4,4; 5,5). Die genaue Ortslage ist noch ungewiß; eine Möglichkeit ist Chirbet el-Mefdschir, 2 km nordöstl. des atl. Jericho.

Gihon-Quelle. Teil des Schachtes, den Hiskia graben ließ, der das Wasser der Gihon-Quelle in den Siloah-Teich leitete.

GIRGASCHITER. Ein Stamm, der unter den Nachkommen Kanaans aufgeführt wird (1.Mo 10,16) und von Israel besiegt wurde (Jos 24,11). Ihre Existenz wird indirekt durch nordkanaan. Inschriften aus Ugarit (14./13. Jh. v.Chr.) bestätigt.

GIRSITER. Eine wenig bekannte halbnomadische Sippe im NW des Negev, die von David besiegt wurde (1.Sam 27,8).

GLAS. G. wird in der Bibel kaum erwähnt und war bis zur Römerzeit ein seltener Luxus. Es galt als ebenso wertvoll wie Gold (Hiob 28,17). Das Glasieren wurde bei Perlen und Ziegeln seit ca. 4000 v.Chr. angewandt, während echtes G. erstmals um 2600 v.Chr. bezeugt ist. Im 14. Jh. v.Chr. stellte eine Werkstätte in el-Amarna (Ägypten) Glasbehälter her; als Farbstoffe wurden Kobalt und Mangan benutzt. Wegen der Unreinheiten in den Grundstoffen war frühes G. nicht sehr durchsichtig. In griech.-röm. Zeit wurde es gebräuchlicher (vgl. Mt 26,7). Die Erfindung des Glasblasens führte zu einer Massenproduktion von Tafelgeschirr, das preislich mit Keramik und Metall konkurrieren konnte. Vieles davon war durchsichtig oder wie auf Hochglanz poliert (vgl. Offb 4,6; 21,18, siehe hierzu *Meer, gläsernes).

GLAUBE. *Altes Testament.* Neben „glauben" werden im AT andere Wörter wie „vertrauen", „sich verlassen auf" und „hoffen" gebraucht. Auch das AT kennt die Grundforderung nach einer rechten Vertrauenshaltung gegenüber Gott wie das NT. Das Vertrauen erweist sich in einem rechtschaffenen Lebenswandel (z.B. Ps 37,3ff; Spr 3,5). Vertrauen auf die eigene Gerechtigkeit (Hes 33,13), auf Götzen (Jes 42,17) und auf menschliche Stärke (Jer 17,5) wird dagegen verurteilt. Die Menschen betrachteten Gott, den „Felsen", als vertrauenswürdig (z.B. Ps 18,3). Beispielhaft ist der G. Abrahams (1.Mo 15,6).

Neues Testament. Der Begriff kommt in verschiedener Form über 300 mal vor, in ihm bündeln sich die Aussagen über die Beziehung des Menschen zu Gott, die durch das Erlösungswerk Gottes in Christus möglich wird. G. ist die Haltung, bei der ein Mensch aufhört, durch eigene Bemühungen sein Heil zu suchen, und sein Vertrauen ganz auf Christus setzt, der alleine die Rettung bringt (Joh 3,16; Apg 16,30f). Aus vielen Stellen geht hervor, daß sich der G. auf Tatsachen stützt (z.B. Joh 20,30f). Der G. an Christus bedeutet Rettung vor dem Zorn Gottes; der Glaubende hält sich mit seinem ganzen Herzen an ihn und bleibt „in" ihm (Joh 15,4). Solcher G. verleiht dem Glaubenden schon jetzt das ewige Leben (Joh 3,36). Für Paulus ist G. das Kennzeichen des Christen. Es gibt dafür keinen Ersatz; nur durch den G. kann der Mensch gerettet werden (Röm 1,16). Oft werden Christen einfach „Gläubige" genannt. Den Judaisten, die besonderen Wert auf die Einhaltung der jüd. Gesetze legten, hielt *Paulus entgegen, daß die Rettung nicht durch Werke verdient werden kann. Seiner Verkündigung liegt die *Rechtfertigungslehre zugrunde (Röm 5,1) – das vertrauensvolle Annehmen der Gabe Gottes in Christus allein durch den G. Der Glaubende empfängt Gottes *Geist (Eph 1,13f) als ein „Unterpfand" auf völlige Erlösung.

Der Verfasser des Hebräerbriefs beschreibt in Kap. 11 den Unterschied zwischen Glauben und „Sehen". Menschen, die er erwähnt, hatten keine äußerlichen Beweise, sondern stützten sich allein auf Gottes Verheißungen. Der Jakobusbrief scheint nur auf den ersten Blick im Widerspruch zum übrigen NT zu stehen. Jakobus schreibt zwar, „daß der Mensch durch Werke gerecht wird, nicht durch Glauben allein" (Jak 2,24), aber er setzt überall den Glauben im paulinischen Sinn voraus (Jak 1,3; 2,1), wendet sich aber gegen eine unchristl. Passivität, d.h. ein rein verstandesmäßiges Anerkennen von Wahrheiten ohne eine entsprechende Lebensführung (Jak 2,15-19).

GLEICHNIS. Der Begriff ist von einem griech. Wort abgeleitet, das wörtlich bedeutet, „Dinge nebeneinander stellen", d.h. „etwas auf andere Art und Weise sagen". Ein G. ist entweder ein längerer Vergleich oder eine kurze Geschichte, die dazu bestimmt sind, eine einzelne Wahrheit einzuprägen oder eine bestimmte Frage zu beantworten. Trotz der engen Verwandtschaft mit der Allegorie handelt es sich bei dieser letzteren um eine genauer ausgearbeitete Geschichte, in der die meisten oder alle Details ihr Gegenstück in der Anwendung haben. Viele von Jesu

Gnade, Gunst

G. enthalten Botschaften, die anders nicht weitergesagt werden konnten. Er verkündigt die ungewohnte Botschaft vom *Reich Gottes in geeigneter Form und vertrauten Bildern.

Merkmale. Jesus gebrauchte Anschauungsbeispiele aus der Natur (Mt 13,24 ff), dem täglichen Leben (Mt 13,33), aktuellen Ereignissen (Lk 19,14) und gelegentliche Begebenheiten (Lk 18,2ff).Manchmal war die Lektion aus dem G. so offensichtlich, daß es keiner Erklärung bedurfte. Bei anderen, ja selbst bei dem so augenscheinlichen G. vom reichen Kornbauern, der starb, bevor er sich an seinem Reichtum erfreuen konnte (Lk 12,16ff), fügte Jesus eine kurze Deutung an. Manchmal brachte er die Bedeutung in Form einer Frage zum Ausdruck (Lk 7,42). Viele G. bezogen sich in besonderer Weise auf das Reich Gottes: sein Wesen, sein Kommen, seinen Wert, sein Wachstum und die Opfer, die es fordert. Viele G. sollen auf die in der Gegenwart durch Christus offenbarte Gnade Gottes hinweisen und gleichzeitig zeigen, daß „die neue Zeit" bereits angebrochen ist. Wieder andere lehren, wie die Kinder Gottes bis zur endgültigen Erfüllung des Reiches Gottes leben sollen: durch Beständigkeit im Gebet, Vergebungsbereitschaft, Dienst und Gebrauch der Gaben, die Gott ihnen gegeben hat.

Auslegung. Ein einfaches „Sprichwort" (wie z.B. in Lk 4,23) wird im Griechischen G. genannt, ebenso die Allegorie vom Sämann (Mt 13,3ff.18ff). Der Begriff wird für fast jede bildliche Äußerung gebraucht. Christl. Prediger neigen dazu, kleine Details zu allegorisieren, die im ursprünglichen G. nicht allegorisiert waren, und an diesen Teilen Wahrheiten festzumachen, die sie nicht erhärten können. Das führt dazu, daß einige Gelehrte die Aussage eines G. nur auf eine Hauptwahrheit zuspitzen wollen. Einige G. veranschaulichen jedoch klar mehrere Aspekte. Das G. vom Verlorenen Sohn verdeutlicht z.B. die Freude Gottes, des Vaters, seinen Kindern zu vergeben, das Wesen der Buße und die Sünde der Eifersucht und Selbstgerechtigkeit (Lk 15,11-32).

Das Ziel der G. bestand oft darin, die Zuhörer aufzurütteln, Dinge von einem anderen Standpunkt aus zu sehen sowie ihre Haltung Jesus gegenüber zu überprüfen. Kein G. allein kann das gesamte Evangelium Jesu enthalten.

GNADE, GUNST. Der Begriff Gnade beinhaltet Vergebung, Rettung, Erneuerung, Buße und Liebe zu Gott, daher können auch andere Wörter G. nahebringen.

Altes Testament. Es gibt zwei Wörter für Gnade. Chäsäd (unerschütterliche, beständige Liebe, *Wohlwollen, Güte*) wird oft im Zusammenhang mit dem *Bund gebraucht; Gott erweist dem Menschen Liebe und Gnade. *Chäsäd* kommt häufig in den Psalmen vor (z.B. 5,7; LÜ: große Güte). Auch Menschen können einander Güte erweisen.

Chen bezeichnet eine völlig unverdiente Gunstzuwendung (Jer 31,2), die z.B. ein Höhergestellter einem Untergebenen erweist. Ein Mensch kann vor Gott G. finden (z.B. Noah 1.Mo 6,8). Die Propheten verkündigten, daß ein neues Herz Gottes Gabe ist (Hes 18,31; vgl. Jer 31,31ff).

Neues Testament. Theologisch wird G. bereits in den synoptischen Evangelien entfaltet: Jesus kam, um die Verlorenen zu suchen und zu retten. Viele seiner Gleichnisse bringen Gottes G. zum Ausdruck: dem Verlorenen Sohn wurde ein Empfang bereitet, den er nicht verdient hatte (Lk 15,20ff; vgl. Mt 20,1ff). Der unerschrockene Mut zum Zeugnis für Christus (Apg 4,33; 11,23; 13,43) ist Auswirkung der erlebten G. Paulus faßt seine Lehre in Röm 1,16-4,25 wie folgt zusammen: Die Sünde hat den Menschen von Gott entfernt, aber Gott in seiner Gnade behandelt ihn, als ob er nie gesündigt hätte. Die richtige Antwort auf Gottes Gnade, offenbart in Jesus Christus, ist der *Glaube, der sich auf den gesamten Lebensstil auswirkt. Dieser Glaube ist ebenfalls ein Geschenk Gottes.

GNADENGABEN, GABEN DES GEISTES (griech. Plural: charismata). Der Singular wird für Gottes Gabe des Heils durch Jesus Christus gebraucht (Röm 5,15f; 6,23), auch für anderes, was Gott schenkt (1.Kor

7,7; 2.Kor 1,11; 1.Petr 4,10). Die Pluralform weist auf die Gaben des Geistes, die Christen für ihren jeweiligen Auftrag und Dienst gegeben werden. Sie wurden im AT (Joel 3,1) und von Christus (Mk 13,11; Apg 1,8) verheißen. Diese Verheißungen wurden zu *Pfingsten erfüllt (Apg 2). Die Gaben werden gegeben, um die gesamte Gemeinde aufzuerbauen (1.Kor 12,4ff). Gott teilt in seiner Souveränität die Gaben zu, wie er will (1.Kor 12,11). Deshalb gibt es im NT auch keine abgeschlossene „Liste" aller Gaben des Geistes. Die wichtigsten Aufzählungen (Röm 12,6-8; 1.Kor 12,4-11; Eph 4,7-12) weisen zwar Unterschiede auf, stimmen aber darin überein, daß sie vorrangig der Verkündigung dienen. Auffällig ist, daß ihr Vorhandensein in den Gemeinden so selbstverständlich vorausgesetzt wird, daß sie in den meisten ntl. Briefen nicht einmal erwähnt werden. In Korinth, wo die Überbetonung der *Zungenrede zu Spannungen in der Gemeinde geführt hatte, muß Paulus ordnend eingreifen (1.Kor 12; 14). Er betont, daß der Heilige Geist Einheit (12,4-13) bewirkt und die Ordnung nicht zerstört (14,27ff). Weil auch verwechselbare Phänomene auftreten können, wird zur Unterscheidung der Geister (12,10) und zur Prüfung der Auswirkungen (14,29; vgl. 1.Joh 4,1; Offb 2,2) ausdrücklich aufgefordert.

GNOSIS/GNOSTIZISMUS. Das Wort kommt aus dem Griech. und bedeutet „Erkenntnis". Ursprünglich bezeichnete es die Gesamtheit der häretischen Lehren, die in den ersten Jahrh. in christl. Gemeinden verurteilt wurden. Heute wird der Begriff manchmal im weiteren Sinn auf jede religiöse Denkrichtung angewandt, die den Dualismus und/oder den Besitz von Geheimwissen betont. Diese weite Auslegung ist problematisch, da G. so zum kleinsten gemeinsamen Nenner des religiösen Gedankenguts der hellen. (griech.) Kultur wird und somit keine bestimmte Bedeutung mehr hat. Andererseits waren sich nicht einmal die Kirchenväter über die gemeinsamen Kennzeichen der Gruppen einig, die sich selbst als Gnostiker bezeichneten.

Inhalte. Die Grundlage des Gnostizismus bildet die Überzeugung, daß die geschaffene Welt böse sei, völlig getrennt von der geistlichen Welt und im Widerstreit mit ihr. In dieser „Geist-Welt" wohne der oberste Gott in einem unzugänglichen Licht und habe mit der stofflichen Welt nichts zu tun. Die Materie sei von einem geringeren Wesen geschaffen worden, dem *Demiurg,* der mit seinen Helfern, den *Archonten,* die Menschheit in ihrer leiblichen Existenz gefangenhalte. Von denen, die einen göttlichen Funken oder eine Seele besitzen, können nur jene durch den Tod aus der stofflichen Existenz entkommen, die auch die Erleuchtung der *Gnosis,* die Erkenntnis, empfangen haben. In den meisten gnostischen Systemen ist diese Erleuchtung das Werk eines göttlichen Erlösers, der verkleidet aus dem geistlichen Reich herabsteigt. Er wird oft mit dem Jesus der Christen gleichgesetzt. Innerhalb dieser mythologischen Struktur suchte der Gnostiker, seine eigene Identität zu entdecken. Dem traditionellen Christentum ist gnostisches Denken fremd; das mythologische Verständnis der Erlösung wertet die geschichtlichen Ereignisse ab und leugnet die Bedeutung der Person und des Werkes Jesu, dem es weniger darum ging, die Menschen zur Selbsterkenntnis zu führen, als sie vielmehr von der Sünde zu befreien.

Quellen und Ursprünge. Unser Wissen über gnostische Sekten stammt teilweise von den frühen Kirchenvätern, vor allem von Tertullian, Clemens von Alexandria und Hippolyt von Rom, die aus christl. Sicht ausführlich über den Gnostizismus schrieben. Es gibt jedoch auch Texte von Gnostikern, die einen unmittelbaren Einblick in deren Anschauung bieten. Ein bemerkenswerter Fund gelang 1945 in Chenoboskion, einer altägypt. Stadt, 48 km nördl. von Luxor. Die dort entdeckten Schriften werden gewöhnlich als Nag-Hammadi-Texte bezeichnet, weil Nag Hammadi die dem Fundort am nächsten gelegene heutige Stadt ist. Die Texte waren Teil der Bibliothek einer frühchristl. Sekte, die ca. 400 n.Chr. aufgegeben wurde. Veröffentlicht wurden sie erst 1978, und die Arbeit der Auslegung ist noch längst nicht abgeschlossen.

Gog und Madog

Zu den bekannteren gnostischen Werken gehören die „Evangelien" von Thomas, Philippus und Maria und das *Evangelium der Wahrheit*. Aus den Texten ergibt sich die Frage, ob der Gnostizismus eine christl. Irrlehre oder eine von christl. Vorstellungen überlagerte nichtchristl. Religion war. Manches scheint auf nichtchristl. Erscheinungsformen hinzudeuten, wobei jedoch nicht erwiesen ist, daß diese bereits in vorchristl. Zeit existierten. Die G. weist auch Ähnlichkeiten zur griech. Philosophie und zum Zoroastrismus, einer pers. Religion, auf.

Bedeutung für das NT. Es gibt grundlegende Unterschiede. So war z.B. für den Gnostizismus die Geschichte bedeutungslos, während sie in den Schriften des AT und NT eine wichtige Rolle spielt. Dennoch lassen sich im NT Hinweise auf „gnostisches" Denken entdecken. So behaupteten einige Leute in Korinth, eine besondere „Erkenntnis" zu besitzen und ein höheres „geistliches" Leben zu führen. Auch der Kolosserbrief und die Sendschreiben in Offb 2-3 bestätigen das Vorhandensein von „gnostischen" Vorstellungen in den Gemeinden des 1. Jh. Diese Vorstellungen werden von den Verfassern des NT verurteilt.
*Hermetische Schriften.

GOG UND MAGOG. In Hes 38,2 könnte Gog der König von Lydien sein (Gyges, ca. 660 v.Chr.) und Magog ein assyr. Ausdruck für „Land von Gog". Die Verknüpfung mit Völkern am Rande der damals bekannten Welt (Hes 38,5f; vgl. Offb 20,8) legt jedoch nahe, daß es sich um endzeitliche Begriffe handelt. *Eschatologie.

GOLAN. Die nördl. *Freistadt im Ostjordanland (5.Mo 4,43). Möglicherweise Sahem el-Dscholan, 22 km östl. von Afek (Hippos).

GOLD. Siehe *Bergbau und Metalle.

GOLGATHA. Siehe *Schädelstätte.

GOLIAT. Ein *Riese aus Gat, der im Heer der Philister diente. Er wurde von *David in einem Zweikampf mit einer Steinschleuder besiegt (1.Sam 17). Seine Größe wird mit 3,20 m angegeben. Das ist zwar ungewöhnlich, aber nicht unmöglich, denn man hat in Palästina tatsächlich menschliche Skelette von ähnlicher Größe und aus ungefähr derselben Zeit gefunden.

GOMER (Vollendung). **1.** Ältester Sohn Jafets (1.Mo 10,2f); in Hes 38,6 dürfte es sich um die Gimirri (Kimmerier) aus der Ukraine handeln, die vor dem 8. Jh. v.Chr. Urartu (Armenien) eroberten. *Ararat; *Nomaden. **2.** *Hoseas Frau (Hos 1,3).

GOSAN. Das alte Guzana, heute Tell Chalaf am oberen Habor. Dorthin wurden 722 v.Chr. Israeliten aus Samaria verschleppt (2.Kön 17,6; 18,11). Bei Ausgrabungen wurden Tafeln aus jener Zeit mit westsemit. Namen gefunden.

GOSCHEN, GOSEN. 1. Das Land, das den Israeliten in Ägypten zugewiesen wurde. Die genaue Lage ist ungewiß, aber es befand sich im östl. Nildelta unweit der Stadt Ramses, in einer für Josef günstigen Nähe zum Hof in Memfis (bei Kairo) oder Avaris (im NO-Delta) (1.Mo 45,10). **2.** Ein Gebiet im S Palästinas (Jos 10,41; 11,16), das wahrscheinlich nach einer Stadt in den Bergen benannt wurde (Jos 15,51), möglicherweise in der Nähe von Zahiriyeh, 19 km südwestl. von Hebron.

GOTT. Gott ist, und er kann erkannt und erfahren werden: diese beiden Aussagen sind Grundlage von AT und NT. Erstere ist eine Glaubensaussage, denn die Existenz Gottes ist nicht von wissenschaftlichen Beweisen abhängig. Die zweite ist die Aussage, daß Gott sich kundtut (offenbart) und so erfahrbar wird. Der christl. Glaube ist insofern einzigartig, als er beansprucht, daß Gott als persönlicher Gott nur durch seine Selbstoffenbarung in der Heiligen Schrift erkennbar ist, die in seinem Sohn Jesus Christus voll zur Entfaltung kommt. Diese Offenbarung erlaubt es, die folgenden Aussagen zu machen:

Gott ist von der Schöpfung unabhängig. Er ist die Quelle allen Lebens; sein Name, den er Mose offenbarte, ist „Ich bin, der ich bin" (2.Mo 3,14) oder „Ich werde sein, der ich sein werde" (LÜ), d.h. "Ich bin derjenige, der das ‚Sein', das Leben, in sich selbst hat." Jesus bringt das in Joh 5,26 klar zum Ausdruck.

Gott ist Geist. G. ist ohne körperliche Form oder Gestalt; wenn die Bibel von Ohren, Augen, Händen und Mund Gottes spricht, drückt sie die Tätigkeiten aus, die wir Menschen mit diesen Bezeichnungen verbinden. G. ist in erster Linie „transzendent", d.h. Raum und Zeit überschreitend; er ist ewig (zeitlos), allgegenwärtig, allwissend und allmächtig; er ist grenzenlos erhaben über die Schöpfung. Sogar jene Stellen, die sein Gegenwärtigsein hervorheben, betonen sein Wesen als souveräner Schöpfer und Richter der Welt (Jes 40,12ff). Gleichzeitig ist G. jedoch „immanent", d.h. er ist in seiner Schöpfung gegenwärtig, doch Himmel und Erde können ihn nicht fassen. Beides, seine Transzendenz und seine Immanenz, wird in Jes 57,15ff; Apg 17,24-31 bestätigt.

Gott ist Person. Er besitzt Verstand, sein Wille wird von niemandem bestimmt, er ist weise und gut, übt Gerechtigkeit und erweist Gnade. Gottes bibl. Namen (*Namen Gottes) spiegeln seine persönl. Eigenschaften wider, die sich in bestimmten menschlichen Situationen zeigen: Mitleid angesichts von Elend, Gnade angesichts von Schuld, usw. G. ist in all seinen Eigenschaften voll gegenwärtig, d.h., seine Liebe kann nie größer sein als seine Gerechtigkeit, und umgekehrt. Eine besondere Eigenschaft, die alle anderen durchdringt, ist seine Heiligkeit.

Gott ist souverän. Er macht seine eigenen (Heils-) Pläne und führt sie zu seiner Zeit und auf seine Weise aus. Sein Wille ist nicht willkürlich, G. handelt vielmehr in vollkommener Übereinstimmung mit seinem Wesen. Die Theologen unterscheiden zwischen seinem Ratschluß, der festlegt, was geschehen wird, und seinen Geboten – den Pflichten, die G. seinen Geschöpfen auferlegt. Sein Ratschluß erfüllt sich immer, während die Gebote oft übertreten werden. Man unterscheidet deshalb zwischen Gottes „tätigem Willen", den er selbst ausführt, und seinem „zulassenden Willen", mit dem G. den Menschen erlaubt, frei zu handeln. Das Eindringen der Sünde in seine vollkommene Welt muß als Ergebnis seines zulassenden Willens gesehen werden, da es mit seiner Heiligkeit unvereinbar ist. Die Souveränität Gottes stellt sicher, daß letztlich alles zur Erfüllung seines ewigen Ratschlusses dient, selbst wenn wir von unserem Standpunkt aus göttl. Souveränität und menschl. Verantwortung nicht voll in Einklang bringen können.

Gott ist eine Gemeinschaft. Diese Vorstellung ist die höchste Offenbarung, die uns in der Bibel gegeben wird: Der eine Gott ist ewig in sich selbst eine Gemeinschaft von drei verschiedenen Personen – Vater, Sohn und Geist (*Trinität).

Gott ist Vater. „Vater" war die von Jesus am häufigsten gebrauchte Gottesbezeichnung; sie hat zumindest vier Aspekte:

a) G. ist der Vater alles Geschaffenen, der Schöpfer Himmels und der Erden (vgl. Jes 64,8; Mal 2,10).

b) G. ist der HERR, dem Gehorsam gebührt und der zu seinem Volk Israel in einem besonderen Verhältnis steht (vgl. Mal 1,6).

c) G. ist der „Vater Jesu Christi", der zweiten Person der Dreieinigkeit; Ausdruck einer bedeutungsvollen und zeitlosen Beziehung, die menschl. Denken übersteigt.

d) G. ist schließlich der Vater all derer, die durch den Glauben an Jesus Christus die Sohnschaft empfangen haben. Sie sind Gottes Kinder, Gottes Söhne und Töchter (Gal 3,26; 2.Kor 6,18); sie sind durch den Geist aus Gott geboren (Joh 1,13; 3,5) und mit den Vorrechten ausgestattet, die zu dieser besonderen Beziehung gehören (Röm 8,17).

GOTTESDIENST/ANBETUNG. Bereits kurz nach der Vertreibung aus Eden (1.Mo 3,23) begannen die Nachkommen *Adams, Gott anzurufen (1.Mo 4,26). Die Erzväter bauten *Altäre (1.Mo 12,7), um Gott zu opfern und ihn anzubeten, d.h. sie suchten die verlorengegangene Gemeinschaft mit Gott wenigstens teilweise wiederher-

Gotteskasten

zustellen. Der Grundgedanke der wichtigsten bibl. Begriffe bedeutet ursprünglich die Arbeit angestellter Diener. Um Gott zu dienen, um ihn in rechter Weise anzubeten, müssen ihm seine Kinder in Ehrfurcht begegnen. Die Betonung des AT liegt weitgehend auf dem Gemeindeg. (z.B. Ps 42,5). Die *Propheten wiesen jedoch in besonderer Weise darauf hin, daß G. neben der Teilnahme an den Versammlungen auch die Lebensweise einschließt. Obgleich die *Opferhandlungen teilweise zur Routine wurden, gab es viele Menschen, die ihre Liebe und Dankbarkeit Gott gegenüber in öffentlichem Gebet und Lobpreis zum Ausdruck brachten (z.B. Ps 93). Nachdem der *Tempel in Jerusalem zerstört war und die meisten Juden im Exil leben mußten, fanden G. in den *Synagogen statt, die auch nach dem Wiederaufbau des Tempels weitergeführt wurden.

Jesus nahm sowohl an G. im Tempel als auch in Synagogen teil, lehrte aber, daß wahrer G. in der Liebe zu Gott aus aufrichtigem Herzen besteht, die sich auch im Dienst für andere äußert (Lk 10,25ff; Joh 4,20ff; Jak 1,27). Die ersten Christen hielten ihre G. am ersten Tag der Woche (Apg 20,7) in den Häusern der Gläubigen mit Lobpreis und Gebet, Schriftlesung und dem *Abendmahl (1.Kor 11,23ff; Eph 5,19; Kol 3,16). Dabei waren sie sich bewußt, daß der eigentliche G. nicht in der Einhaltung von Formen besteht, sondern Ausdruck einer Herzenshaltung ist (Röm 12,1).

GOTTESKASTEN. In Mk 12,41; Lk 21,1 sind die dreizehn wie eine Posaune geformten Opferkästen im Vorhof der Frauen gemeint (vgl. auch Joh 8,20).

GOTTLOSE, UNGERECHTE. G. stehen im AT oft den Gerechten gegenüber (Ps 1). Sie handeln ohne Gottesfurcht (Ps 36,2ff). Spötter, Frevler und Toren (Spr 3,31ff) sind G. Sie stehen unter Gottes Gericht und haben keinen Frieden (Jes 57,20f).

Im NT werden alle Sünder als gottlos (Jud 15) bezeichnet. Der *Zorn Gottes wird auf sie herniederkommen (Röm 1,18).

GÖTZENDIENST/ABGÖTTEREI. Nach bibl. Begriff stehen Anbetung und Verehrung nur dem einen Gott des AT und NT zu. Alle Zuwendung an fremde Götter ist G. Aus der Erzväterzeit sind heidn. Bräuche bekannt. *Rahel stahl die Hausgötzen ihres Vaters. *Labans Bemühungen, sie zurückzuholen, zeigen, daß diese Hausgötter offenbar nicht nur religiöse, sondern auch rechtliche Bedeutung hatten (1.Mo 31,19f). *Jakob befahl ausdrücklich, Rahels Hausgötzen wegzuschaffen, bevor er dem Herrn einen Altar baute (1.Mo 35,1ff). Im Dekalog wird G. verboten, weil Jahwe ein „eifernder Gott" ist, der keine anderen Götter neben sich duldet (2.Mo 20,3). Alle Götzen sind Gott ein *Greuel (5.Mo 7,25). Das Gebot „Du sollst dir kein Bildnis noch irgendein Gleichnis machen" war für die damalige Zeit einzigartig (2.Mo 20,4f; 5.Mo 4,16ff); es wurde jedoch häufig übertreten (z.B. 2.Mo 32). Zur Zeit der Richter, als sich das Volk Israel in Kanaan eingelebt hatte, stellte *Micha Götzenbilder her (Ri 17-18); *Jerobeam tat es im geteilten Königreich unter Verwendung bekannter kanaan. Symbole (1.Kön 12,28). Später wurden in Israel auch assyr. und babylon. Gottheiten verehrt. Von den Propheten wird solches Verhalten als Untreue (symbolisch als Ehebruch) verurteilt (Jer 2,23; Hos 1,2), die Götzen dagegen verhöhnt bzw. als Nichtse verspottet (Jes 2,8; Jer 2,5).

Götzenbilder und ihre Bedeutung. Jerobeam I. stellte in Dan und Bethel je ein Goldenes Kalb auf und bezeichnete sie als „die Götter, die Israel aus Ägypten geführt haben". Von den Kanaanitern wurden Steinmale (Stelen) übernommen, die mit der Verehrung Baals zusammenhingen (1.Kön 14,23; 2.Kön 3,2). Die Ascherapfähle (meistens aus Holz) standen mit den Fruchtbarkeitskulten in Verbindung (Ri 6,26). Später schnitzte man Figuren aus Holz oder goß sie aus Metall (Jes 40,18-20; Jer 10,2-5). Das AT erwähnt, daß solche Bilder an sich nichtig sind, daß der Götzendienst jedoch in Abhängigkeit von bösen Mächten führt und Menschen mit geistlicher Blindheit schlägt (Jes 44,18ff). Darum verlangt Gott von seinem Volk, alle Götzenbilder, gleich welcher Art, zu vernichten. Denn Götzendienst ist Gott ein Greuel (5.Mo 16,21f, 3.Mo 26,1).

Die Sicht des NT. Im NT begegnen wir der griech.-röm. Götterwelt. Hinkehr zu Gott durch den Glauben an Jesus Christus setzt völlige Abkehr von den Abgöttern voraus (1.Thess 1,10). Die Apostel ermahnen, den Götzendienst zu meiden (1.Kor 10,14; 1.Joh 5,21; Gal 5,20). Paulus zeigt auf, daß die Verehrung von bildl. Darstellungen aus der geschaffenen Welt Abkehr ist von dem alleinigen Gott und unter Gottes Gerichtsurteil steht (Röm 1,18ff).
*Bild; *Götzenopferfleisch.

GÖTZENOPFERFLEISCH. Im 1. Jh. n.Chr. waren Tieropfer in den vielfältigen religiösen Kulten selbstverständlich. Nur ein Teil des Fleisches wurde dem Gott im Tempel dargebracht, den Rest aß man entweder im Tempelbezirk oder zu Hause; übriggebliebenes Fleisch wurde auf dem Markt verkauft (1.Kor 10,25). Einladungen zu kultischen Mahlzeiten waren z.B. in Korinth allgemein üblich. Das stellte die eingeladenen Christen vor Gewissensprobleme: Durften sie an öffentlichen Festen teilnehmen, die mit heidnischen Gottesdiensten und Opfern eröffnet wurden, oder an Versammlungen in heidnischen Tempeln (1.Kor 8,10)? War es zulässig, auf dem Markt Fleisch zu kaufen, das wahrscheinlich von Opfertieren stammte? Durften arme Gläubige die kostenlosen Mahlzeiten im Tempelbezirk in Anspruch nehmen?

Da man geteilter Meinung war, bat man *Paulus um Rat. Eine Gruppe berief sich auf die Freiheit und eine höhere „Erkenntnis" und ermutigte andere Christen, solches Fleisch zu essen (6,12; 10,23); sie vertraten die Ansicht, daß die heidnischen Götter ohnehin nicht existierten (8,4). Paulus stimmt ihnen in diesem Punkt zu, verurteilt aber ihre überhebliche Haltung. Nicht alle haben diese Freiheit in Christus und würden daher am unbefangenen Handeln der anderen Anstoß nehmen, vielleicht sogar den Glauben verlieren (1.Kor 8,4ff). Er gibt jedoch zu bedenken, daß die Teilnahme an heidnischen Festen einem Christen tatsächlich schaden kann, weil bei solchen Zusammenkünften ein Bund mit widergöttlichen Mächten eingegangen wird (1.Kor 10,14ff). Fleisch, das in einem Tempel geschlachtet und später auf dem Markt verkauft wurde, darf jedoch gegessen werden (1.Kor 10,25ff); Gott hat es geschaffen und für rein erklärt (vgl. Apg 10,15; 1.Tim 4,4f). Trotzdem sollen Christen das Liebesgebot befolgen und auf ihre Rechte verzichten, wenn durch ihr Handeln das *Gewissen eines schwächeren Bruders verletzt werden könnte (1.Kor 10,28ff).

GRANATAPFEL. Siehe *Bäume.

GRAS. In Palästina ist Weideland nur nach den Regenfällen für kurze Zeit grün; in der Trockenzeit ist es dürr. Deshalb ist Gras ein Sinnbild für die Vergänglichkeit des menschlichen Lebens (Jes 40,6f), des Reichtums (Jak 1,10f) und der Gottlosen (Ps 37,2). Die Üppigkeit grüner Wiesen ist ein Bild für die heitere Gelassenheit des Glaubenden (Ps 23,2).

GRENZSTEIN. Die Grenzen von Familienländereien wurden durch Säulen oder Steinhaufen gekennzeichnet. Diese zu entfernen, war gleichbedeutend damit, jemandem den Anspruch auf dieses Land streitig zu machen, und wurde unter Strafe gestellt (5.Mo 19,14; 27,17).

GREUEL. Ausdruck tiefer Abscheu. **1.** Verletzung religiöser Gefühle, dazu gehörten z.B. gemeinsame Mahlzeiten mit Fremden (1.Mo 43,32); **2.** Widerspruch gegen göttliche Anweisungen, z.B. Götzendienst (2.Kön 16,3); Opfer, die in falscher Gesinnung dargebracht wurden (Jes 1,13); sexuelle Verfehlungen (3.Mo 18,22); unlautere Geschäfte (Spr 20,23).

GREUELBILD DER VERWÜSTUNG. Der Prophet Daniel (12,11) sagt eine grauenvolle Schändung des Jerusalemer Tempels voraus. Der syr. König Antiochus IV. Epiphanes hat 168 v.Chr. einen Zeusaltar im Tempel errichten lassen (vgl. 1.Makk 1,57ff). Nach Jesu Worten (Mk 13,14; Mt 24,25) stand etwas Ähnliches bevor, ein Zeichen für die drohende Schändung des Tempels.

GRIECHEN. So werden im NT die Bewohner Griechenlands im engeren (Apg 16,1) und die *Heiden (Menschen nichtjüd. Abstammung) im weiteren Sinn (Röm 10,12) genannt. Die „griechischen Juden" in Apg 6,1 und 9,29 (*Hellenisten) kamen wahrscheinlich von außerhalb Palästinas und waren von der griech. Kultur beeinflußt.

GRIECHENLAND. Das griech. Siedlungsgebiet hatte keine festen Grenzen. Es gab griech. Republiken im Schwarzmeergebiet, auf Sizilien, Süditalien, Marseille und Spanien. Nach *Alexander dem Großen dehnte es sich in östl. Richtung bis nach Indien aus. Eine politische Einheit war G. nie; der „König von Griechenland" in Dan 8,21 muß einer jener Herrscher gewesen sein, die für die Angelegenheiten mehrerer, aber nicht aller griech. Staaten zuständig waren.

Starken, einigenden Einfluß hatte die griech. Kultur. Das Ideal eines freien, zivilisierten Lebens in einer kleinen autonomen Gemeinschaft wurde fast überall anerkannt. Die Staaten sorgten für Bildung, Unterhaltung, Gesundheits- und Sozialdienste. Im NT ist der Ausdruck „Grieche" häufig gleichbedeutend mit *Heide/Nichtjude. Die griech. Sprache war zur Zeit Jesu und der Urgemeinden Amtssprache des gesamten röm. Imperiums, was die Verbreitung der griech. verfaßten Evangelien und ntl. Briefe sehr erleichterte.

*Athen; *Hellenisten; *Mazedonien.

GRUBE. Ein tiefes Loch im Boden, entweder natürlich entstanden oder künstlich angelegt, mit einer Vielzahl von Verwendungszwecken. Künstliche G. (oder *Zisternen) zur Wasserbevorratung (Jes 30,14) waren oft birnenförmige Hohlräume mit einem engen Halsteil von etwa Mannesbreite. G. dienten auch als Fallen für Tiere (Jes 24,18). Bildhaft gesprochen ist die G. die Unterwelt oder das Totenreich (Ps 28,1). Der Begriff steht auch sinnbildlich für schreckliche Umstände, aus denen Gott seine Kinder befreit (Ps 40,2).

Die alte hebr. Gesetzgebung sah Strafen für Personen vor, die durch fahrlässigerweise nicht abgedeckte G. Unfälle verschuldeten (2.Mo 21,33f).

Griechenland. Größte Ausdehnung zur Zeit des Hellenismus (333-160 v. Chr.). Nach dem Tode Alexanders des Großen (323 v.Chr.) zerfiel das Reich in vier Teilreiche.

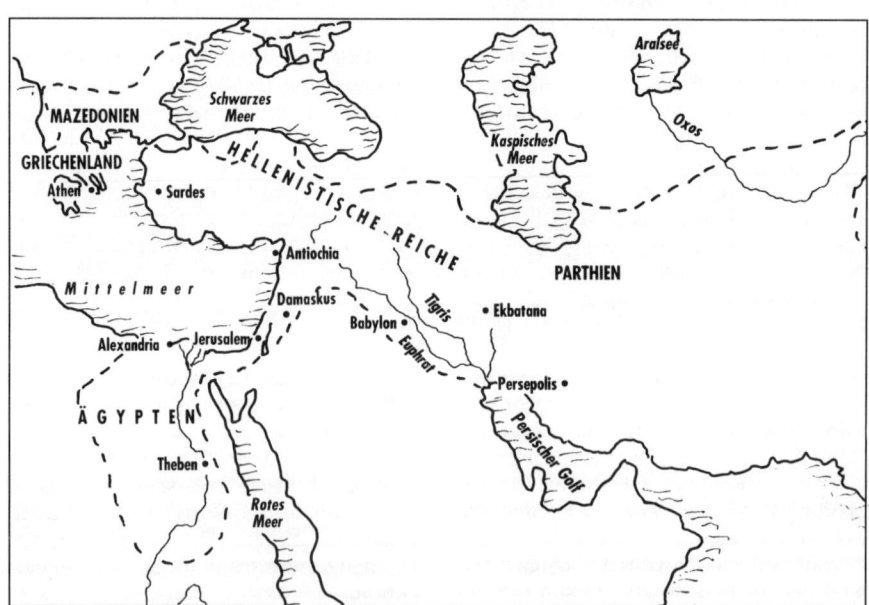

GRUSS. In der Bibel kommen verschiedene Formen der Höflichkeitsbezeugung vor. Ein formeller persönlicher Gruß eines Königs wird, zusammen mit einer Ehrerbietung, in Neh 2,3 genannt. Der mündliche Gruß ohne körperliche Berührung ist in Mt 10,12 erwähnt. Es gab den formellen Wangenkuß (1.Sam 10,1); der doppelte Wangenkuß wird im Orient noch heute von Männern praktiziert. Vom vertraulicheren Kuß auf den Mund ist in 1.Mo 29,11 die Rede. *Gestik.
Paulus benutzt in seinen Briefgrüßen eine Formel, die im griech. Schriftverkehr sehr verbreitet war, z.B. in Röm 16,21-23.

GURT, GÜRTEL. Es kann eine Zeremonialschärpe sein (2.Mo 28,4), ein Lendentuch aus grobem Leder (2.Kön 1,8) oder ein einfacher Gürtel (Apg 21,11), mit dem bei der Arbeit die *Kleidung gerafft wurde, wie es in Teilen des Orients noch heute üblich ist. Gurte dienten auch zur Befestigung des Schwerts (2.Sam 20,8) und wurden als Geschenk oder Belohnung gegeben (2.Sam 18,11).

GUT. Das hebr. Wort bedeutet etwas, das die Sinne erfreut und somit ästhetische oder moralische Befriedigung verleiht. Das griech. Wort bedeutet moralische oder physische Qualität, etwas, das vornehm, ehrbar, bewundernswert oder würdig ist. Der bibl. Begriff des moralisch und geistlich Guten ist jedoch vollkommen auf Gott ausgerichtet.

Gott ist gut. „Gut" bedeutet in erster Linie, was Gott ist, dann was er tut, schafft, befiehlt und gibt, und schließlich, was er im Leben seiner Geschöpfe gutheißt. „Gut" wird ausschließlich von Gott her definiert. Deshalb ist Gott allein vollkommen gut (Mk 10,18). Menschen und Dinge sind nur insoweit gut, wie sie mit seinem Willen übereinstimmen. Daß Gott gut ist, wird im Gebet oft gepriesen und auch im Zusammenhang mit Bitten erwähnt (Ps 86,5; 106,1). Dies zeigt sich in seinen Taten (Ps 119,68), vor allem in seiner Freundlichkeit, die er den Bedürftigen erweist (Ps 25,8f).

Gottes Werke sind gut. Sie enthüllen seine Weisheit und Macht (Ps 104,24ff). Die ganze Schöpfung ist das Werk Gottes und damit gut (1.Mo 1,31; 1.Tim 4,4).

Gottes Gaben sind gut. Sie drücken seine Großzügigkeit aus und sind den Empfängern nützlich. In der Tat ist alles Gute Gottes Gabe (5.Mo 30,15; Jak 1,17). Er läßt die Segnungen der Natur allen Menschen zugutekommen (Apg 14,17), und als vollkommener Vater weiß er denen Gutes zu geben, die durch Christus seine Kinder sind (Mt 7,11). Alles, was die Menschen näher zu Gott bringt, dient – selbst wenn es etwas Unerfreuliches ist – zu ihrem Guten und zur Verherrlichung Gottes (Röm 8,28; vgl. 2.Kor 4,17; Hebr 12,10).

Gottes Gebote sind gut. Sie sind Ausdruck seiner sittlichen Vollkommenheit und zeigen uns den Weg des Segens (Röm 7,12; 12,2). Christen sollen sogar angesichts des Bösen Gutes tun (Röm 12,9.21).

Folglich *ist der Gehorsam gegenüber Gottes Geboten ebenfalls gut* (1.Tim 2,3; Tit 3,8). Gott hat seine Kinder zu einem Leben voll guter Werke errettet (Eph 2,10); sie sollen jede Gelegenheit nutzen, Gutes zu tun, denn das ist ihr „Schmuck" (2.Tim 2,21; vgl. 1.Tim 2,9f). Gute Werke sind Ausdruck der Liebe zu Gott und zu den Mitmenschen und erfüllen sowohl den Geist als auch den Buchstaben des Gesetzes (Röm 13,8ff; vgl. Mt 5,18ff).

GÜTE, GÜTIG, FREUNDLICH. Eine der Eigenschaften Gottes (Ps 106,1; 136; 2.Kor 10,1; 1.Petr 2,3). Im Bewußtsein göttlicher G. gedeihen Hoffnung und Vertrauen zu ihm (Ps 31,20; 145,7). Gottes G. gilt allen Menschen (Lk 6,35) und soll zur Umkehr führen (Röm 2,4). Güte ist eine Eigenschaft, die Gott von seinen Kindern erwartet (1.Tim 3,3; Phil 4,5; Eph 4,32), eine Frucht des Geistes (Gal 5,22). Das hebr. Wort chäsäd ist in der LÜ oft mit Güte übersetzt (z.B. 2.Mo 34,6). Siehe dazu *Gnade.

GÜTE, SANFTMUT. Eigenschaft Jesu (Mt 11,29), der die Sanftmütigen selig preist (Mt 5,5). Die G. und Sanftmut hat ihren

Guthafen

Grund in der Liebe und möchte deshalb auch Ungehorsamen gegenüber von harter Bestrafung (1.Kor 4,21) absehen (2.Kor 10,1). Darf nicht mit Weichlichkeit oder Schwäche verwechselt werden. S. ist keine Tugend im üblichen Sinn, sondern eine Frucht des Geistes (Gal 5,23; 6,1).

GUTHAFEN. Eine kleine Bucht an der Südküste Kretas, die von kleinen Inseln geschützt wird, aber im Winter kein idealer Hafen ist (Apg 27,8ff); heute Kaloi Limenes.

H

HAARE. Bei den Israeliten war es üblich, daß sowohl Frauen als auch Männer ihr Haar lang trugen. Von Absaloms üppiger Haarpracht ist mit sichtlicher Bewunderung die Rede (2.Sam 14,26). In ntl. Zeit war langes Haar für Männer „eine Unehre" (1.Kor 11,14); allerdings schreibt Paulus hier an Griechen. Kahlköpfigkeit war unbeliebt, vielleicht wegen ihrer möglichen Verbindung zum Aussatz; man suchte eifrig nach einem Haarwuchsmittel. Dunkles Haar wurde bei beiden Geschlechtern bewundert, aber graues Haar wurde hoch geachtet; Herodes der Große färbte seines jedoch, als er zu ergrauen begann. *Simson hatte Zöpfe; Frauen flochten ihre Haare ebenfalls häufig. Ungekämmtes Haar war ein Zeichen der Trauer. Friseure und Rasiermesser waren bekannt (Hes 5,1). Das seitliche Stirnhaar wurde nicht geschnitten, weil das ein heidnischer Brauch war (3.Mo 19,27; 5.Mo 14,1); orthodoxe Juden befolgen diese Vorschrift noch heute. *Nasiräer durften ihr Haar für die Dauer ihres Gelübdes nicht schneiden; danach mußten sie es als Zeichen der Reinigung vollständig abscheren. *Bart.

Haare. Haartrachten: (1) kanaanäisch (Fruchtbarkeitsgöttin, 1550-1200 v.Chr.); (2) ägyptisch (Göttin Seschat, 13. Jh. v.Chr.); (3) assyrisch (Gemahlin Assurbanipals, 7. Jh. v.Chr.); (4) römisch (ein Gemälde aus Pompeji, 1. Jh. n.Chr.).

HABAKUK, BUCH. *Verfasser und Zeit.* Über den Propheten H. ist nur wenig bekannt. Den einzigen historischen Hinweis können wir aus 1,6 entnehmen, wo über die unmittelbar bevorstehende Bedrohung durch die Chaldäer (Babylon) gesprochen wird. Möglicherweise waren die Chaldäer nach ihrem Sieg bei Karkemisch 605 v.Chr. dabei, westwärts zu ziehen, um Juda und seinen König Jojakim zu unterwerfen. H. war demnach ein Zeitgenosse Jeremias.

Inhalt und Bedeutung. H. stellt Gott menschlich verständliche Fragen, die Gott auch beantwortet (Kap. 1-2). Die erste Frage: Warum schweigt Gott zu Gewalt und Gottlosigkeit im eigenen Land? Gottes Antwort: Gottes Gericht wird nicht ausbleiben; als Werkzeug wird er die

Chaldäer benutzen, die Juda überfallen werden. Die zweite Frage: Wie kann der heilige Gott ein heidnisches, gottloses Volk brauchen, um Juda zu strafen? Gottes Antwort: Ihr Hochmut wird die Chaldäer zu Fall bringen, doch durch Vertrauen auf Gott wird der Gerechte leben (2,4). Im Gebet (Kap. 3) schaut H. die furchterregende Gewalt und Majestät Gottes, der die Völker richtet. Wer aber auf Gott sein Vertrauen setzt, wird von ihm Heil, Freude und Kraft empfangen.

Gliederung.
1,2-4 Habakuks Klage.
1,5-11 Gottes Antwort.
1,12-17 Habakuks Einwand.
2,1-20 Gottes Antwort und sein fünffaches Wehe über die Gottlosen.
3,1-19 Habakuks Gebet.

HABOR. Fluß in der assyr. Provinz Gosan, wo einige der verschleppten Israeliten wohnten (2.Kön 17,6).

HACHILA (Trockenheit). Ein Hügel in der Wüste Juda, wo sich David versteckte, wahrscheinlich zwischen Sif und En-Gedi.

HACKE. Siehe *Ackerbau.

HADAD. *Heidnische Gottheit:* Syr. Sturmgott, der auch Baal genannt wurde.
Personen: u.a. der Sohn *Ismaels (1.Mo 25,15) und ein Edomiter aus der Herrscherfamilie, der die Tochter des ägypt. Pharao heiratete und gegen Salomo intrigierte (1.Kön 11,14ff).

HADAD-ESER (Hadad ist mein Helfer). Name mindestens zweier Könige der Region Damaskus. Einer wurde von *David besiegt, regierte aber in seinem Gebiet weiter und unterstützte die Ammoniter gegen David (2.Sam 8,3; 10,16ff). Ein anderer wird in assyr. Inschriften als Verbündeter *Ahabs gegen *Salmanassar III. in der Schlacht bei Karkar 853 v.Chr. erwähnt. *Ben-Hadad.

HADES. Siehe *Scheol; *Totenreich, Jesu Abstieg ins.

HADONIRAM (Mein Herr ist erhaben). Beamter *Salomos, der für die Zwangsarbeit verantwortlich war (1.Kön 4,6; 5,28). Er wurde unter *Jerobeam ca. 922 v.Chr. bei einem Aufstand gesteinigt.

HADRACH. Ort an der Nordgrenze Syriens in der Nähe von Qinnesrin, 25 km südl. von Aleppo.

HAGAR. Eine ägypt. Magd von *Abrahams Frau *Sara. Wie es damals Brauch war, drängte die kinderlose Sara Abraham, mit H. einen Sohn zu zeugen. So wurde *Ismael geboren (1.Mo 16). H. verachtete daraufhin Sara und mußte vor deren Zorn fliehen, aber Gott befahl ihr zurückzukehren. Nach der Geburt *Isaaks, des verheißenen Erben, wurde H. jedoch mit Ismael vertrieben, aber von Gott beschützt (1.Mo 21).

Paulus gebraucht die Geschichte als Gleichnis: H. und Ismael stehen für den vergeblichen Versuch, das Gesetz zu halten; Sara und Isaak für die Verheißung Gottes, die durch den Glauben empfangen wird (Gal 4,21ff).

HAGARITER. Ein wohlhabender Stamm oder Sippenverband östl. von Gilead, der zur Zeit Sauls von den Israeliten angegriffen wurde (1.Chro 5,10.18ff). Sie werden in assyr. und anderen Inschriften erwähnt.

HAGGAI, BUCH. *Verfasser und Zeit.* Haggai (Der am Fest Geborene) kehrte mit dem Priester Jeschua und Serubbabel, dem späteren Statthalter von Juda, und weiteren 50 000 Heimkehrern aus dem babylon. Exil in die zerstörte Stadt Jerusalem zurück. Dort angekommen, errichteten sie den Brandopferaltar (Esr 3,2ff) und legten den Grund zum Neuaufbau des Tempels (Esr 3,8-13). Behinderungen von außen sowie Mutlosigkeit und eigene Interessen ließen die Arbeiten zum Stillstand kommen. Erst 520 v.Chr., veranlaßt durch die Propheten H. und Sacharja, wurde der Tempelbau wieder in Angriff genommen und 515 v.Chr. vollendet (Esr 5,1; 6,14). Seine Botschaften richtete H. alle 520 v.Chr. aus, im 2. Jahr des Perserkönigs Darius I.

Inhalt und Bedeutung. Nach H. besteht eine direkte Beziehung zwischen Hingabe und Einsatz für die Sache Gottes und

dem Erleben seiner Fürsorge. Der Prophet macht den Verantwortlichen, Jeschua und Serubbabel, und dem Volk Mut, die eigenen Belange zurückzustellen (1,9) und das noch wüst liegende Haus Gottes zu bauen. Gott wird mit ihnen sein und sie keinen Mangel leiden lassen.
Gliederung.

1 Erstes Wort: Aufruf zum Wiederaufbau des Hauses Gottes.
2,1-9 Zweites Wort: Die Herrlichkeit des zu erbauenden Tempels.
2,10-19 Drittes Wort: Gehorsam bringt Segen.
2,20-23 Verheißung für Serubbabel.

HAHN, HENNE. Haushühner kommen im AT nicht vor, es sei denn, sie sind in 1.Kön 5,3 eingeschlossen. Es ist jedoch erwiesen, daß Assyrien ca. 1500 v.Chr. an Ägypten Abgaben in Form von Hennen zahlte. Im NT bezieht sich Jesus auf die Henne, die ihre Küken sammelt (Lk 13,34). Ein Hahnenschrei (Mt 26,74f) erinnerte *Petrus an die Worte seines Herrn und half ihm zur Selbsterkenntnis.

HAKELDAMACH (Blutacker). Begräbnisplatz für Fremde (wahrscheinlich Pilger). Er wurde von dem Bestechungsgeld erworben, das *Judas für den Verrat Jesu erhalten, dann aber vor seinem Selbstmord zurückgegeben hatte (Apg 1,19). Der Töpferacker wird seitdem im Volksmund H. genannt und meist mit „des Töpfers Haus" am südl. Ausgang des Hinnom-Tals (Jer 18,2) in Verbindung gebracht.

HAKEN. Haken oder „Ringe" wurden durch die Nase von Tieren gesteckt, damit sie geführt werden konnten (2.Kön 19,28). Kleine hakenförmige Messer (z.B. Jes 2,4; LÜ: Sicheln) wurden von Winzern verwendet und konnten leicht in Waffen umgewandelt werden (Joel 4,10). Auch Angelhaken waren bekannt (Mt 17,27).
*Stiftshütte.

HALACH. Ort in Assyrien, nordöstl. von Ninive, an den Israeliten verbannt wurden (2.Kön 17,6; 1.Chro 5,26).

HALLELUJA. Liturgischer Ausruf, der aus dem Hebr. unübersetzt übernommen wurde. Er bedeutet „Preist Jah" (Jah ist die Kurzform des Gottesnamens Jahwe). Da H. häufig am Anfang oder Ende von Psalmen steht, ist anzunehmen, daß der Aufruf zum Lob in nachexilischer Zeit in den Tempelgottesdiensten üblich war. Später fand H. Eingang in den christl. Gottesdienst (Offb 19,1.3f.6).

HAM. Einer der drei Söhne *Noahs (1.Mo 5,32; 9,22ff). Vom bibl. Gebrauch her wird der Ausdruck „hamitisch" heute auf eine Gruppe von Sprachen angewandt, zu denen auch die ägypt. gehört. Aufgrund der Heirat mit Angehörigen anderer Völker und der halbnomadischen Lebensform lassen sich weder sprachlich noch abstammungsmäßig Hamiten erkennbar nachweisen.
*Völkertafel.

HAMAN. Regierungsbeamter des pers. Königs *Ahasveros, dessen Plan zur Vernichtung der Juden durch *Ester und Mordachai vereitelt wurde (Est 7,10).

HAMAT (Festung, Zitadelle). Stadt am Ostufer des Orontes, an einem der Haupthandelswege von Kleinasien nach Süden. Zur Zeit *Davids war H. Israel freundlich gesinnt (2.Sam 8,9f). Sie wurde von Jerobeam II. ca. 780 v.Chr. (2.Kön 14,28) und vom Assyrerkönig Sargon ca. 721 v.Chr. erobert, der einige ihrer Bewohner in Samaria ansiedelte. In griech. und röm. Zeit war sie unter dem Namen Epiphaneia bekannt; heute Hama.

HAMOR (Esel). Herrscher von *Sichem; dessen Sohn verführte *Jakobs Tochter Dina, wurde von Simeon und Levi daraufhin mit allen Einwohnern der Stadt getötet (1.Mo 34). Tiernamen für Personen waren in bibl. Zeit durchaus üblich.

HANANEL (Gott ist gnädig). Ein Turm im NO Jerusalems (Neh 3,1) zwischen Schaftor und Fischtor, den einige Experten mit dem Turm Mea oder einem anderen Turm derselben Festung gleichsetzen.

HANANIAS (Jahwe hat gnädig gehandelt). **1.** *Hoherpriester 47-58 n.Chr., der Paulus verhörte, wegen seiner Habgier berüchtigt war und aufgrund seiner römerfreundlichen Gesinnung von *Zeloten getötet wurde (Apg 23,2; 24,1.). **2.** Christ aus der Urgemeinde in Jerusalem (Apg 5,1ff), der für seinen Betrugsversuch von Gott mit dem Tode bestraft wurde. **3.** Christ in Damaskus, der sich mit Paulus anfreundete (Apg 9,10ff).

HANANJA (Jahwe ist gnädig gewesen). Ein verbreiteter Name im AT; im NT entspricht ihm *Hananias. Der wichtigste war ein Kultprophet, dem *Jeremia widerspricht, weil er verkündet hatte, die Befreiung Israels werde schon in zwei und nicht erst in siebzig Jahren erfolgen (Jer 28). Als symbolische Handlung zerbrach er das Joch, das Jeremia auf Befehl Gottes trug. H. starb, wie von Jeremia vorausgesagt, zwei Monate später.

HAND. Wie manche andere Körperteile dient die H. zur Beschreibung menschlichen Fehlverhaltens (Mt 5,30). Sie ist aber auch ein Symbol der Macht (Ps 31,15). Das Fallenlassen der Hände ist ein Zeichen von Schwäche, die überwunden werden kann (Jes 35,3); das Erheben ist eine Geste der Gewalt (1.Kön 11,26) oder demütiger Bitte (Ps 28,2). Die Berührung durch die Hand eines Menschen galt als Übertragung von Autorität, Macht oder Segen (1.Mo 48,13f; Mk 6,5; Apg 8,17ff); das ist einer der vielen Hinweise darauf, daß im hebr. Denken „Körper" und „Geist" in enger Beziehung zueinander standen.
*Arm; *Handauflegung.

HANDAUFLEGUNG. Die symbolische Handlung des Auflegens der Hände, um einen besonderen göttlichen *Segen für jemanden zu erbitten. Im AT segnete *Jakob die Söhne Josefs unter Auflegung der Hände (1.Mo 48,8ff). Die *Leviten, die als Priester das Volk vor Gott vertraten, wurden unter H. durch das Volk eingesetzt (4.Mo 8,10). Josua wurde auf diese Weise als Moses Nachfolger bestimmt, wobei ihm sowohl die Führerschaft als auch zusätzliche geistliche Gaben übertragen wurden (4.Mo 27,18ff; 5.Mo 34,9).

Eine weitere symbolische Handlung: *Aaron legte seine Hände auf einen Bock, um symbolhaft die Sünde des Volkes zu übertragen (3.Mo 16,21).

Im NT legte Jesus Kindern (Mk 10,16) und Kranken (Mk 6,5) die Hände auf; ebenso die Apostel (vgl. Apg 9,12).
*Taufe und Empfang des *Heiligen Geistes sind manchmal mit H. verbunden (z.B. Apg 8,14ff; vgl. Hebr 6,2), aber nicht daran gebunden.

Die H. wurde auch bei der Einsetzung in ein Amt oder einen Dienst praktiziert (Apg 6,5; 13,3; vgl. 1.Tim 5,22) als äußeres Zeichen dafür, daß Gott seine Gaben für diese Aufgabe gegeben hat.
*Hand.

HANDEL UND GEWERBE. *Altes Testament:* Als eine natürliche Landverbindung zwischen Europa und Asien im N und Afrika im S hat in Palästina der H. immer eine bedeutende Rolle gespielt. Hes 27,12-25 beschreibt einen Querschnitt des Fernhandels, der über dieses Gebiet abgewickelt wurde. Palästina selbst exportierte Getreide, Öl und Wein nach Phönizien im N sowie Eisen, Öl und Wein nach Ägypten im S. *Salomo entwickelte den H. mit Ländern aus Arabien und Afrika, von denen er Gewürze und Gold bezog. Asphalt vom Toten Meer war so bedeutend, daß damit in der Zeit zwischen dem AT und NT die internationale Politik beeinflußt wurde. Palästina führte auch Wolle aus. Seit Beginn des 8. Jh. v. Chr. begannen sich in Palästina Handwerk und Gewerbe zu entwickeln; die Propheten äußerten ihre Sorge über die soziale Krise, die dadurch entstand. Teilweise wurden Waren in Standardformen und in Massenproduktionen hergestellt, allerdings meist für den Verbrauch im Land selbst und nicht für den Export. Geldmünzen (*Geld) wurden erst gegen Ende der atl. Zeit eingeführt.

Für den Überlandtransport war bis zur Zeit Davids, als das Kamel an Beliebtheit gewann, der Esel das wichtigste Lasttier. Ein Teil von Palästinas Reichtum kam von den Karawanenhändlern, die Vorräte kauften, wenn sie durch das Land zogen. Waren, die in das Land eingeführt wurden, mußten verzollt werden. Auf den Marktplätzen vernahmen die Einheimischen Neuigkeiten aus dem Ausland. Die Haupthandelswege in N-S-Richtung ver-

Handel und Gewerbe

Handel und Gewerbe.
Die wichtigsten Handelsstraßen im alten Palästina.

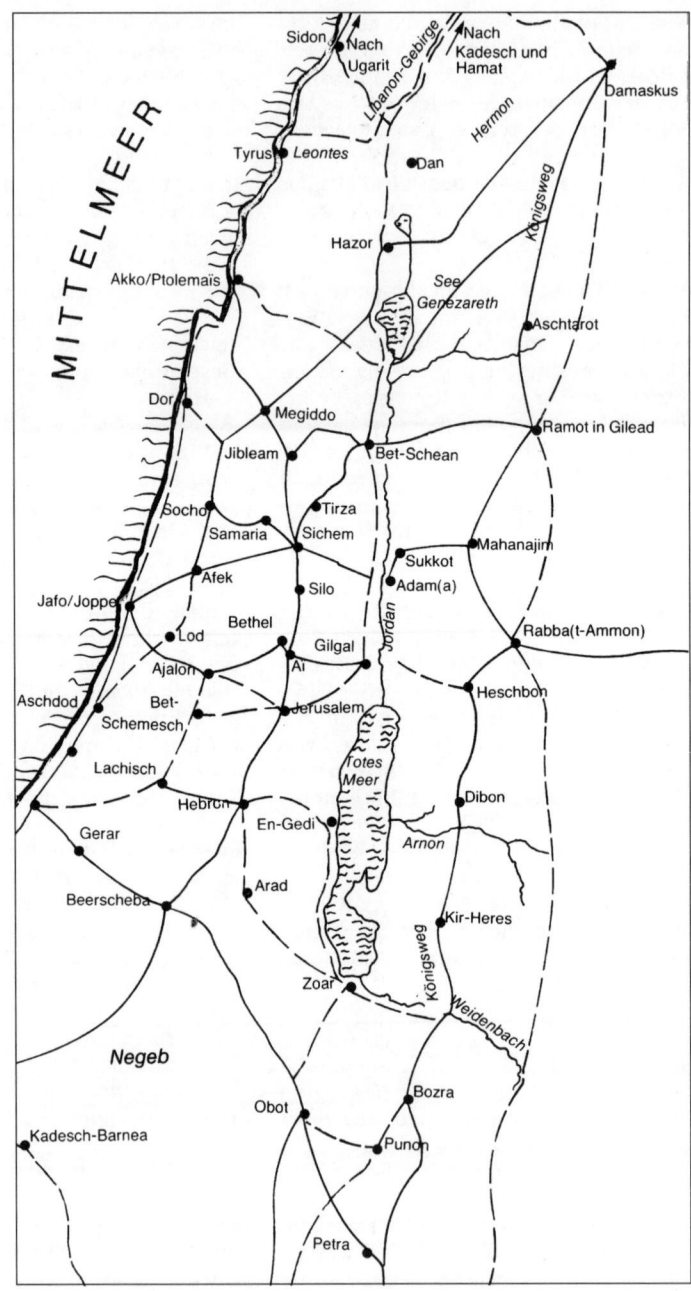

liefen westlich des Berglands von Juda oder durch das Bergland. Der auf den Höhen östl. des Jordantales verlaufende war als „Königliche Landstraße" bekannt. Die O-W-Verbindungen brachten weniger Gewinn, über die südlichen erfolgte der Handel Arabiens nach Palästina. Der Seehandel war für Palästina nur in der Zeit Salomos und Joschafats von Bedeutung. Im allgemeinen beherrschten ihn die Philister und später die Phönizier und die Griechen.

Neues Testament: In der Zeit des NT war der größte Teil des internationalen Handels in den Händen der Römer, wobei sich der Einfluß des Staates bereits abzeichnete. Rom, das im 1. Jh. n.Chr. eine Bevölkerung von einer Million hatte, war ein einziger großer Marktplatz. Das 18. Kapitel der Offb spricht von solchem Reichtum und dem Umfang des Handels und sagt den wirtschaftlichen Zusammenbruch voraus, der dem Verlust eines solchen Marktes folgen würde. Ostia, der Hafen Roms, war voller Lagerhäuser.

Der Handel der Römer war breit angelegt und schloß auch ferne Länder ein (Germanien, die baltischen Länder, Indien und möglicherweise auch China). Das wurde möglich durch den Frieden, der zu jener Zeit im Röm. Reich herrschte, und weil es in großen Teilen der Welt keine politischen Grenzen gab. Da keine Ladungsverzeichnisse erhalten geblieben sind, ist es schwierig, genau festzustellen, mit welchen Waren gehandelt wurde. Austern und wahrscheinlich Zinn kamen von Britannien nach Rom; Gallien exportierte Textilien. Es gibt auch wenig Informationen darüber, in welcher geschäftlichen Form der Handel abgewickelt wurde. Einige Ortschaften spezialisierten sich deutlich auf bestimmte Produkte (z.B. Lydia: Apg 16,14; die Silberschmiede von Ephesus: Apg 19,23ff). Die Evangelien entlehnen zuweilen auch ihre sprachlichen Vergleiche aus dem Gebiet des Handels, wie z.B. in dem Gleichnis vom Kaufmann (Mt 13,45f) und den anvertrauten Zentnern (Mt 25,14). Paulus reiste auf Handelsschiffen. Die Bildersprache in Offb 3,14-18 ist teilweise von den kommerziellen Besonderheiten Laodizeas geprägt, zu denen schwarze wollene Kleider und auch eine Augensalbe gehörten, die vermutlich aus Kaolin hergestellt wurde, das man in den nahegelegenen Thermalquellen von Hierapolis fand.

*Handwerk; *Schiffe/Boote; *Reisen.

HANDSCHRIFTEN VOM TOTEN MEER. Bezeichnung für die Sammlungen von Schriftmaterial, die seit 1947 an verschiedenen Orten westl. des Toten Meeres gefunden wurden:

1. Die Qumran-Texte. Diese in elf Höhlen oberhalb des Wadi Qumran nordwestl. des Toten Meeres gefundenen Schriften sind die bedeutendsten. Es sind Reste der Bibliothek einer jüd. Gemeinschaft, die bis 70 n.Chr. fast zwei Jahrhunderte lang einen benachbarten, heute als Chirbet Qumran bekannten Gebäudekomplex bewohnte. Wahrscheinlich waren es Mitglieder der *Essener, die sich unter der Führung des sogenannten „Lehrers der Gerechtigkeit" hierher zurückzogen und sich als „gerechten Überrest" Israels betrachteten, nachdem die Hasmonäerdynastie sowohl das Hohepriesteramt als auch zivile und militärische Macht übernommen hatte. Sie erwarteten die baldige Ankunft des neuen Zeitalters, in dem der davidische Messias, ein Prophet wie Mose, und ein Priester aus dem Geschlecht Aarons erstehen würden. Die Reste der Bibliothek umfassen 100 Bücher des AT in Hebräisch, unter denen mit Ausnahme von Ester alle atl. Bücher vertreten sind. Ihre Entdeckung hat die Lücke zwischen der Abfassungszeit und den ältesten erhaltenen Abschriften um 1000 Jahre verringert und einen unschätzbaren Beitrag zur Textgeschichte des AT geleistet. Eine vollständig erhaltene Jesaja-Rolle belegt die hohe Überlieferungstreue bibl. Texte über Jahrhunderte.

Die außerbibl. Schriftrollen zeigen, daß die *Qumran-Gemeinschaft eiserne Selbstdisziplin übte und das atl. Gesetz strenger auslegte als die Pharisäer. Die Zulassung zu den gemeinsamen Mahlzeiten wurde streng überwacht. Sie bezogen die bibl. Prophetie auf ihre eigene Zeit und beanspruchten, zusätzliche Gottesoffenbarungen durch den „Lehrer der Gerechtigkeit" empfangen zu haben. Sie verließen die Siedlung während des Krieges 66-73 n.Chr. und brachten die Bücher in den Höhlen in Sicherheit. Das Schicksal der Überlebenden ist unbekannt. Man hat gewisse Ähnlichkeiten zwischen ihnen und der Urgemeinde bezüglich ihrer Zukunftserwartungen, der Bibelauslegung, des Restbewußtseins und religiöser Praktiken festgestellt. Aber es gibt auch bedeutende Unterschiede. Die Christen maßen der Taufe und dem Abendmahl hohe Bedeutung bei und zogen sich nicht aus der Gesellschaft zurück; für sie war ausschließlich Jesus Prophet, Priester und König, aber nicht als menschlicher Führer, sondern als Retter. Die Qumran-Gemeinschaft beanspruchte nicht, daß ihr Lehrer von den Toten auferstanden sei.

2. Die Texte vom Bar-Kochba-Aufstand. In Höhlen des Wadi Murabba'at, 18 km südl. von Qumran, fand man Material aus der Zeit des jüd. Krieges 132-135 n.Chr. unter der Führung von Bar Kochba, dessen Heer die Höhlen als Außenposten benutzte. Neben Briefen, die der Anführer geschrieben oder erhalten hatte, entdeckte man auch einige Bibelfragmente.

3. Chirbet Mird. Hier gab es ein christl. Kloster (nördl. des Kidrontals), und man fand Schriftstücke aus der Zeit des 5.-8. Jh. n.Chr., einschließlich griech. Textstücke der Bücher Weisheit, Markus, Johannes und Apostelgeschichte.
*Überlieferung biblischer Texte.

HANDWERKERGILDE. Handwerker lebten in größeren Städten oft in besonderen Vierteln und organisierten sich in Zünften bzw. Gilden (vgl. 1.Chro 4,21). In der Zeit des NT waren sie zu einflußreichen politischen Gruppen geworden, die oft unter kaiserlicher Genehmigung arbeiteten (vgl. Apg 19,24ff, wo Christen eine Bedrohung für den Handel mit Götzen darstellten).

Eine Fleischerinnung richtete kurz nach der Zeit des NT eine Aktion gegen die Gemeinde in Bithynien, weil sie Verluste beim Verkauf von Opferfleisch hinnehmen mußte. Dieser Aufruhr blieb jedoch ohne Erfolg.

Es war für Christen nicht leicht, außerhalb von Gilden zu arbeiten. Da aber die meisten Gilden einen heidn. Gott als ihren Schutzpatron verehrten, war ihnen eine solche Mitgliedschaft oft nicht möglich.

HANES. Bedeutende Stadt in Mittelägypten. Sie wird oft mit dem heutigen Ihnasije el-Medine oder mit Ahnas, 80 km südl. von Kairo, gleichgesetzt, aber das paßt nicht zu Jes 30,4, wonach es näher an Zoan (Tanis) im Ostdelta liegen muß. Es ist wahrscheinlich, daß es früher im Deltagebiet eine andere Stadt dieses Namens gab; andernfalls könnte H. die Wiedergabe eines ägypt. Wortes für „Wohnung des Königs" in Zoan selbst sein.

HANNA (Gnade). **1.** Die Lieblingsfrau *Elkanas, die wegen ihrer Kinderlosigkeit von dessen anderer Frau Peninna schwer gekränkt wurde. Sie betete um einen Sohn und gelobte, ihn Gott zu weihen. Gott erhörte ihr Gebet. Ihr Danklied am Tag, an dem sie *Samuel Gott zurückgab, läßt vermuten, daß sie eine Prophetin war (1.Sam 2,1ff). **2.** Eine ältere Witwe mit prophetischer Gabe, die Jesus bei seiner Darstellung im Tempel als den *Messias erkannte (Lk 2,36ff).

HANNAS. Wurde im Jahr 6 n.Chr. zum *Hohenpriester ernannt und 15 n.Chr. von den Römern abgesetzt. Er behielt jedoch den Titel, wahrscheinlich weil man nach jüd. Verständnis dieses Amt auf Lebenszeit übertragen bekam. Fünf seiner Söhne und sein Schwiegersohn *Kaiphas wurden ebenfalls Hohepriester. H. leitete das Vorverhör nach der Gefangennahme Jesu (Joh 18,13-24).

HARA. Ort, an den Tiglat-Pileser III. von Assyrien 734-732 v.Chr. aufständische Israeliten sandte (1.Chro 5,26); die Lage ist unbekannt.

HARAN. *Person:* Bruder *Abrahams und Vater *Lots (1.Mo 11,26ff).
Ort: Stadt, ca. 32 km südöstl. von Urfa (Edessa), in der heutigen Türkei, am Haupthandelsweg von Ninive nach Aleppo. Hier lebten *Terach und Abra-

ham (1.Mo 11,31); H. war die Heimat von *Isaaks Frau *Rebekka; *Jakob flüchtete vor *Esau hierher (1.Mo 29,4). Einst war sie Ziel amorit. Stämme; um 1310 v.Chr. wurde sie vom Assyrer Adadnarari befestigt. 763 v.Chr. wurde sie nach einem Aufstand geplündert (vgl. 2.Kön 19,12). Sie war die letzte Hauptstadt Assyriens bis zur Eroberung durch die Babylonier 609 v.Chr.

HARARITER. Bezeichnung für einige der Helden Davids (2.Sam 23,11.33); sie könnte „Bergbewohner" bedeuten.

HÄRESIE. Im NT wird das griech. Wort mit „Sekte" oder „Partei" übersetzt und bedeutet eine frei gewählte Denk- und Handlungsweise. Keine der so bezeichneten Gruppen hat sich jedoch von ihrer ursprünglichen Gemeinschaft völlig getrennt (z.B. Apg 5,17; 24,14; 1.Kor 11,19). Der einzige Gebrauch von H. im Sinne von „Irrlehre" kommt in 2.Petr 2,1 vor.

HARFE. Siehe *Musik und Musikinstrumente.

HARMAGEDON. Schauplatz der Schlacht in Johannes' Vision vom „großen Tag Gottes" (Offb 16,16). Viele Gelehrte vertreten die Auffassung, daß der Berg oder Hügel von Megiddo in der Nähe des Karmelgebirges gemeint ist. In dieser Gegend fanden schon in der Vergangenheit entscheidende Schlachten statt, von Thutmosis III. 1468 v.Chr. bis zu General Allenby im Jahr 1917. Die „Berge Israels" (Hes 39,1-4) bezeichnen wahrscheinlich ebenfalls H.

HAROD (zitternd). Eine Quelle am Fuß des Berges Gilboa, östl. von Jesreel, wo *Gideon sein Heer verringerte (Ri 7); möglicherweise das heutige Ain Jalud.

HAROSCHET DER HEIDEN. Kommt nur in Verbindung mit *Sisera, einem kanaan. Heerführer, vor (Ri 4). Möglicherweise handelt es sich um Tell el-Harbaj oder Tell Amr zwischen Haifa und Megiddo, die genaue Lage ist ungewiß.

Hasaël. Wahrscheinlich eine Darstellung des syrischen Königs Hasaël (842-798 v.Chr.). Elfenbeinschnitzerei, 17,8 cm hoch.

HASAËL (den Gott ansieht). Ein mächtiger König von Syrien (Aram), durch den Gott Israel während der Herrschaft *Jorams, *Jehus und *Joahas' strafte. *Elia wurde beauftragt, ihn zum König zu salben (1.Kön 19,15-17), aber er bestieg den Thron erst, nachdem er seinen Vorgänger Ben-Hadad II., der ihn zu Elisa gesandt hatte, ermordet hatte (2.Kön 8,7ff). Sein Name wird in assyr. Inschriften ab 841 v.Chr. als Gegner Salmanassars III. erwähnt; die Assyrer wußten auch, daß er ein unrechtmäßiger Machthaber war und daß sein Vorgänger Opfer einer Intrige wurde. Er kämpfte 837 v.Chr. erneut gegen Salmanassar; danach sind keine weiteren Zusammenstöße zwischen beiden Reichen bekannt, bis ihn Adadnarari III. ca. 805-802 v.Chr. durch Einschüchterung zur Unterwerfung bewegte. H. lebte länger als Joahas (814/813-798 v.Chr.; 2.Kön 13,22) und starb wahrscheinlich um 797/796 v.Chr.

HASIDÄER. In 1.Makk 2,42; 7,12; 2.Makk 14,6 eine Bezeichnung mit der Bedeutung „die Getreuen" (hebr. Chasidim), die offenbar von Gesetzeseiferern übernommen wurde, als sich im 2. Jh. v.Chr. der Einfluß der griech. Kultur in Palästina ausbreitete. Sie hatten wenig für die nationalistischen Hasmonäer übrig und spalteten sich in zwei Gruppen auf: die Mehrheit wurde als *Pharisäer bekannt, andere wurden *Essener.

HASS, HASSEN. Ablehnung, verdeckte oder offene Feindschaft. Manchmal kann Mitleid persönlichen H. mildern (2.Mo 23,5); Christen sollen ihre Feinde lieben und ihnen Gutes tun (Mt 5,43f). Gott haßt jedoch das Böse (Am 6,8) und die Übeltäter (5.Mo 32,41), deshalb tun das auch die Seinen (Ps 139,21f; Hebr 1,9). Die Welt wird die Christen hassen, wie sie auch Jesus gehaßt hat (Joh 15,18ff). Hassen kann auch als „nicht den Vorzug geben" verstanden werden (Mal 1,2f; Lk 14,26). *Zorn.

HAUPT/KOPF. Wird im hebr. Denken nicht als Sitz des Verstandes, sondern als Quelle des Lebens betrachtet. Das erhobene Haupt bedeutet Zuversicht (Ps 27,6); den Kopf mit der Hand oder mit Asche zu bedecken ist Ausdruck der Trauer (2.Sam 13,19).

Wer Haupt einer Familie oder eines Stammes ist, besitzt Autorität; Christus wird deshalb als Haupt der Gemeinde (Eph 5,23) bezeichnet.

HAUS. *Erwähnung in der Bibel.* Der atl. Begriff wird für alle Arten von Wohnanlagen gebraucht, von Privathäusern (5.Mo 6,7) bis hin zu Palästen (Jer 39,8) und Tempeln (1.Kön 8,13). In über einem Viertel der 2000 Erwähnungen steht das Wort für „Haushalt, Familie", wobei manchmal, aber nicht immer, das Gebäude ebenso gemeint ist wie die darin lebenden Menschen. Der Gebrauch des griech. Wortes im NT ist ähnlich weitreichend. Jesus benutzte es auch als Bezeichnung für den Himmel (Joh 14,2), und die ntl. Briefe wenden es auf die Gemeinde an (eher im Sinne eines geistlichen Hauses als eines besonderen Gebäudes, z.B. Eph 2,19ff). Dies ist zweifelsohne auf die Tatsache zurückzuführen, daß Häuser als Versammlungsort der ersten Christen eine wichtige Rolle spielten (Apg 5,42; Phlm 2).

Hausbau und Architektur. Die Häuser standen gewöhnlich eng beieinander, meist in befestigten Städten und den dazugehörigen Dörfern. Größere Häuser wurden oft an der Westseite erbaut, um dem Rauch und Staub zu entgehen, den die vorherrschenden Westwinde mit sich brachten. Die Fundamente waren wichtig, weil starke Regenfälle (vgl. Mt 7,24ff) und Erdbeben gefährliche Schäden verursachen konnten. Sie waren aus Stein und reichten manchmal bis auf den Felsboden. Die Mauern der Privathäuser bestanden gewöhnlich aus unbehauenen Steinen oder Lehmziegeln. Die Ziegelwände wurden an der Innenseite mit wasserdichtem Mörtel überzogen, waren bis zu 1 m dick und wurden oft durch Steinpfeiler gestützt. Die Fußböden waren aus Mergelton, der barfuß begangen wurde und recht strapazierfähig war; die Häuser der Reichen hatten gepflasterte Böden. Die Türen gingen nach innen auf und waren in einen Holz- oder Steinrahmen eingehängt, der gewöhnlich niedriger war als ein Mensch. Fenster gab es im Erdgeschoß selten, weil durch die offene Tür genügend Licht einfiel. Um das Haus im Sommer kühl und im Winter warm zu halten, baute man so wenig wie möglich Fenster ein. Häufig waren sie vergittert (Ri 5,28); *Glas war selbst in der Römerzeit noch selten. Manche Häuser waren zweistöckig; das Obergeschoß erreichte man über eine Treppe oder Leiter. Dort befanden sich Wohn- und Schlafräume. Flachdächer bestanden aus Holzbalken, die mit Zweigen und einer dicken Lehmschicht bedeckt waren. Damit sie wasserdicht blieben, wurde der Belag regelmäßig festgewalzt und jährlich neu verputzt. Im Sommer schlief die Familie oft auf dem Dach, das auch zum Trocknen von Rosinen, Feigen, Flachs und anderem genutzt wurde. Gewölbte Dächer kamen in der Perserzeit auf (5. Jh. v.Chr.); Ziegeldächer kannte man bereits vor der Zeit des NT.

Die ältesten Häuser in Palästina waren runde oder rechteckige einräumige Bauten. Zweiräumige Häuser gab es um 5000 v.Chr. in Jericho. In der Mittleren Bronzezeit (2200-1500 v.Chr.) war das Haus mit Hof üblich, der an einer oder mehreren Seiten von Räumen eingeschlossen war. Anfangs waren die Häuser der Israeliten ärmlicher als die der Kanaanäer, aber bereits in der Königszeit war das Vierraumhaus weit verbreitet. Ein Raum erstreckte sich über die gesamte Hinterseite. Von diesem gingen drei parallele Räume aus, wobei der mittlere ein geschlossener Innenhof war. Die Häuser der Wohlhabenden folgten in ntl. Zeit dem röm. Muster: Die Räume gruppierten sich um zwei Höfe herum.

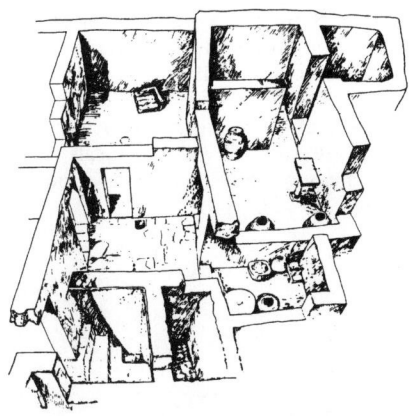

Das Leben im Haus. Es war nicht nur Wohnung, sondern auch Geschäft und Werkstatt. In Kriegszeiten oder bei schlechtem Wetter nahm man auch die wertvollsten Tiere mit ins Haus. Die Durchschnittsfamilie besaß Bett, Tisch, Stühle und Lampen (vgl. 2.Kön 4,10). Die Reichen hatten hohe Betten, die Armen schliefen auf Matten auf dem Fußboden. Bettwäsche und Kleidung bewahrte man in Kisten auf. Im Winter kochte man im Haus auf einem mit glühender Holzkohle gefüllten, nicht sehr leistungsfähigen Ofen; der Herd stand gewöhnlich im Hof. Lebensmittel wurden in großen Krügen aufbewahrt; viele Haushalte mahlten ihr Getreide selbst und stellten Kleidung auf Handwebstühlen her.
*Architektur.

HAUSGÖTTER/TERAFIM. T. oder H. werden immer wieder im AT erwähnt und ihr Gebrauch verurteilt (z.B. 2.Kön 23,24). Wahrscheinlich waren sie eine Art häusliche Schutzgeister. Im AT wird jedoch nirgends beschrieben, wie sie aussahen und verwendet wurden (1.Mo 31,30ff; 1.Sam 19,13ff). T. wurden mit *Wahrsagen und Spiritismus in Verbindung gebracht (Ri 17,5; 2.Kön 23,24).

HAUSHALTER, VERWALTER. Der Begriff beschreibt in beiden Testamenten eine Art Verwalter, dem ein bestimmter Verantwortungsbereich übertragen worden ist (z.B. Jes 22,15; Lk 16,1ff). Christen sind Haushalter der von Gott gegebenen Gaben (1.Kor 4,1; Tit 1,7; 1.Petr 4,10; vgl. Eph 3,2).

Haus. Rekonstruktion eines alten Hauses in Jerusalem. Das Haus besaß eine Eingangshalle, vier Räume, eine Küche und ein kleines Bad.

HAWILA (Kreis, Bezirk). **1.** Land in der Nähe von *Eden, Ortslage unbekannt (1.Mo 2,11f). **2.** Gebiet in der Gegend des Sinai und NW-Arabiens (1.Mo 25,18; 1.Sam 15,7). **3.** Möglicherweise ein Stamm in Südarabien (1.Mo 10,7.29).

HAZEROT. Oase; Station auf der Wüstenwanderung der Israeliten (4.Mo 11,35), in der Mirjam an Aussatz erkrankte (4.Mo 12), wahrscheinlich Ajin Chodara.

HAZOR. Der Name bedeutet „Siedlung" oder „Dorf" und bezeichnet mehrere Orte im AT, der bedeutendste war eine befestigte Stadt im Gebiet des Stammes *Naftali. Als sie von Israel erobert wurde, war sie Sitz des Königs Jabin. Er organisierte ein Bündnis gegen *Josua, der ihn tötete und die Stadt niederbrannte (Jos 11). Zur Zeit *Deboras bedrohte H. unter dem Feldhauptmann Sisera Israel (Ri 4) und wurde trotz eines Aufgebots von 900 Streitwagen von Barak besiegt. *Salomo befestigte sie zwei Jahrhunderte später; Tiglat-Pileser III. von Assyrien zerstörte sie 732 v.Chr. (2.Kön 15,29).

Die Stadt wird mit dem großen Tell el-Qedah, 8 km südwestl. vom Hule-See in Galiläa, identifiziert und muß bis zu 40000 Menschen beherbergt haben; der archäologische Befund bezeugt die Zerstörungen zur Zeit Josuas und durch die Assyrer. Ägypt. Texte des 19. Jh. v.Chr. weisen sie als Kanaanäerstadt aus, die eine Gefahr für das Reich darstellte, und babylon. Texte um 1500 v.Chr. erwähnen sie als wichtige Stadt auf dem Weg von Mesopotamien nach Ägypten.

Hazor. Eingang zur Zitadelle von Hazor, 9.- 8. Jh. v.Chr. (Rekonstruktion).

HEBAMME. Die H. half bei der Geburt, indem sie das neugeborene Kind nahm, die Nabelschnur durchtrennte, das Baby in Wasser badete und mit Salz einrieb (Hes 16,4). In der Bibel werden H. zuerst bei *Rahel (1.Mo 35,17) und *Tamar (1.Mo 38,28) erwähnt. Im Altertum hockten sich die Frauen im Nahen Osten zum Gebären auf zwei Steine oder auf einen Gebärstuhl (vgl. 2.Mo 1,16). Von Gott besonders gelobt werden jüd. H., die sich weigern, auf Befehl des *Pharao Neugeborene zu töten (2.Mo 1,21).

HEBER. Mehrere Personen im AT, u.a. der Gatte Jaëls, der offenbar ein einflußreicher Mann war (Ri 4,11ff; 5,24).

HEBRÄER. Der Begriff kommt im AT nur an wenigen Stellen vor und scheint dort gleichbedeutend mit „Israeliten" zu sein. Von besonderer Bedeutung mag er in Situationen sein, in denen der Mensch kein freier Bürger auf freiem Boden ist. Im NT ist es eine ausschließliche Bezeichnung für jene Juden, die nicht entscheidend von der griech. Kultur beeinflußt waren (Apg 6,1), wird aber auch allgemein zur Unterscheidung der Juden von den Heiden gebraucht (2.Kor 11,22; Phil 3,5).

Die Bezeichnung „Hebräer" für *Abraham und seine Nachkommen läßt sich bis zu seinem Vorfahren Eber, einem Nachkommen *Sems, zurückverfolgen (1.Mo 10,21ff). Im weiteren Sinn wird der Begriff nicht nur für die Israeliten gebraucht, die Sklaven in Ägypten waren (vgl. 1.Mo 40,15 mit 2.Mo 5,3). Es überrascht daher nicht, daß in außerbibl. Texten aus der Zeit Abrahams und des Auszugs aus Ägypten „Hebräer" auftauchen, die weder israelit. noch abrahamitischen Ursprungs sind. Der gut bezeugte Name „Habiru" (ha-Bi-ru) in Texten aus der Zeit um 2000-1200 v.Chr. bezieht sich wahrscheinlich auf eine Gesellschafts- oder Berufsgruppe, vielleicht sogar ein Volk; mit den hebr. Eroberern Kanaans (Israeliten) können sie aber nicht gleichgesetzt werden.

HEBRÄERBRIEF. *Verfasser.* Der H. ist die einzige NT-Schrift, über deren Verfasser man nichts Genaues weiß. Aus 13,23.24 entnehmen wir nur, daß der Verfasser Beziehungen zu Brüdern aus Italien hatte und daß er ein enger Freund von Timotheus war.

In der Alten Kirche wurden verschiedene Personen als Verfasser vermutet: Lukas, Barnabas, Paulus; Luther nannte auch Apollos.

Die Empfänger waren Glaubende aus den Juden, die sich in örtlichen Gemeinden sammelten. Nach einem guten Anfang war im geistlichen Wachstum Stillstand eingetreten, was mit vielen Gefahren verbunden war, u.a. auch einem Liebäugeln mit dem Judentum und seinen Gottesdiensten. Der Verfasser warnt vor einer Abkehr von Jesus Christus.

Inhalt und Bedeutung. In seinem Wort der Ermahnung (13,22) weist der Verfasser auf Jesus Christus, seine Person und sein Werk. Im Sohn hat Gott zum letzten Mal geredet, keine andere Offenbarung kann je Gottes Reden im Sohn übertreffen (1,1). Er ist Gott gleich, Mitschöpfer und Miterhalter der Welt (1,2f), Gottes Sohn, höher als die Engel, mehr als Mose und Josua, besser als die aaronitischen Priester und Melchisedek. Der Sohn Gottes wurde Mensch, lernte Gehorsam und gab sein Leben als Opfer für die Sünden. Er ist Priester und Opfer zugleich, denn er brachte sich selbst Gott dar (9,14). Darum hat er eine ewige Erlösung erworben (9,12). Kein anderer Priester muß ihm nachfolgen, denn er lebt für immer (7,23ff). Er ist der Mittler des Neuen Bundes, der Vergebung der Sünden und Gemeinschaft mit Gott möglich macht (8,6ff; 10,19ff).

Gliederung.

1,1-10,18	*Lehrhafter Teil.*
1,1-7,28	*Die Erhabenheit der Person Jesu Christi.*
	Größer als die Propheten (1,1-3).
	Größer als die Engel (1,4-2,18).
	Größer als Mose (3,1-19).
	Größer als Josua (4,1-13).
	Größer als Aaron (4,14-6,20).
	Größer als Melchisedek (7,1-28).
8,1-10,18	*Die Erhabenheit des Werkes Jesu Christi.*
	Der große Hohepriester im wahren Heiligtum (8,1-6).
	Der Mittler eines besseren Bundes (8,7-13).
	Der bessere Priesterdienst (9,1-28).
	Das bessere Opfer (10,1-18).
10,19-13,25	*Praktischer Teil: Ermahnungen.*
	Standhaftigkeit im Glauben (10,19-11,40).
	Standhaftigkeit in der Hoffnung (12,1-29).
	Standhaftigkeit in der Liebe (13,1-19).
	Segenswunsch und Grüße (13,20-25).

HEBRÄISCH. Siehe *Sprachen des Alten Testaments.

HEBRON. Die höchstgelegene Stadt Palästinas, 927 m über dem Meeresspiegel, 30 km südsüdwestl. von Jerusalem. H. (früher Stadt des Arba) wurde um 1720 v.Chr. gegründet (vgl. 4.Mo 13,22; Jos 14,15). *Abraham lebte lange Zeit in ihrer Nähe und wurde auch in dieser Gegend begraben. Nach der Landnahme der Israeliten in Kanaan trat der König von H. dem Bund gegen die Gibeoniter bei und wurde von *Josua getötet (Jos 10,1ff); Kaleb eroberte die Stadt (Jos 14,12ff). In H. wurde *David zweimal zum König gesalbt (2.Sam 2,4; 5,3), und es war über sieben Jahre lang seine Hauptstadt. Absalom zettelte hier seinen Aufstand an (2.Sam 15,7ff). Unter dem Namen el-Halil ist es eine der vier heiligen Städte des Islam.

HEER. Das *israelitische Heer* begann als Stammesmiliz, die in Krisenzeiten zusammengerufen wurde. *Saul führte in Israel erstmals ein kleines stehendes H. ein (1.Sam 13,2). Gelegentlich fanden Zweikämpfe zwischen Vertretern von Heeren statt, um unnötiges Blutvergießen zu vermeiden (1.Sam 17; 2.Sam 2,12ff). *Davids Miliz war in 12 Bataillone eingeteilt, von denen jedes einen Monat lang diente (1.Chro 27,1ff). *Salomo hatte Streitwagen (1.Kön 5,6; 10,26), aber eine nennenswerte Kavallerie besaß Israel wohl nie. Das Heer-Lager hatte die Form eines Kreises oder Vierecks; der Heerführer seinen Platz in der Mitte (1.Sam 26,5). Zivilisten durften die Soldaten besuchen, um ihnen Nachrichten und Verpflegung zu bringen (1.Sam 17,17ff).

Das *römische Heer* war in Legionen zu 4000-6000 Mann aufgeteilt, die sich jeweils in 10 Kohorten gliederten. Jede Kohorte bestand aus 6 Zenturien. Eine Inschrift belegt die Anwesenheit der „Italischen Abteilung" (Apg 10,1) in Syrien ca. 69 n.Chr., die aus röm. Freigelassenen bestand.

Die Bibel spricht auch von *geistlichen Heeren,* die von Gott befehligt werden (z.B. Jos 5,13; 2.Kön 6,17). In der letzten

Schlacht erscheint Christus als siegreicher Anführer der himmlischen Heerscharen (Offb 19,11ff).

HEFE. Siehe *Sauerteig.

HEIDEN. Ursprünglich eine allgemeine Bezeichnung für „Nationen", erhielt das Wort bald die Bedeutung „Nicht-Israeliten". In der Gewißheit, ein einzigartiges, für Gott ausgesondertes Volk zu sein (2.Mo 19,6), kämpfte Israel ständig gegen die verderblichen Einflüsse (*Götzendienst) der heidnischen Nachbarvölker auf sittlichem und religiösem Gebiet (*Erwählung). Das führte zu einer so stolzen Haltung, daß es zur Zeit Jesu als Ausdruck tiefster Verachtung galt, einen Mitjuden als „Heiden" zu bezeichnen (Mt 18,17). Allerdings waren die H. in den Auftrag des Messias eingeschlossen (Jes 42,6; 49,6), was im NT bestätigt wurde (Lk 2,32; Mt 12,18). Nach anfänglichem Zögern (Apg 10,45; 11,18) akzeptierte man im Urchristentum, daß vor Gott Juden- und Heidenchristen gleich sind (Röm 1,16; Kol 3,11). *Fremder/Fremdling.

HEIL, ERRETTUNG. *Altes Testament.* Der atl. Begriff für H. hat die Grundbedeutung „auf weiten Raum stellen" (Ps 18,37) mit der übertragenen Bedeutung „von Beschränkungen frei sein". Er kann sich auf Heilung von Krankheiten beziehen (Jes 38,20; vgl. V. 9), auf Befreiung aus Schwierigkeiten (Jer 30,7) oder Errettung vor Feinden (Ps 44,7f). Gott allein kann sein Volk erretten (Jes 43,11), wie er Israel aus Ägypten (Ps 106,7ff) und Babylon (Jer 30,10) befreit hat. Der Auszug aus Ägypten war das große Beispiel für Gottes Errettung und Erlösung, der das spätere Verständnis von Heil und Errettung prägte. Weil Israel in der Vergangenheit Gottes Errettung erfahren hatte, richtete sich sein Glaube vorwärts in Erwartung eines zukünftigen, völligen und endgültigen H. (Jes 43,11ff; Hes 36,22f).

Gottes Erlösungswerk braucht einen Mittler, und obgleich Gott menschliche „Retter" einsetzt (z.B. Ri 3,9), ist er es allein, der sein Volk rettet (Hos 13,4). Die „Gottesknechtslieder" in Jesaja schließen in dem Knecht Gottes moralisches H. mit ein, obwohl der Begriff Heiland nicht gebraucht wird (z.B. Jes 49,1ff).

Neues Testament. Der nicht religiöse Gebrauch dieses Begriffes ist fast ausschließlich auf die wenigen Stellen beschränkt, in denen es um die Rettung von Menschen aus akuter Lebensgefahr geht (z.B. Apg 27,20.31). Sonst bezieht er sich auf sittliche und geistliche Befreiung. Das Wort H. wird in den synoptischen Evangelien nur einmal erwähnt (Lk 19,9), aber Jesus verwendet das Wort „retten" und ähnliche Begriffe dazu, den Zweck seines Kommens zu beschreiben (z.B. Mt 20,28). Diese Stellen weisen darauf hin, daß das H. in der Person und in dem Wirken Jesu gegenwärtig war und besonders in seinem Tod. Das unterstreicht das Johannesevangelium. Menschen werden zu Gotteskindern, indem sie auf Christus vertrauen. Sie kommen durch eine Wiedergeburt zum ewigen Leben in das Reich Gottes (1,12f; 3,5.14ff). Das H. wird von Jesus in Bildern vom Brot (6,33ff) und Licht (8,12) veranschaulicht. Ewiges Leben ist schon jetzt erfahrbar in einer ständigen Verbindung mit Christus (15,5). In der Apg besteht die Botschaft der Apostel in dem Ruf zur Buße und der Zusage der Sündenvergebung für alle, die aus dieser verdorbenen Welt gerettet werden sollen (Apg 2,38ff; 16,30ff).

Für Paulus gibt es kein H. durch das Halten des jüd. Gesetzes, denn es dient nur zur Illustration der Sünde der Menschheit und kann nicht von Sünde befreien (Röm 3,19f). Statt dessen ist das H. Gottes freie Gabe für alle, die auf die Gerechtigkeit Christi vertrauen, der sie durch seinen Tod erlöst und durch seine Auferstehung gerechtfertigt hat (Röm 3,21ff). Der Heilige Geist gibt dem Glaubenden die Kraft, ein neues Leben zu führen, um in das Bild Christi gestaltet zu werden (Röm 8,29). Der Hebr macht deutlich, daß durch die atl. Opferordnung nur ein vorübergehendes H. geschaffen wurde und daß die Opfer durch das eine Opfer Christi ersetzt worden sind (Hebr 9,26; 10,12).

In 1.Petr 1,5; 2,24f ist H. sowohl eine gegenwärtige Realität als auch eine zukünftige Verheißung. Die Offb und der 1. Joh sehen H. als die Reinigung von

Sünden durch das Blut Jesu (1.Joh 2,1; Offb 1,5f); nur diejenigen werden Zugang zur himmlischen Stadt des H. haben, die auf den Opfertod des „Lammes" vertraut haben (Offb 20,15; 21,27).

Zusammengefaßt hat das Heilsverständnis der Bibel drei Hauptmerkmale: Es ist geschichtlich, denn es wird durch das Eingreifen Gottes in die menschlichen Geschicke erwirkt, nicht durch moralischen Verdienst oder religiöse Praktiken. Die Betonung liegt auf dem H. durch den Tod Jesu (z.B. Eph 1,7). Es ist sittlich und geistlich, indem es von Sünde und Schuld befreit (Röm 5,1), aber nicht vom Leiden in dieser Zeit (z.B. 2.Kor 11,23ff). Schließlich ist es eschatologisch, denn es bezieht sich auf die Errichtung des Reiches Gottes, neben der Gabe von Gottes Reichtum bereits in diesem Leben (Eph 1,3) und der Verheißung zukünftiger Segens, wenn bei der Wiederkunft Christi das H. vollendet sein wird (z.B. Phil 3,20).

Siehe auch: *Sühne (Buße); *Vergebung; *Rechtfertigung; *Versöhnung; *Erlöser, Erlösung.

HEILIG, HEILIGE, HEILIGKEIT. Der atl. Begriff bezeichnet eine Person oder Sache, die für Gott ausgesondert, d.h. ihm geweiht und damit dem allgemeinen oder weltlichen Gebrauch entzogen ist. So können Land (2.Mo 3,5), eine Versammlung (2.Mo 12,16) und ein Volk (2.Mo 19,6) heilig sein. Das Volk wurde „heilig" genannt, weil es von Gott aus den anderen Völkern ausgesondert wurde, nicht weil es ethisch rein war. Gott gab dem Volk als ethische Richtschnur das *Gesetz. So wird heilig, was Gott erwählt hat und eine Art erhalten hat, die dem Gesetz entspricht. Heiligkeit ist Gott eigen (1.Sam 2,2); sie strahlt sein ganzes Wesen aus. Jesus ist das höchste Beispiel göttlicher Heiligkeit, die mehr bedeutet als Sündlosigkeit. Seine H. ist vollkommene Hingabe an Gottes Willen und Plan (Joh 17,19).

Die Apostel nannten die Christen „Heilige"; diese Bezeichnung war mindestens bis zum 2. Jh. n.Chr. üblich, danach entwickelte sie sich allmählich zu einem besonderen Ehrentitel.

*Heiligung.

HEILIGE SCHRIFT. Für die ursprünglichen Leser des NT war bei einem Bezug auf „die Schrift" sofort klar, daß damit das gesamte AT gemeint war, in dem das Evangelium wurzelte und das durch Christus erfüllt wurde (Lk 24,44; 2.Tim 3,15ff). Der Schriftbeweis (Zitieren atl. Stellen zum Nachweis einer richtigen ntl. Lehre) war herausragendes Element der urchristl. Predigt und wird in den ntl. Schriften häufig benutzt. Die Frage, ab wann die christl. Schriften als „die Heilige Schrift" betrachtet wurden, kann nicht mit Sicherheit beantwortet werden. 2.Petr 3,16 könnte ein früher Bezug auf Paulus' Schriften in diesem Sinne sein. In 1.Tim 5,18 zitiert Paulus vielleicht sowohl aus einer frühen Sammlung von Aussprüchen Jesu als auch aus dem AT und bezeichnet beide als „die Schrift".

*Bibel; *Kanon (NT).

HEILIGER GEIST. Siehe *Geist.

HEILIGTUM. Ort religiöser Anbetung. Archäologen haben viele heidnische Heiligtümer ausgegraben. Der Begriff wird aber in der Bibel fast ausschließlich für die Stätten gebraucht, an denen der Gott Israels angebetet wurde.

Israels erstes Heiligtum war zunächst die transportable *Stiftshütte (2.Mo 25-31; 36-40). Als sich das Volk in Kanaan niedergelassen hatte, plante David einen festen Tempel (1.Chro 22,19), den Salomo baute. Er wurde von späteren Königen entweiht, die darin heidnische Praktiken zuließen (z.B. Hes 5,11).

*Tempel.

HEILIGUNG, HEILIGEN. Altes Testament: Der hebr. Wortstamm hat zwei Grundbedeutungen: 1. „ausgewählt sein für einen besonderen Zweck", „ausgesondert", „als geheiligt betrachtet werden im Gegensatz zum Profanen", ein Gedanke, der mit einer rituellen Handlung in Verbindung steht. Was der heilige Gott beschlagnahmt (für sich beansprucht), ist heilig (z.B. 2.Mo 20,8). Sowohl Gegenstände (wie die Stiftshütte: 2.Mo 29,44; Kleider: 3.Mo 8,30; Felder: 3.Mo 27,17) als auch Menschen (2.Mo 19,14; 28,41) konnten geheiligt (oder geweiht), d.h. für einen besonderen Dienst für Gott ausgesondert werden. **2.** Rein sein, in Gottes Gegenwart passen (Ps 24,3f), was sich im persönl. Leben zeigt. Die Propheten verurteilten äußerlichen Gottesdienst, der scheinbar die Heiligkeit Gottes anerkennt, der aber nicht von einem geheiligten Leben begleitet wird (z.B. Jes 1,4.11; 6,3-7).

Neues Testament: H. kommt auch in der ersten Bedeutung von „weihen, aussondern" vor (Mt 23,17ff; Joh 17,17ff). Dann aber vor allem in der zweiten Bedeutung von „im persönlichen Leben von Gott in Beschlag genommen sein". Jesus hat durch sein Opfer das neue Gottesvolk nicht nur ausgesondert, sondern hat es auch mit Gaben ausgerüstet, um ihm zu dienen und ihn zu ehren (Hebr 10,10). Die Gläubigen werden durchweg als Heilige bezeichnet (z.B. 1.Kor 1,2). Gottes Wille ist es nun, daß die durch Christus für ihn beschlagnahmten (= geheiligten) Menschen ihre Lebensgestaltung nach seinen Maßstäben ausrichten. Das bedeutet Heiligung (1.Thess 4,3), sie ist ein Prozeß der Umgestaltung in das Bild Christi (Kol 3,10). Sie wird möglich durch das Wirken des *Heiligen Geistes, der den Glaubenden von Sünde überführt, die Bereitschaft zur Annahme der *Vergebung weckt und neu gestaltetes Leben ermöglicht (Röm 7-8; Gal 5).
*Heilig, Heilige, Heiligkeit.

HEILUNG. Siehe *Gesundheit.

HELAM. Stadt im Ostjordanland, wo *David den Syrer Hadad-Eser besiegte (2.Sam 10,16ff); wahrscheinlich das heutige Alma.

HELBON (fett, fruchtbar). Nach Hes 27,18 lieferte dieser Ort Wein nach Tyrus; heute wahrscheinlich das arab. Dorf Khalbun, 25 km nördl. von Damaskus.

HELDAI. 1. Einer der Heerführer *Davids, der im 12. Monat 24 000 Soldaten befehligte (1.Chro 27,15); in 1.Chro 11,30 wird er Heled genannt. **2.** Einer der Rückkehrer aus der Babylon. Gefangenschaft, der Silber und Gold für die Krone des Hohenpriesters Jeschua beisteuerte (Sach 6,10).

HELEZ (wahrscheinlich: Stärke). Einer der Helden *Davids, der in 2.Sam 23,26 als Peletiter bezeichnet wird, weil er nicht aus Juda kam, sondern in Bet-Pelet lebte; wahrscheinlich derselbe wie in 1.Chro 11,27; 27,10.

HELKAT. Stadt im Kischontal im Gebiet des Stammes *Asser, die den Leviten zugeteilt wurde, möglicherweise Tell el-Harbadsch, 10 km südöstl. von Haifa.

HELKAT-HAZZURIM (Feld der Feuersteine oder Feld der scharfen Schwerter). Schauplatz eines Kampfes zwischen den besten Männern Joabs und Abners (2.Sam 2,14ff).

HELLENISTEN (griech. Juden). Menschen, die zwar keine Griechen waren, aber griech. sprachen und von der griech. Lebensart und Kultur geprägt waren. Die früheste Erwähnung findet sich in Apg 6,1, wo der Ausdruck eine Gruppe von Judenchristen innerhalb der Jerusalemer Gemeinde bezeichnet, die von den (aramäischsprachigen) „Hebräern" unterschieden wurden. Viele H. standen mit den außerhalb Palästinas verstreut lebenden Juden in Verbindung. Die H. in Apg 9,29 waren Mitglieder einer griechischsprachigen *Synagoge.

HELM. Siehe *Rüstung.

HEMAN (treu). **1.** Einer der Weisen, den *Salomo an Weisheit übertraf (1.Kön 5,11). **2.** Ein Levit, der zu den führenden Sängern Davids gehörte (1.Chro 15,17.19).

HENA. Eine Stadt die, wie die Assyrer prahlten, nicht von ihren Göttern vor den Angreifern beschützt werden konnte (2.Kön 18,34); in der LXX wird sie mit Ana am Euphrat gleichgesetzt.

HENOCH. 1. Ein Sohn *Kains, nach dem eine Stadt benannt wurde (1.Mo 4,12). **2.** Sohn Jereds und Vater Metuschelachs (1.Mo 5,18.21), ein herausragender Gottesmann, der wie *Elia nicht starb, sondern entrückt wurde (1.Mo 5,24). H. Hinwegnahme, die das NT in Hebr 11,5f auf seinen Glauben zurückführt, trug zur Ent-

stehung der jüd. Hoffnung auf ein Leben nach dem Tod bei (Ps 49,16; 73,24). In der Zeit zwischen den Testamenten hat man sich häufig an H. erinnert (z.B. Sir 44,16; 49,16). Eine Zusammenfassung des Überlieferungsstoffes liegt im sog. „Äthiopischen Henoch" vor. Als Weltenwanderer enthüllt H. unter Leitung von Engelwesen Geheimnisse, wie z.B. über das Weltgericht, Bestrafung der gefallenen Engel u.a. und gibt Belehrungen weiter.
*Pseudepigraphen.

HERBERGE. Siehe *Gastfreundschaft.

HERMAS. Mitglied einer Hausgemeinde, die in Röm 16,14 von Paulus gegrüßt wird. Der Hirt des Hermas (*Apostolische Väter) hat damit nichts zu tun.

HERMENEUTIK. Zum einen bezeichnet dieser Begriff die Untersuchung und Festlegung der Grundsätze, nach denen ein Bibeltext verstanden werden muß, zum anderen die Auslegung und Erklärung eines Textes, um seine Bedeutung zu erschließen. *Bibelauslegung.

HERMES. In der griech. Mythologie der Sohn von Zeus und Maia, Schutzherr des Handels, der Rede- und Schreibkunst und der Jugend; in der röm. Mythologie hieß er Merkur. Die Verehrung von H. und Zeus in Lystra (Apg 14,12) ist durch zeitgenössische Inschriften belegt.

HERMETISCHE SCHRIFTEN. Eine Sammlung von Texten, in denen „Hermes Trismegistos" („Hermes, der dreimal Größte") eine Rolle spielt. Sie stellen eine Verschmelzung ägypt. und griech. Gedankenguts dar und sind oft von einer mystischen, persönlichen Religiosität erfüllt; vermutlich gehen sie auf das frühe 2. Jh. v.Chr. zurück. Von größerem Interesse sind philosophische und religiöse Abhandlungen über den Gott *Hermes, die von unbekannten Autoren in griech. Sprache verfaßt wurden und zumeist aus dem 2. und 3. Jh. n.Chr. stammen. Am berühmtesten ist *Poimandres,* der Hermes anbietet, ihm zu offenbaren, was er über die Schöpfung, die menschliche Natur und Gott wissen möchte: Der Mensch ist ein gefallenes Wesen, aber jene, die Buße tun und die Verdorbenheit aufgeben, können entkommen und werden im Tod mit Gott vereinigt. Die Wiedergeburt wird als Reinigung der Seele vom Makel der Materie betrachtet.

Neben platonisch-stoischer Philosophie und Volksmythologie lassen sich auch jüd. Einflüsse und Anklänge an das AT nachweisen. Es wurde auch auf Ähnlichkeiten zu Gedankengängen und Sprache im NT hingewiesen, vor allem zum Wortschatz des Johannes bezüglich Wiedergeburt, Licht und Finsternis, Leben und Tod, Glauben und Zeugnis. Ein direkter Einfluß des NT auf die hermetischen Schriften ist nicht unmöglich, aber keineswegs bewiesen; ein Einfluß der hermetischen Literatur auf das NT unwahrscheinlich.
*Gnosis.

HERMOGENES. Ein Christ aus Asien, der sich mit Phygelus von Paulus abwandte (2.Tim 1,15); die Umstände sind nicht bekannt.

HERMON (Heiligtum). Ein Berg im Antilibanon-Gebirge, der höchste Palästinas (2814 m). Er wird auch Sirjon genannt und war den Ureinwohnern Kanaans heilig. Meist ist er schneebedeckt; das Schmelzwasser bildet eine der Hauptquellen des Jordan. Wegen seiner Nähe zu Cäsarea Philippi hat man angenommen, daß an seinen Ausläufern der Ort der *Verklärung Jesu war.

HERODES. 1. *Herodes der Große.* König der Juden 37-4 v.Chr., geboren um 73 v.Chr. Sein Vater war Antipater, der 47 v.Chr. von Julius Cäsar zum Prokurator von Judäa ernannt wurde. Als die Parther in Syrien und Palästina einfielen und 40 v.Chr. Antigonus auf den Thron von Judäa hoben, verlieh der röm. Senat Herodes, der inzwischen Militärpräfekt von Cölesyrien (= „Talsyrien"; Tal zwischen Libanon und Antilibanon mit Umgebung; u. a. neben Phönizien der ganze südl. Reichsteil mit Damaskus als Hauptort) war, den Königstitel. Er konnte jedoch erst nach dreijährigen Kämpfen seine Herrschaft antreten. Allmählich befreite er sich – meist durch Hinrichtungen –

von seinen Rivalen aus der (hohenpriesterlichen) Hasmonäerfamilie.

Zu seinen berühmten Bauprojekten gehört der Wiederaufbau Samarias (in Sebaste umbenannt), der Hafen in Cäsarea und der Tempelumbau in Jerusalem. Aber nicht einmal dadurch wurde er bei den Juden beliebter; er ließ auch heidnische Tempel errichten, und die Beseitigung der Hasmonäer wurde ihm nie verziehen. Drei seiner Söhne ließ er hinrichten. Sein Argwohn wird auch im Bericht von den drei Weisen aus dem Morgenland und der darauffolgenden Tötung der Knaben (Mt 2) deutlich.

2. *Herodes Antipas,* der Tetrarch (LÜ: Landesfürst; Lk 3,19). Der jüngere Sohn von Herodes dem Großen und Malthake; vom Herrschaftsgebiet seines Vaters erhielt er Galiläa und Peräa. Von ihm wurde Johannes der Täufer gefangengenommen und hingerichtet. Dieser hatte ihn getadelt, weil er sich von seiner ersten Frau scheiden ließ, um Herodias, die Frau seines Halbbruders Herodes *Philippus, zu heiraten (Mk 6,14f). Er hatte eine kurze Begegnung mit Jesus (Lk 23,7ff), der ihn als „Fuchs" bezeichnete (Lk 13,31f). H. baute die Stadt Tiberias (22 n.Chr.) und wurde 39 n.Chr. abgesetzt.

3. *Herodes Agrippa* („der König Herodes", Apg 12,1). Enkel Herodes des Großen, der in Rom aufwuchs. Caligula gab ihm Gebiete nordöstl. von Palästina, die Claudius später zu einem Königreich erweiterte, das nahezu ebenso groß war wie das seines Großvaters. Die Juden erkannten ihn an (er war durch seine Großmutter mit den Hasmonäern verwandt). Sein plötzlicher Tod 44 n.Chr. wird in Apg 12,20ff erwähnt; seine Töchter Berenike in Apg 25,13ff und Drusilla in Apg 24,24.

HERODIANER (LÜ: Anhänger des Herodes). Sie werden im NT als Feinde Jesu erwähnt (Mt 22,16; Mk 3,6; 12,13); wahrscheinlich eine jüd. Partei, die der herodianischen Familie zugeneigt war.

HERODIAS. Tochter des Aristobul (Sohn Herodes des Großen), die zunächst ihren Onkel Herodes Philippus heiratete, dann ihren Onkel Herodes Antipas; ihre Tochter Salome heiratete später ihren Großonkel, den Landesfürsten Philippus (vgl. Mk 6,17f).

HERRENMAHL. Siehe *Abendmahl.

HERRLICHKEIT. Im AT bedeutet der Begriff auch Schwere, Gewicht oder Würde. Er wird benutzt, um Reichtum, Pracht oder Ehre von Menschen zu beschreiben, aber vor allem bezeichnet er die H. Gottes. Sie zeigte sich in der Wolke, die den Israeliten durch die Wüste voranging (2.Mo 16,10), sich auf dem Sinai niederließ (2.Mo 24,15ff und die Stiftshütte erfüllte (2.Mo 40,34ff). Kein Mensch kann Gottes H. ertragen, er würde sofort sterben (vgl. 2.Mo 33,18). Die Hirten (Lk 2,9) und die Jünger (Joh 1,14; Mk 9,2ff) sahen die H. Gottes. Durch seinen Tod verherrlicht Jesus seinen himmlischen Vater (Joh 13,31; 17,5). Gottes H. wird auch in Christi Auferstehung und in seiner Himmelfahrt (Apg 3,13) erkennbar; bei seiner Wiederkunft wird sie in ihrer ganzen Fülle offenbar werden (Mk 8,38).

HERZ. Hinweise auf das körperliche Organ sind selten; der deutlichste findet sich in 1.Sam 25,37. Allgemein galt das H. als „Leitzentrale" des ganzen Menschen (vgl. Spr 4,23); die modernen Begriffe Charakter, Persönlichkeit, Wille und Verstand spiegeln alle etwas von seiner Bedeutung wider. Der Gebrauch im NT ist ähnlich; das H. ist der Sitz von Willen (Mk 3,5), Verstand (Mk 2,6) und Gefühl (Lk 24,32). „Herz" ist also im NT der Begriff, der dem Wort „Person" am nächsten kommt (vgl. auch Mk 12,30). Aber das menschliche H. ist nicht immer, wie es sein sollte (Jer 17,9), und muß deshalb verändert werden (Jer 24,7; Eph 3,17). Die rechte Herzenshaltung beginnt, wenn es „geängstet und zerschlagen" ist (Ps 51,19); das harte oder „steinerne" Herz dagegen unterwirft sich Gott nicht (Hes 11,19). Gott prüft das H. (Ps 139,23) und reinigt es (Ps 51,12; Jer 31,33), denn nur wer reinen Herzens ist, wird ihn schauen (Mt 5,8).

HESCHBON (Plan). Stadt in *Moab, die dem Amoriterkönig Sihon von den Israe-

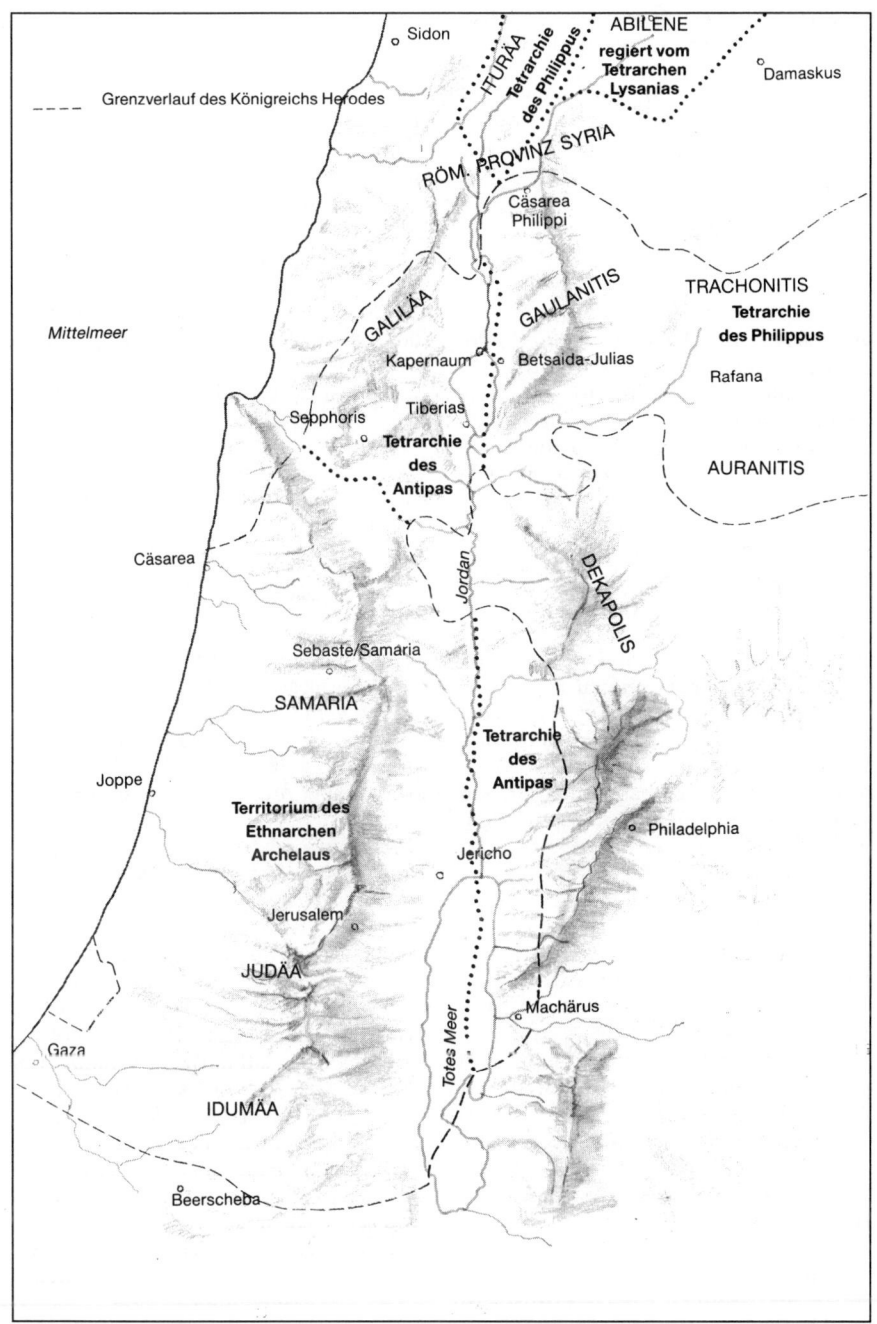

Herodes. *Palästina unter römischer Herrschaft: Die Verwaltungsgebiete der „Tetrarchen".*

liten abgenommen wurde (4.Mo 21,21ff). Sie wurde erst dem Stamm *Ruben, dann *Gad gegeben und von diesen den Leviten zugesprochen. Die Moabiter eroberten sie zurück (Jes 15,4; Jer 48,2), aber im 1. Jh. v.Chr. gehörte sie wieder zu Israel.

HESEKIEL. Siehe *Hesekiel, Buch.

HESEKIEL, BUCH. *Verfasser und Zeit.*
Hesekiel (Gott stärkt), geboren um 623 v.Chr., Sohn des Priesters Busi, Zeitgenosse Jeremias, wurde 597 v.Chr. zusammen mit König Jojachin und vielen einflußreichen Männern seines Volkes nach Babylon deportiert. Dort wohnte er in der jüd. Siedlung Tell Abib am Fluß Kebar. Er war verheiratet und kinderlos geblieben. Seine Frau starb am Tag der Belagerung Jerusalems durch *Nebukadnezar (24,1f; 15ff). Die Ältesten kamen zu ihm ins Haus, um Rat und Belehrung zu empfangen. In Verbindung mit einer gewaltigen Vision wurde er im Jahre 593 als Dreißigjähriger zum Propheten berufen (vgl. Kap. 1) und wirkte mindestens 22 Jahre. Er gab Gottes Weisungen an die Verbannten in Babylon weiter. Obwohl seine Botschaft schlecht angenommen wurde (3,25; 33,30ff), genoß er Ansehen im Volk (z.B. 14,1).

Inhalt. Die Prophetie Hesekiels ist durch die Eroberung und Zerstörung Jerusalems (586 v.Chr.) geprägt.
Dementsprechend unterteilt sich der Inhalt des Buches:
1. Gerichtsdrohungen und Ankündigungen der Katastrophe durch Bußpredigten (Kap. 1-32).
2. Das Gericht über Jerusalem (Kap. 33).
3. Verkündigung der Wiederherstellung der Nation und des Wiederaufbaus des Tempels in Jerusalem (Kap. 34-48).

Sein Buch ist reich an Bildern, Gleichnissen und Visionen. Charakteristisch ist die Anrede: „Du Menschenkind". Ebenso die Formulierung: „Sie sollen erfahren, daß ich der Herr bin!" Seine Sprache ist nüchtern, breit, aber oft auch leidenschaftlich.

Bedeutung.
1. Wer aus der Geschichte – vor allem aus den Katastrophen – nichts lernt und die alten falschen und bösen Wege weitergeht, der verfällt unweigerlich dem Gericht Gottes.
2. Jeder einzelne ist für sein Leben vor Gott verantwortlich. Keiner kann sich auf die Taten anderer berufen, weder im Guten (Frömmigkeit) noch im Bösen (Schuld) (Kap. 18,1-32).
3. Worin bestehen die Verfehlungen des Gottesvolkes? Es ist anfällig gegenüber den alten Sünden: Ungehorsam, Widerspenstigkeit, Undankbarkeit (Kap. 2,5-8; 3,7).
4. Gottes erbarmendes und schöpferisches Tun hat nichts Geringeres im Sinn als die Neuschaffung seines Volkes. Er schenkt das neue Herz und gießt seinen Geist aus. Gottes Geist erfaßt die Totengebeine und macht sie lebendig (Kap. 36 und 37).
5. Israel wird aus der Zerstreuung wieder heimgebracht und darf das Land der Verheißung aufbauen. Feindliche Mächte ziehen herauf, um das Land zu zerstören („Gog"). Doch sie werden vernichtet. Gottes Verheißung erfüllt sich wunderbar vor aller Augen (Kap. 38 und 39).

Gliederung.
1,1-3,21   *Hesekiels Berufung und Sendung.*
3,22-24,27   *Gerichts-Prophetie gegen Jerusalem (vor seiner Zerstörung).*
   Ankündigung der Zerstörung Jerusalems durch symbolische Handlungen (3,22-7,27).
   Götzendienst im Tempel und Vision, wie Gott den Tempel verläßt (8-11).
   Warnungen und Beweise für die Notwendigkeit des Gerichts (12-24).
25-32   *Prophezeiungen gegen sieben Nachbarvölker.*
   Ammoniter (25,1-7).
   Moabiter (25,8-11).
   Edomiter (25,12-14).
   Philister (25,15-17).
   Tyrus (26,1-28,19).
   Sidonier (28,20-26).

	Ägypter (29-32).
33	*Gericht über Jerusalem*
34-39	*Prophetie der Wiederherstellung Israels (an die Deportierten im Exil).*
	Die schlechten Hirten und der gute Hirt (34).
	Befreiung Israels von seinen Feinden (35,1-36,15).
	Neubelebung des einzelnen und der Nation (36,16-37,28).
	Der zukünftige Feind des Gottesvolkes und seine Vernichtung (38-39).
40-48	*Zukunftsvision vom neuen Tempel im messianischen Friedensreich.*
	Tempel und Tempeldienst (40-46).
	Tempelquelle und Landesgrenzen (47).
	Aufteilung des Landes (48).

HETITER. Im AT sind sie sowohl eine große Nation, nach der das ganze Syrien benannt wurde, als auch eine Volksgruppe, die bis nach der Eroberung durch die Israeliten in Kanaan lebte. Das Hetiterreich wurde um 1800 v.Chr. von einem indoeuropäischen Volk gegründet, das sich zwei Jahrhunderte vorher in Kleinasien angesiedelt hatte. Im 16. Jh. v.Chr. errichtete der Hetiterkönig Mursilis I. eine neue Hauptstadt in Chattusa (heute Bogazköi) östl. des Flusses Halys. Den dort entdeckten Archiven verdanken wir größtenteils unser Wissen über die H. Es gibt Ähnlichkeiten zwischen hetitischen Gesetzen und denen des Pentateuch (der 5 Bücher Mose); allerdings gilt das nicht für die Gesamtkonzeption, sondern betrifft nur Einzelheiten, z.B. die Leviratsehe (*Ehe). Den Höhepunkt seiner Macht erreichte das Hetiterreich im 14. Jh. v.Chr., als in diesem Gebiet zum ersten Mal Eisen in einem solchen Umfang geschmolzen wurde, daß man vom Beginn der Eisenzeit sprechen kann. Der Zusammenbruch des Reiches wurde um 1200 v.Chr. durch feindliche Übergriffe aus dem W verursacht, aber sieben syr. Stadtstaaten behielten den Namen „Hetiter" noch mehrere Jahrhunderte lang bei. Salomo trieb mit ihnen Handel und heiratete hetitische Frauen (1.Kön 10,28f; 11,1).

H., die zur Erzväterzeit in Kanaan lebten, waren entweder ein früher Zweig der Vorfahren dieses Volkes, frühe Einwanderer aus dem Hetiterreich oder eine andere Gruppe mit einem ähnlichen Namen. In 1.Mo 23 sind die H. Einwohner Hebrons, unter denen *Abraham lebte. Der letzte Hinweis auf die H. Kanaans fällt in die Zeit Salomos (2.Chro 8,7); danach gingen sie in der übrigen Bevölkerung unter.

Hetiter. Hetitischer Krieger mit Rundschild, Lanze und Schwert, 13. Jh. v.Chr.

HEUCHLER. Im allgemeinen Sprachgebrauch versteht man darunter gewöhnlich einen Menschen, der bewußt vorgibt, etwas zu sein, was er nicht ist. Der entsprechende griech. Begriff bedeutet eigentlich „Schauspieler". Im NT wird er nur von Jesus gebraucht, der ihn auf *Schriftgelehrte und *Pharisäer anwendet, die gegenüber ihren eigenen Fehlern (Mt 7,5), Gottes Werken (Lk 12,56) und den wahren Werten blind sind (Lk 13,15), die Überlieferung überbewerten (Mt 15,7) und die Zurschaustellung ihrer religiösen Leistungen lieben (Mt 6,2.5.16).

HEUSCHRECKE. Die neun hebr. Bezeichnungen und eine griech. Bezeichnung, die in der Bibel verwendet werden, beziehen sich wahrscheinlich auf verschiedene Arten und Wachstumsstadien (z.B. Joel 1,4) oder sind Beinamen. H. waren die einzigen als Speise erlaubten Insekten (3.Mo 11,21f). Für Wüstenstämme lieferten sie zu gewissen Jahreszeiten das für die Ernährung wichtige Protein. H. leben in großen Schwärmen, die vorwiegend durch den Wind gelenkt werden, und können die Ernte völlig zerstören. Sie waren die 8. Plage in Ägypten (2.Mo 10,1-20). In der Bibel werden die H. symbolisch z.B. für Krieg und Verwüstung gebraucht (Ri 6,5).

HEXE. Siehe *Magie und Zauberei.

HIDDEKEL. Alter Name des Flusses *Tigris.

HIEL. Baute das zerstörte Jericho zur Zeit *Ahabs wieder auf; dabei kamen seine Söhne ums Leben, womit sich der Fluch Josuas erfüllte (Jos 6,26; 1.Kön 16,34).

HIERAPOLIS. Stadt in der röm. Provinz Asia, 10 km nördl. von Laodizea. Sie wurde bei heißen Quellen erbaut, die für ihre Heilkräfte bekannt waren und durch Kalkablagerung ungewöhnliche Felsformationen bildeten. In Offb 3,15f könnten diese heißen Quellen im Gegensatz zu den kalten von Kolossä und den lauwarmen von Laodizea gemeint sein. Die Stadt war ein heidnisches Kultzentrum. Wahrscheinlich wurde die dortige Gemeinde gegründet, als sich Paulus in Ephesus aufhielt (Apg 19,10; vgl. Kol 4,13).

HILKIJA (Mein Teil ist Jahwe). Mehrere Personen im AT; z.B. der *Hohepriester, der das Gesetzbuch fand (2.Kön 22,8) und König *Josia bei der Durchführung seiner Reformen unterstützte. Ein anderer war der Vater *Jeremias, vermutlich ein Nachkomme Abjatars, des Hohenpriesters zur Zeit *Davids.

HIMMEL. Der Begriff wird meist im Plural verwendet und bezeichnet zum einen alles, was sich oberhalb von der Erde befindet, z.B. den Sternenhimmel (Mt 5,18). Zum anderen bezeichnet H. die Wohnung Gottes (5.Mo 26,15; Mt 5,45), den Aufenthaltsort der Engel (Mk 13,32) und die Heimat der Gläubigen (1.Petr 1,4). Die Vorstellungen vom Paradies (Lk 23,43) oder vom „dritten Himmel" (2.Kor 12,2) werden nicht näher ausgeführt und sind bildhafte Hinweise auf die Vollkommenheit dieses Ortes.

Gott hat den H. geschaffen (1.Mo 1,1); dieser sichtbare Himmel wird vergehen (vgl. Offb 20,11) und einem neuen H. weichen (Offb 21,1).

HIMMELFAHRT. Über die H. Jesu berichten Lk 24,50ff und Apg 1,9ff. Sie wurde von einigen *Jüngern als Augenzeugen miterlebt, die beobachteten, wie eine Wolke Jesus ihren Blicken entzog. Die H. bildete den Abschluß der Erscheinungen Jesu nach seiner *Auferstehung und bedeutet seine Rückkehr zum Vater (vgl. Joh 20,17). Er ist Herr aller Mächte (vgl. Mt 28,18). Für Christen bedeutet die H. Jesu, daß er sein Versöhnungswerk vollendet hat (Hebr 10,11ff), daß er vorausgegangen ist, um seinen Nachfolgern eine Stätte zu bereiten (Joh 14,2), und daß er für seine Nachfolger eintritt (Röm 8,34; Hebr 7,25). Vom Himmel her wird er sichtbar wiederkommen, um Gottes Reich aufzurichten (Joh 14,3; 1.Kor 15,24ff).

HINNOM-TAL. Ein Tal südl. von Jerusalem, auch „Tal der Söhne Hinnoms" genannt (Jos 15,8). Die islamische Tradition setzt es mit dem Kidrontal gleich, aber wahrscheinlich handelt es sich um das Wadi er-Rababi, das die Stadt im W und S einschließt. Zur Zeit Jeremias war es mit dem Molochkult verbunden, und später scheint man dort Abfälle und Leichen von

Verbrechern und Tieren verbrannt zu haben.
*Hölle.

HIOB, BUCH. *Verfasser und Zeit.* Über Hiob wissen wir sehr wenig, weil es keine Verbindungen zu anderen Geschichtsbüchern des AT gibt. Man nimmt an, daß die Geschichte selbst in der Zeit der Patriarchen spielt, jedoch erst später in dichterischer Form aufgeschrieben wurde. Hiob war ein reicher, angesehener Mann, der seinen Besitz, seine Kinder und seine Gesundheit verlor; die Symptome seiner Krankheit sind unklar. Da man sein Unglück als Strafe Gottes für schwere Sünden deutete, warf man ihn aus der Stadt. In langen Gesprächen mit drei Freunden namens Elifas, *Bildad und *Zofar sowie einem späteren mit dem jungen *Elihu beteuerte er beharrlich seine Unschuld. Eine Offenbarung der Souveränität Gottes brachte die Wende; sein Reichtum wurde verdoppelt, und es wurden ihm noch zehn Kinder geschenkt.

Das Buch Hiob ist ein Meisterwerk der atl. Weisheitsliteratur. Die hier in sprachlicher Schönheit wiedergegebenen Ereignisse sind ein einzigartiges Zeugnis, das Antwort gibt auf die Frage nach dem Sinn des Leidens.

Ausgangspunkt. Der Schlüsselvers 1,9 stellt die schwerwiegende Frage, ob Hiobs Frömmigkeit zweckbestimmt ist oder nur verkappte Selbstsucht. So jedenfalls lautet die Anklage Satans. Wird Hiob, der im Wohlstand lebt, unter schwerer Belastung zusammenbrechen und seinen Glauben aufgeben?

Inhalt und Bedeutung.
1. Nach welchem Maßstab kann Gottes Gerechtigkeit gemessen werden? Wie kann Gott zulassen, daß ein sittlich so unbescholtener und frommer Mensch leidet? Für die Freunde Hiobs vertritt Gott das Gesetz der Vergeltung (vgl. 1,9 mit 22,2): Gott belohnt den Frommen und straft den Sünder; Leid ist daher Strafe für schwere Schuld.

2. In einem langen Lernprozeß erkennt Hiob, daß er sich in einer verzweifelten Lage befindet: Er versteht Gottes Handeln nicht, das er als Unrecht empfindet, und kämpft um sein Recht vor Gott (16,19; 17,3).

3. Dabei erfährt er: Der Versuch, das Leid und die Verzweiflung zu überwinden, führt zunächst immer tiefer hinab. Am tiefsten Punkt aber erlebt der Leidende das Geheimnis der umfassenden Wirklichkeit Gottes (19,25-27).

4. Hiob tritt die Flucht nach vorn an, die Flucht zu dem Gott, der ihn schlägt. Dabei erfährt Hiob den lebendigen, unauslotbaren, unerforschlichen Gott, der nicht mit menschlichen Maßstäben zu messen ist. Dieser Gott greift nun selbst ein und bringt die Lösung des Konfliktes (38,1-42,6). Er offenbart sich Hiob in seiner Größe, Weisheit und Souveränität, und Hiob erkennt: Es gibt keine Instanz über Gott. Wir Menschen können Gott nicht in Frage stellen, sondern Gott stellt uns in Frage (Kap. 38).

5. Wo der Mensch diesem Gott recht gibt, beweist er zugleich die Echtheit seiner Frömmigkeit. Hiob wird gerecht gesprochen – nicht wegen seiner vermeintlichen Integrität, sondern weil er seine Selbstgerechtigkeit Gott gegenüber aufgegeben hat und an Gottes Treue festhält. Darin liegt das neue Glück Hiobs (Mt 6,33).

Gliederung.

1-2	*Rahmenerzählung.*
	Hiobs Rechtschaffenheit (1,1-5).
	Verlust des Reichtums (1,6-22).
	Verlust der Gesundheit (2,1-10).
3	*Hiobs Klage.*
4-37	*Die Reden.*
	Das erste Gespräch (4-14).
	Das zweite Gespräch (15-21).
	Das dritte Gespräch (22-31).
	Die Reden Elihus (32-37).
38-41	*Die Antwort Gottes.*
42,1-6	*Hiobs Umkehr und Unterwerfung.*
42,7-17	*Rahmenerzählung.*
	Hiobs Rechtfertigung (42,7-9).
	Hiobs neues Glück (42,10-17).

HIRAM. König von *Tyrus zur Zeit *Davids und *Salomos, der ca. 979/78-945/44 v.Chr. regierte. Er war ein großer Bewunderer Davids, dem er Material und Handwerker zum Bau seines Palastes sandte

(2.Sam 5,11). Später war er Salomo bei der Errichtung des Tempels behilflich und erhielt als Gegenleistung Weizen und Öl (1.Kön 5,16ff). Als der Tempel fertig war, gab Salomo H. 20 Dörfer in Galiläa und erhielt dafür vertragsgemäß 120 Talente Gold (LÜ: Zentner, 1.Kön 9,10ff). Die beiden Königreiche unternahmen mit ihren Flotten gemeinsame Handelsreisen (1.Kön 9,26ff; 10,22).

Aus außerbibl. Quellen geht hervor, daß H. Krieg mit Zypern führte, Tempel für Astarte-Melkart (später Herkules) baute und ältere Tempel ausschmücken ließ. Josephus zufolge tauschten die Könige H. und Salomo auch Rätsel aus.

HIRTE. Der Begriff wird in der Bibel sowohl im eigentlichen Sinn für den Schafh. gebraucht, als auch im übertragenen Sinn für Menschen, die politische oder geistliche Verantwortung für andere haben. Der Schafh. mußte in trockener und steiniger Gegend Wasser und Weide finden (Ps 23,2), seine Tiere vor Wetter und Angreifern schützen (vgl. Am 3,12) und den verlorenen nachgehen (Mt 18,12). Zu seiner Unterstützung hatte er vielleicht Hunde (Hiob 30,1).

Gott wird oft als der H. seines Volkes bezeichnet (z.B. Ps 23,1; 80,2), der für die Seinen sorgt (Jes 40,11) und die wieder heimführt, die er in seinem Zorn zerstreut hat (Jer 31,10). Treulosen H. des Volkes wird Gericht angedroht (Jer 25,32ff; Hes 34), denn sie haben für sich gesorgt, aber ihre Pflichten vernachlässigt. Jesus ist der gute Hirte (Joh 10; 1.Petr 2,25). Seine *Schafe kennen seine Stimme, wie auch noch heute die Herden die Stimmen der verschiedenen H. unterscheiden.

HIRTENBRIEFE/PASTORALBRIEFE. Eine verbreitete Bezeichnung für den 1. und 2. *Timotheusbrief und den *Titusbrief, obwohl ihr Inhalt nur teilweise „pastoralen" Charakter trägt, im Sinne von Anweisungen für die Betreuung von Gemeindegliedern.

HISKIA (Jahwe ist meine Stärke). Der 14. König von Juda. Er herrschte 29 Jahre lang und zeichnete sich durch seine Frömmigkeit aus (2.Kön 18,5). Er regierte wahrscheinlich ca. 729-716 v.Chr. gemeinsam mit seinem Vater *Ahas, so daß der Fall Samarias (722 v.Chr.) im 6. Jahr seiner Mitregentschaft erfolgte (2.Kön 18,10). Sanherib fiel im 14. Jahr seiner Alleinherrschaft (701 v.Chr.) in Juda ein (2.Kön 18,13). Im Zuge einer großen Kultreform (2.Chro 29,3ff) führte er den ordnungsgemäßen Gottesdienst im renovierten *Tempel und das *Passafest wieder ein und zerstörte die heidnischen Heiligtümer. Er widersetzte sich der Assyrerherrschaft und verstärkte die Schutzmaßnahmen in Jerusalem (u.a. baute er zur Sicherung der Wasserversorgung den *Siloah-Tunnel). Sanherib von Assyrien rühmte sich, Hiskia in Jerusalem eingeschlossen zu haben „wie einen Vogel im Käfig", aber er behauptete nicht, die Stadt erobert zu haben; das AT berichtet von Gottes Eingreifen während der Belagerung (2.Kön 19,32ff). Nach einem Gebet in schwerer Krankheit (2.Kön 20) wird H. gesund.

HIWITER. Ein Sohn *Kanaans (1.Mo 10,17); frühe Bewohner Syriens und Palästinas, die vor allem im Libanon- und Hermongebirge lebten. Unter den Arbeitern, die *Salomo für seine Bauvorhaben verpflichtete, waren auch H. (1.Kön 9,20). H. sind außerhalb des AT nicht bekannt und werden oft mit den Horitern gleichgesetzt.

HOBA. Ein ansonsten unbekannter Ort nördl. von Damaskus, bis zu dem *Abraham vier Königen nachjagte (1.Mo 14,15).

HOBAB (Geliebter). Er wird in 4.Mo 10,29 als „Schwager" *Moses bezeichnet. Andere Stellen legen jedoch nahe, daß entweder er oder sein Vater Reguël mit Jitro, dem Schwiegervater Moses, identisch ist (2.Mo 2,18; vgl. Ri 4,11 Rev EB).

HOFFNUNG. Im AT bedeutet H. vor allem Vertrauen auf den einen, wahren Gott (Ps 71,5); sie ist die Zuversicht des Glaubenden, daß Gott helfend eingreifen und seine Verheißungen erfüllen kann (Ps 25,2f; Jes 30,15). Im NT erhielt der Begriff eine noch tiefere Bedeutung. Während die *Heiden keine wirkliche H. haben, weil sie ohne Gott sind (Eph 2,12), lebt der Christ im Vertrauen auf den lebendigen Gott, der sein Wort erfüllt (bereits *Abraham ist ein Beispiel dafür; Röm 4,18). Besonders hervor tritt im NT die Ewigkeitshoffnung der Christen, die Erwartung zukünftiger, vollkommener Erlösung (Röm 8,23ff; 1.Petr 1,3.21). Sie bedeutet ewige Rettung in eine nicht mehr vom Tod gekennzeichnete, neue Welt Gottes (1.Kor 15,19; Röm 12,12).

Der Inhalt der H. wird auch durch Bilder verdeutlicht: sie ist „Helm", ein Teil der Rüstung des Christen gegen das Böse (1.Thess 5,8) und ein „Anker", der tief in die unsichtbare Welt des Geistlichen eindringt (Hebr 6,19); sie kann daher niemals enttäuschen (Röm 5,5). H. spornt zu einem reinen Leben an (1.Joh 3,2f; *Heiligung), befähigt, Leid zu ertragen (Röm 5,3ff) und wird schließlich erfüllt werden, wenn Jesus wiederkommt (1.Petr 1,13). Zusammen mit Liebe und Glaube ist die H. ein unvergängliches Gut des Glaubenden (1.Kor 13,13).

HOFNI UND PINHAS. Die Söhne *Elis, Priester des Herrn in *Silo, die ihre Vorrechte mißbrauchten (1.Sam 2,12f) und andere Israeliten zur Verachtung des Gottesdienstes verleiteten. Nach der Ankündigung des göttlichen Gerichts (1.Sam 2,27ff; 3,11ff) wurden beide in der Schlacht gegen die Philister getötet (1.Sam 4,11).

HOFRA. Der 4. Pharao der 26. ägypt. Dynastie, der 589-570 v.Chr. herrschte; *Zedekia erbat Soldaten von ihm (Hes 17,11-21). H. marschierte während der Belagerung Jerusalems durch Nebukadnezar in Palästina ein, wurde jedoch zurückgeschlagen (Jer 37,5ff) und später in der Auseinandersetzung mit seinem Mitregenten Amasis (Ahmose) getötet (vgl. Jer 44,30).

HÖHE. Der Besitz von hochgelegenem Grund bedeutete Herrschaft über das Land; das erklärt vielleicht, warum auf den H. häufig Heiligtümer errichtet wurden. In der frühen Königszeit (1.Sam 9,25; 10,5) wurden möglicherweise ehemalige heidnische Altäre für den Gottesdienst übernommen. Nach der Reichsteilung stellten die H.n eine neue Gefahr für den Glauben in Israel dar. *Jerobeam baute einige Heiligtümer, um die Aufmerksamkeit des Volkes vom Heiligtum in Jerusalem abzulenken (1.Kön 12,25ff). Obwohl sie angeblich Gott geweiht sein sollten, trugen sie doch deutliche Züge der kanaan. Religion: Bilder (so zwei goldene Kälber), Steinmale, Ascherapfähle und Kultprostitution. Bibl. Geschichtsschreiber sahen in ihnen eine Hauptursache des sittlichen und religiösen Verfalls des Nordreiches (2.Kön 17,9ff). Trotz der Säuberungsaktionen im Südreich durch *Hiskia und *Josia lebte der Höhenkult bald erneut auf und hielt sich, bis die Babylonier das Reich Juda zerschlugen; nach dem 6. Jh. v.Chr. ist über die H. wenig bekannt. Archäologen haben eine Vielzahl von Heiligtümern aus jener Zeit entdeckt, in der Israel so viele Götter wie Städte hatte (Jer 2,28).

HOHERPRIESTER. Siehe *Priester und Leviten.

HOHER RAT (griech. Synedrion, hebr. Sanhedrin). Der höchste Gerichtshof der Juden, der in Jerusalem zusammenkam, als „Rat" die Bezeichnung für kleinere Gerichte. Nach der Überlieferung hat er seinen Ursprung bei den 70 Ältesten, die Mose beim Klären von Rechtsstreitigkeiten halfen (4.Mo 11,16ff). Man nimmt an, daß Esra nach dem Exil wieder einen Ältestenrat eingesetzt hat (vgl. die Ältesten von Esr 5,5; 6,14 und andere Beamte aus Neh 2,16; 4,13). Später erlaubten die Griechen, daß ein jüd. „Senat" das Volk vertrat (1.Makk 12,6; 2.Makk 4,44), Älteste offenbar unter dem Vorsitz des Hohenpriesters. Unter den Römern hatte dieser Rat viele Befugnisse, auch für Judäa. Seine Rechte wurden jedoch unter Herodes dem Großen (37-4 v.Chr.) beschnitten, aber von 6-66 n.Chr. wieder erweitert, so daß in dieser Zeit die innere Verwaltung des Landes in den Händen des H.R. lag. Zur Zeit Jesu waren diese Machtbefugnisse auf Judäa beschränkt, d.h., der H.R. hatte keinen direkten Einfluß auf ihn, wenn er sich in Galiläa aufhielt. Nach 70 n.Chr. wurde der H.R. in Jerusalem abgeschafft. Der Gerichtshof, der an seine Stelle trat, übte nur moralische und religiöse Rechtsprechung aus; er bestand aus Schriftgelehrten und hatte seinen Sitz außerhalb von Jerusalem.

Der H.R. setzte sich ursprünglich aus Vertretern der vorherrschenden Priesteraristokratie der *Sadduzäer zusammen, aber seit der Zeit der Königin Alexandra (76-67 v.Chr.) kamen auch Pharisäer und Schriftgelehrte dazu. In ntl. Zeit gehörten der amtierende und der ehemalige Hohepriester mit ihren Familien sowie Älteste und Schriftgelehrte dazu, 70 Mitglieder, und der amtierende Hohepriester, der den Vorsitz innehatte (vgl. Mt 26,3f.57ff).

Dem H.R. oblag die zivile Rechtsprechung in Übereinstimmung mit dem jüd. Gesetz und teilweise auch die strafrechtliche. Er konnte Gefangennahmen durch seine Beamten befehlen (Mt 26,47; Apg 5,17ff) und in Angelegenheiten entscheiden, die nicht die Todesstrafe einschlossen. Letzteres bedurfte der Bestätigung durch die Römer (Joh 18,31). Der H.R. beschuldigte Jesus der Gotteslästerung (Mt 26,57ff), Petrus und Johannes der falschen Lehre (Apg 4) sowie Paulus des Nichteinhaltens des mosaischen Gesetzes (Apg 22-24). Die Römer behielten sich das Recht vor, immer und überall eingreifen zu können (vgl. Apg 23). Der H.R. in Jerusalem hatte bestimmte Tage, an denen er zusammentrat. Für einen Freispruch genügte die einfache Mehrheit, eine Verurteilung erforderte jedoch eine Zweidrittelmehrheit. Verschiedene Verfahrensvorschriften wurden offensichtlich im Prozeß gegen Jesus außer acht gelassen.

HOHESLIED. *Verfasser.* Es ist nicht sicher, wer das Hohelied (hebr. „Lied der Lieder") schrieb. Der Ausdruck in 1,1 „das Hohelied Salomos" kann auch heißen „Hoheslied für Salomo" oder „Hoheslied über Salomo". *Salomo.

Inhalt und Bedeutung. Gemäß der gängigen Interpretationen besingt das Hohelied die Liebe zwischen Salomo und seiner Braut als Gleichnis für die innige Verbindung zwischen Gott und seinem Volk Israel (Hos 1-3).

Eine zweite Interpretation unterscheidet im Hintergrund des Hohenliedes eine weitere Person: einen Hirten; und dieser Hirte ist der wirkliche Geliebte des Mädchens. Sie nennt ihn „mein Geliebter".

Das H. enthält viele Selbstgespräche und Träumereien, in denen Sulamit in Gedanken bei ihrem Geliebten, dem Hirten weilt. So ist das H. ein Gedicht oder eine Sammlung von Gedichten, die die Liebe zwischen Mann und Frau besingen.

Gliederung.
1,1-3,5   Erwachen der Liebe.
3,6-5,1   Hochzeit – Erfüllung der Liebe.
5,2-8,4   Konkurrenzlose Schönheit der Sulamit und ihres Geliebten.
8,5-14   Bestätigung der Liebe.

HÖHLE. Da die Gebirge Palästinas westl. des Jordan hauptsächlich aus Kalkstein und Kreide bestehen, sind Naturhöhlen recht häufig anzutreffen. Sie wurden von frühester Zeit an als Behausung genutzt: *Lot und seine Töchter wohnten in einer (1.Mo 19,30), ebenso *David (1.Sam 22,1) und *Elia (1.Kön 19,9ff). Sie dienten gelegentlich als Versteck (z.B. 1.Kön 18,4) und häufig als Grabstätte (z.B. Joh 11,38).

HÖLLE. Das endgültige Schicksal der Gottlosen. Das griech. Wort *Gehenna* ist abgeleitet vom hebr. Namen des Hinnomtals bei Jerusalem, wo in atl. Zeit dem heidnischen Gott Moloch Kinderopfer dargebracht (2.Chro 28,3) und in der Folgezeit Abfälle verbrannt wurden. Im jüd. Schrifttum wurde Gehenna später die Bezeichnung für den Ort, an dem die Sünder mit Feuer bestraft werden (4.Esr 7,36); Jeremia gebrauchte ihn als Gerichtssymbol (Jer 7,31ff). Die allgemeine Vorstellung, daß Feuer Gottes Gericht darstellt, ist bereits im AT vorhanden (5.Mo 32,22; Dan 7,10).

Die H. ist vom *Totenreich zu unterscheiden, dem Aufenthaltsort aller Gestorbenen (1.Mo 37,35; Ps 6,6; Offb 20,13f).

Das NT beschreibt die H. als Ort des nicht verlöschenden Feuers und des unsterblichen Wurmes (z.B. Mk 9,47f), als äußerste Finsternis, in der Heulen und Zähneklappern sein wird (Mt 8,12); und als Feuersee (Offb 19,20). Dieser „feurige Pfuhl" ist der „zweite Tod" (Offb 20,14), bei dem Leib und Seele verderbt werden (Mt 10,28). Die bildhafte Sprache wurde aus Jes 66,24 übernommen, ist aber im Vergleich zur jüd. *Apokalyptik und zu späteren christl. Schriften ausgesprochen zurückhaltend. Sie will die Schrecklichkeit und Endgültigkeit dessen veranschaulichen, was an anderen Stellen einfach als Ausschluß von der Gegenwart Christi dargestellt wird (Mt 7,23). Aus dem NT geht deutlich hervor, daß es sich um eine Strafe handelt, vor der es kein Entrinnen gibt (Mt 25,46).

Die H. wurde dem Teufel und seinen Engeln bereitet (Mt 25,41); sie ist auch das Schicksal jener Menschen, die ihre wahre Bestimmung, die ihnen Gott in Christus anbietet, verworfen haben. Diese Aussagen des NT lassen sich nicht mit der Allversöhnung vereinbaren, nach deren Lehre alle Menschen am Ende gerettet werden. *Scheol.

HOMOSEXUALITÄT. Die Bibel geht nicht näher auf H. ein, aber sie verurteilt ausdrücklich homosexuelles Verhalten. In den Berichten über Sodom (1.Mo 19) und Gibea (Ri 19-20) handelt es sich um versuchte homosexuelle Vergewaltigung. Auch heidnische Kultprostitution war mit homosexuellem Handlungen verbunden (z.B. 1.Kön 14,24). In 3.Mo 18,22; 20,13 wird deutlich vor homosexuellen Praktiken gewarnt. Das dabei verwendete Wort *Greuel ist ein religiöser Begriff, der oft für heidnische Praktiken steht.

Für *Paulus widerspricht H. der Schöpfungsordnung Gottes, und er verurteilt homosexuelle Handlungen sowohl zwischen Männern als auch zwischen Frauen (Röm 1,26ff). Er betont, daß Menschen, die ihre homosexuellen Neigungen ausleben, das Reich Gottes nicht ererben (1.Kor 6,9), rechnet aber mit der befreienden Kraft des Evangeliums: „solche sind einige von euch gewesen" (V.11).

HONIG, WABE. H. war in bibl. Zeit ein beliebtes Nahrungsmittel (vgl. 2.Mo 16,31), dem man heilende Eigenschaften zuschrieb (vgl. Spr 16,24). H. durfte nicht in Speiseopfern enthalten sein, weil er der Gärung unterworfen war. Die Juden sammelten den H. wilder Bienen (1.Sam 14,25f) und betrieben in späterer Zeit vielleicht Bienenzucht.

HOR. 1. Berg an der Grenze zu *Edom, wo *Aaron starb (4.Mo 20,22ff). Die genaue Ortslage ist ungewiß, wahrscheinlich zwischen Kadesch-Barnea und Arad. **2.** Berg an der N-Grenze Israels, wahrscheinlich im Libanongebirge nördl. von Byblos, vielleicht Ras Schakkah.

HOR-GIDGAD. Lagerplatz der Israeliten in der Wüste (4.Mo 33,32f) in der Nähe von Bene-Jaakan und Jotbata westl. des Wadi Araba (vgl. auch 5.Mo 10,7).

HORI, HORITER/HURRITER. Frühere Bewohner Edoms, die von Kedor-Laomer besiegt (1.Mo 14,6) und von den Söhnen *Esaus vertrieben wurden (5.Mo 2,12.22), aber anscheinend auch einige Orte in Zentralpalästina bewohnten (z.B. Gilgal, Jos 9,6f; „Horiter" in der LXX, „Hiwiter" in vielen deutschen Übersetzungen). Sie werden manchmal mit den Hurritern gleichgesetzt, einem Teil der einheimischen Bevölkerung N-Syriens und Obermesopotamiens ab ca. 2300 v.Chr. Hurritische Namen waren in Palästina verbreitet.

Die Horiter in 1.Mo 36,20ff hatten offenbar semit. Namen und gehörten wahrscheinlich einem anderen Volk an.

HORMA. Bedeutende Stadt im *Negev, die frühere Kanaaniterstadt Zefat (Ri 1,17). Sie stand mit *Arad in Verbindung, ist aber nicht identisch damit (vgl. 4.Mo 21,1ff; Jos 12,14); Ausgrabungen in Chirbet el-Mesas, 6 km westl. von Tel el-Milh (Arad), förderten eine Siedlung zutage, bei der es sich um H. handeln dürfte.

HORN. Neben Tierhörnern (z.B. 1.Mo 22,13) bezeichnet das Wort in der Bibel die hornförmigen Vorsprünge an den Ekken der Altäre (z.B. 2.Mo 29,12). Sinnbildlich steht es für Macht (1.Kön 22,11; Ps 75,11); in apokalyptischen Texten stellen Hörner die Herrscher von Weltreichen dar (Dan 7;8; Offb 13;17). *Musik.

Hornisse

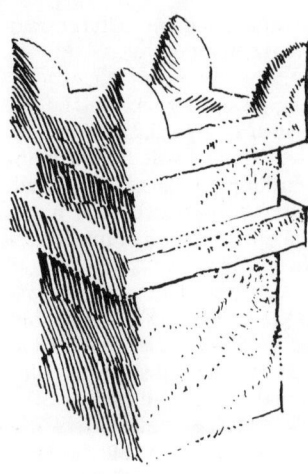

Horn. Hörneraltar aus Meggido (10.-8. Jh. v.Chr.).

HORNISSE. Eine große, Kolonien bildende Wespe, deren Stich schmerzhaft oder sogar gefährlich ist; sie ist in Teilen Palästinas auch heute noch häufig anzutreffen. Ihre Erwähnungen in der Bibel können wörtlich oder auch sinnbildlich gemeint sein (z.B. 2.Mo 23,28; LÜ: Angst und Schrecken). Es gibt Berichte, nach denen H. Pferde und Rinder in Panik versetzt haben.

HORONAJIM. Stadt in *Moab (Jes 15,5) am Fuß einer Hochebene nahe Zoar, vielleicht el-Arak.

HOSCHEA. 1. Ursprünglicher Name *Josuas, der von Mose umbenannt wurde (4.Mo 13,16). **2.** der 20. und letzte König des Nordreiches Israel, der gegen seinen Vorgänger *Pekach intrigierte und ihn tötete (2.Kön 15,30). Er wurde ein Vasall Assyriens; sein Versuch eines Aufstands führte 722 v.Chr. zum endgültigen Zusammenbruch des Reiches (2.Kön 17,1ff).

HOSEA, BUCH. *Verfasser.* Die Schatten des herannahenden Gerichtes lagen über dem Nordreich Israel, in dem Hosea lebte und wirkte. Nach den Angaben in 1,1 weissagte er nach dem Propheten Amos und einige Jahre vor Jesaja. Seine Botschaften hatte er zur Hauptsache an das Nordreich zu richten. Hosea, ein Sohn Beeris, erhielt von Gott den Auftrag, Gomer zu heiraten, die alle Anlagen zur Untreue hatte. Sie gebar drei Kinder, verließ dann ihren Mann und lief ihren Liebhabern nach. Als sie im Unglück verlassen und verachtet dahinlebte, bekam Hosea von Gott den Auftrag, sie loszukaufen und zu sich zu nehmen.

Inhalt und Bedeutung. Hoseas Ehe und Handeln mit Gomer wird in seiner Botschaft zum Bild für Israels Verhältnis zu seinem Gott. Gott hatte einen Bund mit dem Volk geschlossen, doch Israel erwiderte die Liebe nicht, im Gegenteil, es lief andern Göttern nach, die ihm nicht helfen konnten und es ins Unglück stürzten. Weil es sich nicht zurückholen ließ, mußte das Gericht kommen. Die Assyrer waren im Anzug. Trotz allem hat aber Gottes Liebe kein Ende. Der Tag wird kommen, an dem er Israel in Gnade und Liebe wieder annehmen wird: „Ich will ihre Abtrünnigkeiten heilen, gerne will ich sie lieben."

Gliederung.

1-3 Hoseas Ehe als Bild für Gottes Verhältnis zu Israel.
4-10 Das treulose Israel – Anklage und Warnung.
11-14 Gottes Treue und Liebe – Verheißung der Wiederannahme und Erneuerung Israels.

HOSIANNA. Griech. Form eines hebr. Ausdrucks, der beim triumphalen Einzug Jesu in Jerusalem gebraucht wurde (z.B. Mt 21,9); im AT kommt H. nur einmal vor, und zwar in längerer Form in Ps 118,25 („O Herr, hilf doch!"). Als Willkommensgruß für Jesus war er wahrscheinlich auch Ausdruck spontaner religiöser Begeisterung.

HÜGELLAND. Siehe *Schefela.

HUKKOK. Stadt an der S-Grenze des Stammesgebietes von *Naftali (Jos 19,34), wahrscheinlich Jakuk, 8 km westl. von Kapernaum.

HULDA. Eine Prophetin und Zeitgenossin *Jeremias und Zefanjas, lebte in Jerusalem. Sie wurde nach der Entdeckung des Gesetzbuches ca. 621 v.Chr. im Auftrag von *Josia um Rat gefragt (2.Kön 22,14). H. verkündigte im Namen Gottes Unheil über Jerusalem, aber erst nach Josias Tod.

HUND. Die Juden betrachteten H. mit Verachtung und Abscheu. Als Abfallbeseitiger sind H. mögliche Krankheitsüberträger, und im Orient gelten sie noch immer als „unrein". In Ägypten wurden sie aber in Ehren gehalten und zur Jagd benutzt. Im übertragenen Sinn wird H. verwandt, um männliche Prostituierte (5.Mo 23,19), Judaisten (Phil 3,2) und Menschen, die einen unsittlichen Lebenswandel führen (Offb 22,15), zu bezeichnen.

HUNGERSNOT. Lebensmittelknappheit wird in der Bibel häufig als geschichtliche Tatsache erwähnt (1.Mo 12,10; 42-46). Die in Apg 11,27 vorausgesagte H. suchte Judäa 46-47 n.Chr. heim und ist auch aus nichtbibl. Quellen bezeugt. Aus diesem Anlaß kam es zum ersten Mal zu Hilfeleistungen zwischen den Gemeinden. H. werden auch als Strafe verstanden: Gott verweigerte dem Volk in Zeiten des Ungehorsams die Früchte der Natur, als Zeichen seines Mißfallens und als Mahnung zur Buße (z.B. Hag 1,9ff; 2,16f; vgl. Offb 6,8).

HUR. Mehrere Personen im AT, z.B. der Israelit, der zusammen mit *Aaron die Arme des betenden *Mose in der Schlacht gegen Amalek stützte und in Moses Abwesenheit auf dem Sinai Aaron als Richter über das Volk zur Seite stand (2.Mo 17,10ff; 24,14).

HUREREI. Siehe *Prostitution.

HUSCHAI. Ein ergebener Freund *Davids, der für ihn während *Absoloms Aufstand bereitwillig einen gefährlichen Spionageauftrag übernahm (2.Sam 15,32ff).

HÜTTEN. Behelfsmäßige Unterkünfte, meist aus verflochtenen Zweigen, die von Bauern und Soldaten, aber vor allem beim *Laubhüttenfest genutzt wurden.

HYMENÄUS. Ein Irrlehrer, der zusammen mit Alexander (1.Tim 1,19f) und Philetus (2.Tim 2,17f) genannt wird. Er wurde von Paulus „dem Satan übergeben" (vielleicht aus der Gemeinde ausgeschlossen und somit dem Wirkungskreis Satans ausgeliefert, vgl. 1.Kor 5,5). Diese Maßnahme brachte aber anscheinend zunächst keine Reue hervor.

HYMNUS. Geistliche Lieder waren ein Merkmal des urchristl. Gemeindelebens als Ausdruck von Freude, Wahrheit und Anbetung. Jesus sang mit den Zwölfen beim letzten Abendmahl (Mt 26,30), *Paulus und *Silas sangen im Gefängnis (Apg 16,25).

Bei der Unterteilung in Psalmen, Hymnen und geistliche Lieder (Eph 5,19; Kol 3,16) gibt es Überschneidungen. Christl. H. in Psalmform (z.B. Lk 1,46ff.68ff; 2,29ff) und Doxologien (Lobpreisungen, z.B. 1.Tim 6,15f; Offb 5,9.12f) waren von Anfang an im gottesdienstlichen Gebrauch.

I

IBZAN. Israelit. Richter aus Bethlehem in Sebulon, regierte sieben Jahre (Ri 12,8ff). Jüd. Ausleger setzten ihn mit *Boas gleich.

IDDO, JEDO. Mehrere Personen im AT, u.a. ein Seher und Prophet (2.Chro 9,29; 12,15), sowie das Oberhaupt einer Priesterfamilie, die mit Serubbabel nach Jerusalem zurückkehrte (Neh 12,4).

IDUMÄA. Nach dem Fall Jerusalems 587 v.Chr. ließen sich viele Edomiter im S Judäas nieder (Jer 49,7ff). Ihr Siedlungsgebiet wurde als I. bekannt (1.Makk 4,29). Der Hasmonäer Johannes Hyrkan unterstellte es 126 v.Chr. Antipater, dem Großvater Herodes des Großen.

IJE-ABARIM. Lagerstätte während der Wüstenwanderung an der Grenze zu *Moab (1.Mo 33,45); die genaue Lage ist ungewiß.

IJON. Stadt im N des Stammesgebietes *Naftalis, die von den Syrern (1.Kön 15,20) und Assyrern (2.Kön 15,29) erobert wurde; heute wahrscheinlich Tell Dibbin, 30 km nördl. vom Hule-See.

IKABOD. Diesen Namen gab die Frau des *Pinhas (Sohn Elis) ihrem Kind, als sie hörte, daß die Philister die Bundeslade erbeutet hätten und ihr Mann gefallen sei (1.Sam 4,19ff). Er bedeutet vielleicht: „Wo ist die Herrlichkeit?"

IKONION. Stadt in Kleinasien, in der *Paulus besonderen Widerspruch erfuhr (Apg 13,51-14,7). Ihre phrygische Religion – man verehrte eine Muttergottheit mit Eunuchenpriestern – behielt I. bis zur Römerzeit, in der die Stadt hohes Ansehen genoß.

ILLYRIEN. Eine weiträumige Gebirgslandschaft an der Ostküste der Adria, nordwestl. von Mazedonien und Griechenland, benannt nach einem der ersten Stämme, denen die Griechen dort begegneten. Die Römer eroberten das Gebiet erst im 1. Jh. n.Chr. I. war das erste lateinischsprachige Gebiet, das Paulus betrat (Röm 15,19ff), möglicherweise von Mazedonien kommend (Apg 20,1).

IMMANUEL (Mit uns ist Gott). I. kommt im hebr. AT zwei- bzw. dreimal vor (Jes 7,14; 8,8 und vielleicht 8,10), im NT einmal (Mt 1,23). *Jesajas Prophezeiung ist vor dem Hintergrund zu sehen, daß Syrien und Israel König *Ahas von Juda bedrängt hatten, ihrem Bündnis gegen die Assyrer beizutreten. Jesaja forderte ihn auf, sich nicht zu sorgen, da die Macht der Feinde gebrochen sei. Als Ahas dieser guten Nachricht keinen Glauben schenken wollte, kündigt Jesaja an, daß Gott seinem Volk ein Zeichen geben werde: eine *Jungfrau soll einen Sohn gebären, der I. genannt wird. Diese Geburt wird ein Zeichen der Gegenwart Gottes sein. Die Hilfe für das Volk kommt nicht von Assyrien, sondern von Gott, der sich in der Geburt eines Kindes offenbart. Ahas' Ablehnung des Zeichens der Hoffnung führte zum Zusammenbruch Judas, aber für den Rest Israels blieb die Verheißung des I. bestehen.

INDIEN. Handel zwischen I. und Mesopotamien über Südarabien ist bereits um 2100 v.Chr. durch Texte und Funde von Siegeln aus dem Industal in Mesopotamien bezeugt. Viele exotische Erzeugnisse (einschließlich Gewürze) wurden aus I. eingeführt; Alexander und seine Nachfolger benutzten auf ihren Syrien-Feldzügen indische Elefanten. In den ersten beiden Jh.n.Chr. führte die röm. Nachfrage nach östl. Luxusgütern zu einer Verstärkung der kulturellen und wirtschaftlichen Beziehungen zwischen den Mittelmeerländern und I. und zur Eröffnung von regelmäßig befahrenen Seewegen. Der Überlieferung nach soll der Apostel Thomas der erste Missionar gewesen sein, der das Christentum nach I. brachte. Obwohl die syr. Kirche Südindiens mit Sicherheit sehr alt ist, muß die Frage nach ihrer Gründung offenbleiben. I. wird nur in Est 1,1; 8,9 (Rev EB) erwähnt (LÜ: Indus).

INKARNATION (Fleischwerdung, Menschwerdung). Durch das Kommen Jesu Christi „in das Fleisch" (Inkarnation) und sein Sterben „im Fleisch" (Sühne) wurde unsere Rettung ermöglicht (Röm 8,3; Kol 1,22; 1.Joh 4,2). „Fleisch" wird zu einem bibl. Begriff für Geschöpfe, deren Leben auf Erden nur verhältnismäßig kurze Zeit dauert (z.B. Jes 40,6). Wenn Jesus „in das Fleisch" gekommen ist, wird damit ausgedrückt, daß er in der Seinsweise und unter den Bedingungen des erschaffenen Lebens kam und starb. Er war ganz Mensch, ohne sein Gottsein aufzugeben (Joh 1,1ff.14). Die ersten Christen beteten Jesus als göttlichen Herrn an (Apg 7,59) und verkündigten ihn als Auferstandenen, der Sünden vergibt (Apg 5,31).

Die Verfasser des NT verzichten auf Spekulationen über die Art der I. oder über Einzelheiten zur Persönlichkeit des fleischgewordenen Jesus. Sie versuchen nicht, das Geheimnis seiner Person zu ergründen, sondern verkündigen die I. lediglich als Teil der Machttaten Gottes, durch die er Sündern Rettung bringt. Sie betonen aber, daß Gott durch dieses Wunder seine Verheißungen erfüllt hat (Mt 1,21ff; Lk 1,31ff.68ff; 2,10f.29ff). Für das Erlösungswerk Jesu ist sein gleichzeitiges Mensch- und Gottsein von wesentlicher Bedeutung. Nur als „zweiter Mensch" (Röm 5,15ff) konnte er zwischen Gott und den Menschen vermitteln (1.Tim 2,5) und für die Sünden der Menschheit sterben. Sein Tod ist der größte Beweis für Gottes Liebe zu den Sündern (Joh 3,16). Er hat die Macht des Teufels besiegt (Hebr 2,14f). Daher betrachtet das NT jede Leugnung der I. als Irrlehre, die das Evangelium verfälscht (1.Joh 2,22f; 4,1ff; 5,5ff).
*Jesus Christus; *Jungfrauengeburt.

INSPIRATION (Eingebung, Einhauchung). Begriff aus der latein. Bibelübersetzung; ihm liegt der griech. Ausdruck *theopneustos* zugrunde, der genaugenommen etwas von Gott *Aus*-Gehauchtes bezeichnet. Gottes Atem (oder Geist) ist der eigentliche Ursprung seiner Macht (vgl. Ps 33,6). Wie man auch 2.Tim 3,16 übersetzt, Kern der Aussage bleibt, daß die gesamte Heilige Schrift von Gottes *Geist durchweht ist und als verläßliche Richtschnur für den Glauben und das Leben gilt. Auch bei den Reden der Propheten (vgl. 2.Petr 1,19ff) ist Gott ihr Urheber, durch dessen Antrieb, Eingebung und Erleuchtung jeder Verfasser schrieb. Die inspirierte *Schrift ist also geschriebene *Offenbarung, wie die Reden der Propheten gesprochene Offenbarung sind. In der Bibel offenbart Gott der Gemeinde sein Erlösungswerk im Verlauf der Geschichte.

Der Inspirationsgedanke war von Anfang an vorhanden und ist von zwei Überzeugungen geprägt. Erstens: Die Worte der Bibel sind Gottes eigene Worte. Aus atl. Schriftstellen geht hervor, daß durch den Mund der Propheten Gott selbst redet (z.B. 1.Kön 22,8ff; Ps 119; Jer 25,1ff). Die Verfasser des NT betrachten das AT in seiner Gesamtheit als „Aussprüche Gottes" (Röm 3,2 Rev EB), die prophetischen Charakter haben (Röm 16,26). Christus und die Apostel zitieren Verse aus dem AT und bezeichnen sie als das, was Gott durch seine Sprecher gesagt hat (z.B. Apg 4,25) oder einfach als das, was Gott sagt (1.Kor 6,16; Hebr 10,15).

Zweitens: Die menschliche Beteiligung an der Entstehung der Bibel bestand darin, daß die Autoren das weitergaben, was sie empfangen hatten. I. ist kein mechanisches Diktat. Jeder trug viel zur *Form* der Schrift bei: Jedes Buch ist in gewisser Hinsicht das literarische Werk seines Schreibers. Aber den *Inhalt* der Schrift betrachtet die Bibel eindeutig als Gottes Wort. Von daher konnten die Propheten behaupten, daß sie das verkündeten, was Gott sagt (5.Mo 18,15; Jer 1,7). Jesus betonte, Worte auszusprechen, die ihm sein

Vater gegeben habe (Joh 7,16); die Apostel beriefen sich auf Christi Vollmacht (1.Kor 14,37) und bestanden darauf, daß sie ihre Richtlinien und ihre Worte vom Heiligen Geist empfangen haben (1.Kor 2,9ff; vgl. Joh 14,26; 16,13ff). Die Schreiber des NT betonen, daß die alttestamentl. und dann auch die neutestamentl. Schriften von Gott zur Unterweisung der Gläubigen bestimmt sind (Röm 15,4; 2.Tim 3,14ff) und nicht gebrochen werden dürfen (Mt 5,17f; Joh 10,35), weil sie Gottes Wort sind (Lk 16,17).

IRA 1. Ein Jairiter und Priester *Davids (2.Sam 20,26). **2.** Zwei der Helden Davids (2.Sam 23,26.38).

ISAAK (er lacht oder Gelächter). Als *Abraham (1.Mo 17,17) und *Sara (1.Mo 18,12ff) I. Geburt angekündigt wurde, lachten beide. Nachdem das Kind dem 100-jährigen Abraham geboren worden war, erklärte die nur 10 Jahre jüngere Sara, daß Gott ihr ein Lachen bereitet habe (1.Mo 21,6). I. Geburt ist die Erfüllung der Verheißung Gottes an Abraham, die vom menschlichen Standpunkt aus unmöglich erschienen war (1.Mo 12,1ff). Gott stellte Abraham später auf die Probe, indem er ihm befahl, I. zu opfern; doch als Abraham seinen Gehorsam bewies, sorgte Gott für einen Widder als Ersatz (1.Mo 22). I. Frau *Rebekka wurde aus Haran geholt; zwischen beiden entwickelte sich eine tiefe Liebe (1.Mo 24). Auch sie blieb 20 Jahre lang kinderlos, bis sie die Zwillinge *Jakob und *Esau zur Welt brachte. Esau verkaufte später sein Erstgeburtsrecht an Jakob (1.Mo 25). I. wurde reich (1.Mo 26,12ff) und starb im hohen Alter (180 Jahre: 1.Mo 35,28f).

In Hebr 11,20 wird der Segen, den Isaak über seinen Söhnen aussprach, als Zeichen seines Glaubens erwähnt.

ISAI. Vater *Davids. Er stammte aus Bethlehem und hatte acht Söhne (1.Sam 16,10f). David brachte ihn von der Höhle Adullam aus nach Moab in Sicherheit (1.Sam 22,3f).

ISCH-BOSCHET. Sohn *Sauls, wurde nach dessen Tod von Gegenspielern *Davids zum König ernannt und später von enttäuschten Anhängern umgebracht (2.Sam 2-4). I. war vielleicht eine andere Bezeichnung für Eschbaal (1.Chro 8,33; 9,39).

ISEBEL. Tochter des Priesterkönigs von *Tyrus und *Sidon. König *Ahab von Israel heiratete I., um das Bündnis zwischen den beiden Reichen zu festigen. I. verehrte weiterhin ihren Gott Melkart, den tyrischen *Baal; 450 seiner Propheten und 400 Propheten der Göttin *Aschera wurden von ihr versorgt (1.Kön 16,31ff; 18,19). I. forderte eine Gleichstellung ihrer Götter mit dem Gott Israels, was zum Konflikt mit dem Propheten *Elia und schließlich zum Gottesurteil auf dem Karmel führte (1.Kön 18,17ff). Ihre Auffassung von einer absoluten Monarchie war Israel fremd; besonders deutlich wird dies in I. skrupellosem Vorgehen bei der Beschlagnahme von Nabots Weinberg (1.Kön 21). Nach Ahabs Tod übte sie noch zehn Jahre lang Macht aus, bevor sie 842 v.Chr. von *Jehu getötet wurde.

Im NT ist ihr Name zu einem Inbegriff des Abfalls von Gott geworden (Offb 2,20).

Isebel. Auf diesem Skarabäussiegel steht in phönizischen Schriftzeichen der Name Isebel (9.-8. Jh. v.Chr.).

ISMAEL (Gott hört). Verschiedene Personen im AT, von denen zwei bedeutend sind: **1.** *Abrahams Sohn von der Ägypterin *Hagar. Die kinderlose *Sara gab Abraham ihre Magd Hagar zur Zeugung eines Sohnes (1.Mo 16); dieser Brauch ist auch durch die Textfunde aus Nuzi (Irak) belegt. I. wurde geboren, als Abraham 86 Jahre alt war, und wurde von seinem Vater sichtlich geliebt (1.Mo 17,18f). Nach *Isaaks Geburt forderte Sara, daß Hagar mit I. weggeschickt wurde (1.Mo 21); sie wären beinahe in der Wüste umgekommen. Aber unter Gottes Schutz wuchs I. heran, heiratete eine Ägypterin, wurde Vater von zwölf Stammesfürsten (1.Mo 25,12ff) und erreichte ein hohes Alter (1.Mo 25,17: 137 Jahre).

2. Sohn Netanjas aus der judäischen Königsfamilie (LÜ: Jismael). Zwei Monate nach dem Fall Jerusalems (587 v.Chr.) ermordete er *Gedalja, den die Babylonier zum Statthalter über Juda gesetzt hatten; er entging der Verhaftung (Jer 40,7-41,18).

ISRAEL (Gott kämpft). Ursprünglich der neue Name, den *Jakob nach seinem nächtlichen Ringkampf bei Pnuël von Gott erhielt (1.Mo 32,29; vgl. Hos 12,4f). Am häufigsten bezeichnet er die Nachkommen Jakobs und das Volk, dessen Vorfahren die zwölf Söhne Jakobs waren.

Israels Anfänge. Die früheste außerbibl. Erwähnung I., eine Inschrift des Ägypterkönigs Merenptah, fällt praktisch mit dem Beginn der Geschichte I. als Nation zusammen (ca. 1230 v.Chr.). Unter seinem Vorgänger erfolgte der *Auszug aus Ägypten und die Geburt des Volkes Israel. Einige Generationen zuvor waren ihre Ahnen (*Patriarchen) anläßlich einer Hungersnot aus Kanaan nach Ägypten gezogen, wo sie später als Fronarbeiter auf ägypt. Baustellen eingesetzt wurden.

Der Glaube ihrer Väter wurde durch *Mose zu neuem Leben erweckt. Er führte sie aus Ägypten unter einer Reihe von Wundern, durch die er sie lehrte, Gottes Macht anzuerkennen. Sie zogen nach O und wurden am Berg *Sinai in eine besondere Bundesbeziehung mit Gott gebracht. Er selbst hatte sich bereits als ihr Gott erwiesen, und nun verpflichteten sie sich, sein Volk zu sein. Mose vereinigte in sich die Ämter des Propheten, Priesters und Richters. Unter seiner Führung wurde aus einer undisziplinierten Sklavenschar eine gewaltige Streitmacht, die bereit war, *Kanaan zu erobern und zu besiedeln. Sie war als Verband von zwölf Stämmen organisiert, deren Zusammenhalt sich auf die gemeinsame Abstammung und auf den *Bund mit Gott gründete. Sichtbares Zeichen dieses Bundes war die Bundeslade, die in einem Zeltheiligtum in der Mitte des jeweiligen Lagerplatzes untergebracht war. Hauptlager während der 40jährigen Wüstenzeit zwischen Ägypten und Kanaan war Kadesch-Barnea, von wo aus sie zur Eroberung des Ostjordanlandes nach N und O zogen.

Israel. Mosaik mit Inschrift „Friede über Israel" aus Jericho, 6.-5. Jh. v. Chr.

Von der Landnahme zur Monarchie. Der Überquerung des Jordan und dem Betreten des „gelobten Landes" unter *Josua folgte rasch die Eroberung und Zerstörung Jerichos. Von dort aus drangen die Israeliten, eine Festung nach der anderen einnehmend, ins Innere des Landes vor. Ägypten war inzwischen nicht mehr stark genug, um seinen kanaan. Vasallen zu Hilfe zu kommen. Bald beherrschten die Israeliten die zentralen und südl. Hochebenen und das galiläische Hochland. I. Unabhängigkeit wurde ständig durch zwei Gefahren bedroht. Eine bestand darin, daß man sich an die religiösen Vorstellungen der Kanaanäer anpaßte, was durch Mischehen begünstigt wurde. Das führte wiederholt zu kriegerischen Auseinandersetzungen mit den umliegenden Völkern in der *Richterzeit.

Israel

Die zweite Gefahr ging von den *Philistern aus, Seeräuberbanden aus der Ägäis, die sich an der Westküste Kanaans niedergelassen hatten. Sie gingen mit den Kanaanäern Ehen ein, bewahrten aber ihre eigenen militärischen und politischen Traditionen. Sie behielten auch ihr Monopol in der Eisenverarbeitung, was die Israeliten in Abhängigkeit und militärische Unterlegenheit brachte. Die Philister schlugen einen israelit. Aufstand nieder und zerstörten das nationale Heiligtum in Silo (ca. 1050 v.Chr.), womit alle sichtbaren Zeichen der Einheit Israels verschwanden. Die Führerschaft *Samuels, der wie Mose die Ämter des Propheten, Priesters und Richters in sich vereinigte, hielt das Volk zusammen. I. kehrte zur Bundestreue zurück und besiegte die Philister auf demselben Schlachtfeld, auf dem es früher so schmählich geschlagen worden war. Als Samuel alt wurde, drängte man ihn zunehmend, einen König als Nachfolger zu ernennen, wie ihn die umliegenden Völker hatten.

*Saul wurde zum König gesalbt, und alles ging gut, solange er sich an die Weisungen Samuels hielt. Bis zu seinem Tod ca. 1010 v.Chr. verstärkte sich die Umklammerung Israels durch die Philister immer mehr. Sauls Nachfolger wurde David, der zuvor eine Zeitlang Heerführer unter Saul und später Söldner bei den Philistern gewesen war. Er machte die Philister zu Vasallen und eroberte *Jerusalem, das er als Hauptstadt und religiösen Mittelpunkt ausbaute. Sein Reich erstreckte sich von der ägypt. Grenze und dem Golf von Aqaba bis zum oberen Euphrat. Er hinterließ es seinem Sohn *Salomo, der seinen Finanzhaushalt durch großartige Bauprogramme und den Unterhalt eines glanzvollen Hofes überlastete. Als Salomo starb (ca. 930 v.Chr.), teilten sich die Stämme Israels in zwei Königreiche. Das Nordreich („Israel") bildeten zehn Stämme, die sich von der Treue gegenüber dem Thron Davids losgesagt hatten. Das Südreich (*Juda) bestand aus zwei Stämmen und wurde weiterhin von den Nachkommen Davids regiert. Die unterworfenen Völker gewannen ihre Unabhängigkeit zurück.

Das Nordreich Israel. *Jerobeam, der die nördl. Monarchie begründete, schuf nationale Heiligtümer in Dan und Bethel. Israels Sicherheit wurde durch feindliche Übergriffe aus dem aram. Königreich Damaskus im N bedroht sowie durch häufige Palastrevolten. Nur zwei Dynastien (gegründet von *Omri ca. 880 v.Chr. und von *Jehu ca. 841 v.Chr.) überdauerten mehr als zwei Generationen. Omri machte Samaria zu seiner Hauptstadt, unterwarf Moab und ging ein Handelsbündnis mit den Phöniziern ein. Das brachte zwar wirtschaftliche Vorteile, wurde aber auf religiösem Gebiet zum Verhängnis. Sein Sohn *Ahab heiratete die phönizische Prinzessin *Isebel, die eine führende Rolle bei dem Wiederaufleben des Baalskults spielte. Hauptverfechter des wahren Glaubens war der Prophet *Elia.

Ca. 841 v.Chr. kam Jehu an die Macht. Er unterdrückte den offiziellen Baalskult, wurde aber zunehmend von Damaskus bedrängt. Als die Assyrer Damaskus 803 v.Chr. eroberten, ließ der Druck auf I. nach, und es konnte einige der verlorenen Gebiete zurückgewinnen. Der Prophet *Elisa verlor 40 Jahre hindurch bei aller Bedrängnis nie den Mut und das Gottvertrauen. Anfang des 8. Jh. v.Chr. folgte eine Zeit des Friedens und des Wohlstands, aber der Reichtum konzentrierte sich in den Händen eines kleinen Teils der Bevölkerung, und immer mehr Arme wurden zu Leibeigenen. Propheten wie *Amos und *Hosea prangerten die ausbeuterischen Landbesitzer an und riefen sie dazu auf, zur sozialen Gerechtigkeit und Bundestreue gegen Gott zurückzukehren.

Die Dynastie Jehus endete 745 v.Chr., im Jahr, als *Tiglat-Pileser III. König von Assyrien wurde. *Menahem von Israel (ca. 745-737 v.Chr.) leistete ihm Tributzahlungen, aber *Pekach (ca. 736-732 v.Chr.) verfolgte im Bund mit Damaskus eine anti-assyr. Politik und verlor einige Gebiete an Assyrien. Zur Regierungszeit *Hoscheas erhob sich Israel erneut gegen die Assyrer, die 722 v.Chr. Samaria eroberten und, assyr. Aufzeichnungen zufolge, 27 290 Personen in die Gefangenschaft führten. Zu jener Zeit verloren die meisten nördl. Gebiete ihren israelit. Charakter; nur in Samaria gab es weiterhin eine Art Jahwe-Verehrung.

Die Provinz Samaria. *Josia von Juda dehnte seine religiösen Reformen und seine politische Macht auf früheres israelit. Gebiet aus, aber sein Tod in Megiddo 609 v.Chr. setzte jeder Hoffnung auf Wiedervereinigung ein Ende. Während der babylon. Eroberung wurde auch *Juda geschlagen und seine Bewohner in die Verbannung geschickt; 587 v.Chr. wurde Jerusalem dem Erdboden gleichgemacht. 582 v.Chr., nach der Ermordung des Statthalters *Gedalja, wurde Juda der babylon. Provinz Samaria angegliedert. Als 538 v.Chr. die aus dem Südreich Verbannten zurückkehrten, boten ihnen die Samaritaner eine Zusammenarbeit beim Wiederaufbau des Tempels an. Dies wurde jedoch abgelehnt, vor allem weil man Zweifel an deren rassischer und religiöser Reinheit hatte. Daraufhin wurde der seit langem bestehende Graben noch tiefer. Der damalige Statthalter von Samaria hieß Sanballat. Seine Tochter heiratete Manasse, einen Abkömmling der Jerusalemer Hohenpriesterfamilie, den Sanballat um 400 v.Chr. im alten Heiligtum auf dem Garizim bei Sichem als Hohenpriester einsetzte. Daraus ergab sich eine kultische Rivalität zu Jerusalem.

Die griechisch-mazedonische Eroberung. Als *Alexander der Große das Perserreich eroberte, übernahmen neue Statthalter einfach die alte Verwaltung von Samaria und Juda. Inzwischen gab es überall im Reich Juden (vgl. Est 3,8); einige, z.B. die in Alexandria, von denen die atl. Schriften ins Griech. übersetzt wurden, bewahrten ihren Glauben, während andere die hellen. (griech.) Kultur übernahmen. Als Antiochus III. (aus der Seleukidendynastie) 190 v.Chr. bei Magnesia von den Römern besiegt wurde, wurde seinen Untertanen eine schwere Steuerlast auferlegt. Für seinen Sohn Antiochus IV. (Epiphanes) gewann Juda strategische Bedeutung. Da er den jüd. Untertanen nicht traute, versuchte er ihre Religion abzuschaffen. So führte er 167 v.Chr. im Jerusalemer Tempel den Kult des Zeus Olympios ein (das *Greuelbild der Verwüstung) und im samaritanischen Tempel den Kult des Zeus Xenius.

Einige Juden starben den Märtyrertod, weil sie die Teilnahme am Götzendienst verweigert hatten. Andere ergriffen die Waffen gegen die Besatzungsmacht, unter ihnen die hasmonäische Priesterfamilie unter Führung des Mattatias. Einer seiner Söhne, Judas Makkabäus, tat sich im Freiheitskampf hervor, nahm den Tempel in Besitz und erwirkte von Antiochus eine Garantie der Religionsfreiheit. Um politische Unabhängigkeit kämpfte er mit seinen Anhängern jedoch weiter. Schließlich ernannte Alexander Balas, ein erfolgreicher Anwärter auf den Seleukidenthron, einen Bruder des Judas, Jonatan, zum Hohenpriester, was andere Juden verärgerte. Unter Simon, einem anderen Bruder des Judas, erlangten die Juden im Mai 142 v.Chr. vom Seleukidenkönig Demetrius II. ihre Unabhängigkeit. Johannes Hyrkanus trat 134 v.Chr. die Nachfolge seines Vaters Simon an, und mit dem Tod des letzten starken Seleukidenkönigs Antiochus VII. 128 v.Chr. wurde Judäa von seiner Steuerpflicht gegenüber den Seleukiden befreit; endlich wurde Judäa zum unabhängigen Staat.

Die Zeit der Hasmonäerherrschaft. Die religiösen Anhänger der Hasmonäerregierung wurden fortan als *Sadduzäer bezeichnet; die Gegner nannte man *Pharisäer. Hyrkanus belagerte und eroberte Samaria und zerstörte das Heiligtum auf dem Garizim; er besiegte die Idumäer, eroberte griech. Städte im Ostjordanland und marschierte in Galiläa ein. Sein Sohn Alexander Jannäus (103-76 v.Chr.) brachte fast alle Gebiete unter seine Kontrolle, die in der Blütezeit der israelit. Geschichte zu Israel gehört hatten. Er war äußerst unbeliebt und schlug mit großer Grausamkeit einen Aufstand innerhalb des Volkes nieder. Nach seinem Tod regierte neun Jahre lang seine Witwe Salome; als sie 67 v.Chr. starb, brach ein Bürgerkrieg aus. Die Römer setzten ihm und damit auch der Unabhängigkeit Judäas ein Ende. *Griechen; *Hasidäer; *Makkabäer.

Die römische Vorherrschaft. 66 v.Chr. beendete der röm. Feldherr Pompejus einen 20jährigen Krieg mit Mithradates, dem König von Pontus, der sich in Vorderasien aus den Ländern des zerfallenen Seleukidenreichs ein eigenes Reich erkämpft hatte. Danach sah sich Pompejus vor der Aufgabe, Vorderasien neu zu ordnen. 64 v.Chr. machte er Syrien zur röm. Provinz und wurde von einigen Juden gebeten, den Bürgerkrieg in Judäa zu beenden. Im darauffolgenden Jahr wurde Judäa Rom tributpflichtig. Samaria wurde von der jüd. Herrschaft befreit. Hyrkanus II., ein Sohn Salomes, wurde als Hoherpriester und Oberster des Volkes („Ethnarch") bestätigt und stark von Antipater unterstützt, einem einflußreichen römerfreundlichen Idumäer. Aristobul II., Salomes anderer Sohn und Hyrkans Gegner im Bürgerkrieg, versuchte lange Zeit vergeblich, einen Aufstand gegen Rom anzuzetteln. Das Gebiet war für Rom strategisch so wichtig, daß in seiner Geschichte bald berühmte Römer eine Rolle spielten: Pompejus, Julius Cäsar, Kassius, Antonius und Oktavian.

Als die Parther 40 v.Chr. in Syrien und Palästina einfielen, wurde Hyrkanus II. gestürzt, und Antigonus, ein Sohn Aristobuls II., konnte den Thron zurückgewinnen. Einer der Söhne Antipaters, *Herodes, entkam der Säuberung und floh nach Rom, wo seine Familie so sehr geschätzt wurde, daß ihn Antonius und Oktavian als „König der Juden" in die Heimat zurücksandten. 37 v.Chr. hatte er Judäa für Rom zurückerobert. Als Herodes „der Große" 4 v.Chr. starb, wurde das Reich zwischen drei Söhnen aufgeteilt.

Archelaus, der bis 6 n.Chr. Judäa und Samaria als Ethnarch regierte, war so grausam, daß seine Untertanen die Römer um seine Absetzung baten, um einen Aufstand zu verhindern. So wurde das Gebiet erneut eine römische Provinz dritten Grades, obwohl die Zeloten den Gedanken an eine Revolution nicht aufgaben. Zur Feststellung der Steuerpflicht führte der röm. Statthalter von Syrien, Quirinius, in Judäa und Samaria eine Volkszählung durch. Danach erhielt die Provinz einen Präfekten als Statthalter, zu dessen Aufgaben auch die Ernennung des Hohenpriesters gehörte. Einer dieser Präfekten war Pontius *Pilatus. *Römisches Reich.

Zwischen 41 und 44 n.Chr. war das frühere Herrschaftsgebiet von Herodes dem Großen für kurze Zeit von der röm. Verwaltung befreit, als Herodes Agrippa I. zu seinen Gebieten im N noch Galiläa, Peräa, Judäa und Samaria hinzubekam. Nach seinem Tod wurden als Statthalter röm. Prokuratoren eingesetzt, die allerdings keine Befugnis mehr hatten, die Hohenpriester zu ernennen. Danach folgten mehrere Aufstände, die von falschen Messiassen wie Theudas oder von Zeloten angeführt wurden. Als *Felix Prokurator war, gab es in Cäsarea Auseinandersetzungen zwischen Juden und Heiden. Seine Nachfolger verletzten ständig die nationalen und religiösen Gefühle der Juden, und 66 n.Chr. brach ein gewaltiger Aufstand aus. Er wurde vom röm. Heerführer Vespasian, beginnend in Galiläa, niedergeschlagen. Als er 69 n.Chr. nach Rom zurückgeholt wurde, um Kaiser zu werden, überließ er die Vollendung dieser Aufgabe seinem Sohn Titus, der 70 n.Chr. Jerusalem, mit Ausnahme eines Teils der Westmauer und seiner Türme, dem Erdboden gleichmachte. Letzte Hochburg des jüd. Widerstands war die Festung Masada südwestl. des Toten Meeres, in der sich Zeloten verschanzt hatten; sie fiel erst 73 n.Chr. in röm. Hände. Daß I. nationale und religiöse Identität ein zweites Mal die Zerstörung des nationalen Heiligtums überlebte, war vor allem ein Verdienst von Jochanan ben Zakkai, dem Leiter eines jüd. Lehrhauses in Jabne, der sich nun unter dem röm. Legaten um die inneren Angelegenheiten kümmerte.

*Archäologie; *Chronologie des AT/NT; *Stämme Israels.

ISRAEL GOTTES. Wenn Paulus schreibt, daß nicht alle, die als Israeliten geboren sind, zu Israel gehören (Röm 9,6), stimmt das mit der Aussage der Propheten überein, daß das wahre Gottesvolk nur ein kleiner Rest gläubiger Menschen innerhalb des Volkes war. Jesus bezeichnet seine Jünger als „kleine Herde", die das Reich empfangen soll (Lk 12,32), und die zwölf Apostel als zukünftige Richter über die zwölf Stämme Israels (Mt 19,28). Wenn

Paulus vom „Israel Gottes" spricht (Gal 6,16), meint er wahrscheinlich sowohl Juden – als auch Heidenchristen (vgl. 1.Petr 2,9), aber der Grundstock ist jüd. (Röm 11,18).

ISSASCHAR. *Jakobs neunter Sohn (1.Mo 30,18); der Name könnte von Worten mit der Bedeutung „Lohnarbeiter" abgeleitet sein. Dem Stamm I. wurde in Kanaan das Gebiet zwischen dem Berg Gilboa und den Hügeln von Untergaliläa am östl. Ende der Jesreel-Ebene zugeteilt; er war eng mit Sebulon verbunden (z.B. 5.Mo 33,18f). Die Richterin *Debora kam wahrscheinlich aus I. (Ri 5,15); zur Zeit *Davids war der Stamm für seine Weisheit bekannt (1.Chro 12,32).

ITALIEN. Seine heutige Bedeutung hat der Name des Landes erst seit Mitte des 1. Jh. n.Chr. Nach seiner Berufung auf den Kaiser fuhr Paulus mit anderen Gefangenen mit dem Schiff von Cäsarea aus nach I. (Apg 27,1.6). *Römerbrief; *Römisches Reich.

ITAMAR (möglicherweise: Land der Palmen). Sohn *Aarons, der als Priester eingesetzt wurde (2.Mo 28,1) und den Bau der Stiftshütte beaufsichtigte (2.Mo 38,21). Nachdem Gott seine beiden Brüder Nadab und Abihu wegen eines schweren Vergehens beim Priesterdienst sterben ließ, sollte I. zusammen mit Eleasar nicht trauern, sondern den Priesterdienst weiter versehen (3.Mo 10). Das Priestergeschlecht *Eli stammte von I. ab.

ITTAI (möglicherweise: Gott ist mit mir). Anführer von 600 Männern aus *Gat, dem sich *David kurz vor Absaloms Aufstand anschloß und bei ihm blieb; wahrscheinlich ein *Philister (2.Sam 15,18ff).

ITURÄA. Gebiet nördl. von Galiläa. Wahrscheinlich abgeleitet von Jetur, einem Sohn Ismaels (1.Mo 25,15f). Der Stamm Jetur widersetzte sich den Israeliten im Ostjordanland (1.Chro 5,19). Der Hasmonäerkönig Aristobul I. (105-104 v.Chr.) kämpfte gegen die Ituräer. Während der röm. Eroberung waren sie als verwegene Räuber und geübte Bogenschützen bekannt, die nicht ausschließlich mit einem bestimmten Gebiet in Verbindung gebracht wurden. In Lk 3,1 ist mit I. vielleicht ein von diesen Räubern bewohnter Teil der Landschaft Trachonitis gemeint.

J

JAASANJA (Jahwe hört). Mehrere Personen im AT, u.a. ein judäischer Heerführer, der *Gedalja in Mizpa unterstützte (2.Kön 25,23); dort fand man ein Siegel mit diesem Namen, der allerdings recht häufig vorkam.

JABAL. Sohn Lamechs und Adas; seine Nachkommen waren Nomaden (1.Mo 4,20).

JABBOK. Ein Fluß, der 32 km nördl. des Toten Meeres vom O her in den Jordan mündet. Er entspringt bei Amman (*Rabba) in Jordanien und ist 96 km lang. Der J. bildete die Grenze zwischen dem Gebiet der Ammoniter und dem der Gaditer (5.Mo 3,16). In seiner Nähe rang Jakob mit Gott (1.Mo 32,22).

JABESCH IN GILEAD. Israelit. Stadt im Ostjordanland, in der Sauls Königtum bestätigt wurde (1.Sam 11). Später wurde er hier begraben (1.Sam 31). Sie lag auf einem Hügel; wahrscheinlich Tell abu-Kharaz, 3 km vom Jordan und 15 km von Bet-Schean entfernt.

JABEZ(Er macht Kummer).*Person:* Frommes Oberhaupt einer Familie aus dem Stamm Juda (1.Chro 4,9f). *Ort:* Eine ansonsten unbekannte Stadt in Juda (1.Chro 2,55).

JABIN (vielleicht: Gott nimmt wahr). Name zweier Könige von Hazor. Einer wurde von *Josua erschlagen (Jos 11,1ff), der andere hatte Israel zur Richterzeit 20 Jahre grausam unterdrückt und wurde „vernichtet", nachdem Jaël seinen Feldhauptmann *Sisera getötet hatte (Ri 4).

JABNEEL (Gott läßt bauen). **1.** Stadt an der SW-Grenze Judas, wahrscheinlich identisch mit Jabne (2.Chro 26,6). **2.** Stadt im Gebiet des Stammes *Naftali (Jos 19,33).

JACHIN UND BOAS. So nannte man die beiden verzierten Bronzesäulen, die am Eingang zum Tempel Salomos standen (1.Kön 7,21; 2.Chro 3,15-17). Nach der Einnahme Jerusalems durch Nebukadnezar 587 v.Chr. wurden sie zerbrochen und nach Babylon gebracht (2.Kön 25,13). Ihre Höhe betrug 9 m und ihr Durchmesser 1 m (1.Kön 7,15). Die Oberteile (Kapitele) waren offenbar mit vier geöffneten, umgedrehten Lotusblüten verziert, darüber eine umgedrehte Schale, überzogen mit einem Flechtwerk, dessen Abschluß zwei Reihen Granatäpfel bildeten (1.Kön 7,17ff.41f). Da sie nach der Beschreibung des AT eher zur Einrichtung als zum Tempelgebäude zählten, handelt es sich vielleicht um freistehende Säulen und nicht etwa um Pfeiler, die das Dach stützten. Für solche freistehende Säulen am Eingang alter Tempel gibt es zahlreiche Belege; ihre religiöse Bedeutung ist unbekannt (vgl. 2.Kön 25,17 mit 12,6ff; 22,3ff).

JAËL (Wilde Ziege). Sie ermordete *Sisera, den Feldhauptmann der kanaan. Streitkräfte des Königs Jabin von Hazor (Ri 4,17ff). Die Israeliten hatten die Kanaanäer bereits vernichtend geschlagen. Sisera machte sich auf den Weg nach N, wahrscheinlich nach Hazor, als ihm J. ihre Gastfreundschaft anbot, was normalerweise Schutz garantierte. Da der Zeltaufbau Frauenarbeit war, konnte sie die Situation nutzen, um Sisera mit einem Zeltpflock zu töten. Damit erfüllte sich *Deboras Weissagung (Ri 4,9).

JAFET. Einer der Söhne *Noahs (1.Mo 5,32), die mit ihren Frauen die *Sintflut überlebten. Er war Vorfahr einer Reihe

von Stämmen und Völkern, die in alter Zeit meist mit den Gebieten im N und W des Vorderen Orients in Verbindung gebracht wurden, vor allem mit Anatolien und der Ägäis.
*Völkertafel.

JAGD, JÄGER. Die Israeliten betrieben die Jagd selten als Zeitvertreib, sondern zur Fleischgewinnung (z.B. Rebhuhn; 1.Sam 26,20) oder wenn ihre Sicherheit durch wilde Tiere bedroht war (1.Sam 17,34). Einzelne waren allerdings für ihren Jagdeifer bekannt (z.B. *Esau; 1.Mo 25,27). Die Ägypter und Mesopotamier hatten dagegen eine lange Jagdtradition. Es gibt Hinweise auf Netze (Hiob 19,6), Fallen (Ps 91,3), Gruben (Hes 19,8), Schleudern (1.Sam 17,40), Köcher und Bogen (1.Mo 27,3).
Im NT sind die Begriffe selten und werden meist im übertragenen Sinn verwendet (z.B. Lk 11,54; 21,34); Stolz und Reichtum sind z.B. mit List gestellte „Fallstricke" für den Arglosen (1.Tim 3,7; 6,9).

JAHAZ. Ort in der Ebene von Moab, wo Israel den Amoriterkönig Sihon besiegte (4.Mo 21,23f); den Leviten zugesprochen (Jos 21,36). König Mescha von Moab eroberte ihn später zurück, und auch zur Zeit Jeremias war er noch moabitisch (Jer 48,21.34). Die genaue Ortslage ist umstritten.

JAHWE. siehe *Namen Gottes.

JAÏR (Er erleuchtet). Verschiedene Personen im AT, z.B.: **1.** Eroberer mehrerer Orte, die er „Dörfer Jaïrs" nannte (4.Mo 32,41). **2.** Ein Richter Israels (Ri 10,3ff).

JAÏRUS. Synagogenvorsteher in Kapernaum, zu dessen Aufgaben die Leitung des Gottesdienstes und die Auswahl der Vorbeter, Vorleser und Prediger gehörte. Seine 12jährige Tochter wurde von Jesus auferweckt (Mk 5,21ff).

JAKOB. Vater der zwölf Stämme Israels, der wahrscheinlich im 18. Jh. v.Chr. lebte. Bei seiner Geburt umklammerte er die Ferse seines Zwillingsbruders *Esau (1.Mo 25,26), den er zweimal übervorteilte: Zu-

Jagd, Jäger. Der assyrische König Assurnasirpal II. auf Wildstierjagd. Relief aus dem 9. Jh. v.Chr.

erst erkaufte er sich das *Erstgeburtsrecht, mit dem ein größerer Anteil am väterlichen Erbe verbunden war (1.Mo 25,29ff); dann erschlich er sich den Segen seines Vaters *Isaak, der normalerweise erst am Sterbebett gegeben wurde. Dadurch wurde einem Erstgeborenen wahrscheinlich auch die besondere soziale und religiöse Stellung als Familienoberhaupt zuerkannt (1.Mo 27). Ähnliche Vorgänge sind durch zeitgenössische außerbibl. Texte belegt.

Auf Betreiben seiner Mutter *Rebekka floh er vor Esaus Zorn unter dem Vorwand, eine Frau aus der eigenen Verwandtschaft zu suchen. Nach einer Tagesreise von 100 km (die mit einem schnellen Kamel durchaus zu bewältigen war) übernachtete er in *Bethel. Dort sah er im Traum eine Leiter, die von der Erde bis zum Himmel reichte. Oben stand Gott, der die an Abraham ergangene Verheißung bestätigte und ihm seinen Schutz zusagte. Als Erinnerung errichtete J. einen Gedenkstein (1.Mo 28). In *Haran begegnete ihm seine Cousine *Rahel, die ihn zu seinem Onkel *Laban führte. Er erklärte sich bereit, sieben Jahre lang für ihn zu arbeiten, um Rahel heiraten zu dürfen. Laban gab ihm jedoch zuerst seine älteste Tochter *Lea, und J. mußte für Rahel weitere sieben Jahre dienen. Die beiden Frauen und ihre Mägde gebaren ihm in Haran elf Söhne und eine Tochter. Sein 12. Sohn Benjamin kam erst zur Welt, als J. mit seiner Familie südwärts in seine Heimat Kanaan zog.

J. hatte sich so erfolgreich um die Herden seines Schwiegervaters gekümmert, daß dieser ihn mit Tücke und List dazu brachte, länger bei ihm zu bleiben (insgesamt 20 Jahre). Als er ihn endlich auf Befehl Gottes (1.Mo 31,3) verließ, nahm Rahel die Hausgötter mit, deren Besitzer wahrscheinlich als Familienoberhaupt galt. Laban jagte ihnen nach, um wenigstens seine Götter zurückzuholen. Er schloß mit J. einen Bund, und zur Erinnerung errichteten sie ein Denkmal (1.Mo 31). Vor dem Wiedersehen mit Esau wurde J. von einem Mann angegriffen, der ihn durch Ausrenken seiner Hüfte besiegte (1.Mo 32; vgl. Hes 12,4f). Bei dieser Begegnung erhielt er den Namen *Israel. Obwohl sich Esau als freundlich erwies, verließ J. dessen Gebiet und ließ sich schließlich in Hebron nieder.

Im NT wird J. stets mit Abraham und Isaak zu denen gezählt, die auf ewig gesegnet sind (Mt 8,11) und mit denen Gott ein Bundesverhältnis einging (Mt 22,32; Röm 9,11ff); der Hebräerbrief zählt ihn zu den Glaubenshelden (Hebr 11,9.20f).

*Archäologie (Altes Testament); *Patriarchen.

JAKOBUS. 1. Sohn des Zebedäus, ein galiläischer Fischer, der mit seinem Bruder *Johannes von Jesus berufen wurde und zum Kreis der zwölf Apostel gehörte (Mt 4,21; vgl. Mk 5,37; 9,2; 14,33). Sie erhielten den Beinamen Boanerges, „Donnersöhne" (Mk 3,17; vgl. Mk 10,35ff; Lk 9,54). J. wurde von Herodes Agrippa ca. 44 n.Chr. getötet (Apg 12,2). **2.** Sohn des Alphäus, ein anderer Apostel, der gewöhnlich mit Jakobus dem Jüngeren (LÜ: Kleinen) gleichgesetzt wird (Mk 15,40). **3.** Vater des Apostels Judas (nicht des Iskariot; Lk 6,16). **4.** Bruder Jesu, der dessen Autorität zunächst nicht anerkannte (Joh 7,5), bis ihm der auferstandene Christus erschien (1.Kor 15,7). Er wurde ein Leiter der Gemeinde in Jerusalem (Apg 15,13ff; Gal 1,19; 2,9). Josephus zufolge starb er 61 n.Chr. als Märtyrer; er gilt der Überlieferung nach als Verfasser des *Jakobusbriefs.

JAKOBUSBRIEF. *Jakobus (4.).

Empfänger. Nicht eine Lokalgemeinde, sondern die „zwölf Stämme Israels in der Zerstreuung" (1,1), Judenchristen in den Ländern des östlichen Mittelmeeres.

Inhalt und Bedeutung. Der Verf. will den Empfängern seelsorgerlich helfen zu einem echten Leben im Glauben. Der Brief hat die Form von kurzen Sprüchen, die wie Blitze in Gebiete des menschlichen Lebens hineinleuchten. Jakobus führt den Kampf gegen die Unwahrhaftigkeit eines Christentums, das sich mit dem Hören des Gotteswortes begnügt, statt zu gehorchen (1,19-25), mit bloßem Fürwahrhalten, statt den Glauben in der Liebe zu betätigen (Kap. 2), mit Belehrung anderer, statt die Zunge zu beherrschen (Kap. 3). Nicht die Lehre des Paulus von der Rechtfertigung durch den Glauben wird bekämpft, sondern deren Entstellung (2,14-26). Der Brief zeigt in zahlreichen Anklängen an Worte Jesu (vgl. 5,12 mit Mt 5,34-37) ein direktes, enges Verhältnis zwischen Jakobus und der Verkündigung Jesu.

Gliederung.

1,1-18	Über die Anfechtung.
1,19-27	Gottes Wort vertrauen und tun.
2,1-13	Gegen eine falsche Einschätzung von Menschen.
2,14-26	Gegen einen tatenlosen Glauben.
3,1-12	Beherrschung der Zunge.
3,13-18	Irdische und göttliche Weisheit.
4,1-12	Über Streitigkeiten und weltliches Verhalten von Christen.
4,13-5,11	Warnung an die selbstsicheren und kaltherzigen Reichen; Mahnung zur Geduld.
5,12-20	Gebet im Vertrauen auf Gott.

JANNES UND JAMBRES. Im Zusammenhang mit Irrlehrern erwähnt Paulus in 2.Tim 3,6ff diese beiden Männer, die „dem Mose widerstanden". Außerbibl. Quellen zeigen, daß es sich um die ägypt. Zauberer von 2.Mo 7-8 handelt. Sie spielten eine bedeutende Rolle in der jüd. Legende und werden auch in heidnischen Texten erwähnt.

JANOACH (Ruhe). **1.** Stadt im Gebiet des Stammes *Naftali; ihre Bewohner wurden vom Assyrerkönig Tiglat-Pileser III. verschleppt (2.Kön 15,29); möglicherweise das heutige Yanuh nordöstl. von Akko.

2. Stadt südöstl. von Sichem (Jos 16,6ff), heute Chirbet Yanun.

JAREB. In Hos 5,13; 10,6 wahrscheinlich kein Eigenname, sondern Teil eines Titels, etwa „Großkönig" (Menge-Übersetzung), eines assyr. Königs, dem Israel tributpflichtig war.

JARMUT. 1. Bedeutende Amoriterstadt vor der Landnahme Israels (Jos 10,3), heute Chirbet Yarmuk, 5 km südl. von Bet-Schemesch. **2.** Levitenstadt im Gebiet des Stammes *Issaschar (Jos 21,29), möglicherweise Khokav-hajjarden, 10 km nördl. von Bet-Schean.

JASCHAR, BUCH (LÜ: Buch des Redlichen). Es wird in Jos 10,13 und 2.Sam 1,18 erwähnt, vielleicht auch in 1.Kön 8,12f (LXX). Wahrscheinlich handelt es sich um eine Liedersammlung mit kurzen historischen Einleitungen; manche Gelehrte setzen es mit dem „Buch von den Kriegen des Herrn" gleich (4.Mo 21,14).

JASER. Stadt im Reich des Amoriterkönigs *Sihon, die von Israel erobert wurde (4.Mo 21,32). Später erlangten die Moabiter die Herrschaft über sie (Jes 16,8f); Judas Makkabäus nahm sie ca. 164 v.Chr. ein (1.Makk 5,7f). Möglicherweise Chirbet Gazzir in der Nähe von es-Salt.

JASON. 1. Gastgeber des Paulus in Thessalonich (Apg 17,5ff), der vom Pöbel ergriffen und beschuldigt wurde, Aufrührer zu beherbergen; wahrscheinlich ein Judenchrist. **2.** Christ in Korinth (Röm 16,21), möglicherweise derselbe wie unter 1.

JATTIR. Priesterstadt am südwestl. Ausläufer des Gebirges *Juda, 21 km von Hebron (Jos 21,14). David sandte nach seinem Sieg über die Amalekiter Beute nach J. (1.Sam 30,27).

JAWAN. Sohn *Jafets und Stammvater mehrerer Gruppen, die mit dem N und W des Vorderen Orients in Verbindung gebracht werden (1.Mo 10,4). Der Name wird mit dem griech. Iones gleichgesetzt, der in Homers Ilias vorkommt und sich auf das Volk bezieht, das Ionien seinen Name gab. Das AT erwähnt seine Nachkommen als Küsten- und Inselbewohner (Jes 66,19) sowie als Händler (Hes 27,13).

JEBUSITER. Kanaan. Volk, das in den Bergen bei *Jerusalem, ihrer Hauptstadt, die Jebus hieß, wohnte (z.B. Ri 19,10f). Erst *David erlangte die Herrschaft über sie (2.Sam 5,6-9). *Salem.

JEDUTUN. Einer der drei *Leviten, denen David die Leitung der Tempelmusik übertrug (1.Chro 25,1ff); wurde auch Etan genannt (1.Chro 6,29). Sein Name erscheint in der Überschrift von Ps 39; 62; 77. Nach der Babylon. Gefangenschaft übten seine Nachkommen dieses Amt weiterhin aus (Neh 11,17).

JEFTAH. Einer der späteren hebr. *Richter (Ri 11,1-12,7; ca. 1100 v.Chr.), unehelicher Sohn *Gileads und einer Hure. Er floh nach Tob, wo er eine Bande von Geächteten um sich scharte, mit denen er Ortschaften und Karawanen überfiel und möglicherweise entlegene israelit. Dörfer beschützte. Als Israel durch einen Angriff der Ammoniter bedroht wurde, bat man ihn, die israelit. Streitkräfte zu befehligen. Er willigte unter der Bedingung ein, auch nach dem Kampf ihr Führer zu bleiben. J. versprach Gott ein Menschenopfer, was zu jener Zeit, in der man dem Gesetz des Mose wenig Beachtung schenkte, ein verbreiteter heidnischer Brauch war, aber er war zutiefst erschüttert, als sich herausstellte, daß sein einziges Kind das Opfer sein würde.

JEHU (möglicherweise eine Abkürzung von „Jahwe ist er"). Mehrere Personen im AT, u.a. der 10. König des Nordreiches Israel (ca. 842-815 v.Chr.). In einer Zeit des religiösen Abfalls stiftete der Prophet *Elisa einen Aufstand an und ließ J. zum König salben. J. tötete *Joram von Israel und *Ahasja von Juda sowie die Familie *Ahabs und alle Baalspriester (2.Kön 9-10). Er verehrte aber selbst goldene Kälber in Bethel und Dan. Gott strafte ihn, indem der Syrer Hasaël Teile seines Reiches eroberte (2.Kön 10,29ff). Der Schwarze Obelisk von *Salmanassar II. von

Assyrien zeigt einen ungenannten König von Israel, der allgemein für J. gehalten wird, beim Entrichten von Tributzahlungen.

JEHUDI. Normalerweise bedeutet das Wort „ein Jude" (Sach 8,23); in Jer 36,14 ist es der Name eines Beamten am Hofe *Jojakims, der die Schriftrolle *Jeremias dem König persönlich vorliest.

JERACH. Einer der Söhne Joktans (1.Mo 10,26), dessen Nachkommen sich möglicherweise in Südarabien ansiedelten.

JERACHMEEL (Möge Gott Mitleid haben). Mehrere Personen im AT, u.a. der Vorfahr einer Sippe an der Südgrenze Judas (1.Sam 27,10).

JEREMIA, BUCH. *Verfasser und Zeit.* Jeremia, Sohn des Priesters Hilkija, wurde 650 v.Chr. in Anatot (7 km nordöstl. von Jerusalem) geboren. Jeremias Vater war Priester, möglicherweise ein Nachkomme von Abjatar (vgl. 1.Kön 2,26). Jeremia wurde vermutlich gegen Ende der Königsherrschaft von Manasse geboren und wirkte unter Josia (31 Jahre), Joahas (3 Monate), Jojakim (11 Jahre), Jojachin (3 Monate) und Zedekia (11 Jahre). Sein prophetischer Dienst dauerte über 40 Jahre, von 627 v.Chr. bis nach der Zerstörung Jerusalems durch Nebukadnezar.

Inhalt. Jeremia wird als junger Mann zum Sprecher Gottes berufen (1,5). Obwohl er unter König Josia noch frei wirken kann, tragen ihm seine Predigten immer mehr Anfeindung und Verfolgung ein. Unter Jojakim wird er wegen Gotteslästerung angeklagt (26,1-19). Der Besuch des Tempels wird ihm verwehrt. Jeremia durchleidet schwere innere Konflikte und seelische Not (20,7ff). In einigen Selbstgesprächen beklagt er aber nicht nur die Lasten seines Prophetenamtes, sondern er gelangt auch mehr und mehr zur bitteren Erkenntnis, daß sich die Nation in einem so verdorbenen Zustand befindet, daß das Gericht unausweichlich ist und unmittelbar bevorsteht.

Jeremia ist nicht nur als Prophet für Juda, sondern auch für die umliegenden Völker berufen (1,5.10), und er beobachtet die außenpolitischen Verhältnisse sehr genau. Während der Herrschaft von König Josia beginnt die Macht des Assyrerreiches zu sinken. Sowohl Babylon als auch Ägypten versuchen, ihre Vorteile daraus zu ziehen. Dabei beeinflussen drei Ereignisse die Geschicke Judas und prägen in der Folge Jeremias Leben und Botschaft entscheidend:

1. Babylon erobert Assyrien und die Hauptstadt Ninive (612-609 v.Chr.).

2. König Josia fällt in der Schlacht von Megiddo (609 v.Chr.), als er den ägypt. König Necho aufhalten will, der gegen Nebukadnezar zieht (2.Kön 23,29).

3. König Necho von Ägypten unterliegt in der Schlacht von Karkemisch (605 v.Chr.) gegen Babylon.

Von da an ist es für Jeremia offensichtlich, daß Babylon nun für viele Jahre die Vorherrschaft haben wird, und er erkennt, daß Gott Babylon als Vollstrecker seines Gerichtes gebraucht. Als er diese Botschaft durch seinen ständigen Begleiter Baruch im Tempel verlesen läßt, ist das Volk tief betroffen und beunruhigt: der König verbrennt die Buchrolle. Die Botschaft, daß Babel der Vollstrecker des göttlichen Gerichts an Israel sei (36,1-32), ist für ihn unannehmbar.

Im Jahre 597 zieht dann der babylon. König Nebukadnezar tatsächlich gegen Jerusalem. König Jojachin unterwirft sich und wird mit zehntausend vornehmen Bürgern nach Babylonien umgesiedelt. Jeremia kann in Jerusalem bleiben. Er verkündet: Seid Babylon untertan und gehorsam (27,1-3; 28,1-17)! Den im Exil Lebenden empfiehlt er, Gottes Führung zu erkennen und aus ihrer Lage das beste zu machen (29,1-23).

Doch auch Zedekia, der schwache König von Babylons Gnaden, wird von seinem Militär bedrängt, Babylon den Gehorsam aufzukündigen und sich mit Hoffnung auf Ägyptens Hilfe zu befreien. Jetzt muß Jeremia Furchtbares erleiden (37,11-21; 38,1-28). Jerusalem fällt. Das Volk wird nach Babylon weggeführt. Jeremia wird befreit und darf in der Stadt bleiben (40,1-7). Später aber, nach der Ermordung des Statthalters Gedalja, zwingt ihn das zurückgebliebene Volk, mit nach Ägypten zu fliehen, wo er den Märtyrertod erleidet.

Bedeutung. Jeremia verkündet den sich in der Geschichte offenbarenden Gott.

1. Gott ist der Heilige und Liebende, der Gegenliebe fordert und zürnt, wenn sie ausbleibt (2,5-13; 3,1-5).

2. Nicht gereinigter Kult, sondern die Gottesgemeinschaft jedes einzelnen ist der Wille Gottes (6,20; 7,1-15).

3. Die Gottesgemeinschaft ist nicht an einen bestimmten Ort, ein bestimmtes Land oder an Zeremonien gebunden. Gott ist der ganz andere, der gewaltige, große und ferne Gott (14,8), der sich aber von aufrichtigen Menschen finden lassen will (29,13-14).

4. Der Hintergrund der Gerichte Gottes wird Jeremia durch die Arbeit des Töpfers erschlossen: Völker und Menschen sind wie Ton in der Hand Gottes. Kann Gott wegen des Starrsinns ihrer Herzen keine brauchbaren Gefäße aus ihnen machen, so zerschlägt er die Form und formt aus dem Ton ein neues Gefäß (18,1-12).

5. Gott muß selbst eingreifen und einen neuen Anfang mit seinem Volk machen (30,1-3). Er schließt einen Bund mit Israel auf einer völlig neuen Grundlage. Die Kennzeichen sind: Gott schreibt den Menschen seinen Willen ins Herz. Es werden ihn alle unmittelbar erfahren und erkennen können (31,31-34). Gott macht seine Gerechtigkeit zum Geschenk durch den „Sproß aus Davids Haus" (vgl. Offb 5,5; Röm 8,15-17).

6. Jeremia, der Mann der Schmerzen und der Trauer, ist ein Hinweis auf Jesus Christus, der sich völlig mit den Menschen identifiziert hat. Jeremia steht nicht außerhalb und nicht über seinem Volk, sondern „weint mit den Weinenden" (Röm 12,15), „erträgt, glaubt, hofft und erduldet alles" (1.Kor 13,7).

Jeremia ist ein Vorbild, wie wir – von Gott getragen – auch in aussichts- und hoffnungslosen Situationen nicht nur mit dem eigenen Leiden umgehen können, sondern auch Kraft bekommen, andere Menschen in der Barmherzigkeit Jesu Christi zu tragen. In Jeremias Leben wird sichtbar, daß Gottes Liebe nirgends und niemals aufhört!

Gliederung.
Das Buch Jeremia enthält eine Sammlung von Reden, die der Prophet in seinem 40jährigen Dienst gehalten hat. Versucht man die Prophezeiungen den Regierungszeiten der einzelnen Könige zuzuordnen, ergibt sich folgende Aufteilung:

Kap. 1-39 *Reden vor dem Fall Jerusalems.*
Berufung Jeremias (1).
Reden unter Josia (2-6).
Reden unter Jojakim (7-20, 22,25-26,30-31,35-36,45).
Reden unter Zedekia (21, 23-24,27-29,32-34,37-39).

Kap. 40-52 *Ereignisse nach dem Fall Jerusalems.*
Jeremias letzte Reden an die zurückgelassenen Juden in Jerusalem (40-43).
Reden an die Juden in Ägypten (44).
Prophezeiungen gegen heidnische Nationen (46-51).
Kurzer Rückblick auf die Zerstörung Jerusalems (52).

JERICHO. Das atl. J. wird heute mit dem Siedlungshügel Tell Es-Sultan, 16 km nordwestl. der Jordanmündung und 27 km ostnordöstl. von Jerusalem, gleichgesetzt; mit 259 m unter dem Meeresspiegel ist sie die am tiefsten gelegene Stadt der Welt. Der Name hängt wahrscheinlich mit einem alten westsemit. Mondgott zusammen. Die Geschichte der Stadt bietet gewissermaßen einen Überblick über die gesamten archäologischen Funde Palästinas von ca. 8000-1200 v.Chr.

Jede Besiedlungsschicht verdankte ihre Existenz der kostbaren, nie versiegenden Quelle und der von ihr bewässerten „Oase"; im AT wird J. auch „Palmenstadt" genannt (5.Mo 34,3). An dieser Quelle errichteten die ersten bekannten Ackerbauern Palästinas ihre Hütten. Wenig später als 8000 v.Chr. entstand dort die erste Stadt mit einer Steinmauer und Rundhäusern, die später rechteckigen Gebäuden wichen. Um 2300 v.Chr. wurde J. gewaltsam zerstört, und zwar durch Eindringlinge, die den Ort später neu besiedelten und Teil der kanaan. Bevölkerung wurden. Dank besonderer klimatischer

Bedingungen sind uns in Gräbern aus jener Zeit prächtige Töpferwaren, Tische, Betten und Obstschalen erhalten geblieben.

Nach 1600 v.Chr. wurde J. erneut zerstört, wahrscheinlich durch die Ägypter, und ca. 1400-1300 v.Chr. wurde es wieder besiedelt. Vom 13. Jh. v.Chr. an, als die Eroberung durch die Israeliten erfolgte, weiß man allerdings sehr wenig.

Jericho. Alter Turm in Jericho. Bis zu 9 m Höhe noch erhalten mit einer Innentreppe (um 7000 v.Chr.).

Zur Zeit *Josuas könnte am Osthang eine kleine Siedlung bestanden haben, von der durch die Erosion alle Spuren verwischt wurden. Der Bericht vom Fall J. in Jos 3-8 spiegelt zuverlässig die Verhältnisse und die landschaftlichen Gegebenheiten des Gebietes wider. Jahrhundertelang wurde aus Furcht vor Josuas Fluch (Jos 6,26) kein Versuch unternommen, die einst so bedeutende Stadt wieder aufzubauen. Ein kleines Dorf dürfte jedoch von der Quelle versorgt worden sein. Es wurde zeitweise vom Moabiterkönig Eglon besetzt (Ri 3,13), und *Davids Boten hielten sich dort auf, bis ihre Bärte wieder gewachsen waren (2.Sam 10,5). Zur Regierungszeit *Ahabs (ca. 874/3-853 v.Chr.) baute *Hiël von Bethel das eigentliche J. wieder auf und verlor dabei in Erfüllung von Josuas Fluch zwei Söhne. Die Stadt wurde von *Elia und *Elisa besucht (2.Kön 2,4f.18ff), und in ihrer Nähe nahmen die Babylonier *Zedekia, den letzten König von Juda, gefangen (2.Kön 25,5). Die Überreste aus dem J. des 9.-6. Jh. v.Chr. sind bruchstückhaft, aber gesichert; sie beinhalten Gebäude und Tonwaren. Es wurde von den Babyloniern zerstört, aber auch nach der Gefangenschaft existierte hier eine bescheidene Siedlung (vgl. Neh 3,2).

In ntl. Zeit lag die Stadt südl. des alten Hügels. Herodes der Große und seine Nachfolger erbauten in der Nähe einen Winterpalast mit Ziergärten. Hier heilte Jesus Bartimäus (Mk 10,46ff) und begegnete dem Zöllner Zachäus (Lk 19,1ff).

JEROBEAM (wahrscheinlich: möge das Volk sich vermehren oder möge er für das Volk kämpfen). **1.** Erster König des Nordreiches Israel (ca. 931-910 v.Chr.); wahrscheinlich ein reicher Landbesitzer, dem *Salomo die Aufsicht über die Fronarbeiter der Nordstämme übertrug (1.Kön 11,28). J. erhob sich gegen Salomo und floh nach Ägypten (1.Kön 11,40). Als sich Salomos Nachfolger *Rehabeam weigerte, seinem Volk durch eine freundlichere Politik entgegenzukommen, spaltete sich das Reich, und zehn Stämme riefen J. zu ihrem König aus (1.Kön 12). Er befestigte Sichem und andere wichtige Städte. Als Gegenstück zum Tempel in Jerusalem schuf er Heiligtümer in *Bethel und *Dan (1.Kön 12,28ff), die zum Götzendienst verführten und Anlaß zu einer prophetischen Drohung gaben (1.Kön 13,1ff).

2. Jerobeam II. (ca. 793-753 v.Chr.) war der 4. König der Jehu-Dynastie und einer der bedeutendsten Herrscher des Nordreiches. Er stellte die Grenzen Israels fast wieder so her, wie sie zur Zeit Salomos waren (2.Kön 14,25). Ausgrabungen in Samaria lassen etwas von der Pracht seiner Festung, von Luxus und Götzendienst erahnen, den Amos so heftig tadelte (z.B. Am 6,1ff).

JERUËL. In Jahasiëls Weissagung (2.Chro 20,16) möglicherweise ein Teil der Wüste von Tekoa, von westl. des Toten Meeres bis nördl. von En-Gedi.

JERUSALEM. Eine Stadt, die nicht nur Juden, sondern auch Christen und Moslems heilig ist. Sie liegt hoch in den Bergen von Judäa, ca. 55 km vom Mittelmeer entfernt und 25 km westl. des Toten Meeres, auf einer unebenen Hochfläche, die an drei Seiten von tief eingeschnittenen Talrinnen umgeben ist: vom Kidrontal im O und vom Hinnomtal im W und S. Ein weiteres Tal unterteilt das Stadtgebiet in einen schmalen Osthügel und einen höheren und weiteren Westhügel. Die Wasserversorgung war von jeher wichtig. Sie geschah an der Ostseite der Stadt durch die Marienquelle (Gihon-Quelle im AT) und den Hiobsbrunnen (im AT Rogel-Quelle, unten, wo die Talrinnen sich treffen); daneben gab es Teiche, die durch Regenwasser oder über Fernleitungen gespeist wurden.

Der Name stammt aus vorisraelit. Zeit. Seine Bedeutung ist ungewiß, evtl. „Gründung des (Gottes) Schalem"; das ähnlich klingende hebr. Wort für Frieden (Schalom) wurde erst später damit in Verbindung gebracht: „Gründung des Heils". Die in ntl. Zeit gebräuchliche griech. Form des Namens „Hierosolyma" sollte wahrscheinlich den Gedanken an ein „heiliges Salem" hervorheben; es war ja in der Tat die heilige Stadt der Juden, der keine andere gleichkam (vgl. Jes 52,1).

Geschichte. Die Existenz J. im 19.-18. Jh. v.Chr. ist durch ägypt. Texte belegt. Im 14. Jh. v.Chr. wird es als Bergfestung unter ägypt. Herrschaft erneut genannt. Frühe bibl. Erwähnungen finden sich möglicherweise in 1.Mo 14,18; 22,2; vgl. Ps 76,2. Als die Israeliten nach Kanaan kamen, gehörte die Stadt den *Jebusitern, einem einheimischen Semitenstamm, und wurde Jebus genannt. Ri 1,8.21 scheint nahezulegen, daß der Stamm Juda die Stadt außerhalb der Festung eroberte und daß die Benjaminiter friedlich neben den Jebusitern wohnten, die in der Festung blieben. *David nahm die Festung ein, möglicherweise indem seine Männer durch den Wasserschacht der Gihonquelle eindrangen (2.Sam 5,6ff). Er verbesserte die Befestigungsanlagen, baute sich einen Palast und brachte die *Bundeslade in die Stadt, die er zu seiner Hauptstadt machte. Zu dieser Zeit erscheint der Name „Zion". Er bezeichnete ursprünglich die Festung oder den Platz, auf dem sie stand, aber später bezog man ihn auf die ganze Stadt. Zur Zeit Davids und Salomos lag J. nur auf dem östl. Hügel.

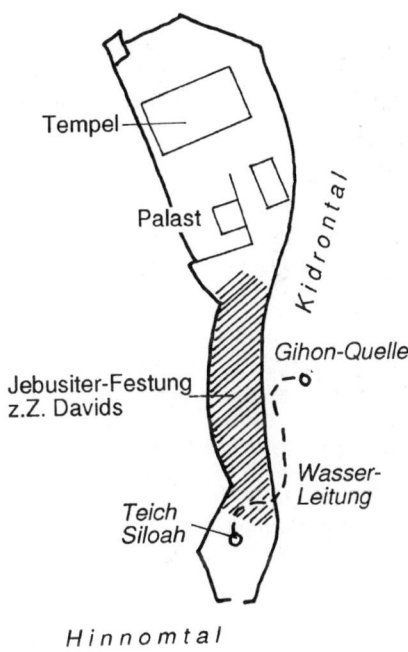

Jerusalem. Stadtplan zur Zeit Davids und Salomos.

Als das Königreich nach *Salomos Tod geteilt wurde, blieb J. Hauptstadt von Juda. Sie wurde vergrößert auf den Westhügel. 587 v.Chr. wurde sie durch *Nebukadnezar von Babylon zerstört. Fünfzig Jahre später erlaubten die pers. Eroberer Babylons den Juden die Rückkehr nach J. und den Wiederaufbau des Tempels, aber die Mauern wurden erst Mitte des 5. Jh. v.Chr. von *Nehemia wiederhergestellt. 167 v.Chr. zerstörte *Antiochus IV. die Mauern und plünderte und entheiligte den Tempel, aber nach dem von Judas Makkabäus angeführten Aufstand wurde der Tempel 164 v.Chr. wieder eingeweiht. Die Römer drangen ein Jahrhundert später gewaltsam in die Stadt ein, und als der römerfreundliche *Herodes der Große 37 v.Chr. die Herrschaft übernahm, mußte er ein umfassendes Renovierungs- und Wiederaufbauprogramm in die Wege leiten. Der jüdische Aufstand von 66 n.Chr. endete 70 n.Chr. mit der Zerstörung der Stadt, der Festungen und des Tempels durch den röm. Feldherrn Titus. Ein weiterer Aufstand von 132-135 n.Chr. führte zum Wiederaufbau J. als heidnische, dem Jupiter Capitolinus geweihte Stadt, aus der alle Juden ausgeschlossen wurden. Konstantin (4. Jh. n.Chr.) erlaubte ihnen die Rückkehr. In den Jahrhunderten danach wurde J. von Heeren der Perser, Araber, Türken, Kreuzritter, Briten und Israelis erobert. 1542 baute der türkische Sultan Suleiman der Prächtige die Mauern so wieder auf, wie sie noch heute zu sehen sind.

Dem jüd. Geschichtsschreiber Josephus zufolge überwanden die Römer 70 n.Chr. drei N-Mauern, deren genaue Lage und Identifikation freilich umstritten ist. Als erwiesen gilt jedoch, daß die Grabeskirche außerhalb der zweiten N-Mauer liegt und deshalb als Ort der Kreuzigung Jesu tatsächlich in Frage kommt.

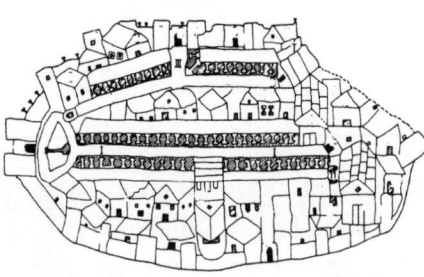

Jerusalem. Planskizze zum Stadtbild Jerusalems auf der Madaba-Karte.

Die Urgemeinde in Jerusalem. Die Geburt der christl. Gemeinde ereignete sich zu Pfingsten in J., als der Heilige Geist auf die Jünger Jesu ausgegossen wurde (Apg 2). Außenstehende hielten sie für eine jüd. Sekte (Apg 24,5), aber sie vergrößerte sich ständig (Apg 21,20). Zu ihr gehörten auch griechischsprechende Juden, die in Jerusalem wohnten, obwohl sie nicht dort geboren waren (*Hellenisten).

Nach dem Tod des *Stephanus erhielt die Gemeinde eine starke jüd. Prägung. Einige ihrer Mitglieder waren nicht damit einverstanden, daß man *Heiden das Evangelium anbot, ohne zu fordern, daß sie auch das jüd. Gesetz in allen Einzelheiten hielten (Apg 15,1; Gal 2,12). Bei der Apostel- und Gemeindeversammlung wurde jedoch beschlossen, den Heidenchristen die Beschneidung nicht aufzuzwingen, sondern sie nur zu bitten, auf gewisse jüd. Bedenken Rücksicht zu nehmen (Apg 15,19ff), um die Tischgemeinschaft zu erhalten. Die Gemeinde ist nach Pella ausgewandert, als 66 n.Chr. der jüd. Krieg gegen Rom ausbrach, ist aber später wieder zurückgekehrt.

Das NT hat die atl. Liebe zu J. übernommen und benutzt es zur Schilderung der vollkommenen himmlischen Stadt (Offb. 21).

JESAJA. Siehe *Jesaja, Buch.

JESAJA, BUCH. *Verfasser und Zeit.* Jesaja (Jahwe ist Heil) stammte aus vornehmen Verhältnissen. Sein Vater, Amoz, war nach jüd. Tradition der jüngere Sohn von Joasch, dem König von Juda. J. wuchs in enger Beziehung zum Königshaus auf und genoß eine erstklassige Ausbildung. Seine Frau war ebenfalls Prophetin (8,3.18). Sie hatten zwei Söhne, denen er symbolische Namen gab (Jes 7,3; 8,3). Jesaja wurde 740 v.Chr. im Todesjahr des Königs Usija (Asarja) durch eine Vision von Gottes Heiligkeit berufen (6,1). Er prophezeite von 740 v.Chr. an während ungefähr 55 Jahren unter den Königen Usija, Jotam, Ahas und Hiskia. Sein letztes Auftreten fand während eines der Angriffe Sanheribs auf Jerusalem ca. 701 oder 688 v.Chr. statt; er kann aber noch länger gewirkt haben. Einer jüd. Überlieferung zufolge, auf die sich vielleicht Hebr 11,37 bezieht, starb Jesaja als Märtyrer unter dem gottlosen König Manasse.

In Kap. 6 berichtet J. von seiner Berufung und von seinem Auftrag in einer

***Jesaja, Buch.** Abbildung der Jesajarolle vom Toten Meer, 1. Jh. v.Chr.*

politisch schweren Zeit. Das Nordreich und Syrien wollten Juda zu einem Bündnis gegen Assyrien zwingen. In dieser Lage suchte Juda Hilfe bei Assyrien selber. Assyrien bezwang Syrien, dann auch Israel (Einnahme Samarias 722 v.Chr.) und stand an den Grenzen Judas. Später suchte Hiskia Hilfe bei Ägypten - vergeblich; Sanherib brachte Juda in höchste Bedrängnis (701 v.Chr.). Das belagerte Jerusalem wurde noch einmal gerettet durch Gottes Eingreifen (vgl. Kap. 36-39).

Inhalt und Bedeutung. J. Botschaften richteten sich vor allem an das Südreich. In den politischen Krisen sagt J. den Oberen und dem Volk, wo sie Hilfe und Rettung finden können. Er warnt vor Vertrauen in menschliche Macht. Im Namen Gottes verurteilt er Götzendienst und Ungerechtigkeiten, bloß äußerliche religiöse Formen und Überheblichkeit. Das alles hat seine Wurzeln in der Abwendung von Gott.

Für J. ist Gott der Heilige in Israel, der Richter und einzige Erlöser Israels und der Welt. Das göttliche Heil besteht nicht nur in äußerer Befreiung aus der Hand der Völker, sondern ist Gottes Handeln zu innerer Erneuerung und Vergebung der Sünden.

J. betont, daß Gott selber Heil schafft durch den Messiaskönig, der aus dem Haus Davids kommen und als „Knecht des HERRN" sein Leben als Schuldopfer geben wird. Messianische Weissagungen finden sich in Kap. 2; 7; 9; 11; 28; 33 und vor allem in den Liedern vom „Knecht des HERRN" in 42; 49; 50; 52 und 53.

J. wird mit Recht der Evangelist des Alten Bundes genannt.

Gliederung.
1-12 *Prophezeiungen an das eigene Volk.*
Gottes Klage, Anklage und Gerichtsbotschaft gegen das verdorbene Volk Juda und Israel mit messianischen Abschnitten (2,15; 7; 9,1-6; 11) und der Berufungsgeschichte Jesajas (6).
13-23 *Prophezeiungen gegen heidnische Nationen* (Ausnahme Kapitel 22).
24-27 *Prophezeiungen über den „Tag des Herrn".*

Weltgericht und Heil Gottes für Israel und die Welt.
28-35 *Prophezeiungen an das eigene Volk.*
Z.T. messianisch (28,16ff; 32,1-8; 35), z.T. Gericht (29), z.T. Warnungen gegen eine Allianz mit Ägypten (30 und 31).
36-39 *Geschichtlicher Teil.*
Über Sanheribs Feldzug gegen Jerusalem.
40-48 *Trostbotschaften über Israels politische Erlösung.*
Kyrus von Persien als Schlüsselfigur für die Freilassung der Gefangenen (44,28-45,8); die Souveränität Jahwes über die Völker (40,12ff); das erste Lied vom Gottesknecht (42,1-7).
49-55 *Trostbotschaften über Israels geistliche Erlösung.*
Der Gottesknecht als Schlüsselfigur für Versöhnung, Erlösung und Segen; das zweite (49,1-6), das dritte (50,4-9) und das vierte Lied vom Gottesknecht (52,13-53,12).
56-66 *Drohungen gegen Sünde und falsche Frömmigkeit und Vision von Zions Herrlichkeit.*
Gottes Heil gilt auch den Völkern.

JESCHUA. Nachexilische Form von *Josua. Seit 537 v.Chr. Hoherpriester in Jerusalem. Unter seiner Leitung wurde der Altar instandgesetzt und der Grund zum Tempel gelegt (Esra 3). 520 v.Chr. wurde er von den Propheten Haggai und Sacharja zur Wiederaufnahme der Arbeiten ermutigt (Esra 5,2).

JESCHURUN (der Aufrechte). Poetischer Name für *Israel (5.Mo 32,15), möglicherweise soll er „Volk des Gesetzes" bedeuten.

JESREEL (Gott sät). **1.** Stadt im Gebiet des Stammes *Issaschar und die Ebene, in der sie lag; heute Zer'in, 13 km östl. von Megiddo. Hier versammelten sich die Israeliten vor dem Kampf gegen die Philister am Fuß des Gilboa (1.Sam 29,1); hier lag auch *Nabots Weinberg (1.Kön 21,1), und *Joram und *Isebel wurden hier getötet (2.Kön 9,24ff). **2.** Stadt im Gebirge Juda (Jos 15,56).

JESUS CHRISTUS. *Quellen.* Berichte über das Leben Jesu verdanken wir fast ausschließlich den *Evangelien. Ihre Verfasser waren aber in hohem Maße bemüht, eine sorgfältig bewahrte Überlieferung der Worte und Taten Jesu weiterzugeben. Im übrigen NT finden sich nur wenige Hinweise (z.B. Apg 20,35; 1.Kor 11,23ff). Die einzige direkte Erwähnung durch einen röm. Historiker bietet Tacitus in einer knappen Anmerkung über die Hinrichtung Jesu auf Anordnung des Pontius Pilatus. Der jüd. Geschichtsschreiber Josephus erwähnt Jesus in einem Abschnitt, der möglicherweise von Christen überarbeitet wurde. Die meisten außerbibl. christl. Berichte über Leben und Lehre Jesu sind eindeutig legendenhaft.

Geschichtliche Einordnung. Jesus wurde kurz vor dem Tod *Herodes des Großen (4 v.Chr.) geboren (Mt 2,1.13ff); das genaue Datum ist nicht feststellbar. Als er öffentlich in Erscheinung trat, war er etwa 30 Jahre alt (Lk 3,23); dies geschah einige Zeit nach dem Beginn des Auftretens Johannes des Täufers ca. 28 n.Chr. (Lk 3,1ff). Sein Wirken erstreckte sich über drei Jahre (*Chronologie des Neuen Testaments) vorwiegend auf Palästina (mit Ausnahme einiger kurzer Reisen z.B. nach Phönizien und in die Dekapolis, Mk 7,24.31). Mittelpunkt der Lehrtätigkeit Jesu war seine Heimatprovinz Galiläa, deren Bevölkerung von den Juden aus der südl. Provinz Judäa verachtet wurde.

Bei der Geburt Jesu stand Palästina schon seit etwa 60 Jahren unter röm. Herrschaft, die durch einheimische Fürsten wie Herodes den Großen ausgeübt wurde. Als *Archelaus abgesetzt wurde, unterstellte man Judäa und Samaria einem röm. Statthalter. Zur Zeit des Wirkens Jesu war dies Pontius *Pilatus. Galiläa und Peräa unterstanden *Herodes Antipas.

Geburt und Kindheit. Nur Matthäus und Lukas berichten von der Geburt Jesu. Matthäus konzentriert sich mehr auf *Josef, Lukas dagegen auf *Maria, aber beide

stimmen in der Tatsache der *Jungfrauengeburt überein. Trotz seiner übernatürlichen Empfängnis wuchs Jesus in einer ganz normalen, nicht sehr begüterten Familie in Nazareth auf (Lk 2,24; vgl. 3.Mo 12,8). Der „Zimmermann" Josef war ein tüchtiger Handwerker, der wahrscheinlich auch Arbeiter beschäftigte. Da er später nicht mehr erwähnt und Jesus „Marias Sohn" genannt wird, starb er vielleicht, als Jesus noch jung war. Jesus kam als ältestem Sohn die Aufgabe zu, für den Familienbetrieb und für seine Geschwister zu sorgen (Mk 6,3). Seine Kenntnis der Schriften zeigt, daß er die übliche Ausbildung eines jüd. Kindes in der örtlichen Synagoge erhalten hatte. Abgesehen von einem Ereignis (Lk 2,42ff) ist über seine Jugend nichts bekannt.
*Brüder Jesu; *Geschlechtsregister Jesu Christi.

Der Beginn seines Wirkens. Johannes der Täufer, ein judäischer Verwandter Jesu, rief Menschen zur Buße und taufte sie. Er erkannte in Jesus den Richter, dessen Kommen er angekündigt hatte (Mt 3,11f), und forderte seine Jünger auf, Jesus nachzufolgen (Joh 1,35ff). Jesus ließ sich von ihm taufen, nicht wegen eines persönlichen Sündenbewußtseins, sondern um sich mit denen zu identifizieren, die dem Ruf des Johannes gefolgt waren (vgl. Joh 8,46; 1.Petr 2,22). Daß er der verheißene Erlöser war, wurde durch eine Offenbarung von Gott bestätigt (Mk 1,10f; vgl. Jes 11,2). Danach folgte seine Versuchung (Mt 4,1ff; Lk 4,1ff). Sein anschließendes öffentliches Wirken begann im Jordantal, wo er predigte und taufte; aber schon bald zog er nordwärts nach Galiläa (Joh 3,22; 4,1ff), wo er hauptsächlich lehrte und heilte.

Lebensstil und Jünger. Wie andere jüd. Lehrer sammelte Jesus eine Gruppe von *Jüngern um sich, die ihn auf seinen Reisen begleiteten. Aus ihren Reihen erwählte er sich die „Zwölf" (oft *Apostel genannt). Von ihnen waren wahrscheinlich alle außer Judas Iskariot Galiläer, aber in ihrem Temperament sehr unterschiedlich. Sie nahmen Jesu Lebensstil an, verließen zeitweise ihre Häuser und Familien und waren bereit, Verfolgung zu erdulden. Gemeinsam lebten sie von den Gaben und der Gastfreundschaft derer, die ihren Dienst unterstützten (Mt 10,8ff). Jesus selbst war unverheiratet und hatte keinen festen Wohnsitz (Lk 9,58); er lehrte in örtlichen Synagogen (Mk 1,21), sprach aber auch oft im Freien zu großen Volksmengen.

Jesus Christus. *Auf diesem Ossuarium (Gebeinkasten) ist die hebräische Form des Namens Jesu, Jeschua, vermerkt.*

Soziale, politische und religiöse Haltung. Bei den angesehenen Juden erregte Jesus Anstoß wegen seines Umgangs mit gesellschaftlichen Außenseitern. Aber sein Auftrag galt allen Bedürftigen, ungeachtet ihres sozialen Standes (Mk 2,17). Sein Gleichnis vom barmherzigen Samariter war ein Angriff auf bekannte jüd. Vorurteile (Lk 10,29ff), und er wies den Heiden einen Platz neben den Juden in Gottes Heilsplan zu (Mt 8,11f). Zu seinen Anhängern gehörten sowohl Reiche (Joh 19,38ff) als auch Arme (Mt 11,5). Er verurteilte jedoch ein gleichgültiges Übersehen armer Menschen (Lk 16,19f).

Häufig wurde er in Streitgespräche mit jüd. Religionslehrern verwickelt. Jesus besaß zwar keine Schriftgelehrtenausbildung, aber seine Lehrweise und sein Jüngerkreis ließen ihn als *Rabbi erscheinen. Wenig Aufmerksamkeit schenkte er den zahlreichen religiösen Vorschriften, die zwar nicht im AT standen, aber von den damaligen jüd. Führern besonders stark betont wurden; so durchbrach er die verwirrende Vielfalt zusätzlicher Sabbatregeln (Lk 13,10f). Bei diesen Auseinandersetzungen fielen oft harte Worte (z.B. Mt 23,1ff). Da seine Verurteilung der religiösen Gesetzlichkeit Anklang beim Volk fand, hielten es die *Schriftgelehrten für notwendig, ihn zu beseitigen. Am Ende wurde er jedoch aus angeblich politischen Gründen verurteilt: er habe beansprucht, „König der Juden" zu sein (Lk 23,2).

Anfangs erfuhr er offenbar viel Unterstützung von Menschen, die hofften, er werde das Volk von der Römerherrschaft befreien. Als man ihn zum Führer eines Aufstands machen wollte, ließ er sich jedoch nicht darauf ein (Joh 6,14f). Er weigerte sich auch, den streng nationalistischen Standpunkt zu übernehmen, als es um die Steuerzahlungen an Rom ging (Mk 12,13ff), und sagte den Zusammenbruch der jüd. Nation voraus (Lk 13,25ff).

Wunder und Vollmacht. Sowohl christl. als auch nichtchristl. Quellen bezeugen, daß Jesus bei seinen Zeitgenossen als Wundertäter bekannt war. Die meisten berichteten Wunder waren Heilungen und Dämonenaustreibungen; sie stellten ein durchgehendes Merkmal seines Wirkens dar (Mk 1,32ff) und wurden auch von seinen Jüngern vollbracht (Mk 6,13). Als Zeichen seiner von Gott gegebenen Macht waren sie untrennbar mit seiner Predigt verbunden. Die Heilungen waren sowohl Ausdruck seines Erbarmens als auch Hinweis, daß er der erwartete *Messias sein muß. Auch die anderen Wunder (z.B. sein Wandeln auf dem Wasser und der verdorrte Feigenbaum) waren dazu bestimmt, etwas über seine Person und seinen Auftrag zu lehren. Er begnügte sich meist mit einem einfachen Befehlswort (Mt 8,5ff). Diese persönliche Vollmacht hinterließ bei den Menschen einen tiefen Eindruck (Mk 1,22).

Die letzte Reise nach Jerusalem. Jesus wußte, daß sein letzter Besuch in Jerusalem zu einer endgültigen Konfrontation mit den Behörden und schließlich zu seinem Tod führen würde (Lk 18,31ff). Er fand zur Passazeit statt, als die Stadt voll von Pilgern war. Eine seiner ersten Handlungen nach der Ankunft war die Vertreibung der Händler aus dem Tempelbezirk, mit der sein messianischer Anspruch unterstrichen wurde (Mk 11,15ff). Während dieser Woche versuchten die religiösen Führer, ihm gotteslästerliche oder politisch belastende Aussagen zu entlocken, um sie gegen ihn verwenden zu können. Beim Abschiedsmahl mit seinen Jüngern gab er seinen engsten Jüngern letzte Anweisungen. Dann teilte er mit ihnen Brot und Wein als Zeichen dafür, daß sein bevorstehender Tod eine Erlösungstat für viele sein sollte (Mk 10,45).

Gerichtsverhandlung und Tod. Durch Verrat seines Jüngers *Judas waren die Behörden in der Lage, Jesus in *Gethsemane in aller Stille zu verhaften. Er leistete keinen Widerstand. Es folgte eine Reihe von Verhören vor der jüd. Behörden. Das erste (vermutlich inoffizielle) war vor *Hannas, den die Römer als Hohenpriester abgesetzt hatten (Joh 18,12ff), das zweite und dritte vor dem eigentlichen Hohenpriester Kaiphas und dem Hohen Rat, eines bei Nacht, das andere am frühen Morgen des nächsten Tages. Bei der letzten Vernehmung (wahrscheinlich vor dem gesamten Hohen Rat) wurde das frühere Urteil bestätigt, daß Jesus – aufgrund seiner Beanspruchung des Messiastitels – der Gotteslästerung schuldig sei (Mk 14,53-15,1). Nach jüd. Recht stand darauf die Todesstrafe, aber die röm. Besatzer behielten sich das alleinige Recht vor, eine Vollstreckung durch Kreuzigung zu vollziehen. Deshalb brachte man Jesus zu Pontius *Pilatus. Dieser erkannte, daß die Anklage als „König der Juden" künstlich aufgebaut war und Jesus kein politischer Revolutionär war. Pilatus wollte sich der Angelegenheit entledigen, etwa durch die Übergabe Jesu an *Herodes Antipas (Lk 23,6ff), durch das Angebot, Jesus im Zuge der traditionellen Passa-Amnestie freizulassen (Mk 15,6ff) oder ihn anstelle der Todesstrafe zu geißeln, und durch den Versuch, ihn für unschuldig zu erklären (Lk 23,22; Joh 19,1ff). Dennoch gelang es ihm nicht, die feindselige öffentliche Meinung zu ändern. Als man ihm drohte, seine Vorgesetzten zu informieren, verurteilte Pilatus Jesus zur Kreuzigung (Joh 19,12). Sein Tod trat ungewöhnlich schnell ein, und sein letzter Ausruf zeigt, daß er seine Aufgabe als erfüllt ansah (Joh 19,30). J. wurde in ein nahegelegenes

Felsengrab gelegt, obwohl die Leichen von Gekreuzigten normalerweise nicht bestattet wurden (Joh 19,38ff). *Kreuz; *Sieben Worte am Kreuz.

Auferstehung und Himmelfahrt. Daß Jesu Grab am Sonntagmorgen leer war, wurde nicht ernsthaft bestritten. Die Evangelien und 1.Kor 15 bezeugen etwa elf verschiedene Begegnungen mit Jesus, die sich kurz nach seiner *Auferstehung ereigneten. Der Auferstandene erschien sowohl Einzelpersonen als auch großen Gruppen, und zwar mit einem wirklichen Leib, der allerdings den Grenzen von Raum und Zeit nicht mehr unterworfen war. Nachdem er seinen Nachfolgern die Anfänge der Weltmission übertragen (Mt 28,16ff) und ihnen den *Heiligen Geist zugesagt hatte, wurde er in Gottes Welt aufgenommen (Apg 1,9-11; *Himmelfahrt).

JESUS CHRISTUS, SEINE LEHRE. Jesus verkündigte seine Lehre nicht in Form einer geordneten Abhandlung, sondern in sehr vielfältigen Situationen des wirklichen Lebens. Obwohl er zu den Volksmengen oft stundenlang sprach (z.B. Mk 6,34f), tragen die in den Evangelien aufgezeichneten Reden eher die Merkmale einer späteren Zusammenstellung von Aussprüchen Jesu als einer wörtlichen Aufzeichnung wirklicher Reden. Seine Lehrweise entsprach in gewisser Hinsicht durchaus der anderer jüd. Lehrer: Er zitierte aus dem AT, gab seinen Zuhörern Verhaltensregeln, wählte einen rhythmischen Stil und gebrauchte *Gleichnisse, damit seine Worte den Menschen leichter im Gedächtnis haften blieben. Was die Menge und Lebendigkeit seiner Gleichnisse und seiner einprägsamen Formulierungen (Epigramme) betrifft, so gibt es in der jüd. Literatur nichts Vergleichbares. *Bergpredigt.

Jesu Gebrauch des AT. Seine in den Evangelien aufgezeichneten Worte enthalten mehr als 40 wörtliche Zitate aus dem AT, etwa 60 eindeutige Anspielungen oder Bezugnahmen sowie über 100 weitere mögliche Anklänge an das AT, die

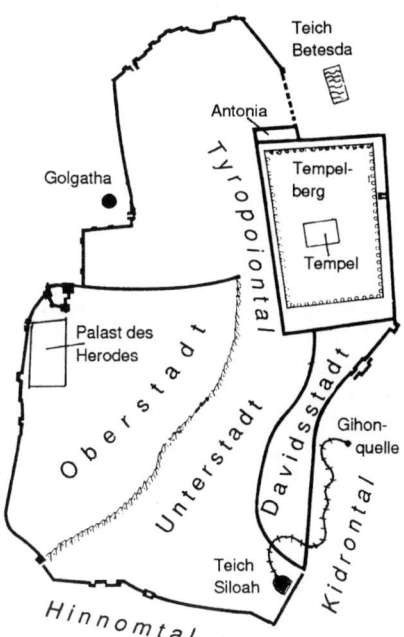

Jesus Christus. *Jerusalem zur Zeit Jesu.*

entweder beabsichtigt waren oder zustande kamen, weil sein Denken von atl. Vorstellungen geprägt war. Er gebrauchte das AT in allen Bereichen seiner Lehre, aber besonders in bezug auf seine eigene Person und seinen Auftrag. Er zitierte atl. Weissagungen, die durch ihn erfüllt wurden (z.B. Mt 11,5; vgl. Jes 35,5f), und verwies auf atl. Ereignisse, deren „Muster" er erfüllte (z.B. Mt 12,40ff, wo er sich auf Jona und Salomo bezieht).

Das Reich Gottes. Die ersten überlieferten Worte Jesu stellen eine knappe Zusammenfassung des Grundgehalts seiner Lehre dar: „Die Zeit ist erfüllt, und das Reich Gottes ist herbeigekommen" (Mk 1,15). Dieses Merkmal gegenwärtiger Erfüllung ist von zentraler Bedeutung, denn sein Kommen leitete ein neues Zeitalter ein – den lange erwarteten „Tag des Herrn" und die Erfüllung aller Hoffnungen des AT. Das *Reich Gottes steht für Gottes Souveränität und für seine Herrschaft über die Menschen. Von nun an können sie in Gottes Reich „hineinkommen" oder es "empfangen" (Mk 10,15.23f), auch wenn seine letzte Vollendung noch aussteht. In dem Maße, wie die Menschen auf seine Botschaft eingehen, tritt die Herrschaft Gottes immer deutlicher zutage.

Gott der Vater. Gottes Herrschaft anzuerkennen heißt auch, eine neue Beziehung zu ihm einzugehen. Jesus lehrte seine Nachfolger, Gott als liebenden Vater zu begreifen. Dies war eines der auffallendsten und neuartigsten Merkmale seiner Lehre. Sie sollten ihrem himmlischen Vater vertrauen, auch in bezug auf Alltagsangelegenheiten wie Nahrung und Kleidung (Mt 6,25ff; 7,7ff); deshalb war ihr Verhältnis zu Gott keine rein formelle Religiosität, sondern eine persönliche, innige Beziehung zu ihm. Darüber hinaus erhob Jesus den Anspruch, als Sohn Gottes in einer einzigartigen Beziehung zum Vater zu stehen. Im Johannesevangelium sind die meisten der 100 Hinweise auf den Vater speziell auf den Vater Jesu bezogen. Die Einzigartigkeit seiner Sohnschaft im Vergleich zur Kindschaft der Gläubigen wird in Mt 11,27 veranschaulicht. In Jesu Lehre ist nichts von einer allgemeineren, alle Menschen umfassenden Vaterschaft Gottes zu finden.

Der Auftrag Jesu. Obwohl J. sich seiner zentralen, messianischen Rolle bei der Herbeiführung des Gottesreiches bewußt war, beanspruchte er so gut wie nie den Titel des *Messias, und als er es dennoch einmal tat, befand er sich nicht auf jüd. Gebiet (Joh 4,25f). Er benutzte regelmäßig die Bezeichnung „Menschensohn" anstelle von „Christus" (Messias, z.B. Mk 8,29ff), vielleicht auch, weil die jüd. Messiashoffnung vor allem politischer und nationalistischer Natur war (vgl. Dan 7,13f). Dennoch wies Jesus darauf hin, daß er atl. Messiasvorstellungen erfüllte; so war er z.B. Davids Herr (Ps 110,1; Mk 12,35ff) und der leidende Knecht (Jes 53; Mk 10,45). Er betonte stets die Notwendigkeit seines Leidens und Sterbens, dessen Hauptzweck die *Vergebung der Sünden war (Mt 26,28). Aufgrund seines stellvertretenden Todes ist allen Menschen eine Errettung vor dem Zorn Gottes angeboten (Lk 24,44ff).

*Erlösung; *Versöhnung.

Die Zukunft. Wie und wann Jesus die letzte Vollendung des Gottesreiches erwartete, wird nicht systematisch dargelegt, aber ist in einigen Aussagen zu erkennen. Er sagte die Zerstörung Jerusalems und des Tempels als unvermeidliches Ergebnis der jüd. Ablehnung des von Gott gesandten Messias voraus (Mk 13,2ff; Lk 19,41f). Einige seiner Worte über das „Kommen des Menschensohns" beziehen sich offenbar auf dieses Ereignis, das viele seiner Zuhörer noch erleben sollten (z.B. Mt 10,23). Er kündigte ein letztes *Gericht an, in dem er eine zentrale Rolle spielen werde (Mt 25,31ff).

Dazu wird er ein zweites Mal auf die Erde kommen, so unmißverständlich und für alle sichtbar wie ein Blitz (Lk 17,24). Um auf solch ein plötzliches Ereignis vorbereitet zu sein, ist ein Leben in ständiger Wachsamkeit erforderlich (Mt 24,42ff; Lk 12,35ff), nicht einmal Jesus selbst kennt den genauen Zeitpunkt (Mk 13,32). *Eschatologie.

JESUS CHRISTUS, SEINE TITEL. *Messias.

JESUS SIRACH, BUCH. Siehe *Apokryphen.

JETER (Überfluß). Gatte Abigals, der Schwester Davids (1.Chro 2,15-17), und Vater von Amasa, einem der Heerführer Davids (1.Kön 2,5).

JIBLEAM. Kanaaniterstadt im nördl. Grenzland des Stammes *Manasse, deren Einwohner von den Israeliten nicht vertrieben wurden (Ri 1,27); heute Chirbet Bil'ameh, 16 km südöstl. von Megiddo.

JITRO. Anderer Name für *Moses Schwiegervater *Reguël (2.Mo 2,18), den Priester in Midian. Er nahm Mose auf, als dieser aus Ägypten floh, brachte später Gott ein Dankopfer für die Befreiung Israels aus Ägypten dar und gab Mose den Rat, für die Regelung von Rechtsstreitigkeiten Helfer einzusetzen (2.Mo 18).

JOAB (Jahwe ist Vater). Sohn von *Davids Halbschwester Zeruja. Er führte Davids Heer zum Sieg über die Rebellen unter

*Abner (2.Sam 2,12ff). J. tötete Abner entweder, weil er in ihm einen möglichen Rivalen in der Gunst des Königs sah, oder aus Blutrache (Abner hatte J. Bruder Asael getötet; 2.Sam 2,23). Später wurde J. Oberbefehlshaber der Streitmacht Israels. Er konnte großmütig (2.Sam 12,28), aber auch grausam (2.Sam 11,6ff) sein. J. versöhnte David und Absalom (2.Sam 14,31ff), half aber später entgegen dem ausdrücklichen Befehl des Königs, Absalom zu töten (2.Sam 18,14ff). J. tötete auch *Amasa, den David an seiner Stelle zum Befehlshaber ernannt hatte (2.Sam 20,3ff). Später geriet seine Treue zu David ins Wanken, und er wurde mit Salomos stillschweigendem Einverständnis getötet (1.Kön 2,28ff).

JOAHAS (Jahwe hat ergriffen). Drei atl. Könige: der 6. König von Juda (*Ahasja); der 11. König des Nordreiches Israel, der ungefähr 814-798 v.Chr. regierte (2.Kön 13,1ff); der 18. König von Juda (in Jer 22,11 Schallum genannt), der von Pharao Necho II. nach Ägypten verschleppt wurde, wo er starb (2.Kön 23,30ff).

JOASCH (Jahwe hat gegeben). Mehrere Personen im AT, einschließlich zweier Könige. **1.** Sohn *Ahasjas, 8. König von Juda (ca. 837-800 v.Chr.). Nach der Ermordung seiner Angehörigen (durch die Königinmutter *Atalja) wurde er von seiner Tante *Joscheba und seinem Onkel, dem Hohenpriester *Jojada, versteckt gehalten und im Alter von sieben Jahren zum König ausgerufen (2.Kön 11). Er setzte den Tempel wieder instand (2.Kön 12,4ff), beschwichtigte aber später den Syrer Hasaël mit den Tempelschätzen (2.Kön 12,18ff) und wurde bei einem Umsturzversuch getötet (2.Kön 12,21f). **2.** Sohn des Joahas, 12. König des Nordreiches Israel, der ca 801-786 v.Chr. regierte. Er wurde von den Assyrern, Aramäern und vom Südreich Juda bedrängt; er besiegte Juda und plünderte Jerusalem (2.Kön 14,8ff).

JOCH. Ein Holz, mit dem zwei Tiere (gewöhnlich Ochsen) zusammengespannt werden (z.B 1.Kön 19,19). Symbolhaft beschreibt es auch die Unterjochung einer Person durch eine andere oder eines Volkes durch ein anderes (Jer 27,12).

Jesu Joch ist anderer Art; es ist keine schwere Last (Mt 11,29f).

JOCHEBED (wahrscheinlich: Jahwe ist Herrlichkeit). Aus dem Stamm *Levi – die Mutter von *Mose, *Aaron und *Mirjam (2.Mo 6,20; 4.Mo 26,59).

JOEL, BUCH. *Verfasser und Zeit.* Über die Person, das Leben und Wirken des Propheten Joel („Jahwe ist Gott") ist wenig bekannt. Er lebte in Juda wahrscheinlich zur Zeit, als der Priester Jojada den minderjährigen König Joas vertrat, etwa um 830 v.Chr. Andere Forscher verlegen die Abfassung oder die Überarbeitung des Buches in die nachexilische Zeit.

Inhalt. Joel entfaltet eine Sicht von den „letzten Dingen" (*Eschatologie). Er verkündigt kommende Ereignisse, die der Offenbarung der Herrschaft Gottes vorausgehen. Das Hauptthema des Buches ist der „Tag Jahwes" und dessen Erwartung. Dieser Tag Jahwes kommt wie ein großes Verderben (1,15) über das Volk Gottes und die ganze Erde. Im Gegensatz zur Erwartung eines „goldenen Zeitalters", das mit dem Tag Jahwes anbrechen soll, bringt dieser Gericht und Heimsuchung. Eine verheerende Heuschreckenplage und die folgende furchtbare Dürre sind nur vorausgehende Anzeichen für die Nähe des Gerichts.

Joel verkündigt einen Ausweg, den letztmöglichen: Trauer über die Sünde, Reue, echte Umkehr des Herzens, tiefe Buße (2,13).

Das endzeitliche Geschehen der Ausgießung des Heiligen Geistes über „alles Fleisch" ist ein Zeichen der Nähe des Tages Jahwes. Daran schließen sich kosmische Veränderungen an (vgl. 3,4-5; Offb 6,12). Rettung gibt es nur für die Menschen, die mit Gott in Verbindung leben und bleiben, d.h. diejenigen, die seinen Namen anrufen, die ihn kennen und die er kennt.

Eine gottfeindliche Welt wird zum letzten Mal versuchen, das Volk Gottes auszurotten (4,2). Doch die Kriegsheere werden im Tal Joschafat vernichtet. Kosmische Erschütterungen werden folgen (4,2.12.14). Danach wird das Heil endgültig über das Volk Gottes kommen. Der Herr wird bei seinem Volk wohnen und es mit Segen, mit natürlichen und geistlichen Gaben überschütten (4,21).

Gliederung.
1,1-2,17   *Historischer Teil.* Heuschreckenplage und Dürre zur Zeit Joels; Aufruf zur Buße (1,1-20). Heuschreckenplage als Bild für den Tag Jahwes und Aufruf zur Buße (2,1-17).
2,18-4,21   *Prophetischer Teil.* Bevorstehende Hilfe und Segen (2,18-27). Ausgießung des Heiligen Geistes vor dem endgültigen Tag Jahwes (3,1-5). Gericht über die Völker (4,1-16). Friedensreich in Juda und Jerusalem (4,17-21).

JOHANAN (wörtl.: Jahwe ist gnädig). Mehrere Personen im AT. Der bemerkenswerteste war ein jüd. Hauptmann, der den Statthalter von Jerusalem, *Gedalja, nach dem Fall der Stadt unterstützte und die Menschen befreite, die Gedaljas Mörder *Ismaël/Jismaël gefangengenommen hatte (Jer 40-43).

JOHANNA. Eine Frau, die von Jesus geheilt wurde. Sie trug zum Unterhalt seiner umherreisenden Jünger bei und wurde Zeugin der Auferstehung. Ihr Mann war ein hoher Beamter des Herodes Antipas (Lk 8,1ff; 24,1ff).

JOHANNES (DER APOSTEL). Wahrscheinlich der jüngere Sohn des *Zebedäus. Seine Mutter war vermutlich *Salome, die man für die Schwester der Jesusmutter Maria hält (vgl. Mk 16,1 mit Mt 27,56 und Joh 19,25); wenn das zutrifft, war er ein Vetter Jesu. Seine Familie scheint nicht arm gewesen zu sein, denn der Fischer Zebedäus beschäftigte Tagelöhner (Mk 1,20). J. und sein Bruder *Jakobus erhielten von Jesus den Beinamen „Donnersöhne" (Mk 3,17), wahrscheinlich weil sie lebhafte, ungestüme Galiläer waren, deren Übereifer manchmal nur schwer zu bändigen war (Lk 9,49.54). Sie scheinen auch sehr ehrgeizig gewesen zu sein (Mk 10,37) und gehörten mit Petrus zum engsten Kreis innerhalb der zwölf Apostel (vgl. Mk 5,37; 9,2; 14,33).

J. war wohl der ungenannte Jünger Johannes des Täufers in Joh 1,35ff. Da sein Name auch im Johannesevangelium nie erwähnt wird, ist J. mit ziemlicher Sicherheit der Jünger, „den Jesus lieb hatte" (Joh 13,23; 19,26f) und der zusammen mit *Petrus Zeuge der Auferstehung Jesu war (Joh 20,3-8). In der Urgemeinde blieb er eng mit Petrus verbunden und trug mit ihm die Hauptlast der anfänglichen jüd. Anfeindungen (Apg 4,13; 5,33.40). Beide legten bekehrten Samaritern die Hände auf (Apg 8,14ff), und Paulus nannte sie Säulen der Jerusalemer Gemeinde (Gal 2,9). Wenn J. auch der Verfasser der Offenbarung ist, wurde er nach Patmos verbannt (Offb 1,9); wann das geschah, ist ungewiß.

Einigen späten (5. Jh. n.Chr.) und wahrscheinlich unzuverlässigen Berichten zufolge soll er etwa zur selben Zeit wie sein Bruder Jakobus den Märtyrertod gestorben sein (Apg 12,2). Jesu Weissagung in Mk 10,39 muß aber nicht bedeuten, daß beide gleichzeitig und gewaltsam getötet wurden. Wesentlich glaubhafter ist eine Überlieferung, nach der Bischof Polykrates von Ephesus (190 n.Chr.) weiß, daß J. in Ephesus „entschlief", und der Hinweis des Irenäus, daß J. bis zur Zeit des Kaisers Trajan dort lebte (98-117), obwohl ihn einige Schriften aus Ephesus im frühen 2. Jh. nicht erwähnen.

*Johannesevangelium; *Johannesbriefe.

JOHANNES DER TÄUFER. Er wurde ca. 7 v.Chr. einem älteren Ehepaar, dem Priester *Zacharias und seiner Frau *Elisabeth, geboren. Seine Jugendjahre verbrachte er in der judäischen Wüste (Lk 1,80), wo er ca. 27 n.Chr. zum Propheten berufen wurde (Lk 3,2). Innerhalb kurzer Zeit wurde er als Bußprediger bekannt. Menschen strömten von überall herbei, um ihn zu hören; viele ließen sich im *Jordan taufen (*Taufe) und bekannten ihre Sünden. Er verurteilte die Übertretungen des *Gesetzes (Lk 3,9) und tadelte die religiösen Führer. Er wartete auf den, der mit dem *Heiligen Geist und mit Feuer taufen werde (Lk 3,16f). Unter denen, die zu ihm kamen, um sich taufen zu lassen, war *Jesus, den J. offenbar als den *Messias erkannte, obwohl er später im Gefängnis zu zweifeln begann (Joh 1,35f; vgl. Lk 7,18ff).

J. scheint das Jordantal eine Zeitlang verlassen zu haben, um in Samaria zu wirken (Joh 3,23). Dann kehrte er in das Gebiet des *Herodes Antipas zurück, wahrscheinlich nach Peräa. Herodes ließ ihn in der Festung Machärus gefangensetzen, denn er hatte seine zweite Heirat angeprangert. Einige Monate später wurde er enthauptet (Mk 6,14ff).

Im NT wird J. als Vorläufer Christi dargestellt. Nach Jesu Einschätzung war er der verheißene *Elia (Mal 3,23f; Mk 9,13), der letzte und größte der Propheten (Lk 16,16). Seine Jünger blieben auch nach seinem Tod noch einige Zeit als Gruppe zusammen (vgl. Apg 19,1ff).

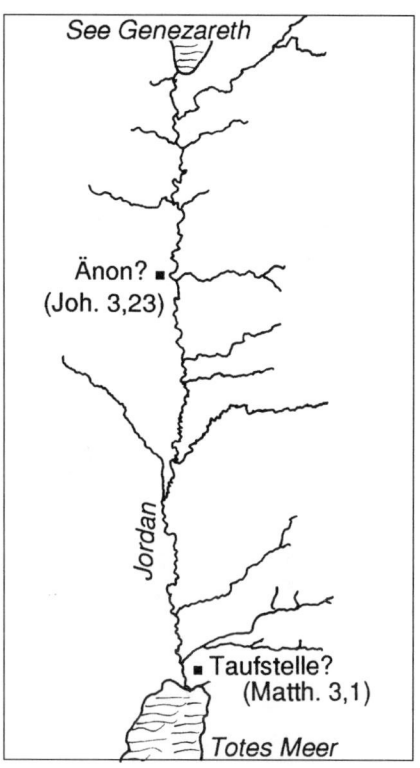

Johannes der Täufer. Mögliche Taufstellen am Jordan.

JOHANNESBRIEFE. *Verfasser und Empfänger.* Das erste Schreiben ist an einen größeren Leserkreis gerichtet und darf als „katholischer Hirtenbrief" bezeichnet werden, wobei „katholisch" bedeutet, daß solche Briefe nicht einer Einzelgemeinde, sondern der ganzen Christengemeinde gelten.

Die Schreiben sind inhaltlich und im Stil so stark mit dem Johannesevangelium verwandt, daß wir beide Schriften demselben Verfasser zuschreiben müssen (*Johannes (Apostel)). Noch stärker als Joh 1,14 betont 1.Joh 1,1-3, daß der Verfasser Augen- und Ohrenzeuge Jesu war. Er hat die Briefe gegen Ende seines Dienstes in Ephesus geschrieben.

Der zweite Brief ist ein Privatbrief an eine „Frau";

der dritte Brief ist ein Privatbrief an einen Christen namens Gajus, der dem Verfasser besonders nahegestanden haben muß, da er ihn dreimal „Geliebter" nennt (V. 2,5,11).

Hintergrund. Die Bedrohung durch Irrlehrer. Hier waren es „Christen", die die Offenbarung in Christus mit fremdartigen, das Wesen des Evangeliums verfälschenden Elementen vermischten und das Ganze als höhere Erkenntnis ansahen. Sie behaupteten, Gott richtig erkannt zu haben, hielten aber viele seiner Gebote nicht. Lieblos und hochmütig erhoben sie sich über die Brüder (2,4; 4,8.20). Sie leugneten, daß Jesus der Christus ist (2,22), der Sohn Gottes (5,10), und daß der Sohn Mensch geworden sei (4,2); sie leugneten die Einheit des geschichtlichen Jesus mit dem Heilsbringer Christus. Wegen der falschen Lehre über Jesus muß Johannes vor diesen Leuten warnen, die übrigens von der Gemeinde weggegangen sind (2,19; 4,1ff).

Inhalt und Bedeutung. Johannes bezeugt, daß Jesus Christus Gottes menschgewordener Sohn ist, durch den Gott Versöhnung geschaffen hat. Er will in allen

Anläufen der falschen Lehrer Gewißheit vermitteln. Durch den Glauben an Jesus Christus erhält der Mensch Leben aus Gott. Wer Jesus hat, hat das Leben (5,12). Wer aus Gott geboren ist, wird die Brüder lieben, die auch von Gott geboren sind (5,1-3). Gemeinschaft mit dem Vater und untereinander ist möglich, weil Gott Sünden vergibt aufgrund des Blutes Jesu Christi (1,5ff).

Gliederung.
1. Johannesbrief.
1,1-4 Einleitung. Das Zeugnis des Apostels.
Seine Vollmacht, sein Inhalt, sein Ziel.
1,5-2,27 *Gott ist Licht: Kennzeichen wahrer Gemeinschaft mit Gott zeigen sich:*
Im Bekenntnis der Schuld und der Reinigung (1,5-2,6).
In der Bruderliebe (2,7-11).
Exkurs über die Gemeinde (2,12-14).
Exkurs über die Welt (2,15-17).
In dem Bekenntnis zum Sohn Gottes (2,18-27).
2,28-4,6 *Gott ist Vater: Kennzeichen wahrer Gotteskindschaft zeigen sich:*
In praktischer Gerechtigkeit (2,28-3,10).
In der Bruderliebe (3,11-18).
Im Vertrauen auf sein gnädiges Vaterherz (3,19-24).
Im Bekenntnis, daß Jesus Christus Mensch geworden ist (4,1-6).
4,7-5,12 *Gott ist Liebe: Kennzeichen des wahren Glaubens zeigen sich:*
In gegenseitiger Liebe (4,7-21).
Im Halten der Gebote Gottes (5,1-3).
Im Glauben, daß Jesus der Sohn Gottes ist (5,4-12).
5,13-21 *Schluß. Fünf Glaubensgewißheiten der Christen.*

2. Johannesbrief.
1-3 Begrüßung.
4-11 Lieben heißt gehorchen; Abweisung von Irrlehrern.
12-13 Zusammenfassender Abschluß.

3. Johannesbrief.
1-8 Botschaft an Gajus.
9-10 Verurteilung des Diotrephes.
11-12 Demetrius wird der Gemeinde empfohlen.
13-14 Schluß.

JOHANNESEVANGELIUM. *Ziel.* Das Johannesevangelium ist grundlegend für das Verständnis des christl. Glaubens. Die ausdrückliche Absicht des Verfassers ist es, Glauben zu wecken: „Diese Dinge sind aufgeschrieben, damit ihr glaubt, daß Jesus der Messias ist, der Sohn Gottes, und damit ihr durch den Glauben das Leben habt in seinem Namen" (20,31).

Im Gegensatz zu den Synoptikern Matthäus, Markus und Lukas hebt Johannes nicht die Menschlichkeit Jesu, sondern seine Gottessohnschaft, seine himmlische Herkunft (1,1-18) hervor: „Jesus, der am Herzen des Vaters ruht, hat ihn uns verkündet" (1,18b). In Jesus wurde Gott, der Geist ist und den kein Mensch sehen kann, „Fleisch und wohnte unter uns" (1,14). Jesus ist die Offenbarung Gottes und macht uns *Gott als Vater* greifbar und gibt allen, die an ihn glauben, das Recht, als Kinder Gottes in ewiger Gemeinschaft mit dem himmlischen Vater zu leben (1,12).

Empfänger. Das Johannesevangelium entstand zwischen 80 und 100, zu einer Zeit, als die übrigen Schriften des NT bereits vorhanden waren. Petrus und Paulus und alle übrigen Apostel waren schon gestorben; Jerusalem war durch röm. Legionen unter Titus im Jahr 70 zerstört worden. Mancherorts traten Irrlehrer auf, die leugneten, daß Jesus als Gottes Sohn wahrhaft Mensch geworden war.

Vor diesem Hintergrund ist das Bild, das Johannes von Jesus zeichnet, von entscheidender Bedeutung für den christl. Glauben, denn es vereint die menschlich-leibliche Person Jesu mit seiner Gottheit und Herrlichkeit.

Verfasser. *Johannes (Apostel).

Besonderheiten. Im Johannesevangelium dreht sich alles um die Frage: Wer ist Jesus? Und um die Antwort: Er ist der menschgewordene Gottessohn!

In jedem Kapitel wird über diese Frage gesprochen, diskutiert, gestritten, die Antwort bezeugt und proklamiert. Den Schauplatz bildet bezeichnenderweise meistens Jerusalem. Nur in den Kap. 2, 4 und 6 berichtet Johannes über Jesu Wirken in Samaria bzw. Galiläa. Der ganze übrige Stoff konzentriert sich auf fünf Reisen zu Festen nach Jerusalem. Durch sein Erscheinen in der heiligen Stadt provoziert Jesus in zunehmendem Maße die Feindschaft der jüd. Führer, bis er am Passafest als Sühnopfer unsere Erlösung vollbringt (19,30).

Gliederung.
1,1-18 *Der Gottessohn wird Mensch.*
1,19-12,50 *Der Gottessohn in der Öffentlichkeit.*
Der Täufer und die ersten Jünger (1,19-2,12).
1. Aufenthalt in Jerusalem am Passafest (2,13-3,36).
Reise durch Samaria und Galiläa (4,1-54).
2. Aufenthalt in Jerusalem an einem „Fest der Juden" (5,1-47).
Galiläa: Speisung der 5000; Brotrede (6,1-71).
3. Aufenthalt in Jerusalem am Laubhüttenfest (7,1-10,21).
4. Aufenthalt in Jerusalem am Tempelweihefest (10,22-42).
Aufenthalt in Bethanien; Lazarus (11,1-12,11).
Einzug in Jerusalem (12,12-50).
13,1-17,26 *Der Gottessohn im Jüngerkreis.*
5. Aufenthalt in Jerusalem, Fußwaschung (13,1-30).
Die Abschiedsreden Jesu (13,31-16,33).
Das hohepriesterliche Gebet (17,1-26).
18,1-19,42 *Der Gottessohn wird verurteilt und gekreuzigt.*
Verhör und Verurteilung (18,1-19,16).
Kreuzigung und Grablegung (19,17-42).
20,1-21,25 *Der Gottessohn aufersteht und begegnet seinen Jüngern.*

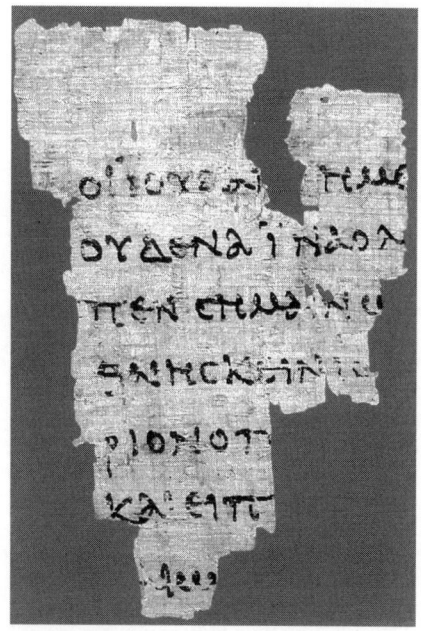

Johannesevangelium. Papyrusfragment mit einem Text des Johannesevangeliums.

JOJACHIN (Jahwe wird errichten). Er wurde auch Jechonja (1.Chro 3,16) und Konja (Jer 22,24.28) genannt. Nach dem Tod seines Vaters *Jojakim wurde er 598 v.Chr. im Alter von 18 Jahren von den Babyloniern zum König von Juda gemacht. Während seiner dreimonatigen Regierungszeit tat er, was Gott mißfiel. *Jeremia sagte das Ende seiner Dynastie voraus (Jer 22,24ff). Wie aus babylon. Aufzeichnungen hervorgeht, wurde er in Babylon von Nebukadnezar als königliche Geisel behandelt. Als Ewil-Merodach die Nachfolge Nebukadnezars antrat, wurde er begnadigt und durfte im Königspalast wohnen (2.Kön 25,27ff).

JOJADA (Jahwe weiß). Ein beliebter Name in atl. Zeit. U.a. ein Hoherpriester im Jerusalemer Tempel unter der Regierung von *Ahasja, *Atalja und *Joasch. Nachdem Atalja den Thron an sich gerissen hatte, half er, Joasch sechs Jahre lang zu verstecken. Danach rief er im Zuge eines Staatsstreichs den jungen Joasch zum König aus, und solange dieser minderjährig war, führte er für ihn die Regierungsgeschäfte (2.Kön 11).

JOJAKIM (Jahwe hat errichtet). König von Juda (609-598 v.Chr.), wurde von Pharao Necho II. als König eingesetzt; Necho änderte seinen Namen von Eljakim in Jojakim; sein Bruder *Joahas wurde nach Ägypten verschleppt. J. Regierungszeit ist in 2.Kön 23,34-24,6 beschrieben. J. wurde mit 25 Jahren König und war ein habsüchtiger und grausamer Herrscher, der hohe Grundsteuern erhob und von Zwangsarbeitern kostspielige königliche Bauten errichten ließ (Jer 22,13ff). Die Propheten *Jeremia und *Habakuk verurteilten den religiösen Verfall unter seiner Regierung; der Prophet *Uria wurde von J. hingerichtet (Jer 26,20ff). Nach der Niederlage Ägyptens unterwarf er sich zunächst Nebukadnezar von Babylon, begehrte aber 601 v.Chr. gegen ihn auf und starb auf dem Weg in die Gefangenschaft (2.Chro 36,6).

JONA, BUCH. *Verfasser und Zeit.* Der Prophet Jona hat einen missionarischen Auftrag. Jona (Taube) ist wohl der in 2.Kön 14,25 erwähnte Sohn Amittais, ein Zeitgenosse Jerobeams II. und der Propheten Amos und Hosea. Er ist der einzige unter den Propheten, der über andere Völker nicht nur weissagt, sondern der die neue Aufgabe Israels wahrnimmt und als Missionar zu ihnen geht.

Inhalt. Jona bekommt von Gott den Auftrag, in die assyr. Hauptstadt Ninive zu gehen und den Bewohnern das Gericht Gottes anzukünden. Aber Jona entzieht sich diesem Auftrag und ist eher bereit, sein Prophetenamt aufzugeben als zu gehorchen. Er flieht, doch Gott holt ihn ein. Jona geht nach Ninive – und Ninive tut Buße.

Bedeutung. Gottes Erbarmen ist nicht nur auf Israel beschränkt, sondern gilt der ganzen Schöpfung (4,11). Jona als Repräsentant für Gottes Volk hat den Auftrag, den Schöpferwillen zu verkündigen und zu erfüllen (1,9; 2,11; 3,9-10; 4,6-11). Hinter den Drohworten gegenüber den Heiden steht Gottes rettende Liebe. Jesus verweist in diesem Zusammenhang auf die Unbußfertigkeit Israels und auf die Buße der Heiden (Mt 12,41). Von dieser unbegreiflichen Liebe, die sich im hingebenden Erbarmen Gottes zeigt, fühlt sich Jona provoziert. Er fürchtet sich geradezu (Kap. 4) und ist verdrossen.

Besonderheiten. Jona ist eine Vorabbildung Jesu Christi und seiner Auferstehung (Mt 12,40). Jona ist auch eine Vorabbildung des Volkes Israel; ungehorsam gegenüber Gott, verschlungen vom Völkermeer, gerettet und herausgesammelt aus den Völkern wird es als Zeuge Gottes vor der ganzen Welt wirken.

Gliederung.
1 Jonas Ungehorsam und seine Folgen.
2 Sein Gebet und Gottes Rettung.
3 Jonas Predigt in Ninive hat unerwartete Auswirkungen.
4 Jonas Zorn und der Tadel Gottes.

JONADAB (Jahwe ist großzügig). **1.** Neffe *Davids, der dessen Sohn Amnon eine List verriet, die es ihm ermöglichte, Tamar zu vergewaltigen (2.Sam 13,3ff). **2.** Sohn Rechabs, der seinen Nachkommen, den Rechabitern, verbot, Landwirtschaft zu betreiben und in festen Häusern zu wohnen (Jer 35,6ff); half *Jehu, den Baalskult auszurotten (2.Kön 10,15.23).

JONATAN (Jahwe hat gegeben). Mehrere Personen im AT, einschließlich *Sauls ältestem Sohn. Er hatte Anspruch auf den Thron, was seine Freundschaft zu *David, der schließlich Sauls Nachfolger wurde, um so bemerkenswerter macht (1.Sam 20,31ff). Er war ein fähiger und tapferer Krieger (2.Sam 1,22), wie sein im Alleingang geplanter Angriff auf eine Garnison der Philister zeigt (1.Sam 14,6ff). J. Freundschaftspakt mit David (1.Sam 18,1ff) führte dazu, daß er sich von seinem Vater distanzierte und sein Leben aufs Spiel setzte (1.Sam 19-20), was ihn zu einem Musterbeispiel wahrer Treue werden läßt. Er starb zusammen mit seinem Vater und seinen Brüdern in der Schlacht, in der die Philister Israel besiegten (1.Sam 31,2).

JOPPE/JAFO. Der einzige natürliche Hafen zwischen Haifa und der israelisch-ägypt. Grenze. Nach Israels Landnahme in Kanaan gehörte die Stadt zum Stamm Dan, fiel jedoch wenig später an die Philister. Zur Zeit des Tempelbaus kam J. als Hafen für die Anlieferung des notwendigen Holzes besondere Bedeutung zu (2.Chro 2,15; Esra 3,7). Von J. aus floh der Prophet *Jona vor dem Auftrag Gottes (Jona 1,3). Simon Makkabäus gliederte J. im 2. Jh. v.Chr. Judäa an (1.Makk 13,11). Schon früh gab es eine christl. Gemeinde in J. (Apg 9,36-10,47). Heute ist J. der südl. Teil von Tel Aviv-Jaffa.

JORAM (Jahwe ist erhaben). Mehrere Personen im AT, einschließlich zweier Könige: **1.** König des Nordreiches Israel 852-841 v.Chr. (2.Kön 1-9); Sohn Ahabs und Isebels. Er folgte weitgehend den heidnischen religiösen Praktiken seiner Vorgänger und wurde von *Jehu getötet, der seine Nachfolge antrat. **2.** König von Juda 848-841 v.Chr. (2.Kön 8,16ff; 2.Chro 21). Er führte heidnische Kulte wieder ein und verließ die Politik seines gottesfürchtigen Vaters *Joschafat; sein Reich wurde von Arabern und Philistern geplündert.

JORDAN. Der größte Fluß in Palästina; sein Name bedeutet treffend „der Hinabsteigende". Das J.tal wird aus dem tiefsten Senkungsgraben der Erde gebildet. Vom 70 m über dem Meeresspiegel gelegenen früheren Hulesee bis zum ca. 20 km entfernten See *Tiberias (Genezareth) fällt das Tal bis über 200 m unter den Meeresspiegel ab; am N-Ufer des Toten Meeres (140 km vom Hulesee entfernt) liegt der Fluß 393 m unter dem Meeresspiegel. Das J.tal war eines der ältesten städtischen Besiedlungsgebiete der Erde. Um 7000 v.Chr. gingen die Natufier in Jericho zur städtischen Lebensform über, und ein Töpferwaren herstellendes Volk kam ca. 5000 v.Chr. Die Amoriter zerstörten ca. 2200 v.Chr. viele der städtischen Zentren, aber nach 1900 v.Chr. führte der Einfall der Hyksos zum Bau umfangreicher städtischer Verteidigungsanlagen. Die Ägypter besiegten die Hyksos und bauten die befestigten Städte wieder auf, bevor ca. 1220 v.Chr. die Israeliten ins Land kamen, was durch die Zerstörung von Hazor, Debir und Lachisch archäologisch belegt ist.

In ntl. Zeit war das Gebiet um den See Genezareth am N-Ende des Tales dicht besiedelt, und die Stadt *Kapernaum spielte in den Evangelien eine herausragende Rolle (z.B. Mk 1,21; Lk 7,1ff). Die umliegenden Berge waren ebenfalls Schauplatz der Wirksamkeit Jesu (Mt 5,1; 28,16; Lk 9,10ff).

Südl. vom See war das Hochwasserbett (ez-Zor) mit abwechslungsreicher Vegetation bedeckt und stand in scharfem Gegensatz zu den tief zerfurchten, unfruchtbaren Abhängen zum eigentlichen Flußbett; sein üppiges Dickicht, einst Jagdgründe wilder Tiere, wird im AT häufig erwähnt (z.B. Jer 12,5; 49,19). Zwischen dem Jarmuk und dem *Jabbok münden vom O her mehrere z.T. ganzjährig wasserführende Flußläufe in den Jordan; Elias Bach *Krit könnte ein zeitweise austrocknender Nebenarm des Jabesch gewesen sein (1.Kön 17,1ff). In der Nähe der Jabbokmündung konnte man den Jordan überqueren (z.B. Ri 8,4f; 2.Sam 19,15ff). In dieser Gegend, bei Adam (heute Tell Damiyeh) 26 km nördl. von Jericho, könnte das Volk Israel den Jordan durchschritten haben (Jos 3,1ff).

JOSACHAR (Jahwe hat sich erinnert). Ein Diener des Königs *Joasch. Er war an dessen Ermordung beteiligt (2.Kön 12,21f) und wurde später hingerichtet (2.Kön 14,5).

JOSCHAFAT (Jahwe hat gerichtet). Mehrere Personen im AT, z.B. der 4. König von Juda (ca. 873-849 v.Chr.). Er verstärkte Judas Verteidigungsfähigkeit (2.Chro 17) und schloß einen Vertrag mit dem Nachbarstaat Israel (2.Chro 18,1). J. ging gegen die heidnischen Kulte vor (1.Kön 22,42ff), sandte Priester und Leviten aus, die das Volk im mosaischen Gesetz unterwiesen (2.Chro 17,7ff) und setzte in wichtigen Städten Richter ein (2.Chro 19,4ff).

JOSCHAFAT, TAL. Schauplatz von Gottes Gericht über die Völker (Joel 4,2.12), auch Tal der Entscheidung (V.14), möglicherweise ein symbolischer Name für das

Tal von Beracha (s. 2.Chro 20). Ab dem 4. Jh. Name für das Tal zwischen Tempel und Ölberg.

JOSCHEBA. Tochter *Jorams, die einen Hohenpriester heiratete (2.Chro 22,11) und *Joasch das Leben rettete (2.Kön 11,2).

JOSCHOBAM. Der oberste der Helden *Davids (1.Chro 11,11), gleichzusetzen mit Joscheb-Baschebet (LÜ: Jischbaal) in 2.Sam 23,8.

JOSEF (Möge er [Gott] hinzufügen [Söhne]).*Altes Testament*. Elfter Sohn und Liebling *Jakobs, *Rahels Erstgeborener (1.Mo 30,24). Der verwöhnte Junge ist für seinen „bunten Rock" (LÜ) oder sein „langes Ärmelkleid" (Menge) bekannt (1.Mo 37,3; beide Übersetzungen sind möglich), was den Neid seiner Brüder hervorrief. Statt ihn zu töten, wie sie zuerst geplant hatten, verkauften sie ihn als Sklaven an reisende Kaufleute. *Ruben, der J. befreien wollte, war vermutlich nicht anwesend, weil er die Herden bewachte (eine notwendige Vorsichtsmaßnahme, wenn sich Fremde näherten). Er kehrte erst zurück, als man J. schon fortgeschafft hatte (1.Mo 37,22.29). J. wurde von den Händlern an den Ägypter *Potifar verkauft (1.Mo 37,36). In seiner Verzweiflung behauptete J., daß man ihn entführt habe (1.Mo 40,14f), denn wenn er offen eingestanden hätte, von seinen eigenen Brüder verkauft worden zu sein, hätte man vermutlich an seiner Unschuld gezweifelt.

Er war einer von vielen Semiten, die zwischen 1900 und 1600 v.Chr. in ägypt. Haushalten dienten (einige von ihnen erhielten eine hohe Vertrauensstellung); aus einer Aufzeichnung von ca. 1740 v.Chr. geht hervor, daß 45 der 79 dort aufgelisteten Diener „Asiaten" (Semiten wie J.) waren. Einige ägypt. Dokumente zeigen außerdem, daß Potifars Frau nicht die einzige war, die versuchte, einen Diener zu verführen. Als sie diese Sünde jedoch Josef anlastete, wurde er ins Gefängnis geworfen (1.Mo 39). Seine Mitgefangenen (1.Mo 40,1) werden in der LÜ zutreffend als „Mundschenk" und „Bäcker" bezeichnet; diese Berufe waren in *Ägypten bekannt. Da man den Träumen im Orient eine große Bedeutung beimaß, führte J. gottgegebene Fähigkeit, sie zu deuten, schließlich zu seiner Freilassung und zu seiner Einsetzung in ein hohes Amt (1.Mo 40-41).

Josef. Einsetzung eines hohen Beamten in Ägypten.

Aufgrund einer anhaltenden Hungersnot in Palästina kamen J. Brüder nach Ägypten, um Getreide zu kaufen, wobei sie J. erkennt, sich selbst aber zunächst nicht zu erkennen gibt. Später lud der Pharao J. Familie ein, nach Ägypten umzusiedeln (1.Mo 43-46). Wegen der unterschiedlichen Sitten wurde der Familie Jakobs ein eigenes Wohngebiet zugewiesen (*Goschen; 1.Mo 46,34). Unter J. Verwaltung wurde Ägypten zum Land des Pharao (1.Mo 47,16ff): Die Bauern verkauften ihm ihren Grundbesitz, und J. ließ sie in nahegelegene Städte ziehen, die über Kornspeicher verfügten (1.Mo 47,21; RevEB). J. und sein Vater wurden nach ägypt. Art einbalsamiert (1.Mo 50,2f.26) und in hölzerne Särge gelegt, an deren Kopfende ein Bildnis des Gesichts angebracht war. Die Stämme der Söhne J., Ephraim und Manasse, werden manchmal der Stamm oder das Haus J. genannt.

Neues Testament. **1.** Zimmermann aus Nazareth (Lk 2,4) und Ehemann von *Maria, der Mutter Jesu; nach Mt 1,20 ist er ein Nachkomme Davids gewesen. Matthäus und Lukas berichten, daß Maria und J. verlobt waren, daß sie aber schwanger wurde, bevor sie die Ehe vollzogen (Mt 1,18; Lk 1,27.34f). Ursprünglich beabsichtigte J., Maria deshalb zu verlassen, wurde aber von Gott durch einen Traum daran gehindert. J. handelte an Jesus wie ein Vater und brachte ihn vor der Rückkehr nach Nazareth durch die Flucht nach Ägypten in Sicherheit (Mt 2); Jesu Worte in Lk 2,49 belegen, daß er wußte, daß J. nicht sein leiblicher Vater war. Während des öffentlichen Wirkens Jesu tritt J. nicht mehr in Erscheinung, und aus den Worten des Gekreuzigten an Johannes kann man schließen, daß J. bereits vorher gestorben war (Joh 19,26f). Es ist naheliegend, daß die in Mk 3,31; 6,3 erwähnten Brüder Jesu Kinder von J. und Maria waren, die nach Jesus geboren wurden. *Geschlechtsregister Jesu Christi.

2. Josef von Arimatäa. Ein heimlicher Jünger Jesu (Joh 19,38), Mitglied des Hohen Rates (Sanhedrin), der Leinentücher und ein Grab für Jesu Bestattung zur Verfügung stellte (Mt 27,57ff).

JOSEPHUS, FLAVIUS. Ein jüd. Geschichtsschreiber, geboren 37/38 n.Chr., gestorben Anfang des 2. Jh., der mit 19 Jahren Pharisäer wurde. Er widersetzte sich 66 n.Chr. dem jüd. Aufstand gegen Rom, schloß sich später der Revolte an, befehligte sogar die jüd. Truppen und ergab sich später den Römern in der Festung Jotapata. Während der Belagerung Jerusalems war er als Dolmetscher im röm. Hauptquartier tätig. Nach dem Fall Jerusalems ließ er sich in Rom nieder. Seine bekanntesten Werke sind *Jüdische Altertümer* und *Geschichte des Jüdischen Krieges*. Für die Zeit von 175 v.Chr. bis 74 n.Chr. sind J. Werke von unvergleichlichem Wert; er liefert nützliches Hintergrundmaterial zur ntl. Zeit.

JOSIA (Möge Jahwe geben). Er wurde nach der Ermordung seines Vaters *Amon im Alter von acht Jahren zum 17. König des Südreiches *Juda ernannt und regierte ca. 640-609 v.Chr. (2.Kön 21,24-23,30). J. brachte das Volk zurück zu Gott und befreite es von den heidnischen Bräuchen der Assyrer und anderer Völker. Unter Ausnutzung des Machtrückgangs der Assyrer dehnte er seine Reformen auch auf Israel aus (2.Chro 34,3ff). 622/21 v.Chr. wurde im Tempel das „Gesetzbuch" gefunden (2.Kön 22,8ff), das gewöhnlich für das 5. Buch Mose gehalten wird und zu weiteren Reformen führte. Der *Bund wurde erneuert, und man feierte das Passafest wieder im großen Stil (2.Kön 23). J. starb 609 v.Chr. im Kampf gegen Pharao Necho II. von Ägypten.

JOSUA. Der Sohn Nuns war zur Zeit des Auszugs aus Ägypten ein junger Mann und persönlicher Gehilfe des *Mose (2.Mo 24,13; 33,11). Als einer der Kundschafter, die nach Kanaan gesandt wurden, unterstützte er als einziger *Kalebs Empfehlung, mit der Landnahme zu beginnen (4.Mo 13-14). Etwa 70jährig wurde er in der Jordanebene nach Gottes Weisung zum Nachfolger Moses geweiht (4.Mo 27,18ff; 5.Mo 31,1ff). Er führte erfolgreiche Feldzüge gegen die Kanaaniter und teilte in Silo, wo das Nationalheiligtum eingerichtet wurde, das Land unter den zwölf Stämmen auf. (*Josua, Buch). *Jeschua.

JOSUA, BUCH. *Verfasser und Zeit.* Das Buch Josua erwähnt nirgends einen Verfasser. Aus 15,63 geht hervor, daß das Buch vor Davids Eroberung von Jerusalem entstanden ist. Es gibt keinen triftigen Grund, warum der Talmud nicht recht haben sollte, der Josua die Verfasserschaft zuspricht. Josua heißt hebr. „Jahwe rettet". Jesus ist derselbe, ins Griechische übernommene Name.

Inhalt. Josua knüpft mit dem Wort „und" (1,1; hebr. Text) eng an das 5. Buch Mose an und erzählt in drei Hauptteilen die Überquerung des Jordans, die Eroberung Kanaans und die Verteilung des Landes unter die Stämme. Gott hat die Verheißung des Landes erfüllt. Das Buch schließt mit dem Tod Josuas, kurz nachdem er dem versammelten Volk Israel das feierliche Treuegelöbnis auf Jahwe abgenommen hat (das nur wenige Jahre später wieder gebrochen werden wird).

Die Kapitel 9-11 berichten, wie Israel unter Führung Josuas den *organisierten* Widerstand der kanaan. Völker hat brechen können. Die kanaan. Könige wurden besiegt. Als das Land verteilt war, hatte jeder Stamm in seinem eigenen Gebiet die Aufgabe, die Kanaaniter zu vertreiben, was nicht immer gelang (15,63; 16,10; 17,12f). Vgl. *Richter, Buch. Das Land selber gehört Gott (22,19; 3.Mo 25,23). Das Volk Israel soll es für ihn verwalten. Gehorsam oder Ungehorsam Gott gegenüber wird Auswirkungen haben; je nachdem werden die Feinde zurückweichen oder Israel bedrängen.

Gliederung.
1-5   *Vorbereitung zur Eroberung.*
      Ermutigung Josuas (1).
      Auskundschaftung von Jericho (2).
      Überquerung des Jordans,
      Beschneidung, Passa (3-5).
6-12 *Eroberung des Landes.*
      Jerichos Fall (6).
      Stadt Ai und Achans Sünde (7-8).
      List der Gibeoniter (9).
      Unterwerfung des Südens und Nordens (10-12).
13-22 *Verteilung des Landes.*
23-24 *Josuas Abschiedsreden und Tod.*

JOTA. Der „kleinste Buchstabe" (Mt 5,18) des hebr. Alphabets, das yod. Das „Tüpfelchen" ist ein kleiner Strich, der oft einen hebr. Buchstaben von einem anderen unterscheidet.

Jota. Links: der kleinste Buchstabe des hebräischen Alphabetes.

JOTAM (Jahwe ist vollkommen). **1.** Jüngster der 70 ehelichen Söhne *Gideons (Jerubbaals) und einziger Überlebender des von *Abimelech angerichteten Blutbads (Ri 9). **2.** Sohn *Usijas und 12. König von Juda. Der gottesfürchtige Mann war von ca. 750 v.Chr. an Mitregent und von 740-732 v.Chr. Alleinherrscher (2.Kön 15,32-38; 2.Chro 27,3-6).

JOTBA. Geburtsort von Meschullemet, der Frau Manasses (2.Kön 21,19f) und Mutter des Königs *Amon; möglicherweise Chirbet Dschefat, 20 km östl. des Sees Genezareth.

JOTBATA. Einer der Lagerplätze auf Israels Wüstenwanderung (4.Mo 33,33f), möglicherweise Tuwebe an der W-Küste des Golfs von Aqaba.

JUBAL. Sohn Adas und Lamechs, Stammvater der Musiker (1.Mo 4,21).

JUDA. Der 4. Sohn *Jakobs und *Leas (1.Mo 29,35), der unter seinen Brüdern eine führende Rolle einnahm. Er beteiligte sich nicht an einem Blutbad, das seine Brüder anrichteten (1.Mo 34), verhinderte die Ermordung seines Bruders *Josef (1.Mo 37,26f) und bürgt für seinen Bruder *Benjamin (1.Mo 43). Nach ihm wurde einer der Stämme Israels und das dazugehörige Siedlungsgebiet benannt.

Bei Esra und Nehemia kommen mehrere Träger dieses Namens vor, der nach der Babylon. Gefangenschaft bei den Juden recht beliebt war.

Der Stamm Juda spielte während des Auszugs aus Ägypten keine besondere Rolle. Achan, ein Angehöriger dieses Stammes, verschuldete nach dem Einzug in Kanaan die Niederlage der Israeliten vor Ai (Jos 7). J. bekam sein Gebiet im S Palästinas bereits vor der Eroberung zugeteilt; es wurde im W vom Mittelmeer und im O vom Toten Meer begrenzt. Der Stamm überrannte die Küstenebene, verlor sie aber bald an die Philister. Er gab freiwillig gute Gebiete im Landesinneren an den Stamm *Simeon ab, wohl in der Hoffnung, daß dieser als Puffer zwischen dem Stamm J. und der Ebene wirken werde (Jos 19,1.9).

Obwohl der Stamm den ersten Richter Israels stellte (Otniël; Ri 3,9ff), scheint er sich zunehmend von den anderen abgesondert zu haben. *David wurde zuerst zum König von J. gekrönt (2.Sam 2,4), bevor er König über „ganz Israel" (2.Sam 5,1ff) wurde. Unter David und *Salomo bewahrte J. offenbar eine gewisse Eigenständigkeit.

Das Königreich Juda. Nach dem Tod Salomos wurde das Reich in Juda (Stämme Juda und Benjamin) und Israel (die 10 nördl. Stämme) geteilt. Abgesehen von *Jerobeam hatten die Könige Israels nie die Absicht, J. zu zerstören, und die Propheten des Südreichs stellten nie das Existenzrecht Israels in Frage. Anfangs war J. gegenüber Israel im Vorteil, da es die Reichtümer Salomos erbte, die es später allerdings verloren zu haben scheint. Zeitweise war J. für sein eigenes Gedeihen offensichtlich auf ein reiches und starkes Israel angewiesen. Ein gewisses Gleichgewicht zwischen beiden Reichen wurde von König *Abija (ca. 913-911 v.Chr.; 2.Chro 13) wiederhergestellt. Später benutzte Joschafat (ca. 870-848) Israel wahrscheinlich als Puffer zwischen J. und Damaskus und schloß sich ihm deshalb nicht im Kampf gegen die Assyrer bei Karkar an.

Von den Vormärschen der Assyrer war J. anfangs nicht bedroht. *Ahas (der ca. 737-716 regierte) erkannte die assyr. Oberhoheit an, und J. blieb für die nächsten 100 Jahre ein Vasallenstaat. Es litt unter ägypt. Intrigen, in die es verwickelt wurde. *Hiskias Aufstand 705 v.Chr. wurde vier Jahre später vom Assyrerkönig Sanherib niedergeschlagen. J. wurde auf einen Bruchteil seiner früheren Größe reduziert, mindestens zwei Drittel der Bevölkerung wurden getötet oder verschleppt. Als Assyrien zunehmend schwächer wurde, erfuhr J. eine Wiederbelebung religiöser und nationaler Gefühle; die Reformen *Josias waren sowohl religiöser als auch politischer Natur (2.Chro 34,3.8). Ab 621 v.Chr. war es von Assyrien praktisch unabhängig. Bald darauf, 609 v.Chr., wurde J. allerdings von den Ägyptern besiegt, und Josia starb in der Schlacht. Die ägypt. Herrschaft war nur von kurzer Dauer; sie wurde 605 v.Chr. in der Schlacht bei Karkemisch von der aufsteigenden Macht Babylons gebrochen (2.Kön 24,1). Nach dreijähriger Abhängigkeit von Babylon versuchte *Jojakim von J. einen Aufstand (2.Kön 24,2), aber am 16. März 597 v.Chr. wurde Jerusalem an Nebukadnezar übergeben. *Zedekia, der letzte König von Juda, rebellierte 589 v.Chr. gegen die Babylonier; diese erstürmten im Juli 587 die Mauern und führten Zedekia in die Verbannung (2.Kön 25,6f). Einen Monat später wurde Jerusalem zerstört.

Bereits 597 v.Chr. hatte Nebukadnezar die Oberschicht der Bevölkerung verschleppt (2.Kön 24,14); zwei weitere Deportationen erfolgten nach dem Fall Jerusalems und später nach der Ermordung *Gedaljas, des Statthalters von Jerusalem (Jer 52,29f; vgl. 2.Kön 25,11.25f). Das Gebiet war nur noch schwach besiedelt. Edomiter (Idumäer) stießen in das Gebiet vor. Nach 129 v.Chr. wurden sie von Johannes Hyrkan gezwungen, zum Judentum überzutreten.

Juda nach dem Exil. 539 v.Chr. fiel Babylon dem Perserkönig *Kyrus zum Opfer; im darauffolgenden Jahr ordnete er den Wiederaufbau des *Tempels in Jerusalem an und gewährte den Verbannten die Erlaubnis zur Rückkehr (Esr 1,2ff; 6,3ff). J. blieb jedoch Teil des Perserreiches, die relativ friedlichen Umstände begünstigten jedoch die religiöse Entwicklung des Volkes.

Die Feldzüge des Griechen *Alexander des Großen berührten J. kaum, aber sie eröffneten die Möglichkeit einer (meist freiwilligen) Auswanderung nach Alexandria in Ägypten. Als Alexanders Reich geteilt wurde, regierten in Palästina bis 198 v.Chr. die ägypt. Ptolemäer und danach die syr. Seleukiden. Im Widerstand gegen *Antiochus Epiphanes (175-163 v.Chr.), der den Juden die griech. Kultur aufzwingen wollte, erkämpften sie sich zunächst die religiöse und 140 v.Chr. auch die politische Unabhängigkeit. Diese wurde von den Römern eingeschränkt und ging 70 n.Chr. völlig verloren. Im *Bar-Kochba-Aufstand 135 n.Chr. hörte Judäa auf, ein jüd. Gebiet zu sein.

JUDÄA. Die griech.-röm. Bezeichnung für *Juda. Nach der röm. Eroberung (63 v.Chr.) bezeichnet es ganz *Palästina - im weiteren Sinn unter Einschluß, im engeren Sinn unter Ausschluß von *Galiläa und *Samaria.

JUDAS. Mehrere Personen im NT, z.B.:
1. Der Bruder Jesu (Mk 6,3), möglicherweise der Verfasser des Judasbriefes. **2.** Einer der zwölf Apostel, auch Thaddäus genannt (Mk 3,18; Joh 14,22), den einige als Autor des Judasbriefes betrachten. **3.** Ein Galiläer, der im Jahr 6 n.Chr. einen Aufstand gegen die Römer anführte (Apg 5,37). **4.** *Judas Iskariot.* Einer der zwölf Apostel Jesu, der in den Aufzählungen der synoptischen Evangelien (Mt/Mk/Lk) stets als letzter genannt wird, gewöhnlich mit dem Zusatz „der ihn verriet" (z.B. Mk 3,19). Der Beiname Iskariot ist wahrscheinlich von „ein Mann aus Kerijot" abgeleitet, das nach Jer 48,24 und Am 2,2 in Moab liegt; möglich ist aber auch eine Gleichsetzung mit Kerijot-Hezron (Jos 15,25), 19 km südl. von Hebron. J. war der Schatzmeister der Apostelschar und veruntreute Geld (Joh 12,6; 13,29). Er kritisierte die großzügige Salbung Jesu durch Maria – mit der scheinheiligen Begründung, man hätte das Geld für wohltätige Zwecke nutzen sollen. Danach ging er zu den Hohenpriestern, um Jesus heimlich für Geld zu verraten (Mk 14,4ff; Joh 12,3ff). Nach dem letzten gemeinsamen Mahl Jesu mit seinen Jüngern zeigte er einer Gruppe Soldaten den geheimen Treffpunkt in Gethsemane und verriet Jesus durch einen Kuß, woraufhin sie ihn verhafteten (Mk 14,43ff). Das Leben des J. nahm ein schlimmes Ende (Mt 27,3ff; Apg 1,18f).

JUDASBRIEF. *Verfasser.* Judas nennt sich einen Bruder des Jakobus (V.1). Da mit Jakobus ein leiblicher Bruder Jesu gemeint ist, muß auch Judas ein Bruder Jesu sein (vgl. Mt 13,55).

Inhalt und Bedeutung. Das Hauptanliegen besteht darin, Christen zu ermahnen, am wahren, unverfälschten Glauben festzuhalten und sich für dessen Bewahrung einzusetzen (3 und 4).Wie der 2. Petrusbrief richtet sich der Judasbrief gegen zuchtlose, freche Irrlehrer, die aber noch nicht aus der Gemeinde ausgeschlossen sind (V.12).

Besonderheit. Die zahlreichen Bezüge auf das AT, insbesondere auf das 1. und 4. Buch Mose, weisen darauf hin, daß die Empfänger, obwohl nicht näher bezeichnet, mehr dem judenchristl. Hintergrund zuzurechnen sind. Darüber hinaus ist der Judasbrief wie ein *Prolog zur Offenbarung:* Indem das Gerichtshandeln Gottes in den *Anfängen der Menschheitsgeschichte* hervorgehoben wird, wird gleichsam dokumentiert, daß auch das zukünftige Gericht Gottes über alle Menschen, die in der Rebellion verharren, unausweichlich ist.

Gliederung.
1-2   Eingangsgruß.
3-16   Beschreibung der Irrlehrer und des sie treffenden Gerichtes.
17-23 Verantwortung der Glaubenden.
24-25 Lobpreis Gottes.

JUDEN, JUDÄER. Ursprünglich Bewohner des Staates Juda (2.Kö 16,6), der pers. Provinz Juda (Neh 1,2). Im NT steht das Wort für die Angehörigen des jüd. Glaubens oder ihre Führer und für Volkszugehörigkeit (Röm 9,24; 10,12); heute bezeichnet es manchmal die Volkszugehörigkeit und nicht notwendigerweise die Religion.

JUDENTUM. *Entstehung.* Nach *Josias Reformen im 7. Jh. v.Chr. durften rechtmäßige Opfer nur noch im Jerusalemer *Tempel dargebracht werden. Für jene, die den Tempel nicht erreichen konnten, mußte ein anderer religiöser Mittelpunkt geschaffen werden. Während der Babylon. Gefangenschaft, als es keinen Tempel gab, war eine Veränderung der atl. Religion zum J. schließlich unumgänglich. Die Tora – das Gesetz des Mose – wurde als Sammlung von Grundregeln zum Mittelpunkt des Lebens, wofür größtenteils die Politik *Esras verantwortlich war. Im 2. Jh. v.Chr. begannen in Alexandria lebende Juden, griech. Denkweisen anzunehmen. Die *Pharisäer priesen die *Synagoge als religiösen Mittelpunkt, wo der Wille Gottes durch die Tora erfahren werden kann. Zur Zeit Christi gab es allein in Jerusalem Hunderte von Synagogen. Diese auf die Synagogen ausgerichtete Religion konnte sich nach der Zerstörung des Tempels 70 n.Chr. den Umständen rasch anpassen, während andere jüd. religiöse Gruppen bis 90 n.Chr. ausgerottet oder zu völliger Bedeutungslosigkeit herabgesunken waren (z.B. die Sadduzäer). Von 200 n.Chr. an war jeder, der *Jude bleiben wollte, gezwungen, sich den pharisäischen Forderungen zu fügen.

Lehre. Entwicklungen, wie das Gebot Gottes übertreten wird um der eigenen Satzungen und Überlieferungen willen (Mt 15,3ff), gingen in den folgenden Jahrhunderten weiter.
Grundlage war Israels Berufung zum Volk Gottes. Innerhalb des Volkes wurden alle als Brüder betrachtet. Die Tora (das Gesetz) war für die Pharisäer die vollkommene und endgültige Offenbarung des Willens Gottes; die prophetischen Bücher wurden als Kommentare dazu betrachtet. Der Pentateuch (die 5 Bücher Mose) war bloß „schriftliche Tora"; die „mündliche Tora" war wichtiger, denn sie entwickelte sich aus dem Bedürfnis, die Grundsätze des Gesetzes auf das Alltagsleben anzuwenden. Die 613 Vorschriften (248 Gebote, 365 Verbote) der schriftlichen Tora mußten durch neue, weitere Gesetze geschützt werden, deren Einhaltung die Übertretung der Grundgebote verhinderte. Diese „mündliche Tora" erhielt um 500 n.Chr. eine endgültige Form im *Talmud. Der Hang zur strikten Gesetzlichkeit wurde durch eine Betonung der rechten Absicht gemäßigt. Es entwickelte sich eine Tendenz, die Last jeder Verordnung zu vermindern, die den Massen zu schwer schien. Im *Messias sah man allgemein den großen Befreier aus der Fremdherrschaft, der für die Einhaltung der Tora sorgen werde.
*Talmud u. Midrasch.

JUDIT. Siehe *Apokryphen.

JULIUS. Hauptmann, der *Paulus nach Rom begleitete (Apg 27,1). Seine kaiserliche Abteilung, die als „augusteische Kohorte" aus Inschriften bekannt ist, war eine aus Nichtrömern bestehende Hilfstruppe; Julius selbst dürfte jedoch ein röm. Neubürger gewesen sein.

JÜNGER. „Lernender"; Schüler eines Lehrers; auch Anhänger einer bestimmten philosophischen oder religiösen Denkrichtung. Die Juden in ntl. Zeit betrachteten sich als J. des Mose (Joh 9,28); die *Pharisäer hatten J., ebenso Johannes der Täufer (Mk 2,18). Jesus war (wie Johannes) kein offiziell anerkannter Lehrer (Joh 7,14f), aber beim Volk als Rabbi (Lehrer) bekannt; seine Anhänger wurden J. genannt. Der Begriff wird sowohl für die gebraucht, die auf seine Botschaft eingingen (z.B. Lk 6,17), als auch für jene, die mit ihm umherzogen (z.B. Mk 6,45). Jüngerschaft gründete sich auf Jesu Ruf und schloß Nachfolge und vollkommene Treue zu ihm ein (Mk 8,34ff). Das konnte bedeuten, Heimat, Beruf und Besitz (Mk 10,21) aufzugeben. Die J. wurden u.a. damit beauftragt, das nahe Gottesreich zu verkünden, *Dämonen auszutreiben und Kranke zu heilen (Mk 3,14f; Lk 10,1ff).

JUNGFRAU. Wörtlich eine unverheiratete Frau, die sexuell noch unberührt ist; der Begriff wird auch symbolhaft auf Völker angewandt (Jer 18,13). Ein ähnlicher Begriff bezeichnet eine heiratsfähige Frau, auch eine Frau, die noch keine Kinder geboren hat, z.B. Rebekka (1.Mo 24,43) und die Schwester des Mose (2.Mo 2,8); oder „Frau" in Spr 30,19. Die beiden Genannten waren sexuell unberührt, von daher kann das auch für die in Jes 7,14 erwähnte Frau zutreffen, die Mutter des Immanuel.
*Immanuel; *Jungfrauengeburt.

JUNGFRAUENGEBURT. Bezeichnung für die einzigartige Menschwerdung Jesu, des Sohnes Gottes. Unter diesem Begriff verstehen Christen, daß Maria Jesus ohne sexuelle Beziehungen empfangen hat. Jesus hat keinen menschlichen Vater, Gott selbst ist sein Vater durch den *Heiligen Geist (Lk 1,27; Mt 1,18ff). Die römisch-katholische Tradition hält an der ewigen Jungfrauenschaft Marias fest, was aber wegen Mt 1,25; 12,46 keine ntl. Grundlage hat. Auch Paulus gebraucht für das Kommen Jesu einen allgemeinen und nicht den sonst üblichen Begriff, welcher den Ehemann einschließt (Röm 1,3; Phil 2,7). In Gal 4,4 hebt er ausdrücklich und für damalige Verhältnisse ungewöhnlicherweise hervor, daß Jesus von „einer Frau geboren" ist.

JUSTUS. Dieser latein. Name war beliebt bei Juden und zum Judentum Übergetretenen, wahrscheinlich weil er mit Gehorsam und Gesetzestreue in Verbindung gebracht wurde. Zu seinen Trägern gehörte Josef Barsabbas (Apg 1,23), den man als Nachfolger von Judas Iskariot vorgeschlagen hatte, und ein gottesfürchtiger Hausbesitzer, bei dem Paulus in Korinth wohnte (Apg 18,7).

JUTTA. Eine befestigte Stadt, 8 km südl. von Hebron, die den Leviten zugesprochen wurde (Jos 21,16).

K

KABUL. Grenzstadt in Asser, 16 km nordöstl. des Karmel.

KABZEEL. Stadt in Südjuda (Jos 15,21), Neubesiedlung nach dem Exil (Jekabzeel in Neh 11,25); möglicherweise Chirbet el-Garra, 13 km östl. von Beerscheba.

KADESCH (KADESCH-BARNEA). Ein Brunnen, eine Siedlung und ein Wüstengebiet im NO der Sinaihalbinsel. Dort schlug *Kedor-Laomer die Amalekiter (1.Mo 14,7); aber am bekanntesten ist K. als Lagerplatz der Israeliten, als sie zwischen Ägypten und Kanaan umherwanderten (4.Mo 13,26; 20,1; 5.Mo 1,9.46). Dort zweifelten sie daran, daß Gott in der Lage sein würde, sie in das verheißene Land zu führen, was ihnen 40 Jahre Wüstenwanderung einbrachte (4.Mo 14,32ff.). *Mirjam wurde dort begraben; *Mose war hier Gott ungehorsam, als er das Wasser aus dem Felsen schlug, und von dort sandten die Israeliten umsonst Boten aus, um sich von den Edomitern das Durchzugsrecht zu sichern (4.Mo 20). Es wurde die südwestl. Grenze des Gebietes Juda. Es wird oft gleichgesetzt mit Ain Qudeis, 80 km südwestl. von Beerscheba, aber Ain Qudeirat, 8 km nordwestl. davon, scheint dem eher zu entsprechen (mehr Wasser und Vegetation); möglicherweise wurde die gesamte Gruppe der sich in diesem Gebiet befindlichen Quellen von den Israeliten benutzt.

KADMIEL (Gott ist der erste Älteste). Ein *Levit, der nach dem Exil nach Jerusalem zurückgekehrt ist; er wird in Verbindung gebracht mit dem Wiederaufbau des Tempels (Esr 3,9), nationaler Buße (Neh 9,4) und dem Abschluß eines Bundes (Neh 10,10).

KADMONITER. K. erscheint nur einmal als Stammesbezeichnung (1.Mo 15,19) und kann einfach „Leute aus dem Osten" bedeuten. *Söhne des Ostens.

KAFTOR. Heimat der Kaftoriter, aus denen die *Philister hervorgingen (1.Mo 10,14; Jer 47,4). In 5.Mo 2,23 sind mit dem Ausdruck „Kaftoriter" vermutlich Philister gemeint. Aller Wahrscheinlichkeit nach stammen sie aus Kreta, das zwischen 2000 und 1000 v.Chr. einen großen Teil des Mittelmeerraums kontrollierte. *Völkertafel; *Philister.

KAIN. Der älteste Sohn von *Adam und *Eva, ein Ackermann. Sein Opfer wurde von Gott zurückgewiesen (1.Mo 4,3ff; 1.Joh 3,12). Er tötete seinen Bruder *Abel; wurde dafür von Gott bestraft, aber gleichzeitig vor willkürlicher Rache geschützt (1.Mo 4,15).

KAISER. Siehe *Caesar.

KAIPHAS. Hoherpriester 18-36 n.Chr., Schwiegersohn des *Hannas, mit dem er eng zusammenarbeitete. Er leitete den Prozeß gegen Jesus.

Kalb, goldenes. Ägyptisches Stierkalb aus Bronze, 4. Jh. v.Chr. Der Stier galt in Ägypten als Symbol der Fruchtbarkeit und stellt den Gott Apis dar.

KALB, GOLDENES. Götzenbild, das *Aaron und die Israeliten nach dem Auszug aus Ägypten aufstellten und in *Moses Abwesenheit anbeteten; Mose zerstörte es (2.Mo 32,1ff). Im Ostdelta des Nils, in der Nähe von Goschen, wo die Israeliten gelebt hatten, gab es Stierkulte im Zusammenhang mit der Horus-Verehrung. Der Stier war ein Symbol der Fruchtbarkeit und der Stärke. In Kanaan stellte der Stier oder das Kalb *Baal (Hadad) dar, den Gott des Sturmes, der Fruchtbarkeit, des Pflanzenwachstums und der Stärke. Als Israel später ein geteiltes Königreich war, stellte der erste König des Nordreiches, *Jerobeam, goldene Kälber in Bethel und Dan auf, wo künftig die Zentren der Gottesanbetung sein sollten (1.Kön 12,28ff). Das führte zu einer Gleichsetzung des Gottes Israels mit kanaan. Naturgottheiten sowie zum Verlust der sittlichen Reinheit und sozialen Gerechtigkeit im Volk.

KALEB. Verschiedene Männer im AT. Der bekannteste war einer der Kundschafter, die *Mose nach Kanaan sandte. Er hielt das Land für einnehmbar und durfte es aufgrund seines Vertrauens betreten (4.Mo 13,30; 14,24). K. ließ sich in Hebron nieder (Jos 14,13).

KALENDER. *Altes Testament.* Das hebr. Jahr bestand aus zwölf Mondmonaten (vgl. 1.Kön 4,7). Das religiöse Jahr begann im Frühling mit dem Monat Abib an (März/April, in nachexilischer Zeit als Nisan bekannt). Manches deutet darauf hin, daß das bürgerliche Jahr im Herbst mit dem Monat Tischri begann (September/Oktober). Da das Mondjahr ungefähr elf Tage kürzer ist als das Sonnenjahr, schalteten die Hebräer von Zeit zu Zeit einen 13. Monat ein, damit der Beginn des religiösen Jahres nicht vor dem Frühling lag. Monatsanfang war jeweils, wenn die dünne Sichel des zunehmenden Mondes erstmals wieder bei Sonnenuntergang sichtbar wurde. Die Tagundnachtgleiche im Herbst und Frühjahr diente als Orientierung; das neue Jahr begann mit dem Neumond, der der Frühjahrs-Tagundnachtgleiche am nächsten lag. Häufig wurden die Monate nur mit einer Ordnungszahl versehen. Nach dem Exil übernahmen die Juden babylon. Monatsnamen. Die Jahreszeiten wurden auch nach dem landwirtschaftlichen Rhythmus bezeichnet: Erntezeiten von Getreide, von verschiedenen Früchten; Frühregen, Spätregen, Regenzeit, Trockenzeit.

Neues Testament. Zeitangaben beziehen sich z.T. auf die Regierungszeit heidnischer Herrscher (z.B. Lk 3,1f). Meistens berechneten die Schreiber die Zeit jedoch nach den jüd. Kalendern, in denen die religiösen Feste als wichtige Orientierungspunkte dienten (z.B. das Passafest in Joh 2,13). Der Kalender folgte im allgemeinen der sadduzäischen Zeitrechnung, nach der sich die Gottesdienste im Tempel richteten. So war *Pfingsten der 50. Tag nach dem Passafest. Der Kalender der Pharisäer wich davon nur geringfügig ab. Außerdem gab es noch einen dritten Kalender von einer Sekte, die aus dem Buch der Jubiläen und aus der Qumram-Gemeinschaft bekannt ist. Falls sich Jesus und seine Jünger nach diesem Kalender

Hebräische Monatsnamen	Babylonische Monatsnamen	Entsprechende Monate nach heutiger Zählung	Monat nach relig. Jahr	Monat nach bürgerl. Jahr
Nisan	Nisanu	März/April	1.	7.
Ijjar	Ayaru	April/Mai	2.	8.
Siwan	Siwanu (Simanu)	Mai/Juni	3.	9.
Thammuz	Du'uzu	Juni/Juli	4.	10.
Ab	Abu	Juli/August	5.	11.
Elul	Elulu/Ululu	August/September	6.	12.
Tischri	Tisritu	September/Oktober	7.	1.
Marcheschwan	<W>arah-sammu	Oktober/November	8.	2.
Chislew	Kisliwu (Kislimu)	November/Dezember	9.	3.
Tebeth	Tebitu	Dezember/Januar	10.	4.
Schebat	Sabatu	Januar/Februar	11.	5.
Adar	Addaru	Februar/März	12.	6.
Veadar		Schaltmonat		

Kalender. *Hebräische, babylonische und heutige Monatsnamen.*

gerichtet haben, ließe sich erklären, warum sie das Passalamm vor seiner Gefangennahme aßen, während es die Hohenpriester und ihre Gefolgsleute erst nach seiner Kreuzigung taten (Joh 18,28).
*Feste; *Sabbat; *Zeit.

KALK, KALKSTEIN. Kalkstein kommt in Palästina häufig vor. Durch Erhitzen in einem Brennofen wurde Kalk daraus gewonnen. Kalk wurde zum Tünchen verwendet (5.Mo 27,2) und ist Symbol totaler Zerstörung (Jes 33,12; Am 2,1).

KALNE, KALNO. Von *Nimrod gegründete Stadt (1.Mo 10,10). Die Ortslage ist unbekannt, möglicherweise handelt es sich um die 16 km südöstl. von Arpad gelegene Stadt aus Am 6,2 und Jes 10,9.

KAMEL. Es ist für seine Wüstentauglichkeit bekannt und kann tagelang ohne Wasser auskommen. Im Vorderen Orient gibt es zwei Arten: das einhöckrige arab. Dromedar und das zweihöckrige baktrische K. (Baktrien im NO Irans). Der Höcker ist ein Speicherorgan, das bei Nahrungsknappheit die Versorgung übernimmt. Das K. kann ohne Gefahr eine Woche lang ohne Flüssigkeit auskommen und bis zu einem Viertel seines Gewichts verlieren. Der Verlust wird in zehn Minuten ersetzt, sobald es wieder Wasser bekommt. Es kann von spärlichem Pflanzenwuchs leben. Lastk. können bis zu 200 kg Gepäck und einen Reiter tragen; berittene K. können in 13 Stunden 150 km zurücklegen. Aus dem Winterfell werden grobe Stoffe gewebt (Mt 3,4); der Mist dient als Brennstoff, die Haut wird zu Leder verarbeitet; die Milch ist ein wertvolles Nahrungsmittel (K.fleisch durften die Israeliten nicht essen, 3.Mo 11,4).

Kamel. *Arabische Kamelnomaden im Kampf mit assyrischen Kriegern. Relief aus Ninive, 7. Jh. v.Chr.*

In der Bibel kommen K. seit der Erzväterzeit vor. Obwohl sie im Altertum eher selten sind, weiß man aus anderen Quellen, daß sie bereits um 2500 v.Chr. gezähmt wurden. Sie gehörten zu *Abrahams reichem Besitz (z.B. 1.Mo 12,16) und wurden von Karawanenhändlern zum Transport genutzt (1.Mo 37,25). *Saul und *David kämpften gegen die K. reitenden Amalekiter (1.Sam 30,17); Hasaël brachte 40 Kamelladungen mit Geschenken zu Elisa (2.Kön 8,9). Das K. kam auch in den Predigten Jesu vor (Mt 19,24; 23,24).

KÄMMERER. Hofbeamter, an Höfen von Königinnen meist *Eunuchen (Apg 8,27), Kammerdiener von Königen (Apg 12,20).

KANA. Ein Dorf in den Bergen von Galiläa westl. des Sees Genezareth, in dem Jesus sein erstes Wunder tat (Joh 2,1ff). Die Ortslage ist ungewiß, möglicherweise 6 km nordnordöstl. von Nazareth. Einige Gelehrte bevorzugen einen Ort 14 km nördl. von Nazareth, der heute von den Arabern „Kana in Galiläa" genannt wird.

KANAAN, KANAANITER. *Person:* Sohn Hams und Enkel Noahs, der ihn verfluchte (1.Mo 9,24ff). Nach 1.Mo 10,15ff und kanaan.-phönizischen Überlieferungen war er der Stammvater der Kanaaniter.

Geographisches Gebiet: In der Bibel ist mit Kanaan im allgemeinen der Landstrich an der Küste Syriens und Palästinas gemeint. Stellen wie 4.Mo 13,29 und Ri 1,27ff beziehen sich auf den Jordangraben, die Ebenen und Täler. K. kann aber auch ganz Syrien und Palästina bezeichnen, von Sidon im N bis nach Gaza im S und zum Toten Meer im O. Die Amarnabriefe (14. Jh. v.Chr.) gebrauchen den Ausdruck allgemein für die Gebiete Ägyptens in Syrien und Palästina.

Volk: Die Bewohner Kanaans. Die Bezeichnung Kanaaniter wird manchmal auch im engeren Sinne für „Kaufleute" gebraucht, da man in Kanaan viel Handel trieb („Krämerland", Hes 17,4). Gelegentlich gibt es Überschneidungen mit dem Begriff „Amoriter". In 4.Mo 13,17-21 bereiten sich die Israeliten auf die Eroberung „Kanaans" vor, während das eroberte Land in Jos 24,15.18 das Land „der Amoriter" genannt wird. Es gibt Belege dafür, daß das Königreich Amurru im Libanongebirge im 14./13. Jh. v.Chr. kanaan. Küstengebiete und Hafenstädte in Besitz nahm und daß die Amoriter im Gebirge wohnten (4.Mo 13,29).

Umstritten ist, wann die Kanaaniter in Palästina in Erscheinung traten. Mit Sicherheit waren sowohl sie als auch die Amoriter um 2000 v.Chr. in Syrien und Palästina anwesend, und für die nächsten 1000 Jahre war das Land in kanaan.-amorit. Stadtstaaten aufgeteilt. Zwischen 1500 und 1380 v.Chr. gehörten diese zum asiat. Teil des ägypt. Reiches; der N fiel im 14. Jh. v.Chr. an die Hetiter. Gegen Ende des 13. Jh. v.Chr. wurden die inzwischen geschwächten Stadtstaaten von politischen Unruhen erschüttert. Die Israeliten unter Josua besiegten zu Beginn ihrer Eroberung einige kanaan. Könige im Bergland. Es war die Erfüllung einer Verheißung, in der Gott das Gericht gegen die gottlosen Kanaaniter ankündigte (5.Mo 9,5). Vom 12. Jh. an wurden sie mehr und mehr in die Küstengebiete im Norden K. zurückgedrängt und entwickelten sich zum Seefahrervolk der *Phönizier mit den Zentren Tyrus und Sidon.

Die meisten kanaan. Stadtstaaten wurden von einem König regiert, der umfassende Machtbefugnisse hatte: Er konnte z.B. Soldaten einberufen und Land beschlagnahmen, das er für Abgaben und Dienstleistungen verpachtete. Darauf bezieht sich Samuel in seiner Verurteilung der Bitte Israels um einen König, wie ihn die anderen Völker hatten (1.Sam 8,10ff; ca. 1050 v.Chr.). Militärische, wirtschaftliche und religiöse Angelegenheiten unterstanden direkt dem König, und in größeren Staaten wie Ugarit war der Hof vorzüglich organisiert. Die Familie war die Keimzelle der Gesellschaft. Einzelne Berufsstände waren in Gilden zusammengeschlossen: Viehzüchter, Fleischer, Schmiede, Töpfer, Bauhandwerker. Man nimmt an, daß es eine scharfe Trennung zwischen den Bürgern der Oberschicht und den Leibeigenen der Unterschicht gab.

Die Kanaaniter verehrten zahlreiche Götter, an deren Spitze El stand. In der

Praxis spielten jedoch Baal (der Sturmgott Hadad) und Dagon eine größere Rolle. Aschera, Astarte (Aschtoret) und Anat waren Liebes- und Kriegsgöttinnen. In Texten aus Ugarit werden als Opfertiere Rinder, Schafe und Vögel erwähnt, aber manches deutet darauf hin, daß den Göttern auch Menschenopfer dargebracht wurden.

KANANÄUS (Eiferer). Beiname des Apostels Simon (Mt 10,4). In Lk 6,15 wird er mit dem entsprechenden griech. Wort „Zelot" genannt, entweder wegen seines Temperaments oder wegen früherer Verbindungen zur Partei der *Zeloten.

KANDAKE. Titel der äthiopischen Königin, deren Minister sich durch Philippus bekehrte (Apg 8,27). Herrscherinnen, wahrscheinlich Königinmütter, die diesen Titel trugen, sind aus der Literatur der hellen. Zeit (330-37 v.Chr.) gut bezeugt. *Äthiopien.

KANNE. Stadt, die Handelsbeziehungen mit Tyrus unterhielt (Hes 27,23). Sie ist ansonsten unbekannt und lag wahrscheinlich im mittleren Euphratgebiet.

KANON (AT). „Kanon" kommt von einem griech. Wort und bedeutet Regel, Maßstab. Seit dem 4. Jh. wird es von Christen für das autorisierte Verzeichnis der zum AT (und NT) gehörenden Bücher verwendet.

Das hebr. AT teilt die Bücher anders ein. Die Juden haben 3 Teile: das Gesetz, die Propheten und die Schriften. Das Gesetz sind die 5 Bücher Mose. Die „Propheten" enthalten Josua, Richter, 1.u.2.Samuel, 1.u.2.Könige und Jesaja, Jeremia, Hesekiel, das Zwölf-Prophetenbuch (die 12 Kleinen Propheten). Die übrigen Bücher gehören zu den „Schriften".

Schon frühzeitig in der Geschichte Israels wurde einigen Schriften göttliche Autorität zuerkannt, wie z.B. dem von *Mose erwähnten Buch des Gesetzes (2.Mo 24,7; 5.Mo 31,11.24ff; vgl. Jos 1,8; 24,26). Der Pentateuch (1.Mo-5.Mo), auch als „das Gesetz" bekannt, wurde mit Ehrfurcht behandelt und herangezogen (z.B. 1. Kö 1.Kö 2,3; 2.Kö 23,2f; Esr 3,2ff; Neh 8,1ff). Auch die nach Mose kommenden Propheten schrieben ihre Offenbarungen nieder (1.Sam 10,25; Jer 36). Das diente sowohl zur Übermittlung von Gottes Wort an einen anderen Ort (Jer 36,1ff) als auch dazu, es für kommende Generationen zu erhalten (2.Mo 17,14; Jes 30,8). Teile des Pentateuch wurden noch zu Lebzeiten Moses neben die Bundeslade gelegt (5.Mo 31,24ff). Das entsprach einem alten Brauch, Verträge an einem heiligen Ort aufzubewahren. Es besteht kein Zweifel daran, daß der Pentateuch zur Zeit Esras und Nehemias (5. Jh. v.Chr.) oder sogar schon früher als kanonisch anerkannt war.

Auf welche Weise die Bücher des zweiten und dritten Teiles zusammengekommen sind, ist an keiner Stelle des AT erwähnt. Wir erkennen nur, daß Schriften nach ihrer Fertigstellung Autorität hatten und gelesen wurden. Die sog. „Vorderen Propheten" (Josua, Richter, 1.u.2.Samuel, 1.u.2.Könige) berichten über die Geschichte Israels von der Zeit der Landnahme bis zum Ende der Monarchie in Juda. Die Sammlung der „Hinteren Propheten" kann nach der Niederschrift des zeitlich letzten Prophetenbuches (Maleachi) abgeschlossen worden sein. Wir finden Bezugnahmen auf „vorexilische Propheten" in Sach 1,4; in Dan 9,2 auf Jeremia.

Der dritte Teil, die „Schriften", enthält Bücher verschiedenen Inhalts und ist etwa im gleichen Zeitraum wie der zweite Teil, die Propheten, zusammengestellt worden.

Hinweise auf eine dreiteilige Sammlung heiliger Schriften gehen auf etwa 200 v.Chr. zurück. In der Vorrede zum Buch „Jesus Sirach" nimmt der Enkel des Verfassers, gleichzeitig Übersetzer ins Griechische, auf diese Tatsache Bezug.

Zur Zeit Jesu kannten die Juden in Palästina eine fest umrissene Sammlung heiliger Schriften. Jesus und die Apostel wußten um diese Sammlung, denn sie zitierten mit „wie die Schrift sagt" oder „wie geschrieben steht" die meisten Bücher des alttestamentl. Kanons. Jesus spielt auf die Dreiteilung an mit dem Ausdruck „Gesetz, Propheten und Psalmen" (Lk 24,44).

Der jüd. Geschichtsschreiber Josephus nahm in seiner Schrift „Gegen Apion" auf die gleiche Sammlung von Büchern

Der Kanon des Alten Testaments

Kanon (AT). *Die Bücher des hebräischen, evangelischen und katholischen Alten Testaments in Übersicht.*

Hebräische Bibel (24 Bücher)	Evangelische Bibel (39 Bücher)	Katholische Bibel (46 Bücher)
Tora (5)	**Geschichtsbücher (17)**	**Die fünf Bücher des Mose**
Genesis	1. Mose	Genesis
Exodus	2. Mose	Exodus
Leviticus	3. Mose	Leviticus
Numeri	4. Mose	Numeri
Deuteronomium	5. Mose	Deuteronomium
	Josua	
Propheten (8)	Richter	**Die Bücher der**
	Rut	**Geschichte des Volkes**
Vordere Propheten (4)	1. Samuel	**Gottes (16)**
Josua	2. Samuel	Josua
Richter	1. Könige	Richter
1. Samuel	2. Könige	Rut
2. Samuel	1. Chronik	1. Samuel
1. Könige	2. Chronik	2. Samuel
2. Könige	Esra	1. Könige
	Nehemia	2. Könige
Hintere Propheten (4)	Ester	1. Chronik
Jesaja		2. Chronik
Jeremia	**Lehrbücher (5)**	Esra
Hesekiel	Hiob	Nehemia
Die Zwölf	Psalmen	Tobit
Hosea	Sprüche Salomos	Judit
Joel	Prediger Salomo	Ester
Amos	Hoheslied Salomos	1. Makkabäer
Obadja		2. Makkabäer
Jona	**Propheten (17)**	
Micha		**Die Bücher der Lehrweis-**
Nahum	**Große Propheten**	**heit und die Psalmen (7)**
Habakuk	Jesaja	Ijob
Zefanja	Jeremia	Psalmen
Haggai	Klagelieder Jeremias	Sprichwörter
Sacharja	Hesekiel	Kohelet
Maleachi	Daniel	Hohelied
		Weisheit
Schriften (11)	**Kleine Propheten**	Jesus Sirach
	Hosea	
Emeth (Wahrheit)	Joel	**Die Bücher der**
Psalmen	Amos	**Propheten (18)**
Sprüche	Obadja	Jesaja
Hiob	Jona	Jeremia
	Micha	Klagelieder
Megilloth (Festrollen)	Nahum	Baruch
Hoheslied Salomos	Habakuk	Ezechiel
Rut	Zefanja	Daniel
Klagelieder Jeremias	Haggai	Anhänge zum Buch Daniel
Prediger	Sacharja	
Ester	Maleachi	**Das Zwölfprophenten-**
Daniel		**buch**
Esra		Hosea
Nehemia		Joel
1. Chronik		Amos
2. Chronik		Obadja
		Jona
		Micha
		Nahum
		Habakuk
		Zefanja
		Haggai
		Sacharja
		Maleachi

Bezug. Aus seiner Liste ist ersichtlich, daß die sog. alttestamentl. Apokryphen nicht zum palästinischen Kanon gehört haben. Innerhalb des Judentums bestätigte der Rat von Jamnia zwischen 90 und 100 n.Chr. die Zahl der anerkannten Bücher: 39 Bücher, nur in anderer Reihenfolge als die hebr. Anordnung. Nicht aufgenommen in den palästinischen Kanon wurden die sog. Apokryphen, Schriften, die sich aber in der Sammlung der Septuaginta (der griech. Übersetzung des AT) befanden. Über die Septuaginta und die lat. Übersetzung des AT kamen die Apokryphen in den Kanon der römisch-katholischen Kirche; zu den geschichtl. Büchern stießen Tobias, Judith, 1.u.2.Makkabäer und Zusätze zu weiteren Büchern; zu den poetischen Büchern Weisheit Salomos und Jesus Sirach; zu den prophetischen Büchern einige Zusätze. Der erweiterte römische Kanon wurde 1546 auf dem Konzil von Trient als autoritativ angenommen. Dies geschah als Reaktion auf die Stellungnahme der Reformationskirchen.

*Autorität; *Inspiration.

KANON (NT). „Kanon" kommt von einem griech. Wort und bedeutet *Regel* oder *Maßstab*. So ist der Kanon das Verzeichnis der Bücher, die die Gemeinde im öffentlichen Gottesdienst verwendet und die als inspirierte Schriften anerkannt sind.

Die Apostel beanspruchten für ihre Lehre (mündlich und schriftlich) die gleiche Autorität, wie sie die Sammlung Heiliger Schriften der Juden hatte (1.Kor 2,13; 1.Thess 2,13; Offb 1,2-3; vgl. 2.Thess 2,15). Petrus kannte eine Sammlung von Paulus-Briefen (2.Petr 3,16). Mitte des 2.Jh. war eine Sammlung von 14 Paulus-Briefen als geschlossene Größe beisammen, wie aus Hinweisen bei den Apostolischen Vätern ersichtlich ist (z. B. bei Clemens von Rom, Polykarp von Smyrna, Papias von Hierapolis u. a.).

Die vier Evangelien waren bald in allen Kirchengebieten bekannt. Der Barnabasbrief (ca. 130 n.Chr.) zitiert zum ersten Mal einen Text aus dem Matthäus-Evangelium mit der gleichen Formel, wie alttestamentl. Zitate eingeleitet wurden.

Irenäus von Lyon spricht um 180 n.Chr. von der „vierfachen Gestalt" des einen Evangeliums.

Um 200 n.Chr. muß eine feste Sammlung von Schriften vorhanden gewesen sein, denn es war eine Abgrenzung gegenüber apokryphen Schriften notwendig. Im 3.Jh. war ein Grundstock von Schriften in allen Kirchengebieten anerkannt: die vier Evangelien, 13 Paulus-Briefe, Apostelgeschichte, 1. Petrusbrief, 1. Johannesbrief, dann auch der Hebräerbrief und die Offenbarung des Johannes. Noch nicht abgeschlossen war die Meinungsbildung zum Jakobusbrief, 2. Petrusbrief, 2. und 3. Johannesbrief und Judasbrief; sie galten als noch umstrittene Bücher. Doch weil sie inhaltlich mit den anderen Schriften übereinstimmten, wurden später auch diese fünf kurzen Schriften offiziell in den ntl. Kanon aufgenommen.

Gegen Ende des 4.Jh. stand die Liste der anerkannten Bücher in allen Kirchengebieten fest: 367 n.Chr. für die Kirche im Orient, um 382 n.Chr. für die Kirche in Rom und 393 n.Chr. für die Kirche in Nordafrika. Andere Bücher, wie der Hirt des Hermas oder die Didache („Zwölfapostellehre"), durften gelesen und zur Unterweisung gebraucht werden. Der neutestamentliche Kanon ist in der römisch-katholischen Kirche und in den Kirchen der Reformation gleich – im Unterschied zum Kanon des AT.

*Apokryphen; *Bibel; *Inspiration; *Kanon (AT); *Papyri; *Frühchristliche Literatur.

KAPERNAUM. Dem Jordan am nächsten gelegener Ort am NW-Ufer des Sees Genezareth, heute Tell Chum. Da es an der Grenze zwischen zwei Herrschaftsgebieten lag, besaß es eine Zollstation (Mk 2,14) und einen Militärposten (Mt 8,5).

Ausgrabungen haben gezeigt, daß es vom 1. Jh. v.Chr. bis zum 7. Jh. n.Chr. ununterbrochen bewohnt war. Zur Zeit Konstantins des Großen (306-337 n.Chr.) war es eine blühende jüd. Siedlung. Es ist ungewiß, ob es zu jener Zeit eine judenchristl. Gemeinde gab, obwohl eine rabbinische Quelle von „Ketzern" berich-

Kapernaum. Rekonstruktion der Synagoge von Kapernaum nach C. Watzinger (1912).

tet, die im 2./3. Jh. n.Chr. hier lebten. Es wurde eine Synagoge freigelegt, deren Versammlungsraum durch Säulen unterteilt und mit einem Hof verbunden war. Sie stand auf einer erhöhten Plattform und war über einen Treppenaufgang zugänglich. Hiermit stimmt eine Schilderung der Pilgerin Egeria aus der Zeit um 383 n.Chr. überein, als die Synagoge wahrscheinlich gerade gebaut wurde. Man zeigte ihr auch eine Kirche, die angeblich auf den Mauern des Hauses des Apostels Petrus stand. Aus dem frühen 4. Jh. n.Chr. fand man ein Heiligtum, das auf den Mauern eines früheren Gebäudes errichtet wurde, die verputzt und mit kräftigen Farben verziert waren. Auf heruntergefallenen Stücken des Putzes sind u.a. die Worte Amen, Herr und Jesus zu lesen; es handelt sich eindeutig um das von Pilgern besuchte angebliche Haus des Petrus. Ausgrabungen brachten ein Dorf zum Vorschein, das sich über eine Fläche von 800 x 250 m erstreckte. Ein Häuserblock konnte 15 Familien (130-150 Personen) beherbergen und bestand aus kleinen Räumen, die sich um Innenhöfe gruppierten. Die noch erhaltenen Treppen müssen auf Dachterrassen aus Erde und Stroh geführt haben, da die Wände aus Basalt und Erdmörtel kein zweites Stockwerk getragen hätten. Hierher paßt die Heilung des Gelähmten (Mk 2,4). Solche Häuserblöcke waren vom 1. Jh. v.Chr. an ständig bewohnt; die ursprünglichen Mauern standen bis zum 7. Jh. n.Chr.

KAPPADOZIEN. Gebiet im O Kleinasiens, stellenweise bis zu 900 m hoch gelegen, das im Jahr 17 n.Chr. von Tiberius zur röm. Provinz erklärt wurde. K. lieferte beträchtliche Mengen an Schafen und Pferden und lag an der Handelsstraße zwischen Zentralasien und den Häfen am Schwarzen Meer. Im 1. Jh. n.Chr. gab es in K. jüdische und christl. Gemeinden (Apg 2,9; 1.Petr 1,1).

KARKEMISCH. Stadt, 100 km nordöstl. von Aleppo, die den Hauptübergang über den Euphrat kontrollierte; das heutige Jerablus. Sie war syr. Stadtstaat und wurde ca. 717 v.Chr. einer assyr. Provinz angegliedert. Im Jahr 609 v.Chr. wurde sie von Necho II. von Ägypten zurückerobert (2.Chro 35,20). Dieser wurde jedoch 605 v.Chr. von *Nebukadnezar II. von Babylon geschlagen – in einer bedeutenden Schlacht, die zur babylon. Vorherrschaft über das gesamte Gebiet führte (Jer 46,2).

KARMEL (Gartenland oder fruchtbares Land). **1.** Ein üppig mit Bäumen und Buschwerk bewachsener Hügelzug aus Kalkstein von ungefähr 50 km Länge, der sich südöstlich der Bucht von Akko am Mittelmeer zur Ebene von Dotan erstreckt. Der K.berg ist die höchste Erhebung (530 m) der Hügelkette. Hier forderte *Elia die Propheten von Baal und Aschera heraus (1.Kön 18,20ff). Baal wurde noch 200 n.Chr. als „Zeus Heliopolites Carmel" auf dem K. verehrt.

2. Eine Stadt in Juda, heute Chirbet el-Karmil, etwa 12 km südsüdöstl. von Hebron. Auf der Flucht vor Saul begegnete *David hier dem selbstsüchtigen Nabal und dessen Frau *Abigajil (1.Sam 25).

KARREN. In atl. Zeit meist zwei- oder vierrädrig, konnten sie einen oder zwei Fahrer mit leichtem Gepäck tragen, waren jedoch nicht sehr stabil (vgl. 1.Chro 13,7ff). Sie wurden von zwei Ochsen oder Milchkühen gezogen, hatten Scheiben- oder Speichenräder, die manchmal mit Metall beschlagen waren. Manche Wagen waren überdacht (4.Mo 7,3).

*Streitwagen.

KATHOLISCHE BRIEFE. Bezeichnung für alle ntl. Briefe, die nicht an eine bestimmte Gemeinde oder Person, sondern an einen weiteren Empfängerkreis gerichtet waren („katholisch" bedeutet: allgemein): der Jakobusbrief, die beiden Petrusbriefe, die drei Johannesbriefe und der Judasbrief.

KEBAR. Fluß in Babylonien, an dem Juden im Exil angesiedelt waren; vielleicht auch ein Kanal östl. von Nippur. *Hesekiel hatte hier Visionen (z.B. Hes 1,1).

KEDAR (wahrscheinlich: schwarz, dunkelhäutig). Sohn *Ismaels und Stammvater eines Nomadenstammes in der syrisch-arabischen Wüste von Palästina bis Mesopotamien. Sie hatten große Herden (Jes 60,7), trieben Handel mit Tyrus (Hes 27,21) und waren berüchtigt für ihre Barbarei (Ps 120,5); *Jesaja sagte ihren Untergang voraus (Jes 21,16f.). Während der Perserzeit beherrschten sie ein Gebiet, durch das die lebenswichtige Landstraße zwischen Palästina und Ägypten führte. *Nomaden.

KEDEMOT. Stadt im Gebiet des Stammes *Ruben (Jos 13,18), die den *Leviten gegeben wurde; nördl. vom Fluß Arnon.

KEDESCH. 1. Eine ehemalige kanaan. Königstadt, die zu einer der wichtigsten Städte im Gebiet des Stammes *Naftali wurde; und eine der Freistädte, die den Leviten zuerkannt wurde (Jos 12,22; 19,37; 20,7; 21,32). K. war eine der ersten Städte, die den Assyrern zufiel; heute Tell Qades, nordwestl. des Huleh-Sees. **2.** Stadt im Gebiet des Stammes *Issaschar, heute Tell Abu Qudes, südwestl. von Megiddo.

KEDOR-LAOMER. König von Elam, der die rebellierenden Städte Sodom und Gomorra angriff und von Abraham getötet wurde (1.Mo 14,1ff).

KEFIRA. Eine Festung der Hiwiter, 8 km westl. von Gibeon (Jos 9,17); heute Chirbet Kefire.

KEGILA. Stadt, die David während seiner Flucht vor Saul von den Philistern errettete (1.Sam 23); heute Chirbet Kila, 10 km östl. von Beit Guvrin.

KEHAT, KEHATITER. Der zweite Sohn *Levis und dessen Nachkommen – eine der drei großen levitischen Familien. In der Wüste trugen sie Teile der Stiftshütte (4.Mo 3,27ff; 4,36). Sie waren auch später weiter am Dienst im Tempel beteiligt (1.Chro 6,39ff).

KELACH. Eine 40 km südl. von Ninive am Ostufer des Tigris gelegene Stadt (1.Mo 10,11). Die Hauptzitadelle wurde vom Assyrerkönig Assurnasirpal II. 879 v.Chr. wieder aufgebaut, als die Stadt eine Fläche von 40 km^2 einnahm und 60 000 Einwohner hatte.

KELCH. Siehe *Becher.

KEMOSCH. Gott der *Moabiter (4.Mo 21,29), dem manchmal Kindesopfer dargebracht wurden (2.Kön 3,27). Salomo errichtete ihm in Jerusalem einen Tempel, den Josia zerstörte (2.Kön 23,13).

KENAS. Verschiedene Personen im AT, einschließlich eines Anführers der Edomiter (1.Mo 36,11.15.42); möglicherweise der Stammvater der *Kenasiter; ein anderer war ein Bruder von *Kaleb und Vater von Otniel (Jos 15,17; Ri 1,13).

KENASITER. Eine führende Familie der Edomiter, die von *Esaus ältestem Sohn Elifas abstammt, zu ihr gehörte auch *Kaleb. Möglicherweise hatten sich Vorfahren seines Vaters Jefunne dem Stamm Juda angeschlossen (4.Mo 32,12). Die Söhne Kenas werden in 1.Chro 4,13ff erwähnt, aber es ist nicht sicher, ob die Liste vollständig ist.

KENAT (Besitz). Stadt östl. des Jordan, die gewöhnlich mit den Ruinen in Kanatha, 25 km nordöstl. von Bozra, identifiziert wird.

KENCHREÄ. Hafen vor Korinth, heute Kechries. *Phöbe war hier Gemeindediakonin (Röm 16,1), und *Paulus erfüllte ein Gelübde in K. (Apg 18,18).

KENITER. Ein midianitischer Stamm, dessen Name „Schmied" bedeutet, eine Interpretation, die auch durch die Kupfervorkommen in dem von den K. bewohnten Gebiet südöstl. des Golfs von Aqaba bestätigt wird. *Mose bittet seinen Schwager wegen seiner Erfahrung als Nomade, die Israeliten in der Wüste zu begleiten (4.Mo 10,29ff). K. begleiten Juda in sein Gebiet (Ri 1,16); *Saul verschonte sie (1.Sam 15,6), und *David behandelte sie als seine Freunde (1.Sam 30,29). Auch nach dem Exil blieben sie weiterhin bedeutend (Neh 3,14; die Rechabiter waren kenitischer Abstammung).
*Nomaden.

KEREN-HAPPUCH. *Hiobs jüngste Tochter nach der Wiederherstellung seines Wohlstands (Hiob 42,14); der Name bedeutet „Salbhörnchen", d.h. „Schönmacher".

KERIJOT. 1. Eine Stadt in Südjuda (Jos 15,25), möglicherweise die Heimat von *Judas Iskariot und vielleicht mit Chirbet el-Kariatein identisch. **2.** Eine Stadt in *Moab, wahrscheinlich Kureijat, südl. von Atarot.

KETURA (die Wohlriechende). *Abrahams zweite Frau, die er nach *Saras Tod heiratete (1.Mo 25,1ff).

KEULE, SCHENKEL. Manchmal symbolhaft für „Stärke" verwendet (z.B. Ps 147,10). Die Keulen der Opfertiere wurden gewöhnlich als die erlesensten Teile betrachtet und für die Priester reserviert (z.B. 3.Mo 7,32ff).

KEUSCHHEIT, SELBSTBEHERRSCHUNG. Fähigkeit des Menschen, seine Wünsche, Begierden oder Gefühle mit dem Willen Gottes in Übereinstimmung zu bringen; bezieht sich nicht ausschließlich auf die Sexualität. K. ist eine Frucht des Geistes (Gal 5,23) und steht im Gegensatz zu Trunkenheit, die die Selbstkontrolle des Menschen aufhebt. Die K. wächst im Prozeß der Nachfolge (2.Petr 1,6). In 1.Kor 7,9 gebraucht Paulus den Begriff im Sinne von geschlechtlicher Enthaltsamkeit.

Ein zweiter ntl. Begriff mit einer ähnlichen Bedeutung wird oft mit „mäßig", „nüchtern" (z.B. 1.Tim 3,2) wiedergegeben. Er bezieht sich speziell auf Trunkenheit, kann aber auch eine breitere Bedeutung im Sinne von Selbstbeherrschung haben (1.Tim 3,11).

KIDRON. Der Bach K., heute Wadi en Nar, ist ein Bachbett, das nördl. von Jerusalem beginnt und auf seinem Weg zum Toten Meer zwischen dem Tempelberg und dem Ölberg hindurchführt. Auf seiner Westseite gibt es eine Quelle, die „Gihon" (Geysir) genannt wird und deren Wasser über einen Tunnel hinter die Stadtmauern Jerusalems umgeleitet wurde (*Siloah). In dem Tal wurden heidnische Greuelbilder zerstört (1.Kön 15,13), und es wird zuweilen mit dem Tal *Joschafat identifiziert (*Hinnom).

Kidrontal. Im 1. Jh. v.Chr. bauten sich führende Jerusalemer Familien prachtvolle Grabstätten im Kidrontal.

KINDER (GOTTES). *Altes Testament.* Der Ausdruck wird in verschiedener Weise gebraucht. So für die Zugehörigkeit zu einer bestimmten Gruppe von geschaffenen Wesen, z.B. Ps 29,1: himmlische Wesen, die Gott untertan sind. Dann Menschen, die an Gottes Stelle zu richten haben, Richter über Leben und Tod; Ps 82,6, von Jesus zitiert (Joh 10,34), kann so verstanden werden. Weiter beschreibt der

Ausdruck im Bundesverhältnis zu Gott Stehende, so Israel als Volk (2.Mo 4,22; 5.Mo 14,1).
Neues Testament. Alle an Christus Glaubende sind Gottes Kinder und Erben des ewigen Lebens (Gal 4,7; Röm 8,17). Sie sind aus Gott geboren und haben den *Heiligen Geist empfangen, der ihnen die Kindschaft bezeugt (Joh 1,12; 1.Joh 5,1; Röm 8,15f). *Adoption.

KINNERET. Eine befestigte Stadt (Jos 19,35), die dem See Kinneret (4.Mo 34,11) seinen Namen gab, im NT See Genezareth (Lk 5,1), Galiläisches Meer oder See Tiberias. Der Name könnte nach der Form des Sees von „Harfe" abgeleitet sein. „Land Genezareth" bezeichnet eine Ebene am NW-Ufer des Sees (Mk 6,53). *Genezareth, See.

KIR VON MOAB, KIR-HERES. Befestigte Stadt im S *Moabs. Als sie belagert wurde, opferte der König seinen Sohn als Brandopfer (2.Kön 3,25ff). Im allgemeinen mit Kerak gleichgesetzt, einem Berg, der 1027 m über dem Meeresspiegel und 18 km östl. des Toten Meeres sowie 24 km südl. des Arnon liegt. Heute befindet sich eine mittelalterliche Burg auf diesem Berg.

KIR. K. war Exilort der Syrer (2.Kön 16,9; Am 1,5) und ein Land, aus dem Gott sie ursprünglich hergebracht hatte (Am 9,7). In Jes 22,6 wird K. parallel zu Elam genannt. Es ist kein alter Ort mit diesem Namen bekannt, vielleicht kein Eigenname, denn K. bedeutet „Stadt".

KIRJAT-ARBA (Stadt der Vier; Tetrapolis). Eine frühe Bezeichnung für *Hebron, die mit der Eroberung Kanaans durch Israel außer Gebrauch gekommen zu sein scheint.

KIRJAT-JEARIM (Stadt der Wälder). Der Ort bildet zusammen mit Gibeon, Kefira und Beerot (Jos 9,17) einen Städtebund. Durch eine List (Jos 9,3-18) schlossen sie sich einwandernden Israeliten an. Später eine wichtige Stadt der Gibeoniter an der Grenze der Stämme Benjamin und Juda; auch Kirjat-Baal (Jos 15,60), Baala (Jos 15,9) und Baala in Juda (2.Sam 6,2) genannt. Die Bundeslade blieb zwanzig Jahre dort (1.Sam 7,1; 2.Sam 6,2); möglicherweise Abu Gosch (Karjet El-Ineb), 14 km westl. von Jerusalem auf der Straße nach Jaffa.

KIRJAT-SEFER. Ein anderer Name für *Debir (Jos 15,15ff; Ri 1,11ff).

KIRJATAJI. 1. Ort im Gebiet des Stammes *Ruben, nach Jer 48,1 und einer Inschrift des moabitischen Königs *Mescha aus dem 9. Jh. v.Chr. Später in den Händen der Moabiter; möglicherweise das heutige El Quraijat, 10 km nordwestl. von Dibon in Jordanien. **2.** Levitenstadt im Gebiet des Stammes *Naftali (1.Chro 6,61); evtl. das Kartan aus Jos 21,32; die Lage ist unbekannt.

KISCH (Bogen, Macht). Unter anderen der Vater von König *Saul (1.Sam 9,1).

KISCHON. Fluß, der im N des Berglandes von Samaria entspringt, die gesamte Jesreel-Ebene entwässert und in der Bucht von Akko ins Mittelmeer mündet; heute Nahr el-Muqatta. Der Hochwasser führende Fluß verwandelte die Jesreel-Ebene in ein Sumpfgebiet, in dem die Wagen *Siseras steckenblieben, was zu Israels Sieg beitrug (Ri 4-5). Im ausgetrockneten Zustand war der K. Schauplatz für die Hinrichtung der heidnischen Propheten durch Elia. Der nachfolgende Regen spülte die Spuren dieser Tat hinweg (1.Kön 18).

KITTÄER. Einer der Söhne Jawans (1.Mo 10,4), dessen Nachkommen sich in *Zypern angesiedelt und der Stadt Kition (heute Larnaka) ihren Namen gegeben haben. Später wurde der Name für ganz Zypern verwendet.

KLAGELIEDER JEREMIAS. Vergleiche auch Einführung in das Buch des Propheten Jeremia.
Inhalt und Bedeutung. In 2.Chro 35,25 wird bei der Beschreibung der Trauer um den König Josia berichtet, daß auch Jeremia ein Trauerlied verfaßt habe. Aufgrund dieses Hinweises wurden die fünf Klagelieder ihm zugeschrieben.

In der Tat entspricht der Inhalt dieser Klagepsalmen dem Tenor seiner Verkündigung (vgl. Jer 9,19). Der Hauptgegenstand der ergreifenden Klage ist die Zerstörung von Stadt und Tempel. Die Verzweiflung beruht weniger auf dem äußeren Tatbestand, sondern bezieht sich auf den Verlust der Gegenwart und der Zuwendung Gottes durch dieses Gericht, das über das Heiligtum und das Volk erging.

Der Verzweiflungsschrei: „Jahwe hat seinen Altar verworfen und sein Heiligtum entweiht ..." (2,7) zeigt die tiefgreifende Erschütterung auf. Dahinter steckt die Erkenntnis und Erfahrung der Sünde, der Boshaftigkeit, Eigenwilligkeit und Unbußfertigkeit des Volkes. Die Untreue seines Volkes hat Gott zum Feind gemacht. Die Vernichtung des Heiligtums ist Gottes Werk (vgl. 1,17; 2,1; 4,11).

Hinter allem Geschehen steht Gott. Dieser Trost bleibt. Der Beter dieser Klagepsalmen darf und kann sich an diesen Gott wenden – und mit ihm das gesamte Volk. Gott hat geschlagen, aber nicht verstoßen (vgl. 3,31). Gottes Erbarmen hat kein Ende (3,22-23), er wendet sich dem bußfertigen Sünder wieder zu. Es gibt nur einen Ausweg aus der Verzweiflung – an Gottes Gnade zu appellieren: „Bringe uns wieder zu dir!" (5,21).

Gliederung.
1 Klage über das tiefe Leid Jerusalems.
2 Klage über die Verwüstung von Stadt und Land.
3 Der Verfasser der Klagelieder spricht für das ganze Volk. Er klagt Gott sein Leid und bittet den Herrn inständig um Hilfe.
4 Das Elend der Belagerung. Die Schuld der Propheten und Priester. Die Eroberung der Stadt.
5 Ein Gebet, in dem die Erniedrigten sich zu ihren Sünden bekennen und Gott um Erlösung bitten.

KLAUDIUS LYSIAS. Ein Römer, der in Jerusalem die Garnison der Burg Antonia befehligte und Paulus gefangennahm (Apg 21,31ff). In seinem Brief an Felix verändert er die Tatsachen zu seinen eigenen Gunsten (Apg 23,26ff).

KLAUDIUS. Röm. Kaiser 41-54 n.Chr. Er ging möglicherweise auch gegen Christen vor, als er Juden aus Rom vertrieb, die auf Betreiben „des Chrestus" Unruhe gestiftet hatten (vgl. Apg 18,2). Ob damit tatsächlich Christus gemeint war, ist unsicher, da es keine anderen Hinweise auf Unstimmigkeiten mit den Judenchristen in Rom gibt. *Caesar.

KLEIDUNG. Das AT gibt keine ausführliche Beschreibung einzelner Bekleidungsarten, aber ägypt., babylon. und hetitische Zeugnisse vermitteln eine Vorstellung davon. Der Ursprung der K. wird mit dem Schamgefühl in Verbindung gebracht (1.Mo 3,7ff); Kinder liefen im Altertum oft bis zur Pubertät nackt herum. Die wichtigsten Kleidungsstücke für beide Geschlechter waren wohl eine Art Lenden- oder Hüftschurz, ein langes oder kurzes Hemd bzw. Kleid, ein Obergewand und ein Umhang, ergänzt durch Gürtel, Kopfbedeckung und Sandalen.

Männerkleidung. Der Lenden- oder Hüftschurz verschwand weitgehend um 1200 v.Chr., außer für Soldaten (Jes 5,27). Arme Leute, Propheten und Büßer trugen Tierfelle (z.B. Mt 3,4). Die übliche Bekleidung war ein Leinen- oder Wollhemd mit oder ohne Ärmel; es wurde direkt auf der Haut getragen und reichte bis zum Knie oder Knöchel. (Vgl. das ungenähte Gewand Jesu, Joh 19,23). Der Mantel war ein rechteckiges Stück Stoff mit Öffnungen für die Arme, das über die Schulter geworfen wurde; nachts diente er als Decke und sollte nicht gepfändet werden (2.Mo 22,25ff). Zum Schutz gegen die Sonne trug man ein gefaltetes Stoffquadrat als Schleier oder Turban auf dem Kopf. Arme gingen im allgemeinen barfuß; manche hatten Sandalen mit Leder- oder Holzsohlen, die mit Riemen befestigt wurden; im Haus trug man sie jedoch nicht.

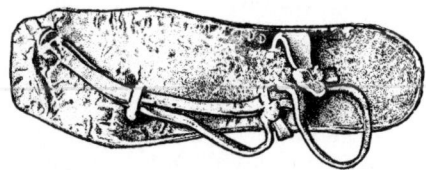

Kleidung. Ledersandale z. Z. Jesu. Fundort: Masada-Festung.

Frauenkleidung. Sie war der Männerkleidung recht ähnlich, aber es muß erkennbare Unterschiede gegeben haben, da es verboten war, die Kleidung des anderen Geschlechts zu tragen (5.Mo 22,5). Sie bestand wahrscheinlich aus feineren, farbigeren Stoffen und einem Schleier.

Besondere Kleidungsstücke. Festkleider waren teurer, häufig weiß, aber auch Scharlach und Purpur wurden geschätzt; Frauen trugen sie mit Schmuck (Jer 4,30). Solche Gewänder dienten manchmal als Geschenk oder als Zahlungsmittel (z.B. 2.Kön 5,5).

Priesterkleidung. Das älteste Priestergewand war ein einfaches Leinentuch (*Efod; 2. Sam 6,14). Der Efod des Hohenpriesters war aus teurem Material (Byssus), verziert mit Purpur, Scharlach und Gold; er reichte von der Schulter bis zur Hüfte. Gewöhnliche Priester trugen ein Tuch, das Hüften und Oberschenkel bedeckte, dazu einen langen, bestickten Umhang mit Ärmeln und einen aufwendig gestalteten Gürtel (2.Mo 28).

*Bleichen; *Färben; *Spinnen und Weben.

KLEMENS. Ein Christ aus Philippi (Phil 4,3). Einige frühe Schriftsteller setzen ihn mit Clemens Romanus gleich, der gegen Ende des 1. Jh. n.Chr. Bischof von Rom war; aber dafür gibt es keine Belege.

KLEOPAS (Kurzform von Kleopatros). Ein Jünger, dem Jesus auf der Straße nach Emmaus begegnete (Lk 24,18).

KLOPAS. Mann der Maria, die mit den anderen Frauen am Kreuz Jesu stand (Joh 19,25).

KLUFT (griech. chasma) bezeichnet im Gleichnis Jesu (Lk 16,19ff) die unüberwindbare Trennung zwischen Glaubenden und Ungläubigen nach dem leibl. Tod.

Klüfte (Felshöhlen) werden als vermeintliche Verstecke vor Gott, dem Richter, aufgesucht (Jes 2,19ff; Offb 6,16).

KNAUF. Das verzierte Oberteil (Kapitell) einer Säule (z.B. Am 9,1), des Leuchters in der *Stiftshütte (2.Mo 25,31ff) und anderer Gegenstände.

Kleidung. Das Relief zeigt die typische Alltagskleidung assyrischer Bürger (7. Jh. v.Chr.).

KNECHT DES HERRN/GOTTESKNECHT. *Altes Testament:* Vier Abschnitte im Propheten Jesaja werden als „Gottesknechtslieder" bezeichnet: 42,1-4; 49,1-6; 50,4-9; 52,13 - 53,12. In ihnen geht es um einen bestimmten „Knecht Jahwes" – nicht um Israel als Volk –, dessen unverdientes Leiden zu seinem Tod führt, durch den die Sünde der Menschheit hinweggenommen werden kann.

Traditionell wurde er im späten Judentum Palästinas und später auch im Christentum als der *Messias betrachtet.

Neues Testament: Es gibt zwar wenige Zitate aus den Gottesknechtsliedern, aber der Gedanke, daß der Messias leiden muß, ist grundlegend. In Lk 22,37 weist Jesus auf Jes 53,12 hin und zitiert die Stelle; Mk 10,45; 14,24 spielen auf Jes 53,10-12 an. Die Sendung Jesu wird in Mk 1,11 mit Bezug auf Jes 42,1 hervorgehoben. Petrus bezeichnet Jesus in Apg 3,13.26 als Knecht (vgl. das Gebet in Apg 4,27.30), und der Bezug auf die Gottesknechtsgestalt wird in 1.Petr 2,21ff; 3,18 deutlich. Philippus nimmt ebenfalls in seiner Verkündigung auf Jes 53 Bezug (Apg 8,30ff). Paulus erkannte, daß die Sühnetat Jesu in Jes 53 angekündigt wird (z.B. Phil 2,6ff).

KNIDOS. Freie Stadt im SW Kleinasiens, in deren Nähe das Schiff des Paulus seinen Kurs änderte (Apg 27,7).

KNIE, KNIEN. Schwachheit wird in Jes 35,3 mit „müde Knie" beschrieben, Furcht als „zitternde Knie" in Dan 5,6. Die meisten bibl. Belege bedeuten dagegen die K. beugen vor Ehrfurcht (Mk 1,40), in Unterwerfung (Röm 11,4; 14,11; Phil 2,10), Anbetung (Lk 5,8) und gelegentlich als Gebetshaltung (Lk 22,41).

KOHLE. Verschiedene hebr. Wörter werden mit „Kohle" übersetzt; meist ist Holzkohle oder ein anderer Brennstoff gemeint, Steinkohle war unbekannt. *Brennstoff.

KOLOSSÄ. Siehe *Kolosserbrief.

KOLOSSERBRIEF. *Hintergrund.* Kolossä war eine Stadt im Lykostal in der röm. Provinz Asia, 15 km von Laodizea entfernt. Hier lief ursprünglich die Hauptstraße von Ephesus aus Richtung Osten mit einer Handelsstraße von Sardes aus Richtung Süden zusammen; heute ist die Stadt unbewohnt (sie liegt in der Nähe von Honaz). Die Gemeinde wurde möglicherweise von *Epaphras gegründet (Kol 1,7), während *Paulus in Ephesus wirkte (Apg 19-20). Paulus hatte Kolossä noch nie besucht, als er den Brief während seiner röm. Gefangenschaft in den Jahren 61/62 schrieb (Kol 2,1; 4,3.10.18).

Ziel. Durch eine Irrlehre war die Gemeinde in Verwirrung geraten. Es ist nicht möglich, diese im einzelnen zu rekonstruieren, doch treten einige Hauptmotive deutlich hervor:

Die Irrlehrer behaupteten, daß allerlei Mächte (1,16; 2,10.15) über Welt und Menschen Gewalt ausüben. Es komme nun für den Menschen darauf an, diese überirdischen Mächte (auch als „Engel" bezeichnet) durch Verehrung günstig zu stimmen (2,18). Das könne durch eine äußerst strenge Askese geschehen (2,21-23), die den Aufstieg in die himmlisch-geistige Welt ermöglicht, wo diese Mächte wohnen. So würde die höhere Erkenntnis durch ekstatisches Schauen (2,18) gewonnen werden, das den schlichten Glauben an Jesus Christus weit hinter sich ließe.

Inhalt und Bedeutung. Gegenüber der Irrlehre verkündet Paulus die Erhabenheit und Alleinherrschaft Jesu Christi. In ihm ist alles geschaffen. Er ist das Haupt des Kosmos und der Gemeinde (1,15-18). Nicht in den Spekulationen der Irrlehrer, sondern in Christus liegt die wahre Weisheit (2,3). In ihm wohnt die ganze Fülle der Gottheit leibhaftig (2,9; 1,19). Der Glaube an ihn ist deshalb keine niedrige Stufe der Erkenntnis, sondern läßt die Gläubigen an dieser Fülle Anteil haben (2,10). So ist dieser Brief eine eindrucksvolle Verkündigung von der alles umfassenden Bedeutung Jesu Christi.

Eigenart. Der Kolosserbrief enthält viele Ähnlichkeiten mit dem Epheserbrief. Beim Kolosserbrief liegt jedoch das Schwergewicht auf *Christus, dem Haupt,* während im Epheserbrief mehr von der Gemeinde als dem „Leib Christi" die Rede ist.

Der Schlüsselvers ist 3,11b: „Christus ist alles in allem." Christsein ist weder ein Glaubensbekenntnis noch ein Lehrsystem, sondern die Beziehung zu einer Person, ein Leben, das ganz und gar Christus gehört. Alles, was wir reden und tun, sollen wir mit ihm zusammen tun (3,17), im Bewußtsein, daß er in uns lebt (1,27) und uns in ihm die ganze Fülle, Weisheit und Kraft Gottes zur Verfügung steht (2,3.10).

Wie der Epheserbrief enthält auch der Kolosserbrief an vielen Stellen die Ausdrücke „in Christus", „mit Christus" usw.

Gliederung.

1,1-12	*Einleitung, Gruß, Dank, Fürbitte.*
1,13-2,23	*Lehrhafter Teil: Die Stellung Christi und der Gemeinde.*
1,13-29	Stellung Christi, des Herrn. Erhabenheit seiner Person (1,13-20). Erhabenheit seiner Erlösung (1,21-23). Erhabenheit des Dienstes für ihn (1,24-29).

2,1-23   Stellung der Gemeinde.
         Ermahnung zur Festigkeit im
         Glauben (2,1-8).
         Stellung der Gemeinde (2,9-15).
         Gefahren für die Gemeinde
         (2,16-23).
3,1-4,6 *Praktischer Teil: Der Lebensstil
         des neuen Menschen.*
         Blickrichtung des Christen
         (3,1-4).
         Ablegen des alten Menschen
         (3,5-9).
         Anziehen des neuen Menschen
         (3,10-17).
         Lebensstil in Familie und Beruf
         (3,18-4,1).
         Missionarischer Lebensstil
         (4,2-6).
4,7-18   *Persönliche Nachrichten,
         Grüße.*

KÖNIG, KÖNIGSHERRSCHAFT. Das Königsamt ist im Nahen Osten seit frühester Zeit verbreitet. Diese Herrscher regierten ein besiedeltes Gebiet, das sich meist um eine Stadt konzentrierte (z. B. 1.Mo 14,1f); die Macht wurde vererbt, und man ging davon aus, daß sie vom Gott des Landes herrührte. In Ägypten wurde der König (Pharao) gleichzeitig als Gott verehrt, in Assyrien als der Vertreter Gottes. Im klassischen Griechentum wurde die Königsherrschaft bis auf Zeus zurückgeführt; später entstand die Idee des königlichen Schutzheiligen, die zu der Vorstellung des göttlichen Königs bei *Alexander und den röm. Kaisern führte.

Als Israel Ägypten verließ, wurde es von *Mose und dann von *Josua geführt, beides Männer, die nicht einer vererbten Linie entstammten, sondern von Gott berufen und vom Volk anerkannt wurden. Nach Josua wurden die Stämme von Dorfältesten geleitet, die – wenn nötig – „Richter" herbeiriefen, um eine gemeinsame Armee anzuführen. *Eli und *Samuel setzten die religiös-richterliche Führerschaft fort. Samuel setzte auf das Drängen des Volkes hin einen König ein, wobei er ihre Bitte als Abtrünnigkeit gegenüber Gott betrachtete (1.Sam 8). *Saul wurde Israels erster König, begründete aber keine Dynastie. *David, sein Nachfolger, war erfolgreicher und begründete eine Dynastie, die über 400 Jahre währte, gegründet auf den „Davidsbund" (vgl. Ps 132,11f); er übte teilweise auch ein religiöses Führeramt aus (2.Sam 6,13ff). Der König hatte in erster Linie für Gerechtigkeit zu sorgen, aber nach der Teilung des Königreiches in das Nordreich (Israel) und das Südreich (Juda) förderten viele Könige Ungerechtigkeit und Gottlosigkeit (z. B. 1.Kön 14,16; 2.Kön 21,16). Ihr Scheitern entfachte die Hoffnung auf einen künftigen gerechten Herrscher (*Messias). Priester und Propheten spielten oft eine führende Rolle bei Staatsangelegenheiten (vgl. 1.Kön 1,34; 19,15f). Die Könige hatten auch Heerführer (2.Sam 19,13), Schreiber (2.Sam 8,17), Kanzler und andere Minister zu ihrer Unterstützung.

In der Zeit von 104-37 v. Chr. nahmen etliche der *Hohenpriester den Königstitel an, und einige von ihnen wurden als Erfüllung messianischer Hoffnungen angesehen. Doch der Messias kam erst später: Jesus Christus. Er entstammte der Familie Davids (Mt 1) und verkündigte das Reich Gottes (Mk 1,15); einmal werden sich alle Menschen vor ihm als König und Messias beugen (Phil 2,9ff).

KÖNIGE, 1.BUCH. *Verfasser.* Die Bücher der Könige sind eine wichtige Quelle für die Geschichte des Volkes Israel (vgl. a. *Samuel, 1.Buch). Viele Aufzeichnungen finden ihre Bestätigung und Ergänzung in außerbibl. Quellen. Der Verfasser der Könige-Bücher ist unbekannt. Gemäß jüd. Tradition wird zumindest der größte Teil Jeremia zugeschrieben.

Inhalt. Die Kap. 1-11 enthalten die Geschichte des geeinten Reiches unter Salomo. Dieser beschränkte sich darauf, das von seinem Vater David ererbte Reich zu erhalten. Seine weitreichenden Handelsbeziehungen sowie seine königlichen Monopole und Zölle verschafften ihm die Mittel für den Bau des Tempels (Kap. 6-8). Bezeichnend für seine Frömmigkeit sind sein Gebet um Weisheit (3,5-9) und das Tempelweihegebet (8,23-53). Seine Weisheit erlangte Weltruhm. Doch seine Regierungszeit verläuft nicht ungetrübt. Die Ägypter stellen Gebietsansprüche. Im O ersteht wieder das Edomiterreich, und im

N kommt ein aram. Königreich mit der Hauptstadt Damaskus auf. Durch eine diplomatische Heirat (3,1) will Salomo die Gefahr umgehen. Doch dabei bleibt es nicht. Staatspolitische Rücksichten führen ihn dazu, Opferstätten für fremde Kulte zu errichten. Er selbst beteiligt sich am Götzendienst (11,1-13).

Die Kap. 12-22 beschreiben die Geschichte der getrennten Reiche Juda und Israel. Bereits unter Salomos Nachfolger Rehabeam kommt es zur Teilung des Reiches (12). Im N befindet sich das größere Israel, im S Juda. Jerobeam führt in Israel den Bilderdienst ein. Kultstätten sind Bethel und Dan mit Konkurrenzheiligtümern und Stierbildern. Unter Ahab und Isebel von Sidon wirkt Elia (17-19 und 21). Er muß das Land verlassen, stößt dann erneut mit Ahab zusammen und verlangt ein Gottesgericht. Auf dem Karmel bekennt sich Gott zu Elia. Der Baalskult erfährt eine entscheidende Niederlage. Ahab fällt in einer Schlacht, Isebel kommt um.

Bedeutung. Diese Bücher wollen nicht nur die „Geschichte Israels" darstellen. In der hebr. Bibel gehören sie zu den „frühen Propheten". Sie vermitteln eine prophetische Geschichtsschreibung. Dabei wird die Geschichte als Handeln Gottes beleuchtet, und es wird dargestellt, wie die Haltung der Könige und des Volkes gegenüber Gott den Lauf der Ereignisse bestimmte.

Elia und Elisa, beide Propheten, die unter gottlosen Königen wirkten, fordern zu einem Leben heraus, das erfüllt, bevollmächtigt und geführt ist vom Heiligen Geist – in einer Welt, die Gott entfremdet ist und anderen Götzen dient.

Gliederung.
1-11 *Das geeinte Reich unter David und Salomo.*
1-2 Davids letzte Jahre und Salomos Regierungsbeginn.
3-11 Salomos Herrschaft.
     Salomos Gebet und Traum (3).
     Salomos Beamte (4).
     Salomos Macht und Weisheit (5).
     Bau des Tempels (6).
     Bau der königlichen Paläste (7).
     Einweihung des Tempels (8).
     Gottes Antwort auf Salomos Gebet (9).
     Salomos Reichtum; Königin von Saba (10).
     Fremde Frauen, fremde Götter, Zerfall des Reiches und Tod Salomos (11).
12-22 *Trennung in zwei feindliche Reiche.*
12-16 Reichstrennung durch Rehabeams Übermut.
     Götzenbilder in Dan und Bethel (12).
     Weissagungen gegen Bethel (13).
     Häufiger Machtwechsel (14-16).
17-22 Annäherungen der beiden Reiche Israel und Juda.
     Ahab, Isebel (16).
     Elia: Bach Krit, Witwe in Zarpat (17).
     Kampf und Gottesgericht am Karmel (18).
     Gottesoffenbarungen am Horeb; Berufung Elisas (19).
     Ahabs Kriege (20)
     Ahab und Nabot, Nabots Weinberg (21).
     Feldzug Ahabs gegen Syrien, Ahabs Tod (22).

KÖNIGE, 2.BUCH. *Inhalt.* Die im ersten Buch der Könige begonnene Geschichtsschreibung der getrennten Reiche Juda und Israel findet hier ihre Fortsetzung. Während etwa 200 Jahren existierten beide Reiche nebeneinander. Das Verhältnis zueinander war zeitweilig harmonisch, meistens jedoch durch Entfremdung und Feindschaft gekennzeichnet.

Im Südreich Juda regierte nur eine Dynastie, die Davids. Im Nordreich löste ein Herrscherhaus das andere ab. Während einige Könige von Juda das Land nach Gottes Willen regierten, wandten sich die Herrscher des Nordreiches von Gott ab.

Ausführlich werden die Auseinandersetzungen mit den Fremdmächten Syrien, Assur, Babel und Ägypten berichtet. Das Nordreich erlag der Gewalt Assurs (722 v.Chr.), das Südreich der Macht Babels (586 v.Chr.). In beiden Fällen werden die oberen Schichten der Bevölkerung ins Exil weggeführt.

Juda	Israel	Andere
931–913 Rehabeam	931–910 Jerobeam I.	945–924 Scheschonk I. (Schischak)
913–910 Abija		915–900 Tabrimmon
910–870 Asa	910–909 Nadab	
	909–886 Bascha	900–860 Ben-Hadad I.
		896-866 Etbaal I.
	886–885 Ela	
	885 Simri	(898–843 Ben-Hadad I.) (?)
	885–880 Tibni	(860–843 Ben-Hadad II.) (?)
*873–848 Joschafat	§885–874 Omri	
	874–853 Ahab	859–824 Salmanassar III.
*853–841 Joram	853–852 Ahasja	853 Schlacht bei Karkar
841 Ahasja	852–841 Joram	843–796 Hasaël
841–835 Atalja	841–814 Jehu	
835–796 Joas	814–796 Joahas	
796–767 Amazja	*798–782 Joasch	796–770 Ben-Hadad III./II.
*790–740 Asarja (Usija)	*793–753 Jerobeam II.	
	753 Sacharja	750–732 Rezin
	752 Schallum	747–727 Tiglathpileser III.
	752–742 Menahem	
	741–740 Pekachja	
*†751–732 Jotam	§752–732 Pekach	732 Fall von Damaskus
†735–716 Ahas	731–722 Hoschea	727–722 Salmanassar V.
*728–687 Hiskia	722 Fall Samarias	722–705 Sargon II.
*696–642 Manasse		705–681 Sanherib
		690–664 Tirhaka (?)
642–640 Amon		669–627 Assurbanipal
639–609 Josia		626–605 Nabopolassar
		612 Fall Ninives
609 Joahas		610–595 Necho II.
608–597 Jojakim		605–562 Nebukadnezar II.
597 Jojachin		595–589 Psammetich II.
597 Eroberung Jerusalems		
597–586 Zedekia		
586 Fall Jerusalems		589–570 Apries (Hophra) (?)
562 Jojachin freigelassen		562–560 Amel-Marduk

* sich überschneidende Daten bedeuten Mitregentschaft
§ sich überschneidende Daten: Thronanspruch
† Jotams 16 Regierungsjahre endeten 735

Nach dem Ende des Nordreiches ereigneten sich in Juda zwei „Erweckungen", die von den Königen Hiskia und Josia eingeleitet wurden. Beide Reformversuche hatten nur vorübergehenden Erfolg. Die Umkehr war nicht tief genug, um von bleibender Dauer zu sein. Darum ging schließlich auch das Südreich durch seinen Abfall von Gott zugrunde.

Könige, 1. und 2. Buch. Die Könige des Reiches Juda und Israel sowie deren Gegenspieler bzw. Verbündete.

Bevor Nebukadnezar 586 v.Chr. Jerusalem eroberte, hatte er die Stadt schon zwei Mal angegriffen und geplündert. Beim ersten Angriff (606) wurden Daniel und seine Freunde, beim zweiten Angriff (597) wurde Hesekiel festgenommen und nach Babel deportiert.

Elia und Elisa lebten in ganz besonderen geschichtlichen Verhältnissen. Wie die Könige sich ihrer Botschaft gegenüber verhielten, machte offenbar, wie sie zu Gott standen.

Gliederung.
1-9 *Von Elia zu Elisa.*
Ahasja: Krankheit und Tod, Feuer vom Himmel (1).
Elias Himmelfahrt, Elisas erste Wundertaten (2).
Joram zieht gegen Moab (3).
Elisas Wirken (4).
Heilung Naamans (5).
Schwimmende Axt, Syrer mit Blindheit geschlagen (6).
Die Schunemiterin (8).
Tod Jorams, Salbung Jehus (9).
10-17 *Die beiden Reiche bis zum Untergang Israels.*
Jehu wird durch Aufruhr König in Israel (10-12).
Elisas Tod, Joahas und Joasch in Israel (13-14,22).
Jerobeam II. in Israel (14,23-15,7).
Letzte Könige in Israel (15,8-16,4).
Syrisch-ephraimistischer Krieg (16,5-20).
Untergang Israels durch die Assyrer (17).
18-25 *Das Reich Juda bis zum babylonischen Exil.*
Hiskia, Sanheribs Feldzug (18-19).
Hiskias Krankheit (20).
Manasse und Amon (21).
Josia und seine Reform (22).
Schlacht bei Meggido (23).
Das Ende des Reiches (24-25).

KÖNIGIN. Dieser Begriff wird gewöhnlich in der Bibel gebraucht, um weibliche Monarchen anderer Völker zu bezeichnen (z.B. 1.Kön 10,1). *Atalja war die einzige israelit. K. (2.Kön 11,1ff). Die Frau des regierenden Königs kam gewöhnlich kaum mit den Staatsgeschäften in Berührung, mit Ausnahme von *Batseba (1.Kön 1,15ff) und *Isebel (1.Kön 21). Die wichtigste Frau im königlichen Haushalt Israels und Judas war die Mutter des Königs, die zur Rechten des Königs sitzen durfte (1.Kön 2,19). Am Beispiel von *Maacha wird deutlich, daß dies nicht bloß eine Ehrenposition war; sie blieb Königinmutter während der Herrschaft ihres Enkelsohnes (1.Kön 15).

KONKUBINAT. Geschlechtliche Beziehungen mit einer Nebenfrau waren in bibl. Zeit recht häufig. In Assyrien mußte sich die Konkubine der Ehefrau unterordnen, aber ihre Söhne hatten Teil am Familienerbe. Auch Abraham (1.Mo 16,2f) und Salomo (1.Kön 11,3) hatten Nebenfrauen. Sie standen unter dem Schutz des mosaischen Gesetzes (5.Mo 21,10ff), konnten jedoch leichter geschieden werden als Ehefrauen (1.Mo 21,10ff). Die späten Propheten betonten die Notwendigkeit der Einehe ebenso wie Jesus (Mt 19,3ff). Die Römer duldeten in ntl. Zeit das K. als eine formlose, mehr oder weniger dauerhafte Beziehung ohne Eheschließung; Kinder aus solchen Verbindungen erhielten kein Bürgerrecht. In der Alten Kirche mußte ein unverheirateter Mann seine Konkubine heiraten; anderenfalls verweigerte man ihm die Taufe. *Ehe.

KONVERTIT. Siehe *Proselyt.

KORACH. Verschiedene Personen im AT; am bekanntesten ist der Sohn Jizhars aus dem Stamm Levi, der gemeinsam mit 250 anderen Männern gegen Mose und Aaron rebellierte (Rotte Korach; 4.Mo 16). Sie waren der Meinung, daß die Führer stolz geworden wären, ihre Pflicht, das Volk in das verheißene Land zu führen, versäumt hätten und daß sie das Priesteramt unrechtmäßig an sich gerissen hätten. Gott wurde zornig über sie, so daß sich die Erde auftat und sie verschlang.

KORB. Eine Bezeichnung für Behälter verschiedener Form und Größe, z.B. einen runden Feigenkorb (Jer 24,1f), einen flachen Brotkorb (4.Mo 6,15), einen Geschenkkorb (Mt 14,20), aber auch größere Behälter (Apg 9,25).

KORINTH. Stadt in Griechenland am W-Ende des Isthmus, der Landenge zwischen Zentralgriechenland und der Halbinsel Peloponnes. Sie kontrollierte mehrere Handelsstraßen, verfügte über zwei nahegelegene Häfen und wurde bald eine blühende Handelsstadt, die auch berühmt für die Herstellung von Keramik war. Die Stadt wird von einem steilen, oben abgeflachten, 570 m hohen Felsen mit der Akropolis überragt, die in alter Zeit einen Tempel der Liebesgöttin Aphrodite hatte. Die Aphrodite-Verehrung leistete der sprichwörtlichen korinthischen Sittenlosigkeit Vorschub. Die alte griech. Stadt wurde 146 v.Chr. wegen ihres Widerstands von den Römern zerstört und 46 v.Chr. von Cäsar wieder aufgebaut. In urchristl. Zeit hatte sie eine sehr gemischte Bevölkerung, die außerdem zu einem hohen Prozentsatz aus Sklaven bestand. Der Aufenthalt des Paulus in der Stadt (Apg 18,1ff) läßt sich durch eine Inschrift aus Delphi datieren, aus der hervorgeht, daß der erwähnte Statthalter Gallio 51-52 n.Chr. nach K. kam. Der Fleischmarkt (1.Kor 10,25) konnte bei Grabungen gefunden werden.

KORINTHERBRIEFE. *1. Korintherbrief.*
Hintergrund. Korinth war eine der bedeutendsten Hafenstädte der damaligen Zeit. Der 1. Kor gibt uns Einblick in die sozialen Verhältnisse der christl. Gemeinde (1,26-31). Sie bestand überwiegend aus „kleinen Leuten". Korinth hatte einen schlechten Ruf. „Korinthisch leben" bedeutete „Unzucht treiben".
Paulus war 51 n.Chr. auf seiner zweiten Missionsreise nach K. gekommen (Apg 18,1-18) und hatte in 1 1/2 Jahren eine Gemeinde gegründet.

Ziel. Die beiden im NT überlieferten Briefe an die Kor bieten ein buntes Bild merkwürdiger Gegensätze: Einerseits ist die Gemeinde mit vielen geistlichen Gaben (Charismen) beschenkt (1,4-7), andererseits gibt es tiefe sittliche Schäden, Mangel an Einmütigkeit und Bruderliebe. Obwohl Paulus beabsichtigt, in nächster Zeit (16,5-7) persönlich nach K. zu kommen, scheinen ihm die Mißstände so ernst, daß er noch vor seiner Abreise aus Ephesus (16,8-9) diesen Brief vorausschickt.

Die Korrespondenz des Apostels mit Korinth. Paulus war nicht nur dreimal persönlich in K., sondern hat auch mindestens vier Briefe an die dortige Gemeinde geschrieben, von denen uns aber nur zwei erhalten sind. Vor unserem 1. Kor hatte er bereits einen Brief nach K. geschrieben (s. 1.Kor 5,9), und zwischen unserem 1. und 2. Kor liegt der sogenannte „Tränenbrief" (s. 2.Kor 2,4), der uns ebenfalls nicht erhalten ist.

Inhalt und Bedeutung. Das Idealbild, das sich viele Bibelleser von den ältesten Christengemeinden machen, wird durch die Paulusbriefe korrigiert, ohne daß dadurch das Zeugnis von Jesus Christus und dem Wirken seines Geistes verdunkelt wird.
Bemerkenswert ist die Tatsache, daß sämtliche erwähnten Probleme der Korinthergemeinde *von innen* herrühren. Paulus nimmt in diesem Brief nirgends Bezug auf Verfolgung oder Irrlehren, die die Gemeinde von außen bedrohen, sondern er prangert ihren Parteigeist, ihre Zügellosigkeit und ihre Eigenwilligkeit an.
Paulus benutzt in diesem Brief den Namen Jesus Christus wenig, dafür um so mehr den Titel „Herr". Das zeigt, daß im Grunde alle Verwirrung in der Gemeinde ihren Ursprung darin hatte, daß *Jesus nicht mehr als der Herr erkannt* wurde. Daß Jesus allein Herr ist, prägt Paulus den Kor auch dadurch ins Herz, daß er als Grundpfeiler seines Briefes an den Anfang „das Wort vom Kreuz" und an den Schluß „die Lehre von der Auferstehung" stellt.
Der Apostel erweist sich in der Art, wie er gegen die verschiedenen Nöte vorgeht, als ein begnadeter Seelsorger und geistlicher „Steuermann".

Gliederung.
1,1-9   *Gruß und Danksagung für Gottes Wirken.*
1,10-4,21   Die Überwindung der Spaltungen in der Gemeinde. Spaltungen werden durch das

Korintherbriefe

Wort vom Kreuz gerichtet (1,10-25).
Gottes Gnadenwahl widerstreitet der Überschätzung menschlicher Weisheit (1,26-31).
Wie der Apostel das Evangelium verkündigt (2,1-3,4).
Die Verkündiger sind als Diener Gottes von seinem Segen abhängig. Ihr Lebenswerk wird einmal überprüft werden. (3,5-23)
Als geistlicher Vater der Gemeinde ermahnt Paulus die Korinther sehr persönlich (4,1-21).

5,1-10,33 *Fragen der Moral und der christl. Freiheit.*
Das Gericht über den Blutschänder (5,1-13).
Das Verwerfliche von Prozessen vor heidnischen Richtern (6,1-11).
Hurerei und Christsein sind absolute Gegensätze (6,12-20).
Zwei Gaben Gottes: Ehe und Ehelosigkeit (7,1-40).
Wie christl. Freiheit aussieht (8,1-10,33).

11,1-15,58 *Fragen der Gottesdienstordnung und der Lehre.*
Regeln für Frauen im damaligen Gottesdienst (11,1-16).
Unwürdige und würdige Feier des Abendmahls (11,17-34).
Die verschiedenen Gnadengaben tragen zur Einheit des Leibes Christi, der Gemeinde, bei (12,1-31).
Die Liebe ist das Anwendungsprinzip für die Gnadengaben (13,1-13).
Prophetie und Sprachengebet in ihrem Nutzen für die versammelte Gemeinde (14,1-40).
Die Auferstehung Jesu in ihrer Bedeutung für den Glauben der Christen (15,1-58).

16,1-24 *Persönliche Anliegen und Schlußermahnungen.*

2. Korintherbrief

Hintergrund. Den ersten Brief hatte Timotheus den Korinthern überbracht (1.Kor 4,17; 16,10) und kehrte dann zu Paulus zurück (2.Kor 1,1). Jedoch scheint weder der Brief noch der Besuch des Timotheus den gewünschten Erfolg gehabt zu haben. Im Gegenteil: Gegner drangen in die Korinthergemeinde ein und untergruben die Autorität des Paulus. Daraufhin begab er sich selbst nach Korinth (2,5; 7,12), was aber vermutlich einen solchen Konflikt hervorrief, daß Paulus sofort wieder abreiste. Nach Ephesus zurückgekehrt, schrieb Paulus einen scharfen, zurechtweisenden Brief, der in 2,1-4.9 erwähnt ist, uns aber nicht erhalten blieb. Dieser „Tränenbrief" wurde von Titus überbracht (2,13; 7,5ff).

Paulus wartete mit Spannung, ob Titus mit seiner Mission Erfolg gehabt hatte, und reiste ihm schließlich von Troas nach Mazedonien entgegen (2,13). Titus bringt gute Nachrichten (7,6-16), was Paulus veranlaßt, gleich einen neuen Brief zu schreiben – den hier vorliegenden „zweiten Korintherbrief".

Ziele. Im wesentlichen geht es um drei Themen:
Im ersten Teil (1-7) beschreibt Paulus den göttlichen Ursprung und die Integrität seines Dienstes.
Im zweiten Teil (8-9) ruft er die Gemeinde auf, sich an der Kollekte für Jerusalem zu beteiligen.
Im dritten Teil (10-13) verteidigt er nochmals sein Apostelamt gegenüber einer immer noch widerspenstigen Minderheit und gibt uns dabei Einblick in sein innerstes, von Mühe und Kampf gezeichnetes Apostelleben.

Inhalt und Bedeutung. In keinem anderen Brief erfahren wir mehr vom persönlichen Leben des Paulus, von seinem Mut, seiner hingebenden Liebe und seinen schweren Leiden.
Gleichzeitig weist Paulus auf den hin, der ihn zum Dienst berufen und befähigt hat, der ihn trägt, tröstet und stärkt. Er

spricht am Anfang und am Schluß vom Gott des Trostes und des Zuspruchs (1,3; 13,11), bei ihm soll auch für die Korinther die einzige Kraftquelle und Beratungsstelle sein.

Gliederung.
1,1-2,13	*Klärung der Mißverständnisse.*
1,1-11	Gruß und Dankgebet.
1,12-2,13	Beilegung der früheren Vorwürfe.
2,14-7,1	*Der rechte Dienst am Evangelium.*
	Die Siegesgewißheit des Dieners (2,12-17).
	Die Herrlichkeit des ntl. Dienstes (3,1-4,6).
	Die Leiden des Dieners (4,7-15).
	Die Blickrichtung des Dieners (4,16-5,10).
	Die Motivation des Dieners (5,11-16).
	Die Botschaft des Dieners (5,17-21).
	Die Bewahrung des Dieners (6,1-7,1).
7,2-16	*Freude über die gegenseitige Aussöhnung.*
8,1-9,15	*Aufruf zur Geldsammlung für Jerusalem.*
8,1-15	Vorbild der mazedonischen Gemeinden.
8,16-9,5	Empfehlung der Mitarbeiter.
9,6-15	Ermahnung zur christl. Freigiebigkeit.
10,1-12,18	*Verteidigung seines Apostelamtes.*
12,19-13,13	*Befürchtungen, Ankündigung eines dritten Besuchs, Schluß.*

KORNELIUS. Ein röm. Hauptmann in Cäsarea, ein „gottesfürchtiger" Heide, der sich an die religiösen Sitten der Juden hielt. Er bekehrte sich durch *Petrus und war der erste Heidenchrist (Apg 10,1ff). Er gehörte zur Italischen Kohorte (LÜ: Abteilung), deren Anwesenheit in Syrien im 1. Jh. n.Chr. durch Inschriften belegt ist.

Korinth. *Ruine des Apollo-Tempels aus der Zeit um 550 v.Chr.*

KOSMETIK UND PARFÜM. Kosmetik (Zubereitungen aus pulverisierten Mineralien, pflanzlichen Ölen und Extrakten und Tierfetten) war in der Welt der Antike weit verbreitet. Die Ägypter legten beispielsweise bei Festen den Gästen kleine Parfümkegel auf den Kopf. Die Körperwärme brachte die Salbe schnell zum Schmelzen, sie rann ins Gesicht und auf die Kleidung. Dieser Brauch wurde von den Hebräern übernommen (Ps 133,2) und bis in die ntl. Zeit fortgesetzt (z.B. Lk 7,46). In wasserarmen Gegenden wurde mit duftenden Salben der Körpergeruch überdeckt, aber sie dienten auch zum Schutz der Haut vor Wundreiben und Hitze. Ein ägypt. Papyrus aus dem 13. Jh. v.Chr. verzeichnet 600 *Hin* (über 2000 Liter) „Salböl" für eine Gruppe von Arbeitern. Zusätzlich werden auch Luxussalben erwähnt (Am 6,6).

Nach 1.Sam 8,13 hatten Könige normalerweise ihre eigene Parfümerie; eine solche Einrichtung (aus dem 18. Jh. v.Chr.) wurde in Mari am mittleren Euphrat ausgegraben. Der Text nennt Parfümhersteller zusammen mit Köchen, da sie ähnlich arbeiteten: man tauchte Blumen oder andere Duftstoffe in 65°C heißes Fett oder Öl. Öl oder Myrrhe und andere Gummiharze wurden in einem fetthaltigen Fixiermittel erhitzt, das als flüssiges Parfüm abgeschöpft wurde. Solche Verfahren sind manchmal auf ägypt. Grabmalereien aus dem 15. Jh. v.Chr. dargestellt. Im Hohenlied werden mehrere Parfümsorten erwähnt (z.b. 4,13f): Narde, wahrscheinlich die Wurzel des aus Arabien importierten Ingwergrases; Henna (LÜ: Zyperblumen), die duftenden Blüten einer Pflanze, deren zerstoßene Blätter einen roten Farbstoff liefern; Safran, vom Safrankrokus und/oder der Gelbwurz, der ebenfalls gelbe Farbe liefert; Myrrhe, ein Gummiharz vom Balsambaum; und Weihrauch, ein weißes Gummiharz aus Südarabien und Somalia. Das „unverfälschte Nardenöl" in Mk 14,3 und Joh 12,3 war wahrscheinlich ein sehr teures, mit Baldrian verwandtes Parfüm, das aus Indien eingeführt wurde. Parfümiert wurde nicht nur der Körper, sondern auch Kleider (Ps 45,9) und Möbel (Spr 7,17). Bei der Beerdigung von Vornehmen wurden Duftstoffe verbrannt (2.Chro 16,14).

Kosmetik zum Schminken von Gesicht und Körper gab es schon in ältester Zeit. Orientalische Frauen umrandeten ihre Augen und färbten die Brauen (2.Kön 9,30; Jer 4,30). Augenfarbe bestand aus zerstoßenen Mineralien, die mit Wasser oder Harz zu einer Paste vermischt wurden. Roter Ocker (Eisenoxid), den man in ägypt. Gräbern gefunden hat, diente vielleicht als Wangenrot. Zerstoßene Hennablätter lieferten rote Farbe für Hände, Füße, Nägel und Haare; in Mesopotamien wurde gelber Ocker als Gesichtspuder verwendet.

Schminke und Parfüms wurden in den verschiedensten eigens dafür gefertigten Behältern aufbewahrt. Viele dieser Kästen, Dosen und Flaschen wurden von Archäologen ausgegraben; in der Bibel sind sie nur selten erwähnt. Sie waren aus Holz, Elfenbein oder Alabaster. Plinius zufolge wurden Salben in Alabastergefäßen mit zunehmendem Alter immer besser und hatten nach einigen Jahren einen sehr hohen Wert.

*Haare; *Kräuter; *Öl; *Weihrauch.

KRANKHEIT. Siehe *Gesundheit.

KRÄUTER UND GEWÜRZE. Auch in bibl. Zeit verfeinerte man Speisen mit Kräutern und Gewürzen. Daneben wurden Kräuter als Heilmittel eingesetzt; Gewürze sollten bei der Leichenbestattung schlechte Gerüche überdecken und wurden auch zu kosmetischen Zwecken verwendet. Der Gewürzhandel zwischen Indien und dem Vorderen Orient wurde schon sehr früh aufgenommen; Salomo erzielte erhebliche Einkünfte durch die Besteuerung von Handelskarawanen, die durch sein Land zogen.

Aloe könnte Adlerholz gewesen sein, das heute im Fernen Osten vorkommt; oder ein wertvolles Gewürz, gewonnen aus einer Pflanze vom Südende des Roten Meeres, zur Parfümierung von Gewändern und Betten, aber auch zur Balsamierung von Leichen (vgl. Joh 19,39).

Balsam aus Gilead wurde wegen seiner heilenden Eigenschaften geschätzt (Jer 46,11); er kann keiner bestimmten Pflanze zugeordnet werden und war vermutlich ein aromatisches Gummiharz oder Gewürz. In der antiken Literatur wurde mit „Balsam aus Gilead" der sogenannte Mekkabalsam bezeichnet, der noch heute von Arabien nach Ägypten ausgeführt wird.

Bittere Kräuter waren Bestandteil des Passamahls (2.Mo 12,8). Die Mischna identifiziert sie als Lattich, Chicorée, Mannstreu, Meerrettich und Saudistel, obwohl vielleicht nicht alle in bibl. Zeit verfügbar waren.

Die Samen und Blätter des *Dill* wurden zu kulinarischen und medizinischen Zwecken viel genutzt. Der „Dill" von Jes 28,27 war jedoch schwarzer Kümmel oder Muskatnußblume; der ölhaltige Same dient auch heute noch als Brotgewürz.

Henna ist ein Kulturstrauch, der warme Bedingungen bevorzugt. Seine duftenden weißen Blüten wurden unter Freunden ausgetauscht. Die pulverisierten Blätter verarbeitete man zu einer orangen oder gelben kosmetischen Paste, die wahrscheinlich mit dem Heidentum in Verbindung gebracht wurde.

Kassia und Zimt wurden bei röm. Bestattungen benutzt. Zu jener Zeit handelte es sich wahrscheinlich um Gewürze aus dem Fernen Osten. Als es noch keine

Handelsstraßen gab, bezeichneten die Namen wahrscheinlich ähnliche Pflanzen, die für die Israeliten leichter erreichbar waren.

Koriander wächst im Mittelmeerraum. Sein graugelber Same wurde schon 1550 v.Chr. zu kulinarischen und medizinischen Zwecken verwendet.

Kreuzkümmel ist in Westasien heimisch. Er sieht ähnlich aus wie normaler Kümmel und wird zum Würzen von Speisen verwendet; auch heute noch drischt man ihn mit Stöcken, um die zerbrechlichen Samenkörner nicht zu beschädigen, die eine Walze zerquetschen würde (Jes 28,27).

Minze war in bibl. Zeit wahrscheinlich die Roßminze, eine winterharte Pflanze von etwa 40 cm Höhe mit hellvioletten Blüten; sie war eines der Gartenkräuter, die von den Pharisäern peinlich genau verzehntet wurden.

Myrrhe war das gelb-braune Harz eines in Südarabien beheimateten niedrigen Buschbaumes. Es war Bestandteil von Salböl und Kosmetika und war auch in dem Schmerzmittel enthalten, das Jesus am Kreuz angeboten wurde (Mk 15,23). Die „Myrrhe" von 1.Mo 37,25; 43,11 war vermutlich das Harz der immergrünen Zistrose.

Narde war im AT ein duftendes Öl, das aus dem in der arabischen Wüste vorkommenden Kamelgras gewonnen wurde; im NT (Joh 12,3) stammte es wahrscheinlich von einer wohlriechenden, dem Baldrian verwandten Pflanze.

Raute ist ein überwinterndes Gewächs von bis zu 80 cm Höhe mit graugrünen, stark riechenden Blättern. Sie wurde bereits in ältester Zeit angebaut und war sehr teuer, da man ihr desinfizierende und antiseptische Eigenschaften zuschrieb. Sie diente aber auch als Speisewürze.

Der kostbare *Safran* wird aus bestimmten Krokusblüten gewonnen. Er wurde zum Färben von Nahrungsmitteln und als Heilmittel verwendet.

Stakte (2.Mo 30,34) ist ein Harz, das vom Styrax-Baum stammen könnte, der im Hügelland Palästinas wächst.

Das „köstliche Gewürz" aus Jes 43,24; Jer 6,20 war als *„süßes Rohr"* bekannt und wurde aus einer Sumpfpflanze der Arumgattung gewonnen. Es diente als Stärkungs- und Anregungsmittel; Zuckerrohr gelangte erst nach der Zeit des AT in den Orient.

*Kosmetik; *Salz.

KRESZENS. Ein Mitarbeiter des *Paulus (2.Tim 4,10), der nach Galatien zog.

KRETA. Die gebirgige Mittelmeerinsel am Südrand der Ägäis ist etwa 250 km lang und 11-56 km breit. Sie wird im AT nicht namentlich erwähnt, ist aber wohl die Heimat der Kreter; der Name Kaftor bezog sich wahrscheinlich auf die Insel und die umliegenden Küstengebiete. Im NT kommen Kreter im Pfingstbericht vor (Apg 2,11). Paulus fuhr mit dem Schiff an der Insel vorbei (Apg 27,2ff) und besuchte sie offenbar später (in Tit 1,12 zitiert er den kretischen Dichter Epimenides). Die kulturelle Blüte Kretas war zu Beginn der Spätbronzezeit (ca. 1600-1400 v.Chr.). Dorische Griechen kamen im 12.Jh.v.Chr. nach Kreta. Danach wurde die Insel zwischen verfeindeten Stadtstaaten aufgeteilt, bis sie 67 v.Chr. von den Römern erobert wurde.

KRETER. Ein Volk, das sich neben den Philistern in Südpalästina ansiedelte und zusammen mit den Pletern Davids Leibgarde stellte (2.Sam 20,23). Sie stammten vermutlich aus Kreta, während die Pleter wahrscheinlich Philister waren.

KREUZ, KREUZIGUNG. Ein Pfahl, der zur Bestrafung und zur Hinrichtung benutzt wurde. Im AT gab es keine Kreuzigung (die Todesstrafe erfolgte durch Steinigung), aber zur Abschreckung wurden manchmal die Leichname bereits Hingerichteter an Bäumen aufgehängt (5.Mo 21,22ff; vgl. Gal 3,13). Die Phönizier und die Karthager kannten die Kreuzigung; die Römer wandten sie später häufig an; selten bei röm. Bürgern, aber üblicherweise bei Sklaven, Provinzbewohnern und Schwerverbrechern. Es gab drei Arten von Kreuzen: das T-förmige Antoniuskreuz, das X-förmige Andreaskreuz und das bekannte dolchförmige (latein.) Kreuz. An einem solchen wurde wahrscheinlich Jesus gekreuzigt, da die Inschrift über seinem Kopf angebracht war.

Der Verurteilte wurde mit einer Lederpeitsche „gegeißelt" und mußte dann wie ein Sklave den Querbalken seines Kreuzes zur Hinrichtungsstätte außerhalb der Stadt tragen. Er wurde ausgezogen und auf den Boden gelegt; unter seinen Schultern lag der Querbalken, an den seine Arme oder Hände gebunden oder genagelt wurden. Dann wurde der Balken mit ihm hochgezogen und am senkrechten Teil des Kreuzes so befestigt, daß die Füße (die gebunden oder genagelt waren) sich nur wenig über dem Boden befanden. Das Hauptgewicht des Körpers wurde von einem hervorstehenden Pflock abgestützt, auf dem der Verurteilte saß. Dann wurde er dem Erschöpfungstod preisgegeben, der manchmal (nicht aber bei Jesus) durch das Brechen der Beine beschleunigt wurde. Zeitgenössische Autoren beschreiben diese grausame und entwürdigende Todesart als sehr schmerzhaft, aber die Evangelien berichten nicht viel über die Einzelheiten der Leiden Jesu. Die Verfasser der ntl. Bücher sind mehr an der theologischen Bedeutung des Geschehens interessiert. Durch das Kreuz Jesu Christi versöhnte Gott Juden und Heiden miteinander und mit sich selbst (Eph 2,14ff). Als grausamste Form der Hinrichtung unterstrich sie die Erniedrigung Jesu (Phil 2,8), was sich die Juden vom Messias schwer vorstellen konnten (1.Kor 1,23). Mit dem schmachvollen Anblick von kreuztragenden Opfern veranschaulichte Jesus den Weg, den seine Jünger gehen müssen (Mk 8,34).

*Versöhnung; *Erlösung; *Sieben Worte am Kreuz.

KRIEG. Palästina hatte eine strategische Lage an den wichtigsten Handelsstraßen zwischen Mesopotamien und Ägypten. Weil es dort immer wieder zu Konflikten kam, wurde Palästina gezwungenermaßen häufig zum Schauplatz kriegerischer Auseinandersetzungen. Außerdem hatten sich die Israeliten ihr Land durch den Sieg über andere Volksstämme gesichert und mußten sich weiterhin gegen sie verteidigen.

Krieg. Terrakottafigur (2. Jh. v. Chr.): Ein Kriegselefant mit einem (leeren) Turm für die Besatzung und einem Führer.

Im allgemeinen war der K. im Vorderen Orient im Altertum ein heiliges Unternehmen, weil die Ehre des jeweiligen Volksgottes dabei auf dem Spiel stand. Im Gegensatz dazu stand und fiel der unsichtbare Gott Israels nicht mit dem Glück und Unglück seines Volkes. Er war jedoch in entscheidender Weise beteiligt an den Kämpfen seines Volkes als der „Gott des Heeres Israels" (1.Sam 17,45). Nach einer siegreichen Schlacht „bannten" (*Bann) die Kinder Israel allen Besitz und das Volk, das sie erobert hatten, für Gott (gewöhnlich durch vollständige Zerstörung). Wer etwas von dem „Gebannten" nahm, wurde bestraft (Jos 7). Bevor Israel eine ständige Armee hatte, wurden die Krieger mit einer Posaune (Ri 3,27) oder durch einen Boten zum Kampf einberufen (1.Sam 11,7). In der späteren Geschichte Israels kündigte Gott an, daß er selbst wegen ihrer Sünde auf der Seite der Babylonier gegen das Volk kämpfen würde (Jer 21,5ff).

Jesus betonte sehr deutlich, daß sein Reich nicht durch militärische Gewalt errichtet wird (Joh 18,36; vgl. Mt 26,52). Andererseits wird die Rolle der weltlichen Obrigkeit anerkannt (Röm 13,4), und Johannes forderte Soldaten, die sich taufen ließen, nicht dazu auf, die Armee zu verlassen (Lk 3,14; vgl. Apg 10,1f). In der Alten Kirche wurde der Militärdienst abgelehnt, obwohl Tertullian z.B. jenen, die schon vor ihrer Bekehrung Soldaten waren, erlaubte, ihren Beruf weiter auszuüben.

Das Bild des Kampfes wird auch für das Leben als Christ aufgegriffen. Der Christ ist aufgerufen zu kämpfen, und er wird für den geistlichen Kampf ausgerüstet (Eph 6,10ff). Militärische Ausdrücke werden benutzt, um die persönliche Disziplin zu beschreiben, die dieser Kampf erfordert (z.B. 1.Petr 2,11). Der endgültige Sieg Gottes wird jedoch erst errungen sein, wenn Jesus wiederkommt (2.Thess 1,7ff; Offb 16; 19; 20). Vor dieser Zeit wird es viele K. geben (Mt 24,6). Mit seinem Kommen wird der Friedefürst sein Reich des Friedens aufrichten (Jes 9,6).

Krieg. Relief aus Ninive (7. Jh. v.Chr.). Schonungsloses Vorgehen assyrischer Krieger selbst gegenüber Frauen.

versorgt wurde (1.Kön 17,3ff), südl. von Gilgal oder östlich des Jordan.

KRONE. Eine oft verzierte, besondere Kopfbedeckung der Könige und anderer hochstehender Personen. *Im AT:* Die „Krone" des Hohenpriesters war ein Stirnblatt aus Gold, das eine Inschrift trug und mit einer blauen Schnur an seinem Turban befestigt war (2.Mo 29,6; 3.Mo 8,9). Davids goldene K. war ein Zeichen seines von Gott verliehenen Königtums (Ps 21,4). David erbeutete vom Ammoniterkönig eine Goldk. mit eingesetzten Steinen, die ein Talent wog (etwa 30 kg, LÜ: einen Zentner; 2.Sam 12,30). Ammonitische Standbilder zeigen Könige mit großen, hohen K.; auf ägypt. Darstellungen sind verschiedene Arten von ebenfalls großen, kunstvoll gearbeiteten K. zu sehen.

Im NT: Jesu Dornenk. war ein Spottsymbol, obwohl das Wort ansonsten eher den Lorbeerkranz des Siegers bei Sportwettkämpfen bezeichnete. In diesem Sinn gebraucht es auch Paulus für den unvergänglichen Lohn des ewigen Lebens, den die Gläubigen erhalten (1.Kor 9,25; 2.Tim 4,8). Er bezeichnet auch die Bekehrten als seine „Krone" (Phil 4,1). Die Christen sollen in allen Prüfungen des Lebens an ihrer „Krone" festhalten, damit sie nicht von ihnen genommen werde (Offb 3,11).

KRIEGE DES HERRN, DAS BUCH DER. Liedersammlung, die zum Andenken an die Kämpfe Israels, vermutlich nach der Zeit Davids zusammengestellt wurde. Sie wird in 4.Mo 21,14f erwähnt; die Verse 17ff und 27-30 stammen teilweise aus der gleichen Quelle.

KRIPPE. Der Futtertrog für Tiere. Eine K. diente als Notbehelf für das Jesuskind (Lk 2,7.12.16).

KRISPUS (Krauskopf). Synagogenvorsteher in Korinth, der sich zu Christus bekehrte (Apg 18,8) und von Paulus persönlich getauft wurde (1.Kor 1,14).

KRIT. Nebenfluß des Jordan, an dem *Elia auf der Flucht vor *Ahab mit Nahrung

Krone. Assyrische Krone des Königs Sargon II. (722-705 v.Chr.).

KUNST. Da Palästina und Syrien von verschiedenen Völkern bewohnt waren, ist es nicht leicht, hebr. oder jüd. Kunst von der Kunst anderer Völker zu unterscheiden. Selbst in der kanaan. Zeit (3000-1200 v.Chr.) vor der Landnahme Israels weisen Baalsfiguren sowohl ägypt. als auch anatolische und syr. Stilmerkmale auf. Archäologen fanden aus der Endphase dieser Zeit goldüberzogene Bronzegötter aus Megiddo, Elfenbeinarbeiten aus Megiddo und Lachisch und eine Reihe von bemalten Töpferwaren. Die Hebräer brachten offenbar keine eigenen Formen ins Land. Sie schmückten die Stiftshütte unter der Leitung des *Bezalel, eines Mannes, der ein geschickter Handwerker im Umgang mit Holz, Metall und Edelsteinen war (2.Mo 35,30ff). Mit wachsendem Wohlstand unter David und Salomo wurden Hebräer von phönizischen Künstlern ausgebildet. Aus den Plänen von Davids Palast und Salomos Tempel ist ersichtlich, daß der hebr. Geschmack dem seiner Nachbarn recht ähnlich war.

Das zweite der *Zehn Gebote, die *Mose erhielt, verbot, sich „ein Bildnis" zu machen, verurteilte aber nicht die Kunst als solche, sondern den Götzendienst, der daraus entstehen konnte (2.Mo 20,4f). In der Praxis betrachtete man offenbar nur die Darstellung der menschlichen Gestalt als verboten, denn man fand bisher keine solchen Figuren, die eindeutig hebräischen Ursprungs sind. Der Tempel war reich verziert mit geflügelten Wesen, den *Cherubim. In späterer Zeit waren die Häuser der Reichen kostbar geschmückt, während Gottes Haus vernachlässigt wurde. Das wurde von den Propheten beklagt (z.B. Hag 1,4).

Die Hebräer förderten auch Musik und Literatur, was die spätere Kunst tiefgehend beeinflußte.

Künstlerische Ausdrucksformen. Bisher sind erst wenige Beispiele für Wandmalereien bekannt (Jer 22,14; Hes 23,14). Holzschnitzereien und Vertäfelungen werden in der Bibel im Zusammenhang mit Stiftshütte und Tempel erwähnt (z.B. 2.Mo 36,38; 1.Kön 6,15ff). Kunstvoll verzierte Möbel und andere Holzgegenstände fand man in Gräbern Jerichos. Elfenbein und Knochen wurden in Palästina seit 3300 v.Chr. bearbeitet. Geschnitzte Platten aus Megiddo aus dem 12. bis 10. Jh. v.Chr. zeigen lebendige Szenen; in einer sitzt ein König auf seinem Thron. Lotusmuster und *Cherubim sind ebenso häufig wie liegende oder säugende Tiere. Es sind nur wenige Steinfiguren erhalten, z.b. ein Steinblock im Wasserschacht von Lachisch, der in der Form eines bärtigen Mannes bearbeitet ist. In der Makkabäerzeit (152-37 v.Chr.) gab es Bildhauer, die Früchte in Stein meißelten. Aller Wahrscheinlichkeit nach waren die Hebräer geschickt in der Metallbearbeitung, auch wenn uns nur wenige Stücke erhalten sind. Das 8 cm dicke und ca. 23 Tonnen schwere „eherne Meer" aus Bronze in Salomos Tempel faßte etwa 50 000 Liter Wasser; es war sicher ein eindrucksvolles Beispiel für die Kunstfertigkeit der Israeliten.

*Bergbau und Metalle; *Edelsteine; *Elfenbein; *Musik; *Schmuck; *Schrift; *Töpferhandwerk; *Zimmermann.

KUPFER. Siehe *Bergbau und Metalle.

KUSCH. *Person:* Nachkomme *Hams und Vater des Jägers *Nimrod (1.Mo 10,6ff).

Orte: **1.** Ein wahrscheinlich in Westasien gelegenes Gebiet (1.Mo 2,13); *Eden. **2.** Das Gebiet südl. von Ägypten (Nubien oder Nordsudan), das in einigen Bibelübersetzungen wie bei klassischen Schriftstellern „Äthiopien" genannt wird; es ist jedoch nicht mit dem heutigen Äthiopien identisch. Im AT war es eine Zeitlang eng mit Ägypten verbunden; in Jes 37,9 haben beide Länder einen gemeinsamen König: Tirhaka. Aus diesem Land mit dunkelhäutiger Bevölkerung (Jer 13,23) stammte der Minister der Königin Kandake (LÜ: Kämmerer; Apg 8,27). *Äthiopien.

KUSCHITERIN. *Äthiopierin.

KUSS. Ein im Orient verbreiteter *Gruß (z. B. 1.Mo 29,11; 33,4; Lk 15,20) und ein Zeichen der Verehrung (1.Sam 10,1). Der „heilige Kuß" (Röm 16,16; 1.Petr 5,14) war Ausdruck christl. Liebe und auf das eigene Geschlecht beschränkt.

KUTA. Eine alte Stadt in Babylonien, Sitz des Gottes Nergal, deren Einwohner Samarien neu besiedelten (2.Kön 17,24.30); heute Tell Ibrahim.

KYRENE. Hafenstadt in Nordafrika (reich an Korn, Wolle und Datteln), die 74 v.Chr. zur röm. Provinz wurde. Die Juden waren eine der vier anerkannten Bevölkerungsschichten; *Simon, der das Kreuz Jesu trug (Mk 15,21), und Missionare in Antiochia (Apg 11,20) kamen aus K.

KYRUS. König Kyrus I. von *Persien war um 668 v.Chr ein Zeitgenosse *Assurbanipals von Assyrien. Sein Enkel Kyrus II. kam ca. 559 v.Chr. auf den Thron, besiegte 549 die Meder und begründete das Perserreich. 539 v.Chr. eroberte er Babylon. Er gestattete den Juden, nach Jerusalem zurückzukehren und den Tempel wieder aufzubauen (Esr 6,1ff). Daniel war in den ersten drei Regierungsjahren des K. erfolgreich (Dan 6,29; 10,1). Zu der Theorie, daß K. auch „Darius der Meder" genannt wurde: siehe *Darius.

L

LABAN (weiß). Ein Nachkomme von *Abrahams Bruder *Nahor (1.Mo 22,20ff), Bruder *Rebekkas und der Schwiegervater *Jakobs. Er lebte in *Haran, sprach aramäisch (1.Mo 31,47) und praktizierte Heiratsbräuche, die Jakob unbekannt waren (1.Mo 29,26). L. betete andere Götter an (1.Mo 31,19ff), kannte aber Jahwe, den Gott Abrahams (1.Mo 24,50f; vgl. 31,53). L. nutzte Jakobs Liebe zu Rahel aus und ließ ihn 14 Jahre für sich arbeiten (1.Mo 29-30). Später schlossen beide Männer einen Friedensvertrag (1.Mo 31,44ff).

LACHISCH. Eine große, befestigte Stadt, heute Tell ed-Duweir, 40 km südwestl. von Jerusalem; erste Besiedlung um 2500 v.Chr.; starke Befestigung etwa 1750 v.Chr. Die dort aufgefundenen Tempel veranschaulichen die religiösen Praktiken der Kanaaniter zwischen 1550 und 1200 v.Chr. Sie hatten Altäre aus unbehauenen Steinen, die über Stufen zu erreichen waren (vgl. 2.Mo 20,24ff; Jos 8,31). Außerdem wurden Knochen junger Schafe oder Ziegen – meist das rechte Vorderbein – gefunden (vgl. 3.Mo 7,32). Josua nahm die Stadt ein (Jos 10,31f); Hinweise auf eine Zerstörung um 1200 v.Chr. können auf einen ägypt. Überfall zurückzuführen sein (vgl. Jos 11,13). Die Israeliten besetzten möglicherweise dieses Gebiet während der Zeit der Richter. König Rehabeam baute die Stadt nach einem völlig neuen Plan und als Teil seiner Verteidigungsstrategie gegen Ägypten wieder auf (2.Chro 11,5ff). L. hatte nun ein großes „Verwaltungsgebäude" und war von zwei Mauern umgeben. Sie wurde vom assyr. König Sanherib erobert und zerstört (2.Kön 18,17; 19,8; 2.Chro 32,9), später teilweise wieder aufgebaut und von einem assyr. Statthalter regiert. 588-587 v.Chr. wurde L. von den Babyloniern zerstört (Jer 34,7); Rückkehrer aus dem Exil besiedelten sie neu (Neh 11,30). Später zur Zeit der Perser und Griechen war L. mit Mauern umgeben, aber danach völlig verlassen.

In L. wurden zahlreiche Inschriften gefunden, u.a. aus der judäischen Königszeit. Sie sind von Bedeutung für die Geschichte der hebr. Schrift. Ein Siegel trägt den Namen Gedaljas, des königlichen Statthalters, wobei es sich vielleicht um die Person handelt, die von Nebukadnezar zum Statthalter über Juda eingesetzt wurde (2.Kön 25,22). Eine Reihe fragmentarischer Schriften (beschriftete Tonscherben) brachte Licht in die letzten Tage Zedekias vor der Eroberung Jerusalems durch Babylon. Eine davon bezieht sich auf „den Propheten", wahrscheinlich

Lachisch. Brief eines Vorpostenkommandanten an Joas, den Festungskommandanten von Lachisch (588 v.Chr.); (Rekonstruktion).

Jeremia oder Uria (Jer 26,20ff), was bestätigt, daß die Propheten aktiv am politischen Geschick beteiligt waren.

LADE. Siehe *Bundeslade.

LAMECH. 1. Nachkomme *Kains, der die Polygamie einführte, einer seiner Söhne war Tubal-Kain, der erste Eisenschmied. L. rühmte sich damit, daß er 77mal gerächt werden sollte (1.Mo 4,17ff; vgl. Mt 18,22). **2.** Nachkomme Sets und Vater *Noahs (1.Mo 5,29).

LAMM GOTTES. Der Begriff erscheint zweimal im Joh.-Evangelium (1,29.36) auf Jesus bezogen. Johannes der Täufer dachte wahrscheinlich an das Lamm als Opfer für die Sünde. 1.Petr 1,19 und Apg 8,32 (Jes 53,7) weisen auf den Knecht, der für unsere Sünden stirbt. Die Bezeichnung „Lamm" wird in der Offenbarung zur häufig benutzten Beschreibung für den erhöhten Christus, an dem noch die Merkmale seines Leidens erkennbar sind (z.B. Offb 5,6), das aber den endgültigen Sieg erringen wird (Offb 17,14; 22,1).

LAMPE, LEUCHTE, LEUCHTER, FAKKEL. Kleine offene Tonschalen mit einer Ausbuchtung, die man als einfache Öllampen bezeichnen kann, erscheinen zuerst im mittleren Bronzezeitalter (2200-1550 v.Chr.) und weiter bis in die Eisenzeit (1200-587 v.Chr.), wobei die Ausbuchtungen ausgeprägter werden. Im Hellen. Zeitalter (330-37 v. Chr.) sind Lampen im griech. Stil vorherrschend, mit nach innen gebogenem Rand, einer kleinen Öffnung zum Füllen in der Mitte und einer langen Tülle für den Docht. Diese Lampen wurden als Massenproduktion in Formen hergestellt; die Deckel waren oft mit Blumen oder anderen Motiven verziert.

Die in Palästina zur Zeit des NT gebräuchlichen Lampen waren rund, flach, mit einer ziemlich großen Einfüllöffnung und einer schräg nach unten abfallenden Tülle für den Docht. Es wurden einzelne Lampen mit mehreren Dochten gefunden, davon waren einige aus Metall (vgl. 2.Mo 25,31ff; 1.Kön 7,49). Als Brennöl wurde rohes Olivenöl oder Fett verwendet, und die Lampen konnten zwei bis vier Stunden lang brennen. Der Docht wurde aus Flachs oder anderen Fasern hergestellt. Lampenhalter aus Ton sind aus der Römerzeit (37 v.Chr.- 324 n.Chr.) bekannt; die Fackeln in Joh 18,3 könnten solche gewesen sein.

Im AT sind Lampen ein Symbol für Leben, Wohlstand, Freude und Führung (2.Sam 22,29; Ps 119,105). Im NT symbolisieren die funktionsbereiten Lampen die Bereitschaft, Gott zu dienen (Mt 25,1ff), und in Offb 1 sind die Leuchter Bild dafür, wie die Gemeinden in der Welt „leuchten".

*Licht.

Lampe. *Einfache Lampe mit Schnäuzel für den Docht. Gezer, 900 v.Chr.*

LAND DER VERHEISSUNG; GELOBTES LAND. Der Begriff bezieht sich auf die Verheißung, die *Abraham gegeben wurde, daß seine Nachkommen Gottes ausgesondertes Volk sein und in *Kanaan leben werden (1.Mo 12,2.5.7). Die ganze Erde gehört Gott, dem Schöpfer, der einen besonderen Teil davon *Israel zur Verfügung stellte (5.Mo 26,5ff).

Israel konnte jedoch nicht damit tun, was es wollte. Das Land blieb Gottes Eigentum, und Israel wurde von den Propheten angeklagt, weil es das Land durch Götzendienst verunreinigt hatte (z.B. Jer 2,7). Gott straft mit der durch die Propheten angekündigten Vertreibung des Volkes (Jes 24,1), verheißt aber gleichzeitig eine Rückkehr, die sich erstmals unter *Kyrus ereignete (Esr 1,1ff), in ihrer Voll-

kommenheit aber noch aussteht (Jes 66,20).
*Judentum; *Palästina.

LANDPFLEGER. In älteren Luther-Übersetzungen bezeichnete das Wort im AT einen königlichen Beamten oder Vertreter des Königs, z.b. den Verwalter von Edom in 1.Kön 22,48 (Rev EB: Vogt); im NT wurde es anstelle von „Statthalter" gebraucht. *Prokurator.

LANDSTRASSE, KÖNIGLICHE. Straße, die vom Golf von Aqaba nach Damaskus führt, östl. des Jordantales. Sie war bereits 2300 v.Chr. in Gebrauch und wurde wahrscheinlich später von Kedor-Laomer und Abraham benutzt (1.Mo 14). Als die Israeliten in das Land eindrangen, wurden sie von den Edomitern und Ammonitern daran gehindert, diese Straße zu benutzen (4.Mo 20,17; 21,22). Zur Zeit Salomos war sie eine bedeutende Handelsstraße und wurde im 2. Jh. n.Chr. Teil einer Straße der Römer.

LAODIZEA. Stadt in der röm. Provinz Asia, die im 3. Jh. v.Chr. von Antiochus II. gegründet und nach seiner Frau benannt wurde. Ihre Lage im fruchtbaren Lykus-Tal und am Schnittpunkt von Handelsstraßen machte L. zu einem blühenden Handelszentrum. Als sie 60 n. Chr. von einem Erdbeben zerstört wurde, war die Stadt reich genug, ohne Neros Hilfe den Wiederaufbau zu finanzieren. L. war als Zentrum der Augenheilkunde bekannt. Die spärliche Wasserversorgung wurde aus heißen Quellen gepumpt, die sich in einiger Entfernung südl. der Stadt befanden, so daß das Wasser wahrscheinlich lauwarm ankam. Der Brief an Laodizea (Offb 3,14ff) spielt darauf an. Die Gemeinde in L. wurde vermutlich von *Epaphras gegründet (Kol 4,12f), während *Paulus in Ephesus weilte (Apg 19,10); es wird nichts über einen Besuch von Paulus berichtet. Der „Brief von Laodizea" (Kol 4,16) ist nicht erhalten. *Hierapolis.

LAST. Wird im übertragenen Sinne verwandt für Verantwortung (4.Mo 11,17), das mosaische Gesetz und die daran anküpfenden menschlichen Traditionen (Mt 23,4), Christi Gesetze (Mt 11,30), aber auch menschliche Schwachheit (Gal 6,2).

LAUBHÜTTENFEST. Auch als „Fest der Hütten" oder „Fest der Einsammlung" bezeichnet, war es eines der drei großen Jahresfeste der Juden, die mit einer Wallfahrt nach Jerusalem verbunden waren. Es wurde vom 15. bis zum 21. Tag des 7. Monats gefeiert, wenn die Ernte vollständig eingebracht worden war. Jeder männliche Israelit war verpflichtet, an dem Fest teilzunehmen, und jeder gebürtige Israelit mußte während des Festes in provisorisch aus Palmen- und anderen Zweigen errichteten Hütten wohnen. An jedem Tag wurden Opfer dargebracht. Das Fest erinnerte die Juden an ihre Wanderung durch die Wüste und daran, daß ihr gesamtes Leben von der Erlösung Gottes abhing. Es wird in 2.Mo 23,14ff; 3.Mo 23,39ff; 5.Mo 16,13ff beschrieben.

LÄUFER. 1. Dringende Botschaften wurden im Altertum durch einen schnellen L. überbracht (2.Sam 18,19-27; 2.Chro 30,6), später wurde daraus ein Eilbote (Jer 51,31), der oft beritten war (Est 8,10.14). **2.** L. wurden gelegentlich als Leibwache eingesetzt (2.Kö 11,4).

LAUGE. Siehe *Seife.

LÄUTERUNG. Im Altertum wurde Rohmetall eingeschmolzen, um Unreinheiten zu beseitigen und Metallguß herzustellen, indem man es in Schmelztiegeln erhitzte (Spr 17,3). Die Bezeichnung für denjenigen, der diese Reinigung ausführt, wird oft mit „Goldschmied" wiedergegeben, da dieser Prozeß in erster Linie bei Edelmetallen angewandt wurde.

Gott wird als ein Meister beschrieben, der die Herzen der Menschen prüft und läutert (z.B. Ps 66,10; Jes 48,10). Aber manchmal kann nicht einmal die Hitze göttlichen Gerichtshandelns dieses Ziel erreichen (Jer 6,27ff).
*Bergbau und Metalle.

LAZARUS. 1. L. aus Bethanien, Bruder von *Maria und Martha, die im NT erwähnt werden. Von L. ist nur bekannt, daß Jesus ihn von den Toten auferweckt hat (Joh 11). Der ausführliche Bericht muß wegen seiner auffallenden Genauigkeit im Detail von einem Augenzeugen verfaßt worden sein (z.B. V. 6.8f.12ff). In dieser Auferweckung gibt Jesus den Pharisäern und Schriftgelehrten das von ihnen geforderte Zeichen (Mt 12,38ff) und bereitet seine Jünger auf seine eigene bevorstehende *Auferstehung vor.

2. In einer eindrücklichen Geschichte (Lk 16,19-31) wird von Jesus ein Armer namens L. erwähnt, ohne daß eine Beziehung zu einer historischen Person erkennbar wird.

LEA. Die älteste Tochter *Labans, die durch den Betrug ihres Vaters *Jakobs erste Frau wurde (1.Mo 29,21ff). Mutter von sechs der zwölf Stammväter Israels. Sie verbündete sich mit Rahel und Jakob gegen Laban (1.Mo 31) und wurde in Machpela (1.Mo 49,31) begraben.

LEBEN. *Altes Testament:* Die Bibel ist vor allem am menschlichen L. interessiert. Der Mensch, von Gott geschaffen, wird zum lebendigen Wesen, indem ihm Gott seinen Lebensodem einhaucht (1.Mo 2,7). Das unterscheidet ihn von allen anderen Lebewesen (Ps 8,6). Doch bereits durch den Sündenfall (1.Mo 3) wird die Lebensqualität des Menschen erheblich beeinträchtigt: er muß sterben (1.Mo 2,17). Das menschliche L. vergeht nun wie der Tau am Morgen oder wie das Gras, das verdorrt (Ps 39,4f; 90,5f). Ein langes L. ist zwar ein Zeichen für den Segen Gottes (5.Mo 5,16), doch im Tod wird der Mensch wieder zu Staub (1.Mo 3,19). Die Hoffnung auf die Überwindung des Todes liegt nur in Gott begründet. Er ist der lebendige Gott, was ihn von den machtlosen Götzen unterscheidet (Jes 46,5ff.). Er ist die Quelle des L. (Jer 17,13), der die Menschen vom Tod errettet und sie täglich auf dem rechten Weg führt (Ps 16,10f). Der lebendige Gott herrscht über den Tod, indem er heilt (2.Kön 17,20ff), indem er Tote auferweckt (1.Kön 17,20ff), indem er in einer kinderlosen Frau L. heranwachsen läßt (1.Sam 1,19f; 2,6).

L. ist deshalb eine Leihgabe Gottes, und wahres L. besteht in einem auf Gott gerichteten Verhalten (Ps 73,23ff). Obwohl nicht immer offenkundig, führt Gerechtigkeit zum L. (Spr 11,19). In einzelnen Aussagen des AT bricht die Hoffnung durch, daß Gott die Menschen vom Tod befreien wird (z.B. Hiob 19,26; Ps 16,8ff). Der Messias wird auch die *Auferstehung bringen (Jes 26,19).

Neues Testament: Wie im AT wird L. als ein vergängliches, von Gott abhängiges Gut beschrieben (Mt 4,4; 10,28). Klarer als im AT, wird zwischen natürlichem L., das unter das Gericht fällt (Lk 12,20), und ewigem L. unterschieden, das in der leiblichen Auferstehung den Tod überwindet (1.Kor 15). Jesus Christus ließ sein L. und wurde auferweckt, um für alle die tödliche Bedrohung der *Hölle (Scheol) zu beseitigen (Joh 10,17; Apg 2,31). Wer sich ihm anvertraut, wird zum ewigen L. auferstehen (Mk 8,35). Das L. nach der Auferstehung wird oft einfach als „Leben" bezeichnet (Apg 5,20; Röm 5,17). Es bringt volle Genüge (Joh 10,10), ist unvergänglich (2.Tim 1,10) und *heilig (Röm 6,22). Wer Jesus Christus nachfolgt, wird dieses L. ererben (Mk 10,29f), denn Jesus ist das L. selbst (Joh 14,6), der Urheber alles L. (Apg 3,15). Jesus Christus erhält L. (Joh 6,35) und ist durch seine Auferstehung zum Richter alles L. bestätigt (Mk 14,62; Joh 11,25). Ewiges L. wird dem Glaubenden geschenkt (Apg 11,18; Joh 3,16). Der Mensch kann über dieses L. nicht verfügen (Mk 10,17.30). Glaube oder Unglaube entscheiden deshalb darüber, ob ein Mensch bereits jetzt in seiner Beziehung zu Gott „lebendig" oder „tot" ist (Eph 2,1ff). Bei den Synoptikern wird das L. immer als zukünftiges Erbe in Verbindung mit dem kommenden Reich Gottes gesehen (z.B. Mt 25,46). Auch Johannes und die Briefe des Paulus unterstreichen diese Auffassung (z.B. Joh 5,28f; 2.Kor 5,4), weisen aber daraufhin, daß das ewige L. bereits als gegenwärtiger Besitz des Glaubenden angesehen werden darf (1.Joh 3,14; Eph 2,5f).

Der *Heilige Geist ist das „Unterpfand" oder Angeld, die „erste Rate" zukünftigen L. (2.Kor 5,5). Dies zeigt sich in der Erneuerung des L.s und der Veränderung des Verhaltens; aber der Körper muß noch durch das Tor des körperlichen Todes hindurch, den Jesus bei seinem zweiten Kommen endgültig abschaffen wird (1.Kor 15,51ff). In der Auferstehung wird der Glaubende einen neuen Leib erhalten (Phil 3,21) und in der Gegenwart des Herrn Jesus leben (Joh 14,3), wo er Gott von Angesicht zu Angesicht schauen darf (1.Kor 13,12).

LEBER. Der Begriff kommt nur im AT vor; von den 14 Textstellen beziehen sich 11 in 2.Mo und 3.Mo auf die L. eines Opfertieres, wobei wahrscheinlich das Fett an der L. oder die Bauchspeicheldrüse und nicht die L. selbst verbrannt wurde (2.Mo 29,13). Die L. wurde auch zum Wahrsagen verwendet (Hes 21,26; *Wahrsagen; *Magie und Zauberei).

LEDER. Siehe *Gerber.

LEGION. Haupteinheit der röm. Armee mit 4000-6000 Mann, unterteilt in zehn Kohorten mit jeweils sechs Hundertschaften (Zenturien). In Palästina gab es bis zum Jüdischen Aufstand 66 n. Chr. wenig Legionäre; die Aufsichtsgewalt wurde von Hilfskohorten ausgeübt. Im NT wird mit L. „eine große Zahl" (z.B. Lk 8,30) beschrieben.

LEHI (Kieferknochen). Ort in Juda, wo Simson 1000 *Philister getötet haben soll; die Lage ist unbekannt (Ri 15).

LEIB. Im AT wird der Mensch immer als ein Ganzes gesehen. Der Körper wird nicht von der Seele unterschieden wie später im griech. Denken (1.Mo 2,1).
Das NT folgt nicht der griech. Philosophie, die einen krassen Gegensatz zwischen L. und Seele behauptet und den Leib verachtet. Der Christ wird durch den Kreuzestod Jesu von der Macht der Sünde befreit; er kann den L. mit seinen Gliedern Gott zum Dienst zur Verfügung stellen (vgl. Röm 6,12-13; 1.Kor 9,27; Röm 12,2). Der L. bleibt anfällig für Krankheit; er wird dem Tod verfallen. Bei der *Auferstehung erhält der Mensch einen neuen L. (1.Kor 15,35ff; Phil 3,21).

LEIB CHRISTI. Dieser Ausdruck hat im NT drei Bedeutungen:
1. Der menschliche Leib Jesu (1.Joh 4,2f; Hebr 10,20). Seine Verwandlung bei der Auferstehung ist die Garantie für die leibliche Auferstehung der Glaubenden (1.Kor 15,35ff; Phil 3,21).
2. Beim Letzten Abendmahl mit seinen Jüngern nannte Jesus das Brot „mein Leib" (Mt 26,26) und begründete damit das christl. *Abendmahl. In diesem Herrenmahl wird der L. Christi in Gestalt des Brotes der Gemeinde zuteil (1.Kor 11,24ff). *Abendmahl
3. *Paulus beschreibt mit L. Christi die Gemeinde bzw. Kirche. Das Bild betont die Einheit aller Christen, die durch ihr Haupt – Christus – zusammengehalten werden (Röm 12,4ff; 1.Kor 12,12ff; Eph 1,22;4,15). Es erinnert die Christen daran, daß ihre Einheit von Christus abhängt und daß jeder einzelne diese Einheit fördern oder gefährden kann.

LEID/LEIDEN. Die Bibel betrachtet das Leid als etwas, das in eine Welt eingedrungen ist, die Gott als gut geschaffen hatte (1.Mo 1,31). Mit der Sünde kam Leid in Form von Streit, Schmerz, Verfall, mühsamer Arbeit und Tod (1.Mo 3,15ff). Obwohl Satan die Macht hat, Menschen leiden zu lassen (Hiob 1,12; 2,6; 2.Kor 12,7), kann er nie weiter gehen, als ihm die Herrschaft Gottes erlaubt.

Die Last des Leidens ist vom Volk Gottes immer stark empfunden worden. Sie muß deshalb in ihrer Beziehung zu Gottes Liebe und Gerechtigkeit betrachtet werden. Wahrer Glaube kann im Dunklen warten, ohne die Absicht zu verstehen, die Gott mit dem Leiden verfolgt (Hab 2,2ff). Für ihn können die Gegenwart und Güte Gottes ein entscheidenderer Faktor werden als selbst die Bitterkeit des Schmerzes (Ps 73). Das Buch Hiob zeigt einen Menschen, der mit dem Problem des Leidens kämpft und eine Gewißheit erringt, in der er über seine Nöte siegen kann, ohne jedoch in der Lage zu sein, die Ursache für sein Leiden zu erklären.

Leid kann auch die direkte Folge von Sünde sein (Gal 6,8), Strafe Gottes (Ri 2,22-3,6) oder ein Mittel, durch das Menschen geprüft und geläutert werden

(1.Petr 1,7). Das L. des Gottesknechtes war in Jes 53 als Leiden für das Volk vorgezeichnet. Der Auftrag Christi besteht darin, die Menschen von Leid, Tod und Sünde zu befreien (Mt 1,21; Röm 8,21; 1.Kor 15,26). Die Autoren des NT sehen das Leiden um Christi willen als zur Berufung der Christen und zum Dienst gehörend an (Phil 1,29; 1.Petr 4,1f). Im neuen Himmel und auf der neuen Erde wird Gott alles Leid hinwegnehmen (Offb 21,4).
*Gesundheit und Heilung.

LEINEN. L. wird als Faden aus Flachsrinde gewonnen und dann versponnen. Obwohl Flachs auch in Palästina angebaut wurde, galt im Altertum Ägypten als Hauptproduzent (vgl. Spr 7,16). Die Israeliten benutzten Leinwand aus Ägypten zur Herstellung der Teppiche, der Vorhänge und der Behänge für die Stiftshütte (2.Mo 26,1.31.36; 27,9). Die Priester in Israel trugen Kleider, einen Kopfbund und Gürtel aus L. (2.Mo 28,39; Hes 44,17f). *Samuel und *David trugen einen leinenen Priesterschurz (1.Sam 2,18; 2.Sam 6,14). L. wird oft in Verbindung mit besonderen oder heiligen Personen erwähnt (z.B. Dan 10,5; 12,6f). Es galt als wertvolles Geschenk (Spr 31,22).

Im NT finden wir den Begriff selten. Der reiche Mann aus dem Gleichnis vom reichen Mann und armen Lazarus und der junge Mann aus dem Garten Gethsemane waren mit Leinwand bekleidet (Lk 16,19; Mk 14,51). Der Leib Jesu wurde in Leinwand gewickelt (Mt 27,59), und die Heiligen im Himmel sind in L. gekleidet – ein Symbol ihrer gerechten Taten (Offb 19,8.14).
*Kleidung.

LETZTE DINGE. Siehe *Eschatologie.

LEVI. 1. Der dritte Sohn *Jakobs und *Leas. Das einzige, was von ihm berichtet wird (außer Ereignissen, die alle Söhne Jakobs betreffen), ist sein gemeinsam mit Simeon verübter hinterhältiger Angriff auf die Stadt *Sichem als Rache für die Vergewaltigung seiner Schwester *Dina (1.Mo 34). Sie wurden von Jakob wegen ihrer Gewalttätigkeit verflucht (1.Mo 49,5ff), aber

Leinen. Hunefer und seine Frau Nasha in feinsten Leinengewändern (Ägypten um 1300 v.Chr.)

später wandelten die Nachkommen L. durch ihre Treue zu Gott den Fluch in Segen um. Obwohl unter alle Stämme zertreut, waren sie von Gott in Dienst genommen. **2.** Sohn des Alphäus, Zöllner, einer der zwölf Jünger (Mk 2,14), auch *Matthäus genannt.

LEVIATAN. Eine Transliteration (buchstabengetreue Wiedergabe) eines hebr. Wortes, das im AT nur fünfmal vorkommt und für ein Wasserungeheuer steht. In Ps 104,26 könnte es für einen Wal oder Delphin stehen. Jes 27,1 und Ps 74,14 lassen auf kein konkretes Tier schließen. In Hiob 3,8 nimmt man an, daß sich L. auf die sagenhafte Gestalt eines Drachen bezieht, der eine Sonnenfinsternis verursacht hat, indem er die Sonne umwickelte. In Hes 29,3ff und Hiob 41,13.15 entspricht die Beschreibung am ehesten der eines Krokodils. Es gibt Krokodile im Nil, und Kreuzfahrer berichteten, im Zerka-Fluß, der bei Cäsarea ins Mittelmeer mündet und von den Einheimischen immer noch Krokodilfluß genannt wird, Krokodile gesehen zu haben.

LEVITEN. Siehe *Priester.

LEVITIKUS. Siehe *Mose, 3. Buch.

LIBANON. In der Bibel ist es der Name einer Gebirgskette in Syrien, der gelegentlich auch für angrenzende Gebiete verwendet wird (z.B. Jos 13,5). Der Name wird abgeleitet von einem Stammwort, das „weiß" bedeutet und sich auf den weißen Kalkstein und die sechs Monate im Jahr mit Schnee bedeckten Berggipfel bezieht (Jer 18,14). Die Bergkette ist ca. 160 km lang und reiht sich an das Nordgaliläische Bergland an.

Der höchste Gipfel des L. ist ca. 3000 m hoch (Qurnet es-Sauda, südöstl. von Tripolis). Die Westseite fällt zum Mittelmeer hin ab, wobei meist nur ein schmaler Streifen Küstenebene übrigbleibt. Dadurch hatten die Küstenstädte Phöniziens ursprünglich einen natürlichen Schutzwall gegen Eindringlinge aus dem Landesinneren. Gut bewässert durch Regen und auch durch Flüsse, waren der Küstenstreifen und die niederen Berghänge mit Olivenhainen, Wein- und Obstgärten sowie kleinen Kornfeldern bewachsen. Weiter oben standen die berühmten und einst sehr dichten Wälder aus Myrte und Koniferengehölzen und die majestätischen Zedernhaine, von denen heute nur noch einige übriggeblieben sind. Die Fruchtbarkeit des L. war sprichwörtlich (Ps 72,16), die Zedern des L. wurden zum Symbol für Stärke (Ps 92,13) oder Stolz (Ps 29,5f). Zedern lieferten das wertvollste Bauholz im Nahen Osten, das z.B. für den Tempel (1.Kön 5) und Schiffe (Hes 27,5) verwendet wurde. Mit dem Holz des L. wurde schon früh gehandelt. So importierte der ägypt. Pharao Snofru um 2600 v. Chr. 40 Schiffsladungen Zedernholz. Spätere ägyptische Herrscher verlangten von Syrien nach der Eroberung Steuerabgaben in Form von Zedernholz. Ein Relief von Sethos I. (um 1300 v. Chr.) zeigt Syrer beim Fällen der Bäume. Die Assyrer taten dasselbe, so *Tiglat-Pileser um 1100 v.Chr.

LIBERTINER, SYNAGOGE DER. Wahrscheinlich eine *Synagoge, die von Juden, die aus der röm. Sklaverei freigelassen worden waren, besucht wurde (Apg 6,9). Die Bedeutung des Namens ist ungewiß. *Freigelassener.

LIBNA. 1. Eine bedeutende Stadt, die von *Josua eingenommen wurde (Jos 10,29f). L. lehnte sich gegen *Joram auf (2.Kön 8,22) und wurde später von *Sanherib belagert (2.Kön 19,8.35). Die Lage ist umstritten. **2.** Eine nicht identifizierte Lagerstätte des Volkes Israel während der Wüstenwanderung (4.Mo 33,20f).

LIBNI. Sohn Gerschons (2.Mo 6,17); identisch mit Ladan in 1.Chro 23,7; 26,21.

LIBYER. Im 12.-8. Jh. v.Chr. kamen die L. nach Ägypten als Siedler oder Soldaten und waren berühmt in der ägypt. Streitmacht (z.B. 2.Chro 12,3; Nah 3,9). *Put.

LICHT. Der Begriff wird in der Bibel vor allem symbolhaft verwendet, um Gottes Gegenwart zu beschreiben (z.B. Ps 27,1, 2.Kor 4,6). Gottes Heiligkeit wird ausgedrückt als „Licht, da niemand hinzukommen kann" (1.Tim 6,16; vgl. 1.Joh 1,5). Daraus resultierte der ethische Kontrast zwischen L. (gut) und Finsternis (böse), z.B. in Joh 3,19ff; 2.Kor 6,14. Jesus ist das L. der Welt (Joh 8,12). Die Gläubigen sind „Kinder des Lichts" (Eph 5,8) und dazu berufen, dieses L. weiterzugeben (Mt 5,14 ff). *Lampe.

LIEBE. *Altes Testament:* L. ist der tiefste Ausdruck der Persönlichkeit und der Nähe persönlicher Beziehungen (1.Mo 22,2; 37,3). In seiner nichtreligiösen Bedeutung wird der Begriff am häufigsten für die L. zwischen Mann und Frau gebraucht. Im Hohenlied kommt das am großartigsten zum Ausdruck.

Von Gott wird gesagt, daß er seine Kinder liebt. Das betrifft sein Volk als Ganzes (5.Mo 4,37), dreimal auch einzelne Personen (2.Sam 12,24; Neh 13,26; Jes 48,14). Gottes L. ist tiefer als die einer Mutter (Jes 49,15). Seine Treue wird veranschaulicht durch die Geschichte von Hosea und Gomer (Hos 1-3). L. ist ein Teil seines Wesens und kann weder durch Leidenschaft noch Ungehorsam zum Aufhören gebracht werden (Hos 11,1ff). Aus unerklärbarer, ewiger L. wählt Gott Israel zu seinem Volk aus und stellt es in eine besondere Verantwortung (5.Mo 4,37; 7,6ff). Als Antwort der Geliebten erwartet Gott

Liebesmahl

persönliche Hingabe (5.Mo 6,5), die in der Gemeinschaft mit Gott (Ps 18,1) und im täglichen Gehorsam praktiziert wird (Jos 22,5). Die L. bildet weiter die Norm für die menschlichen Beziehungen (3.Mo 19,18).

Neues Testament: Das gebräuchlichste Wort für alle Formen der L., agape, wurde im klassischen Griechisch kaum gebraucht. Es bezeichnet die höchste und edelste Form der L. In der Septuaginta wurde es in 95 Prozent der hebr. Textstellen für L. verwendet. Ein anderes Wort, phileo (jemand zum Freund haben), wird auch angewandt, mit z.T. überlappender Bedeutung.

L. beschreibt die Beziehung zwischen Gott, dem Vater, und Gott, dem Sohn (Joh 3,35; 14,31; 15,9). Jesus selbst hat Gottes L. sichtbar werden lassen durch sein mitfühlendes Heilen (Lk 7,13), indem er predigte, wie Gott uns annimmt (Lk 15,11ff), und sich als Freund der Ausgestoßenen erwies (Lk 7,34). Gottes L. trifft den Menschen in seinem natürlichen Zustand als Feind Gottes (Röm 5,10), der gerettet werden soll. Johannes bezeichnet die Rettungstat Jesu als einen Beweis der L. Gottes (Joh 3,16). Gegenstand der L. Jesu ist die Gemeinde (Eph 5,25) und ihre einzelnen Glieder (Gal 2,20).

Die Beziehung zwischen dem himmlischen Vater und den Glaubenden ist von L. bestimmt (1.Joh 4,19). Daraus folgt Nächstenl., die keine Einschränkungen kennt (Lk 10,25ff). Christen können auch ihre Feinde lieben (Mt 5,44). Dieses neue Verhalten entspringt dem Wirken des Geistes Gottes in einem Menschen (Gal 5,22). Christen begegnen sich untereinander mit „brüderlicher Liebe" (Röm 12,10), einer besonderen Beziehung des Christseins mit den Gliedern der Familie Gottes (Lk 22,23; Joh 13,34; 15,12). Sie ist eine Auswirkung der L. Jesu (Eph 5,1f), die sich in Einmütigkeit (Röm 15,5f) und gegenseitiger Hilfe zeigt (Röm 12,9ff) und die Echtheit des christl. Glaubens bestätigt (1.Joh 2,9ff; 3,10; 4,20).

LIEBESMAHL. Gemeinsame Mahlzeiten (Liebesmahle/Agapen) werden im Judasbrief (V.12) und möglicherweise in 2.Petr 2,13 erwähnt. Das „Brotbrechen" (Apg 2,42.46) kann sowohl das L. als auch das *Abendmahl eingeschlossen haben, und Paulus stellt seine Darstellung des heiligen Abendmahles in den Zusammenhang einer gemeinsamen Mahlzeit (1.Kor 11,17). Seine Abschiedsrede in Troas hielt er während einer Gemeinschaftsmahlzeit, die das heilige Abendmahl einschloß (Apg 20,7ff).

LILIE. Siehe *PFLANZEN.

LINUS. Ein röm. Christ, der Timotheus grüßte (2.Tim 4,21). Irenäus von Lyon (180 n.Chr.) identifiziert ihn mit dem ersten Bischof von Rom, was aber nicht bewiesen ist.

LO-DABAR. Ort östl. des Jordans; dort lebte *Mefi-Boschet (2.Sam 9,4ff).

LO-RUHAMA (Unbegnadigte). Symbolischer Name, den Hosea und seine Frau Gomer ihrer Tochter auf Gottes Befehl geben (Hos 1,6), um zu zeigen, daß Israel zeitweise verworfen wird (Hos 2,25).

LOB/LOBPREIS. In der Bibel finden wir immer wieder spontanen Lobpreis, der aus der Freude hervorbricht, die für das Leben der Kinder Gottes charakteristisch ist. Gott selbst erfreut sich an seiner Schöpfung (1.Mo 1; Ps 104,31), und alle Kreatur bringt ihre Freude im Lob zum Ausdruck (Hiob 38,7). Die Menschen wurden dazu geschaffen, um sich an den Werken Gottes (Ps 90,14ff) und an Gott selbst (Phil 4,4) zu erfreuen. Das Kommen des Reiches Gottes und seiner Herrschaft ist durch die Wiederherstellung von Freude und Lobpreis gekennzeichnet (Ps 96,11ff; Lk 2,13f). Gotteslob kennzeichnet die Kinder Gottes (Eph 1,3ff) und dessen Ablehnung die Gottlosen (Röm 1,21). Gott zu loben, ist eine Pflicht, die unabhängig ist von unserer Stimmung, unserem Gefühl oder den äußeren Umständen (vgl. Hiob 1,21). Der Gottesdienst im Tempel schloß „Frohlocken und Danksagung" (Ps 42,5) und Tanz (Ps 149,3) ein, die von einer Reihe von Musikinstrumenten begleitet wurden (Ps 150).

Menschen, die Jesus geheilt oder denen er ihre Sünden vergeben hatte, brachen in spontanen Lobpreis aus (Mk 2,12). Die Gemeinden benutzten die Psalmen ebenso wie neue christl. Lieder (Kol 3,16). So ist Phil 2,6-11 eine Hymne, und die Doxologien (Lobpreisformeln) aus Offb 1,4ff; 5,9ff; 15,3f dürften im Gottesdienst verwendet worden sein.

Bereits im AT stehen Lob und Opfer in einem engen Zusammenhang (z.B. 5.Mo 26,10f). Die Selbsthingabe des Christen an Gott bildet einen Teil des Gotteslobes (Röm 12,1; vgl. Hebr 13,15). *Gebet schließt immer den L. ein.

LOGOS. Siehe *Wort.

LOHN. L. stellt die Bezahlung geleisteter Dienste dar. In der Gesellschaftsordnung des AT war es nicht üblich, Arbeitskräfte anzustellen. Die Familie bewirtschaftete das Land, und Familienmitglieder und Sklaven erhielten ihren L. in Form von Naturalien. In der atl. Gesetzgebung waren Bestimmungen enthalten, die es verhinderten, daß wirtschaftlich Schwache von anderen skrupellos ausgenutzt werden konnten (5.Mo 24,14f: Tagelöhner sollen noch am gleichen Tag ihren L. erhalten). Paulus weist darauf hin, daß Prediger, die sonst keinen Verdienst haben, einen gerechten L. erhalten sollen (1.Kor 9,14; 1.Tim 5,18), aber niemand soll um finanziellen Vorteils willen predigen (Tit 1,7). Er benutzte das Bild des L., um einerseits die unverdiente Gnade Gottes und andererseits die gerechte Auszahlung der Strafe für die Sünde zu beschreiben (Röm 4,4f; 6,23; vgl. 1.Mo 15,1). Auch treue Nachfolge wird belohnt werden (1.Kor 3,14).

LOIS. Großmutter von *Timotheus (2.Tim 1,5), eine fromme Frau. Vermutlich war sie Christin.

LOT. Sohn von *Haran, *Abrahams jüngerem Bruder. Er wanderte mit Abraham von Ur nach Kanaan und wählte das gut bewässerte Jordantal für sich aus (1.Mo 13,8ff). L. wurde zweimal aus der Hand gottloser Menschen in Sodom gerettet (1.Mo 14,14-16; 19). Lots Frau überlebte wegen ihres Ungehorsams die von Gott befohlene Flucht aus Sodom nicht (1.Mo 19,26). Nachdem er mit seinen Töchtern ins Gebirge geflohen war, bekamen diese von ihm Söhne (1.Mo 19,30ff).

LÖWE. L. waren über den gesamten Nahen Osten verbreitet, von Persien bis Indien. Der letzte L. in Palästina wurde vermutlich im 13. Jh. n.Chr. in der Nähe von Megiddo getötet. In Persien waren sie noch bis Anfang des 20. Jh. anzutreffen. Aus den 130 Bezugsstellen in der Bibel läßt sich schließen, daß sie in Israel allgemein bekannt und verbreitet waren. Manchmal wurden sie in Gefangenschaft gehalten (Dan 6,7ff).

L. werden als Symbol für das Gerichtshandeln Gottes (Hos 13,7) und für den hungrig umherstreifenden Satan (1.Petr 5,8) gebraucht.

Löwe. Relief aus dem Palast Assurbanipals in Ninive (7. Jh. v.Chr.).

LÖWE AUS (DEM GESCHLECHT) JUDA. Eine der messianischen Bezeichnungen für Jesus (Offb 5,5), spielt auf 1.Mo 49,9 und auf den Mut, die Macht und die Wildheit des Stammes Juda an.

Die Kaiser Äthiopiens verwendeten diesen Titel bis zum Sturz von Haile Selassie im Jahr 1974 in der Überzeugung, daß sie die Nachkommen von Salomo und der Königin von Saba seien.

LUD, LUDITER. Ein Nachkomme von Sem (1.Mo 10,22); dessen Nachkommen wurden von Josephus als Lydier bezeichnet (*Lydien). In Jes 66,19 (vgl. 1.Mo 10,13; Jer 46,9) ist Lud ein heidnisches Volk von Bogenschützen, wie Lydien war es ein Verbündeter von Tyrus und Ägypten (Hes 27,10; 30,5).

LÜGE, LÜGEN. Eine falsche Aussage mit der Absicht, zu betrügen (vgl. Ri 16,10). Die bibl. Autoren verurteilen Lügen scharf, weil sie z.B. zu Betrug (3.Mo 5,21f) oder unverdienter Verurteilung (5.Mo 19,15) führen. Falsche Propheten lügen, wenn sie den Anspruch erheben, Gottes Wort weiterzusagen (Jer 14,14). Lügen ist ein Ausdruck des Bösen (Hos 12,1; 4.Mo 23,19), und Satan ist der „Vater der Lüge" (Joh 8,44).

Auch im NT wird vor Lügen gewarnt (Kol 3,9); gewohnheitsmäßige Lügner haben keinen Anteil am ewigen Leben (Offb 21,27).
*Wahrheit.

LUHIT. Stadt im Gebiet *Moabs (Jes 15,5; Jer 48,5); von Josephus zwischen Areopolis und Zoar lokalisiert.

LUKAS. Siehe *Lukasevangelium.

LUKASEVANGELIUM. *Verfasser.* Reisebegleiter des *Paulus, der als der „geliebte Arzt" (Kol 4,14) und als ein Mitarbeiter (Phlm 24) beschrieben wird. Während der Gefangenschaft in Rom war er als einziger bei Paulus geblieben, als alle anderen ihn verlassen hatten (2.Tim 4,11). Aufgrund von Kol 4,11 nimmt man an, daß er heidnischer Abstammung war. Kirchenvater Irenäus von Lyon (etwa 180 n.Chr.) benannte ihn als erster als den Autor des dritten Evangeliums und der Apg. Einige Abschnitte in der Apg sind in der ersten Person Plural („Wir-Stil") vom Standpunkt eines der Begleiter des Paulus geschrieben (Apg 16,10-17; 20,5 - 21,18; 27,1 - 28,16). Die Stellen Lk 1,1-4 und Apg 1,1f zeigen, daß der gleiche Autor die beiden Bücher geschrieben hat, aber seinen Namen nicht nennt. Mit großem Fleiß hat er sich informiert. Die Besuche in Jerusalem und Cäsarea boten ihm ausreichend Gelegenheit, Informationen aus erster Hand über das Leben Jesu und die Urgemeinde zu erhalten.

Empfänger. In der Einführung (Lk 1,1-4) erfahren wir, daß Lukas seinen Bericht einem gewissen Theophilus, einer wahrscheinlich einflußreichen Persönlichkeit widmete. Da bis zur Entdeckung der Buchdruckerkunst die Herausgabe eines Buches sehr kostspielig war, waren die Schriftsteller auf reiche Persönlichkeiten angewiesen, welche die Verbreitung ihrer Werke besorgt haben. Solche Personen verschafften dem Schriftsteller Gelegenheit, sein Werk in einem auserlesenen Kreis vorzulesen, und ließen außerdem auf ihre Kosten die ersten Abschriften anfertigen. Das L. wendet sich also nicht ausschließlich an Theophilus, sondern allgemein an Christen aus den Heidenvölkern, insbesondere an Griechen.

Ziel. Theophilus und der Leserkreis sollen wissen, daß die christl. Lehre nicht auf subjektiven Gefühlserfahrungen beruht, sondern sich auf historische Tatsachen stützt. Das L. hat also das weitgesteckte Ziel, Jesus als den Erlöser der ganzen Welt und gleichzeitig seine ganze Menschlichkeit und Menschenliebe darzustellen.

Besonderheiten. Der Evangelientext zeigt Jesus, den Mann jüd. Herkunft, in seiner Bedeutung als Erlöser für Israel und die ganze Welt. Jesus ist der im AT verheißene Retter, so verkündigte es der Engel Maria vor der Geburt des Kindes (1,32-35) und nach der Geburt der Engel den Hirten bei Bethlehem (2,10f). Jesus selber bestätigte es in der Synagoge von Nazareth (4,21), später vor seinem Tod und nach seiner Auferstehung (22,37; 24,44-46). Lukas ist es ein Anliegen zu zeigen, daß Jesus der Retter ist für alle: Juden, Samaritaner und Heiden (2,30f; 17,55ff; 24,47; vgl. 13,29; 14,23f). Jesus ist gekommen, das Verlorene zu retten (19,10).

Das kommt auch zu Beginn seines öffentlichen Wirkens in der Nazarethpredigt (4,18f) zum Ausdruck, in der Jesus das Wort aus Jes 61 auf sich bezieht: „Er hat mich gesandt, um den Armen das Evangelium zu verkünden und den Gefangenen, daß sie frei sein sollen, den Blinden, daß sie wieder sehen sollen, und den Zerschlagenen die Befreiung. „Arme", „Gefangene", „Blinde", „Zerschlagene", Menschen am Rande des Lebens, besonders auch Frauen, nehmen im L. einen großen Platz ein. Gerade ihnen, die sich selbst nicht helfen können, gilt das unverdiente Geschenk der Liebe und der Vergebung Gottes durch Jesus Christus. Viele Stellen, die wir bei Lukas finden, belegen das: die Begegnungen Jesu mit der Witwe aus Nain (7,11-17), mit der verkrüppelten Frau (13,10-17), mit der Sünderin (7,36-50) und mit Zachäus (19,1-10); die Gespräche mit dem Verbrecher am Kreuz (23,40-43) und mit den Emmausjüngern (24,13-35), die Gleichnisse vom Barmherzigen Samariter (10,25-37), vom Verlorenen Schaf, Groschen und Sohn (15,1-32), vom reichen Mann und armen Lazarus (16,19-31), von der bittenden Witwe (18,1-8) sowie vom Pharisäer und Zöllner (18,9-14).

Gliederung.

1,1-80	Ankündigung des Erlösers Jesus Christus.
2,1-52	Geburt und Kindheit Jesu.
3,1-4,13	Vorbereitung auf sein öffentliches Wirken.
4,14-9,50	Jesu Wirken in Galiläa.
9,51-19,28	Auf der Reise nach Jerusalem.
19,29-22,65	Jesu letzte Tage in Jerusalem.
22,66-23,56	Verhöre und Kreuzigung.
24,1-53	Auferstehung und Himmelfahrt.

LUS. Alte Bezeichnung für den Ort, in dessen Nähe *Jakob von einer Leiter zwischen Himmel und Erde träumte und den er in *Bethel (1.Mo 28,19) umbenannte. Der Ort war bei den kanaan. Einwohnern noch als L. bekannt, als die Israeliten das Land besetzten (Ri 1,22 ff).

LUST, VERLANGEN, GEFALLEN. Gott hat Lust am Menschen (2.Sam 22,20). Ebenso kann der Mensch L., Freude an Gott selber haben, an seinen Werken, an seinem Wort (Hiob 22,26; Ps 111,2; 119). Paulus hat L., aus der Welt zu scheiden und bei Christus zu sein (Phil 1,23). Sein Verlangen ist ganz auf Christus gerichtet. Zu böse Lust siehe *Begierde.

LUSTGRÄBER. (Kibrot-Hattaawa). Eine Lagerstätte der Israeliten, wo viele von ihnen an einer Krankheit starben, nachdem sie Fleisch begehrt und Gott ihnen Wachteln gesandt hatte (4.Mo 11,31ff).

LUZIFER. Antike Bezeichnung für den leuchtenden Planeten Venus (Morgenstern). Jes 14,12 bezieht sich auf den Sturz des Königs von Babylon und in erweiterter Bedeutung auch auf Satan als einen auf die Erde gefallenen Stern (vgl. Lk 10,18; Offb 9,1; 12,9).

LUZIUS. 1. Ein kyrenischer Prophet und Lehrer in Antiochien, vermutlich einer der ersten Missionare dort (Apg 13,1; vgl. 11,19). **2.** Begleiter des Paulus in Korinth (Röm 16,21).

LYDDA. Stadt, 18 km südöstl. der Küste von Jaffa (Tel-Aviv), vermutlich das atl. Lod (1.Chro 8,12). L. wurde 145 v.Chr. von den Juden zurückgewonnen (1.Makk 11,34), zur Zeit Neros niedergebrannt. Nach 70 n.Chr. wurde L. zu einem rabbinischen Zentrum.

LYDIA. Eine Frau aus Thyatira in Lydien, die mit Purpur handelte. Durch die Rede des Paulus bekehrte sie sich als erste Europäerin in Philippi, nahm Paulus in ihrem Haus auf und ließ sich taufen (Apg 16,14f.40).

LYDIEN. Ein Gebiet im westl. Bergland Kleinasiens, fruchtbar und hoch kultiviert. Handelsstraßen machten seine Städte, zu denen auch Sardes, Thyatira und Philadelphia gehörten, zu bedeutenden Handelszentren. Nacheinander von den Persern, Griechen und Römern regiert, war es der erste Staat, der Geldmünzen einführte.

LYKAONIEN. Ein Gebiet im S Zentralkleinasiens, das nach den dort ansässigen Lykaoniern benannt wurde. Im NT bezeichnet es den Teil des Gebietes, der eine Region innerhalb der röm. Provinz Galatien (vgl. Apg 14,6) bildete und als

Lykaonien-Galatien bekannt war, im Gegensatz zu dem Gebiet Phrygien-Galatien, wo Ikonion lag. Die Einwohner hatten ihre eigene Sprache (Apg 14,11). Eine Inschrift, die in der Nähe von Sedasa gefunden wurde, berichtet von einer Hermesstatue, die Zeus geweiht worden war (vgl. Apg 14,12). *Paulus bereiste mindestens zwei Mal L. (Apg 14;16).

LYSANIAS. Nach Lk 3,1 der Tetrarch von Abilene, etwa 27/8 n.Chr.; wird auch von Josephus erwähnt und auf einer Inschrift in Abila, die zwischen 14 und 29 n.Chr. datiert wird.

LYSTRA. Eine unbedeutende Stadt im Hochland von *Lykaonien in der Nähe des heutigen Hatunsaray. Sie wurde von Augustus zur röm. Kolonie gemacht, um die neue Provinz Galatien zu stärken. Vielleicht zog ihre entlegene Sicherheit den aus Ikonien fliehenden Paulus und Barnabas an (Apg 14,6). Auch dort wurden sie angegriffen, aber es entstand trotzdem eine Gemeinde (Apg. 14,19ff.).

LYZIEN. Ein kleines Gebiet an der Südküste Kleinasiens. Vor der röm. Eroberung war es stark von der griech. Kultur beeinflußt. Zu dem Gebiet gehörten die Seehäfen Myra und Patara (Apg 21,1; 27,5).

M

MAACHA. *Personen:* Der Name ist sowohl als Männername (z.B. der Vater von einem der Heerführer Davids) als auch als Frauenname gebräuchlich, z.B. die Nebenfrau Kalebs (1.Chro 2,48); eine der Frauen Davids und die Mutter Absaloms (2.Sam 3,3) und Absaloms Tochter, die zu Rehabeams Lieblingsfrau wurde (2.Chro 11,20ff).
Ort: Ein kleiner Staat südwestl. des Berges Hermon, der Davids Armee angriff und von ihr besiegt wurde (2.Sam 10,6ff). Er wurde später in das Königreich von Damaskus eingegliedert.

MACHÄRUS. Eine Festung östl. des Toten Meeres (heute el-Mekawar); von Herodes dem Großen in der Nähe von heißen Quellen wieder erbaut. Nach Josephus wurde *Johannes der Täufer hier gefangengehalten.

MACHIR. 1. Enkel *Josefs und Vater von *Gilead (1.Mo 50,23; 4.Mo 26,29). **2.** Ein Mann, der *Mefi-Boschet schützte und für *David sorgte (2.Sam 9,4; 17,27ff).

MACHLI (schwach, kränklich). Ein Enkel *Levis (2.Mo 6,19) und einer von dessen Neffen (ein Tempelsänger: 1.Chro 6,32).

MACHPELA. Name für das Feld, die Höhle und das darumliegende Land, das *Abraham als Grabstätte für seine Frau *Sara gekauft hatte (1.Mo 23). Abraham selbst, und später auch *Isaak, *Rebekka und *Jakob wurden dort begraben.
Die heutige Stätte in Hebron wird von Juden, Christen und Moslems verehrt. Sie ist von massiven Mauern umgeben, die möglicherweise aus der Zeit des Herodes stammen. Das Alter der Höhle selbst ist jedoch nicht bestätigt.

MACHT. Wirkliche M. besitzt allein Gott (Ps 62,12). Das wird daran deutlich, wie er die Welt geschaffen hat (Ps 148,5) und sie erhält (Ps 65,5ff). Er delegiert Macht an Menschen (1.Mo 1,26ff; Ps 8,5ff), beurteilt aber deren Handeln nach seinen Maßstäben (2.Mo 15,6).
Jesus war alle Macht gegeben (Mt 28,18); vor allem konnte er in der Kraft des Heiligen Geistes (Lk 4,14) dienen, Sünden vergeben (Mt 9,6) und böse Geister austreiben (Mt 10,1). Paulus erkannte in der Auferstehung Jesu ein besonderes Zeugnis der Macht Gottes (Eph. 1,19f), mit der Gott den Glaubenden stärkt.
*Autorität.

MADMANNA. Stadt im SW des Stammesgebietes von *Juda, auch bekannt als Bet-Markabot (vgl. Jos 15,31 mit 19,5).

MADMEN. Stadt in *Moab, gegen die *Jeremia prophezeite (Jer 48,2), sonst nicht weiter bekannt, vielleicht das heutige Chirbet Dimne.

MADMENA. Ort nördl. von Jerusalem (Jes 10,31), eventuell Chirbet Schufat, 2 km nördl. vom Scopus-Berg.

MADON. Stadt im N Kanaans (Jos 11,1), möglicherweise identisch mit *Merom (Jos 11,7).

MAGADAN. Wird nur einmal in Mt 15,39 erwähnt, obwohl es in einigen Manuskripten auch als Dalmanuta aus Mk 8,10 gedeutet wird. M. befand sich an der Westküste des Galiläischen Meeres.

MAGDALA. Stadt zwischen Tiberias und Kapernaum (heute Chirbet Mejdel); die Heimat von *Maria Magdalena.

MAGIE UND ZAUBEREI

MAGIE UND ZAUBEREI. Der Versuch, Menschen und Ereignisse durch übernatürliche und okkulte Mittel zu beeinflussen, z.B. durch Flüche, Zaubersprüche oder im Bund mit bösen Geistern.

Altes Testament: Die Bibel beschreibt Magie und Zauberei unter Bezugnahme auf eine Vielzahl okkulter Praktiken. Die Bezeichnung „Zauberer" wurde gewöhnlich in Verbindung mit heidnischen Priestern gebraucht (2.Mo 7,11; *Weisen) und war Hinweis auf die von ihnen vollzogenen handwerklichen Praktiken. Magische Praktiken jeder Art werden in der Bibel verurteilt, denn sie stehen im Gegensatz zu einem Leben in demütiger Abhängigkeit von Gott. Z. gilt als todeswürdiges Vergehen (2.Mo 22,17). Zu den Praktiken, die außerdem verurteilt werden, zählt das Tragen von Amuletten. In Jes 3,18ff werden einige aufgeführt: „Halbmonde" waren Bildnisse des Mondes, „Stirnbänder" könnte eine Bezeichnung für Sonnenanhänger sein. Es gibt wenige direkte Hinweise auf Zauberer in Israel. Die Totenbeschwörerin von Endor (1.Sam 28) war ein Medium, keine Zauberin, aber Isebel praktizierte Zauberei (2.Kön 9,22) und Mi 5,11 belegt, daß dies in Israel keine Seltenheit war. In Hes 13,17ff wird beschrieben, wie hebr. Frauen, die sich selbst zu Prophetinnen ernannten, Zauberei trieben, um damit Menschen zu töten oder am Leben zu erhalten.

Im AT wird die Wirksamkeit von Segen und Fluch betont; Isaak z.B. konnte seinen Segen nicht zurücknehmen (1.Mo 27,33.37). Das schließt aber nicht ein, daß jemand Segen oder Fluch gegen den Willen Gottes wirksam aussprechen konnte. Gott kann einen unverdienten Fluch in Segen umwandeln (Ps 109,28).

Z. war von alters her in Israel verbreitet, wurde aber gleich zu Beginn der Geschichte Israels verboten. Die bibl. Einstellung gegenüber Magie und Zauberei wird in folgenden Texten zusammengefaßt: 2.Mo 22,17; 3.Mo 19,26; 20,27; 5.Mo 18,9ff.

Ägyptische Magie: Magie, der Einsatz okkulter Kräfte für sonst nicht zu erreichende Ziele, war eng mit der Religion verbunden. Die bedeutendsten Magier Ägyptens waren gelehrte Priester, Experten auf dem Gebiet von Ritualen und Zauberformeln. Der Pharao zur Zeit Josefs rief sie zu sich, um seinen Traum zu deuten (1.Mo 41,8). Träume und deren Deutungen wurden niedergeschrieben und gesammelt, denn man rechnete damit, daß alles, was man sich im Traum tun sah, in Zukunft geschehen werde. Später, zur Zeit Moses, ahmten die Zauberer einige von Gottes Wundern nach. Der Bericht in 2.Mo 7-9 (*Plagen Ägyptens) ist allerdings nicht an den Praktiken und den dahinter verborgenen Mächten interessiert, sondern belegt die Überlegenheit des Gottes Israels.

Assyrische und babylonische Magie: Sie wurde angewandt, um von Krankheiten zu heilen und Dämonen auszutreiben, wobei der Exorzist Sprüche aus einem Zauberbuch benutzte. Man bediente sich der Wahrsagerei, weil man glaubte, daß jedes Ereignis von einem beobachtbaren Vorzeichen begleitet sei. Es gab dazu Anleitungen mit Listen von Vorzeichen und deren Bedeutung. Dazu gehörten Naturerscheinungen wie Sonnen- oder Mondfinsternis, Planetenkonstellationen, das Verhalten von Tieren und Techniken wie die Beobachtung von Schafsleber und das Wahrsagen mit Hilfe von Bechern. Zauberer waren priesterliche Gelehrte und gehörten zum Tempel. *Bileam (4.Mo 22-24) war offensichtlich ein Wahrsager in dieser Tradition. In Jesreel wurde ein Siegel aus dem 13.Jh.v.Chr. (der Zeit Bileams) gefunden, das von „Manum, dem Wahrsager" berichtet, und Texte von Wahrsagern wurden in Nordsyrien (der Heimat Bileams) gefunden. Viel später geht aus der in Dan 1-4 zusammengefaßten Erziehung am babylon. Hof deutlich die Ausbildung gelehrter Magier hervor. Daniels Fähigkeiten (Dan 5,12.16) wurden hoch geschätzt. Wenn ein Traum gedeutet werden konnte, war man in der Lage, seine positiven Auswirkungen anzunehmen und die negativen z.B. durch Zauberei abzuwenden.

Neues Testament: Es werden nur zwei Zauberer namentlich erwähnt (Apg 8,9ff; 13,6ff). Die konsequente Trennung von

okkulten Praktiken gehörte von Anfang an zur Voraussetzung einer Nachfolge Christi (vgl. Apg 19,19), denn Zauberei schließt vom Reich Gottes aus (Gal 5,20; Offb 22,15).
*Wahrsagerei.

MAGNIFIKAT. Der latein. Name für das prophetische Lied *Marias in Lk 1,46-55. Es ist nach dem Vorbild atl. Psalmen aufgebaut und weist eine besondere Verwandtschaft mit dem Lied der Hanna in 1.Sam 2,1ff auf. Unterteilt in vier Strophen beschreibt es Marias Danksagung und Lobpreis, Gottes gnädiges Wesen, seine Souveränität und besondere Hinwendung zu den Niedrigen und seine Barmherzigkeit gegenüber Israel. *Benedictus.

MAHANAJIM (zwei Lager). Ort in *Gilead, an dem *Jakob vor seinem Zusammentreffen mit *Esau (1.Mo 32,2f) die Engel Gottes sah. *David fand dort Zuflucht vor *Absalom (2.Sam17,24); unter *Salomo (1.Kön 4,14) wurde es Sitz von einem seiner Amtsleute. Der Ort ist vielleicht in dem Gebiet um Jerasch anzusiedeln, von wo aus man das Nordufer des *Jabbok überblicken kann.

MAHLZEITEN. Wahrscheinlich wurde die weltweit älteste Darstellung eines Festmahls auf einem Siegel in Ur in Mesopotamien gefunden, die etwa aus dem Jahr 2600 v.Chr. stammt. Sie zeigt königliche Gäste, die auf niedrigen Stühlen sitzend von Dienern Weinbecher gereicht bekommen. Ein Harfenist spielt, während andere Diener den Gästen zufächeln. Eine spätere assyr. Darstellung zeigt den König Assurbanipal auf einer Liege und seine Frau auf einem kleinen Stuhl im Garten sitzend, beide aus Schalen trinkend. Alte ägypt. Palastmahlzeiten werden auf Grabzeichnungen dargestellt. Die Gäste saßen auf Liegen an niedrigen Tischen, die mit gebratenem Geflügel und Rind, Gemüse, Pasteten und Süßspeisen gedeckt waren. Getrunken wurde aus Gerste gebrautes Bier und Wein. Das Buch Ester beschreibt fünf pers. Feste, von denen eines 180 Tage dauerte (Est 1,3ff). Im Gegensatz dazu waren hebr. Palastfeste bis zur Zeit Salomos sehr einfach. Der ahmte die aus-

Mahlzeiten. Der Priester Agbar von Nerab (Nordsyrien) beim Mahl (6. Jh. v. Chr.).

gedehnten Festmahle der benachbarten Könige nach und ließ sich im Sommer wahrscheinlich seine M. in einem solchen Garten, wie er im Hohenlied beschrieben ist, servieren.

Bei den einfachen Menschen sah es ganz anders aus. Der Arbeitstag begann zeitig. Man aß mitgenommenes Brot, Käse und Obst auf dem Weg zur Arbeit. Die Ägypter nahmen offenbar ihre Hauptmahlzeit zu Mittag ein (1.Mo 43,16), während die Israeliten nur einen Imbiß zu sich nahmen und dann eine Ruhepause einlegten (Rut 2,14). Die Hauptmahlzeit folgte am Ende des Tages (Rut 3,7). Die Familie aß gemeinsam, und zu festlichen Anlässen gab es Musik (Jes 5,12) und Tanz (Lk 15,25).

In ntl. Zeit aß man oft in der oberen Etage (Obergemach); man lag auf den linken Ellenbogen gestützt auf Liegen, die um drei Seiten eines niedrigen Tisches aufgestellt waren. Die Sitzordnung richtete sich nach der sozialen Stellung der Gäste. Der Ehrengast lag rechts neben dem Eingang, durch den die Diener eintraten. Der neben ihm liegende Gast war „niedriger". Die Gäste wuschen zunächst ihre Hände, dann aßen alle aus einer gemeinsamen Tonschüssel, die mit Fleisch und Gemüse gefüllt war. Jesus dankte oft, bevor die Mahlzeit begann (z.B. Mt 15,36). Kleine Stücke Brot, die zwischen dem Daumen und zwei Fingern gehalten wurden, dienten zum Aufsaugen von Soße (Joh 13,26) sowie zum Aufnehmen und Festhalten von Fleisch. Eine gewöhnliche Mahlzeit hatte nur einen Gang. Bei besonderen Festen wurden den Gästen die Füße gewaschen (Lk 7,44), und man gab ihnen sogar eine besondere Kleidung (Mt 22,11).

Im NT wird uns von verschiedenen Festmahlen berichtet, an denen Jesus teilnahm, z.B. die Hochzeit zu Kana (Joh 2) und das Fest im Hause des Matthäus (Mt 9,10), das mehr dem formellen griech.-röm. Muster entsprach. Der Raum war wahrscheinlich zur Straße hin offen und nur durch Vorhänge geschützt, die von Vorübergehenden beiseitegezogen werden konnten. So konnten die Pharisäer sehen, mit wem Jesus Gemeinschaft hatte (Mt 9,1). Bei einem ähnlichen Mahl konnte eine Frau ungeladen hereinkommen, um Jesus zu salben (Lk 7,36ff). In Lk 10,40; 19,5f und 24,30 finden wir weitere Berichte über M., an denen Jesus teilnahm.

*Feste; *Abendmahl; *Liebesmahl.

Mahlzeiten. Auf den linken Ellenbogen gestützt, lag man auf Liegen, die um einen niedrigen Tisch aufgestellt waren.

MAKKABÄER. „Makkabäus" kommt von der griech. Form des Beinamens des jüd. Helden Judas ben Mattatias (1.Makk 2,4), was wahrscheinlich soviel wie „der Hämmerer" bedeutet. Die Familie wird in der rabbinischen Literatur als die der Hasmonäer bezeichnet. Spannungen zwischen den pro-syr. (Seleukiden) und den pro-ägypt. (Ptolemäer) Splittergruppen in Judäa nach der Teilung des Reiches *Alexanders des Großen führten dazu, daß der Seleukidenkönig *Antiochus IV. (Epiphanes) eingriff. Er verkaufte das jüd. Hohepriesteramt an den Meistbietenden (Menelaus), griff 168 v.Chr. Jerusalem an, begann eine intensive religiöse Verfolgung und stellte heidnische Bilder und Opferaltäre im Tempel auf. Viele Juden (die Chasidim, „Männer des Bundes") erduldeten heldenhaftes Leiden (1.Makk 1,60ff; 2,29ff). In Modeïn, 30 km von Jerusalem entfernt, tötete der alternde Mattatias einen Juden, der zum königlichen Altar gekommen war, um zu opfern, sowie die syr. Militärwache. Er rief dann alle, die das Gesetz lieben, auf, ihm und seinen fünf Söhnen in die Berge zu folgen. Die Revolte der M. hatte begonnen.

Judas Makkabäus, der dritte Sohn Mattatias', führte seine Truppe gegen die zahlenmäßig überlegenen Syrer mit solchem Erfolg, daß Lysias, der Regent Antiochus', einen Friedensvertrag mit ihm abschloß. 164 v.Chr. wurde der Tempel feierlich gereinigt. Dessen wurde später durch das Chanukka- bzw. Tempelweihefest gedacht (1.Makk 4; vgl. Joh 10,22). Die Tempelweihe führte zur Verfolgung jüd. Minderheiten in einigen Städten. Die Makkabäer versuchten, die Verfolgung zu unterbinden. Judas wurde 161 v.Chr. in einer Schlacht getötet, sein Bruder Jonatan übernahm die Führung der Truppen, die sich in die Berge zurückzogen. Mit der Zeit wurde er zum wirklichen Herrscher Judäas: 153 v.Chr. zum Hohenpriester und 150 v.Chr. zum Regenten ernannt; 143 v.Chr. ermordet. Unter Simon, dem letzten Sohn Mattatias', wurde Judäa praktisch unabhängig, und Simon wurde als erblicher Hoherpriester und Regent anerkannt. 104 v.Chr., als sein Sohn und Nachfolger Johannes Hyrkan starb, hatte der jüd. Staat seine größte Ausdehnung seit der Zeit Salomos erreicht. Es folgte eine Zeit interner Intrigen, die zur röm. Intervention im 1. Jh. v.Chr. führten. Die polit.-kriegerische Aktivität der Priesterkönige fand bei den „Frommen" (Chasidim, später die Pharisäer) keine Zustimmung.

Trotzdem hatten die M. ein Beispiel für den jüd. Nationalismus und die messianischen Erwartungen in der ntl. Zeit gesetzt. Die *Zeloten werden oft mit makkabäischen Idealen in Verbindung gebracht.

Buch der Makkabäer siehe *Apokryphen.

Makkabäer. Der siebenarmige Leuchter (die Menora) auf einer Bronzemünze, die an den Makkabäeraufstand erinnert.

MAKKEDA. Eine Stadt im Gebiet von Lachisch, die von *Josua erobert wurde (Jos 15,41). In einer Höhle in der Nähe von M. hielten sich fünf kanaan. Könige verborgen (Jos 10,16ff). Die genaue Lage ist umstritten.

MAL, MALZEICHEN. Zeichen, das in den Körper (meist Hände oder Stirn) von Soldaten, Sklaven, aber auch Anhängern einer Religion eingebrannt (tätowiert?) wurde. Auch zur Kennzeichnung von Verbrechern wurde es verwendet (vgl. *Kain: 1.Mo 4,15). In Hes 9,4.6 wird ein Siegel erwähnt, das Personen kennzeichnet, die zu Gott gehören (vgl. Offb 14,1; 22,4). Paulus schreibt, daß er die „Malzeichen Jesu" trägt (Gal 6,17). Vermutlich nimmt er damit Bezug darauf, daß er durch seine Leiden als Jesu Diener „gebrandmarkt" ist. Im Gegensatz dazu wird in Offb 13,16 beschrieben, wie alle, die Jesus nicht nachfolgen, das Malzeichen des Tieres tragen werden.

MALCHUS. Diener des Hohenpriesters, dem *Petrus bei der Gefangennahme Jesu in Gethsemane das Ohr abhieb. Sein Name wird nur in Joh 18,10 genannt, was die Tatsache bestätigt, daß Johannes mit der hohenpriesterlichen Familie gut bekannt war (vgl. Joh 18,5). M. war ein gebräuchlicher arab. Name.

MALEACHI, BUCH. *Verfasser und Zeit.* Maleachi (mein Bote; vgl. Mal 3,1) wirkte um 433 v.Chr., als Nehemia für kürzere Zeit in Susa war. Der Tempel ist wieder aufgebaut, der Opferdienst findet statt, doch das Volk nimmt es den Geboten Gottes gegenüber nicht genau.

Inhalt. Maleachi tadelt den Verfall der Sitten, den Formalismus der Kultübung, die Verachtung des Tempels und die Mischehen mit Heiden. Die Kraft der Erneuerung ist nach dem Abschluß des Wiederaufbaus geschwunden und hat Gleichgültigkeit Platz gemacht. Maleachi verkündet: Der Gerichtstag Jahwes steht nahe bevor!

Das Buch enthält sechs „Streitreden" im Diskussionsstil. Der Herr spricht und klagt an durch den Mund seines Boten. Er „rechtet" mit seinem Volk, fordert es zur Besinnung und Buße, zur ungeteilten inneren Bereitschaft zum Glauben, zur Hingabe, zu einem heiligen Leben auf. Dabei stellt er es in die Heilsbotschaft hinein. Gott liebt sein Volk. Seine Liebe ist unbegreiflich, aber sichtbar in seinen Verheißungen und in seinem Bemühen, das Volk zu retten (vgl. 1,2; 3,1; 3,20; 3,23).

Die Weissagung schließt ab mit der Ankündigung des Propheten Elia (3,1.23), der später in der Person Johannes des Täufers zum Volk Israel kam, um dem Erlöser den Weg zu bereiten (vgl. Mt 11,14; 17,10-13). Damit weist der letzte Prophet des AT zum Anfang des NT hinüber.

Bedeutung. Gott verabscheut jede Art von Routine-Frömmigkeit. Er will heilige Opfer, heilige Priester, heilige Ehen, einen heiligen Lebenswandel (vgl. 1.Petr 1,13-25; 1.Thess 4,4-8). Gott liebt uns und will, daß wir ihn mit der „ersten Liebe" lieben (vgl. Offb 2,4); er hat uns in seinem Sohn Jesus alles geschenkt (vgl. Röm 8,32)

Malkija

und kann sich deshalb nicht zufriedengeben, wenn wir ihm nur das Zweitbeste und Halbopfer bringen. Er möchte uns ganz haben (vgl. Röm 12,1).

Gliederung.
1,1-5   *Gottes Liebe.*
1,6-2,16 *Gottes Anklage.*
          Verurteilung der Opfer
          (1,6-14).
          Verurteilung der Priester
          (2,1-9).
          Verurteilungen der Ehescheidungen und Mischehen
          (2,10-16).
2,17-3,21 *Gottes Erscheinen.*
          Läuterung (2,17-3,6).
          Segensbedingung (3,7-12).
          Der Tag des Herrn (3,13-21).
          Der Wegbereiter (3,22-24).

MALKIJA (Jahwe ist König). Name mehrerer Personen im AT, z.B. eines Mitgliedes der Königsfamilie und Eigentümers der Zisterne, in der Jeremia gefangen gehalten wurde (Jer 38,6).

MALTA. Eine Insel im Mittelmeer, 100 km südl. von Sizilien. Paulus erlitt als Gefangener auf seiner Reise nach Rom an einer Insel Melitae Schiffbruch. Sie wird nicht mit M. identifiziert, es kann sich um eine westgriech. Insel handeln (Apg 27,39-28,11).

MAMMON. Der Begiff kommt nur in Mt 6,24; Lk 16,9.11.13 vor und ist eine buchstabengetreue Übertragung (Transliteration) eines aram. Wortes, das Wohlstand oder Vermögen bedeutet. Jesus sieht im M. eine Macht, die vom Herzen des Menschen Besitz ergreift und ihn damit Gott entfremdet. Nicht der Mensch „besitzt" etwas, sondern in Wirklichkeit besitzt es ihn.

MAMRE. Ort in der Nähe von *Hebron, westl. von *Machpela; *Abraham und auch *Isaak wohnten einige Zeit in M. und beteten Gott an (1.Mo 23,17ff; 35,27). Der Ort wird mit Ramet el Chalil, 4 km nördl. von Hebron identifiziert.

MANAHAT; MANAHATITER. *Person:* Nachkomme des Horiter Seir; Stammvater einer Sippe vom Berg Seir, die später zu Edom gehörte (1.Mo 36,23).

Ort: Stadt, in die einige Gefangene aus dem Stamm *Benjamin gebracht wurden (1.Chro 8,6), wahrscheinlich in der Nähe von Bethlehem, eventuell das heutige Maliha südwestl. von Jerusalem. Die Einwohner waren Nachkommen von Kaleb (1.Chro 2,52ff).

MANAHEN. Griech. Form des hebr. Namens Menahem (Tröster). Der Pflegebruder von *Herodes Antipas, der später in Antiochien zu den führenden Männern der Gemeinde gehörte (Apg 13,1).

MANASSE (vergessen lassen). **1.** Der älteste Sohn *Josefs; er wurde von der ägypt. Priestertochter Asenat geboren. Von *Jakob zusammen mit seinem Bruder Ephraim als gleichberechtigt mit Ruben und Simeon angenommen, verlor er aber sein Erstgeburtsrecht an seinen jüngeren Bruder *Ephraim (1.Mo 48,5.14).

2. Der Stamm Manasse erhielt Land zu beiden Seiten des Jordans. Die östl. des Jordans siedelnde Hälfte des Stammes nahm ganz Baschan und einen Teil von Gilead in Besitz, zum westl. Teil gehörte gutes Land im N von Ephraim. Der Stamm war für seine Tapferkeit bekannt; zu seinen Helden zählten *Gideon (Ri 6,15) und Jeftah (Ri 11,1).

3. Sohn *Hiskias, der mit zwölf Jahren König von Juda wurde und 55 Jahre in Jerusalem regierte, vermutlich etwa 696-686 v.Chr. gemeinsam mit seinem Vater und bis 642 v.Chr. als alleiniger Herrscher. Seine lange Regierungszeit war gekennzeichnet von Blutvergießen, Tyrannei und religiöser Abtrünnigkeit. Er führte fremde Altäre im Tempel ein und förderte die Anbetung des *Baal und der Gestirne sowie Spiritismus und Wahrsagerei. Von den Assyrern wurde er nach Babylon verschleppt, wo er Buße getan hat und freigelassen wurde (2.Chro 33).

MANNA. Hauptnahrung der Israeliten während ihrer 40jährigen Wüstenwanderung (2.Mo 16,13ff). Als das Volk sich über fehlende Nahrung in der Wüste beklagt hatte, gab ihnen Gott M. Sie fanden es am Morgen auf der Erde, aber es verdarb über Nacht. Am sechsten Tag wurde jedoch eine doppelte Ration gesammelt, weil es am *Sabbat kein M. gab. M. war weiß, sah aus wie Koriandersamen und hatte einen honigartigen Geschmack. Viele Spekulationen sind bereits darüber angestellt worden, was das M. gewesen ist. Aber keine Erklärung trifft auf alle Phänomene zu. Letztlich bleibt die Versorgung mit M. ein *Wunder. Durch das M. sollten die Israeliten ihre Abhängigkeit von Gott erkennen (5.Mo 8,3.16). Jesus verwendete M. als Bild für sich selbst: als das Brot des Lebens, das vom Himmel kommt (Joh 6,26ff).

MANOACH. Vater *Simsons; der Name ist von der Form her identisch mit einem Wort, das „Ruhestätte" bedeutet; Daniter aus Zora. M. und seiner Frau wurde die Geburt Simsons durch einen Engel angekündigt (Ri 13,2).

MAON, MAONITER. 1. Nachkommen aus der Linie *Kaleb im Stamm Juda. Maon war der Sohn Schammais (1.Chro 2,45). **2.** Name einer Stadt, in der *David vor *Saul Schutz suchte (1.Sam 23,24f.), das heutige Chirbet-el Main, 14 km südl. von Hebron. **3.** Volk östl. des Jordans, das Israel unterdrückte (Ri 10,12).

MARA (bitter). Die erste namentlich genannte Lagerstätte der Israeliten, nachdem sie das Rote Meer durchquert hatten. Die Stätte wurde so benannt, weil man dort nur bitteres Wasser fand (2.Mo 15,23); eventuell Ain Hawarah, 75 km südöstl. von Suez.

MARANATA. Ein aram. Ausdruck, der in 1.Kor 16,22 gebraucht wird. M. kann „Unser Herr, komm" oder „Unser Herr kommt" bedeuten.

MARESCHA. Stadt im judäischen Hügelland (Jos 15,44), das heutige Tell Sandahanna; wurde von *Rehabeam befestigt (2.Chro 11,8) und 40 v.Chr. von den Parthern zerstört.

MARI. Siehe *Archäologie AT (IV.4).

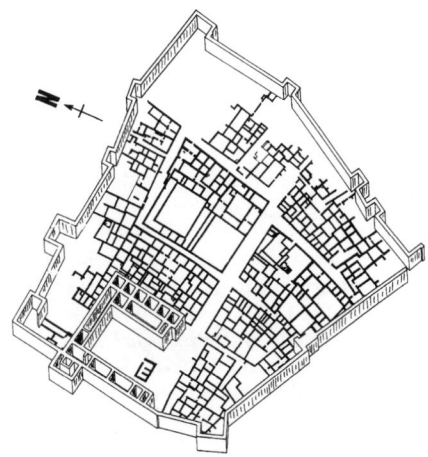

Marescha. Der Stadtplan zeigt die gerade Anordnung der Straßen – nach griechischem Vorbild gebaut und stark befestigt.

MARIA. 1. *Mutter Jesu.* Sie lebte in Nazareth, stammte aus dem Geschlecht Davids (Lk 3,31; Apg 2,30; Röm 1,3: leibl. Abstammung von David ist nur über M. möglich) und war mit dem Zimmermann *Josef verlobt, als ein Engel ihr die Geburt Jesu ankündigte; sie empfing das Kind durch den Heiligen Geist (Mt 1,18). Während ihrer Schwangerschaft besuchte sie ihre Cousine *Elisabeth, die sie mit „Mutter meines Herrn" begrüßte, worauf M. mit einem Lobgesang antwortete (Lk 1,39ff). Jesus wurde in Betlehem geboren (Mt 2,1). *Jungfrauengeburt. M. war mit Jesus auf der Hochzeit zu Kana (Joh 2) und vermutlich auch bei anderen Gelegenheiten in seiner Nähe (vgl. Mk 3,31ff). Auch bei der Kreuzigung Jesu war M. anwesend (Joh 19,25), wo sie Jesus der Fürsorge eines Jüngers anbefiehlt. Nach der Himmelfahrt schloß sie sich den betenden Jüngern an (Apg 1,14). Mit Ausnahme von Gal 4,4 findet sie im NT keine weitere Erwähnung.

2. *Maria, Schwester von Marta und Lazarus.* Sie wird namentlich nur in Lk 10,38ff, wo sie lieber Jesus zuhörte, als ihrer Schwester beim Zubereiten der Mahlzeit zu helfen, und in Joh 11-12 erwähnt. Sie salbte Jesus mit kostbarem Öl. In drei Evangelien (Mt, Mk, Joh) finden wir einen Bericht über eine Salbung in Betanien, bei der Jesus auf sein Begräbnis hinweist.

3. *Maria Magdalena.* Ihr Name wird wahrscheinlich von der Galiläischen Stadt *Magdala hergeleitet. Sie wurde durch Jesus von bösen Geistern befreit (Lk 8,2). M. wird bei der Kreuzigung erwähnt, und Jesus erschien ihr nach seiner Auferstehung (Joh 20,1ff).

4. *Maria, die Mutter von Jakobus, „die andere Maria";* „die Frau des Kleopas". Es handelt sich vermutlich um ein und dieselbe Person. Sie begleitete Jesus nach Jerusalem, war bei der Kreuzigung zugegen (Mt 27,55f) und ging mit Maria Magdalena am Morgen der Auferstehung zum Grab (Mt 28,1; vgl. Mk 15,40ff; Lk 24,10; Joh 19,25).

5. *Maria, die Mutter des Markus.* Sie wird nur in Apg 12,12 erwähnt. Ihr Haus diente der Jerusalemer Gemeinde als Versammlungsort.

6. *Eine römische Christin.* Paulus weiß um ihre Mühe und Arbeit in der Gemeinde (Röm 16,6) und erwähnt sie in seiner Grußliste.

MARKT, MARKTPLATZ. Das Handelszentrum einer orientalischen Stadt, zur Zeit des NT gleichzeitig ein öffentlicher Versammlungsplatz (Mt 23,7), der oft durch Statuen und Kolonnaden geschmückt war. Hier spielten Kinder (Mt 11,16), und man wartete auf Anstellung als Tagelöhner (Mt 20,3); in heidnischen Städten wurden auch vorläufige Prozesse und öffentliche Debatten auf dem Marktplatz abgehalten (Apg 16,19; 17,17f).

MARKUS, JOHANNES MARKUS. Ein Jude aus Jerusalem, verwandt mit Barnabas (Kol 4,10). Jochanan (Johannes) war sein hebr. Name, Markus eine lat. Ergänzung, was im 1. Jh. nichts Außergewöhnliches war. Seine Mutter *Maria scheint eine wohlhabende Christin gewesen zu sein, wahrscheinlich eine Witwe. Ihr Haus war groß genug, um einer Versammlung Platz zu bieten (Apg 12,12). Es wird häufig angenommen, daß M. der junge Mann war, der nackt aus Gethsemane geflohen ist (Mk 14,51). M. wurde von seinem Onkel Barnabas nach Antiochien mitgenommen (Apg 12,25), und er begleitete *Paulus und Barnabas auf der ersten Missionsreise (Apg 13,5). Unterwegs verließ er sie, um nach Hause zurückzukehren. Paulus mißbilligte dieses Verhalten und lehnte es ab, M. auf die nächste Reise wieder mitzunehmen (Apg 15,38). Barnabas trennte sich deshalb von Paulus und fuhr mit M. nach Zypern (Apg 15,39). Mehr als zehn Jahre später war M. bei dem gefangenen Paulus in Rom (Kol 4,10). Paulus schätzte seinen Dienst (2.Tim 4,11). 1.Petr 5,13 beschreibt die väterliche Beziehung zwischen Petrus und einem M. in Rom („Babylon"), was die Überlieferung bekräftigen könnte, daß Johannes M. Petrus begleitet und das Evangelium dort geschrieben hat.

MARKUSEVANGELIUM. *Verfasser.* *Markus. Nach Papias (140 n.Chr.) hat Markus vor allem aufgeschrieben, was er von *Petrus (dessen „Sekretär" er war) gehört hatte.

Empfänger. Man nimmt allgemein an, daß das M. für röm. Leser bestimmt war. Die Römer interessierten sich nicht für religiöse Traditionen und Prophetien,

Markus, Evangelium. *Papyrus-Kodex mit Markus 8,10-26 (2./3. Jh. n.Chr.).*

sondern für Tatsachen und praktische Vernunft.

Ziel. Im Gegensatz zu Matthäus versucht Markus nicht, die Erfüllung von Prophezeiungen über Jesus zu beweisen. Sein Ziel ist, Tatsachen über Jesus und sein Wirken festzuhalten. Daß Jesus Gottes Sohn ist, beweist er nicht durch Erklärungen, wie und woher er kam, sondern indem er zeigt, was Jesus während seines kurzen Wirkens auf der Erde vollbrachte. Im Mittelpunkt steht nicht Jesus, der Lehrer (nur 4 Gleichnisse), sondern Jesus, der in göttlicher Vollmacht handelt und über der Macht des Bösen, den Dämonen, den Krankheiten, den Naturgewalten und dem Tod steht (18 Wunderberichte). Einen breiten Raum nimmt auch die Passionsgeschichte ein (Kap. 11-16), die mit 10,45 eingeleitet wird: „Der Menschensohn ist nicht gekommen, um sich dienen zu lassen, sondern um zu dienen und sein Leben hinzugeben als Lösegeld für viele."

Gliederung.
1,1-13   Vorbereitung.
1,14-9,50   Dienst in Galiläa.
10   Unterwegs nach Jerusalem.
11-13   Dienst in Jerusalem
14-16   Leiden, Tod und Auferstehung Jesu.

MARTA (Herrin). Schwester von *Lazarus und *Maria (Joh 11; 12,2). Die Familie lebte in Bethanien, 4 km von Jerusalem entfernt. M. diente Jesus und seinen Jüngern, wenn sie bei ihnen zu Gast waren (Lk 10,38ff). Jesus tadelte sie bei diesem Besuch wegen ihrer Ungeduld und betonten Aktivität in hauswirtschaftlichen Angelegenheiten (vgl. Joh 12,2). Nach dem Tod ihres Bruders wendet sich M. als erste an Jesus. Zwar wußte sie um die Auferstehungshoffnung, rechnet aber nicht mit einer sofortigen Konsequenz für Lazarus (Joh 11,1-45).

MASSA. Sohn *Ismaëls (1.Mo 25,14); seine Nachkommen siedelten sich in Arabien an. Der Stamm ist möglicherweise mit den Masa zu identifizieren, die an die Assyrer Steuern zahlten, und den Masanoi, nach Ptolemäus nordöstl. von Duma angesiedelt. Einige der bibl. Sprüche werden den Massaitern zugeordnet (Spr 30,1; 31,1).

MASSA UND MERIBA. Massa (Versuchung) - Ort in der Wüste, wo Israel über Gott murrte (5.Mo 6,16; 9,22); in 2.Mo 17,7 und Ps 95,8 zusammen mit Meriba (Streit) genannt. Israel lehnte sich während der Wüstenwanderung bei Refidim gegen Gott auf, weil Wasser fehlte. Mose schlägt auf Gottes Anweisung an einen Felsen, so daß Wasser daraus fließt (2.Mo 17).

MASSE UND GEWICHTE. *Altes Testament:* Die Normen waren von Ort zu Ort verschieden, und es gibt nicht einmal Hinweise dafür, daß Israel jemals ein einheitliches System benutzt hat. *David setzte einige Normen fest (Lot nach königl. Gewicht: 2.Sam 14,26). Für die rabbinische Überlieferung, daß Standardmaße im Tempel deponiert waren, gibt es jedoch keine Beweise (vgl. 1.Chro 23,29). Das mosaische Gesetz verpflichtete die Hebräer zum ehrlichen Gebrauch von Maßen und Gewichten (3.Mo 19,35f; vgl. Hes 45,10ff), und die Propheten prangerten Kaufleute an, die mit falschen Maßen und Gewichten handelten (Mi 6,11f). Gewichten wurde in jedem Fall ein Toleranzbereich zugebilligt, so daß Umrechnungen nur Näherungswerte ergeben.

Gewichte wurden aus Stein gemeißelt, gewöhnlich hatten sie einen flachen Fuß, und häufig war das Gewicht oder die Norm eingemeißelt. Sie wurden in einer Tasche oder in einem Beutel getragen (5.Mo 25,13; Spr 16,11); ein Käufer konnte somit seine Gewichte mit denen anderer Kaufleute vergleichen (vgl. 1.Mo 23,16). Die größte Gewichtseinheit war das *Talent* (Zentner). Danach wurden Gold, Silber und Metalle gewogen; ein „leichtes" Talent wog etwa 30 kg, ein „schweres" oder „Doppel"-Talent etwa 60 kg. Das Talent wurde in 60 *Minen* (Pfund) unterteilt, die jeweils 50 *Schekel* (Lot) entsprachen (oder möglicherweise 50 Minen zu jeweils 60 Schekel). 3000 Schekel entsprachen also einem Talent. Der Schekel schwankte zwischen 10 g und 13 g, je nachdem, ob es sich um den „königlichen", „gewöhnlichen" oder den „Tempel"-Schekel handelte. Der Schekel unterteilte sich weiter in zwei *Beka* (1/2 Schekel) zu jeweils 10 Gera (1/20 Schekel).

Längenmaße gründeten sich auf „natürliche" Einheiten, die einfach im Gebrauch waren. Die *Elle* war die Entfernung vom Ellbogen bis zu den Fingerspitzen, das entsprach 6 Handbreiten. Die hebr. Standardelle für genauere Messungen war 44-45 cm, und die königliche Elle war eine Handbreite länger als die Standardelle. Die *Spanne,* die gespreizte Hand vom kleinen Finger bis zum Daumen, war eine halbe Elle, und eine *Handbreite* entsprach der Breite der Hand ohne Daumen. Eine *Rute* waren 6 Ellen. Entfernungen wurden vor dem Exil nur sehr grob gemessen, wie z.B. anhand eines Bogenwurfs (1.Mo 21,16), einer Pflugfurche (1.Sam 14,14) oder einer Tagesreise (1.Kön 19,4). Zur Makkabäerzeit wurden griech. Maßeinheiten eingeführt.

LÄNGENMASSE

Biblische Bezeichnung	Ungefähre heutige Entsprechung
Altes Testament	
Elle	44,45 cm
Spanne	23 cm
Handbreit	7,37 cm
Finger	1,85 cm
Rute	266,7 cm
Hellenistische Zeit	
Klafter	184,9 cm
Stadion	6,1 km
Neues Testament	
Elle	44,4 cm/52,5 cm
Faden/Lot	1,8 m
Achtelmeile	185 m
Meile	1478 m

Flächen wurden oft mit Hilfe von Längenmaßen oder der Angabe des Umfangs bezeichnet (z.B. 1.Kön 7,23). Ein Morgen Ackerland (1.Sam 14,14) galt als die Fläche, die ein Joch Ochsen an einem Tag pflügen konnte. Nach babylon. Rechnung waren das 1 618 m² und nach römischer 2529 m².

Hohlmaße für trockene Dinge leiteten sich ursprünglich aus den Gefäßen ab, die die jeweils gewünschte Menge enthielten. So war ein *Faß* (Homer) eine Eselsladung und entsprach dem später eingeführten *Sack* (Kor). Der Efa (Scheffel, Tonne) war der 10. Teil des Sackes, ein Maß in Mannesgröße (Sach 5,7), das für Getreide benutzt wurde, und entsprach bei Flüssigkeitsmaßen dem Eimer (Bat). Ein *Krug* (Gomer) entsprach einem Zehntelscheffel.

FÜR FLÜSSIGKEITEN

Biblische Bezeichnung	Ungefähre heutige Entsprechung
Altes Testament	
Bat	22 l
Hin	3,6 l
Log	0,3 l
Neues Testament	
Maß (batos)	39,5 l
Metretes	39,5 l
Sextarius	0,5 l

Das wichtigste *Hohlmaß für Flüssigkeiten* war der *Eimer* (Bat), wobei es offenbar Abweichungen zwischen 21 l und 46 l gab; im allgemeinen entsprach es 22 l. Die *Kanne* (Hin) entsprach etwa einem Sechstel des Eimers.

2. Neues Testament: Gewichte. Im NT werden nur zwei Einheiten erwähnt, das *Litra* (Pfund) in Joh 12,3; 19,39, das dem röm. Pfund von 327,45 g entsprach, und das *Talent* (Zentner) in Offb 16,21 (Schätzungen bewegen sich zwischen 20 und 41 kg).

Längenmaße bezogen sich immer noch auf Körperteile. Die Römer gebrauchten zwei verschiedene *Ellen.* In Palästina benutzte man wahrscheinlich die Philetarische Elle von 52,5 cm. Das *Klafter* in Apg 27,28 entsprach der Länge der ausgebreiteten Arme (ca. 1,8 m). Das röm. Längenmaß *Stadion,* wovon auch das Wort Stadion abgeleitet ist, entsprach 185 m. Die Kampfbahn in Olympia war genau 1 Stadion lang. Die *Meile* entsprach 8 Stadien, das sind 1 478,5 m (Mt 5,41). *Flächenmaße* werden im NT nicht erwähnt.

Hohlmaße für trockene Dinge. Der *Quart* bzw. das „Pfund" in Offb 6,6 war etwas mehr als ein Liter und entsprach der täglichen Getreideration pro Mann in Xerxes' Armee. Der *Scheffel* bzw. das Maß in Mt 13,33; Lk 13,21 entspricht 12,3 l, in Lk 16,7 ist jedoch der *Sack* (Kor) gemeint, was etwa mit 395 l gleichzusetzen ist. Mt 5,15 bezieht sich auf ein Getreidemaß mit einem Fassungsvermögen von ca. 8,75 l.

Hohlmaße für Flüssigkeiten. Der Krug in Mk 7,4 faßte etwa 500 ccm. Das Maß für Öl in Lk 16,6 entspricht dem atl. Bat von ca. 39,5 l. Die Wasserkrüge in Kana aus Joh 2 faßten jeweils zwischen 80 und 120 l.

HOHLMASSE

Biblische Bezeichnung	Ungefähre heutige Entsprechung
Altes Testament	
Homer	220 l
Kor	220 l
Efa	22 l
Sea	7,3 l
Kab	2 l
Neues Testament	
Koros	525 l
Saton	12,3 l
Meimnos	8 l
Choinix	1 l

MATTHÄUS. Einer der zwölf Apostel Jesu; vor seiner Berufung Zöllner (vgl. Mt 9,9; 10,3). In Mk 2,14 (vgl. Lk 5,27) wird der Name des Zöllners, den Jesus in seine Nachfolge ruft, mit *Levi, der Sohn des Alphäus,* angegeben. Es wird allgemein angenommen, daß es sich bei M. und Levi um die gleiche Person handelt.

Nach Papias (140 n.Chr.) stellte M. Reden Jesu in hebr. Sprache zusammen. Diese könnten in das Evangelium aufgenommen worden sein, und deshalb wurde der erweiterte griech. Text mit *Matthäusevangelium bezeichnet.

MATTHÄUSEVANGELIUM. *Verfasser.* *Matthäus.

Empfänger. Ursprünglich wahrscheinlich in hebr. Sprache abgefaßt, später in griech. Sprache, war das M. vor allem als Missionsschrift für Juden bestimmt. Das zeigt auch – neben den vielen AT-Zitaten – die Art, wie Jesus charakterisiert wird: als Messias und König der Juden.

Ziel. Das M. will zeigen, daß Jesus der lang erwartete Messias und Davidssohn ist und sein Leben die Prophetie des AT erfüllt. Mit 29 atl. Zitaten weist Matthäus nach, daß Jesus der prophezeite Retter und König ist (13 Mal „auf daß die Schrift erfüllt würde...").

Matthäus ist „das Buch von der Geschichte Jesu Christi, des Sohnes Davids, des Sohnes Abrahams" (1,1).

In Jesus Christus werden die beiden Bundesschlüsse Gottes mit Abraham (1.Mo 12,3) und David (2.Sam 7,8-13) zur Vollendung gebracht: Die Segnungen dieser Bundesschlüsse werden jetzt durch Jesu Sühnetod und durch seine Königsherrschaft – über Israel hinaus – allen Menschen zugänglich gemacht (vgl. 2,1.11; 28,19-20). In diesem Sinn ist das M. das Bindeglied zwischen dem AT und NT.

Besonderheiten. Schlüsselwort: Das Königreich der Himmel (55 mal); vgl. bei Markus und Lukas „Reich Gottes". 12 der 15 Gleichnisse handeln vom Königreich. Das M. beschreibt den Anbruch der Herrschaft des Königs der Himmel; vgl. erste Predigt Jesu (4,17). Matthäus gibt keine streng chronologische Abfolge der Ereignisse, sondern ordnet sein Evangelium mehr thematisch.

Besonders treten sechs Reden hervor:
1. Bergpredigt (5-7),
2. Aussendungsrede (10),
3. Seepredigt (sieben Gleichnisse vom Reich Gottes: 13),
4. Gemeindeordnung (18),
5. Gerichtsrede gegen die Pharisäer (23),
6. Rede von seiner Wiederkunft (24-25).

Gliederung.
1,1-4,11   *Geburt, Taufe, Versuchung.*
4,12-16,12 *Wirken in Galiläa.*
16,13-18,35 *Unterweisung der Zwölf.*
19-25   *Reise nach Jerusalem und letzte Tage in der Stadt.*
26-28   *Kreuzigung und Auferstehung.*

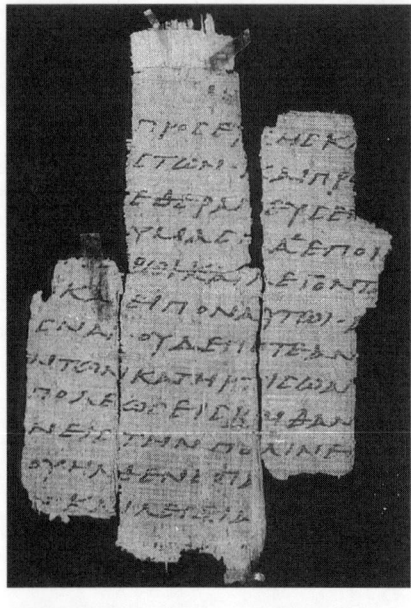

Matthäus, Evangelium. *Fragment des Matthäusevangeliums (21,13-19) in griech. Sprache (2/3. Jh. n.Chr.).*

MATTHIAS. Nachfolger von *Judas Iskariot im Kreise der Zwölf; durch Werfen des Loses ausgewählt (Apg 1,15-26). Bedingung war, daß er von der Taufe Jesu bis zur Auferstehung schon mit zum Jüngerkreis gehört hat (Apg 10,21.22). Der frühe Kirchengeschichtsschreiber Eusebius von Cäsarea (ca. 330 n.Chr.) war der Meinung, M. sei einer von den 70 (Lk 10,1; vgl Apg 1,21f). Über seinen späteren Weg ist uns nichts überliefert.

MAULBEERFEIGEN. Siehe *Bäume.

MAULTIER. Eine Kreuzung zwischen Pferd und Esel. M. verbinden Stärke mit Ausdauer und können mit kargem Futter leben. 3.Mo 19,19 scheint ihre Züchtung zu verbieten, was eine Erklärung dafür sein kann, warum M. in der Bibel vor der Zeit Davids nicht erwähnt werden (2.Sam 13,29).

MAZEDONIEN. Ein reicher Landstrich am Golf von Thessalonich, bekannt für sein Holz und seine Edelmetalle. Seine Könige beherrschten vom 4. Jh. v.Chr. an das griech. Festland, später wurde M. röm. Provinz mit Sitz des Prokonsuls in Thessalonich. Paulus wird in einer Vision von einem Mann nach M. gerufen (Apg 16,9); damit kommt das Evangelium nach Europa. Er gründete Gemeinden in Philippi, Thessalonich und Beröa. In Philippi beruft sich Paulus zum ersten Mal auf sein röm. Bürgerrecht (Apg 16,37). Paulus hatte eine besondere Zuneigung zu den mazedonischen Gemeinden. Sie durften als einzige zu seinem Unterhalt beitragen (Phil 4,1.15) und spendeten auch für die Gemeinden in Jerusalem (2.Kor 8,1ff).

MECHONA. Stadt im Gebiet des Stammes *Juda, in der Nähe von Ziklag, die unter Nehemia von den Juden besetzt wurde (Neh 11,28). Die genaue Lage ist unbekannt.

Maulbeerfeigen. *Zweig des Maulbeerfeigenbaums mit Blättern und Früchten.*

MEDAN. Sohn von *Abraham und *Ketura (1.Mo 25,2). Seine Nachkommen haben sich wahrscheinlich im N Arabiens niedergelassen.

MEDEBA. (vielleicht: Wasser der Ruhe). Eine Ebene und eine Stadt nördl. des Arnon, im Siedlungsgebiet des Stammes *Ruben (Jos 13,9-16). Die Moabiterstadt wurde erst von den Ammonitern eingenommen, gehörte dann den Israeliten; später wechselten die Besitzer mehrfach. In M. (heute Madaba), 10 km südl. von Heschbon, wurde eine Mosaikkarte von Palästina aus dem 6. Jh. n.Chr. gefunden.

MEDER/MEDIEN. Medien war ein Hochland im Nordwestiran, südwestl. des Kaspischen Meeres und nördl. des Zagros-Gebirges. Seine Bewohner hießen Meder, waren eng mit den Persern verwandt und wurden nicht immer von diesen unterschieden. Sie waren Nachkommen von Jafet (1.Mo 10,2). Sie wurden von dem Assyrer Salmanasser III. zuerst namentlich erwähnt, der 836 v.Chr. wegen ihrer berühmten Zuchtpferde in ihre Ebenen einfiel. Seine Nachfolger behaupteten, das „Land der Meder und Perser" erobert zu haben. Sargon II. deportierte Israeliten nach Medien (2.Kön 17,6; 18,11). Die Meder rebellierten gegen das verfallende Reich der Assyrer und beherrschten bis 600 v.Chr. die Länder bis zum N Assyriens. 550 v.Chr. eroberte *Kyrus von Persien M., und die Gesetze der beiden Nationen wurden vereint. Im Danielbuch werden M. und Persien als politische Einheit beschrieben (z.B. Dan 6,9). Im Buch Ester wird die Geschichte von Juden im Reich der Meder und Perser erzählt (Est 10,2). Juden aus Medien waren bei der Predigt des Petrus zu Pfingsten in Jerusalem anwesend (Apg 2,9).

MEDIZIN. Siehe *Gesundheit und Heilung.

MEER. Das in der Bibel am häufigsten erwähnte M. ist natürlich das Mittelmeer (das „Große Meer", z.B. Jos 1,4). Weiter werden erwähnt „Schilfmeer", „Salzmeer". Die Hebräer zeigten wenig Interesse am M. Ihre Furcht vor dem M. könnte auf alte semit. Vorstellungen zurückzuführen sein, daß das M. die personifizierte Macht sei, die gegen Gott kämpfte. Aber ihr Gott war der Schöpfer und Herrscher des M. (1.Mo 1,9f; Ps 104,6ff). Einige seiner Machtdemonstrationen richteten sich gegen das M. (2.Mo 14-15; vgl. Mt 14,25ff). In der künftigen Welt wird es kein M. geben (Offb 21,1).
*Schiffe und Boote.

MEER, GLÄSERNES. Johannes schaute zweimal das gläserne Meer im Himmel (Offb 4,6; 15,2). Dieses kristallklare Meer steht im Gegensatz zu dem stumpfen Glas jener Zeit und symbolisiert Reinheit. Das Feuer in dem Meer bedeutet den Zorn Gottes. Das Siegeslied, das dort gesungen wird, erinnert an das Siegeslied der Israeliten am Roten Meer (2.Mo 15).

MEFI-BOSCHET. Der Name könnte ursprünglich Meribbaal („Baal ist Fürsprecher" oder „Held Baals") gelautet haben. **1.** Der Sohn Jonatans, der mit fünf Jahren bei einer Flucht zum Behinderten wurde (2.Sam 4,4). David sorgte für ihn (2.Sam 9; 21,7). M. war offensichtlich das unschuldige Werkzeug im Verrat seines Dieners Ziba (2.Sam 16,1ff; 19,24ff). **2.** Sauls Sohn von seiner Nebenfrau Rizpa (2.Sam 21,8).

MEGIDDO. Bedeutende atl. Stadt auf der Nordseite der Gebirgskette des Karmel, 30 km südsüdöstl. vom heutigen Haifa. In einer strategisch wichtigen Lage beherrschte M. die Route zwischen Ägypten und Syrien/Mesopotamien und war Schauplatz vieler Schlachten. M. wurde von *Josua erobert (Jos 12,21) und dem Stamm *Manasse zugewiesen (Jos 17,11), ihre Einwohner aber nicht vertrieben, sondern nur tributpflichtig gemacht. *Salomo befestigte M. und unterhielt dort Pferde und Streitwagen (1.Kön 9,15). *Josia wurde in der Schlacht gegen Pharao Necho bei M. getötet (2.Kön 23,29f). In Sach 12,11 erscheint der Name hebr. als megiddon, was im NT als Harmagedon (Hügel von M., Offb 16,16) wieder aufgenommen wird.

M. wurde mit dem verlassenen Erdwall von Tell el-Mutesellim identifiziert; es wurden umfangreiche Ausgrabungsarbeiten durchgeführt. Die erste Besiedlung geht auf ca. 4000 v.Chr. zurück, eintausend Jahre später war der Ort eine ausgedehnte Stadt mit einer Opferstätte, einer „Höhe". Es gibt Hinweise auf ägypt. Einfluß in der Mittelbronzezeit (2200-1550 v.Chr.). In der Spätbronzezeit (1550-1200 v.Chr.) wird eine kulturelle Beeinflussung aus dem N sichtbar (200 aus Elfenbein geschnitzte Gegenstände wurden gefunden). Außerdem gab es einen Tunnel, der Wasser aus einer Quelle in die Stadt führte. Gegen Ende des 12. Jh. v.Chr. weisen Zeichen auf eine Zerstörung hin, einige Zeit nach der Ankunft der Israeliten. Aber das Volk, das den Ort wiederbesiedelt hat, scheint nicht Israel gewesen zu sein, was mit der bibl. Aussage übereinstimmt, daß die Einwohner nicht vertrieben worden sind (Ri 1,27). Man nahm zunächst an, daß eine große Anzahl von Ställen, in denen man bis zu 450 Pferde unterbringen konnte, zur Zeit Salomos gebaut worden sei, jetzt weiß man aber, daß sie aus der späteren Regierungszeit Ahabs stammen.

MEISTER, HERR. Damit werden verschiedene hebr. und griech. Begriffe übersetzt. Im AT bedeutet der gebräuchlichste einfach „Herr" und im NT Lehrer (z.B. Joh 4,31). Besonders interessant ist, daß Lukas das griech. Wort epistates gebraucht, welches „Aufseher" bedeutet (z.B. Lk 5,5). *Rabbi.

MELCHISEDEK. König von *Salem (Jerusalem) und „Priester Gottes, des Allerhöchsten", der *Abraham nach dessen Sieg über Kedor-Laomer und seine Verbündeten begrüßte und segnete. Abraham gab ihm dafür ein Zehntel seiner Beute aus der Schlacht (1.Mo 14,17ff). In Ps 110,4 heißt es, daß ein König aus dem Geschlecht Davids „für ewig Priester sein soll nach der Ordnung Melchisedeks". Der Hintergrund ist die Eroberung Jerusalems durch David um 1000 v.Chr., wodurch er Erbe in M. Dynastie der Priesterkönige wurde. Der Schreiber des Hebräerbriefes führt das Thema weiter, indem er M. Überlegenheit gegenüber Abraham mit der Überlegenheit Jesu gegenüber den Priestern des AT vergleicht (Hebr 5,6ff; 6,19-7,28).

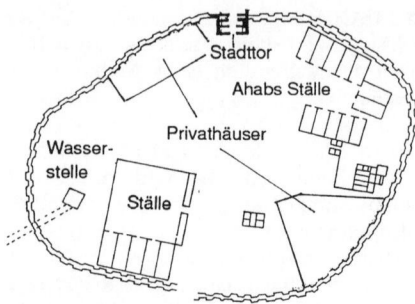

Megiddo. *Stadtplan zur Zeit König Ahabs (9. Jh. v.Chr.).*

MEMFIS. Eine ägypt. Stadt am oberen Nildelta, 24 km von der Spitze des Flußdeltas entfernt. M. war bis zur Eroberung durch Alexander den Großen (332 v.Chr.) eine bedeutende Stadt. Asiatische Einwanderer brachten fremde Götter wie *Astarte und *Baal mit. Nach der Zerstörung Jerusalems im Jahr 587 v.Chr. (Jer 44,1) ließen sich Juden in M. nieder. Die Stadt wird auch bei anderen Propheten erwähnt (z.B. Jes 19,13; Hes 30,13; Hos 9,6).

MENAHEM (Tröster). Militärstatthalter von Tirza, der früheren Hauptstadt des Nordreiches Israel (2.Kön 15,14ff). Er wurde der 17. König des Nordreiches, indem er den Thron von einem unrechtmäßigen Machthaber, Schallum, eroberte. Er stärkte seine Position durch ein unheilvolles Bündnis mit Assyrien, was aber dazu führte, daß Assyrien Israel annektierte.

MENE MENE TEKEL U-PARSIN. Die Schrift, die während des Festmahles von König *Belsazar an der Wand erschien (Dan 5,25). Daniels Auslegung stützt sich auf ähnlich lautende aramäische Worte, die *gezählt* (mene), *gewogen* (tekel) und *geteilt* (parsin; peres in V. 28 ist die Einzahlform) bedeuten. Oberflächlich betrachtet standen die Worte nur für Maßeinheiten von Gewicht und Geld – Mine, Schekel, halber Schekel. Manche Forscher haben versucht, jedes Wort mit einem späteren Herrscher Babylons zu identifizieren, aber solche Annahmen entsprechen nicht der ursprünglichen Botschaft.

MENSCH. Bereits in den Schöpfungsaussagen (1.Mo 1,1-2,7) wird der M. als wichtigstes Werk des Schöpfers herausgestellt und durch Gottes-Ebenbildlichkeit von der übrigen Schöpfung unterschieden. Trotzdem bleibt er in die übrige Schöpfung eingebunden und lebt in der personalen Verantwortung vor Gott (1.Mo 3,8f; 4,9f). Durch den Odem Gottes wird der M. zum lebendigen Wesen, zur Seele (1.Mo 2,7). Erst durch den *Sündenfall (1.Mo 3,1ff) kommt der *Tod als die das Leben bedrohende Macht hinzu. Die Frage nach der *Erlösung des M. von dieser Bedrohung ist eines der zentralen Themen der Bibel überhaupt.

Durch die Sünde gerät das Leben unter die Knechtschaft der Todesfurcht (Hebr 2,14) und in den Konflikt mit dem Bösen (Eph 6,12). Trotzdem bleibt der M. *Bild Gottes (Ps 8; Jak 3,9) und von unschätzbarem Wert für Gott (Mt 10,31). Jesus Christus ist das wahre Ebenbild Gottes (Kol 1,15). Sein Sieg über Tod und Sünde verheißt Leben und Freiheit für alle, die ihm vertrauen (Röm 5,12ff). So wird der Glaubende, „in Christus", in sein vollkommenes Bild verwandelt (2.Kor 3,18), indem er es durch den Glauben bereits in diesem Leben „anzieht" (Eph 4,24; Kol 3,10).

Durch den *Heiligen Geist hat der Christ zwar die Gewißheit ewiger Erlösung, muß aber auf ihre Vollendung noch warten (Röm 8,23). Deshalb erwartet er sehnsüchtig die Wiederkunft seines Herrn (1.Thess 4,13-17). Bis zu diesem Zeitpunkt hat er sich als Nachfolger Jesu Christi in einer widergöttlichen Welt zu bewähren, was vielfältige Spannungen verursacht (Gal 5,16ff).

Die vielfältigen und naturgemäß unterschiedlichen bibl. Beschreibungen menschlicher Lebensäußerungen bedeuten nicht, daß ein zwei- (Körper und Seele) oder dreigeteiltes (Leib-Seele-Geist) Menschenbild zugrunde gelegt werden kann. Vielmehr sieht die Bibel den Menschen als Einheit, die durch Sünde und Tod bedroht, aber in der Auferstehung der Glaubenden auch körperlich wiederhergestellt wird (1.Kor 15,35ff). Gerade die Gewißheit der Auferstehung zum Leben oder *Gericht unterstreicht die Verantwortung des M. vor Gott (Offb 20,11ff). *Fleisch; *Leib.

MERAB. *Sauls älteste Tochter, die *David versprochen, aber Adriel von Mehola gegeben wurde (1.Sam 18,17ff).

MERARI, MERARITER. Merari war der dritte Sohn *Levis (1.Mo 46,11) und der Stammvater einer der drei großen levitischen Familien. Bei der Wüstenwanderung trugen die M. Teile der Stiftshütte (4.Mo 3,36f); M. waren dabei, als die Bundeslade nach Jerusalem gebracht wurde (1.Chro 15,6). David ernannte Etan (=Jedutun, war M.) und dessen Söhne zu Tempelsängern (1.Chro 25,3). M. dienten auch zur Zeit Esras im Tempel (Esr 8,18f).

MERIBA. Siehe *Massa.

MERODACH. Hebr. Form des ursprünglich babylon. Gottes Marduk, des Schutzgottes von Babylon. Er war später auch

Merodach. Darstellung der babylonischen Gottheit Marduk (hebr. Merodach). Robe, Stab und Ring sind Symbole seiner Autorität (um 850 v.Chr.).

unter seinem Beinamen Bel (*Baal) bekannt (Jes 46,1). Die Niederlage seiner Anhänger bedeutete auch seine Niederlage (Jer 50,2). M. kommt in verschiedenen Vornamen vor, wie z.B. Mordechai (Est 2,5).

MERODOCH-BALADAN. Der König von Babylon, der eine Gesandtschaft zu *Hiskia schickte (Jes 39,1ff; 2.Kön 20,12ff). Er unterstützte die Assyrer, als sie 731 v.Chr. in Babylon einfielen, aber 721 v.Chr. forderte er den Thron für sich. Er blieb König bis 710 v.Chr., als Sargon ohne Widerstand in die Stadt einfiel, aber selbst dann scheint er der Herrscher der Stadt geblieben zu sein. Als Sargon 705 v.Chr. starb, wirkte M. für eine Unabhängigkeit von Assyrien. Er versuchte auch, Hiskia zur Rebellion zu ermutigen, wurde aber kurze Zeit später abgesetzt.

MEROM, WASSER VON. Ort, wo *Josua das Bündnis der kanaan. Stadtkönige unter Führung *Hazors besiegte (Jos 11,5ff); vielleicht Meiron, 5 km nordwestl. von Safed oder Maroun er-Ras, 15 km nördl. davon.

MEROS. Stadt, die von *Debora verflucht wurde, weil sie nicht gegen *Sisera gekämpft hatte (Ri 5,23); vermutlich Chirbet Marus, 10 km südl. von Kedes-Naftali.

MESCHA. *Person:* König von *Moab, der sich um 853 v.Chr. nach *Ahabs Tod gegen Israel erhob, vermutlich, um seinen Wollhandel mit Tyrus der israelit. Kontrolle zu entziehen (2.Kön 1,1; 3,4f).
Ort: Vermutlich in Südarabien, an der Westgrenze des Gebietes der Sippe Joktans (1.Mo 10,30).

MESCHACH. Babylon. Name, der Daniels Freund Mischaël gegeben wurde; mögliche Bedeutung: „Ich bin schwach geworden" (Dan 1,7).

MESCHECH. Einer der Söhne *Jafets, oft zusammen mit Tubal (1.Mo 10,2) erwähnt und in 1.Mo 10,23 Masch genannt. Seine Nachkommen handelten mit Sklaven und Kupfer (Hes 27,13; 32,26) und werden als kriegerisches, barbarisches Volk beschrie-

Mescha. Die „Mescha-Stele" (heute im Louvre) berichtet von der Befreiung der Moabiter von der Tributpflicht Israel gegenüber.

ben (Hes 32,26; Ps 120,5). Möglicherweise sind sie mit den in der assyr. Geschichtsschreibung erwähnten Musku und den bei Herodot erwähnten Moschoi gleichzusetzen. Es wird angenommen, daß sie eine indoeuropäische Sprache gesprochen haben, von der nördl. Steppe in den Nahen Osten eingedrungen sind und später über ein Gebiet in Ost-Anatolien geherrscht haben.

MESOPOTAMIEN (zwischen den beiden Flüssen). Das fruchtbare Land am oberen und mittleren Euphrat, heute Ostsyrien und Nordirak. Nach dem 4. Jh. v.Chr. verwendeten griech. und röm. Geschichtsschreiber „Mesopotamien" für das gesamte Tigris-Euphrat Tal, was dem heutigen Irak entspricht. Deshalb rechnet Stephanus in Apg 7,2 Ur zu M., was zur Zeit des AT nicht zutraf. *Haran, der spätere Aufenthaltsort *Abrahams (1.Mo 11,31), liegt dagegen in M. M. war die Heimat von *Bileam (5.Mo 23,5) und unterstützte die Ammoniter im Kampf gegen David mit Streitwagen und Reitern (1.Chro 19,6). Das spricht für die Annahme, daß das Gebiet von den Pferde züchtenden Mitanni und Hurritern besetzt worden war.

MESSER. Steinm. wurden neben M. aus Metall im Nahen Osten bis in die Neuzeit verwendet. Für die *Beschneidung wurden häufig Steinm. verwendet, vielleicht aus hygienischen Gründen (man konnte es wegwerfen; 2.Mo 4,25). *Abrahams M. war ein kurzes *Schwert (1.Mo 22,6), ebenso das des Leviten in Ri 19,29.

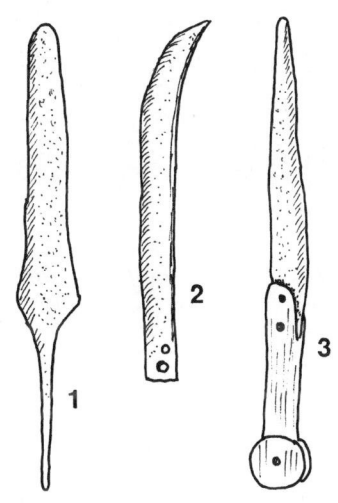

Messer. (1) Klinge mit Zapfen. (2) Einfache Klinge. (3) Klinge mit Elfenbeingriff.

MESSIAS. M. ist das ins Griechische übernommene hebr. Wort maschiach mit der Bedeutung Gesalbter; ins Griechische übersetzt *christos.*

Altes Testament. Der Hohepriester wurde mit heiligem Öl gesalbt und so als Gesalbter für sein Amt geweiht und eingesetzt (3.Mo 8,12f; 4,3). Auch die Könige wurden mit Öl gesalbt. Dadurch wurde ihre königliche Würde deutlich, sie sollten Werkzeug Gottes sein. Saul, David, Salomo und Zedekia werden „Gesalbte" genannt. In diesem Sinn kann Gott sogar den heidnischen König *Kyrus maschiach nennen, weil er in besonderer Weise der von ihm berufene Befreier Israels sein sollte (Jes 45,1).

In seinem Danklied nennt David sich „Gesalbter des HERRN" (2.Sam 22,51) und weiß, daß Gott ihm und seinem Haus Gnade erweist; sicher eine Anspielung auf die göttl. Zusage durch den Propheten Nathan, daß Gott das Haus Davids ewig bestehen lassen und seinen Thron ewig bestätigen wird (Ps 89,4f.35ff; 2.Sam 7,16). In Psalm 110,1.4 spricht David von dem, der sein Herr ist und zur Rechten Gottes wartet, bis er seine Herrschaft über die Völker antreten kann. Dieser Herrscher ist zudem von Gott eingesetzt als „Priester nach der Weise Melchisedeks". Psalm 2 erwähnt den „Gesalbten des HERRN", er ist der von Gott eingesetzte König und Gottes Sohn. Nach Micha 5,1f wird der Herrscher aus Bethlehem, der Heimatstadt Davids kommen. Jesaja kündigt die Geburt eines Sohnes an, der sein Reich des Friedens über die ganze Welt ausdehnen wird; und dieses Kind trägt Namen, die es ausweisen als Gott und Mensch (Jes 9,5f). Jeremia redet von dem „gerechten Sproß", den Gott David erwecken will und der König sein wird (Jer 23,5; vgl. Jes 11,1f; Sach 3,8). Daniel sah einen kommen wie eines Menschen Sohn, dem Gott ein ewiges Reich gibt (Dan 7,13).

Aufgrund solcher Verheißungen haben die Juden immer, besonders wenn sie durch fremde Herrscher in Bedrängnis waren, nach dem kommenden König Ausschau gehalten. Ihre Erwartungen waren allerdings darauf ausgerichtet, daß der Messias-König ihnen Freiheit von Unterdrückung durch fremde Völker bringen, also ein politischer Befreier sein wird. Dabei wurden jene Weissagungen in den Hintergrund gerückt, die das Verhältnis des Volkes zu Gott erneuert sehen wollen durch Umkehr und Veränderung. Jesaja spricht deutlich vom leidenden Knecht des HERRN, auf den Gott die Sünden aller wirft und der stellvertretend für die Ungerechten sein Leben dahingibt.

Neues Testament. Die Evangelien sind die Berichte über Jesus, der schon bei seiner Geburt angekündigt wurde als „der Herr in der Stadt Davids", Bethlehem. Er ist Nachkomme Abrahams und Davids (vgl. Mt 1-2; Lk 1-2). Nach der ersten Begegnung mit Jesus in der Jordangegend bekennt Petrus seinem Bruder Andreas: „Wir haben den Messias, den Christus gefunden" (Joh 1,41). Der samaritanischen Frau offenbart sich Jesus: „Ich bin der Messias" (Joh 4,25f). Sein Königtum erweist sich nicht in Machtdemonstrationen, sondern im Erbarmen den Armen und Ausgestoßenen gegenüber und in der Vollmacht, Kranke zu heilen, Gebundene zu befreien und Sünden zu vergeben (vgl. Lk 4,16ff; Mt 11,2ff; 12,15ff). Auf Jesu Frage antwortet darum Petrus: „Du bist der Christus, der Sohn des lebendigen Gottes" (Mt 16,16).

Jesus selbst vermied es während seines Dienstes, sich dem Volk als Messias anzubieten. Im Gegenteil, er verbot sogar seinen Jüngern weiterzusagen, daß er der Messias, der Christus, ist. Als die Menge ihn zum König ausrufen wollte, entfernte er sich (Joh 6,15). Er wollte sich nicht mit den politischen Vorstellungen identifizieren, die seine Zeitgenossen hegten. Er war vielmehr gekommen, um sein Leben als Lösegeld zu geben. Und doch wählte er selber die Art seines Einzuges in Jerusalem, die dem Volk vor Augen stellen sollte, daß er der durch Sacharja angekündigte König ist (Sach 9,9f). Beim Verhör vor dem Hohenpriester zu einer Stellungnahme herausgefordert, bestätigt Jesus: „Ich bin der Christus, der Messias" (Mk 14,61f).

Nach der Kreuzigung und Auferstehung Jesu rief Petrus am Pfingsttag Tausenden von Juden zu: „Gott hat Jesus als Herrn und Christus ausgewiesen" (Apg 2,36). In der Folge wurde Christus (Messias) zu einem Hoheitstitel Jesu, und es war Bekenntnis und Inhalt der Verkündigung der Urgemeinde und der Apostel: „Jesus ist der Christus, der Sohn Gottes, der Herr" (vgl. Joh 11,27; 20,31; Apg 3,18; 5,30f.42; 9,22; 17,3; Phil 2,11).

MESSSCHNUR. Die M. wurde verwendet, um Gebäude oder Land abzustecken (z.B. 2.Sam 8,2; Jes 34,17). Sie ist Symbol für das prüfende Handeln Gottes, der die Beschaffenheit eines Ortes oder einer Nation prüft (z.B. Jes 28,17).

METUSCHELACH. Sohn *Henochs und Großvater *Noahs, der 969 Jahre alt wurde (1.Mo 5,27), das ist das längste Lebensalter, von dem die Bibel berichtet.

METALLE. Siehe *Bergbau und Metalle.

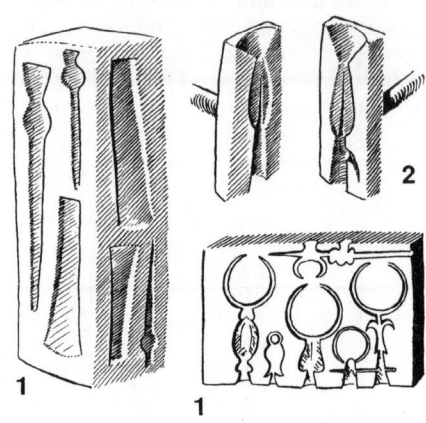

Metalle. (1) Offene Gußformen für Waffen und Schmuck. (2) Doppelte Gußform für Pfeilspitzen.

MICHA (Wer ist wie Jahwe?). Ein gebräuchlicher hebr. Name. **1.** Micha von Moreschet (Mi 1,1), der Prophet zur Zeit Jesajas (*Micha, Buch). **2.** Micha vom Gebirge Ephraim, dessen Geschichte den Ursprung des Heiligtums von *Dan erklärt (Ri 17-18). **3.** Prophet zur Zeit *Ahabs (1.Kön 22), vermutlich der unbekannte Prophet aus 1.Kön 20,35ff.

MICHA, BUCH. *Verfasser und Zeit.* Micha war ein etwas jüngerer Zeitgenosse Jesajas, stammte aber nicht wie dieser aus der Oberschicht Jerusalems, sondern vom Lande. 1,14 nennt Moreschet-Gat als Heimatort. Michas Wirken fällt nach 1,1 in die Regierungszeit der judäischen Könige Jotam, Ahas und Hiskia. Da er den Untergang Samarias geweissagt hat, der 722 v.Chr. erfolgte, muß sein Wirken vor diesem Zeitpunkt begonnen haben. In 2.Kön 15-20 werden die geschichtlichen Ereignisse beschrieben.

Inhalt. In 1,2-7 spricht M. vom Untergang Samarias, dann aber wendet er sich an Juda, vor allem auch an Jerusalem. Schwere Drohungen treffen die führenden Kreise des Volkes, die „den Leuten die Haut vom Leibe reißen" (3,2) und „Zion mit Blut bauen" (3,10). Doch der Zerfall von Wahrhaftigkeit und Treue hat das ganze Volk ergriffen (7,1-6). Mit besonderer Schärfe entlarvt M. das Treiben der falschen Propheten, die das Volk in Sicherheit wiegen (3,5-8.11).

Gibt es einen Weg zur Rettung? Ja! In Kap. 6,1-8 erinnert der Herr sein Volk in einem „Rechtstreit" an die dem Volk erwiesenen Wunder. Er will keine Opfer, sondern Hingabe: „Nichts als Recht üben und die Güte lieben und demütig wandeln vor deinem Gott." M. bejaht Gottes Gerichte, spricht aber 7,7-20 betend die zuversichtliche Hoffnung aus, daß Gott in seinem Erbarmen alle Sünden seines Volkes in Meerestiefen versenken werde.

Bedeutung. Micha zerstört gefährliche Illusionen: Gott nimmt die vielfältigen Übertretungen seines Volkes ernst; Jerusalem und der Tempel sollen zu Steinhaufen werden (3,12). Doch leuchtet Hoffnung auf. Aus Bethlehem in Juda wird der HERR kommen, der als Hirte sein Volk weiden und seine Schafe beschützen wird, der „Durchbrecher", der vor den Schafen hergeht (5,1ff; 2,12f). Gott wird die Sünden vergeben und Gnade erweisen, wie er den Vätern geschworen hat (7,18-20).

Gliederung.
1-3 *Gerichtsbotschaften.*
Gottes Gericht über Samaria (1,2-7).
Wehklage über die künftigen Verwüstungen durch Assur (1,8-16).
Drohrede gegen die Habgier der Reichen (2,1-13).
Ein Wehe über die ungerechten Richter, die falschen Heilspropheten und die bestechlichen Führer (3,1-12).
4-5 *Heilsweissagungen.*
Das Friedensreich des vom Zion sich offenbarenden Gottes (4,1-8).
Jerusalem in Bedrängnis (4,9-14).
Der Friedenskönig im neuen Davidsreich (5,1-14).
6-7 *Der Weg zum Heil.*
Der Rechtsstreit Gottes mit seinem Volk (6,1-16).
Klage Gottes über die Verderbtheit des Volkes (7,1-6).
Umkehr zu Gott und hoffen auf seine Gnade (7,7-20).

MICHAL. *Sauls jüngere Tochter (1.Sam 14,49), die mit *David verheiratet war (1.Sam 18,20ff). M. rettet durch eine List David vor Sauls Zorn (1.Sam 19,11-17). Während Davids Verbannung wurde sie mit Paltiel verheiratet (1.Sam 25,44), aber später wieder David gegeben (2.Sam 3,14ff). Sie verachtete David wegen seines Tanzes vor der Bundeslade und blieb deshalb kinderlos (2.Sam 6,12ff).

MICHAEL. Name von elf bibl. Personen, von denen nur eine, der Engel M., ausführlicher erwähnt ist. Im Buch Daniel ist er „ein Fürst", der die Juden vor der gottlosen Bedrohung durch Griechenland und Persien bewahrt (Dan 12,1). In Jud 9 und Offb 12,7 streitet er mit Satan.

MICHMAS. Stadt im Siedlungsgebiet des Stammes *Benjamin, östl. von Bethel und 12 km nördl. von Jerusalem, am Paß von Bethel nach Jericho. Heute befindet sich dort das Ruinendorf Muchmas. In Geba, genau südl. des Passes, kämpften die Israeliten mit den Philistern, und Jonatan wagte einen gefährlichen Überfall (1.Sam 13-14). Hier lebten auch aus dem Exil zurückkehrende Juden (Esr 2,27; Neh 7,31); M. war der Wohnort von Jonatan Makkabäus (1.Makk 9,73).

MIDIAN/MIDIANITER. Midian, ein Sohn *Abrahams und dessen zweiter Frau *Ketura. Er wurde mit den anderen Söhnen Keturas in Richtung O weggeschickt (1.Mo 25,6). Von ihm stammen die Midianiter ab – ein Stamm von Wüstennomaden. Moses Frau und sein Schwiegervater waren Midianiter (2.Mo 2,21),

Midrasch

ebenso sein Schwager Hobab, den er bat, Israel durch die Wüste zu führen (4.Mo 10,29ff). Später verpflichteten die Midianiter gemeinsam mit den *Moabitern Bileam, Israel zu verfluchen (4.Mo 22ff), und verführten Israel zur Unzucht und zum Götzendienst (4.Mo 25,1ff). Daraufhin wurden sie von Israel geschlagen (4.Mo 31). In der Richterzeit plünderten die M. Gebiete in Israel, wurden aber von *Gideon besiegt (Ri 6-8). Mit ihren Kamelen (Ri 6,5) betrieben sie offenbar Handel mit Gold und Weihrauch.

MIDRASCH. Siehe *Talmud.

MIGDOL (Turm). Name für eine kanaan. Festung, als Ortsname erwähnt in 2.Mo 14,2 und Hes 29,10. Entlang der ägypt. Grenze gab es mehrere solche Festungen, aber keine kann genau lokalisiert werden.

MIGRON. Ort in der Nähe von Gibea, von wo *Saul und seine Männer die Kriegsvorbereitungen der Philister beobachteten (1.Sam 14,2); Station des assyr. Heeres auf dem Weg nach Jerusalem (Jes 10,28); vielleicht das heutige Tell Mirjam, nördl. von Michmas.

MILCH. M. gehörte seit frühester Zeit zur Hauptnahrung der Hebräer. Kühe, Ziegen, Schafe und möglicherweise Kamele dienten als M.lieferanten für die Menschen. Kanaan wurde als ein Land beschrieben, wo „Milch und Honig fließen" (d.h., es war reich an Weideland: 2.Mo 3,8). Als Delikatesse wurde M. vielleicht mit Wein gemischt (Hld 5,1). M. wurde als Symbol für Wohlstand (Jes 60,16) und für geistliche Nahrung gebraucht (Jes 55,1; 1.Kor 3,21; 1.Petr 2,22).

Das Verbot von 2.Mo 23,19 und 5.Mo 14,21 wird von orthodoxen Juden so ausgelegt, daß der Verzehr von M. und Milchprodukten zu jeder Fleischmahlzeit verboten ist und für die Zubereitung von Milch- und Fleischspeisen unterschiedliches Geschirr verwendet werden muß.

MILET. Die südlichste der großen griech. Städte an der Westküste Kleinasiens. M. war vom 8.-6. Jh. v.Chr. ein blühendes Handelszentrum und berühmt für seine Wolle, wurde aber 494 v.Chr. von den Persern zerstört. Die Stadt wurde wieder aufgebaut. Aber weil der Hafen verlandete, befand sich der Handel zur Zeit Paulus' im Niedergang (Apg 20,15).

MILKA (Rat). **1.** Tochter *Harans, Frau des *Nahor (1.Mo 11,29) und Großmutter *Rebekkas (1.Mo 24,15). **2.** Eine von Zelofhads Töchtern, die das Land ihres Vaters erbten (4.Mo 26,33; 27,1ff).

MILKOM. Name des Volksgottes der Ammoniter (vgl. 1.Kön 11,5); auch als Malkam erwähnt und vermutlich identisch mit *Moloch.

MILLO (Aufschüttung). Ortsname, der von dem hebr. Verb „füllen" abgeleitet wird. Teil von *Jerusalem, der bereits zur Zeit *Davids existierte (2.Sam 5,9) und von *Salomo ausgebaut wurde (1.Kön 9,15); später eine der Hauptfestungen der Stadt. Es kann eine Terrassenanlage am Osthang des Ophel gewesen sein.

MINNI. Ein Volk, das von Jeremia zum Kampf gegen Babel aufgerufen wurde (Jer 51,27). Es kann mit den Mannai identifiziert werden, die südöstl. des Sees Urmia lebten und in Texten des 9.-7. Jh. erwähnt wurden. 616 v.Chr. verbündeten sie sich mit den Assyrern gegen Babylon.

MINNIT. Ort im Gebiet der Ammoniter; Jeftah schlug diese bis M. zurück (Ri 11,33). Die genaue Lage, zwischen Amman und Heschbon, ist unbekannt.

MIRJAM. Schwester *Moses und *Aarons. Wahrscheinlich wachte sie über Mose im Schilf (2.Mo 2). Als Prophetin leitete sie den Lobpreis der Frauen nach dem Auszug aus Ägypten (2.Mo 15,20f), lehnte sich aber später gegen Mose auf und wurde für kurze Zeit aussätzig (4.Mo 12). Nach der rabbinischen Überlieferung ist sie die Frau von *Kaleb und die Mutter von *Hur.

MISAR. Berg, vermutlich in der Nähe des Hermon (Ps 42,6).

MISCHAËL (Wer ist, was Gott ist?). **1.** Ein Levit (2.Mo 6,22), der *Aarons Söhne Nadab und Abihu nach ihrer Rebellion begrub (3.Mo 10,1ff). **2.** Einer der Freunde *Daniels, er wurde von den Babyloniern Meschach genannt (Dan 1,6f).

MISREFOT-MAJIM. Eine Grenzlinie, bis M. verfolgte Josua mit seinem Heer die kanaan. Könige (Jos 11,8; 13,6), vielleicht der Fluß Litani.

MIST. Tierm. wurde, getrocknet und mit Stroh vermischt, zum Heizen von Brotöfen benutzt und diente auch als Dünger. Das Misttor in Jerusalem (z.B. Neh 2,13) war wahrscheinlich das Tor, durch das die Abfälle aus der Stadt gebracht wurden. Der M. von Opfertieren galt als „unrein"; in Mal 2,3 wird ungehorsamen Priestern angedroht, damit beschmiert zu werden.

MITREDAT (gegeben von Mithra, dem pers. Gott des Lichts). **1.** Schatzmeister des Perserkönigs *Kyrus; gab die Tempelausrüstung zurück (Esr 1,8). **2.** Ein pers. Beamter, der sich gegen den Wiederaufbau r Mauern von Jerusalem wandte (Esr 4,7).

MITTLER. Der Begriff wird selten in der Bibel gebraucht und kommt nur in Gal 3,19; 1.Tim 2,5; Hebr 8,6; 9,15; 12,24 vor. Die Aufgabe eines M. besteht darin, zwischen zwei Personen (oder Gruppen) eine Beziehung herzustellen oder sie zu versöhnen. Im AT hatten sowohl Priester als auch Propheten Mittlerfunktion. Der Priester handelte in der Gegenwart Gottes im Namen des Volkes (Hebr 5,1ff). Der Prophet sagte die Botschaft Gottes an die Menschen weiter (vgl. 5.Mo 18,18ff). Mose war in besonderer Weise M., denn durch ihn schloß Gott seinen Bund mit Israel am Sinai (2.Mo 19,3ff). Er trat auch fürbittend für das Volk ein (2.Mo 32,30-32).

Im NT ist Christus der M. des Neuen Bundes (Hebr 9,15; 12,24), der Gott und Menschen auf eine neue Art und Weise zusammenbringt (1.Tim 2,5). Durch seine Menschwerdung und seinen Tod bewirkte er die Versöhnung zwischen Gott und den Menschen, die vorher einander entfremdet waren (Eph 2,12ff). Diese Tat Jesu wird auch oft als „Rettung" oder „Heil" beschrieben (Joh 3,17; Apg 15,11), wodurch der Mensch vor Gott „gerechtfertigt" wird (Röm 3,24f). Er stellt die Glaubenden in die Gegenwart Gottes (Eph 2,18), und durch ihn werden ihre Gebete und ihr Lobpreis vor Gott gebracht (Joh 14,14; Röm 1,8; Kol 3,17; Hebr 13,15). Jesus ist „Priester für ewig" (Hebr 7,21.24), der für sie eintritt und ihnen seine gnädige Hilfe sendet, weil er selbst auch Schwachheit erfahren hat (Hebr 4,15; 7,25). Neben Jesus gibt es keinen M. zwischen uns und Gott.

MITYLENE. Hauptstadt der Insel Lesbos, von den Römern als Erholungsort geschätzt. In seinem Hafen legte auch das Schiff an, auf dem Paulus sich befand, als er auf seiner dritten Missionsreise nach Palästina zurückkehrte (Apg. 20,14).

MIZPA. Der Name bedeutet „Wachtturm" oder „Beobachtungswarte" und wird für mehrere unterschiedliche Orte im AT gebraucht. Zwei davon sind von besonderem Interesse: **1.** Ort in Gilead, an dem *Laban und *Jakob einen Bund schlossen und zur Erinnerung daran ein Steindenkmal setzten. Gott sollte über ihren Bund wachen (1.Mo 31,43ff).

2. Stadt in Benjamin in der Nähe von Geba und Rama (1.Kön 15,22). In der gesamten Geschichte des Volkes Israel war M. ein bedeutender Versammlungsort. Die Israeliten versammelten sich dort, um die von den Benjaminitern geschändete Nebenfrau eines Leviten zu rächen (Ri 20,1ff), nachdem die Bundeslade wieder zurückgebracht worden war (1.Sam 7,5f), und um *Saul als König zu empfangen (1.Sam 10,17). Nach der Eroberung Jerusalems 587 v.Chr. war sie der Sitz des babylon. Statthalters (2.Kön 25,23ff) und Schauplatz von Jismaels Anschlag (Jer 41). In der Zeit der *Makkabäer rief Judas Makkabäus dort Männer zum Gebet und zur Beratung zusammen (1.Makk 3,46). Der Ort ist wahrscheinlich Tell en-Nasbeh auf der Spitze eines einzelnen Berges, 13 km nördl. von Jerusalem. Er war in der frühen Bronzezeit (3150-2200 v.Chr.) bewohnt, wurde dann verlassen und von

1100-400 v.Chr. wieder besiedelt. Während der Königszeit und zur Zeit der Babylonier und Perser (587-400 v.Chr.) war M. eine blühende Stadt. Reich ausgestattete Gräber, ein massives Stadttor, Wasserbrunnen, Färbereien, viele Spindeln, Webgewichte, Wein- und Ölpressen sowie Halbedelsteine sind dort gefunden worden.

MIZRAJIM. Zweiter Sohn *Hams (1.Mo 10,6); *Völkertafel. Auch die geläufige hebr. Bezeichnung für Ägypten.

MNASON. Judenchrist aus Zypern, der *Paulus in oder in der Nähe von Jerusalem beherbergte (Apg 21,16).

MOAB, MOABITER. Moab war der Sohn Lots und dessen ältester Tochter (1.Mo 19,30ff). Das Kernstück des Landes der Moabiter war das von Bergschluchten unterbrochene Hochland östl. des Toten Meeres zwischen den Wadis Arnon und Zered. Bis etwa 1850 v.Chr., als seine Bewohner *Nomaden wurden, befanden sich dort Dörfer. Lots Nachkommen müssen sich mit ihnen verheiratet haben, bis sie schließlich zur dominierenden Gruppe wurden und der Bevölkerung des gesamten Gebietes ihren Namen gaben. Moab erschien ca. 1300 v.Chr. als wohl organisiertes Königreich mit einer guten Landwirtschaft, prächtigen Gebäuden und starken Grenzfestungen. In Moab wurde erlesenes Steingut hergestellt. Die Moabiter besiedelten auch das Land nördl. des Arnon und teilten es mit den nahe verwandten Ammonitern (vgl. 5.Mo 2,10ff).

Moab stand den israelit. Einwanderern feindlich gegenüber (Ri 11,17). Obwohl sie aus Israel ausgeschlossen waren (5.Mo 23,3ff), war es Mose verboten worden, die Moabiter anzugreifen (5.Mo 2,9).

König *Balak versuchte, die Eindringlinge durch *Bileam zu verfluchen (4.Mo 22-24) und verführte sie zum Götzendienst (4.Mo 25). In der Richterzeit griffen sie Israel an (Ri 3,12ff), und auch *Saul kämpfte gegen sie (1.Sam 14,47). *David verbarg sich einige Zeit in Moab (1.Sam 22,3f), er stammte von der Moabiterin Rut ab (Rut 4,18ff). Er unterwarf Moab (2.Sam 8,22ff), aber es kämpfte wieder

Moab, Moabiter. Der König von Moab als Betender in ägyptischer Königstracht. Links Kamos, rechts Astarte (12. Jh. v.Chr.).

gegen spätere Könige von Juda (z.B. 2.Chro 20). Im 8. Jh. v.Chr. wurde es von den Assyrern unterworfen (Jes 15-16), befreite sich aber wieder, bis es erneut durch Nebukadnezar unterjocht wurde. M. hörte danach auf, als selbständige Nation zu existieren, war aber noch nach dem Exil als Volksgruppe bekannt (Esr 9,1; Neh 13,1). Die Propheten verkündeten oft Gericht über Moab (z.B. Jes 15-16; Jer 9,26).

*Stein der Moabiter.

MOLADA. Eine Stadt im Gebiet des Stammes *Simeon nahe Beerscheba, die von Rückkehrern aus dem Exil besiedelt wurde (Neh 11,26); eventuell Chereibet el-Waten, östl. von Beerscheba.

MOLOCH. Nationalgott der Ammoniter (1.Kön 11,7), zu identifizieren mit den Göttern Muluk, der um 1800 v.Chr. in Mari (Südostsyrien) verehrt wurde, und Malik, der aus akkad. Schriften bekannt ist. In Jer 32,35 scheint er mit Baal in Verbindung zu stehen. M. ist in der Bibel im allgemeinen mit Kindesopferung verbunden (z.B. 2.Kön 23,10), eine Praxis, die im alten Israel verurteilt wurde (3.Mo

18,21; 20,2ff), sich aber trotzdem fortgesetzt zu haben scheint (z.B. 2.Chro 28,3, um 730 v.Chr.). Josia zerstörte die Opferstätten M. (2.Kön 23,10ff), aber Hesekiel mußte noch im 6. Jh. v.Chr. diese Praxis verurteilen (Hes 16,20ff; 20,26ff). Sie hat sich in Nordafrika unter den Karthagern und Phöniziern bis in die christl. Zeit hinein gehalten. *Milkom.

MOND. Seine regelmäßigen Phasen bildeten die Grundlage für alte Kalender. Seine gebräuchlichste hebr. Bezeichnung ist nahe verwandt mit dem Begriff für „Monat". Der erste Tag jedes neuen Monats (Neumond) wurde als heilig betrachtet (Jes 1,13) und war durch spezielle Opfer gekennzeichnet (4.Mo 28,11ff). Am Neumond des 7. Monats sollte man keine Arbeit verrichten (3.Mo 23,24f). Der M. ist ein Symbol für Beständigkeit (Ps 72,5). Im Altertum wurde der M. in Westasien angebetet (vgl. Hiob 31,26) und war der Hauptgott in Ur in Mesopotamien und Haran in Syrien.

MORDECHAI. Exiljude, der in der pers. Hauptstadt Susa lebte und dort im Palast arbeitete. Er hatte die verwaiste Tochter *Ester seines Onkels aufgenommen, die später Königin wurde. M. entlarvte einen Anschlag auf König *Ahasveros und konnte mit Esters Hilfe eine Verschwörung zur Ermordung der Juden verhindern. Nach Absetzung des den Juden feindlich gesonnenen Wesirs *Haman wurde er dessen Nachfolger. Von einigen wird er mit einem bekannten Schatzmeister jener Zeit identifiziert.
  *Ester, Buch.

MORE (Lehrer, Wahrsager). **1.** Ort in der Nähe von Sichem (1.Mo 12,6), den man mit „Eiche des Lehrers" übersetzen könnte. *Abraham schlug dort sein Lager auf. **2.** Der Berg M. an der Nordseite des Jesreel-Tales, wo Gideon den Midianitern gegenübertrat (Ri 7,1); der heutige Dschebel Dahi.

MORESCHET-GAT. Heimatstadt des Propheten *Micha (Mi 1,1); vermutlich Tell el-Dschudde, 32 km südwestl. von Jerusalem. Ein Wortspiel in Mi 1,14 vergleicht es mit einer Mitgift, die von dem verurteilten Lachisch gegeben wurde.

MORIJA. Bergland, in das *Abraham *Isaak als „Brandopfer" brachte; drei Tagesreisen vom Land der Philister entfernt, deutlich sichtbar aus der Ferne (1.Mo 21,34; 22,4). An dieser Stelle befand sich wahrscheinlich später der Tempelberg von Jerusalem (2.Chro 3,1f). Die samaritanische Tradition sieht den Berg Garizim für den Ort der Opferung an.

MÖRSER UND STÖSSEL. Ein hohler Stein oder eine tiefe Holzschale (Mörser), in der mit einem dicken Holzpfahl (Stößel) Getreide gemahlen werden konnte (4.Mo 11,8). Es war eine Alternative zur *Mühle.

MOSE. Führer und Gesetzgeber, durch den Gott die Israeliten aus Ägypten geführt und sie zu einer Nation gemacht hat. Er brachte sie bis in Reichweite des Landes, das ihren Vätern versprochen worden war. Sein Name wurde ihm wahrscheinlich von seiner Mutter, nicht von der ägypt. Prinzessin gegeben (2.Mo 2,9). Maschah bedeutet „herausziehen" und war dem ägypt. Wort für Kind ähnlich.

Kindheit und Jugend. Nachkomme einer Familie aus dem Stamm Levi; M. wurde in einem mit Pech abgedichteten Korb aus Schilf oder Papyrus am Flußufer im Schilf versteckt, um ihn vor dem ägypt. Erlaß, wonach alle männlichen hebr. Nachkommen getötet werden sollten, zu schützen. Eine Tochter Pharaos fand ihn und nahm das Angebot an, ihn von einer Amme pflegen zu lassen (tatsächlich M. eigene Mutter), und adoptierte ihn dann in die königliche Familie (2.Mo 2).

Die Pharaonen des Neuen Königreichs (Zeitabschnitt von 1550-1070 v.Chr.) hielten sich einen *Harem,* und die Kinder der Haremsfrauen wurden von einem Aufseher erzogen. Die Prinzen erhielten später einen Privatlehrer.

Semiten und Asiaten waren damals auf jeder Ebene der ägypt. Gesellschaft anzutreffen. Einige Semiten wurden wohlhabende Kaufleute, andere heirateten in die königliche Familie ein. M. wird deshalb in

Mose

seiner gesellschaftlichen Stellung keine Ausnahme gewesen sein. Er hatte aber Mitleid mit seinen versklavten Landsleuten und tötete einen ägypt. Aufseher, der einen Hebräer geschlagen hatte (2.Mo 2,11ff). Daraufhin floh er über die Grenze nach Midian, wo er *Zippora, die Tochter des Priesters und Schafhirten *Jitro (= Reguel), heiratete (2.Mo 2,11ff). Seine Berufung, Gott zu dienen, kam viele Jahre später an einem brennenden Dornbusch, der aber nicht vom Feuer verzehrt wurde. Nach einigem Zögern nahm M. die Berufung an (2.Mo 3-4).

Mose und der Auszug aus Ägypten.
Nachdem er seinen Bruder *Aaron getroffen und die Ältesten von Israel versammelt hatte (2.Mo 4,27ff), ging M. mit Aaron zum Pharao und bat ihn, das Volk freizulassen, damit es ein Fest für seinen Gott feiern könne. Dieser lehnte jedoch ab (2.Mo 5,1ff). Es verwundert nicht, daß M. sich leicht Zugang zum Pharao (wenn es Ramses II. war) verschaffen konnte, da ein zeitgenössisches Dokument beschreibt, daß viele Leute ihre Anliegen vor ihn brachten. Die Tatsache, daß der Pharao die Arbeiter des Müßiggangs bezichtigte (2.Mo 5,9), findet sich auch in zeitgenössischen Dokumenten wieder. Mit einer Reihe von Plagen (2.Mo 7-12) demonstrierte der Gott Israels seine Macht gegenüber Pharao. Am Vorabend der letzten Plage, der Tötung aller nicht-israelit. männlichen Erstgeburt, schlachteten die Israeliten ein makelloses Lamm und bestrichen die Türpfosten mit dem Blut als ein Zeichen des Schutzes. Das ist der Ursprung des *Passafestes. Dann führte sie M. aus Ägypten heraus. Am Schilfmeer schienen sie in eine Falle geraten zu sein, und die Ägypter sandten 600 Kriegswagen, um die Israeliten wieder gefangenzunehmen. Aber Gott führte sein Volk durch das Wasser in Sicherheit (2.Mo 14-15). Sie zogen weiter zum Berg Sinai, um Gottes *Gesetz für das nationale, soziale und religiöse Leben in Israel zu erhalten, welches die Grundlage des *Bundes zwischen Gott und dem Volk bildete (2.Mo 20-23). Das Volk wandte sich jedoch unter Aaron schnell dem Götzendienst zu (2.Mo 32-34). Nach der Umkehr des Volkes überwachte M. den Bau der *Stiftshütte mit ihren Geräten. Sie war das Zentrum für das religiöse Leben der kommenden Generationen (2.Mo 35-40; 4.Mo 1-10).

Mose und die Wüstenwanderung. Im zweiten Jahr nach dem Auszug aus Ägypten sandte M. zwölf Kundschafter in das „verheißene Land" Kanaan. Nach dem Bericht der Kundschafter (fruchtbares Land, aber befestigt) bekamen die Israeliten Angst, lehnten sich gegen Gott auf und wurden von ihm zu 40 Jahren Wüstenwanderung verurteilt (4.Mo 10-14). Weitere Aufstände folgten, angeführt durch *Korach und Datan, und brachten das Volk an den Rand der totalen Auflehnung gegen M. Führerschaft (4.Mo 16). In dieser Situation überschritt M. seine Autorität als Diener Gottes in Kadesch-Barnea. Er wurde damit bestraft, daß er nicht in Kanaan einziehen durfte (4.Mo 20; 5.Mo 3,24ff). Bei einem späteren Aufstand trat M. erneut als Fürsprecher für sein Volk ein (4.Mo 21). Am Ende seines Lebens führte er das Volk zum militärischen Sieg über die Ammoniter (4.Mo 21) und die Midianiter. Er bereitete Israel auf den Einzug in Kanaan vor und erlebte, wie der Bund mit Gott erneuert wurde. Bevor er starb, durfte er von weitem in das verheißene Land sehen (5.Mo 29-34).

Das Wirken Moses und seine Bedeutung. M. war ein hervorragender Führer, der sich ständig einem sich gegen Gott auflehnenden Volk gegenübersah. Allein durch seinen Glauben an den unsichtbaren Gott war er dazu in der Lage (Hebr 11,24ff). Als Lehrer und Gesetzgeber wurde er zum Vorbild für alle Propheten nach ihm bis zum Kommen Christi (5.Mo 18,18; Apg 3,22ff). Sein besonderer Auftrag bestand darin, den Willen Gottes bekanntzumachen. Gott redete zu M., und dieser gab Gottes Wort an das Volk weiter (2.Mo 19,3). M. war ein Mann des Gebets (2.Mo 33,7ff) und der Vertreter des Bundes, zu dem spätere Propheten das Volk zurückriefen und auf dessen Ablösung sie aber warteten (Jer 31,31ff). M. verkündigte nicht einfach ein Gesetzbuch gesellschaftlichen Verhaltens, sondern alle Anweisungen waren in dem Rahmen der Zehn Gebote verwurzelt. Das Leben Israels sollte in jeder Weise durch Heiligkeit und Gerechtigkeit gekennzeichnet sein.

Im NT wird uns berichtet, daß M. als Vertreter des Gesetzes mit Elia, dem Vertreter der Propheten, und mit Christus, dem Messias, auf dem Berg der Verklärung erschien (Mt 17,3).
*Chronologie des AT; *Auszug aus Ägypten; *Plagen Ägyptens; *1.-5.Buch Mose.

MOSE, 1.BUCH (griech./lat.: Genesis).
Die Bezeichnung „Genesis" stammt aus der Septuaginta, der griech. Übersetzung des hebr. AT und bedeutet „Ursprung" oder „Anfang".

Inhalt und Bedeutung. Der Titel des Buches ist in dreifacher Weise gerechtfertigt:

a) Als Geschichtsbuch berichtet es die Geschichte der Anfänge des auserwählten Volkes Gottes.

b) Als Offenbarung lehrt es uns die Ur-Wahrheiten über Gott und den Menschen. Im Hinblick auf die Erlösung wird hier zum ersten Mal vom Eindringen der Sünde in diese Welt berichtet; dann vom Scheitern der ersten Menschen, als sie versuchten, sich selbst zu retten. Schließlich erfahren wir, wie Gott Abraham und seine Familie erwählte, die zum Segen für alle Menschen dieser Erde werden sollte. Gottes Erlösungsplan läßt sich durch das ganze Buch verfolgen. Erste Andeutungen dafür finden sich bereits im Paradies (3,15). Im weiteren Verlauf des Buches wird von dieser Absicht Gottes an den verschiedensten Stellen immer deutlicher und nachdrücklicher gesprochen (z.B. 12,3; 22,18; 26,4; 28,14; 49,10).

c) Was die praktische Lehre betrifft, so lernen wir in diesem Buch für den Glauben überaus wichtige und bedeutende Menschen kennen, wie z.b. Abel, Noah, Abraham, Isaak, Jakob und Josef. Durch seine eindrucksvollen Berichte vermittelt dieses Buch Einsichten, wie Gott das Leben der Menschen lenkt.

Verfasser. Der Pentateuch oder die fünf Bücher Mose - das erste davon ist die Genesis - wurde nach der gesamten jüd. Tradition Mose zugeschrieben. Auch für Jesus gab es daran keinen Zweifel (z.B. Mk 12,26; Joh 5,46.47).

Die von der modernen Bibelkritik aufgeworfenen Fragen sollen hier nicht diskutiert werden, dennoch folgende Bemerkungen:

Mose, 1. Buch. Strukturelemente des 1. Buches Mose.

	1. Die Urgeschichte				2. Die Vätergeschichte		
Inhalt:	Schöpfung	Garten Eden/ Sündenfall	Die Väter vor der Flut	Die Flut und die Folgen	Die Väter nach der Flut	Abraham u. seine Nachkommen	Jakob und seine Söhne	Josef und seine Brüder
Abschnitte:	1,1-2,4a	2,4b-4,26	5,1-32	6,1-11,9	11,10-26	11,27-25,18	25,19-37,1	37,2-50,26
Schlüssel:	»... dies ist die Geschichte (das Buch) von ... Geschlecht ...« (tôledôt)							
Geschlechtsregister			5,1: Adam und seine Nachkommen	10,1: Geschlecht der Söhne Noahs	11,10: Dies ist das Geschlecht Sems	25,12: Dies ist das Geschlecht Ismaels		36,1.9: Dies ist das Geschlecht Esaus
Erzählungen:	2,4a: Von Himmel und Erde	Der Mensch im Garten und danach		6,9: Noah und die Flut		11,27: Dies ist das Geschlecht Terachs (Abraham)	25,19: Dies ist das Geschlecht Isaaks (Jakob und Esau)	37,2: Dies ist die Geschichte von Jakobs Geschlecht (Josef und seine Brüder)

a) Die Abfassung des Pentateuch Jahrhunderte nach Mose zu verlegen, bedeutet viel mehr als nur eine beliebige Beurteilung der Verfasserfrage; denn damit wäre der Anspruch auf geschichtliche Zuverlässigkeit aufgegeben. Das würde bedeuten, daß die Geschichtlichkeit der Bibel auch über den Pentateuch hinaus in manchen Teilen fragwürdig geworden wäre.

b) Dabei gibt es einen wichtigen Anhaltspunkt für den Anspruch des Pentateuch auf Geschichtlichkeit, und das ist seine Darstellung der Sitten und Gebräuche des Alten Orients. Die Archäologie kann zeigen, daß die in der Genesis beschriebenen Lebensgewohnheiten tatsächlich so waren, wie sie geschildert werden (1.Mo 12-50).

Gliederung.
1-2 *Schöpfung.*
3 *Sündenfall.*
4-11 *Urgeschichten von Adam bis Abraham.*
12-50 *Die Stammväter des auserwählten Volkes.*
Abraham (12,1-25,18).
Isaak (25,19-26,35).
Jakob (27-36).
Josef (37-50).

MOSE, 2.BUCH (griech.: Exodus). Der Name „Exodus" heißt „Auszug" und leitet sich her von der Herausführung Israels aus Ägypten, die in der ersten Hälfte dieses Buches ausführlich beschrieben wird.

Inhalt. Das 2. Buch Mose enthält die Geschichte des Volkes Israel von Josefs Tod bis zur Gesetzgebung am Sinai und der Einweihung der Stiftshütte. Es berichtet, wie aus den Söhnen Jakobs das Volk Israel und daraus Gottes Volk wird.

Bedeutung. Das vorläufige Ziel, das mit der Rettung des Volkes Israel aus Ägypten (3,12; 19,14) erreicht wird, sind der Empfang der Gottesoffenbarung, der Zehn Gebote und der Bundesschluß. Gott will sein Volk an sich binden (Kap. 20-24). Es soll seine eigentliche Aufgabe erfüllen: Gottes Eigentum sein, ihn als heiliges Volk lieben und ehren und alle Völker der Erde zu ihm führen (2.Mo 19,1-6). Gebote und Bundesschluß sind die Voraussetzung für das „Wohnen" Gottes bei seinem Volk (Kap. 25-40).

Gliederung.
1-18 *Die Rettung und Herausführung aus Ägypten.*
1-11 Die Not des Volkes in Ägypten (1).
Mose und seine Berufung (2-6).
Wunder und Plagen in Ägypten (7-11).
12-15 Die Rettung des Volkes.
Passastiftung und Aufbruch (12-13).
Verfolgung, Durchzug durch das Schilfmeer, Wolken- und Feuersäule (13-14).
Loblied (15).
16-18 Die Bewahrung: Wachteln und Manna (16).
Sieg über Amalek, Wasser aus dem Felsen (17).
Besuch Jetros, Einsetzung von Richtern (18).
19-40 *Die Ereignisse am Sinai.*
19-24 Gott offenbart seinen Willen im Gesetz.
Gotteserscheinungen am Sinai (19).
Die Zehn Gebote (20).
Das Bundesbuch (21-23).
Der Bund (24).
25-31 Anweisungen zur Herstellung des Heiligtums.
32-34 Abgötterei des Volkes, Buße Israels (32).
Gotteserscheinung (33).
Erneuerung des Bundes (34).
35-40 Errichtung der Stiftshütte.

MOSE, 3.BUCH (griech./lat.: Leviticus). Das 3.Buch Mose trägt die Bezeichnung „Levitikus", weil es die Ordnungen und Vorschriften für die Leviten festlegt. Der geschichtl. Rahmen ist Israels Aufenthalt am Sinai.

Inhalt. Als Gesetzbuch für Priester und Leviten enthält es Opfergesetze (Kap. 1-7), Bestimmungen über den Gottesdienst (8-10), Reinheitsgesetze (11-15), Vorschriften für den Versöhnungstag (16) und das Heiligkeitsgesetz (17-26). Im Anhang (27) finden sich Ausführungen über Gelöbnisse, das Auslösen der Erstgeburt u.a.

Bedeutung. Im 3.Buch Mose werden dem Volk Israel Anweisungen gegeben, die ihm eine dauernde Gemeinschaft mit Gott ermöglichen. Alles, was von Gott trennt (Sünde), soll ausgeräumt werden. Durch die Darbringung eines Opfers (Tierblut) läßt Gott Versöhnung geschehen. Die Reinigung und damit die Lossagung vom Unreinen vollzieht sich durch Waschungen mit Wasser. Opfer und Reinigungen beziehen sich stets auf die Ganzheit der Person, auf das gesamte Leben in allen seinen Bezügen. Gott will, daß das Leben seines Volkes ganz auf seinen Willen ausgerichtet ist. Die Opfertiere müssen ohne Fehler sein. Blut und Fett dürfen nicht verzehrt werden, sie gelten als das Wertvollste.

Die Propheten nahmen später eine kritische Stellung zur Opferpraxis ein. Vgl. Jes 1,10-15; Jer 7,22; Hos 6,6; Am 5,21-25; Mi 6,6-8. Allerdings werden nicht die Opfer selbst verworfen, sondern vielmehr das Verständnis, die gängige Praxis, die falsche Gesinnung und das zwiespältige Verhalten des opfernden Menschen.

Im NT wird die ganze Hingabe des Menschen an Gott als ein „lebendiges Opfer" gesehen (vgl. Röm 12,1-2). Das Opfer im alten Bund als Mittel zur Versöhnung war nur ein „Notbehelf" (Hebr 10,4). Es diente als Hinweis auf das wahre und fehlerlose Opfer – Jesus Christus –, dessen Blut die Sünder wirklich reinwäscht von aller Sünde. Christus hat sich selbst zum Ganzopfer gegeben (vgl. Hebr 9,11ff; 1.Joh 2,2). Die Bedeutung des in 3.Mo oft gebrauchten hebr. Wortes „Korban" für Opfergabe ist „Zugang bekommen". Damit ist das Nahen zu Gott und das Angenommensein zu verstehen. Beim Tieropfer handelt es sich um einen Akt der Stellvertretung. Blut und Leben sind identisch, da das Blut als Träger des Lebens gilt (3.Mo 17,11). Blut redet davon, daß der Stellvertreter sein Leben gegeben hat.

Der große Versöhnungstag bildete den Höhepunkt der Maßnahmen zur Reinigung, Versöhnung und Hingabe. Einmal im Jahr wurde die gesamte Schuld des Volkes gesühnt und getilgt. Das ganze Volk – auch die Priesterschaft – fastete an diesem Tag, selbst das Heiligtum wurde entsühnt.

Das Heiligkeitsgesetz ist der Schwerpunkt des 3. Buches Mose. Sein Thema lautet: „Ihr sollt heilig sein, denn ich bin heilig!" (3.Mo 11,44). Was bedeutet „heilig"? Heilig ist eigentlich nur Gott. Wer sich aber Gott ganz zur Verfügung stellt, der ist ebenfalls heilig. Das bedeutet: Er ist von der Welt „abgesondert", zum Dienst für Gott „ausgesondert".

Gliederung.
1-5 *Die Hauptarten der Opfer.*
     Brandopfer (1).
     Speisopfer (2).
     Dankopfer (3).
     Sündopfer (4,1-5,13).
     Schuldopfer (5,14-20).
6-10 *Opfervorschriften, Priesterweihe für Aaron und seine Söhne.*
11-16 *Vorschriften über „rein" und „unrein" und den Versöhnungstag.*
17-26 *Das Heiligkeitsgesetz (vgl. 10,26).*
27   *Anhang: Gelöbnisse.*

MOSE, 4.BUCH (latein.: Numeri).
Die Bezeichnung „Numeri" bedeutet „Zahlen" und bezieht sich auf die in diesem Buch vorkommenden Listen und Volkszählungen.

Inhalt. Das 4.Buch Mose nimmt die Erzählung der Wanderung Israels nach Kanaan wieder auf und berichtet über den Verlauf des Weges vom Sinai bis ins Moabitergebiet. Doch der Unglaube und Ungehorsam des Volkes hatte zur Folge, daß die Wüstenzeit weitere 38 Jahre dauerte und die Generation des Auszugs in der Wüste starb – mit Ausnahme von Josua und Kaleb (vgl. 4.Mose 13-14).

Die neue Generation bereitet sich zum Einzug ins Verheißene Land vor. Erste Schlachten werden geschlagen, und Gott erfüllt Schritt um Schritt seine Verheißungen mit seinem Volk – trotz weiterem Versagen und Bileams Verfluchungs-Mission, die von Gott in Segen verwandelt wird.

Mose, 5. Buch

Bedeutung. Das 4.Buch Mose ist ein Buch über Unglaube, Ungehorsam und Rebellion. Achtmal lesen wir, wie das Volk Israel murrt (11,1-3; 11,4-10; 12,1-16; 13,30-14,4; 16,1-17,5;17,6-15; 20,1-13; 21,4-9) und dabei jedesmal das Gericht Gottes auf sich zieht.

Gleichzeitig zeigt uns dieses Buch, was Glaube heißt und bewirkt: Mose, Josua, Kaleb, Pinhas und andere bleiben mit ihrem Herzen auf Gott ausgerichtet, lassen sich nicht vom Strom der Rebellion und der Volksstimmung mitreißen, sondern haben den Mut, sich öffentlich auf Gottes Seite zu stellen und stehen sogar vor Gott ein in der Fürbitte für das Volk. Überall zeigt sich, wo die wirklichen Gefahren liegen. Nicht in der äußeren Not oder Bedrohung (dafür sorgt Gott schon), sondern in den eigenen Reihen (vgl. Verführung Bileams zur Unmoral; 31,16) und in der persönlichen Glaubenshaltung (vgl. Kap. 13 und 14).

Gliederung.

1,1-10,10	*Vorbereitungen und Volkszählung (am Sinai).*
10,11-12,16	*Vom Sinai bis Kadesch-Barnea.*
	Aufbruch (10,11-36).
	Murren in Tabera (11).
	Mirjam und Aarons Rebellion (12).
13,1-20,13	*In Kadesch-Barnea.*
	Aussendung und Bericht der Kundschafter (13-14).
	Verschiedene Verordnungen (15).
	Rebellion der Rotte Korach (16-17).
	Amtspflichten der Priester (18-19).
20,14-22,1	*Von Kadesch-Barnea in die Ebenen Moabs.*
	Mirjams Tod, Moses Versagen, Aarons Tod (20).
	Die bronzene Schlange (21).
22-36	*Wüstenwanderung.*
	Bileam (22-24).
	Pinhas Eifer für Gott (25).
	Zweite Volkszählung (26).
	Josuas Berufung (27).
	Verschiedene Gesetze (28-30).
	Sieg über die Midianiter (31).
	Verteilung des Ostjordanlandes (32).
	Liste der Lagerstätten und Verordnungen über die Verteilung des Landes (33-36).

MOSE, 5.BUCH (griech./lat.: Deuteronomium).

„Deuteronomium" bedeutet „Gesetzeswiederholung". Dieses Buch beinhaltet eine ergänzende und vertiefende Wiederholung des Gesetzes (vgl. Kap. 17,18).

Man nimmt an, daß es der Reform des Königs Josia (622/21 v.Chr.) zugrunde lag (vgl. Kap.12). Dem Bericht in 2.Kön 22 zufolge ist das Gesetzbuch bei Bauarbeiten gefunden worden.

Inhalt. Das 5.Buch Mose umfaßt zeitlich gesehen die letzten zwei Monate des 40. Jahres nach dem Auszug aus Ägypten (1,3 bzw. 34,8) und enthält vor allem Reden Moses an das Volk. Nach einem kurzen Rückblick auf die Wüstenwanderung (1-4) erinnert Mose das Volk daran, was Gott für sie getan hat und was er von ihnen erwartet, wenn sie in das verheißene Land kommen werden. D. ist weniger eine reine Gesetzeswiederholung, sondern vielmehr ein inniger Aufruf zum Gehorsam und zur rechten Herzenshaltung gegenüber Gott (5-11). Nachdem Mose den Israeliten die Gesetze, die sie im Land halten sollten, nochmals im einzelnen erläutert hat (12-26), stellt er das Volk abschließend vor das große Entweder-Oder: leben innerhalb oder außerhalb des Bundes, Gehorsam oder Ungehorsam, Segen oder Fluch (27-30).

Die letzten Kapitel (31-34) zeigen das Ende von Moses Dienst und Leben, Josuas Einsetzung als Nachfolger und Moses Lied und Segen über Israels Stämme.

Bedeutung. Die grundlegende Botschaft dieses 5.Buches Mose lautet: Die Vergangenheit Israels wurde bestimmt und gefüllt von den Heilstaten Jahwes an seinem Volk. Wenn es sich daran orientiert, im Gehorsam bleibt und den Willen Gottes tut, d.h. den Bund hält, dann gehört ihm die Zukunft. Gehorsam sein heißt: Gott lieben, ihm anhangen, an seine Gebote denken und sie tun. Das bringt Segen. Ungehorsam bedeutet: Gott und seine Gebote vergessen. Das bringt Fluch. Der Höhepunkt der Grundgedanken findet sich in Schlüsselkapitel 6. Gott ist die alleinige und wahre Wirklichkeit (vgl. Jahwe = Ich bin der Ich-bin – und zugleich Jahwe = Ich werde sein!). Gottes Wirklichkeit ist von der Liebe bestimmt, schenkt Liebe und erwartet wiederum Liebe (vgl. 6,4-5; 7,7f; 10,12). Liebe und Vertrauen – nicht Gesetzestreue – erwartet Gott zuerst und vor allem von seinem Volk. Dankbarkeit und Hingabe an Gott sollen die Motivation zum Gehorsam und zum Einhalten der Gebote sein. Damit ist das 5.Buch Mose eine Vorabbildung des Lebens im Neuen Bund: Liebe, die aus dem Glauben tätig ist (Gal 5,6).

Ein weiterer Schlüsselbegriff in diesem Buch ist das „Land". Es ist ntl. gesehen ein Sinnbild für das „Leben im Geist" mit allen seinen Segnungen: Ruhe (5.Mo 3,20); Gaben und Früchten (6,10-11); Überfluß (8,8-10); Sieg (11,23-25). Etwa 20 Mal kommt zum Ausdruck, daß die Israeliten das Land, obwohl es ihnen von Gott bereits zugesagt und gegeben ist, „in Besitz nehmen müssen".

Die Stellung, die das 5.Buch Mose gegenüber den anderen Mose-Büchern einnimmt, kann verglichen werden mit der Stellung des Johannesevangeliums gegenüber den drei anderen Evangelien. Auch hier wird alles vertieft betrachtet, erklärt und dargestellt.

Gliederung.
1-3 *Geschichtlicher Rückblick.*
4-11 *Ermahnung zur Bundestreue.*
 Zur Treue gegenüber Gott, zur Liebe, Gottesfurcht, Kompromißlosigkeit, Abhängigkeit von Gott, Dankbarkeit, Demut.
12-26 *Gesetzeswiederholung.*
 Gottesdienstordnung (12,1-16,17).
 Zivilgesetze (16,18-18,22).
 Soziale Gesetze (19-26).
27-30 *Ruf zur Stellungnahme.*
 Segen oder Fluch und Bunderneuerung.

31-34 *Abschließende Ereignisse.*
 Einsetzung Josuas als Nachfolger (31).
 Moses Lied (32).
 Moses Segen (33).
 Moses Tod (34).

MOSER. Ein Lagerplatz der Israeliten in der Wüste, wo *Aaron starb (5.Mo 10,6), vermutlich in der Nähe des Berges Hor.

MOTTE. In Palästina gab es viele verschiedene Schmetterlinge und Motten, aber in der Bibel findet sich nur ein Bezug auf die atypische Kleidermotte (Hiob 4,19; Lk 12,33). Die Larve und nicht die M. selbst richtet durch ihr Fressen den Schaden an.

MÜCKE. Eine allgemeine Bezeichnung für verschiedene Arten von Insekten mit zwei Flügelpaaren; manchmal auch Stechmücken. Der Satz in Mt 23,24 bezieht sich auf den Brauch der Pharisäer, das Wasser beim Trinken durch ein Tuch zu filtern, um zu vermeiden, daß ein unreines Insekt verschluckt wird. Die „Stechfliegen" von 2.Mo 8,16ff sind wahrscheinlich blutsaugende Zecken.

MÜHLE, MÜHLSTEIN. Im Altertum wurde das Getreide auf flachen Steinplatten ausgebreitet und mit einem Steinmörser zermahlen (Handmühle). Seit der Eisenzeit (ab 1200 v.Chr.) wurden Drehmühlen verwendet, die aus zwei runden Steinplatten von 50 cm Durchmesser bestanden. Die obere drehte sich auf der unteren. Das Getreide wurde oben in das Zapfenloch geschüttet, und das Mehl kam zwischen den Steinen heraus. Frauen (Mt 24,41) und Gefangenen (Ri 16,21) war das Mahlen übertragen; größere Mühlen wurden von Tieren angetrieben. Die Handmühle, von der das Leben der Familie abhing, durfte nicht als Pfand genommen werden (5.Mo 24,6). Das Aufhören des ständigen Geräuschs der Mühlsteine galt als Zeichen der Zerstörung (Jer 25,10). *Brot.

MUND. Die Hand über dem M. war ein Zeichen der Scham und Schande (Mi 7,16). Der M. kann sündigen (Ps 59,13) oder mit Lob Gottes gefüllt sein (Ps 40,4). Der bibl.

Gebrauch ist dem von Lippe und Zunge ähnlich.

MUNDSCHENK. Königlicher Hofbeamter, der für die Darreichung der Getränke verantwortlich war, z.B. der oberste Diener des Pharao zur Zeit Josefs (1.Mo 40,1ff). Oft war es ein Ausländer, der zum Vertrauten und Günstling des Königs wurde und politischen Einfluß ausübte, wie Nehemia (1,11), der Mundschenk des Perserkönigs Artaxerxes I. war (ca. 464-423 v.Chr.).

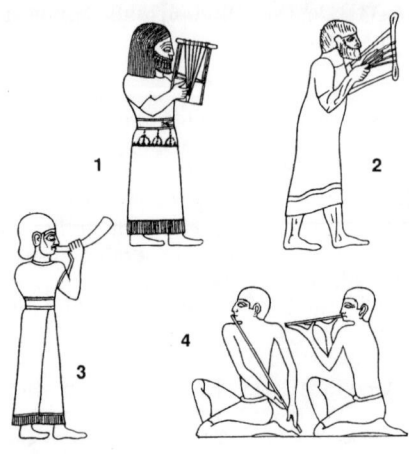

Musik. (1) Kastenleier. (2) Schrägleier. (3) Horn. (4) Ägyptische Längsflöte.

MUSIK UND MUSIKINSTRUMENTE.
1. *Musik:* Musik spielte in der hebr. Kultur eine wichtige Rolle. Obwohl sie mit dem Gottesdienst eng verbunden war, gab es auch seit frühester Zeit bereits Musik im alltäglichen Gebrauch (1.Mo 31,27). Sie war eng mit Tanz verbunden (2.Mo 15,20ff). Musik und Tanz gehörten zu Festmahlen (Jes 5,12), Weinlesen (Jes 16,10), Hochzeiten (1.Makk 9,37-39) und auch zu Begräbnissen (Mt 9,23). Könige (2.Sam 19,36) und das einfache Volk (1.Sam 16,18), junge Leute (Klgl 5,14) und Prostituierte (Jes 23,16) gebrauchten und freuten sich an Musik in gleicher Weise. David organisierte einen Chor und ein Orchester für den Gottesdienst (1.Chro 15,16ff). Es ist nicht bekannt, welche Art von Musik gespielt wurde, und unsicher, ob die Hebräer über ein Notensystem verfügten. Der hebr. Bibeltext enthält Akzente für die Rezitation, nicht für Gesang. Diese Akzente sind späteren Datums. Einige Psalmen sind eindeutig für einen Wechselgesang von zwei Chören (Ps 20; 13) oder zwischen Chor und Gemeinde (Ps 136) abgefaßt.

2. *Musikinstrumente:* Das Wissen auf diesem Gebiet ist auch sehr gering. Es wurden aber Musikinstrumente aus dem Altertum gefunden, die zu anderen Völkern des Nahen Ostens gehören. Ihre ursprünglichen Bezeichnungen werden in den einzelnen Bibelübersetzungen durch verschiedene Begriffe wiedergegeben. Es ist deshalb schwierig, sie alle zu identifizieren.

Lyra, Leier ist das einzige Saiteninstrument, das in den Büchern des Mose erwähnt wird, sie kann in Syrien ihren Ursprung haben (1.Mo 31,27). Man konnte sie tragen (vgl. 1.Sam 10,5), und nach einem ägypt. Wandbild zu urteilen, wurde sie mit einem Plektrum (Plättchen) gespielt. Der Historiker Josephus war der Meinung, daß sie zehn Saiten hatte; andere nehmen acht Saiten an in Anlehnung an den hebr. Begriff „sheminith" (1.Chro 15,21). Sie wurde aus Zypressenholz und später aus Algum (evtl. rotes Sandelholz) hergestellt und war offensichtlich sehr wertvoll.

Die *Harfe* wird zuerst in 1.Sam 10,5 erwähnt und scheint aus Phönizien zu stammen. Aus dem Wort zu schließen, könnte sie am unteren Ende bauchig gewesen sein. Wie die Lyra wurde sie aus Zypressen- oder Sandelholz hergestellt. Sie hatte wahrscheinlich zehn Saiten und erzeugte die Baßtöne.

Der bibl. Begriff, der mit *Flöte* übersetzt wird, gibt wenig Anhaltspunkte dafür, wie das Instrument in Wirklichkeit aussah. Die verschiedenen Meinungen gehen mehr zugunsten der Oboe.

Die *Pfeife* bzw. Flöte (1.Mo 4,21; Hiob 21,12; 30,31 und Ps 150,4) kann nicht näher identifiziert werden.

Sehr oft wird die *Trompete* erwähnt.

Die Nationaltrompete der Israeliten war ein langes Widderhorn mit einem nach oben gebogenen Ende, wie sie noch heute in den Synagogen verwendet wird. Eine Trompete aus geschmiedetem Silber wurde von Mose benutzt (4.Mo 10).

Zu den Schlaginstrumenten gehörten die *Handrassel* (vielleicht wie die ägypt. Rassel aus Ringen hergestellt, die aneinander schlugen) und die *Glocken,* die wahrscheinlich Metallscheiben oder -schalen waren.

Die *Zimbel* (bzw. *Schelle*), im NT in 1.Kor 13,1 erwähnt, existierte in zweierlei Formen. Die eine bestand aus zwei flachen Metallscheiben, die in den Händen gehalten und zusammengeschlagen wurden. Die andere war mehr ein schalenförmiges Instrument, das festgehalten wurde, während man mit einem anderen, das ähnlich aussah, daraufschlug.

Die *Pauke* (Handtrommel) wurde ähnlich dem Tambourin in der Hand gehalten und mit der Hand geschlagen.

MUTTERLEIB. Die Entstehung eines Kindes im M. wird von den bibl. Autoren als ein Geheimnis von Gottes Wirken beschrieben (Pred 11,5). Die Unfruchtbarkeit einer Frau wird auch mit „einem verschlossenen Leib" bezeichnet (1.Sam 1,5). Symbolisch steht er für den Beginn des Lebens (Jes 49,1).

MYRA. Eine wichtige Stadt in Lyzien an der Südwestspitze Kleinasiens mit einem 4 km entfernten Hafen. *Paulus ging dort an Bord eines Getreideschiffes (Apg 27,5f).

MYRRHE. Siehe *Pflanzen.

MYTHOS, MYTHOLOGIE. Im NT erscheint das Wort nur in einigen Briefen und immer in einem herabsetzenden Sinn (LÜ: Fabel). Timotheus wird dazu ermutigt, das Interesse an Mythen zu vermindern (1.Tim 1,4), welche von falschen Lehrern (2.Tim 4,4) oder jüd. Überlieferung herrühren (Tit 1,14). Es könnte sich um eine Mischung aus gnostischer Spekulation und Judaismus gehandelt haben, die im krassen Gegensatz zum Evangelium steht (2.Petr 1,16).

N

NAAMA. Stadt im Stammesgebiet von *Juda (Jos 15,41); wahrscheinlich Naneh, 10 km südl. von Lydda; ebenso ein atl. Frauenname.

NAAMAN (angenehm). Ein zur Zeit des AT verbreiteter syr. Name. Der Befehlshaber der syr. Armee während der Herrschaft von Ben-Hadad. Auf Anraten einer israelit. Sklavin suchte er bei *Elisa Heilung für seinen Aussatz. Er nahm zwei Maultierladungen Erde mit nach Hause, um den Gott Israels auch in seiner Heimat anbeten zu können (2.Kön 5; vgl. Lk 4,27).

NABAL (Narr). Ein wohlhabender Einwohner von Maon, südöstl. von Hebron, der es ablehnte, dem geächteten *David Gastfreundschaft zu erweisen als Gegenleistung für den Schutz, den David ihm bereits gewährt hatte. *Abigail, N. Frau, griff ein und verhinderte ein Blutbad, das sonst unvermeidlich gewesen wäre. N. starb unmittelbar danach (1.Sam 25).

NABATÄER. Wahrscheinlich die Nachkommen von *Nebajot, dem Sohn Ismaels und Schwager von Esau (1.Mo 25,13; 28,9). Nach außerbibl. Quellenangaben waren sie Wüstennomaden und griffen Kaufmannskarawanen in der Nähe von Petra, südl. des Toten Meeres, an. Sie bauten Dörfer und bewässerten ursprünglich unkultivierte Wüstengebiete. Zur Zeit des Königs Aretas I. (um 170 v.Chr., vgl. 2.Makk 5,8) waren die N. selbst wohlhabende Kaufleute. Spätere Könige besaßen Gebiete im Negev im S und rund um Damaskus im N, wodurch sie den gesamten Ost-West-Handel unter Kontrolle hatten. Ein Statthalter von Aretas IV. versuchte, Paulus in Damaskus gefangenzunehmen (2.Kor 11,32). Der Aufschwung von Palmyra im 2. Jh. n.Chr. verlagerte den Handel, der durch Petra gegangen war, und die N. vermischten sich mit der Bevölkerung der Umgebung.

Nabatäer. Das sog. „Schatzhaus" – wahrscheinlich eine Grabkammer oder ein Tempel – in der Felsenstadt Petra (vgl. Jes 42,11).

NABOT. Besitzer eines Weinberges, den König *Ahab begehrte. Angestiftet von seiner Frau *Isebel verübte Ahab auf der Grundlage falscher Anschuldigungen Justizmord an N. (1.Kön 21). Möglicherweise wurde N. Familie mit hingerichtet (2.Kön 9,26). Dieses Verbrechen brachte das Gericht Gottes über Isebel und die Familie Ahabs (1.Kön 22,34ff; 2.Kön 9,33ff; 10,1ff).

NACHLESE. Ein soziales israelit. Gesetz erlaubte den Armen, Waisen und Fremdlingen, nach der Ernte liegengebliebenes

Getreide, Trauben und Oliven aufzulesen (3.Mo 19,9f; vgl. Rut 2,2ff). Mit Rücksicht auf solche N. sollten z.b. Getreidefelder nicht bis an ihre Ränder geschnitten werden. In einigen Ländern des Orients gibt es diesen Brauch noch heute.

NACHSCHON. *Aarons Schwager (2.Mo 6,23), ein Vorfahre Davids (Rut 4,20) und Jesu (Mt 1,4).

NÄCHSTER. Das Gebot, seinen Nächsten zu lieben wie sich selbst (3.Mo 19,18), wird im NT achtmal zitiert (z.b. Lk 10,27). Der Begriff wird im AT allgemein für Personen verwendet, gegenüber denen man sich entsprechend freundlich verhalten sollte. Die Bibel lobt besonders diejenigen, die sich als N. gegenüber Menschen erwiesen haben, die sie hätten hassen können (z.b. *Rahab: Jos 2,1; Rut, die es ablehnt, ihre verwitwete Schwiegermutter zu verlassen). Im Gleichnis vom Barmherzigen Samariter zeigte Jesus, daß jeder Mensch zum N. werden kann, ungeachtet seiner sozialen Stellung oder seiner Volkszugehörigkeit (Lk 10,29f).

NACKEN, HALS. Halsstarrig zu sein bedeutete, widerspenstig und eigensinnig zu sein (Jes 48,4). Ein Joch auf dem Nacken zu tragen (wie ein Arbeitstier), symbolisiert Knechtschaft (Jer 30,8). Paulus benutzt die Wendung „sie haben ihren Hals für mein Leben hingehalten" (Röm 16,4) und bezieht sich dabei auf die Gefahr der röm. Todesstrafe durch Enthaupten.

NADAB (großzügig, edel). Verschiedene Personen aus dem AT. **1.** Ältester Sohn *Aarons, der starb, als er „fremdes Feuer" opferte, das Gott nicht geboten hatte (3.Mo 10,1ff). **2.** Sohn *Jerobeams; König von Israel, ca. 915-914 v.Chr. Er wurde von Bascha getötet, der nach ihm König wurde (1.Kön 15,25ff).

NADELÖHR. Jesus verwendet dieses Wort, um etwas Unmögliches zu veranschaulichen (Mt 19,24). Auch im jüd. Talmud wird ein ähnliches Bild gebraucht (Elefant, der durch ein Nadelöhr geht). Daß Jesus dabei an eine kleine Mauer

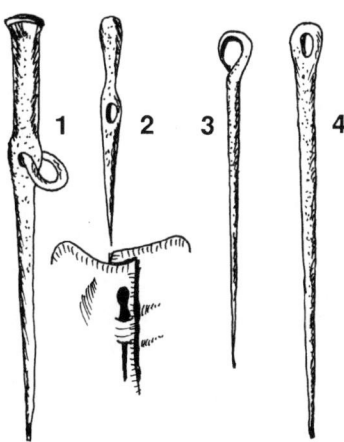

Nadelöhr. (1/2) Gewandnadel. (3/4) Nähnadel.

pforte gedacht hätte, läßt sich nicht nachweisen.

NAFTALI (Ringer). Ein Sohn *Jakobs und *Bilhas (*Rahels Magd). Er wird oft im Zusammenhang mit seinem älteren Bruder Dan genannt (1.Mo 30,5ff) und ist der Stammvater des Stammes N., der in atl. Listen gewöhnlich am Schluß erwähnt wird (z.B. 4.Mo 1,15). Ihm wurde ein breiter Streifen Land westl. des Sees Genezareth (in Jos 19,32ff näher bestimmt) zugeteilt. Dazu gehörten neben der kanaan. Stadt Hazor, die eine wichtige Handelsstraße kontrollierte und bis zur Richterzeit nicht völlig besiegt wurde (Ri 4,2.23f), auch einige der fruchtbarsten Gebiete des ganzen Landes. Aus N. kamen Helden wie *Barak (Ri 4) und *Gideon (Ri 6-7). Es war aber sehr anfällig gegenüber Angriffen aus dem N, und 734 v.Chr. wurde N. als erster Stamm westl. des Jordans von den Assyrern deportiert (2.Kön 15,29). Jesus wirkte eine längere Zeit in diesem Gebiet (Galiläa), das aufgrund seiner Geschichte von Verbannungen und der Einwanderung fremder Siedler von den Jerusalemer Juden verachtet wurde (Jes 8,23; Mt 4,15).

NAGEL/FINGERNÄGEL. Die Fingernägel einer weiblichen Gefangenen mußten beschnitten werden, bevor sie ein Israelit heiraten konnte (5.Mo 21,12). In

der Zeit seines Wahnsinns ließ sich Nebukadnezar die Fingernägel wachsen, bis sie wie Klauen aussahen (Dan 4,30).
Eisennägel wurden zur Befestigung von Gegenständen an Wänden (1.Chro 22,3; Pred 12,11) und bei der Kreuzigung (Joh 20,25) benutzt.
Andere Übersetzungen verwenden auch „Pflock", z.B. für die hölzernen Zeltpflöcke (Ri 4,21), die Bronzepflöcke zur Befestigung der Stiftshütte (2.Mo 27,19) und einen Pflock des Webstuhls (Ri 16,13f).

NAHALAL/NAHALOL. Eine Stadt im Gebiet des Stammes *Sebulon, die weiter von fronpflichtigen Kanaanitern bewohnt wurde (Ri 1,30), wahrscheinlich in der Nähe des heutigen Nahalal, 9 km westl. von Nazareth.

NAHALIËL (Tal Gottes). Ort im Ostjordanland, nördl. des Arnon; Lagerplatz der Israeliten auf ihrer Wüstenwanderung (4.Mo 21,19).

NAHASCH. 1. Ammoniterkönig, der Jabesch in Gilead belagerte. *Saul kam den Einwohnern zu Hilfe und besiegte N. (1.Sam 11). Auf der Flucht vor Saul fand *David bei N. Schutz (2.Sam 10,2). **2.** Der Vater von Abigal und Zeruja, den Halbschwestern Davids, vermutlich die Stieftöchter von Jesse (2.Sam 17,25; 1.Chro 2,13ff).

NAHOR. 1. *Abrahams Großvater (1.Mo 11,22ff). **2.** Abrahams Bruder (1.Mo 11,26ff). Er war der Stammvater der zwölf aram. Stämme (1.Mo 22,20ff) und diente falschen Göttern (Jos 24,2).

NAHRUNGSMITTEL. Getreide, Gemüse und Früchte dienten den Menschen von Anfang an als Nahrung (1.Mo 1,29f); nach der Sintflut waren auch Tiere (aber nicht ihr Blut) erlaubt (1.Mo 9,3f). In der Erzväterzeit (ca. 1800 v.Chr.) waren in Ägypten, Palästina und Mesopotamien Getreide und Brot Hauptnahrungsmittel neben Milch, Butter, Käse, Wein und Wasser. Linsensuppe war ein alltägliches Gericht (1.Mo 25,29; 2.Sam 17,28). Ehrengäste verwöhnte man mit einem gemästeten Kalb, Quark (LÜ: Butter) und Milch (1.Mo 18,7f). Fleisch wurde zwar nicht jeden Tag gegessen, aber in Syrien und Palästina war Wüstenwild sehr beliebt (1.Mo 27,3f). Nüsse und Honig waren Delikatessen (1.Mo 43,11); auf Tafeln des aus dem 18. Jh. v.Chr. stammenden Palastes in Mari ist verzeichnet, daß bei Festbanketten Honig gereicht wurde. Den Israeliten standen in Ägypten Nahrungsmittel zur Verfügung, an die sie sich später mit Wehmut erinnerten: Fisch, Gurken, Melonen, Lauch, Zwiebeln und Knoblauch (4.Mo 11,5); diese Liste stimmt mit den aus dem Ägypten des 13. Jh. v.Chr. bekannten Lebensmitteln überein.

Ernährung in Israel. Die drei Hauptnahrungsmittel waren Getreide, Wein und Olivenöl (5.Mo 7,13). Bei dem Getreide handelte es sich um Gerste, Weizen, Hirse und Spelt (Hes 4,9). Man braute auch Bier (LÜ „starkes Getränk"), aber in Ägypten und Mesopotamien war es weiter verbreitet als in Palästina. Olivenöl wurde als Küchenfett verwendet. Andere Früchte waren Feigen und Granatäpfel (deren Saft getrunken wurde). Äpfel aß man vielleicht auch (Spr 25,11); in Mesopotamien und im SO Kleinasiens waren sie mit Sicherheit bekannt. Wilden Bienenhonig fand man in Felspalten, Bäumen etc. (Ri 14,8), aber das AT sagt nicht, ob die Hebräer wie die Ägypter Bienenzucht betrieben. Palästina war in der Tat das Land, in dem Milch und Honig fließen (2.Mo 3,8); Thutmosis III. von Ägypten kehrte einmal aus Syrien/Palästina mit Hunderten von Krügen voller Honig zurück. Fleisch aß man gelegentlich; nur die sehr Reichen nahmen es häufiger zu sich. Rind, Schaf, Ziege und verschiedene Wildarten galten als „reine" Tiere, die zum Verzehr geeignet waren (3.Mo 11,1ff; 5.Mo 14,3ff); einige der verbotenen Tiere (z.B. Schweine) waren in dem heißen Klima gefährliche Krankheitsüberträger. An Festtagen gab es zu den bereits erwähnten Gemüsen ein gemästetes Kalb oder Ochsenfleisch.

Salomos Nahrungsmittelvorräte werden in 1.Kön 5 genau beschrieben und sind ein Beispiel für die großangelegte Lebensmittelversorgung, wie sie an altorientalischen Höfen üblich war. Zu einer Tagesration gehörten 30 Rinder und mehr als 6500 Liter Mehl. Salomos System, sich von den einzelnen Provinzen in monatlichem Wechsel beliefern zu lassen, übernahmen später auch Nebukadnezar von Babylon und Kyrus von Persien; sogar die Mengen sind vergleichbar. Zu den Menschen, denen diese Lebensmittel zugute kamen, gehörten neben der Königsfamilie die höchsten Minister des Staates, die Höflinge und Beamten, die den Ministern unterstanden, und eine große Zahl von Bediensteten. Im Alten Orient war der Palast nicht nur königliche Residenz, sondern der eigentliche Mittelpunkt der gesamten Zentralregierung. Die königlichen Archive von Mari in Mesopotamien geben für das 18. Jh. v.Chr. einen täglichen Verbrauch von Hunderten von Litern Getreide, Brot, Backwaren, Honig und Sirup an. Zu den Vorbereitungen für die Ankunft eines Pharao im 13. Jh. v.Chr. gehörte die Beschaffung von 9200 Laib Brot und 20 000 Stück Gebäck.

Würzen, Kochen und Backen. Dazu gehörte das Backen von Brot und Kuchen, das Kochen von Suppen und Eintöpfen sowie das Braten oder Kochen von Fleisch. Gewürzt wurde vor allem mit Salz, aber auch mit Kräutern wie Dill, Kümmel und Koriander. Die Pflanzen und Samen dieser Gewürze wurden in einigen ägypt. Gräbern aus dem 14. Jh. v.Chr. gefunden. Honig wurde zum Backen verwendet, aber nicht in Opfergaben (2.Mo 16,31; 3.Mo 2,11). Gesüßter oder gewürzter Wein ist ebenfalls bekannt (Hld 8,2).

Im Neuen Testament. Die typische hebr. Familie ernährte sich weitgehend vegetarisch. Hauptnahrungsmittel war Brot, wobei das der Ärmeren eher aus Gersten- als aus Weizenmehl gebacken wurde (Joh 6,9). Trauben und Feigen waren sehr geschätzt; Oliven wurden nicht nur zu Öl verarbeitet, sondern man aß sie auch, in Salzwasser eingelegt, als pikante Beilage zu Brot. Am Passafest gab es eine besondere Soße aus Datteln, Feigen, Rosinen und Essig (Mk 14,20). Die Früchte oder Schoten des Johannisbrotbaumes galten als Tierfutter und wurden wohl auch von notleidenden Menschen gegessen (Lk 15,16). Die jüd. Speisevorschriften wurden genau eingehalten, aber nicht in den heidenchristl. Gemeinden übernommen (Röm 14,2f; 1.Kor 8,10). Erlaubt war unter anderem das Fleisch von Kälbern und Ziegenböcklein (Lk 15,23.29). Fisch wurde sehr viel gegessen, da ihn der See Genezareth reichlich lieferte (z.B. Mk 6,41ff). Vögel werden im NT als Nahrungsmittel nicht erwähnt. Eine Andeutung auf Eier findet sich in Lk 11,12.

NAHUM, BUCH. *Verfasser und Zeit.* Über den Propheten Nahum (Tröstung) erfahren wir kaum etwas. Aus dem Inhalt seines Buches läßt sich einiges über die Zeit und die Situation, in der er lebte und wirkte, erfahren. Zum Beispiel erwähnt Nahum in Kap. 3,8 die Eroberung von No-Ammon, des ägypt. Theben, durch die assyr. Streitmacht im Jahre 663 v.Chr. – ein Ereignis, das bereits weit zurückliegt; der Untergang Ninives steht noch bevor (3,14ff). Er ist der Prophet, der gegen die Gewaltherrschaft und moralische Verdorbenheit der Weltstadt Ninive weissagt. Nahum ist ein Zeitgenosse Jeremias und Zefanjas.

Inhalt. Nahums Weissagungen beginnen mit einem Loblied auf Jahwe, der gewaltig und gerecht die Völker regiert und richtet (Kap. 1). Die assyr. Macht, die von Ninive ausgeht und schwere Unterdrückung zur Folge hat, soll vernichtet werden (1,14). Nahum sieht dahinter Jahwe als den eigentlich Handelnden. Er lenkt und richtet das Geschehen auf der Erde. Die Weltgeschichte ist ein Weltgericht (vgl. Jes 7,18 und Jes 41).

Assurs Machtwille, seine Ungerechtigkeit und Willkür, seine Sünde ist im Grunde gegen Gott gewandt (1,11).

Das 2. und 3. Kapitel sagt ausführlich und anschaulich die Belagerung und Zerstörung Ninives voraus. Ninive wurde im Jahre 612 v.Chr. zerstört, das assyr. Reich fand sein Ende. Der Prophet prophezeit das Heil, die Wiederherstellung Israels (vgl. 2,1-3).

Bedeutung. Das Schlüsselwort für das Buch Nahum ist „Gericht". Ninive ist Symbol für die ungöttliche, ja antigöttliche

Nain

Weltmacht, die sich immer wieder gegen Gott auflehnt. Obwohl diese Macht im Laufe der Geschichte wiederholt aufgetreten ist (Babylon, Rom), ist Gottes Gericht über sie unausweichlich, wenn das Friedensreich Jesu auf Erden errichtet wird. Ein Merkvers: „Der Herr ist gütig und eine Feste zur Zeit der Not und kennt die, die auf ihn trauen!" (1,7).

Gliederung.
1,1-8   Gott der allmächtige Richter.
1,9-2,14 Das Gericht über Ninive.
3,1-19   Der Untergang Ninives.

NAIN. Ort, vor dessen Stadttor Jesus den Sohn einer Witwe von den Toten auferweckte (Lk 7,11); eventuell handelt es sich um das Dorf am Fuß des More südöstlich von Nazareth, das heute noch diesen Namen trägt. Es war niemals befestigt, aber „Tor" in V.12 könnte sich auf die Stelle beziehen, wo die Straße in den Ort führte.

NAJOT. Ein Ort oder ein Viertel in Rama, wo *Samuel einer Gruppe von Propheten vorstand (1.Sam 19,18ff). Als Saul David dort suchte, fingen er und sein gesamtes Gefolge an zu weissagen.

NAME. Die Bibel zeigt, daß es früher auch schon üblich war, einem Kind einen bestimmten N. zu geben, nur weil er den Eltern gefiel. Nichts anderes kann dazu geführt haben, ein Mädchen Debora (Biene) oder Ester (Myrte) zu nennen. Obwohl ein N. wie Ahikam (mein Bruder ist auferstanden) ein Hinweis auf einen vorausgegangenen tragischen Verlust in der Familie sein könnte, ist es ein angenehm klingender N. und könnte auch allein aus diesem Grund gewählt worden sein. In der Bibel wird jedoch auch eine starke und dynamische Verbindung zwischen Personen und deren N. hergestellt. So überrascht es beispielsweise nicht, daß der große Prophet des Heils, Jesaja, einen N. hatte, der „Jahwe rettet" bedeutet. Das allgemeine Zeugnis der Schrift weist auf Gottes Vorsorge hin, die ein Leben prägen kann, und so kann der N. einen göttlichen Zuspruch bedeuten, der im Leben dieser Person greifbar werden wird.

Es gibt verschiedene Formen der Namensgebung. Der *Status- bzw. Standesname* verleiht Würde, z.B. als Adam seine Ehefrau „Männin" nannte. Mit dem *Gelegenheitsnamen* wird ein bestimmter Anlaß gefeiert. So nannte Eva ihr erstes Kind Kain, ein Wortspiel zu „gewonnener Besitz", als Anerkennung dafür, daß Gott sein Versprechen gehalten hatte. Der *Ereignisname* umfaßt eine ganze Situation. „Babel" (Verwirrung; 1.Mo 11,9) bedeutet göttliches Gericht, das den Menschen das Unvermögen auferlegte, ihr Vorhaben auszuführen (1.Mo 11,4). Der *Umstandsname* gibt eine Begebenheit wieder, die mit dem Kind im Zusammenhang steht. Isaak wurde so genannt, weil seine Eltern bei seiner Verheißung gelacht hatten (1.Mo 17,17; 18,12; 21,3ff). Mose erhielt seinen Namen, weil er aus dem Wasser gezogen wurde (2.Mo 2,10) – auch der Sieg am Roten Meer bestätigte Mose als den Mann, der aus dem Wasser kam. Der *Umwandlungsname* deutet an, daß etwas Neues im Leben eines Menschen geschehen ist. Aus Abram (hoher Vater) wurde Abraham, was „Vater vieler Völker" bedeuten kann. Im NT wurde aus Simon Petrus der Felsen (Joh 1,42; vgl. Mt 16,18).

Der *Weissagungsname* wurde von Jesaja für seine Söhne gebraucht, um zu bekunden, daß er sich der Worte Gottes sicher war (Jes 7,3; 8,1-4.18), und von Jesus für Jakobus und Johannes als eine Warnung wegen ihres hitzigen Temperaments (Mk 3,17; vgl. Lk 9,54). *Gebetsnamen* brachten die aufrichtigen Wünsche der Eltern zum Ausdruck. *Nabal (Narr; 1.Sam 25,25) kann nur von einer Mutter so genannt worden sein, die betete: „Laß ihn nicht heranwachsen und leben wie ein Narr." Leider wurde Nabal der wörtlichen Bedeutung seines N. gerecht. König Ahas hieß vermutlich ursprünglich Joahas (Jahwe hat ergriffen). Es ist möglich, daß der politisch scharfsinnige, aber geistlich verblendete König das göttliche Element in seinem Geburtsnamen bewußt fallenließ.

Die meisten Völker hatten N. für ihre Götter. Die Erzväter kannten Gott unter verschiedenen Titeln (z.B. 1.Mo 14,22; 17,1). Dazu gehörte der persönliche Name

"Jahwe", dessen eigentliche Bedeutung erst Mose enthüllt wurde: Ich bin, der ich bin (2.Mo 3,14). Dennoch blieb ein Stück Geheimnis zurück, denn das Wesen und der Ratschluß Gottes wurden über einen langen Zeitraum hinweg offenbart. Das Erkennen dieses N. stellt Menschen in eine neue persönliche Beziehung zu Gott (2.Mo 33,12.18f; Joh 17,6). Gottes Herrlichkeit wird durch seinen Namen zum Ausdruck gebracht (2.Mo 33,18ff; 5.Mo 12,5). Das führte dazu, daß die Juden den Gebrauch von Jahwe überhaupt vermieden. Gottes N. ist eine Zusammenfassung dessen, was er in sich selbst ist und was er für andere bedeutet. Deshalb handelt Gott auch um „seines Namens willen" (z.B. Hes 20,9.14; vgl. auch beim Beten Ps 25,11).

Der Name *Jesu ist in keine dieser Kategorien einzuordnen, er hat noch eine tiefere Bedeutung. Christen glauben an den „Namen Jesu" (Joh 3,18) in dem Sinne, daß sie sich ihm persönlich überlassen und in „seinem Namen erhalten" werden (Joh 17,11). *Namen Gottes.

NAMEN GOTTES, GOTT. In der Bibel ist der „Name" (Gottes) oft gleichbedeutend mit Gott selber, z.B. „den Namen kundtun", „auf seinen Namen trauen". In den Namen, die menschlichen Sprachen entlehnt sind, gibt Gott sich zu erkennen.

1. El, Gott im weitesten Sinn, meistens mit einer näheren Bestimmung, um den wahren Gott von den falschen Göttern zu unterscheiden. So der „heilige Gott", der „lebendige Gott" u.a.

2. Eljon, der Höchste (4.Mo 23,19).

3. Elohim, eine Pluralform, für den einen Gott nur in Israel gebraucht. Der hebr. Name wird gebraucht in Zusammenhang mit Gottes Macht und Majestät, der Schöpfergott, der Gott Himmels und der Erde, der sich den Menschen offenbart in seinem Tun.

4. Jahwe (im Hebr. nur mit Konsonanten JHWH), der eigentliche Gottesname, der keinem Gott zukommt als dem Gott, der sich im AT offenbart. Zum Verständnis des Namens vgl. die Offenbarung an Mose am Brennenden Busch: „Ich bin, der ich bin." Er ist der Gott, der nicht von seinen Werken abhängig ist, der immer Seiende, der sich auch dem Menschen gegenüber nicht ändert, der immer treue Bundesgott (5.Mo 7,9). In alten Übersetzungen (fälschlicherweise) mit „Jehova" wiedergegeben, in der LÜ mit HERR, von Juden mit „der Ewige". Die Juden betrachten den Namen als so heilig, daß niemand von ihnen ihn ausspricht; sie lesen dafür „Adonai" = „Herr".

5. Adonai, übersetzt mit Herr, Herrscher, Meister (z.B. Ps 8,2.10 neben HERR = Jahwe). Oft finden wir mehrere Namen nebeneinander, z.B. 5.Mo 5,9: „Ich, der HERR (Jahwe), dein Gott (Elohim), bin ein eifernder Gott (El)."

Zusammengesetzte Namen. Sie werden Gott zu bestimmten Zeiten gegeben, um wichtige Aspekte seines Wesens herauszustellen. Dazu gehören z.B.: El-schaddai, „der Allmächtige" oder „der Allgenugsame" im Sinn von Fülle und Reichtum Gottes, er wird nie müde oder „leer" (1.Mo 17,1). Jahwe-jireh, „der Herr sieht" (1.Mo 22,14); Jahwe-nissi, „der Herr mein Feldzeichen" (2.Mo 17,15); Jahwe-tsidkenu, „der Herr unsere Gerechtigkeit" (Jer 23,6; 33,16); Jahwe-sebaot, „der Herr der Heerscharen" (LÜ „HERR Zebaoth" z.B. Ps 24,10).

NARDE. Siehe *Kräuter und Gewürze.

NARR. Siehe *Tor, Torheit.

NARZISSUS. Römer, zu dessen Familie oder Haushalt Christen gehörten (Röm 16,11).

NASIRÄER (Gottgeweihter). Abgeleitet von einem hebr. Begriff, der „aussondern", „weihen" oder „sich enthalten" bedeutet. Der Geweihte war jemand, der sich selbst von anderen absonderte, indem er sich Gott durch ein besonderes Gelübde weihte. Die Regeln für einen Geweihten finden wir in 4.Mo 6. Man mußte sich von Wein, berauschenden Getränken, Essig und Trauben enthalten, vielleicht als Protest gegen die Kultur der benachbarten Kanaaniter. Ebenso durfte das Haar nicht geschnitten werden, solange das Gelübde galt. (Das Haar wurde als Sitz des Lebens betrachtet und mußte deshalb in seinem natürlichen Zustand belassen werden.) Der Geweihte durfte sich auch keinem Toten nähern; wenn es doch geschah, mußte er sich einem bestimmten Reinigungsritus unterziehen und das Gelübde von neuem beginnen. Nach Ablauf des Gelübdes mußte der N. spezielle Opfer bringen und wurde dann vom Priester entlassen. Obwohl das Gelübde nur für eine befristete Zeit gedacht war, gab es Eltern, die ihre Kinder zeitlebens Gott weihten (z.B. Samuel: 1.Sam 1,11). Da sich Simson nicht klar des Weins enthielt, könnte der Begriff auch freier angewandt worden sein auf Leute, die sich Gott weihten. Es ist schwierig, vor dem Exil Hinweise auf zeitweilige N. zu finden; später sind sie häufiger anzutreffen (vgl. Paulus' Gelübde in Apg 18,18).

NATHAN (Er [Gott] hat gegeben). Name mehrerer Personen im AT. U.a. ein Prophet, der im Zusammenhang mit *Davids Plänen zum Tempelbau (2.Sam 7; 2.Chro 29,25), dessen Ehebruch mit *Batseba (2.Sam 12) sowie der Ernennung *Salomos zum Thronfolger Davids erwähnt wird (1.Kön 1,11ff).

NATHANAEL (Gabe Gottes). N. war einer der zwölf Jünger Jesu, wurde von Philippus zu Jesus gebracht (Joh 1,45ff) und kam aus Kana in Galiläa (Joh 21,2). Er war anfangs skeptisch, daß der Messias aus Nazareth kommen sollte. Gewöhnlich wird er mit *Bartholomäus identifiziert, der in der Aufzählung in Mt 10,3 und den entsprechenden Parallelstellen nach Philippus genannt wird. Da „Bartholomäus" der Familienname ist, mußte der Träger dieses Namens also noch einen anderen haben.

NATTER. Siehe *Schlange.

NAZARENER. Mit dem Begriff wird in Mt 2,23 Jesus beschrieben (könnte auf das „Reis" - hebr. nezer - aus dem Stamm Isai hinweisen) und in Apg 24,5 die christl. Gemeinde. In den Evangelien (z.B. Lk 18,37) wird der gleiche Begriff oft mit „von Nazareth", Jesu Heimatstadt, übersetzt. Es war bei den Juden üblich, eine Person anhand des Ortes, aus dem sie kam, zu identifizieren. In den ersten nachchristl. Jahrhunderten gab es einige Gruppen von Judenchristen, die sich selbst noch als N. bezeichneten.

NAZARETH. Stadt in Galiläa, die für etwa 30 Jahre bis zum Beginn seines öffentlichen Wirkens die Heimat Jesu war (Lk 2,39; 4,16). Er wurde zwar „Jesus von Nazareth" genannt, aber in N. nicht anerkannt (Lk 4,28ff). N. wird weder im AT noch von dem jüd. Geschichtsschreiber Josephus erwähnt. Das untere Galiläa lag außerhalb des Zentrums jüd. Lebens, bis unter der Herrschaft der Römer zur Zeit des NT Sicherheit in dieses Gebiet einzog. N. liegt oben in einem Tal mit vergleichsweise mildem Klima in den Kalksteinhügeln in der Nähe von wichtigen Handelsstraßen. Dies gewährte sowohl einen leichten Zugang zur Außenwelt als auch eine gewisse Abgeschiedenheit als Grenzstadt, wodurch N. die Verachtung strenger Juden auf sich zog (Joh 1,46). Die frühere Stadt war weiter oben am Hügelabhang als die heutige.

NEAPOLIS (neue Stadt). Das heutige Kavalla in Mazedonien, der Hafen für das 16 km landeinwärts gelegene Philippi. Auf seiner zweiten Missionsreise betrat Paulus zum ersten Mal in N. europäischen Boden (Apg 16,11).

NEBAJOT. Ältester Sohn *Ismaels (1.Mo 25,13), seine Nachkommen sind möglicherweise mit den *Nabatäern zu identifizieren.

NEBAT. Vater *Jerobeams; lehnte sich gegen Salomo auf (1.Kön 11,26).

NEBO. *Heidnische Gottheit:* Der babylon. Gott Nabu, Sohn von Bel (Marduk), der Gott des Lernens, der Schreibkunst, der Astronomie und der Wissenschaft, wird auch gebraucht, um die Macht Babylons darzustellen (Jes 46,1).

Orte: Der Berg Nebo; von dort aus sah *Mose *Kanaan (5.Mo 32,49), gewöhnlich identifiziert mit Dschebel en Neba, 16 km östl. vom N-Ende des Toten Meeres. Auch eine Stadt in Moab (4.Mo 32,3), vermutlich Chirbet Ajn Musa, und eine Stadt in Juda (Esr 2,29).

NEBUKADNEZAR. Im AT häufig erwähnter babylon. König (605-562 v.Chr.). Laut babylon. Chronik befehligte er als Kronprinz die babylon. Armee 606 v.Chr. gegen Assyrien, besiegte im darauffolgenden Jahr bei *Karkemisch Ägypten (vgl. 2.Kön 23,29f) und eroberte Syrien und Palästina (vgl. 2.Kön 24,7). Dort hörte er vom Tod seines Vaters Nabopolassar und ritt zurück durch die Wüste, um den Thron zu fordern. Im Jahr 604 v.Chr. erhielt er Tributabgaben von Syrien und von Juda (2.Kön 24,1). *Jojakim setzte später trotz der Warnung *Jeremias (Jer 27,9ff) seine Hoffnung auf Ägypten. N. marschierte daraufhin nach Jerusalem, eroberte es und nahm *Jojachin (den Sohn Jojakims) 597 v.Chr. gefangen (2.Kön 24,10ff). Ein Jahrzehnt später leitete er von seinem Regierungssitz in Ribla aus einen Feldzug gegen den aufständischen König *Zedekia in Jerusalem. Die Stadt wurde zerstört, und viele Einwohner (einschließlich Zedekia) wurden weggeführt (Jer 39,5f). Über die letzten 30 Jahre seiner Herrschaft ist wenig bekannt. Es gibt keine Belege für den in Dan 4,22ff erwähnten Wahnsinn. N. baute Babylon wieder auf, verschönerte es und ließ viele Heiligtümer errichten. Seine architektonischen Werke wie z.B. das Ischtartor und die Prozessionsstraße sind weltberühmt. Thronfolger wurde sein Sohn Amel-Marduk (*Ewil-Merodach).

NEBUSCHASBAN. Einer der Obersten *Nebukadnezars, die an der Eroberung Jerusalems beteiligt waren und *Jeremia aus dem Gefängnis befreiten (Jer 39,3.13f).

NECHO. Pharao (König) von Ägypten ca. 610-595 v.Chr. Er eilte 609 v.Chr. den Assyrern gegen Babylon zu Hilfe, wurde aber bei *Megiddo von *Josia zum Kampf gezwungen. Josia wurde getötet, und N. ernannte *Jojakim zum Vasallenkönig in Jerusalem (2.Kön 23,29ff). 605 v.Chr. besiegte *Nebukadnezar die Ägypter bei Karkemisch (Jer 46,2) und übernahm die Herrschaft über Palästina. Nebukadnezar und N. standen sich 601 v.Chr nochmals in einer Schlacht gegenüber, in der beide Seiten schwere Verluste erlitten. In Ägypten begann N. mit dem Bau eines Kanals vom Nil zum Roten Meer, der später von dem Perserkönig *Darius fertiggestellt wurde. Ebenso stellte er die phönizische Flotte in seinen Dienst, die als erste Afrika umsegelte.

NEGEV (SÜDLAND). Der geographische, nicht politische Begriff stand für die südl. Gebiete *Palästinas. Das Gebiet erstreckt sich südl. von Gaza-Beerscheba – Totem Meer – etwa entlang der Linie, wo die Regenmenge 200 mm pro Jahr beträgt, bis an das Hochland der Halbinsel Sinai. Bibl. Bezüge auf das Südland beschränken sich nahezu ausschließlich auf die Zeit vor dem Exil. Als Israel in das Land einzog, lebten dort die Amalekiter (4.Mo 13,29). Es war ein strategisch und wirtschaftlich wichtiges Gebiet. Die Handelsstraße „der Weg nach Schur" durchquerte es vom NO des mittleren Sinai in Richtung Judäa. Diese Straße wurde von den Erzvätern benutzt (1.Mo 24,62; 26,23). In diesem Gebiet siedelten sich auch gern Nomaden aus den überbevölkerten Gebieten des „Fruchtbaren Halbmondes" an. Die *Nabatäer schufen dort zwischen dem 4. Jh. v.Chr. und dem 2. Jh. n.Chr. durch Bewässerung eine reiche Zivilisation.

NEHEMIA. N. ist nur durch das Buch bekannt, das seinen Namen trägt. Er war der Mundschenk des persischen Königs Artaxerxes I. (465-424 v.Chr.). Ihm wurde gestattet, nach Juda zurückzukehren, wo er trotz Widerstand zum Statthalter ernannt wurde. N. leitete den Wiederaufbau der Stadtmauern von Jerusalem (innerhalb von 52 Tagen vollendet) und ermutigte die Juden zur Erneuerung ihrer Bundestreue gegenüber Gott. Nach einem Aufenthalt in Persien (Neh 5,14, 13,6) kehrte er erneut nach Jerusalem zurück (13,7), um weitere Reformen zu leiten. N. war ein Mann des Gebets, der Tat und der treuen Pflichterfüllung. *Nehemia, Buch.

NEHEMIA, BUCH. *Person.* Nehemia, Sohn des Hachalja, ein hochgestellter Hofbeamter („Mundschenk") des pers. Königs *Artaxerxes, kommt im Jahre 445 v.Chr. nach Jerusalem und wird dort als pers. Statthalter der Organisator der nachexilischen Gemeinde. Unter seiner Befehlsgewalt und seinem persönlichen Einsatz gelingt der Aufbau der zertrümmerten Stadtmauer von Jerusalem. Nehemia tritt für die strenge Einhaltung des jüd. Gesetzes ein und bemüht sich, die Vermischung der Juden mit anderen Völkern aus religiösen Gründen einzudämmen.

Inhalt. Nehemia, Mundschenk des pers. Königs, baut um 445 v. Chr. die Stadtmauer Jerusalems wieder auf. Als Statthalter und Organisator bietet er dem Priester und Schriftgelehrten Esra wirksame Hilfe an. Die durch den unermüdlichen Einsatz dieser beiden Männer zustande gekommene Reform findet ihren Ausdruck in der Erneuerung des Bundes mit Gott.

Gliederung.
1-7 Nehemia geht nach Jerusalem (445 v.Chr.).
Bau der Mauer in 52 Tagen.
8-13 Nehemias Statthalterschaft (12 Jahre).
Reformen von Esra und Nehemia bis zum Ausscheiden alles Fremden im Volk und im Tempel.

NEHUSCHTA. Frau *Jojakims und Mutter *Jojachins, wurde 597 v.Chr. in babylon. Gefangenschaft geführt (2.Kön 24,8ff).

NEID/EIFERSUCHT. Ein mißgünstiges Blicken auf die Vorteile anderer (1.Mo 37,11; Spr 24,1). Im NT ist der N. ein Kennzeichen des unerlösten Lebens (z.B. Röm 1,29); er spielte bei der Kreuzigung Jesu eine Rolle (Mt 27,18). Der Christ soll den N. ablegen (1.Petr 2,1; Gal 5,16ff).

NEREUS. Christ, der in Röm 16,15 gegrüßt wird. Der Name (N. ist ein griech. Meeresgott) war unter Freigelassenen und in niederen Klassen der Gesellschaft weit verbreitet.

NERGAL (Herr der großen Stadt, d.h. der Unterwelt). Ein babylon. Gott, dessen Kultzentrum sich in Kuta (dem heutigen Tell Ibrahim, nordöstl. von Babylon) befand. Als Gott der Jagd wurde er auch mit Pestilenz, Krieg, Überschwemmung und Verwüstung in Verbindung gebracht. Er wurde in Samarien von Exulanten aus Kuta verehrt (2.Kön 17,30).

NERGAL-SAREZER. Name eines babylon. Offiziers in Jerusalem 587 v.Chr. (Jer 39,3.13). Wenn in V.3 von zwei Personen mit dem gleichen Namen die Rede ist, dann war einer vielleicht einer der Befehlshaber Neriglissar, der auch aus außerbibl. Schriften bekannt ist, und der andere – auch Rabmag genannt – ein niederer Beamter.

NERO. Als Sohn einer berühmten röm. Familie wurde er von Kaiser *Klaudius als Erbe adoptiert und 54 n.Chr. Nachfolger des Kaisers. Als ein Jüngling mit ausgefallenem Geschmack faszinierte er seine Zeitgenossen durch seine künstlerischen Begabungen, erregte aber gleichzeitig auch Ärgernis. Seine Greueltaten (zu denen die Ermordung der eigenen Mutter gehörte) belasteten den Namen seiner Familie erheblich. Er war der Kaiser, auf den sich Paulus in Cäsarea berief (Apg 25,11) und dessen Autorität er achtete (vgl. Röm 13,1ff). Rom wurde 64 n.Chr. durch Feuer schwer beschädigt. N. lenkte den Verdacht, das Feuer selbst gelegt zu haben, von sich ab, indem er Massenverhaftungen und -hinrichtungen von Christen durchführen ließ. N. beging angesichts der Aufstände von 68 n.Chr. Selbstmord. *Caesar

Nero. „Nero Caesar Augustus", Gold-Aureus des Kaisers Nero.

NEST. Vom Gebrauch als Vogelnest abgeleitet (z.b. Ps 104,17) wird es auch als bildhafter Vergleich für eine hochliegende Festung (z.b. Jer 49,16) und Hiobs verlassenes Heim (Hiob 29,18) gebraucht. Jesus stellt seine eigene Heimatlosigkeit dem festen Nest der Vögel gegenüber (Lk 9,58).

NETANJA (Jahwe hat gegeben). Verschiedene Personen im AT, z.b. der Vater Jismaels des Mörders Gedaljas (Jer 40,14f.). *Nathanael.

NETOFA. Eine Stadt oder eine Gruppe von Höfen in der Nähe von Bethlehem, wo sich aus dem Exil zurückkehrende Juden ansiedelten (Esr 2,22). Die Ortslage ist bisher unbekannt.

NETZ. In bibl. Zeit wurden N. zum Fischen und zum Jagen benutzt. Fischernetze wurden von einem Boot aus heruntergelasssen (Lk 5,4) oder ausgeworfen (Joh 21,6). N. wurden auch für die Jagd auf Vögel (Spr 1,17) und Tiere, z.b. Antilopen (Jes 51,20) verwendet. Symbolisch gebraucht beziehen sie sich auf die Anschläge böser Menschen (Ps 9,16; Mi 7,2) oder auf Gottes Gerichte (Ps 66,11).

NEUJAHRSFEST/FEST DES POSAUNENBLASENS. Der erste Tag des 7. Monats, später der Beginn des bürgerlichen Kalenderjahres, sollte als Ruhetag gefeiert werden. Er wurde angekündigt, indem auf Widderhörnern geblasen wurde. Die Bedeutung dessen ist jedoch unbekannt (3.Mo 23,24; 4.Mo 29,1). Der religiöse Kalender beginnt mit dem Monat Nisan, dem 1. Monat.

NIEREN. Die N. wurden zusammen mit dem Fett und einem Teil der Leber des Opfertieres auf dem Altar als „Gottes Anteil" verbrannt. Man nahm an, daß die N. ebenso wie das Blut und andere innere Organe (z.B. das Herz) das Leben beinhalten. Das gleiche hebr. Wort wird auch im übertragenen Sinn für menschliche Gefühle verwendet (Ps 73,21; Spr 23,16).

NIKODEMUS. Ein griech. Name (Überwinder des Volkes). N. war *Pharisäer und Mitglied des Hohen Rates, er besuchte Jesus nachts, hatte aber Mühe, ihn zu verstehen (Joh 3). In Joh 7,50f protestierte er dagegen, daß Jesus ohne Prozeß verurteilt werden sollte, und er half mit bei der Grablegung Jesu (Joh 19,39f).

NIKOLAUS, NIKOLAÏTEN. Nikolaus aus Antiochien, einer von den sieben Armenpflegern (Apg 6,5). Man nimmt an, daß er einer christl. Gruppe den Namen gegeben hat, die mit dem Heidentum Kompromisse schloß, um Christen die Beteiligung an allgemeinen Bräuchen zu erlauben. Aber Nikolaït kann auch die griech. Wiedergabe von *Bileam und somit eine allegorische Beschreibung der Strategie einer Sekte in Offenbarung 2,6.15 sein. In diesem Fall wären Nikolaïten (vgl. 2.Petr 2,15 und Jud 11) Menschen, die den Weg Bileams gehen.

NIKOPOLIS (Stadt des Sieges). Eine röm. Kolonie, die von *Augustus auf einer Halbinsel im Ambrakischen Golf erbaut wurde. *Paulus verbrachte dort einen Winter (Tit 3,12), möglicherweise mit der Absicht, von dort aus das Gebiet von Epirus zu evangelisieren.

NIL. Der Nil hat seinen Ursprung im Viktoriasee in Tansania und fließt dann durch die weiten Sümpfe des südl. Sudan, wo er zum Weißen Nil wird. In Khartum vereinigt er sich mit dem Blauen Nil und 320 km weiter nordöstl. mit dem Atbara, bevor er 2700 km durch den Sudan und *Ägypten bis zum Mittelmeer fließt. Seine Gesamtlänge beträgt 5600 km. Zwischen Khartum und Assuan durchquert der Fluß sechsmal harte Granitfelsen, wodurch Wasserfälle (Katarakte) entstehen, die die Schiffahrt unmöglich machen. In Nubien und im oberen Ägypten fließt er durch ein schmales, nicht mehr als 20 km breites Tal, das von Felsklippen und der jenseits davon liegenden Wüste begrenzt wird. Etwa 20 km nördl. von Kairo teilt er sich in zwei Arme, an deren Ufern sich das flache, sumpfige Deltagebiet ausbreitet.

Heftige Regenfälle im Frühjahr und die Schneeschmelze in Äthiopien und im südl. Sudan verursachten jedes Jahr Hochwas-

ser, bei dem zu beiden Seiten des Nils gute, fruchtbare rote Erde angeschwemmt wurde. Diese jährlichen Überschwemmungen sind jetzt durch Staudämme wie z. B. bei Assuan unter Kontrolle gebracht, Ägypten wäre jedoch ohne diese Überschwemmungen ein völlig ödes Land. Schon den Hebräern war die lebenswichtige Bedeutung des Nils und seiner regelmäßigen Überschwemmungen vertraut (Jes 19,5ff, 23,10). Zum Gericht über Ägypten zählte u.a. das Austrocknen des Nils (Hes 30,12). Der Fluß lieferte außerdem Fisch und *Papyrus und war der Hauptverkehrsweg Ägyptens.
*Bach/Strom Ägyptens.

NIMRIM, DIE WASSER VON. In Jes 15,6 und Jer 48,34 erwähnt; in Südmoab gelegen, am südöstl. Zipfel des Toten Meeres. Der Ort ist zu unterscheiden von dem 16 km nördl. des Toten Meeres gelegenen Nimra (4.Mo 32,3.36).

NIMROD. Sohn des *Kusch, ein Krieger und Held, der in *Babylonien lebte (1.Mo 10,8ff). Das an Assyrien angrenzende Land wurde später als „das Land Nimrods" bezeichnet (Mi 5,5). Der Name ist in babylon. Ortsnamen erhalten geblieben. Außerdem existieren über ihn sumer. Legenden. Viele Forscher vergleichen ihn mit Sargon von Akkad, ca. 2300 v.Chr., der ein großer Krieger, Jäger und Herrscher Assyriens war.

NINIVE. Eine bedeutende Stadt und letzte Hauptstadt Assyriens. Ihre Ruinen sind gekennzeichnet durch die Qujunguk Hügel und Nebu Junus am Tigris, gegenüber von Mosul in N-Irak. Der Name ist eine assyr. Übersetzung eines frühen sumer. Namens für die Göttin Ischtar. Nach 1.Mo 10,11 war N. eine der Städte, die von *Nimrod oder Aschur gegründet wurden. Der Ort war seit ca. 4500 v.Chr. besiedelt, und assyr. Texte behaupten, daß Sargons Sohn dort um 2300 v.Chr. einen Ischtartempel erbauen ließ. Die Stadt wurde unter Salmanassar I. (um 1260 v.Chr.) weiter ausgebaut, und bis zur Herrschaft von Tiglat-Pileser I. (1114-1076 v.Chr.) war sie im Wechsel mit Assur und Kelach Königsresidenz. Vermutlich mußten die Israeliten ihre Steuern und Abgaben in N. leisten (744 v.Chr.: 2.Kön 15,20; 722 v.Chr.: Jes 8,4). Sanherib versah N. mit administrativen Gebäuden, Parkanlagen und einem 48 km langen Kanal und zwei Dämmen zur Regulierung der Wasserversorgung (vgl. 2.Kön 19,36). Der Tribut, den er Hiskia, dem König der Juden, abverlangte, wurde nach N. gesandt (2.Kön 18,14).

In ihrer Blütezeit wurde N. von einer 12 km langen Innenmauer umschlossen, was eine Fläche ergibt, auf der 175.000 Menschen gelebt haben könnten. Im Buch Jona ist von 120.000 Menschen die Rede (4,11). Es gibt keinen außerbibl. Beleg für die Buße der Stadt (3,4f), aber für eine Sonnenfinsternis, der eine Überschwemmung und eine Hungersnot folgten (763 v.Chr.). Die von Nahum und Zefanja vorausgesagte Zerstörung N. geschah im August 612 v.Chr. Die Stadt wurde von den Medern, Babyloniern und Skythen belagert, die dann durch die vom Hochwasser beschädigten Verteidigungsanlagen eindrangen (Nah 2,6ff). Seither blieb die Stadt wüst (vgl. Nah 2,10; 3,7).

NOAH. Sohn *Lamechs (1.Mo 5,28). N. war ein Mann des Glaubens, gerecht (LÜ: fromm) in Gottes Augen und ohne Tadel in den Augen seiner Zeitgenossen (1.Mo 6,9; Hebr 11,7). Die Menschen seiner Zeit waren moralisch tief gesunken (1.Mo 6,1ff; vgl. Mt 24,37ff), und Gott hatte N. gesagt, daß er die Erde zerstören würde. Gott gewährte noch eine Zeit der Gnade, während N. für sich und seine Familie sowie eine repräsentative Auswahl von Tieren die *Arche baute (1.Mo 6,11ff). Die *Sintflut kam wie vorhergesagt, und die Insassen der Arche waren die einzigen Überlebenden (1.Mo 7-8). Danach schloß Gott einen *Bund mit N. und gab dem Regenbogen die Bedeutung eines Zeichens für sein Versprechen, nie mehr die ganze Menschheit durch eine Flut zu vernichten (1.Mo 9,1ff). N. pflanzte einen Weinberg, sprach dem Wein zu und verlor dabei seine Würde, was offenbar ein respektloses Verhalten *Kanaans hervorrief, der anschließend verflucht wurde (1.Mo 9,20ff). N. lebte 950 Jahre (1.Mo 9,28f).

Seine drei Söhne Sem, Ham und Jafet und deren Frauen bevölkerten die Erde wieder (1.Mo 9,19; 10,1ff).

In anderen Kulturen des Nahen Ostens sind ebenfalls Flutberichte bekannt.

NOB. Ort, der an drei Stellen im AT erwähnt wird: als eine Priesterstadt, zu der David floh (1.Sam 22); ein Ort, den assyr. Eindringlinge erreichen würden (Jes 10,32), und ein Dorf, das nach dem Exil wieder besiedelt wurde (Neh 11,32); vielleicht das heutige Ras el-Mescharif am Skopusberg nordöstl. von Jerusalem.

NOBACH. Eine Ortschaft der Amoriter, die durch den Israeliten N. neu besiedelt und umbenannt wurde (4.Mo 32,42); vermutlich östl. des Tiberiassees gelegen. N. in Ri 8,11 muß in den Bergen Gileads liegen.

NOD. Land östl. von Eden, in das *Kain zog, nachdem er *Abel ermordet hatte (1.Mo 4,16). Der Name (unstet) ist sonst unbekannt, weist aber auf ein Gebiet, in dem gewöhnlich Nomaden wohnen.

NOMADEN. Eine Gruppe von Menschen, die ihren Wohnort innerhalb eines größeren Gebietes jahreszeitlich bedingt ändert. Das Wort selbst kommt nicht in der Bibel vor, weil die spezifischen Namen der nomadischen Gruppen verwendet werden. *Kain war der erste „Umherwandernde", und in 1.Mo 10 werden die Stammväter verschiedener Nomadengruppen aufgeführt, wie z.b. Gomer (Kimmerier) und Aschkenas (Skythen). ⁴Abraham konnte vor seinem Nomadenleben in Ur seßhaft gewesen sein. Weil er aber als Hebräer bezeichnet wird, könnte er ebenso eins der Habiru-N. gewesen sein, die außerhalb der Stadt lebten. Manche stufen ihn als Halbnomaden ein, weil seine Wanderungen nicht den Jahreszeiten entsprechend und innerhalb eines Gebietes verliefen. Die Israeliten lebten, nachdem sie mit dem Auszug aus Ägypten ihre Seßhaftigkeit aufgegeben hatten, vorübergehend in der Wüste als N. Das hinterließ deutliche Spuren im Bewußtsein des Volkes, denn selbst nachdem sie sich in Kanaan niedergelassen hatten, nannten sie ihre Häuser zuweilen „Zelte" (z.B. Ri 20,8), und Jesaja beschreibt Wohlstand mit einem weiten Zeltraum (Jes 54,2). Nachdem sie sich in Kanaan angesiedelt hatten, bekamen die Israeliten Kontakt zu vielen N.gruppen wie den Amalekitern, Moabitern, Edomitern, Amoritern und Kedaritern.

Die Arabische Halbinsel und die Russische Steppe waren die beiden Gebiete, in denen im Altertum vorwiegend N. lebten. Berichte aus Mesopotamien beschreiben, wie N. aus Arabien einfielen. Einige dieser Gruppen, wie z.b. die Amoriter, etablierten sich um die Zeit nach 2000 v.Chr. als Herrscherfamilien in babylon. Städten. Nomadengruppen werden verschiedentlich als Siedler, Söldner, Arbeiter beschrieben, und eine ägypt. Wandmalerei aus dem 19. Jh. v.Chr. stellt N. als umherreisende Handwerker dar. Die N. aus Rußland waren unter den ersten, die Pferd und Wagen in Westasien einführten. Die Vorgänger der Hetiter, die nach 2000 v.Chr. ein Reich in Kleinasien gründeten, kamen aus dem N und sprachen eine indoeuropäische Sprache.

Der Lebensunterhalt der Nomadenstämme hängt von ihren Viehherden ab. Deshalb sind ihre Bewegungen von dem Bedarf an Weideland bestimmt. Die meisten Nomadengruppen kehren jedes Jahr in die gleichen Gebiete zurück. Sie leben in Zelten, die aus Wolle oder aus Fellen hergestellt sind, und tragen nur ein Minimum an Ausrüstungsgegenständen bei sich. Halbnomaden leben in Siedlungen in der Nähe von Oasen und betreiben Ackerbau und Viehzucht. Sie ziehen nur umher, wenn das Weideland knapp wird.

Das Nomadenleben macht die einzelnen Mitglieder eines Stammes voneinander abhängig. Diese Tatsache, gepaart mit dem Bewußtsein, von einem gemeinsamen Vorfahren abzustammen, bildet ein starkes Gefühl der Gruppenzusammengehörigkeit. Weil sie selbst die Rauheit des Lebens kennen, praktizieren sie bereitwillig Gastfreundschaft gegenüber anderen Reisenden. Was sie besitzen, muß mitgenommen werden können.

In der Bibel wird das Ideal des Nomadenlebens als Bild für ein gesundes geistliches Leben gebraucht. Die Propheten verurteilten das eitle luxuriöse Leben in den Städten und riefen zur Rückkehr zu dem einfachen Leben auf, wie es Israel in der Wüste geführt hatte (Hos 2,14f; Am 3,15). Im NT warnte Jesus davor, sich Reichtümer anzuhäufen (Mt 6,25ff). Die Apostel beschrieben die christl. Gemeinde als Wanderer ohne feste Wohnung in dieser vergehenden irdischen Welt (1.Petr 2,11; Hebr 11,13ff; 13,14).

NOOMI (meine Lust). Eine Jüdin, die mit ihrem Mann Elimelech während einer Hungersnot nach *Moab gezogen war. Nach dem Tod ihres Mannes und ihrer Söhne kehrte sie mit ihrer moabitischen Schwiegertochter *Rut nach Bethlehem zurück (Rut 1,19-20), wo sie Ruts Heirat mit ihrem Verwandten *Boas plante.

NUMERI. Siehe *Mose, 4.Buch.

NUZI. Siehe *Archäologie AT (IV.5).

NYMPHA. Besitzer eines Hauses in Laodizea (oder in der Nähe von Kolossä), in dem sich eine Gemeinde versammelte (Kol 4,15). Ob es sich dabei um eine männliche oder weibliche Person handelt, ist unklar. Diese Stelle zeigt, wie sich der Freundeskreis Paulus' auf Gebiete erstreckte, die er selbst nie besucht hatte.

O

OBADJA. Im AT gibt es mindestens zwölf Personen, die diesen Namen tragen, der „Knecht (oder Anbeter) Jahwes" bedeutet. Zwei von ihnen ragen heraus. **1.** Der Hofmeister am Palast des Königs *Ahab, der 100 wahre Propheten vor der Säuberungsaktion der Königin *Isebel verbarg und vor der Auseinandersetzung auf dem Karmel zwischen Elia und Ahab vermittelte (1.Kön 18,3ff). **2.** Ein Prophet, der im 9. oder 6. Jh. v.Chr. gelebt hat (Obd 1). *Obadja, Buch.

OBADJA, BUCH. *Verfasser und Zeit.* Über den Propheten Obadja wissen wir nicht mehr als in V.1 steht. Er lebte in Juda wahrscheinlich während der Regierungszeit der Könige Jerobeam, Ahasja, Atalja und Joas oder zur Zeit der Zerstörung Jerusalems durch Nebukadnezar (586 v.Chr) als Zeitgenosse Jeremias (vgl. V.11-14).

Inhalt. Das kürzeste Prophetenbuch des AT enthält Gerichtsweissagungen gegen Edom. Die halbnomadischen Edomiter waren trotz ihrer Verwandtschaft mit dem Volk Israel dessen Feinde.

Die Gerichtsweissagungen gegen Edom wegen dessen Frevel und Schandtaten am Heiligtum und am Volk Gottes zeigen die Souveränität Gottes auf, der seine Gewalt und seine Richtermacht gegenüber den Völkern auch dann behält und ausübt, wenn er sein eigenes Volk richtet und heimsucht.

Der Anfang des Gerichts an Edom, der Tag des Herrn, ist zugleich der Beginn der Heilszeit für das ungehorsame und unwürdige, aber dennoch geliebte und von Gott zunächst verstoßene eigene Volk (V.17). Der Tag des Herrn bedeutet neben dem Leid, das über Edom kommt, auch ein „Nahen" Gottes, eine Heimsuchung aller Völker (vgl. V.15).

Gliederung.
1-9 Drohworte gegen Edom.
10-14 Edoms Schuld.
15-16 Das Völkergericht.
17-21 Die Heilszeit für den Rest des Hauses Jakob.

OBED (Knecht). Verschiedene Personen im AT, z.B. der Sohn von *Rut und *Boas, der Großvater *Davids (Rut 4,16f).

OBED-EDOM (Diener Edoms). Unter anderen Personen im AT ein in Juda lebender Philister, dessen Haus gesegnet wurde, als *David die Bundeslade für drei Monate bei ihm ließ (2.Sam 6,10ff).

OBERSTE, OBERE DER STADT (Politarchen). Die fünf (später sechs) höchsten Beamten in Thessalonich, die unter röm. Oberhoheit das Gebiet verwalteten (Apg 17,6ff); der Titel ist auch aus anderen Staaten bekannt.

OCHSE. Siehe *Rind.

ODED. 1. Vater des Propheten *Asarja (2.Chro 15,1). **2.** Prophet aus Samarien,

Obadja. Fragment aus dem Buch Obadja, gefunden in Qumran.

Ofen

der die siegreichen Israeliten dazu überredete, Gefangene aus Juda freizulassen (2.Chro 28,9ff).

OFEN. Der O. von Dan 3, in den Daniels Freunde geworfen wurden, war entweder ein Ziegelofen oder ein Metall-Schmelzofen. Öfen zur Läuterung von Kupfer hat man in der Araba und in anderen Gegenden gefunden, Eisen-Schmelzöfen in Tell Jemmeh. In Jer 11,4 und Hes 22,18ff ist es ein Topf zum Schmelzen von Metall und wird sinnbildlich für Gottes Gericht gebraucht. Der Berg Sinai rauchte wie ein Schmelzofen (2.Mo 19,18).
*Bergbau und Metalle; *Ziegelofen.

OFFENBARUNG. Der bibl. Gedanke der O. besteht darin, daß etwas Verborgenes offenbart, d.h. sichtbar und erkennbar gemacht wird. Da der Mensch von sich aus Gott nicht sehen und erkennen kann (Jes 55,8ff; Joh 1,18; 1.Tim 6,16), offenbart sich Gott dem Menschen. Er läßt ihn sein Wesen und seinen Willen erkennen. Dabei handelt es sich um einen fortschreitenden Prozeß:
- Gott begegnet seinen Geschöpfen *Adam und Eva, um ihnen seinen Willen für ihr Leben zu offenbaren (1.Mo 2,16ff; 3).
- Gott begegnet *Abraham (1.Mo 12), dessen Nachkommen er zu einem Volk werden läßt, dem er sein *Gesetz gibt (2.Mo 20).
- Gott beruft *Propheten (z.B. Jes 6), die in seinem Namen Gottes Wort und Wegweisung weitergeben (z.B. Jes 7,3).
- Gott sendet seinen Sohn Jesus in die Welt, der in einer bis dahin ungeahnten Weise Gottes Wesen und Willen offenbart (vgl. Joh 1,1-12; 14,6ff). Jesus ist das Wort Gottes. In ihm wohnte die Fülle der Gottheit (Kol 1,19), und durch ihn verwirklichte Gott seinen gesamten Heilsplan für die Menschheit (1.Tim 2,5; 1.Kor 1,30). Durch Christus offenbarte Gott das Geheimnis seines Planes von der Rettung der Gemeinde und des Universums (1.Kor 2,7ff; Kol 1,19ff) und der Beseitigung alter Trennungen (Eph 2,11-3,6).

Weil die göttl. O. die Verstehensmöglichkeiten des Menschen übersteigt, sendet Gott seinen *Heiligen Geist, der zum Erfassen, Verkündigen und Niederschreiben der geoffenbarten Inhalte anleitet (vgl. 2.Tim 3,16). Durch die Anleitung des Heiligen Geistes sollen Christen in ein immer tieferes Verständnis der göttl. O. geführt werden.

OFFENBARUNG DES JOHANNES. Vgl. auch die Einführung in das *Johannesevangelium.

Inhalt. Es ist nicht leicht, sich in der reichen und oft verschlüsselten Bildersprache zurechtzufinden. Doch es geht in der O. in erster Linie nicht darum, endzeitliche Rätsel zu lösen und Spekulationen über das Weltgericht anzustellen. Deshalb wird in 1,3 der Leser glückselig gepriesen, der sich (trotz aller Schwierigkeiten) mit diesem Buch beschäftigt. „Offenbarung" heißt auch nicht, daß alle geschilderten Visionen als eine wörtliche prophetische Zukunftsschau gedeutet werden müssen. Vielmehr werden hier himmlische und geistliche Wirklichkeiten und Wahrheiten enthüllt und in Form von Bildern und Symbolen unserer menschlich-irdischen Vorstellungskraft zugänglich gemacht.

Bedeutung. Im Laufe der Zeit wurden verschiedene Versuche unternommen, um die Offenbarung „richtig" zu interpretieren:
- Ausgehend vom Bild für die Siebenhügelstadt Rom (17,9) ordnen einige Ausleger sämtliche Visionen den damaligen aktuellen Ereignissen des niedergehenden Röm. Reiches zu.
- Andere sehen in den Kap. 2-19 eine Schau der Geschichte der christl. Gemeinde vor und nach dem Fall Roms. Sie erkennen in den Bildern der O. vor allem den Kampf zwischen einer verweltlichten Einheitsreligion und der wahren christl. Gemeinde.
- Andere betrachten die Kap. 2-3 als kurzen Abriß und Charakterisierung des Zeitalters der christl. Gemeinde. Die übrigen Kap. (4-22) wären dann eine prophetische Schau von den Ereignissen bis zur Wiederkunft Christi.

Für die „richtige" Interpretation müssen wohl alle erwähnten Standpunkte be-

Offenbarung des Johannes

Offenbarung des Johannes. Das Buch der Offenbarung (auf der Insel Patmos empfangen) ist an sieben Gemeinden in der Provinz „Asia" gerichtet.

dacht werden. Dabei gilt zu berücksichtigen, daß die O.
- eine Botschaft für die Gemeinde der damaligen Zeit war,
- in den Aussagen ihrer Bilder in gewissem Sinne zeitlos ist und von der Welt- und Kirchengeschichte immer wieder bestätigt wurde,
- prophetische Weissagungen für die Zukunft enthält.

Gliederung.

1,1-8   *Einführung.*

1,9-3,22   *Jesus Christus, der Herr der Gemeinde.*
Vision von Jesus Christus, dem erhöhten Herrn, der mitten unter seinen Gemeinden lebt (1,9-20).
Die Sendschreiben an die sieben Gemeinden (2-3).

4,1-5,14   *Jesus Christus, der Herr im Himmel.*
Vision vom Thronsaal, dem Lamm Gottes und dem versiegelten Buch.

6,1-11,19   *Jesus Christus, der Herr der Nationen.*
Vision der Siegel-Gerichte (6,1-8,5), unterbrochen von zwei Trost-Visionen für das Volk Gottes (7,1-8.9-17).
Vision der Posaunen-Gerichte (8,6-11,19), unterbrochen von drei Trost-Visionen für das Volk Gottes (10,1-11; 11,1-2.3-13).

12,1-14,20   *Der Kampf mit den antichristl. Mächten.*
Vision vom kleinen Knaben und von der Frau, vom Drachen, dem Tier und dem falschen Propheten und drei Trost-Visionen (14,1-5.6-13.14-20).

15,1-19,21   *Der Zusammenbruch der antichristl. Mächte.*
Vision der Schalen-Gerichte (15-16).
Vision von Babylon und der Hure und ihre Zerstörung (17-18).

Vision von der Hochzeit des Lammes und dem Endsieg Christi (19).
20,1-22,21 *Jesus Christus, der Herr und sein Reich.*
Vision vom tausendjährigen Reich, vom letzten Aufstand und vom Endgericht (20).
Vision vom neuen Himmel und der neuen Erde (20,1-22,5).
Letzte Mahnungen (22,6-21).

OFIR. *Person/Stamm:* Sohn Joktans, dessen Stamm – wie aus vorislamischen Inschriften zu entnehmen ist – zwischen Saba im Jemen und Hawila (1.Mo 10,29) lebte.

Ort: Land, aus dem feines Gold nach Juda eingeführt wurde (Jes 13,12), zuweilen in großen Mengen (1.Chro 29,4) und gemeinsam mit anderen wertvollen Waren (1.Kön 10,11.22). Die Lage ist unbekannt. Die Meinungen reichen von dem vom Stamm O. bewohnten Gebiet in Südarabien, dem heutigen Oman in Südostarabien, über die ostafrikanische Küste (Somaliland) bis nach Supara, nördl. von Bombay in Indien.

OFRA. 1. Eine Stadt im Gebiet des Stammes *Benjamin (Jos 18,23), das heutige et Tajibe, 9 km nördl. von Michmas. **2.** Ofra von Abiëser in Manasse, der Heimat *Gideons (Ri 6,24), die genaue Lage ist umstritten.

OG. Ein Amoriterkönig aus Baschan. Zu seinem Reich gehörten 60 befestigte Städte (5.Mo 3,4f). Er war ein *Riese; sein Sarkophag war aus schwarzem Basalt (5.Mo 3,11). Die Israeliten besiegten und töteten ihn bei Edrei (4.Mo 21,33ff), das war für Israel der Auftakt zu weiteren Siegen.

OHOLA UND OHOLIBA (Anbeter im Zelt) waren allegorische Namen für das Nord- und das Südreich (Hes 23). Sie kritisieren Israels Untreue gegenüber Gott. Die sexuelle Bildersprache des Abschnittes erinnert an die Fruchtbarkeitsriten aus den Religionen der benachbarten Völker.

OHOLIBAMA (Zelt auf einer Anhöhe). O. war ein männlicher und weiblicher edomitischer Name; z.B. der Name einer der Frauen *Esaus (1.Mo 36,1ff) und der eines edomitischen Fürsten (1.Mo 36,41).

ÖL. Das am häufigsten in bibl. Zeit benutzte Öl ist das Olivenöl. In Palästina wurden *Ölbäume angepflanzt, und Öl war eine wichtige Handelsware. Olivenöl wurde gewonnen, indem die Oliven mit einem Mörser in einer steinernen Schale gemahlen oder in einer Steinpresse zerdrückt wurden. Der Garten Gethsemane erhielt seinen Namen von den Ölpressen, mit denen die auf dem Ölberg gesammelten Früchte verarbeitet wurden. Öl wurde sowohl als Speise- (1.Kön 17,12ff) als auch als Leuchtöl (vgl. Mt 25,1ff) verwendet. In der Medizin galt es als wertvolles Heilmittel für den inneren und äußeren Gebrauch (Lk 10,34).

Kosmetische Salben werden zuweilen Öl genannt (2.Sam 14,2; „Myrrhenöl" in Est 2,12).

*Kosmetika und Parfüm.

Öl spielte auch im gottesdienstlichen Gebrauch eine Rolle. Olivenöl wurde unter den „Erstlingsgaben" (vgl. 2.Mo 22,28) dargebracht. Das heilige Salböl für die Weihe der Stiftshütte und ihrer Geräte und auch für die Priesterweihe war eine besondere Mischung. Nur wenige der in 2.Mo 30,22-33 aufgezählten Bestandteile können eindeutig bestimmt werden. „Flüssige Myrrhe" war sicherlich die flüchtige Essenz aus Gummiharz von Balsambäumen aus Südarabien, die wahrscheinlich mit einem Fixierfett oder -öl erhitzt wurde, um eine geschmeidige parfümier-

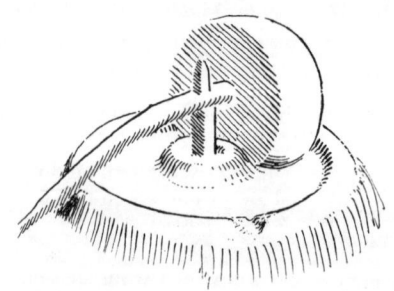

Öl. Ölmühle.

te Salbe herzustellen. Der „süße Zimt" wurde vermutlich aus aromatischem Holz oder Rinde hergestellt; das aromatische Rohr war eine Art Wurzel oder Stengel, und bei der „Kassia" mag es sich um eine aromatische Rinde handeln.

ÖLBAUM. Einer der wertvollsten Bäume für Israel. Der Ö. wuchs in Westasien, seiner ursprünglichen Heimat, und in den Gebieten am Mittelmeer, in die er gebracht worden war. Er wird etwa 6 m hoch, hat einen in sich verdrehten Stamm und viele Zweige. Er entwickelt sich langsam, kann aber mehrere hundert Jahre alt werden. Wenn er abgeholzt wurde, schossen aus den alten Wurzeln neue Sprößlinge. Er wurde besonders wegen des aus seinen Früchten gepreßten *Öls geschätzt, die Früchte wurden auch roh oder eingesalzen zu Brot gegessen. Olivenhaine spendeten bei glühender Hitze Schatten. Die Früchte reiften im Frühherbst und wurden gegen Ende November geerntet. Die einfache Erntemethode des Schüttelns oder Schlagens der Zweige (5.Mo 24,20) ist noch immer weit verbreitet. Die Früchte werden auf einem flachen Stein zerdrückt, indem sie von einem großen Mühlstein überrollt werden. Dann wird das Öl stehengelassen, damit sich eventuelle Fremdkörper absetzen können. Olivenöl wurde zum Kochen sowie für medizinische und kosmetische Zwecke verwendet. Olivenholz wird noch immer für Kunsttischlerarbeiten eingesetzt. Nachdem es gut abgelagert ist, kann das bernsteingemaserte Holz auf Hochglanz poliert werden. Zweige des Ö. wurden für den Bau einer provisorischen Hütte verwendet (Neh 8,15). Der Ö. wurde zum Symbol für die Fruchtbarkeit der Gerechten (Ps 52,10). In Verbindung mit der Taube (1.Mo 8,11) ist der Olivenzweig zum bleibenden Sinnbild für Freundschaft und Frieden geworden. Paulus gebraucht das Bild des wilden Ö., der – eigentlich widernatürlich – auf einen echten Ö. aufgepfropft wird, um das Verhältnis zwischen Israel und der Gemeinde aus den Heiden zu beschreiben (Röm 11,17).

ÖLBERG. Eine kleine Bergkette mit vier Gipfeln, der höchste davon ist 830 m hoch.

Ölbaum. Zweig mit Früchten.

Von dort aus hat man von O aus einen Blick auf Jerusalem und den Tempelberg, auf das Kidrontal und den Teich Siloah. Zur Zeit Jesu war das Gebiet dicht bewaldet, wurde jedoch später abgeholzt. Im AT gibt es nur wenige Stellen, die sich auf den Ö. beziehen. Auf dem Ö. beginnend, entzündeten die Juden eine Reihe von Leuchtfeuern, um ihren Landsleuten in Babylonien den Neumond (Monat) anzuzeigen. Außerdem glaubte man, daß auf dem Ö. die Juden von den Toten auferweckt werden.

Zur Zeit des NT befand sich der Garten *Gethsemane am Fuße des Ö. Nach der Überlieferung ist Jesus von seinem Gipfel aus in den Himmel aufgenommen worden, obwohl das Lukasevangelium einen Ort am Abhang in der Nähe von Bethanien angibt (Lk 24,50).

OLYMPAS. Ein sonst unbekannter, aber einflußreicher Christ, der von Paulus gegrüßt wird (Röm 16,15). Der Name war im Röm. Reich sehr gebräuchlich.

OMRI. Sechster König des Nordreiches Israel. Nach der Verschwörung *Simris um 885 v.Chr. wurde er als Feldhauptmann zum König ernannt (1.Kön 16,15ff). Er belagerte die Hauptstadt Tirza, bis der aufständische Simri Selbstmord beging. O. regierte danach zwölf Jahre und begründete eine neue Dynastie. Er baute *Samaria als neue Hauptstadt (1.Kön 16,24); auch in Megiddo und Hazor wurden Gebäude gefunden, die man ihm zuschreibt. O. duldete Abgötterei (1.Kön 16,25f), und durch ein politisches Bündnis erwarb er die sidonische Prinzessin *Isebel als Frau für seinen Sohn *Ahab. Assyr. und moabitische Inschriften zeugen von seiner internationalen Bedeutung.

ON. Eine ägypt. Stadt, das griech. Heliopolis, das heutige Tell Chisn und Matarijeh (Trümmerreste), 16 km nordöstl. von Kairo. Die Stadt war ein bedeutendes Zentrum des ägypt. Sonnenkultes, wo die Sonnengötter Re und Atum in besonderer Weise verehrt wurden. Ihre Berühmtheit spiegelt sich in 1.Mo 41,45 wieder, wo *Josef *Asenat, die Tochter des Hohenpriesters von On, zur Frau bekommt. Auch in Hes 30,17 wird auf On Bezug genommen; in Jer 43,13 erscheint sie als Bet-Schemesch („Haus der Sonne").

ONAN (kräftig). Der zweite Sohn *Judas. Er weigerte sich, die traditionelle Leviratsehe (*Ehe) mit *Tamar, der Frau seines Bruders, zu vollziehen, der sie als kinderlose Witwe zurückgelassen hatte (1.Mo 38,8ff). Gott läßt ihn deshalb sterben.

ONESIMUS (nützlich). Ein entlaufener Sklave, der *Philemon, einem einflußreichen Christen in Kolossä, gehörte. O. - durch *Paulus bekehrt (Phlm 10) - wurde ein vertrauenswürdiger Nachfolger (Kol 4,9). Paulus hätte ihn gern als seinen Mitarbeiter bei sich behalten (Phlm 12), schickte ihn aber mit einem Brief (*Philemonbrief) zu seinem Herrn zurück, den er darum bat, O. nicht mehr als Sklaven, sondern als einen Bruder im Herrn (Phlm 15f) aufzunehmen. Die Tatsache, daß O. sowohl im Philemon- als auch im Kolosserbrief erwähnt wird, deutet darauf hin, daß die Briefe zur gleichen Zeit geschrieben sein könnten.

ONESIPHORUS. Eine Person und ein Haushalt, von Paulus in 2.Tim 1,16ff; 4,19 erwähnt und gegrüßt. O. war in Zeiten der Not ein treuer Freund des Apostels.

ONO. Eine Stadt, die von den Benjaminitern wieder aufgebaut (1.Chro 8,12) und nach dem Exil neu besiedelt wurde (Neh 7,37). Das heutige Kafr Ana in der Nähe von Lydda. Sie gab auch der Umgebung ihren Namen (Neh 6,2).

OPFER, OPFERGABE. 1. *Altes Testament:* Geschichtliche Entwicklung. Viele andere Völker außer Israel praktizierten Opferkulte. Berichte aus dem alten Ugarit (ca. 1400 v.Chr.) weisen eindeutig auf entwickelte Opferrituale hin, die ähnliche Namen wie im AT tragen. Doch unterschied sich die Opferpraxis Israels in vielen Aspekten von der anderer Völker.

Die frühesten im AT erwähnten O. sind Gaben von Feld und Weide (1.Mo 4,3) und ein Brandopfer (1.Mo 8,20). *Abraham brachte vermutlich regelmäßig Brandopfer dar (vgl. 1.Mo 22), und *Jakob hielt ein Opfermahl vor Gott, um den *Bund mit Laban zu besiegeln (1.Mo 31,54). Das Brandopfer *Noahs hatte einen sühnenden Aspekt, während die meisten anderen dieser frühen O. wahrscheinlich dargebracht wurden, um Gott zu ehren und ihm für seine Güte zu danken. Nach dem Auszug aus Ägypten wurde die O.praxis im Gesetz des Mose geregelt und an das Heiligtum gebunden (3.Mo). Die O. standen im Zusammenhang mit den drei großen religiösen *Festen. Weitere O. wurden von einzelnen oder dem gesamten Volk zur Weihe (1.Sam 6,14f) und zum Lobpreis (1.Sam 1,3) dargebracht. Die Propheten betonten, daß der Vollzug von O.ritualen nicht ausreicht, und wandten sich gegen Mißbrauch und das Einbringen heidnischer Elemente in den Gottesdienst der Israeliten (z.B. Jes 1,11ff; Am 4,4f). Hesekiel durfte eine Zeit gereinigten gemeinsamen Gottesdienstes voraussehen (Hes 40-48). Nach dem Exil wurden der Tempel und die O. - und Gottesdienstordnungen wieder neu eingesetzt (Hag 1-2; Mal 1,6ff).

Opfergaben. Es durften nur *reine Tiere geopfert werden (z.B. Ochse, Schaf, Ziege oder Taube, aber kein Kamel oder Esel; 2.Mo 13,13). Da das Beste Gott gehört, mußte es sich um Tiere „ohne Fehl und Makel" handeln (z.B. 3.Mo 1,3). Wilde Tiere durften nicht geopfert werden, denn in gewisser Weise gehörten sie Gott bereits.

Das AT berichtet auch von Mensch0. (Ri 11,29ff; 2.Kön 21,6), die aber durchweg verurteilt werden (3.Mo 20,4f). Als Tranko. wurden Wein (4.Mo 28,7) und

Name des Opfers	Anlaß des Opfers	Opfer-Material	Opfer-Ritual
Brandopfer gelegentlich Ganzopfer 1,3-17; 6,8-13	Zur Sühne unbewußter Sünde allgemein	Männliches Tier, ohne Fehl; für einen Armen zwei Tauben	Opfer wird ganz verbrannt
Sündopfer 4,1-5,13; 6,17-23	Zur Sühne spezifischer unwillentlicher Sünden	Priester: ein Stier (4,3-12) Gesamte Gemeinde: Jungstier (4,13-21) Stammesfürst: Ziegenbock (4,22-26) Volksangehöriger: Ziege/Schaf (4,27-35) Armer: zwei Tauben (5,7-10) Bettelarmer: etwas Mehl (5,11-13)	Fett wird verbrannt, der Rest an heiliger Stätte verzehrt
Schuldopfer 5,14-6,7; 7,1-10	Zur Sühne einer unbewußt begangenen Sünde, die einer Wiedergutmachung bedarf	Siehe Sündopfer und Wiedergutmachung	Siehe Sündopfer
Speisopfer 2,1-16	Um sich die Gunst Gottes zu erhalten oder zu erwerben	Feines Mehl, Kuchen, Fladenbrote oder Erstfrüchte mit Öl, Weihrauch oder Salz	Verbrennen eines kleinen Teils
Heilsopfer und Schlachtopfer 3,1-17; 7,11-21.28-36	Um Gott zu danken	Ein männliches oder weibliches Tier, ohne Fehl	Fetteile werden verbrannt, Fleischteile verzehrt

Opfer. Namen, Anlässe, Materialien und Rituale alttestamentlicher Opfer.

Opfer, Opfergabe

auch Öl dargebracht (1.Mo 35,14). Das Räuchero. war ein eigenständiges O. (2.Mo 30,7) oder wurde im Zusammenhang mit dem Speiso. dargebracht (3.Mo 2).

Opferanlässe. Die ersten öffentlichen O. brachte Mose dar bei der Weihe Aarons und seiner Söhne (3.Mo 8). Als feste Ordnungen galten die täglichen O. (2.Mo 29,42) und die O. in Verbindung mit den Festen (4.Mo 28). Weiter waren O. vorgeschrieben für die Reinigung von Aussätzigen (3.Mo 14), die Reinigung der Mutter nach der Geburt eines Kindes (3.Mo 12) und die Priesterweihe (3.Mo 8-9). Die Erstlingso. von den Tieren und den Früchten des Feldes wurden regelmäßig zu bestimmten Jahreszeiten dargebracht (2.Mo 13; 23,19).

Opferrituale. Für die wichtigsten Tiero. aus 3.Mo 1-5 wird folgendes Ritual beschrieben, das sechs Schritte umfaßt (drei für den Opfernden und drei für den Priester):

1) Der Opfernde bringt das Opfer zur Opferstätte.

2) Er legt eine oder beide Hände darauf, wahrscheinlich, um seine Sünde zu bekennen und sie dem Tier aufzuerlegen, oder, um sich selbst mit dem Opfer zu identifizieren.

3) Er schlachtet das Tier (außer bei Opfern für das ganze Volk, wo der Priester das Tier tötet).

4) Der Priester sammelt das Blut auf und sprengt es auf den Altar.

5) Er verbrennt das ganze Tier oder bestimmte Teile davon, je nach Opferart.

6) Die jeweils verbleibenden Stücke werden in einem Opfermahl entweder vom Priester und der Opfergemeinde gemeinsam (wie beim Friedensopfer) oder von den Priestern und ihren Familien oder von den Priestern allein gegessen.

Opferarten. Das *Brandopfer* (3.Mo 1) war das am häufigsten dargebrachte O. in Israel. Brando. mußten täglich, morgens und nachmittags, dargebracht werden sowie zusätzlich an Sabbaten und Festtagen (4.Mo 28-29). Das Opfertier wurde ganz auf dem Altar verbrannt. Es machte den Opfernden wohlgefällig vor Gott und schaffte für ihn Sühne.

Das *Speisopfer* (meistens darzubringen mit dem Brando.) bestand aus Mehl oder Broten, Salz, Öl und Weihrauch, ohne Sauerteig und Honig (3.Mo 2). Ein Gedenkteil mußte verbrannt werden, das übrige ging an Aaron und seine Söhne.

Das *Dankopfer* oder auch *Friedensopfer* war ein Lobo., Gelübde oder freiwilliges O. (3.Mo 3; 7,11ff), vorgeschrieben nur am Wochenfest. Bei dieser Opferart wurden das Fett und die Innereien auf dem Altar verbrannt. Vom Fleisch gingen bestimmte Teile an die Priester (3.Mo 7,31ff), das übrige war dem Opfernden und seiner Familie zu geben, mußte aber am gleichen oder am nächsten Tag gegessen werden (3.Mo 7,15f; 5.Mo 12,7).

Das *Sündopfer* (3.Mo 4,1 - 5,13) war ein Reinigungso. für aus Versehen geschehene Sünde und für Unreingewordene. Je nach Stellung und Vermögen des Opfernden waren entsprechende Tiere vorgesehen.

Das *Schuldopfer* (3.Mo 5,14ff) wurde dargebracht von denen, die sich an geweihten oder dem Nächsten gehörenden Dingen vergriffen hatten. Vorgängig war Wiedergutmachung nötig, ein Fünftel mehr als schuldig.

Alle Opfergesetze waren Israel von seinem Gott gegeben, doch Jes 53 zeigt an, daß nur der Tod des „Knechtes des Herrn" Sünden für immer hinwegnehmen kann.

2. Neues Testament.

In der Zeit des NT wurden die O. im Tempel noch immer dargebracht (vgl. das Reinigungso. der Maria, Lk 2,42). Paulus war beteiligt am Gelübdeo. von vier Männern aus der Gemeinde in Jerusalem.

Das Opfer Jesu. Der Hebräerbrief unterstreicht die Überlegenheit des einen Opfers Jesu Christi gegenüber den vielen O. im Tempel. Sein O. muß nie wiederholt werden, es gilt ein für allemal (Hebr 10,1-18). Bei der Feier des Abendmahles gedenken die Christen an dieses einmalige O. zur Vergebung der Sünden. Geistl. O., die im NT von Christen erwartet werden, dienen nicht zur Versöhnung, sondern sie verdeutlichen Hingabe, die Gott aufgrund des Opfers Jesu annehmen kann (Hebr 13,15; 1.Petr 2,5; Röm 12,1).

ORDINATION. Siehe *Handauflegung.

OREB. Ein Fels, der nach einem midianitischen Fürsten benannt wurde, der von *Gideon an der Furt des Jordan erschlagen wurde (Ri 7,25).

ORPA. Moabitische Schwiegertochter *Noomis. Im Gegensatz zu *Rut kehrte O. nach dem Tod ihres Ehemanns in ihre frühere Heimat zurück (Rut 1).

OSTEN. Himmelsrichtung, die häufig als „Morgen" bezeichnet wird.

OSTERN. In den germanischen Sprachen ist die Bezeichnung O. von dem Namen der Frühjahrsgöttin (Ostara) abgeleitet. Im NT stehen Kreuzigungs- und Auferstehungstag in Beziehung zum jüd. *Passafest. Die röm. Kirche legte im 2. Jh. n.Chr. Wert darauf, daß der Todestag Jesu und das Auferstehungsfest immer auf die ursprünglichen Wochentage fielen (Freitag und Sonntag). Die kleinasiatischen Gemeinden hielten am Datum des jeweiligen Passafestes (14. Nisan) fest. Später setzte Rom seine Ansicht durch. *Passa.

OSTRAKA. Siehe *Papyri.

OTNIEL. Bruder (oder Neffe) *Kalebs, der dessen Tochter heiratete. Er war ein hervorragender Krieger und wurde der erste *Richter in Israel (Ri 1,13; 3,9ff).

P – Q

PADDAN, PADDAN-ARAM. Gebiet um Haran in Ober-Mesopotamien (1.Mo 11,31; 25,20), wo sich *Abraham niederließ, bevor er nach Kanaan weiterzog. Von dort ließ er auch eine Braut für Isaak holen.

PAHATH-MOAB (Herrscher von Moab). Name einer jüd. Sippe, vielleicht war ein Vorfahre dieser jüd. Sippe ein Statthalter von Moab, als Moab Israel untertan war. Die beiden zu dieser Sippe gehörenden Familien kehrten nach dem Exil nach Jerusalem zurück (Esr 2,6; Neh 10,15).

PALAST, ZITADELLE. Großes Regierungsgebäude oder eine Gruppe von Gebäuden. Oft befand sich ein großer Teil des Reichtums einer Nation dort, so daß diese Stätten zum Schutz gegen Eroberer stark befestigt waren. Eine der am vollständigsten erhalten gebliebenen Zitadellen in Syrien/Palästina ist bei Zincirli ausgegraben worden. Sie war etwa von 900-600 v.Chr. in Gebrauch. Zu ihr gehörten drei Paläste und viele Lagerhäuser, die von Mauern und Türmen mit einem doppelten Tor umgeben waren. In Jerusalem schloß die Zitadelle Salomos den Tempel und seinen Palast (1.Kön 3,1), ein großes Holzhaus, verschiedene Vorhallen, ein Haus für die Tochter des Pharao und weitere Hofräume ein (1.Kön 7,2ff). Die königliche Residenz war einige Stockwerke hoch, um der großen königlichen Familie mit ihren Ratgebern und Dienern Platz zu bieten.

In den Palästen von Assyrien und Babylonien wurden die gesamte Regierung und Verwaltung für die großen Reiche untergebracht und außerdem beachtliche Mengen von Tributabgaben (die in Form von Waren oder Edelmetallen gezahlt wurden). Der Reichtum des Königs wurde für Besucher entsprechend zur Schau gestellt. Höhere Beamte hatten ihre eigenen Häuser; Schulen wurden eingerichtet (vgl. Dan 1,4), und zu einigen Palästen gehörten Gärten mit exotischen Pflanzen (Est 7,7f).

Der Palast des Hohenpriesters (Mt 26,3) war vermutlich eine groß angelegte Residenz im griech. Stil, die um Kolonnadenhöfe herum errichtet war. Die Zitadelle mit drei Befestigungstürmen lag am Nordende des stark befestigten Palastes, den Herodes der Große erbauen ließ.

PALÄSTINA. Der Name, der außerhalb der Bibel dem Land zwischen dem Mittelmeer und dem Jordan, wo sich ein großer Teil der bibl. Geschichte abspielt, gegeben wurde. Herodot brauchte als erster den Namen „Philistäisches Syrien". Ähnlich bezog sich die ältere Bezeichnung Kanaan auf die Gebiete westl. des Jordan. Der Begriff „Heiliges Land" entstand im Mittelalter (vgl. Sach 2,16). Der schmale Landkorridor zwischen dem Mittelmeer und der syrisch-arabischen Wüste verbindet die Kontinente Europa, Asien und Afrika. Alle wichtigen internationalen und interkontinentalen Verkehrswege mußten dieses Gebiet passieren. Die drei großen N-S-Verbindungen des Altertums waren die Fernstraße, die an der Küste entlang von Ägypten bis zur Jesreelebene vorbei am See Genezareth nach Damaskus führte; die königliche Landstraße, die am Rande des transjordanischen Hochlandes vom Golf von Aqaba nach Damaskus ging, und eine dritte verlief durch Zentralpalästina und verband alle größeren Städte. Diese drei Hauptstraßen wurden von einer ganzen Reihe kleinerer O-W-Verbindungen gekreuzt. Zwischen Meer und Wüste eingekeilt, versuchten die hebr. Hochlandbewohner, sich ihre Unabhängigkeit von Meer und Wüsten und deren Bewohnern zu bewahren.

Geographische Struktur. Zu dem Gebiet der Levante, das sich 675 km von der ägypt. Grenze bis nach Kleinasien erstreckt, gehören 5 geologische Zonen: die Küstenebene, der westl. Gebirgszug, der Einbruchsgraben, die östl. Gebirge und die Wüstengebiete. Nördl. von Akko reichen die Berge fast bis an das Meer, wodurch natürliche Häfen entstehen. Im Gegensatz dazu ist die Küstenebene südl. des Bergs Karmel breit und fast ohne Häfen. Bei den Gebirgen in Palästina handelt es sich vorwiegend um Kreide- und Kalksteinfelsen (im zentralen Bergland), Vulkangestein (rund um Galiläa) und neuere Ablagerungen wie Mergel, Kies und Sand. Der Einbruchsgraben (er kann bis hin zu den ostafrikanischen Seen verfolgt werden) zieht sich von Norden nach Süden. In dieser Senke fließt der Jordan und bringt sein Wasser in den See Genezareth und ins Tote Meer. Die Erdkruste ist in diesem Gebiet instabil, und bis zum 13. Jh. n.Chr. gab es Vulkanausbrüche. Der Untergang von *Sodom und Gomorra könnte durch einen Vulkanausbruch hervorgerufen worden sein, vielleicht in Verbindung mit dem Eindringen von Schwefelgas und flüssigem Asphalt (1.Mo 14,10; 19,24f). Es gibt auch bibl. Berichte von Erdbeben (z.B. 1.Sam 14,15) und geologischer Verwerfung (4.Mo 16,31ff; *Auszug aus Ägypten). Typisch für die Trokkenheit in der Region ist viel Ödland im südl. Teil der Senke und an den östl. Abhängen des judäischen Berglandes, das von Wadis (nur bei Regen wasserführenden Flußbetten) stark zergliedert ist.

Regionen. Die Küstenebenen erstrecken sich 200 km vom Libanon bis nach Gaza. Landeinwärts liegt die Jesreelebene. Diese war für Israel von größter Bedeutung, deshalb lagen an ihrem Rand die strategisch bedeutsamen Städte wie Megiddo, Jesreel und Bet-Schean. Das zentrale Bergland verläuft 300 km von Galiläa bis gegen die Sinaihalbinsel. Der nördl. Teil (Obergaliläa) hat Höhen bis um 1000 m ü.M. und fällt dann im südl. Teil gegen die Jesreelebene ab (Untergaliläa). Das Bergland von Samarien ist ein Hügelgebiet mit Talmulden; die höchsten Berge sind der Ebal (945 m) und der Garizim (890 m). Nördl. von Jerusalem und bei Hebron erreichen die judäischen Berge noch einmal Höhen um 1000 m ü.M.; die steilen Ostabhänge zur Senke und zum Toten Meer erhalten kaum Niederschläge (Wüste Juda). Gegen Süden zum Negev hin verlieren die Hügelzüge langsam an Höhe. Der Jordan liegt in der Senke und fließt 200 m unter dem Meeresspiegel in den See Genezareth. Im O der Jordansenke steigt das Gebiet steil auf und geht in wüstes Hochland über, dessen Felsen von Sand und heißen Winden angegriffen werden.

Klima und Vegetation. Wir finden drei Klimazonen und jede davon mit der ihr eigenen spezifischen Vegetation: Mittelmeer-, Steppen- und Wüstenklima. Die Küstenebene erfreut sich bis Gaza im S milder Winter (12°C im Januar in Gaza) und heißer Sommer (26°C im Juli in Gaza). Mehr zum Zentrum hin in Jerusalem betragen die entsprechenden Temperaturwerte 6°C und 23°C. In den Monaten Dezember bis Februar fallen dreiviertel der Niederschlagsmenge. Die Jahreswerte bewegen sich zwischen 350-400 mm an der Küste und 750 mm in den Bergen Judas und Galiläas. Um Beerscheba und in Teilen des Jordantales fallen aufgrund des Steppenklimas nur 200-300 mm Regen. In der tiefen Jordansenke herrschen subtropische Temperaturen. Im Sommer beträgt die Tagesmitteltemperatur in Jericho mehr als 38°C. Das Klima hat sich offenbar seit bibl. Zeit nicht geändert.

Die Flora Palästinas ist mit etwa 3000 Pflanzen sehr reich für so ein kleines Gebiet, was auf die großen Unterschiede in der Höhenlage zurückzuführen ist. Es gab einige dichte Wälder, aber die meisten Waldgebiete in der Zeit des AT (Jos 17,18) sind verschwunden. Z.T. wurden die Flächen abgeholzt, um Weideland zu gewinnen, was zur enormen Verschlechterung der Bodenqualität führte. In einigen Gebieten wurde aus einst fruchtbarem Land eine reine Gestrüpplandschaft. Eine Schätzung ergab, daß seit der Römerzeit 2000-4000 Millionen Kubikmeter Erde von der Ostseite des Judäischen Hochlands erodiert sind, genug für 4000-8000 Quadratkilometer gutes Ackerland.

Wasserversorgung und Ackerbau. Außer dem Jordan, einigen seiner Zuflüsse und ein paar von Quellen gespeisten Flüssen gegen die Küste hin führen alle Flüsse in Palästina nur zu bestimmten Zeiten Wasser. Nach Herbstregen (vgl. Mt 7,27) kann es plötzlich Hochwasser geben. Brunnen gab es viele, und auch Bewässerungssysteme waren bekannt. *Zisternen für den Wasservorrat wurden angelegt. Weizen und Gerste sowie Feigen, Weintrauben und Oliven waren die Haupterzeugnisse der Landwirtschaft in bibl. Zeit (*Ackerbau).

Siedlungen. In der Bibel werden 622 Orte westl. des Jordans genannt, aber zuweilen ist es schwierig, sie mit Sicherheit zu identifizieren. Das Jordantal scheint seit frühester Zeit besiedelt gewesen zu sein. Eine Art städtisches Leben gab es bei Jericho seit etwa 8000-6000 v.Chr. Von den 70 Siedlungen im Tal wurden viele vor mehr als 5000 Jahren gegründet, aber nur 35 davon waren zu israelit. Zeit noch bewohnt. Bis um 1200 v.Chr. gab es in den zentralen Lagen der Berge relativ wenige Siedlungen, vielleicht aufgrund des Waldbestandes. Zu den existierenden Siedlungen gehörten in bibl. Zeit so bedeutende Städte wie Hebron, Jerusalem, Bethel, Sichem und Samaria. Untergaliläa, Samarien und die Küstenebene südl. des Karmel boten günstige Bedingungen und waren deshalb ziemlich stark besiedelt, während in dem dichten Waldbestand im N des wasserreichen Galiläa die Besiedlung schwieriger war. Die Lage einer Stadt wurde weitgehend in Abhängigkeit von der Wasserversorgung bestimmt. Weiterhin war die strategische Lage an Wegkreuzungen, wie z.B. bei Hebron, Jerusalem, Megiddo, Hazor und Samaria, wichtig.

PAMPHYLIEN. Eine Küstenregion im südl. Kleinasien, an der großen Bucht zwischen Lyzien und Zilizien gelegen; in Apg 13,13; 14,24 und 15,38 in Verbindung mit Paulus' erster Missionsreise erwähnt. Eine der großen Städte, Attalia, war vermutlich Paulus' Anlegeplatz. Das Gebiet war nacheinander unter pers., griech. und seleukidischer Herrschaft, bis es 102 v.Chr. von den Römern erobert wurde. Die Gemeinde in Perge ist die einzige in diesem Gebiet, die im 1. Jh. n.Chr. erwähnt wird.

PAPHOS. Zwei Orte im SW *Zyperns; Alt-Paphos war eine alte phönizische Siedlung, ein wenig landeinwärts gelegen; Neu-Paphos entwickelte sich zum Zentrum der röm. Verwaltung. Paulus begegnete hier dem Prokonsul Sergius und dem Zauberer Elymas (Apg 13,6ff).

PAPYRI UND OSTRAKA. *Papyrus* ist die Bezeichnung für ein Schilfgewächs, das in den Sümpfen um die Nilmündungen in Fülle wuchs, aber auch in Sümpfen in Phönizien und im Jordantal. Die Stengel, an deren Ende die anmutigen glockenförmigen Blüten erscheinen, werden 3-6 m hoch. Zur Papiergewinnung wurde das markige Stengelinnere in dünne Längsstreifen geschnitten. Diese wurden dicht aneinander gelegt und kreuzweise eine zweite Schicht darüber. Die beiden Schichten wurden mit einem Schlegel geschlagen, gepreßt, getrocknet und geglättet. So entstanden weißliche Blätter, die, aneinander geklebt, auch zu Papyrusrollen verarbeitet werden konnten (bis zu 20 Blätter). Papyrus war ein sehr brüchiges, abnutzbares Schreibmaterial, das besonders unter Feuchtigkeits- und Lichteinfluß Schaden nahm.

Papyrus wurde von 3000 v.Chr. bis nach 600 n.Chr. verwendet. Seit 2000 v.Chr. wurden große Mengen hergestellt, und bereits vor 1000 v.Chr. wurde Papyrus nach Syrien-Palästina exportiert. Er wurde für alle Arten schriftlicher Berichte verwendet.

Ostrakon (Mehrzahl: Ostraka) bedeutet Tonscherbe. Diese Scherben wurden im Altertum sehr häufig benutzt, denn sie waren das billigste und am schnellsten greifbare Schreibmaterial. Sie scheinen jedoch aufgrund ihrer Größe nur für weniger wichtige Informationen oder Kurzinformationen verwendet worden zu sein. Meistens wurden sie auf der inneren Seite mit Tinte beschrieben.

Hebräische, aramäische und griechische Papyri und Ostraka. Der älteste *hebräische* Papyrus wurde am Toten Meer gefunden und stammt aus dem 8.-7.Jh.

Papyri und Ostraka. *Papyrusernte (Grabrelief aus Meir, 20. Jh. v.Chr.).*

v.Chr., in althebr. Buchstaben geschrieben. Er enthält eine Aufstellung von vier Personennamen, die über einen ausgelöschten Brief geschrieben wurde. Von den „Qumranfunden" sind einige Fragmente aus Papyrus, die meisten Funde aber aus Pergament. Zu den bedeutendsten hebr. Ostraka zählen die bei Samaria gefundenen. Sie stammen aus dem 9.-8.Jh. v.Chr. und berichten über Zahlungsbedingungen für Öl und Wein und tragen dazu bei, das Verwaltungssystem der damaligen Zeit zu rekonstruieren. Die Ostraka von Lachisch können mit Sicherheit auf 587 v.Chr. datiert werden und spiegeln den verzweifelten Zustand Judas wider, als die Babylonier Stadt um Stadt eroberten (es gibt einige Berührungspunkte mit dem Buch Jeremia).

Die wertvollsten *aramäischen* Papyri stammen aus Elephantine in Ägypten. Sie wurden im 5.Jh. v.Chr. von Juden geschrieben und enthalten Gerichtsunterlagen und Briefe.

Der älteste AT-Text in Griechisch ist ein Fragment von 5.Mo 23-28 aus dem 2.Jh. v.Chr.

Große Teile der ntl. Bücher und anderer griech. Dokumente, die im späten 19.Jh. in Ägypten gefunden wurden, brachten wesentliche Ergebnisse für die Erforschung des NT und seiner Sprache. Nicht zuletzt ging daraus hervor, daß die ntl. Autoren das damals gebräuchliche (und sich schnell entwickelnde) Griechisch verwendeten. Die Papyri lieferten auch Beispiele für den säkularen Gebrauch der meisten im NT vorkommenden Wörter.

*Sprache des NT; *Sprache des AT; *Überlieferung bibl. Texte; *Schreibkunst.

PARADIES. Ein Lehnwort (Pardes) aus dem Altiranischen mit der Bedeutung eines ummauerten Gartens. Im Hebr. kommt es nur in Neh 2,8; Pred 2,5; Hld 4,13 vor. Im späteren jüd. Denken wurde das Wort sowohl dazu benutzt, Anfänge der Menschheit als auch das kommende wunderbare messianische Zeitalter zu beschreiben. Die Juden glaubten, daß das P. bereits existiere, aber verborgen sei.

Im NT wird das Wort nur Lk 23,43; 2.Kor 12,3f; Offb 2,7 verwendet. Jesus bezeichnete damit den Ort, an den ihm vertrauende Menschen unmittelbar nach dem Tod gehen, und Paulus beschrieb mit dem Begriff die Herrlichkeit des Himmels. Nach Offb 2,7 wird das P. mit dem Baum des Lebens am Ende der Zeit kommen; im letzten Kapitel der Offenbarung ist der Baum des Lebens wieder erwähnt (vgl. Kap 22).

PARAN. Wüste in der nordöstl. Region der Sinaihalbinsel, nach P. gingen *Hagar und *Ismael, nachdem sie den Haushalt Abrahams verlassen mußten (1.Mo 21,21). Von hier aus sandte *Mose nach dem Auszug aus Ägypten Kundschafter nach Kanaan (4.Mo 13,3). Der Berg P. (5.Mo 33,2; Hab 3,3) kann an der Westküste des Golfs von Aqaba gelegen haben.

PARPAR (schnell). Nebenarm des Abana (Barada), dem heutigen Awaj, südl. von Damaskus (2.Kön 5,12).

PARTHER. Parthien war ein Gebiet südöstl. des Kaspischen Meeres und gehörte zum Perserreich, später zum Reich *Alexanders des Großen. Im 3. Jh. v.Chr. erhoben sich die P. und erweiterten ihr Herrschaftsgebiet. Sie waren ausgezeichnete Reiter und Bogenschützen, die von einem Landadel regiert wurden, der die Kontrolle über wichtige Handelsstraßen ausübte. Die P., die zu Pfingsten in Jerusalem waren, könnten in Parthien lebende Juden gewesen sein, wahrscheinlich *Proselyten (Apg 2,9).

PARWAJIM. Gegend, aus der Gold für Salomos Tempel kam (2.Chro 3,6).

PASCHHUR. Vermutlich ein Name ägypt. Ursprungs, den verschiedene Leute aus dem AT trugen, z.B. der Priester, der *Jeremia gefangennahm (Jer 20,1ff), und auch der Mann, der von *Zedekia beauftragt wurde, Jeremia zu bitten, daß er Gott wegen Jerusalem befragen sollte, und der den Propheten später in eine Grube warf (Jer 38,1ff).

PASSA. Der Name wurde dem Geschehen in 2.Mo 12 gegeben, wo alle männliche Erstgeburt Ägyptens starb, aber die der Israeliten verschont wurde (der Name kommt von einem Verb, das „vorübergehen" bedeutet). Er bezeichnet auch die spezielle Mahlzeit, die in jener Nacht eingeführt wurde und seither von den Juden jedes Jahr zum Gedenken an ihren Auszug aus Ägypten gehalten wird. Jeder israelit. Familie war befohlen, ein makelloses Lamm (oder Zicklein) zu schlachten (2.Mo 12). Sie mußten die Türpfosten und Schwellen mit dem Blut des Tieres bestreichen. Das Mahl, das mit bitteren Kräutern und ungesäuertem Brot gegessen wurde, war nur für Israeliten und beschnittene Fremdlinge (*Proselyt) bestimmt (2.Mo 12, 48). Das Verbot von *Sauerteig (Hefe) symbolisierte den eiligen Aufbruch aus Ägypten, bei dem auf das sonst übliche, tägliche Backverfahren verzichtet werden mußte. Der Monat, in dem das Passafest gefeiert wurde (Abib, später Nisan genannt), wurde zum ersten Monat im jüd. Jahr.

Das in 5.Mo 16 beschriebene P. weicht in Einzelheiten von dem aus 2.Mo 12 ab (z.B. werden die Tiere gekocht und nicht gebraten). In den Reformen von *Hiskia (2.Chro 30,1ff) und Josia (2.Chro 35,1ff) wurde Jerusalem als der Ort angesehen, an dem das Passafest gefeiert werden soll. Nach der Eroberung Jerusalems im Jahre 70 n.Chr. mußte das Passafest notgedrungen zu einem Familienfest werden, da die Tiere nicht mehr an zentraler Stelle geschlachtet werden konnten. Die Samariter feiern das Passafest noch immer auf dem Berg Garizim.

Zur Zeit des NT wurde in Einklang mit 5.Mo 16,16 usw. von allen Männern in Israel erwartet, daß sie dreimal im Jahr nach Jerusalem kamen: zum Passafest, zu Pfingsten und zum Laubhüttenfest. Zur Abendmahlzeit gehörten die symbolischen Elemente des gebratenen Lamms, die bitteren Kräuter, ungesäuerte Brote, vier Becher Wein, die im Verlauf der Feier von jedem getrunken wurden, und rituelle Handwaschungen. Nach dem ersten Becher Wein wurde die Geschichte vom Auszug aus Ägypten nacherzählt, danach ein Teil des Lobgesangs (Ps 113 u.114) gesungen und der zweite Becher getrunken. Anschließend folgte das symbolische Brotbrechen, der dritte Becher Wein und der Schluß des Lobgesangs (Ps 115-118) mit dem vierten Becher Wein (vgl. Mt 26,30). Im NT wird Jesus als „unser Passalamm" (1.Kor 5,7), und als *Lamm Gottes (Joh 1,29) bezeichnet.

*Feste; *Judentum; *Abendmahl.

PASTORALBRIEFE. Seit dem 18. Jh. bezeichnet man die beiden Briefe an Timotheus und den an Titus als „Pastoralbriefe", was „Hirtenbriefe" (von lat.*pastor* = Hirte) bedeutet. Diese Briefe sind an Mitarbeiter des Apostels Paulus gerichtet, von denen der eine – Timotheus – die Gemeinde in Ephesus leitet, der andere – Titus – die Christen auf Kreta betreut. Beide empfangen Richtlinien für ihren Dienst der Gemeindeleitung. Obwohl die P. an zwei einzelne Personen gerichtet sind, geht ihre Bedeutung weit über sie hinaus. Sie enthalten gewissermaßen die ältesten Anweisungen für den Gemeindebau.

Hintergrund. Die drei P. bilden ein Ganzes; sowohl ihr Stil als auch ihr Inhalt weisen große Ähnlichkeiten auf. Deshalb nimmt man an, daß sie kurz hintereinander entstanden sind, und zwar in der Zeit nach den Ereignissen der Apg, vielleicht zwischen 63 und 67. Von Mazedonien schrieb Paulus vermutlich ca. 63 den ersten Brief an Timotheus und den Titusbrief, bevor er nach Rom kam, dort unter Nero gefangengesetzt und kurz darauf, wahrscheinlich 65 oder 67 n.Chr., mit dem Schwert hingerichtet wurde. Der 2.Tim entstand während dieser röm. Gefangenschaft und bildet das letzte Zeugnis des Apostels, gleichsam das geistliche Testament an seinen „geliebten Sohn Timotheus" (2.Tim 1,2).

Ziel der Briefe. Den 1.Tim und den Tit schrieb Paulus vor allem mit dem Ziel, seinen zwei jüngeren Mitarbeitern die nötigen Anweisungen für den Aufbau der von ihnen betreuten Gemeinden zu geben (1.Tim 3,15). Während der 1.Tim in Ephesus eine gefestigte Gemeinde voraussetzt, hat es Titus auf Kreta mit jungen Gemeinden zu tun, in denen erst noch Älteste eingesetzt werden müssen (Tit 1,5).

In allen drei P. finden wir Ermahnungen zum *Kampf gegen die Irrlehrer* (mit judaistischem Einschlag). Sie rühmen sich ihrer „Erkenntnis" (1.Tim 6,20), befassen sich mit endlosen Geschlechtsregistern (1.Tim 1,4) und versteigen sich in falsche Askese und Spekulationen. Schutz gegen die Irrlehrer bietet die „gesunde Lehre" (1.Tim 1,10; 2.Tim 4,3; Tit 1,9; 2,1).

*Timotheusbriefe, *Titus.

PATARA. Bedeutende Hafenstadt im südwestl. Lyzien, die aufgrund der vorherrschenden Winde ein geeigneter Ausgangsort für die Überfahrt nach Phönizien war. Paulus bestieg hier auf seiner letzten Reise nach Jerusalem ein Schiff, das nach Tyrus fuhr (Apg 21,1).

PATMOS. Eine zerklüftete Vulkaninsel, 55 km von der Südwestküste Kleinasiens entfernt. Der Apostel *Johannes wurde um 95 n.Chr. von Ephesus einige Monate nach P. verbannt und schrieb dort die *Offenbarung (Offb 1,9).

PATRIARCHEN (ERZVÄTER). Die Zeit der Patriarchen umfaßt die Lebenszeit von *Abraham, *Isaak und *Jakob (Erzväter). Es ist schwierig, die genaue Zeit anzugeben, aber Schätzungen fallen in den Zeitraum um 1900 bis 1500 v.Chr.

Das biblische Bild. Die P. zogen von Mesopotamien bis nach Ägypten, vorbei an vielen den Archäologen bekannten Orten wie *Ur, *Haran, *Sichem und *Salem (Jerusalem). Es ist bekannt, daß es in diesem Gebiet offene Dörfer oder von Mauern umgebene Städte gab. Aber außerhalb dieser lebten Halbnomaden, zu denen auch die Familien der Erzväter gehörten. Sie zogen manchmal auf der Suche nach Wasser und Weideland mit ihren Herden über weite Strecken und errichteten ihre Lager meist in der Nähe von Städten (z.B. 1.Mo 13,12ff). Gelegentlich betrieben sie sogar Landwirtschaft (1.Mo 26,12f) und lebten als Fremde eine Zeitlang in einer Stadt (z.B. 1.Mo 20,1; 33,18-34,31). Die P. stießen auch von Zeit zu Zeit mit seßhaften Gruppen zusammen (z.B. 1.Mo 21,25ff; 26). Bisher konnte keiner der Könige oder Hauptleute anhand anderer geschichtlicher Berichte identifiziert werden.

Die P. lebten in Sippen oder Familien, die untereinander in Verbindung standen (z.B. 1.Mo 24,1ff). Der Vater hatte als Oberhaupt der Familie große Befugnisse, und normalerweise erbte der älteste Sohn diese Stellung und den Besitz. In Abrahams Fall war der Erbe (Isaak) der älteste Sohn seiner ersten Frau und nicht sein eigentlich ältester Sohn (Ismael), der ihm von Hagar, der Magd Saras, geboren worden war. Man hatte einem damaligen Brauch folgend versucht, durch eine Art stellvertretende Mutterschaft für einen männlichen Erben zu sorgen. Jakob und Esau hatten beide mehrere Frauen (1.Mo 26,34f; 29).

Die P. waren von einem persönlichen Glauben an Gott geprägt, der sie in ihrem Leben leitete und ermutigte (1.Mo 12,1ff; 28) und dem als Antwort Gehorsam gebührte (1.Mo 22). Jeder der Erzväter schien seinen eigenen Namen für Gott zu haben (z.B. 1.Mo 31,42; 49,24). Opfer und Gebet gehörten zu ihrem Gottesdienst (1.Mo 12,8), und die Beschneidung war ein religiöser Ritus, durch den die Zugehörigkeit zur Familie des *Bundes verdeutlicht wurde. Gott hatte sich selbst durch einen Bund feierlich an Abraham und seine Nachkommen gebunden (1.Mo 12,1ff; 17,5ff) und wollte durch diesen Bund die gesamte Menschheit erreichen.

Neuere Entdeckungen zu diesem Zeitabschnitt. Auf der Grundlage archäologischer Forschungen gibt es gute Gründe dafür, die Zeit der Patriarchen in der mittleren Bronzezeit anzusiedeln, um 1900 bis 1550 v.Chr. In dieser Zeit gab es im Nahen Osten erhebliche Bewegungen der Völker, die in den Geschichten der

***Patriarchen.** Ägyptische Wandmalerei aus dem Grab des Khnumbhotep, auf der eine Gruppe von Asiaten zu sehen ist (ca. 1900 v.Chr. - die Zeit Abrahams).*

Erzväter wiedergegeben werden. Die unter dem Namen Hapiru nicht verwurzelten Gruppen waren weit herum bekannt, und Abraham könnte in den Vorstellungen der Menschen mit ihnen in Verbindung gebracht worden sein (vgl. „Hebräer" in 1.Mo 14,13). Reisen war oft mit Handel verbunden, und es ist bekannt, daß der Handel in dieser Zeit eine Blütezeit erlebte. Von vielen in der Bibel erwähnten Städten weiß man, daß sie in dieser Zeit existiert haben, obwohl sie natürlich über viele Jahrhunderte bewohnt waren.

Es sind viele Tontäfelchen entdeckt worden, die das rechtliche, kommerzielle, religiöse und private Leben jener Zeit widerspiegeln. Dazu gehören auch Gesetzessammlungen wie die des Hammurapi (ca. 1750 v.Chr.). Die in Nuzi entdeckten Tafeln sind später anzusetzen als die für die Patriarchen angenommene Zeit (sie stammen aus dem 15. und 14. Jh. v.Chr.), können aber dennoch Gewohnheiten vermitteln, die früher entwickelt worden sind. Dazu gehören Parallelen zu den Gewohnheiten der Erzväter wie Adoption, Ehe mit einer zweiten Frau, wenn sich die erste als unfruchtbar erwies, das Ableisten von Diensten, bevor die Erlaubnis zur Ehe erteilt wurde, Erbschaft. Der Wert dieser späten Parallelen ist begrenzt, aber es sind auch frühere entdeckt worden. So geht z.B. aus einem babylon. Brief hervor, daß ein kinderloser Mann seinen Sklaven als Erbe einsetzen konnte (vgl. 1.Mo 15,2).

Es ist jedoch wichtig, sich vor Augen zu halten, daß einige der Bräuche der Erzväter in der Geschichte keine Parallelen finden werden, weil sie dieser kleinen Gruppe eigen waren.

*Archäologie; *Chronologie des AT.

PATROS. Eine Bezeichnung für Oberägypten, das Niltal zwischen Kairo und Assuan (z.B. Jes 11,11; Jer 44,1). P. kommt auch in assyr. Inschriften vor.

PAULUS. *Herkunft und Apostelamt.* Bevor P. als Verfolger der Christen in Jerusalem auftritt, ist nur sehr wenig über ihn bekannt. Er war ein Pharisäer (Phil 3,5), wurde in Tarsus, einem Zentrum griech. Bildung, geboren und war röm. Bürger (Apg 22,25ff). Er studierte bei Rabbi Gamaliel in Jerusalem (Apg 22,3). Als junger Mann (Apg. 7,58) war er ein scharfer Gegner der Christen (Gal 1,13f) und erhielt offizielle Vollmachten zu ihrer Bekämpfung. Seine äußere Gestalt scheint nicht sehr beeindruckend gewesen zu sein (1.Kor 2,3f; 2.Kor 10,10).

Es gibt keinen Anhaltspunkt dafür, daß P. Jesus während dessen irdischen Lebens begegnet ist. Aber seine an Christus glaubenden Verwandten (Röm 16,7) und das Miterleben des Martyriums von Stephanus (Apg 8,1) müssen ihn beeindruckt haben. Doch erst durch das direkte Eingreifen des erhöhten Christus kommt es zur Lebenswende (Apg 9,1ff). Die Bedeutung seiner Bekehrung wird durch die Tatsache unterstrichen, daß in der Apostelgeschichte dreimal davon berichtet wird (Kap. 9, 22, 26).

Außer einem wahrscheinlich längeren Aufenthalt in der Wüste östl. des Jordan verbrachte er die folgenden drei Jahre vorwiegend in Damaskus (Gal 1,17; Apg 9,19ff). Später wurde er durch *Barnabas mit den Brüdern in Jerusalem bekanntgemacht (Apg 9,26ff), mußte aber die Stadt schon nach zwei Wochen aufgrund von Morddrohungen hellen. Juden wieder verlassen. Für die nächsten ca. zehn Jahre wissen wir nur von Aufenthalten in seiner Heimatstadt Tarsus (Apg 9,30), sowie in Syrien und Zilizien (Gal 1,21). Barnabas bat ihn, der aufblühenden Gemeinde in Antiochien zu helfen. Später sandte die Gemeinde Barnabas und P. mit einem Geschenk zur Linderung der Hungersnot nach Jerusalem (Apg 11,25ff).

Die Missionsreisen. Um 46 n.Chr. wurden P. und Barnabas von der Gemeinde in Antiochien beauftragt, einen evangelistischen Einsatz durchzuführen, der sie nach Zypern und Südgalatien führte. In jeder Stadt predigten sie zuerst in *Synagogen. Wenn sie aber von der Mehrzahl der Juden abgelehnt wurden, wandten sie sich den Heiden zu (Apg 13,46ff) und gründeten Gemeinden in Antiochia in Pisidien, Ikonium, Lystra, Derbe und vielleicht in Perge. Einige Judenchristen bestanden darauf, daß bekehrte Heiden beschnitten werden und das mosaische *Gesetz einhalten müßten; sie erklärten dies für sie als heilsnotwendig. P. und Barnabas wurden von der Gemeinde in Antiochien nach Jerusalem geschickt, wo in einer Apostelversammlung über diese Angelegenheit entschieden werden sollte (Apg 15). Das

Paulus. *In Pamphylien und Lykaonien gründete und besuchte Paulus viele Gemeinden.*

Ergebnis unterstützte P. Behauptung, daß die Heiden nicht verpflichtet sind, das Gesetz des Mose zu halten, um gerettet zu werden. Das Konzil bat nur darum, gewisse Speiseregeln und ein gewisses moralisches Verhalten zu beachten, um die Beziehungen zwischen Juden und Heiden innerhalb der Gemeinden nicht zu belasten.

Nach einer Auseinandersetzung, ob sie Johannes Markus, der von der 1. Missionsreise vorzeitig zurückgekehrt war, wieder mitnehmen sollten, trennten sich P. und Barnabas. Auf seine 2. Missionsreise nahm P. *Silas mit (Apg 15,40-18,22). Sie reisten nach Derbe und nahmen in Lystra *Timotheus mit. Durch Phrygien und Galatien kamen sie auf Umwegen nach Troas. Dort wurden sie nach Mazedonien (Griechenland) gerufen. Sie gründeten Gemeinden in Philippi, Thessalonich und Beröa, reisten weiter nach Athen und dann nach Korinth, wo P. fast zwei Jahre blieb. Nach einem kurzen Aufenthalt in Antiochia in Syrien bereitete sich P. auf seine dritte Reise vor und verlegte das Zentrum seiner Missionstätigkeit nach Ephesus.

Diese „Ägäische Zeit" (um 53 n.Chr., Apg 18,23-20,38) war in vielfacher Hinsicht seine bedeutendste. In dieser Zeit schrieb er den Römerbrief und den 1. Korintherbrief. In Ephesus traf P. auf Jünger *Johannes des Täufers. Es geschahen Wunder, und die Gemeinde wuchs. Das dadurch erweckte öffentliche Interesse führte zu einem Aufruhr der Gegner (Apg 19,23ff). Paulus besuchte noch einmal Griechenland, kam dann über Philippi und Troas nach Milet in der Nähe von Ephesus, um sich von den Freunden aus Ephesus zu verabschieden, bevor er nach Jerusalem reiste, wo er mit einer Gefangennahme rechnete (Apg 21,10ff).

Gefangennahme und Tod. Unter dem Vorwand der Verletzung von Tempelvorschriften wurde P. gefangengenommen und zu seiner eigenen Sicherheit von den Römern nach Cäsarea gebracht, wo er durch den Statthalter *Felix (ca. 58-60 n.Chr., Apg 23-26) zwei Jahre gefangengehalten wurde. Felix' Nachfolger *Festus wollte P. vor ein jüd. Gericht stellen. Da P. wußte, daß dies sein Leben in Gefahr bringen würde, machte er von seinem Recht als röm. Bürger Gebrauch und forderte einen Prozeß in Rom (Apg 25,10f). P. konnte vor der Abreise nach Rom noch vor Festus und dessen Gästen Agrippa und Berenike Zeugnis ablegen (Apg 26,1ff).

Nicht so sehr um seiner eigenen Sicherheit willen berief sich P. auf den Kaiser, als vielmehr um des Evangeliums willen. Er hegte noch Hoffnung auf einen günstigen Ausgang (vgl. das Urteil durch Gallio in Apg. 18,12ff), wodurch das Christentum als eigenständige Religion hätte anerkannt werden können und nicht weiterhin als Sekte des Judentums betrachtet würde. Nach einem Schiffbruch bei Malta (Apg 27-28) erreichte Paulus schließlich Rom, wo er zwei Jahre unter Hausarrest stand und Jesus verkündigte. Während dieser Gefangenschaft verfaßte er wahrscheinlich den Kolosser-, Philemon-, Epheser- und Philipperbrief. Der Kaiser hat sich vermutlich nicht selbst mit dem Fall befaßt, man weiß aber darüber sowie über den Verlauf des Prozesses nichts. P. könnte 63 n.Chr. entlassen worden sein und Spanien und die Ägäis besucht haben, bevor er, wie aus einigen frühen christl. Texten hervorgeht, unter Nero wieder gefangengenommen und mit dem Schwert hingerichtet wurde.

Lehre. Die Theologie des P. befaßt sich mit der *Erlösung. Durch seinen Tod und seine Auferstehung besiegte Jesus für immer die Mächte dieser Zeit – Sünde, Tod und die dämonischen Mächte (Eph 6,12; Kol 2,15). Durch den Glauben an Jesus Christus werden Menschen mit Christus eins in seinem Tod, seiner Auferstehung und seiner Verherrlichung (Gal 2,20; Eph 2,5f). Das bedeutet für das gegenwärtige Leben, daß sie durch den in ihnen wohnenden *Heiligen Geist umgewandelt werden, der ihnen einen Vorgeschmack auf das Leben nach der Auferstehung vermittelt (Röm 8,23; 2.Kor 5,5). Dadurch wird ihr Verhalten und ihre gesamte Weltsicht verändert (Kol 3; Röm 12,1ff).

Trotz dieser Veränderungen bleiben die Christen sterbliche Wesen und den Begrenzungen dieser Zeit unterworfen. Obwohl die Macht der Sünde gebrochen ist, bleiben sie sündige Menschen. Sie haben Anteil an Leiden (2.Kor 1,5) und müssen sterben, aber in der Hoffnung auf *Auferstehung (1.Thess 4,14; 2.Tim 4,6ff). Erst dann werden sie völlig in das Ebenbild Jesu umgewandelt sein (Röm 8,29). Das von Paulus gelehrte Heil bedeutet keine Befreiung der Seele vom Leib, sondern eine Vollendung des Heils, die die Auferstehung des Leibes und damit die Errettung der gesamten Person beim zweiten Kommen Jesu einschließt. Die alles entscheidende Frage ist die der *Rechtfertigung des Sünders vor Gott. Sie ist ausschließlich durch den *Glauben möglich (Röm 3,21ff); gute Werke vermitteln nicht die Gemeinschaft mit Gott (Röm 1,17; vgl. Gal 3,1ff). 13 seiner Briefe wurden in den ntl. *Kanon aufgenommen.

In der Reformation wurden die zentralen Aussagen der paulinischen Theologie wiederentdeckt und bilden seitdem die Grundlage der Kirchen der Reformation. *Artikel zu den Briefen des Paulus.

PEDAJA (Jahwe hat erlöst). Sieben Personen aus dem AT; keine davon ist in besonderer Weise hervorgetreten. Sie werden erwähnt in: 2.Kön 23,36; 1.Chro 3,18; 27,20; Neh 3,25; 8,4; 11,7 und 13,13.

PEKACH (Öffnung). P. bemächtigte sich des Throns des Nordreiches Israel, nachdem er *Pekachja ermordet hatte, und regierte von 735-732 v.Chr. (2.Kön 15,23ff). P. betrieb eine gegen Assyrien gerichtete Politik, verbündete sich mit Syrien und versuchte, durch die Belagerung von Jerusalem König Ahas von Juda in diese Allianz einzubeziehen (2.Kön 16,5ff). Auf Ersuchen von Ahas fiel Tiglat-Pileser III. von Assyrien 732 v.Chr. in Nordisrael ein. P. wurde von *Hoschea ermordet, der mit assyr. Zustimmung die Thronfolge übernahm. Die Herrschaft P. folgte der schlimmen Tradition Jerobeams (2.Kön 15,28).

PEKACHJA (Jahwe hat [seine Augen] geöffnet). König von Israel, der seinem Vater *Menahem etwa 738/7 v.Chr. auf dem Thron folgte (2.Kön 15,23ff). Die Tatsache, daß er von *Pekach ermordet wurde, deutet darauf hin, daß er die pro-assyr. Politik seines Vaters fortgesetzt hat.

PEKOD. Ein kleiner aram. Stamm östl. des unteren Tigris, der sich nach Hesekiels Prophetie gemeinsam mit anderen mesopotamischen Völkern gegen Jerusalem erheben wird (Hes 23,23).

PELATJA (Jahwe errettet). Name für verschiedene Personen im AT, u.a. auch ein Oberster, von dem *Hesekiel berichtet, daß er Unheil ersann und in Jerusalem schlechten Rat erteilte. Er starb, während Hesekiel das Gericht über Jerusalem ankündigte (Hes 11,1ff).

PELEG (Wasserlauf, Teilung). Enkel *Sems und Bruder Joktans; zu seinen Lebzeiten wurde die Welt „geteilt" (ein Wortspiel mit seinem Namen). Das könnte eine Unterteilung in geographische und Sprachengruppen bedeuten oder sich auf die Entwicklung des Ackerbaus unter Anwendung von Bewässerungskanälen beziehen (1.Mo 11,1ff).

PENTATEUCH. Bezeichnung für die ersten fünf Bücher des AT (1.Mo-5.Mo; *Artikel zu diesen Büchern). Manchmal auch als Buch des Gesetzes bezeichnet, war es der wichtigste der drei Teile des jüd. *Kanons. Die fünffache Unterteilung ist schon alt und wurde sowohl durch die Themenstellung der einzelnen Bücher als auch von praktischen Gründen bestimmt, denn etwa nur ein Fünftel hatte auf einer Schriftrolle Platz. Die jüd. Tradition fordert, daß jede Woche ein Abschnitt in der Synagoge verlesen wird, so daß im Verlauf eines Jahres der ganze P. gelesen wird. Im NT (und in anderen Teilen des AT) wird er als „das Buch des Gesetzes" (Gal 3,10), „das Buch Moses" (Mk 12,26), „das Gesetz" (Mt 12,5), „das Gesetz Moses" (Lk 2,22) und „das Gesetz des Herrn" (Lk 2,23f) bezeichnet.

PEOR. *Heidnische Gottheit:* Baal-Peor, den die Israeliten in Schittim verehrten (4.Mo 25,3ff).

Ort: Berg im N des Toten Meeres, gegenüber von Jericho; von dort aus sollte *Bileam Israel verfluchen, segnete es aber statt dessen (4.Mo 23,28); die genaue Lage ist ungewiß.

PERÄA. Gebiet östl. des Jordans, das dem größeren Teil des atl. *Gilead und einem Teil Moabs entspricht. Im NT wird es als Gebiet „jenseits des Jordans" bezeichnet (z.B. Mt 19,1). Dieser Name wurde nach dem Exil eingeführt. In dieser Hochlandregion gab es genug Niederschläge zum Anbau von Obst und Getreide. Zur Zeit Jesu wurde dieses Gebiet von *Herodes Antipas regiert. Für die Juden hatte es den gleichen Status wie Judäa und Galiläa.

PEREZ, PEREZITER. Sohn *Judas und *Tamars, der zuerst geboren wurde, obwohl sein Zwillingsbruder Serach schon einmal seine Hand herausgestreckt hatte (1.Mo 38,28f). Pereziter sind die Nachkommen von Perez.

PERGAMON. Stadt in der röm. Provinz Asia. Obwohl die Siedlung vermutlich schon sehr früh existiert hat, erlangte die Stadt erst nach 282 v.Chr. Bedeutung, als sie Hauptstadt des Attalidenreiches wurde, das 133 v.Chr. den Römern zufiel. Um 29 v.Chr. wurde hier der erste Tempel für den Kaiserkult gebaut; Offb 2,12ff nimmt Bezug darauf: „wo der Thron Satans ist". Die Anbetung des göttlichen Kaisers war der Prüfstein der Bürgertreue geworden und führte zu einer Krise in den Gemeinden Kleinasiens. In den Sendschreiben (Offb 2,12ff) wird die Gemeinde getadelt, daß sie Lehrer duldet, die zum Götzendienst verführen (*Nikolaus/Nikolaïten). Der weiße Stein (Offb 2,17), den Jesus denen verspricht, die ihm treu bleiben, könnte sich auf Steine beziehen (eine Art Achat), die als Zeichen des Freispruchs oder als Eintrittskarte benutzt wurden.

PERISITER. Bewohner Kanaans, die wahrscheinlich in Dörfern des Berglandes gelebt haben (z.B. Jos 11,3). Ihr Name scheint sich von dem Wort „Weiler" („Dörfchen") abzuleiten.

PERLE. Siehe *Edelsteine.

PERSIEN, PERSER. Die P. waren ein nomadisierendes Hirtenvolk, das wahrscheinlich um 1200 v.Chr. von Südrußland aus in das iranische Hochland vordrang. Die Dynastie der pers. Könige wurde wahrscheinlich um 680 v.Chr. von Achämenes begründet. Einige Generationen später, 550 v.Chr., besiegte Kyrus II. die Vorherrschaft der Meder und übernahm die Hauptstadt Ekbatana. Seitdem hatten die Sitten und die Sprache der Meder einen starken Einfluß auf die der Perser. Um 540 v.Chr. war *Kyrus stark genug, um Babylon anzugreifen, und 539 zog er im Siegeszug in die Stadt ein. Das Reich wurde in große Gebiete aufgeteilt, die von pers. oder medischen Statthaltern regiert wurden, die wiederum einheimische Beamte unter sich hatten (vgl. Dan 6). Viele Götterstatuen, die vom letzten einheimischen babylon. König Nabonid gesammelt worden waren, wurden zu ihren früheren Heiligtümern zurückgebracht. Da die Juden kein Bildnis ihres Gottes hatten, gab ihnen Kyrus die von Nebukadnezar im Tempel von Jerusalem erbeuteten heiligen Gefäße zurück (Esr 1,7ff). Er gab auch die Erlaubnis zum Wiederaufbau des Tempels durch alle Juden, die nach Juda zurückkehren wollten. Der Statthalter der Provinz, zu der Juda gehörte, hatte aber offenbar keine Kenntnis von dem Edikt, als er 520 v.Chr. versuchte, den Wiederaufbau zu unterbinden. *Darius I. bestätigte jedoch die Erlaubnis (Esr 5-6).

Darius dehnte das Reich noch weiter aus. Seine Neuorganisation des Reiches räumte den unterworfenen Völkern (auch Juda) eine beachtliche Autonomie ein. Unter Artaxerxes I. wurde *Esra Staatssekretär für jüd. Angelegenheiten (Esr 7,12) und 458 v.Chr. zu einem speziellen Gesandten ernannt, der den Tempelgottesdienst wieder neu organisieren sollte. Die Juden überschritten ihre Rechte, indem sie versuchten, die Stadtmauern wieder aufzubauen, aber *Nehemia gelang es, 445 v.Chr. die Erlaubnis für die Wiederaufnahme der Arbeiten unter seiner Leitung zu erlangen.

Der Luxus am pers. Hof wird im Buch Ester beschrieben und durch Funde von Gegenständen und Flachreliefs an verschiedenen Orten bestätigt. Die P. verehr-

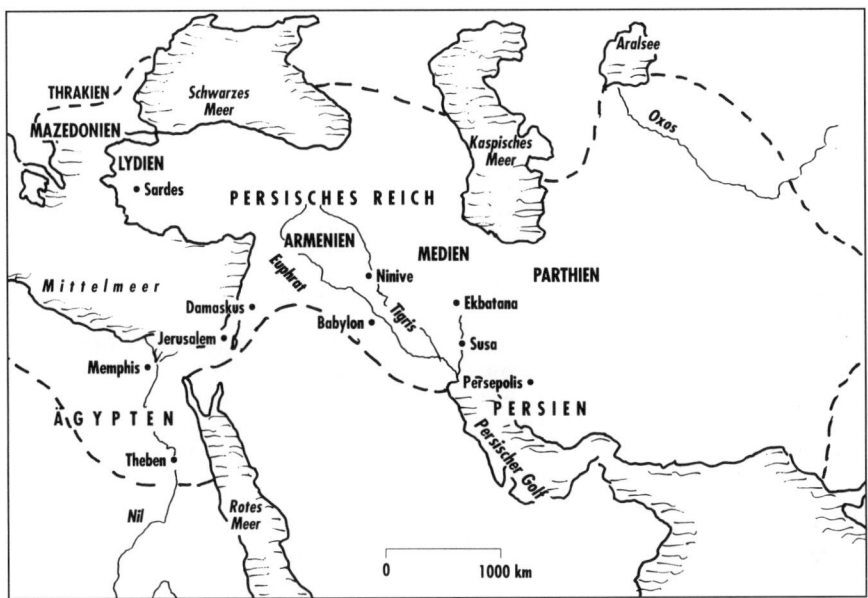

ten Gottheiten der Natur, der Fruchtbarkeit und des Himmels. Der Stamm der Magi hatte die Vorherrschaft unter den Priestern inne.

PETOR. Stadt in Mesopotamien, südl. von Karkemisch; die Heimatstadt *Bileams, der von *Balak gerufen wurde, um Israel zu verfluchen (4.Mo 22,5; 5.Mo 23,5).

PETRUS. Jünger aus dem Zwölferkreis um Jesus mit dem ursprünglichen Namen Simeon. Betsaida, sein Geburtsort (Joh 1,44), und Kapernaum, wo er ein Haus hatte (Mk 1,21ff), lagen am See Genezareth; P. arbeitete als Fischer. Er sprach aramäisch mit einem Akzent, wie er für den N des Landes üblich war. Er war kein Gesetzeslehrer (Apg 4,13), aber vermutlich von *Johannes dem Täufer beeinflußt (vgl. Apg 1,22; Joh 1,39f). P. war verheiratet (Mk 1,30), und seine Frau begleitete ihn später auf Missionsreisen (1.Kor 9,5).

Berufung. P. wurde von seinem Bruder *Andreas mit Jesus bekannt gemacht (Joh 1,41) und war sofort bereit, seinen Beruf aufzugeben, um Jesus nachzufolgen (Mk 1,16ff). Seine Berufung in den Kreis der Zwölf erfolgte später. Jesus nannte ihn „Kephas" (Fels oder Stein). Der Name er-

Persien, Perser. **539 v.Chr. eroberte Kyrus die Stadt Babylon und das Neubabylonische Reich. Um 450 v.Chr. hatte das Persische Reich seine größte Ausdehnung.**

scheint im NT als „Petrus". P. gehörte zu dem kleinen Kreis der engsten Jünger Jesu, war impulsiv und fungierte als der Sprecher der Gruppe (z.B. Mk 9,2.5; 14,29). Nach der Gefangennahme Jesu verleugnete P. seinen Herrn unter Schwur (Mk 14,66ff), wurde aber in besonderer Weise nach der Auferstehung wieder eingesetzt (Mk 16,7; Lk 24,34; Joh 21,15ff).

Petrus im Jüngerkreis. P. wird bei der Aufzählung der zwölf Jünger immer als erster genannt. Im Blick auf seine Stellung im Jüngerkreis sind sein Christusbekenntnis und die Antwort Jesu eine oft diskutierte Stelle des NT (Mt 16,16ff). Der Abschnitt erwähnt, daß Jesus seine Gemeinde auf den „Felsen" baut. Es werden hauptsächlich zwei Interpretationen des Ausdrucks „Fels" vertreten: 1) der Fels ist das Christusbekenntnis des P. Die apostolische Lehre, daß Jesus der Christus ist, steht so im Zentrum und ist Grundstein der Gemeinde. Diese Grundlage weicht nicht. 2) Der „Fels" ist Petrus, ein Mensch. Doch auch bei dieser Interpretation ist es nicht möglich, Stellung und Autorität des P. auf irgendwelche Nachfolger des P. zu übertragen.

Petrus in den ersten Gemeinden. Es ist P., der vor Pfingsten die Gemeinschaft der Jünger zusammenhält (Apg 1,15ff). Auch am Pfingsttag ist er der Prediger (2,14ff), in der jungen Gemeinde besitzt er große Autorität (4,8ff; 5,3). Er war auch der erste Apostel, der mit dem Missionsauftrag an Nichtjuden beauftragt wurde (10,1). Nachdem ihm Widerstand entgegengebracht wurde, zog er sich möglicherweise mehr von dieser Aufgabe zurück (Gal 2,11ff), war aber der erste, der auf die volle Annahme der Heiden allein auf der Grundlage des Glaubens drängte (Apg 15,7ff).

Nach Stephanus' Tod ist es schwierig, den weiteren Weg des P. zu verfolgen. Er wirkte in Judäa (Apg 12), verließ nach der Befreiung aus seiner Haft Jerusalem (Apg 12,17). Er war in Antiochien (Gal 2,11ff), möglicherweise auch in Korinth (1.Kor 1,12). Er kannte die Gemeinden im N Kleinasiens (1.Petr 1,1) und war eng mit ihnen verbunden. Mit großer Wahrscheinlichkeit hat er den *1.Petrusbrief von Rom aus geschrieben, und Clemens deutet an, daß P. dort während der Verfolgung durch Nero im Jahre 65 umgekommen ist. Die Überlieferung, daß er mit dem Kopf nach unten gekreuzigt worden sei, ist nicht völlig verläßlich. Auch wird von keinem der frühchristl. Kirchenväter bezeugt, daß er der erste Bischof von Rom gewesen sein soll.

PETRUSBRIEFE. *1. Petrusbrief.*

Verfasser. Verfasser ist „Petrus, der Apostel Jesu Christi" (1,1). (*Petrus). Der Brief ist, wenn Babylon (5,13) der Deckname für Rom ist, vor der Verfolgung durch Nero in Rom im Jahre 64 geschrieben, wobei Petrus in Silvanus einen Sekretär hatte (5,12).

Empfänger. Der Brief gehört zu den sog. „katholischen" (im Sinne von „allgemein") Briefen, die an christl. Gemeinden gerichtet sind. Die Anschrift zählt die Namen von fünf röm. Provinzen auf. Die meisten unter den Empfängern waren früher Heiden (vgl. 1,14.18; 2,9-10; 4,3-4).

Hintergrund. Zwar erwähnt der Brief nirgends vom Staat inszenierte Verfolgungen, aber viele Hinweise zeigen, daß die Christen verleumdet wurden und der Haß sich gegen sie richtete, weil sie nicht mehr wie die Heiden lebten. Z. B. wurden christl. Sklaven wohl von ihren heidnischen Herren grundlos geschlagen (2,12.15 u.a.).

Inhalt und Bedeutung. Der Apostel bezeichnet sein Schreiben als ein Wort des Zuspruchs (5,12). Er will die Leser ermutigen, den Glauben daran festzuhalten, daß Gott den Plan seiner Gnade zum Ziel führen wird. Damit erfüllt Petrus jenen Auftrag, den ihm Jesus gab (Lk 22,32). Es ist im Blick auf die Erneuerung seiner Sendung (Joh 21) nicht verwunderlich, daß das Zeugnis des Petrus vom durch den Tod Jesu möglichen Heil besonders klar ist (s. 1,18ff; 2,21-25; 3,18; 4,1) und er die Auferstehung Jesu rühmt (1,3).

Besonderheiten. Schlüsselworte: Leiden (14 mal), Hoffnung (4 mal), Herrlichkeit (8 mal).

Der 1. P. verwendet viele bildhafte Bezeichnungen für Jesus Christus (Lamm, Eckstein, Hirte, Bischof usw.), für die Christen (Kinder, lebendige Steine, Fremdlinge, Freie und Knechte Gottes, Haushalter der Gnade Gottes) und für die Gemeinde (geistliches Haus, königliches Priestertum, Volk seines Eigentums, Gottes Volk, Herde Christi).

Gliederung.
1,1-2   Eingangsgruß.
1,3-2,10   Bewährung des Glaubens im Leiden wird möglich:
   durch Wiedergeburt zu einer lebendigen Hoffnung (1,3-12);
   durch ein geheiligtes Leben (1,13-21);
   durch aufrichtige Bruderliebe (1,22-25);
   durch bewußtes Sicheinfügen in das Volk Gottes (2,1-10).
2,11-3,12   *Die Bewährung des Glaubens in den alltäglichen Beziehungen.*

Unterordnung unter die Regierenden (2,11-17).
Ermahnung an die Sklaven, Christus als Vorbild zu nehmen (2,18-25).
Weisung an die Ehegatten (3,1-7).
Ermahnung zur Bruderliebe (3,8-12).
3,13-5,14 *Rechtes Verhalten im Leiden:*
Bereitschaft zum Zeugnis gerade im Leiden (3,13-17).
Christi Predigt im Totenreich (3,18-22).
Das Wissen um die Nähe des Endes soll den Lebenswandel bestimmen (4,1-11).
Die Leiden um Christi willen dienen zur Läuterung (4,12-19).
Ermahnungen und Verheißungen (5,1-11).
Segenswünsche (5,12-14).

2.Petrusbrief.
Verfasser. Aus 3,1 ist zu entnehmen, daß Verfasser und Empfänger dieselben sind wie im 1.Petrusbrief. In 1,16 betont der Verfasser, daß er ein Augenzeuge Jesu ist und erwähnt die Geschichte von der Verklärung Jesu (Mt 17,1-13).

Inhalt und Bedeutung. Inhaltlich und aufgrund einer veränderten Lage der Gemeinden unterscheiden sich die beiden Petrusbriefe beträchtlich. In 2,1ff werden die Empfänger des Briefes vor Irrlehrern gewarnt, die sogar „den Herrn verleugnen". Diese werden als gewinnsüchtige Betrüger beschrieben, in 2,12ff als Menschen, die sich sinnlichen Ausschweifungen ergeben. In 3,1ff wird vor Spöttern gewarnt, die die Erwartung der Wiederkunft Christi lächerlich machen und behaupten: „Es bleibt alles beim alten!" Der Brief erklärt die Verlängerung der Wartezeit als Zeichen der Langmut Gottes, der allen Menschen Zeit zur Umkehr geben will (3,9).

Besonderheit. Ein wichtiges Schlüsselwort ist die „Erkenntnis Gottes", d.h. ein beständiges und umfassendes Kennenlernen des Wesens und Charakters Gottes des Vaters und seines Sohnes Jesus Christus. Dadurch werden Christen fähig, Falsches von Richtigem zu unterscheiden und festzubleiben gegenüber allen Irrlehren und Verführungen.

Gliederung.
1,1-2 Eingangsgruß.
1,3-11 Aufforderung zu beständigem Wachstum im Glauben.
1,12-21 Die unverbrüchliche Zuverlässigkeit der prophetischen Verheißungen.
2,1-22 Warnung vor Irrlehrern.
3,1-18 Wiederkunft Jesu, das Ende der Welt und die daraus folgende Lebenshaltung.

PFEIL UND BOGEN. Pfeile bestanden aus einem Rohrschaft mit aufgesetzter Metallspitze und wurden in einem Lederköcher getragen, der ca. 30 Pfeile faßte. Der Bogen wurde meist aus zusammengeleimten Holzstreifen gefertigt, die mit Tierhorn oder Bronze verstärkt wurden (Ps 18,35). Die Bogenschützen der israelit. Stämme Benjamin, Ruben, Gad und Manasse waren berühmt.

Pfeil und Bogen. *König Ahab von Israel wurde während einer Schlacht durch einen Pfeil tötlich verwundet (1.Kö 22,34-35).*

PFERD. In der gesamten Bibel wird das P. mit Krieg und Macht in Verbindung gebracht. Zum ersten Mal erwähnt ist das P. auf einer babylon. Tafel ca. 1750 v.Chr. In Ägypten waren P. bereits zur Zeit Josefs heimisch (1.Mo 47,17) und wurden zur Verfolgung der Israeliten eingesetzt (2.Mo 14,9). Die Völker Kanaans benutzten sie im Kampf gegen Israel (z.B. Jos 11,4), und die Israeliten setzten sich später über das Verbot hinweg, viele Kriegsp. zu halten (5.Mo 17,16; vgl. 2.Sam 8,4; 15,1). Salomo besaß viele Pferde, die in besonderen Stallungen in Hazor, Megiddo und Geser gehalten wurden (1.Kön 10,26ff).

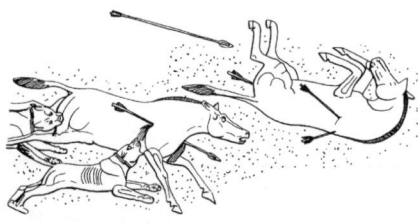

Pferd. Relief aus dem Palast Assurbanipals (688-626 v.Chr.) in Ninive.

PFINGSTEN/PFINGSTFEST. Der Name leitet sich aus „50 Tage" ab, gerechnet vom Darbringen der ersten Gerstengarben zu Beginn des Passafestes. Der 50. Tag war das Fest der Pfingsten (3.Mo 23,16). Weil 50 Tage sieben Wochen entsprachen, wurde es auch Wochenfest genannt (5.Mo 16,10) und zeigte das Ende der Weizenernte an. Das P. begann mit einem Festtag, an dem zwei Erstlingsbrote und Tieropfer dargebracht wurden (3.Mo 23,17ff), ein Tag der Freude und der Danksagung, im Gedenken an die Befreiung aus Ägypten (5.Mo 16,11f). In späterer Zeit wurde P. als Jahrestag des Gesetzesempfangs am Sinai betrachtet. Die *Sadduzäer zählten die 7 Wochen vom ersten Wochentag nach dem Sabbat des Passafestes an, was bis zur Zerstörung des Tempels 70 n.Chr. galt; nachher wurden mit dem Kalender der Pharisäer ab 16. Nisan sieben Wochen gezählt.

In Apg 2,1ff war es der Tag, an dem der *Heilige Geist auf die Jünger kam, der ihnen neues Leben und Vollmacht gab. Das Ereignis war von Feuer- und Windzeichen begleitet. Mit diesem P. beginnt die Zeit der ntl. Gemeinde.

PFLANZEN. Bei der Identifikation bibl. Pflanzen stoßen wir auf verschiedene Probleme. Zum einen waren botanische Kenntnisse im Altertum nur teilweise vorhanden, zum anderen müssen Pflanzen, die heute in den entsprechenden Gebieten vorkommen, zu bibl. Zeit dort nicht auch vorhanden gewesen sein. Schwierigkeiten bereitet manchmal auch eine angemessene Übersetzung.

Zu den in der Bibel erwähnten Pflanzen gehören:

Die *Alraune,* ein Strauch aus der Familie der Nachtschattengewächse mit hellvioletten Blüten im Winter und gelben Früchten im Frühling, der erbrechenerregende, abführende, narkotische und sexuell stimulierende Wirkungen zugeschrieben wurden (1.Mo 30,14).

Aus *Binsen* wurden Seile gewunden, oder sie wurden als Brennmaterial benutzt (Hiob 40,26; 41,12). In dem Vergleich in Jes 58,5 könnte eher eine Papyruspflanze gemeint sein, die leicht vom Wind geknickt wird und herunterhängt (*Papyri und Ostraka).

In der Bibel gibt es mehr als 20 verschiedene Worte für die Beschreibung von *Dornen, Disteln* und ähnlichen Pflanzen. Im allgemeinen stehen Dornen als Symbol der Unfruchtbarkeit (1.Mo 3,18; Mt 7,16), aber sie konnten auch gezielt als wirksamer Heckenschutz gegen wilde Tiere eingesetzt werden (Mt 21,33). Dornen waren beliebt als schnell brennendes Material (Ps 58,10). Mit den „Dornen" im Gleichnis vom Sämann (Mt 13,7) waren vermutlich die schnell wachsenden Milchdisteln gemeint, die an den Feldrändern wucherten. Die Dornenkrone für Jesus hatte man aus einheimischem Material hergestellt, vielleicht aus den langen stachligen Zweigen des „Christusdorn"-Busches oder aus einem kleinen dornigen Busch aus der Familie der Rosengewächse.

Ginster war ein weit verbreiteter Strauch von 2-4 m Höhe, der im Frühjahr weiße Blüten treibt. Elia fand unter einem solchen Zuflucht (1.Kön 19,4; LÜ: Wacholderstrauch). Seine Wurzeln liefern gute Holzkohle, die für Brandpfeile (Ps 120,4) und zu Heizungszwecken verwendet wurde (Hiob 30,4).

Die *Hülsen*, die in Lk 15,16 an die Schweine verfüttert wurden, sind vielleicht Samenhülsen des Johannisbrotbaumes.

Viele *Krokusarten* blühen im Winter in Palästina (Jes 35,1); es könnte tatsächlich der Polyanthus Narcissus gemeint sein, denn das hebr. Originalwort beschreibt eine echte Knollenpflanze.

Die *wilden Kürbisse* aus 2.Kön 4,39 sahen aus wie kleine Melonen, waren aber ein starkes und möglicherweise giftiges Abführmittel.

Bei der *Lilie* aus dem Hohenlied könnte es sich um die Hyazinthe handeln. In Hos 14,5 ist wahrscheinlich die gelbe Schwertlilie gemeint, und die Lilien, die den Tempel schmückten, waren vermutlich geschnitzte Wasserlilien (1.Kön 7,19). Die Lilien auf dem Felde (Mt 6,28) könnten Anemonen, weiße Gänseblümchen oder Margeriten gewesen sein.

Mehltau war ein verbreiteter Pilz, der das Getreide angriff und als Strafe Gottes angesehen wurde (Am 4,9).

Myrte ist ein an Gebirgshängen wachsender Strauch von 2-3 m Höhe mit wohlriechenden immergrünen Blättern und duftenden weißen Blüten, die als Parfüm verwendet werden. Sie steht auch als Symbol für Gottes Großmut (z.B. Jes 55,13).

Die *Nessel* in Hiob 30,7 läßt sich schwer genau bestimmen; echte Nesseln (ein anderes Wort) sind wahrscheinlich in Jes 34,13 und Hos 9,6 gemeint.

Die *Rizinusstaude* könnte Jona Schatten gespendet haben (Jona 4,6). Sie verdorrt sehr schnell, doch die Beschreibung paßt besser zu dem Flaschenkürbis.

Rohr ist eine allgemeine Bezeichnung für Wasserpflanzen, wie man sie in Sümpfen und an Flußufern findet. Das in 2.Mo 2,3.5 und Jes 19,6 erwähnte Schilfrohr ist noch immer am Nil weit verbreitet (das Rote Meer bedeutet wörtlich „Schilfmeer"). An anderen Stellen wird der Begriff in seiner allgemeinen Bedeutung gebraucht. Schilfrohr kann plötzlich bre-

Pflanzen. *Die Anemone kommt in verschiedenen Farbvarianten vor (rot, weiß und violett).*

chen, wenn man sich dagegen lehnt, und es kann die Hand durchbohren (vgl. Jes 36,6). Schilfrohre dienten auch als Meßstangen und gaben dem Sechs-Ellen-Maß seinen Namen (Hes 40,3-8).

Die echte *Rose* ist in Palästina ungewöhnlich, und die „Rose von Saron" (Hld 2,1) ist schwer zu identifizieren; Anemone, Narzisse, Tulpe, Krokus könnten alle damit gemeint sein.

Bei dem *Senfkorn* und seinem Strauch, die von Jesus als Gleichnis für das Himmelreich und den Glauben verwendet wurden (Mt 13,31; 17,20), handelte es sich wahrscheinlich um schwarzen Senf. Seine Samen wurden z.Z. des NT sowohl für kulinarische Zwecke als auch zur Ölgewinnung verwendet.

Unkraut sind unnütze, lästige Gewächse. Das Unkraut in Jesu Gleichnis (Mt 13,24ff) war höchstwahrscheinlich eine Grasart, die im Blattstadium sehr dem Weizen ähnelt. Läßt man sie jedoch bis zur Ernte wachsen, unterscheidet sie sich deutlich durch ihre kleineren Ähren. Wenn Weizenkörner mit solchen Grassamen verunreinigt sind, kann das beim Verzehr durch Menschen zu Krankheiten führen.

Der *Weinstock* von Sodom in 5.Mo 32,32 kann im übertragenen Sinn gebraucht sein. Wenn nicht, dann handelt es sich um ein Gewächs mit einer pulvrigen Substanz unter einer attraktiven Schale, wahrscheinlich ein wilder Kürbis, der auf dem Sandboden in der Nähe des Toten Meers rankt, mit bitteren, leichtgewichtigen Früchten.

In Palästina wachsen viele Arten von *Wermut,* die alle einen starken bitteren Geschmack haben und in der Bibel als ein Symbol für Bitterkeit, Trauer und Unheil (Am 5,7) verwendet sind.

Unser heutiger *Ysop* war zu bibl. Zeit in Palästina nicht bekannt. Die z.B. in Ps 51,9 so übersetzte Pflanze war vermutlich syr. Majoran. Die 20-30 cm hohe, weiß blühende Pflanze wächst auf felsigem Boden. Der Ysop, der bei der Kreuzigung Jesu verwendet wurde (Joh 19,29), war wahrscheinlich ein Schilfrohr oder ein trockener Zweig.

*Getreide; *Bäume.

PHARAO. Die übliche bibl. Bezeichnung für die Könige *Ägyptens. Ursprünglich war es eine Bezeichnung für den ägypt. Königspalast und -hof, aber seit etwa 1450 v.Chr. wurde der Begriff für den König selbst gebraucht, als Entsprechung für „Seine Majestät".

Im AT werden viele P. erwähnt. Der P. zur Zeit *Abrahams könnte ein König aus der 12. Dynastie, ca. 1991-1778 v.Chr. (1.Mo 12,15ff), gewesen sein. Der P. zur Zeit *Josefs war vermutlich einer der Hyksos-Könige der 15. Dynastie, ca. 1700 v.Chr. (1.Mo 37-50). Ramses II. regierte vermutlich zur Zeit des Auszugs aus Ägypten (2.Mo 5-12). Der P., der Hadad von Edom aufnahm (1.Kön 11,18ff), könnte Siamun aus der 21. Dynastie gewesen sein, und wahrscheinlich war es auch jener Siamun, der Geser zerstörte (1.Kön 9,16). Mit Namen genannt wird P. Schischak (1.Kö 11,40), Begründer der 22. Dynastie. Auch in den prophetischen Büchern wird an verschiedenen Stellen auf P. Bezug genommen. Jes 19,11 schildert den inneren Zerbruch Ägyptens während der 23.-24.Dynastie (ca. 750-715 v.Chr.). Die augenscheinliche Stärke und die tatsächliche Unfähigkeit Ägyptens, Israel gegen Assyrien zu helfen, wird in Jes 30,2f dargestellt. Sowohl Jeremia (46,25f) als auch Hesekiel (30,21ff; 31,2.18; 32,31f) prophezeien, daß Babylon Ägypten besiegen wird.

In der Bibel genannte P. sind: *Hofra; *Necho; *Schischak; *Tirhaka.

PHARISÄER. Die Arbeit des atl. Priesters Esra, die Schrift zu erforschen und das Gesetz zu lehren, wurde von Personen fortgesetzt, die als *Schriftgelehrte bekannt geworden sind. Ihre Anhänger im weiteren Sinne sind als „Chasidim" (Chasidäer), „die Getreuen Gottes", bekannt geworden. Die P. waren eine Minderheit innerhalb der Hasidim, die sich im 2. Jh. v.Chr. (*Makkabäer) von der politischen und religiösen Haltung der Mehrheit distanzierten. Von Alexandra Salome (76-67 v.Chr.) empfingen sie Regierungsgewalt und spielten seither eine führende Rolle im Hohen Rat. Zur Zeit des NT nahmen sie eine pro-röm. Haltung ein und kamen meist aus dem Mittelstand.

Sie betonten die persönliche Gesetzeserfüllung (im Gegensatz zu den *Sadduzäern, deren Hauptakzent auf dem Tempelgottesdienst lag). Das mosaische *Gesetz wurde dabei den äußeren Bedingungen angepaßt; die jeweiligen Durchführungsbestimmungen waren für alle verbindlich. Sie enthielten 613 Gebote (248 Gebote, 365 Verbote). Diese wurden durch eine Vielzahl von Zusatzgeboten ergänzt, so daß keiner gegen die Grundsätze verstoßen sollte; z.B. gab es 39 Gruppen von am Sabbat verbotenen Tätigkeiten. Die P. legten großen Wert auf die Einhaltung des *Zehnten und waren davon überzeugt, daß ihre Traditionen (Mk 7,3) als korrekte Anwendungsformen des Gesetzes gelten können. Jesus verurteilte dagegen ihre Frömmigkeit (Mt 23,13ff), die oft hohen ethischen Maßstäben entsprach, als bloß nach außen gekehrt und darum unaufrichtig.

*Heuchler; *Paulus.

PHILADELPHIA (Bruderliebe). Stadt in der röm. Provinz Asia, im W der heutigen Türkei. Gegründet im 2. Jh. v.Chr., lag P. am Rand einer fruchtbaren Hochlandebene; in diesem Gebiet gab es häufig Erdbeben. Die Stadt wurde 17 n.Chr. von einem Erdbeben zerstört, wieder aufgebaut und in Neocäsarea umbenannt. Sie hatte viele Tempel, in denen religiöse Feste stattfanden, und ihre Einwohner waren für ihre Treue bekannt. Der Gemeinde wurde seitens der Juden Widerstand entgegengebracht (Offb 3,9). Sie ist die einzige Gemeinde, die in den Sendschreiben der Offenbarung nicht kritisiert wird (Offb 3,7ff).

PHILEMON. Besitzer des Sklaven *Onesimus, vermutlich wohnte er in Kolossä. P. war wohl in Ephesus Paulus begegnet und ist sein Mitarbeiter geworden (Phlm 1; 19).

PHILEMONBRIEF. *Hintergrund.* Der P. ist der kürzeste Paulusbrief und gehört wie der an die Epheser, Philipper und Kolosser zu den „Gefangenschaftsbriefen". Um die letzte Gefangenschaft des Apostels kann es sich nicht handeln, da Paulus hofft (V.22), freigelassen zu werden, während er im 2.Tim. mit seiner baldigen Verurteilung und Hinrichtung rechnet (2.Tim 4,6ff).

Empfänger. Der Brief ist an einen wohlhabenden Christen in Kolossä gerichtet, an Philemon, der sein Haus für die Gemeinde zu Versammlungen zur Verfügung gestellt hat (V.2). Nach V.19 hat Philemon dem Apostel Entscheidendes für sein Glaubensleben zu verdanken.

Veranlassung. Der ganze Brief ist eine Fürsprache für Onesimus, einen dem Philemon entlaufenen Sklaven. Dieser hat seinen Herrn vor seiner Flucht wahrscheinlich bestohlen. Onesimus findet durch den Apostel zum Glauben an Christus (V.10) und erweist sich ihm durch seine Dienste als sehr nützlich (Onesimus bedeutet „der Nützliche"!). Paulus schickt ihn zu seinem Herrn mit der Bitte zurück, ihm zu verzeihen und ihn als Bruder aufzunehmen (V.16). Der Brief soll die Begegnung vorbereiten.

Besonderheit. Der Schlüssel des P. ist Vers 16: „nun nicht mehr als Sklave, sondern als einen lieben Bruder". Paulus zeigt sich hier als Freund auch der „geringsten Glieder". Es geht ihm um den einzelnen Menschen und nicht um große Missionsreisen. Und es geht darum, daß bei den Christen trotz aller Unterschiede in der sozialen Stellung „einer unser Meister ist, ihr aber alle Brüder".

Gliederung.
1-3 Eingangsgruß.
4-7 Paulus dankt Gott für die Liebe und den Glauben Philemons.
8-22 Bitte, Onesimus zu verzeihen und ihn als Bruder aufzunehmen.

PHILETUS. Irrlehrer, der behauptete, die Auferstehung habe schon stattgefunden (2.Tim 2,17). *Hymenäus.

PHILIPPERBRIEF. *Hintergrund.* Philippi war die bedeutendste Stadt Mazedoniens und als röm. Kolonie mit besonderen politischen Vorrechten ausgestattet. In Philippi wohnten viele ehemalige Legionäre mit ihren Familien. Hier entstand die erste Christengemeinde in Europa, von Paulus auf seiner 2. Missionsreise um das Jahr 50 gegründet (vgl. Apg 16,8-40). Das Verhältnis zwischen Paulus und der Gemeinde war besonders herzlich.

Paulus befindet sich in Gefangenschaft unter Aufsicht der Prätorianergarde (kaiserliche Leibwache). Der Ort der Gefangenschaft ist Rom, evtl. Ephesus. Für Ephesus sprechen die kürzere Entfernung zu Philippi, für Rom die Erwähnung der Prätorianergarde (1,13) und der „Angehörigen des kaiserlichen Haushaltes" (4,22). Der Prozeß ist noch nicht entschieden, doch rechnet Paulus mit seiner Freilassung und hat Reisepläne (1,25-27; 2,23-24), obwohl er auch zum Märtyrertod bereit ist (1,20.23).

Veranlassung. Der P. ist ein Dankesbrief. *Epaphroditus, ein Bote der Gemeinde, überbrachte Paulus in seiner Gefangenschaft eine reiche Gabe, erkrankte aber schwer. Nun schickt ihn Paulus mit einem Dankschreiben nach Philippi zurück; der Hauptinhalt seines Briefes ist jedoch seelsorgerlicher und glaubensstärkender Natur.

Inhalt und Bedeutung. Der Grundton des Briefes ist Freude, die sich auch im Leiden bewährt und alle Bedrohungen des Lebens überstrahlt. Sechzehnmal kom-

Philippi

men die Wörter „Freude" und „sich freuen" vor.

Der P. spricht von tiefer Christusliebe (1,20ff; 3,5-11.12ff.20f) und enthält den bekannten Christushymnus (2,5-11). Paulus erwähnt den Namen Christi 40 mal. Der ganze Brief ist der brennende Wunsch, daß die Philipper wie er an Christus als ihrem Lebensziel, ihrer Freude und ihrem Trost festhalten.

Ein dritter Schwerpunkt liegt auf der Ermahnung zur Einmütigkeit.

Gliederung.
1,1-11	Gruß, Dank, Fürbitte.
1,12-26	Persönliche Nachrichten.
1,27-2,18	Ermahnung zu einem Leben nach dem Vorbild Christi.
2,19-30	Nachrichten von Timotheus und Epaphroditus.
3,1-4,3	Warnungen an die Gemeinde - vor Gesetzlichkeit und Selbstgerechtigkeit - vor diesseitsorientiertem Leben - vor Streit und Spaltungen.
4,4-9	Ermunterung zu erneutem Danken, Beten, Reden und Handeln.
4,10-23	Dank für die Gabe, Gruß und Segenswunsch.

PHILIPPI. Stadt in Mazedonien (Apg 16,12), die Philipp II., der Vater von Alexander d.Gr., um 360 v.Chr. eroberte und die nach ihm benannt wurde. In der Gegend wurde Gold gewonnen, und die Goldmünzen, auf denen Philipps Kopf abgebildet war, waren weit bekannt. Nach der Eroberung durch die Römer im 2. Jh. v.Chr. wurde Mazedonien röm. Provinz. Nach der Schlacht von Actium 31 v.Chr. gab Octavian, der Antonius und Kleopatra besiegt hatte, den Philippern die Rechte einer „röm. Kolonie". Ihr Bürgerstolz spiegelt sich sowohl in der Apostelgeschichte als auch im Brief des Paulus an die Philipper wider (vgl. Apg 16,21; Phil 3,20). Paulus evangelisierte in der Stadt, nachdem er in einer Vision nach Mazedonien gerufen worden war (Apg 16,9ff).

PHILIPPUS (Pferdefreund). Im NT tragen vier Personen diesen Namen. **1.** Sohn *Herodes des Großen und Mariamnes, seine Frau Herodias – die Mutter von Salome – verließ ihn, um mit seinem Halbbruder Herodes Antipas zu leben (Mk 6,17).

2. Sohn Herodes des Großen und Kleopatras von Jerusalem, der Vierfürst von Gaulanitis, Trachonitis, Auranitis, Batanäa und Ituräa (vgl. Lk 3,1) war. P. regierte 37 Jahre milde und gerecht bis zu seinem Tod 33/34 n.Chr. Er baute Paneas (das heutige Banyas) als Cäsarea Philippi wieder auf (vgl. Lk 3,1). P. heiratete Salome, die Tochter der Herodias.

3. Philippus, der Apostel, der *Nathanael mitbrachte (Joh 1,43ff). Er kam aus Betsaida, einem Fischerdorf an der Westseite des Sees Genezareth und wird nur selten in den Evangelien erwähnt (Joh 6,5; 12,21f; 14,8).

4. Einer der sieben Diakone, die in der Gemeinde zu Jerusalem eingesetzt wurden (Apg 6,5). Er wurde später Evangelist (Apg 8) und ließ sich mit seinen Töchtern, die Prophetinnen waren, in Cäsarea nieder (Apg 21,8f). Lukas unterscheidet ihn deutlich von dem Apostel, obwohl er von einigen frühen christl. Autoren verwechselt wird.

PHILISTER, PHILISTÄA. Nach atl. Angaben stammen die P. von Kasluhim, dem Enkel *Hams ab (1.Mo 10,14). Sie scheinen früher ein „Seefahrervolk" gewesen zu sein, das aus dem Gebiet der Ägäis kam. Über Kreta (Kaftor; Am 9,7) und Zypern wanderten sie nach Kanaan ein. Ihr Gebiet umfaßte den Küstenstreifen südl. des Karmel und dehnte sich landeinwärts bis zu den Vorgebirgen Judas aus. Die P. hatten fünf bedeutende Städte: *Aschdod, *Aschkelon, *Ekron, *Gat und *Gaza.

In außerbibl. Zeugnissen werden sie erstmals um 1185 v.Chr. in den Annalen des ägypt. Königs Ramses III. erwähnt, der gegen sie Krieg führte. Geschnitzte Reliefs zeigen die mit den P. eng verbundenen Tjekker mit Federkopfschmuck. Sie werden vom Ende des 9. Jh. v.Chr. an auch in der assyr. Geschichtsschreibung erwähnt. Ihnen zugeschriebene Töpferware zeigt die Verbindung zur Ägäis. Sie verwendeten Lanzen, runde Schilde, lange schwere Degen und dreieckige Dolche. Sie tauchten in Palästina am Übergang von der Bronze- zur Eisenzeit auf: banden *Simson mit Bronzeketten (Ri 16,21) und beherrschten zur Zeit Sauls das Schmiedehandwerk (1.Sam 13,19ff). Ihre Sprache ist unbekannt, sie scheinen die semit. Sprachen der Völker angenommen zu haben, die sie vertrieben hatten. Im AT finden wir nur etwa eine Handvoll Lehnwörter von den P. In der Bibel werden drei Götter der P. erwähnt: Astoret/Astarte, Baal-Zebub und Dagon. Die P. haben wahrscheinlich die Religion ihrer Vorfahren an die kanaanitischen Götter angepaßt. Sie brachten Opfer dar (Ri 16,23) und nahmen Götzenbilder mit in die Schlacht (2.Sam 5,21).

Bereits *Abraham und *Isaak kamen mit dem Philisterkönig von Gerar, *Abimelech (1.Mo 20-21; 26), in Berührung. Abimelech schloß mit Isaak einen Bund.

Zu der Zeit, als die Israeliten Ägypten verließen, hatten sich die P. bereits entlang der Küste Palästinas niedergelassen (2.Mo 13,17; 23,31). Während der Eroberung Kanaans stieß Israel nicht mit den P. zusammen, Gott benutzte sie aber später regelmäßig dazu, um die Israeliten zu strafen (Ri 3,1ff). In der Zeit Simsons gab es soziale Beziehungen zwischen den beiden Völkern (Ri 13-16), wahrscheinlich drängte aber der ständige militärische Druck der P. (z.B. 1.Sam 4) Israel dazu, um einen König zu bitten. *Saul vertrieb die P. aus dem Gebirge (1.Sam 14), aber sie forderten Israel erneut heraus (1.Sam 17-18). *David, der sich vor Saul bei den P. verbarg (1.Sam 27), hatte auch als König P. in seiner Leibwache und muß so die freundschaftliche Beziehung fortgesetzt haben, bis es zu einem letzten Konflikt kam, in dem er der Bedrohung durch die P. ein Ende setzte (2.Sam 5,17ff). Während der Zeit des geteilten Königreiches kam es jedoch gelegentlich zu Auseinandersetzungen (z.B. Jes 9,11).

PHOEBE (strahlend). Christin und Dienerin in einer Gemeinde. Sie nahm viele Gläubige gastfreundlich auf, darunter auch *Paulus. Der empfahl sie den Christen in Rom (Röm 16,1f).

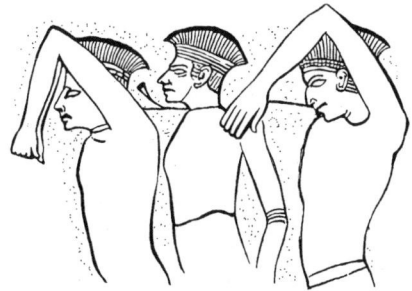

Philister, Philistäa. Gefesselte Philister mit charakteristischem Federhelm (Relief um 1150 v.Chr.).

PHÖNIX. Hafen auf Kreta, in dem ein Schiff mit *Paulus an Bord überwintern wollte (Apg 27,12), was wegen der Winterstürme nicht möglich wurde. Die Küste scheint sich seitdem verändert zu haben, aber eine Bucht, die nicht mehr in Gebrauch ist, wird immer noch Phinika genannt, und der Wind weht hier im Winter von N und O wie in Apg 27 beschrieben.

PHÖNIZIEN, PHÖNIZIER. Das Gebiet an der östl. Mittelmeerküste (vom heutigen Haifa nordwärts bis Süd-Latakia) und seine Einwohner (Jes 23,11). Zur Zeit des AT war es das Gebiet von Nord-Kanaan. Bedeutende Städte waren *Tyrus und *Sidon. Über die Geschichte der seefahrenden P. ist wenig bekannt, obgleich bei dem Historiker Herodot nachzulesen ist, daß sie aus dem Gebiet am Persischen Golf stammen. Bis zum 18. Jh. v.Chr. hatten sie sich entlang der östl. Mittelmeerküste niedergelassen und natürliche Häfen ausgewählt, die leicht zu verteidigen waren. Sie standen unter ägypt. Vorherrschaft, bis sich die *Philister an der Küste im Süden niederließen. *David und *Salomo unterhielten Handelsverbindungen mit *Hiram, dem König von Tyrus (2.Sam 5,11; 1.Kön 5,1ff). Hiram lieh der judäischen Flotte auch Schiffe und Seeleute (1.Kön 9,26f). Einer der Nachfolger Hirams, Itobaal, gab dem israelit. König *Ahab seine Tochter *Isebel zur Frau (1.Kön 16,31). Daraus resultierte, daß in

Israel der Götzendienst mit dem phönizischen Gott Baal stärker gefördert wurde (1.Kön 18,19).

Assurnasirpal II. (884-859 v.Chr.) forderte Zwangsabgaben von Tyrus, Sidon und anderen Städten P., und bis zur Mitte des nächsten Jahrhunderts standen diese Städte unter assyr. Oberherrschaft. Im 7. Jh. v.Chr. wurde P. zu einer assyr. Provinz. Später, während der Zeit der Babylonier und Perser, gewann es seine Unabhängigkeit zurück (vgl. Neh 13,16).

Alexander der Große eroberte die Inselstadt Tyrus, indem er einen Damm dorthin baute. Sie erholte sich aber wieder, und zur Zeit des NT waren Tyrus und Sidon wohlhabende Städte (vgl. Mt 15,21). Die Einwohner dieser Gegend wurden damals als Syro-Phönizier bezeichnet (Mk 7,26). In der Zeit der Verfolgung der ersten Christen wurde P. für sie zum Zufluchtsort (Apg 11,19).*Elia und auch spätere Propheten verurteilten den phönizischen Götzendienst (1.Kön 18-19). Im Zentrum der polytheistischen Religion stand Baal, der auch Melek genannt wurde. Mit dem Fruchtbarkeitskult wurde Anat (Astarte) geehrt. Die phönizische Kunst vereinte semit., ägypt. und hurritische Elemente, die durch den Handel in das Land gekommen waren. P. exportierte Seide, Leinen und Wolle, zuweilen auch gefärbt, gewebt und bestickt; handelte auch mit Holz aus dem Libanon. Phönizische Handwerker fertigten kunstvolle Gegenstände aus Stein, Elfenbein, Glas und Edelmetallen. Die Erfordernisse des Handels führten die Phönizier dazu, die Schreibkunst sowie das Rechenbrett und Papyrusbücher zu entwickeln. Leider ist sehr wenig aus ihrer Literatur und Mythologie erhalten geblieben, aber wahrscheinlich ist durch ihre Schriften viel Wissen aus dem Orient nach Griechenland gelangt.

*Schreibkunst.

PHRYGIEN. Ein Landstreifen an der westl. Wasserscheide des großen anatolischen Hochlands. Der größte Teil von P. wurde 116 v.Chr. in die röm. Provinz Asia eingegliedert; der östlichste Teil (phrygisch Galatien) wurde 25 v.Chr. an die neue Provinz Galatien angeschlossen. Die christlichen Gemeinden in Laodicea, Kolossä, Hierapolis und Antiochia in Pisidien entstanden unter der griechischen, nicht unter der einheimischen Bevölkerung. Sie wurden vermutlich von Juden gegründet, die sich zu Pfingsten in Jerusalem bekehrt hatten (Apg 2,10), oder durch Leute, die während der Zeit des Paulus in Ephesus zum Glauben kamen, z. B. Epaphras aus Kolossä.

PI-BESET (Bubastis). Der Name wird in Hes 30,17 erwähnt, die Stätte eines Tempels der Ubastet, eine Löwen- oder Katzengöttin. Die Lage entspricht Tell Basta, am Nil, südöstl. von Zagazig.

PI-HAHIROT. Lagerplatz der Israeliten vor dem Durchzug durch das Schilfmeer (2.Mo 14,2ff; 4.Mo 33,7f) an der Grenze zu Ägypten; die genaue Lage ist nicht bekannt.

PILATUS. Pontius Pilatus, der röm. Prokurator von Judäa, der die Kreuzigung Jesu bestätigte, gehörte zum röm. Ritterorden oder zur gehobenen Mittelklasse. Wir wissen sehr wenig über ihn aus der Zeit vor 26 n.Chr., als er von Kaiser Tiberius zum 5. „Präfekten" von Judäa ernannt wurde. Der Titel „Prokurator" (oder Statthalter) wurde erst später angewandt. Er hatte Verfügungsgewalt über die Provinz und die Besatzungsarmee. Nur er hatte das Recht, Todesurteile zu verhängen oder zu begnadigen. P. ernannte auch den Hohenpriester und kontrollierte den Tempel und seinen Schatz. Außerdem hatte er die Festgewänder des Hohenpriesters in Verwahrung und gab sie nur zu besonderen Anlässen heraus.

Der jüd. Historiker Josephus berichtet, P. habe von Anfang an die Feindschaft der Juden auf sich gezogen, indem er röm. Fahnen, die das Bild des Kaisers trugen, nach Jerusalem brachte. Er nahm Tempelgelder zum Bau eines Aquädukts; der nachfolgende Aufruhr kann mit den in Lk 13,1f berichteten Repressalien in Verbindung gebracht werden. Später ließ er ohne Grund eine große Anzahl von Samaritanern niedermetzeln, weswegen er 36 n.Chr. zu einer Untersuchung nach Rom befohlen wurde.

Philo von Alexandrien, ein Autor des 1. Jh., beschrieb ihn als einen unbeugsamen, harten und gehässigen Mann, der mit Bestechung, Gewalt und Brutalität agierte. Das NT beurteilt ihn als einen schwachen Mann, der eher aus schlauer Berechnung als nach Prinzipien handelte. Er ließ Jesus nicht aus Furcht vor den Juden kreuzigen, sondern vielmehr aus Angst vor kaiserlicher Mißgunst, falls die Nachricht über weitere Schwierigkeiten in Judäa den Kaiser Tiberius erreichte. Das wird auch aus seinem Spott über die Juden deutlich, der in der Inschrift am Kreuz Jesu zum Ausdruck kommt (Joh 19,19ff).

PILGER/PILGERREISE. Der Grundgedanke einer Reise zu einem heiligen Ort, wie z.B. Abrahams Reise zum Berg Morija (1.Mo 22), ist seit alters her bekannt, obgleich die Bibel keinen speziellen Begriff dafür benutzt. Reisen nach Jerusalem zu den drei wichtigen religiösen Festen („Pilgerfeste") waren zur Zeit des NT üblich (z.B. Lk 2,41ff).

Im NT werden die Christen im Rückgriff auf Ps 119,54 als Leute, die in dieser Welt unterwegs sind (1.Petr 1,1.17; 2,11), beschrieben; sie leben zwar in Raum und Zeit, aber sind von Gott zum ewigen Leben berufen und unterscheiden sich somit grundlegend von denen, die nicht glauben.
*Fremder, Fremdlinge.

PINHAS. Name ägypt. Ursprungs. 1. Enkel *Aarons, der einen israelit. Mann und eine Midianiterin, mit der dieser Hurerei trieb, tötete (4.Mo 25). P. unterstützte *Josua (Jos 22,13ff) und war Priester in der frühen Richterzeit (Ri 20,28). 2. Der jüngere von *Elis verrufenen Söhnen, die von den Philistern getötet wurden (1.Sam 1-4).

PIRATON. Heimatort des Richters Abdon (Ri 12,13ff) und von *Davids Feldhauptmann Benaja (2.Sam 23,30); das heutige Ferata, 9 km westsüdwestl. von Sichem.

PISGA/ASCHDOTH-PISGA. Aschdoth-Pisga bedeutet „die Abhänge des Pisga"

Pilatus. Einzige bisher bekannte Inschrift mit dem Namen des Pontius Pilatus, gefunden im Theater von Cäsarea.

und bezieht sich wahrscheinlich auf Abhänge des gesamten moabitischen Hochlandes (z.B. 5.Mo 3,17). Von einem solchen Vorgebirge aus, vermutlich vom Ras es Sijaga, dem niedrigeren 2. nördl. Gipfel des *Nebo, hat *Mose das verheißene Land gesehen (5.Mo 3,27).

PISIDIEN. Bergiges Hochland in Kleinasien am westl. Ende des Taurus-Gebirges; P. war die Heimat räuberischer Stämme. Die *Seleukiden gründeten Antiochia in P., um sie unter Kontrolle zu bekommen. Die Aussage „in Gefahr unter Räubern" (2.Kor 11,26) bezieht sich vermutlich auf diese Gegend. Im 2. Jh. n.Chr. brachte der röm. Friede Wohlstand nach P., und es entstanden einige größere Gemeinden.

PITOM (Haus des Gottes Atum). Eine ägypt. Stadt, in der die Israeliten als Bauarbeiter Sklavendienste leisten mußten (2.Mo 1,11); wahrscheinlich von ihnen unter Pharao *Ramses zur Vorratsstadt ausgebaut. Sie befand sich vermutlich im Wadi Tumilat, bei Tell el Maschuta oder Tell er-Retaba, in der Nähe von Tscheku, was dem bibl. Sukkot entsprechen könnte (2.Mo 12,37).

Ägypt. Inschriften berichten von Fluchtversuchen von Sklaven aus dieser Gegend.
*Auszug aus Ägypten.

PLAGEN ÄGYPTENS. *Mose hatte den Auftrag, das Volk Israel aus der Versklavung zu befreien. Gott demonstrierte in zehn Zeichen dem ägypt. Pharao seine Macht. Bei den ersten neun Plagen bedient sich Gott natürlicher Phänomene. Doch erst die 10. Plage führt zu einem kurzzeitigen Gesinnungswandel des Pharao.

Folgender Erklärungsversuch ist in der Zeit von Juli/August bis März des folgenden Jahres denkbar. *Die erste Plage* ließ den Nil blutrot werden (2.Mo 7,14-25). Je höher der Nil steigt, desto mehr Erde bringt er mit sich, speziell feine rote Erde vom Blauen Nil und Atbara. Er könnte auch Mikroorganismen und Bakterien mit sich geführt haben, die das Wasser noch mehr verfärbten, wodurch Fische starben und Gestank verbreitet wurde. *Die zweite Plage* war eine ungewöhnliche und plötzliche Invasion von Fröschen (2.Mo 7,26-8,11), die aus den verschmutzten Ufern und Stauwassern flohen, vermutlich aber an Milzbrand verendeten. Das Hochwasser begünstigte außerdem das Entstehen von besonders vielen Stechmücken, die *die dritte Plage* (2.Mo 8,12-15) bildeten. Diesen folgten Stechfliegen als *vierte Plage* (2.Mo 8,16-28). *Die fünfte Plage* betraf das Weidevieh, vermutlich ein durch die Frösche hervorgerufener Milzbrand, den sich das Vieh in den Ställen nicht zuzog (2.Mo 9,1-7). *Die sechste Plage* der Blattern (2.Mo 9,8-12) war eine Erkrankung der Haut (Haut-Anthrax), die durch Stiche von Fliegen übertragen wurde, die in faulender Vegetation ausgebrütet wurden. Das fiel etwa in den Monat Dezember, und besonders waren Hände und Füße betroffen (V.11). *Die siebente Plage* der Hagelstürme paßt in das Februarklima von Oberägypten, aber nicht in das Klima der (von der Plage verschonten) Region *Gosen (2.Mo 9,13). Die starken Regenfälle in Äthiopien und im Sudan, die zu dem außergewöhnlichen Hochwasser geführt hatten, sorgten für günstige Bedingungen für die Vermehrung von Heuschrecken, was im März zu dichten Heuschreckenschwärmen, *der achten Plage*, führte (2.Mo 10,1ff). Nachdem die Wasser wieder gefallen waren, trocknete die rote Erde aus und wurde zu feinem Staub, der durch Sturmwinde aufgewirbelt zu einer dicken dunklen Staubwolke, *der neunten Plage*, wurde (2.Mo 10,21ff). Im Wadi Tumilat waren die Israeliten vor dem Schlimmsten geschützt.

Die letzte Plage, der Tod aller männlichen Erstgeburt, stellte ein Zeichen der souveränen Herrschaft Gottes über die ganze Welt dar.

*Auszug aus Ägypten.

PNUEL/PNIEL. Ort, wo *Jakob am Jabbok mit dem Engel rang, er nannte den Ort „Angesicht Gottes" (1.Mo 32,22ff). Dort befand sich eine bedeutende Furt (vgl. Ri 8,8f); vermutlich Tulul ed-Dahab, 6 km östl. von Sukkot.

PONTUS. Ein Küstenstreifen im N Kleinasiens am Schwarzen Meer; politisch gesehen ein Komplex, der sich aus griech. Republiken, vereinzelten Tempelgrundstücken und iranischen Lehnfürstentümern zusammensetzt. Im 1.Jh. v.Chr. wurden die Römer zeitweilig aus diesem Gebiet vertrieben, konnten es aber zurückerobern und verwalteten es zusammen mit Bithynien als röm. Provinz.

Als der *1.Petrusbrief geschrieben wurde, gab es dort eine Gemeinde, ihre Ursprünge sind jedoch unbekannt (1.Petr 1,1).

POTIFAR. Ein hoher Beamter des ägypt. Pharaos. *Josef wurde zum Verwalter seines Haushaltes ernannt (1.Mo 39,1ff).

POTIFERA. Priester in On (Heliopolis), dessen Tochter *Asenat *Josefs Frau wurde (1.Mo 41,45). Er war vermutlich Priester im Dienst des Sonnengottes Re.

PRÄDESTINATION. Siehe *Erwählung.

PRÄTORIUM. Ursprünglich bezeichnete der Begriff das Zelt des Heerführers der röm. Armee, dann das Hauptquartier der Armee und schließlich bedeutete er „Residenz des Regenten" (Mt 27,27). In Phil 1,13 könnte sich Paulus auf den Palast des Kaisers oder auf die Soldaten der Prätorianergarde beziehen, vorausgesetzt er schrieb von Rom aus, oder auf die in Ephesus stationierte Gardeabteilung, wenn der Brief von dort geschrieben worden ist.

PREDIGER SALOMO, BUCH. *Verfasser.* Gemäß jüd. Überlieferung ist Salomo der Verfasser des Buches (1,1.12). Salomo könnte es am Ende seines Lebens geschrieben haben, nachdem er erkannt hatte, wie sinnlos ein nur am Diesseits orientiertes Leben ist.

Inhalt und Bedeutung. „Eitelkeit", d.h. „Nichtigkeit", ist das Schlüsselwort. Das Buch Prediger ist eine Zusammenfassung dessen, was aus menschlicher Sicht als Sinn und Ziel des Lebens erkannt, gesucht und erstrebt wird. Der Prediger beginnt und schließt mit der Feststellung: „Es ist alles nichtig" (1,2; 12,8).

Die letzten Verse (12,9-14) bringen als kurze Schlußfolgerung: „Fürchte Gott und halte seine Gebote." Alle irdischen Güter und Werte genügen nicht, weil uns die Sehnsucht nach Ewigkeit nicht nur ins Herz gelegt ist (3,11), sondern wir auch tatsächlich auf sie zugehen (12,14).

Gliederung.
1,1-3,22 Nichtigkeit des Lebens und doch Leben als Gabe Gottes.
4,1-10,20 Das Leben unter der Sonne: Unrecht, Mühe und Arbeit, Reichtum, Weisheit und Torheit, alles ist Haschen nach Wind.
11,1-12,8 Ruf zur Entscheidung.
12,9-14 Schlußfolgerung: Leben im Licht der Ewigkeit.

PREDIGT. P. ist im NT die Verkündigung der christl. Botschaft. Das meist gebrauchte Wort im NT für predigen bedeutet „als Herold verkündigen". Im Altertum war ein Herold eine wichtige Person. Ein zweites Wort lautet „gute Nachricht bringen", wovon sich das Verb „evangelisieren" ableitet. Das Lehren der Glaubenden wird gewöhnlich mit einem anderen Wort beschrieben und vom Predigen unterschieden (z.B. Mt 4,23). Während die P. verkündigt, was Gott in Christus getan hat, zieht die lehrhafte Unterweisung daraus die Konsequenzen für das Verhalten der Christen.

Ein Kennzeichen der ntl. Predigt ist, daß sie sich der göttlichen Kraft bewußt ist, durch die Gott selbst in menschliche Angelegenheiten eingreift (z.B. Apg 4,20; 1.Kor 9,16). Weiter ist sie gekennzeichnet durch Klarheit und Einfachheit, die nicht durch beredte Weisheit und hochklingende Worte getrübt werden (1.Kor 1,17; 2,2ff). Die radikale Umkehr im Herzen und im Bewußtsein eines Menschen wird durch den *Heiligen Geist bewirkt.

Der Grundinhalt der Botschaft Jesu ist, daß das Reich Gottes jetzt in den Herrschaftsbereich der Mächte des Bösen eingedrungen ist und sich anschickt, einen entscheidenden Sieg davonzutragen dadurch, daß sich die atl. Verheißungen erfüllen (Lk 4,16ff). Hauptinhalt der P. der Apostel war Jesus, der gekreuzigte, auferstandene und erhöhte Herr (1.Kor 1,23; 15,12; 2.Kor 4,5). Daß Gott in dieser Weise gehandelt hat, stellt Menschen vor die Notwendigkeit der Umkehr (*Buße) und bietet ihnen Vergebung der Sünden an.

PRESBYTER. Siehe *Ältester.

PRIESTER UND LEVITEN; PRIESTERSCHAFT. *Altes Testament:* Die Beziehungen zwischen den Priestern, den Nachkommen *Aarons, und den Leviten, den übrigen Mitgliedern des Stammes *Levi, sind für uns nicht mehr vollständig nachvollziehbar.

Im Pentateuch (1.Mo-5.Mo) spielten die Leviten eine wichtige Rolle beim Bau der Stiftshütte (2.Mo 38,21), deren Transport und Aufstellung (4.Mo 1,47ff). Es war ihnen verboten, als Priester zu dienen, denn dieses Recht war nur den Nachkommen Aarons vorbehalten, sie waren aber als Vertreter oder Stellvertreter für die Erstgeborenen aller anderen Stämme, auf die Gott einen Anspruch hatte (4.Mo 3,40ff; vgl. 2.Mo 13,13), zu Hilfsdiensten für die Priester auserwählt (4.Mo 3,5ff). Jede der drei levitischen Familien hatte besondere Aufgaben. Die Nachkommen von Kehat trugen die Ausrüstungsgegenstände der Stiftshütte (4.Mo 3,29ff), während die Nachkommen Gerschons sich um Decken, Vorhänge u.ä. kümmerten (4.Mo 3,21) und Angehörige des Geschlechtes Merari für den Transport und das Aufstellen des

Rahmens der Stiftshütte verantwortlich waren. Ihr Dienst begann im Alter von 25 Jahren; mit 50 waren sie ihrer Pflichten enthoben, halfen aber noch mit, ohne Verantwortung zu tragen (4.Mo 8,24ff). Die Leviten besaßen kein Erbrecht auf das verheißene Land, aber erhielten den Zehnten vom Volk (4.Mo 18,23f). Die Priester erhielten dann den zehnten Teil des levitischen Anteils und einen Teil der heiligen Gaben (4.Mo 18,8ff).

Über das gesamte Land verteilt, wurden den Leviten 48 Städte zur Verfügung gestellt (4.Mo 35,1ff). Im 5. Buch Mose kommt der Begriff „levitische Priester" vor (z.B. 18,1). Während einige Forscher daraus schließen, es gäbe keinen Unterschied zwischen Priestern und Leviten mehr, ist auch die Bedeutung „Priester aus dem Stamm Levi" möglich. Die Unterscheidung beider Gruppen scheint in den verschiedenen Anteilen, die ihnen jeweils zustehen, aufrechterhalten zu sein (5.Mo 18,3ff).

Die Priester spielen eine hervorragende Rolle z.Z. Josuas, sie hatten die wichtige Aufgabe, die Bundeslade zu tragen. Es wird weiterhin zwischen Priestern und Leviten unterschieden (z.B. Jos 21,1ff). Im Richterbuch steht, daß der Levit Micha aus Juda kam, wobei es sich entweder um eine geographische Bezeichnung handelt oder aber, es könnten Angehörige anderer Stämme „Levitendienst" tun (Ri 17-18). Ersteres trifft wohl für Elkana zu, der im Stamm Ephraim wohnte (1.Sam 1,1). Zur Zeit Michas hatte religiöse Nachlässigkeit um sich gegriffen; es gab eine Vielzahl heidnischer Altäre, und das Gesetz Moses wurde kaum beachtet (vgl. Ri 18,31).

In den Büchern der Chronik wird ausführlich über die Rolle der Leviten berichtet. Ihre enge Zusammenarbeit mit den Priestern beim Umgang mit heiligen Gefäßen und den *Schaubroten (1.Chro 9,28ff) könnte ein Hinweis darauf sein, daß die strenge Abgrenzung der Aufgaben in der Zeit der Könige aufgehoben wurde. Die Anweisungen Davids in 1.Chro 23 machen deutlich, daß sich grundlegende Veränderungen vollzogen haben, seit die Bundeslade einen festen Platz in Jerusalem bekommen hatte und so die ursprüngliche Rolle der Leviten als Träger hinfällig geworden war. Außerdem übernahm der König die Verantwortung für die offizielle Religion.*Hesekiel fordert eine scharfe Trennung zwischen den Priestern aus dem Stamm Levi, den Söhnen Zadoks, die Gott treu geblieben, und den Leviten, die anderen Göttern nachgelaufen sind (40,46; 44,10ff). Nach dem Exil kehrten viele Priester, aber relativ wenige Leviten nach Jerusalem zurück (Esr 2,36ff). Leviten spielten aber eine wichtige Rolle beim Wiederaufbau des Tempels (Esr 3,8ff; 6,16ff), sie reparierten die Stadtmauer (Neh 3,17) und unterwiesen das Volk (Neh 8,7ff). Während Nehemias Abwesenheit von Jerusalem übernahm der Ammoniter Tobia die Vorratskammer für die Abgaben für die Leviten, so daß die Leviten auf ihr Land fliehen mußten, um nicht zu verhungern (Neh 13,4ff). Das Amt des *Hohenpriesters verblieb in der Familie Eleasars, Aarons drittem Sohn, bis zur Zeit *Elis, der ein Nachkomme Itamars, des vierten Sohnes Aarons war. Zur Zeit *Salomos kam dieses Amt in die Familie Eleasars zurück, als Zadok Hoherpriester wurde, bis etwa 174 v.Chr., als die Seleukidenkönige die Hohenpriester einsetzten.

Neues Testament: Alle Stellen, die sich im NT auf Priester beziehen, schließen sich in historischer und religiöser Sicht an das AT an (z.B. Lk 1,5; 10,31). Die einzige Ausnahme stellt der Bezug auf einen heidnischen Priester des Zeus in Apg 14,13 dar.

Die Evangelien beschreiben den Widerstand der jüd. Priesterschaft gegenüber Jesus, der sich in dem Maße verstärkte, wie seine Forderungen und sein Auftrag klarer wurden, z.B. durch seine Kritik an der vom AT abweichenden Sabbatgesetzgebung (Mt 12,1ff) und seine Gleichnisse, in denen religiöse Führer getadelt wurden (z.B. Mt 21,45). Der Konflikt verschärfte sich nach dem Einzug in Jerusalem und der darauffolgenden Tempelreinigung (Mt 21) und erreichte seinen Höhepunkt mit der Gefangennahme Jesu und seinem Prozeß (Mt 26-27). Der Plural „die Hohenpriester" steht für die Mitglieder der hohenpriesterlichen

Familie, für den amtierenden und die ehemaligen Hohenpriester. Die Auseinandersetzungen dauerten zur Zeit der Urgemeinde an (Apg 4,1; 5,17), z.b. stand die hohepriesterliche Autorität hinter der von Paulus vor seiner Bekehrung organisierten Verfolgung (Apg 9,1f.14).

Der Hebräerbrief widmet diesem Thema die meiste Aufmerksamkeit. Jesus wird als der neue und wahre Hohepriester dargestellt, der allein in der Lage ist, Sünde hinwegzunehmen (4,14ff). Sein Priesteramt erreicht die Vollkommenheit, die allen seinen Vorgängern gefehlt hat, und wird bis in alle Ewigkeit währen (Kap. 7). Durch ihn haben alle Christen und nicht nur ein Priestergeschlecht vollen und rechtmäßigen Zugang zu Gott (10,19ff).

Die Gemeinde ist zum Priesteramt inmitten der Welt eingesetzt (Offb 1,6). Es handelt sich um den Auftrag, den Menschen Gottes Willen zu erläutern, ihre Bedürfnisse im Gebet vor Gott zu bringen und ihm gehorsam zu dienen (1.Petr 2,5.9). Im NT wird kein einzelner Leiter oder Geistlicher als Priester bezeichnet, vielmehr stellt die Gemeinde eine gemeinschaftliche Priesterschaft dar. In nachapostolischer Zeit kommt es dagegen recht schnell zur Bildung einer Priesterschaft innerhalb der Gemeinden. Tertullian und Hippolyt waren wahrscheinlich die ersten, die den Titel „Priester" für die Ämter in christl. Gemeinden gebrauchten (2.Jh. n.Chr.).
*Amt.

PROKONSUL. Der Statthalter einer röm. Provinz, die vom Senat verwaltet wurde, weil sie keine ständige Armee benötigte; z.B. Sergius Paulus auf Zypern, um 47 n.Chr. (Apg 13,7).

PROKURATOR. Ein Titel, der sowohl für den Finanzverwalter einer röm. Provinz als auch für den Statthalter einer röm. Provinz dritter Klasse angewandt wurde. Judäa wurde z.B. von 6-41 und 44-66 n.Chr. von einem P. (oder Präfekten) regiert. Einer von ihnen war Pontius *Pilatus (26-36 n.Chr.; Mt 27,2). Sie waren im allgemeinen für die militärische und finanzielle Verwaltung zuständig, unterstanden aber dem kaiserlichen Legaten von Syrien.

PROPHETEN. Siehe *Prophetie.

PROPHETIE. 1. *Altes Testament:*
Das Prophetenamt. *Mose, auf besondere Weise und persönlich von Gott berufen (2.Mo 3,1-4,16; vgl. Jes 6; Jer 1,4ff; Am 7,14f), wurde zum Maßstab für alle künftigen Propheten (5.Mo 18,15ff). Nur der falsche Prophet setzte sich selbst ein (Jer 14,14). Der Prophet stand vor dem Volk als einer, der zuvor vor Gott gestanden hatte (1.Kön 17,1). Durch ihn offenbart sich Gott, indem er Zukünftiges ankündigt oder eine Situation deutet (wie z.B. Mose beim Auszug aus Ägypten). Heidnische Götter waren dazu niemals in der Lage (vgl. Jes 45,20ff). Im Auftrag Gottes befaßten sich die Propheten mit den gesamten Lebensbereichen, mit politischen und sozial-ethischen Fragen ebenso wie mit der persönlichen Frömmigkeit.

Die Titel der Propheten. Häufig als Männer Gottes bezeichnet (5.Mo 33,1; 1.Sam 9,6), spricht sie Gott als seine Knechte an (2.Kön 17,13). Andere Begriffe werden mit „Seher" (1.Chro 29,29) und „Prophet" übersetzt. Es handelt sich um Synonyme und läßt nicht auf verschiedene Arten von Propheten schließen.

Vorhersagen. Das Hauptanliegen der Propheten bestand darin, Gottes Wort zu den Menschen zu bringen. Sie waren davon überzeugt, daß die Verkündigung der ihnen von Gott eingegebenen Worte die Situation radikal verändern kann. Fast jeder Prophet ist mit der Vorhersage bestimmter Ereignisse (z.B. Am 1,2) beauftragt. Dazu gehört auch das Schauen des kommenden Zorns Gottes, es wird zur Grundlage für den Ruf zur *Buße. Künftig zu erwartender *Segen soll dagegen zur Treue ermuntern. Das unterschied die Propheten grundlegend von den heidnischen Wahrsagern, die Israel meiden sollte wie die Pest (5.Mo 18,9ff).

Inspiration der Propheten. In den meisten Fällen wird die Art und Weise, wie die Propheten ihre Botschaft von Gott erhielten, nur angedeutet: „Das Wort des Herrn kam ..." Es handelt sich also um ein direktes persönliches Wahrnehmen (Jer 1,9). Träume und Visionen haben nur einen begrenzten Platz bei der prophetischen Inspiration. Nicht jeder Traum darf als von Gott gesandt gelten (vgl. Jer 31,26 mit 23,28). Mehrfach wird im AT vom Wirken des *Heiligen Geistes bei der Inspiration von Propheten berichtet (z.B. 1.Chro 12,19; Mi 3,8). Einige Propheten des AT erlebten sehr eindrücklich, wie sie „vom Geist ergriffen" wurden (z.B. 1.Sam 10,6.10). Zum Teil wurden die Propheten beauftragt, die ihnen von Gott gewährten Einsichten durch symbolische Handlungen zu unterstreichen, z.B. Elisa (2.Kön 13,14ff), Jesaja (Jes 20), Jeremia (Jer 19) und Hesekiel (Hes 12). *Artikel zu den einzelnen Büchern.

Echte und falsche Propheten. Die Unterscheidung war wichtig, denn die atl. Propheten sahen sich häufig von falschen Propheten herausgefordert (z.B. Jer 28), und für den Beobachter muß es schwer gewesen sein, zwischen beiden zu unterscheiden. Z.B. wurde die Auffassung vertreten, daß prophetische „Ekstase" bzw. „Verzückung" das Kennzeichen falscher Propheten sei, weil dies zum Wesen der Baalsverehrung gehörte. Verzückung kam aber auch bei einigen echten Propheten vor (1.Sam 9-10). Ebenso können die „professionellen" Propheten nicht automatisch als unecht abgestempelt werden, denn Samuel gehörte dazu und Nathan war mit großer Sicherheit ein Hofbeamter. Das AT nennt folgende Kriterien zur Unterscheidung: In 5.Mo 18 finden wir einen negativen Test: Wenn ein vorausgesagtes Ereignis nicht eintritt, handelt es sich um einen falschen Propheten. Erfüllung der Voraussage ist allerdings noch kein Beweis für die Echtheit, auch falsche Propheten können darin erfolgreich sein (5.Mo 13,1ff). In 5.Mo 13 wird ein theologischer Maßstab genannt: Ein Prophet muß als falsch angesehen werden, wenn er Menschen zu anderen Göttern führt oder das von Gott durch Mose gegebene Gesetz in Frage stellt (vgl. a. Jer 23,9ff). Falsche Propheten sind von ihrer eigenen Weisheit geleitet und haben nur flachen Optimismus anzubieten (Hes 12,21-14,11). Der echte Prophet weist dagegen auf die Heiligkeit Gottes hin und spricht Gottes Gericht über die Sünde aus.

Propheten und die Gottesdienste in Israel. Zuweilen standen die Propheten der Religionsausübung Israels ausgesprochen kritisch gegenüber. Wenn Amos sagt, daß Gott die derzeit allgemein übliche Ausübung des Gottesdienstes ablehnt, macht er gleichzeitig auch deutlich, daß es nicht die Gottesdienstausübung selbst ist, die Gott verabscheut, sondern vielmehr die Unmoral und der unheilige Wandel derer, die die Opfer darbringen und an den gottesdienstlichen Handlungen teilnehmen (Am 5,21ff; Jes 1); Opfergaben können Gott nicht zum Handeln zwingen (Jer 7,22). Aufgabe der Propheten im gesamten AT war es, die Menschen zum Gehorsam Gott gegenüber zurückzurufen; während die Priester sie an die Notwendigkeit der Sündenvergebung erinnerten. Beginnend mit Mose, der sowohl Priester als auch Prophet war, blieben diese beiden Ämter in der Geschichte des Volkes eng miteinander verbunden und fanden ihre Erfüllung in Jesus Christus, der wie Mose sowohl das Priester- als auch das Prophetenamt in seiner Person vereinigte. Als Prophet offenbarte er Gottes Neuen *Bund und als Priester brachte er das endgültige Opfer, welches diesen Neuen Bund begründete.

2. Neues Testament:
Kontinuität mit dem AT. Die prophetische Linie des AT endete mit *Johannes dem Täufer (Mt 11,13). Sowohl zur Geburt von Johannes als auch von Jesus gab es Prophezeiungen (Lk 1,46ff.67-79). Häufig sehen die Schreiber der Evangelien das Wirken Jesu als Erfüllung der Botschaft der Propheten des AT (z.B. Mt 1,22f; 26,56; Lk 24,25ff). Jesus sagte von sich selbst, daß er gekommen sei, um das Gesetz und die Propheten zu erfüllen (Mt 5,17). Er verwies auf die P. als eine ständige Offenbarung Gottes, die in sich selbst ausreichte, um Menschen zur Buße zu führen (Lk 16,29ff). Er gebrauchte und akzeptierte die Bezeichnung Prophet für

sich selbst (Mt 13,57; Lk 13,33), und die Apostel erkannten ihn schließlich als den großen verheißenen Propheten an (Apg 3,22ff). Aber er war auch ein vollkommener Lehrer, der Sohn Gottes und das fleischgewordene Wort Gottes (Joh 1,1ff).

Prophetisches Reden in der Gemeinde. Jesus verdeutlicht, daß zu den Aufgaben des verheißenen Heiligen Geistes auch prophetische Inspiration gehören wird (Mt 10,19f; Joh 16,12ff). Die ersten Verkündiger sprachen genau wie im AT die Propheten in der Kraft des Heiligen Geistes (1.Petr 1,10ff). Dieser Geist macht jeden Christen zu einem potentiellen Propheten, denn „das Zeugnis Jesu ist der Geist der Prophetie" (1.Kor 14,1.31; Offb 19,10). Prophetisches Reden wird mehrfach unter den Gaben des Geistes erwähnt (Röm 12,6; 1.Kor 12,10; 1.Thess 5,19f; 1.Petr 4,10f).

In 1.Kor 14 gibt Paulus genaue Anweisungen zum Gebrauch dieser Gabe. Die Gabe steht jedem offen, wird aber vom Heiligen Geist souverän zugeteilt. Es handelt sich um eine verständliche Offenbarung zur Auferbauung, Ermahnung und Ermutigung der Gemeinde. Die Gabe unterstand der Überprüfung durch Älteste und andere Propheten, denn die Existenz von falscher P. galt als anerkannte Tatsache (vgl. Mt 7,15; Apg 13,5, 1.Joh 4,1ff); auch falsche Propheten können Wunder tun (Mk 13,22; vgl. Mt 7,22). Wahre Propheten erkennt man an ihrem heiligen Wandel, an ihrer Übereinstimmung mit den Lehren der Schrift und der Apostel (vgl. 1.Kor 14,37f), daran, daß sie Christus verherrlichen (Joh 16,14) und ihre Botschaft mit der anderer echter Propheten in Einklang ist. Wichtig ist, daß sie von der Liebe Gottes bestimmt werden (1.Kor 12,31-13,3). Namentlich wird im NT Agabus (Apg 11,28; vgl. Eph 4,11) als Prophet bezeichnet. Er gebrauchte Symbole (Apg 21,10f). Zwar wurde seine Voraussage als korrekt akzeptiert, aber nicht als richtungsweisend behandelt. In Apg 13,1 werden weitere „Propheten und Lehrer" namentlich erwähnt: Barnabas und Simeon, Luzius von Kyrene, Manaën und Saulus. Als *Timotheus in seinen Dienst eingesetzt wurde, geschah dies aufgrund prophetischen Redens (1.Tim 1,18; 4,14).

Prophetisches Reden ist nach Meinung des Apostels Paulus für die Gemeinde Jesu eine dringend zu erbittende Gabe (1.Kor 14,1.39-40). Allerdings gehört auch diese Gabe zum „Stückwerk" (1.Kor 13,8-10) und wird erst aufhören, wenn die Vollendung im Reich Gottes anbricht.

PROPHETIN. Der Begriff wird in beiden Testamenten gebraucht. Zu ihnen gehören Moses Schwester *Mirjam (2.Mo 15,20), *Hulda, die dem König Josia das Wort Gottes brachte (2.Kön 22,14), und die vier Töchter von Philippus in Cäsarea (Apg 21,9). Die Gabe der *Prophetie wurde im NT von Angehörigen beiderlei Geschlechts ausgeübt (1.Kor 11,4f; vgl. Apg 2,17).

PROSELYT. Der hebr. Begriff bedeutete ursprünglich „ortsansässiger Fremder", wurde aber später für einen Nichtjuden gebraucht, der vollen Anteil am Judentum hatte. Das AT fordert dazu auf, Fremde, die unter den Israeliten wohnen wollten, herzlich willkommen zu heißen (3.Mo 19,34). Wenn sie sich beschneiden ließen, wurden sie in die kultische Gemeinschaft aufgenommen (2.Mo 12,48). Sie waren verpflichtet, das Gesetz zu halten, und sollten nicht anders als gebürtige Israeliten behandelt werden (4.Mo 15,16.30; Jes 56,3ff).

Als die Juden nach dem Ende der atl. Zeit in griech.-hellen. Zeit und später im Röm. Reich zerstreut wurden, gab es viele Nichtjuden, die den Monotheismus der Juden und ihr Moralverständnis bewunderten. Einige von ihnen besuchten die Synagogengottesdienste und beteten dort an; das waren die „Gottesfürchtigen". Andere unterzogen sich auch den Riten von Beschneidung und Tauchbad; sie waren die P. (die Dazugekommenen). Einige Rabbis verabscheuten jedoch die P.; im babylon. *Talmud werden sie als „wunde Stellen auf der Haut Israels" bezeichnet.

Zur Zeit des NT gab es einen ständigen Zustrom von P. (vgl. Apg 2,10; 6,5; 13,43). Zu den ersten Gemeinden gehörten auch viele „Gottesfürchtige", Menschen, die mit

Prostitution

dem Judentum sympathisiert hatten, aber unbeschnitten waren.
*Synagoge.

PROSTITUTION. *Unzucht* Das AT spricht sowohl von allgemeinen als auch von Tempelprostituierten im Zusammenhang mit heidn. Kultstätten. Während der israelit. Königszeit verbreitete sich die männl. Tempelprostitution (1.Kön 14,24). Am Beispiel von Tamar, die ihr Recht auf Leviratsehe durchsetzen wollte, ist erkennbar, daß es bestimmte Kennzeichen für Prostituierte gab (1.Mo 38,15.21). Die Hure *Rahab wurde für ihren Glauben gelobt, als sie die von Josua ausgesandten Kundschafter verbarg (Hebr 11,31; Jak 2,25). Sie gehört zu den Vorfahren Jesu (Mt 1,5). Abfall von Gott wird im AT oft mit dem Bild der P. beschrieben (z.B. Jes 57,3ff; Hos 1,2).

Auch Prostituierte wurden durch die Predigt von *Johannes dem Täufer zur Buße bewegt (Mt 21,31f). Von Archäologen sind im Nahen Osten eine Vielzahl von nackten weiblichen Statuetten gefunden worden, die Göttinnen darstellen, die durch Kultprostitution verehrt wurden. Aphrodite war die Göttin von Korinth und die Beschützerin der Prostituierten. Dieser Kult bildet wahrscheinlich den Hintergrund für 1.Kor 6,15f, wo Paulus die P. als eine Verunreinigung des Körpers verurteilt. Sie ist deshalb so verwerflich, weil der Leib des Christen ein Tempel des Heiligen Geistes ist (V.18ff). Menschen, die unsittlich leben und nicht Buße tun, werden keinen Zugang zum Himmelreich haben (Offb 21,8; 22,15).

PSALMEN. *Besonderheit der Psalmen.* Die P. sind nicht in erster Linie als Poesie zu betrachten, obwohl sie auch das sind (durch den Parallelismus der Versglieder, den Rhythmus des hebr. Textes und die zahlreichen Bilder und Vergleiche). Die P. sind das Gebet- und Gesangbuch des Volkes Israel. Die Liebe zum „Haus des Herrn", dem Tempel, und die Freude an den geistlichen Segnungen in Gottes Gemeinschaft finden einen starken Widerhall in Psalmen (z.B. 26 und 84, 42 und 43).

Der gottesdienstliche Gebrauch der P. geht auch aus den Überschriften hervor, die Anweisungen zum musikalischen Vortrag geben. Durch oftmaliges „Halleluja" wird die Gemeinde zur hymnischen Antwort aufgerufen.

Die Spannweite der in den P. ausgesprochenen Gefühle und Gedanken reicht von tiefster Traurigkeit bis zu jubelnder Freude, in der der ganze Kosmos aufgerufen wird, in den Lobpreis Gottes einzustimmen. In der Art, wie die Psalmisten Gott anrufen, bitten, preisen und ihm danken; in der Art, wie sie ihm ihr Herz ausschütten, ihre Schuld und Angst bekennen, wird offenbar, wie sich Gott ihnen offenbart hat. Gebet und Lied setzen immer Gottes Handeln als unentbehrliche Grundlage unseres Glaubens, Erkennens und Bekennens voraus.

Verfasser und Entstehung der Psalmen. Die meisten P. (73) werden David zugeschrieben. In 13 P. wird auch die Situation genannt, in der er sich gerade befand (z.B. 34, 54, 56).

18 P. sind von Asaf gedichtet worden (z.B. 73), 12 P. von den Korahiten, 2 P. von Salomo und ein Psalm von Mose. Bei anderen P. (z.B. den Wallfahrtsliedern) fehlt der Name des Verfassers.

Die poetische Form. Der Parallelismus der Versglieder erscheint in drei Formen:
a) im synonymen Parallelismus (die 2. Zeile wiederholt den Gedanken der 1. Zeile in einem sinnverwandten Wort, vgl. Ps 25,4: „deine Wege – deine Stege");
b) im synthetischen Parallelismus (die 2. Zeile führt den Gedanken der 1. Zeile weiter, vgl. Ps 25,10: Die Wege des Herrn sind lauter Güte und Treue für alle, die seinen Bund und seine Gebote halten.);
c) im antithetischen Parallelismus (die 2. Zeile bringt den Gegensatz zur 1. Zeile, vgl. Ps 1,6: Der Herr kennt den Weg der Gerechten, aber der Gottlosen Weg vergeht.).

Die Thematik der Psalmen.
1. Israels Geschichte und Gottes Handeln (vgl. Ps 78, sie ist eine Kette göttlicher Treue und menschlicher Untreue, s.a. 77, 105, 106).

2. Gottes Erhabenheit in seiner Schöpfung (z.B. 8, 19, 104).
3. Gottes heiliges Gesetz (1, 19, 119).
4. Lehrpsalmen (1, 15, 37, 112).
5. Hymnen auf Gottes Königsherrschaft (2, 24, 93, 96-99).
6. Bußgebete (die 7 kirchlichen Bußpsalmen: 6, 32, 38, 51, 102, 130, 143).
7. Wallfahrtslieder (120-134).
8. Klagelieder (etwa 1/3 des Psalters, z.B. 22)
9. Bekenntnisse der Zuversicht (4, 16, 23, 27, 34, 46, 62).
10. Messianische Psalmen (2, 16, 22, 110).
11. Loblieder (33, 103, 145-150).
12. Kampf- und Siegeslieder (9, 18, 47, 68, 108, 118, 149).

Psalmen mit schwieriger Problematik.
1. Die sogenannten „Unschuldspsalmen", z.B. 17, 21 und 101. Sie dürfen nicht als Ausdruck pharisäischer Selbstgerechtigkeit beurteilt werden, sondern beteuern, daß die Vorwürfe der Feinde unwahr sind.
2. Die „Fluchpsalmen", z.B. 69 und 109. Sie sprechen nicht von persönlichem Rachedurst, sondern rufen dort, wo die irdische Gerechtigkeit versagt, Gottes Eingreifen herab. Viele dieser Rachepsalmen sind im Lichte des NT als Aufruf zur geistlichen Kampfführung zu sehen: Christen sollen „das Böse verabscheuen" (Röm 12,9) und „dem Frieden nachjagen" (Hebr 12,14) und „zuerst nach Gottes Reich trachten" (Mt 6,33) - im Bewußtsein, daß sie nicht gegen Fleisch und Blut, sondern gegen die Mächte der Finsternis kämpfen (Eph 6,12).

Die Bedeutung der Psalmen für uns.
1. Das NT leitet uns an, auch in den P. nach Zeugnissen der Erfüllung durch Jesus Christus zu suchen (vgl. Lk 24,27.44).
2. Die P. erinnern uns an die „Wolke der Zeugen" (Hebr 12,1), die aus den P. Kraft zum Beharren und Bekennen im Glauben geschöpft haben. Vgl. Luthers Nachdichtung von Ps 46 (Ein feste Burg) und Ps 130 (Aus tiefer Not). Oder: Die Hugenotten schlugen manchmal schon durch den Gesang von Ps 68 ihre Feinde in die Flucht (in den Cevennen-Kriegen).

3. Der Psalter verbindet nicht nur mit den Vätern des Glaubens, sondern auch - über die Grenzen der Konfessionen hinweg - mit Israel, von dem wir die P. empfangen haben.
4. Die P. führen uns in eine Unmittelbarkeit des Redens mit Gott.
5. Die P. sind „erdnah". Nichts Menschliches ist ihnen fremd. Sie sind erschütternd wahrhaftig, denn die Beter geben sich, wie sie sind. Zu solcher Wahrhaftigkeit sind auch wir gerufen.
6. Die P. weiten den geistlichen Horizont. Die Wunderwerke Gottes, der gesamte Kosmos werden vor Augen gestellt. Das befreit das Beten vom Kreisen um sich selbst.

PSEUDEPIGRAPHEN sind jüd. Schriften, die unter falschen, aber dem AT entnommenen Namen bekannt wurden und keinen Platz in der Reihe der Apokryphen (AT) fanden. Sie sind insofern wertvoll, weil sie Licht auf jüd. Gedankengut z. Zt. des NT werfen. Ihr Inhalt ist im allgemeinen apokalyptisch.
Einige Hinweise. *Die Psalmen Salomos* - 18 Psalmen, geprägt durch die pharisäische Frömmigkeit (1.Jh. v.Chr.). Die *Testamente der zwölf Patriarchen* - nach dem Vorbild von 1.Mo 49 schauen sie die Zukunft ihrer Nachkommen und ermahnen zu gesetzestreuem Lebenswandel (2.Jh. v.Chr.). Die *Jubiläen* - die Geschichte von der Erschaffung der Welt bis zur Einsetzung des Passa, mit Berechnungsgrundlagen zur Festlegung der Feste versehen (ca. 100 Jahre vor der Zerstörung Jerusalems). Das *Buch Henoch* - in Äthiopisch und Slavisch vorliegend. 1. Teil: Vision vom zukünftigen Gericht, im besonderen über die gefallenen Engel. 2. Teil: Drei Parabeln über das Weltgericht. 3. Teil: Astronomische Angaben. 4. Teil: Zwei Visionen von der Sintflut an bis zur messianischen Zeit. 5. Teil. Apokalypse von den 10 Wochen der Weltgeschichte. Einige weitere Schriften sind stark vom griech. Denken beeinflußt, z.B. der *Aristeasbrief* (1.Jh. v.Chr.); 3. und 4. *Makkabäerbuch*.
Bedeutung. Die P. zeigen auf, daß die Zeit zwischen AT und NT, in der die Prophetie aufgehört hatte, eine komplizierte und verworrene Zeit war. In der Literatur

versuchte man, die Verheißungen der Propheten mit dem gegenwärtigen unglücklichen Geschichtsverlauf in Einklang zu bringen. Autoren des NT waren einige der Bücher bekannt.
*Pseudonymität; *Apokalyptik; *Apokryphen.

PSEUDONYMITÄT. In der Welt des Altertums war es eine durchaus übliche und verbreitete Gewohnheit, literarische Werke „falschen" Autoren zuzuordnen (z.B. haben sich viele Anhänger Platos so verhalten). Solche Schriften erfreuten sich unter Juden und Christen großer Beliebtheit. Die Prophetie hatte aufgehört, und so erschien es den Juden in den zwei Jahrhunderten vor Christus nur möglich, „zuverlässige" Botschaften zu erhalten, indem sie sie den Helden der Vergangenheit zuschrieben. Dieses Mittel kann auch zur Selbsterhaltung in einer von einer feindlichen Macht beherrschten Gesellschaft gedient haben. Wahrscheinlich legten die Juden mehr Wert auf den Inhalt als auf die Autorenschaft.

Bis zum 2. Jh. n.Chr. entstanden pseudonyme christl. Evangelien, Apostelgeschichten, Briefe und Offenbarungen. Die meisten von ihnen stammten aus ketzerischen Quellen und suchten an Einfluß zu gewinnen, indem sie behaupteten, geheime Lehren der anerkannten Apostel zu offenbaren. Es gibt Hinweise darauf, daß die Kirche schon im 2.Jh. einen klaren Standpunkt gegen solches Verhalten einnahm, z.B. im Kanon Muratori, bei Serapion und bei Tertullian.
*Kanon (NT).

PTOLEMAIS. Im späten 3. oder frühen 2. Jh. v.Chr. wurde durch Ptolemäus I. oder II. von Ägypten der Seehafen Akko, 13 km nördl. des Karmel, so genannt. Akko war z.Z. des AT der einzige natürliche Hafen südl. von Phönizien, er wird aber nur einmal erwähnt (Ri 1,31). Als P. spielte der Hafen eine wichtige Rolle im Befreiungskampf der Juden im 2. Jh. v.Chr. (1.Makk 5,15; 12,45ff). Zu Paulus' Zeit war P. eine röm. Kolonie (Apg 21,7).

PTOLEMÄUS. Der Name wurde von den 14 Königen der rein mazedonischen griech. Dynastie getragen, die etwa 323-30 v.Chr. über Ägypten herrschte. Ptolemäus, einer der Heerführer Alexanders des Großen, ernannte sich nach dem Tod Alexanders 323 v.Chr. selbst zum Provinzstatthalter von Ägypten. Als 304 v.Chr. das griech. Reich unter den Heerführern aufgeteilt wurde, nahm er den Titel „König von Ägypten" an. Ägypten

Ptolemäus. Tetradrachme des Ptolemäus VI. Philometor (180-145 v.Chr.).

war persönliches Eigentum des Königs, das geschäftsmäßig mit dem Ziel größtmöglichen Profits verwaltet wurde. Es gab schon sehr früh in Alexandria, der Hauptstadt, eine große Gemeinde griech. sprechender Juden. Hier wurde das AT ins Griech. übersetzt (Septuaginta). Palästina wurde von Ptolemäerkönigen beherrscht, bis um 202-198 v.Chr. Antiochus III. vom gegnerischen seleukidischen Reich Ptolemäus V. besiegte.

Einige Angehörige der ptolemäischen Dynastie werden in den Apokryphen erwähnt: z.B. Ptolemäus VI. (1.Makk 10,51ff; 11,1ff), Ptolemäus VII. (1.Makk 1,19; 15,16) sowie zwei nicht königliche Mitglieder der Familie, ein General von Antiochus Epiphanes (1.Makk 3,38; 2.Makk 4,45) und der Schwiegersohn von Simon Makkabäus, der 135 v.Chr. Simon ermordete (1.Makk 16,11ff). Der letzte dieser Linie, bevor Rom 30 v.Chr. die Herrschaft über Ägypten übernahm, war Ptolemäus XIV., der Sohn von Kleopatra und Julius Caesar.

PUDENS. Röm. Christ, der Timotheus grüßte (1.Tim 4,21); nach der Überlieferung ein Senator, der in Südpudentiana eine Hausgemeinde leitete.

PURIM (FEST). Ein jüd. Fest, das vom 13.-15. Tag des Monats Adar gefeiert wird. Dabei wird das Buch *Ester vorgelesen, in dem der Ursprung dieses Festes beschrieben wird: die Errettung der Juden von der Verschwörung *Hamans, der sie im 5. Jh. v.Chr. umbringen lassen wollte, durch Ester und *Mordechai. In 2.Makk 15,36f wird der Sieg von Judas Makkabäus über Nikanor „am Tag vor dem Tag Mordechais" gefeiert.

PUT. 1. Der dritte Sohn *Hams (1.Mo 10,6). **2.** Ort, dessen Krieger gemeinsam mit anderen Theben nicht retten konnten (Nah 3,8f). Er liegt in Afrika, die genaue Lage ist jedoch umstritten.

PUTEOLI. Das heutige Pozzuoli, in der Nähe von Neapel. Nach der Eroberung durch die Römer 338 v.Chr. wurde der Ort zu einem wichtigen Arsenal und Handelszentrum. Paulus ging in P. auf seiner Reise nach Rom an Land (Apg 28,13).

PUTZ. Innen- und zuweilen auch Außenwände wurden oft mit einem P. verkleidet, der aus Lehm hergestellt wurde (3.Mo 14,42f). Eine feinere Oberfläche wurde durch P. aus zerstoßenem Kalkstein oder Gips erreicht, der dann auch bemalt oder mit Inschriften versehen werden konnte (5.Mo 27,2ff). *Haus.

QUARTUS. Latein. der Vierte; ein wahrscheinlich aus Rom stammender und in Korinth lebender Christ, dessen Grüße in Röm 16,23 überbracht werden.

QUASTE (TRODDEL). Eine Verzierung an den vier Zipfeln eines Gewands, die den Träger an Gottes Gebote erinnern sollte (4.Mo 15,38f; Mt 23,5). *Kleidung.

QUELLE. Palästina ist, dank seiner geologischen Beschaffenheit, ein Land mit zahlreichen Q. Viele davon werden in der Bibel erwähnt. *Wasser; *Brunnen.

QUIRINIUS. Publius Sulpicius Quirinius war 12 v.Chr. Konsul in Rom, wurde 3 v.Chr. Prokonsul der röm. Provinz Asia, war von 3-4 n.Chr. Berater des rechtmäßigen Erben Gajus Cäsar und von 6-9 n.Chr. kaiserlicher Legat von Syro-Zilizien. Im Anschluß daran lebte er in Rom und starb 21 n.Chr. Zu Beginn seiner Herrschaft in Syrien organisierte er eine Volkszählung in Judäa, das gerade röm. Provinz geworden war (Apg 5,37).

Q. wird im Zusammenhang mit der Volkszählung in Lk 2,1ff erwähnt. Es ist gut möglich, daß Q. ebenfalls zu einer früheren Zeit Statthalter (oder ein zusätzlicher röm. Gesandter) war. Eine leider deformierte Inschrift spricht von einem Legaten, der dieses Amt „zum zweiten Mal" ausübte, die anderen Angaben könnten gut auf Q. zutreffen.

QUMRAN. Ein Wadi und in dessen Nähe eine alte Ruine, am nordwestl. Ufer vom Toten Meer. Q. war faktisch unbekannt, bis 1947 die „Qumranrollen" gefunden wurden, die dort in Höhlen verborgen waren. Ausgrabungen in den benachbarten Ruinen wiesen auf eine Besiedelung des Gebietes bis in die Zeit der Könige Judas hin. Die historisch wichtigste Epoche liegt aber in der Zeit vom 2. Jh. v.Chr. bis zum 1. Jh. n.Chr. Ein Gebäudekomplex aus dieser Zeit bildete das Zentrum der jüd. Gemeinde, der diese Schriftrollen gehörten. Er wurde 31 v.Chr. durch ein Erdbeben zerstört und lag bis zu seiner Wiederherstellung im Jahr 4 v.Chr. wüst. Dieser Besiedlungsphase scheint um 68 n.Chr. gewaltsam ein Ende gesetzt worden zu sein, möglicherweise durch eine röm. „Aufräumungsaktion".
*Handschriften vom Toten Meer; *Essener.

Qumran. *Ein Teil der Höhlen von Qumran.*

R

RABBA. 1. Die Hauptstadt Ammons, jetzt Amman, die Hauptstadt Jordaniens, 35 km östl. des Jordans. Die Macht der *Ammoniter wuchs gleichzeitig mit der Israels, *David und *Joab nahmen R. ein (2.Sam 10; 12,26ff). Die Stadt wurde von Ptolemäus Philadelphus (285-246 v.Chr.) wieder aufgebaut und in Philadelphia umbenannt. Sie wurde eine bedeutende Stadt innerhalb der *Dekapolis (des „Zehnstädtegebietes").
2. Eine Stadt und umliegende Dörfer in Juda, vermutlich in der Nähe von Geser (Jos 15,60).

RABBI/RABBUNI (Meister). R. war eine ehrerbietige Form der Anrede, aus der ein Titel für anerkannte Lehrer des jüd. Gesetzes wurde. In der Zeit des NT war es mehr ein Ehrentitel als ein Amt. Auch *Johannes der Täufer und Jesus wurden R. genannt. In Mt 23,7f werden die Jünger gewarnt, sich mit R. anreden zu lassen, denn Gott ist ihr Meister und sie alle sind „Brüder".

RABSARIS. Titel eines Oberaufsehers (Oberster der Hofeunuchen) in Assyrien (2.Kön 18,17) und Babylon (Jer 39,3.13). Diese Bezeichnung ist in assyr. Texten häufig anzutreffen.

RABSCHAKE. Titel eines assyr. Heerführers, der gemeinsam mit anderen die Übergabe Jerusalems forderte (2.Kön 18,17). Er war der Sprecher der Gruppe. Sein Rang war unter dem des obersten Heerführers (*Tartan).

RACA. In Mt 5,22 vermutlich ein aram. Schimpfwort (im Luthertext mit „Nichtsnutz" wiedergegeben).

RAD. Die ersten Räder wurden aus Holzplanken hergestellt, die von Lederriemen zusammengehalten wurden. Seit etwa 1500 v.Chr. gab es leichtere Räder mit Speichen. *Daniel und *Hesekiel sahen Räder in ihren Visionen vom Himmel (Hes 1,15f; Dan 7,9). *Wagen.

RÄFAN. Name eines Gottes, der mit dem Planeten Saturn in Verbindung gebracht wird. In Apg 7,43 wird der Name aus der griech. Übersetzung von Am 5,26 zitiert. Hebr. Bezeichnung: Kijun (LÜ: Kewan).

RAGMA. Sohn *Kuschs (1.Mo 10,7), dessen Stamm nördl. von Marib im Jemen gelebt haben könnte.

RAHAB. *Person:* Prostituierte, die in einem Haus lebte, das in die Stadtmauer von Jericho gebaut war. Sie versteckte zwei Kundschafter *Josuas und wurde dafür von der Ausrottung verschont, als Israel die Stadt einnahm (Jos 2). Im NT wird ihr Glaube gelobt (Hebr 11,31), sie gehört zu den Vorfahren Jesu (Mt 1,5).

Symbol: Bezeichnung (von einer anderen Wortwurzel) für ein weibliches Ungeheuer des Chaos, ähnlich dem *Leviathan. Das Zügeln des unbändigen Meeres bei der Schöpfung wird poetisch mit dem Zerschmettern R. beschrieben (Hiob 26,12). Es wird auch verwendet, wenn Gottes Überlegenheit über das Meer beim Auszug aus Ägypten ausgedrückt wird (Jes 51,9f).

RAHEL (Mutterschaf). Aram. Frau, die zweite Tochter *Labans und Lieblingsfrau ihres Cousin *Jakob. R. war eine schöne Frau (1.Mo 29,17). Jakob begegnete ihr, als sie die Schafherden ihres Vaters hütete, und half ihr beim Tränken. Ihr Vater Laban nahm Jakob in seinem Haus auf, betrog ihn aber damit, daß er 14 Jahre (statt 7) als Brautpreis für R. arbeiten mußte (er erhielt zuerst die älteste Tochter *Lea zur Frau). Aber Jakobs Liebe zu R. blieb erhalten (1.Mo 29,30). Auch in anderen Dokumenten aus jener Zeit werden solche Bräuche beschrieben. R. blieb lange kinderlos, das führte zu Spannungen mit ihrer Schwester Lea, die Jakob mehrere Kinder gebar. Durch ihre Leibmagd Bilha wurden Jakob *Dan und *Naftali geboren. In Haran brachte R. ihren eigenen Sohn *Josef zur Welt. Sie zog mit Jakob nach Palästina (1.Mo 31,17f) und starb zwischen Bethel und Bethlehem bei der Geburt von *Benjamin. Jakob stellte an ihrem Grab einen Gedenkstein auf, der noch in den Tagen *Sauls dort stand (1.Sam 10,2).

RAMA (Höhe). Ein Name für verschiedene Orte, die sich auf einer Anhöhe befanden. Zwei davon sind von besonderer Bedeutung: **1.** Rama in Benjamin, in der Nähe von Bethel. In der Nähe befindet sich *Deboras Wohnort (Ri 4,5). Asa zerstörte dort eine Festung (1.Kön 15,17ff). **2.** Der Geburtsort und die Heimat *Samuels (1.Sam 1,19; 7,17). Dort begegnete *Saul ihm zum ersten Mal (1.Sam 9,6ff). *David fand in R. Zuflucht (1.Sam 19,18). Die Lage ist ungewiß.

RAMOT IN GILEAD. Eine befestigte Stadt im Gebiet des Stammes *Gad, östl. des Jordans, eine *Freistadt (Jos 20,8), die den *Leviten gegeben wurde; vermutlich identisch mit Mizpa (Ri 11,29). Die Lage ist ungewiß. Die Stadt wechselte mehrmals zwischen israelit. und syr. Herrschaft (vgl. 1.Kön 22,3f; 2.Kön 8,28f).

RAMSES. Stadt in Ägypten, in der die Hebräer Zwangsarbeit leisten mußten (2.Mo 1,11; 12,37). Es war die berühmte Ostdelta-Residenz von Ramses II. (etwa 1290-1224 v.Chr.). Überreste eines Palastes und anderer Gebäude in Qantir, 30 km südl. von Tanis, bezeichnen wahrscheinlich die ursprüngliche Lage von R. *Auszug aus Ägypten.

RAUBEBALD-EILEBEUTE. Ein symbolhafter Name für einen von *Jesajas Söhnen, der die schnelle Unterwerfung der Feinde Judas durch Assyrien andeuten sollte (Jes 8,3f).

RÄUCHERGEFÄSS. Kleiner, manchmal tragbarer Räucheraltar oder Räucherständer (z.B. 2.Chro 26,19), oft kegelförmig und aus Bronze. Kleine steinerne, auf Füßen stehende Räucherkästchen, die im oberen Teil eine schalenartige Vertiefung aufweisen, werden bei Ausgrabungen häufig gefunden.

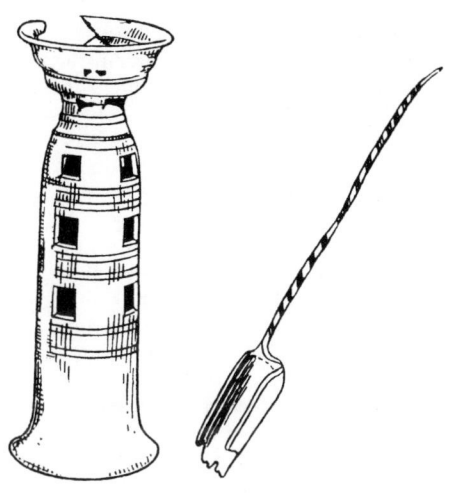

Räuchergefäß. Räucherständer aus Ton mit abnehmbarer Schale (Megiddo 10. Jh. v.Chr.). Bronzene Kohleschaufel (vgl. 1.Kön 7,40).

REBEKKA. *Isaaks Frau und die Tochter von Betuel, Abrahams Neffen. Der Bericht darüber, wie Abrahams Knecht sie für Isaak gefunden hat, macht deutlich, wie Gott lenkt und vorsorgt (1.Mo 24). Während der ersten 20 Jahre ihrer Ehe war sie unfruchtbar, gebar aber dann die Zwillinge *Esau und *Jakob (1.Mo 25,20ff). Als willensstarke Frau bevorzugte sie Jakob, während Isaak Esau vorzog. R. plante den Betrug, durch den Jakob anstelle von Esau den Erstgeburtssegen von seinem Vater erhielt, und schickte Jakob dann unter dem Vorwand, eine Frau zu suchen, weg, um sein Leben zu retten (1.Mo 27).

Im NT gebraucht sie Paulus als ein Beispiel dafür, wie Gott aus Gnade Jakob erwählt hat (Röm 9,10).

RECHABITER. *Jonadab, der Sohn Rechabs, gab seiner Familie durch seinen außergewöhnlichen Eifer für Gott eine besondere Bedeutung (2.Kön 10,15ff). Dieser drückte sich in einer Reihe von Vorschriften aus, wozu auch die Verpflichtung zum *Nomadenleben gehörte (Jer 35,5ff). Seine Nachkommen wurden von Gott bestätigt in ihrem Wunsch, ihren Glauben rein zu halten (Jer 35,18f).

RECHTFERTIGUNG. „Rechtfertigen" ist ein Begriff aus der Rechtssprache mit der Bedeutung „freisprechen" oder „für gerecht erklären".

Die Rechtfertigungslehre ist das Zentrum theologischen Denkens bei Paulus und zugleich eng mit seiner persönlichen Lebensgeschichte verbunden; er bringt sie auch mit seinem missionarischen Auftrag in Zusammenhang (z.B. Gal 2,15ff; Phil 3,4ff). Die R. setzt der Feindschaft zwischen Gott und dem Menschen ein Ende (Röm 5,9f). Der Glaubende wird zum Erben aller Wohltaten Gottes, die dem Gerechten verheißen sind (Röm 8,14ff), und erhält die Gewißheit, daß ihn nichts mehr von der Liebe Gottes trennen oder ihn seiner R. berauben kann (Röm 8,30ff). Die R. führt Paulus auch zu einem neuen Geschichtsverständnis: Durch den *Sündenfall Adams wurde die Verdammnis über alle Menschen gebracht (Röm 5,12ff). Gott schloß einen Bund mit Abraham und seiner Familie. Er rechtfertigte ihn aufgrund seines Glaubens und gab ihm die Verheißung, daß durch einen seiner Nachkommen alle Völker gesegnet werden (Gal 3,6ff). Das Gesetz des Mose führte Abrahams Nachkommen zur Sündenerkenntnis und zur Einsicht, daß R. notwendig ist (Gal 3,19ff). Aber erst durch Christus wurde die R. für Menschen aller Nationen möglich (Gal 3,26ff).

Die Grundlage der Rechtfertigung. Weil alle gesündigt haben, stehen alle unter dem Verdammungsurteil Gottes. Keiner kann durch eigene Leistung gerecht werden (Röm 3,9ff). Aber Gott hat den Weg gefunden, selber gerecht zu bleiben und doch den Sünder auf einer gerechten Grundlage zu rechtfertigen (Röm 3,26). Jesus Christus hat das Gesetz vollkommen erfüllt, und als der Gerechte ist er stellvertretend, beladen mit den Sünden der Menschen, gestorben (1.Petr 2,22-24; 3,17; 2.Kor 5,21). Wer an Jesus Christus glaubt, ist gerecht und für schuldlos erklärt (Röm 5,1; 10,3). Er hat in Christus „die Gerechtigkeit, die vor Gott gilt" (Röm 3,21f). Gott behandelt den Glaubenden so, wie es Christus verdient hat. Dies alles geschieht ohne Verdienst auf seiten des Menschen, allein aufgrund der Gnade Gottes (Röm 3,23ff).

REFAÏTER. Eines der Völker, die vor Israel in Palästina wohnten und von Kedor-Laomer besiegt wurden (1.Mo 14,5). Sie waren unter verschiedenen Namen bekannt als *Emiter (5.Mo 2,11) und Samsummiter (5.Mo 2,20f). Die R. waren ein gewaltiges Volk, auch groß von Gestalt (5.Mo 2,21).

REFIDIM. Der letzte Rastplatz der Israeliten, bevor sie den Berg Sinai erreichten. Das Volk rebellierte hier gegen Mose, der auf Weisung Gottes mit einem Stab Wasser aus dem Felsen schlägt. Sie besiegten dort die Amalekiter, und Mose setzte Oberste über das Volk ein, die ihm helfen sollten, das Volk zu richten (2.Mo 17,1-19,2); wahrscheinlich Wadi Refayid im SW Sinais.

REGEN. In den Ländern der Bibel kam den R.fällen eine wichtige Bedeutung zu. Die Frühr. in *Palästina fallen von Mitte Oktober bis Mitte November. Die Hauptregenmenge fällt von November bis Februar, und im März/April gibt es leichte „Spätregen". Die Sommer sind heiß und trocken. Das Klima hat sich im Verlauf der Geschichte nicht wesentlich verändert. Im AT wird gelegentlich von langer Trokkenheit mit verheerenden Folgen berichtet (z.B. 1.Kön 17,7). Gott war es, der den R. gab, im Gegensatz zu den Baalsgöttern, die mit Quellen, Brunnen und Flüssen in Verbindung gebracht wurden (Jer 14,22). Dieser Anspruch wird unterstrichen, als Elia die Baalspriester herausfordert (1.Kön 18,17ff). R. wird symbolhaft mit Gottes Segen in Verbindung gebracht (5.Mo 33,13; Ps 72,6f).

*Tau; *Wasser.

REGENBOGEN. Da es im Hebr. dafür keinen speziellen Begriff gibt, wird das gleiche Wort wie für den Kriegsbogen benutzt. In 1.Mo 9,13 wird aus dem, was eigentlich ein Symbol des Krieges war, ein Symbol der Gnade und des Friedens (vgl. Hes 1,28; Offb 4,3; 10,1).

REGIERUNG. *Altes Testament.* In ältester Zeit waren die Patriarchen (*Abraham und seine Nachkommen) Halbnomaden; der Vater war das Oberhaupt einer Großfamilie und ihrer Bediensteten. Am *Sinai wurden die Stämme Israels in einer „Theokratie" zusammengeschlossen und der unmittelbaren Gottesherrschaft unterstellt (2.Mo 19,5f). *Mose handelte als Gottes Stellvertreter, und das Volk hörte auf ihn. Älteste entlasteten ihn später bei Verwaltungsaufgaben. Nach Josua – Moses Nachfolger – gab es zwar Führer oder *Richter, aber keine zentrale Verwaltung. Israel begehrte nach dem Beispiel benachbarter Völker einen König und verwarf das theokratische Ideal (1.Sam 8). Gott ließ das zu, aber der König sollte ein Mann nach dem Herzen Gottes sein. *Saul wurde wegen Ungehorsam verworfen; *David wurde zum Vorbild seiner Nachfolger. Kleinere Entscheidungen überließ er seinen Unterbeamten. *Salomo teilte das Reich in zwölf Verwaltungsbezirke, die von je einem Amtmann regiert wurden, der für die Belieferung des Königshofes mit Lebensmitteln verantwortlich war (1.Kön 4,7ff).

Nach der Babylon. Gefangenschaft wurden die Juden den Persern unterstellt, die durch einen Statthalter vertreten waren (z.B. Nehemia); örtliches Oberhaupt war der Hohepriester. Diese Regelung wurde in griech. und in etwas veränderter Form auch in röm. Zeit beibehalten.

Neues Testament. Palästina wurde nach dem Muster einer Republik in eine Reihe von Staaten unterteilt, die von Vertretern des röm. Kaisers oder von abhängigen herodianischen Königen verwaltet wurden. Jüd. Nationalismus drückte sich in religiösen Gruppierungen aus, deren Haltung zur Regierung je nach Lehrtradition Terrorismus (*Zeloten), Absonderung (*Essener) und Zusammenarbeit (die *Sadduzäer) einschloß. Jesus, der als Anwärter auf den Thron angeklagt wurde und tatsächlich eine Form des Königtums beanspruchte (Joh 18,30f; 19,21), wies darauf hin, daß sein Königtum nicht mit vergänglichen Staatsformen vergleichbar ist. Das röm. Reich seiner Zeit hat Jesus akzeptiert, jedoch darauf verwiesen, daß Gott ein letzter Anspruch an den Menschen zusteht (Lk 20,25). Hier knüpft die christl. Lehre vom Verhältnis zur Obrigkeit an (Apg 5,29; Röm 13,1ff; 1.Tim 2,2; 1.Petr 2,11ff).

Das Buch der Offenbarung schildert den Kampf um die Weltregierung zwischen Gott und satanischen Mächten (Offb 13,15).

REGUËL. Name für verschiedene Personen aus dem AT, darunter war auch der Schwiegervater *Moses, der an anderer Stelle Jitro genannt wird (2.Mo 2,18; 3,1).

REHABEAM. Sohn *Salomos und *Naamas. Er war der letzte König des vereinten Israel und der erste des abgespaltenen Königreiches Juda. Salomos übertriebene Maßnahmen zur Finanzierung seiner Pläne führten zur Konfrontation zwischen R. und den zehn Stämmen im N. Dieser verstärkte den Druck noch, so daß die Nordstämme rebellierten und *Jerobeam zu ihrem König ernannten (1.Kön 12). Während R. Herrschaft gab es in Juda Götzendienst, aber als er hörte, daß ein Überfall der Ägypter die Strafe dafür sei, tat er Buße (2.Chro 12,5ff). Er war ein Vorfahre Jesu (Mt 1,7).

REHOB. *Person:* Vater *Hadad-Esers (2.Sam 8,3).
Orte: **1.** Die nördlichste Stadt, die die Kundschafter Josuas in Kanaan observieren sollten (4.Mo 13,21), vermutlich in der Nähe der Quelle des Jordan. **2.** Eine Stadt im Gebiet des Stammes *Asser, die den *Leviten gegeben wurde (Jos 19,28; 21,31).

REHOBOT (weite Orte). **1.** Brunnen, der von *Isaak in der Nähe von Gerar gegraben wurde (1.Mo 26,22). **2.** Eine Stadt, vermutlich am Wadi el-Hesa (1.Mo 36,37).

REHOBOT-IR. Eine der vier Städte, die *Nimrod in Assyrien erbaute (1.Mo 10,11f), die aber heute nicht mehr identifiziert werden kann. Es könnte sich auf Assur beziehen, aber auch eine Vorstadt von Ninive sein.

REHUM. Name aus der Zeit nach dem Exil; in Esr 4,8 kann es sich um einen Beamten oder einen „Postvorsteher" handeln, der zusammen mit Schimschai an den König von Babylon einen Beschwerdebrief über den Wiederaufbau Jerusalems richtete.

REICH GOTTES, HIMMELREICH. Nach den synoptischen Evangelien ist das R., die Macht- und Herrschaftssphäre Gottes, das zentrale Thema der Verkündigung Jesu. Matthäus benutzt den Begriff „Himmelreich", wahrscheinlich durch die jüd. Gepflogenheit bedingt, den Gottesnamen nicht auszusprechen. Markus und Lukas dagegen bevorzugen „Reich Gottes". Es gibt keine inhaltlichen Unterschiede.

*Johannes der Täufer kündigte das R. an (Mt 3,1ff). Die Juden hatten schon eine Zeitlang auf ein entscheidendes Eingreifen Gottes gewartet, das das Geschick Israels wenden und das Land von seinen Feinden befreien würde; der verheißene Messias würde den Weg ebnen für das R. Die zukünftige Offenbarung der Königsherrschaft Gottes war bereits eines der zentralen Themen atl. Propheten. Johannes verkündigte, daß diese Zeit gekommen sei, und betonte, daß es eine Zeit des Gerichts ist, dem niemand entfliehen kann. Er verwies auf den, der kommen wird, der mit Geist und mit Feuer tauft.

Zu Beginn seines Wirkens nahm Jesus den Ruf des Johannes auf (Mt 4,17). Seine Lehre hat zwei Aspekte:

Das Reich Gottes ist gegenwärtig. Für Jesus war das R. bereits gegenwärtig in seiner eigenen Person und in seinem Wirken. Es wurde dadurch sichtbar, daß Dämonen ausgetrieben und die Macht Satans gebrochen wurde (Lk 11,17ff). Durch viele andere Werke, die Jesus tat, wurde die Nähe des R. bekannt (Mt 11,2ff). Vergebung der Sünden war Teil der Verkündigung des R., und dies nicht erst in der Zukunft, sondern als Zuspruch und Gabe in der Gegenwart (Mk 2,1 ff). Daß Jesus der Messias ist, wurde sowohl bei seiner Taufe als auch bei seiner Verklärung (Mk 1,11; 9,7) offenbar. Er war von Gott bevollmächtigt (Mt 21,27), kam, um das Gesetz zu erfüllen (Mt 5,17ff), die Verlorenen zu retten (Lk 19,10), indem er sein Leben als Lösegeld für viele gab (Mk 10,45).

Das Reich Gottes ist zukünftig. Noch ist das R. erst in einer vorläufigen Weise da. Die Wunder Jesu sind als Unterpfand oder Zeichen einer anderen Wirklichkeit anzusehen, die kommen wird, wenn die Mächte des Bösen der ewigen Finsternis ausgeliefert sein werden (Mt 8,29). In manchen seiner Gleichnisse lehrt Jesus, daß das Himmelreich im Verborgenen wächst und daß es z. T. von anderen behindert werden kann (Mt 13). Der Weg zum Reich führt über das Kreuz, so lehrte er. Weil er seinem himmlischen Vater vollständig gehorsam war (vgl. Mt 3,15), wird er später die Herrschaft über die Königreiche dieser Welt ausüben (Mt 28,18), wenn die gegenwärtige Weltordnung zu Ende sein wird.

Das Reich und die Gemeinde: Das R. und die Gemeinde sind miteinander verbunden, aber nicht identisch. Das R. entspricht der Gesamtheit von Gottes Heilswirken in Christus in dieser Welt; die Gemeinde ist die Versammlung derer, die zu Jesus Christus gehören und das Evangelium von seinem Reich angenommen haben. Das R. wird sichtbar im Leben derjenigen, die nach den Geboten des Königs leben (Mt 11,28ff). Die sichtbare, alles unterwerfende Herrschaft des Friedens (vgl. Offb 20) wird erst errichtet werden, wenn Jesus wiederkommt.

REICHTUM. Die Bibel versteht R. oft als einen Segen Gottes (Ps 112,1ff) und als Folge seines Großmutes (1.Tim 6,17). Der Besitz von Gütern zieht jedoch die Verantwortung nach sich, freizügig mit den Armen zu teilen (1.Tim 6,18f), nach dem Vorbild, das Jesus selbst gesetzt hat (2.Kor 8,9). R. birgt die Gefahr in sich, daß man vergißt, Gott als den Ursprung des R. an-

zuerkennen (Hos 2,10). Wenn man sein Vertrauen nur auf seinen R. setzt, kann man sich Gott nicht mehr unterordnen (Mk 10,23ff; Lk 12,21; Offb 3,17). Die Bibel warnt vor Geldgier, denn die Liebe zum Geld ist die Wurzel alles Bösen. Christen müssen lernen, mit dem zufrieden zu sein, was sie haben (1.Tim 6,7ff). Reiche, die diesen Gefahren erlegen sind, werden häufig angeprangert (z.B. Jak 5,1ff).
*Nächster; *Mammon; *Armut.

REIN UND UNREIN. Das Begriffspaar wird im AT vorwiegend in kultischen Zusammenhängen erwähnt, doch auch körperliche Reinheit wurde in den Ländern der Bibel geschätzt. Als unrein geltende Lebewesen oder Gegenstände durften nicht in die Nähe des heiligen Gottes gebracht werden (Opferhandlung, Gottesdienst).

Die Unterscheidung zwischen rein und unrein ist bereits aus der Zeit Noahs bekannt (1.Mo 7,2); mit ihr wurde festgelegt, welche Tiere als Opfer dargebracht werden durften. Nach dem Gesetz des Mose wurde der Mensch vorübergehend unrein, wenn er einen Toten berührte (4.Mo 19,11ff), mit Aussatz in Kontakt kam (3.Mo 13-14), mit natürlichen Ausflüssen behaftet war (3.Mo 12;15) oder das Fleisch eines unreinen Tieres aß. Reine (erlaubte) und unreine (verbotene) Tiere wurden in Listen zusammengefaßt (3.Mo 11 und 5.Mo 14). Nach der Babylon. Gefangenschaft wurde der Unterschied zwischen rein und unrein noch verstärkt und ging in die pharisäische Tradition ein.

Wer unrein war, mußte sich vom Heiligtum und möglichst von Kontakten mit anderen Menschen fernhalten, um diese nicht zu verunreinigen. Nur der Reine durfte sich Gott nahen (z.B. 2.Mo 30,18ff). Zum Vorgang der Reinigung gehörte das Waschen des Körpers und der Kleider (z.B. 3.Mo 15,8ff), aber in manchen Fällen kultischer Verunreinigung mußte auch ein Opfer dargebracht werden (z.B. 3.Mo 12,6f). Doch nicht nur Menschen (hier in besonderer Weise der Priester), sondern auch Altar und *Stiftshütte bedurften wiederholt der Reinigung (3.Mo 16; 2.Chro 29). Als besonders schwerwiegende Verunreinigung des Heiligtums galt, wenn es mit heidnischen Praktiken in Verbindung gebracht wurde. Die Absicht aller Vorschriften und Riten bestand darin, die Heiligkeit Gottes hervorzuheben und Israel ständig daran zu erinnern, daß es ein heiliges, Gott gehorsames Volk sein soll.

Jesus stellt unmißverständlich fest, daß der Mensch nicht durch äußere Einflüsse, Speisen oder Krankheiten unrein wird, sondern Unreinheit von seinem Herzen ausgeht (z.B. Mt 15,11ff). Er weist deshalb viele pharisäische Einzelvorschriften zur Reinigung ab, berührt (!) Aussätzige bei der Heilung und erklärt seinen Jüngern, sie seien durch sein Wort rein (Joh 13,10). Reinigung von Sünde geschieht durch Jesu Blut (1.Joh 1,7). Die Vision des Petrus (Apg 10,9ff) bestätigt, daß die rituellen Reinheitsgebote des AT für die christl. Gemeinde keine Gültigkeit haben, und bereitet den Petrus für die Aufnahme der Nicht-Juden in die Gemeinde vor (Apg 11). Trotzdem nahm Paulus Rücksicht auf Christen, deren Denken von jüd. Vorstellungen geprägt war (Röm 14,1ff; Apg 21,26; 1. Kor 9,20ff).

REIS (SPROSS). In wörtlicher Bedeutung der Zweig eines Baumes; sinnbildlich vor allem ein späterer Nachkomme *Davids, der Israel in Gerechtigkeit regieren sollte – der *Messias (Jer 23,5; 33,15; vgl. Jes 11,1). Aus Sach 3,8; 6,12 geht hervor, daß „Sproß" nach der Babylonischen Gefangenschaft eine gängige Bezeichnung für den Messias war.

REISEN. *Zur Zeit des Alten Testaments.* Ohne triftigen Grund zum R. blieb man in seinen Heimatgebieten, um das Bürgerrecht nicht zu verlieren. So zogen in erster Linie Handelskarawanen und Kriegsheere umher. In der mittleren Bronzezeit (2200-1500 v.Chr.) gibt es jedoch Hinweise auf Bewegungen von Völkergruppen. Mit dem Bau richtiger Straßen wurde erst in der Zeit des Röm. Reiches begonnen.

Wege wurden von Mensch und Tier gleichermaßen benutzt, und nur teilweise, hauptsächlich bei Verbindungswegen zwischen den Zentren verschiedener Provinzen, wurden Räumungs-, Einebnungs-

und Brückenbauarbeiten durchgeführt (vgl. Jes 40,3). Selbst die königlichen Straßen Persiens, zu denen auch die 2600 km lange Hauptverbindungsstraße zwischen Sardes und Susa gehörte, schienen außer in dem Bereich größerer Städte nicht gepflastert gewesen zu sein. Die internationalen Hauptverbindungswege in N-S-Richtung, wie der „Weg am Meer" (Jes 8,23) und die königliche Landstraße östl. des Jordans (4.Mo 20,17) wurden von weniger bedeutenden Wegen in O-W-Richtung gekreuzt. Die Reisenden gingen gewöhnlich zu Fuß, obwohl Esel und Kamele sowohl zum Reiten als auch zum Transport von Gütern benutzt wurden. Ochsenwagen beförderten schwere Lasten und vielleicht auch Menschen (1.Mo 46,5); Pferde und Streitwagen wurden hauptsächlich für militärische Zwecke eingesetzt. Vor der Römerzeit mußten Reisende wahrscheinlich selbst für ihren Schutz sorgen.

Die Seefahrt spielte normalerweise im Leben Israels keine Rolle, mit Ausnahme der Handelsverbindungen *Salomos.

Neues Testament. Der Frieden im Röm. Reich machte das R. relativ sicher. Die Evangelien und die Apg berichten ohne Zwischenfälle von längeren und kürzeren Reisen. Die Menschen gingen zu Fuß nach Jerusalem, um an den großen jüd. Festen teilzunehmen (z.B. Lk 2,41ff). Das Christentum breitete sich zuerst in den an den großen Straßen nach Rom gelegenen Gebieten aus. Die röm. Unterstützung für die Seefahrt sowie die Ausrottung von Seepiraten und zahlreicher Räuberbanden durch Kaiser *Augustus trugen dazu bei, daß lange Reisen wie die des *Paulus möglich waren.

Röm. Straßen verliefen meist ziemlich gerade, wobei die über 6-8 m breiten gepflastert waren. Kleinere Straßen wurden mit Sand oder Kies überzogen. Alle 1000 Schritte (1480 m) wurden Meilensteine gesetzt, um die Entfernung zur nächsten Stadt oder zum Ende der Straße anzuzeigen. Es gab auch Landkarten und Verzeichnisse von Rastplätzen. Der königliche Kurierdienst leitete Nachrichten weiter und erledigte Transportaufgaben für Beamte. Dazu gehörten auch alle 25 Meilen Raststätten und Pferdewechselstationen. Für gewöhnliche Reisende gab es Wirtshäuser, die aber allgemein ein sehr niedriges Niveau hatten. Normalerweise rechnete man 16 röm. Meilen für eine Tagesreise zu Fuß und 25 mit Pferd und Wagen. Kuriere konnten jedoch 100 Meilen pro Tag zurücklegen. Die meisten Menschen gingen zu Fuß, aber auch leichte Wagen waren in Gebrauch (vgl. Apg 8,29).

*Schiffe/Boote; *Handel und Gewerbe.

RESEN. Eine assyr. Stadt zwischen Ninive und Kelach (1Mo 10,12), vielleicht Hamam Ali am Ufer des Tigris, 13 km südl. von Ninive.

REZEF. Bedeutendes Karawanenzentrum an der Euphrat-Hamath-Straße, das von den Assyrern zerstört wurde (2.Kö 19,12). Möglicherweise das heutige Resafe, 200 km nordöstl. von Hama in Syrien.

REZIN. König von Damaskus, der gemeinsam mit *Pekach von Samaria den König *Ahas von Juda bedrohte, um ihn zu einem Bündnis gegen Assyrien zu zwingen (2.Kön 15,37). R. wurde 732 v.Chr. vom assyr. König getötet (2.Kön 16,9).

RHEGION. Hafen an der italienischen Küste an der Meerenge von Messina. Schiffe, die diese gefährliche Meerenge passieren wollten, warteten dort auf günstigen Wind (Apg 28,13).

RHODE (Rose). Eine Magd im Haus der Mutter von *Johannes Markus (Apg 12,13ff).

RHODOS. Hauptinsel zwischen Kreta und der SW-Spitze Kleinasiens. Sie liegt jenseits des Hauptseeweges zwischen den ägäischen und phönizischen Häfen. Die Hauptstadt, die auch R. hieß, war ein wichtiges Kultur- und Handelszentrum. Auf der Rückfahrt nach Jerusalem (3. Reise) kam Paulus kurz nach R. (Apg 21,1).

RIBLA. Ort im Gebiet von Hamat in Syrien, am Fluß Orontes, 56 km nordöstl. von Baalbek. Als leicht zu verteidigender Ort, von dem aus man die Hauptverbindungsstraße von Ägypten zum Euphrat kontrollieren konnte, wurde R. von *Necho II. als ägypt. Hauptquartier gewählt, nachdem er 609 v.Chr. Josia bei Megiddo besiegt hatte (2.Kön 23,29ff). 605 v.Chr. eroberte der babylon. König *Nebukadnezar die Stadt und leitete 589-587 v.Chr. von R. aus seine Angriffe gegen Jerusalem (2.Kön 25,6.20f).

RICHTER. Menschen, die für Gerechtigkeit sorgen. Auf Israels Wüstenwanderung von Ägypten nach Kanaan ernannte *Mose Stellvertreter, die über einfache Rechtsstreitigkeiten zu entscheiden hatten (2.Mo 18,13ff). Auch nach der Landnahme waren R. eingesetzt, von denen Gewissenhaftigkeit, Gerechtigkeitssinn und Ehrlichkeit verlangt wurden (5.Mo 16,18f). In Texten aus Mari in Syrien (ca. 1800 v.Chr.) werden R. erwähnt, die für Ordnung sorgen, Steuern eintreiben und Auskünfte geben.

Die Zeit nach Josuas Tod war von Stammeskämpfen und Niederlagen gekennzeichnet. Daraufhin erweckte Gott dem Volk „Richter" (*Richter, Buch) als Heerführer und als Herrscher in Friedenszeiten (Ri 2,16). Der erste erwähnte R. war Otniël, der letzte Simson (Ri 3,9; 16,31). Unmittelbar vor Einführung des Königtums waren in Israel der Priester *Eli und der Prophet *Samuel als R. tätig (1.Sam 4,18; 7,15). In der Königszeit und nach der Babylonischen Gefangenschaft gab es nochmals R., die nicht nur Recht sprachen, sondern auch Verwaltungsaufgaben wahrnahmen (z.B. 1.Chro 26,29; Esr 7,25).

RICHTER, BUCH. *Verfasser und Zeit.* Der Verfasser des Richterbuches ist unbekannt. Aus dem Satz „zu der Zeit war kein König in Israel und jedermann tat, was ihn gut dünkte" (17,6; 18,1; 19,1; 21,25) läßt sich schließen, daß das Buch zur Zeit Davids fertiggestellt wurde. Das Buch der Richter umfaßt die Zeit zwischen der Landnahme unter Josua und den ersten Königen Saul und David, die beide durch Samuel, den letzten „Richter", gesalbt wurden.

Inhalt. Das Buch Richter beginnt mit zwei einführenden Teilen. 1,1-2,5 beschreibt nochmals einige Ereignisse aus der Eroberungsgeschichte, in denen vor allem die Tatsache hervorgehoben wird, wie viele der israelit. Stämme es versäumt haben, ihr Erbteil völlig in Besitz zu nehmen. 2,6-3,7 nimmt das Generalthema des Richterbuches vorweg: Ungehorsam des Volkes – Götzendienst – Gericht – Rufen zu Gott – Gottes Eingreifen durch „Retter", die Richter.

3,8-16,31 beschreibt die Geschichte von 12 der insgesamt 14 Richter (Eli und Samuel kamen anschließend; 1.Samuel 4,18; 7,15).

Der letzte Abschnitt (17,1-21,25) berichtet von der moralischen und geistlichen Verwirrung dieser Zeit.

Bedeutung. Das Buch Richter ist ein lebendiges Zeugnis der anhaltenden Treue Gottes, aber auch seiner Gerechtigkeit. Neben offen zutage tretender Sünde und Verblendung begegnen wir auch einigen Glaubenshelden (vgl. Hebr 11,32).

Gliederung.
1,1-2,5 *Die unvollständige Landnahme.*
2,6-3,6 *Überblick über die Richterzeit.*
3,7-16,31 *Die zwölf Richter, u.a.*
    Deborah und Barak (4-5).
    Gideon (6-8).
    Jeftah (10,6-12,7).
    Simson (13-16).
17,1-21,25 *Anhänge.*
    Michas Hausgötze (17-18).
    Die Schandtat von Gibea und der benjaminitische Bürgerkrieg (19-21).

RICHTERSTUHL. Das Bild vom R. Gottes (Röm 14,10; 2.Kor 5,10) wurde wahrscheinlich von den griech. Staatsversammlungen abgeleitet, die vor einem erhöhten Sitz stattfanden, von dem aus die Geschäfte geleitet wurden; ähnliche Funktionen hatte das Podest röm. Beamter, das zur Rechtsprechung an einem öffentlichen Ort errichtet wurde (vgl. Joh 19,13; Apg 12,21).

RIESE. Ein Mensch von großer Gestalt (z.B. 2.Sam 21,20) oder mit außergewöhnlicher Körperkraft. Zu Bezeichnungen für

Rimmon

Riesen siehe *Anak; *Emiter; *Refaïter; *Susiter; *Goliat.

RIMMON. *Heidnische Gottheit:* Titel (Donnerer) des Sturmgottes Hadad von Damaskus. *Naaman nahm Erde aus Israel mit zum Tempel R.s, um dort den Gott Israels anzubeten (2.Kön 5,17f).
Person: Vater der Mörder von Isch-Boschet (2.Sam 4,2ff).
Orte: **1.** En-Rimmon im Negev, in der Nähe von Edom (Jos 19,7); vermutlich Chirbet er-Ramamim, 15 km nördl. von Beerscheba. **2.** Dorf im Gebiet des Stammes *Sebulon (Jos 19,13), wahrscheinlich Romaneh, 10 km nördl. von Nazareth. **3.** Ein Felsen (eine Klippe) in der Nähe von Gibea (Ri 20,45), vermutlich Rammon, 8 km östl. von Bethel.

RIND. Wird als Haustier im AT über 450 mal erwähnt. Das R. wurde in der Jungsteinzeit (10 000 v.Chr.) vor allem wegen seines Fleisches gezähmt, später wurden auch Milchkühe gehalten und die Stiere als Zugtiere eingesetzt. In Palästina waren sie wohl weit verbreitet; am meisten wurden sie im Bergland von Obergaliläa genutzt. Die Bibel berichtet von mehreren Tierschutzregeln für R.: Sie mußten am Sabbat ruhen und getränkt werden (2.Mo 23,12; Lk 13,15), man sollte ihnen beim Dreschen nicht das Maul verbinden (5.Mo 25,4; vgl. 1.Kor 9,9), und ein streunendes R. mußte zu seinem Besitzer zurückgebracht werden (2.Mo 23,4).

RIZPA (heißer Stein, eine lebendige Kohle). Nebenfrau *Sauls, die *Abner nach dessen Tod zur Frau genommen hatte (2.Sam 3,7). R. gebar Saul zwei Söhne, Mefi-Boschet und Armoni. Diese übergab *David zusammen mit den fünf Söhnen *Merabs, der Tochter Sauls, den Gibeonitern als Vergeltung für Sauls Greueltaten (2.Sam 21,1ff). R. wachte bei den Erhängten, bis David diese zusammen mit den Gebeinen von Saul und Jonatan bestatten ließ (2.Sam 21,10ff).

ROM. Der Überlieferung nach 753 v.Chr. auf seinen sieben Hügeln gegründet, war es wohl mehr ein Ort der Begegnung, der Menschen aus dem gesamten Mittelmeergebiet anzog, als die Heimat eines Volkes, das vorher dort gelebt hatte. In der Zeit des NT war es eine blühende Stadt. Mehrstöckige Wohnhäuser boten Unterkunft für eine Bevölkerung von über einer Million. Die Aristokratie lebte in Villen in der Vorstadt und auf Landsitzen. Die Kaiser hatten das Herz der Innenstadt mit einem großen Aufgebot von öffentlichen Gebäuden versehen. R. war ein Zentrum der Wirtschaft, des Handels, der Literatur und Kunst sowie der Sitz der Regierung. Im Buch der Offenbarung wurde es zum Symbol für korrupte Macht, materielle Gier und Verfolgung der Heiligen (Kap. 17).

Die Anfänge der christl. Gemeinde in R. sind nicht bekannt. Es ist möglich, daß sich Juden aus R. am Pfingsttag bekehrt haben oder daß christl. Reisende das Evangelium nach R. brachten. *Paulus' erster Kontakt zu der Gemeinde in R. entstand durch *Priszilla und *Aquila, die nach Korinth geflohen waren, als *Klaudius die Juden aus R. vertrieb (Apg 18,2). Später plante Paulus, die Gemeinde in R. zu besuchen, wenn er nach Spanien reiste (Röm 15,24). Die Christen, an die er sich in Röm 16 wendet, waren Freunde, die er auf seinen Reisen kennengelernt hatte und die ihn als eine Art „Leiter in Abwesenheit" anerkannten. Einige Stellen wenden sich auch an Hausgemeinden (16,5.10f. 14f). Paulus kam schließlich als Gefangener nach R., sein weiterer Weg ist nicht sicher überliefert (Apg 28,30f). Die christl. Gemeinde, gegen die Kaiser Nero um 64 n.Chr. seine Greueltaten richtete, muß eine beachtliche Größe gehabt haben. Im 2. Jh. entstand eine Überlieferung, daß Petrus in R. gewirkt habe und dort als Märtyrer gestorben sei, und im 4.Jh. n.Chr. wurde behauptet, daß er der erste Bischof von R. gewesen sei. Im Ersten Clemensbrief (ca. 95 n.Chr.) steht, daß sowohl Petrus als auch Paulus als Märtyrer in Rom gestorben sind.

RÖMERBRIEF. *Hintergrund.* Paulus schrieb diesen Brief auf seiner dritten Missionsreise um 56 n.Chr. von Korinth aus. Er suchte Neuland für sein Missionswerk im W des Röm. Reiches, da er seine Aufgabe im O als vollendet ansah. Rom, die Zentrale des Röm. Weltreiches, sollte

Zwischenhalt auf seiner Reise und Ausgangspunkt für sein Missionswerk in Spanien werden (15,24.28). Darum wollte er die Christen Roms in seine Arbeitspläne einweihen und sie für ihren Zeugendienst stärken.

Empfänger. Es ist nicht bekannt, wann und von wem die Gemeinde in Rom gegründet worden ist, aber unter den Hörern der Pfingstpredigt des Petrus waren auch „Ausländer aus Rom" (Apg 2,10). Der Glaube der Gemeinde in Rom war inzwischen „weltbekannt" (1,8).

Der R. ist das für uns verbindliche Zeugnis der grundlegenden Heilsbotschaft von Jesus Christus. Seine Wirkung in der Kirchengeschichte (Kirchenväter, Reformation, Pietismus) war gewaltig.

Der R. diente nicht nur der Vorbereitung des Besuches des Paulus, sondern ist eine persönliche Darstellung dessen, was Grund und Kern des Glaubens des Paulus und seiner Verkündigung war (im Gegensatz zur jüd. Werkgerechtigkeit und zur Verdrehung der christl. Freiheit in eine zuchtlose Lebensführung).

Der R. ist aber keine Kampfschrift, sondern ein Missionsdokument und konzentrierte, systematische Darlegung der Substanz des Evangeliums.

Rom. *Zur Zeit Jesu gehörten fast alle Gebiete rings um das Mittelmeer zum Römischen Reich. In der östlichen Hälfte des Mittelmeerraumes herrschte die griechische Sprache vor.*

Inhalt und Bedeutung. Der R. zeigt uns, wie Gott schuldige Menschen gerecht macht und zu einem Gott wohlgefälligen Leben befähigt. Den Schlüsselvers finden wir in 1,16-17: Im Evangelium liegt die Rettung für Juden und Heiden. Gottes Kraft rettet, nicht die des Menschen. Jesus Christus hat diese Rettung vollbracht. Der Mensch eignet sie sich im Glauben an, wird so vor Gott gerecht und dadurch zum Leben befähigt.

Der Brief tritt jedem menschlichen Leistungsprinzip entgegen: Nur noch Gottes Gnade kann retten. Der Aufruf zum Gehorsam des Glaubens und zur persönlichen Hingabe (12,1) stellt uns vor den Totalitätsanspruch Gottes.

Die Frage nach der künftigen Bedeutung Israels stellt er in das Licht der göttlichen Verheißungen. Zentraler Begriff des ganzen Briefes ist die *Gerechtigkeit Gottes:*

a) Sie deckt die Sünde in allen Menschen auf (1,18-3,20).
b) Sie rechtfertigt den Sünder durch den Glauben (3,21-5,21).
c) Sie heiligt den Gerechtfertigten (6,1-8,39).
d) Sie wird ersichtlich in der Geschichte Israels (9,1-11,36).
e) Sie wirkt sich konkret und praktisch im Leben der Glaubenden aus (12,1-16,27).

Gliederung.

1,1-15	*Eingangsgruß und Einleitung.*
1,16-17	*Thema des Briefes.*
1,18-11,36	*Das Evangelium, wie es Paulus verkündigte.*
1,18-3,20	Die Sündhaftigkeit des Menschen.
	Die Schuld der Heiden (1,18-2,16).
	Die Schuld der Juden (2,17-3,18).
	Die Schuld aller Menschen (3,19.20).
3,21-5,21	Der Weg der Gerechtigkeit für alle Menschen.
	Gerechtigkeit als Geschenk Gottes (3,21-31).
	Gerechtigkeit, wie sie Abraham erfahren hat (4,1-25).
	Gerechtigkeit, die allen Menschen durch Christus angeboten wird (5,1-21).
6,1-8,39	Der Weg der Heiligung für die Glaubenden.
	Leben unter der Gnade (6,1-23).
	Gesetz und Sünde (7,1-25).
	Siegreiches Leben im Geist (8,1-39).
9,1-11,36	Gottes Weg mit Israel.
	Gottes freie Gnadenwahl (9,1-29).
	Die Verantwortung Israels (9,30-10,21).
	Die Ziele des Heilsplans Gottes (11,1-36).
12,1-15,13	*Das Leben der Christen.*
	Die Beziehung der Christen untereinander (12,1-21).
	Christ und Staat (13,1-7).
	Die Pflichten des Christen (13,8-14).
	Das Gleichgewicht von Freiheit und Nächstenliebe in der Gemeinde (14,1-15,13).
15,14-16,27	*Abschließendes Grußwort und Ermahnungen.*

RÖMISCHES REICH. Die geographische und administrative Einheit im Mittelmeerraum, die von einem röm. Regierungssystem beherrscht wurde. Zunächst bedeutete das Wort „Imperium" nur die souveräne Herrschaft, die vom röm. Volk der gewählten Obrigkeit anvertraut wurde, auch auf religiösem, militärischem und juristischem Gebiet. Wenn eine röm. Provinz entstand, wurde ihre Regierung im allgemeinen weder abgesetzt noch an den röm. Staat angeschlossen. Der von Rom eingesetzte Statthalter (die Titel waren örtlich verschieden) wirkte in Verbindung mit den befreundeten Mächten des betreffenden Gebietes für die Aufrechterhaltung der militärischen Sicherheit Roms. In Friedenszeiten kam ihm mehr die Rolle eines Diplomaten als die eines monarchischen Herrschers zu.

Das Reich wurde stärker durch die röm. Militärmacht als durch direkte zentralisierte Regierungsgewalt zusammengehalten. Das R. umfaßte Hunderte von Satellitenstaaten, die alle ihre ausgehandelten individuellen Rechte und Privilegien hatten. Einzelne oder ganze Gemeinden verkauften zuweilen ihre lokale Loyalität für das röm. Bürgerrecht. Erst 212 n.Chr. erhielten alle freien Einwohner das Bürgerrecht, und die Provinzen wurden Reichsgebiete im heutigen Sinn.

Die Provinz Syrien, in der sich die Ereignisse aus den Evangelien und der frühen Apostelgeschichte abspielten, wurde 64 v.Chr. von Pompejus gegründet. Die größten Teile Griechenlands und Kleinasiens – Gebiete, die in der Apostelgeschichte und den ntl. Briefen genannt werden – waren bereits im 2. Jh. v.Chr. röm. Provinzen geworden.

Bis zum 1. Jh. v.Chr. waren die röm. Provinzstatthalter nur ein Jahr in diesem Amt, und der Wettbewerb um diese Funktionen trug nicht zu einer stabilen Regierung bei. Nach der Machtübernahme durch Kaiser *Augustus entstand eine professionelle Klasse von Statthaltern, die vom Kaiser ernannt wurden. Drei der wichtigsten Aufgaben der Statthalter werden im NT anschaulich dargestellt. Zuerst ging es um die Erhaltung der militärischen Sicherheit und der öffentlichen Ordnung. Z.B. führte ein drohender Volksaufstand zur Inhaftierung des Paulus (Apg 21,31ff). Die zweite Aufgabe bestand in der Einnahme von Steuern. Sowohl Jesus als auch Paulus verteidigten das Recht Roms, dieses Geld einzunehmen (Lk 20,22ff; Röm 13,6f). Der dritte Aufgabenbereich war die Gerichtsbarkeit, die sowohl unter Bezugnahme auf örtliche Behörden (Apg 19,38) und auf Antrag auch gegen sie durchgeführt wurde (Apg 25,9f). Für röm. Bürger war es möglich, sich auf den Kaiser zu berufen (vgl. Paulus in Apg 24,10).

Das NT spiegelt die Atmosphäre des Röm. Reiches wider: Der Erlaß des Kaisers brachte Josef nach Bethlehem (Lk 2,4), wo Jesus geboren wurde; die Angst des Pilatus, bei dem Kaiser in Rom in Ungnade zu fallen, besiegelte Jesu Todesurteil (Joh 19,12).

ROTES MEER. Das Meer, das Nordostafrika von Arabien trennt. Es erstreckt sich von S 1900 km nordwärts, von der Meerenge von Bab el-Mandeb in der Nähe von Aden bis zur Südspitze der Sinaihalbinsel und teilt sich dann für weitere 300 km in den Golf von Suez und den Golf von Aqaba. Im Altertum schloß der Name auch das Arabische und das Indische Meer an der Nordwestküste Indiens ein.

Im AT werden mit dem Begriff „Schilfmeer" (der oft „Rotes Meer" übersetzt wurde) folgende Gebiete bezeichnet: *Das Gebiet der bitteren Seen* im ägypt. Delta. Wahrscheinlich fand in diesem Gebiet beim Auszug aus Ägypten Israels Überquerung des Schilfmeeres statt. Gott sandte einen Wind, der das flache Wasser austrocknen und die Israeliten sicher das Land erreichen ließ, bevor das Wasser zurückkehrte und das Gebiet wieder zu einem gefährlichen Sumpf wurde (2.Mo 14-15). Die Gegend ist bekannt dafür, daß sie von starken Ostwinden heimgesucht wird, und die Wüste Schur, in die das Volk Israel zog, liegt gegenüber. *Der Golf von Aqaba und der Golf von Suez* werden auch unter dem Namen „Schilfmeer" bei dem Weg der Israeliten über die Sinaihalbinsel erwähnt (z.B. 4.Mo 14,25). Salomos Hafen Elat lag am Golf von Aqaba (1.Kön 9,26).

RUBEN. Er war der erstgeborene Sohn *Jakobs und *Leas. Sein positiver Charakter erhielt einen Makel durch seine Beziehung zu Bilha, der Nebenfrau seines Vaters (1.Mo 35,22). R. riet seinen Brüdern, *Josef nicht zu töten (1.Mo 37,21ff). Später, als die Brüder beim Getreidekauf am ägypt. Hof als Spione verdächtigt wurden, bot er seine eigenen Söhne als Garantie für *Benjamins Sicherheit an (1.Mo 42,37). Seine Stellung als Erstgeborener wurde nie angefochten, aber sein traditioneller „Doppelanteil" am Familienerbe ging schließlich an die beiden Söhne Josefs, die das Land in Kanaan erbten (1.Mo 49,4).

Der Stamm R. bewohnte das Land östl. des Jordans; sie waren vorrangig Viehhirten. Da er nicht auf dem *Stein der Moabiter um 830 v.Chr. erwähnt ist, spielte er wohl bei kriegerischen Auseinandersetzungen keine bedeutende Rolle, war aber innerhalb Israels dennoch nicht in Vergessenheit geraten (vgl. Hes 48,7.31).

RUFUS (rot). **1.** Sohn des Simon von Kyrene (Mk 15,21). **2.** Christ in Rom, der von Paulus im Römerbrief gegrüßt wird (Röm 16,13). Eventuell sind 1. und 2. identisch.

RUHE. Der Begriff bezieht sich sowohl auf die Sabbatruhe (1.Mo 2,2f; 2.Mo 31,15) als auch auf *Frieden und Wohlergehen. Beides wurde den Israeliten für ihr Leben im Land Kanaan verheißen (5.Mo 3,20), aber aufgrund ihres Unglaubens blieb die Verheißung zum großen Teil unerfüllt (Ps 95,8ff; vgl. Hebr 3,7-4,10). Christen haben bereits die „Ruhe" Gottes (Hebr 12,22ff; Mt 11,28ff), aber eine noch größere „Ruhe" erwartet sie im Himmel (Hebr 4,9).

RÜSTTAG. Tag vor der wöchentl. Sabbatfeier und dem einmal im Jahr gefeierten Passafest (z.B. Mt 27,62), an dem sich die

Juden auf den Ruhe- oder Festtag vorbereiteten. *Sabbat.

RÜSTUNG. 1. *Schild.* In den ältesten Kampfszenen aus Ägypten und Mesopotamien sind Schilde dargestellt. Form und Größe waren je nach Land und Zeit verschieden. Kleine Rundschilde wurden von den Seevölkern (Philister) ca. 1250 v.Chr. eingeführt und waren später bei den Hebräern weit verbreitet (z.B. bei den Benjaminiten in 2.Chro 14,7). Im allgemeinen bestanden Schilde aus einem mit Leder bespannten Holzrahmen und wurden vor der Schlacht mit Öl eingerieben. Metallschilde gaben besseren Schutz, waren aber hinderlicher.

2. *Helm.* Metallhelme wurden von sumer. und akkad. Soldaten bereits vor 2000 v.Chr. getragen. In 2.Chro 26,14 gehören Helme zur Ausrüstung von Usijas Heer, waren aber vielleicht aus Leder. Bronzehelme wurden in den beiden letzten Jh. v.Chr. an pers. Soldaten ausgehändigt (1.Makk 6,35).

3. *Panzerhemd (Harnisch).* Wurde zuerst von Wagenlenkern (Jer 46,4) und Bogenschützen (Jer 51,3) getragen, die sich nicht mit Schilden schützen konnten. Schuppenpanzer waren im Vorderen Orient ab 1500 v.Chr. gebräuchlich; in einem alten Text aus Nuzi (*Archäologie) wird ein Panzer mit 680 und ein anderer mit 1035 Schuppen erwähnt. *Nehemias Bauleute trugen Panzer zum Schutz gegen unerwartete Angriffe (Neh 4,10).

Paulus gebraucht in Eph 6,13ff die verschiedenen Teile der Waffenrüstung als Bild für die geistliche Waffenrüstung des Christen, die er anlegen soll.

*Krieg; *Pfeil und Bogen; *Schleuder; *Schwert; *Speer; *Wagen.

Rüstung. (1) Philister mit Federhelm, Lendenschurz, Lanze und Dolch. (2) Assyrischer Krieger mit Panzer, Spitzhelm, Rundschild, Dolch, Schwert und Lanze. (3) Römischer Leichtbewaffneter mit Rundhelm, Rundschild und Lanze.

RUT. Moabiterin, die während der Zeit der *Richter lebte; ihre Geschichte wird in dem bibl. Buch (*Rut, Buch) beschrieben. Sie hatte den Israeliten Machlon geheiratet, der mit seinem Vater Elimelech, seiner Mutter *Noomi und seinem Bruder Kiljon während einer Hungersnot nach Moab umgesiedelt war. Elimelech starb, auch die beiden Brüder starben und hinterließen keine Söhne. Als Noomi beschloß, nach Israel zurückzukehren, ging R. mit ihr. Sie nahm den Schutz ihres Verwandten *Boas in Anspruch, der seine „Löser"-Pflicht als nächster Verwandter erfüllte und R. auch heiratete. Ihr Sohn *Obed war der Großvater *Davids.

RUT, BUCH. *Verfasser und Zeit.* Der Verfasser ist nicht bekannt. Aus dem Text dieses Buches ist zu schließen, daß es aus der Richterzeit stammt (1,1).

Inhalt und Bedeutung. Das Buch Rut wurde zum Erntefest (Pfingstfest) im Tempel vorgelesen. Es will zeigen, wie die Hand Gottes den Gläubigen überall führt und leitet. Ebenso wichtig ist auch die Darstellung der Ereignisse, die eine Vorgeschichte der Geburt des Sohnes Davids darstellen (vgl. Mt 1,5).

Rut ist ein Vorbild für einen Menschen, der im Glauben lebt, sich führen läßt, das Schicksal nicht selbst in die Hand nimmt, sondern vertrauensvoll warten kann und dafür belohnt wird.

Gliederung.
1,1-22   Ruts Treue gegen Noomi.
2,1-4,12 Ruts Begegnung mit Boas.
4,13-22 Boas heiratet Rut.

S

SABA. Land, dessen Königin (*Saba, Königin von) *Salomo besuchte (1.Kön 10,1ff), wahrscheinlich das Gebiet der Sabäer im SW Arabiens. Ursprünglich Kamelnomaden, hatten sie sich wahrscheinlich zur Zeit Salomos im O des heutigen Jemen niedergelassen. Im AT werden sie sehr häufig als Kaufleute oder Räuber (Hiob 1,15; 6,19) erwähnt. Sie handelten mit Gold, Gewürzen, Edelsteinen und Weihrauch (1.Kön 10,2; Jes 60,6). Aus Joel 3,8 ließe sich schließen, daß sie zeitweise auch Sklavenhändler waren.

Sie gründeten Oasensiedlungen in Nordarabien, die als Karawanenstützpunkte dienten. S. wurde von Priester-Königen regiert, und das Volk betete die Sonne, den Mond und die Sterne an.

SABA, KÖNIGIN VON. Die nicht namentlich benannte Monarchin reiste von Saba nach Jerusalem, um die Weisheit *Salomos zu prüfen. Ein weiterer Grund für ihre Reise war der Abschluß eines Handelsabkommens mit Salomo, denn Salomos Kontrolle über die Handelsstraßen bedrohte das traditionelle Einkommen der Sabäer. Texte aus Assyrien und Südarabien bestätigen, daß es im 8. Jh. v.Chr. Königinnen in Arabien gegeben hat. Ihre Bereitschaft, 2000 km auf dem Rücken eines Kamels zurückzulegen, wird von Jesus in Mt 12,42 der Selbstgefälligkeit der Juden gegenübergestellt.

SABBAI. 1. Ein Mann, der nach Esras Gebot zur Auflösung der Mischehe seine ausländische Frau verstieß (Esr 10,28). **2.** Vater des Baruch, der zur Zeit Nehemias die Jerusalemer Mauer mitreparierte (Neh 3,20).

SABBAT. Jeweils der siebente Tag - der Sabbat - soll Gott geheiligt werden. Dieses Gebot (2.Mo 20,8ff) gründet sich auf die Tatsache, daß Gott selbst am siebenten Tag von seiner Arbeit als Schöpfer ruhte (wörtl.: sie einstellte; 1.Mo 2,2).

Dieser Tag galt als ein Geschenk von Gott (vgl. 2.Mo 16,29), um an ihn zu denken, und er hatte auch einen sozialen Hintergrund, indem er Sklaven zu einer regelmäßigen Ruhepause verhalf (5.Mo 5,14ff). Die Sabbatgesetzgebung gehörte zum atl. *Gesetz (vgl. 3.Mo 19,3.30). Ihr Ernst zeigte sich darin, daß ein Mann, der dieses Gesetz gebrochen hatte, zum Tode verurteilt wurde (4.Mo 15,32ff). Die *Propheten riefen immer wieder dazu auf, den S. zu heiligen (z.B. Jes 56,2ff; 58,13), und verurteilten dessen Schändung (Hos 2,13). Nehemia erneuerte das Verbot, am S. Handel zu treiben (Neh 10,32; 13,15ff; vgl. Am 8,5). In der Zeit zwischen AT und NT erarbeiteten die Juden bis ins kleinste unzählige Vorschriften, wie der S. auf rechte Weise gehalten werden soll. Diese Gesetzlichkeit wurde von Jesus, der sich selbst als den Herrn des S. bezeichnete (Mk 2,23), offen verurteilt. Er nahm regelmäßig am S. an den Gottesdiensten in der Synagoge teil (Lk 4,16), zeigte aber, daß es nicht falsch war, am S. Gutes zu tun oder Nahrung zuzubereiten (Lk 6,1-11).

Am ersten Tag der Woche - dem Tag nach dem jüd. S. - stand Jesus von den Toten auf. Daraus wurde sehr schnell der Tag des Herrn, an dem sich Christen zum

Gottesdienst trafen und den sie als ihren „Sabbat" (Offb 1,10; vgl. Apg 20,7) feierten. Vor dem christl. Zeitalter wurde in Kleinasien und Ägypten der erste Tag des Monats als „Tag des Kaisers" bezeichnet. So lag es für Christen nicht fern, diesen Gedanken aufzugreifen und ihren Sabbat „den Tag des Herrn" zu nennen im Gedenken an Jesu Auferstehung, die ihn als den Herrn auswies (vgl. Röm 1,4).

SABBATJAHR. Im AT mußten das Ackerland und die Weinberge, nachdem man sie sechs Jahre hintereinander bebaut und davon geerntet hatte, im siebenten Jahr brach liegen (3.Mo 25,2ff). Die Armen durften auflesen, was immer auch darauf wuchs, und was sie übrigließen, war für die wilden Tiere bestimmt (2.Mo 23,11). Gott hatte versprochen, daß die Ernte im sechsten Jahr genug Nahrung bis zur nächsten möglichen Ernte bringen würde (3.Mo 25,20f). Das S. wurde nur zeitweise eingehalten (Neh 10,33; 1.Makk 6,49.53) und seine Umgehung verurteilt (2.Chro 36,21).

Jedes siebente S. war ein Erlaßjahr (Jobeljahr; 3.Mo 25,10), in dem auch die Beschränkungen des S. in Kraft traten und für den Fall eines inzwischen eingetretenen Zwangsverkaufes das Land an seinen ursprünglichen Besitzer zurückgegeben werden mußte. Dieses Gesetz sollte Israel daran erinnern, daß alles Land Gott gehörte.

SACHARJA. Siehe *Sacharja, Buch.

SACHARJA, BUCH. *Verfasser und Zeit.* Sacharja (=Jahwe gedenkt), Sohn Berechjas, war ein Zeitgenosse und Mitarbeiter Haggais beim Tempelbau um 520 v.Chr. (Esr 5,1). Er war vermutlich noch ein junger Mann, als er sein Prophetenamt antrat. Es gelang beiden, das Volk zur Fortsetzung des Tempelbaus – nach 16jähriger Unterbrechung – zu bewegen. (Vgl. auch Haggai, Esra und Nehemia).

Inhalt und Bedeutung. Mit den acht Nachtgesichten (Visionen) am Anfang des Buches beginnt die Erschließung der Zukunft für das Volk Israel, das noch einmal einen Neuanfang erleben wird. Gott hat unendlich viele Möglichkeiten, das Heil für Jerusalem und damit für die ganze Völkerwelt herbeizuführen. Dazu dient sowohl das Gericht an den Heiden wie auch am Volk Gottes selbst. Die Heimsuchungen an den Völkern dienen zur Hilfe und zum Schutz Israels; das Gericht am eigenen Volk bewirkt dessen Reinigung und Wandlung zum heiligen Volk Gottes. Eindrucksvoll schildert Sacharja die Gestalt und das Kommen des Messiaskönigs in seiner Niedrigkeit und Hoheit.

Gliederung.

1-6	Bußruf, acht Nachtgesichte, Krönung Jeschuas.
7-8	Fastenpredigt.
9-11	Gerichtswort über die Völker, der kommende Messias-König und seine Verwerfung.
12-14	Verfolgung, Rettung, Läuterung Israels. Endsieg des Messias.

SACK/SACKGEWAND. Ein grobes Gewand, gewöhnlich aus Ziegenhaar hergestellt und meist schwarz (Offb 6,12). Ein S. wurde als Zeichen der Trauer getragen (2.Sam 3,31), der Reue über begangene Sünden (1.Kön 21,27) oder, um dem Gebet um Rettung Nachdruck zu verleihen (2.Kön 19,1f). Normalerweise wurde es auf der bloßen Haut getragen (2.Kön 6,30). Auch die Schafhirten in Palästina trugen gewöhnlich dieses Gewand, weil es billig und haltbar war. In Jes 50,3 wird es symbolisch für Dunkelheit gebraucht.

SADDUZÄER. Über die S. sind nur wenige Informationen erhalten, vor allem in solchen Quellen, die ihnen im allgemeinen feindlich gegenüberstehen. Ihr Name könnte von *Zadok abgeleitet sein, der unter Salomo Hoherpriester war (1.Kön 2,35; Hes 44,15f). Wahrscheinlich ist die Gemeinschaft der S. zur Makkabäerzeit entstanden. Die S. waren neben den *Pharisäern und *Essenern eine der drei großen religiösen Parteien des Frühjudentums. Sie kamen vor allem aus den höheren, reichen Schichten des Volkes, und ein großer Teil der Priester gehörte zu ihnen. Unter der Herrschaft der Römer und Herodes dominierten sie im *Hohen

Rat, erloschen aber als Partei, nachdem 70 n.Chr. der Tempel zerstört worden war. Unter dem einfachen Volk besaßen sie kaum Anhänger, im Gegensatz zu den Pharisäern. Ihre Religion war konservativ; sie akzeptierten nur die im *Pentateuch festgeschriebenen Gesetze, aber keine mündliche Überlieferung. Außerdem lehnten sie die Lehre von der Auferstehung sowie von Engeln und Dämonen ab. Nach seinen Taten bekommt der Mensch in diesem Leben, was er verdient.

SAKKUT. Heidnische Gottheit, die Israel in der Wüste verehrte (Am 5,26), vielleicht ein assyr. Kriegsgott, Gott der Sonne und des Lichts, oder Saturn.

SAKRILEG (Tempelschändung). Siehe *Greuelbild der Verwüstung.

SALAMIS. Hafenstadt an der Ostküste Zyperns, die Paphos, der röm. Hauptstadt der Insel, ihre Vormachtstellung streitig machte und sie ihr schließlich abrang. Der Hafen ist heute völlig verschlammt. Im 1. Jh. n.Chr. gab es dort eine große jüd. Gemeinde, die Paulus zu Beginn der ersten Missionsreise besuchte (Apg 13,5).

SALBE. Siehe *Kosmetik und Parfüm; *Öl.

SALBUNG. Mit Öl gesalbt wurden im AT Menschen oder Gegenstände, die Gott geweiht waren; z.B. Könige (2.Sam 2,4), Priester (2.Mo 28,41) und die Einrichtung der Stiftshütte (2.Mo 30,22). Wer die S. vornahm, handelte im Auftrag Gottes (1.Sam 10,1). Im übertragenen Sinne wurde S. für göttliche Segnungen gebraucht (Ps 23,5). Oft besteht zwischen einer S. und dem Wirken des *Heiligen Geistes ein Zusammenhang (1.Sam 16,13; Jes 61,1). In 1.Joh 2,20.27 wird S. zum Synonym für den Heiligen Geist, der den Glaubenden den notwendigen Durchblick schenkt.

In Jak 5,14 wird die S. Kranker mit Öl empfohlen – nicht als Vorbereitung auf einen baldigen Tod. Vielmehr erfolgen Sündenbekenntnis, Gebet der Gemeindeältesten und die zeichenhafte Handlung der S. in der Erwartung auf Gottes heilendes Eingreifen.

*Messias.

Salbe. Entenförmige Elfenbeinschale aus Megiddo und Löffel aus Elfenbein (10. Jh. v.Chr.).

SALCHA. Ort im äußersten O von Baschan, der an der Grenze zwischen den Stämmen *Gad und *Manasse liegt und Manasse zugeteilt wurde (5.Mo 3,10.13; 1.Chro 5,11); vermutlich das heutige Salhad.

SALEM (sicher, in Frieden). Ein Gebiet, das von dem kanaan. Priesterkönig *Melchisedek beherrscht wurde (1.Mo 14,18), gewöhnlich mit *Jerusalem identifiziert, obgleich es manchmal mit Salim, weiter östl., in Verbindung gebracht wird.

SALIM. Ort in der Nähe von Änon am Jordan, wo *Johannes taufte (Joh 3,23), wahrscheinlich das S. (Salumias) oder Tell Abu Jus, 12 km südl. von Beisan. Die *Samariter identifizieren ein S. in Samarien mit dem *Salem in 1.Mo 14,18.

SALMANASSAR (der Gott Schulman ist mein Herr). Name mehrerer assyr. Könige. Der israelit. König Hoschea (2.Kön 17,3) unterwarf sich S. V. (727-722 v.Chr.), dem Sohn von *Tiglat-Pileser III., der vermutlich Samarien eroberte (2.Kön 17,6), obgleich sein Sohn Sargon II. die endgültige Niederlage Samariens 722/1 v.Chr. für sich beanspruchte. Obwohl er in der Bibel nicht erwähnt ist, kämpfte S. III. 853 v.Chr. bei Qarqar gegen eine israelit.-syr. Koalition und behauptete, Hasael von Damaskus besiegt zu haben (vgl. 1.Kön 19,15).

SALMON. 1. Vater von *Boas, dem Mann der Rut (Rut 4,20). **2.** Sohn Hurs, Stammvater von Gruppen, die mit den Kenitern in Verbindung stehen (1.Chro 2,51ff).

SALMONE. Vorgebirge am östlichen Ende von Kreta, wahrscheinlich das heutige Kap Sidero (Apg 27,7).

SALOME. 1. Eine der Frauen, die bei der Kreuzigung Jesu anwesend waren und am Ostermorgen zum Grab gingen (Mk 15,40; 16,1). Sie war vermutlich die Mutter der Söhne des *Zebedäus (vgl. ihre nicht namentlich aufgeführte Mutter in Mt 27,56) und die Schwester der Mutter Jesu (die nicht mit Namen benannte Schwester in Joh 19,25).
2. Die Tochter der *Herodias und deren ersten Ehemannes *Herodes Philippus. Sie wird gewöhnlich als das tanzende Mädchen aus Mk 6,22 identifiziert. Sie heiratete den Halbbruder ihres Vaters, den Vierfürsten Philippus.

SALOMO. Der dritte König Israels, etwa 971-931 v.Chr.; der zweite Sohn *Davids mit *Batseba. David bestätigte ihn als seinen Thronfolger, nachdem *Adonija, sein ältester, noch lebender Sohn bereits Anspruch auf den Thron erhoben und ein Krönungsfest gefeiert hatte (1.Kön 1). S. ließ Adonija wegen seiner unbesonnenen Bitte um Davids Magd *Abischag hinrichten. S. Königsherrschaft war danach nicht mehr bedroht. Er wurde von Gott gesegnet, als er um Weisheit bat, um seiner Verantwortung gerecht werden zu können (1.Kön 3,3ff); er überragte alle seine Zeitgenossen an Weisheit und sammelte und verfaßte Tausende von Sprüchen und Liedern (1.Kön 5,9ff). Zwei Sammlungen bibl. Sprüche tragen seinen Namen (Spr 10,1-22,16; 25,1-29,27), und aus Spr 1,1 geht hervor, daß er im wesentlichen das gesamte Buch zusammengestellt hat. Traditionell wurden ihm auch das *Hohelied und *Prediger zugeschrieben. Jüd., arabische und äthiopische Volkssagen berichten von seiner Weisheit und seinen magischen Kräften.

Er richtete zwölf Verwaltungsbezirke ein, die etwa den Stammesgebieten Israels entsprachen. Jeder Bezirk mußte jeweils einen Monat im Jahr den Hof versorgen (1.Kön 4,7ff), was eine erhebliche Belastung darstellte (vgl. 1.Kön 5,2f). Er berief Israeliten zur Zwangsarbeit ein, machte sie aber wahrscheinlich nicht zu Sklaven (1.Kön 5,27ff; 9,15ff). Das führte zu Unruhen, der Fronvogt (Oberaufseher) *Adoram wurde z.Z. Rehabeams gesteinigt (1.Kön 12,18).

S. beherrschte die Karawanenstraßen von N nach S; seine Verbindungen mit *Hiram von Tyrus verschafften ihm tüchtige Seeleute. Sein wichtigster Hafen war Ezjon-Geber (Elat) am Golf von Aqaba: in 1.Kön 9,26ff; 10,11ff finden wir die Waren aufgelistet, die er auf seinen mit Phöniziern bemannten Schiffen transportierte. Er wurde zum wichtigsten Mittler im Handel mit Pferden und Wagen, Hetiter und Aramäer kauften über ihn ägypt. Ware (1.Kön 10,28). Der berühmte Besuch der Königin von *Saba stand möglicherweise auch mit Handelsabkommen in Verbindung. Derartige Abkommen, z.B. mit Hiram von Tyrus, dienten auch der Lieferung von Baumaterial für S. Palast und den *Tempel, dessen Pläne noch David entworfen hatte (1.Kön 5,15ff).

S. führte keine größeren Kriege. Er wußte seine zahlreichen ausländischen Bündnisse zu nutzen. Viele seiner internationalen Verträge wurden durch die Heirat ausländischer Prinzessinnen besiegelt. Diese brachten fremde Götter ins Land, die auch S. zuweilen anbetete, um seinen Frauen zu gefallen (1.Kön 11). S. hatte entlang der Grenze einen Ring von strategischen Städten, ausgerüstet mit Streitwagen (1.Kön 9,15ff). *Hadad, der Edomiter, fiel jedoch an der Südflanke ein, und Reson eroberte Damaskus und gründete dort, wo Davids nördlichster Regierungsbereich gewesen war, ein eigenes Königreich. Diese Ereignisse waren Gottes Gericht über S. (1.Kön 11,14ff; 23ff).

SALZ. Die Hebräer hatten Zugang zu den unbegrenzten Salzvorräten am Ufer des Toten Meeres (Zef 2,9) und dem in der Nähe gelegenen Salzberg. Es war Steinsalz, dessen äußere Schicht aufgrund von Verunreinigungen geschmacklos war und weggeworfen werden mußte (Mt 5,13).

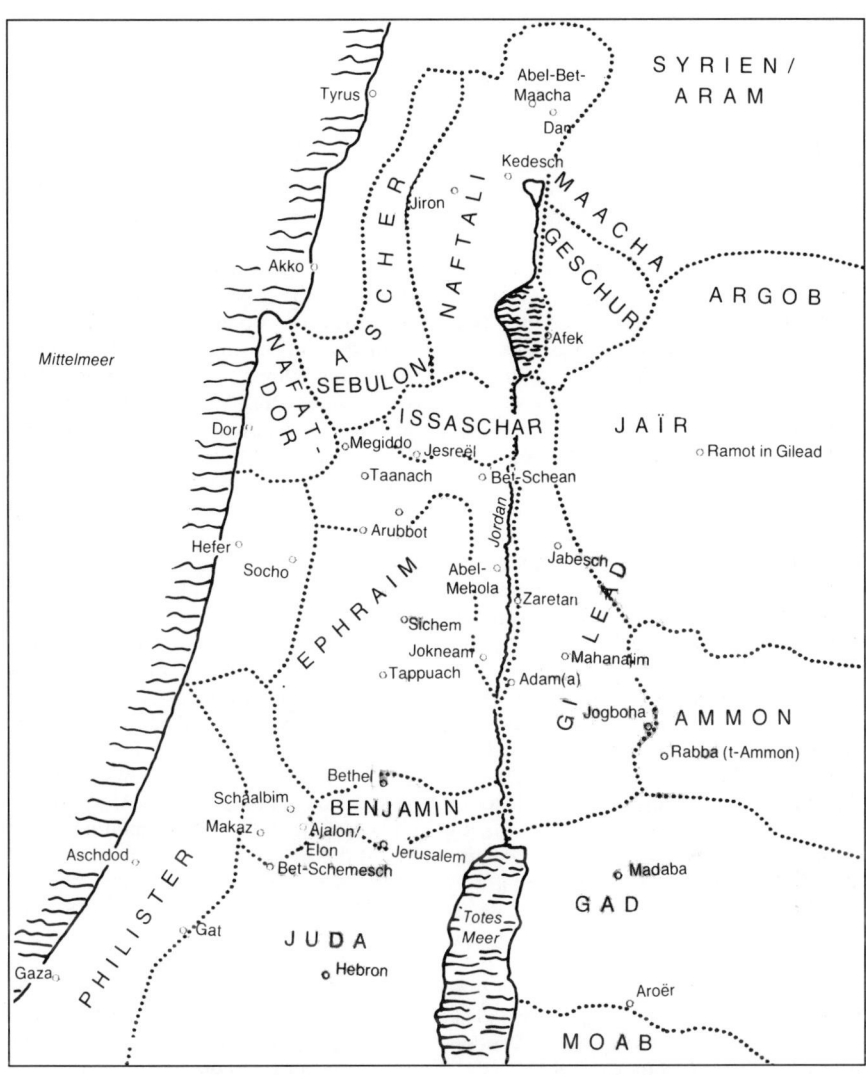

S. wurde zum Konservieren und Würzen von Speisen verwendet. In Mt 5,13; Mk 9,50 und Kol 4,6 wird es symbolisch gebraucht. S. spielte auch beim Opfer und bei Bundesschlüssen eine Rolle (3.Mo 2,13; 2.Chro 13,5) und wurde so ein Symbol für Treue.

*Kräuter und Gewürze.

SALZSTADT. In Jos 15,62 ein Grenzort von Juda „in der Wüste"; mit einer Siedlung aus der Eisenzeit bei *Qumran identifiziert.

Salomo. *Salomos Verwaltungsbezirke nach 1.Kön 4,7-19.*

SALZTAL. Schauplatz von Kämpfen zwischen Israel und Edom (2.Sam 8,13; 2.Chro 25,11). Da in Steppe und Wüste Salzablagerungen verbreitet sind, ist die genaue Identifikation des S. schwierig. Es könnte am Südrand des Toten Meers gelegen haben.

SAMARIA/SAMARIEN. Name der Hauptstadt des Nordreiches Israel und des sie umgebenden Gebietes. Sie wurde von dem israelit. König *Omri auf einem Hügel 11 km nordwestl. von Sichem erbaut und nach dem ursprünglichen Besitzer des Landes benannt (1.Kön 16,24). Dort gab es einen Tempel für den Baal der Sidonier (Melkart) und andere heidnische Altäre, die schließlich von König *Jehu (2.Kön 10,27) beseitigt wurden. S. wurde von den Propheten lange Zeit als Zentrum des Götzendienstes betrachtet (z.B. Jer 23,13). Es wurde zweimal von der syr. Armee belagert, aber wunderbar befreit (2.Kön 6,8ff; 24ff; 7,3ff).

Salmanassar V. von Assyrien belagerte die Stadt von 725-722 v.Chr. und eroberte sie schließlich; sein Nachfolger Sargon II. deportierte viele Menschen aus diesem Gebiet, so daß das Nordreich aufhörte zu existieren (2.Kön 17,18). Die Einwohner wurden durch Ansiedler aus anderen Teilen des Assyrerreiches ersetzt (2.Kön 17,24f). Es entstand eine Mischbevölkerung und eine Mischform der Gottesverehrung. Unter der Perserherrschaft blieb S. Provinzhauptstadt. 332 v.Chr. nahm Alexander der Große die Stadt ein. Der Hasmonäerkönig Johannes Hyrkan eroberte und zerstörte sie 107 v.Chr. In der Römerzeit wurde S. wieder aufgebaut. Herodes der Große verlieh der Stadt durch seine Bautätigkeit neuen Glanz. Zu Ehren des Kaisers nannte er sie Sebaste (Augusta).

Trotz der Gegnerschaft zwischen S. und Juda reiste Jesus durch dieses Gebiet (Lk 17,11; Joh 4,4), und Philippus verkündigte dort das Evangelium (Apg 8,5).

Unter den von Archäologen entdeckten Ruinen befand sich ein Palast aus der Zeit *Ahabs und ein ummauertes Wasserbecken, der „Teich" (vgl. 1.Kön 22,38). In einem Raum fand man Elfenbeinschnitzereien und Fragmente der Elfenbeinvertäfelung (vgl. 1.Kön 22,39). Überreste der Stadt aus der hellenistischen Zeit sind gut erhalten, einschließlich eines runden Turms und Teilen der Stadtmauer. Aus der röm. Zeit sind Reste des großen Tempels für Augustus bemerkenswert.
*Samaritaner.

SAMARITANER. Im AT werden sie nur einmal erwähnt als Bezeichnung für das Völkergemisch, das aus dem Rest der israelit. Bevölkerung und den von dem assyr. König *Sargon nach Samarien gebrachten Deportierten entstanden war (2.Kön 17,29).

Da 721 v.Chr. nicht alle Nordisraeliten ins Exil gingen (2.Chro 30), überrascht es nicht, daß es dort noch Bewohner gab, die den Gott der Juden verehrten (Esr 4,2). Am Tempelbau in Jerusalem und beim Bau der Stadtmauern durften S. nicht mithelfen. Der Bau eines eigenen Tempels auf dem Berg *Garizim verhärtete die Fronten zwischen den S. und den Juden in Jerusalem. Dieser Nebentempel wurde von dem makkabäischen Führer Johannes Hyrkan 128 v.Chr. zerstört, aber die Trennung der Religionspraxis setzte sich fort. Jesus überging die S. nicht während seines Dienstes (vgl. Joh 4; Lk 10,30ff; 17,16ff).

Die wichtigsten theologischen Schriften der S., die uns heute zur Verfügung stehen, stammen erst aus dem 4. Jh. und der Zeit danach, so daß es nicht möglich ist, ihre Glaubensauffassungen in der Zeit des NT zu rekonstruieren. Sie betrachteten nur den *Pentateuch (1.Mo-5.Mo) als verbindlich und warteten auf die Wiederkunft des Mose.

SAME. Der befruchtete und reife S. einer Pflanze, aus dem eine neue Pflanze entsteht. Auch die Nachkommen der Menschen werden im hebr. Text als „Samen" bezeichnet (z.B. 1.Mo 3,15). In seinen Gleichnissen gebraucht Jesus den Begriff symbolisch für das Wort Gottes, das in die Herzen der Menschen ausgesät wird (Mk 4,3ff), für sein Volk, das in der Welt zerstreut ist (Mt 13,24ff), und für die kleinen Anfänge des Himmelreiches (Mt 13,31f). In 1.Kor 15,35ff vergleicht Paulus die Beziehung zwischen dem Auferstehungsleib und dem körperlichen Leib mit einer voll ausgewachsenen Pflanze und ihrem S.

SAMMLUNG (FÜR DIE JERUSALEMER GEMEINDE). In den zwei Jahren vor seinem letzten Jerusalembesuch (57 n.Chr.) sammelte Paulus Spenden in den heidenchristl. Gemeinden, um die Armut in der Jerusalemer Gemeinde zu lindern. Er und Barnabas wurden von der Apostelversammlung in Jerusalem aufgefordert, an die Armen zu denken (Gal 2,10); sie hatten bereits eine Gabe aus Antiochia nach Jerusalem gebracht (Apg 11,30). Die spätere Sammlung wird zuerst in 1.Kor 16,1ff erwähnt, daraus geht hervor, daß Paulus die Gemeinden in Galatien bereits davon unterrichtet hatte. Jeder Haushaltsvorstand sollte 12 Monate lang einen Teil seines wöchentlichen Einkommens beiseitelegen, damit der Betrag im folgenden Frühjahr nach Jerusalem gebracht werden konnte. Offenbar zweifelte Paulus später am Eifer und der Bereitwilligkeit der Gemeinde, denn er sandte ihnen Titus zur Überwachung der Sammlung (2.Kor 8,16ff). Zu jener Zeit war Paulus in Mazedonien, und dort bestanden Christen darauf, auch ihren Beitrag zu leisten, obwohl sie selbst kaum das Lebensnotwendigste besaßen. Einen anderen Hinweis auf diese Sammlung gibt Röm 15,25ff. Hier wird deutlich, daß damit auch die Gemeinschaft zwischen Juden- und Heidenchristen gefestigt werden sollte.

SAMOS. Insel im Ägäischen Meer vor der Küste Kleinasiens, südwestl. von Ephesus. Kaiser *Augustus erklärte sie 17 v.Chr. zu einem Freistaat. Paulus segelte auf seiner dritten Missionsreise an S. vorbei (Apg 20,15).

SAMOTHRAKE. Eine kleine gebirgige Insel in der nördl. Ägäis mit einer Stadt, die den gleichen Namen trägt (das heutige Samothraki). Sie war ein Zentrum des Mysterienkults der „Kabeiroi" (Fruchtbarkeitsgötter). Paulus reiste auf dem Weg nach Mazedonien über S. (Apg 16,11).

SAMUEL. Sohn *Elkanas und *Hannas. Der Prophet war ein Zeitgenosse *Sauls und *Davids. Nach ihm sind zwei bibl. Bücher benannt (*Samuel, Bücher). In Apg 3,24 wird er als der erste der Propheten, in Apg 13,20 als der letzte der Richter bezeichnet. Seine Mutter war lange Zeit kinderlos; als sie S. empfing, weihte sie ihn Gott (*Nasiräer). S. wuchs bei *Eli im Tempel zu Silo auf, wo er auch seine Berufung zum Propheten erhielt (1.Sam 1-3). Nachdem die Philister die Bundeslade geraubt hatten, führte S. Israel zum Sieg bei Mizpa (1.Sam 4) und wurde dann zum Richter (1.Sam 7) berufen. Als S. alt geworden war, forderten die Israeliten einen König, wie ihn die umliegenden Völker hatten. Er bekam von Gott die Weisung, *Saul zum König zu salben (1.Sam 8-12). Als Saul seine Befugnisse überschritt und selbst opferte, trennte sich S. von ihm (1.Sam 13-15) und salbte auf Gottes Befehl hin David im Verborgenen zum Nachfolger Sauls (1.Sam 16). Nach seinem Tod wurde S. in Rama, seinem Wohnort, begraben (2.Sam 25,1).

SAMUEL, 1.BUCH. *Verfasser und Zeit.* Die zwei Bücher Samuel bildeten ursprünglich ein einziges Geschichtswerk im hebr. Kanon. Für die Zeit der Abfassung gibt es einen Hinweis: In 1.Sam 27,6 ist die Rede von „Königen Judas", was dafür spricht, daß die Samuelbücher erst nach der Reichsteilung (930 v.Chr.) vollendet wurden.

Inhalt. Das 1.Buch Samuel schildert die Geschichte der letzten beiden Richter Eli und Samuel und den Übergang Israels zur Monarchie unter Saul.

Das geistliche Hauptthema beschreibt das Verhältnis des Gottesvolkes Israel zu seinem Herrscher. Obwohl es zunächst Samuel gelingt, das verrohte (Ri 17-21) und von Gott entfremdete Volk (1.Sam 3,1b) zu einer gewissen Gottesfurcht zu bringen, muß er schließlich ihrem Wunsch nach einem König nachgeben. Israel zieht einen irdischen König seinem himmlischen König vor. Samuel warnt Israel vor den Konsequenzen dieser Wahl (1.Sam 8). Die Geschichte des eigenwilligen und ungehorsamen Königs *Saul führt für das Volk immer wieder zu Unsicherheit und Gefahren, bis Gott einen „Mann nach seinem Herzen" zum König erwählt: *David (13,14; 16,12).

Die restlichen Kap. beschreiben die Verfolgung Davids durch Saul. Sie zeigen die im Menschen wohnende Sündhaftigkeit und wie Gott Menschen, die ihm vertrauen und gehorchen, mit der nötigen Weisheit und Kraft befähigt, alle Schwierigkeiten zu überwinden.

Samuel, 2. Buch

Gliederung.
1-7   Samuel.
      Samuels Jugend (1-3).
      Fall des Priestertums von Eli (4).
      Raub der Bundeslade durch die Philister (5-6).
      Samuels Richteramt (7).
8-15 Saul.
      Israels Forderung nach einem König (8).
      Berufung und Einsetzung Sauls zum 1. König (9-10).
      Kriege Sauls (11-14).
      Sauls Ungehorsam und seine Verwerfung (15).
16-31 David.
      Erwählung (16).
      Am Königshof Sauls, Goliat, Jonatan (17-20).
      Auf der Flucht (21-30).
      Tod Sauls (31).

SAMUEL, 2.BUCH. Vgl. auch Einführung in das erste Buch Samuel.
Inhalt. Das 2.Buch Samuel schildert die Geschichte von Davids Königsherrschaft: Im ersten Teil geht es um die Festigung und Einigung im Inneren und um seine außenpolitische Machtentfaltung. Der zweite Teil beschreibt Davids Ehebruch und Mord, seine Buße, die traurigen Konsequenzen innerhalb seiner Familie, die Auseinandersetzungen mit Absalom und schließlich seine wiedergewonnene Macht. Ein Anhang von vier Kapiteln bringt einige weitere Ereignisse aus Davids Königtum und seine letzten Worte.
Gliederung.
1-10 *Machtentfaltung.*
      Kampf um die innenpolitische Einheit (1-5).
      Kampf um die religiöse Ordnung (6-7).
      Kampf um die außenpolitische Ruhe (8-10).
11-20 *Machtverlust.*
      Davids Fall und Buße (11-12).
      Kampf gegen Amnon und Absalom (13-18).
      Rückgewinnung der Macht (19-20).
21-24 *Rückblick und Ausblick.*
      Vollendung des Gerichtes am Haus Sauls (21).
      Danklied (22).
      Davids Helden (23).
      Volkszählung und Zurechtweisung; Kauf des Platzes für den Tempelbau (24).

SANBALLAT (Sin [der Mondgott] hat Leben gegeben). Nach Papyri, die in Elephantine gefunden wurden, war er 407 v.Chr. Statthalter von Samarien; er kann es schon früher gewesen sein. S. war ein Gegner *Nehemias (Neh 2,10.19) und arbeitete gegen den Wiederaufbau Jerusalems, weil er wahrscheinlich von Jerusalem Konkurrenz befürchtete. Er plante einen Überfall auf die Stadt, der von Nehemia vereitelt wurde (Neh 4,1-3). S. könnte israelit. Abstammung gewesen sein, aber seine Religion war vermutlich synkretistisch (vgl. 2.Kön 17,33).

SAND. In großen Mengen entlang der Mittelmeerküste Palästinas und Ägyptens sowie in den Wüstengebieten vorkommend, wurde er zum treffenden Symbol für eine unzählbare Menge (z.B. 1.Mo 22,17; Offb 20,8). S. wird auch gebraucht, um Unbeständigkeit zu veranschaulichen (Mt 7,26).

SANFTMUT. Eigenschaft geduldiger Unterordnung und *Demut vor allem gegenüber Gott, aber auch gegenüber Menschen. *Mose besaß diese Eigenschaft (4.Mo 12,3) ebenso wie sie zu dem *Messias gehören wird (Sach 9,9). Im NT ist es eine innere Haltung, die der *Heilige Geist bewirkt (Gal 5,23). Jesus setzt ein Beispiel dafür (2.Kor 10,1). Die S. ist die Grundlage für gute Beziehungen zwischen Christen (Eph 4,2).

Sanhedrin. Siehe *Hoher Rat.

SANHERIB. Von 705-681 v.Chr. der Herrscher Assyriens. Er marschierte gegen Babylon und besiegte 702 v.Chr. den dortigen Regenten *Merodach-Baladan (der Gesandte mit der Bitte um Unterstützung nach Juda geschickt hatte, 2.Kön 20,12ff). Der jüd. König *Hiskia führte eine antiassyr. Koalition und ersuchte Ägypten um Hilfe (Jes 30,1ff). S. zog 701 v.Chr. gegen diese Koalition in den Krieg. Die Könige von Sidon, Arwad, Byblos, Bet-Ammon, Moab und Edom unterwarfen sich ihm, und Städte, die sich nicht geschlagen gaben, wie z.B. Aschkelon, wurden geplündert. Er zerstörte 46 befestigte Städte und viele Dörfer in Juda, aus denen er über 200 000 Gefangene wegführte. Von Lachisch aus sandte er seine Obersten nach Jerusalem, die die Kapitulation der Stadt forderten (2.Chro 32,9). Seinem eigenen Bericht ist zu entnehmen, daß er Hiskia in Jerusalem „wie einen Vogel in einem Käfig" eingeschlossen hatte (vgl. 2.Kön 18,13ff), aber er erwähnt nicht, daß und wie seine Armee zerstört wurde (2.Kön 19,32); Gott griff zugunsten Hiskias ein (2.Kön 19,35).

Ein weiterer Feldzug gegen Babylon endete 689 v.Chr. mit der Plünderung der Stadt. Zu Hause baute er Ninive wieder auf, ließ einen herrlichen Palast und einen Aquädukt zur Bewässerung von Gärten und großen Ländereien errichten. S. wurde, während er im Tempel seines Gottes anbetete, von zweien seiner Söhne ermordet, und ein weiterer Sohn, Asar-Haddon, wurde sein Nachfolger (2.Kön 19,37).

SANOACH. 1. Stadt in der Schefela (Jos 15,34); das heutige Chirbet Zanu, 3 km südl. von Bet-Schemesch. **2.** Stadt im Gebirge Juda, in der Nähe von Jutta (Jos 15,56), vielleicht Chirbet Beit Amra.

SAPHIRA. Frau des *Hananias. Das Ehepaar belog die Gemeinde in bezug auf ihre Gabe und wurde von Gott mit dem Tod bestraft (Apg 5,1ff).

SARA, SARAI (Prinzessin). *Abrahams Frau, die auch seine Halbschwester war (1.Mo 20,12). Abraham gab S. zweimal als seine Schwester aus, um sich selbst zu schützen (1.Mo 12; 20), aber Gott griff beide Male ein. S. war lange kinderlos und gab deshalb Abraham ihre Magd *Hagar, mit der er stellvertretend einen Erben zeugen sollte. Im Alter von 90 Jahren wurde ihr von Gott ein Sohn verheißen. Sie lachte darüber, aber *Isaak wurde wie angekündigt geboren. S. forderte, daß Hagar und deren Sohn *Ismael weggeschickt werden sollten (1.Mo 18; 21). Sie

Sanherib. Sechsseitiges Tonprisma, auf dem in Keilschrift die Feldzüge Sanheribs verzeichnet sind, auch sein Angriff aus Hiskia von Juda 701 v.Chr.

starb im Alter von 127 Jahren und wird als Vorbild des Glaubens genannt (Jes 51,2; Hebr 11,11; 1.Petr 3,5f).

SARDES. Eine Stadt in der röm. Provinz Asia, im W der heutigen Türkei. Sie war die Hauptstadt des alten Königreiches Lydien und wegen ihres Reichtums berühmt. Obwohl sie auf einem Felsen lag, wurde sie sowohl von Kyrus (546 v.Chr.) als auch von Antiochus dem Großen (214 v.Chr.) erobert. Nach Offb 3,1ff schien die christl. Gemeinde dort von dem Geist dieses Ortes beeinflußt gewesen zu sein, der sich auf vergangenen Ruhm verläßt.

SAREZER. 1. Sohn des Assyrerkönigs *Sanherib, der 681 v.Chr. zusammen mit seinem Bruder Adrammelech seinen Vater ermordete (2.Kön 19,37). **2.** Ein Zeitgenosse Sacharjas, der zusammen mit Regem-Melech von Bethel nach Jerusalem gesandt wurde, um Gott zu befragen (Sach 7,2).

SARGON. S. der II. herrschte in *Assyrien von 722-705 v.Chr. Er wird im AT nur einmal namentlich erwähnt (Jes 20,1), aber seine Feldzüge in Syrien und Palästina bildeten den Hintergrund für die Prophezeiungen Jesajas. Er machte etwa 722 v.Chr. die Niederlage Samariens komplett (2.Kön 17,5f), griff ohne eine Entscheidung zu erreichen Babylon an und besiegte 720 v.Chr. Syrien und seine Verbündeten bei Qarqar. 716 v.Chr. sandte S. seine Armeen gegen die Araber im Sinai und erhielt von ihnen und von Ägypten Abgaben. Er schlug 712 v.Chr. einen Aufstand in Aschdod nieder (Jes 20,1), wobei Juda knapp der Invasion entging. Nachdem S. im Kampf getötet worden war, wurde sein Sohn *Sanherib 705 v.Chr. sein Nachfolger.

SARID. Eine Grenzstadt im Gebiet des Stammes *Sebulon (Jos 19,10.12), ihre Lage ist bisher nicht bekannt.

SATAN. Der Name des Fürsten des Bösen bedeutet „Gegner". Er stiftet David an, Israel zu zählen (1.Chro 21,1), beschuldigt den Hohenpriester Jeschua (Sach 3,1f) und bringt Unheil über Hiob (Hiob 1-2). Die meisten Informationen über S., der von Anbeginn sündigte (1.Joh 3,8), erhalten wir aus dem NT. Bezeichnungen für ihn sind u.a. Teufel (Mt 4,1ff), *Beelzebub (Mt 12,24ff), Fürst dieser Welt (Joh 14,30) und Fürst, der in der Luft herrscht (Eph 2,2).

Er wird als Gottes Widersacher dargestellt. S. kann Menschen als seine Werkzeuge benutzen (Mt 16,23; 2.Kor 11,13ff). Er trieb Judas dazu, Jesus zu verraten (Joh 13,2). Doch Jesus kam in diese Welt, um alle seine Werke zu zerstören (1.Joh 3,8), er war aber massiven Versuchungen ausgesetzt, bis er schließlich seinen Auftrag ausgeführt hatte (Mt 4,1ff; Hebr 4,15).

Die Autoren des NT beschreiben die Auseinandersetzung, in der sich Christen befinden, mit ernsten Worten. Der Teufel streift umher wie ein Löwe, der nach Beute sucht (1.Petr 5,8), aber er erscheint auch mit List in der Gestalt eines Freundes (2.Kor 11,14). Christen stehen in einem geistlichen Kampf, für den Gott sie mit einer „Waffenrüstung" ausgestattet hat (Eph 6,11ff). Damit angetan können sie S. erfolgreich widerstehen (Jak 4,7; vgl. 1.Petr 5,9), sollen ihm aber keinen Raum in ihrem Denken und Handeln gewähren (Eph 4,27). Sein Wirkungsbereich hat jedoch Grenzen, die Gott ihm setzt (Hiob 1,12), und am Ende wird er von Jesus völlig vernichtet werden (Offb 20,10), doch schon durch Jesu Tod am Kreuz ist er besiegt (Joh 12,31; 16,11).

*Antichrist; *Dämonen.

SAUERTEIG. S. wurde als Triebmittel für *Brot verwendet. Er wurde ursprünglich aus feiner weißer Kleie hergestellt, die mit Most vermengt wurde, später aus Brotmehl ohne Salz. Man ließ ihn stehen, bis der Gärungsprozeß in Gang gekommen war.

Beim gewöhnlichen Brotbacken war S. wahrscheinlich ein Teil des Teiges, den man säuern ließ, um ihn dann beim nächsten Mal zu verwenden. S. war während des Passafestes verboten (2.Mo 12,15ff; 23,15), um die Israeliten an ihren schnellen Aufbruch in Ägypten zu erinnern. Gesäuerte Brote waren als Speisopfer verboten, jedoch als Dankopfer erlaubt (3.Mo 7,13). Die Rabbinen verwendeten S. auch als Symbol für die Sündhaftigkeit des Menschen. Jesus versinnbildlichte mit S. die Heuchelei, den Skeptizismus und die Arglist der Pharisäer, Sadduzäer und Herodianer (Mt 16,6; Mk 8,15; vgl. Paulus in 1.Kor 5,6ff; Gal 5,9); er hat das Bild des S. aber auch dazu verwendet, das Wachstum seines Reiches zu veranschaulichen (Mt 13,33).

SAUL. Der erste König Israels; Benjaminit aus Gibea (1.Sam 10,26), dessen Geschichte in 1.Sam 9-31 nachzulesen ist. Er war ein mutiger Mann von großer Gestalt und wurde von *Samuel zum König gesalbt (1.Sam 8,10). S. errang bald einen Sieg über die Ammoniter und erwies sich als sehr großmütig (1.Sam 11). Durch drei Anlässe beginnt der Niedergang seines Königtums. In seiner Ungeduld überschritt er seine Befugnisse und opferte selbst (1.Sam 13,7ff), wofür Samuel ihm die Verwerfung seiner Königsherrschaft prophezeite. Er legte ein übereiltes Gelübde ab (1.Sam 14) und war Gott ungehorsam, indem er einige von den Amalekitern verschonte (1.Sam 15). Schließlich ging er zu einem Medium, um den verstorbenen Samuel zu befragen (1.Sam 28). Seine späteren Jahre verbrachte er in bitterer Auseinandersetzung mit *David, den Samuel zu seinem Nachfolger gesalbt hatte. S. war besonders anfällig gegenüber übler Laune und innerer Unsicherheit, was aber seinen Ungehorsam nicht entschuldigt. In einer Schlacht gegen die Philister fallen drei seiner Söhne, und Saul selbst stürzt sich in sein Schwert (1.Sam 31).

SÄULE. Senkrecht aufgestellte Steine finden sich überall in der Welt des Altertums. Im AT wurden sie als Gedenksäulen oder -steine (Steinmale) errichtet, z.B auf Rahels Grab (1.Mo 35,20). Jakob errichtete ein solches Steinmal zum Gedenken an die Gotteserscheinungen (1.Mo 28,18ff; 35,13ff), und das Volk Israel gedachte auf diese Weise bedeutender Ereignisse in seiner Geschichte, z.B. der Überquerung des Jordans (Jos 4,1ff) und des Sieges über die Philister (1.Sam 7,12).

In der kanaan. Religion wurden aufgerichtete Steine mit den lokalen Gottheiten identifiziert und verehrt. Aber Israel sollte alle diese S. zerstören (2.Mo 23,24).

*Aschera.*Architektur; *Jachin und Boaz.

SCHAALBIM. Amoriterdorf am Berg Heres in der Nähe von Ajalon, das vom Stamm Josef unterworfen wurde (Ri 1,35); vermutlich das heutige Selbit, 5 km nordwestl. von Ajalon.

SCHAARAJIM. Ort im Gebiet des Stammes Juda (Jos 15,36), zwischen Azekah und der Gabelung nach Gat und Ekron; Israel verfolgte bis S. die geschlagenen Philister (1.Sam 17,52).

SCHÄDELSTÄTTE, GOLGATHA. Ort der Kreuzigung Jesu, Golgatha genannt (Mt 27,33), außerhalb Jerusalems gelegen. In der Nähe befand sich ein Garten mit einem Grab. Die genaue Lage ist jedoch ungewiß. Sie könnte der Grabeskirche entsprechen, deren Platz zur Zeit Jesu außerhalb der Stadtmauer lag. Überlieferungen aus dem 4. Jh. n.Chr. sprechen für diesen Ort.

Säule. Tempelsäulen in Baalbek/ Libanon (1. Jh. n.Chr.).

SCHAF. Die Bedeutung der S. in bibl. Zeit wird durch die Tatsache verdeutlicht, daß sie über 400 mal im AT und 70 mal im NT erwähnt werden. Sie wurden wegen ihres Fleisches und ihres Felles gehalten. Durch sorgfältige Zucht wurde die Wolle entwickelt, ein wichtiges Material zur Herstellung von Kleidern und sehr einfach in der Verarbeitung (vgl. 2.Kön 3,4). Ihre Milch wurde vorwiegend in Form von Quark und Käse verzehrt und war als Grundnahrungsmittel wichtiger als das Fleisch. Zur Zeit des NT wurden die S. oft in Ställen gehalten und bekamen im Winter Spreu und Gerste. Sie waren häufig gescheckt (1.Mo 30,32) und wahrscheinlich nur wenige ganz weiß.

S. werden im Sprachgebrauch der Bibel sehr häufig als Symbol oder Bild gebraucht. In ihrer Hilflosigkeit, mit der sie leicht in die Irre und verlorengehen können, sind sie ein Bild für die Menschheit (Jes 53,6), aber gleichzeitig auch in ihrem Gesucht- und Gefundenwerden (Ps 23, vgl. Joh 10). Jesus wird als das endgültige Opfer-Lamm (*Lamm; Joh 1,29) betrachtet. S. wurden oft mit Böcken in gemischten Herden gehalten (Mt 25,32).

*Hirte.

SCHAFAN. Ein königlicher Schreiber zur Zeit *Josias. Er berichtete dem König, daß ein Gesetzesbuch gefunden worden war, und las es ihm vor (2.Kön 22,3ff). Seine drei Söhne halfen *Jeremia auf unterschiedliche Weise (Ahikam: Jer 26,24;

Elasa: Jer 29,3; Gemarja: Jer 36,10ff). Sein Enkel *Gedalja wurde Statthalter in Juda und half Jeremia ebenfalls (Jer 39,14).

SCHAKAL. Siehe *Fuchs.

SCHALLUM. Name, den verschiedene Personen aus dem AT trugen, wie der 16. König des Nordreiches Israel um 745 v.Chr. (2.Kön 15,10.13ff); 18. König von Juda, der Sohn Josias, auch *Joahas genannt (2.Kön 23,30ff); der „Hüter der Kleider" und Ehemann der Prophetin Hulda (2.Kön 22,14).

SCHALMAN. Er zerstörte Bet-Arbeel (Hos 10,14). Es könnte sich um den assyr. König *Salmanassar V. oder um Salamanu, einen Moabiterkönig, handeln.

SCHAMGAR. Richter Israels, Sohn Anats und Nachfolger von *Ehud. S. rettete Israel von den Philistern, indem er 600 mit einem Ochsenstecken (der eine scharfe Metallspitze hatte) erschlug (Ri 3,31; 5,6).

SCHAMMA. Verschiedene Personen im AT, z.B. *Davids Bruder (1.Sam 16,9); einer der Helden Davids (2.Sam 23,11) und ein anderer Krieger Davids (2.Sam 23,25).

SCHARON. Große Küstenebene im nördl. Palästina, zwischen dem unteren Krokodilfluß (Nahr ez-Zerka) und dem Aijalon-Tal, durchsetzt von zahlreichen Sümpfen. Sie erstreckt sich 80 km von N nach S und ist 15 km breit. Zu bibl. Zeit war sie dicht bewaldet (vgl. Jes 35,2 mit 33,9), von den Israeliten nicht besiedelt, aber als Weideland genutzt (1.Chro 27,29). Die „Lilie von Scharon" (Hld 2,1; bei Luther „Blume in Scharon") deutet darauf hin, daß in dem dichten Unterholz herrliche Blumen wuchsen. Heute ist sie mit ihren Zitrushainen (zwischen Cäsarea und Tel Aviv) eines der reichsten Landwirtschaftsgebiete Israels.

SCHARUHEN. Siedlung des Stammes *Simeon (Jos 19,6), Tell el-Fara, 24 km südl. von Gaza. Der Ort wird auch in ägypt. Texten um 1550 v.Chr. als eine Hyksosfestung erwähnt.

SCHATTEN. Seine ständige Veränderung und sein schließliches Verschwinden sind ein Bild für die Vergänglichkeit des menschlichen Lebens (1.Chro 29,15).

Die willkommene Erholung im S. ist wie das Erleben des Schutzes Gottes (Ps 91,1). Gott selbst verändert sich im Gegensatz zum S. nie (Jak 1,17). Die alten Gottesdienstordnungen waren wie ein S. der Wirklichkeit, die in Christus erscheinen sollte (Hebr 10,1).

SCHÄTZE, SCHATZKAMMER. Wertvolle Gegenstände, z.B. aus Silber und Gold. In Mt 2,11 ist eine Schachtel mit solchen Schätzen gemeint. Die Begriffe „Schatzkammer" oder „Schatzhaus" bezeichnen einen Aufbewahrungsort für Wertgegenstände, meist in Verbindung mit einem religiösen Heiligtum (z.B. 1.Kön 7,51).

Im übertragenen Sinn ist Weisheit ein Schatz (Spr 2,1-4); der Himmel ist Gottes Schatzkammer für den lebensspendenden Regen (5.Mo 28,12). Gott von ganzem Herzen zu dienen bedeutet, Schätze im Himmel zu sammeln (Mt 19,21). In unserem Herzen verwahren wir unsere Schätze, d.h. das, was uns am wertvollsten ist und unsere Interessen bestimmt (Mt 6,19ff).

SCHÄTZUNG. Im NT werden zwei Schätzungen erwähnt. Lk 2,1ff wird bisher nicht aus anderen Quellen bestätigt, aber Gelehrte räumen ein, daß eine solche Zählung gegen Ende der Regierungszeit des Herodes (37-4 v.Chr.) in Judäa stattgefunden haben könnte; das beschriebene Verfahren ist aus Ägypten bezeugt (104 n.Chr.). Die Zählung von Apg 5,37, der sich die Zeloten widersetzten, wurde im Jahr 6 n.Chr. von dem kaiserlichen Gesandten *Quirinius aus Gründen der Besteuerung veranlaßt. Zu dieser Zeit wurde Judäa zur röm. Provinz. *Zählung.

SCHAUBROT (Brot des Angesichts, auch: [be]ständiges Brot). Zwölf aus feinstem Mehl gebackene Brotlaibe, die auf dem Tisch im Heiligtum der Stiftshütte in zwei Reihen auslagen (2.Mo 25,30); auf ihnen wurde Weihrauch verbrannt. Sie wurden jeden Sabbat ausgetauscht, das alte Brot aßen die Priester im Heiligtum (3.Mo

24,5ff). Solches „heiliges Brot" erbat sich David (1.Sam 21,1ff; vgl. Mt 12,4).

SCHAUFEL. S. aus Kupfer wurden dazu benutzt, die Asche vom Brandopferaltar zu beseitigen (2.Mo 27,3; 1.Kön 7,40.45).

SCHAWE-TAL. Tal in der Nähe von Salem, auch Königstal genannt; der König von Sodom begegnet hier Abraham nach dessen Sieg über Kedor-Laomer (1.Mo 14,17); wahrscheinlich identisch mit dem Königsgrund aus 2.Sam 18,18, vermutlich das Ende des Hinnom-Tales von Jerusalem.

SCHAWSCHA. Siehe *Seraja.

SCHEAR-JASCHUB. Symbolischer Name, der einem der Söhne Jesajas gegeben wurde, um anzudeuten, daß „ein Rest umkehren wird" (Jes 7,3).

SCHEBNA. Ein königlicher Verwalter unter *Hiskia. *Jesaja tadelt ihn, weil er für sich ein prunkvolles Grabmal bauen ließ (Jes 22,15). Es ist der Sturz eines solchen Grabes, das einem königlichen Beamten gehörte, mit einer Inschrift aus dem 8. Jh. v.Chr. gefunden worden.

SCHEERA (eine weibliche Verwandte). Tochter *Ephraims (1.Chro 7,24); sie ist das einzige bibl. Beispiel dafür, daß eine Frau Städte (Bet-Horon und Usen-Scheera) erbaute.

SCHEFELA. Ein Hügelgebiet zwischen der Philisterebene und den judäischen Bergen (z.B. 1.Kön 10,27; Jer 17,26); in der LÜ meist mit Hügelland übersetzt.

SCHEIDUNG. Siehe *Ehe.

SCHELA. Verschiedene Personen aus dem AT, so auch der jüngere Sohn *Judas von der Schua (1.Mo 38,5).

SCHELLE. Aus Assyrien sind Schellen für religiöse Zwecke bekannt; aus Ägypten als Kleiderschmuck (vgl. 2.Mo 28,33f) und als Teil des Pferdegeschirrs (Sach 14,20). Die ersten Schellen waren durchbrochene Metallbehälter mit einer Metallkugel im Inneren; Schellen mit Klöppel (Glokken) tauchten erst nach 1000 v.Chr. auf.

SCHEOL, HADES. Das Totenreich. Im AT bewegt sich die Bedeutung von S. zwischen den Vorstellungen vom Grab, der Unterwelt und dem Zustand des Todes.

Im Altertum stellte man sich im gesamten Nahen Osten vor, daß die Toten in einem Reich unter der Erde existierten (Hes 31,15.17). Das war ein Ort der Dunkelheit (Hiob 10,21f), des Schweigens (Ps 94,17) und des Vergessens (Ps 88,13). Gelegentlich wird S. auch mit Gericht in Verbindung gebracht (z.B. Ps 49,14f), aber Gott ist dort gegenwärtig (Ps 139,8) und kann die Menschen davon erretten (Ps 16,10). Atl. Begriffe wie „Abaddon" (Ps 88,12) und „die Grube" (Ps 30,4) sind wahrscheinlich Synonyme für S.

Die spätere jüd. Literatur trennte innerhalb des S. zwischen den Gottlosen und den Gerechten. Diesen Gedanken nimmt wahrscheinlich auch Jesus in dem Gleichnis vom reichen Mann und armen Lazarus auf (Lk 16,19ff). Das entsprechende Wort im NT ist Hades (LÜ: Tod oder Hölle), z.B. Apg 2,27 als Zitat aus Ps 16,10. Seine Pforten (Symbole seiner Macht) werden die Gemeinde nicht überwältigen (Mt 16,18). Jesus selbst hat die Schlüssel zu Hades und Tod (Offb 1,18), ihre Macht ist besiegt (Offb 6,8), und beide werden für immer verbannt werden (Offb 20,13f; LÜ: Reich des Todes).

SCHESCHACH. Deckname, den Jeremia zur Bezeichnung von *Babylon verwendet (Jer 25,26; 51,41).

SCHESCHBAZAR. S. wurde von dem Perserkönig Kyrus zum Statthalter von Juda ernannt (Esr 1,8), ihm wurden die Schätze des Tempels anvertraut, und er legte den Grundstein für den Bau des Tempels (Esr 5,14f).

SCHEUNE. Nachdem das Getreide gedroschen, geworfelt und gesiebt war, wurde es bis zum Mahlen in Speichern aufbewahrt. Oft wurden dazu ausgetrocknete, mit Erde abgedeckte Zisternen verwendet, in denen das Getreide jahrelang gelagert werden konnte.

Schiffe. Relief eines Frachtseglers, der in den Hafen Ostia einläuft. Im Hintergrund ein Leuchtturm.

SCHIFFE/BOOTE. Ägypten und Mesopotamien waren durch Flüsse und Kanäle geteilt, wodurch der Transport auf dem Wasserweg sehr wichtig wurde. Flöße aus Schilf sind auf Piktographien (Bilderschriften) um 3500 v.Chr. zu sehen, und runde Boote aus überzogenem Weidengeflecht wurden um 3500 v.Chr. in Ton nachgebildet und von etwa 870 v.Chr. an auf assyr. Reliefs dargestellt. Solche Boote, hergestellt aus Häuten und Holz, sind bis heute auf dem Euphrat in Gebrauch.

Für den öffentlichen Verkehr in Sumer wurden Schiffe mit hohem Heck- und Vorderteil, die mit Rudern oder Stangen getrieben wurden, eingesetzt. Ein Modell davon wurde in einem Grab gefunden und stammt aus der Zeit um 3000 v.Chr. Das älteste erhalten gebliebene ägypt. Boot (ca. 2600 v.Chr.) wurde bei der Cheopspyramide in Giseh gefunden. Es war 43,4 m lang. Auf dem Roten Meer waren Ruder- und Segelschiffe in Gebrauch.

Altes Testament. Für die nicht seefahrenden Hebräer blieb das Schiff eine Quelle der Verwunderung (vgl. Spr 30,19). Aber ihre Nachbarn (Philister und Phönizier) betrieben Schiffahrt. Assyr. Skulpturen um 700 v.Chr. zeigen Handelsschiffe, vermutlich phönizische, mit rundem Bug und doppelten Ruderbänken. Aus ägypt. Grabzeichnungen ist ersichtlich, daß die phönizischen Schiffe (im Gegensatz zu den ägypt.) einen Kiel hatten und eine zaunähnliche Konstruktion entlang des Decks. Einige größere Segelschiffe konnten 450 Tonnen laden. Die Kurzstreckenschiffe der Phönizier hatten Paddelruder und ein hohes Heck- und Vorderteil. Bei den im AT (z.B. in 1.Kön 22,49f) erwähnten „Tarsisschiffen" handelt es sich um phönizische Handelsschiffe. Jes 33,21 bezieht sich auf ein Kriegsschiff; es hatte einen stromlinienförmigen Rumpf, vorn eine Ramme und wurde durch Ruder betrieben (Doppelbankausstattung) (vgl. Hes 27,8). Die Griechen waren im Kampf auf solchen Schiffen besonders geschickt.

Neues Testament. Die Boote auf dem See Genezareth wurden zum Fischen (Mt 4,21f) und als Verkehrsmittel (Mt 8,23ff) verwendet. Sie waren nicht so groß und wurden durch Segel oder Ruder bewegt (vgl. Mk 6,48).

Auf dem Mittelmeer hielten sich die „langen" Kriegsschiffe (sie waren 8-10 mal länger als breit) in der Nähe der Küste, und die „runden" Handelsschiffe (sie waren 3-4 mal so lang wie breit) fuhren bei günstigem Wetter auf das offene Meer hinaus. Die meisten „Hochseeschiffe" hatten eine Ladung von 70-300 Tonnen, aber der röm. Statthalter Plinius (um 100 n.Chr.) erwähnt ein Schiff mit 1300 Tonnen. Paulus unternahm wahrscheinlich die meisten seiner Reisen in kleineren Küstenschiffen; nach Rom reiste er jedoch mit zwei großen Getreideschiffen. An Bord befanden sich 276 Personen (Apg 27,37). Etwa zur gleichen Zeit segelte der Historiker Josephus in einem Schiff mit 600 Leuten.

Beschreibungen und alte Wracks, die gefunden worden sind, zeigen, daß diese Schiffe einen großen Mittelmast mit langen Rahen für das große viereckige Hauptsegel und eventuell ein kleines Marssegel hatten sowie einen kleinen Fockmast, der sich beinahe wie ein Bugspriet nach vorn beugte. Das Marssegel diente als Steuerhilfe (vgl. Apg 27,40). Am Bug waren Figuren eingeschnitzt oder aufgemalt (Apg 28,11), und auf dem erhöhten

Heck befand sich die Statue des Schutzgottes oder des Heimathafens. Am Heck befanden sich zwei große Steuerruder; es wurden drei oder mehr Anker mitgeführt, mit einem hölzernen Hauptteil und Auslegern aus Blei oder Stein und mit Abstandsbojen versehen. Am Heck war ein kleines Beiboot befestigt, das bei Sturm an Bord gezogen wurde (Apg 27,16f). Es wurde mehr im Hafen und weniger als Rettungsboot benutzt. Bei Schiffbruch versuchten die Seeleute, sich an den Trümmern des Schiffs festzuhalten. Paulus überlebte drei Schiffbrüche vor seiner Reise nach Rom (2.Kor 11,25). Die Passagiere waren meist auf Deck oder im Laderaum untergebracht. In den Wintermonaten wagten sich kaum Schiffe hinaus (vgl. Apg 27,9), denn der bewölkte Himmel machte die Navigation nach der Sonne und den Sternen unmöglich.

*Arche.

SCHILD. Im Altertum weitverbreitete Schutzwaffe. Siehe ausführlicher unter *Rüstung.

SCHILF. Siehe *Pflanzen.

SCHIMAT. Ammoniterin, Mutter eines der Mörder von König *Joasch (2.Kön 12,22).

SCHIMI. Das AT erwähnt 19 Leute mit diesem Namen. Einer von ihnen ist der Enkelsohn *Levis (4.Mo 3,18). Seine Familie, die Schimiter, waren mitverantwortlich für den Unterhalt der *Stiftshütte (4.Mo 3,21ff). Der bekannteste S. (ein Benjaminit) ist wohl ein Verwandter von *Saul, der *David verfluchte (2.Sam 16,5ff). Bei seiner Rückkehr nach Jerusalem versprach ihm David, ihn am Leben zu lassen (2.Sam 19,11-24). Doch auf seinem Sterbelager trug er Salomo auf, S. zu töten (1.Kön 2,8). Salomo ließ ihn hinrichten (1.Kön 2,36-46).

SCHIMRON-MERON. Kanaan. Stadt, die mit *Hazor verbündet war und von *Josua erobert wurde (Jos 12,20); vielleicht Tell es-Semunijeh, 5 km südöstl. von Bethlehem in Galiläa.

Schild. (1) Assyrischer Krieger mit großem Schild, Lederpanzer, Spitzhelm, Lanze und Schwert. (2) Leichtbewaffnete assyrische Soldaten mit Rundschild, Bogen und Stichschwert.

SCHINEAR. Name für *Babylonien (1.Mo 10,10; Jes 11,11), der auch aus außerbibl. Texten bekannt ist.

SCHISCHAK. Lybischer Fürst, der die 22. Dynastie Ägyptens als Pharao Scheschonk I. begründete und etwa 945-924 v.Chr. regierte. Er gewährte *Jerobeam Unterschlupf, als dieser vor *Salomo geflohen war (1.Kön 11,40). Später überfiel er Palästina und unterwarf Juda (1.Kön 14,25f).

SCHITTIM. 1. Der letzte Lagerplatz der Israeliten, bevor sie den Jordan überquerten, gegenüber von Jericho gelegen (Jos 2,1; 3,1); vermutlich Tell el-Hammam oder Tell el-Kefrein. 2. Das Tal Schittim (Akaziental) aus Joel 4,18; entweder eine allgemeine Bezeichnung für die Wadis in Juda oder der untere Teil des *Kidrontals.

SCHLAF. Außer in seiner eigentlichen Bedeutung wird S. in beiden Testamenten auch im übertragenen Sinn gebraucht. S. kann Faulheit (Spr 24,33f) oder geistliche Erstarrung (Eph 5,14), wodurch Menschen nicht auf das Kommen Jesu vorbereitet sind (Mt 25,5), bezeichnen. Christen sollen wach bleiben, d.h. wachsam sein (1.Thess 5,4ff). Als S. wird auch der körperliche Tod bezeichnet (Joh 11,11ff; 1.Kor 15,18). *Traum.

SCHLANGE. Kriechtier mit Kopf und Körper, der aber ohne Glieder ist. Sie kriecht auf dem Boden und leckt mit ihrer flatternden Zunge den Staub (1.Mo 3,14). In Palästina gibt es sehr viele Arten, von denen etwa sechs tödlich giftig sind, doch nur ein geringer Prozentsatz der Bisse führt tatsächlich zum Tod. Die in der Bibel aufgeführten Namen sind in den verschiedenen Bibelübersetzungen zuweilen unterschiedlich wiedergegeben. Die „Otter" in Jes 11,8 ist die Kobra, die in Höhlen lebt und sehr giftig ist. Die „feurigen Schlangen", die Israel in der Wüste plagten (4.Mo 21; vgl. Joh 3,14), waren vermutlich bunte Python, die dafür berüchtigt sind, daß sie zustoßen, ohne provoziert worden zu sein. Ihr Biß kann binnen einiger Tage zum Tod führen. In bestimmten Gebieten Asiens und Afrikas kommen sie sehr zahlreich vor. Mit der Natter, die nicht zu beschwören ist (Jer 8,17), war vermutlich die Wüstennatter gemeint.

Palästinas größte gewöhnliche S. kann nicht mit Sicherheit mit einer Bibelstelle identifiziert werden, aber es könnte damit die S. gemeint sein, mit der Jesus und Johannes der Täufer die Pharisäer vergleichen (Mt 3,7; 12,34). Diese S. tragen ihre lebenden Jungen „bündelweise", was zu dem Bild paßt. Paulus könnte auch von einer solchen S. gebissen worden sein (Apg 28,3), obwohl sie nicht mehr auf Malta vorkommt. Schutz vor S. gehörte zu der übernatürlichen Hilfe, die Jesus den 70 Evangelisten versprach (Lk 10,19).

S. und ihre Wesensmerkmale werden in der Bibel oft symbolisch gebraucht. Im Garten Eden stellt sich der Teufel in Form einer S. dar (1.Mo 3), und er wird auch in Offb 12,9ff; 20,2 „die alte Schlange" genannt. Jeremia vergleicht Ägypten mit einer zischenden S., die sich in ihrem Loch vor ihren Feinden verkriecht (Jer 46,22); der Psalmist setzt den Gottlosen mit einer giftigen S. gleich (Ps 58,5).

Die S. ist deshalb ein bibl. Symbol für Betrug (Mt 23,33), obgleich sich Christen nach ihrer Klugheit ausstrecken sollen (Mt 10,16).

*Schlange, eherne.

SCHLANGE, EHERNE. An der Grenze zu *Edom wurden die aufbegehrenden Israeliten durch tödliche Schlangenbisse bestraft. *Mose wurde befohlen, eine Schlange aus Bronze (eine „eherne Schlange") herzustellen und an einem Pfahl gut sichtbar zu befestigen, damit alle, die auf diese Schlange blickten, am Leben blieben (4.Mo 21,4ff). Sie wurde später zu einem Götzen (Schlangen spielten im Heidentum eine bedeutende Rolle) und deshalb von *Hiskia zerstört (2.Kön 18,4). Die eherne S. lehrt, daß jegliche Rettung durch Gott geschieht. Ihre Erhöhung wird zum Symbol für den Kreuzestod Jesu (Joh 3,14).

SCHLEUDER. Die S. bestand aus einem Stück Leder (für die Aufnahme des Steins) mit zwei Schnüren. Sie wurde über dem Kopf gedreht und durch das plötzliche Loslassen einer Schnur wurde der Stein herausgeschleudert. Hirten benutzten sie, um wilde Tiere zu vertreiben (1.Sam 17,34ff.40). Die Ägypter, Assyrer und Babylonier setzten sie genau wie die Benjaminiter in Israel (1.Chro 12,2) als Waffe im Krieg ein.

SCHLINGE. Siehe *Jagd.

SCHLÜSSEL DES HIMMELREICHS. Damit wird die Autorität beschrieben, die Jesus seinen Jüngern übertragen hat (Mt 16,19; 18,18; Joh 20,22f). Sie wird offenbar durch die Predigt des Reiches Gottes (die Glaubenden öffnen sich, die Unbußfertigen dagegen verschließen sich) und durch *Gemeindezucht; Gemeindeglieder, die offensichtliche Sünden begangen haben, werden so lange ausgeschlossen, bis sie Buße tun. Die Symbolik des Schlüssels leitet sich aus der Tatsache ab, daß jedem jüd. Schriftgelehrten bei seiner Ordination ein Schlüssel übergeben wurde (vgl. Mt 13,52; Lk 11,52). Wenn nun die Gemeinde mit dem Heiligen Geist erfüllt ist, wird ihr Urteil dem Urteil Gottes entsprechen.

*Petrus wurde diese Autorität in besonderer Weise verliehen. Zu Pfingsten war er es, der den Juden die Tür zum Glauben öffnete und später den Samaritanern und den Heiden. Mt 18,18 und Joh 20,23 verdeutlichen, daß die gleiche Autorität auch allen anderen Aposteln gegeben ist und denen, die im gleichen Glauben und im Heiligen Geist handeln.

SCHLÜSSEL. Wörtlich nur in Ri 3,25 verwendet, für ein flaches Stück Holz mit Zapfen, die den Löchern in einem ausgehöhlten Bolzen entsprechen. Der S. hebt den Sperriegel hoch, der den Bolzen festhält. S. sind Bild für Macht und Autorität (Jes 22,22; Offb 1,18).

SCHMUCK. Holz- und Elfenbeinschnitzerei, Web- und Stickkunst sowie Kunstschmiedearbeiten wurden in bibl. Zeit bereits auf einem hohen Niveau ausgeführt. Kleidung wurde auf zwei Arten verziert: durch Muster im Gewebe (Wirken; 2.Mo 28,39) und durch farbige Stickereien. Ersteres geschah z.B. mittels Goldfäden, die aus Blattgold gewonnen wurden (Ps 45,14). Goldene Stickereien schmückten Gürtel (2.Mo 28,39), aber auch Tore (2.Mo 27,16) und Schiffssegel (Hes 27,7). Verziert wurden sowohl Männer- als auch Frauenkleider (Hes 16,10.18). Ägypt. Grabzeichnungen stellen Kleidung in leuchtenden Farben dar (*Kleidung), und es sind viele persönliche Schmuckgegenstände gefunden worden. Das Tragen von S. zu bestimmten festlichen Gelegenheiten (z.B. Jes 61,10) wird in der Bibel als angemessen betrachtet, aber unmäßiger und auffälliger Gebrauch von persönlichem S. wird verurteilt (Jes 3,18ff; 1.Tim 2,9). Die Aufzählung in Jes 3,18ff vermittelt einen Eindruck von dem S., der getragen wurde; z.B. gab es halbmondförmige Anhänger und andere Kettchen. Das hohepriesterliche Gewand war mit Stikkerei und Glöckchen geschmückt (2.Mo 28). *Amulette; *Edelsteine; *Siegel.

Auch Gegenstände wurden seit frühester Zeit verziert, meist handelt es sich um

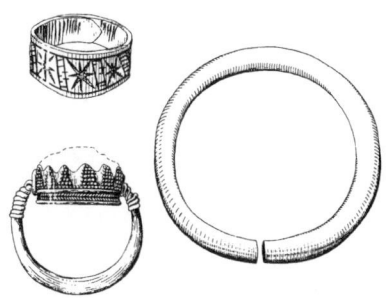

Schmuck. *Fingerringe und Armring.*

kleinere Stücke wie z.B. Kosmetikkästchen, die am reichsten verziert waren. Manchmal hatten sie Griffe oder Intarsien aus Elfenbein oder Knochenschnitzereien. Die Stiftshütte, das bewegliche Heiligtum der Israeliten, wurde von Handwerkern reich verziert, die eigens dafür vom Geist Gottes begabt worden waren (2.Mo 31,1ff). Auch heidnische Schreine waren reich verziert. So sind mit Vögeln, anderen Tieren, Schlangen (als Fruchtbarkeitssymbol) und menschlichen Figuren geschmückte Weihrauch- und Opferständer gefunden worden.

Gebäude, insbesondere Paläste waren innen und außen mit S. versehen. So waren zum Beispiel die Innenwände der assyr. Paläste in *Ninive und Chorsabad mit geschnitzten Flachreliefs geschmückt, und die Türeingänge wurden von Tierstatuen „bewacht". Die berühmten Tempel von Luxor und Karnak in Ägypten enthielten Wandgemälde und verzierte Inschriften. Im Babylon Nebukadnezars zierten bunte, glasierte Ziegelsteine mit Tiermotiven und Rosetten die Außenwände.

Wahrscheinlich übernahmen in Zeiten des Wohlstands das Volk und die Könige von Juda und Israel die Dekorationsgewohnheiten ihrer Nachbarvölker.

SCHNEE. Südl. von Hebron sind Schneefälle selten, und entlang der Mittelmeerküste und im Jordantal sind sie völlig unbekannt. Im zentralen Bergland sind sie häufiger; zweimal wird davon in der Bibel und in den Apokryphen berichtet (2.Sam

Schnitzen

23,20; 1.Chro 11,22; 1.Makk 13,22). Der S. auf den Bergen des Libanon war jedoch sprichwörtlich (Jer 18,14). S. ist ein Wunder der Macht Gottes (Ps 147,16) und steht als Symbol für Reinheit (Offb 1,14), wie sie Gott einem bußfertigen Sünder schenkt (Jes 1,18).

SCHNITZEN. Siehe *Kunst.

SCHOBACH. Feldhauptmann des aram. Königs *Hadad-Esers (2.Sam 10,16); er wurde von David in der Schlacht im Ostjordanland getötet (1.Chro 19,16.18).

SCHOBAL. 1. Stammvater einer Sippe und Stammesfürst der *Horiter (1.Mo 36,23.29), vermutlich verwandt mit 2. **2.** Sohn *Kalebs, der Kirjat-Jearim (1.Chro 2,50) gründete.

SCHOBI. Fürst der Ammoniter in Rabba, der wie sein Vater *Nahasch *David freundlich gesonnen war (2.Sam 17,27ff).

SCHÖPFUNG. Die bibl. Lehre besagt, daß Gott Himmel und Erde geschaffen hat. Sowohl im AT als auch im NT wird oft darauf Bezug genommen, und nach Hebr 11,3 gründet sie auf göttlicher Offenbarung und kann nur vom Standpunkt des Glaubens aus verstanden werden. Am Schöpfungswerk sind Vater (z.B. Jes 45,11f), Sohn (z.B. Kol 1,16) und Heiliger Geist (1.Mo 1,2) beteiligt. Die Bibel betont, daß die Materie einen Anfang hat und nicht ewig ist (1.Mo 1,1; Hebr 11,3) und daß keine andere Macht Gott gegenübersteht oder sich seiner Kontrolle entzieht. Die Menschen und die anderen Lebewesen wurden aus bereits vorher geschaffenen Stoffen gemacht (1.Mo 2,7.19). Die S. war ein freiwilliger Akt Gottes, mit dem er seine Herrlichkeit offenbarte. Deshalb steht er weit über allem, was er gemacht hat (vgl. Röm 9,5) und ist doch gleichzeitig in seiner S. gegenwärtig, um sie am Leben zu erhalten (Apg 17,28; Kol 1,17)).

Der biblische Schöpfungsbericht (1.Mo 1-2) besitzt eine Würde, wie sie den Schöpfungserzählungen anderer Völker fremd ist. In zwei Abschnitten beschreibt er das Handeln Gottes in der S. Der erste Abschnitt (1.Mo 1,1 - 2,4) des bibl. Schöpfungsberichtes schildert, wie Gott in sechs Tagen durch sein machtvolles *Wort den Kosmos hervorbrachte, die Erde gestaltete und sie mit Vegetation und Tieren versah. Höhepunkt ist die Erschaffung des Menschen (1.Mo 1,26), der mit der Hege und Pflege der Erde und mit der Herrschaft über alles Leben (1.Mo 1,28) beauftragt wird. Nach Abschluß des Schöpfungshandelns (es war alles „sehr gut"; 1.Mo 1,31) ruht Gott am siebenten Tag und begründet damit den Lebensrhythmus der Menschen.

Im zweiten Abschnitt des bibl. Schöpfungsberichtes (1.Mo 2,4b-25) steht die Erschaffung des Menschen als Mann und Frau im Vordergrund. Gott stiftet die Ehe und schafft den Menschen einen Lebensraum (Garten Eden). In 1.Mo 3 wird geschildert, wie der Mensch durch den *Sündenfall beginnt, die ursprünglichen Ordnungen Gottes zu zerstören.

Beide Abschnitte des bibl. Schöpfungsberichtes ergänzen sich gegenseitig, indem sie mit verschiedenen Schwerpunkten Gottes Handeln darstellen. Streng genommen sind sie kein Bericht, sondern in die Vergangenheit gerichtete *Prophetie, denn kein Mensch war dabei. Sie unterscheiden sich somit auch von allen naturwissenschaftlichen Versuchen, die Entstehung des Kosmos und des Lebens zu erklären.

Altorientalische Schöpfungsmythen. Man fand keine Geschichte, die sich mit der Erschaffung des Universums als Ganzes beschäftigt. Bisher bekannt gewordene Texte konzentrieren sich auf den Ursprung der Götter, den Aufbau des Universums, die Erschaffung des Menschen und das Entstehen der Zivilisation. Sie sind vom Glauben an mehrere Götter (Polytheismus) und den Machtkämpfen zwischen den Göttern geprägt, im Gegensatz zu dem Monotheismus der bibl. Berichte. Verschiedene Schöpfungsgeschichten stammen aus Babylonien; der bekanntesten liegt eine sumerische Legende zugrunde. Bei einem Kampf tötete der Gott Marduk die Göttin Tiamat und spaltete sie in zwei Teile, aus denen er den Himmel und die Erde formte. Um die Götter von lästigen Aufgaben zu befreien, erschuf er die Menschheit aus Lehm und dem Blut des aufständischen Gottes Kingu.

Für die Griechen entwickelte sich das Leben aus unbestimmten Anfängen automatisch, vor allem durch die Zeugung von Göttern und irdischen Wesen. Im Orphischen Mythos verschlang Zeus den großen Schöpfer Phanes und schuf die bestehende Welt neu. Die Menschen machte er aus den Überresten der Titanen, die seinen Sohn Dionysos getötet und verspeist hatten.

SCHREIBKUNST. Mindestens von 3100 v.Chr. an war die Kunst des Schreibens im Nahen Osten ein Kennzeichen von Zivilisation und Fortschritt. Die gebräuchlichsten Worte für Schreiben kommen über 450 mal im AT und NT vor.

Biblische Bezüge. Von *Mose wird berichtet, daß er Gottes Wort und Gesetz aufgeschrieben hat (z.B. 2.Mo 17,14; 24,4; 5.Mo 31,19.22). Josua schrieb eine Fassung des erneuerten Bundes nieder (Jos 24,26). Samuel verfaßte „Das Recht des Königtums" (1.Sam 10,25), und die Könige selbst schrieben Briefe und Anweisungen (2.Sam 11,14). Zu allen Zeiten wurden Schreiber für Aufzeichnungen gebraucht (z.B. 1.Chro 24,6). Einige der Propheten schrieben ihre Botschaften nieder oder diktierten sie Schreibern (z.B. Jes 8,1; 30,8; Jer 36,27f). Nach dem Exil war Esra selbst ein Schriftgelehrter, und das Buch, welches seinen Namen trägt, erwähnt Briefe und Berichte (z.B. 4,4ff; 8,34). Jesus konnte lesen und schreiben (Lk 4,16ff; Joh 7,14; 8,6). Lukas schrieb den Bericht über das Leben Jesu und die Geschichte der ersten Gemeinden nieder (Lk 1,3; Apg 1,1). Paulus, Petrus und Johannes schrieben Briefe, oft mit Unterstützung eines Schreibers (z.B. Röm 15,15; 16,22; 1.Petr 5,12).

Schreibmaterialien und -instrumente. Während des gesamten atl. Zeitraums gab es Inschriften auf Fels oder Stein, in Felswänden oder auf Steintafeln. Letztere wurden für königliche und religiöse Texte verwendet (vgl. 2.Mo 32,16). Die Tafeln, die Jesaja (30,8) und Habakuk (2,2) verwendeten, waren vermutlich aus Holz und mit Wachs überzogen. In der Zeit des NT wurden ähnliche Tafeln verwendet (Lk 1,63). Es wurde auch auf Tontafeln oder flache Ziegel geschrieben (Hes 4,1).

Schreibkunst. Ägyptische Schreiber, Relief aus einem Grab (um 2500 v.Chr.).

Kurze Mitteilungen schrieb man mit Tinte auf Tonscherben (Ostraka). Papyrus wird im AT nicht erwähnt, wurde aber seit dem 11. Jh. v.Chr. benutzt und ist wahrscheinlich in 2.Joh 12 gemeint. Spätestens seit der Perserzeit (5. Jh. v.Chr.) verwendete man Leder, das für Schriftrollen gebraucht werden konnte. Die bei *Qumran gefundenen Abschriften bibl. Texte, die im 2. Jh. v.Chr. auf Leder angefertigt wurden, könnten ein Hinweis auf frühere jüd. Gewohnheiten sein. Im 2.Jh. v.Chr. wurde in Pergamon ein besonderes Verfahren für die Aufbereitung von Leder benutzt – das „Pergament". Die NT-Manuskripte sind mehrheitlich auf Pergament geschrieben. In Steine und in Ton wurde mit Meißeln und Sticheln eingraviert. Auf Ostraka, Papyrus und Leder schrieb man mit „Feder" und „Tinte" (Jer 36,18). Die Feder war ein entsprechend zurechtgeschnittenes Stück Schilfrohr. In Ägypten waren sie 15-40 cm lang, und das Ende war in Meißelform gehalten, so daß man dicke oder dünne Striche ausführen konnte. Seit der Zeit der Griechen und Römer (ab 3. Jh. v.Chr.) wurde das Rohr

Schreibkunst 376

Schreibkunst. Die Entwicklung des Alphabets. (1) Paläo-sinaitische Schrift. (2) Kanaanäische Schrift (12. Jh. v.Chr.). (3) Phönikische Schrift (9. Jh. v.Chr.). (4) Hebräische Kursivschrift (8. Jh. v.Chr.). (5) Modernes Hebräisch. (6) Griechische Schrift. (7) Lateinische Schrift.

Formen der Dokumente. Tafeln wurden bereits erwähnt; längere Geschichtsberichte wurden zuweilen auf Tonprismen oder Zylinder geschrieben. Die übliche Form eines „Buches" in bibl. Zeit war eine Schriftrolle aus Papyrus, Leder oder Pergament, die innen und, wenn nötig, auch außen beschrieben wurde (vgl. Hes 2,9f). Es wurde in so vielen Spalten geschrieben, wie sie gebraucht wurden, und entsprechend lang wurde dann die Schriftrolle (vgl. Jer 36,23). In der Zeit des NT wurden mit dem Begriff „Buch" die gesammelten Schriften bezeichnet (2.Tim 4,13). Etwa im 2. Jh. n.Chr. wurden die Schriftrollen von den Kodizes (Buchform) abgelöst. Ein Kodex besteht aus einmal gefalteten Blättern, die, in Lagen zusammengelegt, zwischen zwei feste Deckel gebunden wurden. Die Juden benutzten für das Gesetz vorzugsweise die Rollenform für die Lesungen in der Synagoge.

Schriftarten. Im Altertum wurden drei verschiedene Schriftarten verwendet. Die *Hieroglyphen* waren Bilderzeichen. Die Bilder, die ursprünglich Gegenstände bezeichneten, stellten später Laute dar.

Die zweite Schriftart war die *Keilschrift*, ein System keilförmiger Einzelelemente. Weil sich Rundungen sehr schwierig einritzen ließen, wurden geometrische Formen entwickelt, deren Einzelelemente sich mit einem Stab in weichen Ton eindrücken ließen. Die Formen wurden zuerst für Silben, später für Buchstaben gebraucht.

Die dritte Form, die *Buchstabenschrift*, wurde im 2. Jahrtausend v.Chr., wahrscheinlich in Byblos, entwickelt.

Dokumente wurden in Kästen oder Krügen aufbewahrt, in Tempeln hinterlegt (1.Sam 10,25) oder in speziellen Archiven sichergestellt (Esr 6,1). Assyr. Könige sammelten Texte für ihre Bibliotheken, wie z.B. Assurbanipal (ca. 650 v.Chr.) in Ninive. Beim Abschreiben von Texten gaben die Schreiber oft die Quelle und die Beschaffenheit des Textes an und ob er mit dem Original verglichen wurde. Die Autoren waren oft, wenn auch nicht immer, anonym.

spitz geschnitten und dann gespalten. Diese Art wurde auch in der Zeit des NT verwendet (3.Joh 13). Die Tinte bestand gewöhnlich aus Ruß oder Holzkohle, gemischt mit Gummi oder Öl für Leder oder mit einer metallischen Substanz für Papyrus und Ostraka. Aufbewahrt wurden die Federn in kleinen Kästchen mit einer Stelle für den Tintenbehälter (vgl. das „Schreibzeug" in Hes 9,2f).

Aus den Entwicklungen der Schriftarten ist zu schließen, daß zur Zeit der

Patriarchen die *Keilschrift* (in Ägypten die *Hieroglyphen*) benutzt wurde, zur Zeit Moses die *alphabetischen Schriftzeichen* und zur Zeit der Monarchie und der Propheten die aus vielen Funden bekannte phönizisch-althebräische *Buchstabenschrift* (22 Konsonanten), geschrieben von rechts nach links. Im 4. Jh. v.Chr. begannen die Juden diese Schriftzeichen auszutauschen gegen aramäische Schriftzeichen, die sog. *Quadratschrift* (auch 22 Konsonanten). Die Jesaja-Rolle aus Qumran ist in Quadratschrift geschrieben ohne Vokalzeichen.

Die hebr. Texte wurden vom 9./10. Jh. n.Chr. an vokalisiert überliefert, nachdem sich ein System durchgesetzt hatte.

Aus aufgefundenen Inschriften zu schließen, waren bei den Israeliten schon Kinder des Lesens und Schreibens kundig (vgl. den „Bauernkalender von Gezer" 10. Jh. v.Chr., von einem Kind als Übung geschrieben, oder Ri 8,14).
*Erziehung und Bildung; *Papyri; *Schriftgelehrte; *Überlieferung biblischer Texte.

SCHRIFT. *Schreibkunst.

SCHRIFTGELEHRTE. *Altes Testament.* Wichtige professionelle Schreiber, die von der Öffentlichkeit dazu angestellt wurden, Verträge auszustellen und Briefe zu schreiben sowie Rechnungen und Akten zu führen (Jer 32,12; 36,26ff). Andere arbeiteten in der öffentlichen Verwaltung (Schreiber: 1.Kön 4,3); der Oberste Schreiber war ein königlicher Berater (1.Chro 27,32). Einige übten auch religiöse Funktionen aus (2.Kön 12,11), aber bis zum Exil war der Beruf des S. vom Priestertum getrennt. Nach dem Exil hatten sie die Aufgabe, das Gesetz Gottes abzuschreiben, zu erhalten und auszulegen (Esr 7,6). *Esra war sowohl *Priester als auch S. (Esr 7,11) und fungierte vermutlich außerdem als Berater in jüd. Angelegenheiten am babylon. Hof. Sie trugen feine Kleider, und von ihrem Gürtel hing eine Federmappe oder ein Tintenhorn herab (Hes 9,2). Sie benutzten Federn aus Schilf und manchmal Griffel zum Schreiben der Keilschrift.
*Schreibkunst.

Schriftgelehrte. *Die gebräuchliche Buchform zur Zeit Jesu war die Schriftrolle aus Pergament oder Papyrus. Die Rolle wurde beim Lesen mit der einen Hand entrollt, mit der anderen neu aufgerollt.*

Neues Testament. Die S. waren Experten auf dem Gebiet des atl. Gesetzes (vgl. Sir 38,24). Im Ergebnis der repressiven Maßnahmen von Antiochus Epiphanes gegen die Juden im 2. Jh. v.Chr. schlossen sich viele S. der Richtung der Pharisäer an. Sie erhoben den Anspruch, daß ihre mündlichen Überlieferungen (gesetzliche Entscheidungen) die gleiche oder größere Bedeutung hätten als das geschriebene Gesetz (Mk 7,5ff). Sie versammelten Schüler um sich und lehrten im Tempel (Lk 2,46). Im *Hohen Rat wirkten sie bei der Rechtsprechung mit. Sie gerieten in Widerstreit mit Jesus (vgl. Mt 7,28f), verfolgten die Apostel (Apg 4,5ff, aber einige stellten sich auch auf Paulus' Seite aus Gegnerschaft zu den *Sadduzäern, Apg 23,9). Einige S. glaubten an Jesus (Mt 8,19).
*Erziehung und Bildung.

SCHULD, SCHULDNER. In Israel war das Verleihen von *Geld kein Geschäft. Nach den atl. Gesetzen war es, außer bei Ausländern, verboten, Zinsen zu verlangen (z.B. 2.Mo 22,24; 5.Mo 23,20). Als Sicherheit überließ man dem Gläubiger einen persönlichen Gegenstand (5.Mo 24,6ff), und wer nichts zu verpfänden hatte, konnte in die Sklaverei verkauft werden (z.B. Am 2,6). Alle sieben Jahre (Erlaßjahr) mußten alle Schulden erlassen werden (5.Mo 15,1ff). In Babylonien gab es dagegen bereits um 2000 v.Chr. ein gewerbliches Leihwesen. Die Schuldner in Lk 16,1ff waren entweder Pächter, die in Sachleistungen zahlten, oder Kaufleute, die einen Warenkredit hatten. Die Bezeichnung der Sünde als Schuld in Mt 6,12 erinnert an Gottes Gnade und mahnt zur Versöhnungsbereitschaft. *Geldwechsler.

SCHULD, STRAFE, STRAFTAT. Im Alten Orient kannte man nicht die heute übliche Unterscheidung zwischen Zivil- und Strafrecht. Jedes Vergehen wurde in erster Linie gegen eine Person oder eine Gemeinschaft begangen, und die einzige Möglichkeit der Wiedergutmachung bestand in der Entschädigung der geschädigten Person. Außerdem galten die Gesetze als Ausdruck des göttlichen Willens. Ein Verbrechen gegen eine Person oder deren Eigentum war daher zugleich ein Verbrechen gegen Gott und mußte von Gott oder von den Amtspersonen bestraft werden.

Straftaten. Eine Straftat ist das bewußte Begehen von Unrecht. Das geläufige hebr. Wort bezeichnet sowohl Vergehen gegen Menschen als auch gegen Gott. Die Grundbedeutung ist „etwas verfehlen" – von ihr leitet sich die Vorstellung ab, daß *Sünde Verfehlung der gerechten Forderungen Gottes ist. Gesetze wurden ausgearbeitet, um Einzelpersonen und Gemeinschaften vor Unrecht zu schützen und Menschen für zugefügtes Unrecht zu entschädigen. Eine Sonderstellung im israelit. Recht nehmen die „apodiktischen Gesetze" ein, die direkten Aussagen der Zehn *Gebote („Du sollst nicht töten", etc.), die Teil der Religion des Volkes Israel wurden.

Besondere Beachtung finden im AT Straftaten wie Mord, Körperverletzung, Diebstahl und Fahrlässigkeit. Es wurde zwischen beabsichtigter und unbeabsichtigter Tötung unterschieden (2.Mo 21,12ff). Vorsätzlich begangener Mord mußte von den Verwandten des Opfers mit der Tötung des Mörders bestraft werden (wie es im islamischen Recht noch heute der Fall ist). Bei kleineren Vergehen entschieden Richter, Älteste oder Familienoberhäupter gewöhnlich am Stadttor. Die dabei befolgte Regel „Auge um Auge, Zahn um Zahn, Hand um Hand ..." (2.Mo 21,24) war zur Erhaltung des „sozialen Gleichgewichts" wichtig: durch die festgesetzte Strafe sollte ein Verlust ausgeglichen, nicht aber neues Unrecht provoziert werden. Wer Tiere stahl, mußte als Wiedergutmachung ein Mehrfaches ihres Wertes bezahlen – wahrscheinlich als Abschreckung (2.Mo 22,1). Es gibt im AT auch Beispiele, wo Täter einer menschlichen Bestrafung entkamen, dafür aber von Gott gerichtet wurden (z.B. 4.Mo 16).

Vor allem die atl. Weisheitsliteratur mißt dem Lebenswandel eine große Bedeutung bei. Mißachtung der Gesetze bedeutet Rebellion gegen Gott (vgl. Ps 1).

Im NT beschreibt Paulus, daß das mosaische Gesetz zwar die Sünde bewußt macht, sie aber nicht vergeben kann. Alle Menschen sind seit dem Sündenfall (1.Mo 3) vor Gott schuldig. Wer sich nicht von Christus erretten läßt, wird von Gott gerichtet werden (z.B. Röm 1,18). Aber auch der Lebenswandel eines Christen wird einer abschließenden göttlichen Beurteilung unterzogen (1.Kor 3,11ff).

*Tag des Herrn, *Sünde, *Gericht.

SCHUNEM, SCHUNEMITERIN. Eine Stadt auf dem Gebiet des Stammes *Issaschar, vermutlich das heutige Solem. *Elisa lebte einige Zeit in S. und erweckte den Sohn einer reichen S. von den Toten auf (2.Kön 4,8ff; vgl. 2.Kön 8,1ff). S. war die Heimatstadt Abischags (1.Kön 1,3.15).

SCHUR. Wüstengebiet im NW der Sinaihalbinsel zwischen dem Wadi el-Arisch im O und dem heutigen Suezkanal im W. S. wurde von den Israeliten nach dem Auszug aus Ägypten durchquert (1.Mo 16,7); Abraham lebte einige Zeit zwischen

Kadesch und S. (1. Mo 20,1). S. lag an der Verbindungsstraße, die von Ägypten nach Südpalästina führte (1.Sam 27,8).

SCHWEFEL. In gelber, kristalliner Form kommt er in vulkanischen Ablagerungen vor, z.B. im Jordantal. An der Luft ist er leicht brennbar. In bibl. Texten sind S. und *Feuer häufig Begleitumstände göttlichen Gerichts (z.B. 1.Mo 19,24; Offb 14,10).

SCHWEIN. Den Israeliten war es nicht erlaubt, Schweinefleisch zu essen (3.Mo 11,7; 5.Mo 14,8). Aus heutiger Sicht gibt es dafür hygienische Gründe. Als ein von Abfällen lebendes Tier konnte das S. leicht Krankheiten übertragen. Außerdem ist es der Wirt für den Trichinose verursachenden Bandwurm. Das S. stand für alles Verachtete und Verhaßte (vgl. Spr 11,22; Lk 15,15) und wurde auf einer Stufe mit Dämonen angesehen (vgl. Mt 8,30ff).

SCHWERT. Die in der Bibel am häufigsten erwähnte Waffe. Die ersten S. waren gewöhnlich gerade, zweischneidig und einem Dolch ähnlich. Um 2500 v.Chr. tauchten S. auf, die wie eine Sichel geformt waren, und ein Jahrhundert später kam das lange, gerade S. in Gebrauch. S. wurden normalerweise in einer am Gürtel festgehängten Scheide getragen (2.Sam 20,8). In beiden Testamenten wird das S. als Synonym für *Krieg oder als Symbol für Gottes Wort gebraucht (Eph 6,17).

SCHWÖREN/SCHWUR. Siehe *Eid.

SEBA. Sohn *Kuschs (1.Mo 10,7) sowie ein Land und Volk in Südarabien. Sein Reichtum wird bildhaft als Teil des Lösegeldes für Israel erwähnt (Jes 43,3); die hochgewachsenen Einwohner von S. werden den Gott Israels anerkennen müssen (Jes 45,14).

SEBACH. Einer der beiden Midianiterkönige, die von *Gideon gefangen und getötet wurden als Vergeltung für die Ermordung seiner Brüder. Gideon wurde daraufhin gebeten, Herrscher Israels zu werden, was er jedoch ablehnte (Ri 8).

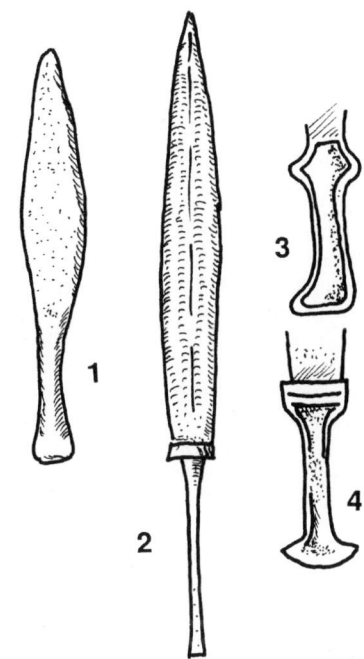

Schwert. Die ersten Schwerter glichen einem Dolch. (1) Eine einfache Klinge; (2) Klinge mit Zapfen; (3,4) verschiedene Schalengriffe.

SEBUL. Stadthauptmann von Sichem, der *Abimelech vor dem Aufruhr Gaals rettete (Ri 9,26ff).

SEBULON. Der zehnte Sohn *Jakobs, sein sechster Sohn mit *Lea. Der Stamm S. konnte mehr von dem ihm zugewiesenen Land in Besitz nehmen als die meisten anderen Stämme, denn breite Streifen Land im S Galiläas bestanden zum größten Teil aus unbebautem Land, in dem es keine größeren Städte gab (Jos 19,10ff). S. wird oft zusammen mit *Issaschar genannt. S. unterstützte *David mit beachtlicher wirtschaftlicher und militärischer Hilfe (1.Chro 12,33.40). Tiglat-Pileser verschleppte viele seiner Einwohner nach Assyrien (2.Kön 15,29). S. war die Heimat des Propheten *Jona (2.Kön 14,25) und auch von Jesus (Nazareth: Mt 4,13ff).

SECHACHA. Siedlung im NO Judas (Jos 15,61), vielleicht Chirbet es-Samrah.

SEELE. Das hebr. Wort, das mit S. übersetzt wird, kommt 755 mal im AT vor und hat die primäre Bedeutung von „Leben besitzen; Leben haben" (1.Mo 2,7). Es wird sowohl für Tiere (Kreatur: 1.Mo 1,20) als auch für Menschen gebraucht. Der Mensch hat keine S. (im Sinne griech. Denkens), vielmehr wird er durch die *Schöpfung zur „lebendigen Seele" (1.Mo 2,7 wörtlich), d.h., S. bezeichnet eine Person in ihrer Ganzheit (Hes 18,4). In vielen Fällen, besonders in den Psalmen, steht S. als Synonym für *Leben oder für Person (vgl. a. 1.Mo 35,18; Apg 2,41). Die S. ist der Sitz der Gefühle (Ps 86,4) und des Willens (Ps 84,3).

Im NT wird der Begriff in derselben Weise benutzt. S. bedeutet auch den Menschen als Ganzes im Blick auf Heil oder Verderben. Die Rettung der S. ist verbunden mit der Auferstehung des Leibes.
*Herz, *Leben, *Geist, *Leib.

SEFAR. Gebirge oder Vorgebirge in Südarabien, das gleichzeitig Grenzlinie für das Gebiet Joktans war (1.Mo 10,30).

SEFARWAJIM. Eine Stadt, die von den Assyrern eingenommen wurde (2.Kön 17,24.31) und sich wahrscheinlich in Syrien befand; eventuell das spätere Sibrajim in der Nähe von Damaskus (Hes 47,16).

SEGEN, SEGNEN. Bezeichnet die Zuwendung Gottes zu Menschen, ganzen Völkern und der Schöpfung. Unmittelbar nach seiner Erschaffung wird der Mensch von Gott gesegnet (1.Mo 1,28). Die göttliche Zusage „ich will mit dir sein" bedeutet Geleit, Schutz und u.U. auch materiellen Wohlstand. Wenn Menschen Segenswünsche aussprechen, rechnen sie mit dem Handeln Gottes. Deshalb konnte der S. nicht wieder zurückgenommen (1.Mo 27,33ff) oder in *Fluch umgewandelt werden (4.Mo 24). Später war es vor allem Aufgabe der Priester, zu segnen (vgl. 4.Mo 6,22ff: der aaronitische Segen).

Das ntl. Wort für Segen bedeutet, Gutes von oder über jemanden sagen. Es geschieht in der Gegenwart Gottes, d.h. der Gesegnete wird Gott anbefohlen (z.B. Lk 2,34). Jesus segnete z.B. die Speisen (Mt 14,19; 26,26), Kinder (Mk 10,16) und seine Jünger (Lk 24,54). In den ntl. Briefen wird das Erlösungswerk Jesu als geistlicher S. beschrieben, mit dem Gott sich uns Menschen in neuer Weise zuwendet (Eph 1,3).

SEIDE. Echte S. wird aus dem Kokon der chinesischen Seidenraupe gewonnen, die sich von den Blättern der weißen Maulbeere ernährt. Im östl. Mittelmeerraum gibt es aber noch weitere Arten von Seidenraupen, die sich von Eichen- und Zypressenblättern ernähren. Hes 16,10 könnte sich auf die Herstellung durchsichtiger S. auf der Insel Kos und in Sidon beziehen; in Offb 18,12 wird S. als Luxus erwähnt.

SEIFE. S. ist eine Lösung aus Pottasche (Kaliumkarbonat) und Soda (Natriumkarbonat), ein einfaches Reinigungsmittel, das gewonnen wurde, indem man Wasser durch pflanzliche Asche filterte. Das Wort „Lauge" in Jer 2,22 ist Salpeter, der mit Öl gemischt eine Art S. ergibt.

SEÏR. Ein Gebirge (1.Mo 14,6), ein Land, in dem *Esau sich niederließ (1.Mo 32,4), und ein Volk (Hes 25,8) im Gebiet *Edoms.

SEKTE. Siehe *Häresie.

SEKUNDUS. Ein Christ aus Thessalonich, der Paulus mit einer Gabe nach Jerusalem begleitete (Apg 20,4). Der latein. Name wird durch thessalonische Inschriften bestätigt.

SELA. 1. Mit seiner Bedeutung „Fels" oder „Klippe" kann das Wort für jeden felsigen Ort gebraucht werden, es kommt einige Male im AT vor. Der wichtigste so bezeichnete Ort ist eine befestigte Stadt in *Moab, die von dem jüd. König *Amazja erobert und in Jokteel umbenannt wurde (2.Kön 14,7); auch Jes 42,11 und Obd 3 könnten sich darauf beziehen. Nach der Überlieferung wird angenommen, daß sich der Ort im felsigen Gelände hinter Petra befand, wo Überreste einer Siedlung aus dem 7. Jh. v.Chr. gefunden worden sind; aber es-Sela, 4 km nordwestl. von Bozra, könnte besser zu den vorhandenen Angaben passen.

2. Begriff, der 71 mal in den Psalmen und dreimal bei Habakuk vorkommt. Man nimmt an, daß es ein musikalisches oder liturgisches Zeichen ist, obwohl die Bedeutung unbekannt ist. Es könnte eine Anweisung für die Sänger oder die Instrumente sein, einzustimmen, oder für die Gottesdienstbesucher, ihre Hände oder Stimmen zum Gebet zu erheben. Möglicherweise handelt es sich auch um einen Ausruf ähnlich dem „Amen".

SELEUKUS. General *Alexanders des Großen; er begründete das Seleukidische Reich mit der Hauptstadt Antiochien in Syrien. Der Aufstand der *Makkabäer und die Entstehung der religiösen Hauptgruppierungen zur Zeit Jesu resultierten aus dem seleukidischen Versuch, Palästina weiterhin zu beherrschen.

SELEUZIA. Der frühere Hafen *Antiochiens in Syrien (1.Makk 11,8), 8 km nördl. der Mündung des Orontes und 25 km von Antiochien entfernt. S. wurde 301 v.Chr. von Seleukos Nikator gegründet; es lag am Fuße des Berges Rhosus am nordöstlichsten Zipfel eines fruchtbaren Tales, das noch immer für seine Schönheit bekannt ist. Nachdem Antiochus der Große die Stadt 219 v.Chr. erobert hatte, verschönerte er sie noch. Die Römer erklärten sie 64 v.Chr. zu einer freien Stadt; ihr Verfall begann in der frühchristl. Zeit. Sie wird in Apg 13,4 erwähnt, und auch Apg 14,26; 15,30.39 könnten auf S. als Hafen von Antiochien Bezug nehmen.

SEM. *Noahs ältester Sohn und einer der acht Menschen, die die Sintflut überlebten (1.Mo 7,13). Über ihn zieht sich die Linie des Geschlechtes Abrahams bis zum *Messias (Lk 3,36). Eine Reihe seiner in 1.Mo 10,21ff aufgeführten Nachkommen haben verwandte Sprachen gesprochen, die auch unter dem Begriff „semitische Sprachen" zusammengefaßt wurden. S. lebte 600 Jahre (1.Mo 11,10f).

SENF. Siehe *Pflanzen.

SENIR. Amoritischer Name des Berges *Hermon (5. Mo 3,9), von dessen Hängen wertvolles Holz gewonnen wurde (Hes 27,5).

SERACH. 1. Sohn *Judas und *Tamars; Zwillingsbruder von *Perez (1.Mo 38,27ff). **2.** Äthiopier, der in Juda einfiel (2.Chro 14,9ff; 16,8). Er wurde um 897 v.Chr. von *Asa bei Marescha vernichtend geschlagen. Wahrscheinlich führte er als äthiopischer Heerführer ägypt. Truppen im Auftrag von Pharao Osorkon I.

SERAFIM. Himmlische Wesen, die nur in Jes 6 erwähnt werden. Sie hatten eine menschliche Gestalt, aber gleichzeitig sechs Flügel: zwei zum Fliegen, zwei um ihr Angesicht und zwei um ihre Füße zu bedecken. Sie befanden sich über Gottes Thron und leiteten offensichtlich die Anbetung. Einer von ihnen berührte Jesajas Lippen mit einer glühenden Kohle in einem Akt der Reinigung und verkündete, daß Jesajas Sünde hinweggenommen war. *Engel.

SERAJA (Jahwe hat gesiegt). Im AT tragen verschiedene Personen diesen Namen, so der Schreiber Davids (2.Sam 8,17), in 1.Chro 18,16 Schawscha genannt, und der Hohepriester zur Zeit Zedekias, der von den Babyloniern getötet wurde (2.Kön 25,18ff).

SERED. Wadi, das von den Israeliten überquert wurde (4.Mo 21,12; 5.Mo 2,13f), wahrscheinlich Wadi el-Hesa, das von SO zum Toten Meer verläuft.

SERGIUS PAULUS. Prokonsul von Zypern (47 n.Chr.), als *Paulus die Insel besuchte (Apg 13,7). Sein Name läßt darauf schließen, daß er zu einer alten röm. Senatorenfamilie gehörte, er war möglicherweise einer der Kuratoren unter *Klaudius.

SERUBBABEL. Nachkomme der judäischen Königsfamilie, Enkel des deportierten Königs *Jojachin, der gemeinsam mit anderen Juden 537 v.Chr. aus dem babylon. Exil zurückkehrte und die Fundamente für den Tempel legte (Esr 3). Gemeinsam mit *Jeschua übernahm er wieder die Leitung, als 520 v.Chr. (Esr 5-6;

Hag 1-2) der Wiederaufbau des Tempels fortgesetzt wurde. Er wurde von den Visionen *Sacharjas ermutigt (Sach 4,6ff verheißt die Fertigstellung des Baus). In Hag 1,1; 2,2 wird er mit dem Titel des Statthalters erwähnt.

SET. Der dritte Sohn *Adams und *Evas. Er wurde nach dem Mord an *Abel geboren (1.Mo 4,25). Der Stammbaum *Noahs geht auf ihn zurück.

SIBMA. Stadt, die von den *Amoritern erobert und dem Stamm *Ruben zugeteilt wurde (Jos 13,19), später fiel sie an die Moabiter zurück (Jes 16,8f). Sie war bekannt für ihren Wein; vielleicht Chirbet Qurn el Qibsh, 5 km westl. von Heschbon.

SICHEM. Bedeutende Stadt in Zentralpalästina, im Bergland *Ephraims, in der Nähe des Berges Garizim, heute liegt dort Tell Balata, 50 km nördl. von Jerusalem und 9 km südöstl. von Samaria. Es ist der erste Ort in Palästina, der in 1.Mo erwähnt wird; *Abraham lagerte dort ebenso (1.Mo 12,6f) wie *Jakob (1.Mo 33,18f), der dort auch seine fremden Götter vergrub (1.Mo 35,4). Nach der Eroberung durch Israel erneuerte Josua bei S. den *Bund des Volkes mit Gott (Jos 8,30ff) und hielt dort auch seine Abschiedsrede (Jos 24). In der Zeit der Richter war es noch immer ein Zentrum kanaan. Götzendienstes und wurde erst von Gideons Sohn Abimelech zerstört (Ri 9).

In S. lehnten nach dem Tod *Salomos die zehn Nordstämme die Königsherrschaft *Rehabeams ab und salbten *Jerobeam als ihren König. Er ließ die Stadt wieder aufbauen und machte sie eine Zeitlang zu seiner Hauptstadt (1.Kön 12). Später wurde sie von den Assyrern zerstört (724-721 v.Chr.).

Um 300 v.Chr. wurde S. zur wichtigsten Stadt der *Samariter, die auf dem Berg Garizim einen Tempel errichteten. Johannes Hyrkan zerstörte 128 v.Chr. diesen Tempel und 108 v.Chr. die Stadt. Danach wurde sie wieder aufgebaut und nach dem röm. Kaiser Flavius Vespasian in Flavia Neapolis umbenannt.

SIDDIM, TAL. Wahrscheinlich ein fruchtbares Gebiet südl. der Halbinsel Lisan, das später als Nachwirkung von Erdbeben von dem südl. Ende des Toten Meers überspült wurde (1.Mo 14,3).

SIDON. Eine große, befestigte Stadt und ein Hafen im alten Phönizien, die sich jetzt an der Küste des Libanon befindet. Es war eine der wichtigsten Festungen Kanaans, die Israel Widerstand leisteten (Ri 10,12). Assurnasirpal II. forderte um 880 v.Chr. und Salmanassar III. um 841 v.Chr. von ihr Abgaben, Sanherib eroberte sie (vgl. Jes 23,2ff). S. gewann seine Unabhängigkeit zurück, wurde aber um 587 v.Chr. von den Babyloniern eingenommen (vgl. Jer 27,3ff). Später stellte die Stadt den Hauptteil der pers. Flotte, wurde aber um 350 v.Chr. nach einem Aufstand zerstört. Die Römer gewährten ihr lokale Selbständigkeit. Ihr Hauptgott war Eschmun, der Gott der Heilkunst. Von daher ist es bedeutsam, daß Jesus in dieser Gegend ein Mädchen heilte (Mk 7,24ff). Viele Sidonier hörten Jesus (Mk 3,8); Paulus besuchte die Stadt auf seinem Weg nach Rom (Apg 27,3).

SIEBEN WORTE AM KREUZ. Versuch einer Zusammenstellung der wichtigsten Aussagen Jesu am Kreuz aus den vier Evangelien. Das erste war ein Gebet für jene, die ihn verurteilt hatten. Daraus sprach eine unerwartete und unverdiente Liebe (Lk 23,34). Das zweite wandte sich an den Verbrecher, der Buße tat. Jesus versprach ihm Zugang zum Paradies (Lk 23,43). Im dritten wendet er sich voller Mitgefühl noch einmal seiner Mutter zu und befiehlt sie dem geliebten Jünger zur Fürsorge (Joh 19,25-27), trotz seiner eigenen Todesangst zu dieser Zeit. Diese drei Worte wurden wahrscheinlich vor dem Mittag gesprochen. Das vierte Wort, den Schrei der Verlassenheit, stieß Jesus während der geheimnisvollen Dunkelheit aus (Mt 27,45f; Mk 15,33f), und das fünfte folgte kurz darauf, als Jesus sagte, daß ihn dürstet (Joh 19,28). Das sechste Wort war der Siegesruf „Es ist vollbracht" (Joh 19,30), und Jesus meinte damit das ihm aufgetragene Erlösungswerk. Das siebente Wort ist ein Zitat aus Ps 31,5, dem

Abendgebet frommer Juden (Lk 23,46). *Kreuz.

SIEG. Die wichtigste bibl. Aussage ist, daß der S. Gott gehört (1.Sam 17,47; 1.Kor 15,54ff). Manchmal bedeutet Gottes Handeln auch die Niederlage seines Volkes (z.B. Ri 2,14), dann geschieht das aber um Gottes Gerechtigkeit willen. Durch Kreuz und Auferstehung hat Jesus Tod und Teufel besiegt (1.Kor 15,55). Mit seiner Himmelfahrt kehrte er an die Seite seines Vaters zurück und wird schließlich seine heilige Herrschaft über die Geschichte der Welt zu dem großen S. am „Tag des Herrn" führen, wenn er alles neu machen wird (Hes 38-39; Offb 19). In der Zwischenzeit können seine Nachfolger den S. Gottes durch Glaubensgehorsam erfahren (Ps 20; Eph 6,16; 1.Joh 5,4f), weil sie durch seinen Sohn dazu befreit worden sind (Joh 8,31ff).*Frieden; *Gerechtigkeit; *Heil.

SIEGEL, VERSIEGELN. *Altes Testament.* Im Altertum waren gravierte S. weit verbreitet. Sie wurden benutzt als Zeichen für Autorität (Est 8,8), zur Beglaubigung von Dokumenten (Neh 10,1), zur Sicherung eines Dokuments (Jes 29,11) oder einer Tür (Dan 6,17). Das S. galt auch als Symbol für etwas, das sicher verwahrt wurde, wie z.B. auch die Sünden eines Menschen vor Gott (Hiob 14,17). Die gebräuchlichste Form war das Zylinder-S., das über Ton gewalzt wurde. Auch Siegelstempel und Siegelsteine in der Form eines Käfers (Skarabäen) wurden auf Ton oder Wachs verwendet. Sie wurden an einer Halskette getragen (1.Mo 38,18), Siegelsteine wurden auch in Siegelringe eingesetzt (Est 3,12). Harte Halbedelsteine wurden zu S. graviert, aber arme Leute konnten auch grob gravierte S. aus gebranntem Ton, Kalkstein oder Holz verwenden.

Vor der Königszeit zeigten die Siegelzylinder Muster, Zeichnungen oder Menschendarstellungen. Später waren in Palästina auf den meist ovalen S. Löwen, Löwen mit Flügeln und Menschenköpfen oder Sphinx (Cherubim), der Greif oder die geflügelte Uräusschlange abgebildet. Auch ägypt. Motive wie die Lotusblume waren verbreitet.

Nach dem 7. Jh. v.Chr. hatten die meisten S. nur eine zweizeilige Inschrift. Viele S. tragen den Namen des Eigentümers und manchmal auch seinen Titel. So trägt ein bei Megiddo gefundenes Jaspis-S. die Inschrift „(Gehört) Schema, dem Diener Jerobeams" (d.h. Jerobeam II.). Auf einem bei Lachisch gefundenen S. steht „Gedalja, der über den Haushalt gesetzt ist"; es könnte dem Statthalter von Juda (2.Kön 25,22ff) gehört haben. Solche S. offenbaren eine Vielzahl von hebr. Namen weit über die im AT erwähnten hinaus, und die Titel dieser Personen erweitern die Kenntnis über Regierung und Verwaltung in der damaligen Zeit. Auch in die Henkel von Krügen, die in großer Zahl gefunden wurden, waren entweder der Herstellungsort oder der Name des Besitzers eingraviert.

Neues Testament. Der Begriff wird gelegentlich in seiner konkreten Bedeutung gebraucht: bei der Versiegelung von Jesu Grab (Mt 27,66) und dem versiegelten Buch in Offb 5,1f.

Paulus gebraucht den Begriff im übertragenen Sinn: in Röm 15,28 als ein S. der Bestätigung; die Korinther sind ein S. seines Apostelamtes (1.Kor 9,2) und die Beschneidung ist ein S., das den Glauben

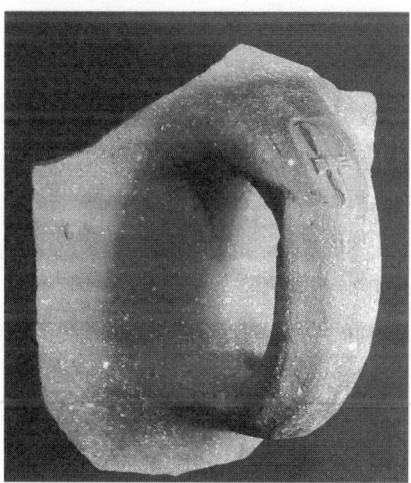

Siegel. Ein Krughenkel aus Hebron, der das königliche Siegel trägt.

bestätigt, der schon existierte, bevor der Ritus durchgeführt wurde (Röm 4,11; vgl. Offb 7,2ff).

Paulus benutzt die Wendung „versiegelt mit dem Heiligen Geist". In Eph 1,13 wird damit zum Ausdruck gebracht, daß die Glaubenden jetzt ein Unterpfand für das besitzen, was erst noch kommen wird (vgl. Eph 4,30; 2.Kor 1,21f). Obwohl diese Vorstellung oft mit der Taufe in Verbindung gebracht wird, bezieht sie sich eindeutig in erster Linie auf die Gabe des *Heiligen Geistes selbst. Ein Mensch wird bei seiner Bekehrung mit dem Heiligen Geist versiegelt. Er ist das S. des neuen „Besitzers" dieser Person (Eph 1,13).

SIF. 1. Stadt im S Judas (Jos 15,24), vermutlich Ez Zeife. **2.** Stadt im Gebirge Juda (Jos 15,55), die zu einem wichtigen Zentrum während der Regierungszeit *Hiskias wurde, das heutige Tell Zif, 7 km südöstl. von Hebron.

SIHON. König der Amoriter, der die Moabiter besiegte, kurz vor Israels Ankunft jenseits des Jordans (4.Mo 21,26). Er wurde von den Israeliten getötet, nachdem er ihnen den Durchzug durch sein Gebiet verweigert hatte (4.Mo 21,21ff). Dieser Sieg wird in der Geschichte Israels oft in Erinnerung gerufen (vgl. Ps 135,10f).

SILAS. Führendes Mitglied der Gemeinde zu Jerusalem, das auch prophetische Gaben hatte (Apg 15,32). S. ist mit großer Wahrscheinlichkeit identisch mit Silvanus – vermutlich die latinisierte Form von S. (vgl. 2.Kor 1,19). Er wurde zusammen mit anderen von der Gemeinde in Jerusalem ausgesandt, um den Heidenchristen in Antiochien die Beschlüsse der *Apostelversammlung von Jerusalem zu überbringen (Apg 15,22-35). Später begleitete er *Paulus auf seinen Reisen (Apg 15,36ff). Er war röm. Bürger (Apg 16,37ff). Der 1. und 2.Thessalonicherbrief wurden auch im Namen von S. geschrieben (1.Thess 1,1; 2.Thess 1,1), und im 1. Petrusbrief wird er als Schreiber erwähnt (5,12).

SILBER. Siehe *Kunst; *Bergbau und Metalle; *Geld.

SILO. Ort, an dem in der ersten Zeit der Eroberung *Kanaans durch die Israeliten die *Stiftshütte aufgestellt wurde (Jos 18,1), das wichtigste *Heiligtum der Israeliten in der Zeit der *Richter (Ri 18,31). Zur Zeit *Elis und seiner Söhne war aus dem Zelt aus der Zeit *Josuas schon eine Art Gotteshaus geworden, in dem der Gottesdienst zentralisiert durchgeführt wurde (1.Sam 1,9). Später war Nob die Stadt der Priester, und S. war kein religiöses Zentrum mehr. Heute liegt an der Stelle von S. Seilun, auf einem Hügel, 14 km nördl. von Bethel.

Der Ort war von ca. 2100-1600 v.Chr. und noch einmal von ca. 1200-1050 v.Chr. besiedelt. Hinweise auf einen frühen israelit. Tempel wurden nicht gefunden.

SILOAH. Eine der wichtigsten Quellen für die Wasserversorgung Jerusalems war die Springquelle von Gihon, die unterhalb des Brunnentores (Neh 3,15) und östl. der Stadtmauer gelegen war. Sie versorgte über einen offenen Kanal den unteren oder alten Teich Siloah mit Wasser. Angesichts der Bedrohung durch eine assyr. Invasion blockierte König *Hiskia den äußeren Kanal und ließ vom Gihon unterirdisch einen Wassertunnel bohren, der das Wasser in den oberen Teich brachte (2.Kön 20,20). So war die Wasserversorgung dem Zugriff der Belagerer entzogen. Eine Inschrift beschreibt, wie sich zwei Gruppen von Tunnelbauern in der Mitte getroffen haben. Das ist eine beachtliche technische Leistung, denn der 540 m lange Tunnel führt durch mehrere Felsschichten. Hiskias Tunnelbau beginnt bei einem früheren von den Jebusitern geschaffenen Tunnel, der wahrscheinlich in 2.Sam 5,8 erwähnt ist.

Es sind Spuren eines Bades aus der Zeit des Herodes und eines offenen Staubeckens gefunden worden; am Ende des Tunnels lag wohl auch der Siloahteich.

SILPA *Leas Leibmagd, die Mutter *Gads und *Assers (1.Mo 29,24; 30,9ff).

SIMEON. 1. Der zweite Sohn *Jakobs und *Leas, der als Geisel bei seinem (von ihm nicht erkannten) Bruder *Josef in Ägypten blieb, bis seine Brüder mit *Benjamin

zurückkehrten (1.Mo 42,24). Sein Vater verflucht seinen und *Levis Zorn, weil er zu Gewalttat führt (1.Mo 49,5ff).
2. Der Stamm Simeon hatte ein Erbteil im S Palästinas, wird aber nicht in Moses Segen vor seinem Tod erwähnt (5.Mo 33). Er war gewöhnlich seinem Nachbarn *Juda untergeordnet und wird nach dem Exil nicht mehr erwähnt.
3. Ein gottesfürchtiger Mann in Jerusalem, der auf das Kommen des *Messias wartete. S. hatte eine *Offenbarung erhalten, daß er vor seinem Tod den Messias sehen werde. Als die Darstellung Jesu im Tempel stattfand, führte Gottes Geist ihn genau zu diesem Zeitpunkt dorthin (vgl.a. *Simeon, Lied des; Lk 2,25ff).
4. Ein Jünger in *Antiochien, der die Gabe der Prophetie und der Lehre hatte; wahrscheinlich ein Afrikaner (Apg 13,1f).

SIMEON, LIED DES. Einem alten jüd. Brauch entsprechend wurden Säuglinge zu einem alten Gelehrten oder Rabbi in den Tempel gebracht, um sie anläßlich des Reinigungsritus einen Monat nach der Beschneidung segnen zu lassen. Von dieser Begebenheit wird das Lied des Simeon (Lk 2,29-35) über das Jesuskind stammen. *Simeon wurde dazu vom Geist inspiriert (V.27) wie einst die Propheten. Dies war für die messianische Zeit angesagt. Simeon lobt Gott (V.29-32) und weist Maria prophetisch auf das Leiden des Messias hin, d.h. die Scheidung, die er hervorrufen wird.

SIMON. Mehrere Personen im NT tragen diesen Namen, z.B. der Jünger Jesu, der auch *Petrus genannt wurde; ein anderer Jünger, Simon Kananäus oder Zelotes (Mt 10,4; Lk 6,15); ein Bruder Jesu (Mk 6,3); ein Pharisäer, in dessen Haus Jesus gesalbt wurde (Lk 7,40), und ein Gerber in Joppe, bei dem Petrus wohnte (Apg 9,43).

SIMON, DER ZAUBERER. Heidnischer Wundertäter (Apg 8,9ff), der die Einwohner *Samariens stark beeinflußt hatte. S. bekehrte sich zu Christus und wurde getauft (V.13). Als er jedoch sah, daß die Gläubigen den *Heiligen Geist empfingen, wenn Petrus und Johannes ihnen die Hände auflegten, bot er den Aposteln Geld an, um auch diese Gabe zu empfangen (V.17ff), was aber zu seiner Verurteilung führte (V.24).

SIMRAN. Sohn *Abrahams und seiner zweiten Frau *Ketura (1.Mo 25,2).

SIMRI. 1. Oberster einer Sippe der Simeoniter, der von *Pinhas erschlagen wurde, weil er eine Midianiterin mit in das Lager der Israeliten gebracht hatte (4.Mo 25,6ff).
2. König des Nordreiches Israel, der um 876 v.Chr. ein Woche regierte. Er zündete den Königspalast über seinem eigenen Kopf an, nachdem er erfahren hatte, daß die öffentliche Meinung zugunsten *Omris umgeschlagen war (1.Kön 16,9ff).

SIMSON. Angehöriger des Stammes *Dan (Ri 13,2), er war 20 Jahre Richter in Israel. Sein Name leitet sich von dem hebr. Wort für Sonne ab. Seine Geburt wurde von einem Engel angekündigt (Ri 13,3), und er wurde als *Nasiräer geweiht. Die Philister hatten sich überall auf israelit. Gebiet niedergelassen und herrschten über Juda (Ri 15,11). S. führte einen Ein-Mann-Kampf gegen sie.
S. heiratete eine philistäische Frau, tötete 30 Philister als Rache für ihre List (Ri 14,11ff), und als seine Frau einem anderen Mann gegeben wurde, zerstörte er die Ernte der Philister (Ri 15,2ff). Seine ungewöhnliche Kraft half ihm später, aus der Gefangenschaft zu fliehen und weitere Philister zu töten (15,9ff). S. ließ sich von seiner Geliebten *Delila betören, die mit den Philistern zusammenarbeitete und schließlich S. das Geheimnis seiner Stärke entlockte. Daraufhin wird er von den Philistern gefangengenommen und muß Sklavendienste leisten. In einer letzten Tat brachte er während eines Festes den Tempel der Philister zum Einsturz und tötete dabei sich selbst und viele Philister (Ri 16).

SIN, WÜSTE. Ein Gebiet, das Israel beim Auszug aus Ägypten durchquerte, zwischen Elim und dem Berg Sinai (2.Mo 16,1); wahrscheinlich Debbet er-Ramleh, ein Sandgebiet im SW der Sinaihalbinsel.

SINAI. Name der Halbinsel zwischen dem Golf von Suez und dem Golf von Aqaba und eines darauf liegenden Gebirges. Die Lage des Berges S. ist ungewiß; am wahrscheinlichsten ist (nach einer 1500jährigen Überlieferung) Dschebel Musa am südl. Ende einer kurzen Granitbergkette. Der Berg S. wird im AT auch *Horeb genannt. Die Israeliten erreichten ihn im dritten Monat nach ihrem Auszug aus Ägypten und lagerten in einer Ebene, von wo aus man den Gipfel des Berges S. sehen konnte (2.Mo 19). Auf dem Berg gab Gott *Mose seine *Gebote. Am S. wurde der *Bund geschlossen, der Gott und das Volk Israel verpflichtete (2.Mo 24). Später floh *Elia bis zum Horeb und wurde dort erneut von Gott beauftragt (1.Kön 19,8ff).

Im NT steht der Berg S. symbolisch für die Knechtschaft des Gesetzes Mose (Gal 4,21ff). Obwohl in Hebr 12,18ff der Berg nicht namentlich bezeichnet wird, ist bei der Gegenüberstellung des Alten und des Neuen Bundes (Berg Zion) an ihn gedacht.

SINTFLUT. Eine Überschwemmung, die Gott zur Zeit *Noahs sandte, um alles Leben zu vernichten, mit Ausnahme einiger ausgewählter Menschen und Tiere (1.Mo 6-9). Andere Worte, die mit „Flut" übersetzt werden, beziehen sich auf hochwasserführende oder über die Ufer getretene Flüsse.

Sintflut. *Assyrische Version des Gilgamesch-Epos mit dem Flutbericht (650 v.Chr.).*

Der biblische Sintflutbericht (1.Mo 6-9). Gott schickte die Flut, weil die Menschen zunehmend Böses im Sinn hatten und praktizierten. Noah war dagegen ein rechtschaffener Mann, den Gott verschonen wollte. Aus 1.Mo 6,3 und 1.Petr 3,20 geht hervor, daß ein Zeitraum von 120 Jahren vorausging, in dem Noah nach Gottes Anweisungen eine *Arche baute. Dort brachte er sich mit seiner Frau, seinen drei Söhnen und deren Ehefrauen in Sicherheit. Sie nahmen von den Tieren je ein Paar mit in die Arche, von „reinen" Tieren sogar sieben Paar, die später als Nahrung und als Opfertiere dienen sollten. Auch pflanzliche Nahrung wurde an Bord gebracht. Sie blieben ungefähr ein Jahr lang in der Arche. Der Bericht endet damit, daß die Arche im Gebirge von Urartu (*Ararat) zum Stehen kommt. Als eine freigelassene Taube nicht zurückkehrt, verläßt Noah die Arche und bringt Gott Opfer dar. Gott verspricht daraufhin, die Erde nie mehr zu überfluten, und stiftet als Zeichen dieses Bundes den Regenbogen.

Außerbiblische Flutberichte. Bei Ausgrabungen im Nahen Osten wurden auch alte Texte mit Flutgeschichten gefunden. Eine sumerische Tafel aus Nippur in Südbabylonien stammt aus der Zeit um 1600 v.Chr., aber die Geschichte selbst war in Mesopotamien bestimmt schon wesentlich früher bekannt; die Überlieferung von einer verheerenden Flut hat in der Geschichte und Literatur der Sumerer ihren festen Platz. Die berühmte babylon. Flutgeschichte, ein Teil des *Gilgamesch-Epos*, ist weitgehend vom akkadischen *Atrahasis-Epos* abgeleitet. Sie berichtet, wie der Überlebende der Flut, Utnapischtim (Atrahasis), Unsterblichkeit erlangt. Sein Schiff kommt auf dem Berg Nesir in NW-Persien zum Stehen, und er sendet Vögel aus, um zu erkunden, wann er an Land gehen kann.

Archäologen haben in Südmesopotamien Spuren schwerer Überschwemmungen entdeckt, ohne daß sicher ist, ob sie mit der bibl. S. zu tun haben.

SIRJON. Name der Sidonier für den Berg *Hermon (5.Mo 3,9; Ps 29,6).

SISERA. Heerführer von *Jabins kanaan. Armee, der nach der Niederlage am Berg *Tabor floh und von *Jael, der Frau Hebers, heimtückisch umgebracht wurde (Ri 4,15ff; 5,24ff). Möglicherweise war er der unbedeutende König von *Haroschet der Heiden.

SKEVAS. Jude aus hoherpriesterl. Familie, dessen sieben Söhne zur Austreibung böser Geister den Namen Jesus gebrauchten. Sie wurden von Dämonen zurückgewiesen und von einem Besessenen angegriffen (Apg 19,13ff). Dieser Vorfall verdeutlicht, daß Jesu Name nicht als magische Formel benutzt werden darf.

SKLAVE, SKLAVEREI. *Altes Testament.* Es ist bekannt, daß es im Nahen Osten seit frühester Zeit S. gegeben hat. Sie waren jedoch nicht in jedem Fall der persönliche „Besitz" ihres Eigentümers, der willkürlich über sie verfügen konnte. Sie besaßen Rechte, konnten selbst andere S. erwerben und ein eigenes Geschäft führen.

S. konnten auf verschiedene Weise erworben werden: als Kriegsgefangene (z.B. 1.Sam 4,9; 2.Kön 5,2), als Kinder von S. (1.Mo 17,12f), durch Kauf (1.Mo 17,12f; 37,26.36). Menschen, die zahlungsunfähig waren, konnten gezwungen werden, sich selbst oder ihre Kinder als S. zu verkaufen, um ihre Schulden zu begleichen (3.Mo 25,39ff; 2.Kön 4,1). Entführung in die Sklaverei galt jedoch sowohl im Gesetz Israels als auch in den umliegenden Völkern als schweres Verbrechen (2.Mo 21,16; vgl. 1.Mo 45,3; 50,15). Der Preis für S. war unterschiedlich. Die 20 Silberschekel, die für Josef gezahlt wurden (1.Mo 37,28), entsprechen genau dem während der Zeit der Patriarchen (um 1700 v.Chr.) üblichen Preis. Zur Zeit der Assyrer (8. Jh. v.Chr.) war er schon auf 50 Schekel gestiegen (vgl. 2.Kön 15,20).

Das israelit. Gesetz war darauf angelegt, den Verkauf großer Teile der Bevölkerung in Sklaverei und Leibeigenschaft zu verhindern. So mußte der Hebräer, der gezwungen war, sich zur Tilgung seiner Schulden als S. zu verkaufen, nach maximal sechs Jahren Sklavendienst freigelassen und mit genügend Mitteln für einen Neubeginn ausgestattet werden. Hatte ein freier Bürger jedoch seinem S. eine Frau gegeben, so blieben seine Frau und seine Kinder S.; er selbst konnte freiwillig im Dienst seines Herrn bleiben, dann aber ohne spätere Möglichkeit der Freilassung (2.Mo 21,2ff; 5.Mo 15,12ff). Auf jeden Fall hatte eine Freilassung im *Erlaßjahr (jedem 50. Jahr) zu erfolgen (3.Mo 25,39ff). Für Sklavinnen galten zusätzliche Gesetze. Die Leibmagd konnte dazu bestimmt werden, als „stellvertretende Mutter" Kinder für ihren Herrn zu gebären (vgl. 1.Mo 16). Eine Sklavin konnte von ihrem Herrn oder einem seiner Söhne geheiratet oder als rechtmäßige Nebenfrau genommen werden.

Sklave. Assyrische Darstellung mit Gefangenen aus Lachisch (7. Jh. v.Chr.).

Die Behandlung der S. war unterschiedlich. Manchen wurde Vertrauen entgegengebracht (vgl. 1.Mo 24), andere wurden grob behandelt. Einen Sklaven zu töten oder zu mißhandeln war jedoch strafbar (2.Mo 21,20.26f). Zur Zeit der Patriarchen konnte ein kinderloser Herr seinen S. als seinen Erben adoptieren (1.Mo 15,3). Aus alten Dokumenten geht hervor, daß viele S. geflohen sind. Manchmal wurden sie auf der Grundlage von Auslieferungsverträgen in ihr eigenes Land zurückgeschickt (vgl. 1.Kön 2,39ff). S., die geflohen waren, mußten nicht ausgeliefert werden (vgl. 5.Mo 23,16f). David verpflichtete ausländische Gefangene zur Fronarbeit (2.Sam 12,31), Salomo im Land lebende Kanaaniter (1.Kö 9,15.20ff).

Man darf nicht übersehen, daß sich im Altertum die Wirtschaft der Völker des Nahen Ostens – im Gegensatz zum griech. und röm. Staat – niemals grundlegend auf

Sklavenarbeit stützte. Die israelit. Sklavengesetze brachten ein vergleichsweise hohes Maß an Menschlichkeit und Fürsorge in die existierende Sklaverei.

Das Gesetz, das den jüd. S. im 7. Jahr Freiheit gab, wurde offensichtlich beibehalten, und die Juden spürten eine starke Verpflichtung, Glieder ihrer Familien, die an Heiden versklavt waren, freizukaufen. Es gab in der jüd. Gesellschaftsordnung keine grundlegende Trennung in S. und Freie. Im Gegensatz dazu wurde die Sklaverei in Griechenland mit der klassischen Theorie gerechtfertigt, daß es eine natürliche Klasse der S. gäbe. Da nur die bürgerliche Klasse als die eigentlich menschliche betrachtet wurde, degradierte man die S. zum bloßen Besitztum. Sklaverei wurde deshalb als gegeben betrachtet, wenn auch Fälle von extrem schlechter Behandlung selten berichtet werden. Die Sklavenaufstände in den Jahrhunderten v.Chr. waren das Ergebnis der großen röm. Eroberungszüge, in deren Gefolge eine Überfülle von Kriegsgefangenen entstand, die man versklavte.

Neues Testament. Zur Zeit des NT gab es wenig Kämpfe und außerhalb Italiens nur wenige Sklavenfarmen. Haus-S. zeigten den Wohlstand des Besitzers an, und dort, wo man nur einen oder zwei S. besaß, arbeiteten sie mit in dem Geschäft des Besitzers. In Athen unterschieden sich S. und Freie kaum und unterhielten freundschaftliche Beziehungen. In Rom verrichteten S. viele öffentliche Dienste; auch medizinische und erzieherische Berufe wurden gewöhnlich von S. ausgeübt. Bis zu einem Drittel der röm. Bevölkerung könnten S. gewesen sein.

Keiner der zwölf Jünger Jesu scheint S. oder Besitzer von S. gewesen zu sein. Das Verhältnis vom S. und seinem Herrn wurde jedoch von Jesus in seinen Gleichnissen aufgegriffen (z.B. Mt 21,34ff), weil es viele Analogien zum Reich Gottes enthält. Jesus beschrieb das Verhältnis seiner Jünger zu ihm sowohl mit der Sklave-Herr-Beziehung (Mt 10,24; Joh 13,13ff) als auch als das von Freunden (Joh 15,15).

Außerhalb Palästinas gehörten zu den christl. Gemeinden oft S. und Sklavenhalter, aber diese Trennung wurde in der Gemeinde Christi bedeutungslos (Gal 3,28). Bestand die Möglichkeit, frei zu kommen, trat Paulus dem nicht entgegen. Aber er übte keinen Druck auf die Besitzer aus, ihre S. freizulassen (1.Kor 7,20ff; vgl. Phlm 8.14). Die brüderliche Verbundenheit zwischen christl. Besitzer und S. sollte Vorbildcharakter haben (1.Tim 6,1f). Selbst gegenüber einem dem Christentum fernstehenden Sklavenhalter sollte der S. in seiner Arbeitsleistung ein Hinweis auf Christus sein (vgl. 1.Petr 2,18).

SKORPION. In Palästina gibt es zwölf Arten dieser Gattung, wovon die größte bis 15 cm groß wird. Die meisten sind aber viel kleiner, und normalerweise wirkt ihr Biß nicht tödlich. Sie werden sprichwörtlich in 1.Kön 12,11 (vermutlich bezieht man sich hier auf eine beschlagene Peitsche bzw. Geißel) und an anderen Stellen erwähnt. Jesu Vergleich mit einem Ei (Lk 11,12) erinnerte an den dicken, eiförmigen Hauptteil vieler S.

SKYTHEN. Ein Stamm berittener Nomaden und Krieger vielleicht aus Westsibirien, die seit 2000 v.Chr. das Gebiet am Schwarzen und Kaspischen Meer bewohnten. Sie unterstützten Assyrien gegen die Meder, befreiten um 630 v.Chr. Ninive und griffen später Palästina an. 110 v.Chr. machten sie Neapolis auf der Krim zu ihrer Hauptstadt. Paulus erwähnt sie in Kol 3,11.

SMYRNA. Eine Stadt an der agäischen Küste der röm. Provinz Asia; heute Izmir, im asiat. Teil der Türkei. Im 3. Jh. v.Chr. auf einer alten Siedlung neu gegründet, wurde sie zu einer der reichsten Städte Kleinasiens. S. war ein natürlicher Hafen, in einem fruchtbaren Gebiet gelegen und berühmt für seine Schönheit und prächtigen Bauten.

Die Gemeinde wurde vermutlich von Ephesus aus gegründet (Apg 19,10) und hatte mit Widerstand seitens der Juden zu kämpfen. Sie ist Empfänger eines der sieben Sendschreiben (Offb 2,8-11); ihr wurde der Preis des Siegers verheißen, wenn sie treu blieb (Offb 2,10).

SO. Ägypt. König, mit dem sich der israelit. König *Hoschea um 726/5 v.Chr. verschwor (2.Kön 17,4), was die Vergeltung durch die Assyrer über Israel brachte. Es war bisher nicht möglich, ihn zu identifizieren; SO könnte aber als Abkürzung für Pharao Osorkon IV. (um 727-716 v.Chr.) stehen oder der Name eines ihm untergeordneten Fürsten oder Heerführers sein.

SOCHO. 1. Eine Stadt südöstl. von Aseka, Sammelpunkt der *Philister im Kampf gegen Israel. Östl. von S. tötete *David *Goliat (1.Sam 17). S. wurde von *Rehabeam zur Festung ausgebaut (2.Chro 11,7), aber zur Zeit *Ahas wieder von den Philistern erobert (2.Chro 28,8). **2.** Ort im Hochland in der Nähe von Debir (Jos 15,48; V.35 bezieht sich auf 1.). **3.** Stadt im Land Hefer (1.Kön 4,10), vermutlich Tell al-Ras, 24 km nordwestl. von Sichem.

SODOM UND GOMORRA. Siehe *Städte der Ebene.

SOHELET, STEIN (Schlangenstein). Ort, an dem Davids Sohn Adonija bei seinem Versuch, sich zum König zu ernennen, Tiere opferte; in der Nähe der Quelle Rogel, südöstl. von Jerusalem (1.Kön 1,9).

SÖHNE DES OSTENS. Mit diesem Ausdruck werden verschiedene östl. von Kanaan lebende Völkergruppen bezeichnet: Amalekiter, Ammoniter, Kedariter, Midianiter und Moabiter. *Kadmoniter; *Nomaden.

SONNE. Viele Stellen beziehen sich auf die Zeit des Tages. Die Bibel erwähnt als Wirkungen der S., daß sie die Frucht wachsen (5.Mo 33,14) oder verdorren läßt (Mt 13,6), und ihre Hitze kann zu gesundheitl. Schäden führen (Ps 121,6). Sie ist ein Symbol für Beständigkeit (Ps 72,5) und für die Herrlichkeit Gottes (Offb 1,16), die die S. überdauert (Offb 21,23). Der Messias wird als die heilende S. betrachtet (Mal 3,20). Am Jüngsten Tag wird sich die S. verfinstern (Joel 2,10; 4,15; Offb 6,12; 8,12).
Sonnenanbetung war in Israel verboten (5.Mo 4,19), wurde aber zuweilen praktiziert (2.Kön 23,11).

SOPATER, SOSIPATER. Sopater war ein Christ aus Mazedonien, der Paulus von Troas an begleitete (Apg 20,4). Sosipater wird in Röm 16,21 Paulus' Stammverwandter (= Judenchrist) genannt. Möglicherweise handelt es sich um ein und dieselbe Person.

SOREK, TAL. Heimat *Delilas (Ri 16,4), heute Wadi al-Sarar, ein Tal zwischen Jerusalem und dem Mittelmeer, das eine günstige Inlandverbindung darstellt.

SOSTHENES. Vorsteher der *Synagoge in Korinth, vielleicht der Nachfolger von *Krispus, der sich bekehrt hatte. Er wurde im Gerichtshof tätlich angegriffen, nachdem der Statthalter *Gallio eine Anklage der Juden gegen Paulus abgelehnt hatte (Apg 18,17). Vielleicht war er später ein Mitabsender des 1. Korintherbriefes (1,1).

SPANIEN. Seit dem 3. Jh. v.Chr. war S. der Schauplatz der Auseinandersetzungen zwischen Karthago und Rom. Erst kurz vor Christi Geburt hatte Rom alle spanischen Stämme bezwungen. *Paulus wollte nach Spanien reisen (Röm 15,24), ob es wirklich dazu kam, ist jedoch ungewiß. *Tarsis.

SPEER. Der S. (mit einem Schaft aus Holz und einer Spitze aus Metall) gehörte zu der Grundausrüstung der Krieger (vgl. 1.Sam 13,19); seit 3000 v.Chr. wurde er von den Sumerern bevorzugt. Von den Kriegswagen aus wurden leichtere Wurfspieße eingesetzt. Der S. scheint auch ein Symbol für Autorität gewesen zu sein (1.Sam 22,6).

SPEICHERSTÄDTE. S. waren Städte, in denen Vorräte, oft als Waren gezahlte Abgaben und Waffen, von der Zentralregierung als Reserve und zur Versorgung des Heeres aufbewahrt wurden.
Die Hebräer bauten die ägypt. Speicherstädte *Pitom und *Ramses (2.Mo 1,11); S. Israels werden in 2.Chro 8,4ff; 32,28 und an anderen Stellen erwähnt.

SPERLING. Der Haussperling ist in Palästina sehr verbreitet und nahezu identisch mit dem S. Europas. Mt 10,29 könnte sich auf ihn beziehen.

SPEZEREI. Siehe *Kräuter und Gewürze.

SPIEGEL. In der Zeit des AT wurden S. aus poliertem Metall hergestellt. In Palästina fand man Bronzes. Gläserne S. wurden wahrscheinlich im 1. Jh. n.Chr. eingeführt. Weder Bronze noch Glas gaben ein perfektes Abbild (vgl. 1.Kor 13,12).

SPIELE. *Altes Testament.* Wie bei ihren orientalischen Nachbarn ließ das Leben den meisten Hebräern wenig Zeit zu sportlicher Betätigung. Jagen, Laufen und Werfen wurden jedoch gelegentlich zur Erholung betrieben. Wie die Ägypter und Babylonier hatten auch die Menschen in Palästina Freude an Ringkämpfen; die Schlacht in 2.Sam 2,14 scheint als Ringkampf begonnen zu haben. Spielbretter mit Löchern und Damebretter mit 20 oder 30 Feldern hat man bei Ausgrabungen gefunden; die Spielzüge wurden mit Hilfe von Würfeln, Knochen oder Stäbchen festgelegt. „Chinesisches" Schach war in Elam und Babylonien vor 3000 v.Chr. bekannt. Ägypt. Gemälde zeigen Kinder beim Tauziehen, Jonglieren und Ballspielen; Archäologen fanden lederüberzogene Bälle, Pfeifen, Rasseln, Spielzeugtöpfe, -wagen und -tiere. Zu den unterhaltsamen Beschäftigungen für Erwachsene gehörten vor allem Geschichtenerzählen, Musik und Tanz.

Neues Testament. Mit Ausnahme eines Hinweises auf ein Straßenspiel für Kinder (Mt 11,16f) sind die erwähnten S. griech. Sportwettkämpfe. Sie waren religiösen Ursprungs und förderten Disziplin, Gesundheit und Fairness. Paulus bezieht sich in 1.Kor 9,24ff auf das intensive Training der Athleten und auf den Lorbeerkranz als Siegespreis; V. 26 spielt auf einen Boxkampf an, bei dem Hände und Unterarme mit beschlagenem Leder gebunden waren, um schwere Schläge zu verursachen. Hinweise auf Wettläufe finden sich in Gal 2,2; 5,7; Phil 2,16; 3,13f; Hebr 12,1f; sie wurden nahezu unbekleidet ausgetragen. Phil 3,13f könnte sich auch auf ein Wagenrennen beziehen, das zur Zeit des Paulus bei den Römern sehr beliebt war (Philippi war eine röm. Kolonistenstadt).

Spiele. Von römischen Soldaten in das Pflaster im Hof der Burg Antonia in Jerusalem eingeritzte Spiele.

SPINNEN UND WEBEN. Zwei „Vorrichtungen" wurden zum Spinnen von Flachs, Wolle und Ziegenhaar benutzt: der Spinnrocken (der in der linken Hand gehalten wurde), auf den die Rohfasern gewickelt wurden, und die Spindel, mit der (in der rechten Hand gehalten) die kurzen Naturfasern zu Garn verarbeitet wurden (Spr 31,19). Die Spindel hatte einen hölzernen Stiel, an dem ein Stein oder Stück Ton befestigt waren, um ihr Schwung zu verleihen. Gesponnen wurde von Frauen, gewebt von Männern und Frauen; in 1.Chro 4,21 ist von einer Weberinnung die Rede. Es ist ungewiß, ob horizontale oder vertikale Webstühle gebräuchlicher waren; in Ägypten wurden horizontale verwendet, die auch die Philisterin Delila benutzte (Ri 16,13). Mit dem Weberbaum (1.Sam 17,7) wurden die Kettfäden auf- und abwärts bewegt, damit die querverlaufenden Schußfäden mit Hilfe eines Weberschiffchens durchgezogen werden konnten.

SPORT. Siehe *Spiele.

SPRACHEN DES AT. Hauptsächlich hebräisch und kleinere Teile aramäisch.

Hebräisch gehört zu den westsemit. Sprachen (semitisch ist abgeleitet von *Sem, dem ältesten Sohn *Noahs). Die Bezeichnung „hebräisch Gesagtes" kommt in dem Prolog zu Jesus Sirach vor. Das hebr. Alphabet besteht aus 22 Konsonanten; die Zeichen werden von rechts nach links geschrieben. Charakteristisch für die semit. Sprachen ist eine Drei-Konsonanten-Struktur als Sinnträger der Wörter. Wortbildung, Wortverbindungen, Verbformen und Satzbildung unterscheiden sich stark von der griech. (oder deutschen) Sprache. Dies macht Übersetzungen aus dem Hebräischen nicht einfach.

Zu den hebr. Lehnwörtern im deutschen Sprachgebrauch gehören z. B. Sabbat, Satan, Schekel und Halleluja.

Aramäisch ist eine der nordsemitischen Sprachen und mit Hebräisch verwandt. Die Abschnitte Dan 2,4-7,28; Esr 4,8-6,18; 7,12-26; Jer 10,11 sind in Aramäisch wiedergegeben. Vom 9.Jh. v.Chr. an war Aram. internationale Handelssprache. Seit etwa 730 v.Chr. gebrauchten die Assyrer diese Sprache (vgl. 2.Kö 18,26), später die Babylonier und Perser als Diplomatensprache.

*Apokryphen; *Sprachen des NT; *Schreibkunst.

SPRACHEN DES NT. Die ntl. Dokumente sind in „gewöhnlichem" Griechisch erhalten, der allgemeinen Umgangssprache (aber nicht unbedingt der Muttersprache) der Menschen im Nahen Osten und Mittelmeerraum zur Zeit der Römer. Diese Sprache ist der direkte Vorgänger des modernen Griechisch. Das NT ist nicht durch literarisch Gebildete gestaltet, es benutzt vielmehr die Sprache und den Stil seiner Zeit. Zeitgenössische Parallelen zum ntl. Griechisch finden sich in den berühmten philosophischen Reden von Epiktetus, in Geschäftsunterlagen und in medizinischen Büchern. Es war die Sprache, die Fremde lernten, wenn sie in die griech.-röm. Kultur und Gesellschaft kamen. Sie hat sowohl literarische Tradition als auch eine enge Verbindung zur Umgangssprache. In urchristl. Zeit wurden durch die Vorherrschaft der Römer einige latein. Begriffe in das Griechische aufgenommen, die transliteriert wurden, wie z.b. „Zenturio", oder Redewendungen, die wörtlich übersetzt wurden.

Im NT finden sich auch Wörter und Wendungen, die eine semit. (hebr. oder aram.) Quelle haben. Hebraismen kommen hauptsächlich aus der Septuaginta, dem griech. AT, wo einige hebr. Wendungen so wörtlich wie möglich übertragen wurden. Einige Autoren des NT sind von der Ausdrucksweise der Septuaginta beeinflußt. Andere, wie z.b. der Schreiber der Offenbarung, verwandten ein Griechisch, das durch ihre semit. Muttersprache geprägt wurde. Viele Aussprüche Jesu wurden ursprünglich in aram. Sprache geäußert und überliefert. Es gibt jedoch keine aram. Übersetzung des AT, um mögliche Vergleiche anzustellen. Es wird allgemein angenommen, daß Reden und Aussprüche in den synoptischen Evangelien und in der Apostelgeschichte aus aram. Quellen ins Griechische übersetzt worden sind. Von besonderer Bedeutung ist die Zweisprachigkeit einiger ntl. Autoren, was ganz sicher auf Paulus zutrifft. Sein Griech. ist durchweg von einer guten Kenntnis der Septuaginta beeinflußt und vielleicht auch durch seine aram. Muttersprache. Hinter wichtigen griech. Begriffen wie „Gerechtigkeit" verbirgt sich also gleichzeitig ein hebr. Denkschema, das neben dem griech. Wort berücksichtigt werden muß.

Jedes einzelne Buch des NT hat seinen eigenen Stil. Markus z.B. ist im Griech. der einfachen Leute geschrieben, anders Matthäus und Lukas. Bei Markus finden sich auch viele Aramaismen, wie z.B. der unpersönliche Gebrauch der dritten Person Plural bei aktiven Verben, um eine allgemeine Handlung oder einen allgemeinen Gedanken zum Ausdruck zu bringen. Lukas schreibt in einem sachlichen, grammatisch gepflegten Griechisch, wobei er zuweilen an einen hochklassischen Stil heranreicht, diesen aber nicht konsequent durchhält. Paulus' ausdrucksstarkes Griechisch nimmt eine bemerkenswerte Entwicklung von seinen frühen bis zu seinen späteren Briefen. Die Entwicklung im Epheserbrief und den Pastoralbriefen ist so auffallend, daß manche Forscher an

ihrer Echtheit zweifeln. Der Hebräerbrief ist in dem ausgefeilten Stil eines Autors abgefaßt, der mit den Philosophen vertraut war, obgleich der Einfluß der Septuaginta nicht zu übersehen ist. Der Jakobus- und der 1. Petrusbrief zeigen, daß die Autoren mit dem klassischen Stil eng vertraut waren, wohingegen 2. Petrus und Judas ein gewundenes und kompliziertes Griechisch an den Tag legen.
*Papyri.

SPRICHWORT. Der bibl. Gebrauch des Wortes ist weiter gesteckt als im allgemeinen Sprachgebrauch. Es kann sich um einen sinnreichen Ausspruch handeln, in dem die *Weisheit der Erfahrung zusammengefaßt wird (1.Sam 24,14), aber auch um einen Spottvers (Jes 14,4). Neben *Gleichnissen gebrauchte Jesus auch häufig S. (Lk 4,23).
*Sprüche, Buch; *Weisheitsliteratur.

SPRÜCHE, BUCH. *Verfasser.* Das Buch der Sprüche gehört zur ältesten Weisheitsliteratur Israels. Es wird hauptsächlich dem König Salomo zugeschrieben, dessen Weisheit in 1.Kön 5,9ff gerühmt wird. Daneben enthält das Buch noch „Worte der Weisen" (22,17); damit sind möglicherweise Etan, Heman u.a. gemeint (1.Kön 5,11). Kap. 30 und 31 werden Agur und einem König Lemuel zugeschrieben.

Das hebr. Wort, das mit „Sprüche" übersetzt ist, kann auch „Vergleich" bedeuten und bezeichnet a) eine sprichwörtliche Redensart, b) eine kunstgerechte Weisheitsaussage.

Die poetische Form. Sie sind in einem straff ausgebildeten Parallelismus der Versglieder abgefaßt, der meist antithetisch ist (s. z.B. 10,28: „Das Warten der Gerechten wird Freude werden, aber der Gottlosen Hoffnung wird verloren sein.").

Viele Sprüche sind in der Form einer Anrede (oft mit dem Vokativ „mein Sohn") gehalten, andere ohne Anrede als Sätze der Erfahrung formuliert.

Inhalt. Während die Psalmen uns in den Bereich des Kultes versetzen, stellen die Sprüche uns in das „tägliche Leben". Sie zeigen die Menschen bei der Arbeit, in Ehe und Familie, beim Essen und Trinken, beim Handel und im öffentlichen Leben.

Das Wesen der Weisheit: Die Sprüche lehren nicht eine Moral der Vernunft, um durch nützliche und bewährte Ratschläge zu größtmöglicher äußerer Wohlfahrt zu verhelfen. Sie zeigen vielmehr, daß auch das „bürgerliche Leben" seine Ordnung von Gott empfängt. Die Grundlage, von der das Handeln des „Gerechten" getragen wird, ist die „Furcht des Herrn" (2,7; 9,10; 15,33). Weisheit und Gerechtigkeit auf der einen, Torheit und Gottlosigkeit auf der anderen Seite gehören zusammen.

Bedeutung. Die Rückkehr zur Ehrfurcht vor Gott und die Achtung der Grenzen, die sein Wort zieht, sind unentbehrlich, wenn die Menschheit überleben will (vgl. 29,18).

So hausbacken manche Sprüche klingen, so sind gerade ihre handfesten Weisungen höchst wertvolle „Verkehrsregeln". Sie zeigen wie kein anderes bibl. Buch die Ganzheitlichkeit unseres Menschseins, das Zusammenspiel von Denken, Reden und Handeln (18,20.21). Zusammenhänge zwischen äußerem menschlichen Wohlergehen und der inneren Einstellung bis hin zu seelisch bedingten körperlichen Krankheiten werden aufgezeigt (4,20-22; 15,4.30; 17,22).

Die Sprüche sind dem Alltag entnommen und überzeugen durch ihre Anschaulichkeit. Salomos und – später noch viel mehr – Jesu Weisheit schöpfte aus der Natur und den alltäglichen Dingen. Das Buch der Sprüche leitet an, die unzähligen Gleichnisse der Natur und des Alltags „lesen" zu lernen. Gott spricht durch sie zu uns (vgl. Hiob 12,7-8).

Gliederung.

1-9	Erste Spruchsammlung Salomos. Streben nach Weisheit.
10-22,16	Zweite Spruchsammlung Salomos. Praktische Lebensregeln.
22,17-24,34	Sprüche von Weisen.
25-29	Dritte Spruchsammlung Salomos. Lebensregeln und Gemeinwohl.

30-31 Sprüche von Agur und Lemuel.

Stab. Siehe *Stock.

STACHEL. Ein langer spitzer Stock, mit dem Tiere, z.B. die Ochsen beim Pflügen, angetrieben wurden. Er wurde auch als Waffe benutzt (Ri 3,31). Paulus erkannte, daß es ebenso sinnlos ist, sich der Führung Gottes zu widersetzen, wie wenn ein Ochse gegen den Stachelstock ankämpfen will (Apg 26,14).

STACHYS. Christ in Rom und Freund des Paulus, der ihn im Römerbrief grüßt (Röm 16,9).

STADT. *Altes Testament.* Begriffe, die mit „Stadt" wiedergegeben werden, beziehen sich nicht auf die Größe oder die Rechte der Siedlung, die befestigt oder unbefestigt sein konnte. Viele Städte, mit denen es die Israeliten bei der Landnahme zu tun hatten, waren von Mauern umgeben. In Zeiten der Gefahr boten sie Schutz für die Bewohner auch der umliegenden unbefestigten Dörfer. Manche Städte waren in späterer Zeit ziemlich groß; Ausgrabungen haben gezeigt, daß z.B. die Mauern von Ninive 16 km lang waren. Innerhalb der Mauern gab es oft eine Ringstraße, und dahinter standen die Häuser. An den Stadttoren wurden Geschäfte getätigt und Rechtsangelegenheiten geregelt (z.B. 2.Sam 15,2-6). Ihre Anzahl war unterschiedlich – Jericho hatte offenbar nur ein Tor. Normalerweise gab es auch ein Geschäftsgebiet im Zentrum, und in den Vororten wurde Landwirtschaft betrieben. In vorisrealit. Zeit hatten viele Stadtstaaten ihren eigenen König, der oft einer Großmacht, z.B. Ägypten, ergeben war. Einige Städte wurden zu einem bestimmten Zweck erbaut: Pitom und Ramses waren ägypt. Vorratsstädte (2.Mo 1,11); Salomo hatte für seine Kavallerie Militärstädte (1.Kön 9,19). Gelegentlich waren Städte Verhandlungsgegenstand für Staatsverträge und gingen sogar als Mitgift von einem Staat an einen anderen über (z.B. 1.Kön 9,11-16). Von allen atl. Städten nimmt *Jerusalem als „Stadt Davids" und „Stadt Gottes" einen besonderen Platz ein.

Neues Testament. Das griech. Wort polis kommt im NT häufig vor. Es bedeutet sowohl „Dorf" als auch „Stadt". Jerusalem, die „Stadt des großen Königs", hatte bei Jesus einen hohen Stellenwert (Mt 5,35), aber er weinte auch über ihre Sündhaftigkeit (Mt 23,37). Bis zu ihrer Zerstörung 70 n.Chr. genoß sie als Zentrum des christl. Einflusses hohes Ansehen. Im Hebräerbrief und in der Offenbarung liegt der Schwerpunkt auf dem himmlischen Jerusalem, das schon bei Hesekiel und in jüd. *Apokalypsen vorgezeichnet wurde. Offb 21-22 weist gewisse Ähnlichkeiten mit griech. Städten auf: rechteckiger Grundriß, eine zentrale Straße, ein von Alleen gesäumter Fluß und viele Bäume. Ein ganz wesentlicher Unterschied besteht jedoch darin, daß das „neue Jerusalem" im Gegensatz zu den griech. Städten keinen Tempel besitzt. Es ist die Erfüllung der Hoffnungen Israels; die Antwort auf die Sehnsucht nach Schönheit; die Offenbarung der Herrlichkeit Gottes, die sich bereits im Universum widerspiegelt – eine Stadt ohne Mauern, in der vollendete Menschen leben.

*Architektur.

STÄDTE DER EBENE (Im Tal Siddim). Dazu zählen Sodom, Gomorra, Adma, Zeboim und Bela oder Zoar (1.Mo 14,2). Die Meinungen der Forscher gehen darüber auseinander, ob sie sich nördl. des Toten Meeres befanden oder ob sie jetzt unter der südl. Spitze des Toten Meeres begraben liegen, die einst den südlichen Teil der Jordanebene bildete (vgl. 5.Mo 34,3). Dieses Gebiet war wegen seines fruchtbaren Weidelandes für *Lot sehr attraktiv (1.Mo 13,10). Die Städte wurden vielleicht durch ein Erdbeben in Verbindung mit der Explosion von Gaslagerstätten zerstört, von Gott als Gericht herbeigeführt (vgl. 5.Mo 29,22).

Sodom wurde zum Inbegriff für Ausschweifung und Sünde (Jes 3,9), die als sexuelle Perversionen beschrieben werden (1.Mo 19,4f; vgl. Hes 16,49ff).

STÄMME ISRAELS. Als das Volk Israel nach *Kanaan kam, setzte es sich aus zwölf Stämmen zusammen, den Nachkommen der zwölf Söhne *Jakobs, die an seinem

Sterbebett ihren väterlichen Segen empfangen hatten (1.Mo 49). Schon bevor sie nach Kanaan gekommen waren, hatte *Mose *Ruben, *Gad und dem halben Stamm *Manasse Land östl. des Jordans zugeteilt; die anderen Stämme sollten sich auf der W-Seite niederlassen (4.Mo 32,33f; 34,1-35,8). Die Nachkommen Josephs waren durch zwei Stämme vertreten: Manasse und *Ephraim. *Levi besaß kein Erbteil, dafür mußte jeder Stamm den Leviten Städte zur Verfügung stellen. Nach der Zeit Salomos wurde das Volk Israel in zwei Reiche, das Nord- und das Südreich, gespalten. Zum Nordreich gehörten zehn Stämme, die in manchen Bibelstellen durch *Ephraim vertreten werden und gewöhnlich *Israel genannt wurden, währenddessen die beiden Stämme des Südreichs (Juda und Benjamin) durch *Juda vertreten und nach ihm benannt wurden. Im 8. Jh. v.Chr. wurden die Stämme des Nordreichs nach Assyrien gefangen weggeführt. Die Südstämme gerieten im frühen 6. Jh. v.Chr. in babylonische Gefangenschaft und kehrten nach etwa 50-70 Jahren aus dem Exil zurück.

STANDARTE. Siehe *Banner.

STATTHALTER. Im AT bezeichnet dieser Ausdruck meist einen Provinzverwalter, der einem König untersteht. Nehemia war z.B. Statthalter von Juda (Neh 5,14); andere waren Stadtoberhäupter (z.B. 1.Kön 22,26; LÜ: Stadthauptmann). Im NT bezieht sich das Wort oft auf untergeordnete röm. Herrscher wie Pilatus (Mt 27,2) und Felix (Apg 23,26).
*Prokurator.

STAUB. Die Menschheit wurde aus Erdenstaub geschaffen (1.Mo 3,19). S. verdeutlicht die Vergänglichkeit (Ps 103,14), Bedeutungslosigkeit (2.Kön 13,7) und Sterblichkeit (1.Mo 3,19; 1.Kor 15,47ff) des Menschen. „Den Staub von den Füßen schütteln" ist eine Geste der Verachtung und gleichzeitig Androhung des Gerichts (Mt 10,14f)

STEIN DER MOABITER. Eine Inschrift auf schwarzem Basalt, die von *Mescha, einem König der *Moabiter, bei Dibon hinterlassen wurde zur Erinnerung an seinen Aufstand gegen Israel und den daraufolgenden Wiederaufbau vieler bedeutender Städte (2.Kön 3,4ff). Als sich im 19. Jh. Archäologen um den Kauf des Steins bewarben, wurde er von Einheimischen zerbrochen. Weniger als zwei Drittel der Stücke wurden wiedergefunden. Die Inschrift berichtet, wie Mescha seinen Gott Kemosch verehrte und sich von Israel bereits vor dem Tod Ahabs zu befreien versuchte, was aber nicht vollständig gelang. Auch Joram mißglückte es, Moab wieder zu unterwerfen (2.Kön 3). Die Bedeutung dieses Steines liegt in seiner engen Beziehung zum AT. Seine Sprache ist mit dem Hebr. nahe verwandt, und es wird Jahwe, der Gott Israels, erwähnt. Außerdem gibt er einen Einblick in die Glaubensvorstellungen der Moabiter, die denen in Israel z.T. ähnlich waren. Er stammt aus der letzten Zeit der Herrschaft Meschas, der um 830 v.Chr. starb.

STEIN, STEINMETZ. *Material.* In Kreidefelsen kommen Kieselsteine (Flintsteine) in großer Zahl vor. Aus diesen feinkörnigen harten Steinen können scharfe Schneiden hergestellt werden. Die ersten Schneidwerkzeuge und Waffen wurden aus solchen Steinen hergestellt (vgl. 2.Mo 4,25). In Palästina wurde Kalkstein für Gebäude und für Wassergefäße verwendet; auch Sandstein und Basalt standen zum Bauen zur Verfügung. Marmor, ein feinkörniger weißer oder cremefarbener kristalliner Kalkstein, kam aus Minoa und aus Teilen Griechenlands und Assyriens. Beim Tempelbau wurde er in großen Mengen verarbeitet (s. 1.Chro 29,2). Außer zu Bauzwecken dienten Steine auch als Waffen (1.Sam 17,40) oder Hinrichtungswerkzeuge (Apg 7,58f). Mit Hilfe von Steinen wurden Gräber verschlossen (Mt 27,60) und Grenzen markiert (2.Sam 20,8).

Steinmetze benutzten ähnliche Werkzeuge wie Zimmerleute, um Kalksteinblöcke durchzusägen und sie mit Hammer und Meißel zu behauen. Schmiedehämmer aus Metall wurden zur Bearbeitung harter Steine benutzt (Jer 23,29).

Große Steinblöcke wurden gebrochen, indem man Holzkeile in sie hineintrieb und diese so lange durchnäßte, bis ihre Ausdehnung den Stein brechen ließ. Steinmetze arbeiteten auch Gräber aus natürlichen Höhlen oder festem Kalkstein heraus (in Jerusalem sind Beispiele dafür aus dem 1. Jh. v. Chr. bis 2. Jh. n. Chr. gefunden worden). Sie gruben auch Zisternen für die Wasserbevorratung, wobei bis zu 400.000 m³ Kalkstein geräumt werden mußten. Im 1. Jh. v. Chr. waren die großen Steinblöcke für die Bauvorhaben Herodes' so gut behauen, daß sie ohne Mörtel aneinandergefügt werden konnten, und es ist immer noch unmöglich, ein Messer in die Fugen der verbliebenen Ruinen hineinzuschieben. Auch Grabinschriften gehörten zum Aufgabenbereich der Steinmetze.

Jesus wird im NT als *Eckstein bezeichnet (Mk 12,1ff, vgl. Ps 118,22). Dabei wird das Bild des sorgfältig ausgewählten und perfekt zurechtgehauenen Schlußsteins, der den Bau eines Gebäudes abschließt, verwendet. Obwohl er von den ursprünglichen „Bauleuten" Israels verworfen worden war (Apg 4,11), hat ihn Gott bestätigt. Der Eckstein in 1. Petr 2,6 (vgl. Jes 28,16) bildet einen Teil des Fundaments, auf das Christen „als lebendige Steine" in den „Tempel" Christi eingefügt werden (1. Petr 2,4f).

STEINIGUNG. Die gebräuchliche hebr. Hinrichtungsart (z.B. 3.Mo 20,27, Apg 7,58). Das Gesetz forderte zwei Belastungszeugen, die den ersten Stein werfen mußten (5.Mo 13,10f; Joh 8,7).

STEPHANAS. Christ aus Korinth, der von *Paulus selbst mit seinem Haus getauft worden ist (1.Kor 1,16). Er wird für seinen bereitwilligen Dienst gelobt (1.Kor 16,15ff); wahrscheinlich überbrachte er mit Fortunatus und Achaikus Nachrichten aus Korinth nach Ephesus.

STEPHANUS (Siegeskranz). Einer der sieben Männer, die als *Diakone ausgewählt wurden, um die Verteilung von Gaben an die Witwen der Gemeinde zu übernehmen. Er wird als ein Mann voll Glaubens und Heiligen Geistes beschrieben (Apg

Stein, Steinmetz. Kunstvolles Kapitell mit einer Dattelpalme verziert, der Fries mit Pflanzenornamenten. Überreste der Synagoge in Kapernaum.

6,1ff). Wahrscheinlich war S. ein hellen. Jude, der mit den Juden in Jerusalem in Konflikt geriet und unter falschen Zeugenaussagen der Gotteslästerung bezichtigt wurde. In seiner Verteidigungsrede vor dem *Hohen Rat ging er auf die Geschichte Israels und Gottes Treue ein und erklärte, daß die Juden den „Gerechten" getötet haben. Daraufhin wurde er gesteinigt; er vergab wie Jesus seinen Mördern (Apg 7; vgl. Lk 23,34.46). Die Verfolgung der Gemeinde, die nach S. Tod einsetzte, trug dazu bei, daß das Evangelium weiter verbreitet wurde (Apg 8,4; 11,19). Der spätere Heidenapostel *Paulus war Zeuge der Steinigung (vgl. Apg 7,58; 8,1.3; 22,20).

STERNE. Dieser Begriff wird für jeden leuchtenden Himmelskörper außer der Sonne und dem Mond gebraucht. Die übergroße Zahl der S. widerspiegelt Gottes Größe (Hebr 11,12) und offenbart seine Macht auf majestätische Weise (Ps 8,3).

Die Israeliten standen ständig in der Versuchung, S. und Planeten anzubeten, aber die S. erscheinen unbedeutend, vergleicht man sie mit Gott selbst (Am 5,26; Apg 7,43). Das bibl. Weltbild ist der modernen rationalen Weltsicht viel näher als heidnische Mythen über das Universum (vgl. Ps 104). Astronomische Zeichen werden in Verbindung mit Gottes großen Erlösungstaten und seinem Gericht (Jes 13,9f; Joel 2,10; Mt 24,29f; Offb 8,10ff) genannt. Einige Sternbilder werden in der Bibel erwähnt (Hiob 9,9; 38,32; Am 5,8).

Der Stern von Bethlehem (Mt 2) kündigt die Geburt des Messias an. Es gibt verschiedene Erklärungsversuche: Der erste bezieht sich auf den Halleyschen Kometen (11 v.Chr.) oder einen anderen Kometen aus dem Jahr 4 v.Chr. Es ist jedoch zu bezweifeln, ob sie lang genug gesehen werden konnten, und außerdem stimmen sie nicht mit dem Zeitpunkt der Geburt Jesu überein. Zweitens könnte es sich um die äußerst seltene Planetenkonstellation von Jupiter und Saturn im Jahre 7 v.Chr. gehandelt haben. Drittens könnte er eine Supernova gewesen sein, ein schwach leuchtender Stern, der plötzlich sehr hell wurde. Sie sind in unserem Milchstraßensystem selten und nicht vorausberechenbar. Chinesische Astronomen berichten von einer Supernova in der Zeit der Ereignisse von Mt 2.

Das Wort „Stern" wird auch symbolisch gebraucht, so werden die sieben Gemeinden in den Sendschreiben der Offenbarung als sieben S. bezeichnet (Offb 1,16.20).

STEUERN. Regelmäßige Zahlungen, die ein Herrscher von den Einwohnern seines Staates fordert. In der frühen Geschichte Israels wurden nur Steuern für die Erhaltung der Stiftshütte und die Versorgung der dort arbeitenden Personen (*Priester und Leviten) erhoben (5.Mo 18,1ff). Aber in der Königszeit wurden bereits höhere Forderungen gestellt (1.Sam 8,10ff). Die Abgaben bestanden aus Ernteerträgen, die dann z.T. in Kornspeichern gesammelt wurden (2.Chro 8,4ff; 32,28).

Zur Zeit des NT zahlten die röm. Provinzen dem Kaiser regelmäßig Kopfsteuern in röm. Währung (Mt 22,17); auch die herodianischen Herrscher forderten Abgaben in ihrem Regierungsbereich. Zusätzlich zahlten die Juden eine Tempelsteuer (Mt 17,24ff).
*Zöllner; *Tribut.

STICKEREI. Kleidung wurde auf zwei Arten verziert: durch Muster im Gewebe (Wirken; 2.Mo 28,39) und durch farbige Stickereien. Ersteres geschah z.B. mittels Goldfäden, die aus Blattgold gewonnen wurden (Ps 45,14). Bunte Stickereien schmückten Gürtel (2.Mo 28,39), aber auch Decken von Toren (2.Mo 27,16) und Schiffssegel (Hes 27,7). Verziert wurden sowohl Männer- als auch Frauenkleider (Hes 16,10.18).

STIFTSHÜTTE. Die S. war das tragbare Heiligtum, das *Mose nach Gottes Anweisungen bauen ließ und die Israeliten durch die Wüste begleitete. Sie bestand aus zehn violett-blauen, purpurroten und scharlachroten Teppichen von Leinwand mit eingewebten Cherubimfiguren, die über ein Holzgerüst gelegt und von außen mit Teppichen aus Ziegenhaar und Decken aus Widder- und Dachsfellen gedeckt waren. Das Gerüst aus Akazienholz war vermutlich aus 48 leiterähnlichen Teilen hergestellt, die sich leichter transportieren ließen als feste Planken. Die Rahmengestelle waren mit Gold überzogen. Das Dach muß flach und mit Streben versehen gewesen sein, damit die Vorhänge nicht durchhängen konnten. Einzelheiten zum Aufbau sind in 2.Mo 26 aufgeführt.

Das Innere wurde durch einen Vorhang in zwei Räume unterteilt (2.Mo 26,31ff). Im ersten befand sich „das Heiligtum", im zweiten „das Allerheiligste". Dort stand die *Bundeslade (2.Mo 25,10ff; Akazienholz mit Gold überzogen), auf der eine Deckplatte (LÜ: „Gnadenthron") aus reinem Gold lag mit je einem Cherub an den Schmalseiten. An die Lade und auf die Deckplatte wurde einmal im Jahr das Blut des Sühnopfers gesprengt. Im Heiligtum stand der Räucheraltar (2.Mo 30,1ff) aus Akazienholz, der mit Gold überzogen war und dessen Ecken mit Hörnern verziert waren. An der N-Seite stand ein Tisch für die *Schaubrote (2.Mo 25,23ff) und an der S-Seite ein siebenarmiger, goldener Leuchter in der Form eines stilisierten Baumes (2.Mo 25,31ff).

Die S. stand in der Westhälfte eines Hofes mit dem Eingang im Osten (2.Mo 27,9ff). Der Hof wurde durch Leinenvorhänge begrenzt, auf der O-Seite befand sich das Eingangstor. In der Osthälfte des Hofes stand der Brandopferaltar (2.Mo 27,1ff), eine mit Kupfer überzogene Hohlkonstruktion aus Akazienholz. Vom Boden bis zu einem Absatz auf halber Höhe war er von einem Kupfergitter umgeben, das vermutlich für Zugluft für das Feuer in der Mitte sorgen sollte. Zwischen dem *Altar und dem Eingang der S. befand sich ein Kupferbecken, das Wasser für die Waschungen der Priester enthielt. Wenn Israel in der Wüste lagerte, standen die Zelte der Priester und Leviten rings um den Vorhof herum (4.Mo 1,53).

Theologisch ist die S. als Wohnung Gottes auf Erden von Bedeutung. Mit ihr begann die Reihe der „Wohnstätten" Gottes, die sich über den Tempel fortsetzte bis hin zu der Person Christi und dem „Leib Christi", der Gemeinde. Die Symbole hatten für die Israeliten eine geistliche Bedeutung (vgl. Hebr 8,5), die häufig eindeutig festgelegt war. Der Autor des Hebräerbriefes benutzt einen Teil dieser Symbolik, um zu zeigen, daß Christus in das wahre Heiligtum der Gegenwart Gottes mit einem vollkommenen Opfer für die Sünde hineingegangen ist (Hebr 8,1-10,18).

STIRN. Die Hurenstirn (Jer 3,3) oder die eherne S. (Jes 48,4) versinnbildlichen Verstocktheit und Trotz des Volkes. An der S. wurden Zeichen wie das Stirnblatt (2.Mo 28,38) und das Siegel (Offb 7,3) angebracht; auf ihr trug man auch das mit dem *Gebetsriemen befestigte Kästchen.

STOCK. 1. Stecken/Stab. Ein Begriff, der je nach Zusammenhang verschiedene Bedeutungen haben kann, z.B. der Wander- oder Hirtenstab (Ps 23,4; Mk 6,8), ein Gerät zur Bestrafung (1.Kor 4,21), der Soldatenknüppel (2.Sam 23,21), ein Symbol der Autorität (2.Mo 4,20), ein Zauberstab (2.Mo 7,12), ein Meßstab (Offb 11,1).

2. Block. Zwei große Holzblöcke, zwischen denen die Füße und möglicherweise auch der Hals und die Hand eines Gefangenen eingeklemmt wurden (Jer 20,2f; Apg 16,24).

*Gefängnis.

STOIKER. Die Stoische Schule der Philosophie leitet ihren Namen von der stoa poikile ab, der Halle in Athen, in der Zeno (335-263 v.Chr.) zuerst unterrichtete. Als Paulus mit den S. konfrontiert wurde, hatte sich ihre Lehre gegenüber den Anfängen verändert (Apg 17,18). Sie suchten das Heil, indem sie ihren Willen mit der innewohnenden Vernunft des Universums (dem Logos) in Einklang zu bringen suchten. Dieses Sich-Einfügen in die Ordnung der Natur geschah nicht zum Vergnügen, sondern mußte eine gänzlich selbstlose Tugend sein. Deshalb wird das Wort „stoisch" auch gebraucht, um Unterdrückung des Gefühls und Gleichgültigkeit gegenüber Schmerz auszudrücken. Einige S., wie z.B. auch der Kaiser Mark Aurel, setzten hohe Normen persönlichen Verhaltens.

STOLZ. Die bibl. Darstellung des S. und seines Gegenstücks, der *Demut, findet in anderen religiösen Systemen keine Entsprechung. Der sich auflehnende Stolz, d.h. Abhängigkeit und Unterordnung gegenüber Gott ablehnende S., ist die Wurzel der Sünde. Das wird auch in dem Versuch des Teufels deutlich, von Gott unabhängig zu werden (Jes 14,12ff; Lk 10,18), womit er auch Adam und Eva zum Sündenfall verführte (1.Mo 3,5). Der S. ist das wichtigste Mittel des Teufels zur Verführung der Menschen geblieben (1.Tim 3,6). Gott haßt deshalb den Hochmut des Menschen (z.B. Spr 8,13) und wird ihn richten (Jer 13,9).

Im Gegensatz dazu wurde in der griech. Philosophie S. als eine Tugend betrachtet, Demut dagegen als Versagen.

Die ntl. Ethik greift bewußt auf die Schwerpunkte des AT zurück. Jesus selbst war voll Demut (Mt 11,29) und zählte S. zu den unreinen Dingen, die aus dem Herzen des Menschen kommen (Mk 7,22).

Gott gibt den Demütigen Gnade, widersteht aber den Stolzen (Jak 4,6; 1.Petr 5,5 als Zitat aus Spr 3,34). Christen sollen S. und Überheblichkeit ablegen (Jak 4,16; 1.Joh 2,16). Paulus erkennt im S. die Hauptursache für den Unglauben der Juden, während das Evangelium Selbstgerechtigkeit ausschließt (Eph 2,9; vgl. Röm 3,27; 9,30-10,4; 1.Kor 1,20ff). Das Heil kommt nicht aus Werken, „damit sich niemand rühme".

STORCH, KRANICH. Der Weißstorch zieht im März/April nach N über das Jordantal; der Kranich ist ein ähnlich aussehender Zugvogel (Jer 8,7).

STREITWAGEN. Von Eseln gezogene, schwere Gefährte auf Rädern wurden in Südmesopotamien schon vor dem 2. Jt. v.Chr. im Krieg und bei feierlichen Anlässen eingesetzt. Der echte S. kam jedoch erst auf, nachdem Pferde aus der südrussischen Steppe in den Vorderen Orient gebracht wurden. Viele der kleinen aram.-kanaan. Stadtstaaten in Palästina besaßen bei der Landnahme der Israeliten S.; im späteren Assyrerreich waren sie das wichtigste Kriegsgerät. Sie waren meist leicht, aus Holz und Leder und hinten offen. An den Außenwänden der Vorder- oder Seitenteile befanden sich Halterungen für Schilde, Speere und Bogen. Die Räder waren meist hüfthoch und hatten sechs Speichen; sichelartige Klingen wurden an den Rädern erst von der Perserzeit an (ab ca. 500 v.Chr.) angebracht. Gewöhnlich wurden zwei Pferde an beiden Seiten der hochgebogenen, mit dem Wagenboden verbundenen Deichsel in ein Joch eingespannt. Die Ägypter besetzten ihre Wagen mit zwei Mann; bei den Assyrern und Israeliten war ein Dritter dabei, der den Lenker und den Krieger mit einem Schild schützte.

Im AT besaß der erfolgreiche *Josef in Ägypten einen Wagen (1.Mo 46,29), und die Ägypter verfolgten auf Wagen die zu Fuß fliehenden Israeliten (2.Mo 14,9). In Palästina standen die Israeliten in der Ebene den gefürchteten eisenbeschlagenen Wagen der Kanaaniter gegenüber (Jos 17,16) und an der Küste denen der Philister (1.Sam 13,5). *Josua erhielt den Befehl, die eroberten S. nicht zu benutzen, sondern sie zu zerstören (Jos 11,6ff). Erst zur Zeit Salomos wurde auch das israelit. Heer mit S. ausgestattet. *Salomo handelte mit Pferden (1.Kön 10,26 ff) und errichtete „Wagenstädte" in Hazor, Megiddo, Geser und Jerusalem. Als das Reich nach Salomos Tod geteilt wurde, blieben die meisten S. im Norden. Die in Megiddo ausgegrabenen Ställe wurden wahrscheinlich von *Ahab gebaut, der dem Assyrer *Salmanassar III. zufolge zur Schlacht bei Qarqar (853 v.Chr.) mit vielen Wagen anrückte. Im NT spielen S. kaum eine Rolle (Offb 9,9; 18,13).

STURM. Heftige Regenstürme kennzeichnen im allgemeinen den Beginn der Regenzeit in Palästina oder den Beginn neuer Regenperioden in den kühleren Monaten. Gewitter sind im Jordantal im November/Dezember sehr häufig und manchmal von Hagelschauern begleitet. Heftige Fallwinde wühlen den See Genezareth auf (Mk 4,37f). Stürme können die Ernte verwüsten (Jes 28,2).*Regen, *Wind.

SÜDLAND. Siehe *Negev.

SUF. Ort, an dem Mose den Israeliten das Gesetz erneut auslegt (5.Mo 1,1); die Lage ist nicht genau zu bestimmen. In 4.Mo 21,14 ist wahrscheinlich noch ein anderer, ebenfalls unbekannter Ort gemeint.

SÜHNE, SÜHNOPFER. Im Zusammenhang mit den Opfern des AT kommt der Begriff wiederholt vor. „Das Blut ist die Sühnung", d.h. die Deckung für die Sünde des Menschen (3.Mo 17,11).

Das NT verkündet, daß Jesus Christus gekommen ist, um als treuer Hoherpriester die Sünden des Volkes zu sühnen (Hebr 2,17). Gott hat seinen Sohn als Sühne, als Sühnopfer hingestellt (Röm 3,25). Jesus Christus hat am Kreuz den Zorn Gottes getragen und abgewendet. Johannes kann deshalb schreiben: Er ist die Sühnung, die Versöhnung (LÜ) für unsere Sünden (1.Joh 4,10; 2,2).
*Versöhnung.

SUKKOT. 1. Die erste Lagerstätte der Israeliten beim Auszug aus Ägypten (2.Mo

12,37), wahrscheinlich im östl. Teil des Wadi Tumilat, an dem Weg, auf dem normalerweise Flüchtlinge Ägypten verließen. **2.** Stadt im Jordantal (Ri 8,5.16), das heutige Tell Akhsas oder Tell Deir Allah.

SUKKOT-BENOT. Babylon. Gottheit, deren Bilder sich Umsiedler aus Babel in Samarien machten (2.Kön 17,30).

SULAMITH. Weibliche Hauptfigur im *Hohenlied (Hld 7,1), die Herkunft des Namens läßt sich nicht mehr erklären.

SUMER, SUMERER. Der südl. Teil des alten Mesopotamiens (Irak), zwischen dem heutigen Baghdad und dem Pers. Golf, war als *Akkad bekannt, ein flaches Land, durch das Euphrat und Tigris flossen. Es wurde um 4500 v.Chr. von den S. besiedelt, die schließlich etwa 1750 v.Chr. endgültig in die semit. Völker der Gegend integriert worden waren. Der Ursprung der S. ist nicht bekannt. Eine ihrer wichtigsten Städte war Ur (vgl. 1.Mo 11,28), das in der späteren Geschichte der S. zur Hauptstadt wurde (um 2100-1960 v.Chr.). Auch nachdem die S. als Volk nicht mehr existierten, blieb ihre Sprache noch einige Jahrhunderte als Sprache der Religion, der Wissenschaft, des Handels und der Rechtsprechung bestehen.

Die S. gelten als die Erfinder der Schreibkunst. Seit 3100 v.Chr. gebrauchten sie eine Bilderschrift; die kleinen Bilder wurden später durch Keileindrücke dargestellt. Aus diesen entwickelte sich die weitverbreitete Keilschrift. Am bekanntesten sind vielleicht ihre Mythen über die Erschaffung der Welt, die Entstehung der Zivilisation, über ein heroisches Zeitalter der Vollkommenheit und des Versagens der Menschheit sowie über die Sintflut. Ihre Gesellschaft schien aus Gruppen von Dörfern zu bestehen, die größere Städte umgaben und mit ihnen Stadtstaaten bildeten, die unter der Herrschaft eines Oberhaupts von einem Senat und Soldatenrat regiert wurden. Später war das Oberhaupt ein König, der als der Vizeregent des Hauptgottes der Stadt betrachtet wurde.

Spätere Generationen verdanken den S. Entwürfe zur Staatsführung und Rechtsprechung. Ihre Astronomie und Mathematik unterteilte Zeit und Raum in Grade, von denen unsere Stunden, Minuten und Längenmaße abgeleitet sind. Außerdem entwickelten sie die Töpferscheibe und eine Scheibe bzw. ein Rad zu Transportzwecken.

SÜNDE. Schon im AT ist S. als Realität dargestellt, die den Menschen und das Volk Israel von Gott trennt, als Verletzung göttlicher Maßstäbe, als Auflehnung gegen Gott. Der im AT am häufigsten gebrauchte Begriff bedeutet „das Ziel verfehlen" oder „vom Ziel abweichen" (in Ri 20,16 mit geographischer, in 2.Mo 20,20 mit moralischer Bedeutung). Ebenso der Begriff „Rebellion, Auflehnung" (moralisch: 1.Kön 8,50; politisch: 1.Kö 12,19); „Verderbtheit" oder „Verdrehung" (konkret in Jes 24,1; moralisch in 2.Sam 24,17).

Die Sehnsucht, wie Gott zu sein, und der daraus resultierende Widerspruch gegen Gottes Gebot werden in 1.Mo 3 als Ursünde (*Sündenfall) beschrieben. Durch sie wird die intakte Gemeinschaft von Gott und Mensch zerstört. Es wird nicht nur das erste Menschenpaar (*Adam) aus der Gegenwart Gottes vertrieben, sondern ab diesem Zeitpunkt müssen die Menschen sterben (*Tod), und auch alle Nachkommen sind Sünder (Ps 51,7; Pred 7,20; 1.Kön 8,46). Trotzdem ist die Verantwortung des einzelnen vor Gott nicht aufgehoben (vgl. 1.Mo 4,7; 5.Mo 24,16).

Obwohl die Menschen der S. verfallen sind, fordert Gott ihre Heiligkeit (3.Mo 11,45). Sie sollen deshalb umkehren und sich von ihren bösen Wegen abwenden (1.Kön 8,35; Hes 33,14). Den Bußfertigen wird Gott vergeben (Jes 1,18; Mi 7,19). Entscheidend sind dabei nicht dargebrachte *Opfer, sondern Bereitschaft zum Gehorsam (vgl. Ps 40,7.9; 1.Sam 15,22).

Neues Testament. Das NT hat ein Äquivalent zu „das Ziel verfehlen" und „vom Weg abkommen", welches gleichzeitig der allgemeine Begriff für S. im NT ist (z.B. Joh 8,46). Weitere im NT für S. gebrauchte Begriffe sind „Übertretung", „Gottlosigkeit" im Sinne von „sich Gott versagen" (Röm 1,18), „Gesetzlosigkeit" (Gottes Gesetz nicht wollen) und „das

Sündenbock

Böse", ein Wort, das moralische und geistliche Verderbtheit bedeutet und die S. mit Satan in Verbindung bringt (1.Joh 3,12).

Jesus sagt deutlich, daß sündige Taten aus dem bösen, sündigen Herzen kommen (Mk 7,20ff). Er ist aber gekommen, sein Leben anstelle der Sünder dahinzugeben; er ist „Lamm Gottes", das die Sünde der Welt hinwegträgt (Joh 1,29).

*Paulus hat vor allem im Römerbrief das Wesen der S. und ihre Überwindung beschrieben. Ausnahmslos alle Menschen sind Sünder und stehen deshalb unter dem *Zorn Gottes (Kap. 1-3). Nur der *Glaube an Jesus Christus bietet einen Ausweg: durch Christi Erlösungstat kann der Mensch vor Gott gerechtfertigt (*Rechtfertigung) werden (Kap. 4-5). Wer sich so hat retten lassen, weiß um die Macht der S. (7,11ff), aber auch der Befreiung daraus (8,1ff). Der Christ ist nun dem Zwang zur S. enthoben (6,1ff), aber gleichzeitig aufgefordert, sich nicht mehr der S. zur Verfügung zu stellen. Er erreicht Sündlosigkeit in seiner irdischen Existenz nicht; er bleibt täglich auf *Vergebung angewiesen. Erst in der neuen Schöpfung wird die S. vollkommen überwunden sein (Offb 21,22-22,5).

SÜNDENBOCK. In 3.Mo 16,8.10 wird ein Bock ausgesondert „für *Asasel". Dieser wird mit der Sünde Israels beladen in die Wüste geschickt, trägt sie symbolhaft weg in den Tod. *Asasel.

SÜNDENFALL. In 1.Mo 3 wird geschildert, wie das erste Menschenpaar Gott ungehorsam wurde. *Sünde ist die selbstherrliche Auflehnung des Menschen gegen Gott. Adam und Eva wurden sich ihrer Schuld und Trennung von Gott bewußt. Seit dem S. entspricht menschliche Existenz nicht mehr dem Bild Gottes, nach dem sie geschaffen ist, wenn auch Gottes Ebenbildlichkeit nicht vollständig verlorenging.

Paulus beschreibt im Röm 1,18ff anschaulich die geistlichen und sittlichen Folgen. Die Menschen kennen Gottes Wahrheit, aber sie haben sie verdrängt. Geistige Leere und Hoffnungslosigkeit folgen. Die Suche nach dem Sinn des Lebens wird immer törichter und erniedrigender; sie führt zu Aberglauben, Götzendienst, Lastern und gesellschaftlichen Mißständen. Die Würde des Menschen wird zerstört. Vor diesem Hintergrund entfaltet das *Erlösungswerk Jesu Christi seine ganze Bedeutung. Nur durch ihn können Menschen wieder ihrer gottgewollten Bestimmung gerecht werden. Was durch Adams Sünde verlorenging, wird jedoch bei der Wiederkunft Christi endgültig wiederhergestellt (Röm 8,10ff; Offb 21-22).

SUSA. Eine Königsstadt in Persien (Dan 8,2; Neh 1,1), deren Ruinen unweit des (Flusses) Karun liegen. Sie wurde 645 v.Chr. von *Assurbanipal von Assyrien geplündert, und ihre Einwohner wurden nach Samarien verschleppt (Esr 4,9). Später erlebte sie jedoch eine neue Blütezeit, und der von König *Darius I. erbaute Palast wird im Buch *Esther beschrieben.

SUSANNA, BUCH. Siehe *Apokryphen.

SUSITER. Volk, das von *Kedor-Laomer besiegt wurde (1.Mo 14,5); ihr wichtigster Ort entspricht dem heutigen Ham, nordöstl. des Gilboagebirges im N Jordaniens.

SYCHAR. Stadt in Samarien (Joh 4,5), vielleicht Askar, 1 km nördl. vom Jakobsbrunnen am Berg Ebal.

SYENE. Ort am ersten Wasserfall des Nils (das heutige Assuan), der die Grenze zwischen Ägypten und Nubien bildet (Hes 29,10; 30,6). Er befand sich unweit der Inselstadt Elephantine, wo einige Juden nach der Eroberung Jerusalems 587 v.Chr. Zuflucht gesucht hatten. Der Ort war eine Endstation im Flußverkehr, und es wurde dort roter Granit für den Hausbau gebrochen. S. wird als ein Ort erwähnt, aus dem Flüchtlinge nach Israel zurückkehren werden (Jes 49,12).

SYNAGOGE. Der Name für den Versammlungsort der Juden zur Zeit des NT. Mehr als irgendeine andere Einrichtung prägte sie den jüd. Glauben. Dort blieben die Führer und das Volk miteinander in Verbindung, dort wurde das Gesetz gelehrt.

Sychar. Der Brunnen, den Jakob bei Sychar grub, ist 32 m tief. Heute mit einer Kirche überbaut.

Als Zentrum des Gottesdienstes und des Gebets war sie auch gleichzeitig Brennpunkt des Gemeindelebens. Noch heute bildet sie den Mittelpunkt des religiösen Lebens der Juden.

Die S. scheinen im Exil als Stätten der Unterweisung und des Gebets entstanden zu sein, in einer Zeit, in der kein Gottesdienst im *Tempel zu Jerusalem möglich war. Hes 20,1 könnte den Hintergrund für ihre Entstehung beleuchten. Es ist nicht bekannt, wie es zur Verbreitung der S. kam, aber im 1. Jh. n.Chr. gab es an jedem Ort, an dem Juden lebten, auch eine S.; für einen Gottesdienst waren mindestens zehn männliche Erwachsene erforderlich. Große Städte besaßen mehrere S.; eine Legende besagt, daß es in Jerusalem 394 gab, als die Stadt 70 n.Chr. zerstört wurde. In den Evangelien werden sie als die Plätze erwähnt, an denen Jesus lehrte (z.B. Lk 4,16); in den S. begannen die Apostel, das Evangelium zu predigen (z.B. Apg 13,5.14). Die Gebäude wurden vermutlich nach dem Vorbild des Tempels in Jerusalem errichtet. Eine Lade mit den Schriftrollen des Gesetzes und der Propheten befand sich gegenüber dem Eingang auf der einen Seite. Davor und ebenfalls gegenüber dem Eingang und der Gemeinde waren die „besten" Plätze (Mt 23,6) für die Vorsteher und Ältesten.

Die S. wurden von Ältesten geleitet, die dazu ermächtigt waren, Mitglieder zu ermahnen und ggfs. zu bestrafen. Der Synagogenvorsteher (vgl. Mk 5,22) leitete den Gottesdienst; der Diener brachte die Schriftrollen (Lk 4,20) und führte die Bestrafung durch Geißelung durch. Ein Dolmetscher übersetzte die Lesung in die aram. Landessprache; jedem mündigen Israeliten konnte das Wort erteilt werden (Lk 4,16; Apg 13,15).

Zum Sabbatgottesdienst gehörten fünf Teile: 1. Verlesung des „Schema" (5.Mo 6,4-9; 11,13-21; 4.Mo 15,37-41); 2. Rezitation von Gebeten; 3. Verlesung eines Abschnittes aus dem Gesetz, ursprünglich in dreijährigem Rhythmus; 4. Verlesung eines Abschnittes aus den Propheten nach der Wahl des Lektors (Lk 4,16ff); 5. Auslegung der Schrift und Abschluß des Gottesdienstes mit einem Segen.

SYRAKUS. Stadt mit einem großen Hafen an der Ostküste Siziliens, Hauptstadt der Insel. Paulus weilte auf seiner Reise nach Rom drei Tage in S. (Apg 28,12).

SYRIEN, SYRER. In den deutschen Übersetzungen des AT wird *Aram/Aramäer mit S. übersetzt. S. existierte während des hellen. Zeitalters seit 312 v.Chr. als politische Einheit und wurde 64 v.Chr. von Rom annektiert. Die röm. Provinz S. wird in den Evangelien und der Apostelgeschichte erwähnt (Lk 2,2; Apg 15,23; 18,18).

*Antiochia; *Damaskus.

SYROPHÖNIZIER(IN). Einwohner von Phönizien in der Gegend um Tyrus und Sidon, die z.Z. des NT zur röm. Provinz von Zilizien und Syrien gehörte; sie wurden auch *Kanaanäer genannt (Mk 7,26; vgl. Mt 15,22).

SYRTE. Meerbusen von Kyrene an der nordafrikanischen Küste, der heutige Golf von Sidris. Die Sandbänke in diesem Gebiet wurden von den Seefahrern gefürchtet (Apg 27,17).

T

TAANACH. Stadt (das heutige Tell Taannek) am Südrand der Jesreelebene, die einen Paß über den Karmel entlang des Wadi Abdullah kontrollierte. Die Israeliten besiegten deren König (Jos 12,21), der Stamm Manasse konnte die Stadt aber zunächst nicht in Besitz nehmen (Jos 17,11f). T. wurde später *Levitenstadt (Jos 21,25). Ausgrabungen legten eine Stadt aus der späten Bronzezeit (1550-1200 v.Chr.) frei, die Spuren der Zerstörung – vielleicht von Debora und Barak – trägt (Ri 5,19).

TABITA. Christin aus Joppe, die für ihre Mildtätigkeit bekannt war; wurde von *Petrus auferweckt (Apg 9,36).

TABOR. 1. Ein Berg, der steil aus der Jesreelebene aufsteigt (588 m über dem Meeresspiegel). Zur Zeit Hoseas befand sich dort ein Götzenaltar (Hos 5,1). Auf dem T. sammelten *Debora und *Barak ihre Truppen vor der Schlacht mit dem kanaan. Feldhauptmann Sisera (Ri 4,6ff). Traditionell gilt dieser Berg als der Ort der *Verklärung Jesu, was aber nicht sicher ist.
2. Ort im Gebiet des Stammes *Benjamin in der Nähe von Bethel (1.Sam 10,3), wo Saul ein weiteres Zeichen für seine Erwählung zum König erhält.

TACHPANHES. Ein bedeutendes ägypt. Siedlungsgebiet im Ostdelta. Nach T. floh 586 v.Chr. eine Gruppe von Juden, die *Jeremia mit sich schleppten (Jer 43). T. wurde mit Tell Defneh, 43 km südsüdwestl. von Port Said identifiziert. Das „Haus des Pharao" (Jer 43,9) könnte sich auf die Festung von Psammetich I. beziehen, die ausgegraben wurde.

TACHPENES. Eine ägypt. Königin, deren Schwester vom Pharao dem Edomiterkönig *Hadad zur Frau gegeben wurde (1.Kön 11,19f).

TADMOR. In 2.Chro 8,4 erwähnt, gewöhnlich mit dem heutigen Tudmor identifiziert; „Palmyra", 200 km nordöstl. von Damaskus, in assyr. Texten um 1100 v.Chr. erwähnt.

TAG DES HERRN. Im AT ist es der Zeitpunkt, an dem Gott aktiv eingreift, um Sünde zu bestrafen; es ist ein Tag des *Zornes Gottes. Das kann durch Kriege (Am 5-6) oder Naturkatastrophen (Joel 1-2) geschehen. Nach gängiger jüd. Ansicht stellte er den Sieg Israels über die Nationen dar, aber den Propheten zufolge bringt er das *Gericht über das ungehorsame Volk Israel (Am 5,18).
  Im NT bezieht sich der Ausdruck auf das zweite Kommen Christi (z.B. 2.Thess 2,2), das unerwartet, aber nach vorangehenden Zeichen geschieht. Er ist ein Tag des göttlichen Gerichts (2.Petr 3,10ff).
  *Harmagedon.

TAGELÖHNER. Im 8. Jh. v.Chr. verloren viele freie Bauern ihr Land (Jes 5,8) und wurden in die Knechtschaft gezwungen. Nach dem mosaischen Gesetz waren sie täglich zu entlohnen (3.Mo 19,13). Im Erlaßjahr mußten sie freigelassen werden (3.Mo 25,39ff).
  *Arbeit.

TAGEREISE. Die Entfernung, die ein Mensch in 7-8 Stunden zurücklegen kann, etwa 30-50 km.

TALITA KUMI (Steh' auf, kleines Mädchen). Die Worte, die Jesus im galiläischaram. Dialekt zur Tochter des *Jairus sprach; Talita ist ein Kosename wie „kleines Schäfchen" (Mk 5,41).

TALMAI. 1. Kanaan. Nachkomme von Anak; Einwohner Hebrons, der von *Kaleb vertrieben wurde (Jos 15,14). **2.** König von Geschur; *David heiratete dessen Tochter *Maacha, die ihm *Absalom gebar (2.Sam 3,3; 13,37).
Der Name ist auch aus nichtbibl. Texten bekannt.

TALMUD UND MIDRASCH. Der *Talmud* (hebr. Lehre, Studium) setzt sich zusammen aus der *Mischna* (aram. Wiederholung), einer Sammlung von Traditionsgut, aufgezeichnet gegen Ende des 2. Jh. n.Chr., und aus der *Gemara*, den Kommentaren von Rabbinern zur Mischna aus der Zeit von 200 bis 500 n.Chr.
Die Mischna enthält *Haggada*, freie Auslegungen zu Stellen des Gesetzes, aber vor allem *Halacha*, das jüdische Gewohnheitsrecht für Fragen religiösen und bürgerlichen Lebens.
Im *Talmud* wird keine dogmatische Norm festgelegt; es werden verschiedene Aussagen von Lehrern und Weisen diskutiert. Der *Jerusalemer Talmud*, abgeschlossen um 400 n.Chr., ist kürzer gehalten; der *Babylonische Talmud*, abgeschlossen um 500 n.Chr., ist die Grundlage rabbinischer Gelehrsamkeit und steht im orthodoxen Judentum auf gleicher Stufe mit den Heiligen Schriften. Vgl. die Aussagen Jesu zu Schrift und Überlieferung (Satzungen) nach Mt 15,3ff und Mk 7,8ff.
Midrasch (hebr. Erforschen): Jüdische Auslegung von oder Kommentare zu einzelnen Büchern der Heiligen Schrift aus dem 6. bis 9. Jh.; religiös-erbaulich und sich um die Überlieferung des hebr. Textes mühend.

TAMAR. 1. Schwiegertochter *Judas, deren Geschichte alte Ehebräuche veranschaulicht (1.Mo 38). **2.** Tochter *Davids, der von *Amnon Gewalt angetan wurde (2.Sam 13). **3.** Tochter Absaloms (2.Sam 14,27). **4.** Stadt in der Nähe des Toten Meers (Hes 47,19).

TAMMUS. Heidnischer Gott, dessen Kult durch rituelle Opfer und Klagegesänge gekennzeichnet war (Hes 8,14). T. soll vor der Sintflut ein sum. Schafhirte gewesen sein, der die Göttin Ischtar heiratete.

TANZ. Das AT erwähnt den T. gelegentlich als Unterhaltung (z.B. Pred 3,4), häufiger ist er Ausdruck einer festlichen Stimmung (z.b. nach einem militärischen Sieg oder bei der Weinlese, hat aber auch eine religiöse Bedeutung, etwa um den Zug durch das Rote Meer zu feiern, 2.Mo 15,20). Im NT hat der T. keine religiöse Funktion mehr; er wird nur noch im Zusammenhang alltäglicher Situationen erwähnt (vgl. Lk 7,32; 15,25).

TAPPUACH. 1. Dorf in der Schefela, vermutlich Beit Netif, 18 km westl. von Bethlehem (Jos 15,34). **2.** Stadt im Gebiet des Stammes *Ephraim, deren kanaan. König von Josua besiegt wurde (Jos 12,17); wahrscheinlich Sheikh Abu Zarad, 12 km südl. von Sichem.

TARGUM. Eine aram. Übersetzung oder Übertragung von Teilen des AT. Außer für Esra, Nehemia und Daniel gibt es Targume für alle Teile des AT. Sie entstanden, als sich nach dem Exil die Synagogengottesdienste entwickelten und Aram. das Hebr. als Sprache der Juden abzulösen begann. Es wurde daher Sitte, daß nach der Verlesung der hebr. Schriften in der Synagoge eine mündliche Übertragung ins Aram. erfolgte. Im Laufe der Zeit bekamen diese Übertragungen eine feste Form, und vermutlich seit dem 1. Jh. v.Chr. lagen Teile in schriftlicher Form vor. Einige Übertragungen erweitern die Schriften jedoch beträchtlich, verändern sie und fügen zusätzliche Texte und Erklärungen ein („Midrasch").
Ihr Wert für uns heute besteht darin, daß sie viel Belegmaterial für die Landessprache des alten Palästina bieten und damit für das Studium der Sprache und des Umfeldes des NT. Sie liefern auch wichtiges Material für das Studium atl. Texte.
*Talmud und Midrasch; *Überlieferung bibl. Texte.

TARSIS. Enkel *Noahs; der Name T. bezieht sich sowohl auf seine Nachkommen als auch auf das von ihnen bewohnte Gebiet. Verschiedene Stellen im AT weisen darauf hin, daß T. am Meer lag (z.B. Jon 1,3). Es war reich an Metallen, die auch exportiert wurden, z.B. nach Joppe und Tyrus (Jer 10,9; Hes 27,12). Das weist auf ein an Mineralien reiches Gebiet im westl. Mittelmeerraum hin, und viele Forscher schlagen Tartessus in Spanien vor. Gewiß wurden die Phönizier durch diesen Reichtum an Erzen angezogen und gründeten dort Siedlungen. Manche Stellen (1.Kön 10,22; 22,49) sprechen jedoch von Schiffen aus T., die im Roten Meer segelten, was auf ein Land in Afrika hinweisen könnte. Der Name könnte sich jedoch auch auf einen bestimmten Schiffstyp und nicht auf einen Ort beziehen. Diese *Schiffe werden als Symbol für Reichtum gebraucht, und ein Bild vom Tag des Gerichts spricht von ihrer Zerstörung (Jes 2,16). Meist stellte man sich T. als ein entferntes Paradies vor.

TARSUS. Stadt in der Ebene von Zilizien, 16 km landeinwärts von der Küste gelegen. Ihre Ruinen lassen darauf schließen, daß in der Römerzeit dort ca. 500.000 Menschen lebten. An dem schiffbaren Kydnos war geschickt ein Hafen angelegt, und ein Hauptverkehrsweg führte durch das 50 km entfernte Taurusgebirge. Über die Ursprünge der Stadt ist nichts bekannt. Auf dem Obelisk *Salmanassars wird erwähnt, daß sie im 9. Jh. v.Chr von den Assyrern erobert wurde. Nachdem die Römer 189 v.Chr. Antiochus den Großen besiegt hatten, bekam die Stadt ein gewisses Maß an Unabhängigkeit (vgl. die wachsende Unabhängigkeit in 171 v.Chr., wie sie in 2.Makk 4,30ff deutlich wird). Zilizien wurde 65/64 v.Chr. von Pompejus zur röm. Provinz erklärt, und das röm. Bürgerrecht einiger Juden stammt vermutlich aus dieser Zeit. Der Apostel *Paulus stammt aus T. (Apg 21,39; 22,25ff).

TARTAK. Heidnischer Gott, der von den Awitern, die nach Samarien deportiert worden waren, verehrt wurde (2.Kön 17,31). Seine Identität ist ungewiß.

TARTAN. In *Assyrien der höchste Beamte nach dem König und Oberbefehlshaber des Heeres (vgl. 2.Kön 18,17; Jes 20,1).

TATTENAI. Pers. Statthalter von Samarien (Esr 5,3ff); fragte bei König Darius nach, ob der Aufbau des Tempels und der Stadtmauern von Jerusalem bewilligt waren. T. wird in einer in Keilschrift abgefaßten Inschrift in Babylon vom 5. Juni 502 v.Chr. erwähnt.

TAU. Hauptursache für den häufigen Taufall in W-Palästina ist die vom Meer kommende feuchte Luft. Die Zahl der jährlichen Taunächte liegt zwischen 250 auf dem Sandboden in Gaza und den hohen Lagen des Karmelgebirges und 100-150 im judäischen Hochland. Es gibt zwei Arten von T. – den „fallenden", der im Sommer den lockeren Boden befeuchtet, und den „aufsteigenden", der bei der Verdunstung von Wasserdampf aus feuchtem Boden entsteht und häufiger im Winter anzutreffen ist. Auf diese Weise läßt sich wahrscheinlich erklären, warum Gideons Wolle zuerst vom fallenden T. durchnäßt wurde (Ri 6,36ff), als der harte Boden trocken war, dann aber trocken blieb, als der Boden vom aufsteigenden T. feucht war. Der T. ist günstig für Sommerfrüchte und ermöglicht den Anbau trotz fehlenden Regens. Er wurde von den Alten hoch geschätzt (1.Mo 27,28; 5.Mo 33,28) und galt als Symbol der Auferstehung (Jes 26,19). *Palästina (Klima).

TAUBE. In Palästina gibt es verschiedene Taubenarten. Zu ihnen gehört die Felsentaube, die im Altertum häufig als Nahrung und als Nachrichtenübermittler diente, und die Turteltaube, die als „Berbertaube" gezähmt wurde.

TAUFE. 1. *Johannes der Täufer.* Seine Taufpraxis war unmittelbarer Vorläufer der christlichen Taufe und ging auf jüd. Reinigungsriten zurück. Einige Jünger Jesu wurden von Johannes getauft (Joh 1,35ff) und scheinen in der Anfangszeit des Wirkens Jesu selbst getauft zu haben (Joh 3,22ff; 4,1f). Die Taufe des Johannes war in erster Linie Ausdruck der Umkehr und diente der Vorbereitung auf den kommenden Messias.

2. *Jesu Taufe.* Obwohl er als Sohn Gottes keiner Umkehr bedurfte, ließ sich Jesus zu Beginn seiner öffentlichen Wirksamkeit von Johannes am Jordan taufen. Dadurch bestätigte er die von *Johannes dem Täufer ausgehende Bußbewegung als von Gott gewollt und identifizierte sich gleichzeitig mit seinem jüd. Volk. Eine himmlische Stimme und das Herabkommen des Geistes Gottes lassen keinen Zweifel aufkommen, wer da getauft wurde (Mt 3,13ff). Der Ansatz christl. Taufverständnisses hat hier seinen Ursprung: wenn ein Mensch Christ wird, sind Buße und Reinigung und der Empfang des *Heiligen Geistes unverzichtbar (Joh 3,5).

Im Gegensatz zu Johannes beginnt Jesus nicht mit einer eigenen Taufbewegung (Joh 4,2), sondern verkündigt Umkehr und die Nähe des *Reiches Gottes (Mk 1,15). Nach seiner *Auferstehung und unmittelbar vor seiner *Himmelfahrt beauftragte er seine Jünger mit weltweiter Verkündigung und T. „auf den Namen des Vaters und des Sohnes und des heiligen Geistes" (Mt 28,19).

3. *Die Taufe in der Apostelgeschichte.* Seit dem ersten Tag der ntl. Gemeinde (*Pfingsten) werden Menschen in der von Jesus eingesetzten Weise getauft (Apg 2, 38.41). Voraussetzung war dazu die Anerkennung eigener Schuld und der Wunsch, *Vergebung zu erlangen. In der Regel erfolgen Wassertaufe und Geistempfang nicht im selben Augenblick, auch ist die Reihenfolge beider Vorgänge unterschiedlich: während in Jerusalem und Samaria die T. vor dem Empfang des Geistes erfolgte (Apg 2,38; 8,12.17), war es in Cäsarea umgekehrt (Apg 10,44-48). Diese Tatsache führte später zu den verschiedenen Tauflehren christlicher Kirchen.

4. *Die Taufe bei Paulus.* Auch in den heidenchristl. Gemeinden war die T. auf den Namen Jesu von Anfang an selbstverständlich (vgl. 1.Kor 1,13-17). In seinen Briefen an verschiedene Gemeinden hat Paulus die Bedeutung der T. theologisch entfaltet: T. ist mehr als die feierliche Aufnahme in eine Religionsgemeinschaft. Durch sie wird der Gläubige mit dem Sterben und der Auferstehung Jesu so in Verbindung gebracht, daß er davon persönlich betroffen wird: „... wir sind mit ihm begraben in den Tod ..." (Röm 6,3ff). Damit wird ein lebenslanger Prozeß der Nachfolge eingeleitet (Gal 2,20; Phil 3,10). Ein mystisches Verständnis der T. liegt ihm allerdings fern. Juden, die auch für alle Christen die *Beschneidung als Voraussetzung der Gottesgemeinschaft forderten, hält er nicht die T., sondern den Glauben als Kennzeichen wahrer Christen entgegen (Gal 3,1-4,7).

5. *Kindertaufe.* Es gibt im NT keinen direkten Hinweis darauf, aber es ist nicht auszuschließen, daß nach der Bekehrung einer ganzen Familie auch Kinder mitgetauft wurden (Apg 16,15.33; 18,8; 1.Kor 1,16). Die Zugehörigkeit zu Christus kann allerdings nicht durch leibliche Abstammung erworben werden, sondern kommt durch den Glauben (Gal 3). Wer für die Kindert. eintritt, versteht sie als Zeichen der Zuwendung Gottes auch zu den noch unmündigen Menschen. Er darf aber nicht verschweigen, daß diese T. ohne spätere Glaubensentscheidung bedeutungslos bleibt. Da das NT zwar die Notwendigkeit der T. betont, aber keine ausführliche Tauflehre entwickelt, sollten sich Christen hüten, eine bestimmte Taufpraxis überzubewerten.

*Handauflegung.

TEBEZ. Eine befestigte Stadt im Gebirge Ephraim, bei deren Eroberung *Abimelech durch einen von einer Frau aus dem Fenster geworfenen Mühlstein getötet wurde (Ri 9,50ff); das heutige Tubas, 16 km nördl. von Nablus.

TEICH. Im Winter und im Frühjahr wurde in Teichen Wasser gesammelt, was eine bedeutende Vorratsquelle für die Wasserversorgung im Sommer darstellte. T. wurden oft in Städten angelegt, die durch eine Stadtmauer befestigt waren. Diese wurden zuweilen über einen Tunnel von einer außerhalb liegenden Quelle gespeist.

*Betesda; *Siloah; *Zisterne.

TEKOA. Stadt in Juda (heute Chirbet Taqua), 10 km südl. von Bethlehem. Die Heimat des Propheten *Amos (Am 1,1) und einer klugen Frau, die versuchte, *Da-

Telassar

vid und *Absalom zu versöhnen (2.Sam 24,1f). Der Ort wurde nach dem Exil wieder besiedelt (Neh 3,5).

TELASSAR. Gebiet, das von den „Leuten von Eden" bewohnt wurde (2.Kön 19,12; Jes 37,12), wahrscheinlich zwischen den Flüssen Euphrat und Balich gelegen, wo assyr. Texte Bet-Eden ansiedeln. Aber dort wurde bisher kein T. gefunden. Ein Til-Assur, das aus assyr. Texten bekannt ist, scheint näher an der Grenze zwischen Assyrien und Elam zu liegen.

TELEM. Ort, an dem *Saul seine Armee sammelte, bevor er die Amalekiter angriff. Saul vollstreckte den *Bann nicht vollständig an den Amalekitern und opferte eigenmächtig. Daraufhin wird er von Gott verworfen (1.Sam 15). Möglicherweise mit T. (Jos 15,24) in der Wüste Negev identisch.

TEMA. Name eines Sohnes *Ismaels und seiner Nachkommen sowie das von ihnen bewohnte Gebiet – eine Wüstenoase (Jes 21,14); wahrscheinlich Taima, 400 km nordwestl. von Medina im NW Arabiens.

Tempel. So könnten die Cherubim im Allerheiligsten des Tempels Salomos ausgesehen haben. Phönikische Elfenbeinschnitzerei (9. Jh. v.Chr.).

TEMAN. Enkel *Esaus, nach dem wahrscheinlich ein Gebiet, eine Stadt oder ein Stamm in N-Edom benannt wurden (Jer 49,20; Hes 25,13). Ihre Bewohner waren für ihre Weisheit berühmt (Jer 49,7). Elifas, einer der drei Freunde *Hiobs, war ein Temaniter (Hiob 2,11). In einer Vision sah Habakuk, Gott von T. kommen (Hab 3,3). Vermutlich Tawilan, das im 8.-6. Jh. v.Chr. eine große edomitische Stadt war.

TEMPEL. Zu den frühesten Bauwerken der Menschheit gehörten Altäre oder T., wo ein Gott in seinem „Haus" angebetet werden konnte. Das erste in der Bibel erwähnte, wahrscheinlich religiöse Bauwerk ist der Turm zu Babel (1.Mo 11,4). In Mesopotamien, der Heimat Abrahams, hatte jede Stadt einen T. für ihren Schutzgott. Die nomadisierenden Erzväter hatten keine Verwendung für einen festen Altar, aber sie errichteten Altäre oder Gedenksteine an den Orten, an denen Gott ihnen erschienen war (z.B. 1. Mo 28,22).

Als Israel von Ägypten nach Kanaan zog, fertigte es auf Gottes Anweisung die transportable *Stiftshütte an, auch „Zelt der Versammlung" genannt. Die Völker in Kanaan hatten T. (z.B. 1.Sam 5,5). Archäologen haben Ruinen einiger dieser T. ausgegraben. König *David begann damit, Material für einen festen T. in *Jerusalem, seiner Hauptstadt, zusammenzutragen, und sein Sohn *Salomo errichtete ihn.

Der Tempel Salomos. Er stand im Südostteil der heutigen Altstadt von Jerusalem, im Gebiet Haram asch-Sharif. Der genaue Ort des Tempelhauses ist jedoch nicht eindeutig festzustellen. Der höchste Teil des Felsens, auf dem jetzt der „Felsendom" steht, könnte das Allerheiligste oder der Platz des Brandopferaltars gewesen sein und zu der Tenne Araunas gehört haben, die David als Bauplatz gekauft hatte (2.Sam 24,18ff).

Das Bauwerk wird in 1.Kön 6-7 und 2.Chro 3-4 beschrieben. Es war rechteckig gebaut und O-W orientiert; wahrscheinlich stand es auf einer Plattform und hatte vermutlich zwei Höfe. Der Bronzealtar für das Brandopfer stand im Innenhof und zwischen dem *Altar und dem Tempelportal ein großes Bronzebecken für rituelle Waschungen. Das Portal wurde von zwei Säulen flankiert, die man *Jachin und Boas nannte. In der Tempelhalle – „dem Heiligen" – wurden gottesdienstliche Handlungen durchgeführt. Sie wurde durch vergitterte Fenster erhellt, die sich in Deckennähe befanden. In ihr befanden sich der goldene Räucheraltar, fünf Paar Leuchter, der Tisch für das geweihte Brot und die Opfergeräte. Weiter im Inneren und durch Türen aus Zypressenholz abgetrennt, befand sich das Allerheiligste mit der Bundeslade (1.Kön 8,1ff); es war exakt in der Form eines Würfels gearbeitet und wurde nur einmal im Jahr vom *Hohenpriester während der Opfer am Versöhnungstag betreten. Jeder der Räume war mit Zedernholz verkleidet, Wände und Türen waren mit Blumen, Bäumen und Cherubim verziert. In oberen Stockwerken befanden sich Räume für Vorräte, Opfergaben und wahrscheinlich auch Unterkünfte.

Salomo stellte für die Ausführung der Arbeiten Handwerker aus Phönizien und einen Aufseher aus Tyrus ein (1.Kön 5,24.32; 7,13f). Es verwundert deshalb nicht, im Tempel Parallelen zu kanaan. und phönizischer Handwerkskunst zu entdecken. Der Grundriß ist dem eines kleinen Tempels aus dem 9. Jh. sehr ähnlich, der bei Tell Tainat am Orontes ausgegraben wurde. Auch ein Schrein bei Hazor aus der späten Bronzezeit weist Ähnlichkeiten mit dem T. in Grundriß und Bauausführung auf.

Später plünderten Angreifer die Schätze, die Salomo im T. gesammelt hatte (1.Kön 14,26), bzw. die Könige Judas benutzten sie dazu, Frieden oder politische Macht zu kaufen (1.Kön 15,18; 2.Kön 16,8). Drei Jahrhunderte nach seinem Bau mußte *Josia (um 640 v.Chr.) umfangreiche Reparaturen am T. durchführen lassen (2.Kön 22,4ff). 587 v.Chr. wurde der Tempel dann von dem babylon. König *Nebukadnezar ausgeraubt und zerstört (2.Kön 25,9ff).

Der Tempel Hesekiels. *Hesekiel hatte etwa 571 v.Chr. eine Vision von einem neuen T. (Hes 40-43), der jedoch nie gebaut wurde. Er stand auf einem quadratischen, von Mauern umgebenen Hof, in den drei befestigte Tore hineinführten. Dazu gehörten auch äußere Gebäude für Vorräte und Unterkünfte. Sonst entsprach das Tempelmodell im wesentlichen dem T. Salomos.

Der zweite Tempel wurde von den Juden gebaut, die aus dem Exil nach Jerusalem zurückkehrten und einen Teil der geraubten Tempelgeräte mit zurückbrachten (Esr 1; 3,1ff). Er war kleiner als der T. Salomos, aber einige Details wurden beibehalten. Die Bundeslade war verlorengegangen und wurde nicht wieder ersetzt, und im Heiligtum stand nur ein einziger siebenarmiger Leuchter (vgl. 1.Makk 1,21ff; 4,49ff). Die Makkabäer reinigten den T. 164 v.Chr., nachdem er von Antiochus Epiphanes entweiht worden war, und befestigten die Anlage so gut, daß sie 63 v.Chr. der Belagerung durch Pompejus drei Monate standhielt.

Der Tempel des Herodes war im wesentlichen ein Umbau des zweiten T., mit dem 19 v.Chr. begonnen wurde. Das Gebäude stand nach zehn Jahren, die Arbeiten wurden jedoch bis 64 n.Chr. weitergeführt. Eine Fläche von 450 m von N nach S und 300 m von O nach W wurde zu einem ebenen Platz ausgebaut und dabei mit massiven Stützmauern (Steinblöcken von 1 m Höhe und 5 m Länge) umgeben (vgl. Mk 13,1). Teile dieser Mauer stehen bis heute. Der Tempelvorhof war mit Verteidigungsmauern umgeben. Auf der SO-Ecke mit Blick auf das Kidrontal war die Mauerecke 45 m über dem Abhang (vielleicht „die Zinne"; vgl. Mt 4,5). An der NW-Ecke überragte die Festung Antonia, die eine röm. Garnison beherbergte, die Umfriedung. Der äußere Vorhof war der Vorhof der Heiden und hatte innerhalb der Mauern Säulenhallen (Joh 10,23; Apg 3,11), in der die Schriftgelehrten unterrichteten und debattierten (Lk 2,46; 19,47) und auch die Geldwechsler ihre Stände hatten (Lk 19,45). Das innere Heiligtum wurde durch eine Barriere abgegrenzt. Warnschilder in griech. und latein. wiesen darauf hin, daß, wer als Nichtjude weiter geht, des Todes ist.

Der innere Tempelbezirk umschloß den

Tempeldiener

Tempel. *Modell des Tempels, wie er zur Zeit Jesu aussah (Holy Land Hotel, Jerusalem).*

Frauen-Vorhof, hier waren die Opferkästen zu finden (Mk 12,41ff). Etwas höher lag dann der Vorhof der jüd. Männer und ein weiterer für die Priester. Das Tempelhaus war nach dem salomonischen Vorbild gebaut, ebenso der Brandopferaltar. Ein Vorhang trennte das Heiligtum vom Allerheiligsten (vgl. Mk 15,38). Das herrliche Tempelgebäude aus erlesenen Steinen und Gold war kaum fertig, als es 70 n.Chr. von den Römern zerstört wurde und seine Schätze in einem Triumphzug nach Rom gebracht wurden, wie es in Titus' Triumphbogen dargestellt wird.

Tempel im NT. Jesus vertrieb die Geldwechsler aus dem T. (Joh 2,17) und weinte bei dem Gedanken an seine Zerstörung (Lk 19,41ff). Aber er wußte, daß seine Anwesenheit unter dem Volk mehr war als der Tempeldienst (Mt 12,6). Im Zusammenhang mit der Aussage, daß sein Leib („Tempel") zerstört und in drei Tagen wieder aufgerichtet würde, wurden falsche Zeugenaussagen im Prozeß gegen Jesus gemacht (Mk 14,57f). Sein Tod und seine Auferstehung begründeten einen neuen T., die Gemeinde der Heiligen, der den alten ersetzen würde (vgl. Mt 18,20; 1.Kor 3,16f; Eph 2,19ff).

Die ersten Christen versammelten sich zunächst weiter im T. (vgl. Apg 2,46; 3,1ff). Mit der Zerstörung Jerusalems im Jahre 70 wurde auch der T. vernichtet. Für die Judenchristen spielte er wahrscheinlich schon kurz vorher keine Rolle mehr. Vgl. Paulus im Tempel (Apg 21,26f).

In der Vollendung wird es im Neuen Jerusalem keinen Tempel mehr geben (Offb 21,22), weil Gott unter den Menschen wohnt.

*Opfer; *Schaubrot.

TEMPELDIENER. T., auch Netinim genannt, verrichteten die schweren Arbeiten im Heiligtum (1.Chro 9,2; Neh 11,3). Der Name bedeutet „die, die gegeben sind". Aus Esr 8,20 geht hervor, daß David und die Fürsten sie den *Leviten zum Tempeldienst gegeben haben. Sie waren vermutlich Nachkommen der Kanaaniter oder ausländische Gefangene wie die Gibeoniter (Jos 9,27), wofür auch die ausländischen Namen sprechen (Esr 2,43).

TEMPELWEIHE. 8tägiges jüd. Fest, als Erinnerung an die Tempelreinigung durch Judas Makkabäus 164 v.Chr. gefeiert, auch

„Fest der Lichter" genannt. Jesu Anwesenheit an einem solchen Fest ist in Joh 10,22 bezeugt. *Feste.

TERACH. Vater *Abrahams; er zog mit seiner Familie von Ur nach Haran und betete fremde Götter an (Jos 24,2). Sein Name wird gewöhnlich mit dem Mondgott in Verbindung gebracht.

TERTIUS. Schreiber, dem Paulus den Römerbrief diktierte (Röm 16,22). Da er selbst auch Grüße beifügt, könnte er auch Verbindungen zur Gemeinde in Rom gehabt haben. T. (der Dritte) ist ein latein. Name.

TERTULLUS. Ein ziemlich verbreiteter röm. Name. Im NT ist T. der Mann, der die Anklage gegen *Paulus vor dem Statthalter *Felix in Cäsarea vorbringt (Apg 24,1ff). Aus seiner Rede ist zu schließen, daß er Jude und wie Paulus röm. Bürger war. Seine Schmeichelei ist typisch für die Rhetorik seiner Zeit.

TETRARCH/VIERFÜRST. Titel, der im klassischen Griech. ursprünglich für einen Herrscher gebraucht wurde, der über den vierten Teil eines Gebietes regierte, aber dann von den Römern auf alle Statthalter der östlichen Provinzen angewandt wurde. Nach dem Tod *Herodes des Großen teilte *Augustus das Gebiet unter drei Söhne (Archelaus, Herodes Antipas und Philippus) auf. Im NT wird der Begriff T. für Herodes Antipas benutzt (Lk 3,1.19).

TEUFEL. Siehe *Satan.

THADDÄUS. Der Name kommt nur in der Aufzählung der zwölf Apostel vor (Mt 10,3; Mk 3,18). In Lk 6,16 und Apg 1,13 wird er „Judas, der Sohn des Jakobus" genannt.

THEATER. Griechische T. wurden gewöhnlich als Freilichtt. in eine natürliche Bergkulisse eingebaut, die eine entsprechende Akustik ermöglichte. Die Sitze wurden im Halbrund um einen runden Platz (Orchestra) herum angeordnet, der sich vor der erhöhten Bühne (Skene) befand. T. waren Zentren der Kultur; sie wurden auch für öffentliche Versammlungen benutzt (Apg 19,29).

THEBEN. Die einst prächtige Hauptstadt Ägyptens lag zu beiden Seiten des Nils, 530 km stromaufwärts von Kairo. Auf der östl. Seite befanden sich zwei große Tempelbezirke, die jetzt als Karnak und Luxor bekannt sind, und auf der W-Seite lag eine Reihe königlicher Begräbnistempel und eine große Begräbnisstätte mit in Felsen gehauenen Gräbern. Während der Zeit der 18.-20. Dynastie (ca. 1550-1070 v.Chr.) gelangten große Reichtümer von Asien und Afrika nach T., die aber 663 v.Chr. von den *Assyrern geraubt wurden. Der Prophet Nahum führte das Schicksal T. bei seiner Prophetie über die Zerstörung des mächtigen Ninive in Assyrien an (Nah 3,8ff). Anfang des 6. Jh. weissagten *Jeremia (Jer 46,25) und *Hesekiel (Hes 30,14ff) gegen T.

THEOPHILUS (Freund Gottes). Die Person, der das Lukasevangelium und die Apostelgeschichte gewidmet sind (Lk 1,3; Apg 1,1). Es ist wahrscheinlich, daß es sich um eine Person handelt, die zur gehobenen röm. Gesellschaftsschicht gehörte (Lk 1,3).

THESSALONICH. *Thessalonicherbriefe.

THESSALONICHERBRIEFE. *Hintergrund.* Thessalonich (Saloniki – türk. Bezeichnung –, neuerdings wieder Thessaloniki genannt) war Hauptstadt der röm. Provinz Mazedonien und wichtiges Handels- und Verkehrszentrum. Auf seiner zweiten Missionsreise hatte Paulus die Gemeinde gegründet (Apg 17,1-10). Von den Juden vertrieben, wandte er sich nach Athen und Korinth. Dorthin brachte ihm Timotheus Nachrichten über die Gemeinde, die Paulus veranlaßten, ihr den ersten Brief zu schreiben (1.Thess 2,17-3,6). Es ist der älteste Brief des Paulus, um 51/52 geschrieben. Der zweite Brief wurde einige Monate nach dem ersten abgefaßt.

Ziel und Inhalt. Der erste Brief spiegelt lebendig die Anfangsschwierigkeiten einer jungen Gemeinde in einer feindseligen Umgebung wider. Paulus hatte bis zur Rückkehr des Timotheus die Sorge bewegt, ob die Gemeinde trotz Widerstand und Verfolgung im Glauben und in der Liebe geblieben sei und ob sie trotz Verleumdungen der Gegner ihn „in gutem Andenken" habe (3,6).

Von besonderer Wichtigkeit sind die Abschnitte über die Heiligung (4,1ff) und die Antwort auf die Frage, was mit den vor der Wiederkunft Jesu verstorbenen Gläubigen geschieht (4,13-18).

Den zweiten Brief schrieb Paulus der Gemeinde kurze Zeit später. Anlaß dazu war das in der Zwischenzeit aufgekommene Mißverständnis, das Weltende sei bereits da (2,1-3), was dazu führte, daß sich viele Gemeindeglieder in unnüchterner Weise auf die Wiederkunft Christi vorbereiteten und ihre elementaren Alltagspflichten vernachlässigten. Paulus korrigiert diese Meinung. Er weist darauf hin, daß der große Abfall und das Auftreten des „Menschen der Bosheit" (Antichrist) der Wiederkunft Jesu vorangehen müssen, und ermahnt zu einem Lebenswandel in der Heiligung und Nüchternheit.

Bedeutung. Schlüsselbegriff der beiden Thessalonicherbriefe ist die Wiederkunft Christi, auf die Paulus über 20 mal Bezug nimmt. Die beste Art, sich auf die Wiederkunft Christi vorzubereiten, besteht nicht darin, Spekulationen und Berechnungen anzustellen, sondern ein heiliges, waches Leben zu führen, das den Bau des Reiches Gottes tätig vorantreibt.

Gliederung.
1.Thessalonicher
1-3 Persönlicher Teil: Rückblick und Dank.
   Das vorbildliche Leben der Gemeindeglieder (1,1-10).
   Der segensreiche Dienst des Paulus (2,1-3,13).
4-5 Lehrhafter Teil: Ausblick und Ermahnung.
   Ermahnung zu einem heiligen Leben (4,1-12).
   Über die Wiederkunft Christi (4,13-5,4).
   Ermahnung zur Wachsamkeit (5,5-22).
   Briefschluß (5,23-28).

2.Thessalonicher
1 Die Sorge des Apostels wegen anhaltender Verfolgung.
2 Zeichen der Endzeit und christl. Hoffnung.
3 Aufruf, in der Lebensführung das Christsein unter Beweis zu stellen.

THEUDAS. Ein Betrüger, der sich möglicherweise als *Messias ausgegeben (Apg 5,36) und um 6 n.Chr. eine Gruppe von 400 Mann um sich versammelt hatte. Er wurde getötet, und seine Anhänger wurden zerstreut. Es handelt sich vermutlich um eine der Unruhen, die nach Herodes' Tod (4 v.Chr.) ausbrachen.

THOMAS. T. war einer der zwölf Apostel; der Name kommt aus dem Aramäischen und bedeutet Zwilling. Er ist als „der Zweifler" bekannt, der dem Bericht von Jesu Auferstehung erst glaubte, als Jesus ihm persönlich erschienen war. Danach bekannte er Jesus als Herrn und Gott (Joh 20,24ff).

THRON. Besonderer Sitz (1.Kön 2,19) und Symbol für Würde und Autorität (2.Sam 3,10). Gottes „Thron" befindet sich im Himmel (Jes 66,1), aber seine Gegenwart thronte auf der Bundeslade (1.Sam 4,4).

Jesus gehört der Thron Davids (Lk 1,32); er wird die Menschheit von dem „Thron" seiner himmlischen Herrschaft aus richten (Mt 25,31ff), und seine Jünger werden neben ihm auf den zwölf T. die zwölf Stämme Israels richten (Mt 19,28).

THYATIRA. Stadt in der röm. Provinz Asia, im W des asiat. Teils der heutigen Türkei (das heutige Akhisar). Sie war Grenzgarnisonsstadt, ein Zentrum der Färberei und der Bekleidungsherstellung sowie der Töpferkunst und des Kunstschmiedehandwerks. *Lydia (Apg 16,14) stammte aus T. und handelte vermutlich mit dort hergestellten Waren. Der Purpurfarbstoff wurde bis ins 20. Jh. aus der Krappwurzel gewonnen. Das Sendschreiben an die Gemeinde in T. (Offb 2,18-29) spielt auf die Umstände in dieser Stadt an; „Isebel" könnte auch ein symbolhafter Name für einen Lehrer in der Gemeinde sein, der Kompromisse mit heidnischen Praktiken schloß, vielleicht in Verbindung mit Handwerksinnungen.

TIBERIAS. Eine Stadt an der Westküste des Sees Genezareth, der deshalb auch als Tiberiassee bezeichnet wird. Sie wurde um 20 n.Chr. von *Herodes Antipas gegründet und nach dem Kaiser Tiberius benannt. Zu dem Gelände, auf dem ihre prunkvollen Gebäude errichtet wurden, gehörte auch ein ehemaliger Friedhof, was die Stätte für orthodoxe Juden unrein (*rein und unrein) machte. Es gibt keinen Bericht darüber, daß Jesus T. betreten hat (vgl. Joh 6,1.23).

TIBERIUS. Röm. Kaiser von 14-37 n.Chr., wird in Lk 3,1 erwähnt. T. war 56 Jahre alt, als er 14 n.Chr. seinem Stiefvater *Augustus auf dem Thron folgte. Er führte treu und einfallslos 23 Jahre lang die Politik seines Vaters fort und verbrachte die letzten Jahre seiner Herrschaft zurückgezogen auf Capri.

TIBHAT. Stadt im aram. Königreich Zoba (1.Chro 18,8), die von *David erobert wurde und wo er eine größere Menge Kupfer erbeutete.

TIDAL. Einer der 4 Könige zur Zeit *Abrahams, die fünf Könige aus *Städten der Ebene unterwarfen (1.Mo 14,1ff). Sein Name leitet sich aus einem anatolischen Namen ab, der wiederum von der Bezeichnung eines heiligen Berges kommt. T. kann noch nicht aus anderen Quellen identifiziert werden. In alten Schriften aus Mesopotamien und Anatolien wird von Bündnissen verschiedener Könige berichtet.

TIEFE. Siehe *Abgrund.

TIGLAT-PILESER. Name mehrerer Herrscher von *Assyrien. T. I. und T. II. werden im AT nicht erwähnt. T. III., der im AT und auch in assyr. Quellen als Pul bekannt ist (z.B. 2.Kön 15,19), regierte von 745-727 v.Chr. Im Jahr 743 v.Chr. marschierte er gegen die nordsyr. Staaten und unterwarf sie 740 v.Chr. 738 v.Chr. waren sie und auch Menahem von Samaria tributpflichtig (2.Kön 15,19f). Als Antwort auf den Widerstand dieser besiegten Staaten plünderte er 734 v.Chr. die phönizischen Seehäfen, auch Aschkalon und Gaza, und forderte Tribut von *Ahas, dem König von Juda (2.Chro 28,19ff). Als *Rezin von Damaskus und *Pekach, der König von Israel, Jerusalem belagerten, bat Ahas den assyr. König um Hilfe (2.Kön 16,7). T. nahm 732 v.Chr. Damaskus ein, plünderte gleichzeitig Israel und führte viele Menschen gefangen weg. Ahas bezahlte für die assyr. Hilfe damit, daß er zum Vasallen wurde, was auch religiöse Kompromisse nach sich zog (2.Kön 16,10f).

TIGRIS. Fluß, der in den Bergen Armeniens entspringt, 1900 km nach SO durch Mesopotamien fließt und 64 km vom Pers. Golf entfernt mit dem Euphrat zusammenfließt. Er war einer der Flüsse, die *Eden begrenzten (1.Mo 2,14).

TIMNA. 1. Fürst von Edom (1.Chro 1,51). **2.** Nebenfrau Elifas, eines Sohnes *Esaus, und Mutter von Amalek (1.Mo 36,12). **3.** Stadt an der Nordgrenze Judas, deren Verwaltung oft zwischen den Israeliten und den Philistern wechselte (Ri 14,1); vermutlich Tell Bataschi, 9 km südl. von Geser. **4.** Ort des Kupferbergbaus südl. von Hebron (Jos 15,57).

TIMNAT-SERACH. Das persönliche Erbteil *Josuas, wo er auch begraben wurde (Jos 19,50; 24,30); vermutlich Chirbet Tibneh, zwischen Sichem und Jerusalem, oberhalb einer tiefen Schlucht und in der Nähe der überlieferten Begräbnisstätte Josuas.

TIMOTHEUS. T. wird in der Apg und in den Briefen des Paulus oft erwähnt. Er stammte aus Lystra in Kleinasien (Apg 16,1; 2.Tim 1,5) und war der Sohn eines Griechen (also Heide) und einer jüd. Mutter. Der Apostel nennt ihn „meinen rechten Sohn im Glauben" (1.Tim 1,2), was sicherlich bedeutet, daß T. durch Paulus zum Glauben an Christus kam, ebenso seine Mutter und Großmutter (2.Tim 3,11; 1,5). T. kannte von Kind an die Heiligen Schriften (AT; 2.Tim 3,15). Weil seine Mutter jüd. Abstammung war, ließ Paulus T. beschneiden, bevor er ihn in sein Reise-

Timotheusbriefe

team aufnahm. Unter Gebet und Handauflegung der Ältesten hatte T. eine bestimmte Gnadengabe zum Dienst empfangen (1.Tim 4,14; 2.Tim 1,6). Er begleitete Paulus und Silas auf der 2. Missionsreise; in Phil 2,19ff stellt ihm Paulus ein ausgezeichnetes Zeugnis aus. Er hebt seine Uneigennützigkeit und Treue hervor (vgl. auch 1.Kor 16,10). In sechs Briefen des Paulus wird er als Mitabsender erwähnt. In seiner letzten Gefangenschaft bittet Paulus ihn, möglichst schnell zu ihm zu kommen (2.Tim 4,9). T. war zeitweilig auch gefangen (Hebr. 13,23); von seinen letzten Jahren ist uns nichts bekannt.
*Timotheusbriefe.

TIMOTHEUSBRIEFE. Hintergrund siehe *Pastoralbriefe; Empfänger siehe *Timotheus.

1.Timotheusbrief
Inhalt. Falsche Lehren hatten sich in die Gemeinde von Ephesus eingeschlichen. Paulus spricht Timotheus Mut zu, weiterhin klaren Kurs zu bewahren und durch sein Leben ein Vorbild zu sein. Nur die Gemeinde, deren Leiter in Lehre und Leben an der Wahrheit des Evangeliums bleiben, kann ungesunde Strömungen erkennen und sich davor schützen.

Gliederung.
1-3 Akzente für die Gemeindearbeit.
　1 Das Evangelium und auch seine Verfälschungen kennen.
　2 Das gemeinsame Gebet nicht vernachlässigen.
　3 Die hohen Anforderungen an Leiter und Helfer beibehalten.
4-6 Weisungen an Timotheus.
　4 Falsche Lehren konsequent abwehren.
　5 Seelsorge an allen Gemeindegliedern wahrnehmen.
　6 Selber treu ausharren im vorbildhaften Leben und im Bezeugen des Evangeliums.

2.Timotheusbrief
Inhalt. Da Paulus überzeugt ist, daß das Ende seines Lebens bevorsteht, ist der Brief eine Art Vermächtnis des Apostels.

Er fordert Timotheus auf, in dieser neuen Situation Leiden nicht zu scheuen und in Bedrängnissen ein Diener Jesu Christi und ein Verkündiger des Evangeliums zu sein.

Gliederung.
1 Zuspruch, auch im Leiden – wie Paulus – zuversichtlich auszuharren.
2 Ermunterung, im Dienst durchzuhalten im Blick auf den auferstandenen Herrn.
3 Trotz des Auftretens falscher Lehren beim Zeugnis des Evangeliums bleiben.
4 Unerschrocken das Evangelium predigen bis zur Begegnung mit Jesus Christus. Wichtige Mitteilungen.

TIRAS. Sohn *Jafets (1.Mo 10,2), gewöhnlich mit dem Volk der Tursa identifiziert; es handelt sich um Eindringlinge aus dem N, die von dem Ägypter Merenptah im 13. Jh. v.Chr. erwähnt werden.

TIRHAKA. Der äthiopische Pharao *Ägyptens, der von ca. 690-664 v.Chr. regierte. Er scheint der Heerführer gewesen zu sein, der die 701 v. Chr. von Sanherib besiegten ägypt. Streitkräfte anführte (2.Kön 19,9).

TIRZA. Stadt in Kanaan, die für ihre Schönheit berühmt war (Hld 6,4). Sie lag im nördl. Teil des Gebirges Ephraim, am oberen Ende des Wadi Farah, durch das einer der wichtigsten Wege führte. Eine Zeitlang war T. die Hauptstadt des Nordreiches Israel (1.Kön 15,21; 16,6).

An dem großen Hügel von Tell el-Farah, 11 km nordöstl. von Nablus, sind Ausgrabungen durchgeführt worden. Die ärmlichen Häuser und ausgedehnten Regierungsbauten bestätigten das durch die Propheten gezeichnete Bild (Jes 9,8ff; Am 5,11).

TISCH. Der T. in der Wüste (Ps 23,5; 78,19) war ein Stück vorbereiteter Boden oder ein Fell, das darauf gelegt wurde. In Häusern gab es ein Möbelstück aus Holz oder Metall. Am T. des Königs speisen zu dürfen, war eine Ehre (2.Sam 9,7).

TISCHBITER. Eine Bezeichnung für Elia (z.B. 1.Kön 17,1), die auf seinen Heimatort, die Stadt Tischbe in Gilead, zurückgeht; Tischbe wird traditionell bei el-Istib, 12 km nördl. des Jabbok angesiedelt.

Titus. Paulus erwähnt seinen Mitarbeiter T. in Gal 2. Dort erfahren wir, daß T. Grieche war (2,3) und nicht gezwungen wurde, sich beschneiden zu lassen. T. begleitete Paulus auf dessen Reisen zum „Apostelkonzil" nach Jerusalem. Aus 2.Kor 2 und 7 ist zu entnehmen, daß der Apostel T. mit der schwierigen Aufgabe betraute, zweimal in heikler Situation nach Korinth zu reisen (mit dem sog. „Tränenbrief", der uns nicht erhalten ist, und unserem 2.Korintherbrief). Aus dem Brief an T. geht hervor, daß er Paulus nach Kreta begleitet hat, um die Gemeinde dort zu festigen. Er war nicht so zurückhaltend wie Timotheus (vgl. 2.Kor 7,15) und von Grund auf aufrichtig (2.Kor 12,18). *Titusbrief.

Titusbrief. Hintergrund siehe *Pastoralbriefe. Empfänger siehe *Titus.
Inhalt. Die Gemeinde bedurfte der Festigung und Ausrichtung auf das Evangelium von Jesus Christus. Die Aufgaben des Titus waren schwierig, bedingt durch den besonderen Charakter der Kreter: unaufrichtig, boshaft, zügellos und träge. Der Schwerpunkt der Arbeit muß darauf liegen, daß die Gemeindeglieder lernen, Lehre und Leben miteinander in Einklang zu bringen.
Gliederung.
Zur Erstarkung der Gemeinde dienen:
1 Die Wahl verantwortungsbewußter Gemeindeleiter.
2 Seelsorgerliche Hilfe für alle Gemeindeglieder.
3 Bereitschaft zum Zeugnis durch eine vom Evangelium geprägte Lebensart.
*Titus, *Pastoralbriefe.

TOBIJA. 1. Einer der Hauptgegner *Nehemias, der als „ammonit. Diener" beschrieben wird, vermutlich ein Ehrentitel für einen hochgestellten pers. Beamten ammonit. Abstammung. T. scheint eventuell Halbjude gewesen zu sein, denn sein Name bedeutet „Jahwe ist gut" (Neh 2,10). Er war vielleicht ein Stellvertreter Sanballats, des Regenten Samarias. **2.** Ein Stamm, der den gleichen Namen trägt, konnte seine israelit. Abstammung bei der Rückkehr aus dem babylon. Exil nicht nachweisen (Esr 2,60; Neh 7,62).

TOBIT/TOBIAS. Siehe *Apokryphen.

TOD. Der T. widerspricht Gottes Schöpfungsabsicht und wird den ersten Menschen als Strafe für Sünde (1.Mo 2,17) angedroht. Er ist Folge des Sündenfalls (1.Mo 3; Röm 6,23); seitdem kann der Mensch dem T. nicht mehr entrinnen (Hebr 9,27). Der T. ist mehr als ein biologisches Geschehen, er ist Ausdruck der tiefen Trennung zwischen Gott und Mensch, die durch die Sünde hervorgerufen wird.
„Fleischlich gesinnt sein" – d.h. göttliche Maßstäbe nicht beachten – bedeutet, bereits zu Lebzeiten vor Gott tot zu sein (Röm 8,6; vgl. 1.Joh 3,14). Der T. ist der „letzte Feind" (1.Kor 15,26). Auch Jesus durchlitt Todesangst (Mt 26,38), aber er weckte auch während seines irdischen Wirkens Tote auf (Lk 7,11ff; Joh 11,38ff) und besiegte mit seiner *Auferstehung den T.
Die frohe Botschaft des NT ist die Nachricht von der Überwindung des T. (1.Kor 15,54f). Der Ausdruck „zweiter Tod" (z.B. Offb 2,11) beschreibt das endgültige Gericht Gottes über jene Menschen, die das Rettungsangebot in Jesus Christus ablehnten.
Christus hat die Macht des T. (Hebr 2,14) und der Sünde (Röm 6,10) zerstört. Die Nachfolger Jesu sind an diesem Sieg beteiligt und werden vom T. zum ewigen Leben auferweckt (1.Kor 15,54ff). Schon in diesem Leben kann sie nichts mehr von Gott trennen (Röm 8,38f); der Glaubende ist bereits aus dem Zustand des T. herausgekommen, obgleich er das Tor des leiblichen T. noch durchschreiten muß (Joh 5,24; 11,25f).
*Begräbnis und Trauer; *Leben.

TOFEL. Ort, an dem Mose zu den Israeliten sprach (5.Mo 1,1); vielleicht ein Rastplatz der Israeliten während der Wüstenwanderung; die Lage ist ungewiß.

TOFET. Anhöhe im *Hinnomtal bei Jerusalem, wo Kinder heidnischen Götzen geopfert wurden (2.Kön 23,10).

TOGARMA. Dritter Sohn *Gomers (1.Mo 10,3); die nach ihm benannte Stadt lieferte Pferde nach Tyrus (Hes 27,14); vermutlich Gurun, 120 km westl. von Malatya.

TOLA. Einer der Richter, Nachfolger Abimelechs. T. regierte Israel 23 Jahre lang (Ri 10,1).

TÖPFER, TÖPFERHANDWERK. Die Kunst des Töpferns tauchte im Nahen Osten des Altertums um 8000 v.Chr. auf, aber die Töpferscheibe wurde erst um 4000 v.Chr. erfunden. Der Töpfer saß am Rand einer kleinen Grube, in der sich die Scheiben befanden, gewöhnlich zwei Steine, von denen sich der eine auf dem anderen drehte. Manchmal diente der obere Stein als Fläche zur Bearbeitung des Tons, aber manchmal war er ein Schwungrad, das mit dem Fuß getreten wurde, um den Arbeitsstein auf dem oberen Ende eines kleinen Pfahls zu drehen. Der für feine Gefäße benötigte Ton wurde vorbereitet, indem man rohen Ton mit den Füßen in Wasser austrat (Jes 41,25). Steine, Muscheln, Knochenwerkzeuge und auch Tonscherben waren das Handwerkszeug, mit dem die Töpferwaren geglättet, geformt und verziert wurden. In Jer 18,3f wird die Arbeit eines Töpfers beschrieben.

Die Art der Töpferwaren, die an archäologischen Ausgrabungsstätten gefunden werden, sind eine wertvolle Hilfe für die Datierung der Besiedlung in dem untersuchten Abschnitt. Die ersten (neolithischen) Gefäße waren einfach, jedoch schon unterschiedlich in der Form und aus rohem, mit Stroh vermischtem Lehm hergestellt. Das im Negev verwandte Kaolin verlieh den dort hergestellten Töpferware ihr speziell cremefarbenes Aussehen. In der frühen und mittleren Bronzezeit (3150-1550 v.Chr.) erschienen Schnauzentöpfe und Henkelkrüge. Um diese Zeit tauchen auch erstmals Öllampen auf. Töpfe und Krüge waren gewöhnlich mit einem kleinen, abgerundeten Fuß versehen. In der späten Bronzezeit (1550-1200 v.Chr.) setzten sich rote und schwarze geometrische Verzierungen und Tierabbildungen als Schmuck an Tongefäßen durch. Die runden „Pilgerflaschen" wurden eingeführt und Krüge mit zwei Henkeln aus Mykene in Palästina importiert. In der frühen Eisenzeit (1200-1000 v.Chr.) wurde in der Töpferei Palästinas die Ausführung mit zwei Henkeln für Schüsseln und Töpfe übernommen. Während der israelit. Königszeit (1000-800 v.Chr.) wurden mehr und anspruchsvollere Töpferwaren hergestellt. Die wertvollsten Gefäße waren sehr dünn und mit roten Streifen geschmückt. Später und in der Zeit zwischen den beiden Testamenten wurden oft enge, längliche Flaschen als Grabbeigabe benutzt. Die groben Töpferwaren aus der Römerzeit (NT) sind durch ihr geripptes bzw. geriffeltes Aussehen gekennzeichnet.

Die bibl. Begriffe, die zur Bezeichnung der verschiedenen Tongegenstände verwendet wurden, können nicht mit Sicherheit identifiziert werden. Dazu gehören ein großer Ölkrug mit Schnauze (2.Kön 4,2); eine Ton- oder Metallplatte für Pfannkuchen und ein Kochtopf (3.Mo 2,5.7); ein Weinkrug (Jer 48,12); ein Waschbecken (Joh 13,5) und eine große Schüssel (Mt 26,23).

TOR, TORHEIT. Manchmal ist T. einfach Dummheit (Spr 10,14), aber öfter ist es die Verachtung der Weisheit und Zucht Gottes (Spr 1,7). Der Gipfel der T. ist die Leugnung Gottes (Ps 14,1); Paulus nimmt das Thema in 1.Kor 1,25ff auf: der Kreuzestod Jesu bleibt für den Nichtchristen eine T. Der Tor (LÜ: Narr) ist in erster Linie ein Mensch, der willentlich eine falsche Wahl trifft (Lk 12,20).

TOTENREICH, JESU ABSTIEG INS. Die Aussage über den Abstieg Jesu „in das Reich des Todes" zwischen seiner Kreuzigung und Auferstehung ist in den christl. Glaubensbekenntnissen bereits früh verankert und bezieht sich auf 1.Petr 3,19. Wahrscheinlich liegt der Gedanke zugrunde, daß Christus das Evangelium (vgl. 1.Petr 4,6 – *euangelizein* = das Evangelium verkündigen) jenen Menschen gepredigt hat, die als ungehorsame Zeitgenossen Noahs vor Christus starben. Wichtiger als die Art und Weise des Ereignisses ist jedoch dessen Bedeutung; es ist ein Teil des siegreichen Handelns Jesu, der

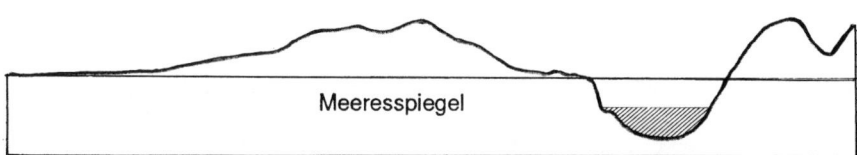

Totes Meer. Höhenprofil von Palästina in west-östlicher Richtung. Das Tote Meer liegt deutlich unter Meeresspiegelhöhe.

nicht nur Herr des Himmels, sondern auch der *Hölle ist.
*Scheol.

TOTES MEER. Wird im AT auch Salzmeer, östliches Meer, Meer von *Araba genannt. Die Wasseroberfläche liegt 427 m unter dem Meeresspiegel; der tiefste Punkt am Seeboden liegt noch ca. 433 m tiefer. Es ist ungefähr 80 km lang und erstreckt sich 10 bis 18 km breit zwischen Moab und Juda. Abgesehen von ein paar Flüssen ist die judäische Küste trocken und öde. Der hohe Mineralgehalt des Wassers – 25% Salz, Pottasche, Magnesium und Kalziumchloride – ist einerseits für die hohe Tragkraft des Wassers verantwortlich, andererseits aber auch dafür, daß hier keine Fische leben können. Hesekiel sah in einer Vision, wie das Wasser des T. durch einen Fluß aus Jerusalem in Süßwasser verwandelt wird (Hes 47,8ff).

TRACHONITIS. Die Gegend um Trachon, ein Gebiet mit Vulkangestein, östl. von Galiläa und südl. von Damaskus, im allgemeinen unfruchtbares Land. Nach dem Tod Herodes des Großen fiel das Gebiet an seinen Sohn (Lk 3,1).

TRAUER. Siehe *Begräbnis und Trauer.

TRAUM. In der Bibel spielen T. keine herausragende Rolle (Pred 5,2), aber Gott bedient sich gelegentlich dieses Mittels, um den Menschen etwas mitzuteilen. Entweder der Schlafende „sieht" eine zusammenhängende Folge von Bildern, die einer Auslegung bedürfen (z.B. 1.Mo 41,1ff); oder die T. vermitteln eine unmißverständliche Botschaft Gottes (z.B. Mt 1,20ff). Gewarnt wird vor falsch verstandenen T., die zum Abfall von Gott verführen (z.B. 5.Mo 13,1ff). Jeremia tadelt die falschen Propheten, weil sie ihre eigenen Wün-

sche als Gottesoffenbarungen ausgeben (Jer 23,16ff).

TRES TABERNAE (Drei Wirtshäuser). Ort, 50 km südöstl. von Rom an der Via Appia. Brüder aus Rom kamen Paulus bis T. entgegen (Apg 28,15).

TRIBUT. In bibl. Zeit wurde sehr oft ein Land von einem anderen als Zeichen der Unterwerfung zu Abgaben gezwungen. Der Zweck bestand darin, den feindlichen Staat zu schwächen und den Reichtum des Siegers zu vermehren. Der besiegte Staat war für die Lieferung der Abgaben verantwortlich und mußte mit Maßnahmen rechnen, wenn die Waren nicht pünktlich ankamen. In der Geschichte Assyriens spielten die Tributzahlungen eine bedeutende Rolle. Israels König *Jehu mußte an Salmanassar III. (858-824 v.Chr.) Abgaben entrichten. Auf dem Schwarzen Obelisk Salmanassars ist Jehu abgebildet, wie er sich vor dem assyr. König verbeugt. Auch in der Folgezeit mußten verschiedene Könige Israels und Judas an eine Reihe assyr. Herrscher T. zahlen.

Im AT ist kaum etwas darüber zu lesen, daß andere Staaten an Israel T. entrichten mußten (z.B. Ps 72,10), vielleicht weil Israel selten stark genug war, um Abgaben zu fordern; 2.Sam 8,6 stellt eine dieser seltenen Ausnahmen dar. In 2.Kön 20,12 geht es um Geschenke. *Steuern.

TRINITÄT/DREIFALTIGKEIT. Das Wort selbst kommt in der Bibel nicht vor. Von Tertullian (um 200 n.Chr.) zum ersten Mal gebraucht, fand es erst im 4. Jh. seinen Platz in der christl. Theologie. Dennoch gehört die trinitarische Ausprägung zur Grundlage des christl. Glaubens. Es gibt

Tribut. *Der „Schwarze Obelisk" zeigt in einer Szene Jehu, den König von Israel, wie er dem assyrischen König Tribut zollt. (Britisches Museum, London).*

nur *einen* Gott, der sich als Vater, Sohn und Heiliger Geist bezeugt.

Biblische Grundlagen. Die Trinitätslehre kann aus AT und NT gleichermaßen erhoben werden. Das AT betont – im Gegenüber zum weitverbreiteten Glauben der Völker an viele Gottheiten – den einen Schöpfergott, der mit der Erwählung Israels seine Liebe der ganzen Menschheit zuwenden will. Dennoch gibt es schon im AT „trinitarische" Aussagen, wie Gott, das Wort und der Heilige Geist gemeinsam wirken (z.B. bei der Schöpfung: 1.Mo 1,2f; im Umgang mit Israel: Jes 63,8-10). Manchmal erscheint der „Engel des Herrn" als göttliches Wesen (z.B. 1.Mo 16,2-13). Der Heilige Geist rüstet den *Messias für sein Werk aus (Jes 61,1) und bereitet auch sein Volk darauf vor (Joel 3,1).

Durch das Auftreten *Johannes des Täufers rückte das Wirken des Heiligen Geistes neu ins Bewußtsein der Menschen (vgl. Mt 3,11). Bei der Geburt und Taufe Jesu wird „trinitarisches" Handeln offenbar (Lk 1,35; 3,22). Jesus selbst sprach von dem Vater, der ihn gesandt hatte, von sich selbst als dem, der den Vater offenbart, und vom Heiligen Geist, durch den er und der Vater wirken (Joh 14,7-10 werden die Beziehungen dieser drei untereinander besonders deutlich). Jesus unterschied zwischen allen drei Personen, die aber gleichzeitig eine Einheit bilden. Man kann also *unterscheiden,* aber nicht *trennen.* Auch der Missionsbefehl Jesu an seine Jünger ist trinitarisch formuliert (Mt 28,19). In den Briefen hat Paulus die T. betont (1.Kor 12,4ff; 2.Kor 13,13; Eph 4,4ff).

Formulierung. Für die ersten Christen war die T. eine Tatsache, die dann später als Lehre ausformuliert wurde. Unter Athanasius wurde sie 325 n.Chr. auf dem Konzil in Nizäa als der Glaube der Kirche proklamiert; Augustins Trinitätslehre, die von der Einheit Gottes (in drei Personen) ausgeht, wurde im sog. *Athanasianum* für die westlichen Kirchen zum Dogma (die Ostkirche ging etwas andere Wege).

Drei Wahrheiten sind im Zusammenhang mit der T. festzuhalten:

1. Es gibt eine Einheit in der Verschiedenheit. Der Begriff „Person" ist unzulänglich, weil sich die Trinitätslehre nicht auf Einzelwesen bezieht. Gott ist eins in seinem Wesen, seiner Persönlichkeit und in seinem Willen, offenbart sich aber in verschiedenen Personen, Wesensmerkmalen und Wirkungen.

2. Die drei Personen sind gleich im bezug auf Wesen, Würde und Ehre (vgl. Joh 5,18; 1.Kor 2,10f).

3. Die Personen wirken auf verschiedene Weise: Der Vater wirkt durch den Sohn mit Hilfe des Heiligen Geistes; daraus ergibt sich auch die Unterordnung in der Beziehung (nicht im Wesen!), wie sie in Joh 14,28; 16,14 zum Ausdruck kommt.

TROAS. Der wichtigste Seehafen im NW Kleinasiens, 20 km südsüdwestl. von Troja (Ilion). Die künstlichen Hafenanlagen boten den notwendigen Schutz vor den vorherrschenden Nordwinden. T. war auch der Hafen für die Überfahrt nach Neapolis in Mazedonien und für den Landweg nach Rom; T. hatte strategische Bedeutung für die Verkehrswege im Röm. Reich. Paulus fand in T. eine „offene Tür" für das Evangelium und empfing dort in einer Vision den Ruf nach Mazedonien (2.Kor 2,12; vgl. Apg 16,8ff; 20,5ff).

TROMPETE/POSAUNE. Siehe *Musik und Musikinstrumente.

TROPHIMUS. Christ aus Ephesus, der Paulus nach Europa begleitete und später nach Troas zurückkehrte. Dort wartete er auf Paulus, um mit ihm nach Jerusalem zu reisen (Apg 20,1ff). Die Juden nahmen fälschlicherweise an, daß er von Paulus über den Vorhof der Heiden hinaus in den für Heiden nicht zugänglichen Tempelbereich geführt worden sei, und zettelten einen Aufruhr an (Apg 21,27ff). In 2.Tim 4,20 berichtet Paulus, daß er T. in Milet krank zurücklassen mußte, auf welcher Reise, ist unklar.

TRÜBSAL. Mit diesem Wort werden Not und Schmerz (z.B. 5.Mo 4,30) beschrieben. Sie gehört zu einem Leben als Christ (Mt 13,21; Joh 16,33). Das stellt in gewisser Weise ein Teilhaben an dem *Leiden Christi dar (Kol 1,24) und dient mit dazu, die Glaubenden in das Bild Christi umzugestalten (Röm 5,3f). T. gehört auch zu den „letzten Tagen", zum „Reich" der Endzeit (Mt 24,9ff; Offb 7,14). Vor der *Wiederkunft Jesu wird T. zunehmen (Mt 24,21).

TRYPHÄNA UND TRYPHOSA. Zwei Frauen, die in Röm 16,12 von Paulus gegrüßt und wegen ihres Dienstes erwähnt werden. Vielleicht waren sie Schwestern oder Zwillinge. Die Namen („zartfühlend" und „feinfühlig") kamen häufig vor.

TUBAL-KAIN. Sohn *Lamechs; er war Eisenschmied und entdeckte vielleicht das Kaltschmieden von einheimischem Kupfer und Meteoreisen (1.Mo 4,22).

TÜCHER (Schleier). In Hes 13,18.21 wahrscheinlich Schleier oder Hauben, die zum Wahrsagen benutzt worden sind. *Magie und Zauberei.

TURBAN/KOPFBUND. Kopfbedeckung des *Hohenpriesters (2.Mo 28,4.36ff); daran war ein Stirnblatt befestigt, in das „Heilig dem Herrn" eingraviert war. Wurde der Kopfbund weggenommen, bedeutete das Gericht (Hes 21,31), sein Wiederaufsetzen das Angenommensein von Gott (Sach 3,5).

TÜRPFOSTEN, PFOSTEN. Holzbalken umrahmten die Tür und stützten den Sturz. Beim ersten *Passa wurden sie von den Israeliten mit Blut bestrichen, um die Tötung der Erstgeburt zu verhindern (2.Mo 12,7); Gottes Gesetze wurden oft auf T. geschrieben (5.Mo 6,9); das Ohr eines Sklaven, der nach sechs Jahren auf seine Freilassung verzichtete, wurde am T. durchbohrt, zum Zeichen dafür, daß er nun für immer in diesem Haus als Sklave zu bleiben hat (2.Mo 21,6).

TYCHIKUS. Christ kleinasiat. Abstammung, der Paulus mit dem gesammelten Geld nach Jerusalem begleitete (Apg 20,4). Paulus schickte ihn auch als seinen persönlichen Gesandten in einige Gemeinden, wahrscheinlich überbrachte er dabei auch Briefe (Eph 6,21f; Kol 4,7ff; 2.Tim 4,12; Tit 3,12).

TYRUS. Der wichtigste Seehafen an der Küste Phöniziens, 40 km südl. von Sidon und 45 km nördl. von Akko. Zu der Stadt gehörten zwei Häfen, der eine befand sich auf einer der Küste vorgelagerten Insel, der andere auf dem Festland. T. ist aus ägypt. Texten aus der Zeit um 1850 v.Chr. bekannt und spielte frühzeitig eine wichtige Rolle beim Seehandel von Genuß- und Luxusartikeln mit Ägypten. Das führte auch zu ägypt. Feldzügen, um die Vorherrschaft an der phönizischen Küste zu erlangen. Bei dem Niedergang Ägyptens blieb Phönizien unabhängig. König *Hiram von Phönizien (ca. 979-945 v.Chr.) unterhielt freundschaftliche Beziehungen zu *David und *Salomo (1.Kön 5,15ff). Er baute auch einen Damm, um die beiden Häfen miteinander zu verbinden. Die Zeit seiner Herrschaft ist als das goldene Zeitalter T. bekannt. Aus T. kamen später die Handelsfürsten auf dem Mittelmeer (Jes 23,8). Sie handelten vor allem mit einheimischem Glas sowie Scharlach- und Purpurfarbstoff, der von Purpurschnecken gewonnen wurde. Als Bestätigung des Bundes zwischen Phönizien und Israel heiratete *Isebel, die Tochter von Etbaal, den König von T., den israelit. König

*Ahab. Sie führte verstärkt heidnische Sitten und Götzendienst in Israel ein.

T. mußte 803 v.Chr. dem Assyrerkönig Adad-Nirari Tribut zahlen und später auch an Tiglat-Pileser III. Durch die freiwillige Unterordnung unter die Weltmacht der Assyrer bewahrte sich T. jedoch einen großen Teil seiner Selbständigkeit. 722 v.Chr. unterlag es schließlich ebenso wie Samaria Sargon II. Gemeinsam mit Ägypten unternahm T. einige Befreiungsversuche, die jedoch erfolglos blieben. Später übernahmen die Babylonier das Gebiet (vgl. die Prophetien in Jer 27,1ff; Hes 26,1ff). 332 v.Chr. wurde T. durch *Alexander den Großen erobert. *Herodes I. baute den wichtigsten Tempel wieder auf, der dort noch gestanden haben muß, als Jesus in diesem Gebiet weilte (Mt 15,21ff). Einwohner aus T. hörten die Predigt Jesu (Mk 3,8; vgl. Mt 11,21f). Im 1. Jh. n.Chr. gab es dort eine christl. Gemeinde (Apg 21,3ff).

U

ÜBERLIEFERUNG BIBLISCHER TEXTE. Für keines der bibl. Bücher haben wir die Originalhandschriften der Verfasser. Alte Textabschriften und Übersetzungen sind wichtig für die Textforschung, deren Ziel es ist, einen Text herauszuarbeiten, der dem Original möglichst nahe ist. Allgemein gilt, je älter der Text, desto näher beim ursprünglichen Text. Doch ist weiter zu bedenken, von wem und wo der Text abgeschrieben worden ist. Durch genaues Vergleichen der Abschriften, den sog. Handschriften, sind Abschreibefehler, Auslassungen oder eventuelle Zusätze zu erkennen. Die Textüberlieferung ist noch immer Gegenstand weiterer Untersuchungen. Es steht jedoch fest, daß uns sehr gute Textüberlieferungen zur Verfügung stehen, die nahe an die Originaltexte herankommen.

Der hebräische Text des AT. Mose war mit der Schreibkunst vertraut, denn Völker desselben Kulturkreises kannten schon von etwa 3000 v.Chr. an Schriftzeichen.

Die Autoren der atl. Texte lebten innerhalb eines Zeitraums von 1000 Jahren. Die Texte wurden schon in frühester Zeit sorgfältig abgeschrieben und so kommenden Generationen erhalten. Die am Toten Meer gefundenen Jesaja-Rollen z.B. und weitere Textfunde erlauben die Feststellung, daß die Texte über mehrere Jahrhunderte sorgfältig überliefert wurden. Die Jesajarolle von Qumran wurde im 2. Jh. *vor* Chr. abgeschrieben, die ältesten hebr. Handschriften der Prophetenbücher in der Zeit um 900 *nach* Chr.

Die jüd. Textüberlieferung wurde von Schriftgelehrten überwacht; von 500 bis 1000 n.Chr. hießen die dafür zuständigen Gelehrten *Masoreten*. Die einzige das ganze AT umfassende Handschrift ist der Codex von St.Petersburg aus dem Jahr 1008 n.Chr., ein Masoretentext der Ben-Ascher-Familie.

Die Samaritaner übernahmen bei der Trennung von den Juden (4./3. Jh. v.Chr.) nur die fünf Bücher Mose. Im samaritanischen Pentateuch ist eine alte Textform erhalten geblieben; allerdings sind Abänderungen festzustellen zugunsten ihres heiligen Berges Garizim.

Übersetzungen des AT.

1) Die aramäischen Targumim (= Übersetzungen) sind freie Übertragungen für Juden, die Hebräisch nicht mehr verstanden. Ab dem 1. Jh. n.Chr. mündlich weitergegeben, Niederschriften im 4. bis 7. Jh. n.Chr.

2) Griech. Übersetzungen. Die älteste und wichtigste Übersetzung war die sog. Septuaginta (LXX), entstanden zwischen 250 und 100 v.Chr. in Alexandria. Die LXX war der den christl. Gemeinden zugängliche Text des AT. Im 2. Jh. n.Chr. entstan-

den auf jüd. Seite weitere Übersetzungen durch Aquila, Theodotion und Symmachus; diese Texte sind aber nur bruchstückhaft erhalten geblieben.

3) Syr. Übersetzung. Das Syrische war ein ostaramäischer Dialekt, der im Gebiet um Edessa gesprochen wurde. Die syr. Übersetzung (4. Jh. n.Chr.) war nötig für Juden, später vor allem für die Christen dieses Gebietes.

Der griechische Text des NT.
Von griech. Handschriften sind sehr viele Teile und Bruchstücke erhalten geblieben, aber es sind auch vollständige Handschriften aller ntl. Bücher vorhanden.

Die Handschriften werden gruppiert nach Schreibmaterial (Papyrus oder Pergament) und nach Groß- oder Kleinbuchstaben (Majuskeln/Unzialen oder Minuskeln). Unter den Majuskelhandschriften sind erwähnenswert der Codex Sinaiticus (ca. 350 n.Chr.), der Codex Vaticanus (frühes 4. Jh.) und der Codex Alexandrinus (5. Jh). Unter den Papyri sind einige gute Abschriften einzelner Bücher bzw. Briefe - ganz oder bruchstückhaft -, die fast noch an die apostolische Zeit heranreichen (Fragment aus Joh um 125 n.Chr.).

Die Übersetzungen des NT.
1) Lat. Übersetzungen, darunter die Vulgata (= die allgemein Verbreitete; 4. Jh. n.Chr.)
2) Syr. Übersetzungen, darunter die Peschitta (= die Einfache), ab 5. Jh. n.Chr.
3) Koptische Übersetzungen ab 4. Jh. n.Chr.

Übersetzungen waren schon früh nötig, weil das Evangelium in diese Sprachgebiete kam und Gemeinden entstanden, die der griech. Sprache nicht mehr mächtig waren.

*Kanon AT und NT, *Papyri und Ostraca, *Schreibkunst, *Sprachen AT und NT, *Targum.

UGARIT. Siehe *Archäologie AT (VI, 7.)

ULAI. Kanal oder der Fluß östl. von Susa im SW Persiens, an dem *Daniel eine Vision hatte (Dan 8,16). Er wurde auf frühen assyr. Reliefs dargestellt, sein damaliger Verlauf ist aber heute nicht mehr rekonstruierbar.

UNBEKANNTER GOTT (AGNOSTOS THEOS). In Athen war ein Altar „dem unbekannten Gott" geweiht (Apg 17,23). Auch nichtbibl. Autoren schreiben von „anonymen Altären". Bei Diogenes Laertius ist die Rede davon, daß einst einige solcher Altäre errichtet worden seien, um eine Plage abzuwenden.

UNFRUCHTBARKEIT. Wenn eine Frau keine Kinder bekommen konnte, galt das im Orient als Schande. Im AT sind jene Fälle hervorgehoben, die für den Fortgang der Geschichte Gottes mit Israel bedeutsam sind: Sara (1.Mo 16,1), Rahel (1.Mo 30,1), Hanna (1.Sam 1,10ff). Ähnliches gilt für Elisabeth (Lk 1,25). *Familie.

UNGESÄUERTE BROTE. Siehe *Feste; *Passa.

UNGLAUBE. Wird im NT auch „Ungehorsam" genannt. Kein Vertrauen in Gott haben führt zum Ungehorsam, zur Auflehnung gegen Gott. In Joh 3,36 steht daher „glauben" „nicht gehorchen" gegenüber. U. macht Gott zum Lügner (1.Joh 5,10; vgl. Eph 2,1).
*Glaube.

UNTERPFAND. Der Begriff bezeichnet im Wirtschaftsleben eine Anzahlung, die man als Sicherheit dafür leistet, daß die Zahlung vollständig erfolgen wird. Paulus nennt die Gabe des *Heiligen Geistes das U. des Christen für die vollkommene Erlösung (Eph 1,14; 2.Kor 1,22; 5,5).

UNZUCHT. Siehe *Prostitution.

UR IN CHALDÄA. Stadt, die *Abraham verließ, um nach Haran zu ziehen (1.Mo 11,28ff). Man nimmt an, daß es sich um das heutige Tell el-Muquejjir, 14 km westl. von Nasirije am Euphrat im S-Irak, handelt. Zu den spektakulären Funden, die dort gemacht wurden, gehört ein Tempelturm (Zikkurat), der von Ur-Nammu (ca. 2150-2050 v.Chr.) erbaut worden war. Inschriften auf Tafeln und an Gebäuden

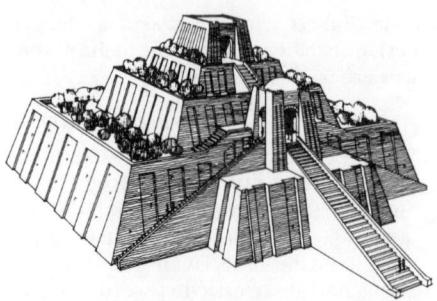

Ur. Auf über 4000 Jahre wird das Alter des Tempelturms von Ur geschätzt. Das riesige Bauwerk maß 60 m in der Länge, 45 m in der Breite und 21 m in der Höhe. Eine breite Treppe führte hinauf zum Tempel des Mondgottes Nannar (Rekonstruktion).

geben Auskunft über die Geschichte und Wirtschaft dieser Stadt. Ihr Hauptgott, Nannar, wurde auch in Haran verehrt.
*Babel; *Chaldäa.

URBANUS. Christ in Rom (vielleicht ein kaiserlicher Sklave), der von Paulus in Röm 16,9 gegrüßt wird. U. war ein verbreiteter Name.

URIA (Jahwe ist mein Licht). **1.** Hetiter in *Davids Armee, mit dessen Frau *Batseba David Ehebruch beging und den er in einer Schlacht so einsetzen ließ, daß er getötet wurde (2.Sam 11). **2.** Ein Priester, der *Ahas bei der Errichtung eines heidnischen Altars im Tempel half (2.Kön 16,10ff; Jes 8,2). **3.** Prophet, der im Namen Gottes wie *Jeremia gegen Jerusalem weissagte und daraufhin von König Jojakim umgebracht wurde (Jer 26,20ff).

URIËL (Gott ist mein Licht). Levit, Oberster der Kehatiter, der beim Transport der Bundeslade nach Jerusalem half (1.Chro 15,5.11).

URIM UND TUMMIM. U.u.T. waren priesterliche Mittel, „die heiligen Lose", mit denen im AT hauptsächlich in militärischen Entscheidungen Gottes Wille erfragt wurde (4.Mo 27,21; 1.Sam 28,16; 2.Mo 28,30: „Licht und Recht"). Es sind keine Einzelheiten bekannt, und sie schei-

nen zwischen der frühen Königszeit und dem Exil verschwunden zu sein (Esr 2,63). Wann auch immer U.u.T. befragt worden sind, wird nie von negativen Antworten berichtet. Der Hohepriester trug sie in der Brusttasche seines Gewandes (2.Mo 28,30; vgl. 1.Sam 14,3.41f). Es wird vermutet, daß es sich um Steine oder Stäbchen handelt, die geworfen wurden und Antwort gaben auf Fragen, die im Gebet vorgetragen wurden.

URSÜNDE. Siehe *Sündenfall.

USA. Name mehrerer Personen im AT; am bekanntesten ist der Mann, der die Bundeslade während ihrer Überführung stützen wollte und den Gott zur Strafe dafür, daß er die Lade berührt hatte, auf der Stelle sterben ließ (2.Sam 6,3ff).

USAL. *Person:* Ein arab. Nachkomme Joktans (1.Mo 10,27). *Ort:* In Hes 27,19 erwähnt, vermutlich Isalla im NO Syriens; von dort bezog Nebukadnezar Wein.

USI. Ein Priester, der ein Nachkomme *Eleasars war (Esr 7,4).

USIËL. Begründer eines Geschlechts innerhalb des Stammes der *Leviten (4.Mo 3,19.30); Mitglieder dieser Familien halfen, die Bundeslade nach Jerusalem zu bringen (1.Chro 15,10).

USIJA (Jahwe ist meine Stärke). Eine andere Form des Namens ist *Asarja. Nachdem sein Vater Amazja um 767 v.Chr. ermordet worden war, wurde er zum 10. König Judas ernannt; vermutlich war er seit ca.791 v.Chr. – der Niederlage seines Vaters gegen *Joasch und der folgenden Gefangennahme – Mitregent. Das liegt nahe, weil seine Herrschaft 52 Jahre betrug (2.Kön 14,13ff; 15,2). U. konnte die Grenzen Judas erweitern, führte erfolgreiche Feldzüge gegen benachbarte Völker (Philister, Araber und Ammoniter), befestigte Jerusalem und hielt Gott die Treue. Später überschritt er seine Befugnisse, als er am Räucheraltar opferte und wurde von Gott dafür mit Aussatz bestraft (2.Chro 26).

UZ. *Personen:* Unter anderen der Sohn Arams und Enkel *Sems (1.Mo 10,23).
Ort: Heimat von *Hiob (Hiob 1,1). Die Lage ist ungewiß; traditionell wurde es mit Hauran, südl. von Damaskus, identifiziert. Andere favorisieren ein Gebiet, das südlicher liegt, zwischen Edom und Nordarabien, weil Hiobs Freunde aus diesem Gebiet zu kommen scheinen.

V

VATERUNSER (GEBET DES HERRN). Gebet, das Jesus seine Jünger lehrte, als er sich mit der oberflächlichen Frömmigkeit der Pharisäer und Schriftgelehrten auseinandersetzte (Mt 6,9-13; Lk 11,2-4). Die von Matthäus wiedergegebene Version ist die heute weithin gebräuchliche.

Einer Gebetsanrede folgen sieben Bitten. Die ersten drei Bitten konzentrieren sich auf die Verherrlichung Gottes. Es folgt die Bitte um das tägliche Brot, d.h. die irdischen Bedürfnisse des Menschen. Die drei letzten Bitten befassen sich mit den geistlichen Anliegen: Vergebung von Schuld, Bewahrung vor Verführung und Erlösung von dem Bösen. In einigen Manuskripten schließt sich folgendes Gotteslob an: *Denn dein ist das Reich und die Kraft und die Herrlichkeit in Ewigkeit.* Dieser Abschluß des V. ist bereits in urchristl. Zeit verwendet worden.

Die Gebetsanrede „Vater" war im Judentum ungewöhnlich, entspricht aber dem innigen Verhältnis Jesu zu seinem himmlischen Vater. Seinen Nachfolgern ist diese Anrede im V. ausdrücklich empfohlen (vgl. Röm 8,15; Joh 17,22).

VERDERBEN. Siehe *Eschatologie; *Hölle.

VERFOLGUNG. Da V. zum jüd. Erbe gehörte, war sie für die ersten Christen nichts Neues. Die Auffassung, ein Martyrium werde mit persönlicher Unsterblichkeit belohnt, bestimmte das Verhalten der Juden gegenüber den Römern. Trotz offizieller Religionsfreiheit brachte den Juden ihre klar abgegrenzte Religion und ihr beträchtlicher wirtschaftlicher Erfolg immer wieder Haß und V. ein.

Widerstand gegen die Christen kam zuerst aus den Reihen der Juden. Eine erste V. begann, nachdem *Stephanus gelehrt hatte, daß das jüd. Gesetz durch die Auferstehung Jesu überboten sei (Apg 6,14). *Jakobus wurde 44 n.Chr. durch *Herodes Agrippa hingerichtet (Apg 12,1f), und ca. 80 n.Chr. wurden die Christen offiziell von den Juden exkommuniziert. Auf seinen Missionsreisen geriet *Paulus ständig mit den Obersten der Juden in Konflikt.

Der neue Glaube wurde von der röm. Staatsmacht zunächst als jüd. Sekte toleriert, aber bald kam es zu heftigen Auseinandersetzungen. Die Christen waren in Rom wenig beliebt, so daß *Nero sie zum Sündenbock für den Brand Roms im Jahr 64 n.Chr. machen konnte. Um 112 n.Chr. galt das Festhalten am christl. Glauben in der Provinz Bithynien als Kapitalverbrechen. Christen wurden zuweilen spezieller Verbrechen angeklagt, wie z.B. Kannibalismus oder Inzest (was von einem falschen Verständnis des Abendmahls und ihrer Liebesmahle herrührte), wegen angeblicher magischer und illegaler Versammlungen und weil sie es ablehnten, dem Kaiser zu opfern. Aus 1.Petr 2,12; 4,14ff und späteren Unterlagen wird deutlich, daß die bloße Tatsache, ein Christ zu sein, V. bringen konnte. Es gibt jedoch kaum Anhaltspunkte dafür, daß es ein allgemeines Gesetz gab, das den christl. Glauben im gesamten Röm. Reich verbot. Die V. war vermutlich in das Ermessen der einzelnen Statthalter gestellt (vgl. die Wei-

Vergebung

gerung Gallios in Apg 18,14). Aus diesem Grunde richtete Tertullian im 2. Jh. seine Apologie an einen Statthalter und nicht an den Kaiser. Die Statthalter schienen allgemein darum bemüht zu sein, nur wirkliche Verbrechen und nicht religiöse Meinungen zu bestrafen. Sie akzeptierten nur öffentliche und begründete Anklagen. So waren die Christen lange genug geschützt, daß sich christl. Gemeinden fest etablieren konnten.

VERGEBUNG. *Altes Testament.* Die hebr. Begriffe drücken verschiedene Aspekte der V. aus. Einer bedeutet „heben" oder „tragen" und ist ein Bild dafür, daß die *Sünde „aufgehoben" und somit weggenommen wird. Gott gewährt die V. nicht automatisch (5.Mo 29,19). Sünde verdient Strafe (Ps 130,3f). Wer V. empfängt, soll sie in Dankbarkeit und Ehrfurcht annehmen. Manchmal ist V. mit Sühnopfern verbunden. Sie sind Zeichen des Gehorsams gegenüber Gott, der das Blut der Opfertiere als Mittel der Entsühnung eingesetzt hat (3.Mo 17,11). Im Gegensatz zu anderen Völkern werden in Israel keine Opfer dargebracht, um von einem unwilligen Gott V. zu verlangen oder durch Geld zu erkaufen. V. ist nur möglich, weil Gott „gnädig, barmherzig, geduldig und von großer Güte" ist (Neh 9,17). Wer zur Umkehr bereit ist, kann Gottes gnädige V. in Anspruch nehmen und erlebt eine umfassende Befreiung (Ps 103,12; Jes 43,25; Mi 7,19).

Neues Testament. Bereits während seiner Erdenzeit sprach Jesus Menschen V. ihrer Sünden zu (Mk 2,10). Im umfassenden Sinn wird sie erst nach seinem Kreuzestod (Eph 1,7; Mt 26,28) möglich, den Jesus „um der Sünde willen" stellvertretend für alle Menschen erleidet. V. ist deshalb ausschließlich Gnadengeschenk, das sich der Mensch nicht durch Leistung verdienen kann. Erwartet wird allerdings die Bereitschaft zur Buße (Umkehr; Lk 24,47; Apg 2,38) und zum Bekenntnis begangener Sünde (1.Joh 1,9). V. wird im *Glauben angenommen (Apg 10,43).

In einem Gerichtswort spricht Jesus von der Lästerung gegen den *Heiligen Geist als einer Sünde, die nicht vergeben werden kann (Mt 12,31f). Sie bedeutet, wider besseres Wissen Wirkungen des Heiligen Geistes als teuflisch zu beschreiben.

Wer die V. Gottes erfahren hat, von dem wird erwartet, daß er auch seinen Mitmenschen von Herzen vergibt (Lk 6,37; Kol 3,13).
*Versöhnung.

VERHEISSUNG. Im AT gibt es dafür keinen gesonderten Begriff. V. ist die Übersetzung eines hebr. Ausdrucks, mit dem etwas im Blick auf die Zukunft gesagt wird. Eine V. kann die Bestätigung einer fortlaufenden Handlung sein („Ich bin bei dir") oder die Ankündigung eines zukünftigen Ereignisses. Was Gott sagt, kann und wird er ausführen (Jes 55,10f), er bestimmt die Zukunft (Jes 41,26). Alle atl. V. Gottes sind in Christus erfüllt (2.Kor 1,20), und die Schreiber des NT freuen sich darüber, daß Gott seine Zusage gehalten hat (z.B. Lk 1,68ff).

Während die Gemeinde auf die verheißene Wiederkunft Christi wartet (2.Petr 3,4ff), erfüllt sie ihren Missionsauftrag in der Gewißheit seiner Gegenwart (Mt 28,20), damit alle, die an ihn glauben, zu „Kindern der Verheißung" werden (Gal 3; Röm 4,9).

VERKLÄRUNG. Eine spezielle Offenbarung der himmlischen Herrlichkeit Jesu, die auf einem Berg (wahrscheinlich Hermon) im Beisein von Petrus, Jakobus und Johannes geschah. Jesu Kleider leuchteten hell; *Mose und *Elia erschienen und sprachen mit ihm. Eine Stimme aus den Wolken bestätigte die Sohnschaft und die Autorität Jesu. Petrus war offensichtlich so überwältigt, daß er vorschlug, Hütten für sie zu bauen (Mk 9,2-8). Weitere Einzelheiten werden nicht berichtet. Diese außergewöhnliche Erfahrung diente den Jüngern zur weiteren Bestätigung, daß Jesus der *Messias ist. Mose und Elia stellten das Gesetz und die Propheten des AT dar, die von dem Messias zeugen und durch ihn übertroffen werden. Das Gespräch über seinen „Ausgang" (Lk 9,31) bezog sich wahrscheinlich nicht nur auf seinen Tod, sondern auch auf seine Auferstehung als Gottes Weg zur Erlösung.

VERLEUMDUNG. Verleumden heißt hinter dem Rücken des anderen Schlechtes oder Unwahres reden, ohne daß sich der andere verteidigen kann. V. wird durch das atl. Gesetz verboten und steht dort neben Totschlag (3.Mo 19,16). Die Gottlosen werden die Christen verleumden (1.Petr 2,12; 3,16). Aber vor allem soll V. unter Christen keinen Raum finden (2.Kor 12,20; Jak 4,11; 1.Petr 2,1).

VERSAMMLUNG. Siehe *Gemeinde.

VERSÖHNUNG. Gottes Reinheit und Heiligkeit wird Böses niemals dulden. Gott schuf die Menschen, damit sie Gemeinschaft mit ihm haben sollen, aber seit dem Sündenfall (1.Mo 3) sind alle Menschen schuldig (1.Kön 8,46; Mk 10,18; Röm 3,23). Sie können keine enge Beziehung zu Gott haben, wenn ihre *Sünde nicht weggenommen wird (Jes 59,2; Kol 1,21). Durch die V. nimmt Gott die Sünde weg und führt Menschen in seine Gemeinschaft zurück. Niemand ist in der Lage, mit seiner Sünde selbst fertigzuwerden.

Altes Testament. Hier wird die V. als ein Vorrecht beschrieben, als Zugeständnis Gottes, der gnädig und barmherzig ist. Nicht jede Sünde wird gesühnt: wer „aus Vorsatz frevelt", „hat des Herrn Wort verachtet" und muß die Folgen selbst tragen (4.Mo 15,30-31). Wer aber seine Sünden bereut, wer Gott die Treue halten will, für den hat Gott eine Möglichkeit geschaffen, ihm die Schuld zu vergeben und die Gemeinschaft mit ihm zu erneuern (3.Mo 4,1ff; 5,14ff).

Das 3. Buch Mose enthält Einzelvorschriften für Opferrituale, vor allem für Tieropfer, die befolgt werden müssen, um V. zu erfahren (3.Mo 1-7). Wahrscheinlich war das *Opfer eine gleichnishafte Handlung: der Tod des Tieres symbolisierte den Tod des Sünders. Dabei blieb deutlich, daß die V. Gottes Geschenk war und Opfer niemals als eine Art magischer Zauber betrachtet werden durften (3.Mo 17,11). Opfer sollten auch nicht den Gehorsam ersetzen (Jer 7,21-23), den Gott erwartet (Mi 6,6-8). In Ps 51,18f deutet David an, daß V. ohne Opfer möglich ist, wenn der Sünder ein reumütiges, „zerschlagenes" Herz hat.

Neues Testament. Das NT erklärt, daß Tieropfer zwar als vorausgehendes Zeichen nützlich waren, daß aber die vollkommene V. erst durch den Tod Christi möglich wurde (Hebr 9,15; 10,3-4). Die ntl. Verfasser setzen unterschiedliche Akzente, aber stimmen überein, daß in der V. die Liebe Gottes des Vaters und des Sohnes offenbart wird (Joh 3,16; Röm 5,8; Hebr 2,9 etc); daß der Tod Jesu *Vergebung der Sünden bringt (Mt 26,28; Röm 4,25; 1.Petr 2,24) und daß sein Sterben der einzige Weg dazu war (Mk 8,31). Das Kreuz bestätigt somit Gottes Gerechtigkeit und zeigt, daß er die Sünde nicht einfach übersieht (Röm 3,21-26).

Jesus ist stellvertretend für uns gestorben (2.Kor 5,14; 1. Joh 2,2), damit uns die Strafe für die Sünde abgenommen werden konnte (2.Kor 5,21; Gal 3,13-14). Er ist das Lösegeld, das für uns bezahlt (Mk 10,45; 1.Tim 2,6), und das Opferlamm, das für uns dahingegeben wurde (Joh 1,29; 1.Kor 5,7; 1.Petr 1,19). Gleichzeitig ist er auch unser Hoherpriester, der das Opfer darbringt (Hebr 5 und 8). Die V. befreit uns von der Knechtschaft der Sünde, vom Zorn Gottes, vom Fluch des Gesetzes und vom Tod selbst (Röm 6,17ff; 5,9; Gal 3,10ff; 1.Kor 15,55ff).

*Blut; *Erlöser; *Sühne; *Vergebung; *Opfer.

VERSÖHNUNGSTAG (Yom Kippur). Ein besonders hoher jüd. Feiertag, der am 10. Tag des 7. Monats, 5 Tage vor Beginn des Laubhüttenfestes begangen wurde (3.Mo 16). Es war ein Tag der Arbeitsruhe, des strengen Fastens und der einzige Tag des Jahres, an dem der *Hohepriester, und nur er, das *Allerheiligste der *Stiftshütte (später des Tempels) betreten durfte. Es fanden umfangreiche Kulthandlungen zur Reinigung des Hohenpriesters, der Stiftshütte und des Volkes statt. Zu diesen Ritualen gehörte das Darbringen besonderer Opfer, die Besprengung der Stiftshütte (später des Tempels) mit dem Blut von Opfertieren und das Wegschicken eines Ziegenbocks in die Wüste („Sündenbock"), der symbolisch die Sünden der Menschen mit sich fortnehmen sollte.

Dieser Tag verdeutlicht, wie schwerwiegend Sünde ist. Die täglichen Tieropfer reichten zur Versöhnung nicht aus, und selbst der Versöhnungstag mußte jedes Jahr von neuem begangen werden. Da es heute keinen Tempel mehr gibt, in dem die Juden ihre Opfer darbringen können, begehen sie den V. mit feierlichem Fasten.

Für den Hebräerbrief ist der V. ein Hinweis auf das Versöhnungswerk Christi. Im Gegensatz zu dem vorläufigen und unzulänglichen alten System war Jesu Opfer vollkommen und endgültig. Durch ihn haben die Gläubigen ewiges Heil und freien Zugang zu Gott selbst (Hebr 9-10).

VERSUCHUNG. Der bibl. Begriff V. meint nicht in erster Linie Verführung, sondern vielmehr Prüfung. Diese Prüfung kann zu einem guten Zweck geschehen, um die Fähigkeiten einer Person zu beweisen oder zu verbessern, aber auch in der bösen Absicht, um die Schwächen einer Person bloßzustellen oder sie zu einer falschen Handlung zu verführen. So „prüften" (das Wort ist das gleiche wie „versuchen") die Pharisäer Jesus, um herauszufinden, ob er ihren Vorstellungen vom Messias entspricht (Mk 8,11).

Gott prüft seine Kinder, indem er sie in Situationen stellt, die die Qualität ihres Glaubens und ihrer Hingabe unter Beweis stellen (1.Mo 22; Ri 2,22). Auf diese Weise reinigt er sie, so wie Metall geläutert wird (Ps 66,10), und zeigt ihnen um so mehr seine Liebe für sie (Röm 5,3ff). Satan versucht die Kinder Gottes innerhalb der Grenzen, die Gott ihm zugesteht (Hiob 1,12; 2,6; 1.Kor 10,13), indem er Umstände schafft, die sie von Gottes Willen wegführen sollen. Satan wird auch der Versucher genannt (Mt 4,3), der immer darauf bedacht ist, Christen zu Fall zu bringen (1.Petr 5,8). Gott läßt V. zu (Mt 4,1), treibt aber seine Kinder nicht dazu, falsch zu handeln (Jak 1,12ff). Christen sollen darum beten, nicht in V. zu geraten (Mt 6,13), vielmehr sollen sie wachsam sein, damit sie dem Druck der V. nicht unterliegen (Mt 26,41).

VERWANDTSCHAFT. Viele der Familienbeziehungen Israels sind als Stammessitten zu verstehen, wie sie in der ganzen Welt bekannt sind. Es handelt sich um Blutsverwandtschaft; über den Ur-„Vater" existierten starke Bindungen zwischen allen Familien, die aus diesem Stamm hervorgegangen sind. Brüder wurden innerhalb einer Familie dadurch unterschieden, ob sie ein oder zwei gemeinsame leibliche Elternteile hatten. Von den Männern wurde erwartet, daß sie Frauen aus ihrer Verwandtschaft heirateten (1.Mo 24,38ff), aber nicht von sehr nahen Verwandten (3.Mo 18). Verwandte hatten bestimmte Pflichten. Wenn ein Mann starb, ohne einen Sohn zu hinterlassen, mußte sein Bruder (oder naher Verwandter) die Witwe heiraten, um für ihn einen Sohn zu zeugen (5.Mo 25,5ff; vgl. Buch Rut). Verwandte mußten das Eigentum einlösen, wenn einer verarmte (3.Mo 25,25ff), und unter bestimmten Umständen den Mord an einem Verwandten rächen (vgl. 1.Mo 9,5f). *Familie.

VERWERFEN. Verschiedene Begriffe dienen zur Beschreibung der Tatsache, daß Gott unbußfertige Menschen verwirft. In Jer 6,30 werden solche Leute „verworfenes Silber" genannt. Paulus beschreibt, wie Gottes *Zorn Menschen dahingibt, die glauben, in ihrem Tun vor ihm nicht verantwortlich zu sein (Röm 1,28). Das Wort „verwerflich" (z.B. in 1.Kor 9,27) bedeutet „untüchtig" und hat nichts mit Heil oder Unheil zu tun, sondern mit der Belohnung für treuen Dienst (vgl. 1.Kor 3,10ff).

VERWESUNG. Siehe *Tod; *Auferstehung.

VIERFÜRST. Siehe *Tetrarch.

VISION, GESICHT. Es ist praktisch unmöglich, eine klare Unterscheidung zu treffen zwischen *Traum, Trance bzw. Verzückung und V. Die Betonung scheint bei V. auf dem Außergewöhnlichen und dem Offenbarungscharakter des Ereignisses zu liegen. Sie schließt eine besondere Gotteserkenntnis ein (Jer 1,11) und kann am Tag (Apg 9,7; 10,3ff) oder bei Nacht

(1.Mo 46,2) auftreten. Zu den herausragenden Beispielen von Visionen im AT gehören die Erlebnisse von Hesekiel (z.B. 12,27) und Daniel (z.B. 10,7). Auch im Zusammenhang mit dem Dienst Jesu wird von V. berichtet (Mk 1,10; Mt 3,16; Lk 10,18). Die Apg sieht die Apostel Petrus (Apg 10,10ff) und besonders Paulus als von V. geleitet (Apg 16,9; 22,17; 23,11; 27,23). Auch in den Briefen des Paulus erfahren wir von V. (1.Kor 9,1; 15,8; 2.Kor 12,1). Die meisten Visionen sind im NT in der Offenbarung zu finden.
*Prophetie.

VOLK, VÖLKER. Verschiedene Wörter des Urtextes werden damit übersetzt; z. B. Bezeichnung ethnischer Gruppen (z.B. 1.Mo 25,23); es steht auch für „die Heiden", die Nationen (Joel 1,6) und für das Volk Israel (Esr 9,1).
*Stämme Israels; *Völkertafel.

VÖLKERTAFEL. Eine Aufstellung der Nachkommen Noahs über seine drei Söhne Sem, Ham und Jafet in 1.Mo 10 und (mit geringfügigen Abweichungen) in 1.Chro 1,5-23.
Die V. ist als *Geschlechtsregister aufgebaut. Die Namen waren wahrscheinlich ursprünglich Namen einzelner Personen, die später auf ihre Nachkommen und in einigen Fällen auf das Territorium, das sie bewohnten, angewandt wurden. Es ist nicht möglich, alle aufgeführten Namen mit gleicher Sicherheit zu identifizieren. Auch im Vergleich mit Quellen außerhalb der Bibel stellt die Liste den geographischen Wissensstand um 2000-1000 v.Chr. dar.
Hinter der V. steht die Grundauffassung, daß die Völker der Erde von jener Familie abstammen, die von Gott durch die *Sintflut hindurch gerettet wurde (siehe Tafel unten).
Dedan (in Nordarabien), Philister, Kanaaniter, Amoriter und Hamatiter behalten ihre Namen bei.

VOLLKOMMENHEIT. Zustand der Unversehrtheit und Vollendung, in dem alle Unzulänglichkeiten, Fehler und Mängel, die zuvor existiert haben können, abgeschafft oder hinter sich gelassen worden sind. Der ntl. Begriff schließt die Vorstellung ein, das entsprechende bzw. festgesetzte Ziel zu erreichen. Gott selbst ist vollkommen (Mt 5,48) wie auch seine Wege und seine Gesetze (Ps 18,31; Jak 1,25).
Das AT verlangt und bestätigt einzelnen Personen, wie z.B. *Noah (1.Mo 6,9), Tadellosigkeit, was aufrichtigen und treuen Gehorsam gegenüber dem erkannten Willen Gottes bedeutet. Es ist der *Glaube, der am Wirken ist und die rechte

Jafet	*Ham*	*Sem*
Gomer = Kimmerer	Kusch = Äthiopier	Elam = Elamiter
Magog = Skythen	Saba = (in Südarabien)	Assur = Assyrer
Madai = Meder	Mizrajim = Ägypter	Hazarmawet = ?
Jawan = Ionier	Ludim = Luditer?	Saba = Sabäer?
Elisha(?) = Zyprer	Caphtorim = Kreter	Lud = Lyder
Dodanim = Rodaniter?	Put = Libyer	Aram = Aramäer
Meschech = ?	Sidon = Sidonier	
	Het = Hetiter	
	? = Hiwiter	

Vorhof

Bundesbeziehung mit Gott aufrechterhält durch ehrfürchtige Anbetung und Gottesdienst. Dabei handelt es sich mehr um eine innere Haltung als nur um eine äußere Übereinstimmung mit den Geboten Gottes (1.Kön 8,61; 2.Chro 25,2).

Der Hebräerbrief beschreibt, wie Jesus durch Leiden vollendet wurde (Hebr 2,10), in dem Sinne, daß er durch diese Erfahrung für sein hohepriesterliches Amt zubereitet wurde (Hebr 5,7ff). Der Alte Bund, der nicht vollkommen machen konnte, wird durch den Neuen ersetzt (Hebr 10).

Das NT spricht auch davon, daß Gott sein Volk nach dem Ebenbild Christi vollendet (Kol 3,10). Christen wachsen, bis sie „vollendet" (vgl. 1.Petr 2,2; Phil 3,12) sind, eine Gabe Gottes, in deren Genuß sie erst bei der Wiederkunft Jesu kommen. Relative Vollkommenheit in Erkenntnis (Phil 3,15), im Verhalten (Jak 1,4) und in der Liebe (1.Joh 4,12) ist erreichbar. Sündlosigkeit kann auf Erden nie erreicht werden (1.Joh 1,8-2,2).

*Heiligung.

VORHOF. Der herodianische *Tempel hatte vier: den Vorhof der Heiden, der Frauen, der Männer (Israels) und der Priester. Privathäuser und Paläste besaßen oft Innenhöfe.

*Haus.

VORLÄUFER. Übersetzung einer militärischen Bezeichnung für Kundschafter, die einem heranrückenden Heer den Weg bereiten. Im christl. Sprachgebrauch auf *Johannes den Täufer angewandt, weil er in der Weissagung von Mal 3,1 (vgl. Mt 11,10) als Bote und in Lk 1,76 als Wegbereiter bezeichnet wird. Im NT wird dieser Ausdruck auf den erhöhten Christus bezogen, er ist der V. für uns (Hebr 6,20).

VORSEHUNG. Siehe *Erwählung.

W

WACHE. Im AT werden an mehreren Stellen Leibwachen erwähnt, z.B. die des Nebukadnezar in 2.Kön 25,8ff. *Nehemia stellte an verschiedenen Stellen W. auf, um die Leute zu schützen, die am Wiederaufbau der Mauern Jerusalems beteiligt waren (Neh 4,3). Die Tempelw., die Jesus verhaftete, war eine Gruppe von Leviten, deren Aufgabe unter anderem darin bestand, die *Heiden vom Tempel fernzuhalten (Mt 26,47).

WACHTELN. Als die kleinsten unter den jagbaren Vögeln lieferten die W. Fleisch für die Israeliten in der Wüste (2.Mo 16,13). W. ziehen über die Sinaihalbinsel, und zu bestimmten Zeiten fliegen sie in großen Schwärmen in ein oder zwei Meter Höhe über dem Erdboden.

WÄCHTER, WACHTURM. Wachtürme wurden gebaut, um Herden und Ernten zu schützen (2.Chro 26,10; Jes 5,2). Größere Türme gehörten zu den Befestigungsanlagen einer Stadt. In Tell en-Nasbeh z.B. wurden Türme in etwa 30 m Entfernung ausgegraben. Die ersten israelit. Türme waren viereckig, die späteren rund. *Herodes der Große baute massive Türme in Jerusalem. Die Wächter auf den Türmen hielten Ausschau, ob sich Angreifer oder Fremde dem Stadttor näherten (2.Sam 18,24ff).
*Festungsbau.

WAFFEN. *Pfeil und Bogen; *Schleuder; *Speer; *Schwert.

WAGEN. *Karren; *Streitwagen.

WAHRHEIT. In gleicher Weise wie der Begriff *Erkenntnis wird W. im AT einmal auf verstandesmäßig zu erfassende Tatsachen angewandt, die sich als wahr oder unwahr erweisen können (1.Kön 10,6), und zum anderen, um die moralische Eigenschaft der Wahrhaftigkeit einer Person zu bezeichnen (1.Mo 42,16). Dabei ist W. weit mehr als eine sachlich richtige Aussage. Aus dem gleichen Wortstamm sind Begriffe wie Glauben oder Amen abgeleitet, d.h., W. bedeutet Dauerhaftigkeit, Zuverlässigkeit, Treue. W. ist eine Eigenschaft Gottes (Jer 10,10), der absolut zuverlässig ist. Deshalb richtet er in W. (Ps 96,13) und fordert eine aufrichtige Antwort ihm gegenüber durch äußerlich wahrnehmbaren Gehorsam dem Gesetz gegenüber (Ps 119,151). Im NT finden wir drei einander überlappende Bedeutungen von W. Sie kann die Zuverlässigkeit Gottes (Röm 3,7) und der Menschen (Eph 5,9) bezeichnen. Sie kann das bedeuten, was wirklich wahr ist, im Gegensatz zur Lüge (Eph 4,25); der christl. Glaube stellt in besonderer Weise „die Wahrheit" dar (Eph 1,13). Der Heilige Geist leitet die Menschen in alle W. (Joh 16,13), und Jünger kennen die W. und leben in ihr (Joh 8,32.44). Mit W. kann außerdem die Wirklichkeit gemeint sein, im Gegensatz zum bloßen Abbild (Hebr 8,2ff).

Waffen. *Das Grabgemälde aus Beni Hassan in Ägypten (1950 v.Chr.) zeigt Semiten zur Zeit der Erzväter, die mit Äxten, Speeren und Keulen bewaffnet sind.*

WAHRSAGEREI. Versuch, zukünftige Ereignisse mit magischen oder okkulten Methoden vorauszusagen; auch falsche Prophetie wird als W. bezeichnet (Hes 13,6). Zukünftiges offenbart nur Gott (*Prophetie). W. war in Israel streng verboten (z.B. 3.Mo 19,26; 5.Mo 18,9ff), erlaubt waren dagegen das Werfen des Loses, um Gottes Willen zu erfahren (z.B. bei der Verteilung des Landes, Jos 18f; bei der Ermittlung des Schuldigen, Jos 7,14f) und die Deutung von Träumen. Verschiedene Formen der W. werden in der Bibel genannt (z.B. Hes 21,26): *Rhabdomantie* (Deuten von in die Luft geworfenen Stäben), *Hepatoskopie* (Untersuchung der Eingeweide von Tieren), *Teraphim* (Ahnenbilder, die wahrscheinlich im Spiritismus verwendet wurden), *Nekromantie* (Totenbefragung; 3.Mo 19,31), Astrologie (Schicksalsdeutung aus der Stellung der Gestirne; Jes 47,13; vgl. Mt 2,9: die Magier – LÜ: Weisen – waren möglicherweise Astronomen und Astrologen) und Hydromantie (Beobachtung von Erscheinungen im Wasser; 1.Mo 44,5.15). In Apg 16,16 hatte ein Mädchen einen dämonischen „Wahrsagegeist" (Python). Der Begriff bezeichnet wahrscheinlich den Drachen der griech. Sage, der das Orakel von Delphi bewachte und von Apollo getötet wurde; er wurde auf jeden angewandt, der unter seinem mutmaßlichen Einfluß weissagte, gewöhnlich indem er mit geschlossenem Mund unkontrollierte Worte sprach.
*Zauberei und Magie.

WAISE. Die Juden wurden im Gesetz verpflichtet, für die W.n zu sorgen (2.Mo 22,21; 5.Mo 24,17), ihre Erbrechte zu schützen und sicherzustellen, daß sie an den religiösen Festen teilnahmen. Gott setzt sich besonders für die W. ein (5.Mo 10,18), und wer sie unterdrückt, den erwartet Gottes Gericht. Oft wurden diese Anordnungen nicht eingehalten (Jer 5,28; Hes 22,7), aber es wird immer wieder betont, daß Gott die W. nicht im Stich läßt (z.B. Ps 146,9).

WALD. Siehe *Bäume.

WALKER. Siehe *Bleichen.

WANDEL/WANDELN. In den meisten Fällen ist dieser Begriff in der Bibel in seinem konkreten Sinn des Zu-Fuß-Gehens gebraucht. Manchmal bezieht er sich auch auf den Lebensw. eines Menschen und das Leben als Christ (3.Mo 26,23f; Röm 6,4) und beschreibt dann eine gewohnheitsmäßige Lebensart.

WASSER. W. spielt in Palästina eine wichtige Rolle, denn viele Ereignisse spielen sich in einem Gebiet ab, in dem W. im allgemeinen knapp ist. Trockenheit hatte schwerwiegende Folgen (1.Kön 17,1ff); Regen oder W. waren ein Zeichen für den Segen Gottes (Ps 23,2). Einfallende Heere schnitten oft die Wasserversorgung einer Stadt ab (2.Kön 3,19.25). *Hiskia sorgte für den Fall einer Belagerung, indem er einen Tunnel bauen ließ (der heute noch existiert). Dieser führte von der Gihon-Quelle außerhalb der Stadt W. zum Teich Siloah, der auch durch eine Mauer gesichert war (2.Chro 32,30). Aber W. konnte auch töten. Die Israeliten hatten im allgemeinen Angst vor der Tiefe des Meeres (Ps 32,6).

Symbolisch beschreibt Durst geistliches Verlangen (Ps 42,2). Gott ist die Quelle lebendigen W. (Jer 2,13; Joh 7,38). Die reinigende Wirkung des W. wurde auch symbolhaft bei rituellen Waschungen als Zeichen der geistlichen Reinigung gebraucht (4.Mo 19,1ff). Eine erweiterte Form der rituellen Waschungen, das Tauchbad, wie es vor und während der Zeit des NT praktiziert wurde, bildete den Hintergrund für die Bußtaufe Johannes des Täufers und für die christl. *Taufe.

WEBEN. Siehe *Spinnen und Weben.

WEG. Das AT spricht sowohl vom W. Gottes als Symbol für seinen Vorsatz und Ratschluß (Ps 67,3) als auch von den W. der Menschen als Beschreibung ihres Verhaltens (Ps 1,1). Im NT stellt Jesus zwei W. gegenüber, denen ein Mensch in seinem Leben folgen kann (Mt 7,13f). Die älteste Bezeichnung für die christl. Gemeinde war vermutlich „des Weges sein" (Apg 9,2; 19,9, d.h. die neue Lehre angenommen haben). In Joh 14,6 sagte Jesus von sich selbst, daß er der einzige W. ist, der in die Gemeinschaft mit Gott führt.

WEGZEICHEN. In Jer 31,21 Steinhaufen zur Streckenmarkierung.

WEHERUF. Im AT Klagerufe, entweder über sich selbst (Ri 6,22) oder über andere (Pred 4,10), oft auch in prophetischen Strafandrohungen enthalten (Jes 1,4; Hes 13,3).

Das „Weh euch" Jesu (z.B. in Lk 6,24ff) steht als Übersetzung einer griech. Wendung, die eigentlich Bedauern ausdrückt mit dem beklagenswerten Zustand der Menschen, die geistlich blind sind. In Mt 11,21f folgt dem „Weh euch" eine Prophetie des Gerichts. In Offb 9,12 deuten die drei „Wehe" verschiedene Katastrophen an.

WEIHRAUCH (Räucherwerk). Im AT hatten die Priester morgens und abends das Räucheropfer darzubringen (2.Mo 30,8). Das Räucherwerk bestand nach 2.Mo 30,34ff (Rev EÜ) aus folgenden Spezereien: Staktetropfen, gewonnen aus einem harzigen Baum; Räucherklaue, Pulver aus einer verbrannten Weichtierschale; wohlriechendes Galbanum, ein Gummiharz; und reiner W., ein Baumharz. W. war ein wichtiges Handelsgut aus Südarabien und Ostafrika und wurde von Kamelkarawanen auf der Gewürzstraße von Arabien her ins Land gebracht (Jes 60,6). Manchmal wird W. als Sinnbild für das Gebet verwendet (Ps 141,2; Offb 8,3f).

WEIN (STARKES GETRÄNK). *Altes Testament.* Neuer W. oder „süßer W." war kein ungegorener Traubensaft (denn der Gärungsprozeß setzt sehr schnell ein), sondern W., aus dem Saft hergestellt, der aus der Weinpresse herauslief, bevor die Trauben ausgetreten wurden.

Dieser „neue Wein" war besonders stark (vgl. Apg 2,13). W. bedeutet deshalb immer auch einen bestimmten Gehalt an Alkohol. Er ist neben Getreide Symbol für die guten Gaben, die Gott zum Leben gegeben hat (1.Mo 27,28). Es gab jedoch Vorschriften zur Ausführung bestimmter gottesdienstlicher Handlungen, die den zeitweiligen Verzicht auf W. einschlossen (3.Mo 10,9; 4.Mo 6,3). Die Abstinenzvorschriften für die *Rechabiter zielten mehr auf die Erhaltung des nomadischen Lebensstils hin (Jer 35,7). W. ist nicht nur ein Segen, er kann, wenn er mißbraucht wird, auch zum Fluch werden. Davor wird an vielen Stellen gewarnt (vgl. Ps 104,15 mit Jes 28,7; Pred 10,19 mit Jes 5,11).

Neues Testament. Im NT wird W. nicht so häufig wie im AT erwähnt; seine positiven und negativen Wirkungen stehen nebeneinander. *Johannes der Täufer enthielt sich aufgrund seines besonderen Auftrags von W. und starkem Getränk (Lk 1,15). Das erste Wunder Jesu bestand jedoch darin, eine große Menge Wasser in

Wein. Ägypter bei der Weinernte und beim Stampfen der Trauben (Theben, um 1420 v.Chr.).

W. zu verwandeln (Joh 2). Am Kreuz lehnte Jesus den W., der betäubende Zusätze enthielt, ab (Mk 15,23). Den „Essig", also den gewöhnlichen Wein der Landarbeiter, nahm er jedoch an (V.36).

Jesus benutzte allgemein bekannte Sachverhalte beim Umgang mit W. dazu, um deutlich zu machen, welche tiefgreifende Auswirkungen sein Reich auf die alte Ordnung hat (Mk 2,22). Christen sollen vom *Heiligen Geist erfüllt und bestimmt werden und sich nicht vom Alkohol regieren lassen (Eph 5,18). Timotheus wurde ermutigt, W. um seiner Gesundheit willen zu trinken (1.Tim 5,23). Im gleichen Brief wird aber auch vor Mißbrauch von Alkohol gewarnt (1.Tim 3,8). Paulus führt aus, daß Abstinenz um der Schwachen willen notwendig werden kann (Röm 14,21).

WEINSTOCK, WEINBERG. Der gewöhnliche Weinstock ist eine schlanke Pflanze, die am Boden entlangkriecht oder an Spalieren emporklettert. In Palästina wurden bereits Trauben angebaut, bevor die Hebräer das Land einnahmen (1.Mo 14,18; 4.Mo 13,20ff). Der W. spielte auch im gesellschaftlichen und wirtschaftlichen Leben Israels eine wichtige Rolle (1.Kön 5,5; Hes 27,18). Weinberge entstanden, indem man auf Hängen Terrassen anlegte und sie mit Steinmauern befestigte. Sie wurden mit Hecken oder oben mit Dornen bewachsenen Mauern umgeben, um Diebe und wilde Tiere fernzuhalten. Im Weinberg gab es einen Unterstand für die Wächter und Arbeiter (Jes 5,1ff; Mk 12,1ff). Die Weinstöcke wurden in Reihen mit ca. 2,5 m Abstand gepflanzt und jedes Jahr im Frühjahr beschnitten (Joh 15,2). Wenn die Trauben reif waren, wurden sie in Körbe gesammelt, und der Saft wurde in Weinpressen ausgetreten. Das war eine fröhliche Zeit, in der viel gesungen wurde (vgl.Jes 16,10). Wenn der Weinberg nicht mehr genug Ertrag brachte, wurde er liegengelassen und die Weinstöcke als Brennmaterial oder zur Herstellung von Holzkohle verwendet (Hes 15,4; Joh 15,6).

Neben der Weinherstellung spielten Trauben auch eine wichtige Rolle in der Ernährung des Volkes (als Spender von Eisen und anderen wichtigen Mineralien). Die Trauben wurden auch zum Trocknen ausgelegt (meist auf Hausdächern), und die so entstandenen Rosinen stellten einen Energiespender dar, den man bequem mit sich führen konnte (4.Mo 6,3; 1.Sam 25,18; 30,12).

Der W. galt als Zeichen für Frieden und Wohlstand. Er wurde als Symbol für das Volk Gottes gebraucht, für seinen „Weinstock", den Gott in das verheißene Land eingepflanzt hatte (Ps 80,9ff; vgl. Jes 5,1ff).

In Gleichnissen (Mt 20,1-16; 21,28ff; 21,33ff) benutzte Jesus das Bild vom Weinberg. Er bezeichnete sich selbst als den wahren Weinstock (Joh 15), zu dem alle Glaubenden in einer lebendigen Beziehung stehen.

WEISEN, DIE. Geläufige Bezeichnung für eine unbekannte Anzahl von Männern, die dem Jesuskind Geschenke brachten (Mt 2,1ff). Vermutlich handelte es sich um nichtjüd. religiöse Sternkundige. Herodot verwendete diesen Begriff (Magier) für einen Stamm der Meder, die Priester im Reich der Perser waren. Daniel (1,20; 2,27; 5,15) verwendet den ursprünglichen Begriff für eine Schicht von Gelehrten und Sternkundigen, die Träume und Botschaften der Götter deuten. Für Matthäus stellt der Besuch der W. bei Jesus die Beziehung des Messias zur heidnischen Welt dar. In der späteren christl. Tradition werden sie Könige genannt und ihre Zahl auf drei (aufgrund der Geschenke) festgelegt. Stern von Bethlehem: *Sterne.

WEISHEIT SALOMOS. Siehe *Apokryphen.

WEISHEIT. *Altes Testament.* Im AT ist W. stark praktisch orientiert und meint die Kunst, erfolgreich den richtigen Plan auszuarbeiten, um die gewünschten Ergebnisse zu erzielen. W. in ihrer vollen Bedeutung ist jedoch eine Eigenschaft Gottes (Dan 2,20ff) und schließt Allwissenheit (Spr 15,3) sowie die Beherrschung der Vorgänge in der Natur (Jes 28,23ff) und des Verlaufs der Geschichte (Jes 31,2) ein. In seiner W. schuf Gott die Menschen (Ps 104,24) und richtet sie gerecht (Ps 73). Sie ist auch eine Eigenschaft des verheißenen Messias (Jes 11,2). Echte W.

eines Menschen kommt deshalb von Gott (Spr 1,7) und wird im täglichen Leben angewandt. Führer des Volkes hatten W. besonders nötig, und manchem wurde sie von Gott geschenkt (z.B. Josua: 5.Mo 34,9; David: 2.Sam 14,20; Salomo: 1.Kön 3,9ff). Während der Zeit der Könige Israels schien sich eine besondere Gruppe von weisen Männern herausgebildet zu haben (vgl. Jer 18,18). Die Propheten bezogen die Kombination von Einsicht und Gehorsam auf die Erkenntnis Gottes (Hos 4, 1-6). Wenn Gott und W. getrennt werden, wird W. praktisch zum Atheismus. Das wurde bereits von den Propheten getadelt (Jes 5,21). *Weisheitsliteratur.

Neues Testament. Das NT knüpft an die atl. Vorstellungen an. W. ist entweder von Gott gegeben oder widerstrebt Gott. Getrennt von Gott wird sie schwach (1.Kor 2,4f) oder teuflisch (Jak 3,14ff). Gottes W. wird in besonderer Weise im Leben und Sterben Jesu (Röm 11,33) erkennbar, und sie offenbart sich im Leben der Gemeinde (Eph 3,10). Jesus sagte über sich selbst aus, mehr W. als Salomo zu haben (Mt 12,42), und versetzte damit das Volk in Erstaunen (Mt 13,54). Paulus nennt Jesus die W. Gottes (1.Kor 1,24.30). Jesus wird im Himmel angebetet, auch für seine vollkommene W. (Offb 5,12; vgl. Kol 2,3). Seinen Nachfolgern versprach Jesus W., wenn sie sich um des Glaubens willen vor Gericht verantworten müssen (Lk 21,15). Nicht nur Gemeindeleiter brauchen W. (Apg 6,3), sondern alle Glaubenden (Kol 1,9; Jak 1,5).

WEISHEITSLITERATUR. Eine Literaturgattung, die im Altertum im Nahen Osten weit verbreitet war. Sie enthält Anweisungen für eine erfolgreiche Lebensführung oder diskutiert die Vielfalt menschlichen Daseins. Dabei werden zwei Haupttypen unterschieden: Spruchsammlungen mit kurzen prägnanten Aussagen (*Sprüche, Buch) und theoretische Betrachtungen in Form von Monologen (z.B. *Prediger Salomo, Buch) oder Dialogen (z.B. *Hiob). Auch die theoretischen Betrachtungen beziehen sich auf praktische, irdische Dinge und nicht auf abstrakte Ideen. Im gesamten Nahen Osten gab es „Weise", deren Aufgabe es war, markante Weisheitssprüche zu schaffen oder zu sammeln. Ab dem 7. Jh. waren sie in Juda bedeutend genug, um mit den *Priestern und *Propheten auf eine Stufe gestellt zu werden (Jer 8,8f; 18,18). Es ist jedoch unklar, ob sie ihr Amt als Beruf ausübten oder ob es sich einfach um kluge Bürger handelte.

Sie bedienten sich verschiedener literarischer Mittel, um das Gedächtnis zu unterstützen, wie z.B. poetischen Parallelismus (Spr 18,10) und Vergleiche (Spr 17,1). Auch Rätsel (Ri 9,7ff; 1.Kön 10,1), Fabeln (2.Sam 12,1ff) und Allegorien (Jes 5,1ff) gehörten zu ihrem Repertoire. Einige Psalmen wurden auch als „Weisheitsdichtung" eingestuft (z.B. Ps 127; 133). Neben der W. andere Völker haben die bibl. Weisheitsschriften ihre eigene Prägung, indem sie daran festhalten, daß wahre *Weisheit von Gott kommt (vgl. Hiob 28,20ff).

WELT. Die W. im Sinne des Universums ist etwas Gutes, von Gott Geschaffenes (Joh 1,10; vgl. 1.Mo 1,31). Im NT wird der Begriff „Welt" oft in der engeren Bedeutung von „Menschheit" gebraucht (Joh 16,21). Als Folge der Sünde (1.Mo 3; Röm 5,12) kam Unordnung in die W. Sie ist der Herrschaft Satans ausgesetzt (1.Joh 5,19), deren Hauptmerkmale Stolz und Habgier sind (1.Joh 2,16). Gott liebte diese W. so sehr, daß er ihr seinen Sohn sandte (Joh 3,16). Als Jesus in der Wüste versucht wurde, bot man ihm die Reiche dieser W. an (Mt 4,8). Das bestätigt: Die W. wird von einem widergöttlichen Geist geprägt, der durch Gottes Geist überwunden werden muß (1.Kor 2,12; Kol 2,20). Durch die *Wiedergeburt ist es möglich, diese W. zu überwinden (1.Joh 5,4ff), denn Jesus hat den, der ihm vertraut, von der Macht der Sünde befreit (Joh 12,31f; 14,30f). Ein Christ wird seine Liebe nicht mehr an diese W. hängen, denn sie trägt die Saat ihres eigenen Verderbens in sich (1.Joh 2,15ff). Wer der W. Freund sein will, der wird Gottes Feind sein (Jak 4,4). Vor seinem Tod betete Jesus, daß seine Nachfolger vor den Einflüssen des Bösen in dieser W. bewahrt bleiben mögen (Joh 17,9). Er sendet sie aber auch mitten in die W. hinein (Mt 28,19), um als Licht zu leuchten (Mt 5,14). Eines Tages wird er selbst alle Herrschaft übernehmen (Offb 11,15).

WERKE. Außer der allgemeinen Bedeutung von Gottes Wirken und menschlicher *Arbeit wird der Begriff „Werke" in einer zweifachen besonderen Bedeutung gebraucht. Erstens bezieht er sich auf die W. Jesu, die ihn als den Messias und Sohn Gottes offenbaren (z.B. Mt 11,2ff; Joh 10,37f). Zweitens bezeichnet er das Wirken Gottes im Leben der Glaubenden (Mt 5,16; Joh 14,12). Das NT fordert ein Verhalten, das dem neuen Leben entspricht, obgleich dieses neue Leben durch Gottes *Gnade (*Glauben) und nicht durch menschliche W. empfangen wird (Eph 2,8ff; Jak 2,14ff; vgl. Röm 8,7; 1.Kor 3,8ff).

WIEDERGEBURT. Bereits durch den Begriff wird ausgedrückt, daß die natürliche Geburt des Menschen nicht das wahre göttliche Leben hervorbringt. Wenn das Wort im AT auch nicht vorkommt, so wird sein Inhalt doch angekündigt. Hesekiel prophezeit z.B., daß Gott ein neues Herz und einen neuen Geist geben wird (Hes 36,25ff; vgl. a. Joel 3,1). W. ist eine durch den *Heiligen Geist herbeigeführte Neuschöpfung göttlichen Lebens innerhalb des Lebens eines Menschen (Joh 3,4f). „Von neuem geboren werden" (Joh 3,3.7; 1.Petr 1,3.23) beschreibt die Tatsache der W., während sich „erneuert werden" (Kol 3,10) auf einen ständigen Erneuerungsprozeß bezieht.

Für das NT sind die Folgen der Sünde so ernst, daß ein Mensch ohne W. nicht in das Reich Gottes kommen kann. Die Initiative geht von Gott aus, der seinen Sohn durch den stellvertretenden Erlösungstod die Voraussetzungen der W. schaffen läßt. W. ist ein Geschenk Gottes an den Menschen, der nicht aktiv zu ihr beitragen kann. Einmal erfolgt, hat sie dauernde Gültigkeit und bedarf keiner Wiederholung (Joh 1,13, 3,3ff). Von Gott geboren sein (1.Joh 5,1) heißt: Zu den Kindern Gottes gehören (1.Joh 3,1). Der wiedergeborene Mensch ist jedoch noch nicht vollkommen, soll aber wachsen (1.Petr 2,2) und sich ständig unter die Herrschaft des Heiligen Geistes stellen (Röm 8,4.9.14; Eph 5,18).

Das Substantiv W. kommt zweimal vor: Tit 3,5 mit Bezug auf die Veränderung des einzelnen; Mt 19,28 mit Bezug auf die zukünftige Wiederherstellung.

WIEDERKUNFT JESU CHRISTI. Siehe *Eschatologie.

WILD. In Palästina waren drei Wildarten bekannt. Am meisten verbreitet war das Rotwild; es verschwand wahrscheinlich bereits vor der Ankunft der Israeliten. Das Damwild (mit gefleckem Fell) existierte bis um 1920 in Palästina. Die kleineren Rehe (unter 80 cm) wurden Anfang des 20. Jh. zuletzt im Karmelgebirge gesehen. In der LÜ wird *Gazelle verschiedentlich mit „Reh" übersetzt.

WILDNIS. Siehe *Wüste.

WIND. Die Hebräer waren der Meinung, daß das Klima von den vier Winden abhängig ist (Jer 49,36; Offb 7,1). In der Bibel werden auch spezifische W. erwähnt. Die Angaben anhand der vier Himmelsrichtungen mögen jedoch nicht sehr genau sein, weil es im Hebr. keine zusammengesetzten Wörter gibt. Die Süd- oder Ostw. schließen zuweilen auch den Chamsin ein, einen heißen W., der die Vegetation verbrennt (Ps 103,16). Mit dem Westw. wird oft Regen herangeführt (1.Kön 18,44). Der „Nordost", bei dem Paulus Schiffbruch erlitt (Apg 27,14), war ein Wintertaifun im Zusammenhang mit einem Tief über Libyen oder dem Golf von Gabes.

Die gewaltige Macht des W. deutete auf den Atem Gottes hin (Jes 40,7) oder auf den Heiligen Geist (Joh 3,8). Jesus war auch der Herr über den Sturm (Mk 4,41). Im übertragenen Sinn kann W. für Nichtigkeit stehen (Jes 41,29) oder die Vergänglichkeit des menschlichen Lebens symbolisieren (Ps 78,39).

WITWE. Das hebr. Gesetz enthielt spezielle Bestimmungen zum Schutz der W. und auch der Waisen (z.B. 2.Mo 22,21ff; 5.Mo 14,29). Da W. von Menschen oft übersehen werden, kümmerte sich Gott in besonderer Weise um sie (Ps 68,6); W. Freundlichkeit zu erweisen war ein Zeichen echter Frömmigkeit (Jes 1,17; vgl. Mal 3,5). Die christl. Gemeinde führte dieses Anliegen der Fürsorge für die W. weiter (Jak 1,27). Eines der ersten Beispiele für christl. Nächstenliebe war, daß täglich Lebensmittel an bedürftige W. verteilt wurden (Apg 6,1ff). Das sollte aber vor allem bei jungen W. nicht zu sozialer Abhängigkeit von der Gemeinde führen, deshalb werden sie ermutigt, wieder zu heiraten (1.Kor 7,8ff; 1.Tim 5,9f).

WOCHENFEST. Siehe *Feste; *Passa.

WOLF. Bis zur Zeit des NT war der W. so weit verbreitet, daß er für die Herden, nicht für den Menschen, eine Bedrohung darstellte. In der Bibel wird seine Raubtiernatur vergleichend gebraucht, meistens für Menschen, die ihre Autorität mißbrauchen (z.B. Zef 3,3; Mt 7,15).

Wolke. Über dem Meer aufsteigende Kumulus-W. waren als Vorboten des Regens bekannt (1.Kön 18,44; Lk 12,54). Die hohen, regenlosen Zirrus-W. kannte man ebenfalls (Jud 12); sie bilden sich, wenn die heißen Schirokko- oder Chamsinwinde von der Wüste herüberwehen. Durch Meeresbrisen herangeführte W., die sich in der heißen Luft schnell auflösen (Hos 6,4), erinnern an Gottes Vergebung (Jes 44,22). Wie in eine W., die den Himmel verdunkelt, hüllt sich Gott in seinen Zorn ein, wenn die Menschen gegen ihn sündigen (Klg 3,43f). Eine W. in Form einer Säule war sichtbares Zeichen der Gegenwart Gottes (2.Mo 13,21). Auch im Zusammenhang mit der Verklärung Jesu (Mk 9,7), seiner Himmelfahrt (Apg 1,9) und seiner Wiederkunft (Offb 1,7) lassen W. etwas vom Geheimnis seiner verborgenen Herrlichkeit erahnen.

WOLLE. W. war das Ausgangsmaterial für die Herstellung von Kleidung und als solches hochgeschätzt. Sie gehörte auch zu den „Erstlingsgaben", die zu opfern waren (5.Mo 18,4), oder war Bestandteil des Tributs (2.Kön 3,4). Der Grund, warum das hebr. Gesetz gemischte Fasern verbietet, ist unklar (5.Mo 22,11). Gewaschene W. ist ein Bild für Reinheit (Jes 1,18). *Schaf.

WORFELN. Siehe *Ackerbau; *Getreide.

WORFSCHAUFEL. Mit dieser langen hölzernen Schaufel warf man nach dem Dreschen das Korn in die Luft, damit die Spreu vom Wind weggeblasen wurde; in Mt 3,12 veranschaulicht dieses Bild die Trennung von Gut und Böse.

WORT. Die Wendung „das Wort Gottes" kommt im AT 394 mal vor als eine der verschiedenen Formen, in denen sich Gott mitteilt. Bereits in der Erschaffung der Welt wird deutlich: Gott spricht – und es geschieht (1.Mo 1,3ff).

Sein W. wird ewig bleiben (Jes 40,8) und kommt nicht unerfüllt zurück (Jes 55,11). In Ps 119 wird es als Synonym für das Gesetz gebraucht. Im NT steht es für die christl. Botschaft (Mk 2,2; Gal 6,6), obgleich Jesus in den synoptischen Evangelien stets den Plural verwendet „meine Worte" (z.B. Mk 8,38). Wie sein himmlischer Vater, so handelt auch Jesus durch das W. (Mk 4,39).

Im Evangelium und in den Briefen des Johannes wird der Begriff (griech.: logos) zum Synonym für Christus (Joh 1,1). In der Apostelgeschichte wird W. Gottes zum Oberbegriff für die Verkündigung der Rettungsbotschaft (6,7; 12,24; 13,5).

*Offenbarung; *Inspiration; *Kanon.

WUNDER. Verschiedene Ausdrücke werden gebraucht, um Gottes außergewöhnliches Eingreifen in die Geschichte oder Naturvorgänge zu beschreiben: *Zeichen, gewaltige Tat, Wunderwerk, Wunder.

Wunder und die natürliche Ordnung. Die Heilige Schrift unterscheidet nicht scharf zwischen Gottes ständiger souveräner Vorsorge und seiner besonderen Taten. Die Größe seiner Macht ist aber bereits an der Natur erkennbar (Röm 1,20). Gott erhält die gesamte Schöpfung und ordnet sie seinem Willen unter (vgl. Kol 1,16f), deshalb wird er eingreifen, wo er es für erforderlich hält. Nach möglichen kausalen Zusammenhängen für außergewöhnliche Ereignisse wird kaum gefragt. W. offenbaren Gott als einen lebendigen und persönlichen Gott, der in der Geschichte als Erlöser wirkt, der sein Volk leitet und rettet.

Wunder und Offenbarung. W. beglaubigen nicht einfach nur die Offenbarung Gottes, sondern sind deren fester Bestandteil. Sie sind Gottes Art, sich Menschen zu nähern und den Glauben derer zu stärken, die ihm bereits vertrauen. Von Gott gewirkte W. stimmen mit seiner Offenbarung überein. So sollte Israel Wundertäter ablehnen, die den Herrn verleugneten (5.Mo 13,2f). Bei Wundergeschichten geht es um den Glauben der Beteiligten oder Beobachter (z.B. 1.Kön 18,39; Joh 20,30f), aber persönlicher Glaube ist keine notwendige Bedingung für ein W. In besonderen Zeiten der Heilsgeschichte treten W. häufiger auf, z.B. im Zusammenhang mit dem Auszug aus Ägypten, zur Zeit von Elia und Elisa, als Israel in völliger Abtrünnigkeit zu versinken schien; während der irdischen Wirksamkeit Jesu Christi und in den ersten Tagen der christl. Mission.

Wunder im NT. Es gibt einige Aspekte, die die W. Jesu und der Apostel von denen im AT unterscheiden. In Jesus tritt uns Gott selbst gegenüber, frei handelnd in der von ihm mitgeschaffenen Welt. Jesu Worte und Taten bilden eine Einheit. Meist sollen seine W. eine geistliche Lektion verdeutlichen. Jesus lehnt es dagegen ab, W. zu Demonstrationszwecken zu vollbringen (Mt 12,38ff). In der gewaltigen Autorität Jesu (Mk 2,9ff) und seiner demütigen Abhängigkeit vom Vater (Joh 5,19) wird die Einheit von Gottheit und Menschsein deutlich. An seinen W. wird Jesus als der *Messias erkannt (vgl. Mt 12,23). Das entscheidende W. des NT ist die Auferstehung Jesu, auf die sich der ntl. Glaube gründet (1.Kor 15,17).

WÜSTE. In der Bibel bezeichnet dieser Begriff nicht nur die wüste Einöde von Sanddünen oder Felsen, sondern auch die Steppenlandschaft, in der Vieh weiden konnte (wie in 2.Mo 3,1). Manchmal wird im Hebr. die relativ wüste Einöde in Judäa mit einem Eigennamen wiedergegeben: Jeschimon (z.B. 1.Sam 23,19). Araba, ein Gebiet südl. des Toten Meers, wird auch als allgemeine Bezeichnung für Steppenlandschaft gebraucht (wie in Jer 17,6).

WÜSTENWANDERUNG. Siehe *Auszug aus Ägypten.

Z

ZAANANNIM. Ort in der Nähe von Kedesch, wo *Heber sein Lager aufgeschlagen hatte (Ri 4,11); die genaue Lage ist unsicher.

ZACHARIAS. Priester, Vater *Johannes des Täufers (Lk 1,5); verheiratet mit *Elisabeth; ihm wird im Tempel die Geburt seines Sohnes durch einen Engel verheißen.

ZACHÄUS. Führender *Zöllner aus Jericho, der auf einen Baum geklettert war, um Jesus zu sehen. Er wurde ein Jünger Jesu und zeigte seine Umkehr, indem er die Hälfte seines Vermögens den Armen gab und allen, die er betrogen hatte, den vierfachen Betrag erstattete (Lk 19,1ff).

ZADOK. Name mehrerer Personen im AT. So Z., ein Nachkomme *Aarons, Priester bei *Abjatar am Hof *Davids und für die Bundeslade verantwortlich (2.Sam 15,24). Seine Nachkommen versahen bis zur Zerstörung des Tempels 587 v.Chr. das Amt des Hohenpriesters, ebenso nach seinem Wiederaufbau bis 171 v.Chr. (vgl. Hes 44,15ff). Die Gemeinde von *Qumran blieb dem Priestergeschlecht Z. treu und wartete auf seine Wiedereinsetzung.

ZAFENAT-PANEACH. Ein ägypt. Name, der *Josef bei seiner Amtseinführung durch den Pharao gegeben wurde (1.Mo 41,45). Die Bedeutung ist ungewiß.

ZAFON. Stadt im Gebiet des Stammes *Gad im Jordantal (Jos 13,27), die Lage ist ungewiß.

ZAHL. Israel und die meisten seiner Nachbarn benutzten zum Zählen ein Dezimalsystem. Im AT wie im NT werden Zahlen gewöhnlich als Worte, nicht als Ziffern geschrieben. Aram. Inschriften aus dem 6.-4. Jh. v.Chr. liefern Beweise für die Existenz eines Zahlensystems. Senkrechte Striche wurden für Einer und waagerechte für Zehner verwendet. Der Gebrauch von Buchstaben des Alphabets für Zahlen findet sich zuerst auf Münzen der Makkabäer aus dem 2. Jh. v.Chr. und ist das Ergebnis griech. Einflusses. Die ersten neun Buchstaben wurden für 1-9 verwendet, die nächsten neun stellten die Zehner von 10-90 dar und die letzten vier Buchstaben wurden für die Hunderter von 100-400 verwendet. (Die Zahl 15 bestand aus 6 und 9, weil die Buchstaben für 10 und 5 die Konsonanten von Yah bildeten, einer Form eines heiligen Gottesnamens.) Gelegentlich werden die Elemente der Arithmetik in der Bibel illustriert (z.B. Multiplikation in 3.Mo 25,8). Zahlen werden manchmal nur als ungefähre Angabe benutzt, wie in Jes 17,6; 10 bedeutete oft nur „eine ganze Menge" (z.B. 1.Mo 31,7); 40 stand für die Zeitspanne einer Generation (z.B. Ri 3,11; 5,31), und Zahlen wie 1.000 und 10.000 standen für eine unbestimmt hohe Zahl (z.B. 5.Mo 32,30).

Zahlen mit bestimmter Bedeutung. Zahlen haben oft eine symbolische oder theologische Bedeutung. *Eins* bezeichnet die Einzigartigkeit und die Einheit Gottes (5.Mo 6,4); sowohl die Sünde als auch die Erlösung kam durch *einen* Menschen in die Welt (Röm 5,12.15). *Zwei* kann Einheit (1.Mo 2,24) und Zusammenarbeit bedeuten (Lk 10,1). *Drei* steht im Zusammenhang mit der Trinität (z.B. Mt 28,19), und der „dritte Tag" scheint etwas Abgeschlossenes und Vollkommenes zu beinhalten (Lk 13,32). *Vier* ist auch ein Symbol der Vollendung in Eden (1.Mo 2,10), im Himmel (Offb 4,6) und in der Geschichte (vier Königreiche in Dan 2,7). *Fünf* und *Zehn* kommen häufig vor, bedingt durch den Gebrauch des Dezimalsystems. In einem Gleichnis sprach Jesus von zehn Pfunden, zehn Knechten und zehn Städten (Lk 19,11ff). Zehn schließt ebenso den Gedanken der Vollständigkeit ein; zehn Mächte können den Glaubenden nicht von Gott trennen (Röm 8,38), aber zehn Sünden vermögen das (1.Kor 6,10). *Sieben* ragt als symbolische Zahl heraus. Daß Gott am siebenten Tag ruhte, schuf ein Vorbild für den Lebensrhythmus der Menschen (2.Mo 20,10; 3.Mo 25,2ff). Der Versöhnungstag lag im siebenten Monat (3.Mo 16,29). Die Priester marschierten siebenmal um Jericho herum (Jos 6,4). Daniel sprach von sieben „Jahren" zur Erfüllung von Gottes Ratschluß (Dan 4,20), und Johannes sah in seinen Visionen sieben Leuchter und sieben Sterne sowie ein siebenköpfiges Tier (Offb 1,12; 12,3; 13,1). Die *Zwölf* steht im Zusammenhang mit der Erwählung durch Gott – zwölf Stämme, zwölf Apostel und natürlich zwölf Monate und zwölf Stunden (Joh 11,9). *Vierzig* ist fast mit jeder neuen Entwicklung in der Geschichte von Gottes Großtaten verbunden – die Sintflut (1.Mo 7,17); Mose auf dem Berg (2.Mo 24,18); die Kundschafter in Kanaan (4.Mo 13,25); Elias Reise (1.Kön 19,8); die Versuchung Jesu (Mt 4,2) und das Erscheinen des Auferstandenen im Kreis der Jünger (Apg 1,3). *Siebzig* steht in Verbindung damit, wie Gott die Welt beherrscht und leitet – siebzig Nachkommen von Noah bevölkerten die Welt (1.Mo 10), siebzig zogen nach Ägypten (1.Mo 46,27), Juda verbrachte siebzig Jahre im Exil (Jer 29,10).

Zwei Zahlen in der Offenbarung tragen einen besonderen Symbolcharakter: *666* (13,8) steht für Chaos und ist mit röm. Kaisern identifiziert worden; *144 000* (7,4; 14,1) ist die Zahl 12 (der Erwählung) im Quadrat und multipliziert mit 1000 (eine unendlich große Zahl) und steht somit als ein Symbol für die Vollzahl der Gläubigen aus dem alten Bundesvolk, die Gott bewahrt.

ZÄHLUNG. Das 4. Buch Mose hat seinen latein. Namen (Numeri) von den zwei darin vorkommenden Zählungen der wehrfähigen Männer (4.Mo 1;26). *Davids Zählung der wehrfähigen Männer wurde von Gott mißbilligt (2.Sam 24,1ff und 1.Chro 21,1ff). *Schätzung.

ZAÏR. Ort an der Grenze zu Edom (2.Kön 8,21); vielleicht identisch mit Zior.

ZALMON. *Person.* Einer der Helden Davids (2.Sam 23,28).
Orte: **1.** Berg in der Nähe von Sichem (Ri 9,48), seine Identifikation ist ungewiß. **2.** Berg, der in Ps 68,15 erwähnt wird; vermutlich Dschebel Hauran östl. des Jordan.

ZARPAT (Schmelzort). Eine kleine Stadt in Phönizien, die ursprünglich zu Sidon gehörte und 13 km südl. davon liegt. *Elia wohnte dort bei einer Witwe, die ihn während der Hungersnot versorgte und deren Sohn er wieder zum Leben erweckte (1.Kön 17,8ff; Lk 4,25f).

ZEBEDÄUS (Gabe Jahwes). Vater des *Jakobus und *Johannes und der Ehemann von *Salome; ein galiläischer Fischer, der in der Nähe von Betsaida lebte (Mt 27,56; Mk 1,19f; 15,40).

ZEBOÏM. 1. Tal in der Nähe von Michmas (1.Sam 13,18), das heutige Wadi Abu Daba. **2.** Benjaminitische Stadt in der Nähe von Lydda (Neh 11,34).

ZEBOJIM. Stadt (*Städte der Ebene), die mit Sodom und Gomorra zerstört wurde (5.Mo 29,23), in der Nähe von Adma.

ZEDAD. Ort an der nördl. Grenze des verheißenen Landes (4.Mo 34,8; vgl. Hes 47,15); eventuell Sadad, 110 km ostnordöstl. von Byblos oder ein Ort weiter südl.

ZEDEKIA. Name mehrerer Personen im AT, der bekannteste unter ihnen war der 21. und letzte König Judas (ca. 597-586 v.Chr.). Er wurde von dem babylon. König *Nebukadnezar zum König ernannt. Die führenden Schichten der Bevölkerung waren deportiert worden (2.Kön 24,16ff), und Z. gab dem schlechten Rat des verbliebenen Volkes nach. Er organisierte einen Aufstand (2.Kön 24,20), der zur letzten Belagerung und schließlich zur

Zerstörung Jerusalems führte. Z. wurde geblendet und in Gefangenschaft geführt (2.Kön 25). Der Prophet *Jeremia hatte ihn vor einem Aufstand gegen Babylon gewarnt.

ZEDER. Nadelbaum. Vergleichbar mit unserer Lärche, jedoch immergrün. Die Libanonzeder wird bis 40 m hoch. Ihr Holz ist feinfaserig und wohlriechend. Weiteres siehe *Bäume.

ZEFANJA (Jahwe hat [sich] verborgen). Die einzigen biographischen Hinweise zu diesem Propheten finden sich in dem Buch, das seinen Namen trägt. *Zefanja, Buch.

ZEFANJA, BUCH. *Verfasser und Zeit.* Zefanja ist Nachkomme eines Hiskia (König Hiskia?). Er ist ein Zeitgenosse Jeremias (630 v.Chr.); vielleicht ist er sogar mit ihm verwandt. Zefanja wirkte zur Zeit Josias (640-609 v.Chr.) und trug möglicherweise mit seiner Botschaft wesentlich zur Erweckung unter Josia bei (vgl. 2.Kön 23,22).

Inhalt. Die Abkehr des Volkes von Gott vollzieht sich in den verschiedensten Formen und in allen Schichten. Zefanja muß das Gericht vornehmlich über Juda und Jerusalem, aber auch über die ganze Welt verkünden. Der Tag Jahwes kommt als der große Gerichtstag. Das Gericht vollzieht sich zunächst durch politische Ereignisse: Feindliche Truppen fallen ins Land und vollziehen das Gericht über Jerusalem. Es sind heidnische Mächte, die das Gericht (=Sichtung des Volkes) vollziehen. Doch Gott steht hinter diesem Geschehen. Ein Rest bleibt als Träger der göttlichen Verheißung und als Werkzeug Jahwes übrig. Der Bußmahnung folgt die Verheißung und Zusage, daß Gott dem Rest in allen Ereignissen nahe ist. Er ist es, der auch den Völkern reine Lippen und Herzen gibt, damit sie ihn anrufen und ihm dienen können (vgl. 2,11 und 3,9 mit Joh 4,21-24).

Bedeutung. Die starke Betonung der prophetischen Verkündigung Zefanjas liegt auf der Ankündigung: Der Tag Jahwes

Zeder. *Schiffstransport mit Holz aus dem Libanon (Relief aus dem Palast Sargons, 8. Jh. v. Chr.).*

kommt (1,14-18; 2,1-3). Dieser Gerichtstag wird 17 mal genannt. Er bringt ein furchtbares Gericht sowohl über Jerusalem als auch über einzelne Völker und die gesamte Welt. Doch er bringt auch für Jerusalem und die Völker Gottes Heil (3,9-20).

Gliederung.
1 Ankündigung des Gerichts über Juda und Jerusalem und über die ganze Welt; Tag Jahwes.
2,1-3,8 Mahnung, Gott zu suchen vor dem Gericht.
3,9-20 Verheißung für den Rest des Volkes und für die Völker.

ZEHN GEBOTE/DEKALOG. Sie wurden ursprünglich von Gott auf Steintafeln niedergeschrieben und *Mose auf dem Berg Sinai übergeben (2.Mo 19,16-20,17; 31,18; 32,15f; 34,1.28 – vgl. 5.Mo 5,6-21). Sie enthielten die wesentlichen Grundsätze des *Bundes, den Gott auf dem Sinai mit seinem Volk geschlossen hatte, im Bundesbuch sind sie dargestellt (2.Mo 20,22-23,33) und der Bundesschließung zugrunde gelegt (2.Mo 24,1-8).

Es gibt verschiedene Möglichkeiten, die Gebote zu zählen. Im Zentrum der ersten drei (vier) Gebote steht die Heiligkeit Gottes, der sich selbst vorstellt; das Verbot allen Götzendienstes und der Anfertigung von Götterbildnissen; der Schutz des Gottesnamens vor Mißbrauch und das Sabbatgebot. Die restlichen sieben (sechs) Gebote beschreiben Normen zwischenmenschlichen Verhaltens.

Auch das Auftreten Jesu hat diese grundlegende *Offenbarung des göttlichen Willens nicht aufgehoben (vgl. Mt 5,17ff). Deshalb sind die Zehn Gebote für die christl. Ethik von grundlegender Bedeutung.

ZEHNSTÄDTE. Siehe *Dekapolis.

ZEHNTER. Der Brauch, den zehnten Teil seines Einkommens oder Ertrages für religiöse Zwecke zu spenden. Dieser Brauch war vor dem mosaischen Gesetz üblich (z.B. 1.Mo 14,17ff) und wurde von vielen alten Völkern praktiziert. Im Gesetz des Mose wurde später festgelegt, daß jedes 10. Tier und ein Zehntel des landwirtschaftlichen Ertrages Gott gehörte. Für den landwirtschaftlichen Ertrag (Tiere ausgenommen) konnte auch der entsprechende Geldbetrag zuzüglich ein Fünftel dieses Wertes abgegeben werden (3.Mo 27,30ff). Der Z. wurde den *Leviten (4.Mo 18,21ff) gegeben, weil sie für ihre religiösen Dienste keinen Lohn erhielten. Den zehnten Teil davon mußten die Leviten wiederum den Priestern abgeben (4.Mo 18,26ff). Die Abgabe des Z. erfolgte gewöhnlich in Jerusalem (5.Mo 12,5ff; vgl. 14,22ff). Für die Einhaltung des Z. wurde von den Propheten Gottes Segen zugesagt (vgl. Mal 3,10ff).

Jesus verurteilte die heuchlerische Frömmigkeit der *Pharisäer, die zwar ihre Gewürzernte verzehnteten, aber Glauben verweigerten (Mt 23,23f).

ZEICHEN. Synonymbegriff zu *Wunder. Stärker als dieser weist er darauf hin, daß Gott mit seinem Eingreifen die Menschen auf einen besonderen Sachverhalt (z.B. seine Macht) hinweisen will (1.Mo 4,15; 1.Mo 9,12). So werden die Plagen zum Z. der Gegenwart Gottes unter seinem Volk (2.Mo 4,28); und Israel wurde versichert, daß ein neuerliches Offenbaren Gottes von Z. begleitet sein werde (Joel 3,3).

Durch die Z., die Jesus tat, legitimierte er sich als der von Gott gesandte *Messias (Joh 6,14), lehnte es jedoch ab, Z. zu tun, wenn man sie von ihm forderte (Mk 8,11f), und wies darauf hin, daß auch falsche Lehrer Z. tun können (Mk 13,22; vgl. Offb 13,13f). Der Begriff erscheint am häufigsten im Johannesevangelium. Ein Glaube, der sich auf Z. gründet, ist oberflächlich (Joh 2,23ff; 4,48; 6,2); er soll durch das Vertrauen auf Jesus (Joh 6,68; 20,31) ersetzt werden.

Z. und Wunder verdeutlichen das Wirken Gottes in den ersten Gemeinden (Röm 15,19), werden in der Apostelgeschichte berichtet (z.B. 2,43; 4,30) und begleiten auch den Dienst des Paulus (Röm 15,19; 2.Kor 12,12). Sie sind allen Glaubenden verheißen (Mk 16,17f). Die Wiederkunft Jesu wird durch Z. am Himmel begleitet sein (Mt 24,30).
*Macht.

ZEIT. *Zeitmessung.* Zur Zeit des NT unterteilten die Juden die Spanne des Tageslichts in zwölf Stunden (vgl. Joh 11,9), die entsprechend der verschiedenen Jahreszeiten unterschiedlich lang waren. Die am häufigsten erwähnten Zeiten sind die 3., 6. und 9. Stunde (z.B. Mt 20,3ff). Sowohl die Juden als auch die Römer zählten ihre Stunden vom Aufgang der Sonne an, der Tag begann jedoch bei den Juden mit dem Sonnenuntergang und bei den Römern um Mitternacht. Die Nacht wurde in vier oder drei Nachtwachen unterteilt (Mt 14,25; Lk 12,38; vgl. Ri 7,19).

Zeiten und Zeitpunkte. Oft wird „Stunde" sehr unspezifisch als „ein Zeitpunkt" gebraucht, z.B. bei der Ankündigung von

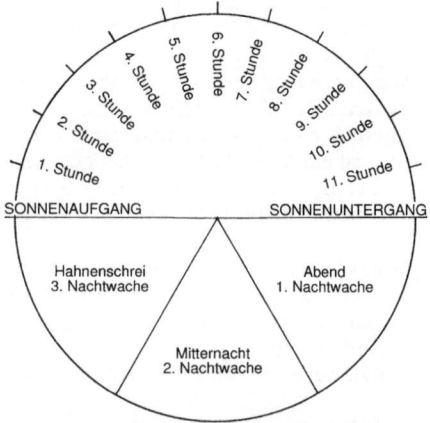

Zeiteinteilung. *Biblische Zeiteinteilung mit den entsprechenden Nachtwachen.*

Jesu Tod, der als „seine Stunde" (Mk 14,41; Joh 7,30) bezeichnet wird. Dieser Begriff der rechten oder der von Gott bestimmten Zeit findet sich in beiden Testamenten, Pred 3,1ff ist das klassische Beispiel dafür. Die Bibel betont also nicht so sehr den chronologischen Fortgang der Zeit, als vielmehr den von Gott gesetzten Inhalt bestimmter Augenblicke in der Geschichte. Der Ratschluß Gottes arbeitet auf ein Ziel hin. Er bestimmt in seiner Souveränität die Z. (oder die Ereignisse), die seinen Ratschluß in der Welt zum Ziel kommen lassen (Ps 31,16; Mk 13,32). Deshalb bestand auch die hebr. Zeitvorstellung in einer fortschreitenden Linie. Im Gegensatz dazu betrachteten im Altertum viele Völker die Z. als einen immer wiederkehrenden Zyklus.

Zeit und Ewigkeit. Gott ist nicht durch die Z. begrenzt (Ps 90,2; 145,13); Wendungen wie „von *Ewigkeit zu Ewigkeit" (Gal 1,5) weisen auf das hin, was immer war und immer sein wird. Die Beziehung zwischen dieser Zeitlosigkeit und der Z., wie wir sie erfahren, war immer Gegenstand von Erörterungen, nicht zuletzt, weil „Zeitlosigkeit" etwas von der Welt Losgelöstes einzuschließen scheint. Die Bibel wendet sich jedoch nicht derartigen philosophischen Diskussionen zu, sie betont einfach, daß Gott der König aller Zeiten, der „ewige König" (1.Tim 1,17) ist.

Die letzte Zeit. Jesus begann sein Wirken mit der Ankündigung, daß die „Zeit erfüllt ist" (Mk 1,15). Mit seinem Kommen hat „die letzte Zeit" (1.Petr 1,20) begonnen. Dieser Zeit steht die zukünftige gegenüber (Eph 1,21), und der Heilige Geist ist ein Angeld auf das, was kommen wird (Eph 1,14). Christen haben das ewige Leben (Joh 11,23ff). Solange sie aber noch auf dieser Erde leben, bzw. bis der Jesus Christus wiederkommt, sollen sie die „Zeit auskaufen", d.h., die Gelegenheit nutzen und Gott dienen und ehren (2.Kor 6,2; Eph 5,16).
*Kalender.

ZELOFHAD. Enkel des *Gilead; er hinterließ bei seinem Tod fünf Töchter, aber keinen männlichen Erben. Dieser Fall war der Anlaß dafür, daß im Gesetz das Erbrecht für Töchter festgeschrieben wurde, wenn es keinen männlichen Erben gab (4.Mo 27). Eine ähnliche Sitte gab es auch bei anderen Völkern.

ZELOTEN. Z. waren eine der Gruppen des Judentums im 1. Jh. n.Chr. Ihre Partei wurde von Judas von Galiläa 6 n.Chr. nach einer Revolte gegen die Römer gegründet. Die Z. kamen zum größten Teil aus Pharisäerkreisen und riefen zum Widerstand gegen Rom auf. Sie sorgten beständig für Unruhen und riefen das Volk zum offenen Kampf auf, der 70 n.Chr. zum Untergang Jerusalems führte. Im Bar-Kochba-Aufstand (132-135 n.Chr.) kamen noch einmal zelotische Bestrebungen zum Zuge. Zu Jesu Jüngern gehörte Simon der Zelot (Lk 6,15); er könnte vor seiner Berufung zum Jünger den Z. angehört haben.

ZELT. Eine zusammenlegbare Konstruktion aus Stoff oder Fellen, von Pfählen gestützt und von Seilen gehalten, die in der Erde verankert werden. Z. gehörten zu den ersten Behausungen, die Menschen herstellten (vgl. 1.Mo 4,20). Die Erzväter lebten in Z. (1.Mo 18,1), ebenso die Israeliten nach dem Auszug aus Ägypten (2.Mo 33,8). Die *Rechabiter setzten diese Gewohnheit fort und idealisierten sie (Jer 35,7). Der Begriff Z. wurde teilweise auch für jede Art Behausung gebraucht (1.Kön 8,66).
*Stiftshütte.

ZEMARAJIM. Eine Stadt (Jos 18,22) und ein Berg (2.Chro 13,4) in der Nähe von Bethel.

ZEMARITER. Kanaan. Sippe (1.Mo 10,18), die im Gebiet des heutigen Sumra an der Küste nördl. von Tripolis lebte.

ZENAS. Rechtsgelehrter, der *Apollos zu einem nicht benannten Ort begleitete (Tit 3,13); vermutlich war sein Fachgebiet das röm. und nicht das jüd. Gesetz.

ZEPTER. Hebr. und griech. „Stab". Für Könige und Machthaber ein Symbol persönlicher Autorität (vgl. 1.Mo 49,10; Ps 45,7; Hes 19,11).

ZER. Befestigte Stadt im Gebiet des Stammes *Naftali (Jos 19,35).

ZERSTREUUNG (griech. Diaspora). Das Wort kann sowohl Juden in einer nichtjüd. Umwelt bezeichnen (z.B. Joh 7,35) als auch die Orte, in denen sie leben (z.B. Jak 1,1). Die freiwillige Z. begann vielleicht mit Kolonien, wie zur Zeit *Ahabs in Damaskus eine bestand (1.Kön 20,34). Die Könige von Assyrien und Babylon siedelten nach der Eroberung Israels zwangsweise Teile der Bevölkerung in andere Gebiete ihres Reiches um (z.B. 2.Kön 15,29; 25,11ff). Eine ansehnliche und selbstbewußte jüd. Gemeinschaft verblieb bis ins Mittelalter in Babylonien. Andere Juden siedelten sich – freiwillig oder als Flüchtlinge – in Ägypten und anderen Gegenden an (z.B. Jer 43,7). Mit den Eroberungszügen *Alexanders des Großen begann eine neue Epoche der Z. Im 1. Jh. n.Chr. gab Philo die Zahl der Juden in Ägypten mit einer Million an. In Syrien und mindestens 71 Städten Kleinasiens gab es große Kolonien. 139 v.Chr. wurden die Juden aus *Rom vertrieben (nicht zum letzten Mal; vgl. Apg 18,2). Sie kamen jedoch stets zurück. Trotz aller Unbeliebtheit räumte man ihnen umfassende Sonderrechte ein. Ihre gesellschaftliche Isolierung, ihre Tabus und ihre kompromißlose Religion wurden geduldet. Sie allein konnten z.B. von den öffentlichen Opfern und vom Militärdienst befreit werden.

Das Leben der meisten Gemeinschaften war vom Gesetz und der *Synagoge bestimmt. Da längst nicht mehr alle Diaspora-Juden hebräisch (aramäisch) sprachen, war die Septuaginta, eine Übersetzung des AT für griechischsprachige Juden, von herausragender Bedeutung für ihre religiöse Praxis. Die Gemeinden zahlten Tempelsteuer und standen sowohl untereinander als auch mit Jerusalem in Verbindung. Trotz der Unbeliebtheit der Juden wurden durch ihre einfache und dennoch beeindruckende Verehrung des einen Gottes und ihre hohen sittlichen Maßstäbe auch viele Heiden in die Synagogen geführt. Die Forderung der *Beschneidung ließ zwar viele Männer vor einem Übertritt zum Judentum zurückschrecken (d.h. *Proselyten zu werden), aber sie hielten sich als „Gottesfürchtige" zu den Gemeinden. Es besteht kein Zweifel, daß die Z. ein Wegbereiter für das Evangelium war. Auf seinen Missionsreisen begann Paulus im allgemeinen mit Predigten in der örtlichen Synagoge. Die gottesfürchtigen Heiden spielten in der frühen Kirchengeschichte eine wesentliche Rolle. Als sie zum Glauben kamen, kannten sie ja bereits die Schriften und waren wachsam gegen Götzendienst und Unmoral. Der jüd. Einfluß erklärt auch, warum der „Judaismus" in den ersten Gemeinden eine solch große Gefahr darstellte.

ZERUJA. 1. Schwester von *David (1.Chro 2,16); vermutlich eine Stiefschwester (2.Sam 17,25). **2.** Mutter der drei Krieger *Joab, *Abischai und *Asaël (2.Sam 2,18).

ZEUGE/ZEUGNIS. Der Begriff wird in der Bibel meist gebraucht für Menschen oder Gegenstände, die etwas bezeugen oder für etwas Zeugnis ablegen (z.B. 1.Mo 31,48; Jos 22,34; Jes 44,8; Apg 22,20; Hebr 2,4).

ZIBA. Diener *Sauls, der *Jonatans Sohn *Mefi-Boschet zu David brachte. Er wurde zum Verwalter über Mefi-Boschets Eigentum eingesetzt (2.Sam 9). Z. versuchte, das gesamte Land zu erhalten (2.Sam 16,1ff). Nachdem David die Angelegenheit geordnet hatte, erhielt er später die Hälfte davon (2.Sam 19).

ZIEGE. Sie wurden bereits in ältester Zeit als Haustiere gehalten und kamen mit kargerem Boden aus als Schafe. Die jungen Tiere lieferten Fleisch, die weiblichen Milch; die Häute wurden zu Leder verarbeitet oder als Flüssigkeitsbehälter genutzt; aus dem Haar einiger Ziegenarten stellte man Stoffe her. Im östl. Mittelmeerraum haben mangelhaft beaufsichtigte Ziegenherden großen Schaden angerichtet, indem sie ganze Landstriche kahlgefressen haben und dadurch der Boden der Erosion preisgegeben wurde.

ZIEGEL. Das gängigste Baumaterial im Alten Orient; meist ein rechteckiger Lehm-

oder Tonblock, der mit Sand oder gehacktem Stroh verstärkt und zumeist in der Sonne getrocknet wurde. Das Stroh setzte beim Zerfall eine Säure frei, die den Ton gefügiger machte. In Ägypten und Babylonien wurden in die Z. häufig die Namen von Königen oder Gebäuden eingeprägt. In Palästina bestanden Stadt- und Hausmauern oft aus Lehmz. auf einem Steinfundament. Im Ofen gebrannte Z. waren in Palästina bis zur Römerzeit selten.

ZIEGELOFEN. Gebrannte Ziegel wurden in Mesopotamien für Verkleidungen und Fußböden wichtiger Gebäude benutzt, während sie in Palästina bis in die Römerzeit weitgehend unbekannt waren. Bei den „Ziegelöfen" aus 2.Sam 12,31 handelt es sich um Holzformen, in denen die Ziegel an der Sonne getrocknet wurden (Übersetzungsfehler). Der Ofen, in den *Daniels Freunde geworfen wurden, dürfte ein Z. gewesen sein; ein babylon. Brief (ca. 1800 v.Chr.) und ein assyr. Hofbefehl (ca. 1130 v.Chr.) erwähnen solche Strafen.

ZIKLAG. Ort in der Nähe der edomitischen Grenze (Jos 15,31), den *David von den *Philistern erobert hatte.

ZILIZIEN. Ein Gebiet in Kleinasien. Der westl. Teil, Trachäa, war gebirgig und rauh, der östl. Teil, Cilicia Pedias, eine fruchtbare Ebene. Von 67 v.Chr. an übten hier die Römer ihre Herrschaft aus; unter Augustus wurde das Gebiet auf zwei Provinzen aufgeteilt, bis es Vespasian 72 n.Chr. wieder vereinigte. Paulus und Lukas irren also nicht, wenn sie Zilizien (Pedias) vor dieser Zeit zusammen mit Syrien nennen (Gal 1,21; Apg 15,23.41).

ZIMBEL. Siehe *Musik, Musikinstrumente.

ZIMMERMANN. Zimmerleute führten alle Holzarbeiten beim Hausbau aus und stellten Möbel, Ackergeräte, in großen Städten auch Karren (in Kriegszeiten Streitwagen) her. Für die meisten Schreinerarbeiten wurden einheimische Hölzer – Zeder, Zypresse, Eiche und Esche – verwendet; landwirtschaftliche Geräte waren häufig aus dem Holz des Maulbeerbaums gefertigt. Zu den Werkzeugen des Z.s gehörten: Anreißnadel, Zirkel, Axt, Hackbeil, eiserne Säge, Feile, Bogenbohrer, Hammer, Meißel und Ahle; seit der Römerzeit gab es auch Holz- und Speichenhobel. Schnitzereien wurden von Fachkräften ausgeführt, die nicht nur mit Holz, sondern wohl auch mit Knochen und Elfenbein arbeiteten.

Sowohl *Josef (Mt 13,55) als auch Jesus (Mk 6,3) hatten dieses Handwerk gelernt.

ZIN. Ausgedehntes Wüstengebiet innerhalb des *Negev, das die Israeliten nach dem Auszug aus Ägypten durchquerten (4.Mo 13,21). Es liegt zwischen Kadesch-Barnea und der Grenze zwischen Juda und Edom.

ZINNE. Ein Teil der Tempelgebäude (Mt 4,5: höchster Punkt), der in Verbindung mit der Versuchungsgeschichte Jesu erwähnt wird. Diese Z. befand sich wahrscheinlich an der südöstl. Ecke an dem gefährlichen Abhang zum Kidron-Tal.
*Tempel.

ZIPPOR. Vater des Moabiterkönigs *Balak, der den Propheten Bileam beauftragte, Israel zu verfluchen (4.Mo 22,2).

ZIPPORA. Tochter *Jitros, eines Priesters in Midian; sie wurde *Moses Frau (2.Mo 2,16ff).

ZISTERNE. Ein meist birnenförmiges, unterirdisches Reservoir mit einer kleinen Öffnung an der Oberseite zum Speichern von Wasser aus Regenfällen oder Quellen. Die meisten Häuser in Palästina hatten eigene Z. Aber es gab auch öffentliche; eine Z. im Tempelbereich faßte ca. 7,5 Millionen Liter Wasser. Leere Z. wurden gelegentlich als Kerker benutzt; *Josef (1.Mo 37,22) und *Jeremia (Jer 38,6) wurden in solche „Gruben" geworfen.
*Brunnen.

ZOAN. Hauptstadt Ägyptens von ca. 1100-660 v.Chr.; sie war berühmt als der Sitz der Ratgeber Pharaos (Jes 19,11.13). Die Griechen nannten die Stadt Tanis; die Lage

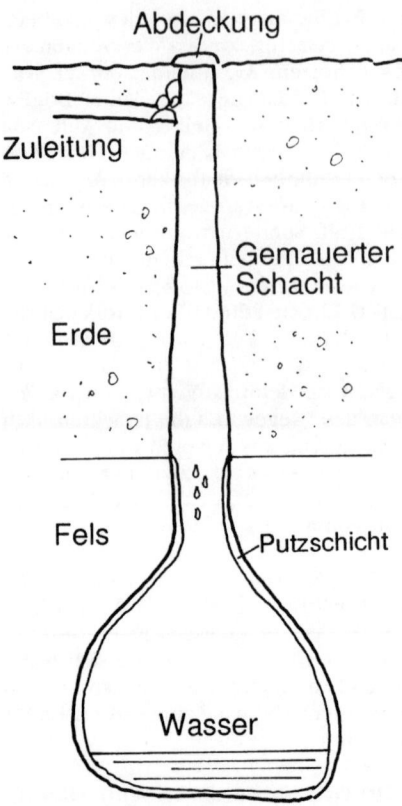

Zisterne. *Querschnitt einer Zisterne in Tell Ta'annel, die durch einen unter dem Boden liegenden Kanal gespeist wurde. Das Wasser zog man mit einem Eimer hoch.*

entspricht San el-Hagar in der Nähe des Südufers des Menzale-Sees im NO-Delta.

ZOFAR. Der dritte Freund *Hiobs aus Naaman; seine derben Anschauungen werden in den Kapiteln 11 und 20 wiedergegeben.

ZOFIM. Das „Späherfeld" auf dem Gipfel des Pisga (4.Mo 23,14); von dort aus konnte *Bileam die Israeliten in Schittim sehen.

ZÖLLNER. Angestellte Personen, die im Namen der Römer Steuern und Zollabgaben einnahmen. Bereits 212 v.Chr. konnte das Recht, staatliche Aufträge verschiedenster Art (einschließlich der Steuereinnahme) auszuführen, gekauft werden. Das System bot Möglichkeiten zum Mißbrauch, und Z. waren für ihren Wucher und Amtsmißbrauch bekannt und deshalb verachtet. Die Pächter einer Zollstation stammten häufig nicht aus den Provinzen, in denen sie arbeiteten, die ihnen unterstellten Mitarbeiter waren dagegen meist Einheimische. Sie wurden von den Juden gemieden, weil sie mit der röm. Besatzungsmacht zusammenarbeiteten und weil der ständige Umgang mit Heiden sie zeremoniell unrein machte (vgl. „Zöllner und Sünder" in Mt 9,10f). *Zachäus war vermutlich der Pächter in Jericho und hatte weitere Steuereinnehmer und Z. unter sich (Lk 19,2).

ZORA. Stadt im Hügelland Judas, die in enger Verbindung zu *Simson steht (Ri 13,2); das heutige Sara auf der Nordseite des Wadi al-Sarar, dem bibl. Sorektal.

ZORN. Das Wort beschreibt das gleichbleibende Verhalten eines heiligen und gerechten Gottes gegenüber der Sünde und dem Bösen (Röm 1,18-32). Z. ist eine persönliche Eigenschaft Gottes. Gottes Liebe, die zur Rettung der Menschen seinen Sohn sterben läßt, wäre ohne die Tatsache eines heiligen Z. völlig unverständlich. Gottes Z. ist konsequent und nicht launen- und sprunghaft wie der Ärger eines Menschen. Bis zum Tag des *Gerichts (Röm 2,5) wird er jedoch immer wieder zurückgestellt durch seine *Barmherzigkeit (vgl. Hos 11,8ff; 2.Petr 3,7ff). Bleibt der Mensch im unerlösten Zustand der Rebellion gegen Gott, fällt er unweigerlich unter den Z. Gottes (Eph 2,3). Gehorsam gegenüber dem Gesetz kann den Menschen nicht retten (Röm 4,15). Aber durch den Tod und die Auferstehung Jesu hat Gott in seiner Barmherzigkeit einen Weg geschaffen, der die, die ihm vertrauen, von seinem Z. sowie der daraus folgenden Bestrafung und dem Tod befreit (Röm 5,9; 1.Thess 1,10).

ZUNGE, SPRACHE. Die im Hebr. bzw. Griech. zugrunde liegenden Begriffe können sowohl die Zunge als auch die menschliche Sprache bezeichnen. Gott verwirrt die Z., d.h. die S. der sich gegen ihn auflehnenden Menschen (1.Mo 11,1ff; Ps 55,10). Bis in die Offb (5,9) werden die verschiedenen Sprachen der Menschen Z. genannt.

Die Z. kann scharf sein (Ps 64,4; Offb 1,16) und einen gewichtigen Einfluß zum Guten oder zum Bösen haben (Jak 3,5f). In vielfältigen Bildern wird das im AT oder NT beschrieben. Man nahm an, daß Stummsein auf eine Lähmung der Z. zurückzuführen sei (Ps 137,6; Mk 7,35). Der Begriff wird parallel zu oder anstelle von Lippen oder Mund gebraucht.

ZUNGENREDE. Die Z., auch Glossolalie (griech.) genannt, gehört zu den im NT erwähnten *Gnadengaben (z.B. 1.Kor 12-14). Zu Pfingsten predigen die Jünger nach dem Empfang des *Heiligen Geistes in anderen Sprachen, was von einigen fremden Besuchern als ihre eigene Muttersprache verstanden wurde (Apg 2,8.13). In Mk 16,17 wird die Z. als ein *Zeichen erwähnt, das dem Glauben an Christus folgt. Die Z. begleitete bei verschiedenen Gelegenheiten den Durchbruch des Evangeliums in neue Bereiche (Apg 10,44ff; 19,6). Sie half der vorsichtigen judenchristl. Gemeinde verstehen, daß Gott auch andere Gruppen angenommen hat (vgl. Apg 11,15ff).

In Korinth sprachen nicht alle Christen in Zungen (1.Kor 12,10.30). Offensichtlich hat es in der Gemeinde Auseinandersetzungen darüber gegeben. Die Z. ist Gnadengabe und dient in erster Linie der persönlichen Anbetung Gottes (1.Kor 14,2.14ff) unter der Kontrolle des Sprechenden (1.Kor 14,27f). Bei ihrer Anwendung im öffentlichen Gottesdienst muß sie in eine verständliche Sprache ausgelegt werden (1.Kor 14,5.13.27). Außerdem fordert Paulus die Gemeinde auf, die prophetische Gabe der Z. überzuordnen.

ZWERG. Bezeichnet eine der körperlichen Behinderungen, die einen Mann vom Priestertum ausschlossen (3.Mo 21,20; LÜ: verkümmert); die genaue Bedeutung des Wortes ist unbekannt. Im Alten Orient schrieb man Zwergen besondere (auch magische) Kräfte zu.

ZWILLINGSBRÜDER, ZWILLINGSGÖTTER. Das Zeichen des griech. Schiffes, in dem Paulus von Malta nach Puteoli segelte (Apg 28,11). Kastor und Pollux waren in der griech. Mythologie Söhne der Leda; Abbildungen von ihnen befanden sich vermutlich zu beiden Seiten des Bugs.

Zu Zwilling: *Jakob, *Esau, *Serach, *Perez, *Thomas.

ZYPERN. Eine Insel im östl. Mittelmeer 100 km westl. der syrischen Küste, ca. 230 km lang und bis zu 100 km breit. Sie kommt vermutlich in Hes 27,7 als Elischa vor. *Barnabas stammte aus Z. (Apg 4,36), und einige Christen flohen dorthin (Apg 11,19f). *Paulus und Barnabas begannen hier ihre erste Missionsreise (Apg 13,4ff), und Barnabas kam später mit Markus zurück (Apg 15,39). Die Gemeinde wuchs weiter und sandte 325 n.Chr. drei Bischöfe zum Konzil von Nicäa. In der Römerzeit wurde das Kupfer nach der Insel benannt (lat. cyprium), dessen ausgiebiger Abbau wahrscheinlich im 14. Jh. v.Chr. begann. Im 9.-8. Jh. v.Chr. siedelten hier Phönizier. Danach kam Z. nacheinander unter ägypt., pers. und griech. Herrschaft; 58 v.Chr. wurde es zur röm. Provinz, die von 27 v.Chr. an von einem Statthalter regiert wurde (vgl. Apg 13,7).